Ihno Gebhardt/Sabine Miriam Grüsser-Sinopoli (Hrsg.)
Glücksspiel in Deutschland
Ökonomie, Recht, Sucht

Glücksspiel in Deutschland

Ökonomie, Recht, Sucht

Herausgegeben von

Ihno Gebhardt und Sabine Miriam Grüsser-Sinopoli

De Gruyter Recht · Berlin

Herausgeber:
Regierungsdirektor Dr. *Ihno Gebhardt*, Innenministerium des Landes Brandenburg, Potsdam, Fachhochschule der Polizei des Landes Brandenburg, Oranienburg
Professor Dr. *Sabine Miriam Grüsser-Sinopoli (†)*, Lehrstuhl für Medizinische Psychologie und Medizinische Soziologie der Klinik für Psychosomatische Medizin und Psychotherapie an der Johannes Gutenberg-Universität Mainz

♾ Gedruckt auf säurefreiem Papier,
das die US-ANSI-Norm über Haltbarkeit erfüllt.

ISBN 978-3-89949-317-7

Bibliografische Information der Deutschen Nationalbibliothek

Die Deutsche Nationalbibliothek verzeichnet diese Publikation in der Deutschen Nationalbibliografie; detaillierte bibliografische Daten sind im Internet über http://dnb.d-nb.de abrufbar.

Printed in Germany
Umschlaggestaltung: Martin Zech, Bremen
Datenkonvertierung/Satz: jürgen ullrich typosatz, Nördlingen
Druck und Bindung: Hubert & Co., Göttingen

Anstelle eines Vorwortes der Herausgeber

An dieser Stelle sollte ein Vorwort *der Herausgeber* stehen. Leider ist dies nicht mehr möglich. Die verehrte Kollegin und Freundin, Frau Univ.-Prof. Dr. rer. nat. Sabine Miriam Grüsser-Sinopoli ist – für mich noch immer völlig unbegreiflich – nicht mehr unter uns. Am 30. Dezember haben wir noch lange telefoniert und uns, wie häufig, im „Tomasa“ in Berlin-Zehlendorf verabredet. Wenige Tage danach ist Sabine in einer Mainzer Klinik gestorben.

Ich denke oft an sie, gerade während ich mich um die Fertigstellung dieses gemeinsamen Buches kümmere. Sabine Grüsser hat stets auch unbequeme Wahrheiten zu Suchtfragen öffentlich vertreten und den allergrößten Wert auf ihre Integrität als Wissenschaftlerin gelegt. Ich hoffe, dass sie mit dem Ergebnis unserer Arbeit auch unter diesem Gesichtspunkt zufrieden gewesen wäre.

In lieu of the editors' preamble

Here, in this place should have been an *editors'* preamble. Unfortunately this is no longer possible. The most respected colleague and friend Mrs. Univ.-Prof. Dr. rer. nat. Sabine Miriam Grüsser-Sinopoli – absolutely inconceivable to me – is no longer with us. Only on 30th December we had a discussion on the telephone and – as often before – made an appointment to continue in the "Tomasa" at Berlin-Zehlendorf, but a few days later Sabine died in a Mayence clinic.

My thoughts are often with her while I am occupied in completing the mutual book. Sabine Grüsser has always publicy represented also the inconvenient facts of addiction and set a high value on her integrity as scientist. I have good hopes that she would have been content with the result of our work in this aspect as well.

Ihno Gebhardt

Nachruf für Frau Prof. Grüsser-Sinopoli

Der plötzliche Tod von Frau Grüsser-Sinopoli im Januar dieses Jahres hat uns alle tief getroffen. In den zwei Jahren meiner Amtszeit als Drogenbeauftragte der Bundesregierung stand ich mit Frau Grüsser-Sinopoli in regelmäßigem Austausch. Sie hat mich und meine Geschäftsstelle im Bereich der Computer(spiel)sucht engagiert und kompetent beraten und wird mir als eine tatkräftige und herausragende Forscherin in Erinnerung bleiben, die in ihrem Forschungsgebiet mehr „Licht und Wahrheit" in die Welt bringen wollte und dies auch erfolgreich getan hat. Mutig erforschte sie Grenzbereiche der Wissenschaft und wagte sich in neue, noch unbekannte Themenbereiche vor. In ihrem Spezialgebiet, der Verhaltenssucht, leistete Frau Grüsser-Sinopoli Pionierarbeit und verknüpfte dabei ihre Grundlagenforschung stets mit praktischer Beratungsarbeit und der Hilfe für Betroffene und deren Angehörige. Über den wissenschaftlichen Anspruch hinaus war ihr der Kontakt zu den betroffenen Menschen eine Herzensangelegenheit. Mit ihrem Werk „Computerspielsüchtig?" schuf sie einen der wenigen allgemeinverständlichen Ratgeber zum Thema Computerspielsucht, der sowohl für Familien als auch für Praktiker in Beratungsstellen und Politik hilfreich ist. Frau Grüsser-Sinopoli selbst hat das ihren Forschungen zugrunde liegende zentrale wissenschaftliche Problem in einem Artikel für die Zeitschrift Nervenarzt skizziert: Soll die Verhaltenssucht als eigenständige diagnostische Einheit qualifiziert werden? Bisher ist nur das pathologische Glücksspiel als suchtartige Verhaltensweise und damit als Störungsbild anerkannt. Auf diesem Gebiet ist noch viel wissenschaftliche Arbeit zu leisten. Ich bin zuversichtlich, dass die wegbereitende Forschung von Frau Grüsser-Sinopoli in der Arbeit ihrer Mitarbeiterinnen und Mitarbeiter, Ihrer Doktorandinnen und Doktoranden eine würdige Fortsetzung finden wird.

Sabine Bätzing
Drogenbeauftragte der Bundesregierung

Inhaltsübersicht

Inhaltsverzeichnis

Autorenverzeichnis

Dr. rer. pol. *Norman Albers*, Geschäftsführender Vorstand des Deutschen Buchmacher Verbandes e. V., Essen

Dr. rer. nat. Dipl.-Psych. *Ulrike Albrecht*, Psychologin in dem Johanniter-Krankenhaus Geesthacht, Abteilung für Psychiatrie, Psychotherapie und Psychosomatik, Tagesklinik Mölln (vormals tätig bei der ISFB, Institut für Medizinische Psychologie, Charité – Universitätsmedizin Berlin)

Dr. phil. *Meinolf Bachmann*, Psychologischer Psychotherapeut, Gerichtsgutachter, LWL Klinik, Bernhard-Salzmann-Klinik, Gütersloh

Professor Dr. rer. pol. *Peter Bendixen*, Studienzentrum Hohe Warte, Wien, seit 2008 Yeditepe University Istanbul Faculty of Fine Arts

em. Professor Dr. med. *Jobst Böning*, Interdisziplinäres Zentrum für Suchtforschung, Universität Würzburg

Professor Dr. iur. *Johannes Dietlein*, Lehrstuhl für Öffentliches Recht und Verwaltungslehre, Zentrum für Informationsrecht, Universität Düsseldorf

Dipl.-Psych. *Andrada El-Akhras*, Lippische Nervenklinik Dr. Spernau, Bad Salzuflen

Professor Dr. iur. *Jörg Ennuschat*, Lehrstuhl für Öffentliches Recht und Europarecht, Universität Konstanz

Regierungsdirektor Dr. iur. *Ihno Gebhardt*, LL.M. oec. int., Ministerium des Innern des Landes Brandenburg, Potsdam / Fachhochschule der Polizei des Landes Brandenburg, Oranienburg

Rechtsanwalt Dr. iur. *Thomas Gohrke*, EY Law, Rechtsanwälte Luther & Menold, Leipzig

Professor Dr. rer. nat. *Sabine Miriam Grüsser-Sinopoli* (†), Lehrstuhl für Medizinische Psychologie und Medizinische Soziologie der Klinik für Psychosomatische Medizin und Psychotherapie, Johannes Gutenberg-Universität Mainz

Josef Hoch, Vorsitzender Richter am Kammergericht Berlin (Staatsschutzsenat)

em. Professor Dr. rer. pol. Dipl.-Ing. *Lothar Hübl*, Institut für Volkswirtschaftslehre Universität Hannover

Dr. iur. *Stefan Korte*, Dipl.-Kfm., Lehrstuhl für öffentliches Recht und Europarecht, Freie Universität Berlin

Annette Kümmel, Direktorin Medienpolitik der ProSiebenSat.1 Media AG, Unterföhring

Tilmann Lahann, Ass. iur., Europa-Institut, Universität des Saarlandes

Rechtsanwalt Dr. iur. *Peter Mailänder*, M.C.J. (NYU) Rechtsanwälte Haver & Mailänder, Stuttgart

Professor Dr. iur. *Werner Meng*, Europa-Institut, Universität des Saarlandes

Dr. iur. *Andreas Mosbacher*, Vorsitzender Richter am Landgericht Berlin

Mag. iur. *Martin K. Moser*, LL.M., Referent im Kabinett des Generalanwalts Ján Mazák, Gerichtshof der Europäischen Gemeinschaften, Luxembourg

Rechtsanwalt Dr. iur. *Hans-Jörg Odenthal*, Kanzlei Dr. Odenthal & Repschläger, Köln

Oberregierungsrat *Dirk Postel*, Ministerium des Innern des Landes Sachsen-Anhalt, Magdeburg

Dr. iur. *Gerhard Rombach*, Direktor der Süddeutschen Klassenlotterie, München

Rechtsanwalt *Philippe Vlaemminck*, Vlaemminck & Partners, Gent

Dr. iur. *Winfried Wortmann*, Geschäftsführer der Westdeutschen Lotterie GmbH & Co. OHG, Münster

Abkürzungsverzeichnis

2nd	second
3G	Dritte Generation
aA	anderer Ansicht
aaO	am angegeben Ort
Abb	Abbildung
abgedr	abgedruckt
ABl	Amtsblatt
ABl EG	Amtsblatt der Europäischen Gemeinschaft
Abs	Absatz
Abschn	Abschnitt
abw	abweichend
aE	am Ende
ähnl	ähnlich
aF	alte Fassung
AK	Wetten Arbeitskreis Wetten
Alt	Alternative
AG	1. Amtsgericht 2. Aktiengesellschaft
ALG	Allgemeines Preußisches Landrecht
APA	American Psychiatric Association
ARD	Arbeitsgemeinschaft der öffentlich-rechtlichen Rundfunkanstalten der Bundesrepublik Deutschland
Art	Artikel
Aufl	Auflage
Az	Aktenzeichen
BAG	Bundesarbeitsgricht
BaWü	Baden-Württemberg
Bay	Bayern
BayRS	Bayerische Rechtssammlung
BayStLottG	Bayrisches Staatslotteriegesetz
BayVBl	Bayrische Verwaltungsblätter
BayVerfGH	Bayerischer Verfassungsgerichtshof
Bd	Band
Beschl	Beschluss
best	bestimmte
betr	betreffend

Bd	Band
BFH	Bundesfinanzhof
BFHE	Sammlung der Entscheidungen des Bundesfinanzhofs
BFH NV	Sammlung der Entscheidungen des Bundesfinanzhofs
BGB	Bürgerliches Gesetzbuch
BGBl	Bundesgesetzblatt
BGH	Bundesgerichtshof
BGHZ	Halbamtliche Sammlung der Entscheidungen des Bundesgerichtshofs in Zivilsachen
BKA	Bundeskriminalamt
BKartA	Bundeskartellamt
BKartAmt	Bundeskartellamt
Bl	Blatt
Bln	Berlin
BLM	Bayrische Landeszentral für neue Medien
Bln-Bbg	Berlin-Brandenburg
BrainResRev	Brain Research Reviews
BR-Drs	Drucksachen des Bundesrates
BSE	Summe der Spieleinsätze abzüglich der ausgezahlten Gewinne
bspw	beispielsweise
BStBl	Bundessteuerblatt
BT-Drs	Drucksachen des Bundestages
BT-PlPr	Bundestagsparlamentsprotokoll
BVerfG	Bundesverfassungsgericht
BVerfGE	Sammlung der Entscheidungen des Bundesverfassungsgerichts
BVerfGK	Kammerentscheidungen des Bundesverfassungsgerichts
BVerwG	Bundesverwaltungsgericht
BVerwGE	Bundesverwaltungsgerichtsentscheidung
BW	Baden-Württemberg
BY	Bayern
bzw	beziehungsweise
ca	circa
CR	Computer und Recht
dass	dasselbe
demggü	demgegenüber
ders	derselbe
DeSIA	Deutsche Spielbanken Interessen- und Arbeitsgemeinschaft
DFB	Deutscher Fußball-Bund
DFL	Deutsche Fußballball-Liga
dh	das heißt
DHS	Deutsche Hauptstelle für Suchtfragen e V
dies	dieselben
DLTB	Deutsche Lotto- und Totoblock

Dok	Dokument
DÖV	Die Öffentliche Verwaltung
DSM III	Diagnostic and Statistical Manual of Mental Disorders (Diagnostisches und Statistisches Handbuch Psychischer Störungen)
DStR	Zeitschrift Deutsches Steuerrecht
DSU	Dispute Settlement Understanding
durchges	durchgesehene
DVBl	Deutsches Verwaltungsblatt
EBA	European Betting Association
ECJ	European Court of Justice
ebd	ebenda
ed	edition
Ed	Editor (Herausgeber)
Eds	Editors
EFTA	European Free Trade Association
e g	exempli gratia
EG	Europäische Gemeinschaften
EGV	Vertrag zur Gründung der Europäischen Gemeinschaft
e K	eingetragener Kaufmann
EL	1. European Lotteries 2. Ergänzungslieferung
ELGVG	Elektronischer-Geschäftsverkehr-Vereinheitlichungsgesetz
Entsch	Entscheidung
erg	ergänzt
et al	et alii (und andere)
etc	et cetera
EU	Europäische Union
EuGH	Europäischer Gerichtshof
EuG 1. Inst	Europäisches Gericht 1. Instanz
EuR	Europarecht
EUR	Euro
Europ Komm	Europäische Kommission
Europ Parl	Europäisches Parlament
EuZW	Europäische Zeitschrift für Wirtschaftsrecht
e V	eingetragener Verein
EWR	Europäischer Wirtschaftsraum
EWS	Europäisches Wirtschafts- und Steuerrecht
f	folgende
ff	fortfolgende
FG	Finanzgericht
Fn	Fußnote
FS	Festschrift
FSF	Freiwillige Selbstkontrolle Fernsehen e V

GA	Gamblers Anonymous
GastG	Gaststättengesetz
GATS	General Agreement on Trade in Services (Allgemeines Abkommen über den Handel mit Dienstleistungen)
GATT	General Agreement on Tariffs and Trade
GBl	Gesetzblatt
gem	gemäß
GewArch	Gewerbe Archiv
GewO	Gewerbeordnung
GG	Grundgesetz
ggf	gegebenenfalls
GjSM	Gesetzes über die Verbreitung jugendgefährdender Schriften und Medieninhalte
GlüStV	Glückspielstaatsvertrag
GlüG	Glücksspielgesetz
GmbH	Gesellschaft mit beschränkter Haftung
GmbHG	Gesetz über die Gesellschaften mit beschränkter Haftung
GRUR	Gewerblicher Rechtsschutz und Urheberrecht
GVBl	Gesetz- und Verordnungsblatt
GWG	Geldwäschegesetz
GWB	Gesetz gegen Wettbewerbsbeschränkungen
HB	Hansestadt Bremen
HmbGlüStVAG	Hamburger Gesetz zur Ausführung des Glücksspielstaatsvertrages
HdbEUWiR	Handbuch des Europäischen Wirtschaftsrechts
Hess	Hessen
HessVwVfG	Hessisches Verwaltungsverfahrensgesetz
HH	Hamburg
hM	herrschende Meinung
Hrsg	Herausgeber
HVerfG	Hessisches Verfassungsgericht
ICD-10	International Classification of Diseases and Related Health Problems
id	idem (derselbe)
idF d	in der Fassung des/der
idF v	in der Fassung vom/von
idR	in der Regel
ifo	Institut für Wirtschaftsforschung
Inc	Incorporated
inkl	inklusive
insb	insbesondere
IP	Internet Protocol
iS	im Sinne
iSd	im Sinne des/der

IStR	Internationales Steuerrecht – Zeitschrift für europäische und internationale Steuer- und Wirtschaftsberatung
iSv	im Sinne von
IT	Informationstechnologie
ITRB	IT-Rechtsberater
iVm	in Verbindung mit
je	jeweils
JIEL	Journal of International Economic Law
JMStV	Jugendmedienschutz-Staatsvertrag
JÖSchG aF	Gesetz zum Schutze der Jugend in der Öffentlichkeit – alte Fassung
JMStV	Jugendmedienschutz-Staatsvertrag
JR	Juritische Rundschau
jurisPR-ITR	Juris Praxisreport IT-Recht
JuS	Juristische Schulung
JuSchG	Jugendschutzgesetz
JZ	Juristenzeitung
KE	Selbsteinschätzungsskala Krankheitseinsicht/Abstinenz
KFG	Kurzfragebogen zum Glücksspielverhalten
KJM	Kommission für Jugendmedienschutz
K & R	Kommunikation und Recht
krit	kritisch
LG	Landgericht
LK	Leipziger Kommentar
LKV	Landes- und Kommunalverwaltung
LoStV	Lotteriestaatsvertrag
LottStV	Lotteriestaatsvertrag
LSA	Land Sachsen-Anhalt
Ltd	Limited
LT	Landtag
LT-Drs	Landtag-Drucksache
LVerfG LSA	Landesverfassungsgericht Sachsen-Anhalt
m Anm	mit Anmerkung(en)
maW	mit anderen Worten
m Bespr	mit Besprechung
MDR	Monatsschrift für Deutsches Recht
Mio	Millionen
MMR	MultiMedia und Recht
mod	modifizierend
MschrKrm	Monatsschrift für Kriminologie und Strafrechtsreform
Mrd	Milliarden

M-V	Mecklenburg-Vorpommern
mwN	mit weiteren Nachweisen
nChr	nach Christus
Neuaufl	Neuauflage
Neuausg	Neuausgabe
Nds	Niedersachsen
NdsStGH	Niedersächsischer Staatsgerichtshof
nds	niedersächsisch
NJOZ	Neue Juristische Online Zeitschrift
NJW	Neue Juristische Wochenschrift
NJW-RR	NJW Rechtsprechungs-Report
NKL	Norddeutsche Klassenlotterie
NK-StGB	Nomos-Kommentar zum StGB
Nr	Nummer
NRW	Nordrhein-Westfalen
NSpielbG	Niedersächsisches Spielbankengesetz
NStZ	Neue Zeitschrift für Strafrecht
NStZ-RR	NStZ Rechtsprechungs-Report
NuR	Natur und Recht
NVwZ	Neue Zeitschrift für Verwaltungsrecht
NVwZ-RR	NVwZ Rechtsprechungs-Report
NW	Nordrhein-Westfalen
NWVBl	Nordrhein-Westfälische Verwaltungsblätter
NYAAA	New York Society of Security Analysts
NZA	Neue Zeitschrift für Arbeitsrecht
NZBau	Neue Zeitschrift für Baurecht
o	oben
oä	oder ähnlich(em/en/er)
öff	öffentlich
oJ	ohne Jahresangabe
ÖKL	Österreichische Klassenlotterie
OLG	Oberlandesgericht
OLGR	OLGReport – Schnelldienst zur höchst- und obergerichtlichen Rechtsprechung in Zivilsachen
OVG	Oberverwaltungsgericht
OVG NW	Oberverwaltungsgericht Nordrhein-Westfalen
POS	point of sale
pp	pages (Seiten)
PTB	Physikalisch-Technische Bundesanstalt

rd	rund
rechtl	rechtliche
RdE	Recht der Energiewirtschaft
RegStV	Staatsvertrag über die Regionalisierung von Teilen der von den Unternehmen des Deutschen Lotto- und Totoblocks erzielten Einnahmen
ReichsAnz	Reichsanzeiger
RGBl	Reichsgesetzblatt
RGZ	Amtliche Sammlung der Entscheidungen des Reichsgerichts in Zivilsachen
RhPf	Rheinland-Pfalz
RL	Richtlinie
Rn	Randnummer
Rs	Rechtssache
Rspr	Rechtsprechung
RStV	Rundfunkstaatsvertrag
RStV-E	Entwurf des Rundfunkstaatsvertrages
RStGB	Reichsstrafgesetzbuch
RT-Drs	Reichstag Drucksache
S	1. Seite 2. Satz (bei Gesetzen) 3. siehe
Saarl	Saarland
Sachs-Anh	Sachsen-Anhalt
Schl-H	Schleswig-Holstein
SEK	schwedische Kronen
SH	Schleswig-Holstein
SKL	Süddeutsche Klassenlotterie
SK-StGB	Systematischer Kommentar zum StGB
Slg	Sammlung
SMS	Short Message Service
SN	Sachsen
sog	so genannt
SpielbG	Spielbankgesetz
SpielV	Spielverordnung
SpielVO	Spielverordnung
SportWettG	Sportwettengesetz
SpURt	Zeitschrift für Sport und Recht
sq	square
StGB	Strafgesetzbuch
StPO	Strafprozessordnung
StraFo	Strafverteidigerforum
st Rspr	ständige Rechtsprechung
StV	Strafverteidiger

TdU	Selbsteinschätzungsskala Therapie der Ursachen
Thür	Thüringen
ThürOVG	Thüringisches Oberverwaltungsgericht
TMG	Telemediengesetz
TMO	Selbsteinschätzungsskala Therapie – Motivation
TRIPS	Übereinkommen über handelsbezogene Aspekte der Rechte am geistigen Eigentum
Tronc	Transaktionskosten
Tz	Textzahl
u	und
u a	und andere / unter anderem
Übers	Übersetzung
UCI	Union Cycliste Internationale (Internationaler Radsportverband)
unv	unveröffentlicht
UStG	Umsatzsteuergesetz
usw	und so weiter
Urt	Urteil
u U	unter Umständen
UVR	Umsatzsteuer- und Verkehrsteuer-Recht, Zeitschrift für
UWG	Gesetz gegen den unlauteren Wettbewerb
V	vom
v a	vor allem
VA	Verwaltungsakt
V a	vor allem
VAT	Value added tax
v Chr	vor Christus
verb	verbunden
Verf	Verfasser
VDAI	Archiv- und Informationsstelle der Deutschen Toto- und Lottounternehmen
VG	Verwaltungsgericht
VGH	Verwaltungsgerichtshof
vgl	vergleiche
vgl a	vergleiche auch
v H	vom Hundert
Vol	Volume
Vorb	Vorbemerkung
VPRT	Verband Privater Rundfunk und Telekommunikation e V
VR	Verwaltungsrundschau
vs	versus (lateinisch für: gegen, gegenüber gestellt)
VVDStRL	Veröffentlichungen der Vereinigten Deutschen Staatsrechtslehrer
VwV-GlüStV	Verwaltungsvereinbarung Glücksspielstaatsvertrag

WHO	Weltgesundheitsorganisation (World Health Organisation)
WiFi	Kunstbegriff einer Allianz ursprünglich unter dem Namen WECA (Wireless Ethernet Compatibility Alliance)
WiMAX	Worldwide Interoperability for Microwave Access
wistra	Zeitschrift für (bis 15. 12. 1996 Wirtschaft, Steuer, Strafrecht) Wirtschafts- und Steuerstrafrecht
WM	Wertpapiermitteilungen/Weltmeisterschaft
WmW	Wiener Medizinische Wochenschrift
WRP	Wettbewerb in Recht und Praxis
WTO	World Trade Organisation (Welthandelsorganisation)
WuW	Wirtschaft und Wettbewerb
zB	zum Beispiel
ZEuS	Zeitschrift für Europarechtliche Studien
ZGR	Zeitschrift für Unternehmens- und Gesellschaftsrecht
zT	zum Teil
ZDF	Zweites Deutsches Fernsehen
ZfI	Zentrum für Informationsrecht
ZfWG	Zeitung für Wett- und Glücksspielrecht
Ziff	Ziffer
ZIS	Zeitschrift für Internationale Strafrechtsdogmatik
zit b	zitiert bei
ZRP	Zeitschrift für Rechtspolitik
ZStW	Zeitschrift für die gesamte Strafrechtswissenschaft
zT	zum Teil
zul	zuletzt
ZUM	Zeitschrift für Urheber- und Medienrecht
ZUM-RD	Zeitschrift für Urheber- und Medienrecht -Rechtsprechungsdienst
zVb	zur Vorbereitung

I. Ökonomie

1. Abschnitt: Geschichtliches, Wirtschaft und Ethik

§ 1 Einführung und Übersicht

Ihno Gebhardt

Übersicht

I. Glücksspiel

Glücksspiel – das *Spiel* um *Glück* – hat die Menschen zu allen Zeiten in seinen Bann gezogen. Das spielerische Element ist bereits Teil des genetischen Lernprogramms und das Streben nach Glück die Haupttriebfeder allen menschlichen Wirkens. Glücksspiel ist bis heute per definitionem ein Spiel mit dem Zufall. Allerdings war das Glücks-„Spiel", gerade wenn es um das durch Zufall – spielerisch – herbeigeführte künftige „Los" und auch den Vorgang des Losens ging, über Jahrhunderte mit der „Vorsehung" und religiösen Kategorien verknüpft: Bis in das Mittelalter hinein wurde das Ergebnis von Zufallsversuchen vielerorts als Gottesurteil angesehen. Erst die sukzessive Trennung des Hasard aus der religiösen Gebundenheit ermöglichte philosophische und rationell-mathematische Erklärungsversuche. Sie fand nicht von ungefähr in der Zeit der Frühaufklärung statt, von deren Vertretern einige der theologischen Intoleranz insgesamt zu begegnen versuchten. Berühmt ist das *De Méré-Paradoxon* aus dem 17. Jahrhundert, das als Geburtsstunde der Stochastik gilt und die Wahrscheinlichkeit der Augenwerte beim Würfeln zum Gegenstand hat;[1] die Suche nach der den Zufall zugunsten einer rationalen Erklärung eliminierenden Gleichung hat mit den 1

---

1 Wirft man einen *Laplace*-Würfel (ein virtueller „Ideal"-Würfel, bei dem die Wahrscheinlichkeit für alle abgebildeten Zahlen entgegen der Realität exakt gleich ist) vier Mal, so liegt die Wahrscheinlichkeit, mindestens eine Sechs zu würfeln, bei über 50%; würfelt man 24 Mal zwei Würfel, so liegt die Wahrscheinlichkeit für eine „Doppelsechs" bei unter 50%. Beim zweiten Versuch ist die Erfolgswahrscheinlichkeit 6mal so klein, die Anzahl der Würfe demgegenüber 6mal so hoch. Bei oberflächlicher Betrachtung könnte man annehmen, dass sich dies kompensiert und die Erfolgswahrscheinlichkeiten bei beiden Versuchen gleich sind. Bei genauerer Betrachtung ist dies jedoch nicht der Fall.

Berechnungen des berühmten (und überaus frommen[2]) – mit *Chevalier de Méré*[3] befreundeten – *Blaise Pascal* (1654 – und bereits früher, im späten 15. Jahrhundert) begonnen und dauert mancherorts bis heute an.

2 Solange die Zufallsgleichung nicht gefunden ist, liegt es nahe, die zufällige Entscheidung durch die individuelle Leistung oder auch durch Manipulation zumindest beeinflussen zu wollen. Das „Glück des Tüchtigen" hilft demjenigen, der bei einem überwiegend aber nicht ausschließlich vom Zufall beherrschten Spiel sein Wissen und taktisches Können gegen Mitspieler oder Spielveranstalter einsetzen kann. Bei den heutigen Sportwetten liegt es auf der Hand, dass je nach konkreter Ausgestaltung der Wette das Zufallsmoment größer oder kleiner ausfällt (Fußballwette auf Sieg oder Niederlage, die Tordifferenz oder bestimmte Spielereignisse wie Fouls und Eckstöße).[4] Trotz taktischer Finesse überwiegt allerdings auch bei der Sportwette ebenso wie bei dem in den letzten Jahren in Mode gekommenen Pokerspiel (jedenfalls bei den derzeit gängigen Spielvarianten) nach Auffassung der Obergerichte in Deutschland, Österreich und Großbritannien das Zufallselement[5], am Ende also doch „mehr Glück als Verstand".

3 Baccarat, Bassette, Brelan, der Drehwürfel des jüdischen Purimfestes, Biribis und Scheffel, die Kartenspiele der Jahrmärkte am unteren Ende der sozialen Werteskala, das Zahlenlotto, das Spiel für fast alle, das Roulette und Pharao (Faro), *das* – noblere, „hohe" – Hasard-Kartenspiel des 18. Jahrhunderts, und schließlich Poker, *das* Kartenspiel jedenfalls des beginnenden 21. Jahrhunderts, sind nur einige von hunderten Glücksspielvarianten, die den Gegenstand staatlicher Verbote und anderer Maßnahmen in den letzten Jahrhunderten gebildet haben. Auch das Buchmachen bei Pferderennen und das Wetten am Totalisator[6] ist vom *Reichsgericht* in einer Entscheidung vom 29. April 1882 als Glücksspiel qualifiziert worden.

II. Staat und Glücksspiel

4 Seitdem es das Glücksspiel um Geld gibt, steht der Staat vor der Frage, ob und in welchem Ausmaß das Glücksspiel toleriert werden kann, und wer die Nutznießer der durch das Glücksspiel bewirkten enormen Vermögensverschiebungen sein sollen. Es ist nicht

---

2 Siehe die fragmentarischen *Pensées (sur la religion et autres sujets)*, in denen *Pascal* – der „Erfinder" des Luftdruckes – den Gottesbeweis geradezu mathematisch zu erbringen versucht.

3 Der Philosoph und Literat am Hofe *Louis XIV.* wandte sich mit verschiedenen Problemen an *Pascal*, die dieser wiederum auch mit dem Mathematiker *Fermat* diskutierte.

4 Zur Einordnung von Sportwetten und Pokerspiel siehe zuletzt *Ennuschat*, Zur Unterscheidung der Glücksspiele von Geschicklichkeitsspielen, in: Gedächnisschrift Tettinger, 2007, S 41 (46 ff).

5 Nachweise bei *Ennuschat*, ebda., S 44 (Rn 16), 46 (Rn 24), 52 f. Weitere Einzelheiten zur Abgrenzung von Glücks- und Geschicklichkeitsspiel und zu weiteren Aspekten des Pokerspiels siehe in dem sehr instruktiven Aufsatz von *Kretschmer*, ZfWG 2007, 93 ff.

6 Der Totalisator – 1865 in Frankreich von *Pierre Oller*, einem Pariser Chemiker, erfunden – ist ein Verfahren zur Bestimmung der Gewinnhöhen bei Wetten und anderen Glücksspielen. Am Totalisator wetten die Wettteilnehmer untereinander und nicht gegen einen Buchmacher, wie es bei Sportwetten zu festen Gewinnquoten der Fall ist.

überraschend, dass der Staat selbst mit einer Fülle normativer Maßnahmen die Kanalisierung der Glücksspieler hin zu bestimmten staatlichen (oder staatlich konzessionierten) Angeboten und damit zugleich die Lenkung eines beachtlichen Teils der Glücksspieleinsätze in den Staatshaushalt unternimmt, nachdem er das beträchtliche Finanzvolumen für sich entdeckt – und in der Regel bereits verplant – hat; bekanntermaßen handelt es sich bei dieser Einnahmebeschaffung um eine besonders elegante Art der „Besteuerung". Die Frage nach der Legitimität der staatlichen Mitwirkung am bzw. der staatlichen Dominanz des Glücksspielangebotes und der hiermit verbundenen Vereinnahmung der von den Glücksspielern eingesetzten Finanzmittel ist zunächst gesellschafts- (sozial- und wirtschafts-)politischer Natur; die unterschiedlichen Antworten fügen sich in die von den politischen Parteien heute üblicherweise vertretenen – eher „linken" oder „rechten" – gesellschaftspolitischen Gesamtkonzeptionen ein.[7]

Der mit dem Glücksspiel stets einhergehende Entzug von Teilen des verfügbaren Familieneinkommens legt im Grunde eine sehr reservierte Haltung des Staates in Bezug auf das Glücksspielwesen und insbesondere in Bezug auf ein eigenes – staatliches – Engagement auf diesem Felde nahe. Hinzu kommt, dass die exzessive Wahrnehmung von Glücksspielangeboten nicht nur die wirtschaftliche Existenz des Spielteilnehmers und seiner Familien vernichten, sondern überdies zu erheblichen sozialen Folgekosten für das Gemeinwesen führen kann.[8] Die staatliche Beteiligung am Glücksspiel lässt sich gleichwohl zum einen durch den Hinweis auf die Unausrottbarkeit des in der Bevölkerung vorhandenen Wunsches nach Glücksspielangeboten und ein hiermit verbundenes Kanalisierungserfordernis begründen. Gerade in wirtschaftlich schlechten Zeiten ist die Hoffnung darauf, dem eigenen Arbeits(losigkeits)-Schicksal zu entfliehen, besonders groß; der Lottospieler kann jede Woche aufs Neue ein wenig träumen und den Hauptgewinn in Gedanken verteilen: „Je eintöniger das Leben wird, je unbarmherziger die Tretmühle kreist, je karger die Aussicht auf unverhofftes Geld wird, desto wilder wird der Drang nach Freiheit, desto üppiger das Traumsehnen nach einer märchenhaften Erlösung aus dem Alltag."[9] Zum anderen folgt eine sozialpolitische Legitimität der staatlichen Vereinnahmung der Glücksspieleinsätze aus den bereits angedeuteten Folgelasten. Dieser Begründungsansatz verliert allerdings an Überzeugungskraft, wenn der sich sonst stetig auf dem Rückzug befindende und um effiziente und „schlanke" Aufgabenerledigung nur noch in politischen Kernbereichen bemühte Staat sein Glücksspielangebot erkennbar nicht auf die Erfüllung ordnungspolitischer Zielsetzungen, also insbesondere die Vermeidung und Bekämpfung von Glücksspielsucht, sondern in erster Linie auf die Erzielung finanzieller Ge- 5

7 Die „Kampflinien" in der politischen Diskussion zum kürzlich in Kraft getretenen Glücksspielstaatsvertrag der Länder und zu dessen Ausführungsgesetzen verliefen gleichwohl quer durch die Landtagsfraktionen.

8 *Fiedler* weist im Rahmen des 1. Deutschen Suchtkongresses am 13. 6. 2008 völlig zu Recht darauf hin, dass soziale Kosten als die Summe aller privaten und externen Kosten einer Handlung zu definieren sind. Der Wohlfahrtsschaden des Glücksspiels in den USA beträgt hiernach rd 60 Mrd USD/Jahr.

9 *Eugen Roth*, Das Große Los, 1965, S 9.

winne für den Fiskus ausrichtet. Eine eher „linke“ auf die Beseitigung oder Abfederung „antisozialer“ Konsequenzen ökonomischen Wirkens gerichtete Konzeption des Glücksspielwesens lässt sich dementsprechend durch die Verknappung und Verteuerung des Glücksspielangebotes umsetzen, die allerdings nicht durch übertriebene Rigidität zu einer Abwanderung des Glücksspielers in den illegalen Bereich führen darf.

6 Die Protagonisten liberaler Neugestaltungen des Glücksspielwesens setzen demgegenüber, wie auch in anderen Politikfeldern üblich, auf den Grundsatz, dass die Maximierung des allgemeinen Wohlstandes durch das „freie“ Spiel der ökonomischen Kräfte erreicht werde. Die staatliche Monopolisierung des Glücksspielwesens erscheint den Liberalisierungsbefürwortern als strukturell dysfunktional und als Ausdruck von Kleptokratie und Nepotismus im weitesten Sinne. Der politische Streit über die Neuordnungsmodelle ist damit zugleich Ausdruck unterschiedlicher Auffassungen zur Rolle des Staates: vom *Lassalle'schen* Nachtwächterstaat bis hin zu dem seine Bürger weitestgehend schützenden, aber auch bevormundenden Wohlfahrtsstaat.

7 Mit alledem ist freilich noch nichts über die tatsächlichen ökonomischen und sozialen sowie die rechtlichen Rahmenbedingungen gesagt, denen der normsetzende Staat unterworfen ist und die er zugleich als gestaltende Kraft erst entwickelt. Gerade die ökonomischen und sozialen Implikationen des Themas, und eben nicht nur einige der für sich genommen bereits vielfältigen rechtlichen Aspekte, bildeten den Gegenstand der mündlichen Verhandlung vor dem *Bundesverfassungsgericht* im November 2005, aus der das Sportwettenurteil vom 28. März 2006 (die Grundsatzentscheidung zur verfassungsrechtlichen Zulässigkeit der staatlichen Glücksspielmonopole[10]) hervorging, und ebenso in gewisser Weise auch dieses Handbuch. Jedenfalls wurde die Idee für eine interdisziplinär angelegte Untersuchung in Gesprächen am Rande dieser durch zahlreiche Stellungnahmen von Fachleuten aus den verschiedensten Bereichen geprägten Verhandlung vor dem hohen Gericht geboren.

8 Glücksspiel bildet mithin über die Jahrhunderte den Gegenstand von Ordnungspolitik und damit zugleich von „Unterdrückung, Beharrung, Toleranz, Reglementierung, fiskalischer Nutzung, Integration und Ausgrenzung“[11]. Der zunächst für einen Evaluierungszeitraum von vier Jahren geschlossene und am 1. Januar 2008 in den deutschen Ländern in Kraft getretene Glücksspielstaatsvertrag ist der aktuelle Ausdruck all dieser Tendenzen. Auf dem internationalen Parkett sticht derzeit das seit Oktober 2006 geltende Internetglücksspielverbot der USA hervor, mit dem Kreditinstituten die Unterhaltung eines Kapitalflusses an die Anbieter untersagt wird. Sofern die Gerichte ihnen nicht zuvorkommen, werden die Länder auf der Grundlage der Evaluierung des Glücksspielstaatsvertrages und der tatsächlichen Entwicklung des Glücksspielwesens in Deutschland und Europa bis 2012 zu entscheiden haben, ob die Monopole auch weiterhin verteidigt oder aufgegeben werden sollen. Die Sicherung der Glücksspielmonopole der EU-Mitgliedstaaten und zugleich das Ende der juristischen Streitigkei-

---

10 *BVerfG*, 1 BvR 1054/01, Urt v 28. 3. 2006 = BVerfGE 102, 197 ff = NJW 2006, 1261 ff = ZfWG 2006, 16 ff.

11 *Zollinger*, Geschichte des Glücksspiels, 1997, S 283.

ten lässt sich langfristig am ehesten durch eine (primärrechtliche) Bereichsausnahme zu den einschlägigen Grundfreiheiten des EG-Vertrages herbeiführen; die praktikable Alternative liegt in der gemeinschaftsweiten Harmonisierung des Glücksspielwesens durch eine Glücksspielrichtlinie, die *hohe ordnungspolitische Standards* – insbesondere eine strenge Lizenzierung der Glücksspielanbieter – und zur Vermeidung eines Wettlaufs um den Standort mit der niedrigsten Abgabenlast eine *mitgliedstaatlich einheitliche Besteuerung* erfordert.

III. Übersicht

Mit diesem Buch wird der Versuch unternommen, dem Leser einen umfassenden – wenngleich keineswegs erschöpfenden – Überblick über die spannenden Facetten des Glücksspielwesens zu geben. Zu Beginn verdeutlicht *Rombach* die historische Dimension des Themas und beschreibt die Anfänge des Glücksspiels ebenso wie das Streben europäischer Staaten nach geeigneten Lösungen der mit dem Spiel verbundenen Probleme. Der den historischen und ökonomischen Grundlagen und Folgen des Glücksspiels gewidmete erste Buchkomplex wird von *Bendixen* mit herber Kritik an den Leitprinzipien der Befürworter einer Liberalisierung des Glücksspielwesens fortgesetzt und findet mit deutlichen Hinweisen von *Kümmel* auf die Schädlichkeit staatlicher Reglementierung für die Wirtschaft, insbesondere die Medienwirtschaft, seinen Abschluss. Zwischen diesen Antipoden liegen die Beiträge von *Albers* und *Hübl*, die zahlreiche ökonomische Eckdaten zum Glücksspielwesen insgesamt und speziell zum Sportwetten- und Spielbankenwesen vermitteln sollen. 9

Die Darstellung der rechtlichen Aspekte des Glücksspiels ist auf fünf Abschnitte verteilt. Die Beiträge des ersten Blocks sind darauf gerichtet, dem Leser einen Eindruck von den rechtlichen Rahmenbedingungen für das Glücksspiel zu vermitteln. Nachdem einleitend die zivilrechtlichen Grundlagen skizziert werden, beschäftigen sich *Mosbacher* und *Hoch* mit dem strafrechtlichen Unterbau: Öffentliches Glücksspiel um Geld ist bekanntlich verboten, es sei denn, der Glücksspielanbieter besitzt eine behördliche Erlaubnis. Während *Mosbacher* die bundesgesetzlichen Strafnormen einer kritischen Analyse unterzieht, geht *Hoch* der Frage nach, ob die „Spielsucht" die (straf-)rechtliche Verantwortung im Einzelfall mindern kann. 10

Dietlein leitet den zweiten Abschnitt mit einer Analyse der verfassungsrechtlichen Rahmenbedingungen für das Glücksspielwesen in Deutschland ein. Ebenso wie das Verfassungsrecht hat das Europarecht auch und gerade für die Neugestaltung des Glücksspielwesens maßgebliche Bedeutung. *Wortmann* und *Vlaemminck* verschaffen dem Leser einen Überblick über die Entwicklung der europagerichtlichen Judikatur, aber vor allem auch über die europapolitischen Akteure und deren Befindlichkeiten und Ziele. Es folgt eine stringente Erörterung der gemeinschaftsrechtlichen Rahmenbedingungen durch *Ennuschat*, bevor die Rechtsprechung des *EuGH* zu glücksspielsteuerlichen Fragen auf dem Prüfstand von *Moser* steht. Von Europa in die ganze Welt: *Meng* und *Lahann* stellen das WTO-Regelungssystem und dessen Relevanz für künftige glücksspielrechtliche Regelungen – nicht nur am Beispiel des Milliarden-Rechtsstreites zwischen den USA und Antigua – dar. 11

12 Die Autoren des dritten glücksspielrechtlichen Abschnitts lenken die Aufmerksamkeit des Lesers auf schwierige Spezialthemen: Nach einleitenden Hinweisen zur aktuellen Situation des Glücksspielwesens analysiert *Mailänder* die kartellrechtlichen Implikationen, die durch verschiedene Vorstöße der Bundeskartellbehörde die Lotteriewirtschaft in den letzten Jahren in Atem gehalten und nunmehr – am 14. August 2008 – eine abschließende Bewertung durch den *Bundesgerichtshof* erfahren haben. Sodann geht *Postel* den – bislang von gewerblichen Spielvermittlern allem Anschein nach überwiegend auch weiterhin (zu Beginn des Jahres 2008) ignorierten – spezifischen Anforderungen des Jugend- und insbesondere Jugendmedienschutzes nach, bevor *Korte* die Regelungen zum Vertrieb von Glücksspielangeboten über das Internet untersucht.

13 Das bundesgesetzlich geregelte gewerbliche Spiel, also das Spiel um Glück (insbesondere an Geldspielautomaten in Spielhallen und Gaststätten), das bislang *nicht* als den Lotterien, Sportwetten und Casinospielangeboten vergleichbares „*Glücks*spiel" qualifiziert wird, bildet nach kurzer Übersicht über das gesamte bundesrechtliche Normenkonvolut den Untersuchungsgegenstand des Beitrags von *Odenthal* im vierten Abschnitt (Glücksspielrecht des Bundes).

14 Nun ist die Zeit reif für die Darstellung der Neuordnung des Glücksspielwesens (im fünften Abschnitt des dem Glücksspielrecht gewidmeten Buchkapitels), die durch den am 1. Januar 2008 in allen deutschen Ländern in Kraft getretenen Glücksspielstaatsvertrag und ergänzende Landesgesetze ins Werk gesetzt worden ist. Diese Untersuchung führt *Gebhardt* in zwei Beiträgen zusammen mit *Postel* (Lotterien und Sportwetten) und *Gohrke* (Spielbanken) durch. Die in diesen Beiträgen ausgesparte Schilderung der durch den Glücksspielstaatsvertrag für die Klassenlotterien erzeugten schwierigen Rechtslage, die Mitte Juli 2008 ihren aktuellen Ausdruck in dem Verbot der SKL-Show mit Günther Jauch durch die Niedersächsische Landesmedienanstalt erfahren hat, wird abschließend von *Rombach* vorgenommen.

15 Zusammen mit *Albrecht* und *Böning* vermittelt *Grüsser-Sinopoli* im dritten Kapitel des Buches einen Eindruck von den Erkenntnissen der Glücksspielsuchtforschung (erster Abschnitt). Dem Leser werden die Phänomenologie und Klassifikation des pathologischen Glücksspiels ebenso wie Komorbiditäten und integrative Erklärungsmodelle erläutert. *Bachmann* und *El-Akhras* arrondieren das der Suchtthematik gewidmete Kapitel mit ihrer Darstellung der zentralen suchttherapeutischen Aspekte (zweiter Abschnitt).

IV. Summary (Introduction)

Since the start of gambling for money governments have been unable to avoid the question of whether and to what extent gambling may be tolerated and who should benefit from the enormous shifting of wealth. It is not surprising that the government itself undertakes to canalize gambling by means of a great many standard regulations and certain governmental offers (or governmentally licensed offers) thereby turning a considerable share of the stakes into its own pockets while usually having already discovered and budgeted for the substantial amount of finances. The question of the legitimacy of their decision is, above all, related to social policy: the fiscal use of the gambling stakes can easily be justified by the burdens imposed on the community caused by the negative effects of gambling. Certainly, no reference is made to the further economic, legal and social framework conditions to which the standardizing government is exposed and to which – at the same time – remain to be developed by it into a creative force. Only the economic and social implications of the subject and not the manifold legal aspects – already considered separately – were at issue during the proceedings at the Federal Constitutional Court in November 2005, which resulted in the judgment on sports betting dated 28 March 2006 (the leading case on the admissibility of gambling monopoly in accordance with the constitutional law) and led to this compendium. However, it may be that the idea of an interfaculty examination of this subject was born during expert conversations on the margins of these proceedings at the high court.

With this book an effort is made to give the reader a general view of the gripping facets of gambling. *Rombach* begins with an illustration of the historical dimension of the subject and describes the commencement of gambling games as well as the European States' endeavors, which strive for appropriate solutions to the problems caused by gambling activities. The first book complex is continued by *Bendixen* with a harsh criticism of the leading principles represented by the supporters of the liberalization of gambling in reference to the economical bases and consequences of gambling. It closes with distinct references by *Kümmel* regarding the disadvantages caused to the economy by governmental regulation, particularly to the economy of media. The contributions from *Albers* and *Hübl* rest between these antipodes and set out to convey numerous economic facts (benchmarks) concerning gambling collectively and sports betting and casino gambling in particular.

The description of the legal aspects of gambling is divided into five sections. The contribution of the first author aims to give the reader an idea of the legal framework of conditions imposed on gambling. The foundations of civil rights are outlined in the introduction of this section and *Mosbacher* and *Hoch* then take on the criminal foundations. As is generally known, gambling for money in public is prohibited unless a governmental license has been issued. While *Mosbacher* critically analyses the federal legal standards, *Hoch* occupies himself with the question of whether "gambling addiction" can reduce criminal responsibility.

Thereupon, *Dietlein* introduces the second section explaining the constitutional framework of the conditions imposed on gambling in Germany. The European law as well as the constitutional law is of decisive importance to the modification of the law on gambling. *Wortmann* and *Vlaemminck* provide the reader with a review of the European case law's development and the European political actors, including their views and goals. A conclusive consideration of the Community law's framework of conditions is provided by *Ennuschat*, followed by a presentation of decisions on gambling-fiscal questions of the European Court of Justice by *Moser*. In Europe and all over the world: *Meng* and *Lahann* introduce the World Trade Organization system of regulation and its relevance in respect of future gambling rules – not limited to the example of the billion dollar lawsuit between the USA and Antigua.

The authors of the third section on the legal aspects of gambling draw the reader's attention to difficult specialized subjects: *Mailänder* begins with the analysis of the implications of cartel law, referring to several advances on the part of the Federal Cartel Office that have had the lottery sector holding their breath for the past 2 years. Meanwhile these Cartel Office's directives found a final valuation by the Federal Court of Justice on 14th August 2008. *Postel* then follows up on the specific demands of the protection of children and young persons and in particular to their protection in respect of media, which up to now has grosso modo and continuously been ignored by commercial intermediaries. The regulations on the marketing of gambling offers via Internet are examined by *Korte*. In the following section *Gebhardt* describes the federal law on gambling. The commercial game – the central subject of federal law on gambling – that means the game of chance (particularly with gambling machines in gambling dens and restaurants) which up to now has *not* been qualified as a "Glücksspiel" (hazard game) comparable to that of lotteries, sports betting and casino offers, is the subject of *Odenthal's* contribution in the fourth section (Federal law on Gambling).

The moment has arrived to describe the reorganization of gambling, which on 1st January 2008 entered into force in all German Länder[12] as State Treaty regarding gambling in Germany (State Gambling Treaty, Glücksspielstaatsvertrag), with the Länders' supplements. This examination is carried out in two contributions by *Gebhardt* in conjunction with *Postel* and *Gohrke*. Finally, the difficult legal situation produced by the State Gambling Treaty in respect of class lotteries is described by *Rombach*.

In the final chapter of this book, *Grüsser-Sinopoli* – with *Albrecht* and *Böning* – conveys an impression of the knowledge gained in the research of gambling addiction. Phenomenology and classification of pathological gambling as well as the comorbidities and integrative models of explanation are explained to the reader. *Bachmann* and *El-Akhras* round up the chapter in their dealings with addiction by describing the central aspects of its therapy.

---

12 The Federal Republic of Germany consists of 16 *(Bundes-)Länder*: Baden-Württemberg, Bavaria, Berlin, Brandenburg, Bremen, Hamburg, Hessen, Lower Saxony, Mecklenburg-Western Pomerania, North-Rhine Westphalia, Rhineland-Palatinate, Saarland, Saxony, Saxony-Anhalt, Schleswig-Holstein and Thuringia.

§ 2 Zur Lotteriegeschichte

Gerhard Rombach

Übersicht

I. Einleitung

Wer sich mit der Geschichte des Glücksspiels beschäftigt, kann auf vielerlei zum Teil gut gestaltete Jubiläumsfestschriften von Lotterieunternehmen zurückgreifen und auf mancherlei historische Überlieferung, die als feste, geradezu sprichwörtliche Formulierung ihren Platz in der Alltagssprache gefunden hat (zB „ein hartes Los", „den Kürzeren ziehen"). Breit angelegte wissenschaftliche Untersuchungen zur Geschichte des Glücksspiels sind demgegenüber eher selten.[1] Ein Grund mag sein, dass die „Nicht- 1

1 Eine solche Ausnahme im deutschsprachigen/österreichischen Bereich bildet die Untersuchung von *Zollinger* Geschichte des Glückspiels: vom 17. Jahrhundert bis zum Zweiten Weltkrieg, 1997.

beachtung des Ludischen"[2] dem Selbstverständnis der Geschichtswissenschaft zu entsprechen scheint. Das Spiel ist vielleicht auch nicht ernst und nachhaltig genug, um die Aufmerksamkeit der Geisteswissenschaften zu erhalten. Dabei führt bereits eine oberflächliche Auseinandersetzung mit den (Glücks-)Spielformen zu der Erkenntnis, dass Glücksspiele in verschiedensten Erscheinungsformen in allen Menschheitsepochen praktiziert worden sind. Dementsprechend liegt es nahe, dem Glücksspiel eine gewisse Bedeutung für die menschliche Entwicklung ganz allgemein zu attestieren. Glücksspiel ist in allen Gesellschaften allgegenwärtig und entwickelt sich, so dass es historisch nicht einfach abgeschlossen und greifbar ist. Wenn heute in virtuellen Welten millionenfach ein „second life" gelebt wird, zeigt sich auch in dieser Variante des Einstiegs in Rollenspiele und Avatare die stetige und ungebrochene Lust am Spiel.

2 Der folgende Beitrag soll an einigen ausgewählten Beispielen der Spielformen Lotto und Lotterien aufzeigen, dass sich die heute für eine ordnungsgemäße und kontrollierte Durchführung von Lotterien wesentlichen Grundsätze in einem geschichtlichen Prozess entwickelt haben und diese Spielformen auch stets eine Konstante in dem jeweiligen zeitgeschichtlichen Umfeld darstellten. So sollen zunächst die Rahmenbedingungen beschrieben werden, die schließlich zu einer Profanisierung und Ökonomisierung des Glücksspiels geführt haben. Auch werden die ökonomischen und technisch-logistischen Veränderungen als Voraussetzung für die Verbreitung und Erneuerung von Lotterien aufgezeigt. Schließlich werden die wesentlichen Essentialia heutiger Lotteriedurchführung historisch betrachtet. Einige Anmerkungen zur Entwicklung der Spielbanken schließen die Erörterung ab. Der Blick in die Geschichte des Glücksspiels ermöglicht es, einige der Ursachen und regelmäßig wiederkehrende Argumentationsmuster zu erkennen, die ihre Wirkung im Rahmen der heutigen Diskussion um die „richtige" rechtliche und gesellschaftspolitische Gestaltung des Glücksspieles nicht verfehlen.

II. Profanisierung und Ökonomisierung des Glücksspiels als Ausgangspunkt von glücksspielrechtlichen Regelungen

3 Richtet man den geschichtlichen Fokus auf Lotterien, lässt sich feststellen, dass die Entscheidung über „Sein oder Nichtsein" – in dem durchaus existenziellen Sinn – in früheren Zeiten deutlich häufiger mit einem Los verbunden war als heutzutage. In Homers „Ilias" ziehen die Helden Lose aus dem Helm Agamemnons, um die gegen Hector antretenden Gegner zu bestimmen. Tacitus überliefert in der „Germania" Beispiele zur Spielleidenschaft der alten Germanen: Beim Stäbchenziehen wurden dabei zunächst das Vieh, dann Haus und Hof, schließlich Sklaven und die eigenen Frauen, am Ende sogar die eigene Freiheit und das eigene Leben buchstäblich „aufs Spiel gesetzt". Denjenigen traf ein „hartes Los", der den „Kürzeren" gezogen hatte. Und schließlich gab es in fast allen Kulturen, vom Codex Hammurapi über China, Japan,

2 *Zollinger* aaO, S 9.

Indien, Ägypten bis ins Mittelalter bei Rechtsfindungsprozessen Gottesurteile als Los- bzw Schicksalsurteile.[3]

Erst im Zuge der weiteren Fortentwicklung des öffentlichen Spiels um Geld, also mit der Ökonomisierung des Glücksspiels, wurden erste rechtliche Regelungen erlassen. So verboten das römische Recht wie auch das frühe kanonische Recht das Glücksspiel völlig; es wurde als frevelhafte Wette gegen das göttliche Los empfunden. Der Beginn der Entwicklung der beiden Stränge der europäischen Lotteriegeschichte fand seinen Ausgangspunkt in der Anerkennung des Spiels als Tugend in der Hochscholastik Thomas von Aquins im 13. Jahrhundert.[4] Vom Segen des kanonischen Rechts begünstigt, entwickelten sich die Lotterien zunächst in Italien und den Niederlanden. Holländische Lotterien – als Vorläufer der Klassenlotterien – sind seit 1443 bekannt. Die Klassenlotterie wurde bis ins 18. Jahrhundert in Europa daher auch „holländische Lotterie" genannt. In den Niederlanden wurde die Lotterie so erfolgreich, dass Hamburg in seiner ersten Lotterie 1612 das Ziehungsverfahren des Glückshafens und den holländischen Namen verwendete. 4

Interessanterweise entwickelten sich diese Lotterien in den Zentren des damaligen Welthandels: in Brügge und Antwerpen die holländische Lotterie, in Genua, Florenz und Venedig das italienische Lotto. Vielleicht sollte der heutige Gesetzgeber im Hinblick auf Vertriebswege wie Internet, Fernsehen und Telefon auch aus der historischen Erfahrung den Schluss ziehen, dass sich das Lotteriespiel früher wie heute in der Informationsgesellschaft nicht einfach über Verbote von den Realitäten abkoppeln lässt und sich die zeitgemäßen Erscheinungsformen ihren (notfalls auch illegalen) Weg suchen. Diese beiden Hauptformen von Lotterien bestimmten je nach Spielkultur und politischen Verflechtungen in den nächsten Jahrhunderten das Glücksspiel in Europa. 5

Die Profanisierung des Loses vom bitteren Ernst zum spielerischen Charakter auch mit dem Zweck des Zeitvertreibs und der Unterhaltung bildet offenbar eine Grundlage für die These vom „natürlichem Spieltrieb". 6

III. Ökonomischer und technisch-logistischer Wandel als Voraussetzung für die Verbreitung und Erneuerung von Lotterien

Handel ist Wandel und umgekehrt. Am Beispiel einiger grundlegender Innovationen gilt dies auch für Lotterien, die immer in politische, ökonomische und technisch-logistische Innovationen eingebunden waren und diese nutzten. Nur deshalb entstanden im Lauf der Jahrhunderte die sog „Großen Lotterien" (im Gegensatz zu den örtlich beschränkten Lotterien, meist in Form von Tombolen mit Sachgewinnen). 7

---

3 Vgl www.wikipedia.de „Gottesurteile".

4 „Der wahrhaft Weise muß ab und zu die gespannte Schärfe des Geistes lockern und eben das geschieht durch sein spielerisches Tun und Denken" *Bauer, Günther G.* (Hrsg) Lotto und Lotterie, Internationale Beiträge des Instituts für Spielforschung und Sozialpädagogik an der Hochschule „Mozarteum" Salzburg, Homo Ludens VII, 1997, S 9.

- Druckkunst
  Um Lotterien flächendeckend durchführen zu können, bedurfte es der Technik des Druckens von Gewinnlisten und Losen. 1445 erfand Johannes Gutenberg in Mainz den Buchdruck und legte damit die Grundlage nicht nur für die bedeutenden Umwälzungen Europas auf dem Weg in die Neuzeit. Luthers Thesen hätten nicht flächendeckend verbreitet werden können. Auch die geistig-kulturelle Entwicklung sowie das Bildungswesen wurden dadurch erst ermöglicht. Daneben entwickelten sich aber mit dem Druck von Plakaten, Handzetteln, Gewinnlisten und Losen auch die profanen Grundlagen für das Massengeschäft und die dafür notwendigen Marketinginstrumente.
- Vertrieb
  Das Adelshaus von Thurn und Taxis wurde im 15. Jahrhundert mit der Beförderung der kaiserlichen Kurierpost im Deutschen Reich, in Burgund und den Niederlanden betraut. Das Adelshaus erhielt das Postmonopol und brachte die Post zu Pferde vom Absender zum Empfänger. Ein funktionierendes Postwesen hatte später auch für die Beförderung von Losen Bedeutung.
- Währung
  Ebenso brauchte eine über den jeweiligen Veranstaltungsort hinausgehende Lotterie eine allgemein verbreitete Währung, mit der man das Los kaufen und den Gewinn auszahlen konnte. Erst in der 2. Hälfte des 17. Jahrhunderts kam es zu vertraglichen Einigungen von Ländern über die Prägung von Münzen nach gleicher Währung mit gegenseitiger Umlaufberechtigung. Ab 1705 wurden vom Pfälzischen Kurfürsten Blancozettel, im Kurfürstentum Sachsen 1772 so genannte Cassenbillets und im Königreich Preußen ab 1806 Tresorscheine ausgegeben. Bis die ersten echten Banknoten erschienen, wurde der Gewinn in Münzen ausbezahlt.
- Kreativität
  Innovationen bei der Produktgestaltung führten zu größeren Absatzmärkten. Um den relativ hohen Lospreis bei der holländischen Lotterie breiteren Bevölkerungsschichten zugänglich zu machen, wurde die Losteilung in Anteile eingeführt, so dass neben ganzen Losen auch Fraktionen bis zu $^1/_8$ angeboten wurden. Im Gewinnfall wurde dann aber auch nur der entsprechende Anteil gewonnen. Dieses Ticket-Splitting hat sich bei Klassenlotterien bis heute erhalten.[5]

---

5 *Houtman-de Smedt* North-West Europe under the spell of lotteries and lotto in the eighteenth and nineteenth centuries, in: Homo ludens, Der spielende Mensch, Band VII, Internationale Beiträge des Instituts für Spielforschung und Spielpädagogik an der Hochschule „Mozarteum" Salzburg, 1997, S 74f.

IV. Essentialia heutiger Lotteriedurchführung historisch betrachtet

1. Öffentlichkeit und Kontrolle der Ziehungsverfahren: Staatlichkeit als Vertrauenselement

Vorläufer der holländischen Lotterien waren die sog. Glückshäfen, eine Art von Wa- 8
renlotterien, die im Rahmen von Jahrmärkten und Schützenfesten angeboten wurden. Diese überwiegend vom 13. bis zum 16. Jahrhundert praktizierte Glücksspielform wurde privat und von Zünften bzw Vereinen betrieben.[6] Betrügerische Machenschaften bei der Veranstaltung der Glückshäfen führten letztlich dazu, dass die Obrigkeit diese besonderen Regelungen unterwarf oder sogar verbieten musste. Die Ziehungen fanden deshalb schließlich in den Rathäusern statt und das Lotteriegeschäft wurde als Finanzierungsquelle für staatliche Aufgaben entdeckt. Die Spieler gewannen als direkte Folge mehr Vertrauen zum Lotteriespiel, da die Ziehungen jetzt unter den Argusaugen der Beisitzer und Notare veranstaltet und jeder Vorgang akribisch festgehalten wurde. Dieses Ziehungsverfahren wurde von den Glückshäfen in die noch folgenden Lotterien übernommen und bis auf technische oder ablauftechnische Kleinigkeiten bis 1973 in dieser Form betrieben.[7] Jede Ziehung war damals ein feierlicher Akt: Mit Pauken und Trompeten und vom Publikum frenetisch begrüßt, nahm die Ziehungskommission ihren Platz am Tisch ein. Damit waren die bis heute anerkannten wesentlichen Kernelemente für die ordnungsgemäße Durchführung von Lotterien geschaffen: Öffentlichkeit und Kontrolle der Ziehungsverfahren.

2. Förderung gemeinnütziger Zwecke als gesellschafts- und finanzpolitische Causa

Die erste staatliche Lotterie auf deutschem Boden beschloss der Rat der Stadt Ham- 9
burg auf Vorschlag seiner Bürger[8] am 7. November 1611. Aber erst am 5. Juni 1612 wurde die erste Staatslotterie in Deutschland genehmigt und verkündet. Es war die erste Lotterie, bei der nicht nur Sachgewinne, sondern auch Geldgewinne, Leib- und Erbzinsen ausgespielt wurden. Die Gewinne waren nicht überwältigend hoch, doch sollte die Lotterie ja auch wohltätigen Zwecken dienen. Das wurde den Spielern bereits in der Ankündigung der Ausspielung deutlich gemacht. Die Lose konnten nur im ehemaligen Rathaus, dem Einbeckschen Haus, gekauft werden. Die Einzahlungen

---

6 Ausführlich zu Glückshäfen in: *Schönbein* Das Millionenspiel mit Tradition – Die Geschichte der Klassenlotterie, S 46 ff, stark gekürzter Vorabdruck in Merkur plus, Rheinischer Merkur Nr 47 vom 18. 11. 2004, S 37; 50 Jahre Bayerische Staatslotterie, München 1996, S 14 ff; zur europäischen Entwicklung auch *Râpeanu Valeriu* The National Lottery of Romania, 1999, S 34 ff.

7 Ab 1973 wurde bei der Süddeutschen Klassenlotterie zur Vereinfachung des Ziehungsverfahrens das Endziffernverfahren eingeführt und später auch von der Nordwestdeutschen Klassenlotterie übernommen.

8 Mitglieder der Hamburger Bürgerschaft in einem Schreiben an den Rat vom 16. August 1610: *„... von Etzlichen Bürgern ist wollmeinendlich fürgeschlagen, wann E. E. Raht Ein Christlich Mittel, als woll in Holland gebräuchlich sein soll, welches woll in gestalt eines Loßes, aber gleichwoll in wahrheit kein Loß ißt, anrichten möge, daß es zu großen nutzen gereichen und ein ansehnliches geld in die 20.000 M lübisch, zu fürderung solches werckes tragen könte"*.

wurden vom vereidigten Lottenschreiber in ein Buch geschrieben und der Spieler erhielt den Contra-Zettel als Quittung. Damit entstand das Los. Es dauerte 26 Monate, bis alle Lose verkauft waren. Die erste Ziehung konnte 1614 beginnen, wurde im Weinkeller des Einbeckschen Hauses öffentlich durchgeführt und dauerte bis zum 3. Oktober, 57 Tage und 56 Nächte ohne Unterbrechung. Der Erlös war für den Bau eines Werk- und Zuchthauses als Rehabilitationsanstalt für Bettler und Landstreicher bestimmt.[9] Fast alle staatlichen Lotterien verwendeten künftig ihre Überschüsse entweder für bereits vorher bestimmte, gemeinnützige oder für sonstige allgemeine öffentliche Zwecke.

3. Vorsichtsmaßnahmen bei der Ziehung zur Sicherung und Gewährleistung eines ordnungsgemäßen Ziehungsvorgangs

10 Seit jeher wurden auch Maßnahmen ergriffen, mit denen beim Ziehungsvorgang die Unabhängigkeit und Unbeeinflussbarkeit des Ziehungspersonals dokumentiert werden konnte. Waisenkinder zogen zu allen Zeiten die Gewinne und galten immer als rein und unschuldig und damit als besondere Glücksboten. Hauptsächlich wird von Knaben berichtet; erst mit der Preußisch-Süddeutschen Klassenlotterie wurden auch junge Mädchen für die Ziehung zugelassen. In Italien wurde der Waisenknabe sogar mit Gebeinen von Heiligen behängt und religiöse Zeremonien begleiteten die Ziehung. In England erging ein Erlass des Finanzministers über die Kleidung und Haltung der Boys während der Ziehung. Die Ärmel mussten fest verschlossen sein, die Taschen waren zugenäht, die linke Hand auf dem Rücken, die rechte Hand mit gestreckten Fingern. Die Waisenknaben bekamen keinen Lohn für ihre Dienste.[10]

4. Wettbewerb um ausländische Spieler

11 Erst nach Ende des 30-jährigen Krieges, der auch die Verbreitung von Lotterien unmöglich machte, haben neben Hamburg Städte wie Frankfurt, Hannover, Braunschweig, München, Berlin, Erfurt und Dresden Lotterien gegründet. Die Spielpläne wurden jetzt auch in Englisch, Französisch und in Holländisch veröffentlicht, um ausländische Spieler zu gewinnen. Jedem Herrscher war es ein großes Anliegen, Geld ins Land zu bekommen. Sie erließen gleichzeitig Verbote gegen ausländische Lotterien und bestraften auch jene Spieler, die an diesen teilnahmen. Auch nach Erlass von Lotterieverboten wurde immer beobachtet, dass sich die Spieler ihre Spielmöglichkeiten in ausländischen Lotterieangeboten suchten.[11] Cross-border-betting bzw Regionalisierung als heutige Schlagworte haben somit tiefe historische Wurzeln.

---

9 Dazu ausführlich *Schönbein* aaO, Fn 6, S 55 ff.

10 *Schönbein* aaO, Fn 6, S 262 f.

11 *Näther* Zur Geschichte des Glücksspiels, Forschungsstelle Glücksspiel der Universität Hohenheim, Internetpräsenz www.uni-hohenheim.de/Glücksspiel/Forschung/u_naetherhtm, 2005, S 8.

5. Risiken auf Seiten der Veranstalter

Da die Betreiber noch keine Erfahrung hatten, wie eine Lotterie durchgeführt wird, kam es schließlich auch zu Fehlern. In einer Lotterie von 1723 gab es mehr Gewinne als Lose, da die gesamten Lose, die in einer Klasse gezogen wurden, wieder in den Topf kamen. Lose wurden über Mittelsmänner verkauft. Pech bedeutete es dann für den Betreiber, wenn der Losverkäufer mit den Einnahmen verschwand. Aber auch die Unerfahrenheit in der Spielplanentwicklung ließ so manche Lotterie scheitern. So wurden um 1700 Renten ausgespielt, aber nicht bedacht, dass die Stadt als Veranstalter für die Renten dauerhaft aufkommen muss. Man hatte sich mit den Einnahmen der Lotterie so verkalkuliert, dass die Stadtverwaltung mehr ausgeben musste als anfänglich eingenommen wurde. Erschwerend kam noch hinzu, dass die Gewinner der Renten diese meist auf das jüngste Familienmitglied übertrugen; damit verlängerte sich die Zahlung und der Gewinn war höher, weil die Renten bis zum Ableben des Gewinners bezahlt wurden. Nebeneffekt solcher Ereignisse war die Entwicklung von Risikomanagementmaßnahmen. Der französische Mathematiker und Philosoph Blaise Pascal versuchte Mitte des 17. Jahrhunderts auf Anregung des leidenschaftlichen Glücksspielers Chevalier de Méré das Glück und die Wahrscheinlichkeit des Zufalls berechenbarer zu machen. Das Ergebnis war die Stochastik. **12**

6. Veranstaltungsformen: Monopole – Pacht – Privatvertrieb

Lehrreich sind auch die verschiedensten Veranstaltungs- und Durchführungsformen der Lotterien. 1763 erklärte Friedrich II., König von Preußen, sämtliche Lotterien zu staatlichen Monopolen. Durch das staatliche Monopol unterschied sich der König vom Papst, der Kaiserin Maria Theresia und dem Kürfürsten von Bayern, die das Lotto immer noch verpachteten. Pächter waren Privatpersonen oder Bankiers. Um die Vertriebskosten zu senken, wurden zeitweise auch staatliche Bedienstete wie Lehrer oder Offiziere eingesetzt. Die verdienten Provisionen wurden auf Pensionsansprüche angerechnet. Das alleinige preußische staatliche Monopol führte nicht zum Erfolg. Eine entsprechende Vertriebsorganisation fehlte, die Lose konnten nicht flächendeckend angeboten werden. Die Lotterien wurden wieder verpachtet. Heute überwiegt die Mischform staatlicher Veranstaltung mit privatem Vertrieb. **13**

7. Spielverbote

Es ist nicht zu übersehen, dass das Glücksspielrecht auch immer den Zeitgeist reflektiert. Im 16. Jahrhundert hatte sich die Bevölkerung wohl zu sehr auf das Spiel an den Glückshäfen konzentriert, so dass Kirchen und Obrigkeiten misstrauisch wurden und es zu ersten Verboten kam.[12] Auch die in den meisten deutschen Staaten Mitte des **14**

---

12 Der Rat zu Nürnberg erließ im September 1579 ein Verbot gegen die Glückshäfen: „*... weil dem gemainen man von wegen dess täglichen hinauslauffens und zuhörens desto mehr zu versäumung seiner arbait, mussiggang und anderer liederligkait, spilens, fressens und sauffens ursach geben wirdet*“, müsse das Spiel im Glückshafen unterbunden werden. Land auf, Land ab waren die Verbote gleich, da der Glückshafen ein recht großer Anziehungspunkt war, so dass die Menschen ihren Verpflichtungen nicht mehr nachkamen.

18. Jahrhunderts eingeführten Lottoangebote wurden zu Beginn des 19. Jahrhunderts wieder verboten. Erst Mitte des 20. Jahrhunderts wurde Lotto dann wieder in Deutschland eingeführt. Details ergeben sich aus der folgenden Tabelle:

Lotto	**Land**	**Einführung**	**Auflösung**	**Grund**
	Bayern	1735 1953	1861	Moralisten, Spielsucht, Betrug
	Preußen	1763 1806	1802 1810	Spielsucht
	Pfalz	1769	1790	Spielsucht
	Baden-Württem- berg	 1772 1958	 1772	 Moral, Spielsucht, Betrug
	Hamburg	1770 1955	1770	Spielsucht
	Franken		1802	Betrug
	Bremen	1956		
	Niedersachsen	1956		
	Hessen	1770 1956	1780 1832	Moral, Spielsucht, Betrug
	Rheinland-Pfalz	1956		
	Saarland	1956		
	Coburg	1768	1849	Moral, Spielsucht, Betrug
Gesamt	**Deutschland**	**um 1950**	**1862**	**Moralisten, Betrug, Spielsucht**
	Italien 1620	1751	1752 um 1850	Spielsucht
	Österreich	1751	um 1850	Spielsucht
	England	1694	1826	Moral, Spielsucht, Betrug
	Belgien		1830	Moral, Spielsucht, Betrug
	Frankreich	1757 1797	1793 1836 bis 1850	Moral, Spielsucht, Betrug
	Spanien	1763	um 1850	Moral, Spielsucht, Betrug
	DDR	1954		
	Finnland	1971	1912	Moral, Spielsucht, Betrug
Gesamt	**Europa**	**um 1950**	**um 1850**	**Moral, Spielsucht, Betrug**

15 Ein ähnliches Bild ergibt sich für Europa insgesamt. In den Begründungen der Verbote wurde auf eine betrügerische Durchführung des Lottos verwiesen, insbesondere auf der Ebene des Vertriebs. Es gab aber auch moralisch-sittliche Bedenken von Protestanten. In der Aufklärung gewannen Rationalisten Gewicht, die zufallsgesteuerte Lebensveränderungen ablehnten. Hiermit war immer die Sorge insbesondere für die unteren Stände verbunden, dass die Begierde nach Reichtum sie zu sehr verführe und die Arbeitsmoral beschädigen könne.

Die Lottoverbotsdiskussion in Bayern dauerte über 40 Jahre und mündete erst 1861 **16** in einer günstigen finanzpolitischen Lage mit Haushaltsüberschüssen gegen den Willen des Finanzministers in ein Verbot.[13] Bis dahin wurde Beanstandungen bei der Durchführung von Lotto mit strengeren administrativen Regelungen und einer zurückhaltenden Vertriebssteuerung der Lottokollekteure begegnet.

Die Diskussion zu Lotterieverboten in Preußen dauerte ebenfalls sehr lange. Die **17** Kernthemen der damaligen Diskussion prägen auch den aktuellen Diskurs zur Neugestaltung des Glücksspielwesens in Deutschland. Sittliche, rechtliche, ökonomische und praktische Gründe wurden damals und werden heute angeführt. Mit Blick auf die Suchtproblematik wurden Differenzierungen je nach dem Gefährdungspotential auch bereits damals vorgenommen. Als Hauptargument für die Lotteriegegner diente das Prinzip des „socialen“ Staates, der auf ehrlicher Arbeit beruhe. Trotz des Lottoverbots konnte die Klassenlotterie allerdings weiter bestehen. Dabei wurde argumentiert, die „Leidenschaft“ spiele bei der Klassenlotterie keine Rolle, da der Spieler selbst nicht anwesend sei. Dies sei anders als bei den üblichen Hasardspielen, die den Spieler oftmals in die Schuldenfalle drängten. Die Klassenlotterie habe dagegen noch keinem geschadet und es sei noch niemand durch das Spiel verarmt oder ins Gefängnis gesteckt worden. Auch wurde auf die Verwendung der Einnahmen der Klassenlotterien für gute Zwecke verwiesen. Zudem werde einfachen Menschen die Möglichkeit offen gehalten, Reichtum zu erlangen. Es gäbe auch Hinweise aus der Bevölkerung, dass die Spieler im Verbotsfalle an den in Holland, Dänemark oder in der Schweiz bestehenden Lotterien teilnehmen würden.[14]

Die cross-border-Argumentation spielte auch eine Rolle, als Anträge der Lotterie- **18** gegner von der Regierung mit der Begründung abgelehnt wurden, „weil ... bei der doch einmal vorhandenen Spielsucht die Befriedigung derselben als das kleinere Übel erscheinen müsse, solange sich das Land nicht der Ausbeutung durch fremde Lotterien verschließen könne.“ Der Abgeordnete Brauchitsch „machte gegen die völlige Aufhebung der Staatslotterie geltend, dass auf diesem Wege die radikale Beseitigung des Glückspiels nicht zu erreichen sei. Die Sitte würde sich stärker erweisen als das Gesetz, der Wegfall der Staatsinstitution daher lediglich die Folge haben, dass Spieler in Betreff der Gewinne nicht gesichert wären. Es sei auch so lange bedenklich, die bestehende Ordnung aufzuheben und die Beteiligten der Übervorteilung und dem Betruge auszusetzen, als es nicht gelingen solle, durch internationales Übereinkommen die Lotterien in ganz Europa abzuschaffen.“ Die Klassenlotterie blieb also

---

13 Ausführlich insbesondere zur bayerischen Entwicklung: 50 Jahre Bayerische Staatslotterie, 1996, S 38ff.

14 *Paul, Wolfgang* Erspieltes Glück, 1978, S 113f und *Roth, Eugen* Das große Los, 1939, S 123f; *Schönbein* aaO, Fn 6, S 161.

weiterhin bestehen. Zugleich wurden Verbote gegen auswärtige Lotterien erlassen und das Spielen in fremden Lotterien war bei einer Strafe von 50 Mark verboten.[15]

19 In einer Diskussion im preußischen Landtag traten Abgeordnete 1867 auf das Lebhafteste für den Erhalt der staatlichen Lotterien ein: Argumentiert wurde, „dass es verfehlt sei, das Spiel ohne weiteres als ein Laster zu bezeichnen, während es doch nur in seiner Ausschreitung, ebenso wie das Trinken in gleichem Falle, diesen Namen verdiene. Abgesehen davon sei die Klassenlotterie das ungefährlichste Spiel, da hier die Leidenschaft durch das Spatium zwischen Einzahlung und Ziehung, die Zahl und Größe der Lose und die langsame Wiederholung der Ziehung unbedingt ausgeschlossen bleibe." Weiter wurde darauf hingewiesen, bei einer Aufhebung würde „das Spiel in gefährlicher Form im Geheimen stärker betrieben werden."[16]

20 1868 wurde im preußischen Landtag erneut über das Glücksspielwesen gestritten. Themen waren diesmal insbesondere die Vertriebsstruktur und die Art und Weise der Werbung. Den Anlass bot der vermehrte Handel mit gefälschten staatlichen Lotterielosen. Hunderte von Beschwerden über Unregelmäßigkeiten und Betrug durch die von privaten Anbietern gefälschten Lotterielose waren bereits bekannt. Im Abgeordnetenhaus erhob der Abgeordnete Dr. Becker Bedenken auch gegen die seinerzeit praktizierten Werbemethoden: Wegen der schwindelhaften Reklame, der verwerflichen Manipulationen und des ungünstigen Einflusses auf die ärmeren Volksklassen werde eine schwere Schädigung des Gemeinwohls verursacht. Vor dem Herrenhaus argumentierte Professor Hinschius für den Erhalt der Klassenlotterie: Vom Rechtsstandpunkt aus sei es zweifellos und auch sei es durch den Charakter der Preußischen Staatslotterie als ein Staatsmonopol bedingt, dass die Regierung kraft dieses Monopols ausschließlich berechtigt sei, nicht nur die Lose herzustellen und die Ziehung zu veranstalten, sondern auch die Person zu bestimmen, welche mit dem Debit der Lose zu betrauen seien. Jede Begründung einer Privatkollekte sei daher als ein Rechtseingriff in dieses Monopolrecht zu betrachten und schon zivilrechtlich anfechtbar. Von einer Verletzung der Gewerbefreiheit sei bei Schutzmaßregeln für Staatsmonopole nicht die Rede, da man Gewerbefreiheit nur in Bezug auf solche Dinge statuieren könne, welche jeder beliebig herstellen und produzieren dürfe. Wenn daher der Staat, der berechtigte Monopolinhaber, sich im Interesse der von ihm verfolgten Zwecke der Art des Losevertriebs, wie sie von Privathändlern geübt werde, entgegenstellen wolle, so befinde er sich vollständig in seinem Rechte. Von dem Vertreter des Finanzministeriums wurde besonders auf die Zweckbestimmung der Staatslotterie hingewiesen: Dieselbe sei keineswegs, wie vielfach angenommen würde, ausschließlich auf eine möglichst ergiebige Vermehrung der Staatseinnahmen gerichtet, vielmehr sei die Lotterieverwaltung bestrebt, diese Staatseinrichtung so zu gestalten, dass sie als Ableitungsmittel, als ein Sicherheitsventil gegen die Spielleidenschaft wirksam werde.[17]

---

15 *Marcinowski* Das Lotteriewesen im Königreich Preußen, 1892, S 19 f.

16 Ebd S 79.

17 Alle Zitate aus *Marcinowski* ebd S 53 f.

Die Diskussion all dieser Themen wird in anderer Diktion im Jahr 2007 wieder geführt. Die Themen und Argumente aber bleiben: Rechtfertigung eines Staatsmonopols und die hieraus abzuleitenden Beschränkungen, Kanalisierung des Spieltriebs, Sicherung einer ordnungsgemäßen Durchführung und der Spielerinteressen, Notwendigkeit staatlicher Kontrolle und der Organisation des Vertriebs, Kontrollintensität bei Einschaltung privater Vermittler, zulässige Werbemethoden und Vermeidung irreführender Werbung, Grenzen der Gewerbefreiheit, Zulässigkeit von Fiskalinteressen sowie internationale cross-border-Thematik und Harmonisierung internationaler Vorschriften. **21**

V. Einige Bemerkungen zur Entwicklung der Spielbanken

1. Spiele und ihre unterschiedliche soziologische und psychologische Verortung

Die Geschichte öffentlicher Spielcasinos ist mit der Entwicklung der verschiedenen Stände verknüpft: Kartenspiel und Spiel um Geld waren zunächst ein Privileg (der Sozialgruppe) des Adels und damit Teil der Elitekultur. Anders ausgedrückt: Karten- und Würfelspiele waren Bestandteil eines inoffiziellen adeligen Beziehungs- und Bildungssystems. Die Spiele gehörten zur ritualisierten täglichen Beschäftigung bei Hofe und wurden von dort auch in die anderen gesellschaftlichen Zentren wie die Badeorte getragen. Man spielte auch im Theater und später beim Militär. Obgleich die Hasardspiele immer verboten waren, war es absolutistischer bzw ständischer Herrschaft nicht fremd, von solchen Verboten Ausnahmen zu gewähren bzw faktisch das Gesetz nicht mit gleicher Schärfe durchzusetzen. Auch die ökonomische Autonomie der Adeligen verschaffte diesen gleichsam ein traditionelles Recht zum freien Glücksspiel.[18] Die Elitekultur lässt sich demnach dadurch beschreiben, dass die Spiele bei Hofe elegant als Hasardspiele bezeichnet wurden, während der Scheffel[19] und die Spiele, die auf Jahrmärkten angeboten wurden, den unteren Volksschichten vorbehalten waren. Die Spiele des einfachen Volkes waren in Adelskreisen verpönt. Während es keinen Bedenken begegnete, wenn der Adel sein Vermögen im hohen Maße aufs Spiel setzte, war es nicht akzeptabel, wenn der einfache Bürger den mühsam erarbeiteten Lebensunterhalt leichtfertig verspielte. Bei dieser Grundhaltung spielte auch die Befürchtung eine Rolle, dass die Bürger durch Spielschulden nicht mehr in der Lage sein könnten, die nötigen Steuern zu zahlen, mit denen die Herrschaft ihren Lebensunterhalt finanzierte. **22**

Das gleichwohl praktizierte, nicht adelige Spiel fand auch in Form von Würfel-, Karten- und Billardspielen unter strengen Auflagen in Wirts- oder Kaffeehäusern statt. Zeitlich beschränkte Spielmöglichkeiten, später auch die des Roulette, gab es anlässlich von Kirchweihfesten, Jahrmärkten und Messen. Bis ins 16. Jahrhundert erfolgte **23**

---

18 *Zollinger* aaO, S 85.

19 Eine Art Kugelwurfspiel auf einen breiten Trichter (Scheffel), in dessen Mitte unterschiedlich wertige Grübchen markiert waren und den Gewinn bestimmten.

dies meist in der Gestalt von Glückshäfen.[20] Seit dem Mittelalter und der frühen Neuzeit sind demnach Bestrebungen staatlicher und kirchlicher Obrigkeiten feststellbar, trotz prinzipiell umfassender Verbote den Glücksspielen Räume mit örtlicher oder zeitlicher Beschränkung zuzuweisen und damit diese eben doch zumindest partiell zuzulassen, um den offensichtlichen Bedarf zu lenken und zu kontrollieren. Schließlich sind die Formen des institutionalisierten Glücksspiels neben den erwähnten Jahrmärkten, Messen, adeligen Bällen und Zusammenkünften auch Ausdruck einer Ambivalenz zwischen ordnungspolitisch-moralischen Erwägungen einerseits und den ökonomischen Vorteilen andererseits.

2. Klassifizierungen und Verbote

24 Im 16. und 17. Jahrhundert unterschied man erstmals zwischen verbotenem und erlaubtem Spiel. Die Unterscheidung erfolgte weniger nach der Art des Glückspiels, als nach der Höhe des eingesetzten Geldes.

25 So veröffentlichte 1666 Ludwig XIV. ein Edikt, das schnelleres Eingreifen bei Hasardspielen zuließ. Ein erneutes Glückspielverbot von Ludwig XVI. wurde auf die Spielhäuser erweitert und Spielschulden für nichtig erklärt. Gegen die Unheil bringenden Spiele erließ Karl VI. im Jahr 1721 erneut Verbote. Schlägereien, Mord und Totschlag gingen mit dem Spiel einher. Ganze Familien wurden durch das Glückspiel ruiniert. Ein Jahr später wurde von Karl VI. eine dreistufige Klassifizierung des Glückspiels veröffentlicht. Körperliche, geistige und anspruchsvolle Spiele waren erlaubt, Hasardspiele verboten.

26 Organisatorisch gab es bei der Zulassung von Spielangeboten einen Trend, diese über Konzessionen und Privilegien oder Monopole zu regeln. Aber auch Pachtverhältnisse waren weit verbreitet.[21]

3. Spielcasinos: Europa ohne Grenzen

27 Als Ursprungsland des Roulette wird häufig das Italien des 17. Jahrhunderts genannt. Eine Nähe zum mittelalterlichen Rad der Fortuna und späteren Glücksrad ist offensichtlich. Die erste Form eines Spielcasinos erblickt im venezianischen Ridotto des Jahres 1636 das Licht der Welt. Der Betrieb war verpachtet, das Kartenspiel überwacht. Es bestand Maskenpflicht, die sich bis heute in Form des venezianischen Karnevals manifestiert.

Die Erfindung des Roulette wird oft – fälschlicherweise – dem französischen Mathematiker Blaise Pascal zugeschrieben. Pascal gehörte zwar zu den Pionieren der Wahrscheinlichkeitsrechnung. Seine im Jahr 1658 erschienenen Schriften *„Histoire de la roulette“* und *„Suite de l'histoire de la roulette“* befassen sich aber nicht mit dem Roulette-Spiel, sondern mit der in Frankreich auch „Roulette“ genannten zyklischen Radkurve (Zyklone). Das Roulette gelangte im Laufe des 18. Jahrhunderts nach Frankreich, wo es Ludwig XV. vergeblich zu verbieten versuchte. In Frankreich wurden

---

20 S dazu bereits oben unter Rz 8.

21 Ausführlich dazu *Zollinger* aaO, S 207 ff.

Spieletablissements vor und nach der Revolutionszeit verpachtet: Für die Spieler schien es keine Revolution gegeben zu haben.[22] Das Palais-Royal beherbergte eine Vielzahl von Spielzimmern und Geschäften; gleichzeitig wurde hier Prostitution angeboten. 1836 wurden zunächst die Lotterie, dann die Spielhäuser verboten. Dies war der Beginn des Aufschwungs der Spielbanken in deutschen Bädern zu europäischen Zentren des öffentlichen institutionalisierten Glücksspiels:[23] Baden-Baden, Bad Homburg und Wiesbaden[24] waren die Zentren. Den Betrieb in Bad Homburg pachtete der aus Frankreich stammende und über Insidergeschäfte zu Geld gekommene François Blanc. Nachdem er die Bankgeschäfte aufgeben musste, betrieb er mit seinem Bruder zunächst in Luxemburg ein kleines Casino. Um das Bad Homburger Angebot attraktiver zu gestalten, verzichtete Blanc im Jahre 1841 auf das *Double zéro*. Zwar wurde hierdurch der Vorteil der Spielbank gegenüber den Spielern verringert. Zugleich wurde durch diese Maßnahme aber auch ein entscheidender Wettbewerbsvorteil gegenüber anderen Spielbanken begründet, die schließlich gezwungen waren, dem Bad Homburger Beispiel zu folgen. In den USA ist demgegenüber noch heute die Doppel-Null gebräuchlich. Im Rahmen der oben (unter Rn 14–21) bereits ausführlich zu Lotto und Klassenlotterien dargestellten Spielverbotsdebatte wurden auch Verbote von Spielbanken gefordert. 1868 wurde schließlich durch ein preußisches Landesgesetz und bald darauf durch ein Gesetz für das Bundesgebiet die Schließung aller Spielbanken zum Jahresende 1872 angeordnet. Sie wurden erst 1933 unter den Nationalsozialisten wiedereröffnet.

Mit dem Spielbankenverbot in Deutschland konzentrierte und etablierte sich Monte **28**
Carlo für lange Zeit als bis heute international anerkannte und bekannte Spielbank. Um die Infrastruktur zu verbessern, überredete Blanc die französischen Behörden zum Bau einer Küstenstraße entlang der französischen Riviera und schuf die Voraussetzungen für den Luxustourismus in der gesamten Gegend. Dass sich bestimmte Regionen über das Casinogeschäft als Luxusdestination mit Eventcharakter definieren, zeigt sich auf den verschiedensten Kontinenten bis heute in Las Vegas, Macao oder Sun City.

Das Spiel und die Spieler suchen sich ihren Weg und machen an den Grenzen keinen Halt.

VI. Summary (History)

Rombach outlines the historical process in which the essential principles of today's lawful and controlled realization of gambling games (in particular of lotteries) were developed. He describes the conditions – including economical and technical-logistical alterations – within the framework of which the profanation and economization of gambling resulted. If, for example, we focus on the lotteries, it can be deduced

22 *Zollinger* aaO, S 222.

23 Ausführlich auch zur österreichischen Entwicklung *Zollinger* aaO, S 222 und S 229 ff.

24 *Dostojewski's* Roman „Der Spieler" entstand, nachdem er in Wiesbaden das Roulette kennenlernte und diesem Spiel verfiel.

that the decision of "to be or not to be" in its existential meaning was linked to a lot (i e to decide by lot) more often in the past than today. In *Homer's Elias*, the heroes draw lots out of *Agamemnon's* helmet. *Tacitus* describes examples of the old Teutons' passion for gambling in the *Germania*: on drawing little sticks they literally set at stake the cattle, followed by hearth and home, then the slaves and wives, finally their own freedom and even their lives. He who had drawn the shorter stick was befallen by a "hard lot". And in nearly all cultures and civilizations, from the *Code of Hammurabi* to China, Japan, India, Egypt and into the Middle Ages, ceremonies took place to uncover justice in divine judgment (ordeal) as lot, respectively lot judgment. The first lawful regulations were laid down only after public gambling for money had been further developed, i.e. not before the economization of gambling. Thus, Roman Law as well as early Canon Law had completely prohibited gambling, perceiving it as a sacrilegious bet in opposition to the divine lot (divine providence).

On the History of Lotteries

Two lines of development of the European lottery history were based on *Thomas Aquinas'* appreciation of the game as a virtue during the period of high scholasticism in the 13th century. Favored by the blessing of Canon Law, the lotteries first developed in Italy and the Netherlands. Dutch lotteries – as precursors of class lotteries – were first recorded in 1443. Therefore, up to the 18th century, the class lottery in Europe was called the "Dutch Lottery". The lottery became so successful in the Netherlands that Hamburg used the drawing procedure of the "Glückshafen" (safe ports) and the Dutch name in its first lottery in 1612. It may be interesting to note that the development of lotteries took place in the international trade centers of that time: the Dutch lottery in Bruges and Antwerp; the Italian lotto in Genoa, Florence and Venice. Today's legislator – with regard to distribution channels like internet, TV and telephone – could possibly deduce from history that the lottery game could not in former times and cannot in today's information society be uncoupled from reality by prohibition. Those up-to-date will seek their own (perforce, also unlawful) path. Both of these main forms of lotteries were decisive for the game culture and political involvement in Europe during the centuries to follow.

The so-called Great Lotteries – opposed to the locally restricted lotteries – emerged where the political, economical and technical-logistical developments and innovations allowed for it. In particular, the invention of printing (*Johannes Gutenberg*, 1445) and the development of a functioning postal system (*von Thurn und Taxis*, 15th century) assumed central roles. Furthermore, the lotteries, reaching beyond their places of event, required a currency – in general circulation – for the purchase of lots and also for the payment of wins. Only in the second half of the 17th century were contractual agreements made between countries for the coinage of an equal currency with reciprocal circulation. In order to make these rather expensive lottery-tickets accessible to broader circles of population they – the lots – were split up into eighths; this ticket splitting of class lotteries is still a common practice.

Precursors of the Dutch lotteries were the so-called Glückshäfen, a kind of goods lotteries that were offered at annual and other fairs. This form of gambling was organized privately as well as by guilds, corporations, from the 13th to the 16th centuries. Fraudulent machinations during the organization of the Glückshäfen resulted in their subjection to the authorities' regulations and to prohibition. Drawings then took place in the town-halls and the lottery business was discovered as a source for financing governmental tasks. Thereafter, as a direct consequence, the gamblers gained more confidence in lotteries because the drawings were organized under *Argus' eyes* of associated judges and notaries: each incident was precisely recorded. The Glückshäfen drawing methods were taken over by the lotteries to follow, which were run in the same way – excluding technical or issue-technical trivialities – up to 1973. In the past, each drawing was a ceremonious act: with drums beating and trumpets sounding, the drawing commission seated at the table was frantically welcomed by the audience. Thus, the still essential and established main requirements were created for the orderly accomplishment of lotteries: the general public and the control of the drawing procedure.

On 7th November 1611, the creation of the first governmentally controlled lottery on German soil was decided on by the Council of Hamburg based on a citizens' proposal. However, on 5th June 1612 the first state-lottery was admitted and proclaimed in Germany. This was the first lottery in which not only the winning of material goods was raffled but also money, government annuity and perpetual rent. The wins were not overwhelmingly high but the lottery was also destined to serve charitable purposes. This was pointed out to the gamblers in the proclamation. Lottery tickets could only be purchased in the *Einbecksche Haus* (Einbeck House), the former town-hall. The payments were recorded by the lottery writer ("Lottenschreiber") and the gambler received a contra-label as receipt and herewith, the lottery ticket was created. The sale of lottery tickets took place over 26 months. The first drawing commenced in 1614 and was carried out publicly in the wine-cellar of the *Einbecksche Haus.* It continued until 3rd of October, ie 57 days and 56 nights without interruption. The proceeds were destined for the building of a works and convict prison as well as a habilitation center for "beggars and tramps". Henceforth, nearly all governmental lotteries used their profits for predetermined public goals or other goals to benefit the public.

Measures were continuously implemented to ensure the independence and subordination of the drawing staff. Also, the wins were drawn by orphans, who were considered to be pure and innocent, and thus especially suitable for glad tidings. In England, the Minister of Finances enacted an ordinance in respect to the boys' clothing and behavior during the drawing: the sleeves were to be tightly closed, the left hand placed on the back, the right hand held with fingers stretched. The orphans did not receive any remuneration for their duties.

It was not until the end of the 30 Years' War, which had rendered the spreading of lotteries impossible, that such establishments were founded – in addition to Hamburg – in towns such as Frankfurt, Hanover, Brunswick, Munich, Berlin, Erfurt and Dresden. The program was then published in English, French and Dutch to attract foreign gamblers. It was the desire of every sovereign to draw funds into the country. Rulers simultaneously passed a prohibition against foreign lotteries and punished gamblers who took part in such games. After the enactment of such order, it was observed that the players sought out possibilities to gamble in foreign lotteries despite the order. Thus, today's catchwords like "cross-border-betting" or "regionalization" are deeply rooted in history.

There were, however, shortcomings as well due to the fact that the organizers lacked experience in running lotteries. In 1723, there were more wins than tickets because all lots drawn had been placed back into the pot. Tickets were sold via go-betweens. It was the organizer's bad luck when the ticket seller disappeared with the takings. The inexperience in developing the program caused many a lottery to fail. In 1700 annuities were paid out but it had not been taken into consideration that the town – as organizer – should pay the pensions permanently. The collateral effect of such incidents was the development of managerial risk measures. In the 17th century, the French mathematician and philosopher *Blaise Pascal* – encouraged by the passionate gambler *Chevalier de Méré* – attempted to calculate the probability of chance. The result was the stochastique, the science of the hazard quantities (calcul des probabilités appliqué au traitement des données statistiques).

The very different methods of organizing and carrying out the lotteries are instructive as well. In 1763, *Frederica II*, King of Prussia, declared all lotteries to be governmental monopolies. With this monopoly declaration the king differed from the Pope, the Empress *Maria Theresa* and the Elector of Bavaria, who continued to lease the lotto. Lease holders were private persons or bankers. In order to reduce the selling expenses, civil servants such as teachers or officers were occasionally appointed. The commissions earned were counted towards the pension entitlements. This governmental monopoly – solely in Prussia – was not successful. There was no corresponding marketing organization. There were not enough tickets to cover entire regions. The lotteries were then leased again. Today the mixed form of governmental organization with private marketing prevails.

It cannot be ignored that the spirit of the respective age is always reflected in the laws on gambling. During the 16th century, people were presumably far too interested in the gambling games at the "safe ports" and thus, aroused the suspicion of churches and authorities resulting in the issuance of prohibitions. Also, the lotto offered in most of the German countries in the mid-18th century was prohibited again by the beginning of the 19th century. It was only in the mid-20th century that the lottery was reestablished in Germany. The developments in Europe were on the whole very similar. Fraudulent organization of the lotto was referred to as reason for prohibition, particularly on the marketing level. Yet, it was also due to the moral/ethical scruples of the Protestants. During the Age of Enlightenment, rationalists became more influential. They rejected the changes to life caused by hazard. The anxiety that the lower classes' desire for wealth would lead them into temptation and could damage their work morale was wide-spread during this period.

The discussion regarding lotto prohibition in Bavaria lasted more than 40 years and only in 1861 was it prohibited – against the Minister of Finances' will – because the state was in a fiscal-politically favorable situation with a budgetary surplus. Up to that point, complaints concerning the lotto organization were obviated by stricter administrative regulations and discreet marketing control on the part of the lotto collectors. The discussion concerning the prohibition of lotteries in Prussia lasted a very long time as well. The main subjects of the discussions then reflect the current discourse regarding the reorganization of gambling in Germany now. Reasons of morals, law, economy and practice were of concern then and they are of concern today. Differentiations with regard to the potential danger of addiction had been already identified in the past. The principle of the "social" state based on honest work served as the main argument for the lottery opponents. Nevertheless, the class lottery was allowed to continue in spite of the prohibition of Lotto. It was argued that the "passion" is of no importance in the class lottery because the player is not present. This differed from the common hazard games, which often forced the gamblers into the debt trap. Also, the possibility to acquire riches was said to be held open to the common people. Finally, there were signs that would-be players would participate in the lotteries in the Netherlands, in Denmark or in Switzerland in the case of a prohibition.

In 1868, a dispute over gambling occurred in the Prussian Parliament once again. On this occasion, the marketing structure and publicity were discussed. The reason for this debate was the increasing trade with forged governmental lottery-tickets. Hundreds of complaints were already recorded regarding the irregularities and fraudulence of lottery-tickets that had been forged by private tenderers. In parliament, deputy *Dr. Becker* raised doubts in respect of the methods of publicity which were applied at that time. The public's well-being had been gravely damaged by the fraudulent advertising, by the abominable manipulations and by the detrimental influence on the less well-off classes of people. These very subjects were re-addressed, in a different diction, in 2007. However, the themes and arguments are similar: justification of a governmental monopoly and the restrictions deriving from it, canalization of the gambling instinct, safeguarding of a lawful accomplishment and of the players' concerns, necessity of governmental control and organization of marketing, control intensity in the case of private intermediaries' engagement, reliable publicity methods and avoidance of misleading publicity, limitation of licenses to (exercise a) trade, permissibility of fiscal interest as well as international cross-border topics and harmonization of international regulation.

On the History of Gambling Casinos

The history of public gambling casinos takes place in conjuncture with the development of the different social standing. Initially, card-playing and playing for money were the privileges of the nobility and thus, a component of the elite society. In other words: card-playing and games of dice were part of an informal system of aristocratic relations and education. Games were part of the daily ritual occupation at court, and from there they were taken to other society centers, such as spas. The theatres, officers' messes and wardrooms served this purpose as well. Even though hazard games were forbidden, it was not unusual for the absolutistic and other status rulers to allow exemptions from such prohibition and de facto not to apply the law with the same stringency. The economical independence furnished the nobility – as it were – with the traditional right to free gambling. Accordingly, the elite culture may be described as classifying games held at court as elegant hazard games while the bushel and games offered at fairs were reserved for the lower classes. The games of the common people were despised in the noble circles. While there were no scruples to be found when the noblemen risked their property at high stakes, it was not acceptable for the common citizen to irresponsibly lose his live savings that he had worked for laboriously. This basic attitude was also influenced by the fear that the commoners – on account of their gambling debts – would no longer be able to pay the necessary taxes to finance the sovereign authority's lifestyle. The non-aristocratic games also took place – notwithstanding with strict injunctions – in public houses and in cafés in the form of card-playing, games of dice and games of billiard. With temporally limited possibilities to play, roulette games were later organized at church festivals, parish fairs and other fairs. Up to the 16th century those games mainly took place in the form of "safe ports". Since the Middle Ages and the early modern times, the governmental and clerical authorities were active in allocating space and rooms with local and temporal limitation in spite of the – on principle – general gambling prohibition and thus, it was at least partially tolerated in order to canalize the obvious desires and to control it. Finally, other forms of institutionalized gambling, aside from the above mentioned fairs, noble events and reunions, were an expression of the ambivalence exhibited towards concerns for morality and regulatory policy on the one hand and the economic advantages on the other hand.

A distinction was made between prohibited and permitted gambling for the first time in the 16th century. The distinction was less concerned with the type of gambling than with the amount at stake. In 1666, *Louis XIV* proclaimed an edict allowing a more rapid intervention in the case of gambling. The renewed prohibition of gambling enacted by *Louis XIV* was extended to the play-houses and gambling debts were declared void. In 1721, *Charles VI* (England) once again promulgated the prohibition of the "games causing disaster". Free fights and bloodshed accompanied gambling. Entire families were ruined by gambling. One year later *Charles VI* published a gambling classification in three stages: games of a physically and mentally demanding nature were allowed, hazard games were forbidden. There was the trend to license playing offers by means of concessions and privileges or by monopolies, but leasing was also very common.

The first form of a gambling casino came into being in the *Venetian Ridotto* in 1636. The establishment was leased; the card-playing was supervised. Wearing a mask was obligatory. The masks are still customary in today's Venetian carnival. 17th century Italy is often claimed to be the country of origin of roulette gambling. Certain similarities to the mediaeval *Wheel of Fortuna* and to the later wheel of fortune are obvious. During the 18th century, the roulette arrived in France where *Louis XV* tried in vain to prohibit it. In the time prior to and after the revolution, gambling establishments were leased in France. As far as the gamblers were concerned, no revolution seemed to have taken place. The *Palais Royal* set up a great number of gambling rooms and shops. Prostitution was offered there as well. In 1836, the lottery, followed by the game houses, was prohibited. This was the beginning of the casinos' boom in German spas, which were to become the European centers of publicly institutionalized gambling: Baden-Baden, Bad Homburg and Wiesbaden. In 1868, a Prussian law and shortly thereafter a Federal State law decreed the closing of all casinos by the end of 1872. In 1933 the national-socialists re-opened the casinos. As a result of the German casino interdiction, Monte Carlo developed into an internationally appreciated and well-known casino location. A coastal motorway was constructed along the French Riviera and with it the basis for the tourism deluxe in the entire region. The fact that certain regions can be defined as destinations deluxe with an event character is visible on many continents from Las Vegas to Macao to Sun City. The game and the gamblers seek out their path and do not stop at borders.

§ 3 Ökonomie des Glücksspiels

Peter Bendixen

Übersicht

I. Einleitung

1 Die Auseinandersetzungen über die Frage der Geltung des staatlichen Monopols bei Glücksspielen und der Zulassung privatwirtschaftlicher Betätigungen auf diesem Gebiet haben sich zur Hauptsache auf einer rechtspolitischen und ökonomisch-theoretischen Ebene abgespielt. Kürzlich hat nun das *Bundesverfassungsgericht* in seinem Urteil vom 28. März 2006 (– 1 BvR 1054/01 –) einen vorläufigen Meilenstein gesetzt. In dieser Abhandlung geht es nicht um eine Kommentierung dieses Urteils und seiner rechtspolitischen Folgen, sondern um den in allen einschlägigen Fachbeiträgen permanent wirksamen ökonomischen Argumentationshintergrund. Hierin liegt ein Problem von inhaltlichem und methodologischem Rang und Interesse, weil die verbreiteten Grundaussagen der wissenschaftlichen Ökonomie allzu oft für bewiesene Wahrheiten genommen und nicht mehr hinterfragt werden.

2 Dass Glücksspiele eine ökonomische Seite haben, wird mancher daraus ableiten, dass es dabei gewöhnlich um Geld geht. Die Lage ist indessen komplexer, und die anhaltende Diskussion um eine mögliche Privatisierung von Lotto und Toto zeigt an, dass umfassendere kommerzielle Interessen im Spiel sind. Ob überhaupt und in welchem Sinne Ökonomie und Glücksspiele irgendwie verkoppelt sind, ist Gegenstand dieses

Beitrags. Für die Privatisierung staatlicher Leistungsbereiche sprechen in manchen Fällen wirtschaftliche, zuweilen auch nicht-wirtschaftliche Gründe. Gegen solche Lösungen sprechen oft inhaltliche Gründe, denen gegenüber die wirtschaftlichen nicht zugkräftig sind. Ein solcher Bereich ist das staatliche Lotteriewesen oder allgemein: die Glücksspiele.

Seit einigen Jahren und mit zunehmender Tendenz wird – vor allem von ökonomischer Seite – mit Vehemenz die Entstaatlichung oder Privatisierung des deutschen Lotto-Totoblocks betrieben.[1] Gegen die Privatisierung des staatlichen Lotteriewesens sprechen sowohl inhaltliche als auch ökonomische Gründe. Die inhaltlichen beziehen sich auf die kulturellen Besonderheiten von Glücksspielen, die nicht einfach übergangen werden dürfen. Die ökonomischen beziehen sich auf die Unmaßgeblichkeit der (in aller Regel herangezogenen) neoklassischen Argumentationskette, die ihrerseits zwar (noch) kein Anachronismus ist, aber bei solchen Fragen wie der Privatisierung des staatlichen Lotteriewesens ihre methodologische Bedenklichkeit bei immateriellen Gütern offen legt. 3

II. Der Markt als Spiel und Glücksspiele im Markt

Man sagt, der Markt gedeihe am besten im freien *Spiel* von Angebot und Nachfrage.[2] 4
Ist der Markt selbst ein Spiel oder betreibt eines, womöglich vergleichbar einem Glücksspiel? Die Antwort ist nicht eindeutig. Ob ein Produzent seine Waren am Markt absetzen kann, scheint manchmal Glückssache zu sein. Doch der Schein trügt. In der Wirtschaft geht es um ernste und häufig existenzielle Dinge, um die auf dem Markt gerungen wird und die dem Zwang der Marktgesetzlichkeiten unterliegen. Das hat nur äußerlich etwas mit einem Spiel zu tun.

Damit der Markt die ihm von der Theorie nachgesagten einzel- und gesamtwirt- 5
schaftlichen Zielsetzungen erfüllen kann, bedarf es einer über das Vertragsrecht hinausgehenden Regulierung. Gilt dies auch für den Fall der Übertragung von Glücksspielveranstaltungen in private Hände? Die Diskussion um diese Frage kommt nicht um die Beantwortung der folgenden Aspekte herum: *Woher kommt das Bedürfnis zu spielen und welches ist die kulturelle Substanz, der gesellschaftliche Sinn und Nutzen oder das individuelle Risiko von Glücksspielen? Ökonomisch* geht es um die Frage,

---

1 Vgl *Bahrdt, Hubertus* Staat und Glücksspiel in Deutschland – Überlegungen zum staatlichen Monopol, Schriftenreihe des Instituts der deutschen Wirtschaft, Bd 7, Köln 2004, sowie die dort angeführte Literatur; zugespitzt in dieser Richtung auch *Adams, Michael und Tolkemitt, Till* Das staatliche Lotterieunwesen – Eine wirtschaftswissenschaftliche und rechtspolitische Analyse des Deutschen Toto-Lotto-Blocks, ZRP 11/2001, 511–518; zur Kritik vgl *Ohlmann, Wolfgang* Lotterien in der Bundesrepublik Deutschland, WRP 11/1998, 1043–1058; *ders* Die deutschen Lotto- und Totounternehmen – Wettbewerbsakteure oder Kompetenzträger im kooperativen Lotterieföderalismus?, WRP 6/2001, 672–686; *ders* Lotterien im Prokrustesbett der Ökonomen? ZRP 8/2002, 354–356; *ders* Lotterien, Sportwetten, der Lotteriestaatsvertrag und Gambelli – Eine Rechtszustandsanalyse, WRP 1/2005, 48–67.

2 Vgl *Bendixen, Peter* Das freie Spiel der Kräfte – Würfelt Gott oder würfelt er nicht? in: *ders* Aufbruch in die Moderne – Für eine Erneuerung des ökonomischen Denkens, Berlin 2006.

um *was für eine Art von Produkt* es sich beim Glückspiel handelt, falls es überhaupt ein Produkt ist.

III. Die Kultur des Spielens

6 Der spielende Mensch, der ‚Homo ludens', scheint das absolute Gegenstück des ‚Homo oeconomicus' zu sein. Beide sind Sinnbilder jeweils eines isoliert hervorgehobenen Charakteristikums von Individuen, die ihrerseits etwas leiblich Vollständiges (Unteilbares = Individuum) darstellen. Schließen sich das Rationale des ‚Homo oeconomicus' und das Spielerische des ‚Homo ludens' aus oder ergänzen sie sich? Im Römischen Kaiserreich gehörte es zu den gängigen politischen Kalkülen, das Volk mit „panem et circenses" in Laune zu halten und zugleich sein Drängen nach Mitwirkung in der Politik abzulenken. Julius Caesar hatte damit begonnen und neue finanzielle Maßstäbe in diesem Zusammenhang gesetzt. Der sonst so sparsame Augustus hatte sich gerühmt „Dreimal habe ich Gladiatorenkämpfe in meinem Namen veranstaltet und fünfmal im Namen meiner Söhne und Enkel",[3] und alle Kaiser nach ihm waren in diese Methode der Ablenkung des Plebs vom Aufbegehren gefolgt bis über Nero hinaus. Die Spiele waren „gewürzt" mit zum Teil grenzenloser Grausamkeit gegenüber Sklaven, Christen und Gefangenen. So kann man Menschen daran hindern, sich unliebsamen Zielen zuzuwenden.

7 Einen Vergleich zwischen den Motiven für „panem et circenses" und den heutigen Begründungen für staatlich organisierte Lotterien zu ziehen, wäre absurd, weder was die politischen Ziele noch was die Inhalte angeht. Dennoch stellt sich die Frage, was es mit den öffentlich erlaubten oder geförderten Glücksspielen auf sich hat. Zu unterscheiden ist zunächst der nur passiv Beiwohnende vom aktiven Spieler. Der Zuschauer lässt sich vom Geschehen faszinieren, das vorgeführte Spiel „spielt" mit seiner Empathie, mit den psychischen Kräften der Identifikation, dem Als-ob des tatkräftig Mitwirkenden und folglich Mitleidenden oder Mitjubelnden, ähnlich wie im Theater. Der aktive Spieler dagegen, auch der Glücksspieler, ist mit Leidenschaft selbst involviert.

8 Empathie, die Fähigkeit, sich in die Lage anderer oder in fremde Zustände hineinzudenken und hineinzufühlen, ist die Grundlage demokratischer Mitwirkung des Bürgers. Sie fördert solidarische Empfindungen und damit die Gesellschaftsfähigkeit ebenso wie ästhetische Empfindungen; sie macht empfänglich für Musik, Theater, Dichtung, Malerei, Tanz, Film und all die anderen Künste – und wir sollten die Wirkungskräfte der Werbung nicht vergessen. Homo ludens darf daher nicht eng begriffen werden als das Aktivsein im Spielen, als die Momente des (kindlichen) Einübens des Ernstfalls, als die Momente der Flucht aus den Bedrängnissen des Alltags, als die Momente des Gewahrwerdens des subjektiven Selbst im Spiel (wie Friedrich Schiller

---

3 Vgl *Grant, Michael* Rom – Portrait einer Weltkultur, Kindlers Kulturgeschichte Europas, Bd 4, 1983, S 144.

es sah[4]). Sich seiner selbst als ein mitgehendes, leidensfähiges Subjekt innezuwerden, ist eine erweiterte Form des geistigen Dabeiseins in einer dem profanen Alltags entrückten Welt des Spielens, die der Rolle des Zuschauers (im Theater, vor dem Fernseher, beim Lesen, beim Musikhören) gemäß ist und ihre Wirkung nicht verfehlt.

Zu den wesentlichen Merkmalen des Spielens gehören die Bewegung (auch die emotionale Bewegung, die sich bis zur Ergriffenheit steigern kann) und häufig die Ungerichtetheit (in der zugleich die Spannung über den auf der Kippe stehenden Ausgang des Spiels liegt).[5] Der spielende Mensch erfährt sich selbst als „In-der-Welt-Sein“:[6] „Im Spiel kommt des Menschen Selbst zur Erscheinung …“. Das Spezifische der Situation des Spielens liegt in dem Momentum, darin, dass der Mensch dabei „gerade nicht bewusst das Ziel seiner Selbstdarstellung“[7] verfolgt. Er ist hier nicht der rational Kalkulierende, nicht das seiner selbst und seiner Ziele bewusste Ich. Er richtet seine Aufmerksamkeit nicht allein auf sich selbst, sondern ganz auf das Spiel. Es ist – wie H.-G. Gadamer sagt – ein Sichausgeben an die Spielaufgabe.[8] **9**

Diese Aspekte des Spielens werden hier aus einem Grund hervorgehoben, der sich auf den Anspruch der neoklassischen Ökonomie bezieht, ein auf alle Lebenslagen zutreffendes Modell der rationalen Wahl zu sein und eben auch Entscheidungen im Zusammenhang mit Glücksspielen erklären und entsprechende politische Rahmenbedingungen gestalten zu können. Fasst man, wie allgemein üblich, Rationalität auf als eine kulturell gewachsene[9] und durch individuelle Bildung wirksam werdende, anstrengende Form der Selbstkontrolle, die man braucht, um das Leben meistern zu können, dann sind Momente des Spielens geradezu das Gegenteil: Momente der Grenzüberschreitung, der Erfahrung von Freiheit von den Zwängen der Rationalität. In diesen Momenten ist der Mensch zugleich höchst gefährdet, „aus der Rolle zu fallen“ und für einige Augenblicke über die vernünftigen Grenzen der Selbstbeherrschung hinauszugehen.[10] **10**

---

4 *Friedrich Schiller* in: Über die ästhetische Erziehung des Menschen: „Der Mensch spielt nur, wo er in voller Bedeutung des Wortes Mensch ist, und er ist nur da ganz Mensch, wo er spielt.“; vgl im Übrigen *Huizinga, Johan* Homo Ludens – Versuch einer Bestimmung des Spielelementes der Kultur, 3. Aufl; *Tiedemann, Paul* Über den Sinn des Lebens – Die perspektivische Lebensform, 1993, S 255ff.

5 Vgl *Tiedemann* S 266f, weitere Spielmerkmale nach *Tiedemann* sind: Fülle, das Spielobjekt, die pathische Haltung (Ergriffenheit), Spielregeln, Spielort und Spielzeit.

6 *Heidegger, Martin* in: Sein und Zeit, 16. Aufl 1986, S 86, zit b *Tiedemann* S 266.

7 *Tiedemann* S 270.

8 Ebd.

9 Wir verweisen hier insbesondere auf die Schriften von *Elias, Norbert* Über den Prozess der Zivilisation, Bd 1, Wandlungen des Verhaltens in den weltlichen Oberschichten des Abendlandes, 6. Aufl 1978; Bd 2, Wandlungen der Gesellschaft – Entwurf zu einer Theorie der Zivilisation. 6. Aufl 1979.

10 Das *BVerfG* zitiert in seiner Urteilsbegründung (Abschn V Ziff 54) eine wichtige Aussage der Bayerischen Staatsregierung: „Der Teilnehmer in Glücksspielen treffe keine ökonomisch rationale Entscheidung, sondern suche im Rahmen einer mit Suchtgefahren behafteten Betätigung eine Schicksalsentscheidung. Anders als in anderen Bereichen versage daher die Marktlogik einer Optimierung durch Wettbewerb.“

11 Die hier speziell hervorgehobenen Spielmerkmale der Bewegung und der Ungerichtetheit treffen auf Glücksspiele ohne begriffliche Verkrümmungen zu, wenngleich die Akzente nicht so sehr auf physischer Bewegung als vielmehr auf beobachtender Teilnahme an den Spielvorgängen (etwa der Ziehung der Lottozahlen) liegen, während die Faszination am Spielverlauf durch die Spannung des Spielausgangs (das Erscheinen einer bestimmten Zahl) erzeugt wird, eine Spannung, die im Glücksspiel durch die (wenn auch unter Wahrscheinlichkeitsgesichtspunkten eher geringen) Aussichten auf einen Anteil an der Ausschüttung im Trefferfall enorm gesteigert wird. Das Merkmal der Ungerichtetheit, der Unbestimmbarkeit des Spielausgangs bedeutet für den Spieler die *Überantwortung an eine von ihm nicht steuerbare Schicksalsmacht*, die ihm quasi das rationale Denken abnimmt.

Angesichts der Gefährdung des Menschen in Momenten des Spielens stellt sich die Frage, ob das notwendige Zurückgeleiten in vernunftbestimmte Lebenslagen eine Aufgabe ist, die man bedenkenlos dem privatwirtschaftlichen Kalkül und dem „Spiel" der Marktkräfte überlassen sollte. Ob dies unter welchen Bedingungen denkbar ist, um das Spielerische, hier also das Glücksspiel, der Obhut des Staates zu entwinden, hängt in hohem Maße davon ab, welche ethischen Qualitäten das neoklassische Modell zu bieten hat. Ist das neoklassische Modell geeignet, menschliche Lebensbereiche zu erklären und zu gestalten, die außerhalb der Sphäre der Rationalität angesiedelt sind, zumal es ohnehin Zweifel an der ökonomischen Rationalitätskonzeption gibt? Die Antwort ist eindeutig: nein.

IV. Die Neoklassik als Urteils- und Bewertungsgrund

1. Vorbemerkungen

12 Die Reibungsflächen in der Diskussion um die Privatisierung von Glücksspielen liegen im Gestus der Selbstverständlichkeit, mit der neo-klassischen Argumentationen von Seiten der Ökonomie Geltung verliehen wird. Kritische Gegenargumente, die in dieser Diskussion greifen sollen, kommen deshalb um eine knappe Problematisierung der ökonomischen Neoklassik nicht ganz herum. Im gesamten Konfliktfeld zwischen Staatszuständigkeit und Marktmechanismen betreten Ökonomen das Diskussionsforum meist mit dem Anspruch auf Vorrangigkeit ihrer ökonomischen Rationalität auf. Die Ökonomie neoklassischer „Spielart" setzt demnach letztgültige Maßstäbe. In der sachlich gut nachvollziehbaren Abhandlung von Hubertus Bahrdt[11] heißt es: „In Anbetracht der großen staatlichen Einflussnahme auf das Glücksspielwesen stellt sich die Frage nach einer ökonomischen Rechtfertigung für die Aktivitäten."[12] Der Satz verrät die Unbekümmertheit eines Ökonomen, für den die Frage des Ranges ökonomischer Argumente im Bündel anderer Rechtfertigungsgründe für staatliches Handeln schon keine Rolle mehr spielt. Verfassungsrechtliche, sozialstaatliche, ethische oder Wohlfahrtsziele scheinen dazu da zu sein, die vom vordringenden ökonomi-

11 *Bahrdt* aaO.

12 Ebd S 19.

schen Rationalismus übrig gelassenen, historisch schrumpfenden gesellschaftlichen Restbezirke möglichst so zu regeln, dass sich kein Aufruhr formiert.

An gleicher Stelle findet sich ein ähnlich decouvrierender Satz: „So ist zu prüfen, ob sich aus den Gutseigenschaften bestimmte Probleme ergeben, die durch lenkende Maßnahmen korrigiert werden müssen". Es wird gar nicht erst gefragt, ob es sich überhaupt um ein Gut handelt, wenn gespielt wird. Das wird unterstellt, um dann nur noch untersuchen zu müssen, ob problematische Eigenschaften vorliegen oder nicht. Ohne nähere Begründung wird an anderer Stelle[13] das Lotto als das wichtigste „Produkt" des Deutschen Lotto-Totoblocks deklariert, ohne sich Gedanken zu machen, wie dieses „Produkt" unter welchen Bedingungen produziert wird. Mit gleichem Recht könnte man fragen, welches Produkt das Standesamt in Sachen Ehestiftung anbietet. **13**

Die Schrift von Hubertus Bahrdt ist neben der noch zu behandelnden von Michael Adams und Till Tolkemitt eine der wenigen, die ihre Herkunft aus der neoklassischen Begründungsplattform deutlich erkennen lassen. Das wichtigste Erkennungsmerkmal der Neoklassiker ist die Annahme, dass Marktteilnehmer grundsätzlich und durchschlagend rational handeln. „Während normalerweise von mehr oder weniger rational handelnden Individuen ausgegangen wird, die auf Märkten bestimmte Produkte anbieten oder nachfragen, wird im Bereich der Glücksspielgüter die Rationalität der Nachfrage grundsätzlich in Zweifel gezogen oder gar vollständig verneint."[14] **14**

Für Neoklassiker scheint es demnach gar nicht vorstellbar, dass es vernünftige Gründe für eine Kultur des Spielens *außerhalb* der im Übrigen viel zu eng gefassten ökonomischen Rationalität geben kann und dass es gute Gründe geben könnte, die Gefährdungen des Menschen in Momenten des Auslebens seiner Spielleidenschaften einer gesellschaftlichen oder staatlichen, jedenfalls nicht marktförmigen Obhut zu unterstellen. Wer sagt denn, dass selbst in der Praxis des Marktgeschehens immer alles ohne Lug und Trug und stets mit hohem Verantwortungsbewusstsein abgeht? Könnte es nicht auch sein, dass Menschen bei ihren kommerziellen Aktionen im Eifer ihrer Jagd nach Gewinnchancen gefährdet sind, ihrer Leidenschaft für das große Geld freien Lauf zu lassen, also ungezügelt zu handeln? **15**

2. Die methodologische Herkunft der neoklassischen Ökonomie

Die Vorherrschaft der Neoklassik als Urteils- und Gestaltungsplattform erstreckt sich auf zwei Gebiete: Sie dominiert das wissenschaftliche Denken und Arbeiten innerhalb der Ökonomie und sie beherrscht den politischen Argumentationsraum außerhalb der Wirtschaft, sobald Fragen der Beanspruchung materieller Ressourcen auf den Plan treten. Der Einfluss der Neoklassik beruht zu einem wesentlichen Teil auf der logischen Stringenz dieser Denkrichtung als gedankliches System. Die Dominanz der Neoklassik im politischen Raum, und zwar nicht nur in der staatlichen Wirtschaftspolitik, sondern auch in der Bildungspolitik, der Sozialpolitik, der Kulturpolitik, der Wissenschaftspolitik und der Außenpolitik beruht auf dem von ihr gepflegten **16**

13 *Bahrdt* S 11.
14 Ebd S 20.

Gestus der Unangreifbarkeit durch die für unwiderlegbar gehaltene Berufung auf das rationale ökonomische Denken, dessen Vernunft als gegeben und unhintergehbar vorausgesetzt wird.[15]

17 Die folgenden Darlegungen gehen, aus Anlass einiger brisant gewordener aktueller politischer Folgen dieses Denkens, von der These aus, dass die methodologischen Grundlagen der Neoklassik auf äußerst schwachem Boden ruhen. Es sind Konstruktionsmängel an der Basis, die ihren Ursprung in Fehleinschätzungen der wesentlichen Eigenschaften der Wirtschaft oder genauer: des individuellen Wirtschaftens und seiner gesamtwirtschaftlichen Aggregate haben. Eine dieser Fehleinschätzungen ist auf eine unangemessene Verkürzung der Philosophie Adam Smiths zurückzuführen.[16] Die neoklassische Sicht und Handhabung der ökonomischen Rationalität lässt sich als eine Art Renaissance des radikalen Rationalismus Nicolò Machiavellis und des Rigorismus Thomas Hobbes' (im „Leviathan") unter den Bedingungen einer offenen Gesellschaft verstehen.[17] Der Radikalismus der ökonomischen Neoklassik steht dem Purismus und Amoralismus der beiden genannten Philosophen in nichts nach.

18 Die Neoklassik der nach-smithschen Ära mit ihrer Verwurzelung in einer die mathematische Beweisführung als höchste Form des Erkenntnisstrebens und mit ihrer kompromisslos rationalen Suche nach absoluten Wahrheiten ist aus einer Reihe von *methodischen* Gründen unverzichtbar, quasi ein notwendiges Experiment des theoretischen Konstruierens. Indessen kann das ökonomische Denken dabei nicht stehen bleiben. Philosophisch ist die Neoklassik, in deren Geist immer noch der klassische, bürgerlich-liberale Kampf gegen die Geisteshaltung und Herrschaftspraxis des feudalistischen Absolutismus steckt, die Verabsolutierung der individuellen, nicht einmal mehr durch Ethik gemäßigten Freiheit. Diesen geistigen Antrieb und seine Zielrichtung hat die Neoklassik nicht ablegen können. Sie teilt damit gewissermaßen das Drama von Befreiungsbewegungen, die ihren Erfolg oft nicht ausleben können, weil sie ihren Kampfgeist und Durchsetzungsimpetus gegen einen einst realen Gegner, im Fall der neuzeitlichen Ökonomie die überkommenen feudalistischen Verhältnisse, nicht ablegen und in ihre Praxis nicht die Weisheit und den Weitblick einer menschenfreundlichen, ethisch geadelten Politik einmünden lassen konnten.

19 Diese Kritik der neoklassischen Ökonomie hat nicht zum Ziel, das ganze Gebäude zum Einsturz zu bringen, sondern lediglich die *Geltungsbeschränkungen als absoluter Urteils- und Bewertungsmaßstab* in wirtschaftlichen Entscheidungen herauszuarbeiten. Die beschränkte Geltung dieses Denkstils hat allerdings zur Folge, dass Zweifel an der Sinnfälligkeit neoklassischer Theorien und Modelle, insbesondere hinsichtlich der Radikalität ihrer Rationalitätskonzeption aufkommen. In der seit langem schwelenden und immer wieder Zündstoff liefernden Debatte um die Zweckmä-

---

15 Vgl zur Kritik dieser Haltung *Ulrich, Peter* Der entzauberte Markt – Eine wirtschaftsethische Orientierung, 2002, S 33 ff; *ders* Integrierte Wirtschaftsethik – Grundlagen einer lebensdienlichen Ökonomie, 3. Aufl 2001.

16 Vgl dazu neuerdings *Buchan, James* Adam Smith and the pursuit of perfect liberty. 2006.

17 Vgl *Bendixen* Das verengte Weltbild der Ökonomie – Zeitgemäß wirtschaften durch kulturelle Kompetenz, 2003, S 37 ff; *ders* Der Traum vom Wohlstand der Nationen – Kritik der ökonomischen Vernunft, 2005.

ßigkeit staatlicher Leistungsfelder aus einem überindividuellen ethischen Regelungsbedarf heraus, zB soziale Gerechtigkeit, Achtung der Menschenwürde, Respekt vor der Schöpfung, Schutz vor Willkür und Aggression usw, erweist sich dieses unreflektierte Rechtfertigungsdefizit neoklassischer Positionen als eine Quelle gesellschaftlicher Spannungen und Krisenpotentiale höchsten Grades.

Im Folgenden sollen die Zweifel an der pragmatischen Geltung der neoklassischen Ökonomie stärker untermauert und der Versuch einer anderen Zuordnung von essenziellen Eigenschaften der Wirtschaft oder des Wirtschaftens unternommen werden. Abgeleitet daraus geht es im Weiteren um die politischen Folgen des neoklassischen Denkens, speziell um das Thema „Privatisierung staatlicher Leistungsfelder“ und darin eingeschlossen die Frage der Privatisierung staatlich organisierter Glücksspiele. **20**

3. Zur methodologischen Kritik der Neoklassik

Die politischen Folgen von Maßnahmen, die sich auf die Urteils- und Bewertungsplattform der ökonomischen Neoklassik berufen, entstehen zu einem erheblichen Teil durch den bollwerkartigen Verschluss des neoklassischen Denkens gegenüber Vernunftgründen, die sich nicht oder nur mühsam mit den monetären Mechanismen des Marktes vertragen. Erschwerend kommt hinzu, dass das zweifellos hohe Gut eines freien, funktionsfähigen Marktes zum Teil bedenkenlos auf reale Situationen und Verhältnisse übertragen wird, die dafür nicht geeignet sind oder sich nur mit erheblichen ethischen Bedenken dafür herrichten lassen, zB bestimmte Konstellationen in Ländern mit anderen gesellschaftlichen und kulturellen Traditionen als der abendländische Westen. **21**

Ein markantes Beispiel für die neoklassische Art von problematischer Argumentation bietet der Beitrag von Michael Adams und Till Tolkemitt über „Das staatliche Lotterieunwesen“, in welchem zu Gunsten einer privatwirtschaftlichen Organisation insbesondere des deutschen Lotto- und Totoblocks plädiert wird.[18] Im Vorspann des Aufsatzes findet sich ein geradezu klassischer Satz: „Das Grundproblem des deutschen Lotteriewesens besteht in einem mehrfachen Marktversagen“.[19] Der Satz hat ungefähr die gleiche Qualität wie dieser: Das Grundproblem neoklassischer Argumentation besteht in einem mehrfachen Methodenversagen. Unannehmbar ist in *beiden* Fällen die Vorfestlegung und damit die Immunisierung von keineswegs verabsolutierbaren Urteilsgrundlagen, im einen die Unhinterfragbarkeit des Marktes, im anderen die Maßstäblichkeit des Methodischen. Die unreflektiert und undifferenziert in einem Weichen stellenden Vorspann der Abhandlung eingeführte Geltung des

18 Vgl *Adams/Tolkemitt*, aaO.

19 *Adams/Tolkemitt*, S 511; Marktversagen kann bedeuten, dass die Sache, um die es geht, zwar ein wechselseitiges Austauschverhältnis konstituiert, dass aber die Sachzwänge und normativen Bedingungen es nicht zulassen, daraus einen Markt nach neoklassischem Muster zu machen. Es kann auch bedeuten, dass zwar die Form eines Marktes anzunehmen ist, dass in diesen aber unzulässigerweise interveniert wird, so dass er im Sinne der ökonomischen Rationalität verfälschte Ergebnisse zeitigt. Dem zitierten Aufsatz dürfte dem Argumentationsverlauf nach die zweite Version zu Grunde liegen.

Marktes als Richter über alle Lebenslagen gilt unter vielen Ökonomen als umstritten.[20]

22 Der auch unter Ökonomen breit akzeptierte Kritische Rationalismus Karl R. Poppers,[21] dem hier ansonsten nicht uneingeschränkt gefolgt wird, geht prinzipiell davon aus, dass eine für wahr genommene Aussage stets nur eine *vorläufige* Wahrheit sein kann, selbst dann, wenn alle Welt diese Überzeugung teilt. Dieser aus Weisheit und wissenschaftlicher Redlichkeit geborenen Haltung können wir uns anschließen. Indessen teilen wir nicht die Auffassung, dass der freie (entfesselte) Markt eine passende Urteilsplattform für jegliche Art politischer Entscheidungen sein kann, *wenn er allein das Sagen hat.* Das eigenartige Resultat wäre dann, dass der Absolutismus des neoklassischen Marktes nichts als eine Neuauflage des absolutistischen Despotismus der Feudalzeit auf anderer Ebene ist, gegen den einst Adam Smith und andere ankämpften. Der Markt ist zweifellos eine zentrale Kategorie der Ökonomie, nicht nur der Neoklassik. Seine Maßgeblichkeit für eine über Generationen ausdifferenzierte, auf dem methodologischen Individualismus (siehe unten) und der festen Überzeugung der Geltung einer spezifischen Form der Rationalität beruhende Theorielinie wie die Neoklassik kann nicht ernsthaft bestritten werden. In Frage gestellt wird nicht der Markt als reale Erscheinung, sondern das neoklassische Denken über den Markt als fiktive Konstruktion.

23 Unzweifelhaft sind auch die innere Logik dieses Denksystems und seine mathematische Eleganz. Doch kann dies nicht darüber hinwegtäuschen, dass der neoklassische Marktbegriff eine ähnlich eigenartige Nähe oder Ferne zum realen Leben hat wie die Logik des Schachspiels zum historischen Kampfgetümmel zweier Kriegsparteien. Das Gedankengebäude der Neoklassik steht auf einem ungesicherten Boden, und das keineswegs nur wegen der Fixierung auf die seltsame Figur des Homo oeconomicus. Zu den über die Neoklassik allerdings hinausreichenden Grundüberzeugungen der Ökonomie gehören einige der Wirtschaft als essenziell zugeschriebene Eigenschaften, die hier nicht lückenlos ausgebreitet und kritisch befragt werden können. Wir beschränken uns auf einige Kernpunkte, die ausreichen sollten, das Denkmal der Unfehlbarkeit des absoluten Marktes ins Wanken zu bringen. Wir konzentrieren unsere Argumentation auf die folgenden Punkte:

---

20 Erinnert sei beispielsweise an die diesbezügliche Kritik von *Stiglitz, Joseph E.* der für seine wissenschaftlichen Leistungen 1998 den H.C. Rechtenwald-Preis für Nationalökonomie und 2001 den Nobelpreis für Ökonomie erhielt; vgl aus jüngerer Zeit *Stiglitz, Joseph E.* Die Schatten der Globalisierung, 2002; *ders* Die Roaring Nineties, 2004; vgl auch ältere Ökonomen wie *Rüstow, Alexander* Das Versagen des Wirtschaftsliberalismus, Neuaufl, mit einem Kommentar und Ergänzungen von *Maier-Rigaud, Frank* und *Maier-Rigaud, Gerhard* Das neoliberale Projekt, 2001; eine differenzierte Sicht des Marktes findet sich auch bei *Ulrich, Peter* Der entzauberte Markt – Eine wirtschaftsethische Orientierung; vgl auch *ders* Integrative Wirtschaftsethik – Grundlagen einer lebensdienlichen Ökonomie, 3. Aufl 2001, kritisch auch ausführlich *Maier-Rigaud, Frank* und *Gerhard* in: *Rüstow, Alexander* S 202–306.

21 Vgl *Popper, Karl R.* Logik der Forschung, Neuaufl 2002.

- Das Prinzip des methodologischen Individualismus.
- Die Grundüberzeugung vom Wirtschaften als dem vernünftigen Umgang mit knappen Ressourcen.
- Die verkürzte Sicht der dinglichen Orientierung der ökonomischen Theorie.
- Die ungeklärte Berufung auf den philosophischen und psychologischen Begriff der Rationalität.

Der *methodologische Individualismus* ist eine Erkenntnisregel, die sich hauptsächlich an makroökonomische Untersuchungen wendet und die Unverzichtbarkeit mikroökonomischer Analysen und Erklärungsmuster einfordert. Diese Regel ergibt sich aus der Tatsache, dass aggregierte Daten zur Beschreibung gesamtwirtschaftlicher Erscheinungen prinzipiell auf individuelles Handeln in der Wirtschaft zurückzuführen sein müssen. Mit dieser Erkenntnisregel wird der Tatsache entsprochen, dass Märkte ein Medium der Regulierung von singulären Tauschvorgängen sind, ausgeführt von einzelnen Wirtschaftssubjekten (Individuen, einzelne Institutionen). Dennoch ist der methodologische Individualismus keinesfalls eine heimliche Brücke zur historischen Realität, sondern ein abstraktes Verfahren zur Dekomposition von Wirklichkeit in eine Als-ob-Vorstellung, eine Art Elementarisierung beschriebener Vorgänge auf ihr kleinstes denkbares Agens, das in reiner Form als ‚Homo oeconomicus' in Erscheinung tritt.

Dieser für theoretische Studienzwecke in konstruierten Modellen durchaus legitime – 24
wenn auch leicht verspielte – methodische „Trick" verliert rasch seine Unschuld und wird zum Problem, sobald der ‚Homo oeconomicus' oder eigentlich die berechneten Ergebnisse seiner rationalen Kalküle uninterpretiert auf reale, etwa wirtschaftspolitische Konstellationen übertragen wird. Ein womöglich angedachter Rückbildungsprozess vom ‚Homo economicus' zu einem leibhaftigen Wesen, welches mit Entscheidungslagen der Wirklichkeit fertig werden muss, hat so wenig Aussicht auf Erfolg wie der Versuch, einen Toten ins Leben zurückzuholen. Das bedeutet, dass Bewertungen realer Situationen durch Rückgriff auf neoklassische Urteilssysteme sowie Verallgemeinerungen daraus mit der größten Zurückhaltung zu begegnen ist.

Zu den am meisten verbreiteten Lehrbuchweisheiten der Ökonomie – Volkswirt- 25
schaftslehre ebenso wie Betriebswirtschaftslehre – gehört die Behauptung, *Wirtschaften sei die Kunst des sparsamen Umgangs mit knappen Ressourcen.* Legt man an diese allgemeine Aussage die Messlatte des methodologischen Individualismus an, so kommt man zu etwas merkwürdigen Resultaten. Wirtschaftssubjekte pflegen – wie schon Adam Smith wusste – ihre individuellen Interessen zu verfolgen. Ihre Rationalität ist im Falle des einzelnen Geschäftsmanns das planvolle Streben nach möglichst hohem Gewinn; im Falle des Privatmenschen (Konsumenten) das Streben nach möglichst hohem Nutzen. In beiden Fällen kommt die Kunst des sparsamen (ergiebigen) Umgangs mit knappen Ressourcen nur in der Logik des Nachdenkens über die Verwendung der *eigenen* Mittel zum Tragen, nicht aber irgendeine höherwertige, überindividuelle Vernunft angesichts begrenzter natürlicher Ressourcen und der Stiftung einer vitalen Gesellschaftskultur. Die Aggregation des Eigennutzes ergibt folglich eine Raubtierwirtschaft, wie sie Thomas Hobbes in seinem leviathanischen Modell überwinden wollte. Mit anderen Worten: Der aggregierte Eigennutz aller gibt ein Bild ab,

dem vermutlich selbst die „unsichtbare Hand des Marktes“ nicht beikommen kann. So war von Adam Smith das Theorem der Wohlstandwirkung individuellen Eigeninteresses und die Ethik des Einfühlungsvermögens[22] sicher nicht gedacht.

26 Die eng damit zusammenhängende Frage nach der Realität von Knappheit fördert ähnlich merkwürdige Resultate zu Tage. Wenn das Wirtschaften verstanden wird als ergiebiger *Umgang* mit knappen Mitteln, so ist damit indirekt gesagt, dass Knappheitslagen durch Aktivität, also die Kunst des gelungenen Wirtschaftens, im Prinzip überwindbar sind. Das aber kontrastiert deutlich mit der Erkenntnis der absoluten Endlichkeit von physischen Ressourcen der Natur. Wie kann dieses Problem gelöst werden? Hilfe bietet zunächst die Erkenntnis, dass nur knapp sein kann, was begehrt wird. Knappheit ist folglich keine Eigenschaft physischer Objekte, sondern eine anthropogene Erscheinung, und die Logik der Nutzenmaximierung bestätigt folgerichtig, dass derjenige, der aus dem kalkulierten Umgang mit Knappheitslagen seinen Verdienst bezieht, ein Interesse an der Pflege von Knappheit haben wird. Da er die Endlichkeit physischer Ressourcen nicht erweitern kann, wird er sein Augenmerk auf die Seite der Begehrlichkeiten richten. Und das ist exakt das, was wir seit langem täglich erleben: Es breitet sich eine immer raffinierter werdende Kunst der Überredung von Konsumenten statt, sich der Unersättlichkeit ihrer Gelüste hinzugeben. Der Markt ist schon lange nicht mehr der Ort der optimalen Allokation von Produktionsfaktoren, der rationalen Verteilung von Gütern oder der Beseitigung von Mangellagen, sondern ein Medium zur Publikation von Traumfabriken, Harlekinaden und Trugbildern.

27 Neoklassiker haben sich mit der Vernunft des sparsamen Umgangs mit Dingen, die nur begrenzt zur Verfügung stehen, eine Ausstrahlung von Rationalität geschaffen, aus der heraus Vieles als vernünftig geglaubt wird, weil Rationalität aus der Tradition des wissenschaftlichen Idealismus heraus als das Höchste der Erkenntnis gilt. Nur hat die ökonomische Rationalität mit dieser Tradition so gut wie nichts gemein. Das Bild, das die Ökonomie im Allgemeinen, die ökonomische Klassik und Neoklassik im Besonderen von der Wirtschaft zeichnet, leidet unter einem eigenartigen blinden Flecken. Ausgerechnet an der Stelle, an der das Essenzielle im Wirtschaften ans Licht gebracht werden müsste, wird durch die auffällig *dingliche Sicht* der ökonomi-

---

22 Vgl *Smith, Adam* Theorie der ethischen Gefühle, Neuaufl der von *Walter Eckstein* herausgegebenen deutschen Ausgabe von 1925, 2004. Im Mittelpunkt der Smithschen Moralphilosophie steht der Begriff der Sympathie als einer Menschen verbindenden ethischen Kraft. Viele Kommentatoren, insbesondere Generationen von Ökonomen haben darin einen Widerspruch zu Smiths Wirtschaftstheorie sehen wollen, die bekanntlich vom Prinzip des individuellen Eigennutzes ausgeht und dem Markt die Fähigkeit zuspricht, deren Ausfälle in Richtung schädlichen Egoismus' konkurrenztechnisch zügeln zu können. Bei genauem Hinsehen oder besser: Nachlesen stellt sich heraus, dass es sich keinesfalls um einen Widerspruch handelt. Es geht nämlich um die erstaunliche Fähigkeit des Menschen, sich einfühlend in die Lage anderer versetzen zu können. *Smith* hätte vielleicht besser von Empathie sprechen sollen. In der Übersetzung von *Eckstein, Walter* aaO, S 5 heißt es: „Mag man den Menschen für noch so egoistisch halten, es liegen doch offenbar gewisse Prinzipien in seiner Natur, die ihn dazu bestimmen, an dem Schicksal anderer Anteil zu nehmen, und die ihm selbst die Glückseligkeit dieser anderen zum Bedürfnis machen, obgleich er keinen anderen Vorteil daraus zieht als das Vergnügen, Zeuge davon zu sein.“

schen Theorie eine eher sekundäre Eigenschaft betont. Diese Betonung der dinglichen Seite behindert den Blick darauf, dass alles, was in der Wirtschaft geschieht, seinen Ursprung und Antrieb im Kopf von Menschen hat, dass es *menschlicher Wille* und *menschliche Schaffens- oder Gestaltungskräfte* sind, die im Denken zu Entwürfen (Bildern, Plänen, Mustern, Blaupausen usw) gelangen und von dort aus die notwendigen Antriebe zu konkretem Gestalten (Produktion) schaffen. Am Anfang allen menschlichen Tuns steht, wie schon Kant verbreitete und Georg Picht wieder aufgriff,[23] der *geistige Entwurf. Dieser* ist der Ursprung des Wirtschaftens, und diese Gestaltarbeit des wirtschaftenden Menschen müsste eigentlich im Zentrum aller ökonomischen Theorien stehen.

Der Ursprung des seit Generationen theoretischer Arbeit an und in der Ökonomie ge- **28**
festigten dinglichen Denkens liegt vermutlich bei Adam Smith. Er hat als die wichtigsten Teilbereiche oder Faktoren, die an den Wirtschaftsprozessen beteiligt sind, den Dreiklang von „Boden“, „Arbeit“ und „Kapital“ ausgemacht; eine Metaphorik, die nach ihm ungebrochen weitergedient hat und sich in der Neoklassik mit der mathematischen Exaktheit der Ermittlung der optimalen Kombination oder Allokation dieser Produktionsfaktoren verbunden hat.[24] Gerade dann, wenn man sich auf Rationalität als wissenschaftliche ebenso wie pragmatische Orientierung beruft, ist ein Denkansatz, der dem reinen Empirismus (á la Francis Bacon) sehr nahe kommt und in Frontstellung zum Rationalismus des philosophischen Idealismus steht, ein viel zu kurzer Horizont unter Ausschluss des assoziativen, schöpferischen, entwerfenden Denkens.[25]

Bei genauerem Hinsehen fällt auf, dass es in den Dispositionen, die den Wirtschaf- **29**
tenden ebenso wie den Theoretiker der Ökonomie interessieren, nicht wirklich um die Physis geht, sondern allenfalls um deren Ergiebigkeit im Produktionsprozess und dies auch nur, soweit sich das in Geld bewerten und umsetzen lässt. Das eigentlich Bewegende in der Wirtschaft ist nicht das Geld als Medium der Marktregulation, sondern das methodische Ergreifen von Chancen, es zu bekommen, und der Mensch, der sich als Wirtschaftender darauf professionell einlässt, wird alle seine Geisteskräf-

---

23 Vgl *Picht, Georg* Die Kunst des Denkens, in: *ders* Wahrheit – Vernunft – Verantwortung. Philosophische Studien, 2. Aufl 1996, S 427–434, 431: „Jedes Werk, das der Mensch zu vollbringen vermag, wird möglich nur durch einen vorgängigen Entwurf. Das Entwerfen ist das ursprüngliche Vermögen, welches den Menschen befähigt zu produzieren und zu planen, sich Häuser zu bauen, Städte zu gründen und jene künstliche Welt zu erzeugen, die ihm da Leben inmitten seiner feindlichen Natur erst möglich macht.“

24 Zu beachten ist allerdings, dass die drei genannten Faktoren bei Adam Smith nicht dinglich im physikalischen Sinne gemeint sind, sondern soziale Einheiten und Konstellationen metaphorisiert haben. Die Besitzer von Grund und Boden (zu Smiths Zeiten noch überwiegend die Aristokratie), die Investoren von Geld (die Kaufleute und Unternehmer) und die arbeitenden Menschen (mitsamt ihrer gestalterischen Kompetenz und Würde). Die pure Verdinglichung dieser Kategorien ist ein Ergebnis späterer ökonomischer Theorieentwicklung.

25 Streng genommen müsste hier zweigleisig gefahren werden, denn es geht auf der einen Seite um wissenschaftliche Rationalität (die natürlich nicht gern der ökonomischen Rationalität unterworfen werden möchte) und um pragmatische Rationalität, die in konkreten wirtschaftlichen Entscheidungslagen als Norm(!) gelten soll.

te darauf richten, im organisierten Tauschwege Leistungen gegen Geld anzubieten. Real ist Geld zwar eine dingliche (Stellvertreter-)Kategorie (eine auf Wert tragende Objekte bezogene Wertabstraktion), aber das Geld wird in vielen theoretischen Zusammenhängen und Modellen bloß als Regulator der Tauschvorgänge am Markt deklariert, während seine Funktion als Machtbildner und Sühnemittel, zB bei Geldstrafen oder als Opfergabe zur Beruhigung des schlechten Gewissens, beiseite geschoben wird oder Soziologen wie Georg Simmel überlassen wird.[26]

30 Über das Geld gelangt man gedanklich zum Produktionsfaktor „Kapital" und über diesen zu den Handlungssubjekten, die Kapital einsetzen und mit ihrer Erfindungsgabe vermehren wollen. Die dem modernen, neuzeitlichen Wirtschaften immanente Neigung zur Geldvermehrung hat zur Folge, dass die darin involvierten Handlungssubjekte geradezu elektrisiert reagieren, wenn irgendwo Geldbesitzer, private oder öffentliche, erkennen lassen, dass sie sich zur Befriedigung ihrer Bedürfnisse oder ihres schlechten Gewissens (siehe Ablasshandel) gern ihres Geldbesitzes entledigen, wenigstens zum Teil. Das Triebhafte dieser gelegentlich bis zum persönlichen Ruin gesteigerten Neigung kommt beim Zocken, Pokern und Glücksspielen besonders deutlich zum Ausdruck.

31 Wenn nun solche leicht manipulierbaren Bedürfnisse um der Kapitalvermehrung willen auch noch künstlich angeheizt werden dürfen, was bei der von Adams und Tolkemitt ins Auge gefassten Privatisierung des Lotteriewesens zum Tragen käme, entsteht ein ethisches Problem. Dieses wird im neoklassischen Denkschema niemals zum Thema, weil es außerhalb des Blickhorizontes liegt. Der auf diesem Denken beruhende Vorschlag, den Staat als Betreiber des Lotto-Totoblocks in Deutschland zu verdrängen, ist ein gefährliches Manöver. Er zehrt von dem (problematischen) Image der ökonomischen Rationalität als unbeugsame und unhintergehbare mentale Obrigkeit und lässt den Eindruck entstehen, ein privater Betreiber würde es billiger machen.[27] Besonders gefährlich ist das Argument, private Betreiber von Lotto-Gesellschaften würden wirtschaftlicher arbeiten und deshalb die Ausschüttungsquote erhöhen können. Die

---

26 Vgl *Simmel, Georg* Philosophie des Geldes, Neuausg 2003. Das Geld als abstrakte Dingkategorie hat die gleichen Funktionen wie unter feudalistischen Verhältnissen der Besitz von Grund und Boden als konkrete Dingkategorie. Es ist sehr bedenklich, diesen sozialen Zusammenhang aus dem ökonomischen Denken zu verbannen. Verteilungsprobleme sind stets auch Machtverteilungsprobleme und tangieren die Ethik der Gerechtigkeit. Eine besonders delikate Form von „Opfergaben" sind maßlose Entschädigungen für zurücktretende Topmanager.

27 Wir beziehen uns hier auf eine Passage der Argumentation von *Adams/Tolkemitt*, in der vor allem die Neigung der leitenden Kreise des deutschen Lottoblocks kritisiert wird, angeblich nicht nachvollziehbare Ausgaben zu bewilligen und sich in teuren Hotels zu Konferenzen zu versammeln. Die Frage ist wohl erlaubt, ob denn private Betreiber auf Reisen und andere „unsachgemäße" Ausgaben zu Lasten der Ausschüttungen im Zweifel verzichten und in einfachen Herbergen nächtigen würden. Dieses Argument von *Adams/Tolkemitt* ist schwach; vgl *Adams/Tolkemitt* S 514/515 sowie dort Fn 32: „Der verdeckte Gewinnverbrauch durch die Unternehmensverwaltungen (des Toto-Lotto-Blocks, PB) drückt sich aus in marktwidrig überhöhten Gehältern, luxuriösen Büros, angenehmen Arbeitszeiten und vorzüglichen Ruhestandsregelungen, einem noblen Fuhrpark sowie in einer regen und global ausgerichteten ‚Dienstreisetätigkeit'". Gäbe es da nicht angesichts teilweise horrender Managergehälter in der Wirtschaft lohnendere Objekte der Kritik?

Wirtschaftlichkeit kann sich ja nur auf Fragen der *dinglichen* Faktorkombination (auf den technisch-organisatorischen Apparat des Spielbetriebs) erstrecken, ganz sicher nicht auf die Frage der Ausschüttungsquote. Diese hat nichts mit (neoklassischer) Ökonomie zu tun, sondern ist eine fiskalische Entscheidung, die verwaltungs- und verfassungsrechtlich zu begründen ist.

Die dingliche Faktorkombination unterliegt dem ökonomischen Rationalprinzip insofern, als es um die bestmögliche Lösung für den Kapitaleinsatz geht. Hier ist Rationalität – anders als wissenschaftlich-methodische Rationalität – ein ziemlich irdisch-profanes Prinzip, ein Maßstab des Entscheidungsverhaltens und damit eine *konkrete Norm*. Die Problematik der ökonomischen Rationalität liegt auf zwei verschiedenen Ebenen: **32**

1. Sie hinterlässt Erklärungsbedarf hinsichtlich des Charakters der Knappheit an Mitteln (Erscheinungsart, Ursachen, wirtschaftliche Bedeutung) und hinsichtlich der Tugend der Sparsamkeit (Begründung, normativer Bedingungsrahmen, Extensität). Sparsamkeit kann pragmatisch nicht absolut gelten, denn das hieße, vorhandene Mittel überhaupt nicht zu verausgaben (Sparsamkeit muss etwas anderes sein als Geiz).
2. Die ökonomische Rationalität ist eine Auswahllogik im *Binnenverhältnis* einer Zweck-Mittel-Relation, nicht dagegen eine Bestimmungslogik der Zwecke selbst. Sie muss folglich davon ausgehen, dass die Zweckbestimmung in einem *vorgelagerten* Handlungszusammenhang bereits erfolgt ist, und zwar mit externen, im menschlichen Wollen angesiedelten Begründungen. Die Verwechslung von Binnenlogik und äußerer Zweckbegründung ist einer der ärgsten Missgriffe, die man immer wieder in ökonomischen Texten findet.

Entscheidend für die Charakterisierung von Wirtschaftstätigkeit ist der Ideenreichtum, der das praktische und in der Produktion dann physische Handeln zum Erfolg leitet. *Die Ideen* und *Umsetzungsprojektionen* bestimmen, was im Wirtschaften geschieht. Daraus folgt ganz klar, dass ökonomische Rationalität ein *nachrangiges* Prinzip ist, welches als Konstituente einer ganzen Wissenschaft viel zu dürftig und zudem methodologisch zu problematisch ist, zumal das Postulat der Sparsamkeit im Umgang mit knappen Mitteln oder der Vermeidung von Verschwendung kein auf Wirtschaftsvorgänge beschränktes Anliegen ist, wie man regelmäßig den Berichten der Rechnungshöfe entnehmen kann. Andere Versuche der Bestimmung des Gegenstandes der Ökonomie, nämlich eine allgemeine Theorie der rationalen Wahl zu sein,[28] entgehen ebenfalls nicht den Bedenken, sachlich dünn und methodologisch nicht eingrenzbar zu sein. Eine solche Theorie hängt in der Luft, denn sie hat keine realen Entsprechungen. Es gibt keine *nur* rationalen Entscheidungen. **33**

Diese Kritik der Neoklassik in Sachen ökonomischer Rationalität bedeutet keinesfalls eine Absage an *wissenschaftliche* Rationalität als notwendiger Status des Geistes oder als Zustand konzentrierter, kontrollierter Aufmerksamkeit bei der Erkenntnis von gesetzesförmig wirkenden Kräften hinter den realen Erscheinungen. Wissenschaftliche Rationalität im Bereich der Erforschung der Wirtschaft würde, um dies an einem **34**

28 Vgl *Homann, Karl und Suchanek, Andreas* Ökonomik: Eine Einführung, 2000.

Beispiel zu demonstrieren, von der These ausgehen müssen, dass nicht die Waren, die man in den Regalen der Geschäfte liegen und sich selber anpreisen sieht, die Produkte sind, sondern die von den Herstellern intentional entwickelten Gestaltideen, von denen die Objekte in den Regalen jeweils nur konkrete, singuläre Exemplare sind.[29] Eine entsprechende ökonomische Analyse der Warenwelt müsste dann als eine Ideenexegese mit kulturellem Hintergrund angelegt werden, und sie hätte mehr Ähnlichkeit mit ‚Cultural Studies' als mit mathematischen Modellen der optimalen Faktorkombination.

4. Erste Zwischenbemerkung: Ist die Spielteilnahme ein Produkt?

35 Im Zusammenhang mit den Vermarktungskonzepten für Lotterien und andere Glücksspiele (aber nicht nur hier) kursieren teils artifizielle, teils skurrile Vorstellungen über den Produktcharakter der angebotenen Spielteilnahme. Dies ist ein grundlegendes Problem, denn ohne ein definierbares Produkt gibt es weder einen Preis noch einen Markt. Hier kommt insbesondere die bereits angeführte Unterscheidung ins Spiel zwischen einer abstrakten Produkt- oder Gestaltidee und den dinglichen Exemplaren, wie sie etwa in Displays besichtigt werden können. Ein Blick in die Praxis könnte tagtäglich die Bedeutung des Verhältnisses zwischen Gestaltidee (die sich beispielsweise in der Werbung findet) und dinglichem Einzelobjekt (welches sich vielleicht gar nicht mit den Erwartungen des Käufers deckt und dessen Unbehagen auslöst) erhellen. Das ökonomisch relevante, weil Wertungen auslösende Objekt ist die Gestalt, selbst dann, wenn bei einem Spontankauf nur ein singuläres Objekt zum Kauf vorgelegt wird.

Große theoretische Probleme scheint der Umstand zu bereiten, dass bei Dienstleistungen[30] das Verhältnis zwischen Erzeuger und Abnehmer nicht über einen Gegenstand „dingfest" gemacht werden kann. Wer sich seiner Sache beim Autokauf nicht sicher ist, macht vor der Entscheidung eine Probefahrt. Wer sich beim Besuch eines Konzertes nicht sicher ist, kann nicht probeweise teilnehmen und sich danach entscheiden zu bleiben oder wieder zu gehen. Bei Dienstleistungen besteht folglich ein spezifischer Typus von Ungewissheit darüber, welches die tatsächliche Leistung sein wird, für die geworben wird. Auf Seiten der Anbieter besteht deshalb eine überragende Notwendigkeit für die nachhaltige Schaffung einer prägnanten, verlässlichen Reputation, dh es muss Wert gelegt werden auf qualitativ hochwertige, publikumswirksame, kommunizierbare Gestalten oder Leistungsideen.

36 Es gibt nun Produkte oder besser: Dienste, für die aus inhaltlichen Gründen nur sehr schwer eine den Käufern hohe Gewissheit und Befriedigung gebende, vorauseilende Reputation gewährleistet werden kann. Das ist zum Beispiel der Fall, wenn jemand

---

29 Vgl *Bendixen (*2005) S 99 ff.

30 Nicht alle so genannte Dienstleistungen sind Dienste, die direkt von Person zu Person geleistet werden. Diese bedürfen keines dinglichen Mediums, z B ein geldwerter Ratschlag. Handel dagegen ist keine Dienstleistung, sondern eine Leistung an Sachen. Sähe man das anders, dann wären alle Leistungen der Wirtschaft Dienstleistungen. Das entspräche dann dem verbreiteten Verständnis von Wirtschaft als Dienst an der Gesellschaft. Die offiziellen Statistiken gehen indessen von einer anderen Klassifikation aus.

eine Eintrittskarte für ein Fußballspiel erwirbt, dessen Ausgang von Natur aus ungewiss sein *muss*. Ebenso kann ein Konzertbesucher enttäuscht sein oder ein Ratsuchender sich in die Irre geführt fühlen. Der Anbieter kann keinerlei Zusicherungen in dieser Richtung geben, also keine Entsprechung zu dem zusagen, was bei dinglichen Erzeugnissen eine Garantie oder eine justiziable Eigenschaft genannt zu werden pflegt.

Es liegt, wie die Erfahrung lehrt, ein besonderer Reiz in der Teilnahme an einem Spiel mit ungewissem Ausgang, der zu einem meist berechenbaren Wahrscheinlichkeitsquotienten auch positiv für den Teilnehmer ausgehen kann. Nach aller Erfahrung wird die Teilnahme an einem Glücksspiel nicht errechnet, ist also kein rationaler Wahlakt zwischen verschiedenen Spielalternativen mit unterschiedlichen Wahrscheinlichkeiten, zB Lotterie, Lotto oder Toto, sondern ein subjektives Nachgeben eines (psychologisch vermutlich komplizierten, über längere Lebenszeiten verinnerlichten) Reizmechanismus *unterhalb* der rationalen Selbstkontrolle, also dort, wo der Mensch ganz Mensch sein kann, indem er eben spielt (Schiller). 37

Es ist grundsätzlich problematisch, hier von Irrationalität zu sprechen, weil emotionale Zustände zur Vitalität der menschlichen Existenz gehören und im sozialen Zusammenleben durch Kultur geformt werden.[31] Kultur ist die Existenzweise des Menschen, und die darin liegenden kreativen Kräfte, auf die ja Rationalisten letztlich selber größten Wert legen, gilt es nicht zu unterdrücken, sondern zu gestalten. Spielen hat konstruktive Bedeutung in der Bildung und in der permanenten Aktivierung von Kultur. Das gilt auch für Glücksspiele. Wenn hier staatliche Obhut vorgesehen wird, dann sind Glückspiele (ebenso wie Fassnachtspiele, Festspiele, Olympische Spiele und viele andere Kulturpraktiken auch) eigentlich eine Sache der Kulturpolitik, nicht der Wirtschaftspolitik, wohin es diejenigen gern schieben möchten, die im Glücksspiel ein Produkt sehen. 38

Die Vorstellung, es handele sich beim Glückspiel um ein Produkt von der Art des „Verkaufs von Hoffnung“,[32] ist nicht nur psychologisch schief, sondern sachlich absurd und unehrlich. Ein Spieler hat vielleicht die Hoffnung auf Gewinn, aber die muss man ihm nicht verkaufen. Der Verkäufer weiß aus Erfahrung und vielleicht Wahrscheinlichkeitsberechnung, dass die Gewinnaussichten unverhältnismäßig gering sind. Wenn überhaupt, dann könnte er allenfalls „Gewinn *und* Verlust“ oder „Hoffnung *und* Enttäuschung“ anbieten und müsste dies auch wettbewerbsrechtlich tun, da er genau um diese „Qualitäten“ weiß. Auch die Ausrede, man verkaufe nur die Berechtigung zur Teilnahme, zieht nicht. Anders als bei der Eintrittskarte für ein Museum, welche das Recht auf aktive Betrachtung der Exponate gewährt, ist die Teilnahme an einem Glücksspiel an die Zahlung des *Einsatzgeldes* (und nicht nur einer Gebühr!) gebunden und ist damit *selbst Teil des Spieles*. Eben deshalb liegen ja spezifische Gefährdungsmomente durch überreizte Leidenschaften beim Glücksspiel 39

31 Von der Gehirnforschung kann mittlerweile mit ziemlicher Sicherheit bestätigt werden, dass von einem rein rationalen, von allen Bewusstseinstiefen abgekoppelten Denken keine Rede sein kann. Reine Rationalität ist eine Fiktion. Das menschliche Denken hat keine absolute Kontrolle über alle Gehirnfunktionen.

32 *Adams/Tolkemitt* S 513.

vor, Leidenschaften, die nicht durch einmalige Teilnahme, sondern durch die Regelmäßigkeit der Wiederholung in kurzen Abständen zu einer dauerhaften Schwäche führen können. Wenn es sich nicht um ein Produkt handelt, um das es hier geht, dann kann es auch keinen Markt geben, der hier etwas zu regulieren hätte.[33] Um das zu entscheiden, bedarf es einer weiteren Zwischenbemerkung.

5. Zweite Zwischenbemerkung: Wertungen, Gefährdungen und Ethik

40 Wem diese Argumentation nicht genügt, weil sie zu sehr an der Oberfläche der Wahrnehmung von Produktgestalten verläuft und die Wertungen zu substanziell auf der Grundlage komplexer individueller Lebensentwürfe gesehen werden, der wird erst recht Einlassungen zurückweisen, die die Ebene der subjektiven Wertlehre, wie sie gerade rein formal von neoklassischen Ökonomen hingenommen wird, weit ins Reich der Psychologie hinein überschreiten. Dies obwohl Wirtschaft nahezu permanent aus Wertungen besteht, die zumindest in der Praxis substanziell verstanden werden müssen.

41 Wertungsvorgänge verweisen auf subjektive, Wert bildende Erregungszustände (des limbischen Systems unseres Gehirns),[34] die zur kombinierten kognitiven *und* emotionalen Beurteilung von Situationen und zur Auswahl unter konkurrierenden Sinneswahrnehmungen lebensnotwendig sind. *Wertungen sind daher Verstandesleistungen des Gehirns auf der Grundlage von erregbaren Reaktionsmustern.* Es gibt keine Entscheidungen ohne Wertungen. Werte auf eine rationale Ebene zu heben und formal als unspezifizierte Präferenzen auszugeben, ist eine theoretische Möglichkeit, aber keine pragmatische Lösung. In die subjektiven Wertungen gehen, auch dies ist unvermeidlich, die individuelle Moral ebenso wie die verinnerlichten gesellschaftlichen Verhaltensmuster ein. Angepasste Menschen binden sich stärker an die Ethik der Gesellschaft, unangepasste, nach Neuem drängende oder spielerisch veranlagte Menschen richten sich stärker an sich selbst aus; sie suchen im Spiel sich selbst zu erfahren.

42 Die Wirtschaftspraxis ist in die Sphäre moralischer Wertorientierungen eingeflochten und kann sich weder auf der Produzenten- noch auf der Konsumentenseite aus dieser Lage herauswinden. Die Wertungen, die ein Kaufinteressent einem angebotenen Ob-

---

33 Der Fachverband Glücksspielsucht wird in der Urteilsbegründung des *BVerfG* (Abschn V Ziff 71) mit dem Argument zitiert: „Eine Vermarktung von Glücksspielen wie ein normales Gut sei ... als problematisch anzusehen." Das ist eine sehr vorsichtige Haltung, die aus unserer Sicht deutlich zu unterstreichen ist.

34 Das limbische System steuert die Wechselbeziehungen zwischen den elementaren körperlichen Trieben und den kognitiven Funktionen des Gehirns. Es ist die zentrale Bewertungsinstanz und als solche überlebenswichtig. Menschliche Geistesentwürfe als reine Verstandesleistungen zu präsentieren, ohne die vom limbischen System ausgehenden emotionalen Impulse zu berücksichtigen, ist im Grunde widersinnig, denn sie liegen den Entwürfen zu Grunde und werden über die Kommunikation mit der Außenwelt von den Adressaten auf ihre subjektive Weise wertend „zurückgelesen" (dechiffriert). Aus neurologischer Sicht ist die Trennung von Verstand und Gefühl offenbar ebenfalls problematisch. Vgl dazu ausführlich und mit erhellenden Konsequenzen auch für die ökonomische Wertproblematik *Singer, Wolf* Der Beobachter im Gehirn. Essays zur Hirnforschung, 2002.

jekt oder Dienst entgegenbringt und die ihn schließlich zum Kauf animieren, spielen sich essenziell auf der konkreten Ebene der Entscheidungsfindung ab. Man kann sich natürlich auf den Standpunkt stellen, dass jeder Mensch die Freiheit hat, sich in Kenntnis der Umstände, auf die er sich als Käufer einlässt, zu entscheiden, Risiken einzugehen, auch solche, die sein persönliches Lebensschicksal tangieren, wie das beispielsweise bei Extremsportarten der Fall ist. Es gibt aber theoretisch wie praktisch gute Gründe, in einigen Risikobereichen staatlicherseits regulierend einzugreifen, nicht nur weil es darum geht, Gefahren für Leib und Leben der Betroffenen abzuwehren, sondern letztlich auch, um Kosten, die von der Allgemeinheit zu tragen wären, zu mindern.[35]

Die Fürsorge- und Vorsorgepflichten des Staates haben präventiven, kurativen, moderierenden oder alimentierenden Charakter und dienen der Erhaltung der gesellschaftlichen Stabilität und Wohlfahrtsentfaltung. Man kann und muss über die Ethik des Staatshandelns im Einzelnen streiten, und die politischen Parteien und Verbände tun dies im Rahmen der demokratischen Verfassung. Es kann in vielen Situationen auch befunden werden, dass die Eigenkräfte der Gesellschaft gestärkt werden müssen, zB durch ehrenamtliche Tätigkeiten. Schließlich gibt es ein weites Feld individueller Tätigkeits- und Entscheidungsfreiheit, für das der Staat bzw die Verfassung mitsamt der Rechtsordnung lediglich regulierende Rahmenbedingungen festlegt. Dies ist im Bereich des marktwirtschaftlichen Handelns ganz überwiegend der Fall. Die Frage, um die es beim Glücksspiel geht, muss folglich auf das entscheidende Problem eingehen, ob Glücksspiele Selbst- oder Fremdgefährdungsmomente enthalten, die sich durch das „freie Spiel“ von Angebot und Nachfrage nicht von selbst angemessen regeln, und ob nicht die auf einen Markt auftreffenden kommerziellen Interessen möglicherweise sogar die Gefährdungsmomente noch verstärken. **43**

Im Falle des Lotteriewesens stellt sich diese Frage nicht anders als in allen anderen staatlichen Leistungsfeldern, allerdings mit der Besonderheit, dass erhebliche Anteile am Spielaufkommen, quasi gewillkürte Überschüsse, nicht an die Teilnehmer entsprechend dem Spielausgang zurückfließen, sondern an andere fiskalische Bereiche oder gemeinnützige Institutionen weitergereicht werden, dies allerdings nicht nach Belieben, sondern mit der gesetzlichen Bindung, dass der Ertrag der Lotterie „Zwecken zugute kommt, die allgemeiner Billigung sicher sind“.[36] In ihrem Beitrag zum staatlichen Lotteriewesen argumentieren Adams und Tolkemitt ebenso wie Bahrdt von der Annahme aus, es handele sich bei der Teilnahme an einer Lotterie um einen Markt. Es stehen sich nach deren Beurteilung der Veranstalter des Spiels und die interessierten Mitspieler gegenüber und tauschen eine Leistung oder ein Leistungsversprechen gegen Geld. Das ist der charakteristische Denkansatz der Neoklassiker, und der bestimmt nicht nur das Produkt auf seine Weise, sondern erklärt manche Erschei- **44**

35 Wenn es nicht zynisch wäre, könnte man argumentieren, dass die Bereitschaft, selbst ruinierende Risiken (wie beim Glücksspiel; wer kennt nicht die vielen Geschichten und Schicksale aus Spielkasinos?) einzugehen auf der Untergrundgewissheit ruht, im schlimmsten Fall werde die Gemeinschaft oder der Staat die Sache irgendwie auffangen und den Spieler nicht ganz verkommen lassen.

36 *Adams/Tolkemitt* S 511.

nungen als Marktversagen, und zwar dadurch „dass die Kunden mangels hinreichender Kenntnisse den wirklichen Wert der mit der Lottoteilnahme verkauften Hoffnung nicht richtig einzuschätzen vermögen und sie damit auch nicht imstande sind, die Angemessenheit der dafür verlangten Preise zu beurteilen.“[37]

45 In der Tat, wenn es sich wirklich um eine Marktbeziehung handelt,[38] dann geht es um eine Wertung, die für die Teilnahmeentscheidung höchst relevant ist. Die Frage ist allerdings, ob Wertung stets und ausschließlich über die Geldschiene verläuft oder ob nicht das ganze limbische System im Gehirn mitwirkt und Spieltriebe freisetzt, die dem Teilnehmer selbst dann keine rein rationale Entscheidung erlauben, wenn er vollständige Kenntnis über Gewinnchancen und Ausschüttungsquoten konkurrierender Glücksspiele besitzt. In diese Bewertungssphäre reicht das neoklassische Denkschema nicht hinein. Zwar ist das, was dabei an Einsichten zu Tage gefördert werden kann, eine durchaus wichtige Dimension. Aber die politische Entscheidung darüber, ob dieser Leistungsbereich kommerzialisiert werden sollte, kann damit keinesfalls begründet werden. Besonders absurd, fast schon schockierend, wird der Anspruch von Neoklassikern, mit ihren Denkmodellen auch religiöse Beziehungen in das Schema der Marktbeziehungen zwängen und beurteilen zu sollen. Da ist im gleichen Atemzug mit den Glücksspielen (Verkauf von Hoffnung) auch von Märkten für „Religionsdienstleistungen“ die Rede, die angeblich ebenfalls unter einem Mangel an Transparenz leiden.[39]

46 Das methodologische Dilemma von Wissenschaften wie der Ökonomie, die es mit vom Menschen gemachten Objekten, Zuständen und Welten zu tun haben, ist nicht mit wenigen Federstrichen auflösbar. Die Fähigkeit des Menschen, Dinge zu schaffen, die nicht von selbst da sind, ist einerseits eine schöpferische Kraft, die die Menschheit weiterbringen kann. Sie enthält aber ebenso zerstörerische Potenziale, die aus Unkenntnis oder bösem Willen sich verwirklichen können.[40] Deshalb muss die Freiheit des Gestaltens unabweislich an Ethik gebunden sein, um nicht blinder Willkür Raum zu geben, und es gehört zum Ethos solcher Wissenschaften, dies methodologisch in den Mittelpunkt zu stellen. Ansätze dieser Art gibt es durchaus in der Ökonomie,[41] nur sucht man sie vergeblich in der Neoklassik.

---

37 *Adams/Tolkemitt* S 513; auch hier stellt sich die Frage, ob sich an diesem Dilemma etwas ändern würde, wenn Glücksspiele privat betrieben würden.

38 Um einen Markt kann es sich schon deshalb gar nicht handeln, weil Spieleinsätze keine Preise sind, und, selbst wenn man sie so deuten könnte, man dann erklären müsste, wieso sich diese Preise nicht frei im „Spiel von Angebot und Nachfrage“ einpendeln, sondern (staatlicherseits) festgelegt werden.

39 *Adams/Tolkemitt* S 513 Fn 17; da könnte man beinahe zynisch werden: Wäre Transparenz durch informiertes Denken erreichbar, dann hätten die Theologen und Philosophen sich nicht Jahrhunderte lang vergebens mit dem ontologischen Gottesbeweis abmühen müssen. Die Neoklassiker hätten das Problem dann längst gelöst.

40 *Jonas, Hans* Das Prinzip Verantwortung – Versuch einer Ethik für die technologische Zivilisation, 1979.

41 Vgl zB *Ulrich, Peter* Integrierte Wirtschaftsethik – Grundlagen einer lebensdienlichen Ökonomie. 3. Aufl 2001; *ders* Der entzauberte Markt – Eine wirtschaftsethische Orientierung, 2002.

Die rationalistisch orientierte Neoklassik enthält keine inneren Anknüpfungspunkte für ethische Vernunftgründe, weshalb die meisten Schriften zur Wirtschaftsethik, die es natürlich in der Ökonomie auch gibt, nicht über eine merkwürdig additive Sicht hinausgelangen oder sogar zu dem Kunstgriff genötigt sind, das rationale Verfolgen von Gewinnmaximierung selber zum ethischen Prinzip zu erklären.[42] Nach wie vor werden Einwände aus ethischen Vernunftgründen auf Seiten der Rationalisten als unzulässige oder lästige Einmischung begriffen. Im Grunde aber gebietet die Tatsache, dass die Kulturwissenschaften im Allgemeinen und die Ökonomie im Besonderen sich mit Erscheinungen der Realität befassen, die von Menschen geschaffen sind, eine um Verstehen und Interpretieren bemühte Methodologie. Folglich sind ihre wissenschaftlichen Bestrebungen in gewisser Weise selbstreferenziell (Menschen befassen sich mit Menschen), was methodologisch eine rein rationalistische Versachlichung oder Verdinglichung wie in den Naturwissenschaften nicht erlaubt, denn das hieße Menschen zu Gegenständen zu machen. **47**

V. Die Debatte um die Privatisierung öffentlicher Leistungsfelder

Anstrengungen zur Vermeidung von Unwirtschaftlichkeit gehen nicht nur die Wirtschaft an, sondern alle öffentlichen und privaten Subjekte, die limitierte Mittel, meist finanzieller Art, für sich einsetzen wollen. Diese Anstrengungen gehen indessen argumentativ und faktisch in die Leere, wenn keine Klarheit über die Zwecke (einer einzelnen Maßnahme, eines Projektes, einer ganzen Institution) besteht. Das Verlangen nach eindeutigen (dh nicht weiter interpretationsbedürftigen) Zwecken ist leichter aufgestellt als erfüllt, mit einer bedeutenden Ausnahme: wenn der Zweck präzise in Kategorien des Geldes angegeben und die einzusetzenden Mittel in eben dieser Dimension bewertet werden können. Ist der Zweck in monetären Einheiten bestimmt und existieren hinsichtlich der Mittelkombination Alternativen zu dessen Erfüllung, dann ist die Regel, nach der finanziell günstigsten zu streben, logisch und rational (*und zugleich banal!*). Ebenso rational ist unter solchen Bedingungen dann auch der Versuch, nach neuen Mitteln zu forschen (technisch-organisatorischer Fortschritt) und die Resultate die Kosten mindernd oder die Resultate verbessernd umzusetzen (Rationalisierung). **48**

Die meisten staatlichen Leistungsfelder sind, so lehrt die Erfahrung und will es die öffentliche Meinung wissen, hinsichtlich solcher Rationalisierungsreserven in ihren administrativen Bürokratien noch nicht restlos und stringent genug durchleuchtet. Im Vergleich zur privaten Wirtschaft, so heißt es vielfach, bleiben die staatlichen und kommunalen Bürokratien hinter ihren Möglichkeiten weit zurück. Aus dieser Sicht wird gefolgert, dass Staatsaufgaben, so weit sie nicht hoheitlicher Natur sind und dies nicht unbedingt bleiben müssen, in private Hände gegeben werden müssen (Privatisierung). Private Hände stehen dem Prinzip der Wirtschaftlichkeit weitaus näher, **49**

42 Vgl *Herzinger, Richard* Kapitalismus als Ethos. In: Kapitalismus oder Barbarei? Sonderheft der Zeitschrift „Merkur", 9/10/2003, S 747–757.

weil dies dank des Damokles-Schwertes des Wettbewerbs Teil ihrer Existenzbedingungen ist; denn private Betriebe sind nicht existenziell gesichert.

50 Interessant für die private Kapitalvermehrung sind allerdings staatliche Leistungsfelder nur insoweit, als sie profitabel sind oder nach geeigneten Rationalisierungsmaßnahmen profitabel gestaltet werden können. Zweifellos gibt es zahlreiche Fälle dieser Art, die zum Teil damit zusammenhängen, dass die öffentliche Hand wegen einengender Normen des öffentlichen Rechts nicht den gleichen Handlungsspielraum hat wie die private Hand. Die tut sich nämlich leichter, unrentable Zweige eines Leistungsfeldes nicht mehr zu bedienen oder höhere Preise durchzusetzen. Gelegentlich kommt es auch zu Vereinbarungen über öffentliche Zuwendungen (Subventionen), damit schwächelnde Leistungsbereiche beispielsweise aus sozialen Gründen aufrechterhalten werden können. Durch diese Art des strukturellen Umbaus, der mit der Privatisierung einherzugehen pflegt, wird indirekt die Ausgangslage wieder hergestellt, nur dass jetzt die ertragreichen Leistungsbereiche privatisiert worden sind und zur Deckung der Subventionen die Mischkalkulation mit profitablen Teilen des Leistungsbereichs nicht mehr zur Verfügung stehen.

51 Die Argumentationsstrategien, die in der Debatte um die Privatisierung öffentlicher Leistungsfelder eine entscheidende Rolle spielen, müssen und können hier nicht detailliert ausgebreitet werden.[43] Der Hinweis, dass die Auseinandersetzungen darüber gewöhnlich auf monetärer Ebene geführt werden (müssen),[44] ist indessen grundsätzlicher Natur. Auf dieser Ebene wird nicht nur klar ersichtlich, welche ökonomischen Kategorien weit in das politische Entscheidungsklima vorgedrungen sind, sondern es können umgekehrt auch Scheinargumente entlarvt und ökonomistische Vorurteile auf ihren ideologischen Hintergrund projiziert werden. Ein verbreitetes, klassisches Scheinargument hat sich aus der Behauptung gebildet, dass ein und dieselbe Sache in privater Hand kostengünstiger geleistet werden könne als in öffentlicher Regie. Falls man nicht von der Annahme ausgehen will, dass Bedienstete der öffentlichen Hand von Natur aus und im Vergleich zu privaten Leistungsträgern markant, weniger klug und leistungswillig sind, dann kommen nur strukturelle oder geistesklimatische Ursachen für Effizienzunterschiede in Betracht.

52 Es wäre in jedem konkreten Fall zu untersuchen, welche gesetzlichen, verwaltungstechnischen, politischen oder konstitutionellen Faktoren eine messbare Minderleistung (gemessen ausschließlich in Geldgrößen!) der öffentlichen Hand verursachen. Hat man dies eruiert, steht man nicht vor einem Problem der Wirtschaftlichkeit, sondern vor einem Problem des Rückbaus öffentlicher Kompetenzen und Rahmenbedingungen. Das bedeutet argumentativ wie faktisch nichts anderes, als dass die Gesetze, Verwaltungsverordnungen und Verfassungsnormen, beispielsweise das verfassungs-

---

43 Einige wesentliche Gesichtspunkte finden sich bei *Broß, Siegfried* Daseinsvorsorge – Wettbewerb – Gemeinschaftsrecht, JZ 18/2003, 874–879.

44 Nicht-monetäre Argumente haben es immer schwerer, im dominierenden Horizont neoklassischen Denkens in der politischen Praxis Gehör und Berücksichtigung zu finden. Beinahe schleichend haben sich das monetäre Denken und die Überzeugung, der Markt sei der beste Richter auch im Bereich öffentlicher Leistungsaufgaben, durchgesetzt.

rechtlich verankerte Sozialstaatsprinzip,[45] an der betreffenden Stelle nicht mehr gelten sollen. Damit wird aber eine ganz andere Debatte über die Effizienz der öffentlichen Hand ins Leben gerufen, für die das neoklassische Wettbewerbsmodell schlicht inkompetent ist. Hier geht es nämlich um veränderte Zweckdefinitionen, und diese sind – wie an anderer Stelle betont – nicht mit Mitteln der ökonomischen Rationalität begründbar.

Der Wettbewerb am Markt beschäftigt sich ausschließlich mit sich selbst. Seine Lo- **53**
gik ist, wenn man sie gelten lassen will, eine *Binnenlogik*. „Außerhalb des Wettbewerbs liegende Gesichtspunkte, Rahmenbedingungen bezüglich eines verwerfungsfreien Zusammenlebens der Menschen oder innere Hemmungen sind ihm fremd."[46] Setzt man diese Binnenlogik simulativ auf Situationen außerhalb des konkreten Modellhorizontes an, um zu ermitteln, was der Wettbewerb dort leisten würde, kommt man zu dem absurden Ergebnis, dass durch diese Ausweitung die dort geltenden Normen und Regeln wiederum nach außen gedrängt werden müssen, um eine modelladäquate Situation zu schaffen. Der Beweis für die Leistungsfähigkeit des (neoklassischen) Marktmodells ist folglich eine Tautologie. Ihr Einsatz in der politischen Praxis hat einen Kehrbesen-Effekt ohne Entsorgungsverpflichtung.

Die von Neoklassikern regelmäßig ins Feld geführte Argumentation, dass im Interes- **54**
se der Gesellschaft und der Wirtschaft im Besonderen die Effizienz in den staatlichen und kommunalen Leistungsfeldern deutlich gesteigert werden könnte, wenn nur der steife Wind des Wettbewerbs die Amtsstuben durchlüften würde oder besser noch auf Individuen und Institutionen treffen würde, die im alltäglichen Umgang mit diesem Element professionell trainiert sind, erweist sich so als substanzlos und wird in vielen Fällen – zahlreiche Beispiele finden sich in dem zitierten Beitrag von Siegfried Broß[47] – durch die Praxis ad absurdum geführt. Der Markt kann vieles richten, vieles andere aber auch hinrichten. Die Erfahrung (und ebenso wie wissenschaftliche Forschungsergebnisse),[48] dass fehlende Transparenz, unterschwellige Koalitionsbildung, Täuschungsmanöver gegenüber Shareholdern und Stakeholdern und vieles mehr den Marktoptimismus der Neoklassiker nicht rechtfertigen, soll hier keine weitere Rolle spielen. Im Prinzip ist ja der Markt ein wirksames Regulierungsinstrument, nicht unfehlbar, aber bisher hat man noch kein besseres mit Aussicht auf praktische Umsetzbarkeit gefunden.

Die argumentative Schieflage in der Privatisierungsdebatte ist in den meisten Fällen **55**
nicht allein auf Scheinargumente zurückzuführen, sondern beruht auf dem Umstand, dass die neoklassische Logik, wenn sie überhaupt greifen soll, nur auf der monetären Denkebene ansetzen kann. Von dieser Plattform aus Leistungsbereiche der öffentli-

---

45 *Broß* S 875.

46 Ebd.

47 Ebd S 875 ff.

48 Der US-amerikanische Ökonom Joseph Stiglitz erhielt für seine Forschungen auf diesem Gebiet im Jahre 2001 den Nobelpreis für Ökonomie. Stiglitz hat zusammen mit einem Kreis von Kollegen jahrelang mit dem Problem befasst, ob der Markt in der Realität tatsächlich das leisten kann, was sich die neoklassischen Theoretiker vorgestellt haben. Das Ergebnis war ein Nein bzw ein eingeschränktes Ja.

chen Hand zu attackieren, ist nichts als Spiegelfechterei, denn es ist *nicht* Zweck des Staatshandelns, Geld zu akkumulieren und für dessen Vermehrung zu sorgen oder seine politisch begründeten Handlungen ausschließlich oder auch nur primär über das Geldargument zu planen und zu begründen. Gerade weil dies gilt, wird den staatlichen Lotterieveranstaltern gesetzlich auferlegt, Einnahmen, soweit sie nicht Verwaltungskosten sind oder zur Ausschüttungsmasse gehören, Zwecken zuzuführen, die öffentlicher Billigung gewiss sein können, zB für Kultur, Bildung, Sport und Umwelt.

56 Würden sich kommerzielle Interessen politisch durchsetzen und diese Finanzquelle dem Staat verschließen, blieben nur zwei mögliche Reaktionen: Entweder werden die Zuwendungen an gemeinnützige Zwecke unterbunden und damit deren Existenz aufs Spiel gesetzt oder die Zuwendungen müssen künftig aus allgemeinen Haushaltsmitteln finanziert werden. Eine erfolgreiche Attacke auf einen einträglichen staatlichen Leistungszweig, kann – muss nicht in jedem Fall – die Leistungsqualität dieses Bereichs beeinträchtigen, wenn nämlich mit der Zeit aus Rentabilitätsgründen Preiserhöhungen nötig werden. Wichtiger sind jedoch die strukturellen Umgebungswirkungen, weil es nicht um isolierte Leistungsbereiche geht, sondern um einen allgemeinen öffentlichen Leistungsverbund.

57 Die Rechnung ist im Fall der Lotterieeinnahmen eigentlich ganz einfach: Die Spieleinnahmen teilen sich auf in die Ausschüttungssumme, die Verwaltungskosten und die verteilbaren Überschüsse. Fließt nach einer Privatisierung ein Teil der Einnahmen in den privatisierten Gewinntopf, dann geht das entweder zu Lasten der Ausschüttungssumme, zu Lasten des für Verwaltung zur Verfügung stehenden Betrages oder zu Lasten der gemeinnützigen Zuwendungen. Quartum non datur. Welches wäre die gegenüber den Spielern und der Öffentlichkeit moralisch vertretbare Entscheidung? Es kann kaum anders ausgehen, als dass die staatlichen Haushalte unter Druck geraten und folglich an irgendeiner Stelle öffentliche Leistungen gestrichen werden müssen. Die politischen Folgen sind absehbar: schrittweise Dekomposition politischer Regulierungsmöglichkeiten in ethisch sensiblen Bereichen bei fortschreitender Installierung eines monetaristischen Darwinismus unter Ausnutzung des positiven Images, das die Marktwirtschaft (zu Recht, wenn sie ethisch rückgekoppelt bleibt) in der Öffentlichkeit genießt. Der ausgeübte Druck kommt mit der Zeit vor allem deshalb zum Erfolg, weil sowohl nach dem Grundgesetz (Art 110 Abs 1) als auch nach den Verpflichtungen des Staates zur Erhaltung der Geldwertstabilität (Stabilitätsgesetz von 1967) die öffentlichen Haushalte zur Ausgeglichenheit von Einnahmen und Ausgaben gehalten sind.

58 Mit Recht wird auch im Zusammenhang mit der Debatte um die Privatisierung staatlicher Leistungsbereiche auf das Verfassungsgebot des ausgeglichenen Staatshaushaltes (in jüngster Zeit zusätzlich verstärkt durch das Maastricht-Abkommen der EU) hingewiesen. Ein ausgeglichener Staatshaushalt ist indessen kein Zweck, sondern eine notwendige Nebenbedingung politischen Gestaltungshandelns (hauptsächlich wegen der konjunkturellen Wirkungen, insbesondere auf die Geldwertstabilität), und diese Nebenbedingung begrenzt die Handlungsspielräume, um im gesellschaftlichen Gesamtinteresse konstruktive Projekte einzuleiten und Gemeinschaftsaufgaben zu erfüllen. Aus dem gleichen Grund kann und muss der Staat bzw müssen die Kommunen Wege finden, um für diese Zwecke durch Steuern, Gebühren und andere Instrumente die Einnahmeseite der Haushalte zu sichern.

Das staatliche Streben nach Geldeinnahmen ist kein marktförmiges Handeln, selbst dann nicht, wenn für die Einnahmen Gegenleistungen erbracht werden müssen. Das Ziel ist nicht Kapitalvermehrung, sondern Umlenkung materieller Ressourcen zu Gunsten sensibler Lebensbereiche, in denen eine andere Art von Vernunft als das „Ethos des Kapitalismus“ (Herzinger) gilt. Schon der Ansatz, solche Bereiche mit dem neoklassischen Marktmodell zu analysieren, geht grundsätzlich fehl. 59

VI. Folgerungen

Die anhaltende Debatte um die Privatisierung staatlicher Leistungsbereiche der Daseinsvorsorge ist gekennzeichnet durch eine unreflektiert für optimal und unumstößlich gehaltene Anwendung des neoklassischen Wettbewerbmodells. In einem Bericht der Europäischen Kommission aus dem Jahre 2001 an den Europäischen Rat[49] heißt es beinahe euphorisch: 60

> „Für eine Vielzahl von Dienstleistungen von allgemeinem öffentlichem Interesse haben sich offene Märkte als optimale Instrumente zur Befriedigung der Bedürfnisse der Bürger und Unternehmen erwiesen. In den durch Gemeinschaftsmaßnahmen liberalisierten Sektoren hat der Wettbewerb zu einer vergrößerten Angebotsvielfalt und zu Kostensenkungen für die Verbraucher wie auch für die gewerblichen Nutzer geführt ...“

Zu einer solchen Bewertung gelangt man, wenn man die liberalisierten Märkte mit der Binnenlogik des Wettbewerbmodells misst und den Kehrbesen-Effekt außer Acht lässt. Siegfried Broß legt in seinem Beitrag zahlreiche Beispiele vor, in denen teilweise die Kosten für die Verbraucher nach der Liberalisierung gestiegen sind, in denen Sortimente aus Rationalisierungsgründen eingekürzt wurden und die Leistungsqualität in den betreffenden Bereichen gesunken ist.[50] Die Befürworter dieser Strategie werden natürlich Beispiele benennen können, in denen tatsächlich Verbesserungen erzielt wurden. 61

In allen Realität gewordenen Fällen von Liberalisierung wäre aber erst noch zu prüfen, welche Faktoren die jeweiligen Befunde (seien sie positiv oder negativ im Sinne des Marktmodells) tatsächlich bewirkt haben und welche Bewertungskriterien zugelassen und welche eliminiert wurden. Aus der Debatte um die Privatisierung staatlicher Leistungsfelder wird jedoch eines deutlich: Das neoklassische Wettbewerbsmodell ist in seiner gegenwärtigen Form keine geeignete Plattform zur Entwicklung des Staatswesens. Es ist ein äußerst reduziertes Urteilsschema, das sich – wenn überhaupt – ausschließlich für die Binnenlogik des bereits installierten Marktes eignet, das aber auf keinen Fall für eine strukturelle Entwicklungslogik eine ausreichende Basis abgibt. 62

49 Zit b *Broß* S 875 f.
50 Ebd S 876 ff.

63 Die entscheidende Frage, um die es in dieser Abhandlung ging, bezieht sich auf das eigenartige Feld der Glücksspiele und das Problem, ob hier freie Märkte zur Geltung kommen können oder vielmehr staatliche Obhut erforderlich ist. Letztlich ist dies eine nicht wissenschaftlich begründbare politische Bewertung hinsichtlich des notwendigen Ausmaßes staatlicher Betreuungs- und Mäßigungsverpflichtungen in einem Sachzusammenhang, in dem ein Selbst- und Fremdgefährdungspotenzial akut ist und nicht sich selbst überlassen bleiben darf. Andererseits besteht durchaus eine generelle Aufklärungs- und Konsultativpflicht im Rahmen des Wissenschaftsethos, mögliche Fehlentwicklungen aufzudecken und Empfehlungen zu deren Korrektur auszusprechen.

64 Im Ergebnis unserer Überlegungen kommt eine unspezifische, aber begründete Skepsis gegenüber der ethischen Kompetenz freier Märkte im Falle von Glücksspielen ganz besonders zum Tragen. Die kulturelle Bedeutung des Spielens im Allgemeinen und die Gefahren eines durch Wettbewerb leicht aufheizbaren „Spiels mit der Hoffnung“ raten nach wie vor zu einer regulativen Zuständigkeit des Staates bzw der zuständigen staatlichen Organe, und zwar nicht bloß als geschehensferne Aufsicht über formal korrekte Abläufe in der Praxis, sondern als gestaltender Regulator mit Kompetenzen über Personen und Dispositionen, über Bedingungen der Spielteilnahme und die Verwendung von Spielerträgen. Wem die Staatsbürokratie zu ineffizient und intransparent ist, kann auch andere Lösungen finden als das extreme Gegenteil. Denkbar wäre die Umwandlung der Lottogesellschaften in öffentliche Stiftungen. Die massiv von Adams und Tolkemitt vorgetragenen Vorwürfe der unsachgemäßen Verwendung von Geldern und anderer Unregelmäßigkeiten mögen in Einzelfällen Substanz haben. Die daraus indirekt zu schließende Behauptung, dass kommerziell betriebene Glücksspiele gegen alle Irregularitäten gefeit seien, gehört wohl ins Reich der Märchen.

65 Dieses Ergebnis enthält keine Aussage über den Umfang von Ausschüttungsquoten und über die Abführung von Spieleinnahmen für andere staatliche Aufgaben. Würde der deutsche Lotto-Totoblock privatisiert, nähmen die Abführungen aus den Einspielungen den Charakter von Steuern an. Über eine Spielsteuer von 50% hätten dann die Parlamentarier zu entscheiden, denn die müssten möglicherweise entstehende Einnahmelücken im Staatshaushalt auf in der Öffentlichkeit vertretbare Weise ausgleichen.

66 Mit diesem Ergebnis wird nicht grundsätzlich gegen Privatisierungen argumentiert. Es gibt gute Gründe, ausufernde Bürokratien zu einem erträglichen Maß zurückzustemmen und administrative Hemmnisse für eine kreative Entwicklung gesellschaftlicher Kräfte in der Wirtschaft, im Gesundheitswesen, zum Teil im Bildungsbereich und bei den Künsten abzubauen. Abbau von Bürokratie heißt jedoch nicht generell Privatisierung, sondern mehr Hinwendung zum Substanziellen, zB in der Bildung und den Künsten. Die angepeilte Privatisierung oder Entstaatlichung von Glücksspielen ist dagegen ein Modellfall für die gegenläufige Tendenz, das gesamte öffentliche Leben in (vermeintlich) rationale und irrationale Sektionen aufzuspalten, in den rationalen Bereichen solche herauszufiltern, die kommerziell einträglich gemacht werden können, und den unergiebigen Rest der allgemeinen Wohlfahrtspflege zu überantworten. Was für eine Kultur soll daraus hervorgehen?

VII. Summary (Economy and Ethics)

For quite some time the issue of privatizing games of chance, especially public lotteries, has been under debate in Germany, influenced and scientifically supported by the logic of so-called mainstream neo-classical economics. Reservations about this logic on the part of economists were not to be expected due to the dominance of the neo-classical paradigm, though many serious objections and doubts rooted in political, legal, cultural, and social criteria of high importance have been presented in many expert articles. Meanwhile a basic judgement of the German Constitutional Court in March 2006 has specified the legal conditions for any continuation of governmental control of lotteries.

This article is not to comment on the recent judgement of the Court, but to develop a platform for criticism of pure economic rationale and reduced analysis and to pave the way for a better and broadly balanced assessment of that query. The criticism of mainstream economics suggested here might also be generalized, but is focussed in this article on the very subject in question: what is or might be the economics of games of chance?

Two main aspects will come to the fore. Firstly, the emphasis on the fact that human beings in moments of gambling are far away from having perfect control over their actions and, therefore, are not in the state of rational decision making, as it is postulated in the prevailing economic theory. Secondly, the methodology of neo-classical economics is rooted in a couple of axioms that are pure mental constructions far away from a close connection to reality. The models of economics may be useful on a high level of abstraction, but are of no acceptable competence to judge real problems of social – including economic – controversies.

The clear conclusion drawn from the results of this article is that governmental control should remain in tact, with minor specified exceptions based on precisely described conditions.

2. Abschnitt: Der Glücksspielmarkt – Potenzial und Risiken

§ 4 Struktur und ökonomische Beurteilung des Sportwettenmarktes in Deutschland

Norman Albers

Übersicht

Literatur: *Albers, N.* (1993) Ökonomie des Glücksspielmarktes in der Bundesrepublik Deutschland; *ders* (2007) Die Markenstrategie des Deutschen Lotto-Toto-Blocks unter dem Einfluss des *Bundesverfassungsgerichts*, (Veröffentlichung bevorstehend); *ders/Hübl, L.* (1997) Gambling Market and Individual Patterns of Gambling in Germany, Journal of Gambling Studies, Vol 13 (2) 125–144; *Bahr, M.* (2005) Glücks- und Gewinnspielrecht; *Bardt, H.* (2004) Staat und Glücksspiel in Deutschland, Überlegungen zum staatlichen Monopol, Institut der deutschen Wirtschaft; *Bayerische Landeszentrale für neue Medien* (2005) 9Live – Gewinnspiele, in: http://www.blm.de/inter/de/pub/die_blm/fragen_und_antworten/weiterefaq/9live_gewinnspiele.htm; *Bundeskartellamt* (2006) Entscheidung des Bundeskartellamtes vom 23. 8. 2006, B10 – 148/05; *Bundesrat* (2005) BR-Drs 655/05 (Beschl) Fünfte Verordnung zur Änderung der Spielverordnung; *Commission of the European Community* (Hrsg) (1991) Gambling in the Single Market – A Study of the Current Legal and Market Situation, Volume I–III; *Deutscher Bundestag* (Hrsg) (2006) 16. Wahlperiode Sportausschuss Kurzprotokoll 5. Sitzung Öffentliche Anhörung zu dem Thema „Sportwetten und Spielsucht“; *Elektronischer-Geschäftsverkehr-Vereinheitlichungsgesetz – ELGVG* vom 26. Februar 2007, Artikel 1, § 1 Abs 1, BGBl, Teil 1 Nr 6 vom 28. Februar 2007, S 179–185; *European Commission* (Hrsg) (2006) Study of Gambling Services in the Internal Market of the European Union; *EU-Kommission* (2006) Vertragsverletzungsverfahren 2005/4017, SG (2005) A/246 – Freier Dienstleistungsverkehr: Beschränkungen für Sportwetten in Dänemark, Finnland, Deutschland, Ungarn, Italien, den Niederlanden und Schweden, Pressemitteilung IP/06/436 vom 4. 4. 2006; *EU-Kommission* (2007) Notifizierung 2006/658/D – Entwurf eines Staatsvertrags zum Glücksspielwesen in Deutschland. Ausführliche Stellungnahme vom 21. März 2007 (unveröffentlicht), *Fröhlingsdorf M./Ludwig U.* (2006) Glücksspiel – Zocker im Amt – Mit einer ausgefeilten Strategie wollen die Ministerpräsidenten private Wettanbieter erledigen. Angeblich geht es um den Schutz vor Spielsucht – tatsächlich aber um Milliardeneinnahmen, in *Der Spiegel* Nr 26 vom 26. Juni 2006, S 32–33; *Goldmedia GmbH* (Hrsg) (2006) Glücksspiel und Wetten im Internet: Restriktive Gesetzgebung führt zur Abwanderung in den „Graumarkt“, http://goldmedia.bytespring.de/Single-View.90+M557ccbc3c13.0.html (eingestellt 27. 3. 2006); *Hornuf, L./Britschkat, G./Lechner, R./Nerb, G.* (2006) Auswirkungen des Bundesverfassungsgerichtsurteils zum Sportwettmarkt auf die deutsche Volkswirtschaft, ifo Institut Bereich Branchenforschung; *Hübl, L.* (2006), Der Markt für Spielbanken in Deutschland, in: *Gebhardt, I./Grüsser-Sinopoli, M.* (Hrsg) Glücksspiel in Deutschland. Ökonomie, Recht, Spielsucht; *Korte, St.* (2004) Das Staatliche Glücksspielwesen; *Kretschmer, B.* (2006), die Sportwetten und das Strafrecht – Ein Verfassungs- und Europarechtliches Glücksspiel? in: ZfWG Zeitschrift für Wett- und Glücksspielrecht 3/2006, 52–59; *LFK – Landesanstalt für Kommunikation Baden Württemberg* (2005) Anwendungs- und Auslegungsregeln der Landesmedienanstalten für die Aufsicht über Fernseh-Gewinnspiele; *Meyer, G./Hayer, T.* (2005) Das Gefährdungspotential von Lotterien und Sportwetten – Eine Untersuchung von Spielern aus Versorgungseinrichtungen; *OVG Saarland* Beschluss vom 4. 4. 2007, 3 W 20/06, S 14; *Plöntzke, B./Albrecht, U./Thalemann, C. N./Grüsser, S. M.* (2004) Formen des pathologischen Glücksspiels: eine empirische Erhebung zum Konsumverhalten von Sportwettern und Lottospielern, Wiener Medizinische Wochenschrift, 154, 372–377; *Bayerisches Staatsministerium für Finanzen* Pressemitteilung vom 4. April 2006, 075/2006; *Bayerisches Staatsministeriums des Inneren* Pressemitteilung vom 4. April 2006, 122/2006; *Deutscher Lotto- und Totoblocks (DLTB)* Pressemitteilung: Entscheidung der Landesmedienanstalten steht im krassen Widerspruch zur Ministerpräsidentenkonferenz, http://www.isa-casinos.de/articles/12776.html (eingestellt am 3. 7. 2006); *Reichert, J.* (2006) Sportwetten in Deutschland – Hoher Einsatz gegen freie Märkte – Eine Ausarbeitung der SES Research GmbH (unveröffentlicht); *Staatliche Toto-Lotto GmbH Baden-Württemberg* (2005) Geschäftsbericht 2004; *Staatsvertrag zum Glücksspielwesen in Deutschland (Glücksspielstaatsvertrag – GlüStV)* (Stand: 14. 12. 2006) http://www.isa-casinos.de/data/16284.html (Zugriff am 10. 4. 2007); *Staatsvertrag zum Glücksspielwesen in Deutschland. Erläuterungen zum Glücksspielstaatsvertrag* (Stand: 14. 12. 2006) http://www.stk.niedersachsen.de/master/C28438787_N26477677_L20_D0_I484.html (Zugriff am 10. 4. 2007); *Terra, B./Kajus, J.* (1997) VAT Directives in Europe, Commentary (Art 13), X.3.6. IBFD Publications; *Vieweg, H.-G.* (2006) Wirtschaftsentwicklung Unterhaltungsautomaten 2005 und Ausblick 2006. Gutachten im Auftrag des Arbeitsausschusses Münzautomaten, ifo Institut für Wirtschaftsforschung; *VEWU* Auditing Database der Sport + Markt AG (unveröffentlicht).

I. Allgemeine Marktstrukturen des Glücksspiels in der Bundesrepublik

1. Einführung

1 Der deutsche Wettmarkt ist Teil des gesamten Glücksspielmarktes. In der Europäischen Union gibt es keine Volkswirtschaft, die den Glücksspielsektor ausschließlich marktwirtschaftlich organisiert. Es dominieren Verbotsnormen mit spezifischen Ausnahmeregelungen, die den Charakter von Marktzugangsbarrieren haben.[1] Auch in Deutschland haben moralische Einwände gegen das Glücksspiel zunächst im 19. Jahrhundert zu einem allgemeinen Glücksspielverbot geführt. Dieses Verbot hat in die Rechtsordnung Eingang gefunden und stellt heute in § 284 StGB das Angebot eines (nicht genehmigten) Glücksspieles unter Strafe. Der Staat äußert zwar ethisch-moralische Bedenken, im selben Atemzug betätigt er sich in immer stärkeren Maße auch als Monopolproduzent des Glücksspiels, der vereinzelt durch Konzessionierung die Ausübung des Monopols an Private delegiert.[2] Typisches Beispiel für diese Delegierung bilden in Deutschland die Spielbanken, die teilweise von privaten Unternehmen für die öffentliche Hand betrieben werden.[3] Ähnlich zu beurteilen sind Annahmestellen und gewerbliche Spielvermittler die selbst über keine Zulassung verfügen und nur aufgrund einer zivilrechtlichen Vereinbarung mit dem Veranstalter tätig werden können.

2 In einzelnen Marktsegmenten wird auch privaten Unternehmen der Zugang zur Veranstaltung von Glücksspielen ermöglicht. Für Pferdewetten als Sonderform der Sportwette – nicht jedoch für Wetten auf andere Sportereignisse – und für Automatenspiele mit Geldgewinn, sieht die deutsche Rechtsordnung für private Unternehmen die Erlaubnis zur Veranstaltung von Glücksspielen vor. Gesetzlich geregelt wird die Pferdesportwette im Rennwett- und Lotteriegesetz als Zulassungsgesetz. Dieses Gesetz ist zugleich Steuergesetz für die meisten Glücksspielangebote in Deutschland. Die Aufstellung von Automaten mit Geldgewinnmöglichkeit ist in der Gewerbeordnung in §§ 33cff GewO geregelt.[4] Die Anzahl der Zulassungen in den Märkten für Pferdewetten und Automatenaufstellung ist – von Begrenzungen der Anzahl aufgestellter Automaten abgesehen – nicht kontingentiert. Dies ermöglicht Wettbewerb zwischen den Veranstaltern, da bei objektiver Geeignetheit eines interessierten Bewerbers der Marktzugang nicht verwehrt werden kann. Im Bereich der sonstigen

---

1 *Commission of the European Communities* (Hrsg) (1991) Gambling in the Single Market – A Study of the Current Legal and Market Situation, Volume I–III; *European Commission* (Hrsg) (2006) Study of Gambling Services in the Internal Market of the European Union; diese neue Studie wurde vom *Schweizerischen Institut für Rechtsvergleichung* erstellt, vgl http://ec.europa.eu/internal_market/services/gambling_de.htm (eingestellt am 22. 3. 2007).

2 *Korte* (2004) Das staatliche Glücksspielwesen, S 2.

3 So wurden die niedersächsischen Spielbanken im Jahr 2004 von der Casino Austria GmbH erworben. Zum Spielbankenmarkt vgl *Hübl* (2006) Der Markt für Spielbanken in Deutschland, § 5.

4 Einen Überblick der Automatenbranche bietet http://www.awi-info.de/pages/recht_spielautoma tenalsgewerbe.

Sportwetten wurden im Jahre 1990 von DDR-Behörden vier unbefristet gültige Gewerbeerlaubnisse an Privatunternehmen erteilt.[5]

In allen anderen Segmenten des Glücksspielmarktes muss der Veranstalter über eine inländische Konzession verfügen, die im Anwendungsbereich des Lotteriestaatsvertrags von 2004 (außer Rheinland-Pfalz) nur ein Unternehmen erlangen kann, das sich unmittelbar oder mittelbar im Besitz der öffentlichen Hand befindet.[6] Diese rechtlich umstrittene Anforderung kann nur von den 15 staatlichen Landeslotteriegesellschaften erfüllt werden. Diese haben sich mit der vollständig privaten Lotto Rheinland-Pfalz GmbH im Deutschen Lotto- und Totoblock (DLTB) zusammengeschlossen und bilden im Monopolbereich des Glücksspielmarktes die weitaus größte Veranstaltergruppe. Als Unternehmensvereinigung haben sie insoweit eine vertragliche Preis- und Konditionenabsprache in der Rechtsform einer Gesellschaft Bürgerlichen Rechts vorgenommen.[7] Die Süddeutsche Klassenlotterie (SKL), die Nordwestdeutsche Klassenlotterie (NKL) und die beiden Fernsehlotterien von ARD und ZDF runden das öffentlich-rechtliche Lotterieangebot ab. 3

Neuerdings werden zunehmend so genannte „Gewinnspiele" durch Teilnahme über Telekommunikationsdienste angeboten. Bekanntestes Beispiel ist der interaktive TV-Spielsender „9Live" mit etwa 20 Millionen Anrufen (Teilnahmen) monatlich. Nach einer richterlichen Entscheidung sind die dabei getätigten Spieleinsätze mit der Portoaufwendung zur Teilnahme an einem Preisausschreiben vergleichbar und fallen deshalb unter die Geringfügigkeitsgrenze.[8] Eine hohe Spielfrequenz, eine unübersichtliche Spielanlage und Geldgewinne bis in fünfstelliger Höhe animieren zur Teilnahme.[9] Da anzunehmen ist, dass die Gewinner zufällig ausgewählt werden, verschwimmt bei diesem Spielangebot die Abgrenzung zum „klassischen" Glücksspiel. 4

Der deutsche Glücksspielmarkt ist nicht durch einheitliches Glücksspielrecht innerhalb unserer Rechtsordnung konsistent reguliert, sondern spiegelt eine fragmentierte Gesetzeslage unterschiedlichster – zum Teil widersprüchlicher – Regelungen der verschiedenen Gesetzgeber wieder.[10] Widersprüchlich deshalb, weil bei der Monopolisierung zugunsten des Staates immer wieder die Kanalisierung des Spieltriebs als 5

5 *Dr. Steffen Pfennigwerth* (bwin eK), *Bernd Hobiger* (Wettbüro Goldesel), *Sportwetten GmbH Dresden* (heute Deutsche Sportwettgesellschaft mbH), *Sportwetten GmbH Gera*.

6 Daneben gibt es besondere Unternehmensformen, die aber an den Marktzugangsbeschränkungen nichts ändern. Vgl *Albers* (1993) Ökonomie des Glücksspielmarktes in der Bundesrepublik Deutschland, S 114ff.

7 Es werden einheitliche Angebote mit einheitlichen Quoten und Einsätzen angeboten, um Wettbewerb zwischen den Gesellschaften weitgehend auszuschließen. Die im Staatslotterievertrag zusätzlich verankerte „Regionalisierung" der Einnahmen und der Spielteilnahme verstößt nach Einschätzung des Bundeskartellamtes gegen Kartellrecht, da es die Märkte unzulässig aufteilt und abschottet, vgl *Bundeskartellamt* Entscheidung des Bundeskartellamtes B 10 – 927 13 Kc 148/05 vom 23. 8. 2006, Rn 102–107 sowie www.bundeskartellamt.de/wDeutsch/download/pdf/Kartell/Kartell06/B10–148-05.pdf; bestätigt *OLG Düsseldorf* (2006) v 23. 10. 2006, VI Kart 15/06.

8 Vgl *OLG München* Urt v 22. 12. 2005, 6 W 2181/05.

9 Vgl *Bayerische Landeszentrale für neue Medien* (BML). http://www.blm.de/inter/de/pub/die_blm/fragen_und_antworten/weiterefaq/9live_gewinnspiele.htm (Zugriff am 23. 6. 2006).

10 *Bahr* (2005) Glücks- und Gewinnspielrecht, S 37ff.

Mittel der Gefahrenabwehr zur Begründung herangezogen wird, zugleich der Gesetz- und Verordnungsgeber aber in – unter Spielsuchtaspekten problematischen – Teilbereichen sogar einer Ausweitung des (privaten) Angebots zustimmt. So wurde unlängst in der fünften Novelle der Spielverordnung einer Erhöhung der Anzahl der zulässigen Automaten von 2 auf 3 in Gaststätten und von 10 auf 12 in Spielhallen bei gleichzeitiger Verkürzung der Spieldauer von 12 auf 5 Sekunden gebilligt.[11] Eine Marktöffnung für private Sportwetten wird vom gleichen Gesetzgeber hauptsächlich unter Hinweis auf die abstrakt bestehende Spielsuchtgefahr versagt.[12] Diese Politik steht zunehmend auf dem Prüfstand. Durch die Rechtsprechung des *BVerfG*[13] wurden die gesetzgeberischen Entscheidungen verfassungsrechtlich überprüft, durch den *EuGH*[14] die gemeinschaftsrechtlichen Anforderungen konkretisiert. Auch die EU-Kommission hat sich jüngst mit der Regulierung des deutschen Glücksspielsektors befasst.[15] Als Reaktion der Landesgesetzgeber auf die Grundsatzentscheidung des *BVerfG* vom 28. März 2006 ist das staatliche Monopol im Glücksspielwesen durch den Glücksspielstaatsvertrag ab 2008 sogar verschärft worden.

6 Ökonomisch können die regulativen Rahmenbedingungen auf zwei Arten beurteilt werden. Zum einen beeinflussen sie maßgeblich das Marktergebnis aus dem Zusammenspiel von Nachfrage- und Angebotsverhalten. Dabei bilden die gesetzlichen Rahmenbedingungen das Korsett der volkswirtschaftlichen Marktstruktur. Zum anderen sind die regulativen Eingriffe selbst Objekt der ökonomischen Beurteilung anhand wohlfahrtstheoretischer Erwägungen. Dies ist Teil der ordnungspolitischen Diskussion.[16] Außerökonomische Kriterien, wie der Aspekt der Spielsucht, werden im Rahmen dieses Aufsatzes gestreift aber nicht weiter erörtert.

---

11 Die Änderungen der neuen Spielverordnung bringen eine Ausweitung des Angebotes von etwa 20 bis 30 Prozent zusätzlicher Geldspielautomaten mit sich, vgl *Bundesrat* BR-Drs 655/05.

12 *Meyer/Hayer* (2005) sprechen den Sportwetten im Vergleich zu Lotterien ein erhöhtes Suchtpotential zu, das allerdings auch bei staatlich angebotenen Sportwetten problematisch ist. *Plöntzke/Albrecht/Thalemann/Grüsser* (2004) erkennen ein Suchtpotential bei Sportwetten und Lotterien, so dass sich die Gefährdung dieser Angebote nur graduell unterscheiden. Sie weisen darauf hin, dass die Untersuchungen derzeit nur auf Patientenbefragungen beruhen. Breit angelegte repräsentative empirische Untersuchungen fehlen.

13 *BVerfG* Urt v 28. 3. 2006, 1 BvR 1054/01, ZfWG 2006, 16, 30.

14 *EuGH* Urt v 24. 3. 1994 – „Schindler" C-275/92, zu Lotterien; Urt v 21. 10. 1999 – „Zenatti" C-67/98, Urt v 6. 11. 2003 – „Gambelli" C-243/01, Urt v 13. 11. 2003 – „Lindman" C-42/02, Urteil vom 6. 3. 2007 – „Placanica u a" C-338/04, C-359/04 und C-360/04, zu Sportwetten; alle zitiert nach der Leitseite des *EuGH* http://europa.eu.int/cj/de/index.htm.

15 *EU-Kommission,* Vertragsverletzungsverfahren 2005/4017, SG (2005) A/246 – Freier Dienstleistungsverkehr: Beschränkungen für Sportwetten in Dänemark, Finnland, Deutschland, Ungarn, Italien, den Niederlanden und Schweden, Pressemitteilung IP/06/436 vom 4. 4. 2006; Notifizierung 2006/658/D – Entwurf eines Staatsvertrags zum Glücksspielwesen in Deutschland. Ausführliche Stellungnahme vom 21. März 2007 (unveröffentlicht).

16 *Albers* (1993) Ökonomie des Glücksspielmarktes in der Bundesrepublik Deutschland, S 86ff.

2. Marktergebnis des gesamten Glücksspielmarktes

Der deutsche Glücksspielmarkt hat sich hinsichtlich der Regulierungsgrundlagen in den letzten Jahren – bzw Jahrzehnten – kaum verändert;[17] strukturell war er hingegen erheblichen Zäsuren unterworfen. Dies hat seinen Grund vor allem darin, dass die regulativen Rahmenbedingungen aufgrund ihrer territorialen Geltung zunehmend leer laufen, da der Glücksspielmarkt selbst sich aufgrund des technischen und kommunikativen Fortschritts internationalisiert hat. Augenfälligstes Beispiel ist die rasante Entwicklung des Internets seit Mitte der neunziger Jahre, die mit immer noch anhaltender erheblicher Veränderungsdynamik einen grenzüberschreitenden Glücksspielmarkt innerhalb der EU mit sich gebracht hat. 7

Sofern man die Struktur des Wettmarktes, der in den deutschen Glücksspielmarkt eingebettet ist, in ihrer Gesamtheit darstellen will, muss man zunächst zwischen den getätigten Spieleinsätzen und den tatsächlichen Ausgaben der privaten Haushalte für Glücksspiele unterscheiden.[18] 8

Die Summe der Einsätze ist ein Maßstab für die tatsächliche Nachfrage der Haushalte nach der Dienstleistung „Glücksspiel" und wird hier als Bruttomarktvolumen bezeichnet. In dieser Höhe unterwerfen sich die Nachfrager den monetären Konsequenzen, die mit der Teilnahme verbunden sind.[19] Die Einsätze sind auch Bezugsgröße für Provisionszahlungen und andere Leistungsvergütungen, die beispielsweise die Annahmestellen als Geschäftsbesorger der Veranstalter für ihre Tätigkeit erhalten sowie für Teilnahmegebühren (als zusätzlicher Aufwand der Haushalte) und gegebenenfalls für die Bemessung von direkten Verkehrsteuern.[20] Die Einsätze sind aber nicht der Betrag, über den der Veranstalter betriebswirtschaftlich verfügen kann und auch nicht der Betrag, den die privaten Haushalte in ihrer Gesamtheit für Glücksspiele aufwenden. Hier ist auf die Differenz von Einsätzen (zuzüglich eventueller Bearbeitungsgebühren) abzüglich der Gewinnausschüttungen an die Spielteilnehmer, dem so genannten „Bruttospielertrag" oder „Revenue" abzustellen. Nur dieser Nettospielverlust steht für Kostendeckung des Veranstalters zur Verfügung und kann Überschüsse für Gewinnzuweisungen an den öffentlichen Haushalt oder Ertragssteuern des Veranstalters bewirken. 9

17 Wesentliche Änderungen sind die Einführung des Glücksspielstaatsvertrages zum 1. Januar 2008, der den verfassungswidrigen Lotteriestaatsvertrag vom 1. Juli 2004 ersetzt sowie die Fünfte Änderung der Spielverordnung zum 1. Januar 2006 und kleinere Änderungen des BGB und des Jugendschutzgesetzes in 2003.

18 Vgl *Albers* (1993) Ökonomie des Glücksspielmarktes in der Bundesrepublik Deutschland, S 114ff.

19 Die Millionengewinne der Lotterien zeigen, dass die Nettoposition der Haushalte, die gewinnen, sich natürlich dramatisch von den Haushalten unterscheidet, die verlieren. Da in Höhe des geleisteten Geldeinsatzes ein Gewinnanspruch erworben wird, begründet dieser Betrag zivilrechtlich den Wett- oder Glücksspielvertrag.

20 Direkte Verkehrsteuern sind bei der Glücksspielbesteuerung üblich und bemessen sich als Anteil am Geldeinsatz. Weitere Steuern und Konzessionsabgaben kommen gegebenenfalls hinzu, vgl hierzu Abschnitt III, Rn 30–39.

10 Es ist daher sinnvoll, Netto- und Bruttoeinsatzvolumina zu betrachten. Je nach Betrachtungsweise ergeben sich deutliche Marktanteilsverschiebungen zwischen den Spielangeboten. Erwähnt sei hier die hohe durchschnittliche Gewinnausschüttung der Spielbanken, die mit einer hohen Spielwiederholungsfrequenz und dem erneuten Einsatz des gewonnen Geldes einhergeht. Spielfrequenz, Gewinnausschüttung und Höchstgewinn stehen in einem wechselseitigen Bezug, der insoweit auch typisierend für die einzelnen Spielarrangements ist (Abbildung 1).

11 Das (statistisch erfasste) Bruttospielergebnis der Spielbanken von rund € 950 Millionen, das den Banken als Rohertrag verbleibt, wird durch Jetoneinwürfe und Tischeinsätze von etwa € 10,7 Mrd erzielt. Ausschüttungsquoten von 90 Prozent auch im so genannten „Kleinen Spiel" der Automatensäle sind insoweit keine Seltenheit. Weitere Transaktionskosten (Tronc) und Ausgaben für gastronomische Angebote in den zuletzt 81 Standorten einschließlich der „Dependancen" genannten Automatensäle kommen hinzu.

12 Die im Deutschen Lotto- und Totoblock verbundenen Lotterieunternehmen setzten in 2005 rund € 7,6 Mrd mit Lotterien und Zusatzprodukten (Keno, Bingo, Quicky) um. Der Umsatz der ODDSET Sportwetten von € 431,8 Millionen kommt hinzu. Gegenüber 2004 hat sich der Gesamtumsatz in den 25.500 Annahmestellen um gut 4 Prozent verringert, wobei es innerhalb des Blockangebotes beachtliche Verschiebungen aufgrund von Produktinnovationen wie „Keno" „Extralotto" oder „Quicky" gab, die das Angebot des DLTB ständig ausweiten.[21] Die Gewinnausschüttung von knapp 50 vom Hundert der Einsätze führt zu einem Nettospielverlust der Haushalte von gut € 4 Mrd. Damit ist der DLTB Marktführer unter allen Anbietern des Glücksspielmarktes.

13 Die Lotterien einschließlich der SKL und NKL bilden das „Hochpreissegment" des deutschen Glücksspielmarktes, da die Gewinnausschüttungen prozentual zum Einsatz vergleichsweise gering sind. Sowohl in Bruttogrößen aber mehr noch auf den Nettoertrag bezogen dominiert der Lotteriesektor den deutschen Glücksspielmarkt mit einem aggregierten Marktanteil von 58 Prozent.

14 Das privatwirtschaftliche Geldautomatengewerbe weist in der Umsatzentwicklung seit Jahren eine stabile Seitwärtsbewegung auf. Aktuell kann von etwa € 5,5 Mrd an Geldeinsätzen ausgegangen werden. Dies führt zu Nettovolumen von ca € 2,2 Mrd als Kasseninhalt in den Geldspielgeräten. Die Gesamtzahl der in den Gaststätten und etwa 8.000 Spielhallen aufgestellten ca 183.000 Automaten ist hingegen rückläufig.[22] Erwähnenswert ist, dass die in den Innenstädten errichteten Spielhallen über das kommunale Baurecht weitgehend Konkurrenzschutz genießen, da Neugründungen in den Kern- und Mischgebieten von den Kommunen nicht genehmigt werden. Auch der prinzipiell mögliche Wettbewerb durch höhere Ausschüttungsquoten unterbleibt faktisch. Die Branche orientiert sich an den von den Herstellern entwickelten Pro-

---

21 Vgl *Vieweg* (2006) Wirtschaftsentwicklung Unterhaltungsautomaten 2005 und Ausblick 2006, S 18f.

22 Ebd 21, S 14.

dukten, die die Mindestvorgaben der Spielverordnung mit einer 60-prozentigen Ausschüttungsquote umsetzen.

Wetten werden in Deutschland einmal als seit Jahrzehnten zulässige Pferdesportwette 15
und zum anderen in Form von allgemeinen Sportwetten angeboten, deren rechtlicher Status umstritten ist. Da dieser Markt den Schwerpunkt der Untersuchung bildet, wird darauf im nächsten Abschnitt gesondert eingegangen.

Auf dem so abgegrenzten Gesamtmarkt hat der Marktanteil der öffentlichen Anbieter 16
von 70 Prozent im Jahre 1995 auf 80 Prozent im Jahre 2004 zugenommen.[23] Erst in 2005 ergab sich durch die Ausweitung der privaten Sportwettvermittlung an ausländische Veranstalter wieder ein Rückgang auf etwa 73 Prozent. Allerdings ist in Abbildung 1 nicht das vielfältige Internetangebot für Glücksspiele berücksichtigt, das auch auf Deutschland ausstrahlt, wodurch das gesamte tatsächliche Marktvolumen unterzeichnet wird. Man rechnet mit etwa weltweit 2.000 unterschiedlichen Online Gambling-Sites, die von etwa 400 Anbietern betrieben werden. Relevant sind in diesem Zusammenhang etwa 75 deutschsprachige Angebote, die vor allem Sportwetten bereithalten.

Abbildung 1:

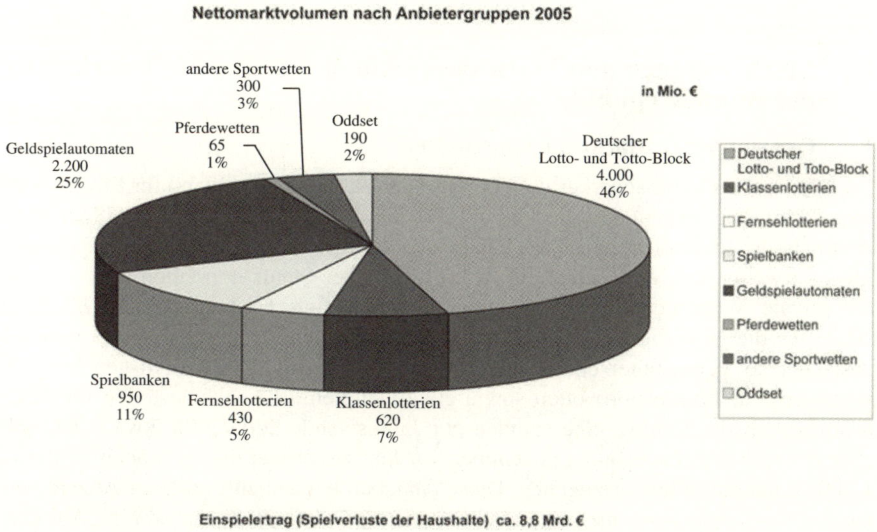

Quelle: Archiv- und Informationsstelle der Deutschen Toto- und Lottounternehmen (VDAI), beteiligte Unternehmen, eigene Berechnungen, gerundet

23 *Vieweg* (2006) aaO Fn 21, S 20 kommt zum gleichen Ergebnis, betrachtet dabei aber nur das gewerbliche Geldautomatenspiel.

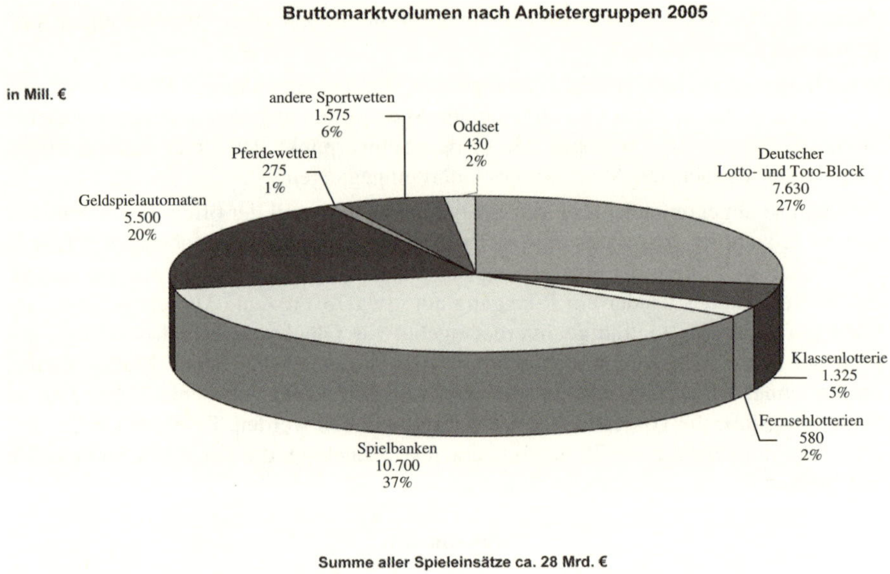

II. Marktvolumen und Marktentwicklung des Sportwettmarktes in der Bundesrepublik

1. Der stationäre Markt für Sportwetten

17 Der klassische Buchmacherberuf ist bereits seit 1922 in Deutschland für Pferdesportwetten zulässig. Hinzu kommen seit 1990 die vier Inhaber von DDR-Sportwetterlaubnissen. In den letzten Jahren haben sich darüber hinaus Vermittlungsagenturen für Sportwetten am Markt etabliert, deren rechtlicher Status umstritten ist. Nach der für private Wettunternehmen günstigen Gambelli-Entscheidung des *EuGH* Ende 2003[24] ist die gewerbliche Vermittlung von Sportwetten als Geschäftsbesorgung für ausländische Veranstalter enorm angestiegen. Den etwa 110 staatlich genehmigten Wettbüros für Pferdesportwetten sowie etwa weiteren 70 Annahmestellen für Totalisatorwetten der Rennvereine standen zur Jahreswende 2005/2006 etwa 3.200 solcher privaten Annahmestellen gegenüber. Im Jahr zuvor war dagegen noch von etwa 1.700 Annahmestellen auszugehen. Diese Angaben können aufgrund der Anzahl verkaufter Kassenplatzsysteme verlässlich gemacht werden, da es nur wenige Anbieter für solche Kassensysteme gibt.

18 Das Bruttowettaufkommen je Annahmestelle betrug im Jahr 2004 im Durchschnitt etwa € 50.000 je Monat und ist aufgrund der wesentlichen Verdichtung der Annahmestellen in 2005 auf € 40.000 monatlich gefallen. Diese Bruttoumsätze berücksichtigen nicht die ausgeschütteten Wettgewinne, wobei im stationären Vertrieb etwa 80 Prozent der Wetteinsätze wieder als Wettgewinne ausgeschüttet werden dürften.

---

24 *EuGH*, Urt v 6. 11. 2003 – „Gambelli" C-243/01.

Tabelle 1: Der stationäre Markt für Sportwetten in Deutschland

	(1)	(2)	(3)	(4)	(5)	(6)	(7)	(8)
Zeitraum	**Anzahl Vermittlungsstellen**	**Brutto-Spieleinsatz in Mio € (der Spalte 1)**	**Anzahl SB-Terminals**	**Brutto-Spieleinsatz in Mio € (der Spalte 3)**	**Summe private Sportwetten in Mio € (Σ Sp 2 + Sp 4)**	**Nachrichtlich: ODDSET in Mio €**	**Nachrichtlich: Pferdesportwetten in Mio €**	**Gesamtmarkt in Mio €**
2004	***1.700***	***900,0***	***1.500***	***104,5***	***1.004,5***	***4,81,5***	***275,9***	***1.761,9***
2005/I. Q	2.075	295,7	2.000	34,8		125,2	kA	
2005/II. Q	2.450	330,8	2.500	42,0		97,5	kA	
2005/III. Q	2.825	360,2	3.500	56,7		99,2	kA	
2005/IV. Q	3.200	384,0	4.500	71,6		109,9	kA	
2005	***3.200***	***1.370,6***	***4.500***	***205,1***	***1.575,7***	***431,8***	***275,4***	***2.280,6***
2006/I. Q	3.500	420,0	4.500	74,3	494,3	101,3	kA	

Quelle: Archiv- und Informationsstelle des deutschen Lottoblocks, beteiligte Unternehmen, eigene Berechnungen.

19 Ein völlig neues Marktsegment ist durch den Verkauf von Sportwetten über SB-Wettautomaten entstanden, die im Erscheinungsbild einem Internetterminal mit Münz- und Banknotenakzeptor ähneln. Das Wettangebot wird von ausländischen Veranstaltern über einen Breitbandanschluss in das Terminal eingespeist und ist mit den Wettangeboten im Internet vergleichbar. Dieses Segment weist ebenfalls eine besondere Dynamik auf. Wurden zum Jahresende 2004 etwa 1.500 solcher Automaten betrieben, so waren am Jahresende 2005 bereits 4.500 SB-Automaten hauptsächlich in Vereinsheimen, Gaststätten und Spielhallen am Markt etabliert. Allerdings sind die Umsätze, die über SB-Terminals abgewickelt werden, vergleichsweise bescheiden. So ist nach Angaben der Aufsteller von etwa € 5.500 bis € 5.800 monatlichem Umsatz je Terminal auszugehen. Die Tendenz ist hier aufgrund der Ausweitung des Bestands auch eher fallend, liegt aber immer noch mehr als doppelt so hoch als der Umsatz vergleichbarer Geldspielgeräte.[25]

20 Berücksichtigt man die enormen Zuwächse durch Berechnung der Einsätze anhand von Quartalswerten, so kann das stationäre private Sportwettaufkommen für 2004 mit ca € 1 Mrd beziffert werden. In 2005 wurde sogar annähernd € 1,6 Mrd erzielt. Tabelle 1 gibt diese Entwicklung wieder. Die dort erfassten Umsätze beinhalten nicht die im Internet getätigten Wetten. Die Wachstumsdynamik der privaten Sportwette hielt im I. Quartal des Jahres 2006 weiter an, so dass sich auf Quartalsbasis Zuwachsraten von bis zu siebenundsechzig Prozent im Vergleich zum I. Quartal 2005 ergeben haben. Das Forschungsinstitut SES Research und das Münchener ifo Institut rechnen aufgrund dieser Branchenergebnisse mit etwa 10.000 direkt Beschäftigten im Annahmestellenvertrieb für private Sportwetten.[26] Indirekte Beschäftigungswirkungen von mindestens weiteren 3.500 Erwerbstätigen ergeben sich über die Wertschöpfungskette bei vor- und nachgelagerten Sektoren.[27]

21 Für die unter dem Markennamen „ODDSET" angebotenen Sportwetten mit festen Gewinnquoten wurden in 2005 insgesamt € 431,8 Mio an Wetteinsätzen erzielt. Realisiert wird der „Blockumsatz" unter der Federführung der Staatlichen Bayerischen Lotterieverwaltung zu 90 Prozent über ein flächendeckendes Netz von 25.500 Annahmestellen mit nach Angabe des DTLB etwa 75.000 Beschäftigten. In der Regel sind dies tätige Inhaber und deren Angestellte von Kiosken, Zeitschriften- und Tabakwarengeschäften. Nur zu etwa zwei bis drei Prozent konnte der „Blockumsatz" über Internetangebote und zu weiteren acht Prozent durch gewerbliche Vermittler (Faber, tipp24, fluxx AG) erzielt werden.[28] ODDSET kalkuliert mit einer etwa 55-prozentigen Gewinnausschüttung, die jedoch oftmals auch höher liegen kann. Aus

---

25 *Vieweg* (2006) aaO, S 17.

26 *Reichert* SES Research S 7; *Hornuf/Britschkat/Lechner/Nerb* (2006) Auswirkungen des Bundesverfassungsgerichtsurteils zum Sportwettmarkt auf die deutsche Volkswirtschaft, S 35.

27 *SES Research* rechnet sogar mit bis zu 20.000 indirekten Arbeitsplätzen, ebenda S 17.

28 Der Internetumsatz wird hauptsächlich durch externe Vertriebspartner wie „Tipp24" oder Fluxx. com AG" erzielt. So betrug der Anteil des eigenen Internetumsatzes beispielsweise von Toto-Lotto Baden-Württemberg im Jahr 2004 nur (marginale) 1,2 Prozent, vgl *Staatliche Toto-Lotto GmbH Baden-Württemberg* (2005) Geschäftsbericht 2004, S 16.

diesem Grund wurde die so genannte Konzessionsabgabe für ODDSET von den meisten Ländern auf zwölf bis achtzehn Prozent gesenkt bzw variabel gestaltet.[29]

Das Wettaufkommen aus der Pferdesportwette die von Buchmachern und Rennvereinen veranstaltet werden, hat sich von etwa € 475 Mio im Jahre 1995 auf ca € 275 Mio im Jahre 2005 binnen zehn Jahren praktisch halbiert. Infolge dessen mussten einige Rennbahnen bereits schließen. Diese folgenschwere Entwicklung ist hauptsächlich durch den enormen Wettbewerbsdruck der öffentlich-rechtlichen ODDSET Wetten, der privaten Sportwettvermittlung sowie der ausländischen Internetangebote hervorgerufen worden. Insgesamt haben sich erhebliche Substituierungsprozesse zu Lasten der traditionellen Pferdewette ergeben, die immer noch nicht abgeschlossen sind. Ohne selbst die Sportwettvermittlung für ausländische Veranstalter aufgenommen zu haben, wären die zugelassenen Buchmacher allein mit der Pferdesportwette schon längst in ihrer Existenz bedroht (Abbildung 2). 22

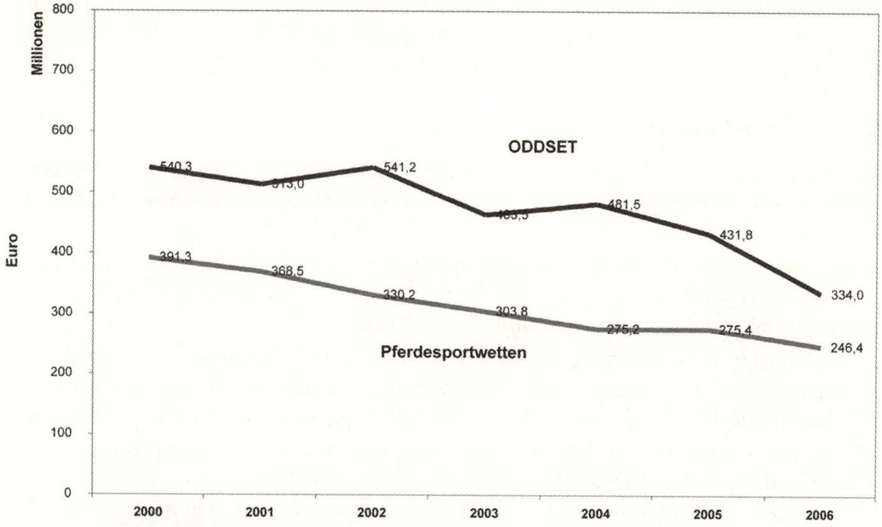

Quelle: Archiv- und Informationsstelle der Deutschen Lotto- und Totounternehmen, ifo Institut, eigene Berechnungen, 2006 geschätzt

Abbildung 2: Entwicklung der Pferdewetten und Oddset Wetteinsätze seit 2000

Die Rennvereine als Veranstalter der Pferderennen sind für die Ausschüttung von Preisgeldern und Zuchtprämien wesentlich von privaten Refinanzierungsmöglichkeiten abhängig. Dies geschieht auf zwei Arten: zum einen durch die Totalisatorwetteinsätze auf den Rennbahnen und den angeschlossenen Wettannahmen selbst und zum anderen durch Transferzahlungen der Buchmacher an die Rennvereine. Es handelt sich um ein geschlossenes Finanzierungssystem, das im Wesentlichen ohne weitere Zahlungen (zB öffentliche Hand oder Kommunen) auskommt.[30] 23

---

29 Vgl Tabelle 2 auf Seite 73 dieses Beitrags.

30 Die Transferzahlungen der Buchmacher bestehen zum einen in der Abgeltung von Lizenzrechten für die Live-Übertragung der Pferderennen von zusammen etwa € 1.800 je Wettannahmestelle

24 Die Haltung der Rennveranstalter zu den allgemeinen Sportwetten ist ambivalent. Auf der einen Seite ist der Konkurrenzdruck durch zusätzliche Wettangebote dem eigenen Wettgeschäft der Rennbahnen abträglich. Auf der anderen Seite spricht die Sportwette breite Bevölkerungskreise an und popularisiert dadurch das Wetten. Dies kann den traditionellen Pferdewettbüros Neukunden für den Pferderennsport zuführen, die sonst kein Interesse an diesem Sport hätten. Dazu bedarf es jedoch einer regulativen Investitionssicherheit, die den zugelassenen Buchmachern als potentiellen Hybridanbietern von Pferdesport- und allgemeinen Sportwetten für den Ausbau des Annahmestellennetzes fehlt.

25 Der stationäre Markt für Sportwetten aller Art beträgt in Deutschland demnach im Frühjahr 2006 etwa € 2,3 Mrd. Da der legale Markt für Glücksspiele einschließlich der rechtlich umstrittenen Sportwetten insgesamt etwa € 28 Mrd umfasst, kann insoweit der Marktanteil für Wetten mit derzeit etwa acht Prozent angenommen werden. Die Entwicklung der privaten Sportwette ist damit als dynamisch aber nicht als ungezügelt zu bezeichnen und dürfte eher auf Nachholeffekte bei der Nachfrage hindeuten, die zuvor aufgrund der Angebotsstruktur unbefriedigt geblieben ist.

2. Internetbasierte Anbieter

26 Aktuell haben etwa 60 Prozent der deutschen Haushalte Zugang zum Internet; sei es Zuhause, am Arbeitsplatz oder in einem Internet-Cafe.[31] Die Gesamtausgaben der privaten Haushalte für den Internetzugang (Anschluss und Verbindungskosten) betrugen in 2005 etwa € 6,4 Mrd. Über vier Millionen Internetsurfer, das sind vierzehn Prozent der Haushaltsmitglieder mit Internetzugang, besuchen regelmäßig Glücksspiel-Sites aber auch sonstige Gaming-Plattformen.[32]

27 Im Zeitfenster zwischen dem Wiederaufleben des DDR-Gewerberechts und der gesamtdeutschen Vereinigung wurden vier Wettunternehmen gegründet, deren Erlaubnisse zumindest im jeweiligen Sitzbundesland legalisierende Wirkungen entfalten. Diese Firmen sind auch im Internet tätig und agieren inzwischen supranational (auch) unter Berufung auf im EU-Ausland erteilte Lizenzen. Diese so genannten Multi-Channel-Anbieter, also Unternehmen, die neben stationären Geschäften auch Online-Angebote unterhalten, haben bislang von der regulativen Entwicklung profitiert. Aufgrund der aktuellen gemeinschaftsrechtlichen Entwicklung ist es darüber hinaus zweifelhaft, ob ein Verbot von ausländischen Internetanbietern zur Etablierung eines staatlichen Veranstaltermonopols für Sportwetten überhaupt noch aufrechterhalten werden kann.[33]

---

und Monat für inländische Rennen und etwa € 2.350 pro Monat für ausländische Rennen. Hinzu kommen als Sonderabgabe etwa 10% des Wettertrages, den die Buchmacher bei inländischen Rennveranstaltungen (Galopp- und Trabrennen) erzielen.

31 Vgl *PriceWaterhouseCoopers* (2005) Entertainment and Media Outlook: Internet 2005–2009.

32 Vgl *Nielsen/NetRatings* veröffentlicht unter http://www.golem.de/0504/37512.html (eingestellt am 15. 4. 2005).

33 Hochstrittig ist zum einen die Frage der Legalität der grenzüberschreitenden EU-Vermittlung durch eine inländische stationäre Annahmestelle, vgl hierzu *Kretschmer* (2006), Die Sportwetten und das Strafrecht – Ein verfassungs- und europarechtliches Glücksspiel? in: ZfWG 3/2006, 52–59.

Die kaum überschaubare Angebotsvielfalt des Internets lässt keine gesicherten Aussagen über die Umsatzentwicklung zu; allenfalls sind grobe Schätzungen möglich. Die Einsätze für Online-Glücksspiele von deutschen Teilnehmern werden für 2005 auf etwa € 3,3 Mrd geschätzt. Im Internet wird hauptsächlich auf Sportereignisse gewettet, an so genannten „Casino-Spielen" teilgenommen und Kartenspiele wie „Poker" gegen Geldeinsatz getätigt. Insoweit wird davon ausgegangen, dass die Sportwetten etwa 40 Prozent der Einsätze für Internet basierte Glücksspiele ausmachen. Dies entspricht einem Bruttoumsatz von rund 1,4 Mrd. Der Umfang der stationär entgegengenommenen Wetteinsätze und der Internetwetteinsätze halten sich damit in Deutschland in etwa die Waage. Anders ausgedrückt: etwa 40 Prozent des gesamten Umsatzvolumens des Sportwettmarktes in Deutschland werden bereits jetzt über das Internet abgewickelt. **28**

Das Internet ergänzt normalerweise als Vertriebsweg den klassischen Einzelhandel einschließlich des Versandhandels. Über das Internet wurden 2005 nach Angaben des Einzelhandelsverbandes Käufe (elektronischer Handel) durch private Haushalte im Umfang von etwa € 14,5 Mrd getätigt.[34] Während die Einzelhandelsumsätze in Deutschland seit Jahren stagnieren oder sogar rückläufig sind, ist der eCommerce ein Wachstumsmarkt mit zweistelligen Zuwachsraten. Gleichwohl hat der eCommerce noch einen geringen Umsatzanteil von etwa drei bis vier Prozent am gesamten Einzelhandel.[35] Für Glücksspielangebote stellt sich dieses Bild anders dar. Hier ist das Angebot via Internet für die Anbieter ideale Umgehungsstrategie nationaler Regulierungen und das perfekte fungible Gut, da mit der Glücksspielteilnahme über das Internet kein Warenaustausch verbunden ist. Lediglich Datensätze über Spielverträge und Teilnehmerdaten und Zahlungsverkehr werden übermittelt. Insoweit kann es nicht überraschen, dass das Internetwettaufkommen bereits heute das zehnfache des „üblichen" Anteils an den privaten Konsumausgaben erreicht hat. Es ist zu befürchten, dass die anonyme Spielteilnahme im Internet ohne jegliche soziale Kontrolle zu einer bedeutenden gesellschaftspolitischen Herausforderung heranwächst.[36] Dabei ist insbesondere auf die Gefahr einer ungezügelten Spielteilnahme, auf den fehlenden Jugendschutz aufgrund des einfachen Zugangs, auf die Teilnahmemöglichkeit „rund um die Uhr" und auf das vielfältige Wettangebot hinzuweisen. Die Gefährdung wächst, wenn in Deutschland kein reguliertes privates Sportwettangebot zur Verfü- **29**

Die Klärung der Frage, inwieweit das Internetangebot eines in einem anderen EU-Staat genehmigten Wettunternehmens, das nach Deutschland ausstrahlt als erlaubt angesehen werden muss, erhoffte man sich durch den *EuGH* im sog „Placanica" Urteil. Der *EuGH* widerlegt in diesem Urteil zumindest für die italienische Rechts- und Tatsachenlage den Rechtsstandpunkt, es könne ausländischen Wettunternehmern (und auch ihren Vermittlern) unter bloßem Hinweis auf die fehlende inländische Erlaubnis das Angebot von Sportwetten untersagt werden, vgl *EuGH* Urt v 6. März 2007 – „Placanica u a" Rn 70, 63.

34 *HDE Hauptverband des deutschen Einzelhandels* (2005) E-Commerce-Umsatz 2006: HDE erwartet € 16,3 Mrd, vgl http://www.einzelhandel.de/servlet/PB/menu/1056964/index.html.

35 Der Gesamtumsatz des deutschen Einzelhandels betrug im Jahre 2005 etwa € 389,6 Mrd, vgl http://www.einzelhandel.de/servlet/PB/menu/1062175/index.html.

36 *Pott* (2006) Stellungnahme zur Öffentlichen Anhörung vor dem Sportausschuss des Deutschen Bundestages zum Thema „Sportwetten und Spielsucht".

gung steht, das sowohl den Wünschen der Teilnehmer als auch den Gemeinwohlinteressen durch entsprechende Auflagen (Stichwort Authentifizierung, Einsatzbegrenzung) entspricht. Umsatzzuwächse der größten Sportwettanbieter im Internet von nahezu 300(!) Prozent allein zwischen 2004 und 2005 können insoweit nicht überraschen.[37]

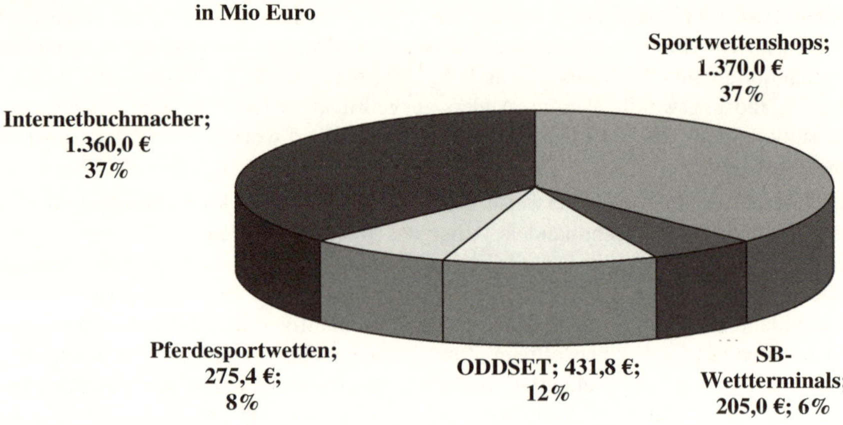

Abbildung 3: Der Gesamtmarkt für Sportwetten in 2005
3,65 Mrd € einschließlich Internetwetten

III. Wetten als differenzierter steuerlicher Tatbestand und internationaler „Preiszusammenhang" bei Wetten

30 In der Bundesrepublik Deutschland ist die Besteuerung der Glücksspiele größtenteils im *vorkonstitutionellen, in das Bundesrecht übernommene* Rennwett- und Lotteriegesetz geregelt. Das Steueraufkommen der Rennwett- und Lotteriesteuer steht den Ländern zu. Diese Steuer wird als Verkehrsteuer bezeichnet, weil die Besteuerung an Akte des Rechtsverkehrs anknüpft, nämlich den zivilrechtlichen Abschluss von Wett- oder Lotterieverträgen. Der Steuersatz für Rennwetten beträgt für den Totalisator und den Buchmacher als Veranstalter von Wetten einheitlich $1/6$ des Wetteinsatzes, dies sind $16 \frac{2}{3}$ vom Hundert der Einsätze. Die (zugelassene) Vermittlung von Wetten eines

37 Hierzu zählen die Unternehmen „Betandwin" (jetzt bwin) und Betfair. „Betandwin hat seine Wettumsätze zwischen 2004 und 2005 von € 393,1 Mio auf € 1.135,0 Mio nahezu verdreifacht. Dabei dürfte das Online-Geschäft mit deutschen Spielteilnehmern bei weitem überwiegen. „Betfair" ist die weltweit größte Wettbörse mit einem Jahresumsatz von mehr als € 4 Mrd, vgl *Fröhlingsdorf/Ludwig* (2006) Glücksspiel – Zocker im Amt, in: *Der Spiegel* Nr 26 vom 26. Juni 2006, S 32f.

Buchmachers an einen anderen Veranstalter ist rennwettsteuerfrei,[38] die Provisionszahlung unterliegt aber im Regelfall der Umsatzsteuer. Die Rennvereine als Veranstalter der Totalisatorwetten erhalten die betragsmäßig ausgewiesene Rennwettsteuer fast gänzlich als zweckgebundene Fördermittel zurück. Da folglich faktisch keine Steuer auf Totalisatorwetten zu entrichten ist, wird in der Rennwettsteuerrückerstattung ein Subventionstatbestand erblickt. In der EU ist die *historisch gewachsene* Förderung der Pferdezucht aus Steuermitteln nicht unüblich. Belgien und Frankreich verwenden ebenfalls einen Teil des Wettsteueraufkommens zweckgebunden für den Pferdesport. In England und Irland wird eine Sonderabgabe („Levy“) von allen Buchmachern auf die mit Pferderennen getätigten Wettumsätze erhoben.

Lotterien unterliegen in Deutschland der Lotteriesteuer von 20 vom Hundert des Los- **31**
preises ausschließlich der Steuer. Durch die Herausrechnung des Steuerbetrages aus dem Einsatz sinkt die tatsächliche Belastung ebenfalls auf 16⅔ vom Hundert des Lospreises. Gleichwohl wurden die ODDSET Sportwetten bei der Einführung 1999 zunächst noch mit der Umsatzsteuer, auf den Bruttospielertrag bezogen, belastet. Erst durch die Änderung des Rennwett- und Lotteriegesetzes vom 1. Mai 2000 wurden diese Wetteinsätze mit der (nicht systemgerechten) Lotteriesteuer als besonderer Verkehrsteuer belegt. Dies zeigt, dass es zumindest steuertechnisch möglich ist, die Wetteinsätze genau wie die Geldautomatenspieleinsätze der Umsatzsteuer zu unterwerfen.

Die Steuer bemisst sich nach den Wetteinsätzen; steuerpflichtig ist der Veranstalter. **32**
Damit entspricht die Rennwett- und Lotteriesteuer erhebungstechnisch der Umsatzsteuer als allgemeiner Verkehrsteuer. Von einer Gleichartigkeit mit der allgemeinen Umsatzsteuer geht auch der Gesetzgeber aus; denn es ist auch weiterhin in § 4 Nr 9 a UStG zur Vermeidung einer Doppelbesteuerung vorgesehen, dass die „Umsätze“ die unter das Rennwett- und Lotteriesteuergesetz fallen, umsatzsteuerfrei sind. Damit einher geht auch das Problem der ‚unechten‘ Umsatzsteuerbefreiung, weil die auf den Eingangsumsätzen (Vorkosten) lastende Umsatzsteuer den Veranstalter nicht zum Vorsteuerabzug berechtigt. Anders als bei gewöhnlichen Unternehmen erhöht sich der Block der Gestehungskosten somit um den Umsatzsteueranteil, was die Frage der steuerlichen Neutralität gegenüber anderen Wirtschaftszweigen berührt.

Auch EU-rechtlich sind Glücksspieleinsätze gemäß Art 13 Teil B, f der 6. EU-Richt- **33**
linie von der Umsatzsteuer zu befreien. Stattdessen sollen Glücksspiele Sondersteuern, wie zB einer Lotteriesteuer oder einer Wettsteuer unterworfen werden,[39] weil der „echte“ Wett- und Spielumsatz durch die Erfassung der Einsätze allein nicht hinrei-

38 Dabei ist vor allem streitig gewesen, inwieweit die grenzüberschreitende Vermittlung von Wetten in das Ausland im Inland eine Steuerpflicht auslöst. Das *OVG Hamburg* hat rechtskräftig entschieden, dass die Steuerschuld nicht am Auslandsbezug festgemacht werden darf. Die Tätigkeit des Buchmachers ist nicht notwendig auf Sachverhalte beschränkt, die eine Steuerpflicht auslösen, vgl *OVG Hamburg* Urt v 16. 2. 2004, 4 Bf 44/01.

39 „The exemption of betting, lotteries and other forms of gambling ... merely confirm the existing position, largely justified by the difficulty, both theoretical and practical, of determining the turnover of the activities in question, which are more suited to the application of specific taxes than to VAT.“
Terra/Kajus (1997) Commentary (Art 13), X.3.6. IBFD Publications, December 1997, S 137.

chend bestimmt werden könne. Sozialpolitische Erwägungen, nämlich die Lenkungsfunktion einer Steuer, um „sozial unerwünschtes Verhalten“ mit einer Sonderverkehrsteuer zu belegen, spielten bislang keine Rolle. Die Ermittlung einer sachgerechten steuerlichen Bemessungsgrundlage im Glückspielsektor ist deshalb schwierig, weil zum einen der überwiegende Teil der Losverkäufe oder Wettabschlüsse nicht durch direkt zurechenbare Gebühren abgegolten wird, sondern durch die Bruttomargen, die in Wetten, Losen oder Ausspielungen enthalten sind. Die Marge eines Glücksspielvertrages beinhaltet aber nicht nur den impliziten Preis für die Dienstleistung der Aussichtsgewährung auf Geldgewinn, sondern auch die Prämie für das unternehmerische Risiko des Veranstalters. Diese unternehmerischen Prämien divergieren jedoch erheblich zwischen den Spielformen und sind darüber hinaus wesentlich von der regulativen Marktorganisation abhängig. Wetten und Automatenspiele haben aufgrund der hohen Spielfrequenz die Eigenart, dass zwischenzeitlich erzielte Spielgewinne erneut gesetzt werden. Eine Besteuerung, die an den Einsätzen ansetzt, kann daher eine erhebliche Kumulativwirkung entfalten. Die bereits versteuerten Einsätze werden zum Großteil als Spielgewinne wieder ausgeschüttet, erneut gesetzt und erneut besteuert. Letztlich ausgegeben wird jedoch nur der Betrag, der den Veranstaltern verbleibt.

34 Lotterien haben deutlich geringere Ausspielfrequenzen. Die Lose werden wöchentlich oder wie bei Klassenlotterien sogar halbjährlich erworben. Der Kumulativeffekt tritt nicht auf oder fällt deutlich geringer aus. Hier ist die gewünschte gleichmäßige Letzt-Besteuerung der Einkommensverwendung (privater Verbrauch) deutlich stärker als bei Glücksspielangeboten mit Unterhaltungscharakter, die bei einem breiten Sportangebot und wechselndem Teilnahmeerfolg auch auf eine hohe spielbegleitende Ausschüttung angewiesen sind.

35 Innerhalb der EU ist bei der Besteuerung von Glücksspielen eine Differenzierung in zweierlei Hinsicht festzustellen. Zum einen besteht eine horizontale Differenzierung in den Bemessungsgrundlagen und den Tarifhöhen zwischen den einzelnen Glücksspielformen einer Volkswirtschaft. Zum anderen sind vertikale Divergenzen innerhalb der EU für jeweils gleiche Sachverhalte wie beispielsweise der Besteuerung von Lotterien oder der Wetten zu beobachten. Die Frage der Unterschiede in der Besteuerung innerhalb einer Volkswirtschaft ist eine Frage der systemgerechten und verfassungskonformen Ausgestaltung des jeweiligen nationalen Steuersystems. Das Problem der Divergenzen der Besteuerung gleicher Glücksspielformen innerhalb der EU berührt vor allem die Wettbewerbssituation der Veranstalter.

36 Wie Tabelle 2 zeigt, sind die Unterschiede in der Besteuerung der Wettmärkte innerhalb der EU ungewöhnlich hoch. Lässt man die jeweils beiden höchsten und niedrigsten Steuersätze aus der Betrachtung, so ergibt sich immer noch eine Spreizung der Tarife um den Faktor sechs.[40] Dabei ist der deutsche Steuersatz für private Rennsportwetten von 16⅔ vom Hundert der Einsätze mit am höchsten. Nur in Staaten, die auch diesen Wettmarkt als öffentliches Monopol reguliert haben, sind höhere Steuertarife anzutreffen. Diese Unterschiede gibt es bei der allgemeinen Umsatzsteuer nicht.

---

40 *Schweizer Institut für Rechtsvergleichung* (2006) Chapter 2 European Union-Wide Survey, S 980 ff.

Tabelle 2: Die Besteuerung von Wetten in ausgewählten EU-Mitgliedsstaaten (Stand: 1. 1. 2006)

	Lotterien	Öffentliche-rechliche Wetten[1] (Toto- oder Pool-Wetten)	Private Wetten[2]		Nachrichtlich: MwSt-Satz (Normalsatz)
			Buchmacherwetten	Totalisatorwetten[3]	
England[4]	12 v H des *Einsatzes* Abgabe („Duty“) 2,5 v H bis 40 v H des Ertrages	–	15 v H des *Ertrages* Abgabe („Duty“) 6 v H bis 10 v H des *Ertrages der Pferdewetten*	15 v H des *Ertrages*	17,5 v H
Österreich[5]	16 v H des Einsatzes zuzüglich Konzessionsabgabe 2 v H bis 27,5 v H der Einsätze	16 v H des Einsatzes zuzüglich Konzessionsabgabe 18,5 v H bis 27,5 v H der Einsätze.	2 v H des Einsatzes	2 v H des Einsatzes	20 v H
Belgien[6]	Jährlich festgelegte Monopolabgabe	Jährlich festgelegte Monopolabgabe	5 v H bis 5,5 v H der Einsätze	20 v H bis 22 v H der Einsätze	21 v H
Deutschland[7]	$16^{2}/_{3}$ v H des Einsatzes zuzüglich Konzessionsabgaben 18 v H bis 25 v H der Einsätze	$16^{2}/_{3}$ v H des Einsatzes Zuzüglich Konzessionsabgaben 12 v H bis 18 v H der Einsätze	$16^{2}/_{3}$ v H des Einsatzes	$16^{2}/_{3}$ v H des Einsatzes	16 v H

Quelle: ISDC Ch 2, VII Taxes and Charges imposed by Member States, EU-Kommission

1 Öffentlich-rechtlich Wetten wie Sporttoto–Wetten oder ODDSET werden von der staatlichen Lotteriemonopolgesellschaft angeboten und wie Lotterien besteuert.

2 Privat veranstaltete Wetten werden von Buchmachern angeboten und umfassen alle Sportarten: In Deutschland dürfen derzeit nur Pferdesportwetten veranstaltet werden. In Österreich werden ODDSET Wetten der Österreichischen Lotteriegesellschaft wie private Buchmacherwetten besteuert.

3 Privat veranstaltete Totalisatorwetten enthalten in der Totalisatorsteuer in Deutschland und Belgien eine Sonderabgabe zur Förderung des Pferdesports.

4 **Rechtsgrundlagen England:** Betting and Gaming Duties Act 1981, Finance Act 2001, Ch 9, Part I, Nr 6,7, Gambling Act 2005, Horse Race Betting Levy Act 1981.

5 **Rechtsgrundlagen Österreich:** Österreichisches Gebührengesetz, § 33, Tarifpost 17 (Glücksverträge) (zuletzt geändert BGBl I Nr 105/2005) sowie Österreichisches Glücksspielgesetz, § 17 Konzessionsabgabe (zuletzt geändert BGBl I Nr 143/2005).

6 **Rechtsgrundlage Belgien:** L'article 7, 23,38 de la loi du 19 avril 2002 für das Lotteriemonopol, L'Article 1 de la Loi du 26 Juin 1963 für Buchmachersportwetten in Verbindung mit Art 66 CTA für den belgischen Pferdesporttotalisator (PMU Belgique).

7 **Rechtsgrundlagen Deutschland:** Rennwett- und Lotteriegesetz, §§ 11, 12, 17 sowie Landesgesetze für Sportwetten und Lotterien.

37 Weitere Differenzierungen in der Besteuerung von an sich gleich gelagerten Sachverhalten ergeben sich nach dem Veranstalter der Wetten. Hier wird in manchen EU-Mitgliedstaaten danach unterschieden, ob es sich um Totalisatorwetten auf Pferderennen, um Totowetten der öffentlichen Lotterieveranstalter oder um Buchmacherwetten zu festen Gewinnquoten handelt.[41] Dabei werden Totalisatorwetten bei Pferderennen oftmals höher besteuert, weil ein Teil des Steueraufkommens wieder an den Veranstalter zu Förderzwecken zurückfließt. Die tatsächliche Steuerlast ist folglich weitaus geringer. Wetten nach dem Totalisatorprinzip sind überdies ertragsstärker als Wetten zu festen Gewinnquoten, weil der Veranstalter mit seinen Wettquoten kein unternehmerisches Risiko eingeht. Der Totalisator verteilt nur die gesetzten Geldbeträge nach Abzug der Veranstaltermarge pro rata an die Gewinner. Insoweit dienen höhere Steuern – wie auch bei Lotterien üblich – der Gewinnabschöpfung des Monopolveranstalters bei den staatlichen Sporttotowetten.

38 Eine Differenzierung der Besteuerung der Glücksspiele nach den aufgezeigten Kriterien (Angebotsform, Marktorganisation, Veranstaltungsrisiko und Ertragsstärke) ist sachgerecht, wenn dadurch die Leistungsfähigkeit des Veranstalters berücksichtigt wird. Nicht sachgerecht ist eine gleichmäßig hohe Besteuerung von Wetten und Lotterien in Deutschland, vor allem auch deshalb, weil gewerbliche Branchen und geschützte Monopolbereiche völlige unterschiedliche Ertragsstärken aufweisen. Die Besteuerung der Spielbanken, deren Bemessungsgrundlage der Ertrag des Veranstalters ist und bis zu 90 Prozent des so genannten Bruttospielertrages beträgt, kann hingegen wieder als systemgerecht bezeichnet werden.

39 Auf den europäischen Wettmärkten existiert ein „internationaler Preiszusammenhang“ bei Wettquoten und Ausschüttungssätzen, der den Preissetzungsspielraum des nationalen Veranstalters einschränkt und die ausländische Besteuerung durchgreifen lässt.[42] Besonders umkämpft ist dabei der Wettmarkt im Internet mit Ausschüttungsquoten von etwa 90 Prozent der Einsätze. Ermöglicht wird dies vor allem durch komparative Kostenvorteile des Internets gegenüber dem stationären Wettgeschäft „over-the-counter“ aber auch durch geringere Steuersätze auf Wetten in allen relevanten Märkten der EU-Mitgliedstaaten – nicht nur in so genannten Steueroasen. Diese Randbedingungen strahlen auf das Nachfrageverhalten des deutschen Wettmarktes aus, da ausländische Anbieter sowohl über das Internet als auch durch stationäre Vermittlungsagenturen in den Wettbewerb eingetreten sind. Die Probleme in der prakti-

---

41 So werden Buchmacherwetten zu festen Gewinnquoten in Belgien nur mit 5,5 Prozent besteuert, hingegen Totalisatorwetten mit 11 Prozent. Der Höhe der Steuer auf sonstige Wetten (kein Pferd) beträgt in Wallonien 11 Prozent und in Brüssel und Flandern 15 Prozent, vgl *Schweizer Institut für Rechtsvergleichung* (2006) Chapter 2, European Union-Wide Survey, S 1139.

42 Im Bereich der Pferdesportwetten wird – neben dem eigenen Angebot der Wetten zu festen Odds (Buchmacherquoten) – überwiegend nach Totalisatorquoten abgerechnet. Der Buchmacher geht „mit dem Totalisator“ und rechnet die Wettgewinne zu den gleichen Quoten ab, die beispielsweise ein englischer, französischer oder auch amerikanischer Totalisator ermittelt. Indem er so die Quoten ausländischer Veranstalter „importiert“, spiegelt sich bei einem inländischen Buchmacher aufgrund der ausländischen Regulierung die dort festgelegte Ausschüttungsquote wieder. So beträgt die Ausschüttungsquote eines englischen Totalisators etwa 85 Prozent der Wetteinsätze, die Ausschüttung des französischen Totalisators nur etwa 72 Prozent.

schen und wettbewerbsneutralen Durchführung der Besteuerung von Glücksspielen und Wetten können nach allem nur befriedigend gelöst werden, wenn sich die wichtigsten EU-Staaten auf eine Harmonisierung der Wettsteuern in Bandbreiten sowie auf Mindeststandards für Sonderabgaben zugunsten von Gemeinwohlbelangen wie der Sportförderung oder der Pferdezucht verständigen würden.[43]

IV. Gemeinwohlziele aus ökonomischer Sicht

1. Regulierungsbedarf bei Marktversagen

Von einer unbestreitbaren wirtschafts- und finanzpolitischen Gestaltungsnotwendigkeit im Rahmen einer marktwirtschaftlichen Ordnung ist die direkte Lenkung einzelner Branchen oder gar die eigene unternehmerische Tätigkeit des Staates gedanklich zu trennen. Regulative Eingriffe des Staates sind aus ökonomischer Sicht immer nur dann zulässig, wenn Marktversagen vorliegt. Der Markt „versagt", weil entweder zuviel (Drogen, Alkohol) oder nicht genügend (Bildung, Sicherheit) durch Private angeboten wurde. In einer Klassifizierung kennt die Ökonomie vier Tatbestände des Marktversagens: **40**

- Kollektivgutproblematik
- Externe Effekte
- Asymmetrische Informationen
- Missbrauch der Marktmacht (Monopolkontrolle).

Fällt der Preismechanismus zur Ermittlung des Gleichgewichts zwischen Nachfragern und Anbietern generell aus, spricht man von kollektiven Gütern, weil einzelne Konsumenten nicht von der Nutzung beispielsweise des Gutes „Landessicherheit" ausgeschlossen werden können. Solche Kollektivgüter wie die „Landessicherheit" müssen dann vom Staat bereitgestellt werden, da aufgrund der Nichtausschließbarkeit vom Konsum kein privates Unternehmen in der Lage wäre, einen Preis für seine Leistung zu verlangen. Mildere Marktversagenstatbestände sind so genannte „Externe Effekte" sowie das Vorliegen „asymmetrischer Informationen". Typisches Beispiel negativer externer Effekte ist die Umweltverschmutzung durch industrielle Produktion. Hier versucht der Staat durch lenkende Eingriffe die Kosten der Umweltverschmutzung dem Verursacher anzulasten oder zur Produktion mit geringeren negativen externen Effekten zu zwingen. Wenn die potenziellen Vertragspartner in einem Markt nicht über annähernd gleiche Informationen verfügen, zB in Hinblick auf die Eigenschaften angebotener Waren, so kommt es zu einer ineffizienten Ressourcenallokation oder auch dazu, dass die schlechter informierten Marktteilnehmer benachteiligt werden. Qualitätsunsicherheit beim Gebrauchtwagenhandel ist ein typisches Beispiel für asymmetrische Information. Asymmetrische Informationen sind im Wirtschaftsleben sehr häufig zu beobachten und dürften streng genommen nicht als Marktversagenstatbestand subsumiert werden. Die Verhinderung des Missbrauchs **41**

43 So auch der *Bundesrat* Beschl v 24. 9. 2004, der die EU-weite Harmonisierung der Wettsteuern fordert, vgl BR-Drs 681/04.

der Marktmacht bis hin zu einem Monopol oder einem monopolartigen Kartell (Stichwort Gasentgelte, Preisabsprachen) ist die zentrale ordnungspolitische Aufgabe in einer Marktwirtschaft, um ein Marktversagen zu Lasten der Verbraucher aufgrund von nicht vorhandenem Wettbewerb zu verhindern. Diese Aufgabe wird in Deutschland vom Bundeskartellamt wahrgenommen und ist im Gesetz gegen Wettbewerbsbeschränkungen (GWB) geregelt. Auch der Deutsche Lotto- und Totoblock ist nach Feststellung des Bundeskartellamtes als Unternehmensvereinigung marktbeherrschend und unterliegt insoweit der besonderen Missbrauchskontrolle.[44] Umgangssprachlich werden bestimmte gesellschaftspolitische Vorstellungen ebenfalls als Marktversagen angesehen, obwohl dies dem wirtschaftstheoretischen Verständnis von Marktversagen und seiner Behebung widerspricht. In manchen Bereichen dient dies zur politischen Rechtfertigung, ökonomisch wirksam zu intervenieren. Gesellschaftlich nicht gewünschte marktmäßig erzielte Preise (Schulgeld, Gesundheitskosten) lassen dann „den Markt versagen", obwohl streng genommen kein Marktversagen vorliegt. Dies führt dann regelmäßig zum Tatbestand der „Überregulierung", der nach zähen Auseinandersetzungen bislang nur auf wenigen Märkten wie der Telekommunikation und den Medien TV und Rundfunk beseitigt worden ist. In die gleiche Kategorie fällt auch die demeritorischen Gutseigenschaft des Glücksspiels, da demeritorische Güter als Spezialfall von Gütern mit (politisch postulierten) negativen externen Effekten aufgefasst werden können. Glücksspiel wird politisch-gesellschaftlich als demeritorisches Gut angesehen, auch wenn für die Mehrheit der Bürger die Teilnahme eine ganz normale Freizeitgestaltung mit einem individuellen Nutzen stiftenden Unterhaltungswert darstellt. Die potentielle Gefahr der Spielsucht, die Beschaffungskriminalität zu Lasten Dritter, und die Folgewirkungen des Vermögensverlustes bis hin zur Verarmung ganzer Familien können der Gesellschaft soziale Kosten entstehen lassen, die die marktmäßig gerechtfertigten Kosten (Nettoaufwendungen der Haushalte) übersteigen. Es kann ohne staatliche Intervention demnach zu einer Überversorgung mit dem Produkt Glücksspiel kommen.

42 Im Rahmen des Rechtsstreits auf Zulassung von privaten Sportwetten in Deutschland hat das *Bundesverfassungsgericht* im März 2006 dazu festgestellt,[45] dass die konkrete Marktregelung des Monopols der öffentlichen Hand für Sportwetten derzeit verfassungswidrig ist, weil die gebotene Verringerung des Konsums sowie die Suchtbekämpfung als legitime Ziele eines staatlichen Monopols nicht stattfinden.[46] Stattdessen „sorgt" der Staat selbst für die Überversorgung mit Glücksspiel in Gestalt der Sportwette ODDSET und „kümmert" sich nicht um die Reduzierung der sozialen Kosten. Dies wurde vor allem mit der flächendeckenden Überallerhältlichkeit in 25.500 Annahmestellen sowie den enormen Werbeanstrengungen für ODDSET be-

44 Für die Marktbeherrschung kommt es nicht darauf an, ob sie auf einem Kartell oder auf einer engen Vereinbarung beruht, vgl *Bundeskartellamt* Entscheidung v 23. 8. 2006, B10 – 148/05, Rn 502.

45 *BVerfG* v 28. 3. 2006, 1 BvR 1054/01 http://www.bverfg.de/entscheidungen/rs20060328_1bvr105401.html.

46 Wörtlich spricht das *Bundesverfassungsgericht* von der „Begrenzung der Wettleidenschaft", ebd, Rn 143.

gründet,[47] die zudem Wetten als sozialadäquate Betätigung mit Unterhaltungscharakter suggerieren würden.[48] Das derzeitige Angebot diene erkennbar nur den fiskalischen Interessen des Staates, was insoweit bereits eine missbräuchliche Ausnutzung der Monopolstellung ist. Daran ändere auch die Mittelverwendung für einige Gemeinwohlbelange nichts, da das vorrangige Gemeinwohlinteresse der Suchtbekämpfung im Grunde unberücksichtigt bleibe.[49] Der verfassungsgemäße Zustand und die Konformität mit der Rechtsprechung des *EuGH* lassen sich auf zwei Wegen wieder herstellen. Zum einen kann dies durch Zulassung privater Wettveranstalter erfolgen, zum anderen durch eine konsequente Orientierung des Monopols als ordnungspolitischem Instrument zur Verringerung des Glücksspielangebotes. Dazu gehören im Einzelnen folgende Verpflichtungen für ein Monopol:[50]

- inhaltliche Kriterien betreffend Art und Zuschnitt der Sportwetten,
- Vorgaben zur Beschränkung der Vermarktung,
- Beschränkung der Werbung auf bloße Sachinformation über die Möglichkeit der Wettteilnahme ohne Aufforderungscharakter,
- aktive Maßnahmen zur Suchtbekämpfung wie zum Beispiel Möglichkeiten der Spielerselbstsperrung,
- Gewährleistung von Spieler- und Jugendschutz auf allen Vertriebswegen,
- keine Verknüpfung von Internet, Wetten und TV,
- die Einhaltung der Vorgaben wird durch Kontrollinstanz mit ausreichender Distanz zu den fiskalischen Interessen des Staates überwacht.

Aus ökonomischer Sicht hat das *Bundesverfassungsgericht* damit ausschließlich Vorgaben zur Rationierung der Nachfrage über eine Angebotslenkung gemacht. Eine solche Angebotssteuerung ist von anderen staatlichen Eingriffen zur Reduzierung der Nachfrage zu unterscheiden. Beispielsweise könnte durch eine Preiserhöhung (Lenkungsfunktion einer Steuererhöhung) über den Marktmechanismus versucht werden, einen Rückgang der Nachfrage zu bewirken. Andere Mitteleinsätze zur zulässigen Ausgestaltung des Monopols wurden vom *Bundesverfassungsgericht* in den Vorgaben ebenfalls nicht erwähnt, obwohl es sie kennt.[51] So spräche unter Effizienzgesichtspunkten einiges für die Vergabe des Wettmonopols an ein privates Unternehmen, um durch Kosteneffizienz die Abführungen an den Fiskus zu erhöhen. Eine solche Delegierung des Monopols an private Unternehmen wie bei Spielbanken ist nicht vorge- 43

47 *BVerfG* v 28. 3. 2006, 1 BvR 1054/01, Rn 136–138.

48 Ebd, Rn 134.

49 Der Verfassungsrichter *Dr. Gaier* bezeichnete die von der öffentlichen Hand immer wieder ins Feld geführte Sportförderung in der mündlichen Verhandlung über die Verfassungsbeschwerde am 8. November 2005 als „moderne Form des Ablasshandels“.

50 *BVerfG* ebd, Rn 150–154.

51 Besonders hervorgehoben wird die Gewinnabschöpfung durch Besteuerung bei Spielbanken als Ausgleich besonders hoher Unternehmensgewinne, die auf Wettmärkten jedoch nicht gegeben sind, vgl *BVerfG* ebd, Rn 109.

sehen.[52] Wenn ein neu etabliertes Wettmonopol künftig verfassungskonform sein soll, dann muss der Staat die Produktion des Gutes „Sportwette" auch direkt selbst „verantworten".[53] Das bedeutet, dass es auf eine Wirtschaftlichkeit des Angebotes – auch für die Annahmestellen sowie den begünstigten Destinatären – nicht ankommen kann. Insoweit wurde dem Primat der fiskalischen Ergiebigkeit in jeglicher Hinsicht eine Absage erteilt. Es ist tatsächlich nur ein Angebotsmonopol zulässig, das eine Grundversorgung mit Sportwetten sicherstellt. Ein solchermaßen wirtschaftlich ineffizientes Angebot kann sich nur die öffentliche Hand „leisten". Die Nichtentsprechung der ökonomischen Interessen der Wettkunden, des Vertriebes und der Destinatäre ist nur notwendig, um das vorrangige Gemeinwohlinteresse der Spielsuchtprävention möglichst effizient zu gestalten. Ansonsten könnten Gemeinwohlbelange nämlich auch durch Normierung von Ge- und Verboten als institutioneller Rahmen für private Anbieter verfolgt werden.[54]

2. Zielkonflikte bei der Verfolgung von verfassungskonformen fiskalischen Zielen und Gemeinwohlzielen

44 Diese nachhaltigen Vorgaben zur Zulässigkeit eines Angebots- und Produktionsmonopols des Staates für Sportwetten bergen vor dem Hintergrund eines kaum eingeschränkten Angebotsverhaltens des staatlichen Glücksspielmonopols, mit bislang überwiegender fiskalischer Zielsetzung, weit reichende Implikationen. Zielkonflikte zwischen fiskalischen und nicht-fiskalischen (am Gemeinwohl orientierten) Zielen sind unvermeidbar.

Der grundsätzliche Zielkonflikt zwischen dem Motiv für die Länderhaushalte, durch Glücksspiel Steuereinnahmen zu erzielen und der zulässigen Ausübung eines Wettmonopols als Regulierungsinstrument, scheidet dagegen aus der Betrachtung aus.[55] Fiskalische Primärziele sind für das Wettmonopol von vornherein unzulässig, da die Steuererhebung grundsätzlich auch bei privaten Unternehmen ansetzen kann. Dies gilt erst recht für eine Maximierung des Fiskalertrages durch öffentliche Unternehmen. Ausschließlich die Mittel, die sich als erfreuliche Nebenfolge in Gestalt eines „Kollateralnutzens" aus dem Wettmonopol einstellen, können in verfassungsrechtlich nicht zu beanstandender Weise zur Förderung öffentlicher oder steuerbegünstigter Zwecke verwandt werden.[56]

52 Die private Lottogesellschaft in Rheinland-Pfalz soll durch Übernahme von 51 Prozent der Gesellschaftsanteile der Landesportbünde durch das Land quasi wieder „verstaatlicht" werden, wobei die Frage der Bewertung und eine eventuelle Ausschreibung der Veräußerung noch diskutiert werden, vgl http://www.isa-casinos.de/articles/16430.html (eingestellt am 29. 5. 2007).

53 *BVerfG* v 28. 3. 2006, 1 BvR 1054/01, Rn 118.

54 Ebd, Rn 123–125.

55 Fiskalziele spielen selbstverständlich aber eine Rolle. So nehmen die Länderhaushalte jährlich etwa € 4,5 Mrd an Steuereinnahmen und Gewinnabführungen ein.

56 *BVerfG* ebd, Rn 109.

a) *Verbraucherschutz, Jugendschutz und Gefahrenabwehr als zulässige Ziele*

Das *Bundesverfassungsgericht* hat der Verfolgung der Gemeinwohlziele des Jugendschutzes und der Spielsuchtbekämpfung durch Verringerung des Spielangebotes sowie aktiver Maßnahmen zur Aufklärung vor Suchtgefahren besonderen Rang verliehen. Grundsätzlich hält das Bundesverfassungsgericht diese Ziele auch durch private Wettunternehmen für umsetzbar und verfolgbar. Nur aufgrund des bestehenden breiten Ermessensspielraums kann dem Gesetzgeber zugebilligt werden, dass er auf ein Wettmonopol als verfassungsmäßig geeignetes Mittel der Zielerreichung setzen durfte. Umgekehrt folgt daraus aber auch: Nur wenn die öffentliche Hand ein im Vergleich zu privaten Unternehmen erhöhtes Maß des Spielerschutzes und Jugendschutzes umsetzt, wird das Wettmonopol in zulässiger Weise ausgeübt. Der Vertrieb und die strukturellen Anlage des DLTB stehen jedoch in einem Zielkonflikt zu dieser Vorgabe. Das mehr als flächendeckende Annahmestellennetz des DLTB mit 25.500 Annahmestellen steht nur in zivilrechtlicher Vertragsbeziehung zum Veranstalter. Der Veranstalter selbst in Gestalt der Lotteriegesellschaft unterhält keine eigenen Annahmestellen. Die Geschäftsbesorger – überwiegend sind es Einzelhandelsgeschäfte der Tabak-, Zeitschriften- und Schreibwarenbranche – werden umsatzabhängig bezahlt und stehen aufgrund der hohen Vertriebsdichte in unmittelbaren Wettbewerb zueinander. Hieraus ergibt sich kein eigenes Interesse an einer Konsumeinschränkung. Die Annahmestellen sind nach eigenen Aussagen wirtschaftlich labil und oftmals in der Existenz bedroht. Dies deutet auf eine hohe Abhängigkeit von den Lottoprovisionen hin.[57] 45

Maßnahmen der Suchtprävention können über das Anbringen von Hinweisen und dem Auslegen von Suchtflyern hinaus kaum aktiv stattfinden. Es erscheint kaum vorstellbar, dass in Geschäften – zu denen ungehindert auch Jugendliche Zutritt haben, in deren Anwesenheit „Beratungsgespräche" geführt werden. Zudem dürfte der normale Annahmestellenbetreiber an solchen Maßnahmen auch kein wirtschaftliches Interesse haben, da er riskiert, dass „sein Kunde" woanders spielt. Allenfalls technische Vorkehrungen zur Konsumverringerung (Stichwort Selbstsperrung, Einsatzbegrenzungen), die alle Annahmestellen gleichermaßen betreffen, sowie die zweckgebundene Verwendung von Geldmitteln zugunsten der Suchtprävention können direkt von den Lotteriegesellschaften durchgesetzt werden. Hierbei dürfte es wiederum wirtschaftliche Widerstände seitens der Annahmestellen geben, die auf „weiche Grenzen" drängen werden. Dies alles weckt begründete Zweifel an der Effizienz der staatlichen Aufsicht gegenüber dem öffentlichen Lotterieunternehmen, die zudem oftmals in der Verwaltungspraxis nur auf „mündliche Anordnungen" beruht.[58] Es fehlt insoweit auch hier an der notwendigen Distanz zwischen staatlicher Kontrolle und zu kontrollierendem staatlichen Unternehmen. 46

57 Die Branche hat existenzielle Sorgen und Probleme durch Umsatzeinbrüche in allen Segmenten wie Tabakwaren und Presserzeugnisse, vgl *Deutsche Tabakzeitung* 27/2006. http://www.tabakzeitung.de/display_cont.php3?rubr=1&objekt_id=2132.

58 *OVG Saarland* Beschl v 4. 4. 2007, 3 W 20/06, S 13.

47 Insoweit bestehen zwischen der Vertriebsstruktur des DLTB und den privaten Wettanbietern allenfalls graduelle Unterschiede. Der mittelbare Weg, die Glücksspiele nicht selbst anzubieten, sondern nur die Verantwortung dafür zu übernehmen, ist kaum die richtige Vertriebsstruktur, um den Anforderungen des *BVerfG* gerecht zu werden. Letztlich wäre nur ein sehr eingeschränktes Annahmestellennetz in Gestalt von staatlichen „Of-Licence-Shops“ zielführend, die ausschließlich ausgewählte Produktgruppen aus dem demeritorischen Gütersektor (Alkohol, Tabak, Glücksspiele) verkaufen. Produkte wie Wetten, die in Deutschland nur ein beschränkter Konsumentenkreis von sich aus nachfragen würde, dürften nicht zusammen in Ladenlokalen mit üblichen Gütern des täglichen Bedarfs, wie in Zeitschriftenläden, Tankstellen, Supermärkten und Kaufhäusern vertrieben werden. Dieses systemgerechtes Vertriebsmodell, das im Bereich der privaten Pferdesportwetten, Spielbanken und Spielhallen seit langem verwirklicht ist, wäre aufgrund der Partikularinteressen des Einzelhandels und der Destinatäre zum Scheitern verurteilt, da Einbußen bei den Fördermitteln und Arbeitsplatzverluste im Handel unausweichlich wären.

b) Sportförderung und gemeinnützige Zwecke als zulässige fiskalische Ziele

48 Das Bruttoeinsatzvolumen des DTLB von € 8,1 Mrd im Jahre 2005 floss zu 50 Prozent in Gewinnausschüttungen, 16⅔ Prozent entfallen auf Lotteriesteuern und zwischen 20 bis 25 Prozent – je nach Bundesland und Produkt – entfallen auf die so genannten Konzessionsabgaben (Zweckabgaben). Bei ODDSET beträgt die Konzessionsabgabe aufgrund höherer Gewinnausschüttungen nur zwischen zwölf und achtzehn Prozent. Die Zweckabgaben werden im Wesentlichen für gemeinnützige Zwecke und die Sportförderung ausgegeben. Gemäß Angaben des Deutschen Sportbundes betrug das tatsächliche anteilige Aufkommen für die Sportförderung von ODDSET in 2005 etwa € 17,2 Millionen (dies entspricht vier Prozent vom Umsatz).[59] Angesichts der über € 530 Millionen Zweckertrag aus dem Lotteriebereich erscheint dies gering.

49 Die politische Diskussion zum Glücksspielmonopol hat gezeigt, dass insbesondere die finanzielle Tragweite des „Doppelbeschlusses“ des *Bundesverfassungsgerichtes* verkannt wird.[60] Zwar wurde zutreffend von einigen Abgeordneten die Verwirklichung der effektiven Spielsuchtbekämpfung als einzig legitimes Ziel des Wettmonopols eingefordert; einher ging dies aber mit der Annahme, dass dennoch die Zweckmittel für die „Ehrenämter“ in Kultur sowie für die Sportförderung im bisherigen Umfang erbracht werden können. Die notwendige Ausrichtung des Monopols an wohlfahrtstheoretischen Zielen wird jedoch zu Umsatzrückgängen und Einnahmever-

59 Der Generalsekretär des Deutschen Sportbundes *Andreas Eichler* anlässlich der Anhörung im Sportausschuss des Deutschen Bundestages vom 25. Januar 2006 auf Nachfrage, vgl *Deutscher Bundestag*, (Hrsg) (2006) 16. Wahlperiode Sportausschuss Kurzprotokoll 5. Sitzung Öffentliche Anhörung zu dem Thema „Sportwetten und Spielsucht“, S 26.

60 So fand im nordrhein-westfälischen Landtag am 6. April 2004 zunächst eine aktuelle Stunde zum Sportwettenurteil des *BVerfG* statt. Am 15. März 2007 erfolgte eine öffentliche Anhörung „Die gesellschaftliche, kulturelle und politische Dimension des Glücksspiels, einschließlich der Automatenspielsucht“.

lusten führen, die durch die begleitende Untersagung der privaten Sportwetten nicht kompensiert werden. Ein Verzicht auf moderne Marketingstrategien wird zwangsläufig einen Umsatzrückgang auch bei Lotto nach sich ziehen.[61]

c) Werbung und Marketing

50 Werbung und Marketing für Glücksspiele stehen einer an Gemeinwohlzielen orientierten restriktiven Glücksspielpolitik an sich entgegen. Marketingmaßnahmen sollen regelmäßig die Steigerung des Marktanteils – mit den Zwischenzielen „Markenbekanntheit" und „Markenimage" – als ökonomischer Erfolgsgröße bewirken. Ähnlich dem Nikotin- und Alkoholkonsum als den bedeutendsten vermeidbaren Krankheits- und Todesursachen, können inhaltliche Einschränkungen sowie Werbeverbote geeignete Mittel sein, problematisches Glücksspielverhalten einzudämmen bzw die inhaltliche Aufklärung über die Risiken einer Glückspielteilnahme zu betreiben. Ohne begleitende rechtliche Konkretisierung, die dafür sorgt, dass die Glücksspiele nicht in auffallender oder im Alltag allgegenwärtiger Form beworben werden, bleibt insoweit ein klassischer Zielkonflikt bestehen.

aa) Maßnahmenkatalog der Bayerischen Staatsregierung Frühjahr 2006

51 Die Staatliche Lotterieverwaltung Bayerns hat nach dem Urteilsspruch aus Karlsruhe offenbar stellvertretend auch für andere Bundesländer einen umfangreichen Maßnahmenkatalog zur Begrenzung der Werbung und des Auftretens von ODDSET angekündigt:[62]

- Halbzeitwetten und Live-Wetten (Spielbegleitende Wetten) wurden nicht mehr angeboten, obwohl diese Wettformen noch gar nicht von ODDSET angeboten wurden.
- Auf SB-Wett-Terminals in Stadien wurde „verzichtet", obwohl dieser Vertriebsweg bei ODDSET noch nicht bestand.
- Die Bandenwerbung im Stadion wurde „eingestellt".
- Radiowerbung wurde in Bayern im April und Mai 2006 „ausgesetzt", wie es danach weiter geht, wurde „geprüft".
- Internetspieler müssen sich künftig altersmäßig „identifizieren", was im Grunde selbstverständlich ist.
- „Künftig" sollen Wetten nur mittels Kundenkarte angenommen werden. Eine unbefugte Weitergabe der Karte an Jugendliche oder gesperrte Spieler schließt dies nicht aus.

52 Trotzdem wurden im Zeitraum vom 1. April 2006 bis 21. Juni 2006 insgesamt 1.209 Schaltungen in Printmedien für Produkte des DLTB der SKL und NKL beobachtet,[63]

61 Das ifo Institut rechnet für das „Monopolszenario" mit Rückgängen der Einsätze von € 1,2 bis 2 Mrd bis 2010, vgl *Hornuf/Britschkat/Lechner/Nerb* (2006) aaO S 15.

62 *Bayerisches Staatsministerium für Finanzen* Pressemitteilung v 4. April, 2006075/2006.

63 Vgl *VEWU* Auditing Database der Sport + Markt AG (unveröffentlicht).

wovon sich allein 657 Schaltungen (= 54 Prozent) auf ODDSET bezogen.[64] Der komplette Bereich der Werbung in Printmedien wurde wohlweislich in der Ankündigung der Lotterieverwaltung auch ausgespart. Auch Radiowerbung wurde bundesweit – entgegen der Ankündigung des Bayerischen Finanzministeriums auch in Bayern – anlässlich der WM 2006 weiter durchgeführt. Allein im Zeitraum zwischen dem 8. Juni und 16. Juni 2006 wurde ein Radio-Spot 128 Mal gesendet.

53 Zwar wurde bei der Fußball WM 2006 tatsächlich auf eine TV-Bandenwerbung in den WM-Stadien verzichtet, nicht jedoch auf das ODDSET Markenzeichen auf der ebenfalls im TV gezeigten Interviewerrückwand. In Niedersachsen wird seit Ende der Saison 2005/2006 ebenfalls keine Bandenwerbung in den höheren Fußball-Ligen mehr betrieben, stattdessen wird ODDSET nun bei anderen Sportarten wie Radsport beworben.[65]

bb) Maßnahmen im Glücksspielstaatsvertrag (Stand 14. 12. 2006)

54 Die Landesgesetzgeber wollen der Verfassungswidrigkeit der derzeitigen gesetzlichen Regelung durch den (neuen) Glücksspielstaatsvertrag begegnen,[66] der nach Ratifizierung am 1. Januar 2008 in Kraft getreten ist. Mit klaren und umfassenden Verboten wird im Entwurf des Staatsvertrages zunächst der Eindruck erweckt, es finde eine grundlegende Politikumkehr statt.

- § 4 Abs 4 formuliert ein umfassendes Verbot des Angebotes im Internet.
- § 5 Abs 1–3 regelt detailliert Verbote einzelner Kommunikationsinstrumente des Marketings.
- § 21 Abs 2 verbietet Trikotwerbung und Bandenwerbung für Sportwetten.

55 Bei allen Verboten zeigt sich indessen bei näherem Hinsehen, dass sie in zahlreichen und wesentlichen Hinsichten zugunsten der Monopolunternehmen durchbrochen werden:

- Die Länder dürfen das Verbot des *Internetangebotes* bei Lotterien zumindest vorläufig durchbrechen und das Internetangebot fortsetzen, bzw. durch beauftragte gewerbliche Spielvermittler durchführen lassen. Die dabei aufgestellten Maßgaben beinhalten keine grundlegenden Veränderungen gegenüber dem bisher bekannten Angebot. Nach dem 1. 1. 2009 soll zwar auf den Internetvertrieb komplett verzichtet werden, womöglich gibt es jedoch noch Nachbesserungen in den Umsetzungsgesetzen zum Staatsvertrag. Das *Bundesverfassungsgericht* hat jedoch gerade die Verringerung des Wettangebotes an sich für die Zulässigkeit einer Monopollösung gefordert, nicht nur marginale Einschränkungen. Da das Internet als Vertriebsform nur zu zwei Prozent zu den Umsätzen der Monopolgesellschaften beigetragen hat,

---

64 In der Hauptsache Gewinnspiele, Werbung zur „Wette des Tages“ und Gewinnquoten, ebenda.

65 So wurde in 2006 erstmals die so genannte „Niedersachsenrundfahrt“ als „ODDSET-Rundfahrt“ ausgetragen und entsprechend beworben.

66 *Vgl Staatsvertrag zum Glücksspielwesen in Deutschland (Glücksspielstaatsvertrag – GlüStV)* (Stand: 14. 12. 2006) abzurufen unter http://www.isa-casinos.de/data/16284.html (Zugriff am 10. 4. 2007).

ist das Internetverbot ein „Bauernopfer" der Lottogesellschaften um die starke ausländische Konkurrenz sowie die privaten Spielvermittler zurück zu drängen.

- Gleiches gilt für das Verbot des Einsatzes bestimmter Kommunikationsmittel.
  - So werden *Rundfunk* und *Printmedien* vom *Werbeverbot* von vornherein ausgenommen. Damit bleibt der neue Staatsvertrag hinsichtlich der Regulierungsintensität sogar hinter dem Maßnahmenkatalog der Bayerischen Staatsregierung zurück. Zugleich sind diese Medien bevorzugte Instrumente für die Werbung des Deutschen Lotto- und Totoblocks. Für Rundfunk und alle Printmedien werden über 80 Prozent der Werbespendings ausgegeben (vgl Abbildung 4).

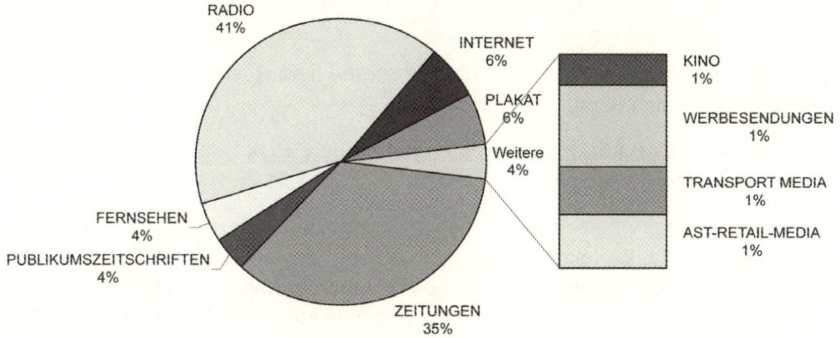

Quelle: Nielsen Media Research GmbH, Verteilung der Werbespendings April 2006 bis Oktober 2006, unveröffentlicht

Abbildung 4: Kommunikationsmix des Deutschen Lotto-Toto-Blocks

  - Geschickt versteckt eröffnet die Bezugnahme auf §§ 7 und 8 des Rundfunkstaatsvertrages in § 5 Abs 3 die Fortsetzung von Werbung auch im Fernsehbereich, in dem so genannte *redaktionelle Beiträge* ausgenommen sind. Mit der Ziehung der Lottozahlen, der Glücksspirale und den Shows von SKL und NKL kann also wie bisher im Fernsehen für das Glücksspiel „geworben" werden ohne dass die Sender sich dies auf ihre Werbezeiten anrechnen lassen müssten.
  - Darüber hinaus kann auch die *Fernsehwerbung* selbst weiterhin praktiziert werden, soweit es sich um Lotterieangebote mit geringerem Gefährdungspotential handelt, wie § 12 Abs 1 S 3 zu entnehmen ist.
- Die Trikot- und Bandenwerbung ist ebenfalls nicht grundsätzlich verboten, sondern nur in *Verbindung* mit Übertragungen von Sportveranstaltungen im *Rundfunk* und *Telemedien*. Telemedien sind nach dem neuen Telemediengesetz alle elektronischen Mediendienste (Internet, Emails etc) außer Rundfunk und Telekommunikation.[67] Es kann dahin stehen, ob diese unklare Definition – die sich von der Re-

67 Telemedien sind alle elektronischen Informations- und Kommunikationsdienste, es sei denn, es handelt sich um Telekommunikation oder Rundfunk, vgl *Elektronischer-Geschäftsverkehr-Vereinheitlichungsgesetz (ELGVG)* vom 26. Februar 2007, Art 1, § 1, Abs 1 *BGBl* vom 28. Februar 2007, Teil 1 Nr 6, S 179–185.

gelung des § 5 Abs 3 unterscheidet – auch das Fernsehen oder nur den Hörfunk mit einbezieht. Denn eine Trikot- und Bandenwerbung in Stadien mit werbewirksamen TV-Einblendungen *ohne* konkrete Sportwetteninhalte, beispielsweise für die Unternehmensdachmarke „LOTTO" (Masterbrand), bleibt in jedem Fall erlaubt.

56 Neben diesen ausdrücklichen Ausnahmen gibt es darüber hinaus noch Lücken und offene Flanken für die plakativ an den Anfang des Vertrages gesetzten Verbotsregelungen, die weniger auffällig sind, aber nicht weniger bedeutend.

57 So hatte der frühere Länderentwurf mit Stand vom 22. 8. 2006 noch in § 5 Abs 3 das Verbot einer

> „unverlangten Übermittlung von Werbematerial oder von Angeboten zum Glücksspiel"

enthalten. In der endgültigen Fassung ist dieses herausgenommen worden. Die Begründung stützt sich darauf, dass der

> „Postweg als traditioneller, keine unmittelbare Reaktion des Empfängers anreizende … Vertriebsweg"

als vertretbar angesehen werden könne.[68] Dass dieser Vertriebsweg nicht zur Teilnahme an den Glückspielangeboten anreizt, ist alles andere als überzeugend, handelt es sich bei Werbesendungen doch um ein Hauptinstrument des Direktmarketing, das auf die Anbahnung neuer Kundenbeziehungen – einschließlich daran anknüpfenden Telefonmarketings[69] – angelegt ist und im Übrigen häufig den Weg zum anschließenden Telefonmarketing erst eröffnet. Das dient erkennbar dazu, zumindest Klassenlotterien und gewerblichen Spielvermittlern einen wesentlichen Teil der Vertriebswege zu belassen.

58 Eine weitere offene Flanke für Werbung wird durch die Aufklärungsverpflichtung der Monopolunternehmen geschaffen. So wird in § 7 Abs 1 eine Verpflichtung zur Aufklärung über Gewinnchancen begründet, die in § 6 iVm Anhang Nr 2 zusätzlich mit „Information" über den Höchstgewinn (Jackpothöhe) versehen werden darf.

cc) Tatsächliche Entwicklung der staatlichen Vertriebspolitik

59 Aufgrund der Entscheidung des Bundeskartellamtes vom 23. 8. 2006 haben mit Ausnahme der niedersächsischen Lotto- und Totogesellschaft alle Gesellschaften des DLTB den Internetvertrieb eingestellt, anstatt ihre Vertriebsplattform für nachfragende Kunden aus anderen Bundesländern – wie vom Bundeskartellamt gefordert – zu öffnen. Andere Bundesländer haben ihre Internetplattform „extern ausgelagert".

---

68 Vgl *Erläuterungen zum Glücksspielstaatsvertrag* S 17, abzurufen auf der Leitseite der Niedersächsischen Staatskanzlei unter http://www.stk.niedersachsen.de/master/C28438787_N26477677_L20_D0_I484.html (Zugriff am 10. 4. 2007).

69 Verboten sind lediglich die „Kaltaquise" (Cold Calls) genannten ungebetenen Werbeanrufe, vgl *Erläuterungen zum Glücksspielstaatsvertrag*, ebenda. Cold Calls bzw die Kaltaquise ist in Deutschland bereits durch das *Gesetz gegen den unlauteren Wettbewerb (UWG)* seit 2004 in § 7 verboten.

Aber auch die Einstellung des Internetvertriebes ändert nichts daran, dass ODDSET und andere Glücksspiele, die von den staatlichen Glücksspielmonopolen der Länder entweder selbst oder über den Deutschen Lotto- und Totoblock veranstaltet werden, nach wie vor zumindest von gewerblichen Spielvermittlern im Internet vertrieben werden. Dieser Vertriebsweg erfolgt nicht nur über die jeweiligen Internetseite des Spielvermittlers, sondern auch mittels entsprechenden Links über die Internetseiten von eingeschalteten Vertriebspartnern und auch den Internetseiten der Lottogesellschaften mit der weiteren Konsequenz, dass das Spielangebot von ODDSET und im Übrigen auch von Lotto an zahlreichen Stellen im Internet präsent bleibt.

Die Anzahl von Einzelmaßnahmen reduziert mittlerweile die „aufdringliche und allgegenwärtige Werbung“[70] für das Wettangebot ODDSET deutlich, auch wenn unmittelbar nach dem Urteil des *Bundesverfassungsgerichts* die Werbeausgaben für ODDSET sogar noch gestiegen sind (vgl Tabelle 3). Beides darf aber nicht darüber hinweg täuschen, dass die Werbung für ODDSET als Einzelmarke, durch übergreifende Werbung für „LOTTO“ jederzeit substituiert werden kann, ohne das Werbebudget des DLTB spürbar einzuschränken. 60

Tabelle 3: Werbespendings für ODDSET und staatliche Lotterien

	2005	2006	Veränderung
ODDSET	**8,4 Mill Euro**	**8,9 Mill Euro**	**+ 5,6 %**
Lotterien (DLTB, SKL, NKL)	**161,3 Mill Euro**	**149,4 Mill Euro**	**– 7,4 %**
Bewertung ohne Rabatte, ODDSET Aufwendungen inkl aller Kooperationswerbungen (ohne Bandenwerbung)			

Quelle: Nielsen Media Research GmbH 2007, unveröffentlicht

So wird für Werbung vom DLTB zwischen ein bis drei Prozent des Einsatzvolumens ausgegeben. Dies entspricht mehr als € 100 Mio jährlich.[71] Im Wege eines neuen Dachmarkenkonzeptes der Werbung für LOTTO als so genannte Masterbrand, wird für alle Glücksspielprodukte automatisch mit geworben, da es vielfältige Berührungspunkte in den Medien, den Annahmestellen und im Internet mit den einzelnen Marken (ODDSET, Keno, Bingo etc) gibt.[72] 61

Insoweit hat sich an der Vertriebspraxis tatsächlich wenig geändert. Trotz des mittlerweile ebenfalls entwickelten Sozialkonzepts für Spielsuchtprävention und -bekämpfung, bleibt festzuhalten, dass die Gelegenheiten zum Spiel nicht nennenswert reduziert wurden. Nach wie vor können Sportwetten in sämtlichen der zahlreichen Lotto- und Toto-Annahmestellen der staatlichen Lotterieunternehmen platziert wer- 62

70 *OVG Saarland* Beschl v 4. 4. 2007, 3 W 20/06, S 14.

71 *Bundeskartellamt* Entscheidung v 26. 8. 2006, aaO Rn 96.

72 Vgl *Albers* (2007) Die Markenstrategie des Deutschen Lotto-Toto-Blocks unter dem Einfluss des *Bundesverfassungsgerichts*.

den. In diesen wird auch für die entsprechenden Spielangebote geworben. Die strukturelle Problematik, der Annahmestellen in Verbindung mit Zeitschriften-, Tabakwaren- und sonstigem Einzelhandel bleibt bestehen, da diese Geschäfte demzufolge auch von Kunden aufgesucht werden, die an anderen dort angebotenen Produkten interessiert sind. Insofern lässt sich nicht vermeiden, dass die Werbung für das Glückspielangebot auch solche Kunden zur Spielteilnahme animiert.

63 Eine strukturelle und systematische Umkehr des Angebotsverhaltens für ein zulässiges Wettmonopol ist darin nicht zu erkennen und ist wohl auch nicht beabsichtigt. So spricht der Glücksspielstaatsvertrag in § 10 Abs 3 lediglich von einer „Begrenzung" der Zahl der Annahmestellen und nicht von einer Verringerung.[73] Andere strukturelle Vorgaben gibt es im Glücksspielstaatsvertrag keine. Offenbar soll nur neuer ordnungspolitischer Handlungsspielraum gegenüber privaten Sportwettvermittlern gewonnen werden um deren Wettshops schließen zu können.[74] Nur wenn weiterhin ausschließlich „kosmetische Korrekturen" am Angebotsverhalten durchgeführt werden, lassen sich die Einnahmen des Monopols im bisherigen Umfang erhalten. Dies gilt sowohl für das an sich unzulässige fiskalische Primärziel der Steuereinnahmen für den Landeshaushalt als auch für die noch zulässige Nebenfolge der Einnahmenerzielung für karikative Zwecke und den Sport, da beide Abgaben letztlich vom Bruttoeinsatzvolumen abhängen. Damit würde das Verdikt aus Karlsruhe dauerhaft unterlaufen.

V. Schlussbemerkung und weiterführende Fragestellungen

64 Der aktuelle deutsche Sportwettmarkt der Jahre 2006/2007 zeichnet sich dadurch aus, dass nur ein weitgehend unregulierter Zustand festzustellen ist und analysiert werden kann. Dass das *Bundesverfassungsgericht* grundsätzlich auch Privatunternehmen für geeignet hält, Jugendschutz wie auch Spielsuchtbekämpfung umzusetzen, steht außer Frage. Die Sportwettenentscheidung des Bundesverfassungsgerichtes ist ein ordnungspolitischer Leitfaden für den Gesetzgeber. Es ordnet auf demeritorischen Märkten unserer Volkswirtschaft das zulässige staatliche Handeln dem Ziel der Suchtbekämpfung unter und macht weit reichende Vorgaben. Zulässig bleibt ein staatliches Monopol nur dann, wenn es eine *effizientere Suchtbekämpfung* ermöglicht als es durch Normierung und Kontrolle von privaten Unternehmen auf Wettbewerbsmärkten denkbar wäre.

65 Die Monopolvorgaben für den Sportwettenmarkt werden sich mittelfristig zum „Fallstrick" für die anderen Glücksspielmärkte entwickeln, da das erhöhte Schutzniveau für Sportwetten nicht ohne Entsprechung auf anderen Monopolmärkten bleiben kann. Die doppeldeutige Aufschrift „Spielen mit Verantwortung!" und der Werbehinweis „Diese Woche aktueller Jackpot 15 Millionen €" auf Spielscheinen des gleichen Anbieters, sind mit den Monopolvorgaben nicht vereinbar. Damit stellt sich im Anschluss die Frage der Verhältnismäßigkeit der Monopollösung für den Sportwetten-

73 *Staatsvertrag zum Glücksspielwesen in Deutschland* (Stand: 14. 12. 2006) aaO S 8.

74 Vgl *Bayerisches Staatsministerium des Inneren* Pressemitteilung v 4. April 2006, 122/2006.

markt im Vergleich zu anderen Glücksspielmärkten, wie den Geldspielautomaten, die vom *Bundesverfassungsgericht* nur am Rande gestreift wurden.[75] Der *EuGH* hat mit seiner „Placanica"-Entscheidung nochmals klargestellt, dass eine in sich stimmige, kohärente nationale Glücksspielpolitik sich auf den gesamten Bereich der Glücksspiele zu beziehen hat, und alle milderen regulativen Eingriffe geprüft werden müssen.[76] Wohlfahrtsökonomisch wären unter Verhältnismäßigkeitsgesichtspunkten auch vergleichbare Märkte anderer demeritorischer Güter wie Alkohol oder Nikotin zu berücksichtigen, die unter volkswirtschaftlichen Kosten-Nutzen-Aspekten sicherlich problematischer sind.[77]

Vieles spricht dafür, dass die Politik trotzdem versuchen wird, die Klippen des *BVerfG* **66**
zu umschiffen. Zu stark sind die kurzfristigen Finanzinteressen der Länder, die nur auf den aktuellen Haushaltsausgleich ausgerichtet sind. Insoweit kann sich der bestehende juristische Streit noch über Jahre fortsetzen. Dabei laufen die Monopole Gefahr, über die verschiedenen Angriffswellen hinweg ausgehöhlt zu werden. Mit den eingeleiteten selbstbeschränkenden Maßnahmen der Bayerischen Staatsregierung vom Frühjahr 2006 dürfte in regulativer Hinsicht bereits das Ende der Fahnenstange erreicht worden sein.[78] Der neue Glücksspielstaatsvertrag bleibt sogar dahinter zurück und erhält den Monopolunternehmen im Vertrieb wesentliche Freiräume.

Nur die vollständige friktionsfreie Umsetzung des Urteils des Bundesverfassungsge- **67**
richts stünde im Einklang mit den Gambelli-Kriterien des *EuGH* und den Vorgaben des Verfassungsrechts, würde aber den deutschen Glücksspielmarkt zu einem puritanischen Angebotsmonopol verwässern. Dieses solchermaßen ökonomisch gelähmte Wettmonopol wäre für die gesellschaftspolitischen Ziele Finanzierung der Gemeinwohlbelange und Sportförderung ungeeignet. Es wäre aber auch zur Erfüllung des ordnungsrechtlichen Ziels der Kanalisierung des Spieltriebs ungeeignet, da es die an Sportwetten interessierten Bevölkerungskreise, insbesondere diejenigen mit Migrationshintergrund, nicht zu erreichen vermag.

Die Untersagung der privaten Sportwetten würde unmittelbar zum Verlust von etwa **68**
10.000 Arbeitsplätzen im wichtigen Niedriglohnsektor führen. Die in den Vermittlungsagenturen für ausländische Veranstalter generierten Umsätze von inzwischen über 1,6 Mrd € per annum fließen bei einer Untersagung der Tätigkeit jedoch nicht an ODDSET zurück, da sie von dort auch nicht herrührten. Sie werden vielmehr in den Schwarzmarkt (zB in Cafés oder so genannten Kulturvereinen) oder in das Internet abfließen. Die privat angebotenen Wetten richten sich an ein anderes Publikum

---

75 *BVerfG* v 28. 3. 2006, 1 BvR 1054/01, Rn 100–102.

76 *EuGH* Urt v 6. März 2007 – „Placanica u a" C-338/04, C-359/04 und C-360/04, Rn 61–63.

77 Allein die volkswirtschaftlichen Kosten des Rauchens werden von der GSF – Forschungszentrum für Umwelt und Gesundheit auf etwa € 20 Mrd jährlich veranschlagt, vgl http://www.gsf.de/Aktuelles/Presse/rauchen.phtml (eingestellt 15. 12. 2004).

78 Der Sprecher des DLTB erklärte bereits im Sommer 2006 das *BVerfG*-Urteil für vollständig umgesetzt: „Wir haben den Auftrag des Bundesverfassungsgerichts, unser Angebot an der Spielsuchtbekämpfung auszurichten sofort und umfassend erfüllt." Vgl Pressemitteilung des DLTB v 3. Juli 2006 in: http://www.presseportal.de/story.htx?nr=843708&firmaid=62411 (eingestellt am 3. 7. 2006).

als ODDSET, das als Impulskaufprodukt von Kunden im Zeitungsladen und Tankstellen mitgenommen wird. Die typische Sportwette ist erklärungsbedürftig und eine zeitintensive Freizeitgestaltung. Insoweit müssen private Sportwettunternehmer einen ganz anderen Service bieten, als dies von Lotto-Annahmestellen geleistet werden kann, die zudem am Wochenende ab Samstag geschlossen haben.

69 Der Staat ist weder verfassungsrechtlich noch EU-rechtlich dazu verpflichtet, diesen restriktiven – wenn nicht sogar kontraproduktiven – Weg zu gehen. Eine solche Verpflichtung besteht nur dann, wenn der Staat sich dafür entscheidet, die Monopolsituation beizubehalten.

70 Aufgrund des Bundesverfassungsgerichtsurteils sowie des eingeleiteten Vertragsverletzungsverfahren der EU-Kommission, werden die Bundesländer mit der Politik der „Splendid Isolation" den Sportwettmarkt nicht dauerhaft ordnen können. Der Gesetzgeber sollte vielmehr mittelfristig ein ordnungspolitisches Nebeneinander von privaten Buchmachern (Sportwettenveranstaltern) und dem öffentlichen Angebot von Glücksspielen erwägen. Ähnlich der Zulassung des privaten Fernsehens Mitte der achtziger Jahre, gibt es gute Gründe, das Feld nicht dem Ausland und einigen privilegierten inländischen Anbietern zu überlassen. Einen Gesetzesvorschlag dazu wurde von der CDU Schleswig-Holstein als „Staatsvertrag zur Neuordnung des Sportwettenmarktes (Sportwettenstaatsvertrag)" unter Beibehaltung des staatlichen Lotteriemonopols vorgelegt.[79]

71 Das darin vorgeschlagene duale Miteinander von privaten und öffentlichen Veranstaltern würde die Wettbewerbsposition der Bundesrepublik stärken und wäre für den Lotteriesektor nicht abträglich. Die Wettbewerbsposition des DLTB bei Lotterien ist im EU-Vergleich wesentlich besser als im Sportwettenbereich mit dem Produkt ODDSET. Auf dem klassischen Lotteriemarkt bestehen nämlich „Economies of Scale" für große Lotteriepools. Sollte hier innerhalb der EU eine Marktöffnung notwendig werden, könnten supranationale Ausspielungen – wie die Lotterie „Euromillions" – auch unter Beteiligung des DLTB entstehen.

VI. Summary (Economic and Legal Aspects of the Gambling Market)

Albers analyses the German gambling market in view of its economic and legal aspects. The basis to understanding the market ties is the realization that the total of the stakes played for by the gambling customers (gross size of the market) is neither identical with the sum that the organizer can operationally make use of, nor with the amount which private households expend on gambling in their entirety. On the contrary, the gambling organizer can – to cover the costs (gross gambling revenue) – dispose only of the customers' net gambling losses after the deduction of the distribution of profits. The surplus can only be generated out of this gross gambling revenue

79 Der Gesetzesvorschlag ist abrufbar unter http://www.isa-casinos.de/data/16310.html (Zugriff am 10. 4. 2007).

that is simultaneously the basis for the allocation of profits to the public budgets and for the taxation of proceeds.

There are distinct shifts of market shares among the gambling offers depending on the way net and gross stake volume is considered. This becomes evident in respect of the typical indications, ie in the casino sector. The offers in the casinos produce a high average distribution of profits accompanied by a high attendance in gambling repetition and the renewed stake of the money already won. The statistically surveyed gross result of € 950 million remaining with the casino as gross proceeds is made with chips and approximately € 10.7 billion with stakes at the tables. Quota distributions of 90%, also in the so-called "small game" in the halls containing slot-machines and gambling automatons, are no rarity.

In 2005 the lottery enterprises, German Lotto and Toto Bloc (DLTB), had a turnover of approximately € 7.6 billion with lotto and additional products (KENO, Bingo, Quicky). A further turnover of € 431.8 million was made by Oddset sports betting. The total turnover of the approximate 25.500 receiving agencies (points of sale) declined slightly even though the palette of offers had been extended by product innovations like "KENO", "Extralotto" or "Quicky" – prior to the decision of principle on sports betting by the German Federal Constitutional Court on 28th March, 2006 by which an expansion of the governmental gambling offer was prohibited until 31st December, 2007. The distribution of profits of nearly 50% of the stakes resulted in a net gambling loss of the private households of approximately four billion euro. With that, the DLTB is market-leader among all tenderers of the gambling market.

The lotteries, including the Süddeutsche and the Norddeutsche Klassenlotterie (the South German and North German State/"Class" Lottery), are the high price segment of the German gambling market in as much as the essential indicator is drawn from the comparatively insignificant distribution of profits in proportion to the stakes. In gross figures as well as in its net earnings, the lottery sector dominates the German gambling market with an aggregated market share of 58%.

The business of the private sector of the economy with gambling machines has shown a stable sideward movement in its development of turnover for years now. The actual stakes that can be expected amount to € 5.5 billion. This results in a net volume of € 2.2 billion as cash in the gambling machines. The total number of – at present 183.000 – gambling machines set in public houses (restaurants) and approximately 8.000 gambling dens is, however, retrogressive. It should be mentioned that gambling dens in the cities have the extensive benefit of protection against competition by the municipal law on planning (building projects) owing to the fact that permission will not be granted by the communes to establish new enterprises in the centers and in mixed areas. Furthermore, in principle, possible competition by means of higher quotas of distribution does not occur in reality. The line of business makes itself familiar with the products developed by the manufacturers and realizes the minimum performance standards of the gambling regulations by distributing a quota of 60%.

Betting is offered in Germany, on the one hand, as horse betting, which has been allowed for decades, and on the other hand, as general sports betting. The public tenderers' market share on betting increased from 70% in 1995 to 80% in 2004. However, due to the expansion of the private sports betting arranged for foreign intermediaries, a decrease was noticeable in the public tenderers' market share (73%). The internet's manifold offer of gambling games, also put out via Germany, is not taken into consideration so that the real market total falls short. There are approximately 2.000 different online gambling sites on the market which are arranged by 400 tenderers. Approximately 75 German-speaking offers are relevant to – in particular – organizing sports betting.

The market volume and the market development of the sports betting market in Germany has been subject to heavy fluctuations over the past years. This is, above all, the result of an intricate legal position owing to an irregular judicature that – for several years now – has been interpreted in a very different way regarding its crucial points by the governmental tenderers and supervising authorities and by the private tenderers of sports betting and the intermediaries. The commercial mediation of sports betting as a transaction for the benefit of another agency for foreign organizers increased enormously after the *Gambelli* decision by the European Court of Justice in late 2003, which has been considered by the private betting organizers (commercial game organizers in the sense of para 19 State Gambling Act) as a very advantageous decision. At the turn of the New Year 2005/2006, roughly 110 horse betting offices governmentally licensed and an additional 70 agencies that accept totalizer betting of horse associations were opposed by approximately 3.200 private sites. During the previous year roughly 1.700 agencies of acceptance were – on the contrary – still licensed. The gross proceeds per office of acceptance amounted on average to about 50.000 euro per month during 2004. Owing to the concentration of the agencies' offers it declined to € 40.000 per month during 2005. In the case of the gross proceeds, the paying out of profits has not been taken into account, whereby about 80% of the stakes might be distributed as a profit in the stationary domain.

A completely new market segment originated from the sale of sports betting via self-serve slot machines which, in their appearance, bear some resemblance to internet terminals with slots for coins and bills. The betting offer is fed into the terminal via wide band connection and is comparable to the betting offers in the internet. This segment, too, shows special dynamics. While at the end of 2004 about 1.500 such automatons were running, at the end of 2005, 4.500 such machines had been introduced on the market and run mainly in club-rooms, restaurants and gambling dens. However, the turnovers produced from these terminals are comparatively moderate. According to the organizers' statements, the turnovers range from about 5.500 to 8.500 euro per month and per terminal.

If the enormous increment is considered by calculating the stakes on the basis of quarter's betting, the stationary private proceeds in 2004 may be quantified with approximately € 1 billion. In 2005, the amount added up to nearly € 1.6 billion. The dynamics of growth of private sports betting continued in the first quarter of 2006 so that rates of increment accrued on the quarter's basis up to 67% compared with the first quarter of 2005. On the basis of the results of this branch of business, about

10.000 employees were expected to work directly in the marketing of acceptance agencies for private sports betting.

In 2005 a total of € 431.8 million was obtained for sports betting with fixed profit margins offered by the proprietary name Oddset. This turnover of the governmental associations was (and is) at 90%, obtained by a network covering an area of 25.500 acceptance offices with about 75.000 employed persons under central coordination of the governmental Bavarian Lottery Administration (Staatliche Bayerische Lotterieverwaltung). As a rule, these jobholders are proprietors and employees of kiosks, newspaper and tobacco shops. The "bloc turnover" could only be attained via internet by about two to three per cent and by further eight per cent via commercial intermediaries (Faber, tipp24, fluxx AG). Oddset reckons with a profit distribution of about 55%, but it may be even higher. For that reason the license tax of Oddset has been reduced by most of the Länder[80] to between 12% and 18%, respectively, or organized in a variable way.

The betting proceeds of horse betting, which are organized by bookmakers and racing clubs, have decreased by nearly 50% over ten years from about € 475 million in 1995 to € 274 million in 2005. This momentous development has mainly been caused by the enormous competitive pressure of the public Oddset betting, the private mediation of sports betting and the foreign internet offers. The racing clubs as organizers of horse-racing depend essentially on private refinancing in respect of the prize money for the winners and of the award of stud premiums. Thus, the refinancing takes place in two ways: firstly, by the totalizator stakes on the race-course and the attached point of acceptance, and secondly, by the transfer payment to the racing club. This is a closed system of financing which mainly manages without further payment (ie from public funds or from the municipality). Hence, considerable substitution procedures took place to the disadvantage of the traditional horse betting, which are not yet concluded. The race organizers' attitude towards the general sports betting is ambivalent. On the one hand, owing to additional betting offers, the competition pressure is detrimental to their own betting business on the race-courses. On the other hand, sports betting appeals to wide circles of the inhabitants and makes betting more popular. This may create new customers for the traditional acceptance points of horse betting. There will be the need, however, for a regulative security of investment, which the licensed bookmakers lack, as potential hybrid tenderers of horse betting and general betting with regard to the development of a system of acceptance points.

The stationary market for sports betting of all kinds amounted to about € 2.3 billion in the spring of 2006, thus prior to the Federal Constitutional Court's leading case on sports betting and to the decision of the Länders' heads of government for the maintenance of the governmental gambling monopolies. As the legal market for gambling

80 The Federal Republic of Germany consists of 16 *Länder*: Baden-Württemberg, Bavaria, Berlin, Brandenburg, Bremen, Hamburg, Hessen, Lower Saxony, Mecklenburg-Western Pomerania, North-Rhine Westphalia, Rhineland-Palatinate, Saarland, Saxony, Saxony-Anhalt, Schleswig-Holstein and Thuringia.

games, including sports betting, amounts to about € 28 billion, the market share of betting can in this respect be assessed at 8%.

About 60% of the German households have access to the internet at present – be it at home, at the place of work or in an internet café. More than four million internet surfers – that is 14% of the household members with access to the internet – regularly visit gambling pages and other gambling platforms. The manifold offers of the internet can hardly be surveyed and don not provide for reliable statements concerning the development of the turnover in spite of the above knowledge. Stakes assessments on German online gamblers are assumed to be at € 3.3 billion in 2005. The money stakes in the internet cover mainly sports betting, so-called casino games and card games like "poker". It is assumed that sports betting adds up to about 40% of the gambling stakes in the internet. This corresponds to a gross turnover of about € 1.4 billion. In other words: about 40% of the total turnover volume of the sports betting market in Germany is handled via internet at present. The offer via the internet seems to be – up to now – an ideal strategy to avoid national regulations; gambling is a perfectly interchangeable asset because there is no exchange of goods involved during the participation in gambling via the internet. In evaluating the State Gambling Act, which entered into force on 1st January, 2008 and completely prohibits gambling offers via internet in Germany with effect from 1st January, 2009, this fact ought to be taken into special consideration. An examination will be necessary as to whether the prohibitory norm results in the growth of the anonymous participation in foreign tenderers' internet gambling offers or whether in fact the sealing off of the gambling market and the canalization of the gambling instinct towards allowed betting take place. According to *Albers*, the realization of the Constitutional Court's betting judgment legally imposed – completely and free of friction – will make the German gambling market a vapid puritan monopoly of offers. This economically paralyzed gambling monopoly is, in his opinion, not suitable to achieve the public goals of "financing public welfare concerns" and "promotion of sports"; nor is it, in his opinion, suitable to achieve the public order goal of canalizing the gambling instinct because the circles of the population who are interested in sports betting will not be reached, particularly those with a migration background.

§ 5 Der Markt für Spielbanken in Deutschland

Lothar Hübl

Übersicht

Literatur: *Adams, M.* Fair Play! Zur Notwendigkeit einer Offenbarungspflicht des durchschnittlichen Verlustes bei Spiel-, Wett- und Lotterieverträgen, Zeitschrift für Rechtspolitik 1997, 314–315; *Albers, N.* Ökonomie des Glücksspielmarktes in der Bundesrepublik Deutschland, 1993; *ders* Struktur und ökonomische Beurteilung des Sportwettenmarktes in Deutschland, 54–90 in diesem Band; ders/*Hübl, L.* Gambling Market and Individual Patterns of Gambling in Germany, Journal of Gambling Studies 1997, Vol 13 (2), 125–144; *Archiv- und Informationsstelle*, Westdeutsche Spielbanken GmbH: Umsätze auf dem Markt für Gewinnspiele in der Bundesrepublik Deutschland, 2005; *Australian Government Productivity Commission* Australia's Gambling Industries, Report No 10, 1999; *Bahr, M.* Glücks- und Gewinnspielrecht: Eine Einführung in die wichtigsten rechtlichen Aspekte, 2005; *Bardt, H.* Staat und Glücksspiel in Deutschland, Überlegungen zum staatlichen Monopol, Institut der deutschen Wirtschaft, 2004; *Gibson, B.* Gambling on Mobile – White Paper, http://www.juniperresearch.com (eingestellt im Juni 2006); *Goldmedia GmbH* Glücksspiel und Wetten im Internet: Restriktive Gesetzgebung führt zur Abwanderung in den „Graumarkt", http://goldmedia.bytespring.de/Single-View.90+M557ccbc3c13.0.html (eingestellt am 27. 3. 2006); *Griffith, M.* Internet Gambling: An Online Empirical Study, Nottingham Trent University, 2004; *Hohls-Hübl, U./Hübl, L.* Marktpotential von touristischen Standorten für das Automatenspiel, Untersuchung im Auftrag der Spielbanken Niedersachsen GmbH, 1999 (unveröffentlicht); *dies* Erlebniswelt Wolfsburg – Marktpotenziale für die Spielbank, Untersuchung im Auftrag der Spielbanken Niedersachsen GmbH, Hannover 2003 (unveröffentlicht); *Hübl, L./Hohls-Hübl, U./Schaffner, J.*

Marktpotenzial eines Spielbankenstandortes Untersuchung im Auftrag des Landes Brandenburg, Ministerium des Inneren, 2005 (unveröffentlicht); *Hübl, L.* Determinants of Gambling Participation – Consequences for the Economic Importance of Lotteries as an Industry, 16th Intertoto Conference, 1995; *Klam, C.* Die rechtliche Problematik von Glücksspielen im Internet, 2002; *Kreutz, D.* Spielbanken in Deutschland, Verband der Deutschen Automatenindustrie eV, 2004; *Nevries, I. K.* Der Deutsche Spielbankenmarkt im Umbruch – Ansätze zur Entwicklung eines Online Casinos, Diplomarbeit Fachhochschule für die Wirtschaft Hannover, 2005 (unveröffentlicht); *National Opinion Research Center* Gambling Impact and Behavior Study, Report to the National Impact Study Commission, 1999; *Petring, R.* Wettbewerbsrechtliche Spielregeln bei Gewinnspielen per Telefon, www.rechtpraktisch.de/druckversion.html?id=833 (eingestellt am 16. 6. 2005); *Sinclair, S.* Part as Prologue, E-Gambling: What does the future hold, Statement vor der NYSSA New York Society of Security Analysts, 27. 9. 2005, www.cca-i.com/presentation9–27-05.html; *Swiss Institute for Comparative Law*, Cross-Border Gambling on the Internet: Challenging National and International Law, 2004; *Schmitt, R.* Mehr Sicherheit und Seriosität gegen illegale Online Casino Anbieter, www.isa-casinos.de/articles/6610.html (eingestellt am 20. 7. 2004); *ders* Internet-Casinos und Internet-Sportwetten ein Milliardengeschäft, www.isa-casinos.de/articles/7297.html (eingestellt am 19. 10. 2004); *Tolkemitt, T.* Die deutsche Glücksspielindustrie. Eine wirtschaftswissenschaftliche Analyse mit rechtspolitischen Schlussfolgerungen, 2002; *Vieweg, H.-G.* Wirtschaftsentwicklung Unterhaltungsautomaten 2005 und Ausblick 2006. Gutachten im Auftrag des Arbeitsausschusses Münzautomaten, ifo Institut für Wirtschaftsforschung, 2006.

I. Spielbanken als Segment des Glücksspielmarktes

1. Legales Glücksspiel

1 Die Teilnahme an Glücksspielen in Deutschland ist in der Bevölkerung ausgesprochen weit verbreitet. Drei von vier Erwachsenen nehmen mindestens einmal im Quartal an irgendeinem Glücksspiel teil. Dieser Verbreitungsgrad überrascht, da Glücksspiel nach dem Strafgesetzbuch §§ 284 ff grundsätzlich verboten ist. Von diesem Verbot sind öffentlich veranstaltete und konzessionierte Glücksspiele ausgenommen. Die Gesetzgebungshoheit liegt nach Art 70 ff Grundgesetz bei den Bundesländern. Ausnahmen sind lediglich das so genannte Gewerbliche Spiel (Geldspielautomaten in Gaststätten und Spielhallen), das dem Wirtschaftsrecht unterliegt, aber inhaltlich reines Glücksspiel ist, und die Pferdewetten, die bundeseinheitlich im Rennwett- und Lotteriegesetz geregelt sind. Die Ausführung letzteren Gesetzes ist auch den Bundesländern übertragen.[1]

2 Zu den legalen Glücksspielen zählen die Angebote der Lotteriegesellschaften der 16 Bundesländer, die im „Deutschen Toto-Lottoblock“ ihre Produkte zT gemeinsam vermarkten, wie zB Lotto mit mehreren Zusatzlotterien, Fußballtoto, Glückspirale, Oddset, Keno, aber auch zT alleine vermarkten wie zB Rubbellose, Sonderlotterien oder Quicky, eine Lotterie, die über Terminals in niedersächsischen Gaststätten vertrieben wird. Zum Glücksspielmarkt gehören weiter Klassenlotterien, Fernsehlotterien, Pferdewetten, die Geldspielautomaten in Gaststätten oder eigenen Spielhallen

1 Zu den rechtlichen Regelungen *Tolkemitt* Die Deutsche Glücksspielindustrie. Eine wirtschaftswissenschaftliche Analyse mit rechtspolitischen Schlussfolgerungen, S 18 ff; *Bahr* Glücks- und Gewinnspielrecht: Eine Einführung in die wichtigsten rechtlichen Aspekte.

sowie die Hybridangebote des Gewinnsparens von Sparkassen bzw Banken und schließlich die Spielbankangebote. Eine Sonderstellung nehmen die sonstigen Sportwetten[2] ein. Ihr Angebot ist rechtlich umstritten. Es gibt Unternehmen mit Konzessionen aus der DDR-Nachwendezeit. Ob und für welches Gebiet diese Konzessionen gelten ist strittig und juristisch noch nicht abschließend geklärt. In den folgenden Ausführungen wird der Markt für Spielbanken analysiert. Zur allgemeinen Einordnung wird aber zunächst ein Überblick über den gesamten Glücksspielmarkt gegeben.

Das Marktvolumen des Glücksspielmarktes lässt sich auf zwei Arten beschreiben. **3**
Zum einen kann man auf die Umsätze der Anbieter abstellen, dh die Gesamteinsätze, die von den Spielteilnehmern getätigt werden; zum anderen ist eine Betrachtung der von den Teilnehmern endgültig verlorenen Beträge, dh ihr Nettoverlust, möglich. In ökonomischen Kategorien errechnet sich der Nettoverlust aus den Spieleinsätzen zzgl Transaktionskosten wie Bearbeitungsgebühren, Eintrittsgeldern und Troncgeldern abzüglich der Gewinnausschüttungen.[3]

Konsistente Daten zur Beschreibung des Gesamtmarktes stehen leider nicht zur Ver- **4**
fügung, so dass teilweise Schätzungen notwendig sind. Die Lottogesellschaften und Lotterien veröffentlichen zB die Einsätze, die bei ihnen getätigt werden.[4] Mit Hilfe der festgelegten Auszahlungen lassen sich die Nettoverluste jedoch nur näherungsweise ermitteln, da zB Bearbeitungsgebühren zu entrichten sind, aber nicht veröffentlicht und von den Spielteilnehmern zT auch nicht als „Verlust“ wahrgenommen werden.[5] Die Spielbanken zB kennen die bei ihnen getätigten Einsätze nicht präzise, da ausgezahlte Gewinne wieder gesetzt werden. Spielbanken ermitteln den sog Bruttospielertrag, der ihnen verbleibt, das ist die Differenz zwischen allen Spieleinsätzen und den ausgezahlten Gewinnen.

Die Bruttoumsätze der Spielbanken können nur geschätzt werden. Die Schätzung **5**
wird im folgenden kurz beschrieben. Ein einfacher Rückschluss vom Bruttospielertrag auf Bruttoeinsätze über Gewinnquoten ist nicht möglich, da man die genaue Zusammensetzung der beim Roulette gespielten Setzvarianten – zB eine Zahl, mehrere Zahlen bzw Zahlenkombinationen oder einfache Chancen wie Rot oder Schwarz, gerade oder ungerade Zahl – nicht kennt und die Varianten unterschiedliche Gewinnquoten haben.

Aus dem Verhältnis von insgesamt verkauften Jetons zu insgesamt in der Bank **6**
schlussendlich verbleibenden Jetons, dem so genannten „hold“, schätzen die Spielbankbetreiber, dass der Umsatz im Tischspiel sich auf etwa das 6,5-fache des Bruttospielertrages beläuft. Im Automatenspiel beträgt die Auszahlungsquote 92 vH, so

2 Zu einer vertieften Diskussion der Problematik der Sportwetten *Albers* Struktur und ökonomische Beurteilung des Sportwettenmarktes in Deutschland, § 4, Rn 54–90.

3 *Albers* Ökonomie des Glücksspielmarktes in der Bundesrepublik Deutschland, S 133 f.

4 *Archiv- und Informationsstelle der Deutschen Lotto- und Totounternehmen.*

5 So fordert zB *Adams* Fair Play! Zur Notwendigkeit einer Offenbarungspflicht des durchschnittlichen Verlustes bei Spiel-, Wett- und Lotterieverträgen, Zeitschrift für Rechtspolitik 1997, S 314 eine Offenlegungspflicht des durchschnittlichen Verlustes.

dass der Umsatz das 12,5-fache des erzielten Bruttospielertrages ausmacht. Der Gesamtumsatz der Spielbanken belief sich demnach im Jahr 2005 auf rd € 10,7 Mrd.

7 Die Bruttoumsätze und die Nettoverluste auf dem legalen deutschen Glücksspielmarkt sind in Tabelle 1 wiedergegeben. Auf dem legalen Glücksspielmarkt wurden 2005 rund € 29 Mrd umgesetzt und knapp € 9 Mrd verloren.

8 Größtes Marktsegment nach dem Maßstab Bruttoumsätze sind die Spielbanken, gefolgt vom Lottoblock und den Geldspielautomaten. Stellt man auf die ökonomisch wichtigeren Nettoverluste, dh auf die von den Anbietern erwirtschafteten Bruttospielerträge ab, dann verändern sich die Gewichte. Der Lottoblock, der knapp 50 vH der Einsätze wieder ausschüttet, stellt mit einem Anteil von 46 vH das größte Marktsegment, gefolgt von den Geldspielautomaten (Ausschüttungsquote 60 vH)[6] mit 25 vH Anteil und dann erst den Spielbanken mit einem Anteil von 11 vH (Ausschüttungsquote 81 vH).

Tabelle 1: Deutscher Glücksspielmarkt 2005*
(geordnet nach der Höhe des Spielverlustes)

Spielarten	Bruttospiel-einsatz in Mrd €	Spielverlust in Mrd €	Spielverlust in vH	Einbehalt in vH
Deutscher Lotto- und Totoblock	8,1	4,1	46	gut 50
Geldspielautomaten	5,5	2,2	25	40
Spielbanken	10,7	1,0	11	9
Klassenlotterien	1,3	0,7	8	53
Fernsehlotterien	0,6	0,4	5	74
Andere Sportwetten	1,6	0,3	3	19
PS-/Gewinnsparen	0,5	0,1	1	20
Pferdewetten	0,3	0,1	1	25
Insgesamt	**28,6**	**8,9**	**100**	**31**

* zT geschätzt

Quelle: Archiv- und Informationsstelle der Deutschen Lotto- und Totounternehmen, Deutscher Buchmacher Verband, Unternehmensangaben

2. Illegales Glücksspiel

9 Bei einer Betrachtung des gesamten Glücksspielmarktes darf man das illegale Glücksspiel nicht außer Acht lassen. Dazu zählt das Spielen in sog Spielclubs, die über keine Konzession verfügen und demnach illegale Glücksspiele veranstalten. Kunden sind ua ausländische Mitbürger, die bestimmte Spiele aus ihren Heimatländern an-

6 *Vieweg* Wirtschaftsentwicklung Unterhaltungsautomaten 2005 und Ausblick 2006, S 17.

derweitig nicht angeboten finden, zT auch von Spielbanken gesperrte Spieler oder Publikum, das eine Registrierung in legalen Spielbanken scheut. Illegale Angebote in Spielclubs sind häufig auch noch zu Ungunsten der Spieler manipuliert. Eine Abschätzung der im illegalen Glücksspiel getätigten Umsätze fällt naturgemäß schwer. Es handelt sich nach Meinung aus Polizeikreisen aber nicht um Bagatellbeträge.

Zum illegalen Glücksspiel zählt streng genommen auch das Spielen bei ausländischen Anbietern vom Standort Deutschland aus, zB über telefonische Kontakte oder das Internet. Dieser Bereich zeichnet sich in der jüngsten Vergangenheit durch sehr hohe Wachstumsraten aus. Besonders groß ist das Angebot an Sportwetten[7] und das Casinoangebot. Auf Letzteres wird im Schlusskapitel noch gesondert eingegangen. **10**

3. Neue Glücksspielprodukte, die in der Öffentlichkeit bisher nicht als solche wahrgenommen werden

Insbesondere in den Medien werden Mixturen aus unterschiedlichen Glücks-, Geschicklichkeits- und Gewinnspielen angeboten; hier soll nur ein Beispiel erläutert werden: TV-Spiele. Die Teilnahme an diesen Spielen erfordert kostenpflichtige Anrufe über Servicetelefonnummern bei den Fernsehanstalten. Es handelt sich um einfachste Fragen, deren Antwort praktisch jeder kennt. Gewinner werden aus der großen Zahl der Anrufer, aber letztlich willkürlich ermittelt. Der Ablauf des Spiels ist nicht transparent. Bei einer großen Zahl von Teilnehmern und wenigen unsystematisch ermittelten Gewinnern ist eine ökonomische Ähnlichkeit zum Glücksspiel gegeben. Die Sender erhalten einen Teil der Anrufgebühren und finanzieren damit die Sendung und die ausgeschütteten Gewinne. Im Jahre 2004 betrug der über Servicenummern abgerechnete „Einsatz“ solcher Telefonaktionen nach Ansicht von Branchenkennern rund € 800 Mio. Da die Zahl der Spiele seither stark zugekommen hat, dürfte heute der Telefoneinsatz über € 1 Mrd liegen, und der Markt wächst weiter.[8] **11**

II. Marktvolumen und Marktentwicklung des Spielbankenmarktes

1. Zusammensetzung und Entwicklung des Bruttospielertrages

Im Jahre 2005 wurde von den Spielbanken ein Bruttospielertrag (BSE) von gut € 950 Mio erwirtschaftet, dh von den Spielern endgültig verloren, wovon gut € 210 Mio auf das Große Spiel (klassische Tischspiele) und knapp € 740 Mio auf das Kleine Spiel (Automatenspiele) entfielen. Zusätzlich haben die Spieler noch € 110 Mio in den Tronc des Großen und € 28 Mio in den Tronc des Kleinen Spieles gegeben. **12**

---

7 Ausführlich dazu *Albers* s o Fn 2.

8 Zur rechtlichen Problematik *Petring* Wettbewerbsrechtliche Spielregeln bei Gewinnspielen per Telefon.

13 Von dem erwirtschafteten BSE von gut € 950 Mio waren € 754 Mio, dh durchschnittlich 79 vH als Spielbankabgabe[9] an die Sitzländer, abzuführen. Diese beteiligen die Sitzgemeinden der Spielbanken mit ca. 15 vH an den Spielbankabgaben.

14 Bemerkenswert ist, dass nahezu 80 vH des Bruttospielertrages inzwischen im so genannten Kleinen Spiel (Automatenspiel) und nur noch gut 20 vH im so genannten Großen Spiel (Tischspiel) erzielt werden. Die Entwicklung des Bruttospielertrages insgesamt und die Aufteilung auf die beiden Spielarten seit 1989 ist in Abbildung 1 wiedergegeben. Von 1989 bis zum Jahre 2001 stieg der Bruttospielertrag mit der Ausnahme des Jahres 1995 laufend an. Eine vergleichbare Entwicklung war vorher schon seit dem Jahre 1950 gegeben. Ein besonders ausgeprägter Anstieg ist für die Jahre 1999 und 2000 zu beobachten und auf die Eröffnung einer Reihe von neuen Standorten zurückzuführen. So kamen 1998 mehrere Standorte in den neuen Ländern – wie etwa Cottbus, Warnemünde, Heringsdorf – sowie Kiel in den alten Ländern hinzu. Im Jahre 1999 wurden die Standorte Stralsund und Bad Füssing eröffnet, im Jahre 2000 noch Feuchtwangen, Kötzting, Wolfsburg und Flensburg, in 2001 Bad Steben, Frankfurt (Flughafen) und Osnabrück.

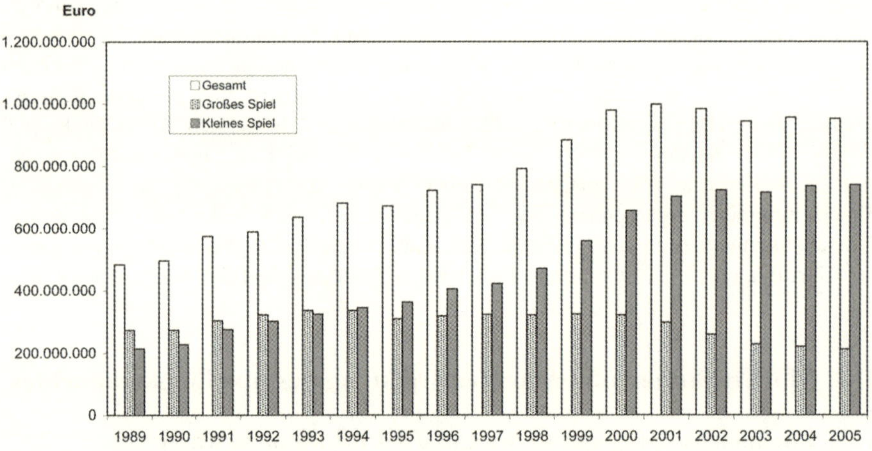

Quelle: Angaben von Unternehmen und Landeshaushaltsrechnungen der Länder

Abbildung 1: Entwicklung des BSE im Großen und im Kleinen Spiel seit 1989

15 Bis zum Jahre 2005 erhöhte sich die Zahl der Standorte weiter: hinzu kamen Potsdam, Duisburg, je eine Dependance in Kassel und Berlin sowie Waren, Chemnitz und Erfurt.[10] Das insgesamt erwirtschaftete BSE nahm jedoch zwischen 2001 und 2005 ab. Diese Abwärtsbewegung war nahezu an allen Standorten zu beobachten.

16 Die Verschiebung des Umsatzes vom Tischspiel hin zum Automatenspiel wird ebenfalls aus Abbildung 1 ersichtlich. Im Jahre 1989 hatte das Große Spiel noch einen

9 Einschließlich der Gewinnabführung der staatlichen Banken in Bayern und Baden-Württemberg, *Statistisches Bundesamt* VI C-24/4-319.

10 Die jüngste Spielbank wurde am 25. 5. 2006 in Frankfurt/Oder eröffnet.

Anteil von 56 vH; seit dem Jahre 1994 übertrifft der Umsatz im Kleinen Spiel den des Großen Spiels. Seit diesem Jahr ist trotz der Neueröffnungen, die zum Teil auch klassisches Tischspiel anbieten, das BSE im Großen Spiel kontinuierlich zurückgegangen, während es bis zum Jahre 2002 im Automatenspiel gestiegen ist und seitdem stagniert. Insgesamt sind inzwischen über 8.000 Glücksspielautomaten bei den Spielbanken in Betrieb.[11]

Die rückläufige Bedeutung des Großen Spiels ist ein weltweit zu beobachtendes Phänomen,[12] das auf eine starke Präferenzveränderung schließen lässt. Die Automaten bieten mehr unterschiedliche Spielmöglichkeiten als die Tischspiele. Die Spieler können die Einsatzhöhe und den Spieltakt selbst gestalten. Die Spielfolge ist mit einigen Sekunden wesentlich kürzer als beim Tischspiel mit einigen Minuten. Durch die Vernetzung von Automaten, zT über alle Standorte der jeweiligen Spielbankengesellschaft, werden hohe Jackpots generiert. **17**

Die rückläufige Nachfrage nach Tischspiel führte dazu, dass im Jahre 2004 das Große Spiel in Bad Pyrmont und in Hittfeld geschlossen wurde, nachdem es 1999 schon in Dresden und Leipzig eingestellt wurde. An diesen Standorten wird nur noch Automatenspiel angeboten. Es ist zu erwarten, dass in Zukunft an weiteren Standorten das Große Spiel aufgegeben wird, da es wegen der rückläufigen Nachfrage in etlichen Banken nicht mehr kostendeckend betrieben werden kann. **18**

Der seit dem Jahr 2002 rückläufige Gesamt-Bruttospielertrag ist vor allem durch die schwache Wirtschaftsentwicklung zu erklären, die eine Einkommensstagnation für breite Schichten brachte. Hinzu kommt, dass insbesondere in den letzten Jahren die ausländische Konkurrenz durch das vermehrte Angebot von Casinoprodukten im Internet gestiegen ist. **19**

Vergleicht man längerfristig die Entwicklung des BSE mit relevanten ökonomischen Größen (Tabelle 2), so zeigt sich zB zwischen 1989 und 2001 eine ausgesprochen parallele Entwicklung mit den Konsumausgaben der privaten Haushalte. Während letztere um jahresdurchschnittlich 5,7 vH stiegen, nahm das BSE jahresdurchschnittlich um 6,3 vH zu. Zwischen dem Jahr 2001 und 2005 stiegen die Konsumausgaben nur noch um jahresdurchschnittlich 1,5 vH, während im gleichen Zeitraum das BSE um 1,3 vH zurückging. Im gesamten Zeitraum von 1989 und 2005 zeigt sich dennoch eine weitgehend parallele Entwicklung. **20**

Die Gesamtentwicklung belegt, dass Spielbankprodukte grundsätzlich als superiore Konsumgüter anzusehen sind. Sie steigen in etwa im gleichen Ausmaß wie die gesamten Konsumausgaben bzw das verfügbare Einkommen der privaten Haushalte. **21**

---

11 *Vieweg* s o Fn 6, S 19.

12 *Australian Government Productivity Commission* Australia's Gambling Industries, Report No 10; *National Opinion Research Center* Gambling Impact and Behavior Study, Report to the National Gambling Impact Study Commission.

Tabelle 2: Entwicklung des Bruttospielertrages (BSE) im Vergleich zur Entwicklung des Einkommens und der Konsumausgaben

	Bruttospielertrag in Mio €	Verfügbares Einkommen in Mrd €	Konsumausgaben Privater Haushalte in Mrd €
1989	483	997	617
2001	1.002	1.754	1.194
2005	952	1.894	1.262
Jahresdurchschnittliche Veränderung in vH			
2001/1989	6,3	4,8	5,7
2005/2001	– 1,3	1,9	1,5
2005/1989	4,3	4,1	4,6

Quelle: Statistisches Bundesamt: Volkswirtschaftliche Gesamtrechnungen; Unternehmensangaben

2. Entwicklung des Tronc

22 Neben dem BSE ist für die Spielbanken noch die Entwicklung der Tronc-Einnahmen wichtig. Beim Tronc handelt es sich um Trinkgeld, das von Gewinnern für die Angestellten gegeben wird und aus dem traditionell die Mitarbeiter im Großen Spiel entlohnt wurden. Die Entwicklung des Tronc im Großen Spiel ist in Abbildung 2 wiedergegeben. Es zeigt sich, dass der Tronc bis 1997 noch anstieg und seitdem kontinuierlich zurückgeht. Der Anstieg bis 1997 war auf die neu in den Markt gekommenen Spielbanken zurückzuführen.

23 Betrachtet man nur die Banken, die 1994 schon im Markt waren, so ist bei ihnen seit diesem ersten Betrachtungsjahr der Tronc zurückgegangen. Der Rückgang des Tronc korrespondiert ganz überwiegend mit dem Rückgang des Großen Spiels selber. Die Bereitschaft der Spieler, den Tronc zu bedienen, hat sich in dem Betrachtungszeitraum nur gering abgeschwächt. Während im Jahr 1994 der Tronc 54 vH des BSE ausmachte, waren es 2005 noch 52 vH.

24 Die rückläufigen Tronc-Einnahmen stellen die Banken vor große Herausforderungen, weil das Personal im Großen Spiel nicht mehr aus dem Tronc zu bezahlen ist, so dass bei den Unternehmen die Personalkosten als „echte“ Kosten anfallen.

25 Der Tronc im Kleinen Spiel war bis vor Jahren vernachlässigbar. Bei großen Gewinnen, die nicht mehr am Automaten, sondern an der Kasse ausgezahlt werden, wird von den Gewinnern durchaus auch Tronc gegeben. Seit einiger Zeit behalten zudem einige Spielbanken beim Automatenroulette einen Tronc ein. Die Tronc-Einnahmen beliefen sich im Jahre 2005 auf knapp € 28 Mio, was knapp 4 vH des BSE im Automatenspiel entspricht. Dieser Betrag reicht nicht aus, um den Ausfall im Großen Spiel auszugleichen.

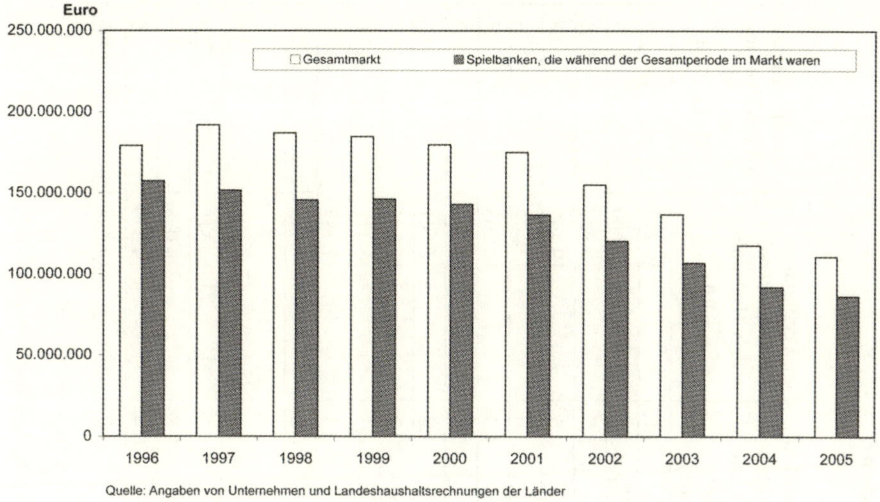

Abbildung 2: Entwicklung Tronc im Großen Spiel seit 1996

3. Bruttospielertrag je Einwohner nach Bundesländern

Der gesamte Bruttospielertrag (Großes und Kleines Spiel) fällt je nach regionaler Lage der Banken unterschiedlich aus. Um diese Unterschiede aufzuzeigen, wird ein Vergleich des je Einwohner der Bevölkerung erwirtschafteten BSE nach Bundesländern durchgeführt (Tabelle 3). Dabei ist zu berücksichtigen, dass die Spielbankendichte in den Bundesländern unterschiedlich ist und dass die Bevölkerung natürlich nicht nur in ihrem eigenen Bundesland, sondern auch in anderen spielt. Einige Bundesländer haben daher ihre Banken an den Grenzen zu Nachbarländern positioniert, um von deren Spielern zu profitieren. Besonders deutlich wird das bei den schleswig-holsteinischen und niedersächsischen Spielbanken Schenefeld und Seevetal gegenüber Hamburg und bei den bayrischen Spielbanken, zB Feuchtwangen gegenüber Baden-Württemberg. Da diese „Grenzwanderungen“ sich jedoch zum Teil ausgleichen und die Spielbankbesucher keine beliebig weiten Anfahrtswege in Kauf nehmen, kann mit den Daten für die Bundesländer gearbeitet werden. 26

Tabelle 3: Bruttoertrag je Einwohner und ökonomischer Einflussgrößen nach Bundesländern (geordnet nach dem BSE je Einwohner)

Bundesland	**Bruttospielertrag in Mio € (2005)**	**Einwohner in 1.000 (2005)**	**BSE/Einw in € (2005)**	**Spielbankendichte je Mio Einwohner (2005)**	**Verfügbares Einkommen der Priv Haushalte p a (2003)**	**Ausländeranteil a d Bevölkerung in v H (31. 12. 2004**
Saarland	42	1.056	40,0	7,6	16.272	8,4
Berlin	111	3.388	32,8	1,5	14.660	13,4
Hamburg	56	1.735	32,3	3,5	18.997	14,1
Bremen	19	663	28,6	4,5	19.465	12,8
Hessen	97	6.098	15,9	1,0	17.215	11,4
Rheinland-Pfalz	62	4.061	15,4	1,2	16.263	7,7
Niedersachsen	100	8.001	12,6	1,2	16.422	6,7
Schleswig-Holstein	34	2.829	12,2	1,8	16.541	5,3
Bayern	125	12.444	10,0	0,7	17.501	9,4
Baden-Württemberg	106	10.717	9,9	0,3	18.417	12,0
Nordrhein-Westfalen	151	18.075	8,3	0,3	17.747	10,8
Brandenburg	13	2.568	5,2	0,8	14.445	2,6
Mecklenburg-Vorpommern	8	1.720	4,8	2,9	13.745	2,3
Sachsen	19	4.296	4,5	1,2	14.515	2,8
Sachsen-Anhalt	7	2.494	2,7	0,8	14.078	1,9
Thüringen*	0	2.355	–	0,4	14.376	2,0
Deutschland	**952**	**82.501**	**11,5**	**1,0**	**16.842**	**8,8**

* Die Spielbank in Thüringen wurde erst im Dezember 2005 eröffnet, so dass kein Ergebnisvergleich angestellt werden kann

Quelle: Statistisches Bundesamt, Statistische Ämter der Länder; www.regional-statistik-de/genesis; Unternehmensangaben

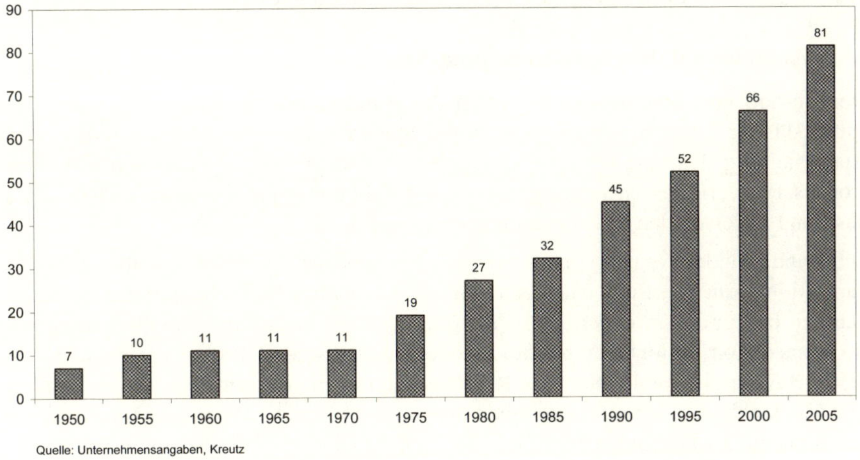

Abbildung 3: Entwicklung der Zahl der Spielbankenstandorte

Das höchste BSE je Einwohner wird mit einem Wert von € 40 (2005) im Saarland erzielt, gefolgt von den Stadtstaaten Berlin, Hamburg und Bremen mit rund € 30/Einwohner. Die westdeutschen Flächenländer liegen zwischen gut € 8 (NRW) und gut € 16 (Hessen). In den neuen Bundesländern wird deutlich weniger gespielt; der niedrigste Wert wird in Sachsen-Anhalt mit nicht einmal € 3/Einwohner erreicht. 27

Als Erklärungsgrund für diese Ergebnisse kann man folgendes festhalten: das Saarland hat bei weitem die höchste Standortdichte (7,6 Spielbanken je 1 Mio Einwohner) aller Bundesländer. Die Standortdichte beträgt im Bundesdurchschnitt dagegen gerade eine Spielbank je 1 Mio Einwohner. Bei anderen sozioökonomischen Größen, die die BSE-Höhe beeinflussen, wie das verfügbare Einkommen und der Ausländeranteil, liegt das Saarland dagegen knapp unter dem Bundesdurchschnitt. In den Stadtstaaten werden hohe Werte für das BSE/Kopf erreicht, weil dort die Spielbankendichte und vor allem der Ausländeranteil überdurchschnittlich hoch sind; hinzu kommt noch die hohe Bevölkerungsdichte, dh gute Erreichbarkeit der Standorte sowie in Bremen und Hamburg die höchsten verfügbaren Einkommen der privaten Haushalte aller Bundesländer. Eine Ausnahme bei der Höhe des verfügbaren Einkommens ist für Berlin festzustellen, das nur einen deutlich unterdurchschnittlichen Wert erreicht. 28

Die niedrigen Werte des BSE je Einwohner in den neuen Bundesländern gehen vor allem auf Unterschiede im Spielverhalten der Bevölkerung zurück. Die Bürger der neuen Länder besuchen deutlich seltener Spielbanken als die der alten Länder. Hinzukommen das unterdurchschnittliche verfügbare Einkommen der privaten Haushalte, der geringe Ausländeranteil und die geringe Standortdichte in den neuen Ländern. Trotz relativ hoher Standortdichte hat auch Mecklenburg-Vorpommern aufgrund dieser Einflüsse und aufgrund seiner wirtschaftlichen Schwäche nur unterdurchschnittliche Werte für das BSE/Einwohner (Tabelle 3). 29

III. Charakterisierung des Spielbankenmarktes

1. Anbieter auf dem Spielbankenmarkt

30 Der Betrieb von Spielbanken ist durch die Bundesländer strikt reglementiert. Alle Bundesländer haben Spielbankgesetze und Spielverordnungen erlassen, in denen die Ausgestaltung des Spielbetriebes geregelt ist. In dem Regelwerk einschließlich der Konzessionsverträge wird darüber hinaus die Zahl der Standorte und die Höhe der an das Land zu leistenden Spielbankabgabe festgelegt.

31 Die Bundesländer können je nach eigener Gesetzeslage Spielbanken selber in der Organisationsform von Regiebetrieben oder als privatwirtschaftliche organisierte Unternehmen betreiben, an denen sie direkt oder indirekt bestimmte Anteile halten, oder sie können Konzessionen an private in- oder ausländische Betreiber vergeben. So sind zB in Bayern die Spielbanken ein Regiebetrieb des Finanzministeriums, in Hamburg und Mecklenburg-Vorpommern haben private Betreiber die Lizenz, in Niedersachsen seit 2005 ein ausländischer Betreiber. In Sachsen ist die Spielbankengesellschaft eine privatwirtschaftliche organisierte GmbH, aber vollständig im Eigentum des Landes. In Nordrhein-Westfalen ist die Spielbankengesellschaft ein Tochterunternehmen der Landesbank.

32 Die Aufsicht über die Spielbanken wird von den Innenministerien der Länder wahrgenommen bzw in Hessen ist sie an die Sitzgemeinden delegiert. Die Finanzkontrolle obliegt stets dem lokalen Finanzamt.

33 Durch die erforderliche Konzessionierung von Spielbanken entstehen monopolistische Angebotsstrukturen für das jeweilige Bundesland und damit auch für den Gesamtmarkt in Deutschland.

34 Das Angebot an Spielbanken, dh die Zahl der Spielbankstandorte, hat sich in den vergangenen Jahren deutlich erhöht. Auslöser war vor allem das fiskalische Interesse der Bundesländer, die vermeiden wollen, dass ihre Bürger in anderen Bundesländern spielen und dort zu den von den Spielbanken gezahlten Abgaben beitragen. Inzwischen gibt es in jedem Bundesland eine Spielbank. Im letzten bisher spielbankfreien Land Thüringen ist im Dezember 2005 Erfurt als Standort hinzugekommen, wo ein Automatenspiel angeboten wird.

35 Die Entwicklung der Zahl der Spielbankenstandorte seit 1950 zeigt Abbildung 3. Die ersten Nachkriegsspielbanken wurden von den Alliierten in Bad Neuenahr, Bad Dürkheim und Wiesbaden und dann in Bad Homburg, Baden-Baden und Konstanz zugelassen. Bis Anfang der 70er Jahre kamen nur 5 Standorte hinzu. Zwischen 1975 und 2005 vervierfachte sich dann die Zahl auf 81 Standorte. Diese Entwicklung wurde durch die deutsche Vereinigung begünstigt. Bis Ende 2005 gab es in den neuen Ländern 17 Spielbankenstandorte. Von den 81 Standorten sind 48 Vollspielbanken, dh es werden die klassischen Tischspiele angeboten und an fast all diesen Standorten auch das Automatenspiel. Hinzu kommen noch 33 Standorte, an denen nur Automatenspiel angeboten wird.

36 Die Verteilung aller Standorte in Deutschland zeigt Abbildung 4. Es wird deutlich, dass weite Teile der Bundesrepublik mit Standorten nahezu flächendeckend überzo-

gen sind. Eine unterdurchschnittliche Spielbankendichte ist nur in Baden-Württemberg, Thüringen, Nordrhein-Westfalen und z T in Bayern gegeben.

Im Gegensatz zur Vorkriegs- und unmittelbaren Nachkriegszeit, als entsprechend des 37
Gesetzes über die Zulassung von Spielbanken von 1933 Casinos nur in Kurorten zugelassen waren (eine ähnliche Regel sieht heute noch das bayrische Spielbankgesetz vor), werden seit etlichen Jahren auch Großstädte bzw Ballungsgebiete als Standorte gewählt wie z B Stuttgart, Dresden, Leipzig, Duisburg, Dortmund-Hohensyburg, Berlin, Hannover, Hamburg und Kiel. Spielbanken in Großstädten sind nicht nur wirtschaftlich besonders attraktiv, sondern begegnen auch dem illegalen Glücksspiel, das sich sonst in den Ballungsgebieten konzentriert.

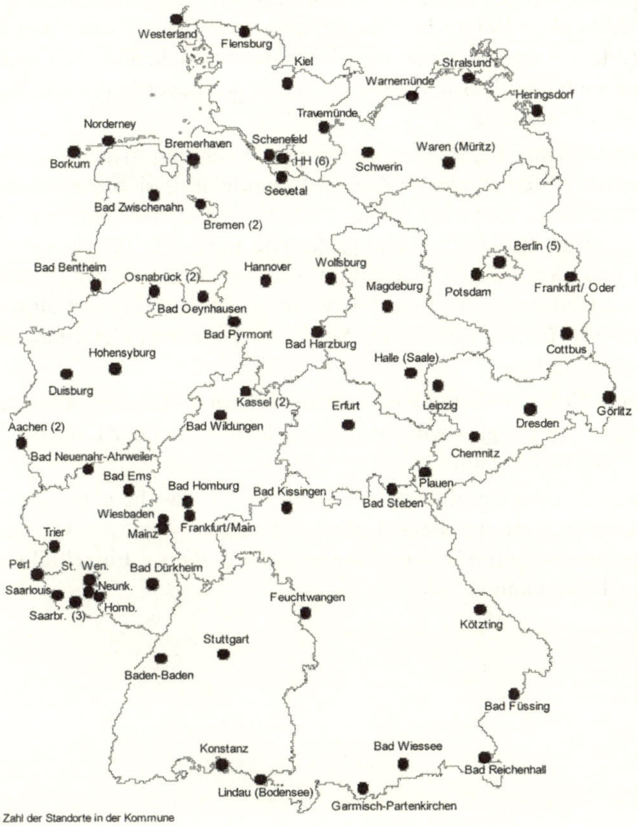

Abbildung 4: Standorte der Spielbanken in Deutschland (Stand 1. 6. 2006)

2. Nachfrager auf dem Spielbankenmarkt

38 Nachfrager auf dem Spielbankenmarkt, also die Spieler, sind in der Bevölkerung grundsätzlich zufällig verteilt. Es gibt keine regionale Häufung von Spielern, wohl aber zeichnen sich Spieler durch „typische" sozioökonomische Merkmale aus. In seiner theoretisch und empirisch anspruchsvollen Arbeit hat *Albers*[13] die Determinanten individueller Glückspielteilnahme ermittelt. In der von ihm ausgewerteten repräsentativen Stichprobe haben 11 vH der Befragten mindestens einmal pro Quartal eine Spielbank besucht. Dabei zeigte sich als statistisch gesichertes Ergebnis, dass die Wahrscheinlichkeit, eine Spielbank zu besuchen, positiv mit dem Einkommen korreliert ist, dh mit höherem Einkommen wird häufiger gespielt als mit niedrigem. Auch diese individuellen Auswertungen belegen, dass die Teilnahme am Glücksspiel in Spielbanken ein superiores Konsumgut ist.

39 Nach dem Ausschalten von sich überlagernden Effekten zeigt *Albers*, dass Männer häufiger Spielbanken besuchen als Frauen, dass mit steigender Bildung die Teilnahmewahrscheinlichkeit steigt, dass Singles besonders häufig unter den Besuchern zu finden sind, dass Arbeitslosigkeit die Teilnahmewahrscheinlichkeit nicht erhöht und dass Beamte leicht häufiger und Arbeiter deutlich seltener in die Spielbank gehen als der Durchschnittsbesucher.

40 Diese grundsätzlichen Ergebnisse lassen sich durch empirische Einzeluntersuchungen noch weiter differenzieren.[14] Zunächst empfiehlt es sich, zwischen Stamm- und Gelegenheitsspielern zu unterscheiden. Stammspieler kommen regelmäßig in die Spielbanken, meist in die von ihnen präferierte Bank. Sie setzen mehr als Gelegenheitsspieler und tragen damit überproportional zum Ergebnis der Banken bei. In empirischen Untersuchungen hat es sich bewährt, von Stammspielern zu sprechen, wenn sie sechsmal oder öfter im Jahre eine Spielbank besuchen. Gelegenheitsspieler kommen dagegen nur selten.

41 Weiter ist eine Unterscheidung zwischen Besuchern im Großen Spiel und solchen im Automatenspiel angezeigt sowie eine Unterscheidung bei der Lage des Standortes in einer Groß- oder Mittelstadt.

42 Ein typisches soziodemografisches Spielerprofil, auf das die genannten Kriterien angewendet werden, wird in Tabelle 4 gezeigt. Es muss betont werden, dass es sich dabei um eine durchschnittliche Ausprägung handelt, die im Einzelfall einer Bank abweichend ausfallen kann.

---

13 *Albers* s o Fn 3, S 185 f.

14 Verschiedene Gutachten des Verfassers für deutsche Spielbankgesellschaften.

Tabelle 4: Typisches sozialdemografisches Spielerprofil (in v H)*

	Lage des Standortes	Stamm-spieler	Gelegen-heitsspieler	Männlich	Weiblich	18–60 Jahre	Über 60 Jahre	Besucher mit Migranten-hin-tergrund
Großes Spiel	großstädtisch	75–80	20–25	70–75	25–30	70–75	25–30	20–30
	mittelstädt.	60–65	35–40	60–65	35–40	65–70	30–35	10–20
Automaten-spiel	großstädtisch	70–80	20–30	ca. 65	ca. 35	70–75	25–30	20–30
	mittelstädt.	65–75	25–35	ca. 50	ca. 50	50–60	40–50	10–20

* Einzelstandorte können von diesen typischen Werten abweichen

Quelle: Eigene Untersuchungen von Standorten in unterschiedlichen Bundesländern

43 Sowohl im Großen als auch im Automatenspiel dominieren Stammspieler. Ihr Anteil an den Besuchen liegt bei 60–80 v H. Die Stammspieler kommen üblicherweise stärker aus der näheren Umgebung einer Bank als die Gelegenheitsspieler. Im Großen Spiel gibt es jedoch auch vereinzelte Stammspieler, die weite Anreisen in Kauf nehmen. Stammspieler präferieren Besuche unter der Woche, um ungestört spielen zu können; Gelegenheitsspieler kommen dagegen verstärkt am Wochenende im Rahmen ihrer Freizeitgestaltung.

44 Bei der Geschlechterverteilung der Besucher zeigt sich, dass Männer überwiegen; im Automatenspiel mit mittelstädtischer Prägung ist das Geschlechterverhältnis dagegen in etwa ausgeglichen. Ältere Besucher (über 60 Jahre) sind im Großen wie im Automatenspiel überproportional zu ihrem Anteil an der Bevölkerung vertreten, besonders ausgeprägt an mittelstädtisch geprägten Standorten.

45 Unter den Besuchern sowohl des Großen als auch des Automatenspiels finden sich überproportional viele Ausländer incl Inländern mit einem Migrationshintergrund, die in der Umgebung der Bank wohnen. Ihr Anteil an den Besuchern ist mehr als doppelt so hoch wie ihr Anteil an der Bevölkerung in Deutschland.

3. Spielergebnisse

46 Im Großen Spiel muss jeder Besucher registriert werden, so dass man die Zahl der Besuche und das erwirtschaftete BSE der Bank zueinander in Beziehung setzen kann. Damit erhält man den direkten Verlust pro Spieler je Besuch. Er belief sich im Jahr 2005 auf durchschnittlich € 68. Berücksichtigt man noch den Tronc, den die Besucher bedient haben, so betragen die Gesamtkosten, die sie im Durchschnitt je Besuch im Großen Spiel aufgewendet haben, € 104.

47 Die Besucher im Automatenspiel werden nicht an allen Standorten gezählt. Errechnet man für die Standorte, deren Besucherzahlen man kennt, das BSE je Besuch, so ergibt sich für das Jahr 2005 ein direkter Verlust je Besuch von durchschnittlich € 142. Hinzukommen noch Troncausgaben von durchschnittlich € 5 je Besuch, so dass die Gesamtkosten, die im Kleinen Spiel je Besuch aufgewendet werden, bei € 147 liegen.

48 Im Kleinen Spiel wird also je Besuch deutlich mehr gesetzt und verloren als im Großen Spiel. In Großstädten wird dabei mehr als in Mittelstädten gesetzt und verloren.

49 Nimmt man den Durchschnittswert des BSE je Besuch für die Banken, in denen die Besucher gezählt werden, zu Hilfe, so lässt sich aus dem Gesamt-BSE aller Banken, das im Kleinen Spiel für 2005 erwirtschaftet wurde, die Zahl der Gesamtbesuche abschätzen. Sie beträgt rund 5,2 Mio und lag damit um 2 Mio über der Zahl der Besuche im Großen Spiel.

50 Insgesamt kann man festhalten: Im Kleinen Spiel gibt es mehr Besucher, und es werden deutlich höhere Einsätze getätigt als im Großen Spiel.

IV. Perspektiven für den Spielbankenmarkt

Wie gezeigt, ist die Mehrheit der Bundesländer relativ dicht mit Spielbanken besetzt. Ob in den Ländern, in denen im Vergleich zum Rest eine unterdurchschnittliche Dichte zu beobachten ist, vor allem also in Baden-Württemberg, Nordrhein-Westfalen und Bayern, noch neue Standorte eröffnet werden, ist eine politische Entscheidung und nicht vorhersehbar. **51**

Bei der angespannten Haushaltslage der Bundesländer spricht aber einiges dafür, dass es auch in den Ländern mit höherer Standortdichte in den nächsten Jahren immer wieder zu Diskussionen über Neueröffnungen kommen wird. Die Einnahmen der Länder aus Glücksspielsteuern und -abgaben sowie Gewinnabführungen von Tochterunternehmen, die Glücksspiele betreiben, machten 2005 immerhin 2,8 vH der gesamten Steuereinnahmen der Länder aus.[15] **52**

Politischer Druck, ein Casino zu eröffnen, geht oft auch von Kommunen aus, die sich nicht nur eine touristische Attraktion, sondern auch zusätzliche Einnahmen durch den Anteil der Sitzgemeinde an der Spielbankabgabe erwarten. Die Vorstellungen und Hoffnungen so mancher Tourismusförderer und Kommunalpolitiker, aber auch mancher Bewerber um Konzessionen sind recht optimistisch. **53**

Die Potenziale möglicher Standorte lassen sich mit anspruchsvollen Modellrechnungen gut abschätzen. Für den Erfolg eines neuen Standortes ist neben der Attraktivität seines Spielangebotes die Lage zu Nachbarstandorten, die Bevölkerungszahl und -zusammensetzung im Einzugsgebiet sowie die Einkommenssituation der Bevölkerung entscheidend. Da das erwirtschaftete BSE überwiegend von Stammspielern abhängt, ist der Einfluss von Touristen in der Regel gering.[16] **54**

Neben der Bedeutung des Standortes für das Abschneiden einer Bank sind die allgemeinen Perspektiven für den Spielbankenmarkt insgesamt zu beachten. Zwei wichtige Trends zeichnen sich deutlich ab: Das ist zum einen der weitere Bedeutungsgewinn des Automatenspieles gegenüber dem klassischen Tischspiel, das ist zum anderen aber auch das massiv steigende und auch zunehmend in Anspruch genommene Angebot von Casinospielen im Internet. **55**

Nicht nur in Deutschland, sondern weltweit ist ein Bedeutungsverlust des Großen Spiels zu konstatieren. So hat sich zB der Automatenumsatz pro Kopf der erwachsenen Bevölkerung in Casinos in Australien, dem Land mit den höchsten Pro-Kopf-Umsätzen weltweit, in den 90er Jahren mehr als verdreifacht. Die Pro-Kopf-Umsätze **56**

---

15 *Statistisches Bundesamt* VI C– 24/4 – 319 und Volkswirtschaftliche Gesamtrechnung. Zu der längerfristigen Entwicklung der fiskalischen Effekte des Glücksspiels *Bardt* Staat und Glücksspiel in Deutschland, S 27 ff.

16 *Hübl et al* Marktpotenzial eines Spielbankenstandortes Frankfurt/Oder, Untersuchung im Auftrag des Landes Brandenburg, Ministerium des Inneren (unveröffentlicht); *Hohls-Hübl/Hübl* Erlebniswelt Wolfsburg – Marktpotenziale für die Spielbank, Untersuchung im Auftrag der Spielbanken Niedersachsen GmbH (unveröffentlicht); *Hohls-Hübl/Hübl* Marktpotential von touristischen Standorten für das Automatenspiel, Untersuchung im Auftrag der Spielbanken Niedersachsen GmbH (unveröffentlicht).

im Tischspiel haben sich dagegen nur gut verdoppelt.[17] Eine gleiche Tendenz ist auch in den USA festzustellen.[18] Für ein Anhalten dieses Trends spricht, dass nicht nur die jüngeren Spielbankbesucher die lockere und technisch geprägte Atmosphäre und die schnelle Spielfolge in einem Automatensaal den mehr formalen Bedingungen und der langsamen Spielfolge im Großen Spiel vorziehen. Auch sind die Innovationen und Variationsmöglichkeiten beim Automatenspiel sehr viel ausgeprägter als beim Klassischen Spiel. Jede klassische Spielvariante kann heute auch an Automaten gespielt werden. Langfristig wird das Klassische Spiel, das auch noch besonders personalkostenintensiv ist, wohl nur an großen Standorten überleben. Dazu wird es erforderlich sein, den Besuch des Großen Spiels durch zusätzliche Unterhaltungsangebote in seiner Attraktivität zu steigern.

57 Der zweite große Trend, die steigende Bedeutung von Online-Casinospielen, trifft sowohl das Große als auch das Kleine Spiel. Seitdem sich Mitte der 90er Jahre mit der Abwicklung von Sportwetten in Großbritannien das Spielen über das Internet etablierte und im Jahre 1999 das erste staatlich konzessionierte Online-Casino in Alice Springs in Australien eröffnet wurde, hat sich dieses Marktsegment rapide entwickelt.

58 Belastbare Statistiken über die Zahl der Online-Casinos gibt es nicht, da die Angebote überwiegend von Ländern betrieben werden, die keine oder nur niedrigschwellige Konzessionen kennen. Man ist auf Schätzungen von Branchenkennern angewiesen. Das Angebot wird auf über 2.000 Webseiten geschätzt,[19] wobei mehr als die Hälfte der Anbieter als unseriös angesehen wird.[20] Die weltweiten Bruttospielerträge, dh Nettoverluste der Spielteilnehmer, werden für das Jahr 2005 auf eine Größenordnung von € 2,5 Mrd geschätzt.[21]

59 Kenner der Szene gehen davon aus, dass es in Deutschland ca 500.000 Spieler gibt, die je Spiel € 100–200 setzen.[22] Das Beratungsunternehmen Goldmedia schätzt den Gesamtumsatz, der in Deutschland 2005 im Online-Glücksspiel (Casinospiele, Poker, Sportwetten und sonstige Lotterien) getätigt wurde, auf € 3,3 Mrd und um gut ⅓ über dem Wert von 2004.[23]

60 Gründe für die steigende Verbreitung von Glücksspielen im Internet liegen in der zunehmenden Durchdringung der Privaten Haushalte mit Breitband-Netzzugängen, in der jederzeitigen Spielmöglichkeit, in dem im Vergleich zu traditionellen Spielbanken sehr differenzierten Angebot an Spielalternativen und in der Anonymität.[24]

---

17 *Australian Government* Productivity Commission s o Fn 12; *Australian Gaming Council* A Data Base on Australia's Gambling Industries, S 112.

18 *Eadington* The Economics of Casino Gambling, Journal of Economic Perspectives 1999, S 177.

19 Eine Übersicht an Schätzungen bei *Nevries* Der deutsche Spielbankenmarkt im Umbruch – Ansätze zur Entwicklung eines Online Casinos, S 18.

20 *Schmitt* Mehr Sicherheit und Seriosität gegen illegale Online Casino Anbieter.

21 *Sinclair* Part as Prologue, E-Gambling: What does the future hold? Statement vor der NYSSA (New York Society of Security Analysts, 27. 9. 2005).

22 *Schmitt* Internet-Casinos und Internet Sportwetten ein Milliardengeschäft.

23 *Goldmedia GmbH* Glücksspiel und Wetten im Internet: Restriktive Gesetzgebung führt zur Abwanderung in den Graumarkt.

24 *Griffith* Internet Gambling, an Online Empirical Study; *Gibson* Gambling on Mobile, S 3.

Als weitere Gründe nennt *I. K. Nevries*[25] noch: 61

- keine Anfahrtswege,
- kein Eintrittsgeld,
- keine Kleiderordnung,
- Chats und Erfahrungsaustausch mit anderen Spielern,
- Einstieg über Fun-Games ohne Geldeinsatz,
- keine Überfallgefahr nach Spielgewinnen.

Hinzu kommt, dass sich inzwischen international akzeptierte Markenanbieter etabliert haben und in ca 60 Staaten Online-Casinos offiziell zugelassen worden sind.[26] 62

Ausländische Anbieter betreiben im Internet idR virtuelle Casinos mit anspruchsvollen Animationen. Zur Spielteilnahme muss die jeweilige Spielesoftware heruntergeladen werden, und es ist eine einfache Registrierung sowie eine Festlegung der Zahlungsmodalitäten erforderlich. Eine Überprüfung, ob im Aufenthaltsland des Spielers eine Online-Spielteilnahme erlaubt ist, findet nicht statt. Die Spieler können aus über 30 unterschiedlichen Spielen wählen. Das Spielangebot ist damit viel umfangreicher als in durchschnittlichen terrestrischen Banken.[27] 63

In Deutschland besteht aktuell ein konzessioniertes Online-Angebot der Spielbank Wiesbaden, die ein sog „lifegame" ins Internet überträgt. Ein echter Croupier wirft hierbei die Kugel in einem echten Kessel; dieser Vorgang wird zum Wettabschluss mit Spezialkameras ins Internet übertragen. 64

Ein Online-Angebot in Hamburg wurde durch das *Verwaltungsgericht* untersagt, da das Hamburger Spielbankgesetz kein Online-Spiel vorsieht. Im neuen Niedersächsischen Spielbankgesetz (2005) ist dagegen die Möglichkeit eines Online-Glücksspiels ausdrücklich vorgesehen. 65

Ob deutsche Online-Angebote, die nach geltendem Recht auf die jeweiligen Bundesländer beschränkt sein müssen, im internationalen Wettbewerb bestehen können, ist äußerst fraglich. Die ausländischen „Wettbewerber" verfügen wegen einer sehr geringen Abgabenlast und größeren Teilnehmerzahlen über einen sehr viel breiteren wirtschaftlichen Gestaltungsspielraum als die deutschen Banken. Sinnvoll wäre es, in Deutschland ein Bundesländer übergreifendes Angebot zu etablieren, um gegenüber der internationalen Konkurrenz bestehen zu können. Dazu wäre natürlich eine Änderung der Spielbankengesetze aller Bundesländer erforderlich. Dadurch würde erreicht, das Spielen im Netz einigermaßen unter Kontrolle zu halten und einem illegalen Abfluss von Spieleinsätzen aus Deutschland zu begegnen.[28] Bei der Konkurrenz der Bundesländer und deren Spielbankengesellschaften ist ein solcher Vorschlag aber wohl auf absehbare Zeit als undurchführbar anzusehen. 66

---

25 *Nevries* s o Fn 19.

26 *Sinclair* s o Fn 21.

27 Ein in Deutschland recht bekanntes Angebot ist beispielsweise www.casino-club.com.

28 Eine ausführliche Diskussion der wirtschaftlichen Ausgestaltung eines Online-Casino findet sich bei *Nevries* s o Fn 19; die Rechtsproblematik behandeln z B *Klam*, Die rechtliche Problematik von Glücksspielen im Internet sowie *Swiss Institute for Comparative Law* Cross-Border Gambling on the Internet: Challenging National and International Law.

V. Summary (Market of Casino Gambling in Germany)

Gross market volume of legal gambling in Germany amounts to some € 29,000 million (2005). Casino gambling holds the biggest segment of the total gambling market with a share of 37%. If one takes the net market volume – money finally lost – of € 8,900 million, the share of casino gambling is down to 11% due to the high payout rates. The Lotto pool is responsible for nearly half of the money finally lost (46%), followed by gaming machines in pubs and gaming arcades (25%). Casinos hold third rank.

Some 80% of the casino turnover is generated by slot machines, the rest by table games. In the late 1980's, this ratio was still fifty-fifty. Out of their revenue of nearly € 1.000 million, the casino operators have to pay on average 79% gambling duty to the local governments.

Casinos are operated in each German federal state. Their total number runs to 81. The density of casinos – measured by venues per million inhabitants – differs strongly from 7.6 in the Saarland to 0.4 in Thuringia.

Customers of casinos can be characterized in the following way: men attend more often than women, singles and civil servants gamble relatively often, unemployed and blue collar workers are rare customers; attendance inreases with higher education.

Empirical studies prove that regular gamblers are responsible for some 80% of gross stakes. Money finally lost per visit adds up on average to some € 150 at slot machines and to € 100 at table games. Gross stakes of a casino are determined by the population within a distance of half an hour to an hour of driving time to the casino, the location of neighbouring venues, and the economic situation of the region.

Main perspectives of casino gambling are further gains of market share by slot machines and an increasing competition through online offers.

§ 6 Die Sicht der privaten Fernsehsender zur Regelung des Glücksspiels

Annette Kümmel

Übersicht

I. Einführung

Neben den wirtschaftlichen Implikationen für die privaten Medienhäuser, für den Staat und die Konzessionäre genießen auch die Fragen des Jugendschutzes und der Suchtprävention hohe Priorität. Als Rundfunkunternehmen in einem regulierten Markt haben die Medienhäuser in den letzten Jahren gezeigt, dass sie sich dieser Verantwortung seriös stellen können und daher eine Adaption der im TV- und Rundfunkbereich bewährten Strukturen auch für ein duales Wettsystem vorgeschlagen. 1

II. Vermarktung des Glücksspiels im TV

1. Der private Fernsehmarkt in Deutschland

2 Der deutsche Fernsehmarkt ist – nach den Vereinigten Staaten – der größte weltweit. Nirgendwo sonst hat der Zuschauer die Auswahl aus einem derart großen Angebot frei empfangbarer privater TV- und Hörfunkangebote: Mehr als 80 bundesweite Programmanbieter und etwa 260 Lokal- und Regionalsender bieten eine große Vielfalt, die noch durch zahlreiche gegen Entgelt angebotene Programme ergänzt wird. Diese Entwicklung hat maßgeblich dazu beigetragen, dass sich Deutschland zu einem der führenden Standorte für TV-Produktionen entwickelt hat. Insbesondere im Zuge der Digitalisierung der Übertragungswege wird die Zahl der empfangbaren Fernseh- und Hörfunksender in Deutschland in den kommenden Jahren noch weiter zunehmen.

3 Zur Refinanzierung dieser Angebote stehen den privaten Fernsehanbietern bislang vorrangig zwei Säulen zur Verfügung: Entweder werden die Programmaufwendungen über Erlöse aus der Fernsehwerbung refinanziert oder aber der Zuschauer bezahlt direkt für sein Programmangebot an den Pay-TV-Veranstalter. Daneben werden bereits heute – in der Tendenz zunehmend – Erlöse in Bereichen erzielt, die nicht als klassisches TV-Angebot anzusehen sind. Hierzu zählen beispielsweise Transaktionen zwischen Zuschauer und Programmanbieter oder zwischen Zuschauer und Dritten, wie beispielsweise über das Telefon beim Teleshopping, bei Quizsendungen oder im Rahmen interaktiver Angebote, die den Zuschauer in das Programmgeschehen stärker einbinden werden, bis hin zur direkten Teilnahme an Abstimmungen (Voting) oder – denkbar – auch Wettangeboten.

2. Werbung und Sponsoring

4 Das geplante Verbot der Fernsehwerbung für Glücksspiel setzt einen aus Sicht der TV-Medienwirtschaft falschen Akzent, behindert die skizzierte Entwicklung des interaktiven Fernsehens und muss auch im Hinblick auf die hinter dem Verbot stehende Primärzielsetzung der Suchtbegrenzung kritisch beäugt werden.

5 Es ist in der Diskussion um Produkt- oder Gattungswerbeverbote, und um nichts anderes handelt es sich hier, immer wieder zu beobachten, dass die Vormachtstellung staatlicher oder auch privater Marktführer durch die Abschottung des Fernsehwerbemarktes zementiert werden soll. Private Glücksspielanbieter haben in der Regel nicht die Möglichkeit, direkt mit ihren Kunden in Kontakt zu treten, da ihnen physische Niederlassungen, zB Ladengeschäfte fehlen und sie auf die mittelbare Kommunikation über die Medien vertrauen müssen. Im Gegensatz hierzu sind die staatlichen Veranstalter von Glücksspiel nicht auf die Fernsehwerbung angewiesen: Etwa 25.000 Annahmestellen des deutschen Lotto- und Totoblocks stellen eine nicht zu unterschätzende Größe bei der Werbung am so genannten point of sale (POS) dar. Die Auswahl der Annahmestellen ist dabei kein Zufallsprodukt: So hat beispielsweise die bayerische Staatliche Lotterieverwaltung im Rahmen einer Informationsveranstal-

tung der Bayerischen Vermessungsverwaltung[1] ein Konzept zum Geomarketing präsentiert, mit Hilfe dessen Struktur- und Potenzialanalysen aller Lotto-Annahmestellen angefertigt werden können. Hierbei kann jede einzelne der über 4.500 Lotto-Vertriebsstellen in Bayern einer detaillierten Auswertung unterzogen werden, um ihren jeweiligen „Expansionswert" zu ermitteln – soll heißen: um festzustellen, ob der aktuelle Erlös einer Annahmestelle es rechtfertigt, dass im jeweiligen Gebiet eine weitere Annahmestellen konzessioniert werden kann. Hierbei ist jedoch augenscheinlich nicht relevant, ob es quantitativ bereits genug Annahmestellen in einem Ort gibt, sondern es wird eindeutig versucht, die Einnahmen zu maximieren. Hinsichtlich der Werbewirksamkeit ist diese Tatsache nicht zu unterschätzen: Die Präsenz des staatlichen Glücksspiels an jedem dieser POS ist mindestens ebenso breitenwirksam wie die inkriminierte Fernsehwerbung. Gleiches gilt für die Außenwerbung: Großplakate in den U- und S-Bahnhöfen der Städte oder ähnliche Werbeflächen wenden sich naturgemäß an jeden Betrachter und sind bei realistischer Betrachtung als deutlich undifferenzierter anzusehen als TV-Werbung. Fernsehprogramme wie auch klassische Fernsehwerbung, TV-Sponsoring oder Sonderwerbeformen können zeitlich differenziert ausgestrahlt werden, zB nicht vor bestimmten Uhrzeiten, oder nicht im Umfeld von Kinderprogrammen. Oder aber es werden technische Hilfsmittel wie Vorsperren genutzt, die Kinder und Jugendliche ausschließen.

3. Glücksspiel im TV-Programm oder Internet

Das mit Abstand breitenwirksamste Glücksspiel-Angebot im Fernsehen wird zwei Mal in der Woche im öffentlich-rechtlichen Fernsehen veranstaltet und gilt wohl mit Fug und Recht als eine der bekanntesten Fernsehsendungen überhaupt: die „Ziehung der Lottozahlen", samstags um kurz vor acht in der ARD und mittwochs kurz vor sieben im ZDF. Mit durchschnittlich über 4,4 Millionen Zuschauern ist die Samstagsziehung der Lottozahlen eine der meistgesehenen TV-Sendungen.[2] 6

In den vergangenen Jahren sind bereits von Programmveranstaltern und von Internetplattform-Anbietern Kooperationen mit Veranstaltern von Glücksspielangeboten vereinbart worden, um entsprechende Formate für die TV-Ausstrahlung oder als Angebot für das Internet zu entwickeln. Die ProSiebenSat.1 Media AG startete in Österreich, intern als Testmarkt klassifiziert, 2006 ein Angebot für Sportwetten, basierend auf einem täglich mehrfach ausgestrahlten TV-Format, das als „Wettstudio.at – Die 1. TV-Wettshow" von Sat.1 Österreich, ProSieben Austria und kabel eins Austria gesendet, für die Umsetzung in die jeweiligen Medienplattformen integriert und über eine Partnerschaft mit dem österreichischen Wettpionier Intertops operativ abgewickelt wurde. Somit wurde erstmals in Österreich das Thema Wetten mit dem Medium Fernsehen verknüpft, wobei eine umfangreiche Themenauswahl von Sportwetten, 7

1 *Bayerische Vermessungsverwaltung* Vortrag: „Vertriebsplanung und -verwaltung in der Lotterieverwaltung mit dem MartViewerLotto", 17. Informationsveranstaltung 2003, http://www.geodaten.bayern.de/bvv_web/downloads/Vortrag_Lindner.pdf (abgerufen am 30. 5. 2007).

2 *ARD Sales & Services* eigene Angaben, durchschnittliche Sehbeteiligung Zuschauer 14+, lt. AGF/GfK, pc#tv, Fernsehpanel (D+EU), Auswertungszeitraum 1. 1.–31. 3. 2007.

über Gesellschafts- und Entertainmentwetten bis hin zu programmbezogenen Wetten angeboten wurde. Die Inhalte der Wetten reichten von der Wette des Tages, der Society-Wette bis zur Politikwette.[3] Anfang 2007 wurde die Kooperation beendet, da eine Fortführung bei geringer technische Reichweite der Sender in Österreich, die die wirtschaftliche Struktur des Angebots erschwerte, insbesondere vor dem Hintergrund der sich abzeichnenden Rechtsentwicklung in Deutschland nicht vertretbar war.

8 Am weitesten fortgeschritten sind die Wettangebote im Fernsehen beim Pay-TV-Veranstalter Premiere, der bereits 2005 einen interaktiven Sender mit Gewinnspielen, Sportnachrichten und Live-Pferdewetten startete und nach eigenen Angaben damit ein neues Wachstumsfeld erschloss. Zum Start von PremiereWin standen drei Sendeformate im Mittelpunkt des Programms: Die „PremiereWinShow“, „The Race is On“ mit weltweiten Übertragungen von Pferderennen und Expertentipps sowie die Nachrichtensendung „Sportwelt“, die aus der ganzen Welt des Sports mit klarem Schwerpunkt auf wettrelevante Informationen berichtete.[4] Seit Anfang 2007 gibt es neben den bekannten Pferdewetten auch Lotto, Keno, die Glücksspirale und die Oddsett Sportwette im Portfolio von Premiere Win. Umgesetzt wird dieses Angebot über eine Kooperationsvereinbarung mit der Firma Jaxx. Über das lnternetportal von Premiere Win findet der Nutzer außerdem Livestreams von nationalen und internationalen Pferderennsport-Veranstaltungen.

9 Unter dem strategischen Label „Diversifikation“, das allgemein neue Geschäftsaktivitäten subsumiert, die eine zunehmende Unabhängigkeit von klassischer Vermarktung und damit dem Werbemarkt zum Ziel haben, werden strategische und unternehmerische Interessen in erkennbaren neuen Wachstumsmärkten gebündelt. Der Sportwetten-Markt war in den letzten Jahren als solcher zu qualifizieren. So hatte die RTL interactive GmbH ab 2005 über die Tochterfirma Gambelino die Website RTLtipp.de angeboten – eine Art Online-Annahme-Stelle für Sportwetten von Oddset – und im März 2006 zudem einen Anteil an der Starbet Gaming Entertainment AG (Starbet) übernommen. Starbet hält über eine österreichische Tochterfirma eine Wettlizenz in Österreich und ist vertraglich mit einem deutschen Wettlizenzinhaber verbunden, der die Vermittlung von Sportwetten in Deutschland durchführen kann. Die RTL interactive GmbH brachte ua Werbeleistungen im Wert von rund € 20 Millionen in das Joint Venture mit Starbet ein. Inhaltlich war damit nicht nur an Sportwetten gedacht; vielmehr sollten auch Entertainment-Wetten und Games in das Angebotsportfolio aufgenommen werden.[5] Heute ist dieses Angebot von RTL Starbet nicht mehr aktiv – über RTLtipp.de gelangt man zur Sportwette von Oddset.

---

3 *SevenOneMedia Austria*, Neues TV-Format „Wettstudio.at – Die 1. TV-Wettshow“ startet am 3. Mai 2006, Pressemitteilung, 2. 5. 2006.

4 *Premiere* Gewinnen ist die schönste Unterhaltung: Premiere startet am 1. August PREMIERE WIN, Pressemitteilung, 28. 7. 2005.

5 *RTL interactive GmbH* Sportwetten, RTL interactive GmbH und die Starbet Gaming Entertainment AG operieren künftig als Joint Venture, Pressemitteilung, 21. 3. 2006.

4. Die Zukunft ist interaktiv

Studien über die Entwicklung der Medienangebote gibt es inzwischen wie Sand am Meer. Auch wenn es durchaus noch Diskrepanzen in den Prognosen gibt, ob sich Fernsehen und Internet in ihren Angeboten annähern werden, oder ob es in Zukunft vielleicht nur ein einheitliches Empfangsgerät für das gesamte Spektrum der Medienangebote geben wird, so sind sich jedoch die Forscher weitestgehend einig, dass der Bereich Interaktion im Sinne einer „Echtzeit-Teilnahme" an Wetten und Glücksspielen einen viel versprechenden Zukunftsmarkt darstellt bzw darstellen könnte, würde er nicht durch die nationale Regulierung behindert. **10**

III. Interpretation des politischen Entscheidungsprozesses

Bereits Anfang 2006 legte eine Arbeitsgruppe aus offiziellen Vertretern aus Bayern, Berlin, Nordrhein-Westfalen und Rheinland-Pfalz, dem Deutschen Fußballbund, der Deutschen Fußball Liga und dem Deutschen Sportbund ein Positionspapier zur Neuordnung des Sportwettenmarktes vor. Diese Arbeitsgrundlage für die weiteren Beratungen ging grundsätzlich von einer Liberalisierung des Marktes aus. Motivation der Länder zur Mitwirkung an dieser Arbeitsgruppe mag die (fehlerhafte) Annahme gewesen sein, das *Bundesverfassungsgericht* (*BVerfG*) werde im anhängigen Verfahren zur Überprüfung der Verfassungsmäßigkeit des bayerischen Sportwettmonopols eine klare Entscheidung zugunsten der Marktöffnung fällen. Knapp einen Monat später, am 28. März 2006, verkündete das *Bundesverfassungsgericht* jedoch das bekannte Urteil, durch das dem Gesetzgeber zwei Wege zur verfassungsgemäßen Neuordnung des Glücksspielwesens – innerhalb eines am 31. Dezember 2007 endenden Übergangszeitraumes – aufgezeigt wurden. Mit dieser Entscheidung, die sowohl die Schaffung oder Erhaltung des an enge Vorgaben zur Suchtbekämpfung ausgerichteten Monopols als auch ein privates Konzessionsmodell ermöglicht, wurde der politische Meinungsbildungs- und Entscheidungsprozess, der bereits in eine andere Richtung tendierte, wieder gewendet. Zwar zeigte das *BVerfG* explizit die Chancen für eine Marktöffnung auf, aber die Anerkennung der Zulässigkeit des Monopols rückte wieder in den Vordergrund. Sowohl die Innenministerkonferenz im Mai 2006 als auch die Ministerpräsidentenkonferenz im Juni 2006 begrüßten ausdrücklich die grundsätzliche verfassungsrechtliche Zulässigkeit eines an der Suchtbekämpfung ausgerichteten Monopols.[6] Die Vermutung liegt nahe, dass nicht die Bekämpfung der **11**

---

6 Vgl Beschl der *Innenministerkonferenz* vom 5. Mai 2006: „Die Innenminister und -senatoren der Länder begrüßen die Entscheidung des Bundesverfassungsgerichts vom 28. 3. 2006, die die grundsätzliche Zulässigkeit des staatlichen Monopols für Sportwetten bestätigt ..." Sie halten ein solches Monopol zur Erreichung der auch vom Bundesverfassungsgericht anerkannten ordnungsrechtlichen Ziele, insbesondere zur Bekämpfung der Wettsucht und Begrenzung der Wettleidenschaft, zum Schutz der Spieler vor betrügerischen Machenschaften sowie zur Abwehr von Gefahren aus mit dem Wetten verbundener Folge- und Begleitkriminalität nach wie vor für geeignet und zielführend. Sie halten eine gemeinsame Neuregelung durch die Länder für zwingend geboten.", Sammlung der zur Veröffentlichung freigegebenen Beschlüsse der 180. Sitzung der Stän-

Wettsucht den Hauptgrund für das Festhalten der Ministerpräsidenten am staatlichen Wettmonopol bzw deren Umkehr dorthin gebildet hatte, sondern vielmehr die durch das *BVerfG* eröffnete Chance, insgesamt geringere Einnahmen aus dem Glücksspielwesen als Folge einer vollständigen Liberalisierung zu verhindern.[7]

12 In einigen Ländern bestand gleichwohl, auch nach der Entscheidung des *BVerfG*, noch eine erkennbare Diskussionsbereitschaft und Offenheit für alternative Modelle und damit auch für eine Liberalisierung. Hamburg, Nordrhein-Westfalen und Sachsen verbrieften im Beschluss der Innenministerkonferenz vom 5. Mai 2006 ihre Auffassung, dass „eine Vorfestlegung auf eine der vom *BVerfG* eröffneten Ausgestaltungsalternativen noch nicht erfolgen sollte".[8] Im September 2006 sprach sich auch die CDU-Fraktion im schleswig-holsteinischen Landtag für einen liberalisierten Markt aus und legte Eckpunkte einer grundlegenden Neuordnung des Lottomarktes in Deutschland vor, die in den nachfolgenden Monaten zu Eckpunkten für einen Sportwettenstaatsvertrag weiterentwickelt wurden und im März 2006 in die Vorlage eines alternativen Staatsvertrages zu Sportwetten mündeten.

Im Oktober 2006 beschlossen die Ministerpräsidenten dessen ungeachtet weitere Änderungen in einem das Monopol zugrunde legenden Staatsvertragsentwurf. Eine Marktöffnung und Liberalisierung wurde fortan gänzlich ausgeschlossen. Im November 2006 wurde eine schriftliche Anhörung durchgeführt, in deren Rahmen mehr als hundert umfangreiche rechtliche und wirtschaftliche Stellungnahmen vorgelegt wurden. Die Länder haben allerdings auch nach Kenntnisnahme dieser, zum Teil sehr kritischen Analysen der beabsichtigten Monopolregelung keine Veranlassung für einen Kurswechsel gesehen.

13 In der Jahreskonferenz der Ministerpräsidenten am 13. Dezember 2006 wurde der letzte Entwurf des Glücksspielstaatsvertrages mit 15:1 Stimme zustimmend zur Kenntnis genommen. Die Gegenstimme des schleswig-holsteinischen Ministerpräsidenten Peter Harry Carstensen war u a auf die oben geschilderten Bemühungen seiner Fraktionskollegen zurückzuführen.

14 Von besonderer Bedeutung war in diesem Zusammenhang die Neuerung des Staatsvertragsentwurfs, mit der von dem zwischen den Ländern sonst üblichen Einstimmigkeitsprinzip abgewichen wurde, so dass zum Inkrafttreten eben dieses Glücks-

---

digen Konferenz der Innenminister und -senatoren der Länder am 5. Mai 2006, http://www.berlin.de/sen/inneres/imk/beschluesse.html#IMK_2006.

7 Vgl auch Beschl der *Ministerpräsidentenkonferenz* vom 18.–20. Oktober 2006: „Aufgrund des Urteils des Bundesverfassungsgerichts vom 28. März 2006 müssen die Länder das Sportwettenrecht neu regeln. Das Gericht hat hierfür nur bis Ende nächsten Jahres Zeit gelassen. Die Regierungschefs haben auf Ihrer Konferenz am 22. Juni 2006 beschlossen, dass am staatlichen Glücksspielmonopol unter Beachtung der Vorgaben des Bundesverfassungsgerichts festgehalten werden soll. Nur ein staatliches Glücksspielmonopol kann derzeit der Bekämpfung der Suchtgefahr, dem Verbraucherschutz und unseren fiskalischen Interessen, die nach der Rechtsprechung allerdings nicht ausschlaggebend sein dürfen, hinreichend Rechnung tragen." Tagungsergebnis der Jahreskonferenz der Regierungschefs der Länder, wesentliche Ergebnisse der Jahreskonferenz vom 18.–20. 10. 2006 in Bad Pyrmont, http://www.stk.niedersachsen.de/master/C26222591_N26477913_L20_D0_I484.html.

8 Vgl Beschl der *Innenministerkonferenz* vom 5. Mai 2006.

spielstaatsvertrages ein Mehrheitsbeschluss von 13 Länderparlamenten ausreichend war. Der Beschluss der Ministerpräsidenten sieht zudem vor, dass die so genannten DDR-Erlaubnisse für Sportwettenanbieter aufzuheben sind und eventuell entstehende Schadenersatzansprüche auf alle Länder verteilt werden. Zudem wurde eine Arbeitsgruppe auf Ebene der Chefs der Staatskanzleien beauftragt, eine vergleichende Analyse des Glücksspielwesens in den Mitgliedstaaten der Europäischen Union und im Ausland außerhalb der EU zu erstellen, was angesichts der im Beratungsprozess vorgelegten Studien, Gutachten und Stellungnahmen zumindest Erstaunen hervorruft. Darüber hinaus bitten die Ministerpräsidenten die Bundesregierung, die Bereiche des gewerblichen Automatenspiels und der Pferdewetten dem Glücksspielstaatsvertrag anzupassen.

Mit Blick auf die Regelungen zum Internetvertriebsweg – das Veranstaltungs- und **15** Vermittlungsverbot öffentlicher Glücksspiele im Internet nach § 4 Abs 4 und das Werbeverbot des § 5 Abs 3 sowie die Übergangsregelung des § 25 Abs 6 des Glücksspielstaatsvertrages – war es aus Sicht der Länder nicht ausgeschlossen, dass der Staatsvertrag der Notifizierung durch die EU-Kommission bedurfte; nach der Richtlinie über ein Informationsverfahren auf dem Gebiet der Normen und technischen Vorschriften sowie Vorschriften für die Dienste der Informationsgesellschaft 98/34/EGV (geändert durch RL 98/48/EGV) bedürfen Reglementierungen von Dienstleistungen im Zusammenhang mit dem Internet der Notifizierung durch die Europäische Kommission. Dementsprechend hat die Bundesregierung den Entwurf des Glücksspielstaatsvertrages der Kommission am 21. Dezember 2006 zur Notifizierung angezeigt. Zuvor, bereits im April 2006, hatte die EU-Kommission ein Vertragsverletzungsverfahren gegen Deutschland eingeleitet; im Oktober 2006 hatte der EU-Kommissar für Binnenmarkt und Dienstleistungen *McCreevy* in einem Spiegel-Interview die von den Ministerpräsidenten verfolgte Linie deutlich kritisiert und weitere mögliche Vertragsverletzungsverfahren angekündigt.[9]

Die Länder haben weder aufgrund der im Rahmen des Notifizierungsverfahrens am **16** 23. März 2007 abgegebenen Stellungnahme der Kommission, noch aufgrund eines späteren – umfassenderen und nicht lediglich auf Einzelregelungen des Staatsvertrages zugeschnittenen – ergänzenden und sehr kritischen Kommissionsschreibens einen Kurswechsel vorgenommen. Offenbar haben die Länder durchaus ein Interesse daran, dass im Falle der Weiterverfolgung durch die Kommission das den Glücksspielbereich betreffende Vertragsverletzungsverfahren durch eine Entscheidung des *EuGH* seinen Abschluss findet. Die Länder sehen deutliche Unterschiede zwischen der vom *EuGH* geschaffenen Rechtslage und den von der Generaldirektion Binnenmarkt der EU-Kommission geäußerten rechtlichen Einschätzungen. Ein weiterer Notifizierungsbedarf hat sich auch hinsichtlich der das Internetglücksspielverbot verschärfenden landesrechtlichen Regelungen (insbesondere Bußgeldvorschriften) der Ausführungsgesetze der Länder ergeben.

9 *Der Spiegel* 43/2006, 23. 10. 2006, Glücksspiel: „Gleiches Recht für alle“.

IV. Evaluation der gesamtwirtschaftlichen Rahmenbedingungen

17 Der Blick auf die benachbarten Märkte England und Österreich legt die Vermutung nahe, dass die Eindämmung und Kanalisierung der Wett- und Spielsucht nicht nur durch ein staatliches Wettmonopol erreicht werden kann. Durch ein wettbewerbsfähiges Steuermodell und einen liberalen Glücksspielmarkt werden dort zudem ein steigendes Abgabenaufkommen und die Ansiedlung von Unternehmen erreicht.

18 Zur Versachlichung der öffentlich geführten Debatte in Deutschland haben der Verband Privater Rundfunk und Telekommunikation eV (VPRT) und der Arbeitskreis Wetten[10] bereits im Sommer 2006 eine umfangreiche Studie über ein Nebeneinander von staatlichen und privaten Sportwetten in Auftrag gegeben und im Oktober 2006 in die politische Diskussion eingebracht (*Deloitte* & *Touche*-Studie).[11] Die Studie verdeutlicht, dass das Marktvolumen des staatlich lizenzierten Glücksspielmarktes sowie die daraus resultierenden Steuereinnahmen seit 2000 stagnieren, rückläufige Umsatzentwicklungen aus staatlich lizenzierten Sportwetten zu verzeichnen sind, demgegenüber aber der Markt für private Sportwettenanbieter überproportional wächst.

19 Der in dieser Studie vorgenommene Vergleich mit den Märkten in England (höchste Wettbewerbsintensität und zugleich der geringste Regulierungsgrad) und Österreich (Sportwetten werden hier nicht als Glücksspiel qualifiziert) wird durch eine Bewertung des Monopolszenarios und zwei Konzessionsmodelle ergänzt, die zum einen in Anlehnung an die österreichischen Regelungen eine 2-prozentige Wettsteuer auf den Wettumsatz und zum anderen in Anlehnung an das Modell in England eine 15-prozentige Wettsteuer auf den Rohertrag zur Grundlage haben. Im Falle eines liberalisierten Sportwettenmarktes ist in diesem Glücksspielsegment mit einem steigenden Steueraufkommen zu rechnen. In beiden Szenarien wird zusätzlich zur angenommenen Steuer von einer Konzessionsabgabe ausgegangen, die gegebenenfalls erhoben werden kann und zweckgebunden für Gemeinwohlzwecke wie Sportförderung oder Finanzierung von Suchtberatung und -forschung verwendet werden könnte. Allerdings bleibt die Frage offen, ob und ggf wie im Falle der Liberalisierung des Sportwettenmarktes – im Rahmen einer gewerberechtlichen Lösung – eine derartige Abgabe im Falle des grenzüberschreitenden Angebotes mangels eines Sondervorteils und trotz der europaweit nicht harmonisierten steuerlichen Rahmenbedingungen erhoben werden kann. Die Studie kommt zu dem Ergebnis, dass bei einer Beibehaltung des staatlichen Monopols das Gesamtaufkommen aus Steuern und Abgaben bis zum Jahr 2011 bei Fortschreibung der rückläufigen Umsatzentwicklung der staatlichen Sportwettenanbieter in den Jahren 2004 bis 2006 um bis zu 78 Prozent sinken kann. Demzufolge würde das jährliche Gesamtsteueraufkommen von € 185 Millionen in

---

10 Der Arbeitskreis Wetten ist ein Zusammenschluss von Bild.T-Online.de AG & Co KG, DSF Deutsches SportFernsehen GmbH, EM.TV, ProSiebenSat.1 Media AG, Premiere AG, RTL Television GmbH sowie bestwetten.de. Er ist seit Anfang 2007 in den VPRT, dem wiederum über 160 Unternehmen aus dem Fernseh-, Hörfunkbereich sowie der Multimedia- und Telekommunikationsindustrie angehören, integriert.

11 *Deloitte & Touche GmbH*, Studie zu ausgewählten Aspekten des deutschen Sportwettenmarkts, 11. Oktober 2006.

2005 auf € 40 Millionen in 2011 sinken. Bei den beiden anderen Szenarien ergäbe sich bei gleichzeitig angenommener Umsatzsteigerung ein signifikanter Anstieg der Steuereinnahmen.

Das ifo Institut für Wirtschaftsforschung an der Universität München hat in der Studie „Auswirkungen des Bundesverfassungsgerichtsurteils zum Sportwettenmarkt auf die Deutsche Volkswirtschaft“[12] ebenfalls eine wirtschaftliche Analyse vorgelegt, die verschiedene Szenarien (Monopol, regulierter Wettmarkt mit bisheriger Besteuerung der Spieleinsätze oder mit einer Rohertragssteuer in Höhe von 15%, ein Wettmarkt ohne Wettsteuer) evaluiert. Beide Studien gehen im Ergebnis von einem signifikanten Rückgang der Umsätze und von rückläufigen Steuereinnahmen des Staates mit dramatischen wirtschaftlichen Folgen für die Länder und den Standort Deutschland, aber auch die Destinatäre aus. Auch die Goldmedia-Studie „Online Betting & Gambling 2010“ entwirft verschiedene Szenarien und berechnet Modelle für die Umsatzentwicklung bis 2010. Der Spieleinsatz alleine beim Online-Glücksspiel würde dieser Studie zufolge 2010 in Deutschland bei mindestens rund € *sechs* Milliarden liegen.[13] **20**

Das übereinstimmende Ergebnis der genannten Studien liegt darin, dass im Falle einer Liberalisierung des Sportwettenmarktes von einem signifikanten Anstieg der Gesamtwettumsätze und einem Wachstum der Steuereinnahmen ausgegangen werden kann. Zudem sind Chancen für den bereits im Markt bestehenden öffentlich-rechtlichen Wettanbieter (Oddset) erkennbar: Die staatlichen Wettanbieter könnten wegen ihres hohen Bekanntheitsgrades und der guten vertrieblichen Vernetzung einen Wettbewerbsvorteil ausspielen. Auch die gemeinnützige Verwendung der staatlichen Einnahmen, die 2004 in Höhe von rund € 530 Millionen von Oddset an Einrichtungen des Breitensports geflossen sind, könnte in einem liberalisierten Markt beibehalten oder sogar ausgebaut werden. **21**

Aufgrund der massiven Auswirkungen auch für verschiedene Fußball-Clubs haben sich auch der Deutsche Fußball-Bund (DFB) und die Deutsche Fußball-Liga (DFL) in die Debatte eingeschaltet und eine Arbeitsgruppe zum Thema Sportwetten eingesetzt. Bereits jetzt sind wirtschaftliche Implikationen erkennbar: Der SV Werder Bremen hat 2007 € 40 Millionen weniger Sponsoreinnahmen als im Vorjahr. Hertha BSC Berlin und TV 1860 München haben ihren Sponsor aus dem Sportwettbereich vollständig verloren.[14] **22**

---

12 *ifo* Forschungsbericht Nr 32, 2006.

13 *Goldmedia* Durch Verbot privater Wettanbieter floriert das Geschäft mit Glücksspielangeboten im Internet, Pressemeldung, 20. Juni 2006.

14 Vgl *faz.net* erschienen am 5. 6. 2007, Millionenverluste durch Wettmonopol – Private Anbieter beschneiden Budgets fürs Sport-Sponsoring.

V. Glücksspielstaatsvertrag vs Sportwettenstaatsvertrag. Die Lösung könnte eine Abspaltung des Sportwettmarktes sein

23 Der bereits erwähnte Arbeitskreis Wetten wurde im Mai 2006 ins Leben gerufen, setzt sich aus den führenden deutschen Medienhäusern zusammen und tritt für eine Liberalisierung des Sportwettenmarktes ein. Die privaten Medienhäuser haben frühzeitig dafür plädiert, den Bereich der Sportwetten aus dem Anwendungsbereich des Glücksspielstaatsvertrages auszuklammern und es bei einem staatlichen Monopol für Lotterien zu belassen.

24 Die CDU-Abgeordneten im schleswig-holsteinischen Landtag *Hans-Jörg Arp* und *Thomas Stritzl* griffen diese und andere Vorschläge bereits Anfang 2007 auf und luden unterschiedliche Interessengruppen im Januar 2007 zu einem Workshop nach Kiel. Das Ergebnis der Diskussionen und weiterer Überlegungen präsentierten die Abgeordneten in Form eines eigenen Staatsvertragsentwurfs für Sportwetten, der die Trennung der Sportwetten vom Lotteriewesen zum Gegenstand hat. Kernpunkte des Entwurfes sind die Konzessionierung privater Anbieter unter staatlicher Aufsicht, eine konsequente Suchtprävention sowie der Erhalt der Fördermittel für sportliche und kulturelle Zwecke. Auch der DFB und die DFL, vertreten durch den Wettbeauftragten *Wilfried Straub*, haben diesen Lösungsweg befürwortet. Der Deutsche Lottoverband, im Oktober 2006 als Zusammenschluss der großen Lotterieeinnehmer und gewerblichen Spielvermittler gegründet, hat den Vorschlag für einen separaten Sportwetten-Staatsvertrag ohne Einbeziehung der Lotterien ebenfalls unterstützt.[15] Sportvereine, private Sportwettenanbieter sowie Medienunternehmen haben sich zu einem Bündnis gegen das Wettmonopol zusammengeschlossen und für eine regulierte Öffnung des Sportwettenmarktes und die Einführung einer dualen Marktordnung sowie ein Zulassungssystem unter noch zu definierenden Voraussetzungen geworben.[16] Im Juli 2007 haben sich Politiker verschiedener Bundesländer für die Unterstützung des Kompromissvorschlags eines dualen Glücksspielmodells in Deutschland ausgesprochen, der im Übrigen auch von der EU-Kommission unterstützt worden ist.[17] Dieser „geballte" Widerstand gegen die weitere Monopolisierung des Glücksspielwesens durch den Glücksspielstaatsvertrag ist bekanntermaßen ohne Erfolg geblieben.

25 Dabei legten die zahlreichen Alternativvorschläge zum Monopol auch nahe, dass ein staatliches Wettmonopol unverhältnismäßig sein könnte und die Ziele des Staatsvertrages auch mit geeigneten Mitteln in einem liberalisierten Markt erreicht werden könnten. Zudem hatte auch der Europäische Wettbewerbskommissar McCreevy den

---

15 *Deutscher Lottoverband* Warum der Glücksspielstaatsvertrag in Nordrhein-Westfalen schadet, Stellungnahme 14/0923 zur Anhörung am 15. März 2007 Landtag Nordrhein-Westfalen, 14. Wahlperiode.

16 *Bündnis gegen das Wett-Monopol* Positionspapier des Bündnisses gegen das Wett-Monopol, Landtag Nordrhein-Westfalen, 14. Wahlperiode, Zuschrift 14/0803.

17 *Jörg Bode*, Parlamentarischer Geschäftsführer und Innenpolitischer Sprecher der FDP-Landtagsfraktion Niedersachsen, *Hans-Jörg Arp*, CDU Abgeordneter des Landtags Schleswig-Holstein, *Mike Mohring*, CDU-Fraktion im Thüringer Landtag Haushalts- und Finanzpolitischer Sprecher, Pressemitteilung vom 20. 7. 2007.

skizzierten dualen Alternativvorschlag als zufrieden stellende und europarechtskonforme Verhandlungslösung qualifiziert.[18]

Das duale Glücksspielmodell lässt sich im Einzelnen folgendermaßen beschreiben:

1. Rahmenbedingungen und Ziele

Das *BVerfG* hatte in seiner Grundsatzentscheidung vom 28. März 2006 zur Verfassungskonformität des Bayerischen Lotteriegesetzes explizit darauf hingewiesen, dass ein verfassungsmäßiger Zustand auch durch eine gesetzlich normierte und kontrollierte Zulassung gewerblicher Veranstaltungen durch private Wettunternehmer hergestellt werden könnte. Nach dem Vorbild des dualen Rundfunksystems könnte in der Bundesrepublik Deutschland auf der Grundlage eines Staatsvertrages der Länder ein System für die Zulassung von staatlichen und privaten Wettangeboten etabliert werden. **26**

Private Wettanbieter hätten dabei bei einer Aufsichtsbehörde eine Konzession zu beantragen. Der Staatsvertrag müsste Antragsverfahren, Umfang der Konzession, Dauer und Wiedererlangung der Konzession, Möglichkeiten zu Nebenbestimmungen und Widerrufsregelungen sowie inhaltliche Vorgaben, insbesondere Auswahlkriterien und Sicherstellung der organisatorischen und wirtschaftlichen Voraussetzungen zur Durchführung von Wetten vorsehen und die Aufsichtsstruktur schaffen. **27**

Ziele dieses Staatsvertrages sollten die Schaffung eines Rechtsrahmens für die Veranstaltung von Wetten, die Kontrolle der Spiel- und Wetttätigkeit in einem geregelten Markt, die Gewährleistung des Jugendschutzes und die Sicherstellung der ordnungsgemäßen Durchführung der Wetten sein. Zudem sollten der Aufbau eines Systems der Suchtprävention und Regelungen zur Art des Wetteinsatzes weitere zentrale Bestandteile bilden. Im Vordergrund des vom VPRT und dem AK Wetten vorgeschlagenen Konzessionsmodells stehen die Vorschläge zum Jugendschutz und zur Suchtprävention. **28**

2. Jugendschutz

Die Rundfunkunternehmen, die in einem regulierten Markt tätig sind, haben in den letzten Jahren gezeigt, dass sie sich der gesellschaftlichen Verantwortung stellen. Die Freiwillige Selbstkontrolle Fernsehen e V (FSF) und die Freiwillige Selbstkontrolle Multimedia werden wirtschaftlich von privaten Veranstaltern und Anbietern getragen. Sie haben mit Inkrafttreten des Jugendmedienschutzstaatsvertrages im April 2003 und der danach erfolgten Zertifizierung der Selbstkontrollen durch die Kommission für Jugendmedienschutz (KJM) den Status von regulierten Selbstkontrolleinrichtungen erreicht. Dies stellt ein bewährtes System dar, das auch im europarechtlichen Vergleich als herausragend und vorbildlich gilt. Für die Etablierung des Jugendschutzes in einem neu entstehenden Markt privater Wettanbieter wurde bewusst darauf verzichtet, das Selbstkontrollsystem zu adaptieren. Vielmehr sollte der **29**

18 *Charlie McCreevy,* Brief an Herrn *Jörg Bode*, Innenpolitischer Sprecher und Parlamentarischer Geschäftsführer, Hannover vom 9. 7. 2007.

Ausschluss Minderjähriger kategorisch festgeschrieben werden. Die Einhaltung der Bestimmungen zum Jugendschutz sollte der zu etablierenden Konzessionsbehörde obliegen, die weitgehende Befugnisse durch einen Katalog von Ordnungswidrigkeiten und Straftatbeständen erhalten sollte.

30 Der aktuelle Entwurf des Glücksspielstaatsvertrages selbst sieht ähnliches vor. Die von VPRT und AK Wetten vorgeschlagenen Regelungen gehen noch darüber hinaus: Nach Vorbild des Jugendmedienschutzstaatsvertrages und des Jugendschutzgesetzes sollten weitere Regelungen getroffen werden. Zusätzlich haben die privaten Veranstalter weitere Klarstellungen im Sinne des Jugendschutzes in einem dualen Sportwettenmodell vorgeschlagen: So könnte verankert werden, dass abgeschlossene Wettverträge mit Minderjährigen nichtig im Sinne des § 138 BGB sind. Die Konzessionsbehörde sollte für die Überwachung des Jugendschutzes verantwortlich und mit weitgehenden Befugnissen ausgestattet sein.

31 Der Staatsvertraggeber selbst erkennt die Regelungen des Jugendmedienschutzes und die Kompetenzen der Kommission für Jugendmedienschutz an, wenn er für Spielbanken und Lotterien die Veranstaltung und Vermittlung im Internet im Einzelfall gem § 25 Abs 6 Ziffer 1 Glücksspielstaatsvertrag vorsieht, unter der Voraussetzung, dass der Ausschluss minderjähriger oder gesperrter Spieler durch Identifizierung und Authentifizierung gewährleistet wird, wobei die Richtlinien der Kommission für Jugendmedienschutz zu geschlossenen Benutzergruppen zu beachten sind. Wie der Gesetzgeber selbst erkennt, sind also auch im Internet Schutzmechanismen zur Bekämpfung der Suchtgefahr und zum Jugendschutz zB über so genannte „Geschlossene Benutzergruppen" und Altersverifikationssysteme möglich. Gerade im Internet lassen sich entsprechende Schutzmechanismen besser realisieren als bei einem stationären Vertrieb.

3. Suchtprävention

32 Repräsentative Daten und Studien zur Suchtgefahr von Glücksspielen und zum Spielverhalten in Deutschland liegen bislang nicht ausreichend vor. Speziell zu Sportwetten mit festen Gewinnquoten hatte das *BVerfG* festgestellt, dass ein abschließendes Urteil über das Suchtpotential derzeit noch nicht möglich sei. Besonders vor diesem Hintergrund haben VPRT und AK Wetten vorgeschlagen, dass die Konzessionsbehörde in einem dreijährigen Rhythmus entsprechende Studien in Auftrag geben sollte, deren Finanzierung allen Wettanbietern, sowohl privaten wie öffentlichrechtlichen, auferlegt werden sollten.

33 Zusätzliche Regelungen zur Suchtprävention sollten gewährleisten, dass ein Staatsvertrag den Vorgaben des *BVerfG* gerecht werden kann. Im Einzelnen sollten die gesetzlichen Regelungen folgende Maßnahmen beinhalten:

Aufklärung über Gewinn- und Verlustmöglichkeiten durch den Wettanbieter. Ein System von Teilnehmersperren, das jeden Konzessionsinhaber verpflichtet, die Teilnehmersperrendatenbank, die bei der Konzessionsbehörde eingerichtet wird, zu nutzen und Wettangebote nur anzunehmen, wenn zuvor die Teilnehmersperre geprüft worden ist. Eine gesetzliche Begrenzung der Einsatzhöhen, ein Limit-System, ist erforderlich, wobei die Höhe des Limits je nach Wettangebot variieren könnte.

Es soll nicht unerwähnt bleiben, dass Regelungen über ein umfassendes Sperrsystem und die übrigen skizzierten – verfassungsrechtlich gebotenen – Suchtbekämpfungs- und Jugendschutzinstrumente Aufnahme in die Regelungen des Glücksspielstaatsvertrags gefunden haben. Die Vorschläge einer Einrichtung von Hilfs- und Beratungsstellen bei der Konzessionsbehörde und die Benennung eines Suchtbeauftragten, der eng mit den staatlichen Beratungsstellen zusammenarbeitet, sowie die Verpflichtung der Konzessionsinhaber zur Schulung des Verkaufspersonals sind ebenfalls im Glücksspielstaatsvertrag enthalten und könnten – bei späterer Verwirklichung eines dualen Modells – auch auf private Wettanbieter Anwendung finden. Auch die Ermächtigung der Konzessionsbehörde, Wettregelungen nach dem Vorbild der Richtlinien der Landesmedienanstalten zu erlassen, um die genannten Bedingungen und Voraussetzungen auszuführen und umzusetzen, sollte Anwendung in einem liberalen Wettmodell finden.

Die unstreitig vordringliche Aufgabe der Suchtprävention kann prinzipiell auch in **34**
einem geöffneten Markt erfüllt werden. *Gerhard Bühringer* vom Institut für Therapieforschung der Technischen Universität Dresden ist zu dem fast selbstverständlichen Ergebnis gelangt, dass die Entscheidung für eine staatliche Erlaubnis des Glücksspiels, egal welcher Art, immer zu einer gewissen Anzahl spielbezogener Störungen führt.[19] Hierum, also um eine absolute Vermeidung staatlich tolerierter oder zumindest als Übel akzeptierter Glücksspielsucht, geht es aber in der konkreten Fragestellung über die Neuordnung des Glücksspielwesens nicht, denn diese politische wie rechtliche Entscheidung ist mit Zulassung öffentlich-rechtlicher Anbieter – zugleich die Entscheidung gegen eine Prohibition – bereits getroffen worden. Vielmehr geht es um die Prüfung, mit welchen Mitteln und durch wen eine Beschränkung und ein Eindämmen der Problematik erreicht werden kann. Folgt man *Bühringer*, so ist die Organisationsform des Glücksspiels – privat oder öffentlich-rechtlich – für die Risikobeurteilung der Glücksspiele unerheblich; er erwartet eine Zunahme der Spielproblematik bei Liberalisierung des Marktes dann, wenn private Anbieter zugelassen und die frühere Form geringer Regulierung gelten würde.[20] Das bedeutet im Umkehrschluss aber gerade auch, dass durch geeignete Maßnahmen, die über die jahrelange unzulängliche Präventionspraxis öffentlicher Anbieter hinausgehen, Suchtprävention auch von privaten Veranstaltern betrieben werden kann. Sämtliche Stellungnahmen der betroffenen und interessierten Unternehmen sprechen sich offensiv für Suchtprävention aus und dokumentieren eine hohe Bereitschaft, entsprechende Maßnahmen zu ergreifen.

19 *Bühringer, Gerhard* Glücksspiele und Prävention Pathologischen Glücksspiels, Anhörung im Landtag Nordrhein-Westfalen zum Thema „Die gesellschaftliche, kulturelle und politische Dimension des Glücksspiels, einschließlich der Automatenspielsucht“, 15. März 2007, Landtag Nordrhein-Westfalen, 14. Wahlperiode, Stellungnahme 14/0928.

20 Vgl *Bühringer* ebd.

4. Werbung

35 Werbung sollte weiterhin zulässig sein. Werbeverbote stellen einen Eingriff in die Rundfunk- und Meinungsäußerungsfreiheit dar. Werbeeinnahmen sind die wesentliche Existenzgrundlage privater Rundfunkveranstalter. Die Veranstalter mit so genannten DDR-Lizenzen und Oddset sind wichtige Werbepartner der privaten Medienunternehmen mit Werbeaufwendungen im deutlich zweistelligen Millionenbereich pro Jahr. Die Einführung eines weiteren Werbeverbots würde zu empfindlichen Einnahmeverlusten bei den privaten Medienanbietern führen. Einschränkungen oder Auflagen für die Werbung sind indes denkbar und sind von den Veranstaltern selbst vorgeschlagen worden. So sollte in einem künftigen Staatsvertrag normiert werden, dass sich Werbung für Wettangebote nicht an Minderjährige richten und nicht irreführend sein darf. Um Bedenken zur Suchtgefährdung auszuschließen, sollte die Werbung für Sportwetten Hinweise zur Suchtgefahr enthalten. Die Rundfunkveranstalter hatten sich bereits im Juli 2006 nach eingehenden Gesprächen mit den sie kontrollierenden Landesmedienanstalten auf Einschränkungen der Werbung im Fernsehen geeinigt. Hiernach enthalten TV-Werbespots einen sichtbaren Suchthinweis wie zB: „Glücksspiel birgt Suchtrisiken. Mindestalter: 18 Jahre."

36 Die Möglichkeit einer eingeschränkten Werbung anstelle eines Totalwerbeverbots trägt folglich auch Jugendschutz- und Suchtpräventionsgesichtspunkten angemessen Rechnung. Im Rahmen des Notifizierungsverfahrens des Glücksspielstaatsvertrages hat sich auch die Europäische Kommission zu den Werbeverboten geäußert und die Auffassung vertreten, dass ein generelles Werbeverbot nicht geeignet sei, die Ziele des Staatsvertrags zu erreichen und über das erforderliche Maß hinausgehe. Ferner sei die im Glücksspielstaatsvertrag enthaltene Beschränkung der Werbung für Sportwetten ein eindeutiger Beleg für das Fehlen einer kohärenten und systematischen Strategie zur Bekämpfung der Glücksspielsucht.[21]

5. Konzessionsabgabe

37 Zu unterscheiden sind umsatz- oder rohertragsabhängige Abgaben. In Anlehnung an das Modell in Österreich wurde in der Deloitte & Touche-Studie für das erste Szenario eine einheitliche Wettsteuer (für staatliche wie private Anbieter) auf den Wetteinsatz in Höhe von zwei Prozent vorgeschlagen. In einem zweiten Szenario wurde in Anlehnung an das Modell in Großbritannien eine einheitliche Wettsteuer für staatliche und private Anbieter auf den Bruttospielertrag in Höhe von 15 Prozent unterstellt, die sich auch im schleswig-holsteinischen Staatsvertragsentwurf wieder findet.

38 Darüber hinaus können möglicherweise zusätzliche zweckgebundene Sonderabgaben erhoben werden. Die hiermit in Zusammenhang stehenden Rechtsfragen sind allerdings nicht abschließend geklärt. Die privaten Medienhäuser haben sich immer klar für eine Abgabenregelung ausgesprochen, die sowohl den staatlichen als auch den

---

21 Vgl Ausführliche Stellungnahme der *Europäischen Kommission*, Schreiben des Generaldirektors der GD Binnenmarkt und Dienstleistungen, *Jürgen Holmquist*, an den Außerordentlichen und bevollmächtigten Botschafter, Ständiger Vertreter der Bundesrepublik Deutschland, *Wilhelm Schönfelder*, vom 14. 5. 2007.

privaten Wettanbietern eine zusätzliche, nicht bezifferte Abgabe auferlegt, deren Verwendung durch den Staatsvertrag zweckgebunden werden sollte und sowohl Maßnahmen der Suchtprävention als auch der Förderung des Breitensports dienen sollte.

VI. Fazit

Der am 1. Januar 2008 in Kraft getretene Glücksspielstaatsvertrag, der die Festschreibung des Monopols zum Gegenstand hat, verkennt die wirtschaftlichen Auswirkungen, die zu finanziellen Einbußen bei Fiskus und Destinatären führen müssen und gefährdet daher gemeinwohlorientierte Aufgabenerfüllung im bestehenden Umfang. Jugendschutz und Suchtprävention können nicht ausreichend gewährleistet werden, da eine bewusst in Kauf genommene Abwanderung der Spielteilnehmer in den grauen Markt oder gar den Schwarzmarkt effektiven Jugendschutz und präventive Maßnahmen gegen Spielsucht verhindert. **39**

Der Glücksspielstaatsvertrag trifft bei der Europäischen Kommission und bei nicht wenigen Rechtsgelehrten auf europa- und verfassungsrechtliche Bedenken. Es ist davon auszugehen, dass bereits kurzfristig alle erreichbaren Gerichte mit dem Glücksspielstaatsvertrag und den Ausführungsgesetzen der Länder befasst sein werden. **40**

Der Glücksspielstaatsvertrag stellt eine potentielle Bedrohung für private Medienunternehmen dar und missachtet, dass geeignete Alternativen vorhanden sind, die weiterentwickelt werden könnten. Man kann davon ausgehen, dass trotz oder gerade wegen des Inkrafttretens des Glücksspielstaatsvertrages die Debatten über eine Neuordnung des Glücksspielwesens – insbesondere des Sportwettenbereichs – wieder aufgenommen werden (müssen). Ziel sollte es sein, bereits vor dem Auslaufen des (zunächst) zeitlich auf vier Jahre begrenzten Glücksspielstaatsvertrages zu einem für alle Marktteilnehmer und -nutzer sinnvollen Modell zu kommen. **41**

VII. Summary (The View of the Private TV Transmitters on the Governmental Monopolies of Gambling)

Kümmel criticizes the Länder'[22] decision to maintain the governmental gambling monopolies. She considers the liberalization of sports betting within the scope of the trade and industry law, which is the alternative to monopoly as shown by the Constitutional Court in its leading case on 28th March, 2006, more suitable to serve the interests of state and economy. Correspondingly, *Kümmel* adheres to the dual system of regulation that has been outlined by some members of the Schleswig-Holstein parliament and task forces, which follows the framework of the German dual broadcasting convention. This system provides for the liberalization of sports betting and at the same time for the maintenance of governmental lottery monopolies.

---

22 The Federal Republic of Germany consists of 16 *Länder*: Baden-Württemberg, Bavaria, Berlin, Brandenburg, Bremen, Hamburg, Hessen, Lower Saxony, Mecklenburg-Western Pomerania, North-Rhine Westphalia, Rhineland-Palatinate, Saarland, Saxony, Saxony-Anhalt, Schleswig-Holstein and Thuringia.

In regards to the private TV broadcasters, the following remarks appear to be suitable in respect to the reorganization of gambling games. The German TV market is – second only to the United States – the biggest in the world. Nowhere else can television viewers select from such an offer of private TV and broadcasting. More than 80 suppliers of programs and about 260 local and regional broadcasters offer a large variety, which is supplemented by numerous programs offered against payment. Contrary to the broadcasters under public law, which are financed by recurring charges, private broadcasters are currently arranged as follows: they take in receivables from TV publicity or, in the case of pay-TV, direct payment from the spectator. In addition, proceeds are increasingly obtained from transactions between spectators and third persons (home shopping), quiz programs or within the scope of other interactive offers.

Due to the sports betting market's qualification as a growth market, over the past years in Germany, private TV broadcasters have developed corresponding ways of co-operation and offers to open up this future market: Since 2005 the RTL interactive GmbH (Limited) offers a kind of online point of acceptance for Oddset sports betting via the subsidiary Gambelino RTL tipp.de and took over a share of Starbet Gaming Entertainment AG (joint-stock company) in March 2006. The latter, in turn, holds a betting license in Austria via an Austrian subsidiary and is in contractual partnership with a German betting licensee, who is able to organize sports betting in Germany. The RTL interactive GmbH produced – among others – a publicity output in the amount of approximately € 20 million in joint venture with Starbet. They have not only considered sports betting but entertainment betting and games should be included in the portfolio as well.

In 2006, the ProSiebenSat.1 Media AG offered sports betting in Austria, classified as a test market and based on a TV format, which is repeatedly shown every day as "Wettstudio.at – Die TV-Wettshow" by Sat1. Österreich, ProSieben Austria and Kabel eins Austria and is integrated in the respective media platform and operationally cleared via a partnership with the Austrian betting pioneer Intertops. The betting offers of Pay-TV-Organizer Premiere are widely advanced and in 2005 an interactive broadcaster was established with win games, sports news, and live horse betting. In addition, since early 2007, there are also Lotto, KENO, the Glücksspirale and the Oddset sports betting in the Premiere Win portfolio. This offer is realized in accordance with a cooperation agreement with the firm Jaxx.

It is not surprising that – in the view of private TV media economy – the prohibition of TV publicity for gambling games is not held in high esteem. While the prohibition of publicity for gambling games impedes significantly, above all, the refinancing of TV offers, the prohibition of cooperative arrangements of TV sports broadcasting and live bets – based on the Constitutional Court's judgment in the leading case on 28th March, 2006 – also impedes the development of interactive TV in this segment. *Kümmel* cannot deny herself the opportunity to mention that the offer with the most widespread effect on gambling TV takes place twice a week, supervised by the TV under public law, and – with good reason – is considered to be one of the best known television broadcasts of all time: "the drawing of lotto numbers". With 4.4 million viewers, the Saturday drawing of the lotto numbers is one of the most watched TV broadcasts.

The private TV-economy is of the opinion that the primary goal of "avoiding and combating addiction" cannot be attained by a governmental betting monopoly. The broadcasting enterprises working in a regulated market have demonstrated their willingness to take on social responsibility over the past years. The Freiwillige Selbstkontrolle Fernsehen (FSF, Voluntary Self-Control) and the Voluntary Self-Control Multimedia have attained the status of regulated self-control institutions by certification through the Kommission für Jugendmedienschutz (KJM, Commission for Media Youth Protection). This experienced and exemplary control system – that also finds comparability within Europe – could effectively limit gambling offers and its publicity.

Moreover, a look at the neighboring markets in England and Austria show that in these countries increasing tax proceeds and the establishment of enterprises can be achieved by means of a competitive taxation model. Referring to the Deloitte study, which analyses a monopoly scenario and two concession models, *Kümmel* points to the rather indisputable argumentation – considered separately and not taking into account gambling regulations in their entirety – that a liberalized sports betting market could result in increasing taxes in this segment. In the concession model scenarios of the Deloitte study, it is expected that a concession tax may be charged – in addition to the anticipated tax – and could be appropriately used in the public interest, like sports promotion or financial backing of addiction consultancy and addiction research. However, the question remains open whether and how in the case of the liberalization of the sports betting market – within the scope of a solution pertaining to trade and industry law – such a concession tax could be raised in the case of a cross border offer that is without special advantage and in spite of the lacking harmonization of a framework of conditions in Europe.

II. Recht

1. Abschnitt: Grundlagen und Probleme in Zivil- und Strafrecht

§ 7 Zivilrechtliche Grundlagen des Glücksspiels

Ihno Gebhardt

Übersicht

I. Historische Aspekte

1 In der römischen Antike waren Würfelspiele und andere Glücksspiele trotz strafrechtlicher Verbote in allen Schichten verbreitet: „Alea iacta!". Nur an den Festtagen zu Ehren des Gottes Saturn – den *Saturnalien* – war das Würfeln erlaubt. Auch die im Jahr 528 n Chr vom oströmischen Kaiser *Justinian I.* in Auftrag gegebene, im Anschluss an deren erste Rezeption im Hochmittelalter (wohl um die Mitte des 13. Jahrhunderts) „corpus iuris civilis" genannte Neukodifikation des Römischen Rechts enthielt ein strafrechtliches Verbot von fünf besonders gefährlichen Glücksspielen;[1] alles weitere zu Spiel und Wette überließ das Kaiserrecht den Zivilisten: Spielgeschäfte um Geld waren nichtig. Spielschulden konnten nicht eingeklagt, das Geleistete demgegenüber zurückgefordert werden. Nur für einige Kampfspiele um geringen Einsatz bestanden der römischen Tradition entsprechend Ausnahmen von diesen Grundsätzen.[2]

2 Der die römisch-rechtlichen Rechtssätze erneut rezipierende Entwurf eines Bürgerlichen Gesetzbuchs von 1888 behandelt in den §§ 664 und 665 BGB (im aktuellen Gesetzestext: §§ 762, 763 BGB) „nur gewisse Glücksverträge, den Spiel- und Wettver-

---

1 Verboten war auch das *Ludus duodecim scripta* („zwölf Linien"), ein Vorläufer des heutigen *Backgammon* (und zugleich dem altägyptischen Spiel *Senet* nachgeahmt), obgleich Kaiser *Claudius* (10 v Chr – 54 n Chr) ein begeisterter Anhänger dieses Spiels gewesen sein soll. Einzelheiten zum Glücksspiel in der klassisch römischen Epoche finden sich in den Digesten bei *Paulus* Dig 11, 5, 4, 2; 11, 5, 4, 1; 11, 5, 2, 1; Cod 3, 43, 1 (529).

2 Quod virtutis causa fiat; vgl. Dig 11, 5 de aleatoribus; Cod 3, 43.

trag und den Lotterie- oder Ausspielungsvertrag",[3] und versagt dem Spielvertrag jedenfalls die *vollständige* Anerkennung. Dabei ist es bis heute geblieben: „Durch Spiel oder durch Wette wird eine Verbindlichkeit nicht begründet." (§ 762 Abs 1 S 1 BGB) Mit dem Ausschluss des Rückforderungsrechtes in § 762 Abs 1 S 2 BGB[4] ist eine Erfindung des gemeinen Rechts in das BGB übernommen worden.[5] Etwas anderes gilt nach § 763 BGB nur, wenn der Lotterie-, Ausspielungs- oder sonstige Glücksspielvertrag[6] über ein staatlich genehmigtes Glücksspiel geschlossen wird. Dieser „privilegierenden" Vorschrift liegt der Rechtsgedanke zugrunde, dass hinsichtlich des staatlich genehmigten Glücksspiels der Staat über einen geordneten und von Manipulationen und Betrügereien freien Spielablauf wacht und zudem dafür sorgt, dass sich Spieler mit problematischem Spielverhalten nicht ohne weiteres ihrer Spielsucht hingeben können. Der Spielvertrag über ein nicht staatlich genehmigtes (öffentliches) Glücksspiel (ein Spiel also, bei dem die Gewinnchance zumindest überwiegend vom Zufall abhängig ist und gegen Entgelt erworben wird) verstößt zugleich gegen geltendes Recht und ist unwirksam (§§ 134 BGB iVm §§ 284, 287 StGB). Der Glücksspielveranstalter hat in diesem Fall keinen Anspruch auf Vergütung oder Ersatz der Auslagen,[7] der Spieler keinen Erfüllungs- oder Ersatzanspruch wegen Nichterfüllung des Spiels.[8] Soweit der Glücksspielvertrag nichtig ist, gelten demnach die allgemeinen Regeln; insbesondere ist der einen wirksamen Spielvertrag voraussetzende § 762 Abs 1 S 2 BGB nicht anwendbar. Folgerichtig, aber nicht unumstritten ist, dass die Verfügung bei nichtigem Spielvertrag als *unentgeltlich* iSd § 816 Abs 1 S 2 BGB gilt, mit der Folge eines kondiktionsrechtlichen Rückforderungsanspruchs.

II. Sonderproblem: Spielersperre in Spielbanken

3 Die hier nur holzschnittartig skizzierten zivilrechtlichen Grundlagen des Glücksspiels haben in den letzten Jahren keinen Anlass zu Streitigkeiten über Grundsatzfragen gegeben. Ganz anders verhält es sich mit der für die Spielbanken wichtigen privatrechtlichen Frage, ob und unter welchen Voraussetzungen ein Spieler, der zunächst auf eigenen Wunsch hin von einer Spielbank gesperrt worden und sodann gleichwohl mangels Einlasskontrollen am Automatenspiel der Spielbanken teilnehmen konnte, seine Spielverluste von der Spielbank als Schadensersatz zurückfordern kann. Der *Bundesgerichtshof* hat in diesem Sinne völlig zu Recht und unter Aufgabe seiner frü-

---

3 *Mugdan* Motive zu dem Entwurfe eines Bürgerlichen Gesetzbuches für das Deutsche Reich, Bd II, 1888, § 664.

4 „Das aufgrund des Spiels oder der Wette Geleistete kann nicht deshalb zurückgefordert werden, weil eine Verbindlichkeit nicht bestanden hat."

5 Vgl das Allgemeine Preußische Landrecht (ALR), Teil 1, Titel 11, §§ 577–579.

6 Bereits das Reichsgericht, RGZ 93, 348 (349 f), hat die Regelung des § 763 BGB auf andere staatlich erlaubte Glücksspiele angewendet.

7 *BGH* NJW 1985, 1706, 1707 f.

8 *OLG Hamm* NJW-RR 1997, 1007, 1008.

heren entgegen gesetzten Rechtsprechung[9] festgestellt, dass „eine wunschgemäß erteilte Spielersperre Ansprüche auf Ersatz von Spielverlusten begründen kann, wenn die Spielbank die Sperre nicht durch ausreichende Kontrollen durchsetzt."[10] Die Spielbank träfen bei einer antragsgemäß verhängten Spielsperre Schutzpflichten, die auf Wahrnehmung der Vermögensinteressen ihrer Gäste gerichtet seien.[11] In einigen Ländern ist die Zugangskontrolle (auch) zum sog. „Kleinen" (Automaten-)Spiel bereits in Erwartung dieser Judikate eingeführt worden; durch den am 1. Januar 2008 in Kraft getretenen Glücksspielstaatsvertrag (GlüStV) wird sie nunmehr ohnehin öffentlich-rechtlich angeordnet (§§ 8, 20 GlüStV). Auch dieser rechtliche Befund verdeutlicht die enge Verwobenheit der sonst üblicherweise streng abgegrenzten oder doch zumindest abgrenzbaren Teilrechtsgebiete. Bei der folgenden Erörterung der strafrechtlichen Grundlagen ist die rechtliche Gemengelage bereits durch die in § 284 Strafgesetzbuch (StGB) angelegte Verwaltungsakzessorietät augenfällig: „Wer *ohne behördliche Erlaubnis* ... ein Glücksspiel [öffentlich und entgeltlich] veranstaltet", macht sich strafbar.

III. Summary (Civil Law and Gambling)

Games of dice were very common in all sections of the population during the Roman antiquity ("Alea iacta"!) in spite of the prohibition, according to which under criminal law throwing dice was only permitted on feast days in honor of the God Saturn, the so-called *Saturnalian*. Also, the new codification of Roman law – the "corpus juris civilis" effected by the East Roman Emperor *Justinian* (528 AC) – included a penal prohibition of five particularly dangerous gambling games. The Emperor's law entrusted any further regulations concerning gambling and betting to civil law. Gambling deals for money were null and void; gambling debts could not be sued for, but the unjust enrichment – the stake – could be reclaimed. There were exceptions to these principles only in respect of some – gladiatorial – fights at a minor stake in accordance with Roman tradition. The German Civil Code (Bürgerliches Gesetzbuch, BGB) – in force since 1st January 1900 and still central to the regulation of core subject-matters in Germany today – is, in part, considerably based on Roman Law, the corpus juris civilis. Accordingly, para 762 article 1 sentence 1 BGB rules, largely in agreement with Roman law, that gambling or betting does not establish any liability. However, the Common German Law states– in opposition to and different from Roman law – that the stake could not be reclaimed (in any case not based on the reason of an existing obligation). Based on this, we find the reason in the hypothesis to be a so-called "*im*perfect" obligation.

On the contrary, according to para 763 BGB, only gambling contracts concerning public games that are authorized by the government establish a "perfect" obligation.

9 *BGHZ* 131, 136, Urt v 31. 10. 95, XI ZR 6/95.

10 *BGH* Urt v 22. 11. 07, III ZR 9/07, UA, Rn 7; zuvor bereits in diesem Sinne *BGHZ* 165, 276, Urt v 15. 12. 05, III ZR 65/05.

11 Ebda. Einzelheiten hierzu siehe in § 22, Rn 30ff.

This "privileged" rule is based on the legal argument that during authorized gambling it is the state that watches over the orderly procedure of the game, which is free from manipulations and fraud, and over gamblers with problematic behavior who thus cannot easily indulge in their gambling addiction.

There has hardly been any reason for controversy concerning the questions of principle that are roughly outlined in these civil law basics of gambling.

The important issues regarding casinos pursuant to private law are quite different. The question of whether and under which conditions an individual gambler, whose entry had been barred at his own request but who could still participate in gambling by using the (automatic) slot machines because of the lack of admission controls, can reclaim his gambling losses as damages from the casino. The Federal Supreme Court has declared with good reasoning and thereby, abandoning its previously established adjudication that a gambler's barring from a casino issued as requested can fully justify such claims for gambling losses when the casino did not accomplish the blockade through adequate controls. Admission controls pertaining to slot machines are decreed by the State Gambling Treaty (Glücksspielstaatsvertrag, GlüStV) under public law (paras 8, 20 GlüStV) and have been in force since 1st January 2008. These legal findings illustrate the intermingled connection of such fields of law that are usually strictly demarcated or can at least be demarcated. The manifold legal aspects of a mixed problem is presented in the following consideration of criminal law's foundations, under which the administrative accessoriness regulated by para 284 Penal Code (Strafgesetzbuch, StGB) – the dependence of punishability on preconditions of the administrative law is already evident: "he who organizes a [public] gambling game without governmental permission [and against payment]" is liable to punishment.

§ 8 Die Strafbarkeit von Glücksspiel, insbesondere der Sportwetten, unter Berücksichtigung des Europarechts

Andreas Mosbacher

Übersicht

I. Einleitung

Glücksspiel ist seit der Antike Gegenstand rechtlicher Regelung gewesen.[1] Stets spielten dabei auch öffentliche Kontrolle und sanktionsbewehrte Verbote bestimmter Verhaltensweisen eine Rolle. Das deutsche Strafrecht enthält eine Reihe von Straftatbeständen (§§ 284 bis 287 StGB), die eine Veranstaltung und Beteiligung am öffentlichen Glücksspiel dann unter Strafe stellen, wenn das Glücksspiel nicht von den zuständigen staatlichen Behörden genehmigt wurde. Liegt der Strafbewehrung eine auch von fiskalischen Interessen bestimmte nationale Beschränkung des Glücksspielsektors zugrunde, die Anbietern aus anderen Mitgliedsstaaten der EU den Zugang zum nationalen Glücksspielmarkt unter Strafandrohung verwehrt, liegen Konflikte **1**

1 Vgl *Lampe* Falsches Glück, JuS 1994, 737 f; zum Nachfolgenden insgesamt auch: *Mosbacher* Ist das ungenehmigte Veranstalten und Vermitteln von Sportwetten noch strafbar? NJW 2006, 3529 ff; *Hofmann/Mosbacher* Finanzprodukte für den Fußballfan: Strafbares Glücksspiel? NStZ 2006, 249 ff.

mit den europarechtlichen Grundfreiheiten der Niederlassungsfreiheit und des freien Dienstleistungsverkehrs (Art 43 und 49 EGV) auf der Hand. Insbesondere auf dem wirtschaftlich bedeutsamen Sportwettenmarkt hat der *Europäische Gerichtshof* durch mehrere Urteile Grenzen nationaler Regelungsbefugnis aufgezeigt, die auch erhebliche Auswirkungen auf das deutsche Strafrecht haben.[2] Im Folgenden wird ein kurzer Überblick über das deutsche Glücksspielstrafrecht unter besonderer Berücksichtigung des rechtlich und wirtschaftlich bedeutenden Sportwettenbereichs gegeben. Dabei werden insbesondere die Auswirkungen der Rechtsprechung des *Europäischen Gerichtshofs* auf das nationale Strafrecht aufgezeigt.

II. Glücksspielstrafrecht

1. Systematik

2 Nach der Grundnorm des § 284 StGB ist strafbar, „wer ohne behördliche Erlaubnis ein Glücksspiel veranstaltet oder hält oder die Einrichtungen hierzu bereitstellt". Die Werbung für ein derartiges ungenehmigtes öffentliches Glücksspiel wird ebenso sanktioniert (§ 284 Abs 4 StGB) wie die Beteiligung daran durch Mitspielen (§ 285 StGB). Besondere Formen des Glücksspiels sind die Lotterie und die Ausspielung, deren ungenehmigte öffentliche Veranstaltung § 287 StGB gesondert unter Strafe stellt. Das Besondere an der verwaltungsakzessorischen Strafnorm des § 284 StGB ist, dass der Straftatbestand bislang die verwaltungsrechtliche Verbotsnorm und die hierauf aufbauende strafrechtliche Sanktionsnorm in sich vereint.[3] Deshalb beschäftigen sich nicht nur die *Strafgerichte*, sondern vielfach auch *Verwaltungsgerichte* mit der Auslegung der Zentralnorm des Glücksspielstrafrechts, § 284 StGB.[4]

3 Ob den Ländern neben diesen vom Bund erlassenen Strafvorschriften eine eigene Gesetzgebungskompetenz im Bereich des Glücksspielstrafrechts zusteht oder ob – wofür wohl mehr spricht – der Bund den gesamten Lebensbereich des öffentlichen Glücksspiels mit „Sperrwirkung" für den Landesgesetzgeber abschließend geregelt hat, ist im Einzelnen umstritten.[5] Soweit sich aus den Gesetzesmaterialien eine aus-

---

2 Vgl *EuGH* Urt v 21. 10. 1999 – „Zenatti" C-67/98, Slg 1999, I-7289, GewArch 2000, 19; Urt v 6. 11. 2003 – „Gambelli" C-243/01, Slg 2003, I-13031, NJW 2004, 139 m Bspr *Hoeller/Bodemann* NJW 2004, 122; Urt v 6. 3. 2007 – „Placanica u a" C-338/04, 359/04, 360/04, NJW 2007, 1515 m Anm *Haltern.*

3 Vgl *Fischer* StGB, 55. Aufl 2008, § 284 Rn 14; *BVerwGE* 114, 92; vgl nunmehr aber § 4 Abs 1 des Entwurfs für einen Staatsvertrag zum Glücksspielwesen in Deutschland (Glücksspielstaatsvertrag – GlüStV), (Stand: 15. 1. 2007).

4 Vgl nur etwa *BVerwGE* 114, 92; *BVerwG* NVwZ 2006, 1175.

5 Vgl etwa einerseits (pro Länderkompetenz) *Postel* Zur Regulierung von öffentlichen Glücksspielen, WRP 2005, 833, 834ff mwN; andererseits (contra) *Groeschke/Hohmann* in: Münchener Kommentar zum Strafgesetzbuch Bd 4, 2006, § 284 Rn 133; *Horn* Zum Recht der gewerblichen Veranstaltung und Vermittlung von Sportwetten, NJW 2004, 2047, 2054; *Lüderssen* Aufhebung der Straflosigkeit gewerblicher Spielevermittler durch den neuen Staatsvertrag zum Glücksspielwesen in Deutschland? NStZ 2007, 15, 18; *ders* Keine Strafdrohungen für gewerbliche Spielevermittler, 2006, S 30ff mwN.

drückliche Entscheidung des Bundesgesetzgebers gegen die Strafbarkeit eines bestimmten Verhaltens ergibt – wie etwa hinsichtlich der Vermittlung von Spielverträgen bei § 287 StGB[6] – ist eine Kompetenz der Länder zur Schaffung eigener Strafnormen jedenfalls ausgeschlossen.

2. Rechtsgut der §§ 284ff StGB

Keine Einigkeit besteht darüber, welches Rechtsgut die §§ 284ff StGB eigentlich schützen sollen.[7] Unmittelbar dienen die Strafnormen der Sicherstellung staatlicher Kontrolle über öffentlich veranstaltete Glücksspiele durch die Strafbewehrung von Verstößen gegen die verwaltungsrechtliche Genehmigungspflicht.[8] Mit diesem Hinweis auf den ordnungsrechtlichen Charakter ist jedoch noch nichts über die materiellen Rechtsgüter gesagt, zu deren Schutz der Gesetzgeber den Einsatz gerade des Strafrechts für notwendig befand. Ausgehend von dem anthropologischen Befund verbreiteter Spielleidenschaft[9] und der tatsächlichen historischen Ausprägung des Glücksspiels,[10] die stets auch mit Manipulation und Betrug einherging, lassen sich hier verschiedene Ansatzpunkte finden, die indes alle in einem Aspekt übereinstimmen: Es geht um den Schutz des Vermögens potentieller Spieler. Glücksspiel wäre kein Strafrechtsproblem, wenn man dabei nicht viel Geld verlieren könnte. 4

Nach Meinung einiger sollen Spieler durch die Absicherung eines ordnungsgemäßen Spielbetriebs mittels staatlicher Aufsicht und Kontrolle lediglich vor Manipulationen beim besonders betrugsanfälligen Glücksspiel geschützt werden.[11] Dies ist sicher ein zutreffender Gesichtspunkt, der den Gesetzgeber zum Einsatz des Strafrechts mit veranlasst hat. Damit ist der wohlverstandene Schutzzweck der Strafnormen jedoch noch nicht ausgeschöpft: Genehmigungspflicht und staatliche Kontrolle öffentlich veranstalteter Glücksspiele lassen sich nämlich weitergehend als ein Stück legitimer „Selbstpaternalismus" angesichts der Verleitbarkeit zum Glücksspiel und der bei verbreitetem Glücksspiel drohenden Vermögensverluste (gerade auch unter Berücksichtigung vielfältiger Manipulationsmöglichkeiten) verstehen.[12] Wer weiß, wie die Chance auf Gewinn selbst bei großer Wahrscheinlichkeit von Vermögensverlusten zu leichtsinnigen Geldausgaben verführt, hat begründeten Anlass, diesen Verlockungen – wie 5

---

6 Vgl BT-Drs 13/8587, S 67 und 13/9064, S 21.

7 Ausführlich: *Von Bubnoff* in: Leipziger Kommentar zum Strafgesetzbuch, 11. Aufl 1992ff, Vorb § 284 Rn 7ff mwN.

8 *Eser/Heine* in: Schönke/Schröder StGB, 27. Aufl 2006, § 284 Rn 1 mwN.

9 Vgl zur „Spielsucht" auch *BGHSt* 49, 365, 369f; *Kellermann* StV 2005, 287; je mwN.

10 Hierzu und zur Entwicklung der Strafbarkeit näher *Lampe* s o Fn 1, 737f.

11 Vgl *Heine* Oddset-Wetten und § 284 StGB, wistra 2003, 441, 442 mwN; *Eser/Heine* s o Fn 8, § 284 Rn 1; *Wohlers* in: NK-StGB, 2. Aufl 2005, § 284 Rn 9; *Hoyer* in: SK-StGB, Stand: August 1999, § 284 Rn 3; *Lampe* s o Fn 1, 741.

12 Eine Form von „Selbstpaternalismus" mit der Folge vertraglicher Schutzpflichten ist die von ca 30.000 Spielern mit deutschen Spielbanken vereinbarte „Eigensperre"; vgl *BGH* NJW 2006, 362, hierzu näher *Schimmel* Der Schutz des Spielers vor sich selbst, NJW 2006, 958.

Odysseus angesichts der Sirenen[13] – durch eine eigenbestimmt kollektive Selbstbeschränkung in Form eines Verbots mit Erlaubnisvorbehalt zu begegnen, damit zugleich Manipulationsmöglichkeiten zu verringern, die erzielten Gewinne durch hohe Abgabequoten weitgehend zu sozialisieren und die Einhaltung dieser Regeln angesichts der ökonomischen Anreize für einen Verstoß mittels Strafdrohung durchzusetzen.[14] Sinn und Zweck der §§ 284 ff StGB zielen in diesem Sinne nach Ansicht der höchstrichterlichen Rechtsprechung darauf ab, die wirtschaftliche Ausbeutung der Spielleidenschaft des Publikums unter staatliche Kontrolle und Zügelung zu nehmen.[15] Zweck solcher Beschränkungen bleibt letztlich, den Spieler vor leichtfertigen Vermögensverlusten zu schützen und seine Umwelt dadurch vor den negativen Folgen ruinösen Spielens zu bewahren.[16] Zudem sollen die Gewinne aus dem Glücksspiel nicht illegal in die Taschen von (teils betrügerisch vorgehenden) Privatleuten fließen, sondern zum wesentlichen Teil für gemeinnützige Zwecke abgeschöpft werden.[17]

6 Infolge der Partizipation an den bedeutenden, durch lizenziertes Glücksspiel erworbenen Gewinnen[18] hat die öffentliche Hand unter fiskalischen Gesichtspunkten ein erhebliches Interesse an der Sicherung ihres Genehmigungsvorbehalts, so dass die Strafnorm zumindest tatsächlich mittelbar auch diese Möglichkeit staatlicher Einnahmen infolge Monopolisierung schützt.[19] Der letzte Gesichtspunkt dürfte zwar häufig faktisch im Vordergrund mancher Überlegungen stehen;[20] er vermag allerdings nicht, die normative Begründungslast der Strafbewehrung des ungenehmigten Glücksspiels zu tragen.[21] Denn ein solches fiskalisches Ziel könnte die öffentliche Hand bereits durch eine hinreichende Besteuerung von öffentlich veranstalteten Glücksspielen oder durch eine anderweitige Abschöpfung der Erträge beim Veranstalter erreichen. Dass für eine gleichförmige und wirksame Vermögensabschöpfung in den Mitgliedsstaaten der EU gemeinschaftsrechtliche Koordinierungsleistungen erforderlich sind, liegt – wie im Umsatzsteuerbereich – auf der Hand. Verhindern nationale Interessen eine einheitliche Regelung, kann daraus nicht der Strafgrund für unerlaubtes Glücksspiel konstruiert werden. Fiskalische Interessen werden insoweit durch das Steuer- und Zollstrafrecht geschützt, können aber nicht – gleichsam durch die Hinter-

---

13 *Homer* Odyssee, XII. Gesang Vers 156 ff; vgl zur rechtstheoretischen Begründung dieses Arguments: *Regan* in: Sartorius (Hrsg), Paternalism, 1983, S 113 ff; *VanDeVeer* Paternalistic Intervention, 1986, S 224 ff.

14 Ähnlich *BayObLG* NJW 2004, 1057, 1058; § 1 des Staatsvertrages zum Lotteriewesen in Deutschland, BayGVBl 2004, 230; § 1 des Baden-Württembergischen Gesetzes über die staatlichen Lotterien, Wetten und Ausspielungen v 14. 12. 2004, GBl 894; § 1 GlüStV.

15 *BGHSt* 11, 209, 210; *RGSt* 65, 194, 195; *BayObLG* NStZ 1993, 491, 492; ebenso: *Lackner/Kühl* StGB, 26. Aufl 2007, § 284 Rn 1; vgl auch *BVerGE* 102, 197, 215.

16 *Von Bubnoff* s o Fn 7, Vorb § 284 Rn 9; *Odenthal* NStZ 2002, 482, 483; *Lampe* s o Fn 1, JuS 1994, 737, 741; je mwN.

17 *BVerGE* 28, 119, 148.

18 Bis zu 80%, vgl *Fischer* s o Fn 3, § 284 Rn 2 a.

19 Vgl *LG München I* NStZ-RR 2004, 142 f; *Fischer* s o Fn 3, § 284 Rn 2 a; *Heine* s o Fn 11, wistra 2003, 441, 442.

20 Vgl *LG München I* NStZ-RR 2004, 142, 143; pointiert: *Fischer* s o Fn 2 a, § 284 Rn 2 a.

21 *SK-Hoyer* s o Fn 11, § 284 Rn 2..

tür einer ohnehin nicht unproblematischen Monopolisierung des Glücksspielmarkts – zum Rechtsgut der §§ 284 ff StGB werden.

3. Zur Auslegung von § 284 StGB unter besonderer Berücksichtigung von Sportwetten

Bei § 284 StGB handelt es sich um die Zentralnorm des Glücksspielstrafrechts. Bei den meisten Rechtsfragen geht es um die Auslegung dieses Straftatbestandes, auf den sich die nachfolgenden Ausführungen aus Platzgründen konzentrieren müssen. **7**

a) Der Begriff des „öffentlichen Glücksspiels"

Bei der Auslegung der Tatbestandsmerkmale des § 284 StGB geht es zunächst um den gesetzlich nicht näher bestimmten Begriff des „Glücksspiels": Für diesen ist die zufallsbedingte Möglichkeit eines Gewinns wesentlich. Das Zufallsmoment grenzt das Glücksspiel vom Geschicklichkeitsspiel ab,[22] die Gewinnmöglichkeit vom bloßen Unterhaltungsspiel.[23] Eine Unterform des Glücksspiels ist die Wette auf den Eintritt ungewisser zukünftiger Ereignisse, insbesondere Sportergebnisse.[24] Sportwetten sind nach ganz überwiegender Auffassung Glücksspiel.[25] **8**

Teilweise wird die Auffassung vertreten, eine Sportwette mit feststehenden Wettquoten sei eher ein Geschicklichkeitsspiel, weil auch der Kenntnisstand des Wettenden über seine Gewinnchance mitentscheidet.[26] Dem ist die höchstrichterliche Rechtsprechung zu Recht entgegen getreten: Das Wesen des Glücksspiels im Sinne des § 284 StGB besteht nach Auffassung des *Bundesgerichtshofs* darin, dass die Entscheidung über Gewinn und Verlust nach den Vertragsbedingungen nicht wesentlich von den Fähigkeiten, den Kenntnissen und der Aufmerksamkeit der Spieler abhängt, sondern allein oder hauptsächlich vom Zufall.[27] Maßgebend für die Beurteilung sind dabei jedoch die Spielverhältnisse, unter denen das Spiel eröffnet ist und gewöhnlich betrieben wird, also die Fähigkeiten und Erfahrungen des Durchschnittsspielers. Den Maßstab hierfür bildet das Publikum, für das das Spiel eröffnet ist, nicht der geübtere oder besonders geübte Teilnehmer. Ist ein Spiel danach ein Glücksspiel, so behält es diese Eigenschaft auch für den besonders geübten oder versierten Spieler, der den Spielausgang besser abschätzen kann als ein weniger geübter oder versierter.[28] **9**

---

22 *Fischer* s o Fn 3, § 284 Rn 4.

23 *Lackner/Kühl* s o Fn 15, § 284 Rn 7; *Fischer* s o Fn 3, § 284 Rn 7.

24 *Fischer* s o Fn 3, § 284 Rn 10.

25 *Fischer* s o Fn 3, § 284 Rn 10 mwN.

26 Vgl etwa *OLG Hamm*, NJW-RR 1997, 1008; *LG Bochum* NStZ-RR 2002, 170; *Kühne* Einige Bemerkungen zu Fragen des Glücksspiels bei Sportwetten, in FS F-C Schroeder, 2006, 545, 553; *Petropoulos* Die Strafbarkeit von Sportwetten mit festen Gewinnquoten, wistra 2006, 332, 334 mwN; vgl auch *Meyer* Sportwetten als illegales Glücksspiel? JR 2004, 447.

27 *BGHSt* 2, 274, 276; 29, 152, 157; 36, 74, 80; *BGH* NStZ 2003, 372, 373.

28 *BGH* NStZ 2003, 372, 373.

10 Das Zufallsmoment meint demnach nicht, dass das zukünftige Wettereignis völlig unbestimmt und sein Ausgang nur vom Zufall abhängig wäre,[29] sondern es reicht hierfür aus, dass das Spielergebnis für den Durchschnittswetter nicht mit hinreichender Sicherheit (sondern allenfalls mit einiger Wahrscheinlichkeit) vorhergesehen werden kann.[30] Auch bei guten Kenntnissen über die Sportler und ihre Konkurrenten bleiben die Ergebnisse von Sportereignissen aufgrund des vielfältigen Zusammenspiels verschiedenster Ursachen in einem Umfang unvorhersehbar, der die Einstufung entsprechender Sportwetten als Glücksspiele auch dann rechtfertigt, wenn Wissen und Geschick ein begründetes Wahrscheinlichkeitsurteil über den Ausgang des Spiels erlauben mögen.[31] Dies zeigt sich anschaulich bei dem Fußballwettskandal, der mit dem Namen des Schiedsrichters *Hoyzer* verbunden wird: Trotz beträchtlicher Eingriffe in das Spielgeschehen hatten die manipulierten Spiele häufig nicht die gewünschten Ergebnisse; die Manipulation konnte also nur die Wahrscheinlichkeit eines bestimmten Spielausgangs um einen gewissen Grad erhöhen.[32]

11 Der Begriff des Glücksspiels setzt zudem notwendig einen (nicht ganz unbeträchtlichen) Einsatz des Spielers voraus.[33] Hierunter fällt jede Leistung, die in der Hoffnung erbracht wird, im Falle des Gewinnens eine gleiche oder höherwertige Leistung zu erhalten, und in der Befürchtung, dass sie im Falle des Verlierens dem Gegenspieler oder Veranstalter anheim fällt.[34] Zusammengefasst lässt sich unter „Glücksspiel" im Sinne von § 284 StGB damit jede zufallsbedingte Gewinnmöglichkeit verstehen, die durch einen nicht ganz unerheblichen Einsatz erkauft wird.

12 Strafbar ist nur die „öffentliche" Veranstaltung eines Glücksspiels. Dieses Merkmal liegt vor, wenn eine Beteiligung in erkennbarer Weise einem nicht fest abgeschlossenen Personenkreis ermöglicht wird; bei einer Begrenzung des Teilnehmerkreises bleibt die Veranstaltung öffentlich, wenn prinzipiell jedermann Zugang haben könnte, der Personenkreis also nicht durch persönliche Beziehungen verbunden ist.[35] Nach § 284 Abs 2 StGB gelten als „öffentlich veranstaltet" auch Glücksspiele in Vereinen und geschlossenen Gesellschaften, in denen Glücksspiele gewohnheitsmäßig veranstaltet werden.

---

29 Dies ist in einer – naturwissenschaftlich gesehen – durchgängig kausal verknüpften Welt ohnehin nie der Fall; vgl *Mosbacher* Naturwissenschaftliche Scheingefechte um die Willensfreiheit, JR 2005, 61 mwN.

30 Vgl auch *BGHSt* 2, 274; 36, 74, 79f.

31 *BGH* NStZ 2007, 151 – „Hoyzer" = NJW 2007, 782 m Anm *Feinendegen*; *BGH* NStZ 2003, 372, 373, m Anm *Wohlers* JZ 2003, 860, *Heine* wistra 2003, 441, *Beckemper* NStZ 2004, 39 und *Lesch* JR 2003, 344; *BVerwGE* 114, 92; *BVerwG* NVwZ 2006, 1175, 1177; *Hofmann/Mosbacher* s o Fn 1, NStZ 2006, 249, 250.

32 Vgl *BGH* NStZ 2007, 151 = NJW 2007, 782 m Anm *Feinendegen*.

33 *BGHSt* 34, 171, 175ff mwN.

34 *BGHSt* 34, 171, 176f.

35 Vgl *BGHSt* 9, 39, 42; *Fischer* s o Fn 3, § 284 Rn 22 mwN.

b) Veranstalten und Vermitteln von Glücksspielen, insbesondere Sportwetten

„Veranstalter“ eines Glücksspiels ist, wer verantwortlich und organisatorisch den äußeren Rahmen für die Abhaltung des Glücksspiels schafft und der Bevölkerung dadurch den Abschluss von Spielverträgen ermöglicht,[36] also insbesondere derjenige, der auf eigene Rechnung Sportwetten anbietet und hierfür die Wettquoten festsetzt. Ganz ähnlich wird das Merkmal des „Haltens“ in § 284 Abs 1 StGB ausgelegt, nämlich als veranstalterähnliches Leiten des Spiels oder eigenverantwortliches Überwachen des Spielverlaufs.[37] Nach Auffassung des *Bundesgerichtshofs* und des *Bundesverwaltungsgerichts* kann aber auch der Vermittler ausländischer Sportwetten den Tatbestand des § 284 StGB erfüllen: Wer etwa zur Durchführung des Spielbetriebes unter einer eigenen Firmenbezeichnung Räumlichkeiten anmietet, Angestellte beschäftigt, die erforderliche Ausstattung bereitstellt, Wettprogramme auslegt, Einzahlungen der Spieler entgegennimmt und Gewinne auszahlt, erfüllt den Tatbestand des § 284 Abs 1 StGB auch dann, wenn er die Wettdaten an einen Dritten weiterleitet und an diesen auch monatlich das verbleibende Gewinnsaldo überweist. Der Begriff des „Veranstaltens“ setzt nämlich nicht notwendig voraus, dass der Täter mit eigenen finanziellen Interessen am Ergebnis des Spielbetriebes tätig wird.[38] In derartigen Fällen liegt je nach den Umständen des Einzelfalls das Veranstalten eines Glücksspiels (§ 284 Abs 1 Var 1 StGB), das Bereitstellen von Einrichtungen für ein Glücksspiel (§ 284 Abs 1 Var 3 StGB) oder die Werbung für ein Glücksspiel vor (§ 284 Abs 4 StGB).[39] Von einem Veranstalten wird immer dann auszugehen sein, wenn sich der Sportwettenvermittler (wie es die Regel sein dürfte) nicht auf das Bereitstellen von Computern und/oder ähnlichen Hilfsmitteln zum eigenständigen Vertragsabschluss des Wettkunden mit dem Wettveranstalter beschränkt, sondern im Rahmen des Wettvorgangs selbst rechtsgeschäftlich tätig wird, also etwa den Abschluss von Spielverträgen anbietet oder auf den Abschluss solcher Spielverträge gerichtete Verbote annimmt (vgl § 287 Abs 1 StGB).[40] 13

Das Bereitstellen von Einrichtungen für ein Glücksspiel, also das Zugänglichmachen von Spieleinrichtungen, ist als eigenständige Vorbereitungshandlung strafbar.[41] Hierunter fällt auch die Bereitstellung eines Raumes und technischer Übermittlungsgeräte für den Abschluss von Sportwetten. Nach Meinung des *Bundesgerichtshofs* und des *Bundesverwaltungsgerichts* kommt es nicht darauf an, ob die bereitgestellten Gegenstände „bauartbedingt“ für ein Glücksspiel geeignet oder bestimmt sind, sondern es genügt, dass sie dafür tatsächlich genutzt werden können und sollen.[42] Nach diesem Ausgangspunkt der Rechtsprechung fallen nahezu alle Fälle der Sportwettenver- 14

---

36 *BGH* NStZ 2003, 372, 373.

37 *Fischer* s o Fn 3, § 284 Rn 20 mwN.

38 *BGH* NStZ 2003, 372, 373; *BVerwG* NVwZ 2006, 1175, 1178.

39 *BGH* aaO; *BVerwG* aaO; zur Abgrenzung näher auch *Janz* Rechtsfragen der Vermittlung von Oddset-Wetten in Deutschland, NJW 2003, 1694, 1696 f.

40 Vgl hierzu auch *Fischer* s o Fn 3, § 284 Rn 18 a; *Eser/Heine* s o Fn 8, § 284 Rn 12 a, je mwN.

41 *Fischer* s o Fn 3, § 284 Rn 21.

42 Vgl *BGH* NStZ 2003, 372, 373; *BVerwG* NVwZ 2006, 1175, 1178; a A: *Janz* s o Fn 39, NJW 2003, 1694, 1697.

mittlung unter den Straftatbestand des § 284 Abs 1 StGB, jedenfalls aber unter § 284 Abs 4 StGB, wonach die Werbung für unerlaubtes Glücksspiel strafbar ist. In Betracht kommt dabei u U auch die Teilnahme am unerlaubten Glücksspiel eines anderen.

c) Handeln ohne behördliche Erlaubnis

15 Negatives Tatbestandsmerkmal des § 284 Abs 1 StGB ist das Handeln „ohne behördliche Erlaubnis". Nach den allgemeinen Grundsätzen der Verwaltungsakzessorietät wird der Tatbestand stets durch das Vorliegen einer wirksamen behördlichen Genehmigung ausgeschlossen; eine rechtswidrige Genehmigung reicht hierfür aus, sofern sie nicht nichtig ist.[43] Auch das Verhalten der Genehmigungsbehörde im Sinne der bewussten Duldung eines öffentlich veranstalteten Glücksspiels kann zur Straflosigkeit führen.[44] Nehmen die für die Genehmigung von Glücksspiel zuständigen staatlichen Behörden öffentlich veranstaltete Glücksspiele zur Kenntnis, gehen sie aber bewusst nicht gegen sie vor, führt eine solche objektiv nach außen erkennbare „aktive Duldung" wenn schon nicht zum Tatbestandsausschluss, dann doch in aller Regel zu einem unvermeidbaren Verbotsirrtum bei den Betroffenen und damit im Ergebnis zur Straffreiheit.[45] Äußerungen der genehmigungsbefugten Behörden in diesem Zusammenhang sind nicht bloße Rechtsauskunft unter anderen, sondern von genehmigungsähnlichem Gewicht, weil diese Stellen selbst über die Straffreiheit durch Genehmigung zu entscheiden haben. Die bloße Genehmigungsfähigkeit oder ein Anspruch auf Genehmigung schließen hingegen – wie auch sonst im verwaltungsakzessorischen Strafrecht – den Tatbestand grundsätzlich nicht aus.[46] Fraglich ist bei diesem (negativen) Tatbestandsmerkmal insbesondere, was genau der Erlaubnis bedarf und welche Reichweite eine erteilte Erlaubnis hat.

16 Nach dem Wortlaut des § 284 Abs 1 StGB können von der Erlaubnispflicht alle drei Handlungsvarianten erfasst sein: das Veranstalten und Halten des Glücksspiels wie das Bereitstellen von Einrichtungen. Nach Sinn und Zweck des § 284 Abs 1 StGB gilt die Erlaubnispflicht allerdings nicht für die letzte Variante. In der Auslegung, die die Tathandlung „Bereitstellen von Einrichtungen" als eigenständig strafbare Vorbereitungshandlung in der höchstrichterlichen Rechtsprechung erfahren hat, kann sich die Erlaubnispflicht nur auf das öffentliche Glücksspiel beziehen.[47] Denn der Unwert einer Vorbereitungshandlung hängt von dem Unwert der eigentlichen Tathandlung ab. Dies wird durch die Überlegung bestätigt, dass nicht das Bereitstellen von Einrichtungen, sondern nur das Glücksspiel selbst öffentlich sein muss.[48] Werden Einrichtungen bereit gehalten, die der Teilnahme am behördlich erlaubten Glücksspiel dienen, wird damit nur die Beteiligung an einem Vorgang ermöglicht, der von der

---

43 Vgl *BGH* NJW 2005, 2095.

44 Vgl *Hofmann/Mosbacher* s o Fn 1, NStZ 2006, 249, 251.

45 Hierzu näher *Cramer/Heine* in: Schönke/Schröder s o Fn 8, vor §§ 324 ff Rn 20 mwN.

46 Vgl zu Ausnahmen von diesem Grundsatz *BVerfG* NStZ 2003, 488 m Anm *Mosbacher*.

47 A A aber wohl (ohne derartige Abgrenzung) die h M, vgl *BVerwG* NVwZ 2006, 1175, 1179; *BGH* NStZ 2003, 372.

48 *Von Bubnoff* s o Fn 7, § 284 Rn 15.

zuständigen staatlichen Aufsicht für unbedenklich erachtet wurde. Wer etwa an andere Wettscheine für eine genehmigte Lotterie oder Oddset-Wette verteilt, bedarf hierfür keiner gesonderten Genehmigung, um straffrei handeln zu können. Nur eine derartige Auslegung entspricht auch der Auffassung des Gesetzgebers und des *Bundesgerichtshofs* zur Neufassung des § 287 StGB durch das 6. Strafrechtsreformgesetz.[49] Die Ausdehnung der Strafbarkeit auf Vorbereitungshandlungen sollte danach allein Vorbereitungshandlungen für ungenehmigte Lotterien erfassen, nicht aber die Vorbereitungshandlungen selbst der Erlaubnispflicht unterwerfen.[50] Da Lotterien lediglich Unterformen des Glücksspiels sind, kann im Rahmen des § 284 Abs 1 StGB nichts anderes gelten. Keiner gesonderten behördlichen Erlaubnis bedarf auch die Werbung für öffentliches Glücksspiel; es kommt lediglich darauf an, ob dieses selbst erlaubt ist oder nicht. Dies folgt bereits aus der Tatbestandsfassung des § 284 Abs 4 StGB, der akzessorisch auf Glücksspiele im Sinne der Absätze 1 und 2 des § 284 StGB verweist, aber selbst kein Genehmigungserfordernis statuiert. Wirbt beispielsweise eine im Ausland gelegene (und dort erlaubte) Spielbank in Deutschland für einen Besuch bei ihr, unterliegt diese Werbung nicht als solche dem Genehmigungserfordernis. Anders kann es allerdings sein, wenn sich die Werbung dieser Spielbank auf ein (also solches im Bundesgebiet nicht genehmigtes) Spielangebot im Inland bezieht. Ein solches genehmigungspflichtiges Spielangebot liegt auch vor, wenn über das Internet eine unmittelbare Teilnahme am Glücksspiel ermöglicht wird, die sich – etwa durch deutschsprachige Internet-Seiten – gezielt auf das Bundesgebiet bezieht.[51]

Im Ergebnis bedarf also nicht die Vorbereitungshandlung oder Werbung als solche **17**
der Genehmigung, sondern die Vorbereitungshandlung oder Werbung muss sich auf ein genehmigtes Glücksspiel beziehen. Straflos ist deshalb nach der hier vertretenen Auffassung jedenfalls die Vermittlung von Sportwetten in Form des Bereitstellens entsprechender Einrichtungen, wenn die vermittelten Sportwetten in dem Bundesland erlaubt sind, in dem dieses Glücksspiel veranstaltet wird. Fraglich ist allerdings, wie es sich bei Glücksspielen verhält, die in einem anderen Bundesland oder im Ausland veranstaltet werden und dort genehmigt bzw zugelassen sind. Die Beantwortung dieser Frage hängt von der Reichweite einer derartigen Erlaubnis ab.

Das Besondere an dem Tatbestandsausschluss durch Erlaubnis ist bei § 284 StGB, **18**
dass dem bundesweit geltenden und strafrechtlich sanktionierten Verbot unerlaubten Glücksspiels keine bundeseinheitlichen Genehmigungsregeln entsprechen, sondern deren Ausgestaltung Ländersache ist.[52] Dies macht schon innerhalb des Bundesgebiets die Bestimmung der Reichweite einer behördlichen Erlaubnis notwendig. Dabei

---

49 Vom 26. 1. 1998 (BGBl I 164).

50 Vgl *BGH* NJW-RR 1999, 1266, 1267; BT-Drs 13/8587, S 86; unklar insoweit allerdings *BGH* NStZ 2003, 372.

51 Vgl eingehend *Volk* Glücksspiel im Internet, 2005, insb 186, 220; *Kazemi/Leopold* Internetglücksspiel ohne Grenzen, MMR 2004, 649; *Fischer* s o Fn 3, § 284 Rn 19; *OLG Hamburg* NJW-RR 2003, 760, 761; vgl zu Hyperlinks a *Groeschke/Hohmann* s o Fn 5, § 284 Rn 18; *LG Deggendorf* MMR 2005, 124.

52 Kritisch zu den derzeitigen (vom Bundeskartellamt – WuW 2006, 1051 – beanstandeten) Regelungen: *Uwer* Monopolisierung und Pathologisierung, NJW 2006, 3257.

sind die in der Schlussphase der DDR erteilten Lizenzen für private Anbieter besonders problematisch.[53] Zu Recht hat das *Bundesverwaltungsgericht* darauf hingewiesen, dass derartige Genehmigungen jedenfalls keine Rechtswirkung über das Gebiet der ehemaligen DDR hinaus haben.[54] Welche Reichweite diesen Lizenzen in den fünf neuen Bundesländern zukommt und ob sie (wofür allerdings einiges spricht) heute überhaupt noch gültig sind, ist im Einzelnen umstritten.[55]

19 Die Strafbarkeit nach § 284 StGB entfällt nur, wenn sich das Handeln im Rahmen der erteilten Genehmigung hält; die strafrechtliche Legalisierungswirkung einer Erlaubnis ist dabei grundsätzlich mit ihrer verwaltungsrechtlichen Regelungswirkung identisch.[56] Die Reichweite der Genehmigung ergibt sich insbesondere aus der Kompetenz des Genehmigenden. Die Genehmigung eines Bundeslandes gilt deshalb nur in diesem und erlaubt nur die Veranstaltung des Glücksspiels in diesem Bundesland.[57] Allerdings gilt nach dem oben Ausgeführten, dass die Werbung und das Bereitstellen von Einrichtungen für ein derart im Bundesgebiet genehmigtes Glücksspiel auch außerhalb dieses Bundeslandes straffrei sein müssen.

20 „Behördliche Erlaubnisse" im Sinne von § 284 Abs 1 StGB können nur solche sein, die in Deutschland rechtswirksam sind (sei es aufgrund innerstaatlichen Rechts, sei es aufgrund europäischen Rechts).[58] Ausländische Zulassungen oder Erlaubnisse von Glücksspielen entfalten deshalb zunächst grundsätzlich keine Rechtswirkungen im Bundesgebiet,[59] sofern sich nicht – was gleich zu untersuchen sein wird – aus Gemeinschaftsrecht etwas anderes ergibt. Ist das im Ausland veranstaltete Glücksspiel nicht im Sinne von § 284 Abs 1 StGB im Bundesgebiet „behördlich erlaubt", ist auch das Bereitstellen von Einrichtungen hierfür sowie die Werbung für einen Spielabschluss im Inland – also alle Fälle der Vermittlung derartiger Sportwetten – strafbar.[60]

d) *Irrtum über das Genehmigungserfordernis*

21 Ein häufiger Einwand in Strafverfahren wegen unerlaubten Glücksspiels ist der Vortrag, man habe nicht gewusst, dass für dieses Handeln wie etwa die Sportwettenvermittlung eine behördliche Erlaubnis notwendig sei. Die Frage, wie ein solcher Irrtum einzuordnen ist, hat erhebliche Auswirkungen auf die Strafbarkeit: Wäre dieser Irr-

---

53 Vgl hierzu zuletzt *BVerwG* NVwZ 2006, 1175.

54 *BVerwG* NVwZ 2006, 1175, 1179 und 1423.

55 Gegen die Wirksamkeit der DDR-Lizenzen grds *Groeschke/Hohmann* s o Fn 5, § 284 Rn 23 mwN; für die Wirksamkeit insb *Fischer* s o Fn 3, § 284 Rn 14 mwN; vgl auch *Rixen* Das öffentliche Sportwettenrecht der Länder und das DDR-Gewerberecht: Bricht Landesrecht Bundesrecht?; offen gelassen von *BVerwG* NVwZ 2006, 1175, 1180; vgl zum Erlaubnisumfang im Beitrittsgebiet etwa *OVG Magdeburg* NVwZ-RR 2006, 470 (Geltung nicht über die Grenzen eines Bundeslandes hinaus).

56 *BVerwG* NVwZ 2006, 1175, 1178.

57 Vgl *BVerwG* NVwZ 2006, 1175, 1178 f.

58 Vgl hierzu näher *Eser/Heine* s o Fn 8, § 284 Rn 22 c f mwN.

59 Vgl *BGHZ* 158, 343, 351 – „Schöner Wetten" mwN; *BGH* GRUR 2002, 636, 637 – „Sportwetten".

60 Vgl *Fischer* s o Fn 3, § 284 Rn 15.

tum Tatbestandsirrtum, wie manche vertreten,[61] träte in jedem Falle nach § 16 Abs 1 StGB Straffreiheit ein, anderenfalls nach § 17 StGB nur dann, wenn der Irrtum unvermeidbar war. In den Fällen des Irrtums über das Genehmigungserfordernis ist nach der Rechtsprechung des *Bundesgerichtshofs* differenzierend nach den jeweils in Betracht kommenden Tatbeständen zu entscheiden. Dabei kommt es darauf an, ob die Genehmigung nur der Kontrolle eines im allgemeinen sozialadäquaten Verhaltens dienen soll und die Tat ihren Unwert erst aus dem Fehlen der Genehmigung herleitet (Tatbestandsirrtum) oder ob es sich um ein grundsätzlich wertwidriges Verhalten handelt, das im Einzelfall aufgrund der Genehmigung erlaubt ist (Verbotsirrtum).[62]

Ein Irrtum über die Erforderlichkeit einer behördlichen Genehmigung für das Veranstalten des Glücksspiels ist Verbotsirrtum.[63] Das in § 284 StGB enthaltene Verbot öffentlichen Glücksspiels stellt kein präventives Verbot mit Erlaubnisvorbehalt, sondern ein repressives Verbot mit Befreiungsvorbehalt dar, denn § 284 StGB ist eine Verbotsnorm für unerwünschtes, weil sozial schädliches Verhalten, das lediglich im Einzelfall gestattet werden kann.[64] Aus der Entscheidung des *Bundesverfassungsgerichts* vom 26. 3. 2006 ergibt sich nichts anderes.[65] Das *Bundesverfassungsgericht* hat den Charakter des Verbots nicht näher bezeichnet, sondern nur darauf hingewiesen, dass § 284 StGB keine inhaltlichen Vorgaben für die Ausgestaltung des Wettangebots enthält und deshalb auch das verwaltungsrechtliche Regelungsdefizit des bayerischen Staatslotteriegesetzes nicht beseitigt.[66] Damit hat das *Bundesverfassungsgerichts* hingegen nicht zum Ausdruck gebracht, dass öffentliches Glücksspiel sozialadäquat und § 284 StGB wertneutral im Sinne eines präventives Verbot mit Erlaubnisvorbehalt zu verstehen wäre. Ob ein entsprechender Irrtum vermeidbar war oder nicht, ist Tatfrage. Allerdings sind gerade bei gewerblichen Anbietern aufgrund berufsspezifischer Erkundigungspflichten an die Unvermeidbarkeit hohe Anforderungen zu stellen.[67] 22

4. Auswirkungen der Rechtsprechung des *Europäischen Gerichtshofs*

Weitgehende Auswirkungen auf das deutsche Glücksspielstrafrecht hat inzwischen – wie zunehmend auch bei anderen Straftatbeständen[68] – die Rechtsprechung des *Europäischen Gerichtshofs*. Nach dem sog „Gambelli"-Urteil des *Europäischen Gerichtshofs*[69] (und dem darauf aufbauenden Urteil vom 6. 3. 2007 in Sachen Placanica u a)[70] können die Grundfreiheiten der Niederlassungs- und Dienstleistungsfreiheits- 23

61 Vgl *Wohlers* s o Fn 11, § 284 Rn 53.

62 *BGH* NStZ 1993, 594, 595 m Anm *Puppe*; *BGH* wistra 2003, 65.

63 Vgl *OLG Stuttgart* NJW 2006, 2422, 2423, auch zu den Voraussetzungen der Unvermeidbarkeit; *Lackner/Kühl* s o Fn 15, § 284 Rn 13 mwN; *Fischer* s o Fn 3, § 284 Rn 25 mwN.

64 *BVerwGE* 114, 92; vgl auch *BVerwG* NVwZ 2006, 1175, 1177 u 1178: „Repressivverbot".

65 Vgl auch *BVerwG* NVwZ 2006, 1175 ff.

66 Vgl. auch *BVerwG* NVwZ 2006, 1175, 1177 f.

67 Vgl. *Fischer* s o Fn 3 § 17 Rn 9 ff mwN; *Mosbacher* s o Fn 1, NJW 2006, 3529, 3533.

68 Vgl nur *BGH* NJW 2007, 233 – „Entsendebescheinigung E 101".

69 *EuGH* NJW 2004, 139 m Anm *Hoeller/Bodemann* NJW 2004, 122.

70 *EuGH* Urt v 6. 3. 2007 – „Placanica u a" C-338/04, 359/04, 360/04, NJW 2007, 1515.

freiheit (Art 43, 49 EGV) verletzt sein, wenn trotz erheblicher wirtschaftlicher Ausbeutung der Spielleidenschaft in einem Mitgliedstaat die (ungenehmigte) Vermittlung von Sportwetten bestraft wird, deren Veranstalter seinen Sitz in einem anderen Mitgliedstaat hat und dort einer Kontroll- und Sanktionsregelung unterliegt. Zwar sind für das Strafrecht grundsätzlich die Mitgliedsstaaten zuständig. Jedoch setzt das Gemeinschaftsrecht dieser Zuständigkeit nach ständiger Rechtsprechung des *Europäischen Gerichtshofs* Schranken. Das Strafrecht darf nämlich nicht die durch das Gemeinschaftsrecht garantierten Grundfreiheiten unzulässig beschränken.[71] Zudem ist in der Rechtsprechung des *Europäischen Gerichtshofs* anerkannt, dass ein Mitgliedsstaat keine strafrechtlichen Sanktionen wegen einer nicht erfüllten Verwaltungsformalität verhängen darf, wenn er die Erfüllung dieser Formalität unter Verstoß gegen das Gemeinschaftsrecht abgelehnt oder vereitelt hat.[72]

24 Nationale Regelungen, die die Ausübung von Tätigkeiten im Glücksspielsektor ohne eine staatlich erteilte Genehmigung verbieten, stellen eine Beschränkung der Niederlassungsfreiheit und des freien Dienstleistungsverkehrs dar.[73] Derartige Beschränkungen müssen entweder aufgrund der in den Art 45 und 46 EGV ausdrücklich vorgesehenen Ausnahmeregelungen zulässig oder nach der Rechtsprechung des *Europäischen Gerichtshofs* aus zwingenden Gründen des Allgemeininteresses wie etwa Verbraucherschutz, Betrugsvorbeugung oder Vermeidung von Anreizen zu überhöhten Ausgaben für Glücksspiel gerechtfertigt sein.[74] Beschränkungen der Anzahl von Wirtschaftsteilnehmern können insbesondere dann gerechtfertigt sein, wenn dies die Gelegenheiten zum Glücksspiel wirklich vermindert sowie kohärent und systematisch begrenzt und dem Ziel entspricht, der Ausbeutung von Tätigkeiten in diesem Sektor zu kriminellen und betrügerischen Zwecken vorzubeugen.[75] Einschränkungen der Marktteilnahme dürfen hingegen nicht den vorrangigen Zweck verfolgen, dem Staat auf Kosten der übrigen Wirtschaftsteilnehmer lediglich eine beträchtliche Einnahmequelle zu erschließen.[76]

25 Der für Wettbewerbsrecht zuständige Zivilsenat des *Bundesgerichtshofs* meint indes in einem *obiter dictum*, daraus folge nichts weiter für die hiesige Rechtslage bei der Sportwettenvermittlung: Eine in Österreich erteilte Erlaubnis entfalte keine Rechtswirkungen im Bundesgebiet und aus europäischem Recht ergebe sich nichts anderes.[77] Soweit die Vermittlung nicht schon – wie häufig – das Veranstalten eines Glücksspiels im Bundesgebiet bedeutet, sondern sich auf das Bereitstellen von Einrichtungen oder Werbung für ein im Ausland veranstaltetes Glücksspiel beschränkt (vgl oben 3.b), kann diesem Ansatz für die strafrechtliche Beurteilung nicht ohne weiteres gefolgt werden: Sofern ein Mitgliedstaat das Glücksspiel in seinem Staats-

71 *EuGH* Urt v 19. 1. 1999 – „Calfa" C348/96, Slg 1999, I-11 Rn 17.

72 *EuGH* Urt v 6. 3. 2007 – „Placanica ua" C-338/04, 359/04, 360/04, NJW 2007, 1515, 1519, Rn 69 mwN.

73 *EuGH* aaO 1517 Rn 42.

74 *EuGH* aaO Rn 45 f.

75 *EuGH* aaO 1518 Rn 53 ff.

76 Vgl auch *BVerfG* NJW 2006, 1261 ff.

77 *BGHZ* 158, 343, 351 – „Schöner Wetten"; vgl auch *OLG Köln* ZUM 2006, 230, 232.

gebiet nicht generell verbietet, sondern – wie Deutschland – in ganz erheblichem und wirtschaftlich bedeutsamen Maße zulässt, kann die Teilnahme an einem (hier der Art nach zugelassenen oder grundsätzlich zulassungsfähigen) Glücksspiel, das in einem anderen Mitgliedstaat veranstaltet sowie dort zugelassen und kontrolliert wird, nach der Entscheidung des *Europäischen Gerichtshofs* – bei Verwirklichung eines Konzessionsmodells – nicht mehr ohne weiteres strafrechtlich sanktioniert werden.[78] Die Zulassung einer (hier grundsätzlich zulassungsfähigen) Sportwette durch einen anderen Mitgliedstaat der EU muss unter den derzeitigen Rahmenbedingungen zur Folge haben, dass dieses Glücksspiel als (dort) rechtmäßig veranstaltet gilt, sofern in dem Mitgliedsstaat eine wirksame Kontrolle gewährleistet ist.[79] Gewährleistung wirksamer Kontrolle in diesem Sinne meint insbesondere, dass die Legalisierungswirkung solchen Genehmigungen fehlt, die aus rein finanziellen Interessen missbräuchlich erteilt werden, zudem von vorneherein gezielt vorrangig das Glücksspiel im Ausland betreffen.[80] Keine strafausschließende Wirkung haben schon aus diesem Grund etwa sog „offshore-Lizenzen" aus Gibraltar oder Malta, die dem Lizenznehmer gegen Zahlung einiger tausend Euro die „Erlaubnis" erteilen, im gesamten EU-Gebiet (außer im Genehmigungsland) Glücksspiele zu veranstalten.

Gilt das Glücksspiel in dem entsprechenden Mitgliedsstaat als rechtmäßig veranstal- **26**
tet, müssen nach der hier vertretenen Auffassung das Bereitstellen von Einrichtungen für ein solches Glücksspiel oder die Werbung hierfür auch im Bundesgebiet straflos sein; nur insoweit kann eine Strafbarkeit nach § 284 StGB aufgrund der von einem Mitgliedsstaat erteilten Lizenz ausscheiden.[81] Anderes gilt jedoch für die Tatbestandsvarianten des Veranstaltens oder Haltens eines solchen Glücksspiels im Bundesgebiet selbst. Wer in Deutschland (auch über das Internet)[82] ein Glücksspiel veranstaltet, benötigt hierfür – wie in anderen europäischen Ländern auch – eine inländische Erlaubnis. Da die Sportwettenvermittlung je nach konkreter Ausgestaltung häufig schon das Veranstalten eines Glücksspiels im Inland beinhaltet,[83] ist eine differenzierte Betrachtung erforderlich. In dieser Auslegung begegnet § 284 StGB keinen europarechtlichen Bedenken.

Würden die Rahmenbedingungen dahingehend geändert, dass das nationale Glücks- **27**
spielmonopol tatsächlich primär an der Vermeidung von Glücksspiel und der Be-

---

78 Wie hier insb *Barton/Gercke/Janssen* Die Veranstaltung von Glücksspielen durch ausländische Anbieter per Internet unter besonderer Berücksichtigung der Rechtsprechung des *EuGH*, wistra 2004, 321, 326; *Eser/Heine* s o Fn 8, § 284 Rn 22d; vgl zudem die ausführlichen Nachweise bei *OLG Stuttgart* NJW 2006, 2422; Zweifel an der Strafbarkeit in diesen Fällen haben auch *BVerfG* (Kammer) NVwZ 2005, 1303, 1304; *BGH* Beschl v 29. 11. 2006, 2 StR 55/06; *BGH* NJW 2007, 3078.

79 Vgl *Lackner/Kühl* s o Fn 15, § 284 Rn 12; *Eser/Heine* s o Fn 8, § 284 Rn 22d.

80 Vgl *VGH Kassel* NVwZ 2005, 99; *Fischer* s o Fn 3, § 284 Rn 15.

81 Vgl auch (wohl weitergehend) *BayObLG* NJW 2006, 3588, 3592; *LG Hamburg* NStZ 2005, 44; *AG Heidenheim* SpURt 2005, 81 f; a A etwa *VGH München* NVwZ 2006, 1430, 1431.

82 Zutreffend deshalb im Ergebnis *BGHZ* 158, 343, 351 – „Schöner Wetten": Die *Veranstaltung* von Glücksspielen über deutschsprachige Seiten im Internet ist für inländische Teilnehmer nicht erlaubnisfrei zulässig.

83 Vgl *BGH* NStZ 2003, 372, 373; *BVerwG* NVwZ 2006, 1175, 1178.

kämpfung der Spielsucht orientiert ist, dürften nach der Rechtsprechung des *Europäischen Gerichtshofs*[84] Strafvorschriften gegen die ungenehmigte Vermittlung von Sportwetten, die in einem anderen Mitgliedsstaat veranstaltet werden, jedenfalls aus gemeinschaftsrechtlicher Sicht unbedenklich sein.

5. Auswirkungen der neueren Rechtsprechung des *Bundesverfassungsgerichts*

28 Das *Bundesverfassungsgericht* hat in seinem Urteil zum staatlichen Sportwettenmonopol entschieden, dass das bayerische Staatslotteriegesetz nicht mit dem Grundgesetz vereinbar ist und neu geregelt werden muss, weil das Monopol nicht an dem Zweck der Bekämpfung von Spielleidenschaft ausgerichtet sei.[85] Umstritten ist die Frage, welche Auswirkungen diese Entscheidung auf die Strafbarkeit ungenehmigten Glücksspiels – gerade auch für Altfälle – hat.[86]

29 Von manchen wird geltend gemacht, die Strafnorm des § 284 StGB sei nach der Entscheidung des *Bundesverfassungsgericht* nicht mehr im Sinne von Art 103 Abs 2 GG hinreichend bestimmt und deshalb verfassungswidrig.[87] Begründet wird dies mit der Erwägung, dass die Strafbarkeit nunmehr gemäß den Vorgaben des *Bundesverfassungsgerichts* letztlich von dem konkreten Werbeverhalten von Oddset abhänge. Dem ist zu widersprechen. Das Bestimmtheitsgebot verpflichtet den Gesetzgeber, die Voraussetzungen der Strafbarkeit so genau zu umschreiben, dass Tragweite und Anwendungsbereich der Straftatbestände für den Normadressaten schon aus dem Gesetz selbst zu erkennen sind und sich durch Auslegung ermitteln und konkretisieren lassen. Das Grundgesetz will sicherstellen, dass jeder vorhersehen kann, welches Verhalten verboten und mit Strafe bedroht ist, damit er sein Tun oder Unterlassen auf die Strafrechtslage eigenverantwortlich einrichten kann und willkürliche staatliche Reaktionen nicht befürchten muss.[88] Nach diesen Kriterien ist die Strafnorm für sich gesehen ohne weiteres bestimmt genug. Der Inhalt der strafbewehrten Verhaltenspflicht ergibt sich ohne weiteres aus der Norm selbst: kein öffentliches Glücksspiel ohne Genehmigung! Die Vorschrift des § 284 Abs 1 StGB ist kein Blankettatbestand, weil er nicht auf andere Normen wie etwa außerstrafrechtliche Verwaltungsnormen verweist. Deshalb spielt es für die Frage der Bestimmtheit der Strafnorm auch keine Rolle, ob die Genehmigungsregeln als solche verfassungsrechtlichen Bedenken un-

---

84 Vgl *EuGH* NJW 2004, 139 – „Gambelli".

85 NJW 2006, 1261 m Anm *Horn* JZ 2006, 783, 789; hierzu näher *Bücker/Gabriel* Staatliches Sportwettenmonopol: „buisness as usual" oder neuer Aufbruch? NVwZ 2006, 662; *Kment* Ein Monopol gerät unter Druck – Das „Sportwetten-Urteil" des *BVerfG*, NVwZ 2006, 617; *Pestalozza* Das Sportwettenurteil des *BVerfG* – Drei Lehren über den Fall hinaus, NJW 2006, 1711.

86 Vgl nur *OLG München* NJW 2006, 3588; *OLG Stuttgart* NJW 2006, 2422; *Horn* JZ 2006, 789, 793; *Petropoulos* so Fn 24, wistra 2006, 332, 335; *Widmaier* Rechtsgutachten im Auftrag des Verbandes Europäischer Wettunternehmer vom 5. Mai 2006 (abrufbar im pdf-Format unter www.vewu.com); *Groeschke/Hohmann* so Fn 5, § 284 Rn 22; *Fischer* so Fn 3, § 284 Rn 16c; *BGH* NJW 2007, 3078; *Beckemper/Janz* Rien ve va plus – Zur Strafbarkeit wegen des Anbietens privater Sportwetten nach der Sportwettenentscheidung des *BVerfG* v 28. 3. 2006, ZIS 2008, 31.

87 Vgl insb *Widmaier* und *Horn* aaO.

88 Vgl nur *BVerfG* NJW 2003, 1030 mwN.

terliegen. Hieraus könnte allenfalls ein entsprechender Anspruch auf Erteilung einer tatbestandsausschließenden Genehmigung oder die Straflosigkeit bei einem Genehmigungsanspruch folgen. Eine (möglicherweise) verfassungsrechtlich gebotene Ausweitung der Straflosigkeit in bestimmten Fällen führt jedenfalls nicht dazu, dass eine eindeutige strafbewehrte Verhaltenspflicht auf einmal zu unbestimmt wird. Dies ergibt sich inzident aus der Entscheidung des *Bundesverfassungsgerichts* zum insoweit vergleichbaren Fall der Straflosigkeit des illegalen Aufenthalts eines Ausländers bei Duldungsanspruch.[89]

Die Strafnorm des § 284 StGB ist auch nicht etwa aus anderen Gründen verfassungs- **30** widrig: Das *Bundesverfassungsgericht* hat in seiner Entscheidung vom 26. 3. 2006 nicht die Straf- bzw Verbotsnorm des § 284 StGB für mit dem Grundgesetz unvereinbar erklärt, sondern die landesrechtliche Genehmigungsregelung vor dem Hintergrund deren tatsächlicher Ausgestaltung. Nach der Entscheidung des *Bundesverfassungsgerichts* folgt aus der Grundgesetzwidrigkeit des bayerischen Lotteriegesetzes gerade nicht die Nichtigkeit des allgemeinen verwaltungsrechtlichen Verbots der unerlaubten Veranstaltung öffentlichen Glücksspiels und auch kein verwaltungsrechtlicher Anspruch auf Erlaubniserteilung für private Sportwettenanbieter. Deshalb ist auch ein Straftatbestand, der ein solches verbotenes Verhalten unter Strafe stellt, nicht verfassungswidrig. Weil § 284 Abs 1 StGB kein verwaltungsakzessorischer Blankettatbestand ist, sich sein Norminhalt also gerade nicht aus einer in Bezug genommenen Verwaltungsnorm ergibt, beziehen sich verfassungsrechtliche Bedenken gegen die Erlaubnisausgestaltung nicht auf die hiervon unabhängige Strafnorm. Eine andere Auslegung der jeweiligen Straftatbestände wäre in diesen Fällen von Verfassungs wegen allenfalls dann veranlasst, wenn ein Anspruch auf Erteilung einer strafbefreienden Genehmigung bzw Erlaubnis von Amts wegen bestünde.[90]

Die Entscheidung des *Bundesverfassungsgerichts* vom 26. 3. 2006 hat demnach **31** nichts daran geändert, dass die Veranstaltung öffentlichen Glücksspiels ohne behördliche Genehmigung und die Vermittlung ungenehmigter Sportwetten – auch bezüglich der Altfälle – weiterhin nach § 284 StGB strafbar ist.[91] Aus der Entscheidung folgt auch nicht, dass private Anbieter oder Vermittler von Sportwetten von Verfassungs wegen einen Anspruch auf Erteilung einer strafbefreienden behördlichen Genehmigung hätten, der einer Bestrafung nach § 284 Abs 1 StGB entgegenstünde.

III. Schluss und Ausblick

Das Glücksspielstrafrecht ist im Fluss. Bei der Vermittlung von Sportwetten aus **32** einem Mitgliedstaat der Europäischen Union folgt aus den Entscheidungen des *Eu-*

89 Vgl *BVerfG* (Kammer) NStZ 2003, 488 m Anm *Mosbacher*.

90 Vgl *BVerfG* (Kammer) aaO.

91 Wie hier *Groeschke/Hohmann* s o Fn 5, § 284 Rn 22; *Fischer* s o Fn 3, § 284 Rn 16c; *Beckemper/Janz* s o Fn 86, ZIS 2008, 31, 37; a A etwa *LG Hamburg* Beschl v 9. 3. 2007 – 632 KLs 37/07; *BGH* NJW 2007, 3087.

ropäischen Gerichtshofs in Sachen „Gambelli“ und „Placanica u a“, dass eine von einem Mitgliedstaat erteilte Erlaubnis bzw Zulassung einer Bestrafung derzeit entgegensteht, soweit sich die Sportwettenvermittlung auf das Bereitstellen von Einrichtungen oder die Werbung für dieses rechtmäßige Glücksspiel beschränkt und kein selbständiges Veranstalten eines Glücksspiels im Bundesgebiet beinhaltet. Die Praxis löst die durch die Entscheidungen des *Bundesverfassungsgerichts*[92] und des *Europäischen Gerichtshofs*[93] ausgelösten Bedenken an der Strafbarkeit der Vermittlung von in Mitgliedsstaaten behördlich genehmigten Sportwetten, die inzwischen sogar der *Bundesgerichtshof* teilt,[94] inzwischen wohl überwiegend durch die Einstellung entsprechender Verfahren nach §§ 153, 153 a StPO.[95]

33 Eine Veränderung der deutschen Regelung und Praxis hin zu einer an köherenter und systematischer Suchtvermeidung und Glücksspielverringerung orientierten Monopolisierung – wie durch den Glücksspielstaatsvertrag der Länder beabsichtigt (vgl insb § 1 GlüStV), vom *Europäischen Gerichtshof* als Voraussetzung gemeinschaftsrechtlich zulässiger Beschränkung von Dienst- und Niederlassungsfreiheit gefordert[96] und vom *Bundesverfassungsgericht* aus Verfassungsgründen ausdrücklich angemahnt[97] – würde zunächst dazu führen, dass die Aufrechterhaltung des nationalen Glücksspiel-Monopols weder durchgreifenden verfassungsrechtlichen noch gemeinschaftsrechtlichen Bedenken mehr begegnet. Dies gilt indes etwa bei Sportwetten in gemeinschaftsrechtlicher Hinsicht wohl nur für den – eher unrealistischen – Fall, dass die Neuregelung zu einer erheblichen Einschränkung des monopolartig betriebenen Sportwettenbereichs führt, denn nur dann läge keine erhebliche wirtschaftliche Ausbeutung der Spielleidenschaft im Sinne der oben unter II. 4 dargestellten Rechtsprechung des *Europäischen Gerichtshofs* mehr vor. Bleibt nach der Neuregelung des Glücksspielrechts durch den angedachten Glücksspielstaatsvertrag der Länder der weiterhin monopolisierte Sportwettenmarkt hingegen auf dem derzeitigen wirtschaftlichen Niveau, spricht vieles dafür, dass die Teilnahme an einem in einem anderen Mitgliedsstaat der EU genehmigten und dort wirksamer Kontrolle unterliegenden Glücksspiel, das auch im Bundesgebiet prinzipiell genehmigungsfähig wäre, strafrechtlich dann nicht weiter verfolgt werden kann, wenn es lediglich um das „Bereitstellen von Einrichtungen“ und die Werbung geht, das Glücksspiel selbst aber nicht im Bundesgebiet „veranstaltet“ oder „gehalten“ wird. Dies folgt nicht nur aus der hier vertretenen (oben dargelegten) Auslegung des § 284 Abs 1 StGB hinsichtlich des tatbestandsausschließenden Genehmigungserfordernisses, sondern auch aus der Überlegung, dass der Beschränkungscharakter des strafbewehrten Verbots bei Fortdauer eines Monopols auf dem derzeitigen wirtschaftlichen

---

92 *BVerfG* NJW 2006, 1261; vgl auch die ausdrücklich geäußerten Bedenken gegen eine Anwendbarkeit von § 284 StGB in *BVerfG* (Kammer) NVwZ 2005, 1303 = *BVerfGK* 5, 196.

93 *EuGH* Urt v 6. 11. 2003 – „Gambelli“ C-243/01, Slg 2003, I-13031; Urt v 6. 3. 2007 – „Placanica u a“ C-338/04, 359/04, 360/04, NJW 2007, 1515.

94 Vgl *BGH* Beschl v 29. 11. 2006, 2 StR 55/06; *BGH* NJW 2007, 3087.

95 *BGH* Beschl v 29. 11. 2006, 2 StR 55/06.

96 Vgl *EuGH* NJW 2007, 1515, 1518 – „Placanica u a“.

97 *BVerfG* NJW 2006, 1261, 1264.

Niveau hinter dem Kontrollcharakter deutlich zurücktritt, die Kontrolle aber wirksam auch durch den Mitgliedsstaat gewährleistet werden kann, in dem das Glücksspiel veranstaltet wird.

Das Inkrafttreten des Glücksspielstaatsvertrags der Länder wird jedenfalls im straf- **34**
rechtlichen Bereich weitere Meinungsverschiedenheiten über die Strafbarkeit unerlaubten Glücksspiels, insbesondere der Sportwettenvermittlung nicht verhindern.[98] Weil das Glücksspielstrafrecht vorrangig Bundesrecht ist, kann der Glücksspielstaatsvertrag den Inhalt der bestehenden Strafnormen nicht grundlegend verändern: Bundesrecht bricht Landesrecht. Inhaltlich ausgefüllt werden die verwaltungsakzessorischen Straftatbestände in §§ 284 ff StGB aber durch die (landesrechtlichen) verwaltungsrechtlichen Regelungen darüber, welches Glücksspiel der behördlichen Erlaubnis bedarf und ob bzw wann eine derartige Erlaubnis erteilt wird. Zu welchen Friktionen dieses Auseinanderfallen der Kompetenzen führen kann, zeigt sich etwa bei dem grundlegenden Verbot der „Vermittlung" öffentlicher Glücksspiele im Internet (vgl § 4 Abs 4 GlüStV). Diesem Verbot korrespondiert schon deshalb keine unmittelbar adäquate Strafnorm, weil § 284 Abs 1 StGB den Begriff des „Vermittelns" nicht enthält. Sinnvoll und notwendig wäre deshalb eine Anpassung der (ohnehin in Aufbau und Diktion veralteten) bundesrechtlichen Strafnormen an die Neuregelung des Glücksspielrechts durch die Länder.[99]

IV. Summary (Punishability of Gambling in particular of Sports Betting)

The German criminal law consists of a number of statutory definitions of offences (para 284 to 287 Strafgesetzbuch (penalty code, StGB)) which impose penalties on publicly organizing, promoting and participating in gambling by chance without approval from the governmental authority. This is a controversial segment of criminal law legislation regarding gambling, in which case the Länder[100] would not be entitled to the competence of regulation. The objective of these statutory rules is to protect the gambler from carelessly producing financial losses and also save his surroundings from the negative results of ruinous gambling. This is to be achieved by limiting and guiding the gambling market and through governmental control of gambling activity, which is particularly susceptible to fraud. The central rule of this statutory definition is para 284 StGB. Gambling by chance in para 284 StGB is defined as every possibility to win by chance obtained by paying a not insignificant stake. The success of

98 Vgl nur beispielhaft *Lüderssen* s o Fn 5; *Beckemper/Janz* s o Fn 86.

99 Wobei allerdings zur Vermeidung erheblicher Friktionen und praktischer Übergangsprobleme die Geltung von § 2 Abs 3 StGB für Altfälle ausdrücklich gesetzlich abbedungen werden sollte.

100 The Federal Republic of Germany consists of 16 *Länder*: Baden-Württemberg, Bavaria, Berlin, Brandenburg, Bremen, Hamburg, Hessen, Lower Saxony, Mecklenburg-Western Pomerania, North-Rhine Westphalia, Rhineland-Palatinate, Saarland, Saxony, Saxony-Anhalt, Schleswig-Holstein and Thuringia.

betting on sporting events also depends on the bettor's knowledge, but the average bettor cannot predict this in an adequately reliable way.

Therefore, sports betting is also classified as gambling, which requires authorization. The organization and realization of unauthorized gambling as well as the provision equipment and publicity on its behalf constitute offences liable to prosecution. The intermediary himself/herself of non-national sports betting may, according to the prevailing circumstances of the particular case, organize gambling or provide equipment in the case of gambling organized by another person or he/she can publicize it. The offensive act in question can be decisive in respect of the intermediary's punishability. The requirement of official permission – in the case of correct interpretation – concerns solely the organization or realization of gambling. Publicity or the provision of equipment as a preparatory act is of concern in an authorized game of chance but does not require separate official permission. An error regarding the necessity of permission may be considered an error in the same regard as prohibition – the prohibited nature of an act ("Verbotsirrtum") can impede punishment in respect of the commercial tenderer in exceptional cases.

The scope of permission excluding a statutory definition of a crime is, on principle, determined by the competent approving authority. A permission granted by a Land of the Federal Republic approves only the organization of gambling in this Land. On principle, foreign permissions are not applicable in the Federal Republic. Community Law may bring about changes. Through several judgments, the European Court of Justice has demonstrated the limits to the national competence of regulation of the economically weighty market of sports betting, which has considerable effects on German criminal law: there are no punishment exempting effects attributed to the so-called "offshore" licenses from Gibraltar or Malta, which are to grant "permission" against the payment of thousands of euro to organize gambling games all over the EU territory excluding the state which has granted the permission. If, contrary to this, gambling in the member state in question is considered to be lawfully organized, according to the author's view – in the case of the realization of a license model in Germany – the appropriation of establishments for such gambling games or the publicity of it ought to be exempt from punishment; only in this respect, can punishability be excluded, para 284 StGB, in regards to a license granted by a member state. The following is applicable in the Federal territory in respect of the different versions of the summary of facts concerning the organization or the arranging of such gambling games: he who organizes (also via internet) a gambling game in Germany requires a national authorization, as is the case in the other member states. A differentiated consideration will be necessary as the mediation of sporting bets, according to the actual arrangements, often amounts to arranging a gambling game within the Federal Republic. Based on this interpretation, para 284 StGB should not encounter difficulties in respect to European law.

The decision of the Federal Constitutional Court on the incompatibility of the governmental monopoly with constitutional law does not affect the punishability of gambling, not even regarding older cases. Neither the statutory rule of para 284 StGB has become vague nor has the Constitutional Court declared the statutory rule to be unconstitutional. The penal problems will not be conclusively cleared up by the proposed Länder's Treaty on gambling in Germany. On the contrary, the adjustment of the criminal law on gambling, which has become obsolete, is required on the part of the federal legislator.

§ 9 Zur Einschränkung (straf-)rechtlicher Verantwortung infolge von „Spielsucht"

Josef Hoch

„... und wenn nicht Spiel und Scherz ein gewisses natürliches Vergnügen enthielte, würde nicht so eine heftige Begierde der Menschen danach streben; obgleich freilich ihr häufiger Genuss der Seele allen Gehalt und alle Kraft rauben würde." (Seneca, Von der Gemütsruhe)

Übersicht

I. Einleitung

1 Die Erkenntnis, dass Glücksspiel mit haltlosem Suchtverhalten einhergehen kann, ist ebenso alt wie das Bemühen, mit strafrechtlicher Repression seine befürchteten Gefahren einzudämmen.[1] Die Kriminogenität exzessiven Glücksspiels gehörte seit jeher

---

1 Zur Entwicklung des Glücksspielstrafrechts vgl *Lampe* Falsches Glück, JuS 1994, 737.

zum Erfahrungsgut forensischer Praxis und spielte vorwiegend als Tatmotiv eine Rolle. Verbreitet war die Sicht, dass derartige „Charaktertäter" aufgrund ihrer „bewusst antisozial" geprägten Einstellung weder zu erziehen, noch zu bessern seien; vielmehr seien harte Strafen und, wenn notwendig, Sicherungsverwahrung allein geeignet, sie von weiteren Straftaten abzuhalten.[2] Ein Paradigmenwechsel setzte um 1980 ein. In diesem Jahr nahm die „American Psychiatric Association" (APA) das „pathological gambling" als separate diagnostische Einheit in das Handbuch für psychische Störungen (DSM III)[3] auf. Das „pathologische Glückspiel" hatte als Störung, welche die Verantwortung des Täters in Frage stellen könnte, bis dahin in Deutschland kaum Beachtung gefunden.[4] Seither setzte jedoch eine intensive Beschäftigung damit in der wissenschaftlichen Literatur ein,[5] die auf zunehmendes öffentliches Interesse stieß.[6] 1993 hat auch die Weltgesundheitsorganisation das pathologische Glücksspiel als Unterfall abnormer Gewohnheiten und Störungen der Impulskontrolle (ICD–10, F63.0) klassifiziert.[7] Mit dieser Entwicklung einhergehend war eine Zunahme der Strafverfahren zu beobachten, in denen Sachverständige mit der Begutachtung der Schuldfähigkeit von Spielern beauftragt wurden.[8] „Pathologisches Spiel" ist heute – bei geschätzten 100.000 bis 170.000 Glücksspielern in Deutschland, die als behandlungsbedürftig angesehen werden[9] – als mögliche Ursache strafbarer Verhaltensweisen und eingeschränkter Verantwortlichkeit des Straftäters ein alltäglicher forensischer Sachverhalt geworden. Dessen Relevanz wird freilich ganz unterschiedlich eingeschätzt: Das Spektrum der Meinungen reicht von der Feststellung, dass den Spielsüchtigen als „pathologischen Handlungsaktiven" §§ 20 oder 21 StGB zur Seite

---

2 *Eschenbach* in: Handwörterbuch der Kriminologie, Bd I, 1966, S 350, 363; mit umfangreichen Ausführungen zur Persönlichkeit des „Glücks- und Falschspielers" S 357 ff.

3 Diagnostic and Statistical Manual of Mental Disorders (DSM III).

4 Vgl aber *Rasch* Über Spieler, in: Randzonen menschlichen Verhaltens, FS Bürger-Prinz, H., 1962, S 173–184.

5 *Schuhmacher* Die Beurteilung der Schuldfähigkeit bei nichtstoffgebundenen Abhängigkeiten (Spielleidenschaft, Fetischismen, Hörigkeit), in: Hamm, R. (Hrsg), FS Werner Sarstedt, 1981, S 361–372. Zur Entwicklung vgl a *Kellermann* NStZ 1996, 335, 336, der in der seit etwa 1980 einsetzenden Verbreitung von elektronischen Glückspielautomaten eine wesentliche Ursache der Verbreitung von Glücksspielsucht (und der psychiatrischen und forensischen Beschäftigung damit) annimmt, während zuvor durch die konsequente Einschränkung der Verfügbarkeit von Glücksspielen mit hohem Suchtpotential durch § 284 StGB solche Fälle kaum aufgetreten seien.

6 Die Auffassung, dass „Spielsucht" im Extremfall ein psychopathologisches Verhalten sein kann, wurde schließlich im März 1985 in der BT-Drs 10/3052 auch von der Bundesregierung vertreten. Eine umfangreiche Literaturliste deutschsprachiger Artikel und Bücher zum Thema findet sich auf der Homepage „Bundesweiter Arbeitskreis Glücksspielsucht" unter *http://www.gluecksspielsucht.de*.

7 Internationale Klassifikation psychischer Störungen (ICD–10, F63.0).

8 Vgl *Gerhard Meyer* Die Beurteilung der Schuldfähigkeit bei Abhängigkeit vom Glücksspiel, MschrKrim 1988, 213; *Kellermann* aaO.

9 Dies entspricht einem Bevölkerungsanteil von 0,1 bis 0,2%, Schätzung nach *Meyer* Glücksspiel – Zahlen und Fakten, Jahrbuch Sucht 2007, Neuland 2007. Verlässliche Angaben über die Anzahl pathologischer Spieler und Spielerinnen in Deutschland liegen nicht vor. Einen weiteren Hinweis liefert die Zahl der 2001 registrierten 28.197 Zugangssperren zu Spielcasinos (einschließlich Sperren wegen Hausfriedensbruchs).

stehen müssen,[10] bis hin zur Ablehnung der schuldmindernden Berücksichtigung der Spielsucht als „behaviouristische Entschuldigungslogik“ und als „Paradebeispiel für den in unserer Rechtskultur sich ausbreitenden Exkulpationseifer.“[11] Im Folgenden soll nach summarischer Erörterung der diagnostischen Kriterien sowie der rechtlichen Grundlagen der Umgang insbesondere der *Strafgerichte* mit dem Phänomen Spielsucht dargestellt und abschließend ein kurzer Blick auf disziplinarrechtliche und arbeitsgerichtliche Probleme geworfen werden.

II. Begriff des pathologischen Spielens

2 Nach den diagnostischen Kriterien der WHO wird unter pathologischem Spielverhalten ein häufig wiederholtes episodenhaftes Glücksspiel verstanden, das die Lebensführung der betroffenen Person beherrscht und zum Verfall sozialer, beruflicher, materieller und familiärer Werte und Verpflichtungen führt.[12] Das aktuelle DSM-IV,[13] auf dem die ICD-Klassifizierung im Wesentlichen beruht, gibt für das pathologische Spielen (312.31) zehn Merkmale[14] vor, von denen mindestens fünf für eine entsprechende Diagnose erfüllt sein müssen: (1) Starkes Eingenommensein vom Glücksspiel, (2) Spiel mit immer höheren Einsätzen, um sich die gewünschte Erregung zu verschaffen, (3) erfolglose Versuche, das Spielen zu kontrollieren, einzuschränken oder aufzugeben, (4) Unruhe oder Gereiztheit beim Versuch, das Spielen einzuschränken oder aufzugeben, (5) Versuche, depressive Stimmungen durch Spielen zu bessern oder zu erleichtern, (6) „Hinterherjagen“ hinter Verlusten, (7) Bagatellisierungsversuche gegenüber dem sozialen Umfeld, (8) charakteristische illegale Handlungen wie Fälschung, Betrug, Diebstahl, Unterschlagung, (9) Verlust des Arbeitsplatzes infolge des Spielens und (10) Aufnehmen von Schulden, hoffnungslose finanzielle Situation. Abzugrenzen von diesem Störungsbild des pathologischen Glücksspiels ist das exzessive Spielen manisch Erkrankter und von Personen, die unter schizopathischen oder dissozialen Persönlichkeitsstörungen leiden. Denn in diesen Fällen ist das Spielen nur ein Symptom des Grundproblems und keine eigenständige Störung.

3 In der psychiatrischen Fachliteratur ist allerdings umstritten, ob exzessives Glücksspielen überhaupt eine einheitliche psychische Störung darstellt. Während es teilweise als „Sucht“ oder „nichtstoffgebundene Abhängigkeit“ eingeordnet wird,[15] be-

10 *Schreiber* Kriminalistik 1993, 469, 474.

11 *Stoll* NStZ 97, 283.

12 ICD–10, F63.0.

13 Diagnostic and Statistical Manual of Mental Disorders, 4th Edition (DSM IV).

14 Abweichend davon zählt *Rasch* Die psychiatrisch-psychologische Beurteilung der so genannten schweren anderen seelischen Abartigkeit, StV 1991, 126, 129, folgende 10 Merkmale als charakteristisch für das pathologische Spiel, bei dem eine Verminderung oder Aufhebung der Schuldfähigkeit in Betracht zu ziehen sei, auf: 1. Progedienz, 2. Spielen als zentraler Lebensinhalt, 3. Verarmung in anderen Lebensbereichen, 4. Spielen, um zu Spielen, 5. Gefühl des Gezwungenseins, 6. Entziehungserscheinungen, 7. stereotypisiertes Verhalten, 8. Depravation, 9. Suizidalität, 10. Verlust an sozialer Kompetenz.

15 Vgl *Mayer, G.* MSchrKrim 1988, 213 ff.

trachten andere die Verwendung der Einheitsdiagnose „Spielsucht" als inadäquat und therapeutisch irreführend.[16] Unabhängig davon besagt die Aufnahme eines Krankheits- oder Störungsbildes in eines der anerkannten Klassifikationssysteme und die entsprechende Diagnose allein noch nichts über ihre forensische Relevanz bei der Beurteilung der Schuldfähigkeit eines betroffenen Delinquenten.[17] Dies ergibt sich schon aus dem mit der ICD–10 verfolgten Ansatz einer deskriptiven Klassifikation, die sich nicht an rechtlichen Vorgaben der Beurteilung strafrechtlicher Verantwortlichkeit, sondern an diagnostischen Kriterien und therapeutischen Zwecken orientiert. So wird der Begriff der psychischen Krankheit in der ICD–10 bewusst und konsequent durch den der „Störung" (disorder) ersetzt.[18] Die verwendeten (verhaltens-)beschreibenden Kriterien sozial abweichenden Verhaltens erlauben keine zwingenden Schlüsse auf eine schwere psychische Erkrankung oder Störung.[19] Demzufolge setzt sich in der einschlägigen Fachliteratur mehr und mehr die Erkenntnis durch, dass die Relevanz einer klassifizierten Störung für die Schuldfähigkeit sich nicht aus einer bestimmten Diagnose, sondern dem Ausmaß der Störung ableitet.[20] Allerdings konzediert die Rechtsprechung des *Bundesgerichtshofes*, dass ein Befund nach ICD–10 in der Regel eine nicht nur ganz geringfügige Beeinträchtigung indiziert.[21] Fehlt dagegen eine diagnostische Kategorie für das von der Norm abweichende Zustandsbild des Täters, sind keine forensisch-psychiatrischen Feststellungen und keine damit einhergehende Annahme der Schuldminderung möglich.[22]

III. Rechtliche Ausgangslage bei der Beurteilung strafrechtlicher Verantwortlichkeit (§§ 20, 21 StGB)

Unter welchen Voraussetzungen ein klassifiziertes und diagnostiziertes Krankheitsbild die Verantwortlichkeit des Täters für seine Straftaten zu beschränken oder ihn gar zu exkulpieren vermag, ist eine Frage juristischer Bewertung, deren Lösung nicht dem Arzt oder Sachverständigen überbürdet werden kann.[23] Der Gutachter hat die Anknüpfungstatsachen zu liefern, der Richter hat zu entscheiden.[24] Daher soll kurz die rechtliche Ausgangslage skizziert werden. 4

16 Vgl *Kröber* JR 1989, 380.

17 Vgl *BGHSt* 37, 397, 401; 49, 45; 49, 347; NStZ 95, 176f; *Nedopil* Forensische Psychiatrie, 3. Aufl, S 99f.

18 Vgl dazu ICD–10 Kapitel V, 2. Aufl, S 9, 22f.

19 *Kröber* JR 1989, 380, 381.

20 *Nedopil*, aaO, S 100.

21 *BGHSt* 37, 397; NStZ-RR 98, 188. Die Ausnahme zu dieser Regel mögen Auffälligkeiten wie Daumenlutschen, Nasebohren, Nägelkauen, Stottern darstellen, die in ICD–10 Kap V F 98.8 bzw F 98.5 aufgenommen sind.

22 *BGH* NStZ 01, 83.

23 *BGH* 21. 8. 2003 – 3 StR 234/03 = StV 2004, 415.

24 Auch der Begriff „Erheblichkeit" einer in § 20 bezeichneten Störung betrifft nach st Rspr eine Rechtsfrage, die allein vom Gericht und nicht vom Sachverständigen zu beantworten ist; vgl *Fischer/Tröndle* StGB, 54. Aufl, § 21 Rn 7 mwN.

5 Dem Menschenbild des Grundgesetzes entsprechend beruht das Strafrecht auf dem Schuld- und Verantwortungsprinzip: **Strafe setzt Schuld des Täters voraus.**[25] Was unter Schuld zu verstehen ist, bestimmt das StGB indes nicht und beschränkt sich in §§ 17, 19, 20, 21, 29 StGB auf die Regelung der Folgen ihres Fehlens. Während der überholte **psychologische Schuldbegriff** das Wesen der Schuld in der subjektiv-seelischen Beziehung des Täters zu seiner Tat erblickte und zwischen „Vorsatz" und „Fahrlässigkeit" als Schuldformen differenzierte,[26] hat sich heute der sog **normative Schuldbegriff** durchgesetzt. Danach liegt das Wesen der Schuld in der Vorwerfbarkeit der Willensbildung und -betätigung, also in der **normativen Bewertung** eines psychischen Sachverhalts.[27] Es genügt mithin nicht die bloße Feststellung eines Krankheitsbildes oder gar nur abweichenden Verhaltens (denn mit solchem beschäftigt sich das Strafrecht ständig), vielmehr ist davon ausgehend rechtlich zu bewerten, ob die Zuschreibung von Verantwortung gehindert ist. Schuld bedeutet – so verstanden – Verantwortlichkeit für die Folgen normwidrigen Verhaltens.[28] §§ 20, 21 StGB fordern dabei, wie sich aus dem Wortlaut „bei Begehung der Tat" ergibt, eine einzeltatbezogene Betrachtung.[29] Nach § 20 StGB handelt ohne Schuld, wer unfähig ist, dass Unrecht der konkret vorgeworfenen Tat einzusehen oder nach dieser Einsicht zu handeln, weil er bei Begehung der Tat unter einer krankhaften seelischen Störung (1. Alt), einer tiefgreifenden Bewusstseinsstörung[30] (2. Alt), Schwachsinn[31] (3. Alt) oder einer schweren anderen seelischen Abartigkeit[32] (4. Alt) leidet. Ist die Einsichts- oder Steuerungsfähigkeit des Täters aus einem der vorgenannten Gründe aufgehoben,

---

25 Grundlegend *BGHSt* GrS 2, 194, 200; *BVerfGE* 95, 96, 131; 96, 245, 249. Das heutige Rechtsfolgensystem des StGB sieht in § 61 StGB (eingeführt durch das GewohnheitsverbrecherG vom 24. November 1933) neben den Strafen auch sog. Maßregeln der Besserung und Sicherung vor, die an die Sozialgefährlichkeit des Täters anknüpfen und neben seiner Besserung den Schutz der Allgemeinheit bezwecken. Die Anordnung solcher Maßregeln ist auch bei Schuldunfähigkeit möglich und tritt bei schuldfähigen Tätern ggf neben die Strafe.

26 *Mezger* Strafrecht, 3. Aufl 1949, § 33.

27 Vgl *Jakobs* Strafrecht AT, 2. Aufl, S 471; *Wessels/Beulke* Strafrecht AT, 32. Aufl, 406 ff; je mwN.

28 *Tröndle/Fischer* StGB, 54. Aufl, § 20 Rn 2.

29 *BGH* NJW 83, 350. Demgegenüber enthält § 19 StGB eine einzeltatunabhängige unwiderlegbare Vermutung der Schuldunfähigkeit des Kindes unter 14 Jahren.

30 Hierunter wird eine (zeitweise) Trübung oder Einengung des Bewusstseins verstandenen; insb affektive Erregungszustände, Übermüdung und Erschöpfung zählen zu dieser im Einzelnen sehr umstrittenen Merkmalsgruppe (vgl zum Meinungsstand *Tröndle/Fischer*, 54. Aufl, § 20 Rn 28 f). In der Praxis stehen hier nicht krankheitsbedingte Affektzustände im Vordergrund; die daneben genannten Fälle von Übermüdung und Erschöpfung (vgl *BGH* NJW 86, 77), Schlaf (*BGH* 38, 68) sowie persönlichkeitsfremdes Verhalten aufgrund gruppendynamischer Einflüsse (*BGH* StV 93, 549) spielen allenfalls eine untergeordnete Rolle.

31 Gemeint sind damit angeborene Intelligenzstörungen (Debilität, Imbezillität, Idiotie) unbekannter Ursache.

32 Vgl zur Fragwürdigkeit dieses terminologischen „Missgriffes" aus psychiatrischer und historischer Sicht *Raasch* StV 1991, 126; juristisch betrachtet wird man allerdings zugeben müssen, dass das Kriterium der „Abartigkeit" als Rechtsbegriff geeignet ist, eine Ausnahmeerscheinung zu kennzeichnen und das Bestreben des Gesetzgebers, eine uferlose Ausweitung exkulpierender Sachverhalte zu verhindern, erkennbar zu machen.

verbietet sich gemäß § 20 StGB eine Bestrafung des Täters; ist seine Schuld deswegen erheblich vermindert, eröffnet § 21 StGB die Möglichkeit der Milderung der Strafe. Die scheinbar abschließende alternative Aufzählung der Eingangsmerkmale schließt nicht aus, dass diese in der Praxis nebeneinander vorliegen können, vielmehr sind solche Fälle aus psychiatrischer Sicht häufig.[33] Dem Tatrichter obliegt angesichts der Forderung des *Bundesgerichtshofes*, dass nicht offen bleiben darf, welche der Eingangsvoraussetzungen der §§ 20, 21 StGB vorliegen,[34] bei kumulativ wirkenden oder sich überschneidenden Störungen allerdings die schwierige, nach dem Stand der Bezugswissenschaften kaum lösbare Aufgabe, sich für eines der Eingangsmerkmale zu entscheiden.[35]

IV. Einordnung der Spielsucht unter die Eingangskriterien der §§ 20, 21 StGB

Bezogen auf das pathologische Glücksspiel kommt nur eine Einordnung unter die 1. oder 4. Alternative in Betracht. Dem gesetzlichen Merkmal der **krankhaften seelischen Störung** liegt nach vorherrschender Ansicht der „enge psychiatrische Krankheitsbegriff"[36] zugrunde, wie sich schon mit Blick auf die Ausgliederung der „seelischen Abartigkeiten" in die 4. Alternative ergibt.[37] Gemeint sind nach vorherrschender Auffassung mithin die auf krankhaften physischen Prozessen basierenden Krankheitsbilder,[38] also exogene Psychosen (die nachweisbar auf organischen Ursachen beruhen) sowie die endogenen Psychosen, bei denen traditionell somatische Ursachen ange- 6

33 *Streng* StV 2004, 614 ff.

34 *BGHSt* 49, 347, 365. Dies gilt gleichermaßen für die Anordnung der Unterbringung in einem psychiatrischen Krankenhaus gem § 63 StGB, vgl *BGH* NStZ-RR 2003, 232.

35 Vgl zu dieser Problematik aus gutachterlicher Sicht *Nedopil* Forensische Psychiatrie, 3. Aufl S 23, der de lege ferenda für eine Aufgabe der Unterscheidung der Eingangsmerkmale und Einführung eines einheitlichen Begriffes, welcher den normativen Schweregrad der psychischen Störung charakterisiert, plädiert.

36 Zur Kritik an diesem Krankheitsbegriff vgl *Schreiber* NStZ 81, 48 sowie *Rasch* StV 1984, 265. *Raschs* Konzept eines strukturell-sozialen Krankheitsbegriffes (vgl StV 91, 131) erhellt die Fragwürdigkeit der starren Einteilung psychischer Störungen in die gesetzlichen Kategorien der Eingangsmerkmale des § 20 StGB.

37 Zum Meinungsstreit in den Bezugswissenschaften, was als „krankhaft" zu bezeichnen ist, vgl weiterführend *Lenckner/Perron* in: Schönke/Schroeder StGB, 27. Aufl, § 20 Rn 10; *Jähnke* in: LK StGB, 47. Aufl, § 20 Rn 23.

38 Der 4. Strafsenat des Bundesgerichtshofes hatte sich demgegenüber in einer frühen Entscheidung im Jahre 1959 (*BGHSt* 14, 30) zum Begriff der „krankhaften Störung der Geistestätigkeit" nach § 51 StGB a F ausdrücklich von einem an vorhandenen körperlichen Störungen ausgerichteten Krankheitsbegriff distanziert: Alle Störungen der Verstandestätigkeit sowie des Willens-, Gefühls- oder Trieblebens seien darunter zu verstehen, wobei es auf die Veränderung körperlicher Merkmale nicht ankomme; allerdings sollten Willensschwäche oder sonstige reine Charaktermängel, die nicht selbst Folge einer krankhaften Störung der Geistestätigkeit sind, nicht die Annahme der verminderten Schuldfähigkeit rechtfertigen. Zur nachhaltigen Bedeutung dieser Entscheidung vgl *Rasch* StV 1991, 126, 127.

nommen werden, jedoch nicht nachgewiesen werden können.[39] Unter diese Alternative fallen im Übrigen Persönlichkeitsveränderungen infolge von Psychosen oder Hirnschädigungen, symptomatische Psychosen, Intoxikationen, Entzugserscheinungen, Alkoholismusfolgen und intellektuelle Störungen bekannter Genese.[40]

7 Dem Begriff der **schweren anderen seelischen Abartigkeit,**[41] welcher in der Praxis die größten Schwierigkeiten bei der Rechtsanwendung aufweist,[42] werden demgegenüber Persönlichkeitsstörungen[43] (Psychopathien), Neurosen, abnorme Erlebnisreaktionen, sexuelle Perversionen, Alkoholismus, Drogensucht und psychopathologische Entwicklungen zugeordnet.[44] Kennzeichnend für dieses Eingangsmerkmal sind Veränderungen der Persönlichkeit, die keine krankhaften seelischen Störungen darstellen, das Leben des Täters aber in ihrer Gesamtheit vergleichbar schwer beeinträchtigen wie eine krankhafte seelische Störung.[45] Erfasst sind daher nur die den Persönlichkeitskern berührenden psychischen Störungen oder Abweichungen, die sich als Dauerzustände darstellen und im Einzelfall das Einsichts- oder Hemmungsvermögen beeinträchtigen können. Persönlichkeitsstörungen dieser Art sind allerdings nicht schon deshalb als andere seelische Abartigkeit zu deuten, weil sie die Begehung von Straftaten begünstigen. Missverständlich ist auch die Formel, eine seelische Abartigkeit müsse Krankheitswert haben, um „schwer" im Sinne dieser Alternative zu sein.[46] Denn die Annahme der 4. Alt setzt gerade nicht voraus, dass die Persönlichkeitsstörungen des Täters auf einer Krankheit beruhen.[47] Vielmehr muss der Tatrichter zwischen einer krankhaften seelischen Störung und einer – nicht pathologisch bedingten – schweren anderen seelischen Abartigkeit unterscheiden.[48] Schwere andere seelische Abartigkeiten führen nach der Rechtsprechung des *BGH* grundsätzlich – von seltenen Ausnahmefällen abgesehen – nicht zur Schuldunfähigkeit,[49] können jedoch Anlass zur Feststellung erheblicher Schuldminderung geben.

---

39 Hierzu zählen Geisteskrankheiten aus dem Formenkreis der Schizophrenie sowie der affektiven Störungen.

40 Vgl. *Rasch* StV 1991, 126.

41 Zur Fragwürdigkeit dieses terminologischen „Missgriffes" vgl *Raasch* StV 1991, 126.

42 *BGHSt* 14, 30.

43 Vgl dazu *BGHSt* 42, 385 (388); NStZ-RR 2005, 38; NStZ-RR 2008, 104.

44 Vgl *Raasch* StV 1991, 126.

45 *BGHSt* 37, 401. Zum Konzept einer bei der Beurteilung der Abartigkeit im Sinne der §§ 20, 21 StGB leitenden „strukturell-sozialen Krankheitsdefinition", bei der die (vorgestellten oder angenommenen) Ursachen der Störungen völlig außer Betracht bleiben, vgl *Raasch* StV 1991, 126, 131.

46 *Tröndle/Fischer* StGB, 54. Aufl, § 20, Rn 38; aA *Lenckner/Perron* in: Schönke/Schröder StGB, 27. Aufl, § 20 Rn 22, mit Einschränkungen des Begriffs des „Krankheitswerts" dahin, dass die in Rede stehende Abartigkeit den Betroffenen in ihren belastenden Wirkungen und im Hinblick auf seine Fähigkeit zu normgerechtem Verhalten von solchem Gewicht sein müsse, dass sie insoweit den krankhaften seelischen Störungen gleichwertig erscheine.

47 *BGHSt* 34, 24 = NJW 1986, 2893; *BGH* NJW 89, 918; 97, 3101.

48 *BGHSt* 49, 347, 355 (mit eingehender Darstellung der Anforderungen an ein psychiatrisches Sachverständigengutachten); *BGH* NJW 97, 3101.

49 *BGH* bei *Holtz* MDR 1984, 979; *BGH* NStZ 1991, 31, 32 mwN. Dies begründet nach der vorgenannten Entscheidung indes keine entsprechende Vermutung und daraus resultierende Beweiser-

Im Schrifttum wird vertreten, dass bei der nicht stoffgebundenen Spielsucht von einer krankhaften seelischen Störung[50] oder einer anderen seelischen Abartigkeit[51] gesprochen werden kann. Der Drang nach dem Glücksgefühl, dem Rausch, könne den Einzelnen so beherrschen, dass seine Steuerungsfähigkeit, gemäß seiner regelmäßig noch vorhandenen Einsicht zu handeln, eingeschränkt sei oder in Ausnahmefällen ganz fehle.[52] Der abhängige Spieler sei motivationalen Zwängen ausgesetzt, die auf das Spiel als das eigentliche Suchtverhalten und die Geldbeschaffung dafür ausgerichtet seien, wobei die Steuerungsfähigkeit bei derartigen „Beschaffungsdelikten“ erheblich eingeschränkt sei.[53] Wenn die Diagnose des pathologischen Glücksspielers nach den DSM-Kriterien gestellt und eine nachhaltige Persönlichkeitsveränderung zu erkennen sei, läge auch bei „indirekter Beschaffungskriminalität“ eine erhebliche Einschränkung der Steuerungsfähigkeit nahe.[54] In seltenen Fällen sei eine Aufhebung der Steuerungsfähigkeit anzunehmen, wenn die Handlungsschritte nicht mehr sinnvoll aufeinander abgestimmt erfolgen, die Erinnerungsfähigkeit beeinträchtigt war und – man beachte die zirkuläre Begründung – „der zeitliche Rahmen, dh die unmittelbare Nähe zur Spielhandlung, so eng ist, dass ein Entgegensteuern nicht mehr möglich war.“[55] Einzelne *Instanzgerichte* sind dieser Sichtweise beigetreten und haben das pathologische Spiel als solches als einen die Steuerungsfähigkeit einschränkenden Umstand angesehen[56] und in Einzelfällen sogar auf eine Aufhebung der Steuerungsfähigkeit erkannt. Beispielhaft sei etwa der Fall einer Münchener Lehrerin genannt, die der verbotenen Prostitution in ihrer im Sperrbezirk gelegenen Wohnung nachging, um sich finanzielle Mittel für Spielcasinobesuche zu beschaffen. Sie wurde vom *Amtsgericht* München wegen Schuldunfähigkeit freigesprochen.[57] Die Entscheidung wurde in der Berufungsinstanz vom *Landgericht* München, das die Möglichkeit einer Aufhebung der Steuerungsfähigkeit infolge Spielsucht verneinte, aufgehoben.[58] 8

Nach ständiger Rechtsprechung der Strafsenate des *Bundesgerichtshofes* stellt das „pathologische Spiel“ oder die „Spielsucht“ für sich genommen weder eine die 9

---

leichterungen für das Tatgericht, welches insbesondere im Grenzbereich zu Psychosen sein Ergebnis detailliert begründen muss.

50 So *Schreiber* Kriminalistik 1993, 469, 474 unter besonderer Beschäftigung mit der Problematik der Beurteilung körpereigener Opioide.

51 *Mayer, G.* MSchrKrim 1988, 213, 225.

52 *Schreiber* Kriminalistik 1993, 469, 474.

53 *Mayer, G.* MSchrKrim 1988, 213, 225, der allerdings in keinem Fall seiner gutachterlichen Praxis eine so gravierende Abhängigkeit feststellen konnte, dass die Steuerungsfähigkeit ausgeschlossen und damit eine Exkulpation gemäß § 20 StGB angenommen werden konnte. Gegen die Besetzung des Begriffs „Beschaffungskriminalität“ in diesem Zusammenhang *Hübner* MSchrKrim 1989, 236; vgl a die Erwiderung von *Mayer, G.* in: MSchrKrim 1989, 295.

54 *Mayer, G./Fabian/Wetzels* StV 1990, 464.

55 Ebd, 464, 468.

56 *Mayer, G./Fabian/Wetzels* StV 1990, ebd listen eine Reihe von Entscheidungen der Amts- und Landgerichte auf, die ihren Gutachten gefolgt sind, die *„aus psychologischer Sicht das Vorliegen der Voraussetzungen für die Annahme einer verminderten Schuldfähigkeit gem § 21 StGB als gegeben ansahen.“*

57 *AG München*, Urt v 21. 11. 1994, NStZ 1996, 334, mit zustimmender Anm *Kellermann*.

58 *LG München* NStZ 1997, 282.

Schuldfähigkeit ausschließende krankhafte seelische Störung, noch eine Form der schweren anderen seelischen Abartigkeit iSd §§ 20, 21 StGB dar.[59] Ausdrücklich hat der *BGH* bisher allerdings offen gelassen, ob pathologisches Spiel eine eigenständige psychische Störung darstellt und auf die **normative Betrachtung des im Einzelfall** von Gutachtern unterbreiteten Sachverhaltes abgestellt. Maßgebend ist danach, inwieweit das gesamte Erscheinungsbild des Täters bei Zugrundelegung der in der Fachliteratur[60] aufgezeigten Beurteilungskriterien psychische Veränderungen der Persönlichkeit aufweist, die, wenn sie nicht pathologisch bedingt sind, als andere seelische Abartigkeit in ihrem Schweregrad den krankhaften seelischen Störungen **gleichwertig** sind.[61] Eine erhebliche Verminderung der Schuldfähigkeit kann nach diesen Maßstäben nur ausnahmsweise dann angenommen werden, wenn der Betroffene durch seine Spielsucht gravierende psychische Veränderungen seiner Persönlichkeit erfahren[62] oder wenn der Täter bei Beschaffungstaten unter starken Entzugserscheinungen gelitten hat.[63] Damit knüpft der *BGH* ausdrücklich an seine Rechtsprechung zu Delikten von Drogenabhängigen an: Auch bei diesen wird nur ausnahmsweise dann eine Schuldminderung angenommen, wenn die Drogensucht zu schwersten Persönlichkeitsveränderungen geführt oder der Täter bei Beschaffungstaten unter starken Entzugserscheinungen gelitten hat.[64] Die „Gleichwertigkeitsformel" zeigt eine Grundtendenz der Rechtsprechung: Die **Intensität** psychologischer Abartigkeiten gewinnt gegenüber ihrer **Diagnose** in zunehmendem Maße forensische Relevanz.[65] Dies lässt sich als geradezu zwingende Reaktion auf die große Offenheit des Eingangsmerkmals der anderen seelischen Abartigkeit für jedwede psychische Störung interpretieren.[66]

---

59 *BGH* 8. 11. 1988 – 1 StR 544/88, JR 89, 379; *BGH* 25. 11. 2004 – 5 StR 411/04, JR 2005, 294, m Anm *Schramm* JZ 2005, 418; *Bottke* NStZ 2005, 327 und *Schöch* JR 2005, 296; *BGH* 3. 12. 1991 – 1 StR 528/91; *BGH* 12. 1. 2005 – 2 StR 138/04, NStZ 2005, 281, m Anm *Kellermann* StV 2005, 257; *Park* StV 2005, 257; *BGH* 22. 7. 2003 – 4 StR 199/03, NStZ 2004, 31; *BGH* 24. 4. 2003 – 4 StR 94/03, NStZ-RR 2003, 297; *BGH* 5. 5. 1999 – 2 StR 529/98, NStZ 1999, 448; *BGH* 3. 11. 1994 – 1 StR 423/94, wistra 1995, 102; *BGH* 18. 5. 1994 – 5 StR 78/94, NStZ 94, 501; *BGH* 21. 4. 1993 – 2 StR 54/93, wistra 1993, 261; *BGH* 7. 1. 1993 – 4 StR 597/92, StV 1993, 241; *BGH* 3. 12. 1991 – 1 StR 528/91. In der Rspr des *BGH* findet sich bisher kein Urteil, bei dem ein Ausschluss der Schuldfähigkeit nach § 20 StGB auf Spielsucht gestützt und bestätigt wurde. Selbst die Annahme verminderter Schuldfähigkeit wird regelmäßig von den Revisionsgerichten beanstandet.

60 Insoweit bezieht sich der *BGH* in seiner Entscheidung vom 8. 11. 88 auf *Kröber* Forensia 1987, 113; *Schumacher* in: FS Sarstedt S 361; *Koehler/Saß* Diagnostisches und statistisches Manual psychischer Störungen, DSM III, S 303; *Rasch* Forensische Psychiatrie, 1986, S 224 und *Meyer* Kriminalistik, 1986, 212.

61 Zur „Gleichwertigkeitsformel" sa *BGHSt* 34, 22, 24, 25; *BGH* StV 1988, 384 sowie *LG Berlin* StV 1993, 251.

62 Zustimmend *Kröber* JR 1989, 380, 381.

63 *BGH* NStZ 2004, 31.

64 Vgl *BGH* NJW 1981, 1221; *BGH* JR 1987, 206; *BGHR* StGB, § 21 BtM, Auswirkungen 2 mwN.

65 Vgl *Meyer, J. E.* ZStW 88, 176, 48; sa *Roxin* Strafrecht AT Bd I, 4. Aufl 2006, S 902. Nur wenige Diagnosen, etwa die der akuten schizophrenen Psychose, schließen „quasi automatisch" die Schuldfähigkeit aus.

66 Zu rechtspolitischen Überlegungen bezüglich des Verzichts auf dieses Eingangsmerkmal vgl *Streng* StV 2004, 619 mwN.

Schöch[67] problematisierte die Sichtweise des *BGH*, soweit dieser bei „Spielsucht“ die Möglichkeit einer Primärstörung mit ursächlicher Wirkung für strafbares Verhalten nicht kategorisch verneint, sondern eine relevante Beeinträchtigung der Steuerungsfähigkeit in Anlehnung an das Konzept von Rasch[68] für möglich halte, wenn durch das exzessive Spielen eine **„typisierende Umprägung“ der Persönlichkeit** bzw eine „Persönlichkeitsentartung“ eingetreten sei. Nach dieser vermittelnden, relativ offenen Position gerieten viele Spieler in den Kreis der sachverständig zu begutachtenden Personen. Da jedoch praktisch nur bei Zusammentreffen der Spielsucht mit anderen gravierenden psychopathologischen Auffälligkeiten ein der krankhaften seelischen Störung entsprechender Schweregrad der Störung erreichbar sei,[69] wäre es sachgerecht und aus verfahrensökonomischen Gründen sinnvoller, einem engen psychiatrischen Krankheitsbegriff den Vorzug zu geben und nicht auf die für die – klinische und therapeutisch sinnvolle, jedoch für die Bewertung der Verantwortlichkeit nicht maßgebliche – Einordnung im ICD–10 und DSM-IV abzustellen. Diese verfahrensökonomischen Befürchtungen bestätigen sich in der Praxis nicht. Denn bei der prozessualen Frage, welche Aufklärungsbemühungen das Gericht entfalten muss, wenn sich der Angeklagte auf pathologisches Spielen beruft, hat der *BGH* eine sehr restriktive Linie eingeschlagen.[70] Ob Spielsucht zu Auswirkungen auf die Schuldfähigkeit des Täters geführt hat, **kann das Gericht in der Regel selbst beurteilen,**[71] denn die Spielleidenschaft ist nur beachtlich und die Zuziehung eines Sachverständigen nur dann geboten, wenn feststeht, dass der Angeklagte die Straftat zwecks Fortsetzung des Spielens begangen hat.[72] In vielen einschlägigen Fällen wird die kriminelle Beschaffung von Geld allerdings nicht nur diesem Ziel, sondern daneben der Begleichung von Schulden oder der Sicherung des Lebensunterhaltes dienen. Der Annahme einer erheblichen Verminderung der Steuerungsfähigkeit soll aber schon entgegenstehen, wenn der Täter nur einen Teil der Beute zum Spielen verwendet.[73] Hierbei geht es letztlich um Sachverhalte mit erheblicher Indizwirkung, die der Tatrichter ohne sachverständige Hilfe aufklären und sich sodann gegebenenfalls eigene Sachkunde (§ 244 Abs 4 S 1 StPO) zutrauen kann. Zu beachten ist dabei, dass es bei der Frage, ob die Einsichts- oder Steuerungsfähigkeit des Angeklagten infolge von Spielsucht erheblich vermindert war, um eine Rechtsfrage geht, die der Wahrunterstellung nicht zugänglich ist. Bei Ablehnung von Beweisanträgen gemäß § 244 Abs 3 S 2 letzte Alt StPO, die auf Feststellung der Spielsucht zielen, ist daher zu beachten, dass eine verminderte Schuldfähigkeit nicht zugunsten des Angeklagten unterstellt werden darf.[74] **10**

67 In seiner Anmerkung zum Urt des *BGH* v 25. 11. 2004, JR 2005, 296, 297.

68 *Rasch* StV 1991, 129; *Rasch/Konrad* Forensische Psychiatrie, 3. Aufl 2004, 301 f.

69 Zu solchen Fällen der „Komorbidität“ vgl a *Streng* StV 2004, 614 ff.

70 Vgl etwa *BGH* 18. 5. 1994 – 5 StR 78/94, NStZ 1994, 501.

71 *Meyer-Goßner* StPO, 50. Aufl, § 244 Rn 74 c mwN.

72 *BGH* NStZ 94, 501; 2004, 31; 2005, 281; *Meyer-Goßner* StPO, 50. Aufl, § 244 Rn 74 c.

73 *BGH* NStZ 2005, 281 f; *BGHR* StGB, § 21 seelische Abartigkeit 17; *BGH* NStZ 1994, 501.

74 *BGH* 7. 1. 1993 – 4 StR 597/92 – StV 1993, 241; vgl a *BGHSt* 8, 124; *BGH* 13. 2. 2007 – 5 StR 534/06.

V. Annahme von strafschärfenden Regelbeispielen bei spielsuchtbedingten Beschaffungstaten

11 Nicht selten wird sich im Zusammenhang mit der Verurteilung von wiederholten Taten, die der Geldbeschaffung zum Glücksspiel dienten, die Frage besonders schwerer Fälle (zB §§ 243 Abs 2 S 2, 263 Abs 3 S 2, 263a Abs 2, 266 Abs 2, 267 Abs 3 StGB) wegen *gewerbsmäßigen* Handelns stellen.[75] Denn dieses subjektive Merkmal ist bereits dann erfüllt, wenn der Täter in der Absicht handelt, sich aus wiederholten Straftaten eine nicht nur vorübergehende Einnahmequelle zu verschaffen. Die indizielle Wirkung von Regelbeispielen kann jedoch durch andere günstige Strafzumessungsfaktoren kompensiert werden, sodass auf den Normalstrafrahmen zurückgegriffen werden kann. Bei der erforderlichen Gesamtabwägung der strafzumessungsrelevanten Gesichtspunkte kann auch eine suchtbedingte Schuldminderung einfließen.[76] Insbesondere kann das Vorliegen eines dem Angeklagten zugebilligten vertypten Strafmilderungsgrundes des § 21 StGB jedenfalls im Zusammenwirken mit den allgemeinen Strafmilderungsgründen Anlass geben, trotz Vorliegens eines Regelbeispiels einen besonders schweren Fall zu verneinen.[77]

12 Die Annahme der Gewerbsmäßigkeit kann allerdings auch gegen die Annahme einer Schuldminderung sprechen. Insbesondere dann, wenn es um Falschspieler geht, die tatsächlich aus gewerbsmäßigem Falschspiel Einkünfte erzielen, liegt die Annahme einer pathologischen Spielsucht fern.[78] Dies hat der *BGH* jüngst im sog *Hoyzer*-Fall bestätigt und ausgeführt, dass es angesichts des jahrelangen professionellen Agierens des Angeklagten auf dem Sportwettenmarkt, seines kompliziert angelegten Wett- und Manipulationssystems und des damit verbundenen erheblichen organisatorischen Aufwands fern liegend sei, dass die Steuerungsfähigkeit bei der Begehung sämtlicher Taten wegen „Spielsucht" erheblich eingeschränkt gewesen sein soll.[79]

VI. Verhängung von Maßregeln der Besserung und Sicherung

1. Unterbringung in einer Entziehungsanstalt, § 64 StGB

13 In dem kriminalpolitisch nachvollziehbaren Anliegen, spielsüchtigen Tätern, deren delinquentes Verhalten ähnlich wie bei der Alkohol- oder Drogensucht vornehmlich auf einer therapierbaren Zwangsstörung beruht, zur Verhinderung weiterer Straftaten eine möglichst optimale Behandlung zukommen zu lassen, haben einzelne *Instanzge-*

---

75 Vgl a *BGH* 8. 4. 2004 – 3 StR 465/03, NStZ 2004, 554 für den Fall der Erfüllung mehrerer Regelbeispiele.

76 So hat etwa das Landgericht in der durch Urteil des *BGH* v 25. 11. 2004, *BGHSt* 49, 365 = JR 2005, 294 aufgehobenen Entscheidung trotz Annahme des Regelbeispiels der Gewerbsmäßigkeit keine besonders schweren Fälle des Betruges gemäß § 263 Abs 3 StGB angenommen.

77 *BGH* 24. 4. 2003 – 4 StR 94/03, NStZ-RR 2003, 297.

78 *BGH* 17. 4. 1996 – 3 StR 34/96, NJW 1996, 2382.

79 *BGH* 15. 12. 2006 – 5 StR 181/06, NJW 2007, 782; NStZ 2007, 151.

richte (bei angenommener konkreter Aussicht auf Behandlungserfolg)[80] die auf maximal zwei Jahre Dauer begrenzte[81] **Unterbringung in einer Entziehungsanstalt** angeordnet.[82] Dem steht, wie der *BGH* betont, schon der Wortlaut des § 64 StGB entgegen, wonach diese Maßregel nur dann Anwendung findet, wenn der Täter den Hang hat, alkoholische Getränke oder andere berauschende Mittel im Übermaß zu sich zu nehmen.[83] Eine Ausdehnung des Anwendungsbereiches muss zwar nicht zwingend an dem Bestimmtheitsgebot des Art 103 Abs 2 GG[84] scheitern, da dessen Anwendungsbereich auf Maßnahmen beschränkt ist, die ein Übel verhängen, das dem Schuldausgleich dient.[85] Dies ist bei Maßregeln der Besserung und Sicherung gerade nicht der Fall. Eine analoge Anwendung des § 64 StGB auf den Fall der „Spielsucht“ kommt jedoch mangels planwidriger Regelungslücke nicht in Betracht. Denn der Gesetzgeber hat bei Einführung der Vorgängernorm des heutigen § 64 StGB[86] nach der amtlichen Begründung den Fall des straffälligen Spielers bedacht und die Anordnung besonderer Maßregeln für ihn ausdrücklich abgelehnt.[87] Aus den amtlichen Begründungen zur Neufassung des § 64 StGB[88] und den seitherigen Reformvorhaben zur Änderung des Maßregelrechts ergeben sich keine Hinweise, die auf einen zwischenzeitlich geänderten Willen des Gesetzgebers schließen lassen.[89] Soweit er aus der Vielzahl delinquenzfördernder psychischer Fehlentwicklungen allein den Hang zum übermäßigen Konsum von Alkohol oder anderen berauschenden Mitteln als Voraussetzung der Unterbringung in einer Entziehungsanstalt normiert hat, ist dies verfassungsrechtlich unbedenklich und eine Erweiterung des Anwendungsbereiches des § 64 StGB auf nicht stoffgebundene Süchte wie die „Spielsucht“ nicht geboten.[90] Auch der Verhältnismäßigkeitsgrundsatz (§ 62 StGB) mit seiner speziellen Ausprägung durch das Subsidiaritätsprinzip des § 72 Abs 1 StGB drängt nicht zu einer über den Wortlaut hinausgehenden Erweiterung des Anwendungsbereichs von § 64 StGB.[91]

---

80 Besteht diese nicht, ist die Maßregel des § 64 StGB unzulässig; soweit der Wortlaut darüber hinaus die Unterbringung erlaubt, ist § 64 StGB verfassungswidrig, *BVerfGE* 91,1.

81 § 67d Abs 1 StGB.

82 Diese Entscheidungen fielen der Revision anheim, vgl zB *BGHSt* 49, 365 = JR 2005, 294, 295; *BGH* 16. 6. 2005, – 5 StR 140/05.

83 *BGHSt* 49, 365 = JR 2005, 294, 295.

84 Zu dem darin enthaltenen rechtsstaatlichen Prinzip (Berechenbarkeitsfunktion des Strafrechts) vgl *BVerfGE* 37, 201.

85 Vgl *BVerfG* NJW 2004, 739, *BVerfGE* 109, 133; *Tröndle/Fischer* StGB 54. Aufl, § 1 Rn 4; aA *Schramm* JZ 2005, 420.

86 Durch das Gesetz gegen gefährliche Gewohnheitsverbrecher und über die Maßregeln der Sicherung und Besserung vom 24. November 1933, RGBl I 995.

87 *ReichsAnz* Nr. 277 v 27. November 1933, Erste Beilage S 3; hiermit war allerdings, wie *Schramm* JZ 2005, 418, 420, ausgeführt hat, nicht der Spielsüchtige, sondern der Teilnehmer an einem verbotenen Glücksspiel gemeint.

88 Durch das 2. StrRG vom 4. Juli 1969, BGBl I 717.

89 Vgl ausführlich dazu *BGHSt* 49, 365, JR 2005, 294, 295.

90 *BGHSt* 49, 365 = JR 2005, 294, 295; vgl a BGH 7. September 1993 – 1 StR 536/93.

91 *BGHSt* 49, 365 = JR 2005, 294, 295.

2. Unterbringung in einem psychiatrischen Krankenhaus, § 63 StGB

14 Während die Unterbringung in der Entziehungsanstalt gemäß § 64 StGB in erster Linie der Heilung dient, steht im Falle der Unterbringung in einem psychiatrischen Krankenhaus nach § 63 StGB die Sicherung der Allgemeinheit vor einem gefährlichen Straftäter im Vordergrund; seine Heilung ist nur erwünschter Nebeneffekt.[92] Die Unterbringung ist zwingend, wenn ihre Voraussetzungen vorliegen, auf Heilungschancen kommt es insoweit nicht an.[93] Obwohl die Behandlungsfähigkeit nicht Voraussetzung der Unterbringungsanordnung ist, erfordert die Gesamtwürdigung des Täters im Rahmen der Entscheidung nach § 63 StGB gleichwohl auch eine Prüfung der Behandlungsaussichten (vgl § 246a StPO), da es ohne eine Klärung dieser Frage an einer geeigneten Grundlage für die Entscheidung, ob eine Bestimmung nach § 67 Abs 2 StGB zu treffen ist, fehlt.[94] Die mit dieser Bestimmung angestrebte Herbeiführung eines „Leidensdrucks" ist nur sinnvoll, wenn eine Behandlung erfolgversprechend ist und es dazu der aktiven Mitwirkung des Untergebrachten bedarf.

15 Die Unterbringung in einem psychiatrischen Krankenhaus erfordert die zweifelsfreie[95] Feststellung der Voraussetzungen zumindest des § 21 StGB. Gerade dies ist aber angesichts des Streites in den psychiatrischen Bezugswissenschaften über den Krankheitswert der Spielsucht schwer möglich. § 63 StGB setzt nach der Rechtsprechung des *Bundesgerichtshofes* eine mit der Schuldfähigkeitsbeurteilung nicht identische „Zustands"-Feststellung voraus, an welche sehr hohe Anforderungen gestellt werden.[96] Die bloße Möglichkeit des Vorliegens eines einer Krankheit gleichwertigen psychischen Defekts reicht nicht aus.[97] Die Voraussetzungen der §§ 20, 21 StGB und die Ursachen der Störung in ihren Auswirkungen auf die Schuldfähigkeit müssen zweifelsfrei aufgeklärt sein;[98] dabei reichen vage Diagnosen oder Symptombeschreibungen nicht aus. Es darf insbesondere nicht offen bleiben, welche Eingangsmerkmale der §§ 20, 21 StGB vorliegen und wie diese sich konkret auf die Schuldfähigkeit und die Gefährlichkeit des Täters ausgewirkt haben.[99] Auch eine psychiatrisch-klinische Diagnose nach den gängigen Klassifikationssystemen DSM-IV oder ICD–10 kann die sichere Feststellung einer zumindest erheblich geminderten Schuldfähigkeit weder ersetzen, noch für sich begründen.[100] Der die Schuldminderung auslösende Zustand des Täters muss selbstredend ein länger andauernder sein.[101] Persönlichkeitsstörungen können die Unterbringung nur dann rechtfertigen, wenn

---

92 *BGH* NStZ 1990, 122.

93 *BGH* NStZ 1990, 122 mwN.

94 *BGH* NJW 83, 350.

95 Vgl im Einzelnen *Tröndle/Fischer* StGB, 54 Aufl, § 63 Rn 11, 12 mwN. Die Anwendung des Zweifelssatzes „in dubio pro reo" bei Annahme der Voraussetzungen des § 21 StGB genügt nicht für die Verhängung der Maßregel.

96 Vgl *Fischer/Tröndle* StGB 54. Aufl, § 63 Rn 6, 7 mit zahlreichen Nachweisen.

97 *BGHSt* 34, 22, 26.

98 *BGH* NStZ-RR 2003, 232; StraFo 2003, 282; 2006, 339; der Zweifelssatz findet insoweit keine Anwendung, vgl BGH 42, 385, 388.

99 *BGHSt* 49, 365, 369f.

100 *Fischer/Tröndle* StGB 54. Aufl, § 63 Rn 7 und § 20 Rn 7.

101 *BGHSt* 44, 369ff; *BGH* StV 1990, 260.

festgestellt ist, dass der Täter aus einem starken, wenn auch nicht unwiderstehlichen Zwang gehandelt hat.[102] Suchterkrankungen (Alkohol-, Medikamenten- und Betäubungsmittelabhängigkeit), die nicht auf einer psychischen Störung beruhen, reichen grundsätzlich nicht als Anlass der Unterbringung nach § 63 StGB aus,[103] auch infolge lang andauernden Mittelmissbrauchs eingetretene Persönlichkeitsstörungen können regelmäßig nicht die Unterbringung rechtfertigen.[104] Nur in den Fällen, in denen eine manifeste Suchterkrankung ihrerseits auf einer psychischen Störung beruht, die in ihren Auswirkungen den krankhaften seelischen Störungen gleichkommt, darf die Unterbringung angeordnet werden, wenn die Suchterkrankung immer wieder regelmäßig zu einem Zustand mit erheblich verminderter Steuerungsfähigkeit führt.[105] Die Maßregelanordnung setzt weiter voraus, dass die Gesamtwürdigung des Täters und seiner Tat(en) ergibt, dass von ihm infolge seines Zustandes weitere erhebliche rechtswidrige Taten zu erwarten sind und er deshalb für die Allgemeinheit gefährlich ist. Zudem ist im Hinblick auf die mit der Maßregel einhergehenden Beeinträchtigungen des Verurteilten und die grundsätzlich unbefristete Dauer[106] der Maßregel des § 63 StGB besonderes Augenmerk auf die Frage der Verhältnismäßigkeit (§ 62 StGB) zu legen. Liegen all diese Voraussetzungen vor, kann auch die Spielsucht zur Unterbringung nach § 63 StGB führen.[107] Solche Fälle sind in der Praxis allerdings selten;[108] entsprechende Entscheidungen der *Instanzgerichte* scheitern häufig in der Revisionsinstanz.[109] In der forensischen Praxis folgt daraus, dass zwar in manchen Zweifelsfällen bei der Strafzumessung zugunsten des Angeklagten davon auszugehen ist, dass seine Schuld infolge Spielsucht erheblich vermindert war, zugleich aber die Anordnung einer Maßregel unterbleibt, weil deren Voraussetzungen nicht sicher feststellbar sind. Kommt eine Maßregel nach § 63 StGB nicht in Betracht, bleibt nur die Möglichkeit, Fehlentwicklungen der Persönlichkeit im Strafvollzug im Rahmen der Bemühungen um ein Erreichen des Vollzugsziels (§ 2 S 1 StVollzG) mit den im Strafvollzug zur Verfügung stehenden Mitteln (vgl §§ 6ff StVollzG, insbesondere §§ 7 und 9 StVollzG) zu behandeln, wozu es allerdings der Mitwirkung des Gefangenen bedarf (§ 4 Abs 1 StVollzG).

---

102 *BGHSt* 42, 385, 388; NStZ-RR 2003, 165f; StV 2005, 20.

103 *BGHSt* 34, 28; 44, 338; NStZ-RR 1997, 97, 102; StV 2001, 677.

104 *Fischer/Tröndle* StGB 54. Aufl, § 63 Rn 9.

105 *BGH* NStZ 1990, 538; 98, 406; zur Verknüpfung einer schweren Persönlichkeitsstörung mit Entstehung oder Fortbestand einer Alkoholsucht als Anordnungsgrundlage iSd § 63 StGB vgl a *BGH* Urt v 8. Januar 1999 – 2 StR 430/98.

106 § 67e StGB sieht eine jährliche Prüfung der Fortdauer der Vollstreckung durch das Gericht vor.

107 *Schramm* JZ 2005, 418, 419.

108 *BGH* Urt v 27. 4. 1993 – 1 StR 838/92, wistra 1993, 263 betrifft einen Fall, in dem der *BGH* die Annahme des § 21 StGB bei einem Spielsüchtigen und neben einer Gesamtfreiheitsstrafe von 6 Jahren dessen Unterbringung ein einem psychiatrischen Krankenhaus bestätigt hat. Dem Landgericht war danach nicht verwehrt, trotz Annahme der Schuldminderung die bei der Ausführung der Taten zum Ausdruck gekommene „Hartnäckigkeit, Dreistigkeit und Unbelehrbarkeit“ des Angeklagten bei der Strafzumessung zu berücksichtigen.

109 Vgl zB *BGH* NStZ 2004, 31f; zur Unterbringung eines Heranwachsenden bei „Spielsucht bei ‚vorgeschalteter‘ Neurose vgl *BGH* 4. 7. 2002 – 4 StR 192/02.

16 Eine **Zurückstellung der Strafvollstreckung** zwecks Durchführung einer stationären Therapie in analoger Anwendung der §§ 35, 36 BtMG ist ausgeschlossen. Diese dem Grundsatz „Therapie vor Strafe“ folgenden Bestimmungen sind nicht analogiefähig und allein drogenabhängigen Tätern vorbehalten. Eine Verfassungsbeschwerde gegen entsprechende Anordnungen des *Landgerichts* Berlin hat das *Bundesverfassungsgericht* nicht zur Entscheidung angenommen, da Grundrechte pathologisch spielsüchtiger Strafgefangener nicht verletzt seien; insbesondere lässt sich aus GG Art 103 Abs 2 kein Analogiegebot dahin ableiten, dass alle vergleichbaren Sachverhalte vom Gesetzgeber hinsichtlich der Zurückstellung der Strafvollstreckung gleichbehandelt werden müssten.[110]

3. Sicherungsverwahrung, § 66 StGB

17 Diese schwerste Maßregel des Strafrechts, mit der die Allgemeinheit vor gefährlichen Rückfalltätern geschützt werden soll, setzt neben strengen formellen Voraussetzungen hinsichtlich der Höhe der zu erkennenden Strafe und der Zahl und Erheblichkeit der Vorverurteilungen und Strafverbüßungszeiten nach § 66 Abs 1 Nr 3 StGB voraus, dass die abgeurteilte Anlasstat sich als Symptomtat für den **„Hang, Straftaten zu begehen“,** darstellt. Unter „Hang“ ist dabei eine auf charakterlicher Anlage beruhende oder durch Übung erworbene intensive Neigung zu Rechtsbrüchen zu verstehen, die den Täter immer wieder straffällig werden lässt.[111] Der Hang selbst muss nicht vom Täter verschuldet sein. Seine Feststellung[112] setzt voraus, dass wiederholte erhebliche Straftaten auf einem **„eingeschliffenen Verhaltensmuster“** beruhen.[113] Da die Ursachen des Hanges grundsätzlich unerheblich sind,[114] kommt auch die Begehung wiederholter Straftaten im Zusammenhang mit Spielsucht in Betracht, die Annahme eines Hanges zu begründen. Ob es sich um ein eigenständiges Krankheitsbild handelt, spielt hier zunächst keine entscheidende Rolle. Wenn der im Rahmen von § 66 StGB vorausgesetzte Hang allerdings auf Umstände zurückgeht, welche gleichzeitig die erheblich verminderte Schuldfähigkeit begründen, ist die Unterbringung nach § 63 StGB in einem psychiatrischen Krankenhaus jedoch vorrangig und deren alleinige Anordnung im Regelfall auch ausreichend.[115] Die Rechtsprechung ist bei der Anordnung der Sicherungsverwahrung aus Anlass von Taten im Zusammenhang mit pathologischem Spiel zurückhaltend. Selbst bei der außergewöhnlichen Tatserie eines Spielsüchtigen, der vom *Landgericht* Hildesheim wegen schwerer räu-

---

110 *BVerfG* Kammerbeschluss vom 24. 2. 1993 – 2 BvR 1663/92.

111 St Rspr, vgl *BGH* NStZ 2000, 578; 2005, 265. Das *BVerfG* sieht in dem „Hang“ eine „psychologische Tatsache“, vgl Beschl v 23. August 2006 – 2 BvR 226/06, Rn 21. Zur Kritik am Hangbegriff der Rechtsprechung vgl *Kinzig* NStZ 1998, 14, 15 f.

112 Prozessual ist zwingend die Hinzuziehung eines Sachverständigen gem §§ 80 a, 246 a StPO geboten. Diesem darf allerdings nicht die Feststellung des Hanges überlassen werden, sondern nur die sachverständige Äußerung zu den Anknüpfungstatsachen (Persönlichkeitsmerkmale, die den Hang ausmachen), vgl *BGH* MDR 1990, 97 [H]. Denn der Begriff des Hanges ist ein Rechtsbegriff und seine Feststellung keine empirische Aufgabe.

113 *BGH* NStZ 1988, 495; 1995, 178.

114 *BGHSt* 24, 160 f; NStZ 1995, 179; 1999, 502; 2003, 201 f.

115 *BGHR* StGB, § 72 Sicherungszweck 6; *BGH* NStZ-RR 2003, 107.

berischer Erpressung bzw schweren Raubes zu einer Gesamtfreiheitsstrafe von 14 Jahren und sechs Monaten verurteilt wurde, hielt die daneben verhängte Sicherungsverwahrung der Revision nicht stand.[116] Der zuvor nur unwesentlich vorbestrafte Angeklagte, der große Geldsummen in Spielcasinos verloren hatte und nunmehr die wirtschaftliche Existenz seines Handwerksbetriebes bedroht sah, suchte binnen eines halben Jahres in acht Fällen jeweils ein Geldinstitut auf und erpresste dort maskiert und unter Drohung mit einem geladenen Gasrevolver die Herausgabe von Geld. In einem Fall schlug das Vorhaben fehl, da der Kassierer dem Angeklagten die Waffe, die dieser unbedacht am Bankschalter abgelegt hatte, wegnehmen konnte. In den anderen Fällen betrug die Summe der Beute insgesamt ca DM 528.000. Das *Landgericht* hatte – sachverständig beraten – eine „narzisstische Persönlichkeitsstörung“ und eine Spielsucht des Angeklagten festgestellt. Eine erhebliche Einschränkung der Schuldfähigkeit verneinte es, da das pathologische Spielen nicht zu einem Persönlichkeitswandel und einer Verarmung in anderen Lebensbereichen geführt habe. Denn dem Angeklagten sei es bei der Erlangung von Geld durch Raubüberfälle nicht allein um die Fortsetzung des Spielens, sondern auch um den Erhalt seines Malerbetriebes und die Fortführung seines aufwendigen Lebensstils gegangen. Der *BGH* bestätigte zwar die verhängte Freiheitsstrafe, rügte aber die angeordnete Sicherungsverwahrung als rechtsfehlerhaft, weil sich die durch Spielsucht verursachte Tatserie des ansonsten sozial integrierten Täters in einem überschaubaren Zeitraum abgespielt habe und sich das *Landgericht* nicht hinreichend mit den Wirkungen eines langjährigen Strafvollzugs sowie mit den Haltungsänderungen auseinandergesetzt, die mit dem Fortschreiten des Lebensalters erfahrungsgemäß eintreten.

VII. Rechtsprechung des *Bundesverwaltungsgerichts*

Die Rechtsprechung des *Bundesverwaltungsgerichts* steht im Wesentlichen im Einklang mit der zu Fragen der Schuldfähigkeit umfangreichen Spruchspraxis des *Bundesgerichtshofs* in Strafsachen[117] und sieht nur in wenigen extrem gelagerten Fällen die Spielsucht als seelische Abartigkeit mit der Folge einer möglichen Schuldausschließung oder -minderung an. Es entspricht ständiger Rechtsprechung des Disziplinarsenats, dass alle Suchtarten, wie Alkohol-, Drogen- oder Spielsucht, auch Bulimie, selbst wenn sie pathologischer Natur sind, als solche nicht immer und ohne weiteres eine Schuldunfähigkeit des Betroffenen bezüglich der in diesem Zustand begangenen Eigentums- oder Vermögensdelikte zur Folge haben. Eine erhebliche Verminderung der Schuldfähigkeit oder in extremen Ausnahmefällen gar Schuldunfähigkeit komme nur dann in Betracht, wenn die Erkrankung zu schwersten Persönlichkeitsveränderungen geführt hat, wenn der Betroffene Beschaffungstaten unter starken Entzugserscheinungen oder die Tat im Zustand eines akuten Rausches verübt hat.[118] Spielleiden- 18

116 *BGH* Beschl v 11. 9. 2003 – 3 StR 481/02.

117 Insb *BGH* Beschl v 8. November 1988 – NStZ 1989, 113; Urt v 20. 9. 1988 – NStZ 1989, 17.

118 St Rspr, vgl z B *BVerwG* Urt v 28. November 1995 – 1 D 43.94; *BVerwG* Urt v 16. März 1993 – „Bulimie“, 1 D 69.91 = NJW 1993, 2632; *BVerwG* Urt v 23. 10. 2002 – 1 D 5/02.

schaft eines Beamten als Ursache für die Veruntreuung von Geldbeträgen ist grundsätzlich kein Milderungsgrund und führt regelmäßig zur Entfernung aus dem Dienst.[119] Bei **Zugriffsdelikten** kann Spielsucht des Beamten für sich genommen nur berücksichtigt werden, wenn sie zur Schuldunfähigkeit (§ 20 StGB) geführt hat; eine Schuldminderung im Sinne des § 21 StGB kann dann nicht zur Milderung der Disziplinarmaßnahme führen, wenn es um die Verletzung einer leicht einsehbaren Kernpflicht geht.[120] Ein auf Wiederholung angelegtes Fehlverhalten, dessen Tragweite sich der Betroffene in Phasen nachlassenden Suchtdranges bewusst werden muss, schließt bei Spielsüchtigen die Anwendung des Milderungsgrundes des Handelns in einer unverschuldeten, ausweglosen wirtschaftlichen Notlage aus.[121] Allerdings kommt der Milderungsgrund der „abgeschlossenen negativen Lebensphase" bei überwundener Spielsucht in Betracht.[122]

VIII. Rechtsprechung der *Arbeitsgerichte*

19 Die rechtlichen Probleme im Zusammenhang mit Beschaffungskriminalität zur Befriedigung der Spielsucht zulasten des Arbeitgebers hat *Freihube* unter Berücksichtigung einschlägiger Entscheidungen instruktiv dargestellt.[123] In solchen Fällen ist die Anwendung der Grundsätze einer (fristlosen) **verhaltensgebundenen Kündigung** gerechtfertigt; nicht aber die für den Arbeitnehmer günstigeren Maßstäbe der personen- oder **krankheitsbedingten Kündigung**. Soweit das *Arbeitsgericht* Berlin abweichend entschieden hat, dass die unterstellten Veruntreuungshandlungen der Klägerin auf ihre Suchterkrankung zurückzuführen sei und insoweit von ihrer Steuerungsunfähigkeit und Schuldunfähigkeit auszugehen sei, weshalb von den Grundsätzen einer personenbedingten Kündigung auszugehen sei,[124] ist diese Entscheidung vom *Landesarbeitsgericht* Berlin aufgehoben worden. Denn im Gegensatz zur Alkoholerkrankung unterliege der Spielsüchtige nicht einer physisch bedingten Bewusstseinstrübung und bleibe zumindest außerhalb des Spiels „handlungsfähig".[125]

IX. Zusammenfassung

20 Die aktuelle Rechtsprechung des *Bundesgerichtshofs* lässt die in der psychiatrischen Fachliteratur umstrittene Frage, ob es sich bei der „Glücksspielsucht" um ein eigenständiges Krankheitsbild handelt, offen. Die Aufnahme des pathologischen Spielens in einschlägige Klassifikationssysteme psychischer Störungen besagt noch nichts über ihre forensische Relevanz. Eine erhebliche Verminderung der Steuerungsfähig-

---

119 *BVerwG* Urt v 7. 11. 1989 – 1 D 65/88, zit nach juris.

120 *BVerwG* Urt v 23. 10. 2002 – 1 D 5/02.

121 Ebd.

122 *VGH Baden-Würtemberg* Urt v 7. 4. 2003 – DL 17 S 18/02, zit nach juris.

123 *Freihube* in: Der Betrieb, 2005, 1274.

124 *ArbG Berlin* Urt v 13. 2. 2004 – 31 Ca 12306/03.

125 *LAG Berlin* Urt v 22. 9. 2004 – 9 Sa 1104/04.

keit beim pathologischen Spielen kommt nach ständiger Rechtsprechung vielmehr nur ausnahmsweise und dann in Betracht, wenn die Sucht zu schwersten Persönlichkeitsveränderungen geführt oder der Täter bei Beschaffungstaten unter starken Entzugserscheinungen gelitten hat.[126] **Entscheidend ist nicht die psychiatrische Diagnose, sondern der Schweregrad der diagnostizierten psychischen Störung.** Die Annahme einer zur Strafmilderung führenden erheblichen Beeinträchtigung des Steuerungsvermögens im Sinne des § 21 StGB durch Spielsucht kommt daher nur in seltenen Fällen in Betracht; ein Schuldausschluss gemäß § 20 StGB allein wegen Spielsucht erscheint praktisch ausgeschlossen. Die Unterbringung eines Glückspielsüchtigen in einer Entziehungsanstalt (§ 64 StGB) ist rechtlich nicht zulässig, es kommt allerdings theoretisch die Unterbringung in einem psychiatrischen Krankenhaus (§ 63 StGB) in Betracht, die sich aber nicht allein auf Glückspielsucht stützen lässt. Zur Sicherung der Allgemeinheit kommt (unter sehr engen Voraussetzungen) die Unterbringung in der Sicherungsverwahrung (§ 66 StGB) grundsätzlich in Betracht, bei deren Verhängung die Rechtsprechung bisher sehr zurückhaltend war.

Die Rechtsprechung des Disziplinarsenats des *Bundesverwaltungsgerichts* zur Ver- **21**
antwortlichkeit für Verfehlungen steht im Einklang mit den zur Spielsucht vertretenen Auffassungen des *Bundesgerichtshofes*. Auch die *Arbeitsgerichte* weichen – von einzelnen *Instanzgerichten* abgesehen – davon nicht ab und messen Kündigungen aus Anlass spielsuchtbedingter Verfehlungen nicht an den für den Arbeitnehmer günstigen Maßstäben der personen- oder krankheitsbedingten Kündigung.

X. Summary (Considerations on the Restriction of Criminal Responsibility)

The criminal court judge is interested in gambling as a cause (also) of the addiction to gambling as far as it can have an influence on penal responsibility, ie offences. The knowledge that gambling can be accompanied by unprincipled addiction behavior is as old as the effort to restrain its feared dangers by means of repression in accordance with criminal law. The criminogenity of excessive gambling has always belonged to the scope of experience in forensic practice and served mainly as a motive of the crime. The opinion that such "character wrongdoers" – owing to their "deliberately antisocial" attitude – could neither be educated nor be changed for the better was very common; severe punishment alone and, if necessary, protective detention were supposed to be suitable to prevent them from committing further criminal acts. A change of paradigm began to take place roughly 1980 when the "American Psychiatric Association" (APA) included "pathological gambling" as a separate diagnostic unit in the Diagnostic and Statistical Manual of Mental Disorders (DSM III). Up to that time in Germany, "pathological gambling" had hardly ever been considered to be a mental disorder that could call in question the committer's responsibility. Since then, however, there has been intense interest shown in the subject by scientific literature, which increasingly attracts the public attention. In 1993, the World Health

126 *BGH* NStZ 2004, 31; *BGHR* StGB aaO 7, 17; *BGH* NStZ 1999, 448, 449; *BGH* StV 1993, 241.

Organization also classified pathological gambling as a sub-case of abnormal habits and a disorder of the check of impulse (ICD–10, F63.0). Following this development, an increase of penal suits could be observed during which experts were charged to render an opinion in respect of the gambler's criminal capacity. "Pathological gambling" has become an ordinary forensic state of facts – caused by punishable conduct and restricted responsibility – in the case of estimated 100.000 to 170.000 gamblers in Germany who are considered to be in need of a medical treatment. The relevance of this state of facts, however, is evaluated quite differently: the spectrum of opinions ranges from the statement that persons addicted to gambling "as pathological persons" should be protected by para 20 or 21 Penal Code (Strafgesetzbuch, StGB) to the refusal of taking into account the gambler's diminished criminal capacity as a "behavioristic logic of excuses" and as a "show piece example" of the exculpation fervor spreading in our culture of the esprit de lois. After the summary consideration of the diagnostic criterions and of the legal basis, *Hoch* examines the handling of the phenomenon gambling addiction, in particular by the criminal courts, and he also consider the problems of the disciplinary jurisdiction and of the jurisdiction of the German labor courts.

According to the World Health Organization's diagnostic criterions, pathological gambling behavior is considered to be a frequently repeated episodic gambling that dominates the concerned person's conduct of life and results in the decadence of social, professional, material and family values and responsibilities. The actual DSM III, which is the essential basis of the international classification of mental disorders, designates 10 characteristics to pathological gambling (ICD classification), at least five of which ought to be fulfilled to make a corresponding diagnosis:

1. (Serious) predisposition to gambling
2. Game with higher and higher stakes to obtain the desired stimulation
3. Unsuccessful attempts to control, to limit or to give up the game
4. Restlessness or irritation during the attempt to limit or to give up gambling
5. Attempts to improve or to alleviate depressive moods by means of gambling
6. Chasing after losses
7. Attempts towards the social surroundings to dismiss as trifling the sums lost
8. Characteristic illegal actions (torts) like forgery, fraud, theft, embezzlement
9. Loss of employment owing to gambling and
10. Contracting debts, desperate financial situation.

The excessive gambling of manically ill persons and of those who suffer from schizopathological or dissocial disorders of personality should not be included in this definition of pathological gambling. In these cases, gambling is only a symptom of the fundamental problem and not a disorder on its own.

It is, however, controversial in scientific literature whether excessive gambling is really a homogenous psychic disorder. While it is partly classified as "addiction" or as "non-substance related addiction", other experts consider the use of the uniform diagnosis "gambling addiction" to be inadequate and therapeutically misleading.

Aside from this, the classification of the description of an illness or of a mental disorder in one of the approved application systems and the appropriate diagnosis do not amount to the forensic relevance to judge the criminal capacity of the delinquent. The descriptive criterions concerning behavior used for socially anomalous conduct do not allow the criminal court judge any conclusive inference of a grave psychic illness or disorder. Accordingly, this recognition is being accepted more often in the relevant literature because the relevance of a classified disorder is not inferable from a special diagnosis but from the extent of the disorder in respect of the criminal capacity.

Nevertheless, the adjudication of the Federal Supreme Court concedes that the medical findings according to ICD–10 – as a rule – do not indicate a detriment that is only a quantité négligeable. The legal initial position to judge a pathological gambler's relevant behavior may be outlined as follows: in accordance with the image of a human being – as it corresponds to the German Basic Law – criminal law is founded on the principle of guilt and responsibility: punishment presupposes the delinquent's guilt. The StGB, however, does not define "guilt" and restrains itself to paras 17, 19, 20, 21, 29 StGB concerning the ruling on the consequences of the lack of it. In conformity with today's prevailing standard term of guilt, the essence of guilt is implied from the reproachability of the forming of will and of its application, ie in the standard evaluation of a psychic state of facts. Therefore, it is not satisfactory to solely ascertain the description of an illness or even of an anomalous behavior (because criminal law is permanently occupied with it). Keeping this in mind, it is, moreover, legally to be evaluated whether the attribution of responsibility is obstructed. Guilt means responsibility for the consequences of behavior that is contrary to the norm. Paras 20, 21 StGB demand the examination of a single act – as it is shown by the wording "in committing the offence". According to para 20 StGB, he/she acts without guilt if he/she is incapable of realizing the unlawfulness of the factually reproached offence or to act in accordance with such a realization because – while committing the offence he/she suffered from a pathological psychic disorder (1. alt), profound disorder of consciousness (2. alt), feeble-mindedness (3. alt) or another grave psychic abnormality (4. alt). If the offender's ability to realize or to control is deficient, his/her punishment is prohibited by para 20 StGB. If, owing to this, his guilt is considerably reduced, para 21 StGB allows mitigation. The apparently conclusive enumeration of the introductory characteristics does not in practice exclude that they may coexist, and on the contrary, in the view of psychiatrists, such cases are rather common.

With regard to pathological gambling, only a classification in the first or fourth alternative is possible. In scientific literature, the view is taken that in the case of addiction to gambling – which is non-substance related – a pathological psychic disorder or another psychic anomaly can be spoken of. The craving for the feeling of happiness, of ecstasy, might dominate the individual to such an extent that his ability to control – which may generally still be available according to his discernment – will be reduced or totally absent in exceptional cases. If in accordance with the DSM criterions, the diagnosis of the pathological gambler has been made and a sustained change of personality is to be perceived, a considerable restriction of the ability to control would be obvious in the case of "indirect procurement delinquency" as well. Some courts adopted this opinion and considered pathological gambling as such a circumstance which restricts the ability to control and, in particular cases, even of its loss.

In accordance with the standing jurisdiction of the criminal division of the German Federal Supreme Court, "pathological gambling", or the "addiction to gambling", is not considered to be a pathological disorder that excludes a criminal capacity nor is it a form of another grave psychic anomaly in the sense of paras 20, 21 StGB. To date, the Supreme Court has expressly left open whether pathological gambling is an independent psychic disorder, and the Court refers to the standard consideration of the facts to be submitted by an expert for the individual case. According to this, it is relevant to what extent the delinquent's general appearance shows psychic changes of personality as described in the criterions of judgment published by scientific literature. These changes, if they are not pathological, are as another psychic anomaly in its degree of seriousness equivalent to the pathological psychic disorders. A substantial decrease of criminal capacity conforming with these criterions can – by way of exception – only then be assumed, granted, recognized when the person concerned has – on account of his/her addiction to gambling – undergone grave psychic changes to his/her personality or when the offender suffered from withdrawal (disambiguation) during his procurement acts. In this case, the Federal Supreme Court expressly draws on its jurisdiction on drug addiction: in such cases, only by way of exception, a decrease of criminal capacity is assumed when the addiction to drugs has very gravely changed the personality of the concerned person or when the offender suffered from severe withdrawal during his procurement acts. The "equivalence formula" shows a primary tendency in the court decisions: the intensity of psychological degeneration is increasingly gaining forensic relevance contrary to its diagnosis. On the whole, the assumption of a considerable impairment of the ability to control in the sense of para 21 StGB on account of addiction to gambling and as grounds for mitigation is very rarely looked upon as possible; an exemption from liability according to para 20 StGB based solely on account of addiction to gambling appears to be practically impossible. The accommodation of a person addicted to gambling in a center for curing addiction (para 64 StGB) is legally not admissible. The accommodation in a psychiatric hospital can theoretically be considered (para 63 StGB), but cannot be based solely on the addiction to gambling. To safeguard the general public (proceeding with very narrow limits), the accommodation in preventive detention (para 66 StGB) is possible in principle, but up to now the court decisions have been very cautious.

The adjudication of the disciplinary court division of the Federal Supreme Administrative Tribunal is essentially in agreement with the extensive practice of the criminal division of the Federal Supreme Court concerning questions of criminal capacity and considers gambling addiction to be a psychic anomaly in only a few extreme cases with the consequence of a possible reason precluding punishability (lack of criminal responsibility) or of mitigation. It corresponds to the standing adjudication of the disciplinary court division that all kinds of addiction like alcohol, drugs or gambling, also bulimia – even if they are of a pathological nature – do not always and not easily entail a criminal incapacity of the person committing the offence involving property under these circumstances. A considerable diminution of criminal capacity – or in exceptional cases even the assumption of incapacity – is only possible when the illness has entailed very grave changes of personality, when the person concerned committed the procurement acts under the influence of severe withdrawal or under the influence of an acute frenzy. Gambling addiction on the part of a public servant as determining cause for the misappropriation of sums of money is – on principle – not a mitigation cause and usually entails the removal from office.

The jurisdiction of the Labor Courts can be summarized as follows: the procurement delinquency to satisfy gambling addiction to the disadvantage of the employer justifies, as a rule, a summary dismissal which is bound to the offender's behavior but not a dismissal on account of personal or health reasons, which is more favorable to the employee. The Berlin Labor Court of Appeal decided in an actual case that the person addicted to gambling – contrary to a person addicted to alcohol – does not succumb to a physically conditioned disturbance of consciousness and – beyond the game – remains "capable of acting". With this decision, the Court of Appeal repealed the decision of the first instance Labor Court, in which it had assumed incapacity to control and at the same time the criminal incapacity of the employee.

2. Abschnitt: Rahmenbedingungen des Verfassungs-, Europa- und WTO-Rechts

§ 10 Verfassungsrechtliche Aspekte des deutschen Glücksspielrechts

Johannes Dietlein

Übersicht

I. Der Glücksspielbetrieb im System des Grundgesetzes

1 Die Veranstaltung und Vermittlung von Glücksspielen zählen – wie die Rechtsprechung heute durchgängig anerkennt[1] – zu den vom Schutzgegenstand der Berufsfrei-

1 Vgl hierzu nur *BVerfG* ZfWG 2006, 16, 24 Rn 81; eingehend *Dietlein/Thiel* NWVBl 2001, 170, 171f, vgl hierzu auch die Besprechungsaufsätze von *Schmid, G.* GewArch 2006, 177ff; *Ennu-*

heit (Art 12 I GG) umfassten Tätigkeiten. Dies selbst dann, wenn einzelne Ausübungsformen wie etwa der Betrieb einer Spielbank vom *Bundesverfassungsgericht* ausdrücklich als „unerwünschte Betätigung"[2] bezeichnet worden sind. Die Einbeziehung der Veranstaltung von Glücksspielen in den Schutzgegenstand der Berufsfreiheit bedeutet freilich nicht, dass derlei Tätigkeit keiner gesetzlichen Reglementierung zugänglich oder gar generell notwendig als „erlaubt" anzusehen wären. Vielmehr ist es eine zentrale Aufgabe der Gesetzgebung, die Freiheits- und Integritätsinteressen der Bürger durch Gesetz voneinander abzugrenzen und – soweit die beruflichen Betätigungen des einen Grundrechtsträgers geschützte Grundrechtspositionen eines anderen beeinträchtigen können – die notwendigen Abwägungsentscheidungen zu treffen. Namentlich soweit Rechtsgüter von hohem oder gar höchstem Range durch bestimmte erwerbswirtschaftliche Betätigungen gefährdet werden, hat die Verfassungsrechtsprechung hierbei von Anfang an die Befugnis des Gesetzgebers anerkannt, den Zugang zu bestimmten beruflichen Tätigkeiten zu beschränken oder gar komplett zu sperren.[3]

Dies gilt namentlich für berufliche Betätigungen im Glücksspielbereich. Denn auch **2**
wenn derlei Tätigkeiten vom Schutzbereich der Berufsfreiheit umfasst sind, akzeptiert das *Bundesverfassungsgericht* hier ein gesetzliches Verbot der erwerbswirtschaftlichen Betätigung unter deutlich herabgesetzten Rechtfertigungsanforderungen. So werden namentlich sog „objektive", also personenunabhängige Beschränkungen des Zugangs zu kommerziellen Betätigungen im Glücksspielbereich bereits durch „wichtige Gemeinwohlziele" gerechtfertigt, wohingegen jenseits des Glücksspielsektors eine Rechtfertigung durch „überragend wichtige Gemeinschaftsinteressen" gefordert ist.[4] Begründet hat das *Bundesverfassungsgericht* diese Sonderkonstruktion in seiner Spielbankenentscheidung vom 19. 7. 2000 mit der Erwägung, dass es sich bei dem Betrieb einer Spielbank um eine unerwünschte Betätigung handele.[5] In der Sportwettenentscheidung vom 28. 3. 2006 hat das Gericht diese Wortwahl nicht mehr fortgeführt, gleichwohl aber an dem verfassungsrechtlichen Konzept weitergehender Eingriffsbefugnisse des Gesetzgebers festgehalten.[6] Das *Bundesverfassungsgericht* reagiert mit dieser Abstufung auf die Besonderheiten des Glücksspielsektors, der eben nicht durch das rationale Aufeinandertreffen von „Angebot" und „Nachfrage" gekennzeichnet ist, sondern durch das mehr oder minder irrationale Bestreben des Spielers, jenseits aller Marktgesetze „das Schicksal herauszufordern".

---

schat, J. ZfWG 2006, 31 ff; *Dübbers/Kartal* ebd S 33 ff, *Hecker, M.* ebd S 35 ff; *Kretschmer, B.* ebd S 52 ff; *Horn, H.-D.* JZ 2006, 789 ff; *Kment, M.* NVwZ 2006, 617 ff; *Bücker/Gabriel* NVwZ 2006, 662 ff; *Pestalozza* NJW 2006, 1711 ff; *Rössel, M.* ITRB 6/2006, S 127 f; *Vallone/Dubberke* GewArch 2006, 240 ff; zu den Urteilsfolgen *Dietlein, J.* K & R 2006, 307 ff.

2 *BVerfGE* 102, 197, 215.

3 Grundlegend *BVerfGE* 7, 377 ff – „Apothekenurteil".

4 Eingehend zu der zugrunde liegenden „Dreistufenlehre" des *BVerfG Dietlein, J.* in: Stern, Das Staatsrecht der Bundesrepublik Deutschland, Bd IV/1, 2006, § 111 V 4 mit umfassenden Nachweisen.

5 Hierzu ausführlich *Dietlein, J.* BayVBl 2002, 161 ff.

6 Vgl *BVerfG* o Fn 3, Rn 97.

II. Die Freiheit des Einzelnen und der Schutzauftrag des Staates

3 Die vornehmste Aufgabe des Rechts ist der Schutz des Schwächeren. Gerade im Bereich des Glücksspielrechts erweist sich der Schutz des Spielers einschließlich seines sozialen, insbesondere auch familiären Umfeldes als klassische Form des Schutzes des Schwächeren. Denn Glücksspielanbieter verkaufen „Träume" und keine realen „Produkte". Den Verlockungen des Glücksspiels sind daher jene Menschen besonders ausgesetzt, die nicht auf der „Sonnenseite" des Lebens stehen und mitunter eben deshalb ihr Glück jenseits der Gesetze ökonomischer Vernunft suchen. Nicht von ungefähr waren und sind wirtschaftlich schlechte Zeiten stets zugleich wirtschaftlich gute Zeiten für Glücksspielanbieter. Vor diesem Hintergrund berechtigen und verpflichten die Gefahren des Glücksspiels, namentlich deren medizinisch-psychologisches Gefährdungspotential samt der insoweit drohenden sozialen Folgelasten, aber auch die drohenden Gefahren von Beschaffungs- und Umfeldkriminalität[7] zu aktiver staatlicher Intervention. Die Rolle des Staates ist eben nicht die eines „Nachtwächters", der seiner Aufgabe damit genügt hätte, dass er sich selbst jeglichen Eingriffes enthält. Vielmehr bedarf die Wahrung grundrechtlicher Freiheiten heute mehr denn je der staatlichen Aktivität dort, wo grundrechtliche Güter und Freiheiten gefährdet sind, und sei es auch durch das Verhalten privater Dritter. Eben das ist die große Erkenntnis der sog „Lehre von den grundrechtlichen Schutzpflichten",[8] wie sie namentlich vom *Bundesverfassungsgericht* in zahlreichen grundlegenden Entscheidungen entwickelt wurde.[9] Diese Lehre von den grundrechtlichen Schutzpflichten des Staates bildet zugleich den zentralen Ansatz für die diversen Regulierungen des Glücksspielwesens in der Bundesrepublik Deutschland. Dass hierbei den spezifischen Eigenarten und Gefahrdungspotentialen der einzelnen Glücksspiele jeweils gesondert Rechnung zu tragen ist, versteht sich von selbst.

III. Regulierung und Wettbewerb

4 Auch unter ökonomischen Gesichtspunkten bleiben Restriktionen bis hin zum vollständigen Ausschluss privater Aktivitäten auf dem Glücksspielsektor nicht ohne Logik. Denn anders als in den konventionellen, wirtschaftsrechtlich geordneten Lebensbereichen kann es auf dem Glücksspielsektor gerade nicht darum gehen, über das wettbewerbs- und expansionsorientierte „Marktmodell" zu einer möglichst umfassenden, breitgefächerten und preisgünstigen Versorgung der Bevölkerung mit attraktiven Glücksspielangeboten zu gelangen.[10] Im Bereich des Glücksspielwesens liegen die Dinge genau umgekehrt: „Wettbewerb", „Innovation" sowie die umfassende „Ver-

---

7 Hierzu im Einzelnen *Dietlein/Thiel* o Fn 3, S 173 f mwN.

8 Eingehend hierzu *Dietlein, J.* Die Lehre von den grundrechtlichen Schutzpflichten, 2. Aufl 2005; *Dreier* Jura 1994, 505, 509; *Michael* JZ 2002, 482, 486; *Schlink* EuGRZ 1984, 457, 463; *Isensee* in: Handbuch des Staatsrechts der Bundesrepublik Deutschland, Bd 5, § 111 Rn 82 ff.

9 Vgl vor allem *BVerfGE* 39, 1 ff; 40, 160 ff; 88, 203 ff.

10 So aber unter grundsätzlicher Verkennung des ordnungsrechtlichen Ansatzes das *Bundeskartellamt* Beschl v 23. 8. 2006, Az 10 – 92713 – Kc – 148/05, Rn 666.

fügbarkeit“ attraktiver Glücksspielangebote führten hier nicht zu einer Steigerung des Gemeinwohls, sondern zu einer Anheizung des Spieltriebs mit einer nicht hinnehmbaren Steigerung der Risiken für das körperliche, psychische und soziale Wohlergehen des Einzelnen sowie der Gemeinschaft insgesamt.[11] Die Grundregel der Suchtforschung ist dabei ebenso einfach wie nachvollziehbar: Je größer, attraktiver und präsenter das Glücksspielangebot, um so größer die Zahl der Problemspieler und Suchtkranken. Auf dem „Markt“ der Glücksspielangebote agiert der Spieler eben nicht als *„mündiger Verbraucher“* bzw als *„homo oeconomicus“*, sondern als *„homo ludens“*. Als Spielender sucht er sein Glück zielgerichtet jenseits der Gesetzlichkeiten des Marktes und ist damit den kommerziellen Interessen eines profitorientierten Anbieters in ganz anderem Maße ausgesetzt als dies bei klassischen „do-ut-des“-Geschäften der Fall ist. Glücksspielangebote sind daher nach der zutreffenden Einschätzung des Gesetzgebers keine konventionellen „Produkte“, so wie umgekehrt die auf dem Glücksspielmarkt erzielten Gewinne nicht wirklich das Ergebnis unternehmerischen Einsatzes, sondern schlicht das Ergebnis einer wirtschaftlichen Nutzung des Spieltriebes der Menschen sind.[12] In der Regulierung des Glücksspielsektors bis hin zu einer völligen Monopolisierung der betreffenden Einzelbereiche zeigt sich somit keineswegs eine marktfeindliche Grundeinstellung des Gesetzgebers, sondern eine systemadäquate Differenzierung, die den Marktgesetzlichkeiten dort entgegen steuert, wo diese ausnahmsweise zu unerwünschten Ergebnissen führen. Eben hier also ist – gerade auch ökonomisch gesehen – der legitime Platz für staatliche Monopole.

IV. Die Kompetenzfrage: Fundament des Regionalitätsprinzips

1. Ausgangslage

Das Grundgesetz kennt – zumindest bislang – keinen eigenständigen Kompetenztitel 5
für das Glücksspielrecht oder Teilbereiche desselben. Für die Segmente des (Glücks-)Spielautomatenrechts oder des Rechts der Pferdewetten hat der Bundesgesetzgeber auf Grund der von ihm vorgenommenen, in Anbetracht der modernen suchtpsychologischen Erkenntnisse freilich eher fragwürdigen Gefahrenbewertung eine wirtschaftsrechtliche Regelungskompetenz nach Art 74 I Nr 11 GG geltend gemacht,[13] während die klassischen landesstaatlichen Glücksspielmonopole etwa für den Betrieb von Spielbanken, Sportwetten und größeren Lotterien ihre kompetenziellen Wurzeln in der polizeirechtlichen Regelungszuständigkeit der Länder nach Art 70 I GG fin-

11 Eingehend hierzu zuletzt *Meyer/Hayer* Das Gefährdungspotenzial von Lotterien und Sportwetten – Eine Untersuchung von Spielern aus Versorgungseinrichtungen, Abschlussbericht an das Ministerium für Arbeit, Gesundheit und Soziales des Landes NRW und an die Westdeutsche Lotterie GmbH & Co KG, 2005.

12 In diesem Sinne bereits *BVerfGE* 102, 197, 216 f; nur scheinbar einschränkend *BVerfG* o Fn 1, Rn 110.

13 Vgl etwa *BVerwGE* 97, 12 ff; mod hierzu *Freytag* GewArch 1994, 95, 97, der auch den Kompetenztitel Förderung der landwirtschaftlichen Erzeugung (Art 74 I Nr 17 GG) ins Feld führt.

den.[14] Aus der jeweils eigenen und auf das eigene Hoheitsgebiet beschränkten Regelungsgewalt der Länder (sog „Glücksspiel- oder Lotteriehoheit der Länder") ergibt sich unmittelbar von Verfassungs wegen das neuerdings heftig umstrittene lotterierechtliche „Regionalitätsprinzip".[15] Dieses besagt im Kern nichts anderes, als dass die Länder die glücksspielrechtliche Gefahrenabwehr autonom betreiben und dementsprechend auch die von den §§ 284, 287 StGB vorausgesetzte Legalisierungswirkung behördlicher Genehmigungen nur auf den Hoheitsbereich desjenigen Landes beschränkt bleibt, für das die zuständige Genehmigungsbehörde tätig wird. Namentlich ausländische Genehmigungen, einschließlich solcher aus dem EU-Ausland, können demnach eine Legalisierungswirkung für im Inland angebotene Glücksspiele nicht entfalten.[16]

6 Aber auch im Verhältnis der Bundesländer untereinander gelten entsprechende Regeln, so dass eine wirksame Genehmigung des einen Landes nicht zur Veranstaltung und Vermittlung von Glücksspielen in einem anderen Land berechtigt. Jedes Land ist also für das andere im wahrsten Sinne des Wortes „Ausland".[17] Soweit die territoriale Begrenzung des Aktionsbereiches staatlicher Anbieter dagegen, wie zuletzt seitens des Bundeskartellamtes,[18] im Sinne eines europarechtswidrigen Kartells (miss)verstanden wird, verfehlt diese Sicht nicht nur unter materiellen, sondern auch und zumal unter kompetenziellen Aspekten die verfassungs- und europarechtlichen Grundlagen der nationalen Glücksspielregulierung.[19] Denn wer die Befugnis der Länder zu

---

14 Im Überblick *Tettinger, P.J.* DVBl 2000, 868 ff; *Tettinger* in: ders/Wank, Gewerbeordnung, Komm, 7. Aufl 2004, § 33 h Rn 1 ff; a A etwa *Berberich, B.* Das Internet-Glücksspiel, 2004, S 88, der Sportwetten pauschal dem Recht der Wirtschaft (Art 74 I Nr 11 GG) zuordnen will.

15 Hierzu statt aller *Tettinger* in: ders/Wank, o Fn 16, § 33 h Rn 13 b.

16 Vgl nur *BGH*, CR 2004, 613 ff mit Anm *Dietlein*; *OLG Bremen* Urt v 11. 11. 2004, 2 U 39/04 (Bookmakers Permit der Isle of Man); *Horn* NJW 2004, 2047, 2051 ff; *Mosbacher* NJW 2006, 3529, 3531; krit für den europäischen Kontext *Berberich, B.* Das Internet-Glücksspiel, 2004, S 124 f; teilw anders *Voßkuhle, A.* GewArch 2001, 177 ff.

17 So bereits *OLG Braunschweig* NJW 1954, 1777, 1779; eingehend auch *Dietlein, J.* BayVBl 2002, 161, 166 f: *W. Ohlmann* WRP 2001, 676. Zur Sonderproblematik der sog DDR-Altkonzessionen im Sportwettenbereich restriktiv *Dietlein, J.* in: Umweltrecht und richterliche Praxis, FS Kutscheidt, E., von Hansmann/Paetow/Rebentisch (Hrsg), 2003, S 119 ff; *Hecker/Schmitt* ZfWG 2006, S 59, 65 ff; a A *Janz* NJW 2003, 1694, 1698 f; *Horn* NJW 2004, 2047, 2049; aus der verwaltungsgerichtlichen Rechtsprechung restriktiv *BVerwG* Urt v 22. 6. 2006, 6 C 19.06; ältere wettbewerbsrechtliche Entscheidungen der Zivilgerichte, die den fortgeltenden DDR-Erlaubnissen eine Legalisierungswirkung auch für Glücksspielangebote in den „alten Ländern" beimessen wollten (vor allem *BGH* NJW-RR 2002, 395), sind heute obsolet und können richtigerweise auch keinen „unvermeidbaren Verbotsirrtum" von Vermittlern bzw Veranstaltern mehr begründen; nicht überzeugend und ohne Aufarbeitung der nahezu einhelligen verwaltungsgerichtlichen Rspr insoweit *OLG Hamburg* Urt v 12. 8. 2004, 5 U 23/04: *„keineswegs geklärt"*; unter Verkennung der st Rspr der Verwaltungsgerichte auch *Rixen* NVwZ 2004, 1410 ff; *Kreuz, D.* Staatliche Kontrolle und Beteiligung am Glücksspiel, 2005, S 167 ff; allein auf die obsolete Rspr rekurrierend jüngst auch *Rössel* ITRB 6/2006, S 127, 128.

18 Beschl v 23. 8. 2006; vgl o Fn 10.

19 Hierzu ausführlich *Dietlein, J.* ZfWG 2006, S 197 ff. So leugnet das Amt nicht nur die kompetenzielle Fundierung der Anbietertätigkeit staatlicher Glücksspielunternehmungen, sondern verlangt überdies – in klarem Widerspruch zu den gesetzlichen Vorgaben – eine kommerziell orientierte

einer binnenstaatlichen Regulierung des Glücksspiels in Frage stellt, stellt letztlich die föderative Ordnung des Grundgesetzes insgesamt in Frage.[20] Mit dieser Auslegung aber kann sich das Amt nicht nur nicht auf das europäische Recht berufen, sondern steht im Gegenteil in einem klaren Widerspruch zur Rechtsprechung des *EuGH*. Zu Recht hat daher auch der *BGH* die vom BKartellA behauptete Anwendungssperre für landesgesetzliche Erlaubnisvorbehalte zurückgewiesen.[21]

2. Die strafrechtliche Regulierung nach §§ 284 ff StGB

Losgelöst von den sachgebietsbezogenen Gesetzgebungskompetenzen des Bundes 7
und der Länder formuliert Art 74 I Nr 1 GG eine allgemeine strafrechtliche Vorranggesetzgebung des Bundes, die dieser durch den Erlass der §§ 284 ff StGB ausgeübt hat. Die einschlägigen strafrechtlichen Bestimmungen, die zumal das ungenehmigte Veranstalten, Vermitteln und Bewerben von Glücksspielen sanktionieren, bleiben auch in Ansehung der „Lotteriehoheit" der Länder ohne Bedenken, da sie keine eigentliche materielle Regelungsentscheidung zu Gunsten monopolistischer oder liberalisierter Regulierungsmodelle treffen, sondern schlicht an den Tatbestand des „ungenehmigten" Tätigwerdens anknüpfen. Aufgrund dieser Systemneutralität der betreffenden Strafnormen sind die wiederholt geltend gemachten gemeinschaftsrechlichen Bedenken gegen die Sanktionsnorm unbegründet.[22] Auch die von der 2. Kammer des Ersten Senates des *Bundesverfassungsgerichts* mit Beschluss vom 27. 4. 2005[23] geäußerten europarechtlichen Bedenken an § 284 StGB dürften mit der Senatsentscheidung vom 28. 3. 2006 ausgeräumt sein.[24] Da die §§ 284 ff StGB richtigerweise keine abschließende Regelung strafrechtlicher Fragen des Glücksspielwesens enthalten, bleiben ergänzende Bestimmungen des Landesrechts möglich.

3. Glücksspielrecht zwischen Ordnungs- und Wirtschaftsrecht

Immerhin hat die Sportwettenentscheidung des *Bundesverfassungsgerichts* vom 28. 3. 8
2006 gewisse Unsicherheiten im Hinblick auf die Verteilung der Regelungszuständigkeiten zwischen Bund und Ländern hervorgerufen. Wenn hier auf die Möglichkeit verwiesen wurde, den Bereich der Sportwetten auch auf der Basis des Kompetenz–

Unternehmensführung durch die staatlichen Anbieter. Unzutreffend ist namentlich die Annahme, dass der Zustimmungsvorbehalt des § 5 III LoStV eine wirtschaftliche Absicherung des Glücksspielmonopols gewährleiste. Tatsächlich aber darf das durch diese Bestimmung eingeräumte Ermessen gem § 40 VwVfG allein nach Maßgabe ordnungsrechtlicher Kriterien ausgeübt werden.

20 *Dietlein, J.* ZfWG 2006, 197 ff.

21 *BGH* ZfWG 2007, 269, 273 ff; zuletzt Beschl. v. 14. 8. 2008, KVR 54/07.

22 Eingehend *Dietlein, J.* CR 2004, 372, 375; *Hecker/Schmitt* o Fn 17, S 64 f mit umfassenden Nachweisen zur Literatur. Aus der jüngsten Rechtsprechung zuletzt *VG München* Beschl v 11. 5. 2006, M 22 S 06.1473.

23 *BVerfGK* WRP 2005, 1003 ff, m Amn *Dietlein*, ebd S 1001 ff.

24 Namentlich die Aussage des Gerichts, wonach in der Übergangszeit die Frage der Strafbarkeit nach § 284 StGB „der Entscheidung der Strafgerichte (unterliegt)", o Fn 1, Rn 160, kann nur dahin verstanden werden, dass das Gericht die im Kammerbeschluss vom 27. 4. 2005 angemahnte Vorlage zum *EuGH* für nicht (mehr) erforderlich erachtet; zu dieser Interpretation im Einzelnen *Dietlein* K & R 2006, 307, 312.

titels „Recht der Wirtschaft“ (Art 74 I Nr 11 GG) – bundes- oder landesrechtlich – neu zu regeln,[25] sollte dies entgegen anfänglich zu vernehmender Einschätzungen[26] gewiss nicht die nahe liegende Möglichkeit einer ordnungsrechtlichen Regulierung durch den Landesgesetzgeber in Frage stellen. Vielmehr wollte das Gericht allein klarstellen, dass im Falle einer landesgesetzlichen Revision der eigenen Gefahrenprognose ein Rückgriff auf die konkurrierende Bundes- oder Landeskompetenz für das „Recht der Wirtschaft“ denkbar bleibt, sowie umgekehrt auch im Bereich der bislang wirtschaftsrechtlich geordneten Glücksspielbereiche jederzeit eine Revision der bisherigen (großzügigen) Gefahrenprognose durch den Bundesgesetzgeber und eine Überführung der betreffenden Materien in das Ordnungsrecht der Länder möglich und – je nach wissenschaftlichem Erkenntnisstand – sogar angezeigt sein kann. Dagegen dürfte außer Frage stehen, dass eine Fortschreibung des ordnungsrechtlich begründeten und vom *Bundesverfassungsgericht* für grundsätzlich zulässig erachteten Monopolmodells allein auf landesrechtlicher Ebene, nämlich auf der Gesetzgebungskompetenz für das Polizeirecht möglich ist. Denn ohne eine zumindest grundsätzliche Freigabe kommerzieller Glücksspielveranstaltungen fehlt es an einem „Recht der Wirtschaft“ im Sinne des Art 74 I Nr 11 GG.

4. Auflösung divergierender Gefahreneinschätzungen von Bund und Ländern

9 Eng mit dieser kompetenziellen Problematik verwandt ist die weitere, bislang freilich zur theoretischen Frage, ob und inwieweit der Bundesgesetzgeber die aus der Polizeihoheit nach Art 70 I GG fließende Gesetzgebungskompetenz der Länder womöglich dadurch aufheben könnte, dass er sich im Rahmen einer „marktöffnenden“ Glücksspielreglementierung auf seine Vorranggesetzgebung für den Bereich des „Rechts der Wirtschaft“ (Art 74 I Nr. 11 GG) und den Vorrang des Bundesrechts vor dem Landesrecht (Art 31 GG) beruft.[27] Gegen eine derartige Handlungsoption des Bundesgesetzgebers spricht nach hiesiger Auffassung, dass die Polizeihoheit der Länder bzw die verfassungsrechtlich verbürgte polizeirechtliche Einschätzungsprärogative des Landesgesetzgebers auf diese Weise durch den Bund unterlaufen werden könnte. Jedenfalls die spezialgesetzlich „ausgeübte“ Polizeigesetzgebung muss daher – spätestens aus Gründen der Bundestreue – eine Sperrwirkung in Richtung konkurrierender wirtschaftsrechtlicher Regelungen des Bundes entfalten, so dass sich der Bundesgesetzgeber nicht über abweichende Gefahrenprognosen des Landesgesetzgebers hinwegsetzen darf.

10 Bislang nicht abschließend geklärte Kompetenzkonflikte ergeben sich schließlich, wenn und soweit die Landesgesetzgeber den Versuch unternehmen sollten, bislang bundesrechtlich (wirtschaftsrechtlich) geregelte Bereiche des Glücksspielrechts auf-

25 ZfWG 2006, 16–30.

26 In diesem Sinne aber *Ennuschat, J.* o Fn 1, S 32; *Hecker, M.* o Fn 1, S 37; wohl auch *Vallone/Dubberke* o Fn 1, S 242; *Pestalozza* NJW 2006, 1711, 1713. Wie hier bereits *Dietlein, J.* K & R 2006, 307.

27 Zu dieser Variante *Hecker* o Fn 1, S 37.

grund einer gegenüber der Bundesgesetzgebung abweichenden Gefahrenprognose unter die eigene ordnungsrechtliche Regelungshoheit zu ziehen. Praktische Relevanz würde diese Frage etwa dann erlangen, wenn die Länder im Rahmen der Bildung eines konsistenten Präventionsmodells eine ordnungsrechtliche Regelung auch des Rechts der Gewinnspielautomaten (§ 33c GewO) anzustreben suchten. Unstreitig wird insoweit zunächst davon auszugehen sein, dass der Bundesgesetzgeber in regelmäßigen Abständen zu überprüfen hat, ob die seiner (wirtschaftsrechtlichen) Regulierung zu Grunde liegende Gefahrenprognose tatsächlich noch dem Stand der wissenschaftlichen Forschung entspricht, was etwa hinsichtlich der gewerberechtlichen Regulierung des Glücksspielautomatenrechts – wie oben dargelegt – zunehmend bezweifelt wird. Im Einzelfall kann sich aus diesen allgemeinen Anforderungen eine verfassungsrechtliche Verpflichtung des Bundesgesetzgebers ergeben, von einer vormals wirtschaftsrechtlichen Normierung abzugehen und den betreffenden Lebensbereich der ordnungsrechtlichen Normierung durch die Länder freizugeben. Ob und inwieweit sich der Landesgesetzgeber auch ohne eine entsprechende „Freigabe" der entsprechenden Regelungsfelder bemächtigen darf, ist dagegen bislang ungeklärt. Feststehen dürfte allerdings: Je höher man die Anforderungen an eine konsistente Glücksspielregulierung schraubt, umso eher wird man wechselseitig Rücksichtnahmepflichten im Rahmen der Kompetenzausübung zur Glücksspielgesetzgebung annehmen müssen.

5. Das Glücksspiel im Spiegel der Föderalismusreform

Die dargestellten kompetenziellen Probleme haben durch die Neuregelungen der Föderalismusreform keine Klärung erfahren. Zwar hat die Reform eine verfassungsrechtliche Neujustierung der bisherigen Gesetzgebungszuständigkeiten insoweit erbracht, als das Recht der Spielhallen künftig der ausschließlichen Landesgesetzgebung vorbehalten bleibt und bestehendes Bundesrecht durch Landesrecht ablösbar ist.[28] Nicht abschließend geklärt ist freilich, ob die Regelungszuständigkeit für das Spielhallenwesen in einem materiell umfassenden Sinne zu verstehen ist,[29] oder ob die neue Länderzuständigkeit – wie die bislang vorherrschende Auffassung annimmt[30] – ausschließlich auf das bislang in § 33i GewO geregelte Spielhallenwesen im „räumlichen" Sinne begrenzt bleibt. Immerhin sieht sich die zuletzt genannte Auffassung dem schwerwiegenden Vorwurf ausgesetzt, das einfache Recht in systemwidriger Weise zum Maßstab der Verfassungsauslegung zu machen. 11

In der Gesamtschau bleibt freilich festzustellen, dass die Verteilung der Gesetzgebungskompetenzen im Bereich des Glücksspiels nach wie vor eher von Zufälligkei- 12

28 Gesetzentwurf der Fraktionen der CDU/CSU und SPD, BT-Drs 16/813 v 7. 3. 2006, Art 1 Nr 7a gg (Neufassung von Art 74 I Nr 11 GG) und Nr 21 (Neufassung von Art 125a GG), umgesetzt in der Fassung des Gesetzesbeschlusses des Deutschen Bundestages vom 30. 6. 2006, BR-Drs 462/06.

29 Hierfür *Dietlein, J.* ZfWG 2008, 12ff.

30 In diesem Sinne etwa die Begründung zu einem novellierten Lotteriestaatsvertrag; ähnl *Schönleiter* GewArch 2006, 371ff; *Degenhart* NVwZ 2006, 1209, 1213f.

ten als von einem klaren systematischen Konzept gesteuert erscheint.[31] Durchaus sinnvoll erschiene es nach hiesiger Auffassung, im Rahmen kommender Reformen einen einheitlichen landesstaatlichen Kompetenztitel „Glücksspiel- und Automatenrecht“ in die Verfassung einzufügen.

V. Materielle Regelungsaspekte: Das konsistente Präventionsmodell

13 Im Zentrum der Diskussionen um die Verfassungsmäßigkeit staatlicher Glücksspielmonopole steht seit jeher die Frage der materiellen Rechtfertigung der hiermit verbundenen Grundrechtseingriffe. Zumal nach der viel beachteten Gambelli-Entscheidung des *EuGH*[32] hatte die Kritik an dem tatsächlichen Erscheinungsbild der staatlichen Glücksspielangebote namentlich im Sportwettenbereich nochmals deutlich zugenommen.[33] So hatte der *EuGH* jedes fiskalisch motivierte „Ermuntern“ und „Anreizen“ zum Spiel für unvereinbar mit den ordnungsrechtlichen Zielen staatlicher Glücksspielmonopole erklärt.[34] Diese Kernaussage der Gambelli-Entscheidung findet sich auch in der Sportwetten-Entscheidung des *Bundesverfassungsgerichts* vom 28. 3. 2006 wieder. Denn zwar billigt das Gericht explizit die gesetzgeberische Gefahrenprognose sowie die Einschätzung des Gesetzgebers, dass allein ein staatliches Monopol effektiven Schutz vor den spieltypischen Gefahren bieten könne. Eine Präzisierung der eigenen Rechtsprechung in Richtung des europäischen Rechts findet sich gleichwohl insoweit, als das *Bundesverfassungsgericht* – anders etwa als in der vorangegangenen Spielbankenentscheidung aus dem Jahre 2000 – nunmehr ein konsistentes gesetzliches Konzept zur Realisierung der gefahrenpräventiven Ziele des Monopols verlangt. Hintergrund dieses Neuansatzes ist die Feststellung des *Bundesverfassungsgerichts*, dass das frühere Sportwettenangebot des staatlichen Anbieters „erkennbar auch fiskalische Zwecke“ verfolgt habe und „keineswegs aktiv an der Bekämpfung von Spielsucht und problematischem Spielerverhalten ausgerichtet“ gewesen sei.[35] Dieses Defizit im tatsächlichen Bereich bewertet das Gericht als unmittelbare und daher dem Gesetzgeber zurechenbare Folge unzureichender normativer Vorgaben des Gesetzes,

---

31 Dazu *Janz* NJW 2003, 1694, 1696.

32 Gambelli-Entscheidung des *EuGH* NJW 2004, 139; vorher bereits *EuGH* EuZW 2000, 151 – „Zenatti“; DVBl 2000, 111 ff – „Läräa“; NJW 1995, 2013 – „Schindler“. Zur Interpretation der Gambelli-Entscheidung als „Bestätigung des derzeitigen Status quo“ *Korte* NVwZ 2004, 1449, 1452.

33 Aus der Rspr etwa *HessVGH* CR 2004, 370, allerdings wurde der Beschluss mit Entscheidung desselben Gerichts vom 27. 10. 2004, 11 TG 2096/04 aufgehoben; zweifelnd etwa auch *VG Minden* GewArch 2005, 21: Vereinbarkeit mit Gemeinschafts- und Verfassungsrecht „mehr als fraglich“; für Verfassungs- und Europarechtskonformität dagegen etwa *OVG Sachs-Anh* Beschl v 18. 3. 2005, 1 M 91/05; *OLG Bremen* Urt v 11. 11. 2004, 2 U 39/04; *BayVGH* Urt v 29. 9. 2004, AN 5 K 03/443; *BayObLG* Beschl v 26. 11. 2003, 5 StRR 289/03, Bl 3; *VG Arnsberg* Beschl v 17. 11. 2003, 6 B 1674.

34 *EuGH* NJW 2004, 139, 141, Rn 69.

35 *BVerfG* o Fn 1, Nr 133 und 134.

das aus diesem Grunde als unverhältnismäßig einzustufen gewesen sei. Im Einzelnen betraf die Kritik vor allem folgende Bereiche:

1. Werbung

Innerhalb eines konsistenten gefahrenpräventiv begründeten Monopolmodells hat sich namentlich die Werbung darauf zu beschränken, den vorhandenen Spieltrieb zu kanalisieren und auf das legale staatliche Angebot zu lenken. Jegliche Formen eines zusätzlichen „Anreizens" oder „Ermunterns" zum Spiel liegen damit jenseits der ein Monopol rechtfertigenden Zielvorgaben. Hierbei kommt es auf die früher regelmäßig diskutierte Frage, ob die Werbung bereits als „aggressiv" oder nicht einzustufen ist, nicht mehr an.[36] [37] Ein sachbezogener und auf spielanheizende Effekte verzichtender Werbeauftritt bleibt freilich – auch nach den Vorgaben des *Bundesverfassungsgerichts* – weiterhin zulässig und erforderlich, um die legalen Anbieter in der öffentlichen Wahrnehmung präsent zu halten. 14

2. Vertriebswege

Besondere Bedeutung für die Konsistenz eines Präventionsmodells im Bereich der Sportwetten misst das *Bundesverfassungsgericht* auch den Vertriebswegen zu. Diese sind im Ergebnis so zu gestalten, dass die Möglichkeit zu Sportwetten nicht zu einem „allerorts verfügbaren Gut des täglichen Lebens" wird. Hierbei geht es, wie die übergangsrechtlichen Regelungen des Gerichts deutlich machen, freilich nicht um eine rein quantitative Bewertung. Entscheidend ist vielmehr, dass „Möglichkeiten zur Realisierung des Spieler- und Jugendschutzes genutzt" werden. Kritisch bewertet das *Bundesverfassungsgericht* nicht zuletzt den Vertrieb von Sportwetten über das Internet oder gar über Handy (SMS).[38] Insofern bestehen etwa gegen das nunmehr vorgesehene vollständige Verbot von Internetwetten keine verfassungsrechtlichen Bedenken. 15

3. Aktive Suchtprävention

Ausdrücklich beanstandete das *Bundesverfassungsgericht* schließlich, dass eine aktive Suchtprävention innerhalb des vormaligen Systems nur unzureichend gewährleistet war.[39] Hierbei verlangt das Gericht von einem konsistent suchtpräventiv ausgerichteten Monopolkonzept, dass es normative Vorkehrungen für eine frühzeitige Erkennung und eine angemessene Reaktion auf problematisches Spielerverhalten bereithält. Ausdrücklich genannt wird im Rahmen der Übergangsregelungen hierbei auch die Möglichkeit einer „Selbstsperre", wohingegen das bloße Bereithalten von Informationsmaterial für nicht hinreichend erachtet wurde.[40] 16

---

36 *BVerfG* o Fn 1, Nr 136.
37 *BVerfG* o Fn 1, Nr 151.
38 *BVerfG* o Fn 1, Nr 139.
39 *BVerfG* o Fn 1, Nr 141.
40 *BVerfG* o Fn 1, Nr 152.

4. Organisation

17 Auch in organisatorischer Hinsicht verlangt das *Bundesverfassungsgericht* schließlich Vorkehrungen, die einen Missbrauch staatlicher Monopole zu fiskalischen Zwecken verhindern. Ohne insoweit nähere Vorgaben zu machen, stellt das Gericht hierbei den Vorschlag eines neutralen Kontrollgremiums in den Raum, das in seinen Entscheidungen über Art und Umfang des Spielbetriebes nicht durch eigene finanzielle Vor- oder Nachteile beeinflusst wird.

VI. Gefahrenpräventives Konzept und wettbewerbliches Umfeld

18 Die vom *Bundesverfassungsgericht* angemahnte Rückbesinnung des staatlichen Sportwettenangebotes auf dessen gefahrenpräventive Zielsetzung entspricht der Grundidee staatlicher Glücksspielvorbehalte. Denn neben der Sicherung effektiver Durchgriffsmöglichkeiten auf die „Betriebsebene" der Anbieter geht es dem Monopolmodell auch darum, durch eine Beschränkung des Angebotes einer unerwünschten Expansion des Glücksspiels und damit zugleich den glücksspielspezifischen Folgeproblemen wie namentlich dem der Spielsucht, aber auch sonstiger negativer Begleiterscheinungen des Spieles,[41] entgegenzuwirken. Freilich werden die staatlichen Anbieter ihre Kanalisierungsfunktion im Rahmen eines konsistenten suchtpräventiven Monopolmodells nur dann wirksam ausüben können, wenn sie von der Notwendigkeit befreit sind, sich – zumal mittels Werbung – im Wettbewerb gegen kommerzielle Anbieter durchsetzen zu müssen. In den grundrechtlichen Schutzauftrag einbezogen sind somit auch die jeweils zuständigen Ordnungs- und Polizeiverwaltungen, die im Rahmen des suchtpräventiven Monopolkonzepts konsequent gegen die nicht genehmigte Veranstaltung und Vermittlung von Glücksspielen vorgehen müssen.[42] Richtigerweise ist insoweit sogar von einer Ermessensreduzierung auf Null auszugehen.[43] Parallele Ansätze finden sich nunmehr auch in der Rechtsprechung des *Bundesverfassungsgerichts*. Gewiss nicht zufällig hatte das Gericht seine übergangsrechtlichen Regelungsanordnungen mit dem Hinweis verbunden, dass das gegen illegale Anbieter gerichtete Ausschlussrecht mit bestimmten Maßgaben weitergelte[44] und auch durchgesetzt werden könne.[45] Denn schon aus Gründen der Gefahrenabwehr als dem zentralen Leitgedanken des Sportwettenrechts darf die geforderte Rückbesinnung der staatlichen Anbieter auf ihre suchtpräventive Aufgabe nicht dazu führen, dass das

---

41 Dabei reichen die Problemfelder von der schlichten „Beschaffungskriminalität" bis hin zur Geldwäsche und dem Einstieg der Organisierten Kriminalität; eingehend *Dietlein/Thiel* o Fn 1, S 170 ff.

42 Hierzu eingehend *Dietlein, J.* GewArch 2005, 89 ff; auch abgedruckt in: „eGambling als Herausforderung an das Recht" – Dokumentation des 2. Düsseldorfer Informationsrechtstages, hrsg vom ZfI der Universität Düsseldorf, 2005, S 47 ff.

43 *Dietlein, J.* o Fn 41; in diesem Sinne auch § 12 Abs 1 S 1 Lotteriestaatsvertrag, demzufolge die zuständigen Behörden darauf hinzuwirken haben, dass unerlaubtes Glücksspiel unterbleibt.

44 Zum Verständnis dieser Weitergeltungsanordnung im Einzelnen *Dietlein, J.* K & R 2006, 307, 308 ff.

45 *BVerfG* o Fn 1, Rn 158.

entstehende „Machtvakuum“ durch illegale Anbieter ausgefüllt wird und der Bürger sich so einem weithin illegalen „Markt“ gegenüber gestellt sieht.[46]

VII. Auswirkungen auf das Lotteriewesen

Natürlich stellte sich nach der Entscheidung vom 28. 3. 2006 zugleich die Frage, ob das Urteil allein den Bereich der Veranstaltung und Vermittlung von Sportwetten betrifft oder auch für das Lotteriewesen im engeren Sinn Geltung beansprucht. Insoweit ist gewiss zunächst festzustellen, dass das Lotteriewesen im engeren Sinne durch die Entscheidung nicht unmittelbar angesprochen worden ist. Auch unterscheidet sich das Lotteriewesen im engeren Sinn vom Sportwettenrecht dadurch, dass dort – anders als im Bereich Sportwetten – ein striktes Staatsmonopol gerade nicht besteht. Vielmehr bleibt der Staatsvorbehalt hier auf die sog „großen“ Lotterien beschränkt. Im Hinblick darauf liegt es nahe, die diesbezüglichen Betätigungsschranken im Sinne bloßer „Berufsausübungsregelungen“ zu deuten, die damit nochmals geringeren Rechtfertigungsanforderungen unterliegen als genuine Staatsmonopole. Die vom *Bundesverfassungsgericht* angemahnte „Konsistenz“ des konkreten Regulierungsmodells bleibt indessen auch hier die zentrale Herausforderung an die Gesetzgebung. Insofern ist der Ansatz des neuen Glückspielstaatsvertrages, der sich bewusst für eine Einbeziehung auch der Lotterien in das neue Präventionskonzept entschieden hat, gewiss nachdrücklich zu begrüßen. **19**

VIII. Fazit

Der Schutz des Bürgers vor Gefahren für seine physische und psychische Gesundheit zählt zu den vornehmsten Aufgaben des modernen Grundrechtsstaates. Dies schließt den Bereich der spezifischen Gefahren des Glücksspiels ein. Dabei rechtfertigt es das Ziel der Suchtprävention, besonders gefahrenträchtige Segmente des Glücksspiels einer kommerziellen Nutzung vollständig zu entziehen und – soweit der Spieltrieb der Bevölkerung nicht völlig zu unterbinden ist – das danach erforderliche Angebot in staatlicher Regie zu führen. Die hiermit verbundenen Grundrechtsbeeinträchtigungen sind für private Glücksspielveranstalter und -vermittler hinnehmbar, soweit der Gesetzgeber vorgesehene Monopolmodelle konsequent am Ziel der Suchtprävention ausrichtet. Klar ist, dass konsequente Suchtprävention ihren Preis hat. Dass dieser Preis gleichwohl bei weitem niedriger ist als der Preis, den ein auf Gewinnmaximierung fixierter Glücksspielmarkt mit seinen fatalen Folgen für den einzelnen Spieler sowie die Bevölkerung insgesamt fordern würde, bleibt bei alledem immer wieder hervorzuheben. **20**

---

46 Hierzu eingehend *Dietlein, J.* K & R 2006, 307 ff.

IX. Summary (German Constitutional Law concerning Gambling)

In his contribution, *Dietlein* describes the basis of constitutional law concerning gambling. Part of the free and constitutional order of the German Federal Constitution (Basic Law) is the individual's liberty to choose any occupational activity to serve as the basis for the establishment and maintenance of his/her own basis of life. This "civil right of occupational liberty" (article 12 GG) is also a pillar of the competitively oriented economic system of the Federal Republic of Germany.

The organization and realization of games of chance fall into the scope of protected occupational liberty, which is generally admitted by jurisdiction. However, the inclusion of organizing games of chance into the area protecting occupational liberty does not mean that such activities are not in need of legal regulation and that they are not considered to be "legitimate" at all levels. On the contrary, a central task of legislation consists of reciprocally limiting citizens' liberty spheres and – as far as the professional activities of one citizen might impair the rights of another – to make the necessary decisions regarding such limitations. The jurisdiction of constitutional law has always acknowledged the legislator's authority to restrict access to certain activities or even to block them completely when objects of legal protection – of a high or the highest merit – are endangered by certain business activities. This applies particularly to professional activities in the field of gambling.

The noblest task of the law is the protection of the weak. The law on gambling is the classic form of this task, ie the gambler's protection, including his social surroundings and particularly his family circle. The role of the state is – in this context – not merely that of a "night-watchman" complying with his task in refraining from any kind of interference. On the contrary, an active intervention is required where constitutional objects of a high merit and liberties are endangered by the behavior of third persons. The basis of the constitutional dogmatics regarding the obligations of protection – deduced from the civil rights – is to be found in this perception, as established by the Constitutional Court in several important decisions.

From an economic point of view as well, the restrictions are logical, going as far as the total exclusion of private activities in the gambling domain. The gambling sector differs from the conventional spheres of life, which are organized by the law of economics. The gambling sector cannot intend to gain – via the "market- model" that is based on competition and expansion – the population's reasonably priced supply with attractive gambling tenders. The situation is inverted within the gambling domain: "competition, innovation as well as the complete availability" of attractive gambling tenders do not result in a raising of the public welfare but in a stoking up of the gambling instinct with a dramatic increase of risks in respect of the physical, psychic and social well-being of the individual as well as the entire community.

The constitutional statutory rules regarding the allocation of competences required in a federal state are a further point of departure in describing the framework conditions of the gambling domain. The competences to regulate in the sphere of gambling are not exclusively established at the one or the other level of government. Rather, they are shared between Bund (Federal State) and Länder.[47] However, up to now, it is possible that the classic gambling monopoly has found its roots of competence in the police law of the Länder under art 70 I GG to avert dangers while operating casinos, sports betting and bigger lotteries. Accordingly, the legislative acts of the respective Länder legislators and the supervising authorities in the Länder are constitutionally restricted to the territory of the Land concerned. This constitutionally directed "principle of territory" has, however, recently been intensely disputed.

The federal legislature is competent to regulate the segments of law on gambling machines and horse betting and is based on the entitlement of competence under article 74 I Nr 11 GG "Das Recht der Wirtschaft" (trade and industry law). In accordance with the state of scientific knowledge regarding the potential dangers of gambling-machines, which are to be found in gambling dens and public houses, a revisal of the very liberal prognosis of danger and the inclusion of this segment into the regulatory law of the Länder might be regarded as advisable. In its decision of the leading case on sports betting on 28th of March, 2006, the Constitutional Court clearly stated that the constitutional justification for a gambling monopoly of the state presupposes a consistent model of prevention. It has given details on the questions of publicity and channels, on the requirements of an active prevention of addiction and on the organization of supervision by the State. The constitutional requirements – as the court explicitly states – run parallel with the provisions of Community Law defined by the European Court of Justice.

Not only the illegal gambling tenders impede the realization of a consistent model of prevention according to regulatory law, but also the increasing presence of so-called "commercial intermediaries", particularly in the field of the law on lotteries. Their formation and contractual codification in the State Lottery Act is based on the Federal Supreme Court's view – which is not without problems – that gambling mediation seems to be a phenomenon which should be imputed to the gambler and so far – in principle – it does not seem to be directly covered in the law segments on sports betting and lotteries. It cannot be ignored, however, that commercial gambling mediation develops into just such competitive and commercial activities that the governmental monopolies are trying to avoid in the central fields of gambling. The State Gambling Act, signed by 14 heads of government, demonstrates a distinct limitation of channels, especially the prohibition of gambling tenders in the internet and in supermarkets, thereby aiming at the inclusion of commercial mediation into a joint concept of preventing addiction.

---

47 The Federal Republic of Germany consists of 16 *Länder*: Baden-Württemberg, Bavaria, Berlin, Brandenburg, Bremen, Hamburg, Hessen, Lower Saxony, Mecklenburg-Western Pomerania, North-Rhine Westphalia, Rhineland-Palatinate, Saarland, Saxony, Saxony-Anhalt, Schleswig-Holstein and Thuringia. Federalism in the Federal Republic of Germany is characterized by a distribution of power between the Federation and the Länder. The latter possess state quality independent of the Federation.

§ 11 Europäische Aspekte zur Lage des Glücksspiels

Winfried Wortmann und Philippe Vlaemminck

Übersicht

I. Vorbemerkung

1 Die Auseinandersetzung um die Ordnung des Glücksspiels in den Mitgliedstaaten der Europäischen Union ist unübersichtlich geworden. Ein Hauptgrund dafür ist, dass gesellschaftspolitische Aspekte und rechtliche Fragestellungen zunehmend miteinander verwoben werden. Damit entsteht der Eindruck, dass politische Entscheidungen über den Glücksspielsektor durch die rechtlichen, insbesondere die europarechtlichen Rahmenbedingungen weitgehend vorgezeichnet sind. Dies ist nicht zutreffend. Die Frage um die Gestaltung des Glücksspiels ist eine gesellschafts- und sozialpolitische. Dabei geht es um die Konsistenz der strategischen Entscheidung wie um die Glaubwürdigkeit der operativen Umsetzung in gleicher Weise. Der folgende Beitrag macht sich zur Aufgabe, die gesellschaftspolitische Dimension von den europarechtlichen Aspekten zu trennen und so zu einer Versachlichung der Diskussion beizutragen.

2 Um dorthin zu gelangen, wird zunächst die Ausgangssituation dargestellt. Dabei ist auch auf die Vorgeschichte kurz einzugehen. Das Verständnis der heute schwer überschaubaren Lage setzt die Klärung der Rollenverteilung der in den europäischen Entscheidungsprozess involvierten Institutionen voraus. Dabei ist die Beziehung nationaler Regierungen zu europäischen Institutionen auf der einen Seite und das Zu-

sammenwirken der nationalen Gerichte und des *Gerichtshofes* der Europäischen Gemeinschaften (*EuGH*)/des *Gerichtshofes* der Europäischen Freihandelsassoziation (EFTA-Court) auf der anderen Seite zu beleuchten. Daneben spielen – in keinem anderen gesellschaftlichen Bereich so virulent wie im Glücksspielsektor – die gesellschaftlichen Intermediäre (Sport, Kultur, Heimatpflege, Sozialeinrichtungen) eine bedeutsame Rolle; sie sind als finanzielle Destinatäre in der Refinanzierung ihrer Aktivitäten in praktisch allen europäischen Staaten aufs Engste auf die Abschöpfungen aus dem staatlich kontrollierten Glücksspiel angewiesen. So war in Deutschland der Sport, insbesondere der Fußball, nach dem Kriege Pate und Garant des Fußball-Toto.

Kern des Beitrages ist eine europarechtliche Positionsbestimmung, ausgehend von 3
den Entscheidungen des *EuGH*. Anders als in praktisch allen übrigen Regelungsbereichen europäischer Politik fehlt für den Glücksspielsektor auf europäischer Ebene eine Gesetzgebung, so dass es zu einer „Case-law-Orientierung" kommen musste. Dem *EuGH* (parallel dem EFTA-Court) wächst damit eine Gestaltungsmacht zu, mit der sich das Gericht zunehmend unwohl fühlt und die es auf anderen Feldern so nicht kennt.

Durch die Intervention des Bundeskartellamts (BKartAmt) in Deutschland im Jahre 4
2006 ist – zumindest auf den ersten Blick – eine weitere Dimension der Auseinandersetzung hinzugekommen: die Frage nämlich, ob mit Art 81 EGV das europäische Wettbewerbsrecht dem Ordnungsrecht der Länder vorausgeht. In diesem Zusammenhang ist von Relevanz, ob die vorliegenden *EuGH*-Entscheidungen die Frage eines wettbewerbsrechtlichen Primates implizite bereits abgehandelt oder zumindest richtungweisend beantwortet haben, oder ob sich dem *EuGH* diese Konkurrenzfrage bisher nicht gestellt hat. Auffällig ist, in wie vielen Beiträgen zuletzt unterstellt wird, der *EuGH* habe zwar in seinen Entscheidungen vom „Glücksspielmonopol", von „Behinderungen EU-vertraglicher Freiheitsrechte" gesprochen, dabei aber stets nur strafrechtliche oder Aspekte der Dienstleistungs- und Niederlassungsfreiheit geprüft und das Wettbewerbsrecht somit offen gelassen. Kann der *EuGH* von der Zulässigkeit eines Monopols ausgehen, ohne an das Wettbewerbsrecht zu denken?

II. Die Ausgangslage

In der glücksspielpolitischen Auseinandersetzung ist „Europa" zur argumentativen 5
Keule geworden, die von vielen Seiten geschwungen wird: *Verwaltungsgerichte* gründen die Nichtvollziehbarkeit von Schließungsverfügungen gegen inländische konzessionslose Sportwettenangebote bzw. Sportwettenvermittlungsangebote auf die von ihnen unterstellte „Europa*in*konformität" der einschlägigen straf- und ordnungsrechtlichen Regelungen. Fernsehsender rechtfertigen Werbeverträge mit Sportwettanbietern aus dem EU-Ausland mit dem Europarecht. Bundesliga und DFB sehen im Europarecht die Basis für Konzessionsmodelle mit oligopolistischen Angebotsstrukturen. Das BKartAmt beruft sich in seiner Lotto-Entscheidung vom 23. August 2006 gegen die Unternehmen des Deutschen Lotto- und Toto-Blocks auf europäisches Wettbewerbsrecht. Nicht zuletzt die Europäische Kommission hat sowohl die bisherige glücksspielrechtliche Gesetzeslage als auch den am 1. Januar 2008 in Kraft ge-

tretenen Glücksspielstaatsvertrag der Länder (GlüStV) unter Hinweis auf die Rechtsprechung des *EuGH* vehement angegriffen.

6 In seinem Grundsatzurteil zum Sportwettenrecht vom 28. März 2006 nimmt das *Bundesverfassungsgericht* (*BVerfG*) Bezug auf die bisherigen Entscheidungen des *EuGH* und stellt fest, dass es sich im Einklang mit der europäischen Rechtsprechung sieht. Es stellt die Verfassungswidrigkeit der bisherigen Sportwettengesetzgebung fest und verlangt eine gesetzliche Neuordnung zum 31. Dezember 2007. Der neue GlüStV der Länder ist dementsprechend der Glücksspielkodex zur Umsetzung der bundesverfassungsgerichtlichen und damit zugleich der europarechtlichen Vorgaben. Gleichwohl findet der so vehement in den letzten Jahren ausgetragene Streit seine Fortsetzung und es stellt sich die Frage, worin die Ursache für die Perpetuierung der rechtlichen Auseinandersetzung mit den alten Argumentationsstrategien liegt. Irrt möglicherweise bereits das *BVerfG* und verkennt die Position des *EuGH* bei der Formulierung der verfassungsrechtlichen Anforderungen? Oder hat der GlüStV die Vorgaben des *BVerfG* nicht sachgerecht aufgegriffen und umgesetzt?

Ist der glücksspielrechtliche Befund des *EuGH* so zwiespältig, dass Missverständnisse unausweichlich sind?

7 Die feststellbaren deutlichen Abweichungen bei der Interpretation der glücksspielrechtlichen Lage – bis hin zu gegenteiligen Grundannahmen – insbesondere nach der sog *Placanica*-Entscheidung des *EuGH* (vom 6. März 2007)[1] sind kein echtes Novum: Bereits nach der Verkündung der *EuGH*-Entscheidung in der Sache *Gambelli* im November 2003[2] gab es Siegesmeldungen auf „beiden Seiten" – und das Urteil war eigentlich keineswegs missverständlich. In einer Pressemitteilung eines Sportwettenanbieters hieß es beispielsweise:

> „Die Liberalisierung der europäischen Sportwettenmärkte schreitet ... erwartungsgemäß voran ... Gemäß der *EuGH*-Entscheidung müssen zukünftig alle EU-Mitgliedstaaten gewährleisten, dass es jedem in einem Mitgliedstaat niedergelassenen Dienstleister möglich ist, seine im Herkunftsland zugelassene Dienstleistung zu erbringen, soweit innerstaatliche Beschränkungen nicht aus Gründen des Allgemeininteresses gerechtfertigt sind."[3]

Und:

> „Sportwetten aus dem europäischen Ausland sind auch nach der Gambelli-Entscheidung des *EuGH* unzulässig; ...
>
> Damit (Entscheidung des OVG Münster 9. Juni 2004) ist jedenfalls für Nordrhein-Westfalen klar festgestellt, dass auch nach dem Gambelli-Urteil keine Öffnung des deutschen Marktes für Glücksspielanbieter aus dem europäischen Ausland erfolgen kann ..."[4]

8 Auch nach der Verkündung des lange erwarteten *EuGH*-Urteils im Fall *Placanica* gab es nur Sieger; jede Seite erkannte die zuvor veröffentlichten Erwartungen an die Entscheidung im Urteilsspruch sofort wieder. Europaweit sahen sich Regierungen, private Buchmacher, gewerbliche Glücksspielvermittler und staatlich konzessionierte

1 *EuGH* Urt v 6. 3. 2007, C-338/04.
2 *EuGH* Urt v 6. 11. 2003, C-243/01.
3 Presseportal.de (vom 1. 4. 2004).
4 Pressemitteilung einer *Anwaltskanzlei* isa-casinos.de (vom 2. 9. 2004).

Lotterie- und Sportwettenunternehmen in ihrer Rechtsposition gestärkt. Die Medien spiegelten eine unfassbar breite Spanne von Urteilsauslegungen:

> „Das mit Spannung erwartete Urteil des *Europäischen Gerichtshofes* in Sachen *Placanica* ist gefallen – mit folgenschweren Konsequenzen für das deutsche Wettmonopol. Die Richter entschieden, dass auch private Wettanbieter bei der Vergabe von Konzessionen zugelassen werden müssen. … Das *Placanica*-Urteil bedeutet rein rechtlich auch das Aus für den angestrebten neuen Staatsvertrag der deutschen Ministerpräsidentenkonferenz, da dieser auf Grund der jetzigen Rechtslage eine Prüfung durch die EU nicht bestehen könnte.“[5]
>
> „…
>
> – *EuGH* stärkt Dienstleistungsfreiheit innerhalb der EU
>
> – Richtungsweisendes Urteil für Öffnung der europäischen Sportwettenmärkte
>
> – GlüStVs-Entwurf der Länder nicht mehr haltbar
>
> …
>
> Nach der *EuGH*-Entscheidung sind Monopole im Sportwettenbereich innerhalb der EU praktisch nicht mehr durchsetzbar …“[6]
>
> „Aufgrund dieser Entscheidung ruft die EBA alle Mitgliedstaaten auf, ihre Glücksspielmonopole aufzulösen und einen offenen und fairen Wettbewerb durch zugelassene und reglementierte Betreiber mit in Europa ausgestellten Lizenzen zuzulassen.“[7]
>
> „Anders als oft behauptet, hat sich der *EuGH* mit keinem Wort für eine europaweite Anerkennung ausländischer Glücksspiellizenzen ausgesprochen. Zudem hat er sich in keinster Weise negativ über Glücksspielmonopole geäußert. … Seit dem *Schindler*-Urteil in 1994, so auch im aktuellen *Placanica*-Urteil (Rn 45 ff), erkennt der *EuGH* in ständiger Rechtsprechung für Glücksspiele einschließlich der Sportwetten zwingende Gründe des Allgemeininteresses als Rechtfertigung für Beschränkungen der Niederlassungs- und Dienstleistungsfreiheit an, nämlich Verbraucherschutz, Betrugsvorbeugung, Vermeidung von Anreizen für die Bürger zu überhöhten Ausgaben für das Spielen sowie die Verhütung von Störungen der sozialen Ordnung im Allgemeinen.“[8]

Auffällig ist in beiden Fällen der Rezeption sowohl der *Gambelli*- als auch der *Placanica*-Entscheidung, dass die Medien in der ersten Interpretationswelle ganz überwiegend Deregulierungspositionen in den Mittelpunkt der Berichterstattung gestellt haben. Argumente, die für die Beibehaltung ordnungsrechtlicher Lösungen sprechen, fanden sich zunächst kaum. Sie tauchen erst auf, wenn die Spektakularität des Urteils verblichen ist. Regierungen und staatliche Glücksspielanbieter hatten und haben das Problem, dass die traditionelle ordnungsrechtliche Position kaum mehr dem Medienzeitgeist entspricht. Das kommt nicht von ungefähr. Insbesondere drei Gründe schwächen die politische Position einer streng ordnungsrechtlichen Lösung: **9**

1. Die langjährig geübte operative Praxis war unspektakulär. Gerade in Deutschland sind Lotterien restriktiv gefahren worden. Im Pro-Kopf-Spieleinsatz wie in der

---

5 *Irischer Buchmacher* isa-casinos.de (vom 7. 3. 2007).

6 *Österreichischer Sportwettenanbieter* Juraforum.de (vom 6. 3. 2007).

7 Pressemitteilung *EBA* vom 6. 3. 2007.

8 *European Lotteries*, isa-casinos.de (vom 13. 3. 2007). *European Lotteries (EL)* ist die Vereinigung der europäischen staatlichen Lotterie- und Totogesellschaften und vertritt 74 Organisationen (www.european-lotteries.org).

Wachstumsrate liegt Deutschland deutlich unter dem europäischen Durchschnitt. Sportwetten mit Festquoten sind erst 1999 zugelassen worden. Damit ist die Gefährlichkeit von Lotterien, die von ihrer Ausgestaltung abhängt, nie erlebt worden – Lotto ist eben die Lösung, nicht das Problem.

2. Die Abschöpfungsquote aus dem Spieleinsatz, die ein zentraler Dämpfungshebel des Spiels ist und immanentes Regulativ jeder staatlichen Regulierung sein muss, führt aus der Mechanik der Lotterie heraus zu hohen Erträgen. In allen europäischen Staaten – und nicht nur dort – sind sie stets für gemeinnützige Zwecke eingesetzt worden und haben damit zumindest indirekt die staatlichen Haushalte entlastet. Zur Einschätzung, die Regulierung des Glücksspiels geschähe nicht aus gesellschaftspolitischer Verantwortung sondern (allein) aus fiskalischer Motivation, ist es nur ein kleiner Schritt.
3. Die Wachstumslücke, die von den staatlichen Anbietern als Konsequenz der regulierten Geschäftspolitik aufgemacht wurde, wird von interessierten potenziellen kommerziellen Anbietern als unausgeschöpftes Marktpotenzial erkannt. Ein deregulierter Wettbewerb führte nicht nur zu höherem Pro-Kopf-Spieleinsatz, sondern begleitend zu wachsenden Werbeausgaben. Zudem bietet sich zugleich ein hoch interessanter neuer Content für die Medien.

10 Da die europäischen Staaten bisher im ordnungspolitischen Schulterschluss marschierten, gibt es auch keinen spektakulären Referenzfall, an dem das Gefährdungspotenzial politisch erlebbar und nachvollziehbar gemacht werden kann. Die Besonderheit des Glücksspiels, seine latente Gefährlichkeit, erschließt sich nicht unmittelbar.

– Rückblick

11 Die europaweite Auseinandersetzung um Glücksspiele ist neueren Datums. Für die Väter der Römischen Verträge spielten Lotterien und Sportwetten keine Rolle. Im Mai 1957 gab es in Frankreich, den Niederlanden und Belgien kein Lotto, in Deutschland war es keine zwei Jahre alt. Großbritannien war nicht Mitglied der EWG, große Lotterien waren dort verboten. Zudem war die Nähe dieser Aktivitäten zur öffentlichen Hand in den Gründerstaaten ausgeprägt, der Bereich der öffentlichen Sicherheit blieb vom EWG-Vertrag ausgespart. Und nicht zuletzt: Die ökonomische Rolle war gesamtwirtschaftlich unbedeutend. Auch für das Glücksspielwesen von Relevanz war allerdings: Der Grundsatz der Diskriminierungsfreiheit bei Ausnahmen von der Dienstleistungsfreiheit wurde bereits im EWG-Vertrag von 1957 festgelegt (Art 65, Art 7).

12 Erstmals hat das BKartAmt 1961 zum Blockvertrag der deutschen Lotto-Unternehmen vom 21. April 1960 Stellung genommen – und ihn als kartellrechtlich unbedenklich beurteilt. Zwar waren (und sind) aus Sicht des BKartAmt die Lotto-Veranstalter – unabhängig von ihrer konkreten Rechtsform – als wirtschaftliche Unternehmen tätig. Die – teilweise sehr enge – Bindung der Lotto-Unternehmen an die Länder, die sich ua in der Beteiligung der Länder oder öffentlich-rechtlicher Körperschaften an der Gründung des Lotto-Unternehmens und in der Staatsaufsicht zeigt, hinderte nicht, die Unternehmenseigenschaft der Lottounternehmen und ihre Unterwerfung unter das GWB zu bejahen. Nach Auffassung des Amtes hätten daher gegen den Blockvertrag der Lotterieunternehmen (aus 1956) kartellrechtliche Bedenken bestehen können, wenn es nur auf ihn angekommen wäre und er für sich allein zu betrachten gewesen wäre. Genau dies, so hat das Amt festgestellt, war aber nicht der Fall. Entscheidend sei, dass der Blockvertrag ohne Zustimmung der Aufsichtsbehörden nicht hätte zustande kommen können.[9]

Mit dem Auftauchen deutscher Klassenlotterielose im wettfreudigen, aber lotteriefreien Großbritannien beginnt die europäische Auseinandersetzung über Glücksspiele. Die aus diesem Anlass 1994 erarbeitete Position hat der *EuGH* bis 2007 nicht verlassen. Er hat sie über eine Serie von Folgeentscheidungen aus jeweils unterschiedlicher Perspektive beleuchtet und damit ein zunehmend klares, anspruchsvolles Gesamtbild entworfen. Da diese vom *EuGH* konturierte und präzisierte Rechtslage der Europäischen Kommission keinen Handlungsauftrag zuweist, stand von vornherein ein Kritiker der entwickelten Lösung bereits fest. **13**

Der Sport, insbesondere der Fußball, ist von Beginn an in einer Sonderrolle gewesen. Das erklärt auch zum Teil die Schärfe der heutigen Auseinandersetzung in Deutschland zwischen den Bundesländern auf der einen und dem DFB bzw der DFL auf der anderen Seite. Eine Parallelentwicklung zeichnet sich auf europäischer Ebene ab. **14**

Die Förderung des Sports war in den Jahren 1947–49 das Kernargument, das für die Einführung der Toto-Wetten sprach. Wie sonst hätten der Wiederaufbau der Sportstätten finanziert und das Vereinsleben reaktiviert werden können? Der Sport war gewissermaßen der „natürliche Destinatär“ für die Toto-Sportwetten. Diese setz(t)en – sowohl als Ergebniswetten als auch in der späteren Auswahlwette – auf Fußballergebnissen auf. Folgerichtig erhielten zunächst überwiegend Fußball- und Breitensportverbände Konzessionen für Totalisatorwetten; die dazu gegründeten regionalen Toto-Gesellschaften waren Träger der Genehmigungen und Veranstalter der Wetten. **15**

Ein Interessenkonflikt zwischen den Rollen des Sportveranstalters und des Wettunternehmens wurde damals nicht gesehen: Die Toto-Wetten sind Totalisatorwetten; der Wettveranstalter hat aus den Sportergebnissen heraus kein wirtschaftliches Risiko. Es wird kein fester Gewinn garantiert; das Ausschüttungsvolumen wird gemäß Gewinnplan (Totalisator) auf die Gewinner verteilt. Dies ist bei den – gerade dadurch für die Wetter interessanteren – Festquotenwetten anders. Hier geht der Veranstalter ins wirtschaftliche Risiko. Aus diesem Grunde enthält der Sportwetten-Code of Conduct der Europäischen Lotterie- und Toto-Vereinigung EL konsequenterweise eine Unvereinbarkeitsfeststellung. **16**

Nach der Einführung von LOTTO (6aus49) brach die wirtschaftliche Bedeutung der Toto-Wetten ein. Die Finanzierung des Breitensports wurde ab 1957 weitestgehend aus dem Lotterieaufkommen finanziert. Die Frage einer Exklusivdestination bei Sportwetten wurde zur akademischen Frage. Das war für den professionellen Fußball allerdings anders. Wegen seiner kommerziellen Ausrichtung aus der Förderkulisse der Lotterien ausgeblendet, suchte er beständig nach Wegen, die „Lücke in der Wertschöpfungskette“ des Profifußballs zu schließen. Bereits vor Einführung der Festquo- **17**

9 *BKartAmt* Beschl v 27. 7. 1961, S 3.

tenwette Oddset durch den Deutschen Lotto- und Toto-Block gab es das Bestreben des DFB, Mitveranstalter von Wettangeboten zu werden. Damals sahen die Länder darin einen Bruch mit dem ordnungsrechtlichen Grundverständnis. Als der Fußball nach Einführung der Oddset-Wette in einigen Bundesländern nicht exklusiver Destinatär von Oddset wurde, verfestigte sich der Konflikt.

III. Die Akteure der Auseinandersetzung

18 Die *Staaten der europäischen Gemeinschaften* haben das Glücksspiel insgesamt von Beginn an für regelungsbedürftig gehalten. Dabei stand die Sorge um gesellschaftliche Destabilisierung im Vordergrund. Wichtig blieb allerdings auch, dass die dem kontrollierten Glücksspiel inhärente Abschöpfung aus dem Spieleinsatz in erheblichem Umfang zur Refinanzierung gemeinnütziger Aufgaben herangezogen werden konnte. Dies galt und gilt für Lotterien und Sportwetten in gleicher Weise.

19 Es ist das Konstruktionsmerkmal der Lotterie, aus Millionen von kleinen Einzelbeiträgen über ein flächendeckendes Vertriebssystem eine zentrale Ausspielung zu bedienen, die enorme Gewinne möglich macht, obwohl in der Regel nur 50% oder weniger der Spieleinsätze ausgeschüttet werden. Da die Produktions- und Distributionskosten überschaubar sind (wegen der bedeutsamen Economies of scale in der Regel zwischen 10 und 15%) verbleibt ein beachtliches Abschöpfungspotenzial. Es ist einer Monopolrente vergleichbar; wie dort erfordert sie zu ihrer Abschöpfbarkeit die monopolistische Angebotsstruktur. Die Monopolrente entsteht eben nur im Monopol. Diese Gestaltungsform ist Ausdruck der gesellschaftspolitischen Entscheidung, dass im Falle des Glücksspiels nicht die Kundenpräferenzen, sondern eine politisch definierte Angebotspolitik Vorrang haben soll. Dann muss zwangsläufig der Wettbewerb ausgeschaltet sein – eine Entscheidung in der zunehmend globalisierten Welt, die nach der Ausrichtung der EU an den Lissabon-Zielsetzungen dem Zeitgeist entgegenläuft. Die Unpopularität der Monopolentscheidung wird dadurch verstärkt, dass die Erfahrungen der letzten 50 Jahre mit Lotterien ausgesprochen positiv waren und die Argumentation stärken, Lotterien seien harmlos und damit zugleich so zu behandeln wie andere Dienstleistungen (insbesondere Finanzdienstleistungen) auch. So wird der Interventionserfolg der Glücksspielpolitik der letzten Jahre in der heutigen Auseinandersetzung zur *self destroying prophecy.* Neben dem Eindruck der vermeintlichen Harmlosigkeit hat die restriktive Politik der Vergangenheit eine weitere Folge: Im Zuge der Umorientierung weiter gesellschaftlicher Bereiche zur kommunikationsintensiven Unterhaltungsgesellschaft signalisiert die Marktforschung für den Glücksspielsektor ein beachtliches Wachstumspotenzial. Die Politik des gedrosselten Wachstums, die von den staatlichen Lotterie- und Sportwettenanbietern verfolgt wurde, hat die Attraktivität dieses Geschäftsfeldes für kommerzielle Anbieter erhöht. Dies gilt insbesondere für elektronische Vertriebskanäle. Aus kommerzieller Sicht sind sie ausgezeichnete Anwendungsfelder elektronischer Distribution: reine Informationsprodukte, die preiswert produziert und distribuiert werden und in der Kombination von attraktivitätsstarker und vertrauensbildender Präsenz in den Medien und *hard selling individual* Akquisition im Internet äußerst erfolgreich sein können.

Kommt es zur Deregulierung, entsteht für die Mitgliedstaaten ein doppeltes Problem: Sie haben die voraussichtlich gravierenden Folgen sozialer Verwerfungen aufzufangen und verlieren gleichzeitig die finanziellen Mittel zur Refinanzierung gemeinnütziger Aufgaben. Immerhin geht es bei den 74 Mitgliedern der European State Lotteries and Toto Association um ein Abschöpfungsvolumen von jährlich rd € 16 Mrd. **20**

Die Politik der *Europäischen Kommission* in ihrer Rolle als Garantin der Europäischen Verträge und als Initiatorin der europäischen Gesetzgebung ist auf die Liberalisierung auch des europäischen Glücksspielwesens gerichtet. Einen – jegliche Liberalisierungsbestrebungen von vornherein hindernden – Vorstoß der europäischen Regierungen, das Glücksspiel insgesamt (oder auch nur Teile) aus dem europäischen Vertragswerk auszuklammern, hat es nicht gegeben. Vorüberlegungen dazu in den 90er Jahren sind an der erforderlichen Einstimmigkeit gescheitert. Damit gelten die Europäischen Verträge auch für das Glücksspiel. Für die Europäische Kommission, insbesondere für die Generaldirektion Binnenmarkt, ist die Erfolgsgeschichte Europas die Geschichte der Deregulierung, der befreiten Märkte. In praktisch allen ehemals regulierten Märkten haben die traditionellen Anbieter ihre Privilegien mit der Besonderheit ihrer Produkte und der Notwendigkeit langfristiger Angebotssicherung verteidigt. Gleichwohl ist bislang in keiner Branche eine Grundsatzentscheidung zu Gunsten einer reglementierten Angebotsstruktur monopolistischer Provenienz gefallen. Die Wettbewerbslösung überwölbt als Zielstruktur alle Bereiche des Binnenmarktes, wobei teilweise längere Übergangszeiten akzeptiert werden. **21**

Die Heterogenität der Mitgliedstaaten auch im Hinblick auf die mit dem Glücksspiel gemachten Erfahrungen führt zu Schwierigkeiten bei der Prognose der für das jeweilige Land zu erwartenden Konsequenzen einer Deregulierung: Lässt sich aus der Vertrautheit der britischen Bevölkerung mit Wetten ableiten, dass auch die Deutschen nach 5–10 Jahren mit einer geöffneten Wettlandschaft zurechtkommen? Oder kommt das mittelfristig von kommerziellen Wettanbietern prognostizierte Wachstum aus immer intensiverem Wetten auch weiterhin nur aus einer kleinen Bevölkerungsgruppe? Für die Abschätzung der sozialen Folgen sind dies entscheidende Fragen. Umfassende Untersuchungen dazu liegen nicht vor. In der von der Kommission beauftragten und 1991 vorgelegten Studie „Gambling in the Single Market“ werden nur die auch heute noch gültigen zentralen Aussagen zur Ist-Situation getroffen: das Vorherrschen der Monopollösung in nahezu allen Mitgliedstaaten, die Bedeutung der Einnahmen aus dem Glücksspiel für die (Re-)Finanzierung gemeinnütziger Zwecke und die verwirrende Vielfalt der anwendbaren Einzelvorschriften.[10] Die Kommission setzt dennoch schon damals eindeutig auf den Wettbewerb und die dabei den Einzelstaaten zur Verfügung stehenden normalen Korrektivmaßnahmen. Glücksspielkritiker bezweifeln, ob Wettbewerbskorrekturen ausreichend sein können; sie plädieren weiterhin für die Begrenzung des Angebotes. **22**

10 Studie "Gambling in the Single Market", Juni 1991: "Troughout the Member States, betting, gaming and lotteries are illegal, except where specific legislative exemptions provide otherwise. In general, gambling is not considered to be in the public interest, however, it is recognised that a level of natural demand exists and, as a result, legislation has evolved in each of the Member States to allow betting, gaming and lottery activities."

23 Die *Wettbewerbsbehörden* der europäischen Staaten sehen sich „in einer Linie" mit der Kommission. Sie sehen im deregulierten Markt mehr als nur ein Effizienzkriterium zur Durchsetzung von Kundeninteressen. In der Verbindung von europäischem Wettbewerbsrecht und den in den Verfassungen der Mitgliedstaaten zementierten Freiheiten leiten sie als Grundpostulat ein Primat des Wettbewerbs über das wettbewerbsbeschränkende Ordnungsrecht ab. Unter dieser Prämisse kommt das Ordnungsrecht nur dann zum Zuge, wenn den erheblichen Gefahren für das Gemeinwohl nicht durch wirtschafts-freiheitlichere Instrumente begegnet werden kann. Hier liegt ein Kernpunkt künftiger juristischer Auseinandersetzungen: Dürfen die Mitgliedstaaten im Rahmen ihres Beurteilungs- und/oder Ermessensspielraums davon ausgehen, dass ein Konzessionsmodell im Hinblick auf die Primärzielsetzung der Spielsuchtvermeidung und -bekämpfung zwar ein – aus Sicht privater Glücksspielanbieter im Vergleich zum Monopol – milderes Mittel darstellt, nicht aber ein Mittel gleicher Eignung? Der *EFTA-Gerichtshof* jedenfalls hat diese Auffassung in seiner *Ladbrokes Ltd.*-Entscheidung vom 30. Mai 2007 gestützt.[11]

24 Die *staatlichen Lotterie- und Wettanbieter* stehen in einem Spagat zwischen rechtlicher Monopolisierung und tatsächlichem Wettbewerb. Die elektronischen Medien, die gewerblichen Vermittler, die enormen Arbitragemöglichkeiten zwischen den Steuersätzen einzelner Länder haben zu einer weitgehend unkontrollierten Werbe- und Distributionslandschaft für Glücksspiele in Europa geführt. Staatliche Anbieter sehen sich, rechtlich als Angebotsmonopolisten behandelt, im operativen Alltag einem spürbarem Wettbewerb ausgesetzt, in einer „Gleichzeitigkeit des Ungleichzeitigen". So hat in Deutschland der staatliche Wettanbieter Oddset mittlerweile weniger als 25% Anteil am Markt der Sportwetten in Deutschland – eher ein Nischenanbieter als ein Angebotsmonopolist.

25 Eine durchschlagende Marktbereinigung ist der staatlichen Aufsicht bislang – unter der Rechtsherrschaft des Lotteriestaatsvertrages 2004, des Regionalisierungsstaatsvertrages und der alten Länderausführungsgesetze – nicht gelungen. Die Dauer des rechtlichen Klärungsprozesses höhlt sowohl die sozialpolitische Funktion wie auch die monetäre Ergiebigkeit des Monopolmodells aus.

IV. Die europarechtlichen Rahmenbedingungen für die glücksspielpolitische Entscheidung

26 Nach den Entscheidungen des *EuGH*, insbesondere nach den jüngeren Urteilen *Gambelli* (2003)[12] und *Placanica* (2007)[13] ist der rechtliche Rahmen für die gesetzgeberischen Entscheidungen der EU-Mitgliedstaaten klar. Gleiches gilt für die EFTA-Staaten nach der Entscheidung *Ladbrokes Ltd.* (2007).[14] Für die Bundesrepublik

11 *EFTA-Court* Urt v 30. 5. 2007, E-3/06, Rn 42, 1. Satz.

12 *EuGH* Urt v 6. 11. 2003, C-243/01.

13 *EuGH* Urt v 6. 3. 2007, C-338/04.

14 *EFTA-Court* Urt v 30. 5. 2007, E-3/06.

Deutschland hat das *BVerfG* 2006[15] den Handlungsauftrag und den Handlungsrahmen noch detaillierter abgesteckt. Nationale höchstrichterliche Rechtsprechung und europäische Entscheidungen sind kompatibel. Im Ergebnis hat der Gesetzgeber einen weiten Entscheidungsspielraum für die Gestaltung der Glücksspiele erhalten. Allerdings ist unbestritten, dass Glücksspiele, mag die Dienstleistung auch noch so speziell sein, dem EU-Vertrag unterliegen. Damit gilt die Dienstleistungsfreiheit nach Art 50 EGV auch für das Glücksspielwesen – und zwar für Veranstalter, Vermittler und auch die Spieler selbst. Greift der nationale Gesetzgeber restriktiv in diesen Bereich ein, handelt es sich nach europäischem Grundverständnis um eine Behinderung. Grundfreiheiten werden eingeschränkt. Dafür muss es eine Rechtfertigung geben. Diese Rechtfertigung einer restriktiven Glücksspielregelung – bis hin zum Monopol oder zum generellen Verbot einzelner oder aller Glücksspiele – ist allein in der Ausrichtung des Gesetzes auf die Spielsuchtvermeidung und -bekämpfung zu finden. Die Bekämpfung von Geldwäsche, Betrug und weiterer Begleitkriminalität, so gravierend diese auch sein mögen, ist nach Einschätzung des *EuGH* mit anderen gesetzlichen Mitteln wirksam möglich und geboten; die ordnungsrechtliche Monopolregelung lässt sich mit diesen ohne weiteres verfassungslegitimen Zielen demnach nicht begründen.

Auch in anderen Regelungsbereichen sind aus Gründen des Allgemeininteresses Beschränkungen von Grundfreiheiten vorgenommen worden. Seit 1995 hat der *EuGH* quasi als Benchmark für deren Zulässigkeit vier Kriterien formuliert:[16] **27**

- Diskriminierungsfreiheit
- Zwingend aus Gründen des Gemeinwohls
- Verhältnismäßigkeit
- Wirksamkeit (Geeignetheit)

In den glücksspielrelevanten Verfahren zwischen 1994 und 2007 hat der *EuGH* diese Kriterien durchaus erläutert und sie nicht nur abstrakt in den Raum gestellt. So hat er in mehreren Urteilen, sehr klar im Fall *Zenatti* (1999)[17] das Verhältnis von „zwingendem Allgemeininteresse" und der Finanzierung von „good causes" behandelt, und zwar in dem Sinne, dass fiskalische Gründe, für welchen Zweck auch immer, nicht unter das so zu verstehende Allgemeininteresse fallen.[18] **28**

Auch zur Verhältnismäßigkeit hat sich der *EuGH* konkret geäußert. Ein Grund für die Schärfe der innerstaatlichen Auseinandersetzungen um das Glücksspiel liegt da- **29**

---

15 *BVerfG* Urt v 28. 3. 2006, 1 BvR 1054/01.

16 *EuGH* Urt v 30. 11. 1995, C-55/94, Rn 37 „Aus der Rechtsprechung des Gerichtshofes ergibt sich jedoch, dass nationale Maßnahmen, die die Ausübung der durch den Vertrag garantierten grundlegenden Freiheiten behindern oder weniger attraktiv machen können, vier Voraussetzungen erfüllen müssen: Sie müssen in nichtdiskriminierender Weise angewandt werden, sie müssen aus zwingenden Gründen des Allgemeininteresses gerechtfertigt sein, sie müssen geeignet sein, die Verwirklichung des mit ihnen verfolgten Zieles zu gewährleisten, und sie dürfen nicht über das hinausgehen, was zur Erreichung dieses Zieles erforderlich ist (vgl Urt v 31. März 1993, C-19/92, Kraus, Slg 1993, I-1663, Rn 32)."

17 *EuGH* Urt v 21. 10. 1999, C-67/98, Verweis auf Rn 36.

18 Die Positionierung fiskalischer Interessen wird 2003 im Verfahren Gambelli in besonders deutlicher Weise wieder aufgegriffen; vgl Rn 62, Rn 69.

rin, dass der *EuGH* die Würdigung der nationalen Gesetze und deren Anwendung den nationalen Gerichten zuweist.[19] Diese haben zu entscheiden, ob die vier Ausnahmekriterien erfüllt sind und damit die Beschränkung der Freiheitsrechte privater Glücksspielanbieter und -vermittler aus Art 43 EGV (Niederlassungsfreiheit) und Art 49 EGV (Dienstleistungsfreiheit) gerechtfertigt ist. Zu beobachten ist, dass der *EuGH* von Entscheidung zu Entscheidung seine Beurteilungsvorgaben hierzu immer weiter präzisiert hat.

30 Das *Europaparlament* hat sich im Februar 2006 ebenfalls mit einer Einschränkung der Dienstleistungsfreiheit befasst, indem es Glücksspiele aus dem entsprechenden Richtlinienentwurf der Kommission (Richtlinie 2006/123 EGV) herausgenommen hat. Hauptgründe dabei waren die „spezifische Natur dieser Tätigkeiten, die von Seiten der Mitgliedstaaten Politikansätze zum Schutze der öffentlichen Ordnung und zum Schutz der Verbraucher bedingen …".[20] Damit wurden Glücksspiele erneut der Gestaltungskompetenz der Kommission entzogen.

31 Gleichwohl hat die Generaldirektion Binnenmarkt der Kommission in den letzten Jahren keine Anstrengung unterlassen, um ihre politischen Vorstellungen zur künftigen Gestaltung des Glücksspielwesens durchzusetzen. Insbesondere die das Notifizierungsverfahren zum GlüStV ergänzenden Stellungnahmen und Anmerkungen (Sommer 2007) sprechen eine deutliche Sprache. Flankenhilfe hat die Kommission durch einen Beschluss des BKartAmtes vom 23. August 2006 erhalten, durch den eine scheinbar bestehende Konkurrenzsituation zwischen dem europäischen Kartellrecht und dem Ordnungsrecht der Länder in den Mittelpunkt gerückt wird.[21] Nach den Einschätzungen der Kartellbehörde wären die Länder aus Gründen des Gemeinschaftsrechts (Kartellrechts, Art 81 ff EGV) weitgehend gehindert, wettbewerbsbegrenzende Erlaubnisvorbehalte oder andere auf ordnungspolitischen Vorstellungen gegründete Repressivregelungen zu erlassen und durchzusetzen. Der *BGH* hat diese Problematik allerdings zwischenzeitlich durch seinen Beschluss vom 8. Mai 2007 entschärft: Unter Bezugnahme auf die Judikatur des *EuGH*[22] vertritt der *BGH* völlig zu Recht die Auffassung, dass ein landesrechtlicher Erlaubnisvorbehalt für die Tätigkeit von Lottogesellschaften anderer Bundesländer gemeinschaftsrechtlich unbedenklich sein kann.[23] Die rein wettbewerbsrechtliche Sichtweise würde demgegenüber die „föderale Glücksspielordnung" („ordnungsrechtliche Lotteriehoheit"/„Regionalitätsprinzip") und damit zugleich föderative Grundsätze insgesamt in Frage stellen. In diesem Zusammenhang wird gelegentlich – von Liberalisierungsbefürwortern – auch

---

19 *EuGH* Urt v 21. 10. 1999 – „Zenatti", C-67/98, Rn 37 und Urt v 6. 11. 2003 – „Gambelli" Rn 66.

20 Stand des *Europäischen Parlaments*, festgelegt in 1. Lesung am 16. 2. 2006 im Hinblick auf den Erlass der Richtlinie 2006/123 EG des EP und des Rates über Dienstleistungen im Binnenmarkt Rn 30.

21 *BKartAmt* Beschl v 23. 8. 2006, B 10 – 92713 Kc 148/05, WuW DE-U 1251; ZfWG 2006, 224 ff (auszugsweise).

22 Der *EuGH* hat den Mitgliedstaaten ausdrücklich das Recht zugestanden, Tätigkeiten im Glücksspielbereich einem Erlaubnisvorbehalt zu unterstellen *EuGH* Urt v 6. 3. 2007, C-338/04, C-359/04 und C-360/04, Tz 45 ff – „*Placanica*".

23 *BGH* Beschl v 8. 5. 2007, KVR 31/06, Rn 41. Da es sich um eine Entscheidung nach § 65 Abs 3 GWB handelte, hebt der *BGH* jedoch die Vorläufigkeit dieser Beurteilung hervor.

die Frage aufgeworfen, ob der *EuGH* in seinen bisherigen Entscheidungen das Wettbewerbsrecht nicht geprüft hat. Hiermit geht die dogmatische Frage einher, ob Behinderungen des Wettbewerbs nach dem gleichen Ausnahmemuster zu behandeln sind wie die Beschränkung der Dienstleistungs- oder Niederlassungsfreiheit oder ob hier andere Kriterien und Prioritäten gelten.

Das Gericht selbst hat diese Fragen indes bereits beantwortet: 32

Beschränkungen der Grundfreiheiten aus dem EU-Vertrag sind in den Verfahren des *EuGH* von *Schindler* bis *Gambelli* bekanntlich an der Dienstleistungs- und Niederlassungsfreiheit, den Art 49 und 43 des Vertrages, diskutiert worden. Dass damit auch andere Beschränkungen, auch Wettbewerbsbeschränkungen einhergehen und, dh ein ordnungsrechtlich korrekt verfügtes Monopol dem Wettbewerbsrecht des EU-Vertrages entzogen ist, stellt der *EuGH* selbst in der *Anomar*-Entscheidung fest:

> „Da Glücksspiele eine Dienstleistung im Sinne des Vertrages darstellen, wie in Rn 56 dieses Urteils entschieden worden ist, ist ein eventuelles Monopol für die Veranstaltung von Glücksspielen vom Anwendungsbereich des Art 31 EG ausgeschlossen.“[24]

Ein noch deutlicherer Hinweis auf die wettbewerbsrechtliche Relevanz (zu Art 31 und 86 EGV) der gerichtlichen Feststellungen zur Zulässigkeit der Beschränkung von wirtschaftlichen Grundfreiheiten ist dem Urteil im Verfahren *D'Antonio*[25] zu entnehmen, das nahezu zeitgleich zu *Placanica* ergangen ist: 33

> „Andererseits, was die Interpretation der Art 31 EG und 86 EG betrifft, muss keine Antwort gegeben werden, nachdem man die Entscheidung, die das Gericht bezüglich der Interpretation der Art 43 EG und 49 EG getroffen hat, in Betracht gezogen hat.“

V. Die Kontinuität der *EuGH*-Rechtsprechung

In der Verhandlung vor dem *BVerfG* ist am 8. November 2005 an den Vertreter von European Lotteries, dem Verband der staatlichen europäischen Lotto- und Toto-Gesellschaften, die Frage gerichtet worden, was aus europäischer Sicht dafür spricht, den Glücksspielsektor im Monopol zu organisieren – anstelle von Lizenzsystemen mit einer Vielzahl von Anbietern. Misst man die am 8. November 2005 gegebene Antwort an den neueren Entscheidungen (*Placanica* des *EuGH*, *Ladbrokes* des EFTA-Gerichts), ergibt sich folgendes Bild: Vorgetragen wurde, dass der *EuGH* über alle seine Entscheidungen zum Glücksspielsektor hinweg – *Schindler*,[26] *Läärä*,[27] *Zenatti*,[28] *Anomar*,[29] *Gambelli*,[30] *Lindman*[31] – den Europäischen Staaten das abschließende 34

---

24 *EuGH* Urt v 11. 9. 2003, C-6/01, Tz 60.

25 *EuGH* Urt v 6. 3. 2007, C-395/05, Tz 8; deutsche Übersetzung des französischen Originals.

26 Case C-275/92, Her Majesty's Customs and Excise v G. Schindler and J. Schindler, 1994 ECR I-1039.

27 Case C-124/97, Markku Juhani Läärä, Cotswold Microsystems Ltd, Oy Transatlantic Software Ltd. v Kihlakunnansyyttäjä, Suomen Valtio, 1999 ECR I-6067.

28 Case C-67/98, Questore di Verona v Diego Zenatti, 1999 ECR I-7289.

29 Case C-6/01, Associação Nacional de Operadores de Máquinas Recreativas (Anomar) v Portuguese State, 2003 ECR I-08621.

Recht zuerkannt hat, diesen Bereich aus dem jeweiligen sozio-kulturellen Hintergrund heraus zu gestalten. Ausgangspunkt dafür war ja die Feststellung, dass Glücksspiel keine normale ökonomische Aktivität ist, da es ein ungewöhnlich hohes Risiko von unerwünschten Nebenfolgen (Betrug, Gewaltkriminalität, Spielsucht) mit sich bringt. Optimale Marktversorgung im Sinne der Konsumentensouveränität kann folglich nicht das Ordnungsziel sein.

35 Im *Schindler*-Fall hat Generalanwalt *Gulmann* sehr deutlich vor einem im Wettbewerb organisierten Glücksspielmarkt gewarnt. Er sah Marktüberhitzung als zwangsläufige Folge des Wettbewerbs.[32] Eine solche Entwicklung zeichnet sich derzeit bereits in Deutschland ab – contra legem. Im *Läärä*-Fall hat der *EuGH* nicht nur die strikte staatliche Begrenzung des Angebotes akzeptiert; er hat den besonderen Vorteil herausgestellt, durch Angebotsverknappung, durch Angebotskanalisierung die sozialen Schäden abzufangen und im gleichen Zuge mit den abgeschöpften Geldern gemeinnützige Zwecke sinnvoll zu bedienen. Ausdrücklich stellt das Gericht die Überlegenheit des kanalisierenden Monopols gegenüber einem Besteuerungsmodell mit einer Vielzahl von Anbietern heraus – weil eben das Glücksspiel an seinen Rändern und gerade an seinen Rändern ungemein lukrativ sein kann.[33] Auch die in den Diskussionen immer wieder als milderes Mittel gepriesene Vergabe einer limitierten Anzahl von Lizenzen u a an private Anbieter stellt gegenüber dem staatlichen Monopol keine nachhaltig akzeptable Lösung dar. Soweit in Europa derartige *limited licenses* realisiert sind, haben dieselben Anbieter über Jahrzehnte diese Konzessionen inne. Diese Modelle gleichen letztlich einem Staatsmonopol und funktionieren daher naturgemäß im ordnungsrechtlichen Sinne. Konzessionsmodelle, in denen die Suchtbekämpfung ernst genommen wird, vereinen zudem die eigenen strukturellen Nachteile mit denen eines Monopols: Für den Glücksspielanbieter oder Vermittler, der nicht zum Zuge kommt, stellt sich das Konzessionsmodell gleichermaßen wie das Monopol als objektive Berufszulassungsschranke dar. Zugleich führt die Ersetzung eines Monopols durch miteinander konkurrierende Anbieter zwangsläufig zur Angebotsausweitung und damit zur Verschärfung der Suchtproblematik. Das *Gambelli*-Urteil lässt keine Änderung der Linie des *EuGH* erkennen; das Gericht hat hier die Bedeutung konsequenten staatlichen Handelns besonders betont. Kein Land in Europa

30 Case C-243/01, Procuratore della Repubblica v Piergiorgio Gambelli, 2003 ECR I-13031.

31 Case C-42/02, Diana Elisabeth Lindman v Skatterättelsnämnden, 2003 ECR I-13519.

32 See Paragraph 114 of the Opinion of Advocate General Gulmann in Schindler: *"It is undoubtedly also important for the Member States to be able to prevent free competition arising between lotteries at European level as the main practical result would be that the exchequers or public-interest purposes of the various countries would compete for the money which European citizens spend on lotteries."*.

33 Case C-124/97 – „Läärä", mentioned above, paragraph 41: It is true that the sums thus received by the State for public interest purposes could equally be obtained by other means, such as taxation of the activities of the various operators authorised to pursue them within the framework of rules of a non-exclusive nature; however, the obligation imposed on the licensed public body, requiring it to pay over the proceeds of its operations, constitutes a measure which, given the risk of crime and fraud, is certainly more effective in ensuring that strict limits are set to the lucrative nature of such activities.

akzeptiert für sein Territorium die Glücksspielerlaubnis eines anderen Staates. Auch sind im jeweiligen Mitgliedstaate die Regeln nach Teilbereichen unterschiedlich: weil Teilmärkte – auch historisch – unterschiedliche Bedeutung haben, weil Schrittfolgen anders ausgefallen sind – ablesbarer Ausdruck der Subsidiarität.

Der *EuGH* hat das exklusive nationale Gestaltungsrecht für den Glücksspielsektor demnach nie in Frage gestellt. Das bedeutet allerdings nicht, dass die Mitgliedstaaten „carte blanche" für die Regulierung dieses Bereiches haben: Ziel jeder Regulierung muss die Begrenzung der Spielmöglichkeiten sein. Gerade das *Gambelli*-Urteil unterstreicht, dass die Verfolgung anderer Ziele nicht geeignet ist, die Beschränkung der Dienstleistungsfreiheit zu rechtfertigen. Andere, auch ohne weiteres verfassungslegitime, gesetzgeberische Zielsetzungen können damit zugleich auch nicht Ausdruck der vom *EuGH* geforderten kohärenten Glücksspielpolitik sein. **36**

Die obersten Gerichte in zahlreichen Mitgliedsländern sind angerufen worden, um die Kompatibilität der nationalen Regeln mit dem EU-Vertrag zu überprüfen. In Belgien,[34] Finnland,[35] Italien,[36] den Niederlanden[37] und in Schweden[38] haben die obersten nationalen Gerichte die Rechtsprechung[39] des *EuGH* analysiert, mit der nationalen Glücksspielpolitik abgeglichen, und alle haben zugunsten der bestehenden angebotsrestriktiven nationalen Modelle entschieden. 1999, nach der *Schindler*-Entscheidung und nach den Schlussplädoyers der Generalanwälte in den Verfahren *Zenatti* und *Läärä* hat der UK Highcourt of Justice den staatlichen Stellen in Großbritannien das Recht zugesprochen, eine Internet-Lotterie aus Liechtenstein zu stoppen.[40] **37**

Fast ausnahmslos haben die europäischen Staaten von der Gestaltungsmöglichkeit Gebrauch gemacht, aus dem jeweiligen sozio-kulturellen Hintergrund heraus das Glücksspiel **monopolartig** zu organisieren. Allerdings werden nicht in allen Ländern Sportwetten als Glücksspiele angesehen (so in Österreich und Großbritannien). In beiden Staaten aber ist der Glücksspielbereich sehr konsequent monopolisiert. Und selbst Malta und Gibraltar, die eine aggressive Politik betreiben, indem sie fast unbegrenzt Konzessionen für Internetanbieter ausgeben, lassen den Verkauf an die eigene Bevölkerung durch eben diese Anbieter durch steuerliche Regelungen nicht zu. **38**

Abschließend wurden in der mündlichen Verhandlung des *BVerfG* die möglichen Konsequenzen eines im Vergleich zu den übrigen europäischen Staaten niedrigeren Regulierungsniveaus in Deutschland für die anderen Mitgliedstaaten betont: Fakt ist, dass der deutsche Pro-Kopf-Umsatz im Glücksspielsektor, auch bei Sportwetten, deutlich unterhalb des europäischen Durchschnittes liegt – und das in einem Land mit 80 Millionen Menschen. Selbst in Ländern mit deutlich höherem Glücksspielein- **39**

---

34 Decision of 10 March 2004 of the Belgian Constitutional Court.

35 Decision of 24 February 2005 of the Finnish Supreme Court.

36 Decision of 26 April 2004 of the Italian Supreme Court.

37 Decision of 18 February 2005 of the Dutch Supreme Court (in summary proceedings).

38 Decision of 26 October 2004 of the Swedish High Administrative Court.

39 It is important to stress that the Supreme Courts have analyzed the recent jurisprudence of the European Court of Justice, including Gambelli and Lindman. This is a further example that the latest ECJ jurisprudence did not have a particular impact in the other EU Member States.

40 Decision of 14 June 1999 of the UK High Court of Justice.

satz pro Kopf – Schweden, Norwegen, Finnland, Italien – ist das staatliche Monopol als zulässig und ordnungsrechtlich motiviert anerkannt worden und diese Staaten sind der Bundesrepublik auch im Wachstum davongezogen. Sollte die Öffnung des deutschen Glücksspielmarktes von den Gerichten im Rahmen der Auseinandersetzungen um den neuen GlüStV erzwungen werden, würden sich die weltweit operierenden Glücksspielanbieter dieses dann einzigen liberalisierten und zudem größten und vom Potenzial interessantesten Marktes in Europa in einer noch nie beobachteten Weise „bemächtigen". Die sozialen Belastungen eines solchen Sonder-Szenarios in Deutschland lassen sich heute noch gar nicht vollständig abschätzen. Eine nachvollziehende Regulierung stünde auf verlorenem Posten. Auch die Entscheidung *Placanica* vom 6. März 2007, wenn auch auf sehr spezieller nationaler Sachlage aufsetzend, ändert an dieser Einschätzung nichts. Exakt an dem Punkt der Entscheidung, wo Beschränkungen des EG-Vertrages zu prüfen waren, zitiert das Gericht niemand anders als sich selbst – und verdeutlicht damit die Kontinuität bis zurück zu *Schindler* (1994):

> „Unter diesen Umständen ist zu prüfen, ob solche Beschränkungen auf Grund der in den Art 45 EG und 46 EG ausdrücklich vorgesehenen Ausnahmeregelungen zulässig oder nach der Rechtsprechung des *Gerichtshofs* aus zwingenden Gründen des Allgemeininteresses gerechtfertigt sind (Urteil Gambelli u a, Rn 60)."[41]

> „In diesem Zusammenhang hat die Rechtsprechung eine Reihe von zwingenden Gründen des Allgemeininteresses anerkannt, nämlich den Verbraucherschutz, die Betrugsvorbeugung und die Vermeidung von Anreizen für die Bürger zu überhöhten Ausgaben für das Spielen sowie die Verhütung von Störungen der sozialen Ordnung im Allgemeinen (vgl in diesem Sinne Urteile vom 24. März 1994, Schindler, C-275/92, Slg 1994, I-1039, Rn 57 bis 60, vom 21. September 1999, Läärä u a, C-124/97, Slg 1999, I-6067, Rn 32 und 33, Zenatti, Rn 30 und 31, sowie Gambelli u a, Rn 67)."[42]

> „In diesem Kontext können die sittlichen, religiösen oder kulturellen Besonderheiten und die sittlich und finanziell schädlichen Folgen für den Einzelnen wie für die Gesellschaft, die mit Spielen und Wetten einhergehen, ein ausreichendes Ermessen der staatlichen Stellen rechtfertigen, festzulegen, welche Erfordernisse sich aus dem Schutz der Verbraucher und der Sozialordnung ergeben (Urteil Gambelli u a, Rn 63)."[43]

> „Es steht den Mitgliedstaaten in dieser Hinsicht zwar frei, die Ziele ihrer Politik auf dem Gebiet der Glücksspiele festzulegen und gegebenenfalls das angestrebte Schutzniveau genau zu bestimmen, jedoch müssen die von ihnen vorgeschriebenen Beschränkungen den sich aus der Rechtsprechung des *Gerichtshofs* ergebenden Anforderungen hinsichtlich ihrer Verhältnismäßigkeit genügen."[44]

40 Damit betont und verfestigt der *EuGH* noch einmal seine Linie, die er bereits im Urteil *Gambelli* über die früheren Entscheidungen hinweg zusammengefasst hatte:

> „Nach Art 49 EG sind die Beschränkungen des freien Dienstleistungsverkehrs innerhalb der Gemeinschaft für Angehörige der Mitgliedstaaten, die in einem anderen Mitgliedstaat als demjenigen des Leistungsempfängers ansässig sind, verboten."[45]

41 *EuGH* Urt v 6. 3. 2007, C-338/04, Rn 45.

42 *EuGH* Urt v 6. März 2007, C-338/04, Rn 46.

43 Ebd Rn 47.

44 Ebd Rn 48.

45 Ebd Rn 51, 1. Satz.

> „Jedoch hat der *Gerichtshof*, worauf die Regierungen, die Erklärungen abgegeben haben, wie auch die Kommission hingewiesen haben, in seinen Urteilen Schindler, Läärä u a und Zenatti ausgeführt, dass die sittlichen, religiösen oder kulturellen Besonderheiten und die sittlich und finanziell schädlichen Folgen für den Einzelnen wie für die Gesellschaft, die mit Spielen und Wetten einhergehen, es rechtfertigen können, dass die staatlichen Stellen über ein ausreichendes Ermessen verfügen, um festzulegen, welche Erfordernisse sich aus dem Schutz der Verbraucher und der Sozialordnung ergeben."[46]

> „Zunächst hat der *Gerichtshof* in den Urteilen Schindler, Läärä u a und Zenatti zwar anerkannt, dass Beschränkungen der Spieltätigkeiten durch zwingende Gründe des Allgemeininteresses wie den Verbraucherschutz, die Betrugsvorbeugung und die Vermeidung von Anreizen für die Bürger zu überhöhten Ausgaben für das Spielen gerechtfertigt sein können; jedoch müssen die Beschränkungen, die auf solche Gründe sowie auf die Notwendigkeit gestützt sind, Störungen der sozialen Ordnung vorzubeugen, auch geeignet sein, die Verwirklichung dieser Ziele in dem Sinne zu gewährleisten, dass sie kohärent und systematisch zur Begrenzung der Wetttätigkeiten beitragen."[47]

Der den Mitgliedstaaten gewährte Ermessens- und Gestaltungsspielraum bei der prinzipiellen Ausrichtung ihrer Glücksspielpolitik ist unübersehbar; er ist gleichwohl klar begrenzt durch die Maßstäbe der Erforderlichkeit, Geeignetheit, Kohärenz und Diskriminierungsfreiheit. **41**

Der EFTA-Court hat sich diese Sichtweise zu Eigen gemacht. Im Urteil *Ladbrokes Ltd* vom 30. Mai 2007 verweist er auf die Entscheidungskette des *EuGH* und nimmt Kernpassagen fast wörtlich auf: **42**

> „Moralische, religiöse und kulturelle Faktoren sowie moralisch und finanziell nachteilige Auswirkungen des Glücksspiels für den Einzelnen und die Gesellschaft können die Eröffnung eines Ermessensspielraums für die nationalen Behörden rechtfertigen, auf Grund dessen sie festlegen können, welche Maßnahmen zum Schutz der Verbraucher und zur Aufrechterhaltung der öffentlichen Ordnung erforderlich sind."[48]

Auch die Begrenzung des mitgliedstaatlichen Ermessensspielraums ist unmissverständlich: **43**

> „Auf dieser Grundlage ist zu prüfen, ob die Beschränkungen der im EWR-Abkommen niedergelegten Freiheiten durch überwiegende Interessen der Allgemeinheit gerechtfertigt sind."[49]

> „Insoweit obliegt die Beweislast dem für die Beschränkung verantwortlichen Staat (vgl *Glücksspielautomaten-Entscheidung*, Abschnitt 31)."[50]

Klar wird: In der „Europäischen Frage" des Glücksspiels reden wir über gesellschaftspolitische Strategie und operative Konsequenz – nur nachrichtlich über Rechtsfragen. Nur wenn dem Gesetzgeber und der Exekutive ein kohärentes Gesetz und eine glaubwürdige, nachhaltig konsequente Umsetzung *nicht* zugetraut werden könnten, wäre ein restriktives Glückspielmonopol aussichtslos. Das Glücksspielmonopol muss kein **44**

---

46 Ebd Rn 63.

47 *EuGH* Urt v 6. 11. 2003, C-243/01, Rn 67.

48 *EFTA-Court* Urt v 30. 5. 2007, E-3/06, Rn 42, 1. Satz.

49 Ebd Rn 41.

50 Ebd Rn 42, letzter Satz.

„armes Monopol“ sein, doch darf die Restriktion nicht um der Erträgnisse willen motiviert sein – auch nicht über Hintergedanken.

45 Kann aber in den historisch gewachsenen europäischen Glücksspielmärkten ein kohärentes System über die heutigen Widersprüche hinweg überhaupt entwickelt werden? Muss der Gesetzgeber angesichts der Herausforderung nicht scheitern? Für die europäische Glücksspielzukunft spielt die Frage nach der Kohärenz eine zentrale Rolle. Doch sie darf nicht überfrachtet werden – zumindest nicht aus der Perspektive des *EuGH*.

Die EU-Kommission fordert eine „kohärente und konsistente“ Regelung über die Teilmärkte hinweg sowohl in ihrem Schreiben zum GlüStV-Notifizierungsverfahren als auch im Vertragsverletzungsverfahren gegen die Bundesrepublik besonders nachhaltig ein. Doch was ist der Anwendungsbereich der Konsistenzforderung? Der Glücksspielsektor insgesamt – wie auch immer definiert? Der Anwendungsbereich des GlüStVes der Länder? Können Sportwetten und Lotterien abgegrenzt und abweichend geregelt sein – wie zB in Großbritannien, Irland und Österreich? Wer entscheidet darüber? Der *EuGH* – oder die nationalen Gerichte?

46 In der Entscheidung *Schindler* (1994) billigt der *EuGH* die Entscheidung der britischen Regierung, Lotterien isoliert zu verbieten – auch wenn andere Glücksspielbereiche unterschiedlich geregelt sind:

> „Angesichts der ganz besonderen Natur der Lotterien, die von vielen Mitgliedstaaten betont worden ist, sind diese Gründe geeignet, Beschränkungen bis hin zum Verbot von Lotterien im Gebiet eines Mitgliedstaats im Hinblick auf Art 59 EWG-Vertrag zu rechtfertigen.“[51]
>
> „Zunächst einmal können nämlich die sittlichen, religiösen oder kulturellen Erwägungen, die in allen Mitgliedstaaten zu Lotterien ebenso wie zu den anderen Glücksspielen angestellt werden, nicht außer Betracht bleiben. Sie sind allgemein darauf gerichtet, die Ausübung von Glücksspielen zu begrenzen oder sogar zu verbieten und zu verhindern, dass sie zu einer Quelle persönlichen Gewinns werden. Sodann ist festzustellen, dass die Lotterien angesichts der Höhe der Beträge, die durch sie eingenommen werden können, und der Höhe der Gewinne, die sie den Spielern bieten können, vor allem wenn sie in größerem Rahmen veranstaltet werden, die Gefahr von Betrug und anderen Straftaten erhöhen. Außerdem verleiten sie zu Ausgaben, die schädliche persönliche und soziale Folgen haben können. Schließlich ist, ohne dass dies allein als sachliche Rechtfertigung angesehen werden könnte, nicht ohne Bedeutung, dass Lotterien in erheblichem Maße zur Finanzierung uneigennütziger oder im Allgemeininteresse liegender Tätigkeiten wie sozialer oder karitativer Werke, des Sports oder der Kultur beitragen können.“[52]

47 Generalanwalt *Gulmann* hatte die Sonderstellung der Glücksspiele pauschal bejaht, allerdings die Anwendbarkeit des EU-Vertrages deutlich eingefordert. „Die von den Mitgliedstaaten angeführten Umstände zeigen, dass Glücksspiele gesellschaftlich eine Sonderstellung gegenüber den meisten normalen wirtschaftlichen Tätigkeiten haben. Es handelt sich um Umstände, die für die Beurteilung der Bedeutung der Vertragsvorschriften auf diesem Gebiet natürlich wichtig sind, doch handelt es sich nicht

---

51 *EuGH* Urt v 24. 3. 1994, C-275/92, Rn 59.

52 *EuGH* Urt v 24. 3. 1994, C-275/92, Rn 60.

um Umstände, die die Anwendung des Vertrags als solchen oder seiner Vorschriften über Dienstleistungen grundsätzlich ausschließen."[53] Ein isoliertes Verbot der Lotterien, unabhängig von der Regelung in anderen Glücksspielbereichen, hat er an keiner Stelle für kritisch gehalten. „Ich meine, dass sich sehr gute Gründe dafür anführen lassen, dass nationale Rechtsvorschriften, die ein allgemeines Verbot einer bestimmten Tätigkeit und keine offene oder verschleierte Diskriminierung enthalten, nicht gegen Art 59 EWG-Vertrag verstoßen."[54] „Die britischen Rechtsvorschriften behandeln verschiedene Formen von Glücksspielen unterschiedlich, und die Tatsache, dass es in gewissem Masse um miteinander konkurrierende Tätigkeiten geht, ist an und für sich nicht gleichbedeutend damit, dass eine verschleierte Diskriminierung vorliegt."[55]

Auch im *Gambelli*-Urteil des *EuGH* wird die Kohärenzforderung auf einen Teilbereich, nicht auf den Gesamtsektor Glücksspiel projiziert: „... jedoch müssen die Beschränkungen, die auf solche Gründe sowie auf die Notwendigkeit gestützt sind, Störungen der sozialen Ordnung vorzubeugen, auch geeignet sein, die Verwirklichung dieser Ziele in dem Sinne zu gewährleisten, dass sie kohärent und systematisch zur Begrenzung der Wetttätigkeiten beitragen."[56] Die geforderte Unterschiedslosigkeit bezieht sich auf die potentiellen Anbieter, nicht auf die angesprochenen Glücksspielsektoren **48**

> „Ferner müssen die durch die italienische Regelung auferlegten Beschränkung im Bereich der Ausschreibungen in dem Sinne unterschiedslos anwendbar sein, dass sie in gleicher Weise und mit den gleichen Kriterien für in Italien ansässige Wirtschaftsteilnehmer wie für solche aus anderen Mitgliedstaaten gelten."[57]
>
> „Das vorlegende Gericht wird zu prüfen haben, ob die Voraussetzungen für die Beteiligung an Ausschreibungen für Konzessionen zur Durchführung von Wetten über Sportereignisse so festgelegt sind, das sie in der Praxis von den italienischen Wirtschaftsteilnehmern leichter erfüllt werden können als von denjenigen aus dem Ausland. Gegebenenfalls wäre durch diese Voraussetzungen das Kriterium der Nichtdiskriminierung nicht beachtet."[58]

Auch im Urteil *Placanica* findet sich keine Kohärenz- oder Konsistenzanforderung in Bezug auf das Verhältnis der Glücksspielsektoren zueinander. Umso deutlicher sind die Anforderungen an die Verhältnismäßigkeit und Diskriminierungsfreiheit im behandelten Sektor Sportwetten **49**

> „Es steht den Mitgliedstaaten in dieser Hinsicht zwar frei, die Ziele ihrer Politik auf dem Gebiet der Glücksspiele festzulegen und gegebenenfalls das angestrebte Schutzniveau genau zu bestimmen, jedoch müssen die von ihnen vorgeschriebenen Beschränkungen den

---

53 Schlussantrag des Generalanwaltes *Gulmann* vor dem Europäischen Gerichtshof vom 16. Dezember 1993 im Fall *Schindler*.

54 Ebd.

55 Ebd.

56 *EuGH* Urt v 6. 11. 2003, C-243/01, Rn 67.

57 Ebd Rn 70.

58 Ebd Rn 71.

> sich aus der Rechtsprechung des *Gerichtshofs* ergebenden Anforderungen hinsichtlich ihrer Verhältnismäßigkeit genügen."[59]
>
> „Daher ist gesondert für jede mit den nationalen Rechtsvorschriften auferlegte Beschränkung namentlich zu prüfen, ob die Beschränkung geeignet ist, die Verwirklichung des von dem fraglichen Mitgliedstaat geltend gemachten Ziels oder der von ihm geltend gemachten Ziele zu gewährleisten, und ob sie nicht über das hinausgeht, was zur Erreichung dieses Ziels oder dieser Ziele erforderlich ist. Auf jeden Fall dürfen die Beschränkungen nicht diskriminierend angewandt werden."[60]

50 Wenn also die EU-Kommission eine sektorübergreifende Kohärenz in ihren neueren Schriftsätzen gegenüber der Bundesrepublik Deutschland fordert, geht sie über die vom *EuGH* angelegten Maßstäbe deutlich hinaus. Sie fordert maW die Erfüllung europarechtlich *nicht* – wohl aber innerstaatlich, durch das Urteil des *BVerfG* vom 28. März 2006 – bestehender Vorgaben.

VI. Die Entscheidungen des *EuGH* und ihre Umsetzung in Frankreich und Belgien

51 Bei aller Eindeutigkeit der Grundlinie – die Entscheidungen des *Europäischen Gerichtshofes* von *Schindler* bis *Placanica* haben für einzelne europäische Länder und ihre Glücksspielpolitik auch neue Fragen gebracht; sie betreffen vor allem die Bedeutung der Lotterien für die Refinanzierung gemeinnütziger Aufgaben, insbesondere des Sports. Dies gilt gerade für Frankreich und Belgien.

52 Übereinstimmend wird gesehen, dass sich die Details der Entscheidungen zur Situation in Italien nur partiell übertragen lassen. Das gilt insbesondere für die *Placanica*-Entscheidung des *EuGH* und die Entscheidung des *EFTA-Gerichtes* im *Ladbrokes*-Fall. Ausgehend von der spezifischen Situation beider Länder (Italien und Norwegen) finden sich in den Urteilen aber Hinweise auf eine gewisse Akzeptanz der *„Theorie des kontrollierten Wachstums"*. Das geht über rein italienische Fragen hinaus. In beiden Fällen taucht darüber hinaus ein neues Stichwort auf, der Gedanke einer *„mutual consideration"*, der aus der bisherigen Rechtsprechung nicht ableitbar ist. Bei der „mutual consideration" handelt es sich um eine Art Prinzip gegenseitiger Anerkennung von Erlaubnissen in abgeschwächter Form oder besser: Berücksichtigung von mitgliedstaatlichen Erlaubnissen: Wenn ein Glücksspielanbieter bereits die rechtlichen und tatsächlichen Anforderungen seines Herkunftslandes erfüllt und diese mit denen des Mitgliedstaates, in denen der Anbieter seine Aktivitäten nunmehr entfalten will, identisch sind, stünde es danach außer Verhältnis zu den Zielen des mitgliedstaatlichen Glücksspielreglements, wenn dieser Umstand keinerlei Berücksichtigung fände.

---

59 *EuGH* Urt v 6. 3. 2007, C-338/04, Rn 48.

60 Ebd Rn 49; vgl in diesem Sinne Urteile *Gebhard*, Rn 37, *Gambelli u a*, Rn 64 und 65, sowie vom 13. November 2003, *Lindmann*, C-42/02, Slg 2003, I-13519, Rn 25.

1. Theorie des kontrollierten Wachstums

Die Theorie des (zulässigen) „kontrollierten Wachstums" ist durch die belgische und französische Regierung in die Diskussion des *Europäischen Gerichtshofes* eingeführt worden. Was bedeutet das, und inwieweit kann dies generell übertragen werden? Nach der gefestigten Rechtsprechung des *EuGH* ist es – wie bereits ausgeführt – einem Mitgliedsstaat erlaubt, im Rahmen des EU-Vertrages eine restriktive Glücksspielpolitik zu betreiben. Eine gewisse Anzahl von Gründen des schützenswerten öffentlichen Interesses wie an erster Stelle die Spielsuchtbekämpfung und weiterhin der (allgemeine) Verbraucherschutz, die Verhinderung von Kriminalität und auch die Aufrechterhaltung der öffentlichen Ordnung (insgesamt) sind als Rechtfertigungselemente anerkannt. Die mit Lotterien und Sportwetten verbundenen moralischen, religiösen oder kulturellen Faktoren und auch die moralisch und finanziell schädlichen Folgen für den Einzelnen und die Gesellschaft dienen demnach in der Diktion der Gerichte dazu, den nationalen Behörden einen Spielraum bei der Festlegung der zur Sicherung des Verbraucherschutzes und zur Erhaltung der öffentlichen Ordnung erforderlichen Maßnahmen zu gewähren. Bei genauerem Hinsehen ergibt sich, dass der *EuGH* hinsichtlich der eine marktbegrenzende (Monopol-)Regelung rechtfertigenden Elemente eine gewichtige qualitative Unterscheidung vorgenommen hat. Das Gericht trennt deutlich zwischen: 53

- dem – ein Monopol allein rechtfertigenden – Ziel, Spielmöglichkeiten zu reduzieren und Spielteilnehmer von den stark suchtfördernden Spielen (angeboten zB via Internet oder anderen Kanälen) wegzuleiten (Spielsuchtprävention) und
- dem – ebenfalls verfassungslegitimen, aber für sich genommen eine Monopolregelung *nicht* rechtfertigenden – Ziel der Kriminalitätsbekämpfung (Verhinderung des Missbrauchs von Glücksspiel- und Wettaktivitäten für kriminelle Zwecke).

Nach dem *Placanica*-Urteil des *EuGH* und der *Ladbrokes*-Entscheidung des *EFTA-Gerichtshofes* wird in Frankreich und Belgien aus der Aufgabe, die Begleitkriminalität von Glücksspiel bekämpfen zu müssen, die Möglichkeit abgeleitet, dass eine Politik des kontrollierten Wachstums im staatlichen Glücksspiel- und Sportwettenbereich in Übereinstimmung mit der Primärzielsetzung der Spielsuchtbekämpfung stehen kann, da die (potenziellen) Spielteilnehmer von illegalen Spiel- und Wettangeboten (*Placanica*-Urteil) oder stark suchtfördernden Spielen (*Ladbrokes*-Urteil) zu genehmigten und regulierten Aktivitäten hingeleitet werden müssen. Um diese Zielsetzung zu erreichen, müssen die Veranstalter mit innerstaatlicher Genehmigung: 54

1. eine verlässliche, aber gleichzeitig attraktive – zeitgerechte/moderne – Alternative zu einer verbotenen Aktivität darstellen,
2. ein durchaus umfangreiches Produktangebot verfügbar halten,
3. Werbung in einem gewissen Ausmaß betreiben und
4. zielgruppengerechte Vertriebstechniken einsetzen.

2. „Mutual consideration“

55 Das Stichwort der „mutual consideration“ kann zwar schwerlich als Prinzip der EU-Rechtsprechung bezeichnet werden; es hat gleichwohl bereits bei einigen nationalen Gerichten eine gewisse Anerkennung gefunden. Damit eröffnet sich für Frankreich und Belgien eine Interpretationsmöglichkeit der europarechtlichen Lage, die das *BVerfG* am 28. März 2006 – ein Jahr vor der *Placanica*-Entscheidung des *EuGH* – im Zuge seiner materiellrechtlichen Parallelbewertungen von Gemeinschafts- und Verfassungsrecht noch nicht sehen konnte. Im *Ladbrokes*-Fall hat der *EFTA-Gerichtshof* zudem aufgegriffen, dass es unterschiedliche Absicherungsebenen in den Mitgliedstaaten gibt. Unbestritten hat ein Mitgliedstaat, in dem die Dienstleistung erbracht werden soll, das Recht, eine Konzession zu verlangen, die exakt dieselben Bedingungen erfüllt, die im Inland für inländische Konzessionäre verlangt wird, auch wenn der Anbieter der Dienstleistung bereits eine von seinem Heimatland ausgestellte Genehmigung besitzt. Dem *EFTA-Gerichtshof* zufolge dürfen jedoch die nationalen Maßnahmen im Verhältnis zu den verfolgten Zielen nicht übertrieben werden. Dies wäre zum Beispiel der Fall, wenn die Anforderungen, denen die Ausstellung einer Genehmigung unterliegt, sich mit den Erfordernissen des Heimatstaates deckten, die Genehmigung aber dennoch nicht anerkannt würde. Mit anderen Worten: Anforderungen, die bereits im Heimatstaat erfüllt werden, müssen – in welcher Weise auch immer – berücksichtigt werden.

56 Diese maßgebliche Rechtsauffassung macht erkennbar nur Sinn in einem System, in dem es keine Begrenzung bei der Anzahl der Genehmigungsinhaber gibt. Auf eine Rechts- und Sachlage jedoch, die im Anschluss an das *Läärä*-Urteil durch eine Exklusivgenehmigung geprägt ist, kann dieses gerichtlich oktroyierte „Gegenseitigkeitsprinzip“ nicht übertragen werden. Genau diese auch vom EFTA-Court akzeptierte Exklusivsituation (Glücksspielmonopol) ist ja bereits ausführlich dokumentiert worden. Hierdurch werden der Idee einer „mutual consideration“ klar erkennbare Grenzen gesetzt.

57 Ungeachtet dieses Befundes hat der französische „Cour de Cassation“ gleichwohl – jedenfalls auf den ersten Blick – kürzlich in einem gewissen Umfang die Richtung der „mutual consideration“ eingeschlagen. In seinem Urteil im *Zeturf*-Fall vom 10. Juli 2007 hat der *Oberste Gerichtshof* in Frankreich das *Berufungsgericht* in Paris dafür gerügt, dass dieses nicht geprüft habe, ob die Ziele der öffentlichen Ordnung nicht bereits durch die Gesetze, denen der Anbieter in seinem Heimatstaat unterliegt, gewährleistet sind. Bei genauerem Hinsehen ergibt sich jedoch, dass der *Oberste Gerichtshof* den Gedanken der „mutual consideration“ zwar in der Sache erwägt, letztlich aber selbst wieder verwirft: Nach Ansicht des *Obersten Gerichtshofes* fehlt dem Urteil des *Berufungsgerichtes* eine ausreichende gesetzliche Basis, um ohne diese Prüfung in der Sache Bestand zu haben. Der *Gerichtshof* warnt demnach davor, dass Gerichte eine Argumentationslücke hinterlassen, wenn sie nicht klären, warum im konkreten Fall nicht geprüft worden ist, ob die in Frankreich geltenden ordnungsrechtlichen Ziele durch die gesetzlichen Bestimmungen des jeweiligen Heimatlandes, in dem eine einschlägige Konzession erfüllt wurde, wirksam und ausreichend erreicht werden. Gibt es eine exklusive gesetzliche Grundlage und wird diese materiell realisiert, entsteht diese Lücke nicht.

Mit diesen Erwägungen hat der französische *Oberste Gerichtshof* den Gedanken der „mutual consideration" zwar in die europäische Jurisdiktion eingebracht. Er hat ein Argument, das von der Europäischen Kommission zuletzt sehr deutlich vorgetragen wurde, mit der Rechtsprechung des *EuGH* verknüpft. Doch bleibt es schwierig, diesen Ansatz in einer rechtlichen Umgebung nachzuvollziehen, die so eindeutig wie die französische bisher durch exklusive Modelle in wichtigen Sektoren des Glücksspiels geprägt ist. Ohne Zweifel hat das Oberste Gericht lediglich gerügt, dass die Frage der „mutual consideration" vom *Berufungsgericht* vollständig ausgeklammert wurde. **58**

Eindeutig war demgegenüber die Antwort, die belgische Gerichte hinsichtlich des „mutual consideration"-Ansatzes im *Tour de France*-Konflikt gefunden haben: Es ging um die Auseinandersetzung zwischen UCI (Internationaler Radsport-Verband) und den Organisatoren der Tour de France. Sie verteidigten mit Erfolg die Rechtsposition, dass in Belgien und Frankreich Teams, die auf ihren Hemden für in den beiden Staaten illegale Wettanbieter werben, nicht am Rennen teilnehmen können. *Unibet* hielt dem entgegen, Genehmigungen in Großbritannien und Malta zu besitzen. Das angerufene Brüsseler Gericht (Zwischenbescheid vom 24. April 2007) entschied die Genehmigungsfrage nicht direkt; es stellte allerdings fest, dass es keine Rechtsgrundlage gab, die Tour-Veranstalter zu verpflichten, das Unibet-Team teilnehmen zu lassen.

Auch in diesem Zusammenhang wird deutlich, dass sich die Regierungen der Mitgliedstaaten auf rechtlich sicherem Boden bewegen, solange sie eine in sich konsistente Glücksspielpolitik verfolgen. In Belgien jedenfalls hat der „mutual consideration"-Aspekt keine besondere Rezeption durch die Gerichte erfahren. **59**

VII. Zwischenfazit 2008

Im gegenwärtigen Bedingungsrahmen ist die ordnungsrechtliche Ausgestaltung von Lotterien und Sportwetten als staatliches Angebots- und Vertriebsmonopol die einzige verfügbare Lösungsalternative, die die folgenden vier Kernziele staatlicher Glücksspielpolitik gleichzeitig verwirklicht: **60**

1. Vermeidung sozialer Verwerfungen, insbesondere Bekämpfung der Spielsucht,
2. Ausschaltung der Geldwäsche, Ausschaltung der Refinanzierung organisierter Kriminalität bis hin zum Terrorismus durch Glücksspielaktivität,
3. Konsequente Abschöpfung von signifikantem Spieleinsatz zur Verlangsamung der Spiele (Entdynamisierung durch staatliche Angebotsdefinition),
4. Nachhaltige staatliche Disposition nennenswerter Gelder für gemeinnützige Zwecke (good causes).

Die Monopolrente entsteht nur im Monopol. Führt die vikarische Funktion des Unternehmens nicht zu gesellschaftspolitisch erwünschten Ergebnissen, ist nicht der Wettbewerb, sondern das Monopol die angemessene ökonomische Regelungsform. Der freie Marktmechanismus ist zwar das effizienteste Regulativ im Sinne der Konsumentensouveränität, wenn die Märkte transparent sind. Wenn aber die Konsumenten gerade nicht das bekommen sollen, was sie im Glücksspiel suchen, sondern auf **61** palliative Lösungen gelenkt werden sollen, ist der Wettbewerb die falsche Organisationsform. Jede Erweiterung des Angebotes führt zur Aushöhlung der staatlichen Vorgabe – und das Geld wird stets an den Rändern verdient.

62 Es ist die Erfahrung der europäischen Staaten, dass ein Aufbrechen der früher staatlich gelenkten Sektoren Wachstumsdynamik freigesetzt hat. Aus dieser Perspektive will die EU-Kommission keine Ausnahme zulassen. Doch die mittelfristigen Auswirkungen liegen noch vor uns. Für einige Sektoren, vor allem dort, wo langfristige Versorgungssicherheit eine langfristige Investitionsperspektive erfordert, ist die aktuelle ökonomische Diskussion nachdenklich geworden. Der Markt holt seine Effizienz aus der Kurzfristigkeit, der schnellen Reaktion – und er ist sozial blind. Bei Lotterien und Sportwetten wird der Ausnahmecharakter noch deutlicher: es geht weder um kurzfristige noch um langfristige Versorgungsmaximierungen – es geht um die nachhaltige Beherrschung der jederzeitigen Reduzierbarkeit des Angebotes – durch staatliche Entscheidung. Dies ist der klassische Anwendungsfall für das Staatsmonopol. Es ist kein Zufall, dass die vier genannten strategischen Ziele, die staatliche Gestaltungsziele sind, heute nur mit dem Monopol zeitgleich in einem Schlage realisierbar werden.

VIII. Summary (The State of Games of Chance: European Aspects)

The dispute over the regulation of games of chance in Europe has become unclear. One main reason for this is that legal aspects and political questions have become tangled. Currently, it appears as if the European legal framework is directing the member states towards deregulation. But this impression is not correct. The question of how to organize games of chance under the conditions set by the European Treaty is a political not a legal question.

This contribution to the “European question” of games of chance analyses the basic conditions in its first section. It also explains the cast of stakeholders in this question: the individual national member states, the European Court of Justice, the European Commission and most important, the beneficiaries of lottery and sports betting funds. In nearly all European states, good causes such as sports, culture, social institutions and preservation of regional and social tradition are considerably dependent on the funds that the state takes out of lotteries and sports betting activities. Governments, not only in Europe, have learned over the last 150 years that slowing down the dynamism of lotteries by siphoning off the profits reduces the risks of gambling addiction and grants sustainable funds for the funding of good causes. But a monopolistic income can only exist under monopolistic conditions. This, however, means interference in the right of freedom of establishment and services in that sector, which could result in a violation of the agreements of the European Treaty. This contribution explains that this is not a legal but a political issue. In following the jurisprudence of the European Court of Justice (and in parallel, the EFTA Court), the governments of the European member states have the right to make exceptions from the Treaty’s rulings, which may concern the right of freedom of establishment and services. But those restrictions, right up to the decision for an exclusive monopolistic structure, have to be consistent, adequate, efficient, non-discriminatory and they have to be handled under a consistent philosophy. This contribution refers in detail to the decisions made by the European Court of Justice over the years to specify those conditions. One specific question, among others, is the degree of consistency required. Can different sectors of games of chance be organized and regulated in different ways – or does consistency mean that all types of games of chance have to be organized under the same philosophy?

From the *Schindler* case in 2004 to the *Placanica* decision in 2007, the European Court of Justice has clarified fundamental legal aspects of gambling by case law. It has made clear that the principle of subsidiarity allows the member states to organize their gambling and gaming activities along moral, religious, cultural, social and security factors as well as the morally and financially harmful consequences for the individual and for society associated with betting and gaming, which may serve to justify a margin of discretion for the national authorities sufficient to enable them to determine what is required in order to ensure consumer protection and the preservation of public order. The restrictions imposed must satisfy the conditions laid down in the case law of the Court regarding their proportionality and non-discriminatory nature. In this context, it is safe to conclude that as long as governments pursue a consistent policy, they could impose restrictions up to prohibition or a state monopolistic order. What seems to be a complex legal trap for governments is in reality nothing more than a clear demand for political consistency.

§ 12 Der gemeinschaftsrechtliche Rahmen für Glücksspiele

Jörg Ennuschat

Übersicht

I. Einleitung: kein echter Binnenmarkt im Glücksspielbereich

Der Glücksspielsektor ist traditionell umsatzstark und entwickelt sich in den letzten Jahren geradezu stürmisch.[1] Zugleich ist er eine der am intensivsten reglementierten Branchen Europas, in weiten Teilen geprägt durch staatliche Monopole. Die jeweilige Ausgestaltung des Glücksspielrechts in den einzelnen Mitgliedstaaten ist sehr unterschiedlich: So unterfallen etwa in Deutschland Automatenspiele grundsätzlich der Gewerbefreiheit, während sie in Finnland in der Hand öffentlich-rechtlicher Körperschaften monopolisiert sind. In Deutschland ist die Veranstaltung von Sportwetten dem Staat vorbehalten, in Österreich kann jedermann eine entsprechende Genehmigung erhalten. Aus europäischer Perspektive stellt sich der Glücksspielmarkt daher als sehr zersplittert dar, geprägt durch nationale Besonderheiten und vielfach durch Staatsmonopole. Im Kontrast zum national abgeschirmten Markt stehen international agierende Glücksspielunternehmen, die nicht zuletzt unter Berufung auf Europäisches Gemeinschaftsrecht versuchen, die mitgliedstaatlichen Barrieren rechtlich und tatsächlich zu durchbrechen. In Deutschland wird zurzeit namentlich die Gemeinschaftsrechtskonformität des neuen Staatsvertrags zum Glücksspielwesen in Deutschland (Glücksspielstaatsvertrag – GlüStV) diskutiert.[2] 1

Im Folgenden sollen zunächst die Eckpunkte des Europäischen Gemeinschaftsrechts für den Glücksspielbereich dargestellt (unten II–V) und sodann einige Grundlinien der hierauf bezogenen Rechtsprechung des *EuGH* und des *EFTA-Gerichtshofs* skizziert werden (unten VI. und VII.). Den Abschluss bildet ein kurzer Ausblick (unten VIII.). 2

II. Grundfreiheiten des EG-Vertrages, insb Niederlassungs- und Dienstleistungsfreiheit, Art 43, 49 EGV

Im Mittelpunkt der gemeinschaftsrechtlichen Vorgaben für das Glücksspielrecht stehen die Grundfreiheiten. Die Veranstaltung und Vermittlung von Glücksspielen unterfallen, sofern ein grenzüberschreitender Bezug vorliegt, der Dienstleistungsfreiheit (Art 49 EGV, unten 1) und/oder der Niederlassungsfreiheit (Art 43 EGV, unten 2). Auch andere Grundfreiheiten können betroffen sein (unten 3). Die Bereichsausnahme der Art 45, 55 EGV greift nicht (unten 4). Mitgliedstaatliche Beeinträchtigungen dieser Grundfreiheiten können durch zwingende Gründe des Gemeinwohls gerechtfer- 3

1 Angaben für das Glücksspiel in Deutschland im Jahr 2005 insgesamt ca € 27,5 Mrd; Quelle: www.optipage.de/pdf/jahrbuch_sucht.pdf. Nach *ifo* Institut und *SES Research* lag das Spieleinsatzvolumen auf dem deutschen Wettmarkt 2006 bei € 3,7 Mrd, nachzulesen bei *Hornuf u a ifo Forschungsberichte* Nr 32, Auswirkungen des Bundesverfassungsgerichtsurteils zum Sportwettenmarkt auf die deutsche Volkswirtschaft, 2006, 4.

2 Abgedruckt z B in GBl BW 2007, 571. Zum GlüStV siehe u a *Ennuschat* (Hrsg) Aktuelle Probleme des Rechs der Glücksspiele. Vier Rechtsgutachten, 2008; *Haltern* Gemeinschaftsrechtliche Aspekte des Glücksspiels, 2007; *Hermes/Horn/Pieroth* Der Glücksspielstaatsvertrag. Drei verfassungs- und europarechtliche Gutachten, 2007.

tigt werden, sofern die beschränkenden Maßnahmen verhältnismäßig und nicht-diskriminierend sind (unten 5).

1. Schutzgehalt der Niederlassungsfreiheit, Art 43 EGV

4 In sachlicher Hinsicht schützt die Niederlassungsfreiheit gem Art 43 EGV das Recht, in einem anderen EU-Staat eine selbstständige Erwerbstätigkeit auf Grundlage einer festen Einrichtung dauerhaft aufzunehmen.[3] Nötig ist also stets ein grenzüberschreitender Bezug. Der Schutzbereich der Niederlassungsfreiheit ist zB erfüllt, wenn ein Brite nach Deutschland kommt, um hier seinen beruflichen Hauptsitz zu nehmen, indem er ein Wettbüro eröffnet (sog primäre Niederlassung).[4] Möglich ist auch, dass zB ein österreichisches Wettunternehmen in Deutschland eine Zweigstelle einrichtet oder ein deutsches Tochterunternehmen gründet (sog sekundäre Niederlassung).[5] Der Anwendungsbereich ist beispielsweise eröffnet, wenn die durch eine italienische Regelung auferlegten Bedingungen für die Beteiligung an Ausschreibungen für eine Wettkonzession so gestaltet sind, dass nur (die bisherigen) inländischen Konzessionäre bei der Bewerbung erfolgreich sein können.[6] Der *EuGH* sieht in der Niederlassungsfreiheit eine Ausprägung des Diskriminierungsverbotes nach Art 12 EGV,[7] jedoch erschöpft sich ihr Schutzgehalt nicht im Gebot zur Inländergleichbehandlung.[8] Vielmehr muss sie als weitreichendes Beschränkungs- und Behinderungsverbot verstanden werden.[9]

2. Schutzgehalt der Dienstleistungsfreiheit, Art 49 EGV

5 Die Dienstleistungsfreiheit schützt Angebot und Nachfrage grenzüberschreitend erbrachter selbstständiger entgeltlicher Leistungen, bei denen es an einer dauerhaften Niederlassung in einem anderen EU-Staat fehlt. Im Verhältnis zu den anderen Grundfreiheiten beinhaltet sie gem Art 50 Abs 1 EGV einen „Auffangtatbestand", kann mithin nur eingreifen, wenn sich die fragliche Tätigkeit nicht dem Schutzgehalt einer der anderen Grundfreiheiten zuordnen lässt.[10] Die Dienstleistungsfreiheit verbietet in ihrem Anwendungsbereich direkte und indirekte Diskriminierungen. Darüber hinaus ist sie als allgemeines Beschränkungsverbot ausgestaltet.[11] Dies bedeutet ein Verbot jeglicher Regelung, welche ohne zulässige Rechtfertigung die Leistung von Diensten

---

3 *Schlag* in: Schwarze, EU-Kommentar, 2000, Art 43 EGV Rn 2.

4 *Arndt* Europarecht, 8. Aufl 2006, 227.

5 *Randelzhofer/Forsthoff* in: Grabitz/Hilf, Das Recht der Europäischen Union (Stand: Dez 2005), Art 43 EGV Rn 46.

6 *EuGH* C-243/01 – „Gambelli", Slg 2003, I-13031, Tz 49.

7 *EuGH* 136/78 – „Auer I", Slg 1979, 437, Tz 14.

8 *Scheuer* in: Lenz/Borchardt, EG- und EU-Vertrag, 3. Aufl 2003, Art 43 EGV Rn 7.

9 Ebd Rn 9; *Streinz* Europarecht, 7. Aufl 2005, § 12 Rn 803.

10 *Oppermann* Europarecht, 3. Aufl 2005, § 6 Rn 18.

11 *Randelzhofer/Forsthoff* in: Grabitz/Hilf, Das Recht der Europäischen Union (Stand: Dez 2005), Art 49/50 EGV Rn 54.

zwischen Mitgliedstaaten im Ergebnis gegenüber der Leistung von Diensten im Inneren des Staates erschwert.[12]

Auf die Dienstleistungsfreiheit kann sich etwa ein Wettunternehmen mit Sitz auf Malta berufen, wenn es über das Internet Wetten innerhalb Deutschlands anbietet. Eine Beeinträchtigung der Dienstleistungsfreiheit liegt nicht nur beim Wettunternehmer, sondern auch bei dem einzelnen Wettkunden vor, wenn er von einem strafbewehrten Verbot der Teilnahme an Wetten, die in anderen Mitgliedstaaten als dem organisiert werden, in dessen Gebiet er ansässig ist, betroffen ist.[13]

3. Weitere Grundfreiheiten

Je nach Konstellation können auch weitere Grundfreiheiten betroffen sein, so die Warenverkehrsfreiheit, wenn es zB um das Verbot der Einrichtung elektronischer Spiele für Rechner an öffentlichen und privaten Orten geht.[14] Diese Grundfreiheit greift jedoch nicht, wenn die Dienstleistung, wie bei dem Betrieb von Geldspielgeräten im Vordergrund steht.[15] Soweit die Mitgliedstaaten illegale oder ausländische Anbieter abwehren wollen, indem sie die Finanzströme zwischen Glücksspielveranstalter und Kunde durchbrechen (zB § 9 Abs 1 S 3 Nr 4 GlüStV), ist an die Zahlungsverkehrsfreiheit gem Art 56 Abs 2 EGV zu denken. Für die Rechtfertigung von Eingriffen in die weiteren Grundfreiheiten gelten im Ansatz dieselben Anforderungen wie für die Eingriffe in die Dienstleistungs- und Niederlassungsfreiheit, die im Folgenden im Fokus stehen. 6

4. Bereichsausnahme: Ausübung öffentlicher Gewalt, Art 45, 55 EGV

Gemäß Art 45 EGV ist eine Bereichsausnahme vorgesehen, sofern sich die betroffene Tätigkeit der Ausübung öffentlicher Gewalt zuordnen lässt. In diesem Fall greift der Schutzgehalt der Niederlassungsfreiheit gem Art 43 EGV nicht. Dasselbe gilt gem Art 55 EGV, der auf Art 45 EGV verweist, für die Dienstleistungsfreiheit. 7

In Deutschland wird das Glücksspielangebot zum Zwecke der Gefahrenabwehr bereitgehalten. Wenn der Staat die Glücksspielangebote im Rahmen seiner Verwaltung erbringt, handelt es sich damit um schlicht-hoheitliche Tätigkeit. Relevant könnte dies etwa für Bayern sein, wo die Durchführung der Glücksspiele der Staatlichen Lotterieverwaltung obliegt, die ohne eigene Rechtspersönlichkeit im Geschäftsbereich des Staatsministeriums der Finanzen angesiedelt ist.[16] Dennoch ist der Glücksspielbereich auch dann nicht vom Anwendungsbereich der Grundfreiheiten ausgenommen. Teils wird selbst nach deutschem Rechtsverständnis die Ausübung öffentlicher Gewalt bezweifelt, da es an dem Subordinationsverhältnis zwischen den Lotteriegesellschaften und den Teilnehmern fehle.[17] Ohnehin darf zur Ausfüllung des Merkmals 8

12 *Hakenberg* in: Lenz/Borchardt, EU- und EG-Vertrag, 3. Aufl 2003, Art 49/50 EGV Rn 22.
13 *EuGH* C-243/01 – „Gambelli", Slg 2003, I-13031, Tz 57.
14 *EuGH* C-65/05 – „Komm. ./. Griechenland", Slg 2006, I-10341.
15 *EuGH* C-6/01 – „Anomar", Slg 2003, I-8621, Tz 56.
16 Art 5 I BayAG GlüStV vom 20. 12. 2007 (BayGVBl 922).
17 So *Korte* Das staatliche Glücksspielwesen, 2004, 62.

„öffentliche Gewalt“ iSd Art 45 EGV nicht das nationale Verständnis zugrunde gelegt werden.[18] Vielmehr muss der Begriff gemeinschaftsrechtsautonom ausgelegt werden. „Öffentliche Gewalt“ iSd Art 45 EGV liegt daher nur im Kernbereich staatlicher Hoheitsbefugnisse vor, etwa bei Polizei oder Justiz. Das Angebot von Glücksspielen ist mithin keine dem Anwendungsbereich von Art 49 entzogene Tätigkeit öffentlicher Gewalt nach Art 55, 45 EGV.[19]

5. Rechtfertigung von Beeinträchtigungen der Grundfreiheiten

9 Staatliche Beschränkungen der privaten Veranstaltung und Vermittlung der Glücksspiele beeinträchtigen die Niederlassungs- und/oder die Dienstleistungsfreiheit, ggf auch andere Grundfreiheiten. Diese Beschränkungen können aber zulässig sein, wenn sie gerechtfertigt sind. Der EG-Vertrag kennt für die einzelnen Grundfreiheiten geschriebene Rechtfertigungstatbestände. Hinzu kommen ungeschriebene Rechtfertigungsgründe, die der *EuGH* entwickelt hat.

a) Geschriebene Rechtfertigungstatbestände, insb Art 46, 55 EGV

10 Nach Art 46, 55 EGV wäre es möglich, im Bereich der Niederlassungs- und Dienstleistungsfreiheit diskriminierende Sonderregeln für EU-Ausländer vorzusehen, wenn dies ausnahmsweise aus Gründen der öffentlichen Ordnung, Sicherheit oder Gesundheit gerechtfertigt ist. Nach st Rspr des *EuGH* gehören drohende Steuermindereinnahmen bei Tätigwerden ausländischer Glücksspielanbieter nicht zu den in Art 46 EGV genannten Gründen.[20] Dem Rechtfertigungstatbestand des Art 46 EGV kommt im deutschen Glücksspielrecht jedoch generell keine eigenständige Bedeutung zu, weil das staatliche Glücksspielmonopol deutsche wie ausländische Glücksspielanbieter gleichermaßen beschränkt.[21] Es liegt darin also keine ausdrückliche Diskriminierung.[22]

b) Ungeschriebener Rechtfertigungstatbestand (Cassis-Formel): zwingende Gründe des Gemeinwohls

11 Neben den geschriebenen Rechtfertigungstatbeständen hat der *EuGH* zusätzliche ungeschriebene Rechtfertigungsgründe anerkannt (sog immanente Schranken der Grundfreiheiten) und hierzu die sog *Cassis*-Formel entwickelt, auf die er auch im Glücksspielbereich zurückgreift:[23] „Außerdem hat der *Gerichtshof* entschieden, dass nationale Maßnahmen, die die vom Vertrag garantierten Grundfreiheiten beschränken, nur unter vier Voraussetzungen zulässig sind: Sie müssen in nichtdiskriminie-

---

18 Vgl für die einheitliche Auslegung privatrechtlicher Termini: *Koch* JZ 2006, 277, 280.

19 *Pischel* GRUR 2006, 630, 633.

20 *EuGH* C-243/01 – „Gambelli“, Slg 2003, I-13031, Tz 61; *EuGH* C-264/96 – „ICI“, Slg 1998, I-4695, Tz 28; *EuGH* C-136/00 – „Danner“, Slg 2002, I-8147, Tz 56.

21 *Jahndorf* VerwArch 95/2004, 359, 373.

22 Vgl unten VI. 4.

23 *EuGH* C-65/05 – „Komm. ./. Griechenland“, Slg 2006, I-10341, Tz 49; ebenso jüngst *EuGH* C-338/04, C-359/04, C-360/04 – „Placanica ua“, Slg 2007, I-1891, Tz 45, 49.

render Weise angewandt werden, sie müssen zwingenden Gründen des Allgemeininteresses entsprechen, sie müssen zur Erreichung des verfolgten Zieles geeignet sein, und sie dürfen nicht über das hinausgehen, was zur Erreichung des Zieles erforderlich ist." Diese Voraussetzungen für einen ungeschriebenen Rechtfertigungstatbestand iSd *Cassis*-Formel sind durch den *EuGH* und den *EFTA-Gerichtshof* mit Blick auf staatliche Beschränkungen im Glücksspielsektor konkretisiert worden, wie unter VI. skizziert werden soll.

III. EG-Kartellrecht, Art 81ff EGV

Das EG-Kartellrecht stand bislang nicht im Mittelpunkt des glücksspielrechtlichen Interesses. Seit dem Beschluss des Bundeskartellamtes vom 23. 8. 2006,[24] welcher sich insb auf die Vorschriften des EG-Kartellrechts (Art 81, 82, 86 EGV) bezog, ist dieses jedoch erheblich gestiegen.[25] **12**

Gegenstand des Beschlusses war ua die Frage, ob die staatlichen Lotterieanbieter berechtigt sind, die Annahme von Spieleinsätzen aus gewerblicher, terrestrischer Spielvermittlung gerade dann zu verweigern, wenn die Vermittlungstätigkeit die Ländergrenzen überschreitet. Weiter war zu klären, ob die Vereinbarung der Lottogesellschaften, Lotterien jeweils nur in dem Bundesland anzubieten, in welchem sie über eine Genehmigung verfügen (sog Regionalitätsprinzip), zulässig ist.[26] Diese Aspekte, welche von beträchtlicher wirtschaftlicher Relevanz sind, betreffen zwar nicht die Frage nach der unmittelbaren Zulässigkeit eines staatlichen Lotteriemonopols, tragen aber zur Klärung wettbewerbsrechtlicher Fragestellungen im Glücksspielsektor, wie etwa zur Auslegung der Art 81 ff EGV, bei. **13**

1. Verbot wettbewerbshindernder Vereinbarungen, Art 81 EGV

Art 81 Abs 1 EGV statuiert ein Verbot wettbewerbshindernder Vereinbarungen, indem es „alle Vereinbarungen zwischen Unternehmen, Beschlüsse von Unternehmensvereinigungen und aufeinander abgestimmte Verhaltensweisen, welche den Handel zwischen Mitgliedstaaten zu beeinträchtigen geeignet sind und eine Verhinderung, Einschränkung oder Verfälschung des Wettbewerbs innerhalb des Gemeinsamen Marktes bezwecken oder bewirken", untersagt. Art 81 EGV gilt auch für staatliche Unternehmen, sofern es sich um eine wirtschaftliche Tätigkeit handelt, was uU selbst bei hoheitlicher Tätigkeit bejaht werden kann. Ausgenommen vom EG-Kartellrecht ist nur der Kernbereich hoheitlicher Staatstätigkeit iSd Art 39 Abs 4, 45, 55 EGV, dem die staatlichen Glücksspielanbieter nicht zuzuordnen sind.[27] **14**

---

24 *BKartA* Beschl v 23. 8. 2006, Tz 567; Entscheidung abrufbar unter: www.bundeskartellamt.de/wDeutsch/download/pdf/Kartell/Kartell06/B10–148-05.pdf; Einleitende Zusammenfassung abgedr in ZfWG 2006, 224 ff.

25 Hierzu auch *Koenig/Fechtner* EWS 2007, 529.

26 Festgesetzt in § 2 des Blockvertrages der deutschen Lotto- und Totounternehmen v 22. 5. 2000, zit in *OLG Düsseldorf* Beschl v 23. 10. 2006, VI-Kart 15/06, Rn 4 u 5.

27 So auch das *BKartA* Fn 24, Tz 80.

15 Das Bundeskartellamt erkennt in der untereinander abgestimmten Weigerung der staatlichen Lotterieanbieter, mit terrestrisch tätigen gewerblichen Spielvermittlern zusammen zu arbeiten, einen Verstoß gegen Art 81 Abs 1 EGV.[28] Ebenso mit Art 81 EGV (iVm Art 10 EGV) im Ansatz unvereinbar sei § 5 Abs 3 LottStV 2004, der die Tätigkeit der einzelnen staatlichen Lotterieanbieter und den darauf bezogenen Vertrieb grundsätzlich nur im jeweiligen Land zulasse.[29] Hier sei jedoch eine gemeinschaftsrechtskonforme Auslegung dahingehend möglich und geboten, dass staatliche Lotterieunternehmen ihre Angebote in anderen Ländern vertreiben dürften, dann aber einer nachträglichen ordnungsrechtlichen Kontrolle des Landes unterworfen seien, in dem sie die Angebote vertreiben.[30]

2. Verbot des Missbrauchs einer beherrschenden Marktstellung, Art 82 EGV

16 Nach Auffassung des Bundeskartellamtes verstößt die abgestimmte Weigerung der staatlichen Lottoanbieter gegen die Tätigkeit der privatwirtschaftlichen Spielvermittler zusätzlich gegen Art 82 Abs 1 EGV.[31] Dieser verbietet „die missbräuchliche Ausnutzung einer beherrschenden Stellung auf dem Gemeinsamen Markt oder auf einem wesentlichen Teil desselben durch ein oder mehrere Unternehmen, soweit dies dazu führen kann, den Handel zwischen Mitgliedstaaten zu beeinträchtigen."

3. Ausnahmetatbestand des Art 86 Abs 2 EGV

17 In seinem Beschluss wandte sich das Bundeskartellamt auch ausgiebig Art 86 Abs 2 EGV zu, der unter bestimmten Voraussetzungen eine punktuelle Abweichung von den Vorschriften des EG-Vertrages, namentlich von Art. 81 EGV sowie den Grundfreiheiten, ermöglicht.[32] Diese Ausnahmevorschrift kann für Monopolunternehmen eingreifen, die mit Dienstleistungen von allgemeinem wirtschaftlichen Interesse betraut sind (Art 86 Abs 2 Var 1 EGV) oder den Charakter eines Finanzmonopols haben (Art 86 Abs 2 Var 2 EGV), sofern ihr Auftrag andernfalls verhindert würde.[33]

a) Dienstleistung von allgemeinem wirtschaftlichen Interesse

18 Für die Bejahung der ersten Tatbestandvariante müsste es sich bei der Lotterieveranstaltung um eine Dienstleistung von allgemeinem wirtschaftlichen Interesse handeln, worunter marktbezogene Tätigkeiten im Interesse der Allgemeinheit zu verstehen sind.[34] Typischerweise ist hiervon die Erbringung sog Universaldienste wie die Versorgung mit Elektrizität, Wasser und Telekommunikation erfasst.[35] Nicht ausreichend ist dagegen die Wahrnehmung privater Interessen, ebenso wenig die Verfolgung kul-

---

28 *BKartA* Fn 24, Tz 71 ff.
29 Ebd Tz 583 ff.
30 Ebd Tz 600.
31 Ebd Tz 501 ff.
32 Ebd Tz 567 ff, 737 f.
33 Siehe näher – mit Blick auf das Glücksspiel – *Kazemi/Leopold* MMR 2004, 649, 652.
34 *von Burchard* in: Schwarze, EU-Kommentar, 2000, Art 86 EGV Rn 63.
35 *Grill* in: Lenz/Borchardt, EU- und EG-Vertrag, 3. Aufl 2003, Art 86 Abs 2 EGV Rn 26.

tureller oder sozialer Belange.[36] Fraglich ist, ob diese Voraussetzung des Art 86 Abs 2 EGV auch für Glücksspiele, wie im vorliegenden Fall Lotterien, angenommen werden kann.

Einige Stimmen in der Literatur verneinen die Vergleichbarkeit staatlicher Lotterieveranstaltung mit den genannten Universaldiensten und damit die Anwendbarkeit des Art 86 Abs 2 Var 1 EGV. Die im Allgemeininteresse liegenden Ziele der Veranstaltung von Lotterien durch ein staatliches Monopolunternehmen seien vielmehr primär finanzpolitischer Natur, indem durch Steuern und Abgaben Staatseinnahmen gesichert und wohltätige Zwecke gefördert werden sollen.[37] **19**

Stellt man die Bekämpfung der Suchtgefahren in den Vordergrund, wäre eine andere Bewertung möglich. So können im Rahmen des Art 86 Abs 2 EGV entgegen des ausdrücklichen Wortlauts u U auch außerökonomische Gründe wie der Verbraucherschutz und die öffentliche Sicherheit zu einer Freistellung von den Bindungen an den EG-Vertrag führen.[38] Begründet ein staatlicher Lotterieveranstalter seine Monopolstellung mit Zwecken des Verbraucherschutzes, so könnte dies nach Art 86 Abs 2 EGV zulässig sein. Dieser Sichtweise steht auch das Bundeskartellamt aufgeschlossen gegenüber: Es sei denkbar, die staatlichen Lottoanbieter als Unternehmen anzusehen, die Dienstleistungen von allgemeinem wirtschaftlichen Interesse erbringen.[39] **20**

b) Betrauung

Geht man von einer Tätigkeit von allgemeinem wirtschaftlichen Interesse aus, so verlangt Art 86 Abs 2 EGV weiter eine „Betrauung". Dabei genügt nicht das bloße Tätigwerden eines Unternehmens im Gemeinwohlinteresse. Nötig ist vielmehr die klare Formulierung einer Gemeinwohlaufgabe durch die öffentliche Hand, die dann die Erfüllung dieser Aufgabe durch einen sichtbaren und hinreichend bestimmten Akt auf das Unternehmen überträgt. Nach Ansicht des Bundeskartellamtes fehlt es indes an der nötigen Betrauung, sofern die staatlichen Lotterieunternehmen lediglich durch privatrechtlichen Vertrag vom Staat zu ihrer Tätigkeit beauftragt würden.[40] Nach neuerer, allerdings umstrittener Ansicht in der Literatur ist auch eine privatrechtliche Betrauung möglich, welche jedoch transparent und in ihrem Umfang präzise umrissen sein muss.[41] **21**

c) Gefahrenlage und Verhältnismäßigkeit

Weitere Voraussetzung ist, dass bei Anwendung des Wettbewerbsrechts die Erfüllung der Daseinsvorsorgeaufgabe rechtlich oder tatsächlich verhindert würde (Art 86 Abs 2 S 1 aE EGV). Mit Blick auf die rechtliche oder tatsächliche Verhinderung der **22**

---

36 *Grill* in: Lenz/Borchardt, EU- und EG-Vertrag, 3. Aufl 2003, Art 86 Abs 2 EGV Rn 24.

37 *Braun* ZEuS 2005, 211, 228.

38 *EuGH* C-266/96 – „Corsica Ferries", Slg 1998, I-3949, Tz 45/60; *von Burchard* in: Schwarze, EU-Kommentar, 1. Aufl 2000, Art 86 EGV Rn 64.

39 *BKartA* Fn 24, Tz 567.

40 Ebd Tz 568.

41 *Haratsch/Koenig/Pechstein* Europarecht, 5. Aufl 2006, 488 f.

Erfüllung der Daseinsvorsorgeaufgabe legte der *EuGH* zunächst einen strengen Maßstab an. Die Unterwerfung unter die allgemeinen Wettbewerbsregeln müsse mit der Aufgabenerfüllung unvereinbar sein.[42] Mittlerweile ist die Handhabung des Art 86 Abs 2 EGV durch den *EuGH* jedoch weniger restriktiv: Es genüge, wenn die Aufgabenerfüllung behindert werde.[43] In der Rechtsprechung des *EuGH* wurde hierzu – in Parallele zur Rechtfertigung von Beschränkungen der Grundfreiheiten – eine abgeschichtete Verteilung der Darlegungs- und Beweislast entwickelt. Das Unternehmen bzw der Mitgliedstaat muss die Gefährdung der Daseinsvorsorgeaufgaben darlegen, die Kommission dagegen die gleiche Eignung wettbewerblicher Lösungen.[44]

23 Darüber hinaus darf durch die Exemtion die Entwicklung des Handelsverkehrs nicht in einem Ausmaß beeinträchtigt werden, das dem Interesse der Gemeinschaft zuwiderläuft (Art 86 Abs 2 S 2 EGV). Ob ein „Zuwiderlaufen" vorliegt, ergibt sich dabei nach einer Abwägung mit dem mitgliedstaatlichen Interesse an der Daseinsvorsorgeaufgabe[45] und ist von der Kommission darzulegen und zu beweisen.[46]

24 Entscheidend für die Anwendung des Art 86 Abs 2 EGV ist schließlich die Einhaltung des Verhältnismäßigkeitskriteriums, wobei fraglich ist, welcher Maßstab daran angelegt wird. Vielfach wird mit Blick auf den Ausnahmecharakter ein strenger Prüfungsmaßstab angelegt.[47] Letzteres ist auch die Sichtweise des Bundeskartellamtes:[48] Die Aufgaben der Gefahrenabwehr könnten auch ohne die in Rede stehende Beschränkung der Vertriebsmöglichkeiten erfüllt werden.[49] Die Ausführungen des Bundeskartellamtes zum kartellrechtswidrigen Verhalten der staatlichen Glücksspielunternehmen haben eine gewisse Bekräftigung durch das OLG Düsseldorf[50] erfahren.

25 Hinzuweisen ist freilich darauf, dass sich in der Rechtsprechung des *EuGH* in jüngerer Zeit eine weniger restriktive Auslegung andeutet.[51] Im Ergebnis dürften die Maß-

42 *EuGH* C-260/89 – „ERT", Slg 1991, I-2951, Tz 33; hierzu *Dörr/Haus* JuS 2001, 313, 319; *Paulweber/Weinand* EuZW 2001, 232, 236.

43 *EuGH* C-320/91 – „Corbeau", Slg 1993, I-2563, Tz 13 f; *EuGH* C-159/94 – „EDF", Slg 1997, I-5819, Tz 59.

44 *EuGH* C-159/94 – „EDF", Slg 1997, I-5819, Tz 101 f, 113, mit zust Anm *Litpher* RdE 1998, 72, 73. Hierzu s ferner *von Burchard* in: Schwarze, EU-Kommentar, 1. Aufl 2000, Art 86 EGV Rn 74; *Pielow* Grundstrukturen öffentlicher Versorgung, 2001, 89 ff; *Schneider* Liberalisierung der Stromwirtschaft durch regulative Marktorgansiation, 1999, 393 ff; *ders* DVBl 2000, 1250, 1254; *Storr* DÖV 2002, 357, 363 f. Für vollständige Darlegungslast der Mitgliedstaaten aber etwa *Emmerich* in: Dauses, HdbEUWiR II, H. II Rn 168.

45 *Emmerich* ebd Rn 166; *Mann* JZ 2002, 819, 823.

46 *EuGH* C-159/94 – „EDF", Slg 1997, I-5819, Tz 113.

47 *EuG 1. Inst* T-106/95 – „FFSA", Slg 1997, II-233, Tz 173; *Jung* in: Calliess/Ruffert, EUV/EGV, 3. Aufl 2007, Art 86 EGV Rn 47; *Schweitzer* Daseinsvorsorge, „service public", Universaldienst, 2001/2002, 217; *Badura* ZGR 1997, 291, 302; *Mestmäcker* FS Zacher, 1998, 635, 641.

48 *BKartA* Fn 24, Tz 570.

49 Ebd Tz 570 ff.

50 *OLG Düsseldorf* v 23. 10. 2006 – VI Kart 15/06 (V).

51 *EuGH* C-159/94 – „EDF", Slg 1997, I-5819, Tz 59; *EuGH* C-157/94 – „SEP", Slg 1997, I-5768, Tz 38 ff; *EuGH* C-158/94 – „ENEL", Slg 1997, I-5789, Tz 43 ff. Dadurch habe sich der *EuGH* von seiner Rolle als Motor der Integration verabschiedet, kritisiert *Schweitzer* Daseinsvorsorge, „service public", Universaldienst, 2001/2002, 218.

stäbe der Verhältnismäßigkeitsprüfung im Rahmen von Art 86 Abs 2 denjenigen Anforderungen entsprechen, die an eine Rechtfertigung eines Eingriffs in Grundfreiheiten anzulegen sind.[52]

IV. Gemeinschaftsrechtlicher Staatshaftungsanspruch

In Deutschland haben Glücksspielanbieter, die von staatlichen Restriktionen wie **26**
Schließungsverfügungen betroffen sind, auf den gemeinschaftsrechtlichen Staatshaftungsanspruch gestützte Schadensersatzklagen angekündigt.[53] Es ist ein allgemeiner Grundsatz des Gemeinschaftsrechts, dass die Mitgliedstaaten zum Ersatz derjenigen Schäden verpflichtet sind, die dem Einzelnen oder Unternehmen durch die deren Verstöße gegen das Gemeinschaftsrecht entstanden sind.

Ausgehend von der sog „Francovich-Doktrin"[54] haben drei Voraussetzungen vorzu- **27**
liegen: Erstens muss die verletzte Norm, auf welche die Klage gestützt ist, dem Einzelnen ein subjektives Recht verleihen, was für die Dienst- und die Niederlassungsfreiheit nach Art 49 und 43 EGV zutrifft. Zweitens muss der Verstoß hinreichend qualifiziert sein,[55] was bei offenkundigen Verstößen zu bejahen, dagegen bei einem entschuldbaren Rechtsirrtum oder bei einer vertretbaren Auslegung gemeinschaftsrechtlicher Normen zu verneinen ist. Ein Indiz für letzteren Fall kann sein, wenn (nahezu) alle Mitgliedstaaten die gleiche Auslegung zugrunde legen.[56] Mit Blick auf die Verletzung der Grundfreiheiten steht die Wertung im Vordergrund, ob die staatlichen Restriktionen verhältnismäßig sind. Angesichts der Offenheit dieser Wertung wäre die hinreichende Qualifizierung eines etwaigen Verstoßes nicht ohne weiteres zu begründen. Schließlich hat zwischen dem Verstoß gegen die dem Staat obliegende Verpflichtung und dem dem Geschädigten entstandenen Schaden ein unmittelbarer Kausalzusammenhang zu bestehen.[57] Ersatzfähig ist im Ergebnis das positive Interesse, von dem auch entgangene Gewinne erfasst sind. Soweit ein gemeinschaftsrechtlicher Schadensersatzanspruch besteht, ist er durch deutsches Recht zu konkretisieren (Art 34 GG, § 839 BGB), welches jedoch gemeinschaftsrechtlich überlagert wird, dh durch seine Anforderungen den Anspruch nicht ins Leere laufen lassen darf. Die im deutschen Recht vorgesehene Pflicht zur Schadensminderung ist mit dem Gemeinschaftsrecht vereinbar. Der Geschädigte muss daher alles tun, was möglich ist, um den Schaden abzuwehren, insb gerichtliche Rechtsbehelfe einlegen, was bei der Fülle an nationalen Verfahren gegen Ordnungsverfügungen kaum einen Ausschlussgrund darstellen wird.[58] Die Haftungsvoraussetzungen sind grundsätzlich durch die inner-

---

52 Vgl oben II. 5 b; unten VII. 3.

53 FAZ Nr 184 v 10. 8. 2006, S 11.

54 *EuGH* verb C-6/90 u C-9/90 – „Francovich", Slg 1991, I-5357, Tz 33.

55 Hierzu ausführlich *Kim/Dübbers* ZfWG 2006, 107, 114.

56 Näher *Haratsch/Koenig/Pechstein* Europarecht, 5. Aufl 2006, 226.

57 *EuGH* C-46/93 u C-48/93 – „Brasserie du pêcheur und Factortame", Slg 1996, I-1029, Tz 51.

58 Vgl nur *OVG NRW* ZfWG 2006, 144 ff; *VG Koblenz* ZfWG 2006, 181 ff; *VG Dresden* ZfWG 2006, 262 ff.

staatlichen Gerichte, in Deutschland die ordentlichen Gerichte, zu beurteilen,[59] wobei es in der Praxis aber häufig vorkommt, dass sich der *EuGH* selbst in einem Verfahren hierzu äußert.[60]

V. Sekundärrecht

28 Das europäische Sekundärrecht enthält vereinzelt Aussagen zum Glücksspielrecht.

1. RL 2000/31/EG (e-commerce-Richtlinie)

29 So findet sich eine Regelung zu Glücksspielen in Art 1 Abs 5 lit d RL 2000/31/EG über den elektronischen Geschäftsverkehr vom 8. 6. 2000, der sog e-commerce-RL.[61] Die Richtlinie des Europäischen Parlaments und des Rates dient der Förderung des freien Dienstleistungsverkehrs im Bereich der Teledienste durch Statuierung des sog Herkunftslandsprinzips. Dieses beinhaltet die Anerkennung mitgliedstaatlicher behördlicher Zulassungen auch bei Tätigwerden in einem anderen EG-Mitgliedstaat.[62] In Art 1 Abs 5 lit d der Richtlinie werden Glücksspiele aber ausdrücklich vom Herkunftslandsprinzip ausgeklammert. Dies bedeutet, dass zB ein in Irland zugelassenes Wettunternehmen sich mit Blick auf Online-Wettangebote in Deutschland nicht auf die irische Zulassung berufen kann, vielmehr eine gesonderte deutsche Zulassung benötigt. In dieser Richtlinie akzeptiert der Gemeinschaftsrechtsgeber damit, dass es keinen europaweiten Binnenmarkt für Glücksspiele gibt, belässt vielmehr den nationalen Gesetzgebern Spielräume zur jeweiligen Ausgestaltung des Glücksspielrechts.

2. RL 2006/123/EG (Dienstleistungsrichtlinie)

30 Auch von dem Anwendungsbereich der am 28. 12. 2006 in Kraft getretenen Richtlinie über Dienstleistungen im Binnenmarkt[63] sind Glücksspiele ausgeschlossen. In einem früheren Entwurf[64] war die Ausnahme des Glücksspielsektors gem Art 18 noch als vorübergehend angedacht. Aufgrund der erwarteten Widerstände in Rat und Parlament war die Kommission jedoch schnell bereit, Glücksspiele dauerhaft aus der Dienstleistungsrichtlinie auszuklammern.[65] Der Grund für die Ausnahme der Glücksspiele einschließlich Lotterien und Wetten liegt in der spezifischen Natur dieser Tä-

---

59 *EuGH* C-392/93 – „British Telecommunications“, Slg 1996, I-1631, Tz 41.

60 *EuGH* C-224/01 – „Köbler“, Slg 2003, I-10239, Tz 101ff; *EuGH* verb C-283/94, C-291/94, C-292/94 – „Denkavit u a“, Slg 1996, I-5063, Tz 49.

61 RL 2000/31 EG des *Europ Parl* und des *Rates* v 8. 6. 2000 über best rechtl Aspekte der Dienste der Informationsgesellschaft, insb des elektron Geschäftsverkehrs im Binnenmarkt, ABl L 178/1.

62 Vgl *Kugelmann* EuZW 2005, 327.

63 RL 2006/123/EG v 12. 12. 2006 über Dienstleistungen im Binnenmarkt (ABl EG L 376/36 vom 27. 12. 2006).

64 Europ Komm, Vorschlag für eine RL des Europ Parl u des Rates über Dienstleistungen im Binnenmarkt, KOM 2004, 2 endgültig.

65 Geänderter Vorschlag für eine RL des Europ Parl und des Rates über Dienstleistungen im Binnenmarkt, KOM 2006, 160 endgültig.

tigkeiten, die von Seiten der Mitgliedstaaten Politikansätze zum Schutz der öffentlichen Ordnung und zum Schutz der Verbraucher bedinge.[66]

3. RL 98/34/EG

Hinzuweisen ist ferner auf die RL 98/34/EG (idFd RL 98/48/EG) über ein Informa- 31
tionsverfahren auf dem Gebiet der Normen und technischen Vorschriften.[67] Art 8 RL 98/34/EG verpflichtet die Mitgliedstaaten zur Notifizierung neuer technischer und rechtlicher Vorschriften mit Relevanz für die Dienste der Informationsgesellschaft.[68] Im Rahmen des Notifizierungsverfahrens zum Glücksspiel-Staatsvertrag gab die EU-Kommission eine ausführliche Stellungnahme zum im Entwurf vorgesehenen Verbot des Internet-Glücksspiels ab.[69] In dieser rügte sie, dass hierin ein unverhältnismäßiger Eingriff in die Dienstleistungsfreiheit nach Art 49 EGV vorliege und mahnte die weitgehenden Übermittlungs- und Informationspflichten der deutschen Behörden im Verlauf des Verfahrens an.

VI. Grundlinien der Rechtsprechung des *EuGH*: von Schindler bis Placanica

Der Rahmen für die Praxis des Glücksspielrechts in Europa wird nicht nur durch die 32
Vorgaben des Primär- und Sekundärrechts, sondern auch, letztlich maßgeblich, durch die Rechtsprechung des *EuGH* gezogen.

Seit der Schindler-Entscheidung aus dem Jahre 1994 gibt es mittlerweile eine beachtliche Anzahl von Urteilen des *EuGH* zum Glücksspielrecht,[70] in denen die Anforderungen an die Gemeinschaftsrechtskonformität mitgliedstaatlicher Regelungen herausgearbeitet wurden.

---

66 RL 2006/123/EG v 12. 12. 2006 über Dienstleistungen im Binnenmarkt (ABl EG L 376/36 (39) v 27. 12. 2006), Gemeinsamer Standpunkt des Rates v 17. 7. 2006, 10003/06, Tz 25.

67 RL 98/34/EG v 22. 6. 1998 über ein Informationsverfahren auf dem Gebiet der Normen und technischen Vorschriften (ABl EG L 204/37 v 21. 7. 1998), RL 98/48/EG vom 20. 7. 1998 zur Änderung der RL 98/34/EG (ABl EG L 217/18 v 5. 8. 1998).

68 Siehe hierzu *EuGH* C-65/05 – „Kommission ./. Griechenland", Slg 2006, I-10341, Tz 58ff.

69 Notifizierung 2006/658/D zum Entwurf eines Staatsvertrags zum Glücksspielwesen in Deutschland, Ausführliche Stellungnahme gem Art 9 II der RL 98/34/EG vom 22. Juni 1998, abgedruckt bei *Haltern* Fn 2, S 120; s hierzu auch IX.

70 *EuGH* 275/92 –„Schindler", 24. 3. 1994, Slg 1994, I-1039; *EuGH* C-124/97 – „Läärä", 21. 9. 1999, Slg 1999, I-6067; *EuGH* C-67/98 – „Zenatti", 21. 10. 1999, Slg 1999, I-7289; *EuGH* Rs C-6/01 – „Anomar", 11. 9. 2003, Slg 2003, I-8621; *EuGH* C-243/01 – „Gambelli", 06. 11. 2003, Slg 2003, I-13031; *EuGH* C-42/02 – „Lindman", 12. 11. 2003, Slg 2003, I-13519; *EuGH* C-453/02 – „Linneweber", 17. 2. 2005, Slg 2005, I-1131; *EuGH* C-65/05 – Komm ./. Griechenland", 26. 10. 2006, Slg 2006, I-10341; *EuGH* verb C-338/04, C-359/04, C-360/04 – „Placanica u a", 6. 3. 2007, Slg 2007, I-1891; *EuGH* C-432/05 – „Unibet", 13. 3. 2007, Slg 2007, I-2271. Siehe zur *EuGH*-Rechtsprechung u a *Ennuschat* DVBl 2005, 1288, 1289f; *Pischel* GRUR 2006, 630, 633f; *Postel* ZfWG 2006, 93ff; *Stein/von Buttlar* ZfWG 2006, 273, 274ff; *Albrecht/Gabriel* WRP 2007, 616; *Koenig/Fechtner* EWS 2006, 529, 531f; *Ruttig* WRP 2007, 621 sowie die in Fn 2 genannten Beiträge.

1. Gefahrenpotenzial von Glücksspielen

33 Der *EuGH* erkennt das dem Glücksspiel innewohnende Gefahrenpotenzial.[71] In der Rechtssache *Placanica* hat der *EuGH* dabei in Anknüpfung an seine frühere Rechtsprechung insbesondere Gefahren für den Verbraucherschutz, Straftaten wie Betrug, den Anreiz zu überhöhten Ausgaben sowie Störungen der sozialen Ordnung im Allgemeinen im Blick gehabt.[72] Das Gefahrenpotenzial betrifft alle Glücksspiele, nicht nur Sportwetten, auf die sich die *Placanica*-Entscheidung bezieht, sondern zB auch die Lotterien,[73] Kasino-Spiele oder Automatenspiele.

2. Primäre Ausrichtung auf zwingende Gründe des Gemeinwohls; Unschädlichkeit fiskalischer Nebeninteressen

34 Zwingende Gründe des Allgemeinwohls könnten, wie der *EuGH* bestätigt, Restriktionen im Glücksspielrecht rechtfertigen. Als legitimen Grund des Allgemeinwohls erkennt er zunächst die Bekämpfung der glücksspielimmanenten Gefahren an.[74] Ferner rechnet der *EuGH* das Ziel, „die Ausnutzung der Spielleidenschaft der Menschen zu begrenzen",[75] sowie das Bestreben zu verhindern, dass Glücksspiele „zu einer Quelle persönlichen Gewinns" werden,[76] zu den zwingenden Gründen des Gemeinwohls.

35 Der *EuGH* verlangt, dass die einzelnen mitgliedstaatlichen Maßnahmen tatsächlich den dargelegten Zielen entsprechen.[77] Unbeanstandet lässt er dabei, dass der Staat mit den gesetzgeberischen Restriktionen für private Glücksspielanbieter fiskalische Interessen verknüpft, sofern dies „nur eine erfreuliche Nebenfolge, nicht aber der eigentliche Grund der betriebenen restriktiven Politik" sei.[78] Die Bewertung der gesetzgeberischen und behördlichen Motivation weist der *EuGH* in erster Linie den mitgliedstaatlichen Gerichten zu.[79]

3. Gestaltungsspielräume der Mitgliedstaaten bei der Mittelauswahl

36 Der *EuGH* räumt den Mitgliedstaaten dahingehend Ermessen ein, ob sie Glücksspielbeschränkungen für nötig halten und welche Mittel sie wählen, sofern diese verhältnismäßig und nicht diskriminierend sind.[80] In der Rechtssache *Placanica* führt er hierzu aus:[81] „In diesem Kontext können die sittlichen, religiösen oder kulturellen

---

71 Siehe zB *EuGH* Fn 70, „Schindler" Tz 60; „Läärä" Tz 32f; „Zenatti" Tz 30; „Gambelli" Tz 63, 67.

72 *EuGH* Fn 70 „Placanica" Tz 46.

73 *EuGH* Fn 70 „Kommission ./. Griechenland" Tz 35.

74 *EuGH* Fn 70 „Placanica" Tz 46.

75 *EuGH* Fn 70 „Läärä" Tz 32f.

76 So unlängst *EuGH* Fn 70, „Kommission ./. Griechenland" Tz 35; zuvor schon „Schindler" Tz 60; „Zenatti" Tz 30; „Läärä" Tz 32f; „Zenatti" Tz 30.

77 *EuGH* Fn 70 „Placanica" Tz 58.

78 *EuGH* Fn 70 „Zenatti" Tz 36; „Gambelli" Tz 62.

79 *EuGH* Fn 70 „Placanica" Tz 58.

80 *EuGH* Fn 70 „Schindler" Tz 61; „Gambelli" Tz 63, 65; „Läärä" Tz 35; „Zenatti" Tz 31.

81 *EuGH* Fn 70 „Placanica" Tz 47f.

Besonderheiten und die sittlich und finanziell schädlichen Folgen für den Einzelnen wie für die Gesellschaft, die mit Spielen und Wetten einhergehen, *ein ausreichendes Ermessen der staatlichen Stellen* rechtfertigen, festzulegen, welche Erfordernisse sich aus dem Schutz der Verbraucher und der Sozialordnung ergeben. … Es steht den Mitgliedstaaten in dieser Hinsicht zwar frei, die Ziele ihrer Politik auf dem Gebiet der Glücksspiele festzulegen und gegebenenfalls das angestrebte Schutzniveau genau zu bestimmen, jedoch müssen die von ihnen vorgegebenen Beschränkungen den sich aus der Rechtsprechung des *Gerichtshofs* ergebenden Anforderungen hinsichtlich ihrer Verhältnismäßigkeit genügen."

Dabei ist Folgendes hervorzuheben: Diese Ermessensausübung kann von Land zu Land zu unterschiedlichen Ergebnissen führen. Der *Gerichtshof* ist auf Grund der eingeräumten Einschätzungsprärogative bereit, unterschiedliche nationale Regelungen hinzunehmen: Selbst ein Totalverbot bestimmter Glücksspiele oder ein Totalausschluss privater Veranstalter können verhältnismäßig sein, obwohl in anderen Mitgliedstaaten größere Freiheiten bestehen, ohne dass sich dort unerträgliche Missstände eingestellt hätten.[82] **37**

4. Verhältnismäßigkeit der gesetzgeberischen Restriktionen

Der Schwerpunkt der Verhältnismäßigkeitsprüfung liegt nach der Rechtsprechung des *EuGH* auf der Eignung und der Erforderlichkeit der gesetzgeberischen Restriktionen zur Verwirklichung der zwingenden Gründe des Gemeinwohls.[83] Die Beurteilung der Verhältnismäßigkeit ist nach Auffassung des *EuGH* zunächst Sache der mitgliedstaatlichen Gerichte.[84] Zumindest zwei Aspekte im Zusammenhang mit der Verhältnismäßigkeit überprüft der *Gerichtshof* aber selbst: zum einen die Kohärenz des Glücksspielregimes (unten a), zum anderen die Überzeugungskraft der mitgliedstaatlichen Darlegung zur Verhältnismäßigkeit (unten b). **38**

a) Erfordernis eines kohärenten und systematischen Glücksspielregimes

Der *EuGH* verlangt, dass das mitgliedstaatliche Glücksspielregime kohärent und systematisch ausgestaltet ist.[85] Als zentrale Maximen eines Glücksspielregimes akzeptiert der *EuGH* zwei Ziele:[86] „zum einen [das] Ziel, die Gelegenheiten zum Spiel zu vermindern, und … zum anderen [das] Ziel, dadurch Straftaten vorzubeugen, dass die auf diesem Gebiet tätigen Wirtschaftsteilnehmer einer Kontrolle unterworfen und Glücksspieltätigkeiten so in Bahnen gelenkt werden, die diesen Kontrollen unterliegen." Dies deckt sich mit den Grundprinzip der Eindämmung und Kanalisierung der **39**

---

82 *EuGH* Fn 70 „Läärä" Tz 36; „Zenatti" Tz 33; „Anomar" Tz 80, 93, 95 („Unstreitig obliegt es den nationalen Behörden, zu beurteilen, ob es im Rahmen des verfolgten Zieles notwendig ist, Tätigkeiten dieser Art vollständig oder teilweise zu verbieten, oder ob es genügt, sie zu beschränken und zu diesem Zweck mehr oder weniger strenge Kontrollen vorzusehen."); s a *EuGH* C-36/02 – „Omega", Slg 2004, I-9609.

83 So z B *EuGH* Fn 70, „Placanica" Tz 48 f.

84 *EuGH* Fn 70 „Placanica" Tz 58.

85 *EuGH* Fn 70 „Placanica" Tz 53 im Anschluss an „Zenatti" Tz 35 f; „Gambelli" Tz 62, 67.

86 *EuGH* Fn 70 „Placanica" Tz 52.

natürlichen Spielleidenschaft, welches das deutsche Glücksspielrecht ausweislich der amtlichen Begründungen seit je her prägen soll.[87]

40 Der *EuGH* hat wiederholt eine mitgliedstaatliche Einschätzung, dass ein Totalverbot ungeeignet zur Gefahrenabwehr sei, gebilligt:[88] „Die Tatsache, dass die … Spiele nicht vollständig verboten sind, genügt … nicht, um nachzuweisen, dass die nationale Regelung die am Allgemeininteresse ausgerichteten Ziele … nicht wirklich zu erreichen sucht. Eine begrenzte Erlaubnis dieser Spiele im Rahmen eines Ausschließlichkeitsrechts, die den Vorteil bietet, die Spiellust und den Betrieb der Spiele in kontrollierte Bahnen zu lenken, die Risiken eines solchen Betriebs im Hinblick auf Betrug und andere Straftaten auszuschalten und die sich daraus ergebenden Gewinne zu gemeinnützigen Zwecken zu verwenden, dient auch der Verwirklichung dieser Ziele."

41 Ist ein Totalverbot ungeeignet zur Gefahrenabwehr, ist der *EuGH* bereit das Argument der Erforderlichkeit einer Kanalisierung zu akzeptieren:[89] „Wie die belgische und die französische Regierung zutreffend darauf ausgeführt haben, ist es zur Erreichung dieses Ziels [= Lenkung der Glücksspieltätigkeiten in kontrollierbare Bahnen] *erforderlich*, dass die zugelassenen Betreiber eine verlässliche und zugleich attraktive Alternative zur verbotenen Tätigkeit bereitstellen, was das Angebot einer breiten Palette von Spielen, einen gewissen Werbeumfang und den Einsatz neuer Vertriebstechniken mit sich bringen kann."

42 Milderes Mittel als ein Staatsmonopol könnte ein kontrollierter Wettbewerb der Anbieter von Online-Glücksspielen sein. Hier räumt der *EuGH* den Mitgliedstaaten eine Einschätzungsprärogative ein:[90] „Was die Frage betrifft, ob es zur Erreichung des Zieles besser wäre, eine Regelung für die betroffenen Wirtschaftsteilnehmer zu erlassen, statt einer zugelassenen öffentlich-rechtlichen Vereinigung ein ausschließliches Betriebsrecht zu gewähren, so liegt diese Entscheidung im Ermessen der Mitgliedstaaten, allerdings unter dem Vorbehalt, dass sie im Hinblick auf das angestrebte Ziel nicht unverhältnismäßig erscheint."

43 Zur Darlegung der Erforderlichkeit könnte man erstens darauf abstellen, dass von einem dem Gemeinwohl verpflichteten staatlichen Anbieter am ehesten eine konsequente Ausrichtung auf das Ziel der Suchtbekämpfung zu erwarten ist, die immerhin erfordert, unter Hinnahme von Umsatzeinbußen zur Dämpfung der Nachfrage nach Online-Glücksspielen bereit zu sein. Zweitens ist es durchaus plausibel, dass ein staatliches Monopolunternehmen, zumal diesem bei der Erfüllung der Gefahrenabwehraufgabe keine Grundrechte zustehen, durch die Behörden wirksamer beaufsichtigt werden kann als eine Vielzahl von Privatunternehmen.

---

87 So schon die amtliche Begründung zum Rennwett- und Lotteriegesetz von 1922 (RT-Drs 1/2870, S 11, 13; abgedruckt bei *Mende* Das Rennwett- und Lotteriegesetz, 1922, S 8); ebenso zB die amtliche Begründung zu §§ 284, 287 StGB (BT-Drs 13/8587, S 67) oder § 1 des Staatsvertrages zum Lotteriewesen in Deutschland idF v 2004.

88 *EuGH* Fn 70 „Läärä" Tz 37; „Zenatti" Tz 35.

89 *EuGH* Fn 70 „Placanica" Tz 55.

90 *EuGH* Fn 70 „Läärä" Tz 39.

b) Anforderungen an die mitgliedstaatliche Darlegung zur Verhältnismäßigkeit

In der *Lindman*-Entscheidung führte der *EuGH* mit Blick auf die Darlegungslast Folgendes aus:[91] „Hierzu ist darauf hinzuweisen, dass die Rechtfertigungsgründe, die von einem Mitgliedstaat geltend gemacht werden können, von einer Untersuchung zur Zweckmäßigkeit und zur Verhältnismäßigkeit der von diesem Staat erlassenen beschränkenden Maßnahme begleitet werden müssen. Im Ausgangsverfahren weisen die dem *Gerichtshof* vom vorlegenden Gericht übermittelten Akten kein Element statistischer oder sonstiger Natur auf, dass einen Schluss auf die Schwere der Gefahren, die mit dem Betreiben von Glücksspielen verbunden sind … zuließe." Im Fall einer griechischen Regelung waren fehlende Nachweise zur Verhältnismäßigkeit Anlass für den *EuGH*, diese im Ergebnis für unverhältnismäßig zu erachten.[92] Die Mitgliedstaaten sind daher gehalten, entsprechende Untersuchungen zur Unterstützung ihrer Einschätzungen durchzuführen und zu publizieren. 44

5. Grundsatz der Nichtdiskriminierung

Dem allgemeinen Diskriminierungsverbot gem Art 12 EGV kommt im Anwendungsbereich der Grundfreiheiten zumeist keine eigenständige Bedeutung zu. Aspekte der Nichtdiskriminierung sind jedoch relevant für die Rechtfertigung eines Eingriffs in Grundfreiheiten.[93] 45

Bei einem Totalverbot eines Glücksspiels oder einer Vertriebsform für ein Glücksspiel (zB Internet-Verbot) liegt keine Diskriminierung vor, wie der *EuGH* in der *Schindler*-Entscheidung ausgeführt hat:[94] „Es steht nämlich außer Frage, dass ein Verbot, wie es die britischen Rechtsvorschriften vorsehen, das die Veranstaltung großer Lotterien … betrifft, unabhängig von der Staatsangehörigkeit des Veranstalters der Lotterie … und unabhängig davon gilt, in welchem Mitgliedstaat … der Veranstalter niedergelassen ist. Durch das Verbot erfolgt keine Diskriminierung nach der Staatsangehörigkeit des betreffenden Wirtschaftsteilnehmers oder nach dem Mitgliedstaat, in dem dieser niedergelassen sind." 46

Auch in Bezug auf ein Staatsmonopol für Glücksspiele hat der *EuGH* bereits entschieden, dass damit keine diskriminierende Wirkung verbunden ist:[95] „Wie auch das vorlegende Gericht festgestellt hat, enthält eine nationale Regelung über Geldspielautomaten wie die finnische keine Diskriminierung aus Gründen der Staatsangehörigkeit, da jedem anderen als der zugelassenen öffentlich-rechtlichen Vereinigung der Betrieb dieser Apparate untersagt ist. Sie trifft insoweit unterschiedslos sowohl die in Finnland als auch die in einem anderen Mitgliedstaat ansässigen Wirtschaftsteilneh- 47

---

91 *EuGH* Fn 70 „Lindman" Tz 25f.

92 *EuGH* Fn 70 „Kommission ./. Griechenland" Tz 39.

93 So jüngst *EuGH* Fn 70 „Placanica" Tz 49, ebenso „Gambelli" Tz 64f; „Lindman" Tz 25; „Kommission ./. Griechenland" Tz 49.

94 *EuGH* Fn 70 „Schindler" Tz 48; ähnlich *EuGH* C-36/02 – „Omega", Slg 2004, I-9609.

95 *EuGH* Fn 70 „Läärä" Tz 28; ebenso „Zenatti" Tz 27; *Stein*, EuZW 2000, 153, 154, sieht hierin einen „recht großzügigen" Umgang des *EuGH* mit der Frage der Diskriminierung; ebenso *ders/von Buttlar* ZfWG 2006, 273, 275 Rn 11.

mer, die möglicherweise an einer solchen Tätigkeit interessiert sind." Im Übrigen unterfällt ein Staatsmonopol für Online-Glücksspiele auch nicht Art 31 EGV, welcher zur Umformung von Handelsmonopolen verpflichtet.[96]

48 Einzelne Ausprägungen mitgliedstaatlicher Glücksspielregelungen können gleichwohl diskriminierende Wirkung entfalten. Schwierigkeiten mit Blick auf das Diskriminierungsverbot kann die Bestimmung des § 5 Abs 2 LottStV 2004 (= § 10 Abs 2 GlüStV) aufwerfen, soweit das Monopolrecht durch eine privatrechtliche Gesellschaft wahrgenommen wird, an der eine juristische Person des öffentlichen Rechts nicht vollständig, sondern nur „maßgeblich" unmittelbar oder mittelbar beteiligt ist. Allerdings ist dann weniger das Monopol als solches betroffen, sondern die Auswahl der Personen des Privatrechts, die neben der öffentlichen Hand am Monopolisten beteiligt sind. Sollte es inländischen Personen in der Praxis leichter fallen, eine Minderheitsbeteiligung am Monopolisten zu erhalten als ausländischen Interessenten, kann das Diskriminierungsverbot verletzt sein.[97] Ähnliche Bedenken gelten der Regelung des § 25 GlüStV zur Betrauung eines Privatunternehmens in Rheinland-Pfalz.[98] Solchen Einwänden könnte schon im Ansatz begegnet werden, sofern der Gesetzgeber entweder die Beteiligung oder Betrauung Privater gänzlich ausschließt oder ein transparentes und nichtdiskriminierendes Auswahlverfahren vorstrukturiert.[99]

6. *EuGH* und Staatsmonopol

49 Im Ergebnis lässt sich die Rechtsprechung des *EuGH* dahingehend verdichten, dass bei Beachtung bestimmter Kautelen ein Staatsmonopol gerechtfertigt sein kann. So hat er stets die Gestaltungsspielräume der Mitgliedstaaten hervorgehoben. In der Entscheidung *Läärä* hat er zudem ausdrücklich anerkannt, dass ein „ausschließliches Betriebsrecht" einer „zugelassenen öffentlich-rechtlichen Vereinigung" eine vom mitgliedstaatlichen Ermessen umfasste Option ist.[100] Darüber hinaus hat der *EuGH* gebilligt, „dass nationale Regelungen die Ausübung von Glücksspielen begrenzen oder sogar verbieten und verhindern, *dass diese zu einer Quelle persönlichen Gewinns* werden."[101] Das Gewinnstreben ist die Triebfeder des Marktes. Wenn der *EuGH* akzeptiert, dass bei der Veranstaltung von Glücksspielen diese Triebfeder verhindert werden darf, deutet dies darauf hin, dass der *EuGH* bereit ist, auch ein Glücksspielregime außerhalb einer Wettbewerbslösung hinzunehmen.

---

96 *EuGH* Fn 70 „Anomar" Tz 74.

97 Vgl *EuGH* Fn 70 „Gambelli" Tz 71.

98 So jedenfalls die Kritik der Kommission, Ergänzendes Aufforderungsschreiben, Vertragsverletzung Nr 2003/4350, 21. 3. 2007, Rn 12.

99 Hinzuweisen ist auf den Schlussantrag der Generalanwältin *Sharpston* vom 29. 3. 2007, C-260/04, in dem sie mit Blick auf die Verteilung der Sportwetten-Konzessionen in Italien eine Ausschreibung und ein transparentes Auswahlverfahren anmahnt, Rn 33.

100 *EuGH* Fn 70 „Läärä" Tz 39; vgl auch „Zenatti" Tz 35.

101 *EuGH* Fn 70 „Kommission ./. Griechenland" Tz 35, Hervorhebung nicht im Original; ebenso „Schindler" Tz 60; „Zenatti" Tz 30; „Läärä" Tz 32 f – *Stein/von Buttlar* ZfWG 2006, 273, 282 weisen darauf hin, dass das *BVerfG* (ZfWG 2006, 16, 27) insoweit einen anderen Akzent setzt als der EuGH und den Ausschluss privaten Gewinnstrebens als *alleiniges* Ziel für illegitim halte.

VII. Die Rechtsprechung des *Gerichtshofs* der EFTA

Mit Urteil vom 14. 3. 2007 – E-1/06 – billigte der *EFTA-Gerichtshof*[102] explizit ein Staatsmonopol im Glücksspielsektor. Diese Entscheidung ist im Kontext dieses Beitrags von Bedeutung, da der *EFTA-Gerichtshof* eine authentische Interpretation des EG-Binnenmarktrechts bietet: Er entscheidet über die Auslegung des EWR-Abkommens, soweit die EFTA-Mitglieder Norwegen, Island und Liechtenstein betroffen sind. Geht es um EU-Mitgliedstaaten, ist der *EuGH* berufen, das EWR-Abkommen anzuwenden. Dieses Abkommen erstreckt den gemeinschaftlichen Besitzstand (acquis communitaire) und die vier Grundfreiheiten des Binnenmarktes auf diese drei EFTA-Staaten und enthält in Art 31 ff, 36 ff inhaltsgleiche Parallelvorschriften zu Art 43 ff, 49 ff EGV (Niederlassungs- und Dienstleistungsfreiheit). Der *EFTA-Gerichtshof* zieht daher dieselben Vorschriften heran wie der *EuGH*. Damit erfüllen beide Gerichte mit Blick auf den Europäischen Wirtschaftsraum nebeneinander dieselbe Aufgabe. 50

Anlass des Urteils war ein Vertragsverletzungsverfahren, welches die EFTA-Überwachungsbehörde, die in Parallele zur EU-Kommission die Einhaltung des EWR-Abkommens kontrolliert, gegen Norwegen eingeleitet hatte. Den Hintergrund bildete die gesetzliche Einführung eines Staatsmonopols für den Betrieb von Automatenspielen. Im völligen Ausschluss privater Betreiber sah die Behörde eine Verletzung der Niederlassungs- und Dienstleistungsfreiheit iSd EWR-Abkommens. 51

Der *EFTA-Gerichtshof* referierte in seinem Urteil vom 14. 3. 2007 die einschlägige Rechtsprechung des *EuGH* unter Einbezug der erst wenige Tage alten Entscheidung *Placanica*: Dem Gesetzgeber komme ein Gestaltungsspielraum zu, der u a durch das Verhältnismäßigkeitsprinzip begrenzt werde (Tz 29). Die gesetzgeberischen Restriktionen für private Glücksspielanbieter müssten auf Reduzierung der Gelegenheiten zum Spiel ausgerichtet sein; fiskalische Erwägungen dürften dagegen nicht der eigentliche Beweggrund sein (Tz 36). Der *EFTA-Gerichtshof* würdigte das Motivbündel des norwegischen Gesetzgebers dahingehend, dass trotz fiskalischer Interessen (hier: Sicherung des Glücksspiels als Einnahmequelle der Wohlfahrtsverbände) das Ziel der Gefahrenabwehr im Vordergrund stehe (Tz 37 ff). Unbestritten sei die Suchtgefahr von Automatenspielen, aber auch von Sportwetten (Tz 45). 52

Mit Blick auf die Kohärenz des Glücksspielregimes hob der *Gerichtshof* hervor, dass das Ziel der Suchtbekämpfung eine effektive Kontrolle des staatlichen Monopolisten erfordere (Tz 46). Dabei akzeptierte er die gesetzgeberischen Einschätzungen, dass von einem dem Gemeinwohl verpflichteten Staatsunternehmen eine Ausrichtung auf das Ziel der Suchtbekämpfung eher zu erwarten sei als von gewinnorientierten Privatunternehmen und dass ein staatliches Monopolunternehmen durch die Behörden wirksamer beaufsichtigt werden könne als Privatunternehmen (Tz 51). 53

Im Ergebnis sah der *EFTA-Gerichtshof* damit in einem Staatsmonopol für Automatenspiele keinen Verstoß gegen die Grundfreiheiten des Binnenmarktes – wohlgemerkt: in Kenntnis und Würdigung des *Placanica*-Urteils. Völlig unbesehen kann 54

102 Abrufbar unter: www.eftacourt.lu; ZfWG 2007, 134.

dieses Judikat freilich nicht auf die Rechtslage und aktuelle Diskussion in Deutschland übertragen werden, bezieht es sich doch auf Automatenspiele, welchen der *EFTA-Gerichtshof* ein höheres Suchtrisiko zuschreibt als Sportwetten. Hingewiesen sei ferner auf die Entscheidung des *EFTA-Gerichtshofs* vom 30. 5. 2007 – E-3/06 („Ladbrokes"), die eine sorgfältige Prüfung der Verhältnismäßigkeit sowie des tatsächlichen Suchtpotentials der einzelnen Glücksspiele anmahnt.

VIII. Ausblick

55 Trotz zahlreicher Judikate des *EuGH* sind die Streitfragen zur Gemeinschaftsrechtskonformität der nationalen Regelungen zum Glücksspielrecht nicht geklärt. Beim *EuGH* sind weitere Verfahren anhängig, so Vorlagen aus Portugal, Belgien, Italien[103] und Deutschland.[104] Besonders die Kommission erhöht den Druck auf die Mitgliedstaaten, die jeweiligen Restriktionen für private und ausländische Glücksspielbieter zu überdenken. Am 4. April 2006 haben sieben Mitgliedstaaten (Dänemark, Finnland, Deutschland, Ungarn, Italien, die Niederlande und Schweden) in einem förmlichen Auskunftsersuchen zu Angaben über die innerstaatlichen Rechtsvorschriften über Sportwetten aufgefordert, um ihre Vereinbarkeit mit dem in Art 49 I des EG-Vertrags verankerten Grundsatz des freien Dienstleistungsverkehrs zu prüfen.[105] In einem neuen Auskunftsersuchen im Oktober 2006 wurden Österreich und Frankreich sowie erneut Italien gebeten, zu ihren nationalen Rechtsvorschriften betreffend die Beschränkung des Glücksspielangebots Stellung zu nehmen.[106] Am 21. März 2007 ging ein „Ergänzendes Aufforderungsschreiben" als weiterer Schritt im Vertragsverletzungsverfahren den zuständigen deutschen Ministerien zu.[107] Daneben wandte sich die Kommission im Rahmen des Notifizierungsverfahrens[108] zum Entwurf eines Staatsvertrags zum Glücksspielwesen mit kritischen Stellungnahmen,[109] an die Bundesrepublik. Der neue Glücksspielstaatsvertrag ist zwischenzeitlich selbst zum Gegenstand eines Vertragsverletzungsverfahrens geworden.[110] Ob der Druck der Kommission geeignet ist, Deutschland zu einer grundlegenden Neukonzeption des Glücksspielsrechts zu veranlassen, bleibt abzuwarten.

---

103 *EuGH* C-466/05 – „Damonte" u C-191/06 – „Gallo und Damonte", ABl EU 2006, Nr C 165, 14; siehe zu Portugal und Belgien *Arendts* ZfWG 2007, 347 ff.

104 Siehe die Zusammenstellung bei *Steegmann* ZfWG 2008, 26 ff.

105 Fundstelle: http://europa.eu.int/comm/secretariat_general/sgb/droit_com/index_en.htm – IP/06/436 mit Datum vom 04/04/2006.

106 Fundstelle: http://europa.eu.int/comm/secretariat_general/sgb/droit_com/index_en.htm – IP/06/1362 mit Datum vom 12/10/2006.

107 Abrufbar unter: http://www.vewu.com/downloads/Aufforderungsschreiben_McCreevy.pdf.

108 Notifizierungsverfahren 2006/658/D zum Entwurf eines Staatsvertrags zum Glücksspielwesen in Deutschland.

109 ZfWG 2007, 106 ff, 418; s hierzu auch V. 3.

110 Aufforderungsschreiben der Kommission vom 31. 1. 2008 im Vertragsverletzungsverfahren Nr 2007/4866, ZfWG 2008, 32.

IX. Summary (Community Law on Gambling)

The gambling sector is one of the most regulated domains in Europe and largely influenced by government monopoly. There are, however, distinct differences in the legislation on gambling between the member states, e g in Germany, the setting up of gambling machines (slot machines, one-armed bandits) falls within the scope of trade-and-industry law so that the person who sets up the automatic machine can appeal to that law representing economic freedom (liberty to establish and carry out any trade or industry). On the other hand, in Finland, gambling by means of automatic machines is monopolized by public law corporations. In Germany, bets on sporting events are reserved for the state only. In Austria, anyone can obtain a license to organize sports betting. These few examples illustrate how disunited the gambling market in Europe is and how it is influenced by national peculiarities and state monopolies.

The following is to contribute to a synopsis of the legal background of Community Law on gambling. The basic liberties rest in core points of the Community Law on gambling. The organization and intermediation of gambling are subject to the liberty of service (art 49 EC) and the liberty of establishment (art 43 EC) if there is a crossing of borders. This may apply to other basic liberties as well where border crossing is related. The exception of segments, according to art 44, 45 EC, is not applicable. Nevertheless, the prejudice of these basic liberties might be justified by imperative reasons of general interest in the member state, in particular to avoid and combat addiction as long as the restricting measures are proportionate and not discriminating.

European cartel law to date has not been at the center of legal interest concerning gambling. Due to an order by the German Federal Cartel Office on the 23rd August 2006, substantial parts of which are based on the regulations of EC cartel law (art 81, 82 EC), the relevance of questions concerning cartel law has considerably increased in the German public perception. The order dealt with the question of whether the national lottery tenderers are entitled to refuse the acceptance of a stake mediated by a commercial bricks-and-mortar agency when the mediation crosses the borders of member states. Furthermore, it was to be determined whether an agreement is permissible, which has been contracted by Lotto associations of the German Länder[111], to tender lotteries only in such Länder in which they are licensed (the so-called principle of territory[112]). This prohibition of agreements that obstruct free competition according to art 81 EC, the prohibition to dominate a market according to art 82 EC, and the exceptional statutory definition of an offence according to art 86 II EC, are the examination standards of the Federal Cartel Office. The Federal Cartel Office it-

---

111 The Federal Republic of Germany consists of 16 *Länder*: Baden-Württemberg, Bavaria, Berlin, Brandenburg, Bremen, Hamburg, Hessen, Lower Saxony, Mecklenburg-Western Pomerania, North-Rhine Westphalia, Rhineland-Palatinate, Saarland, Saxony, Saxony-Anhalt, Schleswig-Holstein and Thuringia.

112 Federalism in the Federal Republic of Germany is characterized by a distribution of power between the Federation and the Länder. The latter possess state quality independent of the Federation.

self alludes to a way out of this situation caused by monopoly structure. It suggests "entrusting" the lotto associations of the Länder with the activity of public economic interest. The public economic interest is, however, to be replaced by extra-economic primary objectives of consumer protection and avoidance of addiction and the combat of addiction. In any case, the fiscal interests of the Länder – in receiving lottery revenues – do not entail an exemption from the binding effect of the EC contract.

The tenderers and intermediaries affected by the governmental restrictions in Germany have given notice of action for damages based on the governmental liability in accordance with EC law. It is a general principle of EC law that the member states are liable for damage caused to individuals or to an enterprise in the case of contravention of Community Law by member states. According to the Francovich-Doctrine, three requirements have to be complied with: firstly, the infringed statutory rule on which the lawsuit is based confers a subjective right to the individual that is applicable to the liberty of service and establishment according to art 49 and 43 EC law. Secondly, the infringement is adequately defined, which is to be answered in the affirmative regarding evident infringement, while the reply is to be formulated in the negative in the case of a judicial error admitting excuse or in the case of a defensible interpretation of statutory rules of the EC law. Thirdly and finally, a direct causal connection consists between the infringement of the obligation incumbent upon the state and the damage caused to the injured party.

The Secondary Law also includes sporadic statements concerning the sector of gambling: the E-commerce Regulation (Directive 2000/31 EC), the Service Regulation (Directive 2006/123 EC), from which the sector of gambling has expressly been exempted; and the Regulation 98/34/EC concerning the procedure of information in the sector of statutory rules and technical rules, which have also served as a basis for the notification procedure of the new draft contract on gambling approved by the heads of governments in the Länder in December 2006.

The jurisdiction of the European Court of Justice from *Schindler* (1994) to *Placanica* (2007) may be summed up as follows: the European Court realizes the potential danger inherent in gambling. Combatting these immanent dangers is a legitimate reason of public interest to justify the restriction of gambling tenders. The European Court demands, however, that measures taken by member states – right up to monopolizing games of chance – correspond to the goals set forth. The court does not find fault in the state combining fiscal interests with the legislative restrictions on private gambling tenderers as long as this remains a welcome secondary effect and is not the true reason for the restrictive policy. The European Court concedes a scope of discretion to the member states to decide if restrictions of tender are required and to choose which instrument is to be implemented to set limits on gambling. Nevertheless, the restrictions on gambling should be proportionate and without discrimination.

On 14th March, 2007, the Court of the European Free Trade Association (EFTA Court) also confirmed the lawfulness of a state monopoly on gambling (Norway). The EFTA Court refers expressly to the jurisdiction of European Court of Justice and distinct parallels are perceivable in the case.

§ 13 Steuerrechtliche Aspekte der Rechtsprechung des *EuGH* im Bereich des Glücksspiels

*Martin K. Moser**

Übersicht

I. Einleitung und Überblick

Der gegenwärtige Diskurs über die europarechtlichen Rahmenbedingungen des Glücksspielwesens in den Mitgliedstaaten – dies gilt namentlich auch für die Debatte um den neuen Glücksspielstaatsvertrag in Deutschland – wird sicherlich in erster Linie unter iwS ordnungsrechtlichen Gesichtspunkten geführt. Es gilt, die vielfach im Bereich des Glücksspiels bestehenden staatlichen Maßnahmen der Reglementierung und (Angebots-)Kontrolle, insbesondere staatliche Konzessionssysteme und Monopole, mit den Erfordernissen des Binnenmarktes in Einklang zu bringen. 1

* Der Verfasser arbeitet derzeit am *EuGH* als Referent im Kabinett des Herrn Generalanwalts *Ján Mazák* und war zuvor bis Oktober 2006 als Referent im Kabinett der Generalanwältin *Christine Stix-Hackl* tätig. Der vorliegende Beitrag ist ausschließlich als Ausdruck der persönlichen bzw akademischen Rechtsansichten des Verfassers selbst, nicht der Institution, für die er arbeitet, zu verstehen.

2 In diesen Themenkreis „Marktzugang versus staatliche Ordnungspolitiken“ lässt sich auch der Hauptteil der Rechtsprechung des *Gerichtshofes* im Glücksspielbereich, von *Schindler*[1] über *Läärä,*[2] *Zenatti,*[3] *Anomar*[4] und *Gambelli*[5] bis *Placanica,*[6] einordnen, in der nationale Regelungen im Hinblick auf ihre Vereinbarkeit mit den Grundfreiheiten zu prüfen waren.[7]

Darüber hinaus hatte sich der *EuGH* in einer Reihe von Fällen auch mit spezifisch steuerrechtlichen Aspekten des Glücksspiels zu befassen. Diese Steuerrechtsprechung bildet den Untersuchungsgegenstand dieses Beitrags.

3 Zunächst hat sich der *Gerichtshof* vereinzelt mit steuerlichen Aspekten des Glücksspiels außerhalb bzw im „Randbereich“ des Mehrwertsteuerrechts befasst, wie mit der Frage der Vereinbarkeit einer besonderen Glücksspielsteuer mit dem Verbot diskriminierender inländischer Abgaben, wie es in Art 90 EGV (ex-Art 95 EWG) niedergelegt ist, sowie mit dem Verbot, andere Abgaben als die Mehrwertsteuer zu erheben, die umsatzsteuerlichen Charakter aufweisen.

4 Der überwiegende Teil der hier relevanten Entscheidungen des *EuGHs* zum Glücksspielwesen betrifft allerdings den Bereich der Umsatz- bzw Mehrwertsteuern und hier insbesondere Fragen der Auslegung der Sechsten Mehrwertsteuerrichtlinie.[8] Im Zentrum der gerichtlichen Befassung steht dabei der Anwendungsbereich der Mehrwertsteuerrichtlinie, insbesondere die Bestimmung der Tragweite der in Art 13 Teil B Buchstabe f der Richtlinie niedergelegten Steuerbefreiung für „Wetten, Lotterien und sonstige Glücksspiele mit Geldeinsatz“. In diesem Zusammenhang kommt dem Grundsatz der steuerlichen Neutralität in der Rechtsprechung eine entscheidende Rolle zu.

5 In einigen Fällen sind dem *Gerichtshof* auch Fragen zur korrekten Ermittlung der Besteuerungsgrundlage bei Glücksspielumsätzen vorgelegt worden. Da sich Glücks-

---

1 Urt v 24. März 1994, C-275/92 – „Schindler“, Slg 1994, I-1039.

2 Urt v 21. September 1999, C-124/97 – „Läärä“, Slg 1999, I-6067.

3 Urt v 21. Oktober 1999, C-67/98 – „Zenatti“, Slg 1999, I-7289.

4 Urt v 11. September 2003, C-6/01 – „Anomar“, Slg 2003, I-8621.

5 Urt v 6. November 2003, C-243/01 – „Gambelli u a“, Slg 2003, I-13031.

6 Urt v 6. März 2007 verb C-338/04, C-359/04 und C-360/04 „Placanica“, – „Palazzese“ und – „Sorricchio“, Slg 2007, I-1891; s ferner die Beschlüsse des *Gerichtshofes* vom 6. März 2007, C-397/05 – „Di Maggio u Buccola“, Slg 2007, I-25; und C-191/06 – „Gallo u Damonte“, Slg 2007, I-30.

7 Siehe dazu den Artikel von *Ennuschat, Jörg* Der gemeinschaftsrechtliche Rahmen für Glücksspiele.

8 Sechste Richtlinie 77/388/EWG des Rates vom 17. Mai 1977 zur Harmonisierung der Rechtsvorschriften der Mitgliedstaaten über die Umsatzsteuern – Gemeinsames Mehrwertsteuersystem: einheitliche steuerpflichtige Bemessungsgrundlage, ABl L 145, S 1 (im Folgenden: Sechste Richtlinie oder Mehrwertsteuerrichtlinie). Diese Richtlinie wurde mit Wirkung ab 1. Januar 2007 durch die Richtlinie 2006/112/EGV des Rates vom 28. November 2006 über das gemeinsame Mehrwertsteuersystem (ABl L 347, S 1) aufgehoben und ersetzt. Die Neufassung entspricht jedoch inhaltlich im Wesentlichen den Regelungen der Sechsten Richtlinie, insbesondere, was die hier relevanten Bestimmungen betrifft (so ist insbesondere die Steuerbefreiung für Glücksspiele in Art 13 Teil B Buchstabe f der Mehrwertsteuerrichtlinie alter Fassung wortgleich in Art 135 Abs 1 Buchstabe i der Mehrwertsteuerrichtlinie neuer Fassung übernommen worden).

spiele von ihrer Struktur her grundsätzlich schlecht für die Anwendung der Mehrwertsteuer eignen, werfen diese Rechtssachen durchaus interessante Probleme des Mehrwertsteuerrechts auf und regen so gewissermaßen zu einer Reflexion über dessen Grundlagen und Begriffe an.

Gesondert, weil es sich mit der eingangs erwähnten (*Schindler*-)Rechtsprechung zur Vereinbarkeit nationaler Regelungen im Bereich des Glücksspiels mit den Grundfreiheiten überschneidet, ist schließlich das Urteil *Lindman*[9] hervorzuheben, in dem erstmals eine das Glücksspielwesen betreffende fiskalische Regelung, namentlich die Erhebung einer Einkommensteuer auf Gewinne aus ausländischen Lotterien, am Maßstab einer Grundfreiheit geprüft wurde.

II. Verbot, andere inländische Abgaben als die Mehrwertsteuer auf den Betrieb von Spielautomaten zu erheben, die umsatzsteuerlichen Charakter haben oder die einen diskriminierenden oder Schutzcharakter aufweisen

Urteile Bergandi, Lambert u a und Careda u a

In einer ganzen Reihe von Fällen ist der *Gerichtshof* im Wege der Vorabentscheidung mit Auslegungsfragen im Zusammenhang mit verschiedenen nationalen Steuern auf den Betrieb von Spielautomaten befasst worden.[10] Im Zentrum dieser Urteile steht die Auslegung von Art 33 der Mehrwertsteuerrichtlinie, der über die verschiedenen Fassungen der Sechsten Richtlinie hinweg im Wesentlichen inhaltsgleich bestimmt, dass die Bestimmungen dieser Richtlinie – unbeschadet anderer Gemeinschaftsbestimmungen – einen Mitgliedstaat nicht daran hindern, Abgaben auf Versicherungsverträge, auf Spiele und Wetten, Verbrauchsteuern, Grunderwerbssteuern sowie ganz allgemein alle Steuern, Abgaben und Gebühren, die nicht den Charakter von Umsatzsteuern haben, beizubehalten oder einzuführen. 6

Umgekehrt ausgedrückt ist die Beibehaltung oder Einführung von Steuern, Abgaben oder Gebühren auf Lieferungen von Gegenständen, Dienstleistungen und Einfuhren durch einen Mitgliedstaat nur zulässig, wenn sie nicht den Charakter von Umsatzsteuern haben.[11] Der Zweck dieser Bestimmung liegt darin, Beeinträchtigungen der Funktion des gemeinsamen Mehrwertsteuersystems zu verhindern.[12] Ob eine Steuer, Abgabe oder Gebühr den Charakter einer Umsatzsteuer im Sinne des Art 33 der Sechsten Richtlinie hat, hängt daher vor allem davon ab, ob sie das Funktionieren des gemeinsamen Mehrwertsteuersystems beeinträchtigt, indem sie den Waren- und 7

---

9 Urt v 13. November 2003, C-42/02 – „Lindman", Slg 2003, I-13519.

10 Die Rechtssachen wurden jedoch zumeist wegen ihres weitgehend identischen Charakters zu gemeinsamer Behandlung und Entscheidung verbunden.

11 Siehe u a die Urt v 8. Juni 1999 verb C-338/97, C-344/97 und C-390/97 – „Pelzl u a", Slg 1999, I-3319, Rn 19 und Urt v 3. Oktober 2006, C-475/03 – „Banca popolare di Cremona", Slg 2006, I-9373, Rn 24.

12 Vgl Urt verb C-370/95, C-371/95 und C-372/95 – „Careda u a", Slg 1997, I-3721, Rn 24.

Dienstleistungsverkehr sowie kommerzielle Umsätze so belastet, wie es für die Mehrwertsteuer kennzeichnend ist.[13]

8 Im Bereich des Glücksspielwesens ist in diesem Zusammenhang an erster Stelle das Urteil vom 3. März 1988 in der Rechtssache *Bergandi*[14] zu nennen, in dem es um eine „Staatsabgabe" genannte Steuer ging, mit der in Frankreich Spielautomaten, die an einem öffentlichen Ort aufgestellt waren und Bilder, Töne, Spiele oder Unterhaltung lieferten, belegt waren, und deren Jahresbetrag je nach Art des Apparates FF 500 oder FF 1.500 betrug, wobei der letzte Betrag auf 1.000 FF herabgesetzt wurde, wenn die erste Inbetriebnahme länger als drei Jahre zurücklag. In einem Rechtsstreit wegen Erstattung der jährlichen Abgabe auf die von Herrn *Bergandi* betriebenen Spielautomaten für das Jahr 1985 legte das französische *Tribunal de grande instance Coutances* mehrere Fragen nach der Auslegung des Art 33 der Mehrwertsteuerrichtlinie sowie der Art 95 und 30 EWG-Vertrag (jetzt Art 90 und 28 EGV) zur Vorabentscheidung vor.

9 Im Sinne der genannten Grundsätze zu Art 33 der Mehrwertsteuerrichtlinie stellte der *Gerichtshof* zunächst fest, dass eine Abgabe, die jährlich auf die Aufstellung von Spielautomaten an einem öffentlichen Ort nach einem je nach Art des Apparates unterschiedlichen festen Tarif erhoben wird, nicht den Charakter einer Umsatzsteuer aufweist.[15] Der *Gerichtshof* führte dazu aus, dass eine Steuer, die lediglich auf die Bereitstellung eines Gegenstandes für die Öffentlichkeit gelegt wird, ohne dass es auf dessen tatsächliche Benutzung ankommt, und die nicht von den durch diese Bereitstellung erzielten Einnahmen abhängt, nicht die Merkmale einer allgemeinen Verbrauchsteuer auf den Preis der Dienstleistungen aufweise, was besonders dann gelte, wenn die Steuer auch für den Fall geschuldet werde, dass die Bereitstellung unentgeltlich erfolge. Der *Gerichtshof* ergänzte, dass eine Steuer zu einem fixen Satz zwar unter bestimmten Voraussetzungen als eine pauschale Besteuerungen der Einnahmen betrachtet werden könne, sofern nämlich der Steuersatz aufgrund einer objektiven

13 Steuern, Abgaben und Gebühren, die die wesentlichen Merkmale der Mehrwertsteuer aufweisen, sind nach der Rechtsprechung auf jeden Fall als Maßnahmen anzusehen, die den Waren- und Dienstleistungsverkehr in einer der Mehrwertsteuer vergleichbaren Art und Weise belasten, auch wenn sie sich nicht in allen Punkten mit der Mehrwertsteuer decken. Siehe zu diesen Punkten u a Urt – „Pelzl u a", zit in Fn 11, Rn 20, sowie – „Banca popolare di Cremona" zit in Fn 11, Rn 25 u 26. In seiner jüngeren Rechtsprechung hat der *Gerichtshof* die (vier) wesentlichen Merkmale der Mehrwertsteuer wie folgt zusammengefasst: allgemeine Geltung der Mehrwertsteuer für alle sich auf Gegenstände und Dienstleistungen beziehenden Geschäfte; Festsetzung ihrer Höhe proportional zum Preis, den der Steuerpflichtige als Gegenleistung für die Gegenstände und Dienstleistungen erhält; Erhebung dieser Steuer auf jeder Produktions- und Vertriebsstufe einschließlich der Einzelhandelsstufe, ungeachtet der Zahl der vorher bewirkten Umsätze; Abzug der auf den vorhergehenden Produktions- und Vertriebsstufen bereits entrichteten Beträge von der vom Steuerpflichtigen geschuldeten Mehrwertsteuer, sodass sich diese Steuer auf einer bestimmten Stufe nur auf den auf dieser Stufe vorhandenen Mehrwert bezieht und die Belastung letztlich vom Verbraucher getragen wird: s zuletzt Urt v 11. Oktober 2007 verb C-283/06 und C-312/06 – „KÖGÁZ rt u a", noch nicht in der amtlichen Sammlung veröffentlicht, Rn 37, sowie – „Banca popolare di Cremona", zit in Fn 11, Rn 28.

14 Urt v 3. März 1988, 252/86 – „Bergandi", Slg 1988, 1343.

15 Siehe dazu auch im Folgenden die Rn 12 bis 20 des Urteils.

Bewertung der Einnahmen festgelegt würde und die Steuer auf den Preis der betreffenden Dienstleistung abgewälzt werden könne, damit sie letztlich vom Verbraucher getragen werde. Im konkreten Fall sah es der *Gerichtshof* jedoch als erwiesen an, dass der gegenständliche Steuertarif vielmehr das Resultat sozialer Erwägungen darstellte, die dahin gingen, die Benutzung bestimmter Arten von Apparaten zu erschweren.

Im selben Urteil ging es ferner um die Frage, ob die gegenständliche Abgabe auf den Betrieb von Glücksspielautomaten gegen Art 95 EWG-Vertrag (jetzt Art 90 EGV) verstößt, der es untersagt, auf Waren aus anderen Mitgliedstaaten inländische Abgaben zu erheben, die höher sind als bei gleichartigen inländischen Waren oder die geeignet sind, andere Produktionen mittelbar zu schützen.[16] Zunächst geht aus dem Urteil hervor, dass dieses Verbot nach dessen Sinn und Zweck nicht nur in Bezug auf die unmittelbare Besteuerung eingeführter Erzeugnisse gilt, sondern auch für inländische Abgaben, die auf die Benutzung eingeführter Erzeugnisse gelegt werden, wenn diese im Wesentlichen für eine solche Benutzung bestimmt sind und nur für deren Zwecke eingeführt werden. **10**

Allerdings qualifizierte der *Gerichtshof* die gegenständliche Staatsabgabe bzw die ihr zugrunde liegenden tariflichen Differenzierungen im Hinblick auf den mit dieser Steuerregelung verfolgten *legitimen sozialen Zweck*, die Benutzung bestimmter Arten von Apparaten zu fördern und die anderer Art zu erschweren, nicht als verbotene Abgabe mit diskriminierenden und schützenden Zügen.[17] Der *Gerichtshof* entschied daher, dass „ein System der progressiven Besteuerung nach Maßgabe der verschiedenen Arten von Spielautomaten, das legitime soziale Ziele verfolgt und nicht der inländischen Erzeugung zu Lasten der eingeführten, ähnlichen oder konkurrierenden Erzeugnisse einen steuerlichen Vorteil verschafft, mit Art 95 nicht unvereinbar ist."[18] **11**

Im Urteil vom 15. März 1989 in den verbundenen Rechtssachen *Lambert u a*[19] antwortete der *Gerichtshof* auf im Wesentlichen identische Fragen in derselben Weise wie im Urteil *Bergandi*. **12**

In den verbundenen Rechtssachen *Careda u a*[20] sollte schließlich auf Ersuchen der spanischen Audiencia Nacional festgestellt werden, ob, wie die Kläger im Ausgangsverfahren geltend gemacht hatten, eine in Spanien erhobene Ergänzungsabgabe zur Steuer auf Gewinnspiele, Wetten und Glücksspiele gegen Art 33 der Mehrwertsteuerrichtlinie verstößt. **13**

---

16 Siehe Rn 22 bis 32 des Urteils.

17 Siehe dazu insb die Rn 29 bis 31 des Urteils.

18 Rn 32 des Urteils. Da es in diesem Verfahren um die Vereinbarkeit von möglichen steuerlichen Beschränkungen mit dem Vertrag ging, welche nur anhand von Art 95 EWG-Vertrag (jetzt Art 90 EGV) zu beurteilen ist, musste der *Gerichtshof* nicht auf die Frage nach der Auslegung von Art 30 EWG-Vertrag (jetzt Art 28 EGV) eingehen, s Rn 33 u 34 des Urteils.

19 Urt v 15. März 1989 verb 317/86, 48/87, 49/87, 285/87, 363/87 bis 367/87, 65/88 und 78/88 bis 80/88 – „Lambert u a, Slg 1989, 787.

20 Urt – „Careda", zit in Fn 12.

14 Der *Gerichtshof* stellte dazu zum Ersten fest, dass es zu den wesentlichen Merkmalen der Umsatzsteuer gehört, dass sie auf den Verbraucher abgewälzt werden kann, dass aber andererseits eine Abgabe auch dann den Charakter einer Umsatzsteuer im Sinne von Art 33 der Mehrwertsteuerrichtlinie haben kann, wenn die auf sie anwendbare nationale Regelung *nicht ausdrücklich* vorsieht, dass sie auf die Verbraucher abgewälzt werden kann.[21]

15 Zum Zweiten stellte der *Gerichtshof* vor dem Hintergrund, dass die Ausstellung einer Rechnung oder eines an deren Stelle tretenden anderen Dokuments an den Benutzer von Spielautomaten tatsächlich unmöglich erschien, klar, dass der Besitz oder die Ausstellung einer Rechnung kein wesentliches Merkmal der Umsatzsteuer im Sinne des Art 33 der Mehrwertsteuerrichtlinie darstellt und daher eine Abgabe wie die gegenständliche Zusatzabgabe auf die Glücksspielsteuer auch dann den Charakter einer Umsatzsteuer haben kann, wenn ihre Abwälzung auf die Verbraucher nicht in einer Rechnung oder einem anderen Dokument festgehalten ist.[22]

16 Das Urteil unterstreicht somit insgesamt, dass Art 33 der Mehrwertsteuerrichtlinie in einem umfassenderen Sinn Beeinträchtigungen des Funktionierens des gemeinsamen Mehrwertsteuersystems durch Steuern, Abgaben und Gebühren verhindern soll und es daher im Hinblick auf die Frage des umsatzsteuerlichen Charakters primär auf die inhaltliche Ausgestaltung bzw Wirkungsweise der betreffenden Abgabe, nicht auf formale Aspekte ankommt.

III. Mehrwertsteuerpflicht und Mehrwertsteuerbefreiung von Glücksspielen nach der Mehrwertsteuerrichtlinie

1. Zum Steueranwendungsbereich

Urteile Fischer (Teil 1), RAL und Town & County (Teil 1)

17 Nach der Rechtsprechung des *Gerichtshofes* sind Glücksspiele mit Geldeinsatz grundsätzlich vom Anwendungsbereich der Mehrwertsteuerrichtlinie erfasst. Dies ergibt sich schon aus dem Urteil *Fischer*,[23] das einen Rechtsstreit über die Zahlung der Umsatzsteuer bei unerlaubten Glücksspielen zum Gegenstand hatte. Herr Fischer, der an mehreren Orten in Deutschland Glücksspiele veranstaltete, verfügte zwar über die behördliche Genehmigung für das Betreiben eines Geschicklichkeitsspiels mit einer Spielvorrichtung namens „Roulette Opta II", wich aber von dieser Erlaubnis derart ab, dass das Spielen dem Roulettespiel gleichkam, dessen (gewerbliche) Veranstaltung jedoch den in Deutschland zugelassenen öffentlichen Spielbanken vorbehalten war (und ist).

18 Das *Finanzgericht Baden-Württemberg* ersuchte den *Gerichtshof* um Auskunft darüber, ob die Veranstaltung unerlaubter Glücksspiele – hier des Roulettespiels – nach der Mehrwertsteuerrichtlinie steuerbar ist und wie gegebenenfalls die Bemessungs-

---

21 Siehe Rn 14 bis 18 des Urteils.

22 Siehe dazu Rn 20 bis 23 des Urteils.

23 Urt v 11. Juni 1998, C-283/95 – „Fischer" Slg 1998, I-3369.

grundlage zu ermitteln ist. Der *Gerichtshof* verwies darauf, dass die Richtlinie in Art 13 Teil B Buchstabe f und Art 33 ausdrücklich Regelungen für Glücksspiele gegen Geldeinsatz trifft, sodass diese Umsätze nicht als solche der Anwendung der Mehrwertsteuerrichtlinie entzogen seien.[24]

Ähnlich wie im Urteil *Schindler*[25] in Bezug auf die Dienstleistungsfreiheit stellte der *Gerichtshof* außerdem klar, dass Glücksspiele, auch wenn sie in einigen Ländern verboten sind – und auch wenn es im Anlassfall um eine in Deutschland unerlaubte Veranstaltung eines Glücksspiels ging – nicht mit Tätigkeiten wie der strafbaren Lieferung von Betäubungsmitteln oder Falschgeld gleichzusetzen sind, die gänzlich außerhalb des Wirtschaftskreislaufes lägen und dem Anwendungsbereich der Mehrwertsteuerrichtlinie entzogen seien. Der *Gerichtshof* verwies darauf, dass Glücksspiele, darunter das Roulettespiel, jedenfalls in mehreren Mitgliedstaaten rechtmäßig veranstaltet werden. Die konkreten unerlaubten Geschäfte konkurrierten somit mit erlaubten Tätigkeiten, sodass sie nach dem Grundsatz der steuerlichen Neutralität unter dem Gesichtspunkt der Mehrwertsteuer nicht anders behandelt werden durften.[26] **19**

Im Urteil *RAL*, das vor allem die Bestimmung des Ortes der Leistungserbringung zum Gegenstand hatte, stellte der *Gerichtshof* weiterhin fest, dass es sich bei der Tätigkeit, die darin besteht, der Allgemeinheit gegen Entgelt in Spielhallen aufgestellte Geldspielautomaten zur Verfügung zu stellen, um eine Dienstleistung iSv Art 6 Abs 1 der Sechsten Richtlinie handelt.[27] Tätigkeiten der Glücksspielveranstaltung sind also in der Regel als Lieferungen von Dienstleistungen gegen Entgelt iSv Art 2 Nr 1 der Mehrwertsteuerrichtlinie, der den Steueranwendungsbereich festlegt, zu qualifizieren. **20**

Erwähnenswert ist in diesem Zusammenhang auch die Feststellung im Urteil *RAL*, wonach das Hauptziel der Zur-Verfügung-Stellung von Geldspielautomaten in der Unterhaltung der Benutzer der Geldspielautomaten bestehe, nicht darin, ihnen einen Geldgewinn zu verschaffen, zumal „die Ungewissheit in Bezug auf den Geldgewinn gerade ein wesentlicher Bestandteil der von den Benutzern von Geldspielautomaten angestrebten Unterhaltung" sei.[28] **21**

Mit einer rechtlichen Besonderheit, die Glücksspielgeschäften in mehreren mitgliedstaatlichen Rechtsordnungen gemein ist, nämlich der Begründung von lediglich nicht einklagbaren Ehrenschulden, hat sich der *Gerichtshof* schließlich in der Rechtssache *Town & County*[29] im Hinblick auf Art 2 der Mehrwertsteuerrichtlinie befasst. In diesem Fall ging es um einen im Vereinigten Königreich wöchentlich veranstalteten Ratewettbewerb namens „spot-the-ball", bei dem der Spieler auf einem während eines Fußballspiels aufgenommenen Foto die Position des wegretuschierten Balles erraten musste. Mit der Teilnahme an diesem Wettbewerb verpflichtete sich der Spieler zur **22**

24 Siehe Rn 18 des Urteils.
25 Urt zit in Fn 1, Rn 31 u 32.
26 Siehe zu diesen Punkten Rn 19 bis 23 des Urteils.
27 Urt v 12. Mai 2005 C-452/03 – „RAL" Slg 2005, I-3947, Rn 22.
28 Rn 31 des Urteils.
29 Urt v 17. September 2002, C-498/99 – „Town & County", Slg 2002, I-7173.

Einhaltung aller Spielregeln und Vertragsbestimmungen inklusive jener, dass durch dieses Geschäft nur eine Ehrenschuld begründet werde.

23 Das vorlegende *Manchester Tribunal Centre* wollte vor diesem Hintergrund wissen, ob ein solches Glücksspielgeschäft im Lichte der *Tolsma*-Rechtsprechung dennoch einen steuerbaren Umsatz gemäß Art 2 Nr 1 der Mehrwertsteuerrichtlinie darstellen kann. Im Urteil *Tolsma* hatte der *Gerichtshof* nämlich entschieden, dass es sich bei der Tätigkeit des Straßenmusikers um keine Dienstleistung gegen Entgelt im Sinne dieses Artikels handelt und dazu in der Begründung ausgeführt, dass „eine Dienstleistung nur dann im Sinne von Art 2 Nr 1 der Sechsten Richtlinie ‚gegen Entgelt' erbracht wird und somit steuerpflichtig ist, wenn zwischen dem Leistenden und dem Leistungsempfänger ein Rechtsverhältnis besteht, in dessen Rahmen gegenseitige Leistungen ausgetauscht werden, wobei die vom Leistenden empfangene Vergütung den tatsächlichen Gegenwert für die dem Leistungsempfänger erbrachte Dienstleistung bildet."[30]

24 In ihren Schlussanträgen zu *Town & County* stellt Generalanwältin *Stix-Hackl* das hier formulierte „Kriterium des Rechtsverhältnisses" in den Kontext der Richtlinie und legt dar, dass dieses nicht selbständig als spezielle rechtliche Eigenschaft zu verstehen ist, die der Umsatz aufweisen müsste, sondern dass dieses Kriterium dazu dient, den Zusammenhang zwischen Leistung und Entgelt herzustellen. Auf das Vorliegen „spezieller rechtlicher, insbesondere vertraglicher oder prozessualer Eigenschaften" komme es nicht an, sondern darauf, „ob die Leistungen im Rahmen von – und seien es auch nur ehrenhalber verbindlichen – Vereinbarungen ausgetauscht würden, aus denen hervorgeht, dass die wechselseitig erbrachten Leistungen unmittelbar zusammenhängen."[31]

25 Der *Gerichtshof* folgt in seinem Urteil im Wesentlichen dieser Auffassung und argumentiert zudem, dass die Vereinbarung der Ehrenschuld bzw. der fehlenden Einklagbarkeit gerade zum Ausdruck bringe, dass ein Rechtsverhältnis im Sinne des Urteils *Tolsma* vorliege.[32] Glücksspielumsätze können nach dem Urteil *Town & County* also auch steuerbare Umsätze im Sinne von Art 2 Nr 1 der Mehrwertsteuerrichtlinie darstellen, wenn rechtlich lediglich eine Ehrenschuld begründet wird.

2. Zur Tragweite der Steuerbefreiung gem Art 13 Teil B Buchstabe f der Mehrwertsteuerrichtlinie

Urteile United Utilities, Fischer (Teil 2) sowie Linneweber u Akritidis

26 Ob grundsätzlich steuerbare Glücksspielumsätze im Einzelnen tatsächlich mehrwertsteuerpflichtig sind, hängt sodann von der Anwendbarkeit der in Art 13 Teil B Buchstabe f der Mehrwertsteuerrichtlinie für „Wetten, Lotterien und sonstige Glücksspiele" vorgesehenen Steuerbefreiung ab. Was die Auslegung dieser Bestimmung betrifft, so ist zunächst zu beachten, dass es sich bei den Begriffen, mit denen diese Befreiung

30 Urt v 3. März 1994, C-16/93 – „Tolsma" Slg 1994, I-743, Rn 14.

31 Schlussanträge von Generalanwältin *Stix-Hackl* vom 27. September 2001, C-498/99, Urt zit in Fn 29, Nr 36 bis 39.

32 Siehe Urt – „Town & County", zit in Fn 29, insb Rn 23.

umschrieben wird, um Begriffe des Gemeinschaftsrechts handelt, die autonom auszulegen sind. Sie müssen daher mit nationalen Definitionen des Glücksspielbegriffs nicht übereinstimmen.

So ist der *Gerichtshof* beispielsweise in der Rechtssache *Glawe* nicht der Argumentation der deutschen Bundesregierung gefolgt, wonach es bei dem Spiel am Automaten, um welches es in diesem Fall ging, auch auf Geschicklichkeit ankomme und dieses daher nicht als (steuerbefreites) Glücksspiel angesehen werden könne.[33] Kennzeichnend für einen Glücksspielumsatz im Sinne des Art 13 Teil B Buchstabe f ist nach der Rechtsprechung vielmehr die (entgeltliche) **Einräumung einer Gewinnchance** an die Spielteilnehmer und im Gegenzug die Übernahme des Risikos, diese Gewinne auszahlen zu müssen.[34] So hat der *Gerichtshof* in der Rechtssache *United Utilities* festgestellt, dass Call-Center-Dienstleistungen, die zugunsten eines Organisators von Telefonwetten erbracht werden und die die Annahme der Wetten im Namen des Wettorganisators durch das Personal des Erbringers dieser Dienstleistungen einschließen, selbst nicht durch die Einräumung einer Gewinnchance gekennzeichnet sind und deshalb keine Wettumsätze darstellen, denen als solchen die in Art 13 Teil B Buchstabe f vorgesehene Steuerbefreiung zugute käme.[35] **27**

Der Verweis auf „Wetten, Lotterien und sonstige Glücksspiele" exemplifiziert somit lediglich den durch die Gewinnchance gekennzeichneten Gattungsbegriff des Glücksspiels, sodass es insofern nicht auf eine genaue Abgrenzung zwischen diesen Begriffen bzw Spielformen ankommt. **28**

Wie der *Gerichtshof* u a im Urteil *Fischer* festgestellt hat, ergibt sich ferner aus Art 13 Teil B Buchstabe f der Mehrwertsteuerrichtlinie, dass Glücksspiele mit Geldeinsatz grundsätzlich von der Mehrwertsteuer zu befreien sind, wobei die Mitgliedstaaten aber dafür zuständig bleiben, die Bedingungen und Grenzen dieser Befreiung festzulegen.[36] Bei der Ausübung dieser Zuständigkeit müssen die Mitgliedstaaten aber die der Richtlinie zugrunde liegenden Grundsätze beachten, namentlich den Grundsatz der steuerlichen Neutralität.[37] Dieser Grundsatz verbietet es insbesondere – gleichsam als steuerrechtliches Pendant zum Gleichheitssatz –, gleichartige und deshalb miteinander im Wettbewerb stehende Waren oder Dienstleistungen hinsichtlich der Mehrwertsteuer unterschiedlich zu behandeln. Auf solche Waren oder Dienstleistungen ist daher ein einheitlicher Steuersatz anzuwenden.[38] **29**

---

33 Aus dem Urt v 5. Mai 1994, C-38/93 – „Glawe", Slg 1994, I-1679 in Verbindung mit den Schlussanträgen von Generalanwalt *Jacobs* vom 3. März 1994 in dieser Rechtssache, Nr 12.

34 Vgl. im Umkehrschluss Urt v 13. Juli 2006, C-89/05 – „United Utilities", Slg 2006, I-6813, Rn 26. Siehe auch die Schlussanträge von Generalanwältin *Stix-Hackl* vom 27. September 2001 in der Rechtssache Town & County (Urt zit in Fn 29), Nr 74. Die Chance auf einen Geldgewinn erachtet der Gerichtshof ebenso in seiner Rechtsprechung zu den Grundfreiheiten als Wesensmerkmal der Glücksspiele: s Urt v 26. Oktober 2006, C-65/05 – „Kommission/Griechenland", Slg 2006, I-10341, Rn 36, mit Verweis auf das Urt – „Läärä", zit in Fn2, Rn 17.

35 Urt zit in Fn 34, Rn 29.

36 Urt – „Fischer", zit in Fn 23, Rn 25.

37 Ebd Rn 27.

38 Vgl u a Urt v 11. Oktober 2001, C-267/99 – „Adam", Slg 2001, I-7467, Rn 36 und v 23. Oktober 2003, C-109/02 – „Kommission/Deutschland", Slg 2003, I-12691, Rn 20.

30 Der Grundsatz der steuerlichen Neutralität spielte sowohl im Urteil *Fischer*[39] als auch im Urteil in den verbundenen Rechtssachen *Linneweber u. Akritidis*[40] eine entscheidende Rolle.

Im Hintergrund zu diesen Fällen steht jeweils die deutsche Regelung (in ihrer damaligen Fassung), wonach die gewerbliche Veranstaltung von Glücksspielen den zugelassenen öffentlichen Spielbanken vorbehalten ist.[41] Angesichts der Tatsache, dass auf in öffentlichen Spielbanken veranstaltete Glücksspiele keine Mehrwertsteuer erhoben wurde, stellte sich die Frage nach der Steuerpflichtigkeit von außerhalb solcher Spielbanken – meistenteils unerlaubt – veranstalteten Glücksspielen.

31 Im Urteil *Fischer* prüfte der *Gerichtshof* die Frage, ob Art 13 Teil B Buchstabe f der Mehrwertsteuerrichtlinie es den Mitgliedstaaten verbietet, unerlaubte Glücksspiele der Mehrwertsteuer zu unterwerfen, wenn die entsprechende Tätigkeit, falls sie in ordnungsgemäß zugelassenen öffentlichen Spielbanken rechtmäßig ausgeübt wird, steuerfrei ist. Der *Gerichtshof* bejahte diese Frage unter Hinweis darauf, dass der Grundsatz der steuerlichen Neutralität eine allgemeine Differenzierung zwischen erlaubten und unerlaubten Geschäften verbietet.[42] Das Urteil ließ allerdings insofern einen gewissen Interpretationsspielraum offen, als der *Gerichtshof* einerseits davon ausging bzw ausgehen konnte, dass die fraglichen Glücksspiele (im Anlassfall Roulettespiele) ihrer Art nach den in den öffentlichen Spielbanken angebotenen entsprechen, und er sich andererseits auf die Differenzierung „erlaubt/unerlaubt" konzentrierte, ohne ausdrücklich auf die gleichzeitig bestehende Differenzierung „Veranstaltung von oder in zugelassener öffentlicher Spielbank/Veranstaltung durch Wirtschaftsteilnehmer, die nicht Spielbankbetreiber sind" einzugehen.[43]

32 So wurden diese Aspekte denn auch mit Blick auf das Urteil *Fischer* im Folgefall *Linneweber u Akritidis*[44] ausdrücklich thematisiert. Den faktischen Hintergrund im Falle der Frau Linneweber bildete die Besteuerung von Umsätzen aus Geldspielautomaten, die mit behördlicher Genehmigung in Gaststätten und Spielhallen betrieben wurden. Herr Akritidis veranstaltete demgegenüber Roulette- sowie Kartenspiele, für die zwar zunächst auch eine gewerberechtliche Erlaubnis vorgelegen hatte, von der er

---

39 Zit in Fn 23.

40 Urt v 17. Februar 2005, verb C-453/02 und C-462/02 – „Linneweber u Akritikis", Slg 2005, I-1131.

41 Um die Vereinbarkeit mit den Grundfreiheiten von (strafbewehrten)Verboten bezüglich der Veranstaltung von Glücksspielen außerhalb von staatlich zugelassenen Spielbanken bzw Spielkasinos ging es a in den Urt – „Anomar", zit in F 4, sowie – „Kommission/Griechenland", zit in Fn 34.

42 Rn 28 bis 31. Den Einwand der deutschen Regierung, wonach die Vergleichbarkeit nicht gegeben sei, weil die zugelassenen Spielbanken einer auf der Grundlage ihrer Spielerträge berechneten Spielbankabgabe unterlägen, wies der Gerichtshof zurück. Zum einen bestünde nämlich die Gefahr einer Verfälschung des gemeinsamen Mehrwertsteuersystems, und zum anderen würde nichts dagegen sprechen, auch die Veranstalter von unerlaubten Glücksspielen zu entsprechenden Abgaben heranzuziehen, vgl Rn 29 u 30 des Urteils.

43 Vgl insb die Rn 24 u 28; s dazu auch die Nr 25 u 27 der Schlussanträge von Generalanwalt *Jacobs* vom 20. März 1997 in dieser Rechtssache.

44 Urt zit in Fn 40.

jedoch durch Veränderung der Spiele in der Folge abwich. Während in diesem Fall bereits das *Finanzgericht* auf der Grundlage des Urteils *Fischer* die Steuerfreiheit der Roulettespiel-Umsätze anerkannt hatte, blieb vor dem mit der Revision befassten Bundesfinanzhof die Frage streitig, ob dies auch im Hinblick auf das Kartenspiel gelten sollte.

Der *Bundesfinanzhof* befragte den *Gerichtshof* also dahin gehend, ob Art 13 Teil B Buchstabe f der Mehrwertsteuerrichtlinie bereits dann entgegensteht, wenn die Veranstaltung von Glücksspielen derselben Art – wie der Betrieb eines Geldspielautomaten oder die Veranstaltung eines Kartenspiels – durch eine zugelassene öffentliche Spielbank steuerfrei ist oder nur dann, wenn die durch eine öffentlichen Spielbank veranstalteten Glücksspiele mit den außerhalb von diesen Spielbanken veranstalteten Glücksspielen in wesentlichen Punkten, wie zB bei den Spielregeln, beim Höchsteinsatz und Höchstgewinn, vergleichbar sind. Im Wesentlichen ging es also um die Frage, wann Glücksspiele im Sinne des Grundsatzes der steuerlichen Neutralität vergleichbar bzw gleichartig sind und daher steuerlich gleich behandelt werden müssen. 33

Vor dem Hintergrund, dass das deutsche Umsatzsteuergesetz in Bezug auf die Steuerbefreiung für Glücksspielumsätze nicht an bestimmte Spielformen – oder Modalitäten anknüpfte, sondern daran, ob diese von zugelassenen öffentlichen Spielbanken bewirkt werden, stellte der *Gerichtshof* – den Ausführungen der Generalanwältin folgend[45] – fest, dass es ua nach dem Urteil *Fischer* für die Prüfung der Gleichartigkeit von Waren oder Dienstleistungen grundsätzlich nicht auf die Identität des Herstellers oder des Dienstleistungserbringers und die Rechtsform, in der diese Tätigkeiten ausgeübt werden, ankommt. Glücksspiele unterschieden sich daher auch im Hinblick auf die steuerliche Neutralität nicht allein dadurch wesentlich, dass sie von oder in zugelassenen öffentlichen Spielbanken oder an anderen Orten veranstaltet werden.[46] 34

Die deutsche Bundesregierung hatte in ihrer Stellungnahme versucht, dieses Spannungsfeld[47] mit der Argumentation aufzulösen, dass sich die innerhalb und außerhalb von zugelassenen öffentlichen Spielbanken betriebenen Glücksspiele von ihrer Art her (nach Spielgestaltung, Höchsteinsatz und Gewinnchancen) wesentlich unterschieden, sodass eine steuerliche Differenzierung zwischen diesen Glücksspielen mit dem Grundsatz der steuerlichen Neutralität vereinbar sei. Dieser Ansicht ist der *Gerichtshof* demnach nicht gefolgt. Auffallend ist in diesem Zusammenhang, dass, während sich die Generalanwältin in ihren Schlussanträgen ausführlich mit der „Kernfrage" befasst, ob bzw unter welchen Bedingungen die in den Ausgangsverfahren streitigen Glücksspiele als Glücksspiele anzusehen sind, wie sie durch die öffentlichen Spielbanken veranstaltet werden und von der Steuer befreit sind,[48] es der *Gerichtshof* im Grunde bei der Feststellung bewenden ließ, dass in zugelassenen öffentlichen Spielbanken *jedenfalls auch* Glücksspiele und Glücksspielgeräte veranstaltet 35

45 Schlussanträge von Generalanwältin *Stix-Hackl* vom 8. Juli 2004 in der Rechtssache – „Linneweber u Akritidis", Urt zit in Fn 40), insb Nr 37 u 38.

46 Siehe dazu Rn 26 bis 28.

47 So Generalanwältin *Stix-Hackl* in ihren Schlussanträgen in der Rechtssache – „Linneweber u Akritidis", zit in Fn 45, Nr 29.

48 Siehe Nr 39 bis 59 der Schlussanträge.

bzw betrieben werden können, wie sie von privaten Betreibern angeboten werden. So hat der *Gerichtshof* die – von ihm entsprechend umformulierte – Vorlagefrage dahin gehend beantwortet, dass Art 13 Teil B Buchstabe f der Mehrwertsteuerrichtlinie jedenfalls nationalen Rechtsvorschriften entgegensteht, „wonach die Veranstaltung oder der Betrieb vom Glücksspielen und Glücksspielgeräten aller Art in zugelassenen öffentlichen Spielbanken steuerfrei ist, während diese Steuerbefreiung für die Ausübung der gleichen Tätigkeit durch Wirtschaftsteilnehmer, die nicht Spielbankbetreiber sind, nicht gilt“, ohne konkret auf die Gleichartigkeit bestimmter Spielarten einzugehen.[49]

36 In der Tat wirft die Feststellung der Gleichartigkeit heikle Abgrenzugsfragen auf. Nach dem Vorschlag der Generalanwältin käme es in Analogie zur Rechtsprechung zu Art 90 Abs 2 EGV darauf an, ob die betreffenden Spiele aus der Sicht der Verbraucher in der Verwendung vergleichbar sind und daher miteinander im Wettbewerb stehen, wobei, wie die Generalanwältin präzisierte, insbesondere Faktoren wie die mögliche Gewinnhöhe und das Spielrisiko zu berücksichtigen wären.[50] Diese Orientierung harrt bisher allerdings noch einer Bestätigung durch ein Urteil des *Gerichtshofes*.

37 Abschließend sollte zu *Linneweber u Akritidis* erwähnt werden, dass der *Gerichtshof* im Gleichklang mit der Generalanwältin die unmittelbare Wirkung des Art 13 Teil B Buchstabe f – jedenfalls im Hinblick auf die Ausgangskonstellation – trotz des den Mitgliedstaaten eingeräumten Ermessensspielraums bejaht hat und auch keine Veranlassung gesehen hat, dem von der deutschen Bundesregierung gestellten Antrag auf Beschränkung der zeitlichen Wirkung des Urteils Folge zu leisten.

3. Zur Ermittlung der Besteuerungsgrundlage

Urteile Glawe und Town & County (Teil 2)

38 Die Steuerbefreiung für Glücksspiele hat nicht den Zweck, wie es bei bestimmten im sozialen Bereich erbrachten Dienstleistungen von allgemeinem Interesse der Fall ist, diesen Tätigkeiten eine günstigere mehrwertsteuerliche Behandlung zu gewährleisten, sondern ist vielmehr insofern durch rein praktische Erwägungen veranlasst, als sich Glücksspiele schlecht für die Anwendung der Mehrwertsteuer eignen.[51] Die Ursache ist darin zu finden, dass die Mehrwertsteuer an das Leitbild eines reziproken Leistungsaustausches (Erbringung von Gegenständen oder Dienstleistungen gegen Entgelt) anknüpft. Beim Glücksspiel findet dagegen, wie es Generalanwältin *Stix-Hackl* in der Rechtssache *Town & County* ausgedrückt hat, „typischerweise [...] eine weitere Art des (glücksbedingten) Austausches von Leistungen statt, der mit den

---

49 Siehe insb Rn 20 u 30 des Urteils; dies stieß in der Literatur verschiedentlich auf Kritik: s für Urteilsanmerkungen zu – „Linneweber u Akritidis“ beispielsweise *Thym, D.* Mehrwertsteuerpflicht für Glücksspielbetrieb außerhalb von Spielbanken europarechtswidrig, EuZW 7/2005, 210, 212; *Leonard/Szczekalla* Anwendungsvorrang und Bestandskraft, UR 8/2005, 421, 421.

50 Siehe Nr 51 u 58 der Schlussanträge.

51 Vgl Urt – „United Utilities“, zit in Fn 34, Rn 23; s in diesem Sinne bereits Generalanwalt *Jacobs* in den Schlussanträgen in der Rechtssache Glawe, zit in Fn 33, Nr 16.

Konzepten des Steuerrechts nur schwer zu erfassen ist“. Beim Glücksspiel wird nämlich „die tatsächliche Vermögensverschiebung letztlich durch die Verwirklichung einer Chance bestimmt. Die Vermögensverschiebung erfolgt bei wirtschaftlicher Betrachtung unter Zwischenschaltung eines „Vermögenspools“, der ein Verrechnungselement enthält (die Verluste des einen Spielers speisen die Gewinne des anderen Spielers).“[52] Die Begriffe, mit denen die Mehrwertsteuerrichtlinie arbeitet („Gegenleistung“, „Lieferung“ etc) müssen also gewissermaßen erst auf die strukturellen Besonderheiten der durch das Wesen der Gewinnchance gekennzeichneten Glücksspielumsätze „heruntergebrochen“ werden. Es kommt daher sehr auf die konkrete Ausgestaltung der Spielstruktur und den Verlauf des einzelnen Spiels an.

Dies führt eine Gegenüberstellung der hier einschlägigen Urteile *Glawe*[53] und *Town & County*[54] deutlich vor Augen. In beiden Rechtssachen ging es um die korrekte Ermittlung der Besteuerungsgrundlage, namentlich um die Frage, inwiefern die Spieleinsätze in diese einzubeziehen sind. Während der *Gerichtshof* in der Rechtssache *Glawe*, in der es um in Gaststätten betriebene Geldspielautomaten ging, feststellte, dass der wieder als Gewinn an die Spieler ausgezahlte Teil der Spieleinsätze nicht zur Besteuerungsgrundlage gehört,[55] gelangte er im Urteil *Town & County* („Spot-the-ball“-Ratewettbewerb) zum Ergebnis, dass der Gesamtbetrag der vom Veranstalter eingenommenen Teilnahmegebühren die Besteuerungsgrundlage für diesen Wettbewerb bilde.[56]Ausgangspunkt für diese unterschiedlichen Feststellungen ist, dass nach Art 11 Teil A Abs 1 Buchstabe a der Mehrwertsteuerrichtlinie, in seiner Auslegung nach der ständigen Rechtsprechung des *Gerichtshofes*, die Besteuerungsgrundlage die tatsächlich erhaltene Gegenleistung ist.[57] Somit war zu klären, ob der Veranstalter die Spieleinsätze jeweils als Gegenleistung tatsächlich erhalten hat. **39**

Für die Geldspielautomaten, auf die sich das Urteil *Glawe* bezog, war insofern kennzeichnend, dass sie im Einklang mit durch Gesetz zwingend vorgeschriebenen Verpflichtungen so konzipiert waren, dass ein bestimmter Mindestprozentsatz, nämlich 60%, der von den Spielern geleisteten Einsätze als Gewinn an die Spieler ausgeschüttet wurde und dass diese Einsätze technisch und gegenständlich von jenen Einsätzen getrennt waren, die der Betreiber tatsächlich für sich verbuchen konnte. Der *Gerichtshof* stellte daher fest, dass der Betreiber über diesen wieder ausgeschütteten Teil der Einsätze nicht effektiv selbst verfügen könne und daher nicht als „tatsächlich erhaltene“ Gegenleistung anzusehen sei.[58] Dagegen wies der in der Rechtssache *Town & County* fragliche Wettbewerb keines dieser Merkmale auf, sodass der Veranstalter über sämtliche eingenommenen Teilnahmegebühren frei verfügen konnte. Der *Gerichtshof* qualifizierte somit diese Teilnahmegebühren unter der Bedingung, **40**

---

52 Schlussanträge zit in Fn 31, Nr 68 bis 74.

53 Urt zit in Fn 33.

54 Urt zit in Fn 29.

55 Rn13 des Urt – „Glawe“.

56 Rn 31 des Urt – „Town & County“.

57 U a Urt – „Town & County“, Rn 26 u 27 sowie vom 16. Oktober 1997, C-258/95 – „Fillibeck“, Slg 1997, I-5577, Rn 13.

58 Vgl Rn 9 des Urt – „Glawe“.

dass „der Veranstalter über diesen Betrag frei verfügen kann," als Teil der Besteuerungsgrundlage.[59]

41 Nicht in jedem Fall bzw in Bezug auf alle Glücksspiele dürfte die Frage der korrekten Besteuerungsgrundlage auf der Grundlage des hier angewandten Kriteriums der freien Verfügung über die Einsätze einfach zu lösen sein, wenn man beispielsweise an ein klassisches Roulettespiel denkt. Zu bedenken ist auch, dass gerade bei Glücksspielen mit einer hohen Gewinnausschüttungsquote eine Besteuerung auf der Grundlage der Gesamtheit der Spieleinsätze schnell dazu führen kann, dass die Mehrwertsteuer den größten Teil der Einnahmen des Glücksspielveranstalters beträgt oder diese sogar übersteigt. Für bestimmte Spielformen liegt daher, weil sie eben für die Erhebung der Mehrwertsteuer schlecht geeignet sind, die Befreiung von der Mehrwertsteuer und stattdessen die Erhebung einer besonderen Glücksspielsteuer von vornherein nahe.

VI. Steuerliche Maßnahmen betreffend Glücksspiele im Lichte der Grundfreiheiten

Urteil Lindman

42 Nach ständiger Rechtsprechung des *Gerichtshofes* fallen die direkten Steuern zwar in die Zuständigkeit der Mitgliedstaaten, jedoch müssen diese ihre Befugnisse in diesem Bereich unter Wahrung des Gemeinschaftsrechts ausüben.[60] Daher müssen sich fiskalische Regelungen der Mitgliedstaaten unter anderem mit den Vertragsbestimmungen über die Grundfreiheiten im Einklang befinden. Dies gilt für das nationale Steuerrecht auch insofern, als es sich auf die Veranstaltung von Glücksspielen bezieht, da diese Tätigkeiten, wie der *Gerichtshof* seit *Schindler* in ständiger Rechtsprechung festgestellt hat, nicht vom Anwendungsbereich der Grundfreiheiten ausgeschlossen sind.[61]

43 Um die Vereinbarkeit der Erhebung der Einkommenssteuer auf Lotteriegewinne mit Art 49 EGV über die Dienstleistungsfreiheit ging es im Urteil *Lindman*.[62] Die finnische Staatsbürgerin hatte sich während eines Aufenthalts in Schweden bei einer dortigen Lotteriegesellschaft ein Los gekauft, das ihr einen Gewinn in der Höhe von SEK 1.000.000 einbrachte. Der schwedische Lotteriegewinn wurde in Finnland als Erwerbseinkommen eingestuft, weshalb Frau Lindman auf diesen Staatssteuer, Kommunalsteuer, Kirchensteuer sowie einen Krankenversicherungsbetrag zu entrichten hatte. Nach dem finnischen Lotterieskattelag stellten dagegen Gewinne aus in Finnland veranstalteten Glücksspielen keine steuerbaren Einkünfte dar.

---

59 Vgl Rn 29 bis 31 des Urt – „Town & County".

60 U a Urt v 6. Juni 2000, C-35/98 – „Verkooijen", Slg 2000, I-4071, Rn 32; Urt v 3. Oktober 2002, C-136/00 – „Danner", Slg 2002, I-8147, Rn 28 sowie Urt v 26. Oktober 2006, C-345/05 – „Kommission/Portugal", Slg 2006, I-10633, Rn 10.

61 Urt – „Schindler", zit in Fn 1, Rn 19.

62 Urt zit in Fn 9.

Der *Gerichtshof* sah diese unterschiedliche steuerliche Behandlung von Gewinnen aus in Finnland veranstalteten Glücksspielen und solchen aus ausländischen Lotterien als offensichtlich diskriminierend an.[63] Wie aus dem Urteil hervorgeht, räumte die finnische Regierung zwar den diskriminierenden Charakter der nationalen Steuervorschriften ein, brachte jedoch vor, dass diese aus zwingenden Gründen des Gemeinwohls wie die Prävention von Missbräuchen und Betrugstaten, die Verringerung des durch das Spiel verursachten gesellschaftlichen Schadens, die Finanzierung gemeinnütziger Tätigkeiten oder die Wahrung der Rechtssicherheit gerechtfertigt seien.[64] Hervorzuheben ist, dass der *Gerichtshof* in seinem Urteil diesbezüglich auf seine Rechtsprechung verweist, wonach eine nationale Maßnahme, mit der eine Grundfreiheit beschränkt wird, nur gerechtfertigt sein kann, wenn diese Maßnahme dem Grundsatz der Verhältnismäßigkeit entspricht.[65] Die übermittelten Akten wiesen jedoch „kein Element statistischer oder sonstiger Natur auf, das einen Schluss auf die Schwere der Gefahren, die mit dem Betreiben vom Glücksspielen verbunden sind, oder gar auf einen besonderen Zusammenhang zwischen solchen Gefahren und der Teilnahme der Staatsangehörigen des betreffenden Mitgliedstaats an in anderen Mitgliedstaaten veranstalteten Lotterien zuließe," sodass der *Gerichtshof* zu dem Ergebnis gelangt, dass Art 49 EGV Steuerregelungen wie der finnischen entgegensteht.[66] **44**

Aus den Vorbringen, mit denen die finnische Regierung die fragliche Regelung zu rechtfertigen versuchte und mit denen sich die Generalanwältin in den Schlussanträgen detaillierter auseinandergesetzt hat,[67] wird recht gut eine gewisse, argumentativ schwerlich „wasserdicht" zu überbrückende Ambivalenz sichtbar, in der sich viele Mitgliedstaaten befinden, seit *Giacomo Casanova Friedrich dem Großen* das Glücksspiel als „Steuer der besonderen Art" empfohlen haben soll. Einerseits sind Glücksspiele in fiskalischer wie allgemein wirtschaftlicher Hinsicht für die öffentlichen Haushalte von großer Bedeutung und werden auch die von den staatlichen Monopolisten veranstalteten Glücksspiele teilweise massiv beworben. Andererseits wird argumentiert, dass Glücksspiele auf Grund der mit ihnen verbundenen gesellschaftlichen Risiken ordnungpolitisch kontrolliert und beschränkt werden müssen. **45**

Der *Gerichtshof* hat bekanntermaßen auf Grund der spezifischen, mit der Veranstaltung von Glücksspielen verbundenen Gefahren in ständiger Rechtsprechung anerkannt, dass Beschränkungen der Grundfreiheiten im Bereich des Glücksspielwesens aus Gründen, die sich, allgemein gesprochen, auf den Schutz der Verbraucher sowie der Sozialordnung beziehen, unter Berücksichtigung der soziokulturellen Besonderheiten im betreffenden Mitgliedstaat gerechtfertigt werden können.[68] Jedoch mag man feststellen, dass das Urteil *Lindman* konform geht mit einer – bereits mit der **46**

63 Siehe Rn 21 u 22 des Urteils.

64 Rn 23 des Urteils.

65 Rn 25 des Urteils.

66 Rn 26 u 27 des Urteils.

67 Siehe dazu die Schlussanträge von Generalanwältin *Stix-Hackl* vom 10. April 2003 – „Lindman", Urt zit in Fn 9, Nr 84ff, insb 96 bis 119.

68 U a die Urt – „Schindler", zit in Fn 1, Rn 58, – „Läärä", zit in Fn 2, sowie – „Kommission/Griechenland", zit in Fn 34, Rn 33 u 34.

Rechtssache *Zenatti*[69] eingeleiteten und über *Gambelli*[70] bis *Placanica*[71] konkretisierten – Entwicklung in der Rechtsprechung zu einer, im Vergleich zu den früheren Urteilen *Schindler*[72] oder *Läärä*,[73] strengeren Überprüfung der tatsächlichen sowie systematischen und kohärenten Verfolgung dieser (nicht-wirtschaftlichen) Ziele durch die mitgliedstaatliche Ordnungspolitik.[74] Die Verfolgung solcher Ziele und die Wahl des Schutzniveaus bleiben zwar nach Gemeinschaftsrecht grundsätzlich im Ermessen der Mitgliedstaaten, nicht zulässig sind dagegen jedenfalls „Doppelstandards" in Bezug auf Glücksspiele mit grenzüberschreitendem Bezug bzw Gemeinschaftsbezug.

V. Schlussbemerkungen

47 Wie der hier dargestellte Rechtsprechungsacquis aufzeigt, unterliegen mitgliedstaatliche Regelungen im Bereich der Glücksspiele auch in Bezug auf ihre steuerrechtlichen Dimensionen zahlreichen Vorgaben des Gemeinschaftsrechts.

48 Mehrwertsteuerbefreiungen für Glücksspiele dürfen nicht zu sachlich ungerechtfertigten Unterscheidungen zwischen Glücksspielumsätzen führen. Soweit auf einen Glücksspielumsatz die Mehrwertsteuer erhoben wird, liegt es nicht im Ermessen der Mitgliedstaaten, diese Umsätze anders zu besteuern als in den Bestimmungen der Mehrwertsteuerrichtlinie vorgesehen, wobei deren Anwendung auf Grund der strukturellen Besonderheiten von Glücksspielumsätzen in der Praxis schwierig sein kann.

49 Abgesehen von der Mehrwertsteuer dürfen keine anderen Steuern erhoben werden, die den Charakter einer Umsatzsteuer haben.

50 Schließlich dürfen besondere Glücksspielsteuern weder diskriminierenden Charakter haben, noch dürfen steuerrechtliche Maßnahmen in diesem Bereich die Grundfreiheiten auf ungerechtfertigte Weise beschränken, wobei insbesondere die Verhältnismäßigkeit, Kohärenz und Schlüssigkeit der nationalen ordnungsrechtlichen Maßnahmen nachzuweisen ist. Diese Maßnahmen dürfen also weder in Wirklichkeit durch wirtschaftliche oder fiskalische Interessen motiviert sein noch allgemein auf eine Abschottung des Marktes zugunsten bestimmter nationaler Anbieter gerichtet sein.

51 Anzumerken ist auch, dass eine nationale Regelung wie ein Vorbehalt zugunsten zugelassener öffentlicher Spielbanken, soweit auch steuerliche Regelungen an diesen Tatbestand anknüpfen, unter Umständen sowohl im Hinblick auf das Mehrwertsteu-

69 Urt zit in Fn 3.

70 Urt zit in Fn 5.

71 Urt zit in Fn 6.

72 Urt zit in Fn 1.

73 Urt zit in Fn 2.

74 Zusammenfassend das Urt – „Placanica", zit in Fn 6, Rn 46ff; für eine ausführlichere Besprechung dieser Rechtsprechung zu den Grundfreiheiten im Glücksspielbereich s u a *Alber*, S. Freier Dienstleistungsverkehr auch für Glücksspiele? Zur Rechtsprechung des *EuGH* zum Glücksspielbereich, ERA Forum 8/2007, 321; *Straetmans, G.* Case Note, Common Market Law Review 41/2004, 1409; *Buschle, D.* ‚Der Spieler' – Schreckgespenst des Gemeinschaftsrechts", European Law Reporter 12/2003, 467; *Torsten, S.* Die Entwicklung der europäischen Glücksspielrechtsprechung und deren Auswirkung auf den deutschen Glücksspielmarkt, EWS 9/2002, 416.

errecht als auch aus der Sicht der Freizügigkeiten europarechtliche Probleme aufwerfen kann.[75]

Vielleicht noch mehr als etwa in Bezug auf die Urteile zu den Grundfreiheiten ist ab- **52**
schließend vor voreiligen Verallgemeinerungen aus der Rechtsprechung zu den steuerrechtlichen Aspekten des Glücksspiels zu warnen. Zu beachten ist nämlich in jedem Fall, dass diese Urteile in ganz spezifischen steuerrechtlichen Zusammenhängen ergangen sind und in diesem Lichte auch verstanden werden müssen.

VI. Summary (ECJ caselaw on taxation of games of chance)

This article by *Moser* provides a comprehensive and systematic overview of the case law of the Court of Justice on tax issues relating to gambling. The author presents the manifold implications that Community law already has on both direct and indirect taxation of games of chance.

The author begins by presenting a number of cases (such as *Bergandi* and *Careda*) in which the Court assessed certain charges and taxes levied on games of chance, in particular on gaming machines, primarily to determine their compatibility with art 33 of the Sixth Value added tax (VAT) Directive. That provision, which seeks to preserve the functioning of the common system of VAT, prevents Member States from charging taxes which, while nominally distinct from VAT, display the same characteristics.

The author then analyses the case law concerning the levying of turnover taxes on games of chance, which are to be treated, as a rule, as supplies of services under the Sixth VAT Directive. In that regard, particular emphasis is placed on the determination of the scope of exemption for games of chance as provided for in art 13 B(f) of that directive. In this context, the Court has held – in *Fischer* and *Linneweber and Others* – that member states must respect the principle of fiscal neutrality, which means that comparable gambling transactions must be treated in the same way for the purposes of levying VAT. Through analysis of the judgments in *Glawe* and *Town & County*, in which the Court addressed the question of how the taxable amount is to be determined in the case of games of chance, the author illustrates the practical difficulties which may arise in applying VAT to games of chance, owing to the particular nature of those transactions.

Finally, the article appraises the judgment in *Lindman*, in which the Court ruled for the first time on the compatibility of a fiscal measure in the area of gambling with the Treaty provisions on the freedom to provide services. According to the author, that case exemplifies the ambivalent relationship between states and the gambling industry, which is characterized, on the one hand, by the need to regulate and restrict gambling activities and, on the other, by the considerable significance of these activities for the public purse. In line with the *Zenatti* and *Placanica* case law, *Lindman*

75 Vgl etwa einerseits das Urt – „Fischer“, zit in Fn 23, und andererseits das Urt – „Anomar“, zit in Fn 4, sowie das Urt v 26. Oktober 2006, C-6/01 – „Kommission/Griechenland“, Slg 2006, I-65/05.

emphasizes that restrictions on free movement in the area of the operation of games of chance can be justified only if it can be shown that the national measures concerned form part of a coherent and proportionate national policy pursuing overriding public interest goals, such as the prevention of the risks and damaging consequences inherent to gambling, and that, in consequence, their true objective is not to protect the national gambling markets.

§ 14 Glücksspiel-Dienstleistungen im Lichte des WTO-Rechts

Werner Meng und Tilmann Lahann

Übersicht

Literatur: *Adlung, R.* Public services and the GATS, JIEL 2006, 455–485; *Bossche, P. v. d.* The law and policy of the World Trade Organization: text, cases and materials (2006); *Cottier, T./Oesch, M.* International trade regulation (2005); *Delimatsis, P.* Don't gamble with GATS. The interaction between Articles VL, XVI, XVII and XVIII GATS in the light of the US-Gambling Case, 40 Journal of World Trade 2006, 1059–1080; *Dunne III, M. S.* Note: Redefining Power Orientation: A Reassessment of Jackson's Paradigm in Light of Asymmetries of Power, Negotiation, and Compliance in the GATT/WTO Dispute Settlement System, 34 Law and Policy in International Business Law and Policy in International Business 2002, 277; *Guiguo, W.* New developments in service trade: US-Gambling Case (2005); *Herrmann, C. et al* Welthandelsrecht, 2. Aufl 2007; *Hilf, M./Oeter, S.* WTO-Recht. Rechtsordnung des Welthandels (2005); *Ierly, D.* Defining the Factors that Influence Developing Country Compliance with and Participation in the WTO Dispute Settlement System: Another Look at the Dispute Over Bananas, 33 Law and Policy in International Business Law and Policy in International Business 2002, 615; *Jackson, J. H.* Sovereignty, the WTO and changing fundamentals of international law (2006); *Köhler, M.* Das Allgemeine Übereinkommen über den Handel mit Dienstleistungen

(GATS) (1999); *Krajewski, M.* National regulation and trade liberalization in services: the legal impact of the General Agreement on Trade in Services (GATS) on national regulatory autonomy (2003); *id* Public Services and Trade Liberalization: Mapping the Legal Framework, 6 Journal of International Economic Law 2003, 341–367; *Matsushita, M. et al* The World Trade Organization – Law, Practise and Policy (2003); *Ortino, F.* Treaty Interpretation and the WTO Appellate Body Report in US – Gambling: A Critique, 9 JIEL 2006, 117–148; *Park, M.* Market access and exceptions under the GATS and online gambling services, 12 *Southwestern University Journal of Law and trade in the Americas* 2006, 495–523; *Stoll, P.-T./Schorkopf, F.* WTO – World Economic Order, World Trade Law (2005); *Thayer, J.D.* The Trade of Cross-Border Gambling and Betting: The WTO Dispute between Antigua and the United States, 13 Duke Law and Technology Review 2004, 3; *Tietje, C.* Probleme der Liberalisierung des internationalen Diensleistungshandels – Stärken und Schwächen des GATS (2005); *Trebilcock, M.J./ Howse R.*, The regulation of international trade, 3. Aufl 2005; *WTO* (Ed), A handbook on the GATS agreement (2005); *Wunsch-Vincent, S.* The Internet, cross-border trade in services, and the GATS. Lessons from US-gambling, 5 World Trade Review 2006, 319–355; *Zdouc, W.* Legal problems arising under the General Agreement on Trade in Services. Comparative analysis of GATS and GATT (2002).

I. Bedeutung des WTO-Rechts für das Glücksspiel

1 Das Angebot von Glücksspielen ist eine Dienstleistung. Dienstleistungen sind im quasi-globalen Maßstab zwischen nunmehr 151 Mitgliedstaaten Gegenstand des „General Agreement on Trade in Services", kurz GATS genannt. Der GATS-Vertrag ist ein Teil-Element der WTO-Rechtsordnung,[1] eines koordinierten Konglomerats von völkerrechtlichen Verträgen über den internationalen Handel unter dem Dach des WTO-Abkommens. Somit ist das WTO-Recht auch im Glücksspiel-Bereich ein Handlungs-Rahmen für die Mitglieder der WTO, darunter auch die Europäische Gemeinschaft und ihre Mitgliedstaaten.[2]

2 Die WTO, die Welthandelsorganisation (World Trade Organization) mit Sitz in Genf, ist eine internationale Organisation, deren Entstehung 1995 vor allem auch dem Bedürfnis entsprang, den weltweiten Freihandel zu fördern und zu lenken. Sie baut auf einem bereits vor dem zweiten Weltkrieg begonnenen – aber bis dahin unvollendet gebliebenen – Prozess auf, dessen wichtigste Errungenschaft, das GATT (General Agreement on Tariffs and Trade), auch heute noch Kernbestandteil des materiellen WTO-Rechts ist. Mitglieder der WTO, die durch völkerrechtlichen Ver-

1 Die Texte aller WTO-Verträge, die 1995 in Kraft traten, finden sich in *WTO* (Ed), The Results of the Uruguay Round of Multilateral Trade Negotiations: The Legal Texts, 2007; grundlegend zur WTO-Rechtsordnung *Bossche, P. v. d.* The law and policy of the World Trade Organization: text, cases and materials, 2006; *Cottier, T./Oesch, M.* International trade regulation, 2005; *Herrmann, C./Weiß, W./Ohler C.*, Welthandelsrecht, 2. Aufl 2007; *Hilf, M./Oeter, S.* WTO-Recht. Rechtsordnung des Welthandels, 2005; *Jackson, J.H.* Sovereignty, the WTO and changing fundamentals of international law, Hersch Lauterpacht memorial lectures, 2006; *Stoll, P.-T./Schorkopf, F.* WTO – World Economic Order, World Trade Law, 2005; *Trebilcock, M.J./Howse, R.* The regulation of international trade, 3. Aufl 2005.

2 Die Europäischen Gemeinschaften sind nach Art XI des WTO-Abkommens, aaO Anm 1, neben ihren Mitgliedstaaten Mitglieder der WTO.

trag gegründet wurde, sind Staaten und unabhängige Zollgebiete, ausdrücklich wird dabei auch die EG[3] genannt.

Materiellrechtlich gibt es vor allem drei Bereiche, die durch WTO-Recht geregelt werden: Der Handel mit Gütern und die zollrechtliche Behandlung durch das GATT und eine ganze Reihe multilateraler Handelsabkommen, die Konkretisierungen der GATT-Regeln darstellen, der Handel mit Dienstleistungen durch das GATS[4] und der Umgang mit den handelsrelevanten Vorschriften über geistiges Eigentum und gewerblichen Rechtschutz im TRIPS.[5] 3

Das WTO-Recht ist für alle WTO-Mitglieder verbindlich und muss als Maßstab für staatliches Handeln beachtet werden, soweit sein Regelungsbereich geht. Die klare und eindeutige Interpretation wird dadurch gestärkt, dass die Regeln dieses Rechts durch eine verbindliche und exklusive Streitschlichtung ständig weiter konkretisiert werden.[6] In einem praktisch zweistufigen Verfahren werden WTO-Verstöße durch Staaten zunächst durch ein *Panel* geprüft, dessen Entscheidungen der Revision durch den *Appellate Body* zugänglich sind. Die Verbindlichkeit des WTO-Rechts wird durch ein detailliert geregeltes Durchsetzungsverfahren am Ende einer solchen Streitschlichtung weiter gestärkt. So ist in mehr als zehn Jahren Streitschlichtungspraxis eine am Völkerrecht gemessene erheblich verdichtete Rechtsordnung entstanden, welche den Bestand und die Entwicklung des Rechts in den Mitgliedstaaten erheblich beeinflusst hat. 4

Da es sich bei den Abkommen, welche die WTO-Rechtsordnung bilden, um völkerrechtliche Verträge handelt, können sie in den Mitgliedstaaten und auch in der Europäischen Gemeinschaft intern nur nach Maßgabe des jeweiligen Verfassungsrechts angewendet werde. Soweit die EU selbst als WTO-Mitglied Pflichten hat, sind die Mitgliedstaaten nach Art 300 Abs 7 EGV an das WTO-Recht gebunden.[7] Dieses nimmt am Vorrang des Gemeinschaftsrechts und an seiner unmittelbaren Anwendbarkeit teil, wie sie beide vom *EuGH* in ständiger Rechtsprechung festgestellt wurden.[8] Dies gilt zunächst für den gesamten exklusiven Kompetenzbereich des Art 133 EGV, der im Gutachten 1/94 des *EuGH*[9] als der Handel mit Waren und der Handel mit Dienstleistungen, welcher nicht mit grenzüberschreitendem Personenverkehr einhergeht, umrissen wurde. Darüber hinaus gilt es für alle Bereiche, in denen die Gemeinschaft nach der AETR-Doktrin[10] des *EuGH* nach innen bereits ihre Gesetzgebungskompetenz wahrgenommen hat und daher nun nach außen eine ausschließliche Vertrags- 5

---

3 Art XI und XII WTO-Abkommen, aaO Anm 1, vgl auch die vorstehende Anmerkung.

4 Dem General Agreement on Trade in Services, aaO Anm 1.

5 Dem Agreement on Trade Related Aspects of Intellectual Property Rights, s aaO Anm 1.

6 Siehe hierzu das Dispute Settlement Understanding (DSU), aaO Anm 1.

7 *EuGH* C-61/94, Slg 1996, I-3989, Rn. 52.

8 *EuGH* 5. 2. 1963, 26/62 – „van Gend & Loos", Slg 1963, 1; *EuGH* 15. 7. 1964, 6/64 – „Costa/ ENEL", Slg 1964, 1251; *EuGH* 16. 6. 1966, 57/65 – „Lütticke" Slg 1966, 257. Für die Rechtssätze, auch für Verträge der EG, muss aber noch weiterhin gewährleistet sein, dass deren Rechtsbefehl bestimmt und unbedingt ist (*EuGH* 30. 6. 1987, 12/86 – „Demirel" Slg 1987, 3719.

9 *EuGH* 15. 11. 1994, Gutachten 1/94, Slg 1994 I, 5267.

10 *EuGH* 31. 3. 1971, 22/70, Kommission/Rat (AETR), Slg 1971, 263.

schlusskompetenz hat.[11] Soweit die Europäische Gemeinschaft keine rechtliche Kompetenz hat, wie insbesondere für Dienstleistungen mit Personenverkehr[12] und für gewerblichen und geistigen Rechtsschutz (soweit in diesen Bereichen noch keine interne Regelungskompetenz wahrgenommen wurde), ist Deutschland als Mitgliedsstaat der WTO direkt an seine Verpflichtungen nach WTO-Recht gebunden. WTO-Recht hat insofern nach Art 59 II GG Gesetzesrang und seine Bindungskraft setzt sich innerstaatlich für die Bundesländer fort. Für die innerstaatliche Anwendbarkeit macht es also keinen Unterschied, ob im konkreten Fall die Gemeinschaft oder die Mitgliedstaaten die verpflichteten Vertragspartner sind.

6 Nach dem Gutachten 1/94 des *EuGH* gehören die Dienstleistungen des sog ersten Modus, also die per Telekommunikation über die Grenzen ohne Personenverkehr gelangten, zum Bereich der exklusiven Außenkompetenz des Art 133 EGV. Dies gilt also auch für das Internet-Glücksspiel. Andere Glücksspielarten gehören nur dann in den Bereich der Vertragsschlussbefugnis der Gemeinschaft (und damit deren WTO-Mitgliedschaft), wenn sie die interne Rechtsetzungsbefugnis wahrgenommen hat, die ihr aus Art 52 und 95 EGV zukommt und die nur die grenzüberschreitenden Aspekte des Dienstleistungshandels betrifft. Für Dienstleistungsmonopole gilt insoweit zusätzlich Art 86 EGV, der nicht nur Pflichten der Mitgliedstaaten festlegt, sondern in Abs 3 auch eine Rechtsetzungsbefugnis der Kommission. Wo also eine interne Regelungskompetenz durch die Gemeinschaftsorgane wahrgenommen wurde, dort ist die Gemeinschaft auch selbst nach außen kraft ihrer WTO-Mitgliedschaft berechtigt und verpflichtet; ansonsten sind es die Mitgliedstaaten. In jedem Fall gilt auch im Glücksspielbereich: Die deutsche Hoheitsgewalt ist an die GATS-Regeln gebunden. Es fragt sich nur, in welchem Umfang und mit welchem Regelungsinhalt das der Fall ist, weil nämlich das GATS, wie zu sehen sein wird, nicht für alle Vertragsparteien identische Rechte und Pflichten enthält. Jedenfalls gilt das GATS grundsätzlich auch für das Recht des Glückspiels in den Mitgliedstaaten der WTO, wie der Appellate Body – der *Revisionsgerichtshof* der WTO – im Jahr 2005 speziell für die Regelung des „Internet Gambling" in den USA befand.[13]

---

11 Hierzu insgesamt *EuGH* Gutachten 1/03 v 7. 2. 2006 zum Abkommen von Lugano, Slg 2006, I-1145.

12 Dies gilt sowohl für die Reise des Empfängers zum Dienstleister wie auch für den umgekehrten Vorgang.

13 United States – Measures Affecting the Cross-Border Supply of Gambling and Betting Services (WT/DS285/AB/R); hierzu *Delimatsis, P.* Don't gamble with GATS. The interaction between Articles VL, XVI, XVII and XVIII GATS in the light of the US-Gambling Case, 40 Journal of World Trade 2006, 1059–1080; *Guiguo, W.* New developments in service trade: US-Gambling Case, 2005; *Ortino, F.* Treaty Interpretation and the *WTO Appellate Body* Report in US-Gambling: A Critique, 9 JIEL 2006, 117–148; *Park, M.* Market access and exceptions under the GATS and online gambling services, 12 Southwestern University Journal of Law and trade in the Americas 2006, 495–523; *Wunsch-Vincent, S.* The Internet, cross-border trade in services, and the GATS. Lessons from US-gambling, 5 World Trade Review 2006, 319–355.

II. GATS – einschlägige Grundprinzipien

1. Das GATS – Verbindliche Regelungen mit größtmöglicher Flexibilität

Das GATS[14] (General Agreement on Trade in Services) regelt den Handel mit Dienstleistungen und stellt neben dem älteren GATT, das sich mit dem Handel von Gütern befasst, die zweite wesentliche Säule des materiellen WTO-Rechts dar. Die Erbringung von Dienstleistungen nimmt im heutigen Wirtschaftsleben eine immer wichtigere Rolle ein und stellt vor allem für die Industrieländer, deren Volkswirtschaften weitgehend den Wandel zu Dienstleistungsgesellschaften vollziehen oder bereits vollzogen haben, einen entscheidenden Wirtschaftsfaktor dar.[15] So entfallen nach Angaben von EuroStat zwischen 60% und 75% der wirtschaftlichen Tätigkeit in den Mitgliedstaaten der EU–25 und ein vergleichbarer (und steigender) Anteil an der Gesamtbeschäftigung auf den Dienstleistungssektor.[16] Dementsprechend sind gerade die Industriestaaten sehr daran interessiert, ihre Dienstleistungen auch grenzüberschreitend in anderen Ländern anbieten zu können, weshalb der Handel mit Dienstleistungen in den letzten Jahren verstärkt in den Mittelpunkt der Diskussion von WTO-Verhandlungsrunden gerückt ist. 7

Andererseits ist die grenzüberschreitende Erbringung von Dienstleistungen in vielen Fällen an die Aus- und Einreise von Staatsbürgern geknüpft. Eine Liberalisierung des Dienstleistungshandels bedarf daher der Veränderungen im staatlichen Personenrecht, was traditionell eines der wichtigsten Hoheitsrechte der Staaten ist. Zudem lässt sich die Dienstleistungserbringung durch Ausländer oder im Ausland viel schwerer kontrollieren als die Wareneinfuhr an der Grenze. Die Anforderungen, die in den jeweiligen Staaten an die Erbringung von Dienstleistungen geknüpft werden, sind sehr unterschiedlich und oftmals detailliert geregelt, wie zum Beispiel Ausbildungsnachweise oder erforderliche Kammerzulassungen wie etwa in Deutschland bei Rechtsanwälten etc.[17] Die Liberalisierung des Handels mit Dienstleistungen hat demnach viel weitergehende Auswirkungen auf die nationalen Gesellschaften als die Liberalisierung des Warenhandels. Diesem Interessengemenge trägt das GATS einerseits mit Grundsätzen Rechnung, die für alle Mitgliedsstaaten verbindlich sind und andererseits mit einem System von spezifischen Dienstleistungs-Listen (so genannte „Ver- 8

---

14 AaO Anm 1; hierzu neben den oben in Anm 1 zitierten Werken speziell auch *Köhler, M.* Das Allgemeine Übereinkommen über den Handel mit Dienstleistungen (GATS), 1999; *Krajewski, M.* National regulation and trade liberalization in services: the legal impact of the General Agreement on Trade in Services (GATS) on national regulatory autonomy, 2003; *Tietje, C.* Probleme der Liberalisierung des internationalen Diensleistungshandels – Stärken und Schwächen des GATS, Beiträge zum transnationalen Wirtschaftsrecht, 48, 2005; *WTO* (Ed), A handbook on the GATS agreement, 2005; *Zdouc, W.* Legal problems arising under the General Agreement on Trade in Services. Comparative analysis of GATS and GATT, 2002.

15 *Herrmann/Weiss/Ohler* aaO Anm 1, 354.

16 *EuroStat* Jahrbuch 2006/2007, 221.

17 *Matsushita, M./Schoenbaum, T. J./Mavroidis, P. C.* The World Trade Organization – Law, Practise and Policy, 2003, 229.

pflichtungs-Listen“), die jeder Mitgliedsstaat individuell mit den anderen WTO-Mitgliedsstaaten aushandelt.

2. Allgemeine Prinzipien

9 Das GATS sieht nur wenige, aber grundlegende allgemeine Prinzipien vor, die in den ersten Artikeln geregelt sind. Es hat drei grundlegende Bestandteile: das Rahmenabkommen, die nationalen Verpflichtungskataloge und die Annexe, die spezielle Dienstleistungen betreffen. Im Rahmenabkommen sind die 4 Grundprinzipien geregelt: Meistbegünstigung, Marktzugang, Inländergleichbehandlung und die Begrenzung für nationale Bestimmungen.

10 Nach Art II GATS gilt der Grundsatz der Meistbegünstigung. Alle Vertragspartner müssen die Dienstleister aus anderen Vertragsstaaten absolut gleich behandeln. Hier gilt aber nach Art V GATS eine Ausnahme zugunsten von regionalen Liberalisierungsabkommen wie etwa der Rechtsordnung der Europäischen Gemeinschaft.

11 Es gibt grundsätzlich keine Verpflichtung zur Öffnung des Marktes. Wird aber Marktzugang gewährt, so müssen die Pflichten aus Art XVI GATS beachtet werden. Diese Vorschrift bestimmt, dass die Dienstleister eines anderen Vertragspartners nicht schlechter behandelt werden dürfen als dies im Verpflichtungskatalog des entsprechenden Staates festgelegt ist. Handelsbeschränkungen sind zulässig, aber nur dann, wenn sie im entsprechenden Verpflichtungskatalog festgehalten werden. Nach Art XVI Abs 2 GATS sollen jedoch in solchen Katalogen keine Begrenzungen enthalten sein über die Zahl der Dienstleistungs-Anbieter, dem Gesamtwert der Transaktionen, die Gesamtzahl der Angestellten in einem bestimmten Dienstleistungssektor, den Anteil ausländischen Kapitals und die Bestimmung bestimmter Gesellschaftsformen, durch die eine Dienstleistung ausgeübt wird. Artikel XVII GATS bestimmt, dass Dienstleistungen und Anbieter von Dienstleistungen aus einem anderen Vertragsstaat nicht schlechter behandelt werden dürfen als Dienstleistungsanbieter des eigenen Staates, soweit nicht eine Ungleichbehandlung in den Verpflichtungskatalogen niedergelegt ist.

12 Schließlich bestimmt noch Art VI GATS, dass nationale gesetzliche Bestimmungen die unterschiedslos für alle Dienstleistungsanbieter gelten, auf alle Personen, also auch auf Ausländer, angemessen, objektiv und unparteiisch angewendet werden müssen. Nationale Bestimmungen über Zulassungsverfahren dürfen keine unnötigen Handelsbarrieren darstellen (Art VI Abs 4 GATS). Diese vier Grundsätze zeigen, wie wichtig die nationalen Verpflichtungskataloge sind. Sie sind so genannte „Anfangsverpflichtungen“ (initial commitments), also der Ausgangspunkt, von dem aus weiter in Richtung Liberalisierung des internationalen Dienstleistungsverkehrs verhandelt werden soll. Diese Verpflichtungskataloge müssen alle Marktzugangsbegrenzungen sowie Ungleichbehandlungen von Ausländern gegenüber Inländern benennen, können aber auch positiv zusätzliche Verpflichtungen nach Art XVII GATS hinsichtlich der Qualifizierung oder Registrierung von Dienstleistungen enthalten.

13 Das GATS dient also in langfristiger Perspektive gesehen der Liberalisierung der Dienstleistungen. Kurzfristig geht es aber darum, dass Hemmnisse des Dienstleistungshandels offen gelegt werden und dadurch einerseits die Dienstleister selber

Rechtssicherheit gewinnen und andererseits ein Ausgangspunkt für die Verhandlung gegenseitiger Zugeständnisse festgelegt wird. Die allgemeinen Verpflichtungen gelten nur insoweit, als überhaupt ein Dienstleistungssektor Verpflichtungen unterworfen wurde und nur insoweit, als nicht in den Verpflichtungs-Listen („Schedules") Ausnahmen hierzu festgelegt wurden.[18]

3. Das Prinzip der „Verpflichtungs-Listen"

Die Festlegung von „Verpflichtungs-Listen" ist der entscheidende Aspekt für das Liberalisierungskonzept des GATS.[19] Jeder Mitgliedstaat verhandelt seine eigene Liste, in der individuell festgelegt ist, inwieweit den anderen WTO-Mitgliedern im Bereich der Dienstleistungen Marktzugang und Inländergleichbehandlung gewährt wird. Dies bedeutet, dass es gerade keine einheitliche Bindung aller Mitgliedstaaten gibt, weil sich die „Verpflichtungs-Listen" verschiedener Staaten maßgeblich unterscheiden können. Das GATS zielt somit nicht auf eine weltweite Harmonisierung des Dienstleistungshandels ab[20] und der Vorteil dieses System liegt nicht in einer vollendeten Liberalisierung, sondern in der gewonnenen Transparenz und Vergleichbarkeit, die es den Staaten ermöglicht, gezielt in Liberalisierungsverhandlungen einzusteigen und die damit den Wirtschaftsteilnehmern verlässlichere Rahmenbedingungen bietet. Jeder Mitgliedstaat bestimmt den Inhalt seiner „Verpflichtungs-Liste" selbst, die aber nach Festlegung für ihn verbindlich sind. 14

Die Dienstleistungen sind in den „Verpflichtungs-Listen" in Sektoren aufgeteilt, deren Schema üblicherweise einer WTO-Empfehlung, dem „Dokument W/120"[21] entspricht, die ihrerseits wiederum auf ein statistisches Klassifikationsschema der Vereinten Nationen verweist.[22] Die hierdurch erreichte Harmonisierung der Klassifikationen erleichtert den Vergleich von Listen verschiedener Länder. Für jeden Sektor und Subsektor wird entschieden, ob hinsichtlich der in diesem Sektor möglichen Dienstleistungen Marktzugang und/oder Inländergleichbehandlung gewährt wird und ob gegebenenfalls von dieser Gewährung wiederum Ausnahmen oder Einschränkungen festgelegt werden.

Dabei werden in Art I Abs 2 GATS vier verschiedene Arten (Modi) der Dienstleistungserbringung unterschieden. Diese Unterscheidung liegt auch den Angaben in den „Verpflichtungs-Listen" zugrunde. Die Modi differenzieren zwischen Dienstleistun- 15

18 Dies ist der entscheidende Unterschied zwischen GATT und GATS. Ersteres gilt für alle Güter, mit Ausnahmen für Agrar-Güter. Letzteres dagegen ist nur ein flexibler Rahmen für nachfolgende sektorielle Verpflichtungen.

19 *Hilf/Oeter* aaO Anm 1, 392.

20 *Hermann/Weiss* aaO Anm 1, 370.

21 Dokument MTN.GNS/W/120 vom 10. Juli 1991 sowie die 1993 Scheduling Guidelines zu finden unter http://tsdb.wto.org/wto/Public.nsf/WhatUGetFrmSet?OpenFrameset recherchiert am 17. April 2008.

22 Statistical Papers Series M No 77, Provisional Central Product Classification, Department of International Economic and Social Affairs, Statistical Office of the United Nations, New York, 1991; vgl jetzt United Nations Classification Registry, zu finden unter http://unstats.un.org/unsd/cr/registry/regcst.asp?Cl=9&Lg=1 (recherchiert am 17. April 2008).

gen aus dem Hoheitsgebiet eines Mitglieds in das Gebiet eines anderen Mitglieds (die Dienstleistung reist, zB Telekommunikationsdienstleistungen), im eigenen staatlichen Hoheitsgebiet an einen Dienstleistungsempfänger aus einem anderen Mitgliedstaat (der Dienstleistungsempfänger reist, zB Tourismus), durch einen Dienstleistungserbringer eines Mitgliedsstaates mittels einer kommerziellen Präsenz in einem anderen Mitgliedstaat (der Dienstleistungserbringer hat eine Zweigstelle im Ausland) und schließlich in einem anderen Mitgliedstaat durch Dienstleistungserbringer aus einem anderen Mitgliedstaat (der Dienstleistungserbringer reist, zB Projektbetreuung von Bauunternehmungen) erbrachte Dienstleistungen.

Jeder Mitgliedstaat kann souverän entscheiden, ob, in welcher Form, in welchem Umfang und unter welchen Bedingungen er den Handel mit Dienstleistungen mit dem Ausland zulässt. Um aber dafür zu sorgen, dass die Mitgliedstaaten transparente Regelungen schaffen, an denen sich die Marktteilnehmer orientieren können, wurden bestimmte Maßnahmen grundsätzlich verboten (Art XVI:2 GATS),[23] wenn sich die Staaten sie nicht ausdrücklich in ihren „Verpflichtungslisten“ vorbehalten haben. Dies sind Maßnahmen, die den Zugang zu dem inländischen Markt beschränken und einem der in Art XVI:2 GATS vorgesehenen Regelungsmuster entsprechen, in erster Linie also alle Arten quantitativer Beschränkungen, wie zum Beispiel die Beschränkung der Anzahl der zu erbringenden Dienstleistungen oder der erlaubten Dienstleistungserbringer.

16 Verstöße gegen die Verpflichtungen aus den „Verpflichtungs-Listen“ und selbst die Anwendung grundsätzlich verbotener Maßnahmen können allerdings nach Art XIV und Art XIVbis GATS gerechtfertigt werden, wenn die belastende Maßnahme aus den dort abschließend aufgeführten und im besonderen staatlichen Interesse liegenden Gründen erlassen wurde. Zu diesen Rechtfertigungsgründen zählen etwa die öffentliche Moral und Ordnung, das Leben oder die Gesundheit von Menschen, Tieren und Pflanzen, der Verbraucherschutz, der Schutz persönlicher Daten und der Sicherheit des Staates. Die Liste ist damit ähnlich derjenigen in Art XX GATT und auch in Art 30 des EG-Vertrages.

17 Selbst auf solche Art und Weise an sich gerechtfertigte Maßnahmen sind aber wiederum dann verboten, wenn sie in einer Art und Weise ausgeführt werden, die willkürlich und unberechtigt Länder diskriminiert, in denen gleiche Bedingungen herrschen. Diese Regelung findet sich ebenfalls in Art XIV, in dem sog „chapeau“ der Norm.

III. GATS – Regelungen zum Glücksspiel

18 Die grundsätzlichen Regelungen des GATS zum Bereich der Wett- und Glücksspiel-Dienstleistungen werden sehr instruktiv durch den Verlauf und die Ergebnisse des Streitfalls „United States – Measures Affecting the Cross-Border Supply of Gamb-

---

23 Im Einzelnen geht es unter anderem um mengenmäßige Beschränkungen, Wertbeschränkungen und Bedürfnisprüfungen, Personalbeschränkungen, Beschränkungen der Rechtsform und Grenzen für ausländische Kapitalbeteiligungen.

ling and Betting Services“[24] exemplifiziert, der seit 2003 bis heute[25] die Streitschlichtungsorgane der WTO in verschiedenen Verfahrensarten und -stadien beschäftigt. Er verdient deshalb an dieser Stelle eine besondere Darstellung.

1. Der Gambling-Fall

Antigua, als kleiner Inselstaat ohne wesentliche Rohstoffe maßgeblich auf die Ein- 19
kommensquelle aus der Vergabe von Glücksspiellizenzen an Unternehmen angewiesen, hatte sich durch seine liberale (Steuer-)Gesetzgebung in den letzten Jahren zum El Dorado für Unternehmen entwickelt, die im Ausland lediglich „online“ aktiv werden. Antigua war vor allem für jene Firmen interessant, die ihre Aktivitäten auf den US-Markt konzentrieren. 1997 waren in Antigua über 20 Unternehmen tätig, die Internet-Glücksspiel anboten. 1999 waren es 119 und die jährlichen Lizenzeinnahmen machten 10% des Bruttoinlandsprodukts aus.[26]

Die US-Regierung wie auch die Regierungen einiger US-Bundesstaaten hatten einige 20
Jahre zuvor einschränkende Gesetze erlassen mit dem Ziel, die eigenen Bürger vor den negativen Folgen des Internet-Glücksspiels besser zu schützen.[27] Verboten wurden insbesondere die wissentlichen Entgegennahme oder Versendung von Wetten oder von Informationen darüber per Telekommunikation zwischen den Bundesstaaten oder mit dem Ausland. Die Verbote wurden mit Strafdrohungen für Zuwiderhandlungen versehen.

Antigua machte geltend, dass diese Maßnahmen und deren praktische Umsetzung zu 21
einem totalen Verbot von grenzüberschreitendem Internet-Glücksspiel von und mit Personen in den USA führe, während in verschiedenen amerikanischen Bundesstaaten durchaus Glücksspiele in mehr oder minder großem Umfang veranstaltet werden könnten. Damit gingen Antigua jedes Jahr bei konservativer Schätzung über US$ 3 Milliarden verloren.[28]

Ein *Panel* entschied den Rechtsstreit im November 2004 zugunsten Antiguas.[29] Auf 22
die Berufung beider Parteien hin änderte der *Appellate Body*[30] die Begründung, nicht aber das Ergebnis der Entscheidung. Er befand zunächst, dass die von Antigua angeführten amerikanischen Gesetze im Ergebnis zu einem Ende des Dienstleistungshandels im Glücksspiel- und Wetten-Bereich zwischen den Parteien geführt hätten. Das Verbot jeglicher Art von Quotierungen im Dienstleistungshandel nach Art XVI Abs 2 lit a GATS werde hierdurch verletzt, denn der festgestellte Sachverhalt der Geset-

24 AaO Anm 12.

25 August 2007.

26 *Thayer, J. D.* The Trade of Cross-Border Gambling and Betting: The WTO Dispute between Antigua and the United States, 13 Duke Law and Technology Review 2004, 33.

27 Zur Prüfung stand nach Auffassung des Appellate Body der „Wire Act“ (18 USC § 1084), der „Travel Act“ (18 USC § 1952) und der „Illegal Gambling Act“ (18 USC § 1955).

28 Zu diesen ökonomischen Informationen s insbesondere den Antrag von Antigua nach Art 22.2 des Dispute Settlement Understanding (DSU) auf Ermächtigung zu Gegenmaßnahmen (WT/DS285/22).

29 WT/DS285/R.

30 WT/DS285/AB/R.

zeswirkung komme einer „Null-Quote" gleich. Diese Vorschrift sei hier auch anwendbar, weil die USA in ihrer Verpflichtungsliste die Liberalisierung internationaler Glücksspiel-Dienstleistungen zugesagt habe und sich die konkret angegriffenen Behinderungen dort nicht ausdrücklich vorbehalten habe.[31]

23 Die USA hatten erfolglos bestritten, dass sie überhaupt eine Verpflichtung hinsichtlich der Glücksspiele und Wetten eingegangen seien. Antigua hatte nämlich geltend gemacht, die amerikanische Verpflichtung leite sich aus dem Sektor 10.D der entsprechenden Liste ab, der „Sporting and other recreational services" betraf. Die USA hatten „sporting" ausdrücklich von der Liberalisierung ausgeschlossen und machten geltend, nach ihrem Verständnis falle hierunter auch das Glücksspiel. Aus dem Dokument „W/10" und dem „1993 Scheduling Guide"[32] in Verbindung mit der statistischen Nomenklatur der Vereinten Nationen[33] ergab sich aber, dass das Glücksspiel unter „other recreational services" zu subsumieren ist, welche die USA gerade nicht beschränkt hatten. Der *Appellate Body* sah diese Dokumente als zusätzliche Auslegungshilfsmittel im Sinne von Art 32 der Wiener Vertragsrechtskonvention[34] an und gab Antigua Recht. Die amerikanische Erklärung schloss nach dem objektiven Empfängerhorizont Glücksspiele ein. Weiter enthielt sie keinerlei Beschränkungen für die Liberalisierung dieses Teilsektors, so dass die amerikanische Gesetzeslage und ihre Folgen prima facie WTO-rechtswidrig waren, weil sie gegen Art XVI Abs 2 GATS verstießen.

24 Ein solches Verhalten könnte aber wiederum nach Art XIV GATS gerechtfertigt sein, wenn die Maßnahme einem der in Art XIV GATS genannten Ziele dient, notwendig für dessen Erreichen ist und Unternehmen anderer WTO-Mitglieder nicht diskriminiert, wie dies den Anforderungen des „chapeaus" des Art XIV GATS[35] entspricht. Die USA trugen vor, dass die Gesetze dem Schutz der öffentlichen Ordnung und öffentlicher Moralvorstellungen nach Art XIV (a) GATS dienten, indem sie die Gesellschaft vor organisierter Kriminalität schützten und dem Jugendschutz, der Volksgesundheit, dem Schutz vor Geldwäsche sowie dem Schutz der Spieler vor Betrug dienten.

25 Dies akzeptierte der *Appellate Body* und sprach somit den Staaten einen weiten Beurteilungsspielraum zu, wenn es darum geht, einzuschätzen, ob die von ihnen getrof-

---

31 Art XVI Abs 2 GATS geht davon aus, dass das Verbot insbesondere mengenmäßiger Beschränkungen für ein Mitglied gelte „in Sektoren, in denen Marktzugangsverpflichtungen übernommen werden, … sofern in seiner Liste nichts anderes festgelegt ist …". Auch die Meistbegünstigungsverpflichtung des Abs 1 gilt nur nach Maßgabe der in den Listen übernommenen Verpflichtungen.

32 AaO Anm 20.

33 AaO Anm 21.

34 Wiener Übereinkommen über das Recht der Verträge vom 23. 5. 1968, UNDoc A/Conf.39/27; (BGBl 1985 II, S 927). Die Konvention ist nach Art 3 Abs 2 DSU als Ausdruck gewohnheitsrechtlicher Auslegungsregeln für die WTO-Verträge anwendbar.

35 So nennt man die Formel, wonach „Maßnahmen nicht in einer Weise angewendet werden, die ein Mittel zu willkürlicher oder unberechtigter Diskriminierung unter Ländern, in denen gleiche Bedingungen herrschen, oder eine verdeckte Beschränkung für den Handel mit Dienstleistungen darstellen würde", welche die allgemeine Voraussetzung jeder erlaubten Beschränkung ist.

fenen Maßnahmen einem erlaubten Ziel dienen oder nicht. Diese Haltung behielt er auch bei der Prüfung der „necessity" (= Notwendigkeit) der jeweiligen Maßnahme bei, indem er feststellte, dass den beklagten Staat in einer solchen Situation lediglich die Pflicht einer Prima Facie-Beweisführung trifft und der Klägerstaat diesen Beweis erschüttern muss, indem er konkret vorträgt, dass es andere Möglichkeiten gibt, das gewünschte Ziel zu erreichen. Dies gelang Antigua nicht, so dass die US-Gesetze durch den *Appellate Body* auch als „necessary" eingestuft wurden. Letztendlich scheiterten die USA in diesem Verfahren aber doch wegen einer Maßnahme, nämlich dem „Interstate Horseracing Act", daran, dass sich nach Ansicht des Appellate Body die in Frage stehenden Vorschriften einseitig gegen ausländische Unternehmen richteten (indem sie inländischen Anbietern die Betätigung in Telekommunikations-Wettgeschäften erlaubte) und somit diskriminierend wirkten, was dem „chapeau" des Art XIV GATS widerspricht und deshalb eine Rechtfertigung der Maßnahmen ausschließt.

Zur Abrundung der gerade berichteten Tatsachen sollte man noch anfügen, dass die **26** USA sich einmal erfolglos bemühten, die Anforderungen der Verfahrens-Entscheidung[36] zu erfüllen. Ein Schiedsgerichtsverfahren, wie es Art 21 Abs 5 DSU vorsieht, befand aber, dass die amerikanische Rechtsänderung nicht den Anforderungen der Entscheidung entsprach.[37] Daraufhin änderten die USA ihre Strategie und erklärten gemäß Art XXI GATS, dass sie ihre festgestellte Verpflichtung hinsichtlich des Glücksspiels zurücknehmen wollten.[38] Da es sich hier nur um die Korrektur eines Missverständnisses, also eines Erklärungsirrtums handele, sei dieser Vorgang auch nicht kompensationspflichtig, wie dies von Art XXI Abs 2 GATS vorgesehen ist.

Allerdings ist diese Rechtsauffassung mit der gegenwärtigen Rechtslage nicht verein- **27** bar, denn die Art. XXI GATS sieht klar eine Kompensationspflicht vor. Abs 3a der Vorschrift sagt: *„Erzielen das ändernde Mitglied und ein betroffenes Mitglied vor Ablauf der vorgesehenen Verhandlungsfrist keine Einigung, so kann das betroffene Mitglied die Angelegenheit einem Schiedsverfahren unterwerfen. Jedes betroffene Mitglied, das einen möglicherweise bestehenden Anspruch auf Ausgleich durchsetzen will, muss an dem Schiedsverfahren teilnehmen."* Das Schiedsverfahren aber entscheidet nach Abs 4 lit a über „Ausgleichsmaßnahmen", die nach Abs 2 lit a so zu bemessen sind, dass „*ein allgemeines Maß gegenseitig vorteilhafter Verpflichtungen*" aufrechterhalten werden kann, „*das nicht weniger günstig für den Handel ist als das in den Listen spezifischer Verpflichtungen vor Aufnahme dieser Verhandlungen vorgesehene Maß.*" Die Vertragspartner der USA konnten auf die amerikanische Erklärung in ihrem objektiven Gehalt vertrauen und haben deshalb ein Recht auf Kompensation. Dies aber kann die USA teuer zu stehen kommen, denn neben Antigua haben auch die EU, Japan, Australien, Indien, Kanada, Costa Rica und Macau fristgerecht Kompensa-

36 Die formell übrigens nur eine – wenn auch im konkreten Fall bindende – Empfehlung ist, vgl Art 19 DSU.

37 United States – Measures Affecting the Cross-border Supply of Gambling and Betting Services – Recourse to Article 21.5 of the DSU by Antigua and Barbuda – Report of the Panel, WT/DS285/RW.

38 BRIDGES Weekly Trade News Digest – Vol 11, Number 16, 9. Mai 2007 "US snubs WTO ruling on internet gambling".

tion beantragt.[39] Berücksichtigt man, dass Antigua für jedes Jahr seit Ablauf der Umsetzungsfrist der USA mit unzureichendem Ergebnis US$ 3,443 Milliarden verlangen möchte,[40] so kann man sich leicht vorstellen, welche Summen für eine Kompensation einer völligen Rücknahme des Zugeständnisses auf die USA zukommen können. Mit der EU wurden bereits Kompensationen vor allem im Brief- und Paketsektor vereinbart. Da die USA aber auch gegen EU-Glücksspielanbieter vorgehen, die noch vor dem völligen Verbot und den damit verbundenen Kompensationen in den USA aktiv waren, hat die EU-Kommission Anfang März 2008 ein förmliches TBR-Verfahren gegen die USA eingeleitet. Mehr Informationen unter http://trade.ec.europa.eu/doclib/docs/2008/march/tradoc_138161.pdf (recherchiert am 17. April 2008).

28 Der Ausgang des Verfahrens zeigt in jedem Falle, dass grenzüberschreitende Glücksspiele nur dann auf Grund völkerrechtlicher Verpflichtung zugelassen werden müssen, wenn diese Verpflichtung zusätzlich zu der allgemeinen WTO-Mitgliedschaft, die auch das GATS obligatorisch umfasst,[41] ausdrücklich übernommen wurde. Selbst wenn eine solche Verpflichtung gilt, so steht sie aber nicht Maßnahmen zum Schutz gegen die Spielsucht und zum Schutze der Jugend entgegen, wenn diese einerseits notwendig sind und andererseits nicht gegen oder zwischen Ausländern diskriminieren. In beider Hinsicht steht dem Staat ein weiter Beurteilungsspielraum zu.

2. Der Glückspielstaatsvertrag in Deutschland im Lichte des GATS

a) Anwendbarkeit des GATS auf den Staatsvertrag?

29 Die Verpflichtungsliste der Europäischen Gemeinschaft aus dem Jahre 1995 hat, anders als die der USA, Glücksspiel ausdrücklich von der Liberalisierung im Sektor 10 D ausgenommen.[42] Zur Zeit könnten also keine Probleme der Gemeinschaft (für den Glücksspielbereich mit Telekommunikation) oder der Mitgliedstaaten (für die anderen Modi nach Art 1 Abs 2 GATS) entstehen, welche denen des Gambling-

---

39 BRIDGES Weekly Trade News Digest – Vol 11, Number 24, 4. Juli 2007 "Antigua gambling dispute: major economies demand compensation from US".

40 WT/DS285/22. Dieser enthält einen Antrag auf die Ermächtigung zu Erzwingungsmaßnahmen in Form von „cross retaliation" im Bereich des geistigen und gewerblichen Rechtsschutzes (TRIPS), der einerseits ein bezeichnendes Schlaglicht auf die Probleme kleiner Entwicklungsländer wirft, großen Handelsstaaten mit Vergeltungsmaßnahmen schaden zu können, und der andererseits wieder das Problem der Reichweite und Schlagkraft von erlaubten TRIPS-Verletzungen aufwirft, welches im Bananenfall durch eine vergleichbare Maßnahme Ecuadors bereits zu Tage trat, vgl *Ierly, D.* Defining the Factors that Influence Developing Country Compliance with and Participation in the *WTO Dispute Settlement System*: Another Look at the Dispute Over Bananas, 33 Law and Policy in International Business Law and Policy in International Business 2002 615 und *Dunne III, M.S.* Note: Redefining Power Orientation: A Reassessment of Jackson's Paradigm in Light of Asymmetries of Power, Negotiation, and Compliance in the *GATT/WTO Dispute Settlement System*, 34 Law and Policy in International Business Law and Policy in International Business 2002, 277.

41 Dies ist das so genannte „single undertaking"-Prinzip des Art 2 Abs 2 des WTO-Abkommens.

42 Schedule der EU und zugleich ihrer Mitgliedstaaten von 1995, zu finden im Internet unter: http://www.wto.org/english/tratop_e/serv_e/serv_commitments_e.htm (recherchiert am 17. April 2008).

Falles ähnlich wären. Auch ist nicht ersichtlich, dass sich die Rechtslage insoweit durch zusätzliche Liberalisierungsangebote der EG im Rahmen der Verhandlungen der Doha-Runde verändern könnte.[43]

Allerdings ist das GATS auf Dynamik angelegt, wie sein Art XIX feststellt. Es ist also nicht auszuschließen, dass bei weiteren Verhandlungsrunden, seien sie allgemein oder nur sektoral das GATS betreffend, der Sektor „Sporting and other recreational services" als Liberalisierungsangebot ventiliert werden könnte. Dann ist es wichtig zu wissen, inwieweit der gegenwärtige Rechtszustand mit dem GATS entweder vereinbar ist oder welche zu erklärenden Vorbehalte zu einer generellen Liberalisierung dieses Sektors erforderlich wären, um den gegenwärtigen Rechtszustand in Deutschland aufrechterhalten zu können. Somit wird nachfolgend die Vereinbarkeit des Rechtszustandes nach dem Glücksspiel-Staatsvertrag mit dem WTO-Recht geprüft, als ob GATS auf diesen Bereich anwendbar wäre. 30

b) Eintragungspflichtige Maßnahme nach Art XVI GATS?

Der neue Glücksspielstaatsvertrag zwischen den Bundesländern soll in Zukunft das Glücksspiel in Deutschland regulieren und ist, da er die rechtliche Grundlage für eine Reihe von Eingriffen, wie etwa das Verbot des Internet-Glücksspiels und insbesondere für ein absolutes Glücksspielmonopol der Bundesländer ist, als Ganzes als Maßnahme im Sinne des GATS einzuordnen. Wie bereits gesehen sind solche Verbote und Monopolisierungen Maßnahmen, die grundsätzlich gegen Art XVI Abs 2 GATS verstoßen, wenn sie nicht in einer zukünftig etwa geänderten Verpflichtungsliste ausdrücklich vorbehalten werden. 31

Hinsichtlich der grundsätzlichen Frage der Zulässigkeit von Dienstleistungsmonopolen in WTO-Mitgliedstaaten lässt sich aus Art VIII GATS entnehmen, dass Dienstleistungsmonopole nicht verboten sind. Vielmehr stellt dessen Abs 1 fest, dass solche Monopolisten nicht in einer Art und Weise handeln dürfen, die gegen das Meistbegünstigungsprinzip des Art II GATS oder gegen die spezifischen (Listen-)Verpflichtungen des betroffenen Mitgliedstaats verstößt. Besondere Pflichten im Sinne eines Missbrauchsverbots gelten nach Abs 2, wenn der Monopolist außerhalb seines Monopolbereichs in Wettbewerb mit Privaten tritt. Allerdings gelten Sonderregeln bei der Begründung eines neuen Monopols nach dem 1. 1. 1995, wenn dies in den Bereichen geschieht, welche durch die Verpflichtungslisten liberalisiert sind. Dies wird nämlich als eine Beendigung der Liberalisierung mit den Rechtsfolgen einer Kompensationspflicht nach Art XXI Abs 2–4 GATS angesehen. Im Falle des deutschen Glücksspielmonopols der Bundesländer entsteht hier aber auch in Zukunft kein Problem, weil dieser Bereich ja bis heute überhaupt nicht liberalisiert ist und mangels spezifischer Verpflichtungen heute auch keine Kompensationspflicht für die Zukunft entstehen könnte. Man muss lediglich das Glücksspielmonopol als Ausnahme in eine 32

43 Das überarbeitete Angebot der EG zur weiteren Liberalisierung ist zu finden im Internet unter: http://trade.ec.europa.eu/doclib/docs/2005/june/tradoc_123488.reduced%20cells%20v2.pdf, abgerufen am 7. August 2007.

zukünftige Verpflichtungsliste aufnehmen, wenn nicht ohnehin die nachfolgend erörterte Ausnahme für hoheitliche Monopole auch dies noch unnötig machen sollte.

33 Denn schließlich nimmt Art I Abs 3 lit b und c hoheitliche Tätigkeit des Staates im Dienstleistungsbereich ganz von der GATS-Bindung aus.[44] Dies ist jede Art von Dienstleistung, die weder zu kommerziellen Zwecken noch im Wettbewerb mit einem oder mehreren Dienstleistungserbringern erbracht wird. Zwar wird zum Teil für eine sehr enge Auslegung des Art 1 Abs 3 lit c GATS plädiert, da das GATS ja gerade auch die Möglichkeit bietet, entsprechende Einschränkungen in den „Verpflichtungs-Listen" festzuschreiben und da es erklärtes Ziel des GATS ist, eine größtmögliche Transparenz zu erreichen, was nicht möglich wäre, wenn bestimmte Dienstleistungsangebote von vornherein ausgenommen sind.[45] Jedoch muss dieser Argumentation der eindeutige Wortlaut des Art 1 Abs 4 lit c GATS entgegen gehalten werden, der eine Ausdehnung des Regelungsbereiches in diesem Fall nicht zulässt.

34 Die Frage ist also, ob die Aufrechterhaltung des staatlichen Monopols kommerziellen Zwecken dient. In dem Glücksspielstaatsvertrag und den dazugehörigen Begründungen spielt das Argument der Finanzen keine Rolle. Der größte Vorwurf der Kritiker bezieht sich aber gerade darauf, dass die Länder, die Einnahmequelle, die sich für sie aus dem Glücksspielmonopol ergibt, nicht aufgeben wollen.[46] Insoweit ist die Höhe der jährlichen Einnahmen eindrucksvoll. So konnte allein die staatliche Sportwette Oddset im Jahre 2005 Roherträge in Höhe von € 216 Mio erwirtschaften.[47] Allerdings schätzt dieselbe Studie mögliche staatliche Einnahmen aus Glücksspiellizenzen im Bereich der Sportwetten als deutlich höher ein. Sie prognostiziert bei der Einführung eines Konzessionsmodells mit 15-prozentiger Rohertragssteuer Einnahmen von € 374 Mio gegenüber € 97 Mio im Monopolfall.[48] Rein fiskalische Interessen könnten also durchaus gegen die Aufrechterhaltung eines Monopols sprechen. Umgekehrt spricht dies dafür, den kommerziellen Charakter des Monopols zu verneinen.

35 Trotzdem spräche hier eine gewisse Unsicherheit der faktischen Situation dafür, den sicheren Weg einer ausdrücklich erklärten Liberalisierungsausnahme zu gehen, welcher die Möglichkeit einer Verletzung von Art XVI Abs 2 von Anfang an ausschlösse. Man kann aber immerhin noch weiter überlegen, ob nicht der Schutzzweck des deutschen Monopols ohnehin in jedem Falle einen Rechtfertigungsgrund nach Art XIV GATS darstellt.

---

44 S *Adlung, R.* Public services and the GATS, *JIEL* 2006, 455–485.

45 So auch *Krajewski, M.* Public Services and Trade Liberalization: Mapping the Legal Framework, 6 Journal of International Economic Law 2003, 341–367, 360.

46 So auch *Otto Graf Lambsdorff*, FDP-Europaabgeordneter, in einem Interview mit dem Deutschlandfunk, 29. 8. 2006, http://www.dradio.de/dlf/sendungen/interview_dlf/536678/ (recherciert am 17. März 2008).

47 *Hornuf, Lars* (Projektleiter), Auswirkungen des Bundesverfassungsgerichtsurteils zum Sportwettenmarkt auf die deutsche Volkswirtschaft, ifo Institut, 2006.

48 Ifo-Studie, aaO, s dort Fn 19.

c) *Mögliche Rechtfertigung eines Glücksspielmonopols der Bundesländer*

aa) *Rechtfertigung nach Art XIV (a) GATS – Öffentliche Moralvorstellungen und öffentliche Ordnung*

Art XIV (a) GATS ermöglicht eine Rechtfertigung von Verstößen nach Art XVI GATS. Ein Verstoß gegen Art. XVI GATS liegt vor, wenn die Mitgliedsstaaten eine „geächtete" Maßnahme ergreifen, deren Anwendung sie sich nicht vorbehalten haben, obwohl sie den anderen Mitgliedern freien Marktzugang bzw. Inländergleichbehandlung zugesagt haben. Eine Rechtfertigung kann nach Art XIV (a) GATS erfolgen, wenn die Maßnahmen zum Wohle der öffentlichen Moralvorstellungen und der öffentlichen Ordnung ergehen. Da schon frühzeitig erkannt wurde, dass eine solche Formulierung praktisch jede Maßnahme erfassen kann, wurde der Begriff im GATS in einer Fußnote zu dieser Vorschrift konkretisiert. Es heißt dort: "*The public order exception may be invoked only where a genuine and sufficiently serious threat is posed to one of the fundamental interests of society*."[49] **36**

Zur Rechtfertigung einer Maßnahme bedarf es demnach einer echten und ernsthaften Bedrohung eines der fundamentalen Prinzipien der Gesellschaft, das durch die ergriffene Maßnahme geschützt werden soll. Zwar umreißt auch diese Formulierung den Regelungsgehalt der Norm nur unwesentlich schärfer, jedoch gibt es einen anderen ganz wesentlichen Ansatz, der die Handhabung der Norm erleichtert. Es soll nämlich davon ausgegangen werden, dass jedem Staat ein weiter Beurteilungsspielraum zusteht, wenn es um die Definition der öffentlichen Moralvorstellungen bzw der öffentlichen Ordnung geht. Das Panel hat insofern in seiner Gambling-Entscheidung ausgeführt: "*Members should be given some scope to define and apply for themselves the concepts of "public morals" and "public order" in their respective territories, according to their own systems and scales of values.*"[50] **37**

Bei der grundsätzlichen Einordnung einer Maßnahme als dienlich für die öffentlichen Moralvorstellungen oder die öffentliche Ordnung ist dem jeweiligen Staat also ein weiter Beurteilungsspielraum zuzugestehen und sie ist auch nur eingeschränkt überprüfbar. Zwar führt das *Panel* eine grobe Überprüfung durch, die aber lediglich geeignet ist, offensichtliche Falscheinordnungen durch die Staaten auszuschließen. **38**

Das *Panel* und der *Appellate Body* haben die Regelungszwecke der USA wie Eindämmung der organisierten Kriminalität, Jugendschutz, Volksgesundheit, Schutz vor Betrug ohne weiteres akzeptiert. Die Regelungszwecke des Glücksspielstaatsvertrages sind in dessen § 1 festgelegt und umfassen Spieler- und Jugendschutz sowie die Entlastung der Gesellschaft vor den negativen Folgen des Glücksspiels. Aufgrund des nationalen Beurteilungsspielraums und der weiten Auslegung der Begriffe der öffentlichen Moralvorstellungen und der öffentlichen Ordnung, dient auch der Glücksspielstaatsvertrag mit Sicherheit dem Schutze sowohl der öffentlichen Moralvorstellungen als auch der öffentlichen Ordnung. **39**

---

49 Fn 5 zu Art XIV GATS.

50 *Panel* Report, United States – Measures Affecting the Cross-Border Supply of Gambling and Betting Services, WT/DS285/R, Rn 6.461.

40 Die eigentliche inhaltliche Prüfung erfolgt auf der zweiten Prüfungsebene, nämlich bei der Frage, ob die Maßnahme auch „necessary", also notwendig ist. Bereits in einer früheren Entscheidung hat der Appellate Body folgenden Standard für die Prüfung der Notwendigkeit einer Maßnahme entwickelt: *„Whether a measure is „necessary" should be determined through a process of weighing and balancing a series of factors."* Und weiter heißt es: *"[This is] comprehended in the determination of whether a WTO-consistent alternative measure which the Member concerned could reasonable be expected to employ is available, or whether a less WTO-inconsistent measure is reasonable available."*[51]

41 Da der *Appellate Body* diese inhaltlichen Anforderungen mit einer Beweiserleichterung für den Beklagten verbindet, ist letztlich der Kläger gezwungen, einen Vorschlag für eine geeignete alternative Maßnahme zu machen, die einen geringeren Eingriff in die Rechte Dritter, die sich aus dem GATS ergeben, darstellen würde.

42 Im Falle des deutschen Glückspielstaatsvertrages könnte eine Alternative zur Aufrechterhaltung des Monopols und zum Verbot von Online-Glücksspiel die teilweise, lizenzierte Zulassung sein. Solange aber nicht konkret vorgetragen werden kann, dass durch eine kontrollierte Zulassung des Online-Glückspiels verbunden mit der Vergabe von Lizenzen, ein ebenso effektiver Schutz der Rechtsgüter, auf die der Glücksspielstaatsvertrag abzielt, gewährleistet wird, ist die Aufrechterhaltung von Monopol und Verbot unproblematisch. Gerade die Eröffnung eines weiten Beurteilungsspielraums für die Staaten führt dazu, dass auch die Geeignetheit einer weniger belastenden Handlungsalternative primär vom Staat zu bestimmen ist und nur auf missbräuchliche Annahme überprüft werden kann. Das Verbot und somit auch die Maßnahme Glücksspielstaatsvertrag sind somit notwendig, um die öffentlichen Moralvorstellungen und die öffentliche Ordnung zu schützen.

bb) Rechtfertigung nach Art XIV (b) GATS – Menschliches Leben und Gesundheit

43 Zu denken wäre daneben auch an eine Rechtfertigung der Maßnahme durch Art XIV (b) GATS. Der Glücksspielstaatsvertrag dient in seiner Eindämmung des Glücksspiels ausdrücklich auch der Gesundheit der Spieler und derjenigen, die zwar potentiell spielsuchtgefährdet wären, durch die eingeschränkten Spiel- und Werbemöglichkeiten aber vom Glücksspiel abgehalten werden. Die Sucht-Gefährdung von Spielern durch das Glücksspiel wird sowohl in jüngsten Entscheidungen des *EuGH* und der *BVerfG*, als auch in wissenschaftlichen Gutachten immer wieder betont.[52] Der Glücksspielstaatsvertrag dient also dem legitimen Ziel der Förderung und Wahrung öffentlicher Gesundheit. Auch wären die erfolgten Regelungen „necessary", insbesondere das Online-Spiel-Verbot und das Werbe-Verbot, da eine weniger einschneidende Alternative nicht ohne weiteres gegeben wäre und auch ein erforderli-

51 *Appellate Body* Report, Korea – Measures Affecting Imports of Fresh, Chilled and Frozen Beef, WT/DS 161, 169/AB/R.

52 Vgl *EuGH* Urt v 6.11. 2003, C-243/01 – „Gambelli u a", Slg 2003, I-13076, Rn 67 mwN; *BVerfG*, Urt v 28. 3. 2006, S1263; *Hayer/Mayer* Das Suchtpotential von Sportwetten, in: Sucht 2003, 212.

cher Nachweis schwer fallen dürfte. Auch insofern ist also von einer möglichen Rechtfertigung nach Art XIV (b) GATS auszugehen.

cc) Der Chapeau des Art XIV GATS – Keine diskriminierende Anwendung der Maßnahme

In einem letzten Prüfungsschritt muss noch untersucht werden, ob durch die geplante Maßnahme keine Besserstellung nationaler Glücksspielanbieter im Vergleich zu ausländischen Glücksspielanbieter erfolgt. Auch an dieser Stelle kommt es wieder auf das wesentlichste Regelungselement des Glückspielstaatsvertrages an, nämlich die Aufrechterhaltung des Verbots des Internet-Glückspiels. Ein solches Verbot kann aber schon deshalb keine diskriminierende Wirkung gegenüber ausländischen Anbietern entfalten, da es für inländische und ausländische Anbieter gleichermaßen gilt. Auch ist nicht ersichtlich, dass ein sonstiger protektionistischer Zweck vorläge. **44**

3. Zusammenfassung

Unabhängig von der Beurteilung der Rechtmäßigkeit des Glücksspielstaatsvertrages im Lichte des europäischen Gemeinschaftsrechts lässt sich also festhalten, dass kein Verstoß gegen WTO-Recht vorliegt. Zwar ist das WTO-Recht auch für die Bundesländer verbindliche Rechtsmaterie, die von ihnen beachtet werden muss. Jedoch haben die deutschen und europäischen Verhandlungsführer bei der Verhandlung der Freigabe von Dienstleistungssektoren für andere Staaten in ihren „Verpflichtungs-Listen" den Bereich des Glücksspiels ausdrücklich ausgenommen. **45**

Darüber hinaus sind aber auch die materiellrechtlichen Vorgaben, die der Glücksspielstaatsvertrag macht, konform mit dem GATS. Deshalb ist es nicht unbedingt notwendig, wenngleich aber aus Gründen der Rechtssicherheit zu empfehlen, in der „Verpflichtungs-Liste" die Aufrechterhaltung eines öffentlichen Glücksspiel-Monopols ausdrücklich zu benennen und sich dadurch eine solche Beschränkung vorzubehalten. **46**

Zwar beeinträchtigt der Glücksspielstaatsvertrag den Dienstleistungshandel und beschränkt auch den Anteil der durch ausländische Unternehmen erbrachten Dienstleistungen quantitativ, was grundsätzlich eine Verpflichtung zum konkreten Vorbehalt der Maßnahme in den „Verpflichtungs-Listen" zur Folge hätte. Jedoch dient der Glücksspielstaatsvertrag dem Schutze der öffentlichen Moral und Ordnung und auch der Gesundheit von Menschen, also legitimen Zielen nach Art XIV GATS. Darüber hinaus sind die vorgesehenen Regelungen auch notwendig, um diese Ziele zu erreichen und diskriminieren auch nicht willkürlich Unternehmen anderer WTO-Mitglieder im Verhältnis zu inländischen Unternehmen. Art XIV GATS ist demnach voll einschlägig und die Aufrechterhaltung eines öffentlichen Monopols wäre gerechtfertigt. Somit sind Risiken für eine Zusage der Liberalisierung von „recreational services" bei zukünftigen Verhandlungsrunden nicht ersichtlich, soweit es die Aufrechterhaltung des staatlichen Glücksspielmonopols in Deutschland betrifft. **47**

IV. Summary (The offer of gambling games and WTO-Law)

The offer of gambling games is a service (rendered). Services are subject to the "General Agreement on Trade in Services" (GATS), effective currently on a near-global scale between 151 member states. The GATS is part of the World Trade Organization law (WTO), a coordinated conglomeration of contracts pertaining to international law concerning international commerce under the umbrella of the WTO agreement. The European Union (EU) and its member states are members of the WTO. The EU is bound to fulfill obligations as a WTO member and the member states (of the EU) are bound to the WTO law, according to art 300 para 7 EGV. In this way, the WTO law participates in the priority of the EU Law and in its direct applicability, which the European Court of Justice has declared in invariable practice, and it holds legal status with binding effect on the Länder53 in accordance with art 59 para 2 of the German Basic Law (Grundgesetz, GG). In 2005, the Appellate Body – the final appeal court of the WTO – decided (specifically in respect of the regulation of "Internet Gambling" in the USA) that the GATS is on principle also applicable to gambling law for the member states of the WTO. Accordingly, the WTO law offers WTO member states a framework of procedure for the gambling sector. It is of no importance whether the Community or member states are the parties of the contractual obligation.

According to the opinion 1/94 of the European Court of Justice, services rendered via telecommunication and without movement of persons across borders are part of the exclusive external competence of art 133 EC. This also applies to internet gambling. Other regulating objects of the gambling sector are appertain only then to the EU's and its members' authority to conclude a contract when the EU has observed the internal competence to set law obtained from art 52 and 95 EC and which concerns cross boarder aspects of services trade only. Additionally, in respect of service monopolies, art 86 EC is applicable and does not only stipulate the duties of member states but also the Commission's competence to set law in para 3. Consequently, where an internal regulatory competence has been observed by the bodies of the Community, the Community itself is externally entitled and obliged due to its WTO membership. Otherwise, this will fall under the umbrella of the member states. Consequently, the German sovereign power is also bound to the GATS regulations. It should, however, be taken into consideration which subjects regulate this commitment because the GATS does not contain identical rights and duties for all contracting parties.

The GATS contains three basic components: the skeleton agreement, the national catalogues of obligation, and the annex schedules pertaining to special services. The skeleton agreement contains the four fundamental principles: "most favored nation treatment", "access to the market", "national treatment", and the "limitation in national regulations". According to the most favored treatment (art II GATS), the contracting parties are obliged to the equal treatment of persons (rendering services) of foreign origin. Art V GATS, however, regulates an exception in favor of regional liberalization agreements like the European Community Law. As the liberalization of services trade obviously have more extensive effects on national societies than the liberalization of goods trade, a regulating system corresponding to this peculiarity is also required within the GATS.

The GATS also postulates rules for the services sector which obligate all member states, but there is also a mechanism available to settle issues through individual negotiation with the other states, the so-called "service lists" ("schedules").

Despite the most favored nation and the other basic principles, there is no categorical obligation to open the market, but if access to the market is granted, the obligation from article XVI GATS should be observed. This rule on market access states that persons rendering services for another contractual party may not be treated worse than stipulated in the schedule of the states concerned. Trade restrictions are only admissible when they are fixed in the respective schedule.

The draft principle of regulation clarifies two different purposes. Firstly, the GATS serves the liberalization of services over the long-term. This goal is only attainable step-by-step and is promoted by disclosing the obstacles of the services trade and the ascertainable accrued gain of the consistency of law. The transparent rendering of the actual conditions will serve as a starting point for the negotiations of reciprocal compromises. Each member can decide in a sovereign manner whether and in which form, in which quantity, and under which conditions the services trade with other countries should be allowed. Nevertheless, certain measures have, on principle, been interdicted (by art XVI:2 GATS) so that the member states produce transparent rules with the aid of which participants in the market may find their bearings. As a result of this, if a member state is inattentive when formulating his schedule, he may possibly later have the problem of considerable damage claims. In fact, offences against the obligations contained in the schedules and even the application of measures forbidden by art XIV and art XIV GATS can be justified if the encumbering measure has been set up for reasons which have been cited and which are issued in public interest. The measures justified in such a way are, however, forbidden when they are applied in a manner that discriminates arbitrarily and unjustifiably to situations in which similar conditions exist. This rule is also in art XIV, the so-called "chapeau" of the rule.

The legal proceedings between the small insular state Antigua and the USA illustrate this danger: some years ago the US Government and the governments of some US States had set up restricting laws aimed at the better protection of their own citizens against the negative consequences of internet gambling. In particular, the deliberate acceptance or the transmission of bets or receipt of information in respect to bets via telecommunication between the US States or with foreign countries were prohibited. The prohibition was vested with legislative sanction in the case of contravention. Antigua claimed that these measures and their practical realization would cause the total prohibition of cross-border internet gambling by and with users in the USA, whereby in some US States small and large scale gambling games certainly take place. Roughly and conservatively estimated, Antigua would have lost more than US$ 3 billion per annum. In November 2004, a panel decided the lawsuit in favor of Antigua. Following the appeals from both parties, the Appellate Body altered the grounds but not the result of the decision. They first considered that the American law cited by Antigua (the relevant regulations subject to public law and criminal law 272 *Werner Meng/Tilmann Lahann* of the "Interstate Horseracing Act") would have put an end to the services trade in the gambling and betting segments between the parties. The prohibition of any kind of quota arrangement within the services trade, according to art XVI sentence 2 lit a GATS, would have been infringed upon because the facts of the case in respect to the effectiveness of the law would have brought about a "zero-quota". This rule should have been applicable here because the USA had agreed in their schedule to the liberalization of international gambling services and they had not expressly excluded these specific obstructions. In the end, the USA did not succeed because the reproved regulations – according to the Appellate Body's view – were partially directed towards foreign enterprises while national tenderers would be allowed to carry out telecommunication betting and thereby, produced a discriminative effect. On the other hand, the findings of discrimination contradict the "chapeau" of art XIV GATS and consequently exclude the justifiability of these measures. It remains as consequence of these WTO proceedings that besides Antigua, the EU, Japan, Australia, India, Canada, Costa Rica, and Macao have – within the prescribed time limit – put in claims for compensation regarding the limiting of the services trade contrary to WTO Law.

In regard to the evident and existing dogmatic parallels within Community Law, it is not surprising that the German Länder's State Act on Gambling rules in favor of a total prohibition of gambling game offers in the internet. Yet, the schedule of the European Community in 1995 – not including the USA – expressly excludes gambling from the liberalization in sector 10 D so that at present no legal problems contrary to WTO law could arise pertaining to the gambling sector via telecommunication, which would be similar to the Antigua case. Nor is it apparent that the legal situation could be altered by additional EC offers of liberalization within the frame of negotiation arranged by the DOHA Circle. At the close of their contribution, *Meng* and *Lahann* examine the legal condition created by the State Act on Gambling in Germany in consideration of the dynamics of the GATS régime and they plead for a cautious route with an expressly affirmed exception of liberalization, thereby excluding at the start any imaginable infringement of art XVI sentence 2 GATS. In this context, the authors allude to the Ifo study[53] concerning the German sports betting market and point out that fiscal interests could certainly work against the maintenance of a monopoly so that this could inversely be the solution to the issue of the commercial character of monopolies.

Meng and *Lahann* arrive at the conclusion that the State Act on Gambling does not infringe WTO law and that the WTO law is obligatory to the Länder. The German and European negotiators, none the less, have expressly excluded the gambling sector in their schedules when the negotiations on the liberalization of services sectors took

53 *Hornuf, Lars* (project manager), consequences to the German national economy of the Constitutional Court's decision of the leading case on sports betting of 28th March, 2006, Ifo Institute, 2006.

place. Aside from this, the substantive regulations of the State Act on Gambling correspond to the GATS. They are necessary to attain the legitimate goals of art XIV GATS and do not arbitrarily discriminate against enterprises of other WTO members in comparison to inland enterprises. Accordingly, there are no apparent risks concerning an approval to liberalize "recreational services" in future negotiations as far as the maintenance of the national gambling monopolies in Germany is concerned.

3. Abschnitt: Besondere Problemfelder – Interdependenzen

§ 15 Zur aktuellen Situation des Glücksspielwesens in Deutschland

Ihno Gebhardt

Übersicht

I. Glücksspiel und das Ideal des Freien Marktes

1 In einer Pressemitteilung vom Spätherbst 2006 wurde der damalige Präsident des Bundeskartellamtes mit der Bemerkung zitiert, er glaubte, dass die Glücksspielunternehmen der Länder „das Signal verstanden“ hätten. Gemeint war der facettenreiche Beschluss des *Bundeskartellamtes* vom 23. August 2006, mit dem die Bundesbehörde kartellrechtswidrige Absprachen der Lottounternehmen gerügt hat. Die Bundeskartellbehörde – offenbar in der Rolle des entfesselten *Prometheus*, der den Erdenmenschen das Feuer bringt – hat den staatlichen Glücksspielmonopolisten in den Ländern zugleich einen die Landesgrenzen überschreitenden Wettbewerb im Internet aufgegeben und ihren Verfügungen durch hohe Buß- und Zwangsgeldandrohungen Nachdruck verliehen. Wer den Mythos kennt, weiß allerdings, dass *Zeus* den Sterblichen nicht nur das Feuer versagen will, sondern am Ende, als Reaktion auf die List des *Prometheus*, die *Büchse der Pandora* schickt. Der Glücksspielgesetzgeber ist nicht *Zeus* und der Glücksspielstaatsvertrag 2008 (GlüStV) nicht die *Büchse der Pandora*. Gleichwohl ist die Annahme nicht ganz fernliegend, dass das staatsvertragliche Internetglücksspielverbot auch eine Reaktion auf die kartellbehördliche Entscheidung darstellt: Eine bundesbehördliche auf ein bestimmtes Vertriebssegment bezogene Anordnung von Wettbewerb, mit der die in der föderalen Staatsordnung

wurzelnden Fundamente des den Ländern obliegenden Glücksspielrechts ausgehebelt zu werden drohen, legt die landesgesetzgeberische Exkretion dieses Vertriebsweges nahe, um die kartellrechtliche Infektion der übrigen Vertriebsstrukturen und damit zugleich des Glücksspielwesens insgesamt zu verhindern.

Die kartellrechtliche Auseinandersetzung hat mit der Hauptsacheentscheidung des *Bundesgerichtshofs* (BGH) vom 14. August 2008 ihren (vorläufigen?)[1] Abschluss gefunden. Im Kern bedurfte die Frage der Klärung, ob ein auf der Grundlage der Rechtsprechung des *Europäischen Gerichtshofes* (EuGH) prinzipiell zulässiges Glücksspiel-Monopol überhaupt den Gegenstand kartellrechtlicher Überlegungen, und wenn ja, in welchem Umfang, bilden kann: Wie kann (EU-)kartellrechtlich etwas verboten sein, was gemeinschaftsgerichtlich erlaubt ist!? Wie kann bundeskartellrechtlich etwas verboten sein, was in der föderalen Staatsordnung wurzelt!? Kann ein Wettbewerb, der durch die landesgesetzliche Errichtung von Glücksspielmonopolen ausgeschlossen werden soll, durch (europäisches) Kartellrecht erzwungen werden? Sind die Glücksspielmonopole der Länder „reine" Angebotsmonopole, oder erstreckt sich die landesrechtliche Regelungskompetenz auch auf Fragen des Vertriebs der Glücksspielprodukte? Auch der *BGH* hat sich mit diesen vorgreiflichen Fragen nur sporadisch auseinandergesetzt und den Territorialitätsgrundsatz (das Regionalitätsprinzip) auf die räumlich radizierten Rechtswirkungen landesrechtlicher Glücksspielerlaubnisse (auf das jeweilige Gebiet eines Bundeslandes) verkürzt.[2] Immerhin stellt der *BGH* unter Hinweis auf die einschlägige Rechtsprechung des *EuGH* fest, dass der mit dem Glücksspielstaatsvertrag eingeführte Erlaubnisvorbehalt nicht gegen Art. 10, 81 EG verstößt. Der Senat kann demgegenüber nicht erkennen, „dass [auch] eine Vertriebsbeschränkung der Lottogesellschaften auf ihre Sitzländer rechtlich geboten ist."[3] Eine derartige Beschränkung sei weder durch den Glücksspielstaatsvertrag vorgesehen, noch gerechtfertigt, „da der Schutz von Spielern in anderen Bundesländern den dortigen Behörden obliegt."[4] Verfassungsrechtliche Relevanz hat die Vertriebswegeproblematik für den *BGH* offensichtlich nicht, obwohl dies „nicht fern liegt"[5]. Bereits durch diese obergerichtlichen Feststellungen ist der – oben angedeutete – glücksspielstaatsvertragliche „Therapieversuch" der kartellrechtlich erkrankten Monopolisten (teilweise) fehlgeschlagen. Auf der Suche nach weiteren Ursachen für die partielle Wirkungslosigkeit der Therapie stößt man schnell auf *das* grundlegende strukturelle Dilemma des deutschen Glücksspielwesens: die gewerbliche Spielvermittlung. **2**

1 *BGH,* Urt v 14. 8. 2008, KVR 54/07. Der *BGH* weist ausdrücklich auf den fehlenden grenzüberschreitenden Bezug des zu entscheidenden Sachverhaltes (UA, Rn 140) und die Möglichkeit der Spielvermittler hin, „etwaige verfassungs- oder europarechtliche Bedenken" gegen die Versagung der nach Landesrecht erforderlichen Erlaubnisse vor den Verwaltungsgerichten geltend zu machen (Rn 67). Zu Einzelheiten der kartellrechtlichen Problematik siehe *Mailänder,* § 16.

2 Ebda, Rn 99.

3 Ebda, Rn 90.

4 Ebda.

5 Vgl. *BGH,* ebda, Rn 100.

II. Gewerbliche Spielvermittlung: Die (Soll-)Bruchstelle des Deutschen (Monopol-)Glücksspielwesens?

3 Die verfassungs- und gemeinschaftsrechtliche Rechtsprechung – und ergänzend auch die kartellbehördliche Entscheidung vom August 2006 – haben zwar das Bewusstsein dafür geschärft, dass nur eine **konsequent ordnungspolitisch motivierte Glücksspielgesetzgebung** am bisherigen Monopolisierungskurs festhalten kann. Sie haben allerdings bislang keinen Ausweg aus *der durch gewerbliche Spielvermittler erzeugten Bedrängnis* der Monopolisten aufgezeigt. Hierzu schweigt auch der *BGH* ganz „ausdrücklich“[6]: Wie können Glücksspielangebote aus ordnungspolitischen und -rechtlichen Gründen vom *Landes*gesetzgeber – ggf durch deren Monopolisierung – wirksam begrenzt werden, wenn gleichzeitig dieselben Angebote durch die (auch) dem liberalen Gewerberecht des *Bundes* unterliegenden gewerblichen Spielvermittler bundesweit vermarktet werden dürfen? Bereits aus diesem tatsächlichen Befund lassen sich im Übrigen die kartellrechtlichen Prämissen *eines bundesweiten Marktes und bestehenden Anbieterwettbewerbs* bilden.[7] Erst die Evaluierung der Rechtswirkungen des Glücksspielstaatsvertrages, des ergänzenden Landesrechts und insbesondere des Vollzugs der ordnungsrechtlichen Regelungen wird Aufschluss darüber geben, ob die landesrechtlichen Erlaubnisvorbehalte gerade im Hinblick auf die gewerbliche Spielvermittlung ein wirksames Instrumentarium zur Erreichung der staatsvertraglichen Zielsetzungen darstellen. Aus kartellrechtlicher Sicht einigermaßen aberwitzig mutet die radikalste Lösung des Problems an, die darin bestehen könnte, dass die Länder, bei gleichzeitiger Abschaffung der gewerblichen Spielvermittlung, *eine* Deutsche Lottogesellschaft mit 16 Regionalstellen ins Leben rufen. Den Probelauf einer derartigen Maßnahme auch unter dem Gesichtspunkt der Fusionskontrolle könnte das wirtschaftlich und rechtlich gebotene Zusammengehen der Klassenlotterien bilden.

Zum Glücksspielmonopolwesen anzumerken bleibt schließlich folgendes:

Entgegen dem weit verbreiteten Sprachgebrauch gibt es in Deutschland nicht *ein* Glücksspielmonopol, sondern diverse, auf 16 Länder verteilte Monopole für bestimmte Glücksspielarten wie das Zahlenlotto und die Sportwetten. Die Monopole begünstigen entweder „staatliche“, oder wie zum Beispiel in Niedersachsen das Spielbankenmonopol, private Glücksspielunternehmer. Das Spielbankenwesen im Land Berlin ist zwischen einem staatlichen und einem privaten Anbieter aufgeteilt (Duopol). In Brandenburg werden das Zahlenlotto, KENO und die Sportwetten von einer dem Land zu hundert Prozent gehörenden GmbH veranstaltet, deren 100prozentige Tochterunternehmen zugleich die drei Spielbanken des Landes betreiben. In Bayern wiederum ist eine bis 2007 dem bayerischen Staatsministerium der Finanzen nachgeordnete Mittelbehörde sowohl für die Veranstaltung von Lotterien und Sportwetten

---

6 Ebda, Rn 140: „Gegenstand der Anschlussrechtsbeschwerde ist nur der Vertrieb bundeseinheitlich eingeführter Glücksspiele in anderen Bundesländern durch die (deutschen) Lottogesellschaften selbst. Ausdrücklich nicht zur Entscheidung steht die Vermittlung solcher Spiele durch private Unternehmen wie gewerbliche Spielvermittler.“

7 Ebda, Rn 33.

als auch für den Betrieb der neun Spielbanken des Landes (als Spielbankbetreiber) zuständig. Eine derart vielgestaltige und unübersichtliche Situation ist den anderen EU-Mitgliedstaaten fremd; allein in den USA gelten von Bundesstaat zu Bundesstaat gravierende Unterschiede hinsichtlich des Glücksspiels. Hinzu kommt ferner, dass für einige Glücksspielbereiche in Deutschland „traditionell“ der Bundesgesetzgeber verantwortlich ist: Die Pferdewetten (das Buchmacherwesen) sind vorkonstitutionell durch ein Gesetz aus dem Jahre 1922[8] geregelt; das Spiel um Geld an Automaten in Spielhallen – also außerhalb der Spielbanken der Länder – wiederum unterliegt dem bundesweit einheitlichen gewerberechtlichen Regime der Gewerbeordnung.

III. DDR- und Offshore-Erlaubnisse

Ein weiteres komplexes Problem des deutschen Glücksspielrechts wurzelt in der durch den Einigungsvertrag (EinigungsV) angeordneten Fortgeltung von Verwaltungsakten der DDR-Administration: Kurz vor dem rechtlichen Untergang der DDR und dem Beitritt der neuen Länder zur Bundesrepublik hatten Behörden der DDR auf der Grundlage des DDR-Gewerbegesetzes[9] insgesamt vier Erlaubnisse zur Veranstaltung gewerblicher Sportwetten erteilt. Zwar ist mittlerweile – zu dieser Art 19 EinigungsV[10] betreffenden Problematik – höchstrichterlich geklärt, dass jegliche (Legalisierungs-)Wirkung der Erlaubnisse für das Gebiet der *alten* Länder ausgeschlossen ist.[11] Dies ändert jedoch nichts daran, dass die insoweit noch bestehenden Vollzugsdefizite in den alten Ländern beseitigt und die fachgerichtliche Klärung sowohl hinsichtlich der *räumlichen Reichweite* der Erlaubnisse im Gebiet der *neuen* Länder als auch deren *gegenständlichen Erstreckung* – insbesondere auf das Internetwettgeschäft – herbeigeführt werden muss. In diesem Zusammenhang ist auch der oberverwaltungsgerichtliche Hinweis aus dem letzten Jahr beachtlich, dass nicht abschließend bewertet werden könne, ob der GlüStV den gemeinschaftsrechtlichen Anforderungen an die Kohärenz und systematische Begrenzung der Wetttätigkeiten auch dann Rechnung trüge, wenn es auch weiterhin Länder mit einem Sportwettenangebot Privater auf der Grundlage von DDR-Erlaubnissen gäbe.[12] Es ist daran zu erinnern, dass die *Oberverwaltungsgerichte* des Freistaates Sachsen und des Freistaates Thüringen DDR- 4

8 Rennwett- und Lotteriegesetz (RWG) v 8. 4. 1922 (RGBl I S 335, 339), zuletzt geändert durch das Gesetz zur Änderung des Rennwett- und Lotteriegesetzes v 17. Mai 2000 (BGBl I S 715 ff). Zur Verfassungsgemäßheit der steuerlichen Regelungen dieses Gesetzes siehe *BVerfG*, Beschl v 8. 6. 2004, 2 BvR 2212/00.

9 Gewerbegesetz vom 6. 3. 1990 (GBl I S 138).

10 Vertrag zwischen der Bundesrepublik Deutschland und der Deutschen Demokratischen Republik über die Herstellung der Einheit Deutschlands – Einigungsvertrag – v 31. 8. 1990 (BGBl II S 889).

11 *BVerwG*, Urt v 21. 6. 2006, NVwZ 2006, 1175 (1178). Die bundesverwaltungsgerichtlichen Feststellungen sind auch vom *BVerfG* – siehe insbes. Beschl v 22. 11. 2007, 1 BvR 2218/06 – bislang nicht in Frage gestellt worden. Siehe hierzu weiterhin www.gluecksspiel-und-recht.de/urteile/Saechsisches Oberverwaltungsgericht 20071212.html (zu bwin eK, Sachsen).

12 *OVG Saarlouis*, 3 W 17, 18 und 30/06, abrufbar unter http://lrsl.juris.de/cgi-bin/laender rechtsprechung/sl frameset py.

Gewerbeerlaubnisse als Erlaubnisse im Sinne des § 284 StGB qualifiziert haben. Wohl auch vor diesem Hintergrund hat die Ministerpräsidentenkonferenz am 13. Dezember 2006 eine Verpflichtung der Länder Berlin, Sachsen und Thüringen formuliert, die unter der Geltung des DDR-Gewerbegesetzes erteilten Sportwettenerlaubnisse aufzuheben, *sofern und soweit sie* bei Inkrafttreten des GlüStV *noch bestehen sollten*. Lediglich am Rande sei erwähnt, dass sich die Umsetzung dieser Verpflichtung den landesgesetzlichen Bestimmungen zur Transformationen des GlüStV in Berlin und Sachsen wohl nicht entnehmen lässt.

5 Der Streit um die Gültigkeit und Reichweite der DDR-Erlaubnisse hat allerdings insofern an Relevanz verloren, als sich die grenzüberschreitend tätigen Sportwettenanbieter und Sportwettenvermittler zunehmend auf die primärvertraglichen Grundfreiheiten und Lizenzen berufen (haben), die insbesondere von Behörden auf Malta, Gibralta und der Isle of Man vergeben worden sind (sog Offshore-Lizenzen). Die Berufung auf DDR-Erlaubnisse hat zudem auch mit Blick auf die steuerliche Bewertung der Glücksspiel-(vermittlungs-)angebote an Bedeutung eingebüßt: Der *Bundesfinanzhof* hat zwar im Rahmen eines vorläufigen Rechtsschutzverfahrens für ein in Thüringen ansässiges Unternehmen im Jahr 2005 entschieden, dass derjenige, der Wettquoten festsetzt, als Veranstalter von Sportwetten anzusehen ist und damit dem Rennwett- und Lotteriesteuergesetz unterfällt.[13] Hiermit ist aber noch nichts über die europarechtliche Vereinbarkeit der Lotteriesteuer nach §§ 17, 19 des Rennwett- und Lotteriegesetzes (RWG) für das *nicht* im Inland ansässige und lediglich via Internet in das Inland vermittelnde Unternehmen gesagt;[14] anders ausgedrückt: Der Streit über die steuerliche Inanspruchnahme von grenzüberschreitend operierenden Glücksspielunternehmen (mit Sitz in Deutschland) hat (von Gewerbesteuernachzahlungen für frühere Sportwetttätigkeiten abgesehen) in dem nicht glücksspiel-/gewerbesteuerharmonisierten Europa ohnehin nur eine einzige Konsequenz, nämlich die Verlagerung des Unternehmenssitzes an den Standort mit der niedrigsten Abgabenlast. Die grenzüberschreitende Öffnung des deutschen Glücksspielmarktes für die im EU-Ausland tätigen Glücksspielanbieter und -Vermittler hätte dementsprechend die Konsequenz, dass Glücksspielanbieter mit Sitz in Deutschland bei den bestehenden Abgabenlasten faktisch „zerschlagen" oder die aufgrund ihrer Unternehmensgröße überlebensfähigen Unternehmen zu einer Verlegung des Unternehmenssitzes in das EU-Ausland gerade gezwungen werden könnten.

---

13 *BFH*, II B 14/04 v 22. 3. 2005, in einer Entscheidung aus dem Jahre 1996 (II R 29/95) hatte der *BFH* festgestellt, dass Sportwetten von § 17 des Rennwett- und Lotteriegesetzes erfasst waren, woraufhin der Gesetzgeber einen eigenständigen Tatbestand für die Besteuerung von Oddset-Wetten geschaffen hat. Zur Steuerpflichtigkeit von Sportwetten-Vermittlern siehe weiterhin *Finanzgericht Köln*, Urt v 16. 11. 2005, 11 K 3095/04 und das *Hessische Finanzgericht*, Urt v 6. 12. 2006, 6 K 3480/01.

14 Zu der gemeinschafts-/steuerrechtlichen Gemengelage siehe *Strahl/Bauschatz*, IStR 2004, 367; *Wilms*, UVR 1999, 63). Eine mögliche Konsequenz auch der Rspr. des *EuGH* (vgl. insbes das Urt v 11. 6. 1998 – C 283/95, Slg 1998, I-3369, UVR 1998, 318, Rechtssache *Fischer*) ist nicht die Aufhebung des RWG, sondern dessen Erweiterung zu einer allgemeinen Spielsteuer (siehe hierzu *Klenk*, UVR 2004, 217, 219).

IV. Illegaler Marktzutritt via Internet und weitere Vollzugsprobleme

Die komplizierten rechtlichen Implikationen des Glücksspielthemas, insbesondere der kartellrechtlich motivierte Streit über den Internetvertrieb von Glücksspiel, lenken davon ab, dass dessen Kernproblematik am Ende eher im Tatsächlichen als in einer noch immer teilweise unklaren Rechtslage liegt: Bereits aus seiner Funktion heraus ist das Internet auf die weltweite Distribution angelegt. Sofern es keine effiziente technische Möglichkeit gibt, ausländische Internetanbieter am Markteintritt zu hindern, ist jedwedes Internetverbot letztlich zum Scheitern verurteilt. Gleichermaßen problematisch dürfte es sein, den inländischen Internetsurfer an der Teilnahme an ausländischen Internetglücksspielangeboten zu hindern. Dies gilt umso mehr, als das Glücksspielangebot ein geradezu ideales fungibles Internet-Wirtschaftsgut darstellt: Es muss nicht in Containern über die Staatsgrenzen transportiert werden; der Austausch der Leistungen erschöpft sich vielmehr im Austausch von Wett- und Zahlungsdaten. 6

Anzumerken bleibt zum Internetvertrieb von Glücksspiel, dass dieser Vertriebsweg gerade für diejenigen, die noch nicht die notwendige Reife und Erfahrung zum Umgang mit diesem Medium besitzen, besonders gefährlich ist. Für den Internet-Glücksspieler fehlt es an sozialer Kontrolle, ein Umstand, der nach Auffassung von Suchtfachleuten die Entstehung und Verfestigung problematischen Spielverhaltens begünstigen soll. Dem versucht für die Gruppe der Jugendlichen der Jugendmedienschutz zu begegnen, der in Gestalt des Jugendmedienschutz-Staatsvertrages (JMStV) eine anspruchsvolle Ausgestaltung erfahren hat: Die von der *Kommission für Jugendmedienschutz* (KJM) überwachten und durch den GlüStV 2008 für den Übergangszeitraum ausdrücklich für anwendbar erklärten strengen Anforderungen dieses Staatsvertrages erlauben die Verbreitung der potenziell gefährlichen Glücksspielangebote über Telemedien nur unter der Voraussetzung, dass deren Anbieter durch sog „geschlossene Benutzergruppen" (§ 4 Abs 2 Satz 2 JMStV) den Zugriff Jugendlicher auf diese Angebote ausschließen. Die Zugangskontrolle erfolgt durch eine Kombination von – einmaliger – Identifizierung (face-to-face-Kontrolle, Altersverifikation) und Authentifizierung des Nutzers bei jedem Nutzungsvorgang. Die *KJM* hat zuletzt am 23. Januar 2008 das von der bayerischen Lottogesellschaft vorgelegte Sicherungsverfahren für den Online-Vertrieb von Lotterieangeboten gebilligt.[15] 7

Von größerer Bedeutung als die Beantwortung der Einzelrechtsfragen wird weiterhin der Umgang der Länder bzw der den Ländern überwiegend gehörenden „staatlichen" Glücksspielunternehmen, sowie derjenigen Glücksspielunternehmen, bei denen die Länder durch Veräußerung die Durchgriffsrechte des Hauptgesellschafters verloren haben, mit dem vom *Europäischen Gerichtshof* und dem *Bundesverfassungsgericht* geschaffenen Rechtsrahmen sein: Es stellte mit Blick auf die gesamtstaatlichen Folgen für das Glücksspielwesen ein gravierendes Problem dar, sollten einzelne 8

---

15 Zuvor hatte bereits die hamburgische Lotteriegesellschaft der *KJM* ein den Anforderungen für die geschlossene Benutzergruppe nach dem JMStV genügendes Konzept vorgelegt.

dieser Glücksspielunternehmen den Verpflichtungen des GlüStVes nicht hinreichend entsprechen, um Wettbewerbsvorteile – international wie national – für den Fall zu erringen, dass die Monopole in vier Jahren durch eine gewerberechtliche Lösung ersetzt werden. Es liegt auf der Hand, dass ein auf künftigen Wettbewerb ausgerichtetes Handeln bei gleichzeitiger Verletzung der staatsvertraglichen Pflichten die bestehenden Monopole aushöhlte. Ein derartiges Handeln wäre auch nicht Ausdruck eines Wettbewerbsföderalismus, sondern eher einer Totengräbermentalität und entspräche zugleich dem politisch unanständigen Verhalten von Mitgliedstaaten, die Glücksspiellizenzen an private Anbieter vergeben, die überall Geltung haben sollen, nur eben nicht im eigenen Land (die bereits erwähnten sog *offshore*-Lizenzen, wie sie in der Vergangenheit von Malta und Gibraltar erteilt worden sind).[16]

9 Zu den beachtlichen Rahmenbedingungen für das geschäftspolitische Handeln der „staatlichen" Glücksspielunternehmen gehören auch die in den Ländern unterschiedlich hohen Abgabenlasten für die verschiedenen Glücksspielangebote: Erst die hierdurch bedingten unterschiedlich hohen Arbitragen haben den Glücksspielunternehmen den „Wettbewerb" um die gewerblichen Spielvermittler ermöglicht. Ausdruck dieser Erkenntnis sind die in einigen Ausführungsgesetzen zum GlüStV regelten Provisionsverbote an gewerbliche Spielvermittler. Aufsichtsbehörden und Gerichte dürften es mit Interesse zur Kenntnis nehmen, sollten seit Beginn dieses Jahres zunehmend Beratungsverträge und ähnliche Arrangements an die Stelle von Provisionszahlungen treten. Ungeachtet der weiteren Entwicklung derartiger Einzelprobleme wird insgesamt deutlich, dass der Versuch, die einen Fremdkörper in den *landes*rechtlichen *Monopolen* bildenden *bundes*weit operierenden *gewerblichen* Spielvermittler mit den Mitteln des Gesetzgebers „einzufangen", der Quadratur des Kreises nahekommt.

V. Deutsches Glücksspielwesen im Konzert europäischer Glücksspielpolitik

10 Lotterien, Sportwetten und die spielbanktypischen Glücksspielangebote fallen nunmehr, seit seinem Inkrafttreten am 1. Januar 2008, unter das Rechtsregime des GlüStV. Damit gelten für diese Bereiche, bei allen Unterschieden im Detail, im Grundsatz einheitliche Anforderungen an die Spielsuchtvermeidung und -bekämpfung. Vom GlüStV nicht erfasst sind demgegenüber die bundesrechtlich in der Gewerbeordnung verankerten „gewerblichen" Glücksspielangebote, die dementsprechend eine gesonderte Erörterung sinnvoll erscheinen lassen. Auch die auf der Grundlage des vorkonstitutionellen Rennwett- und Lotteriegesetzes (RWG)[17] stattfindenden Aktivitäten von Totalisatorunternehmen und Buchmachern für öffentliche Pferderennen unterliegen, obgleich es sich auch bei diesen zweifellos um eine Form des Glücksspiels handelt,

---

16 Es besteht durchaus eine wertungsmäßige Parallele zur Bereicherung der sog Steueroasen wie *Liechtenstein* auf Kosten der übrigen Mitgliedstaaten der EU und EFTA/EWR. Auch dort ermuntert die Rechts-, Verwaltungs- und/oder Bankenpraxis zu Verhaltensweisen, die in den übrigen Mitgliedstaaten aus guten Gründen mit Strafe bedroht sind.

17 RGBl I v 8. 4. 1992, S 335 (393).

nicht den landesrechtlichen Bestimmungen des GlüStV. Das Buchmachergeschäft – für die Pferdezucht von einiger Bedeutung – hat in den letzten Jahrzehnten stetig an Bedeutung verloren. Durch die rasante Zunahme der Sportwetten in Deutschland seit Ende der 90ziger Jahre erhofften sich auch die Buchmacher einen deutlichen Geschäftsaufschwung.

Eine sachgerechte Beurteilung der deutschen Rechts- und Tatsachenlage – aus der maßgeblichen europäischen Perspektive – kann am Ende nur im Rahmen einer rechtsvergleichenden und auf die Grundtatsachen konzentrierten Analyse gelingen, mit der das skizzierte Problemknäuel zugleich entflochten wird: Die Rechtsordnungen in Belgien, Zypern, Dänemark, Deutschland, Finnland, Frankreich, Griechenland, Irland, Luxemburg, die Niederlande und die Slowakei verbieten das Glücksspiel auf ihren Staatsgebieten mit Ausnahmevorbehalten. Die insoweit restriktive Glücksspielpolitik dieser Länder ist auf Verbraucherschutzinteressen und die Vermeidung von Betrugsstraftaten sowie die Vorbeugung und Bekämpfung von Spielsucht gerichtet.[18] In einigen Mitgliedstaaten (Dänemark, Deutschland, den Niederlanden, Slowakei, Schweden, Tschechien und Ungarn) ist auch die Teilnahme an ausländischen Glücksspielen verboten; oft ist auch das Internet-Glücksspiel verboten.[19] Glücksspielmonopole – staatliche Monopole oder auch die monopolartige Begünstigung bestimmter Glücksspielanbieter – sind in Belgien, Dänemark, Deutschland, Estland, Finnland, Frankreich, Griechenland, Irland, Luxemburg, Malta, Portugal, in der Slowakei, Schweden, im Vereinigten Königreich und auf Zypern anzutreffen.[20] Einige Mitgliedstaaten verbieten das Automatenspiel außerhalb von Spielbanken gänzlich, andere verbieten die bekannten Geldspielgeräte in bestimmten Einrichtungen. Insgesamt zeigt sich, dass die große Mehrheit der Mitgliedstaaten an der Liberalisierung der Glücksspielmärkte kaum ein Interesse hat. Dementsprechend ist es auch kein Wunder, dass die Harmonisierungs- und Liberalisierungsbestrebungen der *EU-Kommission* bislang am Widerstand der Mitgliedstaaten ebenso gescheitert sind wie die Generalanwälte *Alber* und *Colomer* mit ihren auf die Einführung des Herkunftslandprinzips – also der wechselseitigen europaweiten Anerkennung von Glücksspielerlaubnissen – gerichteten Schlussanträgen vor dem *EuGH*. Damit konnte das europäische Glücksspielwesen durch die EU-Kommission und andere Liberalisierungskräfte bislang weder erfolgreich zum Gegenstand der positiven Integrationspolitik gemacht werden, noch ist der einen ordnungs- und sozialpolitischen Rechtsrahmen ermöglichende ordoliberale Regulierungsansatz als Folge der sog negativen Integrationspolitik dem neoliberalen Universalitätsanspruch gewichen. Anders als in anderen Politikbereichen sind allerdings nicht die Bürger eines EU-Mitgliedstaates dem Deregulierungsdruck entgegengetreten („Non!“), sondern – wegen der Besonderheiten dieses Politikgegenstandes – die staatlichen Institutionen selbst.[21] 11

18 Study of Gambling Services in the Internal Market of the European Union, Institut suisse de droit comparé, 2006, Final Report, 3.1. Panorama of General Principles.

19 Ebda.

20 Ebda, 3.1.4. Monopoly.

21 Der zuerst in der Einheitlichen Europäischen Akte (1987) verankerte Deregulierungsgrundsatz der „negativen Integration“, also der Verzicht auf harmonisierende Rechtssetzung zugunsten der

VI. Summary (The Actual Situation of the Gambling Market in Germany)

In the late autumn of 2006 the former president of the Federal Cartel Office was quoted by the press that he believed that the gambling enterprises of the Länder "would have understood the message". With this the Federal Cartel Office's resolution – rich of facets – of 23rd August 2006, by means of which the cartel authority charged the Länder – among others – to make arrangements for cross-border competition by lotteries and other gambling offers in the internet and to take further measures to stimulate competition. Obviously, the Federal Cartel Office recovers itself in the role of the raging *Prometheus* who took to the expectant earthly men the blessings of free choice between the lottery eg of the Baden-Württemberg and the Brandenburg Lotto enterprises thus granting them the promise of competition. He who knows the myth is, however, aware that *Zeus* did not only want to refuse the fire to the mortals, but that he sent – in reaction to *Prometheus'* cunning – *Pandora's box*. Certainly, the legislator of gambling law is not *Zeus* and the State Gambling Treaty of 2008 (Glücksspielstaatsvertrag, GlüStV) is not *Pandora's box*, notwithstanding, the supposition does not seem to be remote from the hypothesis that the internet prohibition of the Gambling Treaty may also be a reaction to the Cartel Office's decision: A federal office's directive on competition in respect of a certain marketing segment by means of which the foundations that are rooted in the federal structure of the state threaten to be undermined may allude to the Länders' legislative excretion of this marketing channel thereby preventing the cartel law to infect the remaining marketing structures and at the same time those of gambling on the whole.

The dispute regarding cartel law is now closed by the decision of the Federal Court of Justice dated 14th August 2008. The very essence of the matter seemed to be the question whether a gambling monopoly that has on principle been authorized in accordance with the basical jurisdiction of the European Court of Justice really could be the issue of cartel law's considerations and if the answer should be affirmative: To what extent can this be the issue? How can EU cartel law prohibit something that has been EU judicially allowed? How can the federal cartel law prohibit something that is rooted in the federal governmental system?

Certainly the cartel office's decision had its good points too, the more so as it arrived "just in time", namely when the expert drafts for the GlüStV were made: on the one hand – supplementary to the constitutional and to the community jurisdiction – the decision has strengthened the awareness that only a gambling legislation can adhere to the recent monopoly course that is consequently stimulated by public order motives. On the other hand the cartel law dispute which has been initiated by commercial intermediaries makes clear the structurally fundamental dilemma of the German gambling system: How can the Länders' legislators effectively limit gam-

gegenseitigen Anerkennung der nationalen rechtlichen Regulierungsstandards, führt zwangsläufig zum Abbau ordnungs-, sozial- und steuerpolitischer Standards bei freier Standortwahl des Unternehmenssitzes.

bling offers for public order reasons – if necessary by a monopoly – when at the same time these offers may also be made by commercial organizers who fall under the liberal federal Trade Regulations? Indeed, the additional revenues gained on account of these regulations may be beneficial to the Länders' budgets, non the less are they only scarcely compatible with the attempted public order.

Contrary to the customary linguistic usage there is not one gambling monopoly in Germany, but there a sundry monopolies spread in 16 Länder for specified kinds of gambling like Lotto and sports betting. The monopolies promote either "governmental" or – as in Lower Saxony the casino monopoly – private enterprises. The casino situation is shared out between a governmental and a private enterprise (duopoly). In Brandenburg Lotto, KENO and sports betting are run by a private limited company (GmbH) that is owned at 100% by the Land and whose (100%) wholly-owned subsidiary runs the three casinos of the Land. In Bavaria, on the contrary, a regional authority – subordinate to the Bavarian State Ministry of the Finances up to 2007 – operated lotteries, sports betting and nine casinos owned by the Land. Such a multiform and complex situation seems to be strange to the other member states. Solely in the United States of America there are considerable differences in the gambling system between their individual States.

As far as Germany is concerned the federal legislator is "traditionally" responsible for some gambling sectors: Horsebetting (bookmaker system) is however regulated pre-constitutionally by a law dated 1922. Gambling for money at slot machines in gambling dens – that means outside of the Länders' casinos – is subject to the federally standardized Trade Regulations.

A further complex problem of the German gambling law is rooted in the still applicable administrative acts issued by the German Democratic Republic (GDR) administration within the Unification Treaty (Einigungsvertrag; EinigungsV): Shortly before the lawful end of the GDR and the entry of the new Länder into the Federal Republic of Germany (FRG) the GDR authorities have granted four licences to organize sports betting that was based on the GDR Trade Regulations. In fact, meanwhile it has been clarified by the Federal Administrative Court – in respect of this difficulty concerning Article 19 EinigungsV – that any legalization effect of these licences for the territory of the old Länder is excluded. Nevertheless, it is unavoidable that the in so far still existing executive deficits in the old Länder are corrected and that the clarification is induced by a specialized court as well in respect of the spatial reach of the licences on the territory of the new Länder as on their objective reach, particularly in respect of the internet betting.

The dispute over the validity of the reach of GDR licences has, however, lost some relevance because the sports betting tenderers and sports betting intermediaries whose activities cross borders refer to the primarily stipulated basis liberties which have been issued by the authorities of Malta, Gibraltar and the Isle of Man. The reference to GDR licences lost its importance also in respect of the tax valuation of gambling mediation offers: In fact, in 2005 the Federal Fiscal Court decided in a temporary judicial relief procedure on behalf of a Thuringien enterprise that the person stipulating the betting quotas is to be taken to be the organizer of sports betting, and thus he is liable to the Federal Horse Betting and Lottery Tax Act (Rennwett- und Lotteriegesetz, RWG). Yet, herewith nothing is said about the compatibility of the lottery taxes according to paras 17, 19 RWG with the European Law concerning an enterprise that is not located in the country, but solely uses the internet to arrange commerce within the country.

The legal implications – particularly those of cartel law – may, however, turn the attention off the general difficulty that is more likely due to the given facts than to the partially uncertain legal situation. Already in consequence of its function the internet is centred on world-wide distribution. If there is no efficient practicability to prevent foreign internet tenderers from entering the market, any prohibition of internet use will finally prove unavailing. Likewise problematical will be the national internet surfer's participation in internet gambling offers. This is even more applicable as the gambling offer is plainly an ideal fungible internet goods of the economy. There is no need to transport them in containers across state borders. The exchange of goods is – on the contrary – reduced to the exchange of dates of betting and payment.

The internet involves dangers just for those who don't have the necessary ripeness and experience in handling this medium. The medium youth protection tries to take precaution against these difficulties which is undergone demanding arrangements in the Youth Medium Protection Treaty (Jugendmedienschutz-Staatsvertrag, JMStV). The demands expressly stipulated by the JMStV applicable for the transition period of GlüStV and controlled by the Youth Medium Protection Commission (Kommission für Jugendmedienschutz, KJM) admit the distribution of certain gambling offers via tele media only under the condition that their organizers exclude any young persons' access by means of so-called "closed user-groups" (para 4 section 2 sentence 2 JMStV). The control of access is carried out by means of a combination of a non-recurring identification (face-to-face control, verification of age) and user's authentication for each process of use. On 23rd January 2008 KJM has approved of the protective system for the online marketing of lottery offers that was produced by the Bavarian lottery enterprise.

Since on 1st January 2008 the GlüStV has been enacted the lotteries, sports betting and casino-typical offers fall within the scope of this law. Thus, in spite of all differences in details – in principle there are standardized demands upon the avoidance and combat of gambling addiction. On the contrary, the "commercial" gambling offers that are legally included in the Federal Trade Regulations do not fall under the GlüStV, and a special consideration of this fact appears to be significant. Furthermore do not fall under the totalizators' and bookmakers' activities in respect of public horse racing which are still ruled by the pre-constitutional RWG, even though these are without doubt a kind of gambling. During the last decades the bookmakers' business – of some significance to horse breeding – has lost some of its importance. Owing to the rapid growth of sports betting in Germany since the end of the nineties the bookmakers, too, were hoping for a considerable boom.

Ultimately, only within the frame of a comparative jurisprudence and with a view concentrated on the basic facts, an appropriate judgement of the German legal and factual situation may solve the difficulty. The legal systems in Belgium, Cyprus, Denmark, Germany, Finland, France, Greece, Ireland, Luxembourg, the Netherlands and Slovakia prohibit gambling on their territory with the proviso of some exceptions. The in so far restrictive gambling policy of these countries aims at consumer protection, avoidance of fraudulent acts and the prevention and combat of gambling addiction. Some member states prohibit completely the gambling at slot machines which are not positioned in casinos, others prohibit their use in specific establishments. Altogether it appears that a large majority of the member states is scarcely interested in the liberalization of the gambling markets. Accordingly it is not surprising that the EU Commission's endeavours to harmonize and liberalize the gambling system have failed owing to the member states' resistance up to now – just as the advocates general *Alber* and *Colomer* failed to introduce the principle of the origin of country (that means: reciprocal Europe-wide acceptance of gambling authorizations), brought forward in their final motion at the European Court of Justice.

§ 16 Glücksspiel im Kartellrecht

Peter Mailänder[*]

Übersicht

---

* Partner der Rechtsanwaltskanzlei Haver & Mailänder, Büro Stuttgart.

I. Einführung

„Rien ne va plus", so lauteten die einleitenden Worte von Generalanwalt *Colomer* in seinen Schlussanträgen vor dem *Europäischen Gerichtshof* (*EuGH*) vom 16. Mai 2006 in der Rechtssache *Placanica*.[1] Inzwischen liegt die Entscheidung vor[2] und die von den privaten Glücksspielveranstaltern vehement eingeforderte grenzüberschreitende Öffnung des Glücksspielwesens fand – wieder einmal – nicht statt. Trotzdem ist aber in der mit harten Bandagen geführten Diskussion um die sachgerechte Ordnung des Glücksspielwesens – mit den Außenpfeilern Staatsmonopol und Komplettöffnung – kein Schlussstrich (*rien ne va plus?*) gezogen. Die aktuelle Situation ist 1

1 In der Praxis hat sich die vereinfachende Bezeichnung *„Placanica"* eingebürgert. Tatsächlich handelte es sich bei dem Verfahren um die verbundenen Rechtssachen C-338/04, C-359/04 und C-360/04 – *„Placanica"*, *„Palazzese"*, *„Sorrichio"*, abgedr u a in ZfWG 2006, 117 ff.

2 Entsch v 6. 3. 2007, abgedr in ZfWG 2007, 125 ff.

daher treffender von Heraklit von Ephesos mit seinem berühmten Ausspruch: *„panta rhei"* beschrieben: Alles fließt – trotz oder wegen des neuen Glücksspielstaatsvertrags, am 1. Januar 2008 in Kraft getreten –, die Zustimmungsgesetze sind von den Landtagen verabschiedet worden. Zwar hat der *BGH* in seinem Beschluss vom 14. 8. 2008 klargestellt, dass bis zu einer anders lautenden Entscheidung des EuGH von der Wirksamkeit kartellbehördlich beanstandeter Vorschriften im Glücksspielstaatsvertrag auszugehen ist[3], die Europäische Kommission hat jedoch gegen die Bundesrepublik Deutschland wegen angeblich gemeinschaftsrechtswidriger Bestimmungen im Glücksspielstaatsvertrag ein Vertragsverletzungsverfahren eingeleitet. Dort liefert – zum wiederholten Male – die Dienstleistungsfreiheit den Prüfungsmaßstab, aber auch kartellrechtlich ist – im übertragenen Sinne – der *„Glücksspielfluss"* noch kein ruhiges Fahrwasser. Das liegt vor allem daran, dass die Ausgangspunkte zwischen dem auf den Abbau wettbewerblicher Hemmnisse ausgerichteten Kartellrecht und dem ordnungsrechtlichen Ansatz im landesgesetzlich verankerten Glücksspielrecht denkbar weit auseinander liegen.

2 • Das **Kartellrecht** will Wettbewerbsbeschränkungen verhindern und den Wettbewerb zwischen Unternehmen ordnen; durch den Abbau von Beschränkungen sollen die Kräfte des Wettbewerbs gestärkt werden und ein lebendiger Wettbewerb soll zu bestmöglichen Marktergebnissen führen. Bestmögliche Marktergebnisse ist aus Sicht der Spieler eine Vielzahl möglichst attraktiver Glücksspielangebote.

• Das **Glücksspielrecht** will die Attraktivität eindämmen. Die Regelungen in den Glücksspielgesetzen der Länder bezwecken eine konsequente und aktive Ausrichtung des zulässigen Glücksspielangebots am Ziel der Begrenzung der Spiel- und Wettleidenschaft und der Bekämpfung der Spiel- und Wettsucht.

3 Ergo: Die Glücksspielgesetzgeber wollen ordnungsrechtlich das Gegenteil dessen, was der Bundesgesetzgeber kartellrechtlich bezweckt. Hieraus lässt sich die Kernfrage dieses Beitrags formulieren, nämlich, ob und inwieweit die Ausgestaltung der Glücksspielveranstaltung wettbewerbsbeschränkend ist bzw sein muss/soll/darf, damit die mit der glücksspielrechtlichen Ausgestaltung verfolgten ordnungsrechtlichen Ziele tatsächlich erreicht werden können.

II. Grundlagen im Kartellrecht

4 Um die Besonderheiten des Glücksspielbereichs aufzeigen zu können, sollen in der gebotenen Vereinfachung wesentliche Grundprinzipien des Kartellrechts vorab erörtert werden.

1. Rechtsquellen im Kartellrecht

5 Das Kartellrecht ist sowohl im europäischen (Art 81–86 EGV, nebst den dazu ergangenen Verordnungen) als auch im deutschen Recht (Gesetz gegen Wettbewerbs-

---

3 Pressemitteilung des *BGH* (Nr. 155/2008) zum Beschluss des Kartellsenats vom 14. 8. 2008 (Az. KVR 54/07).

beschränkungen, GWB) kodifiziert. Die im Europäischen Gemeinschaftsrecht verankerten Kartellvorschriften (EG-Kartellrecht) entfalten in jedem EG-Mitgliedstaat **unmittelbare Wirkung** für und gegen jedes Unternehmen. Für den **sachlichen Geltungsbereich** der Art 81ff EGV ist anerkannt, dass grundsätzlich alle Wirtschaftsbereiche erfasst sind. Das EG-Kartellrecht und das GWB verfolgen das gemeinsame Ziel, den Wettbewerb dort, wo er Garant für Leistungsfähigkeit und allgemeine Wohlstandsförderung ist, vor Beschränkungen zu bewahren und strukturell zu sichern.[4] Der **räumliche Geltungsbereich** des EU-Kartellrechts wird nach dem Auswirkungsprinzip definiert.[5]

Unter **Kartellrecht** im weiteren Sinne fasst man daher die Gesamtheit aller Rechtsnormen, die auf die Erhaltung eines funktionierenden, ungehinderten und möglichst vielgestaltigen Wettbewerbs gerichtet sind und daher vor allem die Entstehung und den Missbrauch von Marktmacht sowie die Koordination und Begrenzung des Wettbewerbsverhaltens unabhängiger Marktteilnehmer kontrollieren und bekämpfen. Gegenstand des Kartellrechts ist insbesondere 6

- das Verbot bzw die Überprüfung von **Kartellen,** also von Vereinbarungen und abgestimmte Verhaltensweisen, die den Wettbewerb beschränken oder dies bezwecken (Art 81 EGV);
- das Verbot des **Missbrauchs einer marktbeherrschenden Stellung** (Art 82 EGV);
- die Kontrolle von **Unternehmenszusammenschlüssen** (Zusammenschlusskontrolle);
- die restriktive **Freistellung** von kartellrechtlichen Vorgaben (Art 86 Abs 2 EGV).

2. Durchsetzung des Kartellrechts

Auf **europäischer Ebene** übt die Europäische Kommission und dort primär der für den Sektor Wettbewerb zuständige Kommissar mit Unterstützung der Generaldirektion IV die Kartellaufsicht aus. Die Entscheidungen der Kommission unterliegen der Kontrolle der europäischen Gerichtsbarkeit (*Gericht 1. Instanz* [*EuG*] und *EuGH*). 7

Auf **nationaler Ebene** sind Kartellbehörden nach § 48 GWB das *Bundeskartellamt*, das *Bundesministerium für Wirtschaft und Technologie* und die nach Landesrecht zuständigen obersten Landesbehörden. Das *Bundeskartellamt* ist zuständig, wenn die kartellrechtsrelevante Wirkung einer Maßnahme über das Gebiet eines Bundeslandes hinausreicht. In der Praxis liegt der Vollzug des Kartellrechts ganz überwiegend beim *Bundeskartellamt* mit Sitz in Bonn (§ 51 GWB). Nationale Kartellverwaltungsverfahren können vor den Kartellsenaten des *Oberlandesgerichts Düsseldorf* als Beschwerdeinstanz überprüft werden. 8

---

4 So ausdrücklich für den Regulierungszweck des GWB: *Bechtold* GWB, 4. Aufl 2006, Einf Rn 39.

5 Das EG-Kartellrecht ist daher auf Unternehmen unabhängig davon anwendbar, wo sie ihren Sitz haben; erfasst werden folglich auch Wettbewerbshandlungen außerhalb der EG, soweit diese Handlungen Wirkungen innerhalb der EG haben.

3. Verhältnis des Europäischen Kartellrechts zum nationalen Recht

9 Das europäische und deutsche Kartellrecht sind grundsätzlich nebeneinander anzuwenden.[6] Im Konfliktfall ist das Gemeinschaftsrecht gegenüber dem nationalen Recht vorrangig.[7] Deshalb dürfen nationale Kartellvorschriften und ihr Vollzug die einheitliche Anwendung des EG-Kartellrechts nicht beeinträchtigen.[8] Die Normenhierarchie kommt allerdings nur dann zum Tragen, wenn die kartellrechtlich erfasste Maßnahme geeignet ist, den zwischenstaatlichen Handel zu beeinträchtigen (sog *Zwischenstaatsklausel*). Dies kann nur der Fall sein, wenn unmittelbar oder mittelbar aufgrund einer Maßnahme der Handel zwischen den Mitgliedsstaaten in dem betreffenden Bereich anders abläuft oder anders ablaufen kann.[9] Die **Zwischenstaatsklausel** wird vom *EuGH* und der *EU-Kommission* sehr weit ausgelegt.[10] In der Praxis fallen nahezu alle wettbewerbsbeschränkenden Verhaltensweisen von einigem Gewicht in den Anwendungsbereich des Gemeinschaftsrechts.[11] Der Handel zwischen Mitgliedstaaten kann sogar dann beeinträchtigt werden, wenn der relevante Markt nur das Gebiet eines Mitgliedstaates betrifft, etwa wenn sich horizontale Kartelle auf das gesamte Gebiet eines Mitgliedstaates erstrecken und deshalb eine Marktaufteilung entlang nationaler Grenzen verfestigen.[12]

III. Subsidiarität des Kartellrechts im Glücksspielwesen?

10 Grob vereinfacht gilt folgende Normenhierarchie: Das Gemeinschaftsrecht verdrängt nationales Recht und Bundesrecht bricht Landesrecht (Art 31 GG). In dieser Reihenfolge sollen die für den Glücksspielbereich unter kartellrechtlichem Blickwinkel einschlägigen Vorschriften erläutert werden.

1. Regelung des Glücksspielwesens im Gemeinschaftsrecht

11 Gemeinschaftsrechtliche Vorgaben für die Glücksspielregulierung können sich aus dem Primärrecht (namentlich dem EG-Vertrag, EGV) oder aus spezifischen Harmonisierungen im Sekundärrecht (Verordnungen, Richtlinien) ergeben.

---

6 Dies besagt die sog Zweischrankentheorie, ferner ist dies ausdrücklich in § 22 GWB so geregelt.

7 Vgl die Nachweise zur Rspr bei *Bechtold/u a* EG-Kartellrecht, 2005, Einl Rn 21.

8 Vgl hierzu Art 3 Abs 1 VO 1/2003, wonach im (potenziellen) Anwendungsbereich des Art 81 EG nationales Recht nicht mit einem dem Art 81 EG widersprechenden Ergebnis angewendet werden darf.

9 Nachweise bei *Schnelle/Bartosch* Europarecht in der Unternehmens- und Beratungspraxis, 2004, S 159.

10 Vgl den entsprechenden Hinweis bei *Bechtold/u a* EG-Kartellrecht, 2005, Einl Rn 8.

11 Nach der „deutschen" Klausel in Art 3 Abs 2 S 2 VO 1/2003 sind die Mitgliedstaaten berechtigt, für die Unterbindung oder Ahndung *„einseitiger Handlungen"* strengere Vorschriften zu erlassen.

12 Bekanntmachung der Kommission – Leitlinien über den Begriff der Beeinträchtigung des zwischenstaatlichen Handels in den Art 81 und 82 des Vertrages, ABl EG C 101, S 83, Rn 23, 77; vgl hierzu auch *OLG Düsseldorf*, Beschl v 12. 4. 2006, Az IV-Kart 5/06 [V], Umdruck S 8, 40, unter Hinweis auf *EuGH*, Urt v 19. 2. 1999, C-35/99, Slg 2002 I, S 1529 Rn 33 – *„Manuele Arduino"*.

a) *Gemeinschaftsrechtliche Sondervorschriften (Sekundärrecht)*

Es sind Bestrebungen in der *EU-Kommission* wahrzunehmen – zuletzt im Rahmen einer Richtlinie über Dienstleistungen im Binnenmarkt –, auch den Glücksspielbereich in den Gemeinsamen Markt zu überführen und dabei auf das sog Herkunftslandprinzip abzustellen.[13] Hierfür fand sich aber bis zuletzt (August 2007) in den EU-Mitgliedsstaaten keine Mehrheit. Von einer **sekundärrechtlichen Harmonisierung** des Glücksspielrechts wurde abgesehen, da es vollkommen unmöglich sei, im Bereich des Glücksspielrechts einen *„fairen, grenzüberschreitenden Wettbewerb"* herzustellen.[14] Insbesondere hat sich die deutsche Bundesregierung dafür eingesetzt, dass Glücksspiele aufgrund ordnungsrechtlicher Erwägungen vom Anwendungsbereich der zuletzt am 28. Dezember 2006 in Kraft getretenen Dienstleistungsrichtlinie ausgenommen wurden.[15] Die kartellrechtlichen Vorgaben zum mitgliedstaatlichen Glücksspielrecht ergeben sich – wegen des Fehlens materieller sekundärrechtlicher Harmonisierungsmaßnahmen – deshalb ausschließlich aus dem gemeinschaftlichen Primärrecht. 12

b) *Primäres Gemeinschaftsrecht*

Soweit ein Verhalten mit grenzüberschreitendem Bezug vorliegt, können sich die Rechtsträger eines EU-Mitgliedstaates gegenüber beschränkenden Rechtsvorschriften auf die **Grundfreiheiten** berufen. Wesentlich für die gemeinschaftsrechtliche Bewertung der glücksspielrechtlichen Regelungen der Mitgliedstaaten sind ausweislich einer längst umfassenden Entscheidungspraxis des *EuGH* das Niederlassungsrecht (Art 43ff EGV) und die Dienstleistungsfreiheit (Art 49ff EGV). Der *EuGH* hat in einer ganzen Vielzahl von Entscheidungen allgemein gültige Grundsätze zur Rechtfertigung von Beschränkungen im Glücksspielbereich herausgearbeitet.[16] 13

Das **EG-Kartellrecht** ist erstmals durch den Beschluss des *Bundeskartellamtes* vom 23. August 2006 in das Blickfeld des glücksspielrechtlichen Interesses geraten.[17] Der *EuGH* hatte sich – allerdings eher beiläufig in einem Parallelverfahren zur sog *Placanica*-Entscheidung vom 6. März 2007 – ganz am Rande mit Art 86 EGV befasst und festgestellt, dass „auf Grund der Interpretationen der Grundfreiheiten keine spezifische kartellrechtliche Auslegung veranlasst ist".[18] 14

---

13 Vgl hierzu die Nachweise bei *Postel* EuR, 2007, 317, 324.

14 Zitiert in *VG München*, M 16 K 04.6138, mit Verweis auf *Hecker/Schmitt* ZfWG 2006, 59, 64.

15 In der Verhandlungsposition der Bundesregierung zur EU-Dienstleistungsrichtlinie vom 6. 3. 2006 heißt es im Abschnitt II.5 unter der Überschrift „Wahrung der Rechtssicherheit und der öffentlichen Sicherheit", unter Ziff 4, dass „Glücksspiele aus dem Anwendungsbereich der Richtlinie herausgenommen werden müssen, weil diese sich aufgrund des erhöhten Betrugsrisikos und der Gefahr der Spielsucht grundlegend von anderen Dienstleistungen unterscheiden"

16 Einzelheiten hierzu s bei *Ennuschat*, § 12.

17 *BKartA* Beschl v 23. 8. 2006, Az B 10 – 92713 Kc 148/05, WuW DE-U 1251; ZfWG 2006, 224ff (auszugsweise).

18 *EuGH* Beschl v 6. 3. 2007, C-395/05 – „Antonello D'Antonio u a"; hierzu wird im Einzelnen im Abschn VI, Ziff 1 Stellung genommen.

2. Regelung des Glücksspielwesens im nationalen Recht

15 Da das Glücksspielrecht in Deutschland entweder als Recht der Wahrung der öffentlichen Sicherheit und Ordnung in die ausschließliche Gesetzgebungszuständigkeit der Länder fällt oder der Bundesgesetzgeber von einer möglichen Zuständigkeit nach Art 74 Abs 1 Nr 11 GG (Recht der Wirtschaft) – von hier nicht zu vertiefenden Ausnahmen[19] abgesehen – keinen Gebrauch gemacht hat (Art 72 GG), ist die konkrete Ausgestaltung des Glücksspielwesens in den **Glücksspielgesetzen der Bundesländer** geregelt. Die Ländernormen sind allesamt durch die übergeordneten Ziele beherrscht, die Gefahren, die mit der Veranstaltung von Glücksspielen verbunden sind (Spielsucht, Manipulation, Begleitkriminalität), einzudämmen und dies positivrechtlich für das jeweilige Bundesland zu regeln.[20]

16 Sowenig wie im europäischen Recht und in Glücksspielgesetzen der Länder finden sich im deutschen Kartellrecht sondergesetzliche Bestimmungen für das Glücksspielwesen. Im Rahmen des sog *Faber*-Beschlusses befassten sich das *Bundeskartellamt*[21] und später der *BGH*[22] erstmals grundlegend mit kartellrechtlichen Vorgaben im Glücksspielbereich. Soweit den staatlichen Lottogesellschaften im Deutschen Lotto- und Totoblock (DLTB) wettbewerbsbeschränkende Verhaltensweisen gegenüber gewerblichen Spielevermittlern vorgehalten wurden, gelangten sowohl das EG-Kartellrecht als auch GWB-Bestimmungen ins Blickfeld.

3. Fazit zu den relevanten Rechtsquellen

17 Auf EU-Ebene ist der Glücksspielbereich sekundärrechtlich ausgeklammert. Kartellrechtliche Vorgaben für den Glücksspielbereich können sich daher nur aus dem Primärrecht (Art 81 ff EGV) oder aus nationalen Rechtsquellen, insbesondere dem GWB, ergeben.

IV. Kartellrechtliche Verhaltenskontrolle (Kartellverbot gem Art 81 Abs 1 EGV und § 1 GWB)

18 Nach Art 81 Abs 1 EGV sind grundsätzlich verboten

- **Vereinbarungen zwischen Unternehmen, Beschlüsse von Unternehmensvereinigungen und aufeinander abgestimmte Verhaltensweisen** (dazu sogleich 1.),
- die eine **Verhinderung, Einschränkung oder Verfälschung des Wettbewerbs** (also eine Wettbewerbsbeschränkung) innerhalb des Gemeinsamen Marktes bezwecken oder bewirken (dazu sogleich 2.) und

---

19 Pferdewetten und Glücksspiele nach § 33 c GewO, die inhaltliche Ausgestaltung des Glücksspiels (Veranstalterqualifikation, Spielabläufe, Glücksspielaufsicht, etc) überlässt der Bundesgesetzgeber den Ländern. Ausdrücklich heißt es hierzu in § 33 h) Nr 2 GewO, dass die §§ 33 c) bis 33 g) GewO **keine** Anwendung auf die Veranstaltung von Lotterien und Ausspielungen findet, sondern sich diese primär nach dem Polizei- und Ordnungsrecht der Länder richtet.

20 Hierzu auch *BVerwG* Gewerbearchiv 1995, 155, 157.

21 *BKartA* Beschl v 22. 11. 1995, 8 – 92713 – VX – 127/95.

22 *BGH* Beschl v 9. 3. 1999, KVR 20/97, NJW-RR 1999, 1266 ff.

- welche den **Handel zwischen Mitgliedstaaten zu beeinträchtigen geeignet sind** (dazu sogleich 3.) und
- **spürbare Auswirkungen** auf den Wettbewerb haben (können) (dazu unter 4.).

1. Vereinbarung zwischen Unternehmen/Beschluss einer Unternehmensvereinigung

a) Unternehmen/Unternehmensvereinigung

Nach dem **funktionalen Unternehmensbegriff** ist in der Praxis jede Einheit, die eine **wirtschaftliche Tätigkeit** ausübt, als Unternehmen zu qualifizieren.[23] Der Staat und staatliche Einrichtungen können grundsätzlich erwerbswirtschaftlich handeln und daher Unternehmen sein,[24] dies allerdings nur solange sie nicht hoheitlich handeln.[25] Als **hoheitlich** gelten alle Tätigkeiten, die im öffentlichen Interesse und nicht zu Erwerbszwecken ausgeübt werden.[26] Die öffentliche Organisationsform, etwa dass die bayerische Staatslotterieverwaltung eine Mittelbehörde ist, dass die Deutsche Klassenlotterie Berlin und die Süddeutsche Klassenlotterie jeweils Anstalten des öffentlichen Rechts und dass die Norddeutsche Klassenlotterie als Eigenbetrieb der Länder subjektidentisch mit den beteiligten Ländern ist, kann allenfalls ein erstes Indiz für die Verfolgung öffentlicher Ziele liefern, die Organisation oder Rechtsform ist aber nicht entscheidend.[27] Entscheidend ist vielmehr, ob die Glücksspieltätigkeit (auch) erwerbswirtschaftlich orientiert ist. Obwohl die Lottogesellschaften bei der Veranstaltung/Durchführung von Glücksspielen die gesetzlich aufgegebenen ordnungsrechtlichen Ziele strikt einhalten müssen, unterstellt die Rechtsprechung eine kartellrechtlich hinlängliche Erwerbsorientierung. Schließlich seien den Lottogesellschaften in ihrer Eigenschaft als Veranstalter von Lotterien und Sportwetten keine hoheitlichen Befugnisse eingeräumt worden – so der *BGH* im sog *Faber*-Beschluss vom 9. März 1999 – und folglich seien der DLTB als Unternehmensvereinigung und die einzelnen Landeslottogesellschaften als Unternehmen zu qualifizieren.[28] Dieser Auffassung hat sich das *Bundeskartellamt* in seinem Beschluss vom 23. August 2006[29] angeschlos- 19

---

23 *Bechtold u a* EG Kartellrecht, 2005, Art 81 Rn 9; vertiefend zur wirtschaftlichen Tätigkeit vgl zuletzt; vgl etwa *EuGH* Urt v 10. 1. 2006, C-222/04 – „Ministero dell'Economica e delle Finanze ./. Cassa di Risparmio di Firenze u a", Rn 107 ff; Urt v 22. 1. 2002, C-218/00, Slg 2002, I-691, Rn 22 f – „Cisal ./. INAIL".

24 Vgl *EuGH* Urt v 18. 3. 1997 – „Diego Calì ./. SEPG"; C-343/95, Slg. 1997, I-1547, 1587 Rn 16 ff; Urt v 16. 6. 1987 – „Kommission ./. Italien", 118/85, Slg 1987, 2599, 2622; für die nationale Rechtslage vgl hierzu § 130 GWB.

25 Vgl hierzu die klarstellenden Hinweise im Faber-Beschl v 9. 3. 1999, KVR 20/97, WRP 1999, 665 ff, 668; *EuGH* Urt v 18. 6. 1975, 84/94 – „IGAV", Slg 1995, 699, 713, Rn 33/35.

26 *EuGH* Urt v 14. 12. 1995, C-387/93 – „Banchero", Slg 1995, I-4663, Rn 49; vgl hierzu *Bechtold* EG Kartellrecht, 2005, Art 86 Rn 20 f.

27 Vgl. *Bechtold/u a* EG Kartellrecht, 2005, Art. 81 Rn 18.

28 *BGH* Entsch v 9. 3. 1999 (Az KVR 20/97) – *Faber* WRP 1999, 665 ff.

29 *BKartA* Beschl v 23. 8. 2006, B 10 – 92713 – Kc – 148/05, dort insb Rn 72 ff, 103 ff, 164 ff, 532 ff.

sen. Zuletzt haben das *OLG Düsseldorf*[30] und der *BGH*[31] diese Auffassung bestätigt. Hiernach lautet die herrschende Ansicht, dass die staatlichen Lottogesellschaften Unternehmen im Sinne des deutschen und europäischen Kartellrechts sind,[32] eine für die weitere kartellrechtliche Beurteilung zentrale Weichenstellung.

b) Vereinbarung zwischen Unternehmen

20 Eine Vereinbarung liegt vor, wenn die Beteiligten ihren gemeinsamen Willen zum Ausdruck gebracht haben, sich auf dem Markt in bestimmter Weise zu verhalten, ohne dass dies rechtlich oder tatsächlich oder moralisch verbindlich zu sein braucht.[33] An den gemeinsamen Willen werden keine strengen Anforderungen gestellt. Erfasst werden

> *„alle übereinstimmenden Willenserklärungen mehrerer Personen, durch die bestimmte Rechtsfolgen begründet werden sollen".*

21 Der *BGH* hat entschieden, dass der sog DLTB-Blockvertrag,[34] in dem die staatlichen Lottogesellschaften die Eckpfeiler ihrer Zusammenarbeit für bestimmte, bundesweit einheitlich veranstaltete Glücksspiele (zB Mittwoch-/Samstaglotto) regeln, eine Vereinbarung von Unternehmen darstellt.[35]

c) Beschluss einer Unternehmensvereinigung

22 Der Beschluss einer Unternehmensvereinigung muss den gemeinsamen Willen der beteiligten Unternehmen ausdrücken, das Marktverhalten ihrer Mitglieder zu koordinieren. Ein bloß interner Beschluss (zB Festlegung der Mitgliedsbeiträge, innere Organisation, etc) unterliegt mangels Außenwirkung nicht dem Kartellverbot. Schwierig wird die Abgrenzung bei einer **Empfehlung,** die eine Unternehmensvereinigung durch Beschluss ausspricht.[36] Die Empfehlung gilt als Beschluss, wenn sie (zB in Verbindung mit der Satzung) verbindlich ist oder wenn die Empfehlung von den Mitgliedern angenommen und befolgt wurde.[37]

---

30 *OLG Düsseldorf* Beschl v 8. Juni 2007.

31 *BGH* Beschl v 8. Mai 2007, KVR 31/06, Rn 23.

32 Die hiergegen vorgebrachten Argumente, etwa dass eine fiskalisch-unternehmerische Ausrichtung der staatlichen Glücksspielveranstaltung im Rahmen der ordnungsrechtlich begründeten lotterierechtlichen Staatsvorbehalte weder verfassungs- noch europarechtlich legitimierbar wäre, sind zwar triftig, aber durch die klare Festlegung in der kartellgerichtlichen Praxis obsolet, vgl hierzu *Dietlein* ZfWG 2006, 197, 198.

33 Vgl. *Bechtold/ua* EG Kartellrecht 2005, Art. 81 Rn 35ff; ergänzend *EuGH* 209 – 215/78 und 218/78 Slg 1980, 3125, 3250, Rn 86 – *„van Landewyck"*.

34 Zum Wesen des DLTB Blockvertrags ist klarzustellen, dass er die rechtliche und organisatorische Selbständigkeit der einzelnen Lottogesellschaften der Länder nicht antastet und der DLTB selbst weder Veranstalter noch Anbieter von Glücksspielen ist.

35 *BGH* Beschl v 8. Mai 2007, KVR 31/06, Umdruck Rn 23.

36 Vgl. *Bechtold/u a* EG-Kartellrecht 2005, Art 81 Rn 45.

37 *Bechtold* GWB, 4. Aufl 2006, § 1 Rn 13; so zuletzt das *BKartA* im Beschl v 23. 8. 2006, aaO Tz 72ff.

d) *Abgestimmtes Verhalten*

Der Begriff **„abgestimmte Verhaltensweisen“** ist ein Auffangtatbestand.[38] Der *EuGH* definiert das abgestimmte Verhalten als 23

> *„Form der Koordinierung zwischen Unternehmen ..., die bewusst eine praktische Zusammenarbeit an die Stelle des mit Risiken verbundenen Wettbewerbs treten lässt.“*[39]

Die Formel der bewussten praktischen Zusammenarbeit weist auf zwei wichtige Komponenten hin: Die beteiligten Unternehmen müssen zusammenwirken und außerdem muss das Zusammenwirken bewusst geschehen. 24

2. Wettbewerbsbeschränkung

Ob eine kartellrechtsrelevante Maßnahme eine Wettbewerbsbeschränkung bezweckt oder bewirkt, ist anhand der konkreten Marktverhältnisse zu ermitteln.[40] Voraussetzung für eine Beschränkung ist natürlich, dass es überhaupt einen Wettbewerb gibt. In Deutschland ist die Veranstaltung von großen Glücksspielen in den einzelnen Bundesländern stark reglementiert und wird ausschließlich von den staatlichen Lotteriegesellschaften durchgeführt. Unerheblich ist, dass das von der jeweiligen Lotteriegesellschaft veranstaltete Glücksspiel erhebliche Gewinne abwirft. Diesbezüglich gilt aber für das staatliche Glücksspielwesen die Besonderheit, dass die Überschüsse aus dem Glückspielbetrieb unmittelbar oder mittelbar der Allgemeinheit zu Gute kommen, zumal sie ordnungsrechtlich lediglich Ausdruck des Erfolges sind, dass die Lotteriegesellschaften den natürlichen Spieltrieb der Bevölkerung zu kanalisieren vermögen.[41] Durch die Regelungen des Lotteriestaatsvertrags iVm den jeweiligen Landesgesetzen wird ein staatliches Monopol verankert, das der Alternative des kompletten Verbots des Glücksspiels aus ordnungsrechtlichen Gründen – um dem illegalen Glücksspiel keinen Vortrieb zu geben – vorgezogen wird.[42] Einen intendierten echten freien Wettbewerb gibt es demnach in diesem Bereich nicht. Das heißt jedoch nicht, dass jeder (ungewollte) Wettbewerb ausgeschlossen sein muss. Der *BGH* hat in diesem Sinne die Auffassung vertreten, dass 25

> *„die Lotteriehoheit der Länder und insbesondere das zum Tätigwerden der Lotteriegesellschaften erforderliche Genehmigungserfordernis weder rechtlich noch logisch einen Wettbewerb unter den Lottogesellschaften ausschließen“.*[43]

---

38 *Stockmann* in: Wiedemann, Handbuch des Kartellrechts, 1999, § 3 Rn 9.

39 *EuGH* Slg 1972, 619, Rn 64, 67 – „BASF“; ergänzend hierzu *Bechtold* GWB, 4. Aufl 2006, § 1 Rn 15.

40 Für den Zweck genügt schon ein „Inkaufnehmen“. Auch der Begriff des „Bewirkens“ ist eher weit als eng gefasst, denn dafür genügt schon, dass sich die Beschränkung nur auf Dritte auswirkt; zur potentiellen Wirkung vgl *EuGH*, Entsch v 8. 6. 1982, 258/78 – „Nungesser und Eisele“, Slg 1982, 2015, 2059.

41 *Diegmann/Hoffmann* NJW 2004, 2643, 2642.

42 Vgl hierzu von *Hippel* ZRP 2001, 558.

43 Beschl v 8. Mai 2007, KVR 31/06, Rn 27, unter Bezugnahme auf die Faber-Entscheidung.

26 Inwieweit daher ein (potentieller) „Restwettbewerb“ in kartellrechtlich relevanter Weise Beschränkungen unterliegt, ist anhand einer sachgerechten Abgrenzung der relevanten Märkte zu beurteilen.

a) Sachlich relevanter Markt

27 Die **sachlich relevanten Märkte** sind auf Grundlage des sog *„Bedarfsmarktskonzeptes“* voneinander abzugrenzen. Danach gehören Waren und Dienstleistungen, die sich nach ihren Eigenschaften, ihrem wirtschaftlichen Verwendungszweck und ihrer Preislage so nahe stehen, dass ein durchschnittlicher Nachfrager sie als austauschbar betrachtet, zu einem sachlichen Markt.[44] Für die sachliche Abgrenzung der Glücksspielangebote ist folglich die Austauschbarkeit der Glücksspiele aus Sicht der Spielteilnehmer maßgeblich. Dabei sind bei genauerer Betrachtung sowohl der Einsatz für das jeweilige Glücksspiel, die zu zahlende Gebühr, die Häufigkeit der Ziehungen, der zu gewinnende Betrag und die Spielgestaltung oder gar Spielumgebung unter Umständen aus Sicht des Verbrauchers beachtlich. Auch das unterschiedliche Suchtpotential ist bei einer Abgrenzung der verschiedenen Spielarten nicht zu vernachlässigen.[45] Für die Beurteilung des Spielteilnehmers, ob die unterschiedlichen Glücksspielangebote und Spielteilnahmen austauschbar sind, sind aufgrund des Spielangebots und der Spielweise hiernach folgende Abgrenzungen erwägenswert:

aa) Angebotsmärkte für Glücksspielprodukte

28 Nach Auffassung des *Bundeskartellamtes* grenzen Lotterien, Sportwetten, Spielbankangebote, Automatenspiele und Pferdewetten jeweils eigene Märkte ab.[46] Hierzu im Einzelnen:

α) Markt für Lotterien

29 Lotterien sind Glücksspiele, bei denen der Spieler ein Los mit einer bestimmten aufgedruckten oder von selbst eingetragenen Gewinnzahl oder Gewinnsymbolen erwirbt. Bei teilweiser oder vollständiger Übereinstimmung mit den ausgespielten Zahlen/Symbolen erhält der Spieler einen Geld- oder Sachgewinn. Das wichtigste Lotterieprodukt in Deutschland ist das staatlich veranstaltete **Zahlenlotto** (6 aus 49).[47] Vom klassischen Lottoprodukt (wöchentliche Ziehung (ein- bis zweimal), ge-

---

44 Die Kommission hat in ihrer Bekanntmachung zur Definition des relevanten Marktes im Wettbewerbsrecht die allgemein gängige Formulierung niedergelegt, nach der der „sachlich relevante Produktmarkt sämtliche Erzeugnisse und/oder Dienstleistungen umfasst, die von den Verbrauchern als hinsichtlich ihrer Eigenschaften, Preise und ihres vorgesehen Verwendungszwecks als austauschbar oder substituierbar angesehen werden“, vgl ABl 1997 Nr C 372/5; ebenso *Möschel* in: Immenga/Mestmäcker, GWB, 3. Aufl, § 19 Rn 24, mwN.

45 Zutreffender Hinweis bei *Byok/Allonso* WuW 2006, 1238, 1242.

46 *BKartA* Beschl v 23. 8. 2006, Tz 177; ergänzend hierzu *BKartA* Tätigkeitsbericht 2005/2006, BT-Drs 16, 5710, S 180.

47 In Deutschland werden insbesondere folgende Lotterien angeboten: Zahlenlotto (Ziehungen jeweils am Mittwoch bzw am Samstag), Glücksspirale, Bingo, Spiel 77 (Zusatzlotterie), Super6 (Zusatzlotterie), Rubbellos- und Losbrief-Lotterien, Keno (mit Ergänzungslotterie „Plus5“),

ringer Einsatz für ggf hohe (Jackpot-)Gewinne) sind Klassenlotterien abzugrenzen. Bei Klassenlotterien ist der Einsatz für ein Los deutlich höher (zB € 125 pro Monat) und die Regellaufzeit länger; bei einer Gesamtlaufzeit der Klassenlotterie von 6 Monaten beträgt der Spieleinsatz daher zB € 750; ferner sind die Gewinnchancen statistisch höher, aber die maximale Gewinnhöhe ist trotzdem geringer als beim klassischen Lotto. Aufgrund der gravierenden Unterschiede ist es plausibel, im Genre „Lotterien" die **Klassenlotterien** von den sonstigen Lotterieangeboten der Lottogesellschaften abzugrenzen. Der Spielteilnehmer hat mehrere Möglichkeiten, wie er mit seinem Lotterieeinsatz seine Gewinnchancen und seine mögliche Gewinnhöhe ausgestaltet:

- Er kann sich als Einzelspieler ein eigenes Los kaufen/einen Losschein ausfüllen und mit seinem Loseinsatz um den Hauptgewinn spielen;
- Er kann eine private Spielgemeinschaft (§§ 705 ff BGB) organisieren bzw sich an einer solchen beteiligen, um zB den Spieleinsatz mehrerer Spielteilnehmer zu bündeln und damit einen höheren Einsatz abzugeben sowie einen möglichen Gewinn mit den Mitgliedern der Spielgemeinschaft zu teilen.
- Ein Spieler kann sich an einer von unabhängigen gewerblichen Spielvermittlern organisierten Spielgemeinschaften beteiligen, die wiederum ganz unterschiedliche Gestaltungsformen haben können (einfache Spielgemeinschaft, Systemlotto).

Ob ein Spieler als Einzelspieler oder in einer Spielgemeinschaft antritt, entscheidet **30** der Spielinteressent nach seinen Risikoerwägungen/Gewinnvorstellungen. Dies lässt jedoch sein Grundinteresse unberührt, eine von ihm ausgewählte Lotterie zu spielen. Die Teilnahmeform begründet daher keine eigene Marktabgrenzung.

β) Markt für „Sportwetten"

Bei **Sportwetten** geht es nicht – wie bei Lotto – um die Ziehung bestimmter Zahlen, **31** sondern um den Ausgang eines konkreten Sportereignisses.[48] Auf den Ausgang eines bestimmten Sportereignisses (zB beim Fußballtoto auf Heimsieg/Auswärtssieg/Unentschieden bestimmter Fußballspiele, auf das genaue Ergebnis, auf den Sieger eines Auto- oder Pferderennens, etc) wird ein bestimmter Geldbetrag gesetzt.[49] Der Sportwettende glaubt/hofft dieses, mit seinem eigenen Wissen prognostizieren zu können und hieraus einen Gewinn zu erzielen.[50] Weil insoweit mit der Sportwette andere Be-

---

Klassenlotterien (veranstaltet durch „NKL" und „SKL"), Fernsehlotterie (ARD-Fernsehlotterie und ZDF-Aktion Mensch); die sog Privatlotterien, die in Deutschland innerhalb enger Grenzen veranstaltet werden dürfen, sollen aufgrund ihres Ausnahmecharakters für die kartellrechtliche Beurteilung außer Betracht bleiben.

48 Da mit der ganz h Rspr davon auszugehen ist, dass es sich bei Sportwetten um Glücksspiele handelt, spielt die vereinzelt noch vertretene Gegenauffassung in der Praxis keine Rolle mehr.

49 Die staatlichen Lottogesellschaften bieten Fußballtoto und Oddset-Wetten an. Einen Überblick über die im Internet präsenten gewerblichen Sportwetten-Anbieter (BWin, sportwetten.de, …) liefert die Domain: www.sportwettenonline.com.

50 Allerdings geht die Folgerung, die etwa die Sportwetten Gera GmbH in ihrem Internet-Auftritt (www.sportwetten-gera.de) zieht, dass *„Sportwetten deshalb weder Glücksspiel noch Lotterie, sondern sportliches Tippen für den Informierten"* sind, zu weit. Dem ist der *BGH* längst unmiss-

dürfnisse als durch die Teilnahme an einer Lotterie befriedigt werden, definieren **Sportwetten ein eigenes Marktsegment.**[51]

32 Hieran knüpft die Folgefrage an, ob die Teilnahme an der Sportwette nur für solche Spieler in Frage kommt, die sich mit der Sportart auskennen. Dann wären nach einzelnen Sportarten zu unterscheidende Teilmärkte für Sportwetten voneinander abzugrenzen. Der Fußballbegeisterte fühlt sich weder hinreichend kompetent, auf den Ausgang eines Tennismatches zu wetten, noch stellt eine Tenniswette für den Fußballfan ein hinreichend vergleichbares Produkt dar. Da die Fußballwette die wichtigste und auch klassische Sportwette darstellt, ist es plausibel, einen eigenständigen **Sportwettenmarkt für Fußballspiele** zu definieren und hiervon einen eigenen **Sportwettenmarkt für andere Sportarten** abzugrenzen. Die traditionell bestehende Sonderkonstellation bei Pferdewetten[52] spricht außerdem dafür, noch einen **eigenen Pferdewettenmarkt** abzugrenzen.[53]

χ) Markt für Spielbanken

33 Die in einer Spielbank (Casino) angebotenen Glücksspiele folgen anderen Regeln als Lotterien und Sportwetten. Die in einer Spielbank angebotenen Spiele sind örtlich (in einer der etwa 80 deutschen Spielbanken) und zeitlich streng begrenzt (an den von der Aufsichtsbehörde zugelassenen Spieltagen und Spielstunden). Der Spieler muss sich in eine Spielbank begeben, sich dort ausweisen und ein Eintrittsgeld entrichten.[54] Außerdem ist der Spielbankbesuch mit einer gewissen Exklusivität verbunden. Ferner sind die Gewinnmöglichkeiten, die Spieleinsätze, die Spielabläufe (Black Jack, Roulette) und die Gewinnerwartungen zwischen Lotterien und Spielbanken höchst unterschiedlich. Aus Sicht des Spielinteressenten handelt es sich bei den in Spielbanken angebotenen Glücksspielen um eigenständige Produkte, so dass ein **eigener Markt für Spielbanken** abzugrenzen ist.[55]

---

verständlich entgegengetreten und hat klargestellt, dass a bei Sportwetten dem Zufallsmoment jedenfalls ein Übergewicht zukommt (vgl *BGH* v 28. 11. 2002, 4 StR 260/02), viele Nachweise hierzu bei *VGH Baden-Württemberg* Beschl v 12. 1. 2005, Az 6 S 1288/04, dort S 3; dezidiert hierzu auch *Diegmann/Hoffmann* DÖV 2005, 45, 48.

51 So auch das *BKartA* Beschl v 23. 8. 2006, Rn 177.

52 Hier gilt es zwischen dem System der privaten Buchmacher (der Buchmacher gibt die Gewinnwahrscheinlichkeit vor) und der Totalisatorwette (alle Wetten werden indem großen Topf gesammelt und aus der Gesamtheit wird die Gewinnwahrscheinlichkeit bestimmt) zu unterscheiden.

53 So auch das *BKartA* vgl Beschl v 23. 8. 2006, Rz 182; die kartellbehördliche Annahme, dass Pferdewettenspieler am Renntag die Pferderennbahn aufsuchen und dafür Eintrittsgeld entrichten, ist allerdings längst überholt, denn der der weitaus größte Umsatz mit Pferdewetten wird bei stationären oder Sportwettenanbietern im Internet – also außerhalb der Rennbahn – platziert. Dass der Gewinn in Abhängigkeit der Höhe des Einsatzes berechnet wird, ist keine Eigenart der Pferdewette (oder anderer Sportwetten). Dies ist auch bei Lotto so. Wer 2 Kästchen gleich ankreuzt statt nur eins, erhält in den unteren Gewinnklassen auch den doppelten Gewinnbetrag.

54 Anders als bei einer Lotterie, wo er ohne größeren Aufwand schlicht ein Lotterielos kauft.

55 So im Ergebnis a die *Europäische Kommission*, die in ihrer Entsch v 4. 6. 2004 (Zusammenschluss Comb/M.3373-Accor/Colony/DesseigneBarrière/JV, Rn 21) einen eigenständigen sachlich relevanten Markt für die Spiele in Spielbanken abgegrenzt hatte.

δ) Markt für Automatenspiele/Spielhallen

In Spielhallen sollen bei den dortigen Automatenspielen durch den Einwurf einer Geldmünze/über das Drücken bestimmter Gerätetasten ein Gewinn erzielt werden, der unmittelbar nach Spielende angezeigt und vom Automaten ausgezahlt wird (Drehautomat, Einarmiger Bandit). Gegenüber Lotto sind die erzielbaren Spielgewinne gering, überdies sind die Spielabläufe und Spielerlebnisse unterschiedlich. In Spielhallen stehen Unterhaltung und Zeitvertreib als Spielfaktoren im Vordergrund.[56] Es ist daher plausibel, einen **eigenständigen Markt für Automatenspiele in Spielhallen** abzugrenzen. **34**

ε) Fazit zu den Märkten für Glücksspielangebote

Einen einheitlichen Glücksspiel(e)markt gibt es nicht. Dazu sind die angebotenen Glücksspielprodukte zu unterschiedlich. Die Lotterien sind in ihrer Gesamtheit (mit einem Teilmarkt für Klassenlotterien) aus Sicht der nachfragenden Spieler nicht mit Sportwetten (wobei hier die Fußballwette von anderen Sportarten abzugrenzen sind), Pferdewetten, Glücksspielen in Spielbanken und Automatenspielen in Spielhallen austauschbar. Die Angebote bilden jeweils **eigenständige Teilmärkte** für Glücksspielangebote. **35**

bb) Vertriebsmärkte für Glücksspielprodukte?

Die Spieler können in unterschiedlicher Weise an Glücksspielen teilnehmen. **36**

- Der klassische Weg ist der Gang des Spielers zu einer **stationären Lottoannahmestelle.**[57] In der Lottoannahmestelle füllt der Spielteilnehmer seinen Tippschein aus/kauft sein Los und erhält dort bis zu einem bestimmten Betrag Gewinne direkt ausbezahlt.
- Noch kann der Spieler[58] seinen Lottoschein bei einigen Lottogesellschaften „online“ **im Internet** ausfüllen. Im Glücksspielstaatsvertrag wird der Vertrieb von Glücksspielen im Internet generell (vorbehaltlich einer einjährigen Übergangsvorschrift in Ausnahmefällen) verboten (vgl § 4 Abs 4).
- Schließlich kann ein Spieler mittels der Dienste eines **gewerblichen Spielvermittlers** an einem Glücksspiel teilnehmen. Neuerdings über eigene Verkaufsstellen („Drogeriemärkte, Supktermärkten, ...), noch über das Internet sowie über Call-Center oder über den Postversand[59] akquirieren gewerbliche Spielvermittler Spiel-

56 Das Spielerlebnis für den Lotterieteilnehmer beschränkt sich auf das Ausfüllen des Lottoscheine/Kauf eines Loses und den späteren Zahlenvergleich.

57 Üblicherweise handelt es sich dabei um Kioske, Schreibwarengeschäfte, etc.

58 Wobei dessen Spielteilnahme eine genügende Authentifizierung und die Einhaltung diverser Spielerschutzbestimmungen voraussetzt.

59 Die klassischen gewerblichen Spielvermittler (zB Faber, Glöckle) nutzten primär den Postweg; seit 1998 ist das Internet ein zentraler Vertriebsweg für die gewerbliche Spielvermittler, s etwa Tipp24.de, Jaxx.de, Xinopoly.de, faber.de, vorbehaltlich der Einhaltung strenger Vorgaben im Übergangszeitraum bis zum 31. 12. 2008 ist auch die Vermittlung von Glücksspielen via Internet seit dem 1. 1. 2008 verboten (§ 4 Abs 4 GlüStV).

aufträge und vermitteln diese an die Lottogesellschaften. Aufgrund der vertraglichen und gesetzlich auch so gewollten Anbindung des gewerblichen Spielvermittlers an den Spielteilnehmer (der gewerbliche Spielvermittler vermittelt die Spielaufträge im Auftrag des Spielers an die veranstaltende Lottogesellschaft),[60] muss der Spieler die Vermittlungsleistung mit einem Serviceentgelt vergüten. In der Praxis unterhalten gewerbliche Spielvermittler auch vertragliche Geschäftsbeziehungen zu einigen Lottogesellschaften.[61]

37 Aus Sicht des Spielers macht es keinen wesentlichen Unterschied, wie sein Lottoschein zum Veranstalter kommt. Entscheidend ist für ihn die Spielteilnahme, nicht entscheidend ist für den Spieler, ob für die Übermittlung seines Lottoscheins an den Veranstalter ein für ihn entgeltlicher gewerblicher Spielvermittler dazwischenschaltet ist. Denn der aus dem Serviceentgelt resultierende Preisunterschied allein begründet kein eigenständiges Marktabgrenzungskriterium, wenn das relevante Produkt im Hinblick auf seine Leistungsmodalitäten und dem Verwendungszweck ansonsten (im Wesentlichen) übereinstimmt. Da die Spielteilnahme als solche die gleiche bleibt, begründet die Vertriebsmodalität – also ob der Spielschein auf terrestrischem, auf direktem oder vermittelten Weg beim Veranstalter ankommt – **keine eigenständige Abgrenzung für Vertriebsmärkte.**[62]

cc) Markt für gewerbliche Spielvermittlungsleistungen

38 Märkte werden nicht nur nach Angeboten, sondern auch nach Nachfrageleistungen abgegrenzt. Zuletzt befasste sich das *OLG Düsseldorf* mit dem „Nachfrageverhalten" der Lottogesellschaften gegenüber gewerblichen Spielvermittlern. Vorausgegangen war, dass das *Bundeskartellamt* im Beschluss vom 23. August 2006 einen eigenen Nachfragemarkt betr die Leistungen der gewerblichen Spielvermittler als zusätzliche Vertriebsmodalität, aber auch unter dem Gesichtspunkt abgegrenzt hatte, dass die gewerbliche Spielvermittlung de facto dazu führe, dass einzelne Lottogesellschaften – via Spielvermittlung – Spielaufträge von Spielteilnehmern aus anderen Bundesländern verarbeiten könnten. Da einzelne Lottogesellschaften als Nachfrager von vermittelten Spielaufträgen bereit sind, den Spielvermittlern für die Vermittlung eine

60 Der Spieler muss dem Spielvermittler für dessen Tätigkeit eine Geschäftsbesorgungsvergütung bezahlen; dieses Besorgungsentgelt ist von dem Bearbeitungsentgelt zu unterscheiden, die auf den Spieleinsatz von einzelnen Lottogesellschaften für die Spielteilnahme erhoben werden.

61 Siehe hierzu zB die Nachweise in den Internetauftritten von Tipp24, Jaxx.

62 Eigene Vertriebswege gehen die Klassenlotterien von NKL und SKL sowie die Fernsehlotterien (Aktion Mensch und ARD-Fernsehlotterie) und die Veranstalter von Pferdewetten: Sei es über den eigenen Postvertrieb (Klassenlotterien) bzw über die Einschaltung gewerblicher Lotterieeinnehmer (zB Faber für NKL sowie Glöckle für NKL und SKL) oder durch die Verwendung von Zahlungsverkehrsvordrucken (Fernsehlotterien) oder die Beauftragung von Buchmachern (Pferdewetten). Allesamt handelt es sich zwar um Vertriebswege, die keine/geringe Überschneidungspunkte mit den von den Lottogesellschaften angebotenen Glücksspielen aufweisen, da es aber aus Sicht des Spielteilnehmers auf das Produkt und nicht auf den Vertriebsweg ankommt, begründet der eigene Vertriebsweg als solcher keine eigenständige sachliche Marktabgrenzung.

Provision zu bezahlen[63] (eine Praxis, die durch die den Glücksspielstaatsvertrag ergänzenden Gesetze einiger Länder für die Zukunft unterbunden werden soll[64]), ist es mit Blick auf die Praxis kartellrechtlich plausibel, einen **eigenständigen Nachfragemarkt für die gewerbliche Vermittlung von Glücksspielen** durch unabhängige Vermittler abzugrenzen.

b) Räumlich relevanter Markt

Für die Ermittlung des räumlich relevanten Marktes kommt es darauf an, auf welches räumliche Angebot ein Nachfrager zur Deckung seines Bedarfs zugreift. Der räumliche Markt endet dort, wo Anbieter oder Nachfrager nicht mehr auf örtlich weiter entfernte Partner ausweichen wollen/können/dürfen. **39**

aa) Räumliche Marktabgrenzung für Lotterien

Die von den Landeslottogesellschaften bzw. den Bundesländern veranstalteten Lotterien werden nicht bundesweit, sondern nur jeweils für ein Bundesland angeboten. Da die in einem Bundesland zugelassenen Landeslottogesellschaften ihr Glücksspielangebot nur in diesem eigenen Bundesland veranstalten/durchführen, bestehen aus Sicht der Spielteilnehmer insgesamt 16 nach Bundesländern abgegrenzte **regionale Lotteriemärkte.**[65] **40**

bb) Räumliche Marktabgrenzung für Sportwettenangebote

Für die staatlich veranstalteten Sportwettenangebote wären aufgrund der regionalen Ausrichtungen ebenfalls 16 nach Bundesländern abgegrenzte regionale Sportwettenmärkte – getrennt nach Fußball und sonstigen Sportarten – anzunehmen. Das staatliche Angebot wurde allerdings in der jüngeren Vergangenheit von privaten Sportwettenvermittlern in den Hintergrund gedrängt; neben privaten Wettbüros, die allerorten wie Pilze aus der Erde schießen, gibt es längst unzählige Anbieter im Internet,[66] die kommerzielle Sportwetten bundesweit vermitteln. Dass für Sportwetten bundesweit **41**

63 Zumal sie hierzu nach der vorläufigen Rechtsauffassung des *OLG Düsseldorf*, Beschl v 23. 10. 2006, Az VI-Kart 15/06, S 35, nicht verpflichtet sind.

64 Vgl zB Art 2 § 7 Abs 3 Glücksspielgesetz Brandenburg: „Der Veranstalter oder eine Annahmestelle darf dem gewerblichen Spielvermittler für die Vermittlung keine finanzielle Vergünstigung einräumen."

65 Vgl *BKartA* Tätigkeitsbericht 2005/2006, aaO S 180.

66 Die Geschäftsmodelle der Veranstalter privater Sportwetten, die in Deutschland vermittelt werden, basierten auf zwei gleichermaßen umstrittenen Geschäftsmodellen: entweder wird die Vermittlungstätigkeit darauf gestützt, dass die Veranstalter ausländische Unternehmen sind und im Ausland über eine Genehmigung verfügen, wonach sie grenzüberschreitend Sportwetten anbieten dürfen, oder die Veranstaltung der Sportwette nach dem Gewerbegesetz der DDR erlaubt gewesen sei und sich die Erlaubnis auf alle Länder in der Bundesrepublik erstrecke (Art 19 Einigungsvertrag).

geworben wird, belegt beispielhaft der Internetauftritt der Bwin-AG.[67] Da der Sportwettenmarkt in der Praxis vom privaten Angebot dominiert wird, das jeweils bundesweit vermarktet und vertrieben wird, während die von den staatlichen Lottogesellschaften regional ausgerichteten Sportwetten, namentlich die Toto- und ODDSET-Wette, im Hintergrund bleiben, war es traditionell plausibel, die **Märkte für Sportwettenangebote bundesweit** abzugrenzen. Seit den Grundsatzentscheidungen des *BVerfG* (vom 28. März 2006 – *Sportwetten*) und zuletzt des *EuGH* (vom 6. März 2006 – *Placanica*) werden in den meisten Bundesländern Schließungsverfügungen gegenüber privaten Wettbüros durchgesetzt und gerichtlich bestätigt. Nach ergänzenden Klarstellungen des *BVerwG*, den Folgebeschlüssen des *BVerfG* vertreten nicht nur die *Oberverwaltungsgerichte* und Verwaltungsgerichtshöfe, sondern auch die unteren Instanzen weit mehrheitlich die Auffassung, dass das staatliche Glücksspielmonopol durchgesetzt werden muss/kann. Seit dem 1. 1. 2008 gilt mit Inkrafttreten des Glücksspielstaatsvertrags eine neue Rechtslage. Gemäß § 4 Abs 1 GlüStV dürfen öffentliche Glücksspiele (also auch Sportwetten) nur mit Erlaubnis der zuständigen Behörde des jeweiligen Bundeslandes veranstaltet oder vermittelt werden. Das Veranstalten und das Vermitteln ohne diese Erlaubnis (unerlaubtes Glücksspiel) ist verboten. Dass dem Veranstalter einer Sportwette in einem anderen Mitgliedsstaat der EU eine Erlaubnis zum Veranstalten von Sportwetten erteilt wurde, ändert an der Einstufung als unerlaubtes Glücksspiel nichts. Denn aus dem Gemeinschaftsrecht ergibt sich nicht, dass diese Erlaubnis auch im Gebiet der Bundesrepublik Deutschland bzw in einem deutschen Bundesland Geltung beanspruchen kann. Da es weder eine generelle Anerkennungsverpflichtung zwischen den Mitgliedsstaaten für Glücksspielerlaubnisse gibt noch das Gemeinschaftsrecht eine nationale Regelung prinzipiell verbietet, die eine präventive Erlaubnis des jeweiligen Mitgliedsstaates voraussetzt[68], kann eine ausländische Konzession nicht die Glücksspielveranstaltung im Bundesgebiet legitimieren. Gem § 9 Abs 1 S 3 Nr 3 GlüStV kann die zuständige Landesbehörde der Glücksspielaufsicht unerlaubte Glücksspiele verbieten.[69] An dieser neuen Rechtslage hat sich auch die kartellrechtliche Marktabgrenzung zu orientieren. Aufgrund der gesetzlich vorgeschriebenen Erlaubnisvorbehalte in den

67 Dort wird geworben „*Deutschlands größte Sportwettenangebot*" bereitzuhalten, Bwin richtet sein Angebot – ebenso wie andere gewerbliche Sportwettenvermittler – an alle Spielinteressierten im Bundesgebiet.

68 Der *EuGH* hat mehrfach entschieden, dass in einzelnen Mitgliedsstaaten gerade ein Ermessensspielraum bei der Gestaltung ihrer Glücksspielpolitik eingeräumt wird, vgl etwa *EuGH* Urt v 6. 11. 2003, C-243/01 – *Gambelli*; Urt v 6. 3. 2007, C-338/04 – *Placanica*; entsprechend lautet die Überschrift der *BGH*-Pressemitteilung zu dem am 14. 8. 2008 verkündeten Beschluss (Az KVR 54/07 – Lottoblock) wie folgt: „*Erlaubnisvorbehalt für Lottovertrieb unbedenklich.*"

69 Die Gegner des staatlichen Sportwettenmonopols reklamieren hiergegen, dass dessen Ausgestaltung eine nicht gerechtfertigte Bereicherung europäischer Grundfreiheiten sei und dass deshalb nicht von einer Erlaubnispflicht für private Anbieter von Sportwetten ausgegangen werden könne. Diese auch von einzelnen Verwaltungsgerichten vertretene Auffassung steht jedoch im offenen Widerspruch zur oberverwaltungsgerichtlichen Rechtsprechung (vgl etwa Beschl des *VGH Baden-Württemberg* v 17. 3. 2008, Az 6 S 3069/07, oder Beschl des *OVG Hamburg* vom 25. 3. 2008, Az 4 Bs 5/08).

Bundesländern sind regional unterschiedliche Sportwettenangebote plausibel; folglich sind die **Teilmärkte für Sportwettenangebote regional** abzugrenzen.

cc) Räumliche Marktabgrenzung für die gewerbliche Vermittlung von Glücksspielen

Die gewerblichen Spielvermittler[70] werben bundesweit um Interessenten für individuelle und gemeinschaftliche Spielteilnahmen und bieten ihre Vermittlungsleistungen bundesweit an. Sie akquirieren Spielaufträge von Spielteilnehmern aus der ganzen Bundesrepublik. Die insoweit bestehende Rechtslage hat sich allerdings mit Inkrafttreten des Glücksspielstaatsvertrages (1. 1. 2008) geändert: Nunmehr ist die Vermittlung nur noch nach Erlaubnis durch die zuständige Landesbehörde zulässig und folglich eine bundesweite Vermittlung nur, wenn alle Landesbehörden die entsprechende Erlaubnis erteilt haben. Nach Ablauf des Übergangszeitraums (§ 25 Abs 6 GlüStV) am 31. 12. 2008 wird diese Maßgabe ausnahmslos gelten. **42**

c) Zwischenergebnis zur Marktabgrenzung

Im Glücksspielwesen bestehen eigenständige Angebotsmärkte für Glücksspielprodukte. Dabei bestehen räumlich regionale Märkte für die in Deutschland zugelassenen Lotterieangebote. Die bisher plausiblen bundesweiten Märkte für die Nachfrage nach Vermittlungsleistungen sowie für Sportwettenangebote aufgrund der tatsächlichen Marktbegebenheiten werden im Zuge der Durchsetzung der regionalen Erlaubnisvorgaben kurzfristig regional abgegrenzt. **43**

d) Konkrete Beschränkung auf dem relevanten Markt

Auf dem relevanten Markt muss die Maßnahme (Vereinbarung, etc) eine Wettbewerbsbeschränkung – aktuell oder auch nur potentiell – bezwecken oder bewirken. Aufgrund der jeweils nur regionalen Ausrichtung auf ihr jeweiliges Konzessionsgebiet (sog Regionalitätsprinzip) und der ordnungsrechtlich gewollten staatlichen Monopolstruktur wird die Auffassung vertreten, dass zwischen den staatlichen Lottogesellschaften aufgrund der Lotteriehoheit der Länder zwangläufig **kein Anbieterwettbewerb** bestehen kann. Dieser Auffassung sind das *Bundeskartellamt*, das *OLG Düsseldorf* und der *BGH* entgegengetreten.[71] **44**

Für die Beurteilung, ob eine Maßnahme eine Wettbewerbsbeschränkung bezweckt oder bewirkt, ist strikt zu trennen zwischen dem, was der Gesetzgeber den Lottogesellschaften ordnungsrechtlich (auch für deren Vertriebsausrichtung) vorgibt und dem, was die Lottogesellschaften hinsichtlich der Ausrichtung ihrer Glücksspieltätigkeit mit anderen Lottogesellschaften vereinbaren (dürfen). Die staatlichen Lottogesellschaften haben sich im **„Deutschen Lotto- und Totoblock"** (DLTB) zusammengeschlossen und im sog. „Blockvertrag" das sog. „Regionalitätsprinzip" **45**

70 Z B Tipp24.de, Jaxx.de; Xinopoly.de; faber.de, um nur die Wichtigsten zu nennen.

71 *BKartA* Beschl v 23. 8. 2006; *OLG Düsseldorf* Beschl v 8. 6. 2007; *BGH* Beschl v 8. 5. 2007.

manifestiert, nämlich dass die Lottogesellschaften ihren Glücksspielbetrieb auf ihr jeweiliges Konzessionsgebiet ausrichten.

46 Unterstellt man – wie die kartellbehördlichen bzw -gerichtlichen Instanzen – einen aktuellen/potentiellen Wettbewerb zwischen den Lottogesellschaften, so würden Vereinbarungen über territoriale Ausrichtungen diesen Wettbewerb beschränken. Ferner wäre auch jede weitere Übereinkunft zwischen wenigen oder mehreren Lottogesellschaften untereinander oder mit gewerblichen Spielvermittlern sowie sonstigen Dritten wettbewerbsbeschränkend, wenn dadurch das Angebot oder die Nachfragemöglichkeiten beschnitten würden.

3. Beeinträchtigung für den Handel zwischen den Mitgliedsstaaten

47 Zu den allgemeinen Voraussetzungen wurde schon im Abschnitt II, Ziff 3 Stellung genommen. Konkret stellt sich die Frage einer grenzüberschreitenden Beeinträchtigung im Kontext der Glücksspielerlaubnisse. Die Veranstaltung/Durchführung von Glücksspielen ist in Deutschland nur zulässig, wenn eine behördliche Erlaubnis nachgewiesen werden kann. Da eine nicht erlaubte Tätigkeit nicht (kartellrechtlich) schützenswert ist, kann sich der Inhaber einer nur territorial beschränkten Erlaubnis nicht auf die europäischen Grundfreiheiten, namentlich die Dienstleistungsfreiheit berufen. Denn diese setzt ja gerade voraus, dass der Dienstleistende in einem anderen Mitgliedsstaat rechtmäßig ähnliche Dienstleistungen erbringt.[72] Da die Legalisierungswirkung einer landesbehördlichen Erlaubnis auf ihren verwaltungsrechtlichen Geltungsbereich, dh auf das jeweilige Bundesland, beschränkt ist,[73] darf jede der 16 Landeslottogesellschaften nur innerhalb des Hoheitsgebiets ihrer Genehmigungsbehörde Glücksspiele anbieten. Weil hiernach die bundesländer- und erst recht eine EU-grenzüberschreitende Tätigkeit (ohne Erlaubnis) rechtswidrig ist, fehlt einer Vereinbarung, in der die Lottogesellschaften diese Konsequenz niederlegen, zwangsläufig der gemeinschaftsrechtliche Bezug, mithin ist sie ungeeignet, den Handel zwischen den Mitgliedsstaaten zu beeinträchtigen. Dieser restriktiven Sichtweise steht jedoch die Auffassung entgegen, dass bereits das Teilgebiet zumindest eines der größeren EU-Mitgliedsstaaten einen wesentlichen Teil des gemeinsamen Marktes darstellen kann.[74] Nach der Rechtsprechung liegt eine mögliche Beeinträchtigung des Handelns zwischen den Mitgliedsstaaten außerdem und insbesondere vor, wenn nationale (Teil-)Märkte dem Ziel eines einheitlichen Markts zuwider gegenüber Dienstleistungserbringern aus anderen Mitgliedsstaaten abgeschottet werden. Dies sei – so das Bundeskartellamt – die Kehrseite der regionalen Ausrichtung. Schließlich ist gerade in den sog „Jackpot-Zeiten" ein gemeinschaftsrechtlicher Bezug unter dem Gesichtspunkt vorstellbar, dass Grenzgänger nicht nur aus anderen Bundesländern, sondern aus anderen EU-Mitgliedstaaten deutsche Glücksspielangebote nachfragen. Die grenz-

---

72 Vgl *EuGH* Urt v 29. 11. 2001, C-17/00, abrufbar unter http://curia.europa.eu/de, dort Rn 29.

73 Vgl *BGH* Beschl v 8. Mai 2007, KVR 31/06, Rn 42 unter Hinweis auf *BVerwGE* 126, 149, 158.

74 Vgl *Brinker*, in: Schwarze EU-Kommentar, 1. Aufl 2000, Art 82 Rn 10; einen gemeinschaftsrechtlichen Bezug aus der marktbeherrschenden Stellung in einem Bundesland unterstellt auch der *EuGH* in der Rs *Ambulanz Glöckner*, Urt v 25. 10. 2001, Rs C-475/99, Rn 38, 47.

überschreitende Relevanz einer nur regional erlaubten Glücksspieltätigkeit sollte jedenfalls sorgfältig geprüft und nicht vorschnell unterstellt werden.

4. Spürbarkeit der Wettbewerbsbeschränkung

Um nicht jede Wettbewerbsbeschränkung aufgreifen zu müssen, hat die Praxis schon frühzeitig das ungeschriebene Tatbestandsmerkmal der **Spürbarkeit** in das Kartellverbot hineininterpretiert. Ein Kartellverstoß kann nur dann vorliegen, wenn die wettbewerbsbeschränkenden Konsequenzen spürbar und nicht bloß geringfügig oder unbedeutend sind,[75] also sich der zwischenstaatliche Handel anders als ohne Absprache entwickeln könnte.[76] **48**

5. Freistellung nach Art 81 Abs 3 EGV

Ausnahmen vom Kartellverbot sind in Art 81 Abs 3 EGV nach dem Prinzip konkreter Legalausnahmen vorgesehen; danach sind (eigentlich) wettbewerbsbeschränkende Maßnahmen vom Kartellverbot freigestellt, die **49**

> *„(1) unter **angemessener Beteiligung der Verbraucher** an dem entstehenden Gewinn zur **Verbesserung der Warenerzeugung oder -verteilung** oder (2) **zur Förderung des technischen oder wirtschaftlichen Fortschritts** beitragen, ohne dass den beteiligten Unternehmen (3) **Beschränkungen** auferlegt werden, die für die Verwirklichung dieser Ziele **nicht unerlässlich** sind, oder (4) Möglichkeiten eröffnet werden, für einen wesentlichen Teil der betreffenden Waren den **Wettbewerb auszuschalten.**“*

Trotz des anders lautenden Wortlauts in der gesetzlichen Regelung (*„oder“*) müssen alle vier Voraussetzungen von Art 81 Abs 3 EGV kumulativ (insoweit aber auch abschließend) vorliegen.[77] In seiner Entscheidung vom 8. Mai 2007 sieht der *BGH* im Kontext der Gebietsausrichtung der Lottogesellschaften keine Anhaltspunkte für eine Legalausnahme des Art 81 Abs 3 EGV. Einige Gruppenfreistellungsverordnungen präzisieren die die Reichweite des Art 81 Abs 3 EGV für einzelne Branchen/Typisierungen; für den Glücksspielbereich gibt es eine solche (bisher) nicht, für eine konsequente Durchsetzung der ordnungsrechtlichen Zielvorgaben könnte diesbezüglich eine EU-Initiative erwägenswert sein. **50**

---

75 Ergänzend zur sog de minimis- oder Bagatellregel vgl *Bechtold* GWB, aaO § 1 Rn 31.

76 Details hierzu sind nachzulesen in der Bekanntmachung der *Kommission* – Leitlinien über den Begriff der Beeinträchtigung des zwischenstaatlichen Handels in den Art 81 und 82 des Vertrages, ABl EG C 101, S 83, Rn 23.

77 Bekanntmachung der *Kommission* – Leitlinien zur Anwendung von Art 81 Abs 3 EG-Vertrag, ABl EG C 101, S 97, Rn 42.

V. Missbrauch einer marktbeherrschenden Stellung (Art 82 Abs 1 EGV)

51 Die **Missbrauchsaufsicht** ist, neben Kartellverbot und Zusammenschlusskontrolle, eine der drei Säulen des Kartellrechts. Die Missbrauchsaufsicht dient der Verhinderung des Ausnutzens einer marktbeherrschenden bzw im deutschen Recht unter bestimmten Voraussetzungen auch einer bloß marktstarken Stellung durch ein ohne mehrere Unternehmen. Im Gegensatz zum (zweiseitigen) Kartellverbot erfasst die Missbrauchsaufsicht *einseitige Verhaltensweisen.* Die Missbrauchsaufsicht gilt der Bekämpfung missbräuchlichen Verhaltens durch ein (bereits) marktbeherrschendes Unternehmen; der Aufbau der marktbeherrschenden Stellung hingegen ist von den Verbotstatbeständen des deutschen und europäischen Kartellrechts nicht erfasst.

52 Die **europäische Missbrauchsaufsicht** ist in Art 82 des EG-Vertrags geregelt. Die **deutsche Missbrauchsaufsicht** ist in §§ 19–21 GWB geregelt. Das deutsche Recht ist strenger als das europäische. So können Verhaltensweisen, die vom europäischen Verbot nicht umfasst sind, nach strengerem deutschem Recht untersagt werden.[78] Auch hier gilt aber die primäre Einschlägigkeit der EG-Vorschriften, soweit der Missbrauch dazu führen kann, den Handel zwischen den Mitgliedstaaten zu beeinträchtigen. Einige Beispielsfälle des Missbrauchs werden in Art 82 Abs 2 EGV konkret geregelt.

1. Marktbeherrschung

53 Ein Unternehmen ist dann **marktbeherrschend,** wenn es auf dem relevanten Markt entweder keinem wesentlichen Wettbewerb ausgesetzt ist oder eine im Verhältnis zu seinen Wettbewerbern überragende Marktstellung hat. Eine Einzelmarktbeherrschung steht bei Monopolen außer Frage. Im Lotteriebereich gibt es zwar einige kleine Privatlotterien. Deren Bedeutung ist aber derart gering, dass schon aufgrund der überragend hohen Marktanteile der 16 staatlichen Lottogesellschaften in ihren jeweiligen regionalen Lotteriemärkten von derzeit 16 Einzelmarktbeherrschungen ausgegangen werden muss.[79] Anders verhält es sich auf den Sportwettenmärkten. Aufgrund der vielzähligen Anbieter und Angebote sind Marktbeherrschungen dort derzeit nicht gegeben. Das Gleiche gilt für die Märkte für Spielcasinos bzw Automatenspiele in Spielhallen. Auch dort ist das Angebot zahlreich, es sind keine Marktbeherrschungen ersichtlich.

2. Missbrauch

54 Art 82 EGV definiert den Missbrauchsbegriff ebenso wenig wie die Voraussetzungen für eine marktbeherrschende Stellung. Die Tatbestandsmerkmale sind funktional aufeinander bezogen. Es kommt entscheidend auf die konkreten Umstände des Einzelfalls an. Grundsätzlich gilt auch für marktstarke Unternehmen, dass sie ihre Tätigkeit und ihr Vertriebssystem nach eigenem Ermessen so gestalten dürfen, wie sie dies

78 Vgl hierzu bspw § 20 Abs 2 GWB.

79 *BKartA* Tätigkeitsbericht 2005/2006, BT-Drs 16/5710, S 180.

für wirtschaftlich sinnvoll halten;[80] Geschäfts- und Lieferverweigerungen marktstarker Unternehmen sind deshalb nur unter bestimmten, engen Voraussetzungen missbräuchlich.[81]

3. Missbrauchskontrolle im Glücksspielwesen

Die sog „Monopolgegner" qualifizieren das mit dem Glücksspielstaatsvertrag bzw den diesen umsetzenden gesetzlichen Regelungen bewirkte Glücksspielmonopol in den Bundesländern per se als missbräuchliche Ausnutzung der jeweils marktbeherrschenden Stellungen. Nach dieser Auffassung soll ein Missbrauch schon in der – wohlgemerkt ordnungsrechtlich gewollten – Beschränkung des Glücksspielangebots zum Schaden derjenigen bestehen, die die betreffende Dienstleistung in Anspruch nehmen wollen. Denn ein Monopolist könne einen bedeutenden Teil der Gesamtnachfrage nach Dienstleistungen gar nicht befriedigen.[82] Diese Auffassung verkennt freilich, dass es weder von der europäischen noch von der deutschen Rechtsprechung beanstandet wurde, dass die Einrichtung von Glücksspielmonopolen nicht wirtschaftlich veranlasst ist (vgl § 1 GlüStV) und die Durchsetzung ordnungsrechtlicher Ziele eine öffentliche Aufgabe (§ 10 Abs 1 und 2 GlüStV) darstellt, die gerade nicht missbräuchlich ist. Ferner ist es systematisch falsch, dem Gesetzgeber ein wettbewerblich missbräuchliches Verhalten vorzuwerfen, wenn er staatliche Glücksspielmonopole verankert. Adressaten der Missbrauchskontrolle sind nicht die (Landes)Gesetzgeber, sondern Unternehmen. Inwieweit die Missbrauchvorschriften bei den von der Rechtsprechung als Unternehmen iSd Kartellrechts qualifizierten Lottogesellschaften einschlägig sind, hängt entscheidend davon ab, welche Bedeutung man der ordnungsrechtlichen Aufgabenerfüllung beimisst. Setzt man deren Bedeutung zutreffend hoch an, bleibt nur ein ganz geringer Spielraum für unternehmerische Entscheidungen, die überhaupt Gegenstand einer Missbrauchskontrolle sein könnten.[83] Das *Bundeskartellamt* wirft den Lottogesellschaften missbräuchliche Verhaltensweisen im Umgang mit gewerblichen Spielvermittlern vor. Sehr streitig wird diskutiert, unter welchen Voraussetzungen die Lottogesellschaften die ihnen von gewerblichen Spielvermittlern angedienten Spielaufträge verarbeiten müssen. Hierzu hat das *OLG Düsseldorf* klargestellt, dass die Lottogesellschaften die Eingehung von Geschäftsbeziehungen mit gewerblichen Spielvermittlern sorgfältig prüfen dürfen, mithin, dass die Lottogesellschaften nicht verpflichtet sind, in provisionspflichtige Geschäftsbeziehungen einzutreten,[84] die nunmehr in einigen Ländern ohnehin ordnungsrechtlich verboten 55

---

80 *EuGH* Slg 1978, 207, Rn 182/191 – „United Brand"; st Rspr des *BGH* zB *BGH* WuW/E *BGH* 2755, 2758 – *„Aktionsbeträge"; BGH* WuW/E *BGH* 2983, 2988 – *„Kfz-Vertragshändler"; BGH* WuW/DE-R 134, 136 – *„Bahnhofsbuchhandel"*; *BGH* WuW/DE-R 35, 39 – *Großbildprojektoren.*

81 *EuGH* Slg 2000, I-825, Rn 60/61 –*„Deutsche Post"*, folglich ist ein „Kontrahierungszwang" die strikte Ausnahme.

82 In diesem Sinne wohl *Fremuth* EuZW 2007, 565, 566ff; *König* EuZW 2007, 33; *Bungenberg* DVBl 2007, 1405, 1411f.

83 Vgl hierzu sogleich die Ausführungen zu Art 86 EG.

84 Beschl v 23. 11. 2006, VI-Kart 15/06 [V], Umdruck S 35.

sind.[85] Im Übrigen gilt für marktstarke Lottogesellschaften, dass sie sich unternehmerisch ebenso wenig marktmissbräuchlich verhalten dürfen wie andere marktstarke Unternehmen aus anderen Branchen.

VI. Öffentliche und monopolartige Unternehmen (Art 86 EGV)

56 Die staatlichen Lottogesellschaften sind eingerichtet worden, um im Allgemeininteresse liegende Aufgaben zu erfüllen. Hier liegt der zentrale Kern der kartellrechtlichen Betrachtung, nämlich ob und falls ja, inwieweit die Erfüllung öffentlicher Aufgaben eine (kartell)rechtliche Sonderbehandlung (gegenüber anderen Unternehmen) rechtfertigt.

1. Art 86 Abs 1 EGV

57 Grundsätzlich sollten staatliche Ausnahmeregelungen in einem engen Rahmen gehalten werden. Um zu vermeiden, dass die Wettbewerbsziele der Gemeinschaft durch staatliche Einrichtungen unterwandert werden, verpflichtet **Art 86 Abs 1 EGV** die Mitgliedstaaten originär dazu, die Vertragsziele, insbesondere auch das Vertragsziel des unverfälschten Wettbewerbs (Art 3 Abs 1 lit g EGV) einzuhalten.[86]

2. Freistellung von den Wettbewerbsvorschriften gem Art 86 Abs 2 EGV

58 Zur Relativierung des in Art 86 Abs 1 EGV verankerten industriepolitischen oder ordnungsrechtlichen Instrumentalisierungsverbot zugunsten öffentlicher Unternehmen, erlaubt Art 86 Abs 2 EGV einen begrenzten Schutz des öffentlichen Sektors.[87] Nach Art 86 Abs 2 EGV finden die Wettbewerbsvorschriften auf öffentliche Unternehmen, die mit **Dienstleistungen von allgemeinem wirtschaftlichem Interesse** be-

85 Siehe oben Fn 63.

86 Insofern stellt Art 86 Abs 1 EG eine Ausprägung der allgemeinen Loyalitätspflicht der Vertragsstaaten dar, die in Art 10 EG (zB iVm Art 3 Abs 1 lit g) EG) normiert ist. Nach st Rspr des *EuGH* verbietet Art 10 EG (der eine Pflicht zur Zusammenarbeit der Mitgliedstaaten mit der Europäischen Gemeinschaft begründet) den Mitgliedstaaten, Maßnahmen, auch in Form von Gesetzen oder Verordnungen, zu treffen oder beizubehalten, die die praktische Wirksamkeit der für die Unternehmen geltenden Wettbewerbsregeln aufheben könnten, vgl *EuGH* Slg 1977, 2115, Rn 31 – „INNO/ATAB“; Slg 1988, 4769, Rn 16 – „Van Eycke“; Slg 1993, I-5801, Rn 14 – „Reiff“; Slg 1994, I-2517 Rn 17 – „Delta“; Slg 1995, I-2883, Rn 20 – „Centro Servizi Spediporto“; Slg 2002, I-1529, Rn 34 – „Arduino“; Slg 2003, I-8079, Rn 45 – „Consorzio Industrie Fiammiferi (CIF)“; Zur Klarstellung sei zu der CIF-Entscheidung darauf hingewiesen, dass es sich bei dem Consorzio Industrie Fiammiferi nicht um ein staatliches Monopol, sondern um einen Zusammenschluss privater Zündholzhersteller handelte und dass die italienischen Rechtsvorschriften dem Consorzio die Möglichkeit ließen, die Produktion von Zündhölzern durch autonome Unternehmensentscheidungen unter den Mitgliedern des Consorzio aufzuteilen; solche Entscheidungsspielräume sind aufgrund ordnungsrechtlicher Vorgaben den Lottogesellschaften gerade **nicht** eingeräumt.

87 Das Wechselspiel zwischen Art 86 Abs 1 und Abs 2 EG verkörpert eine Schnittstelle zwischen einer gebotenen staatlichen Aufgabenerfüllung einerseits und der wirtschaftsverfassungsrechtlichen Verpflichtung der Mitgliedstaaten andererseits, einen unverfälschten Wettbewerb zu fördern; vgl. *Loewenheim/ua* Kartellrecht Bd 1, 2005, Art 86 Rn 15.

traut sind, dann keine Anwendung, wenn andernfalls die Erfüllung der ihnen übertragenen besonderen Aufgabe rechtlich oder tatsächlich verhindert würde.[88] Wegen der strengen ordnungsrechtlichen Zielvorgaben für die Zulässigkeit einer staatlichen und monopolartigen Glücksspieltätigkeit stand Art 86 Abs 2 EGV hinsichtlich der territorialen Erlaubnisvorbehalte in den Mitgliedstaaten zuletzt im Mittelpunkt der kartellgerichtlichen Beurteilung.[89]

Hier drängt sich eine Parallelität der Überlegungen zum öffentlich-rechtlichen Rundfunksektor auf. Denn eine auf Interessenausgleich angelegte Beurteilung ist im Bereich des öffentlich-rechtlichen Rundfunks als gemischtwirtschaftliche Tätigkeit bekannt: Zwar wird der öffentlich-rechtliche Rundfunk in vielerlei Hinsicht wirtschaftlich tätig, aber es bleibt eine Befreiung von den Wettbewerbsvorschriften gem Art 86 Abs 2 EGV konkret zu prüfen.[90] Überträgt man diesen Grundgedanken auf das staatliche Glücksspielwesen und unterstellt man dem Glücksspielangebot der staatlichen Lottogesellschaften eine wirtschaftliche Qualität, dann hängt eine Freistellung davon ab, inwieweit die Wettbewerbsvorschriften den ordnungspolitischen Zielen entgegenstehen, und zwar in solcher Weise, dass allein eine Freistellung nach Art 86 Abs 2 EGV interessensgerecht wäre; hierfür müssen folgende Voraussetzungen nachgewiesen werden. **59**

a) Betraute Unternehmen

Als öffentliches Unternehmen gilt jedes – öffentlich-rechtlich oder privatrechtlich organisierte – Unternehmen, auf das die öffentliche Hand faktisch einwirken kann. Für die Betrauung mit einer öffentlichen Aufgabe ist kein Hoheitsakt erforderlich. Es genügt eine **Aufgabenübertragung im Einzelfall.**[91] Das entscheidende Kriterium für die Betrauung lautet, ob das verpflichtete Unternehmen die ihm übertragene Aufgabe selbst dann zu erbringen hat, wenn dies im Einzelfall wirtschaftlich nicht mehr rentabel ist, mithin das wirtschaftliche Eigeninteresse den tatsächlich übertragenen Aufgaben untergeordnet ist.[92] Die staatlichen Lottogesellschaften verfolgen primär ordnungsrechtliche Ziele. Über die Aufgabenerfüllung wachen die zuständigen Aufsichtsbehörden in den Ländern. Die Rentabilität ist natürlich wünschenswert, aber nicht das originäre Ziel. Die staatlichen Lottogesellschaften sind daher als betraute Unternehmen zu qualifizieren. **60**

b) Dienstleistung von allgemeinem wirtschaftlichen Interesse

Eine Dienstleistung ist dann von *„allgemeinem Interesse"*, wenn sie der Allgemeinheit zugute kommt. Die Ländergesetzgeber regeln die staatlichen Glücksspielangebote als **61**

---

88 *Bechtold/u a* EG-Kartellrecht, 2005, Art 86 EG Rn 11.

89 Hierzu ausführlich *BGH* Beschl v 8. 5. 2007, KVR 31/06, Rn 29 ff.

90 Vgl die Nachweise zur Rechtsprechung des *EuGH* bei *Loewenheim/u a* Kartellrecht Bd 1, 2005, Art 86 Rn 35, dort Fn 121.

91 Wie z B durch Erteilung einer Konzession, vgl *EuGH*, Urt v 27. 4. 1994, C-393/92, Rn 47 – *„Almelo"*; *EuGH* Urt v 23. 10. 1997, C-159/94, Rn 65 – *Monopole bei Strom und Gas.*

92 *Badura* ZGR 1997, 291, 300.

Reaktion auf den unvermeidlichen natürlichen Spieltrieb. Um diesen Spieltrieb zu kanalisieren und die Spielsucht einzudämmen, werden die Tätigkeiten der Lottogesellschaften im Allgemeininteresse von den jeweiligen Bundesländern als **staatliche Monopole** ordnungsrechtlich im Rahmen der Gefahrenabwehr ausgestaltet.[93] Den Mitgliedstaaten wird eine Bestimmungsfreiheit hinsichtlich der Ausgestaltung der zu treffenden Maßnahmen zur Sicherung der Aufgaben im allgemeinen wirtschaftlichen Interesse eingeräumt.[94] Dass der Glücksspielgesetzgeber von seinem Bestimmungsrecht dahingehend Gebrach macht, dass er die Glücksspieltätigkeit ordnungsrechtlich verankert und hieraus resultierende Beschränkungen im allgemeinen Interesse in Kauf nimmt,[95] ist kartellrechtlich nicht zu beanstanden. Insbesondere hat nicht nur der *EuGH*,[96] sondern auch der *EFTA-Gerichtshof*[97] den zuständigen Gesetzgebungskörperschaften in den Mitgliedstaaten großzügige Spielräume bei der Ausgestaltung des Glücksspielwesens belassen. Eine Option sei – so der *EFTA-Gerichtshof* – das Staatsmonopol, das auf die allgemeinen Interessen gestützt werden könne. Solche beispielhafte Interessen sind, dass ein oder mehrere Staatsunternehmen am ehesten zur Dämpfung der Nachfrage nach Glücksspielen bereit und leichter zu überwachen seien als eine Vielzahl kommerzieller Unternehmen.

c) *Freistellung muss erforderlich und verhältnismäßig sein*

62 Da und soweit die einzelstaatlichen Maßnahmen Beschränkungen der Binnenmarktfreiheiten beinhalten, müssen diese – unter strikter Beachtung der Prinzipien von Verhältnismäßigkeit und Nichtdiskriminierung – konsequent und kohärent auf die Bekämpfung ordnungsrechtlicher Gefahren ausgerichtet sein. Als legitime Ziele, die ordnungsrechtlich geschützt werden dürfen, sind gemeinschaftsrechtlich neben der Kriminalitäts- und Spielsuchtbekämpfung insbesondere die Eindämmung und Kanalisierung von Spieltrieb und Spiellust anerkannt.[98] Soweit vom Staat betraute Un-

---

93 Sogar das *Bundeskartellamt* räumt ein, dass die Veranstaltung von Glücksspielen als ordnungsrechtliche Tätigkeit **der Länder** zur Kanalisierung des Spieltriebs zu klassifizieren ist und damit *„zumindest auch im öffentlichen Interesse wahrgenommen wird*".

94 *EuGH* Urt v 23. 10. 1997, C-157/94, Rn 40 – „Kommission/Niederlande"; dort heißt es: *„Mitgliedstaaten [...] kann es nicht verboten sein, bei der Umschreibung der Dienstleistungen von allgemeinem wirtschaftlichen Interesse, mit denen sie bestimmte Unternehmen betrauen, die eigenen* Ziele *ihrer staatlichen Politik zu berücksichtigen und diese vermittels Verpflichtungen und Beschränkungen zu verwirklichen zu suchen, die sie den fraglichen Unternehmen auferlegen".*

95 Der *BGH* hat sich hierzu nicht festgelegt, vgl *BGH* Beschl v 8. 5. 2007, KVR 31/06, Rn 30.

96 Zuletzt in der Rechtssache *„Placanica"*, abgedruckt in ZfWG 2007, S 125 ff.

97 Entsch v 14. 3. 2007, E-1/06 – *„Ladbrokes"*.

98 Hierzu ist bemerkenswert, dass das *BVerfG* und die oberwaltungsgerichtliche Rechtsprechung in mehreren Entscheidungen den Ländern und Lottogesellschaften attestiert hat, Fortschritte bei der konsequenten Ausrichtung auf die Bekämpfung der Spielsucht erzielt zu haben; vgl zur Rspr des *BVerfG* die Nachweise bei *Ennuschat* ZfWG 2007, 79, dort Fn 8, sowie *Niedersächsisches OVG*, Beschl v 19. 12. 2006, 11 ME 253/06, ZfWG 2007, 60; *Thüringer OVG* Beschl v 12. 1. 2006, 3 EO 663/06, ZfWG 2007, 69 ff; *OVG Berlin-Brandenburg* Beschl v 3. 1. 2007, OVG S 107.06, ZfWG 2007, 54, 57; *VGH Baden-Württemberg* Beschl v 9. 10. 2006, 6 S 1765/06, ZfWG 2006 315 ff, *OVG der Freien Hansestadt Bremen* Beschl v 7. 9. 2006, 1 B 273/06, ZfWG 2006, 323 ff; *OVG Rheinland-Pfalz*, Beschl v 29. 9. 2006, 6 B 10825/06, ZfWG 2006, 333 ff; **a A** *OVG*

ternehmen (namentlich Lottogesellschaften) die gemeinschaftsrechtlich anerkannten ordnungsrechtlichen Ziele in legitimer Weise verfolgen, dient dies allgemeinen Interessen im Sinne von Art 86 Abs 2 EGV. Eine legitime Verfolgung, mithin eine Privilegierung gem Art 86 Abs 2 EGV setzt voraus, dass die Anwendung der Wettbewerbsvorschriften die Erfüllung der den Unternehmen übertragenen öffentlichen Aufgaben rechtlich oder tatsächlich verhindert.[99] Die Verfolgung und Einhaltung ordnungsrechtlicher Vorgaben verlangt von den staatlichen Lottogesellschaften eine in vielerlei Hinsicht der unternehmerischen Orientierung geradezu kontraproduktive Ausrichtung. Deshalb können die ordnungsrechtlichen Ziele nur mit der staatlichen Anbindung und unter Ausschaltung der wettbewerblichen Gesetzmäßigkeiten verfolgt und erreicht werden. Zu einer solchermaßen grundsätzlichen Freistellung der staatlichen Lottogesellschaften von den EG-Wettbewerbsvorschriften sah der *BGH* jedoch – zuletzt im Kontext der regionalen Ausrichtung – bisher keine Veranlassung. Eine Gefährdung der Aufgabenerfüllung liege fern, wenn ohnehin bundeseinheitlich angebotene Spiele innerhalb eines Bundeslandes künftig im Einklang mit dem dort anwendbaren Landesrecht durch staatlich kontrollierte und beherrschte Lottogesellschaften mehrerer Bundesländer angeboten würden. Für alle diese Lottogesellschaften gelte, so der *BGH*, das jeweilige Ordnungsrecht der Länder, das innerhalb des Landesgebiets zur Durchsetzung der öffentlichen Aufgaben eingesetzt werde, die den Lottogesellschaften der jeweiligen Länder übertragen wurden. Soweit die Ausweitung eines Glücksspielangebots auf ein anderes Bundesland mit dessen öffentlichen Interessen unvereinbar sein sollte, stünde es diesem Bundesland frei, die ordnungsrechtlich erforderliche Erlaubnis für dieses Spielangebot zu versagen. Die landesrechtlich räumlich beschränkten Erlaubnisse von Glücksspielen könnten schließlich von Land zu Land unterschiedlich erteilt werden. Aufgrund dieser ordnungsrechtlichen Möglichkeiten sei jedenfalls **keine generelle Freistellung** von den Wettbewerbsvorschriften erforderlich.[100]

3. Zwischenergebnis zu Art 86 EGV

Der Gesetzgeber hat entschieden, dass die Lottogesellschaften von den Landesgesetzgebern mit der Wahrnehmung einer ordnungsrechtlich orientierten Glücksspieltätigkeit als öffentliche Aufgabe betraut werden (vgl § 10 Abs 1). Dies bedeutet aber – so jedenfalls die bisherige Rechtsprechungspraxis – nicht, dass die Lottogesell- **63**

Schleswig Holstein Beschl v 2. 1. 2007, 3 MB 38/06, ZfWG 2007, 67 f; *OVG Saarland* Beschl v 4. 4. 2007, 3 W 18/06.

99 Außerdem darf die Entwicklung des Handelsverkehrs durch die Freistellung nicht in einem Ausmaß beeinträchtigt werden, das dem Interesse der Gemeinschaft zuwider läuft (Art 86 Abs 2 S 2 EG); der Sache nach handelt es sich dabei um eine ausdrückliche und strenge Verankerung des Verhältnismäßigkeitsprinzips; *Bechtold* EG-Kartellrecht, 2005, Art 86 Rn 47; ergänzend vgl hierzu *EuGH* Urt v 10. 2. 2000, C-147/97, Slg 2000 I-825 Tz 49 – *„Deutsche Post AG"*; Urt v 25. 10. 2001, C-475/99, Slg 2001, I-8089 Tz 57 – *„Ambulanz Glöckner"*.

100 *BGH* Beschl v 8. 5. 2007, KVR 31/06, Rn 34 ff, unter Berufung auf die Grundsatzentscheidung des *BVerfG* v 28. 3. 2006, *BVerfGE* 115, 276 sowie zur regionalen Legalisierungswirkung: *BVerwGE* 126, 149, 158 f.

schaften zur Verfolgung der ordnungsrechtlichen Ziele (generell) von der Anwendung des EG-Kartellrechts freigestellt werden müssten. Soweit die Durchsetzung ordnungsrechtlicher Ziele erforderlich sei, genüge hierfür das den Ländern vorbehaltene Instrumentarium einer Erlaubniserteilung. Es bleibt daher noch zu erörtern, in welchem Umfang landesrechtliche Ordnungsvorgaben, namentlich regionale Erlaubnisvorbehalte, der kartellrechtlichen Forderung standhalten, Gebietsschranken abzubauen.

VII. Landesgesetzliche Regulierungen auf dem Prüfstand des EG-Kartellrechts

64 Gem Art 10 EGV iVm Art 81 EGV ist es nach der Rechtsprechung des *EuGH* den Mitgliedsstaaten verboten, Maßnahmen zu treffen oder beizubehalten, die die praktische Wirksamkeit der für die Unternehmen geltenden Wettbewerbsregeln aufheben könnten.[101] Dabei geht es um die Grundsatzfrage, inwiefern zB das mitgliedsstaatlich verankerte Regionalitätsprinzip als territoriale Gebietsbeschränkung gegen EG-Wettbewerbsregeln verstößt.

1. Einschätzungsprärogative und EU-Konformität

65 Mit dieser Grundsatzfrage und den Maßstäben in der Rechtsprechung des *EuGH* hat sich der *BGH* ausführlich in seinem Beschluss vom 8. Mai 2007 auseinandergesetzt.[102] Der *EuGH* hat in ständiger Rechtsprechung anerkannt, dass die Mitgliedsstaaten aus Gründen des Allgemeininteresses, insbesondere zur Vorbeugung gegen Spielsucht, die Zulassung von Lotterien und Glücksspielen beschränken oder ausschließen können und dabei über erhebliches Ermessen verfügen.[103] Dass die aus den Allgemeininteressen resultierenden *„Schranken-Schranken"* nicht nur für Beschränkungen der Grundfreiheiten (Dienstleistungs- und Niederlassungsfreiheit) gelten, hat der *EuGH* in einem *Placanica*-Parallelverfahren, namentlich in der Rechtssache *D'Antonio* (Rs C-395/05), klargestellt.[104] Wörtlich heißt es in der Entscheidung:

---

101 *EuGH* Urt v 9. 9. 2003, C-198/01, Slg 2003, I-8079, Tz 45 – „CIF", zit nach *BGH* Beschl v 8. 5. 2007, KVR 31/06, Rn 35.

102 Az KVR 31/06, Rn 35 ff.

103 Vgl *EuGH* Urt v 24. 3. 1994, C-275/92, Slg 1994, I-1039 Tz 57 f, 61 – *„Schindler*; Urt v 21. 9. 1999, C-124/97 Slg 1999, I-6067 Tz 32 f, 35 – *„Läärä"*; Urt v 21. 10. 1999, C-67/98, Slg 1999, I-7289 Tz 14 ff – *„Zenatti"*, Urt v 6. 11. 2003, C-243/01, Slg 2003, I-13031, Tz 63 – *„Gambelli";* Urt v 6. 3. 2007, C-338/04, C-359/04 und C-360/04, WRP 2007, 525 Rn 47 – *„Placanica"*.

104 *EuGH* Urt v 6. 3. 2007, C-395/05, abrufbar unter www.curia.europa.eu; im Gegensatz zu den sechs anderen (verbundenen und nicht verbundenen) Vorabentscheidungsersuchen hat das vorlegende italienische Gericht in der Rechtssache C-395/05 nicht nur danach gefragt, ob die Bestimmungen des italienischen Gesetzes gegen die in den Art 43 EG und 49 EG vorgesehenen Grundsätze der Dienstleistungsfreiheit und der Niederlassungsfreiheit verstoßen, sondern auch um Auslegung zu den Grundsätzen des freien Wettbewerbs in den Art 31 EG und 86 EG (EG-Wettbewerbs-/Kartellrecht) ersucht.

„Andererseits, was die Interpretation der Art 31 EGV und 86 EGV betrifft, muss keine Antwort gegeben werden, nachdem man die Entscheidung, die das Gericht bezüglich der Interpretation der Art 43 EGV und 49 EGV getroffen hat, in Betracht gezogen hat." (Hervorhebung durch Verf)[105]

Mit anderen Worten: Die für die Grundfreiheiten anerkannten **Allgemeininteressen gelten entsprechend für die Durchsetzung der Wettbewerbsvorschriften.** Wenn die Allgemeininteressen eine nationale Beschränkung der Grundfreiheiten rechtfertigen, so gilt im Kontext der Wettbewerbsvorschriften (dies gilt insbesondere für die Reichweite von Art 86 Abs 2 EGV) nichts anderes. Da und soweit die nationalen Beschränkungen von der Einschätzungsprärogative gedeckt und aufgrund der Allgemeininteressen (Spielsuchtprävention) geboten sind, müssen auch die Wettbewerbsregeln zurückstehen. **66**

Dieser Grundsatz der mitgliedsstaatlichen Einschätzungsprärogative definiert nicht nur eine allgemein gültige gemeinschaftsrechtliche Prämisse, sondern er gilt für alle Glücksspielangebote. Ebenso wenig wie der *EuGH* unterschiedliche Anforderungen an Lotterien und andere Glücksspiele stellt,[106] möchte der *BGH* bei der kartellrechtlichen Beurteilung zwischen Lotterien und Sportwetten differenzieren.[107] Ausdrücklich bekräftigt der *BGH*, dass die Bewertung des Gefährdungspotentials eines Glücksspielangebots und die Festlegung einer Schwelle, ab welcher Gefährdung eine staatliche Regulierung des Wettbewerbs erfolgen soll, der auch gemeinschaftsrechtlich anerkannten Einschätzungsprärogative des Landesgesetzgebers unterliegt.[108] Um vor dem Gemeinschaftsrecht Bestand haben zu können, müssen die aus der Regulierung resultierenden Beschränkungen den Anforderungen genügen, die das Gemeinschaftsrecht an ihre Verhältnismäßigkeit stellt, namentlich müssen sie zur Verwirklichung der Regulierungsziele geeignet und erforderlich sein und dürfen nicht diskriminierend angewendet werden.[109] **67**

2. Beurteilung landesgesetzlicher Erlaubnisvorbehalte

Was folgt aus diesen Vorgaben für das Glücksspielmonopol – oder besser: die sechzehn Glücksspielmonopole – in Deutschland? Grundsätzlich handelt es sich bei der Ausgestaltung des Glücksspielwesens als Staatsmonopol um ein gemeinschaftsrechtlich, mithin auch wettbewerbsrechtlich zulässiges Glücksspielkonzept.[110] Soweit die **68**

---

105 *EuGH*, aaO Rn 8; im Ergebnis bestätigte der *EuGH* den schon in der Entscheidung *„Anomar"* vertretenen Standpunkt zu Art 31 EG, der wie folgt lautete: *„Da Glücksspiele eine Dienstleistung im Sinne des Vertrages darstellen, wie in Randnummer 56 dieses Urteils entscheiden worden ist, ist ein eventuelles Monopol für die Veranstaltung von Glücksspielen* ***vom Anwendungsbereich*** *des Art 31 EG* ***ausgeschlossen.****"* (Rn 60). (Hervorhebung durch Verf)

106 Vgl *EuGH* Slg 1994, I-1039 Tz 60 – *„Schindler"*; Slg 1999, I-6067 Tz 15 – *„Läärä"*; Slg 1999, I-7289 Tz 16 – *„Zenatti"*.

107 *BGH* Beschl v 8. 5. 2007, KVR 31/06, Tz 36; a A *BKartA* Beschl v 23. 8. 2006, Tz 288 ff.

108 Vgl *BGH* aaO, Rn 36.

109 St Rspr des *EuGH*, zuletzt betont im Urt v 6. 3. 2007, aaO Tz 48 f – *„Placanica"*.

110 *EuGH* Urt v 21. 9. 1999 C-124/07, Slg 1999, I-6067, Tz 42 – *„Läärä"*; *BVerfGE* 115, 276, 318; *BGH* Beschl v 8. 5. 2007, KVR 31/06, Tz 47.

Umsetzung aufgrund der verfassungsrechtlichen Prinzipien in einem Föderalstaat nur in Ländermonopolen erfolgen kann, gelten die für die Mitgliedsstaaten entwickelten Beurteilungsmaßstäbe entsprechend für die einzelnen Bundesländer. Dabei ist es grundsätzlich den Mitgliedsstaaten überlassen, mit welcher Strenge sie das Glücksspielwesen – sogar innerhalb eines Monopols – regulieren wollen.[111] Entscheidend ist allein, dass mit der Regulierung zulässige Ziele verfolgt werden. Mit dem Glücksspielstaatsvertrag werden ausweislich seines § 1 legitime Allgemeininteressen im Sinne der Rechtsprechung des *EuGH* verfolgt. Dies sind neben der Spielsuchtbekämpfung und Spielsuchtvermeidung insbesondere die Kanalisierung des natürlichen Spieltriebs in geordnete und überwachte Bahnen sowie die Verhinderung übermäßiger Spielanreize. Soweit mitgliedstaatliche Maßnahmen aufgrund der Verfolgung solcher Ziele die europäischen Grundfreiheiten beschränken dürfen, scheidet auch ein Verstoß gegen Art 10 EGV iVm Art 81 EGV aus.[112] Dies gilt auch für die kartellrechtliche Beurteilung landesrechtlicher Erlaubnisvorbehalte zur Regulierung der Tätigkeit von Lottogesellschaften anderer Bundesländer. Unter Bezugnahme auf die Rechtsprechung des *EuGH*[113] vertritt der *BGH* zu Recht die Auffassung, dass ein landesrechtlicher Erlaubnisvorbehalt für die Tätigkeit von Lottogesellschaften anderer Bundesländer gemeinschaftsrechtlich unbedenklich ist.[114] Da die Bundesländer entsprechend der föderalen Ordnung berechtigt sind, eine eigenständige Politik im Glücksspielwesen zu verfolgen (*„ordnungsrechtliche Lotteriehoheit“*), dürfen sie auch gemeinschaftsrechtlich nicht verpflichtet sein, die von anderen Bundesländern erteilten Erlaubnisse ungeprüft anzuerkennen.

69 Dies gilt umso mehr, da das *BVerfG* in seinem Beschluss vom 28. März 2006[115] die Erweiterung des Angebots staatlicher Wettveranstaltungen für einen Übergangs-

---

111 Der *BGH* bringt dies mit einer einprägsamen Formulierung auf den Punkt: *„Die von den Mitgliedsstaaten im Glücksspielsektor verfolgen Ziele sind nicht Gegenstand dieser Verhältnismäßigkeitsprüfung, sondern ihr Ausgangspunkt.“*, vgl *BGH* Beschl v 8. 5. 2007, KVR 31/06, Rn 37.

112 Vgl *BGH* Beschl v 8. 5. 2007, Az KVR 31/06, Rn 38.

113 Der *EuGH* hat den Mitgliedsstaaten ausdrücklich das Recht anerkannt, Tätigkeiten im Glücksspielsektor einem Erlaubnisvorbehalt zu unterstellen *EuGH* Urt v 6. 3. 2007, C-338/04, C-359/04 und C-360/04, Tz 45 ff – *„Placanica“*.

114 *BGH* Beschl v 8. 5. 2007, Az KVR 31/06, Rn 41. Da es sich um eine Entscheidung nach § 65 Abs 3 GWB handelte, hebt der *BGH* jedoch die Vorläufigkeit dieser Beurteilung hervor; um klarzustellen, dass die Erlaubnis nur aus ordnungsrechtlichen Gründen versagt und der Erlaubnisvorbehalt nicht in unlässiger Weise zu wettbewerblichen Zwecken ausgeübt werden darf, präzisiert der *BGH* ergänzend (Rn 43), *„dass eine wettbewerblich unzulässige Versagung der Erlaubnis eine nach Art 10, 81 EG unzulässige staatliche Maßnahme sein würde, dass aber die grundsätzliche gemeinschaftsrechtliche Zulässigkeit des Erlaubnisvorbehalts durch die Möglichkeit seines Missbrauchs im Einzelfall nicht beseitigt wird“*. Diese im einstweiligen Rechtsschutz vertretene Auffassung hat der *BGH* in der Hauptsacheentscheidung vom 14. 8. 2008 (Az KVR 54/07) bestätigt, die Entscheidungsgründe lagen z Zt der Drucklegung noch nicht vor, die betreffende *BGH*-Pressemitteilung ist aber unmissverständlich überschrieben *„Erlaubnisvorbehalt für Lottovertrieb unbedenklich.“*

115 *BVerfGE* 115, 276, 319.

zeitraum untersagt hat.[116] Eine unzulässige Erweiterung staatlicher Wettveranstaltung stellt nicht nur die Veranstaltung neuer Glücksspiele dar, sondern auch die Einrichtung neuer oder zusätzlicher Vertriebsmöglichkeiten für bereits verfügbare Spielangebote.[117] Schließlich – und darin liegt die entscheidende Konsequenz für das kartellrechtliche Regime – dürfen sich die Bundesländer aufgrund und im Rahmen ihrer Lotteriehoheit für oder gegen die Schaffung eines Monopols entscheiden und den Wettbewerb im eigenen Land wegen ordnungsrechtlicher Ziele ausschließen.[118]

3. Fazit zur regionalen Ausrichtung staatlicher Glücksspieltätigkeit

Soweit man unterstellt, dass die Veranstaltung von Glücksspielen zwar eine öffentliche Aufgabe (§ 10 Abs 1 GlüStV) ist, aber die Gesetzgeber trotzdem den staatlichen Lottogesellschaften für deren Glücksspieltätigkeit keine hoheitliche Aufgabe übertragen haben, ist strikt zwischen der ordnungsrechtlichen Regelungskompetenz (der Länder) und der Glücksspieltätigkeit (der Lottogesellschaften) zu unterscheiden. Soweit man – ungeachtet der von den 16 Bundesländern gewollten Glücksspielmonopole (= kein Wettbewerb) – weiter unterstellt, dass zwischen den Lottogesellschaften ein (potentieller) Angebotswettbewerb besteht, müssen diese im Rahmen des ordnungsrechtlich Zulässigen unternehmerische Entscheidungen treffen und sich insoweit als Unternehmen im Sinne des Kartellrechts behandeln lassen. Es unterliegt dann der Entscheidung der Lottogesellschaften, von einer Ausdehnung ihrer Tätigkeit auf andere Gebiete abzusehen, die jede Lottogesellschaft für sich, dh unabhängig von anderen Lottogesellschaften, treffen muss. Falls sich eine Lottogesellschaft für eine Ausweitung entscheidet, muss sie die dafür erforderliche Genehmigung des anderen Bundeslandes/der anderen Bundesländer einholen.[119] Das andere Bundesland darf die beantragte Erlaubnis aus ordnungsrechtlichen, nicht aber aus wettbewerblichen Gründen versagen. Soweit das andere Bundesland ein ordnungsrechtlich konsistentes Regelungsregime schafft und aufgrund berechtigter ordnungsrechtlicher Gründe die Erlaubnis versagt, weil weitere Glücksspielangebote Lottogesellschaften im eigenen Land nicht zugelassen werden, mithin sich das andere Bundesland für die Einrichtung/Aufrechterhaltung eines Staatsmonopols für Glücksspiele entscheidet, ist dies weder gemeinschaftsrechtlich noch kartellrechtlich zu beanstanden. **70**

---

116 Die spezifisch für die Rechtslage in Bayern getroffene Entscheidung ist auf die Rechtslage in den anderen Bundesländern übertragbar, vgl zB *BVerfG* Beschl v 4. 7. 2006, 1 BvR 138/05, WM 2006, 1644 Tz 10f.

117 Dies formuliert der *BGH*, Beschl v 8. 5. 2007, aaO, Rn 45, wie folgt: „*Es liegt nicht fern, als unzulässige Erweiterung staatlicher Wettveranstaltung im Sinne des Bundesverfassungsgerichts nicht nur neue Glücksspiele, sondern auch die Bereitstellung neuer oder zusätzlicher Vertriebsmöglichkeiten für bereits verfügbare Spielangebote durch weitere staatliche Lottogesellschaften anzusehen*“.

118 *BGH* Beschl v 8. 5. 2007, KVR 31/06, Rn 47.

119 Ebd Rn 54f.

VIII. Andere, spezifisch nach deutschem Kartellrecht verbotene Verhaltensweisen

71 Zur Bekämpfung einseitiger Wettbewerbsbeschränkungen geht der nationale Gesetzgeber über das gemeinschaftsrechtliche Regelungswerk hinaus. Soweit man die staatlichen Lottogesellschaften den kartellrechtlichen Vorgaben unterliegen, sind den Lottogesellschaften – wie anderen Unternehmen auch – bestimmte einseitige wettbewerbsbeschränkende Verhaltensweisen verboten. Verboten sind insbesondere der Boykott (§ 21 Abs 1 GWB) und die Veranlassung zu einem Verhalten, das nicht zum Gegenstand einer vertraglichen Bindung gemacht werden darf (§ 21 Abs 2 GWB). Insoweit gelten für Lottogesellschaften keine Besonderheiten.

IX. Zusammenschlusskontrolle

72 Zusammenschlüsse unterliegen je nach ihrer Bedeutung der einzelstaatlichen oder europäischen Zusammenschlusskontrolle.

1. Zusammenschlusstatbestände

73 Der „Zusammenschluss" wird sowohl im europäischen als auch im einzelstaatlichen Recht in der Regel durch Zusammenschlusstatbestände definiert und konkretisiert:

In **Deutschland** unterliegt der Zusammenschluss den §§ 35ff GWB, die entsprechende Zusammenschlusstatbestände enthalten. Danach ist ein Zusammenschluss

- der Erwerb des Vermögens eines anderen Unternehmens (einschließlich Verschmelzungen) im Ganzen oder teilweise,
- der Erwerb der Kontrolle über ein anderes Unternehmen,
- der Erwerb von mindestens 25% des Kapitals oder der Stimmrechte an einem anderen Unternehmen (einschließlich der Gründung eines Gemeinschaftsunternehmens) sowie
- der Erwerb sonstigen wettbewerblich erheblichen Einflusses auf ein anderes Unternehmen.

74 Im europäischen Recht ist die Zusammenschlusskontrolle durch die so genannte Fusionskontrollverordnung[120] geregelt. Danach liegt ein Zusammenschluss vor, wenn

- zwei oder mehr bisher voneinander unabhängige Unternehmen fusionieren oder
- ein oder mehrere Unternehmen durch den Erwerb von Anteilsrechten oder Vermögenswerten, durch Vertrag oder in sonstiger Weise die unmittelbare oder mittelbare Kontrolle über die Gesamtheit oder Teile eines oder mehrerer anderer Unternehmen erwerben (einschließlich der Gründung eines (Vollfunktions-)Gemeinschaftsunternehmens).

75 An den Zusammenschlusstatbestand knüpft die Zusammenschlusskontrolle an. Eine Verbindung von Unternehmen, die einen Zusammenschlusstatbestand erfüllt, ist – in

120 VO 139/2004/EG (zuvor VO 4064/89/EWG).

Deutschland beim *Bundeskartellamt* und auf EU-Ebene bei der *Kommission der Europäischen Gemeinschaften* – zur Zusammenschlusskontrolle anzumelden, sofern der Zusammenschluss eine bestimmte Mindestbedeutung erreicht.

2. Zusammenschlusskontrolle in Deutschland

Ein Zusammenschluss muss dem *Bundeskartellamt* förmlich angemeldet werden, wenn **76**

- die beteiligten Unternehmen insgesamt weltweit Umsatzerlöse von mehr als € 500 Millionen erzielt haben und außerdem
- mindestens eines der beteiligten Unternehmen innerhalb Deutschlands Umsatzerlöse von mehr als € 25 Millionen erzielt hat.

Von der Anmeldepflicht sind solche Zusammenschlüsse ausgenommen, bei denen **77** auf der einen Seite ein mittelständisches Unternehmen[121] beteiligt ist, sowie Zusammenschlüsse, die einen Bagatellmarkt betreffen.[122] Solange ein Zusammenschluss vom Bundeskartellamt nicht freigegeben worden ist, dürfen die beteiligten Unternehmen den Zusammenschluss nicht vollziehen. Das *Bundeskartellamt* untersagt einen Zusammenschluss, wenn durch den Zusammenschluss auf einem der Märkte, die der Zusammenschluss betrifft, eine marktbeherrschende Stellung begründet oder verstärkt wird. Trotz marktbeherrschender Stellung wird ein Zusammenschluss ausnahmsweise dann nicht untersagt, wenn der Zusammenschluss auch zu Verbesserungen der Marktstrukturen führt und diese Verbesserungen so bedeutend sind, dass sie die Nachteile, die mit der marktbeherrschenden Stellung verbunden sind, aufwiegen.[123]

3. Europäische Zusammenschlusskontrolle

Der Europäischen Zusammenschlusskontrolle unterliegen Zusammenschlüsse dann, wenn **78**

- die beteiligten Unternehmen weltweit einen Umsatz von zusammen mehr als € 5 Mrd und
- mindestens zwei der beteiligten Unternehmen einen gemeinschaftsweiten Umsatz von mehr als € 250 Millionen erzielt haben.

Werden diese Umsatzschwellen nicht erreicht, so findet die europäische Zusammenschlusskontrolle dennoch statt, wenn der weltweite Gesamtumsatz der beteiligten **79**

---

121 Im Sinne eines selbständigen Unternehmens, das weltweit nicht mehr als € 10 Millionen Umsatz erzielt.

122 Dh einen Markt, der bereits seit mindestens fünf Jahren besteht, auf dem aber im Jahr nicht mehr als € 15 Millionen umgesetzt werden.

123 Ist das Zusammenschlussvorhaben sachlich unproblematisch, so wird es in der Regel innerhalb von deutlich weniger als vier Wochen vom Bundeskartellamt freigegeben. Hält die Behörde das Vorhaben dagegen für problematisch, so eröffnet sie das Hauptprüfverfahren. Im Hauptprüfverfahren hat das *Bundeskartellamt* maximal vier Monate seit Eingang der Anmeldung Zeit, um über die Freigabe oder Untersagung des Vorhabens zu entscheiden. Nach § 42 GWB ist es dem *Bundesminister für Wirtschaft* erlaubt, einen untersagten Zusammenschluss zu genehmigen.

Unternehmen mehr als € 2,5 Mrd beträgt und weitere, in der Verordnung im Einzelnen benannte Umsatzschwellen erreicht sind. Wie für die deutsche Fusionskontrolle, so gilt auch für die EU-Kontrolle, dass der Zusammenschluss nicht vollzogen worden werden darf, solange er von der *Kommission* nicht freigegeben worden ist. Die Freigabe wird nicht erteilt, wenn durch den Zusammenschluss wirksamer Wettbewerb im Gemeinsamen Markt verhindert wird, insbesondere durch Begründung und Verstärkung einer marktbeherrschenden Stellung. Für einen Zusammenschluss, der der EU-Fusionskontrolle unterliegt, findet eine mitgliedstaatliche Fusionskontrolle grundsätzlich nicht mehr statt.[124]

4. Relevanz der Zusammenschlusskontrolle im Glücksspielbereich

80 Es ist bislang kein Fall aus dem Glücksspielbereich bekannt, für den die **gemeinschaftsrechtliche Zusammenschlusskontrolle** einschlägig war.

Anderes gilt für die **nationale Zusammenschlusskontrolle.** Diese erlangte erstmalig Relevanz für das Vorhaben der Lottogesellschaften der Bundesländer Hessen, Rheinland-Pfalz und Baden-Württemberg, gemeinsam 75% und eine Aktie der Tipp24 AG, dem führenden deutschen Online-Lotto-Vermittler, zu erwerben.[125] Das angemeldete Vorhaben führte nach Einschätzung des Bundeskartellamts zur Verstärkung der bereits vor dem Zusammenschluss bestehenden, marktbeherrschenden Stellungen der beteiligten Lottogesellschaften auf dem Lotteriemarkt in ihrem jeweiligen Heimatbundesland. Da das *Bundeskartellamt* beabsichtigte, den Zusammenschluss zu untersagen, haben die Beteiligten das Vorhaben aufgegeben. Parallel mit Inkrafttreten der neuen Gesetzeslage zum 1. 1. 2008 beabsichtigte das Land Rheinland-Pfalz zur Umsetzung der nach dem Glücksspielstaatsvertrag geforderten staatlichen Ziele für die Glücksspielveranstaltung, eine Mehrheitsbeteiligung von 51% an der Lotto Rheinland-Pfalz GmbH zu erwerben. Mit Beschluss vom 29. 11. 2007 hat das *Bundeskartellamt* diesen Anteilswerb untersagt. Das *Bundeskartellamt* vertritt die Auffassung, dass eine Mehrheitsbeteiligung des Landes Rheinland-Pfalz die marktbeherrschende Stellung von Lotto Rheinland-Pfalz auf dem rheinland-pfälzischen Lotteriemarkt verstärkt hätte.[126] Mit einer Hauptsacheentscheidung des *OLG Düsseldorf* über die gegen den kartellbehördlichen Beschluss eingelegten Beschwerde wird im Sommer 2008 gerechnet.

---

124 Es besteht allerdings laut Art 9 FKVO ein Mitteilungsrecht der Mitgliedstaaten, die Kommission zu unterrichten, wenn in diesem Land die Entstehung oder Verstärkung einer beherrschenden Stellung durch einen Zusammenschluss droht („*deutsche Klausel*"). Die Kommission entscheidet darauf hin, ob der Fall auf nationaler oder EU-Ebene weiterbehandelt werden soll. Entscheidet sie sich für eine Übertragung der Prüfung auf das nationale Recht des Mitgliedsstaates, dann erfolgt der weitere Verlauf des Kontrollverfahrens ausschließlich nach den nationalen Regelbestimmungen und nicht nach den EU-Bestimmungen.

125 Tätigkeitsbericht des *BKartA* betr Jahre 2005/2006, Drs 16/5710, S 180.

126 *BKartA*, Beschl v 29. 11. 2007, B 6-92763-FA-158/07.

X. Fazit und Ausblick

Der am 1. Januar 2008 in den Ländern in Kraft getretene Glücksspielstaatsvertrag manifestiert zusammen mit den Ausführungsgesetzen der Länder die staatlichen Glücksspielmonopole in Deutschland. Gemeinschaftsrechtlich ist dies bei konsequenter Verfolgung legitimer Zwecke, insbesondere zur Eindämmung der gesellschaftlichen Spielsucht, nicht zu beanstanden.[127] Der Gesetzgeber wird durch eine gewollte Schwächung der Attraktivität von Glücksspielangeboten seiner regulativen Schutzpflicht gerecht, das Spielpublikum vor den Risiken des Glücksspiels, die sich aber aufgrund des natürlichen Spieltriebs nicht ausschließen lassen, sachgerecht zu schützen. Da eine Attraktivitätssteigerung durch Wettbewerb ungewollt ist und da Monopolkonzepte den Wettbewerb ausschließen, kann das gemeinschaftsrechtlich zulässige Monopolkonzept nicht durch die kartellrechtliche Hintertür zunächst geschwächt und dann wegen fehlender Strenge und Konsistenz abgeschafft werden. 81

Begreift man richtigerweise die Lottogesellschaften als Vehikel der Länder zur Umsetzung der ordnungsrechtlichen Ziele im Glücksspielwesen, wäre es konsequent, die Lottogesellschaft vom Spagat zwischen unternehmerischer Opportunität (so will es das Kartellrecht) und konsistenter/kohärenter Suchtprävention (so will es das Ordnungsrecht) zu befreien. Für das Glücksspielwesen sollte daher nicht nur im Dienstleistungsbereich eine nationale Bereichsausnahme definiert werden, sondern es sollten sachgerechte Privilegierungen gem Art 81 Abs 3 EGV bzw Freistellungen von kartellrechtlichen Vorgaben für staatliche Lottogesellschaften gem Art 86 Abs 2 EGV anerkannt werden. Anderenfalls gefährden die wettbewerbsrechtlichen Prämissen das Erreichen der ordnungsrechtlichen Ziele. Denn, dies sei nochmals betont, das Hauptanliegen des Wettbewerbs liegt darin, die Attraktivität des Produkts, hier des Glücksspielangebots, zu steigern, dies ist aber ordnungsrechtlich gerade unerwünscht und bedroht die Monopolkonzepte der Länder. Hier sind die Gerichte gefordert, die

---

127 Ausdrücklich haben beispielsweise zuletzt der *VGH Baden-Württemberg*, Beschl v 17. 3. 2008 (6 S 3069/07) sowie das *OVG Hamburg*, Beschl v 25. 3. 2008 (4 Bs 5/08) die Verfassungs- und **Europarechtskonformität** der Glücksspielsstaatsvertrags und der jeweiligen Umsetzungsgesetze **festgestellt**. Die gegenteilige Auffassung vertreten einige Verwaltungsgerichte, so etwa zuletzt das *VG Berlin*, Beschl v 2. 4. 2008 (VG 35 A 52.08) und das *VG Freiburg*, Beschl v 16. 4. 2008 (1 K 2052/06), die jeweils davon ausgehen, dass das im Glücksspielstaatsvertrag verankerte staatliche Glücksspielkonzept, insbesondere die derzeitige Ausgestaltung des staatlichen Sportwettenmonopols europarechtswidrig sei und deshalb für nationale Gerichte die Pflicht bestehe, gemeinschaftsrechtswidriges nationales Recht von sich aus außer Anwendung zu lassen. Bei der Prüfung der Europarechtskonformität geht es primär um die Frage, ob und inwieweit die im geltenden Glücksspielregime vorgesehenen Beschränkungen kohärent und systematisch zur Begrenzung der Glücksspieltätigkeiten beitragen. Dies wird innerhalb der *EU-Kommission* kontrovers argumentiert, insbesondere nach welchen Maßstäben überhaupt die Kohärenz beurteilt werden soll, ob eine sektorale Betrachtungsweise im Glücksspielsektor (also dass die Regulierung von Spielautomaten und Lotterien jeweils gesondert betrachtet wird) oder ein umfassender Kohärenzmaßstab für alle Glücksspiele sachgerecht ist. Während sich die *EU-Kommission* in einem gegen Regelungen des Glücksspielstaatsvertrags angestrengten Vertragsverletzungsverfahren für die Gesamtbetrachtung ausspricht, favorisiert die *EU-Kommission* in einem Vorlageverfahren die sektorale Betrachtungsweise.

Kompetenzfragen und insbesondere die ordnungsrechtlichen Befugnisse der Länder für das Glücksspielwesen im Sinne einer effektiven und zeitgemäßen Suchtprävention zu klären, damit die handelnden Lottogesellschaften wissen, ob es den Gesetzgebern gelungen ist, die mit dem Wettbewerb einhergehenden und unvermeidbaren Untiefen – um bei dem einleitenden Bild des „Glücksspielflusses“ zu bleiben – durch konsistente und kohärente Glücksspielkonzepte zu umschiffen.

IX. Summary (Games of Chance and Cartel Law)

Mailänder analyses the latest decisions of the supreme courts (European Court of Justice and Federal Supreme Court of Justice) that apply to the gambling situation in Germany in the light of the European and national cartel law. The author begins with a description of the fundamental principles of the European cartel law.

Art 81 to 86 EGV (including the regulations issued to this) and the German Federal Act Contra Restriction of Competition (the 1957 Antitrust Act, Gesetz gegen Wettbewerbsbeschränkungen, GWB) are the sources of the cartel law in Germany. The cartel regulations embodied in the European Community Law have a direct effect on each member state – positive and negative. In principle, the factual scope of application of Art 81 to 86 EGV covers all economic fields The spatial scope of application of the EU cartel law is defined in accordance with the principle of effectiveness. The objective of the cartel law is particularly the prohibition of cartels or the review of cartels. This includes: the review of agreements and modes of conduct/procedure in conformity that restrict competition or intend to restrict it (art 81 EGV), the prohibition of abuse by means of a market dominating position (art 82 EGV), the control of mergers, and the restrictive exemption from targets of cartel law (art 82, para 2 EGV).

Due to the lack of substantive secondary legal targets of harmonization (the EU Commission's endeavours in this respect having failed up to now), EU cartel law's targets for member state's law on gambling games ensue exclusively from the mutual primary legislations (treaties). According to the Federal Cartel Office's ruling on 23rd August, 2006, this primary law attracted attention for the first time. The State Gambling Act and the supplementary Länders' Acts[128] have evidently also been based on this ruling, yet in the manner set forth by the Federal Supreme Court of Justice. According to the cartel law's functional term of enterprise, each unit that exercises economic activities is to be qualified as an enterprise. Consequently, state and governmental institutions – and especially government-owned corporations – can take action as entrepreneurs. This term of "enterprise" is restricted when the govern-

128 The Federal Republic of Germany consists of 16 *(Bundes-)Länder*: Baden-Württemberg, Bavaria, Berlin, Brandenburg, Bremen, Hamburg, Hessen, Lower Saxony, Mecklenburg-Western Pomerania, North-Rhine Westphalia, Rhineland-Palatinate, Saarland, Saxony, Saxony-Anhalt, Schleswig-Holstein and Thuringia. Federalism in the Federal Republic of Germany is characterized by a distribution of power between the Federation and the Länder. The latter possess state quality independent of the Federation.

mental institution acts on a sovereign basis. "Sovereign" in this sense means all those activities thatare exercised in public interest and not (additionally) for the purpose of acquisition. In regard to this legal situation, the Federal Supreme Court of Justice declared in the Faber proceedings in 1999 that the governmental organizers of lotteries and sports betting, including the German Lotto- and Toto-Organization ("bloc", DLTB), are to be classified as enterprisesand association of enterprises. Moreover, in the current decisions of the German cartel authority and the Federal Supreme Court of Justice, the so-called "bloc-contract" i.e. contractual basis for the cooperation of the Länders' lottery organizers united under the umbrella of DLTB has been qualified as an agreement between enterprises and also as a solution of an association of enterprises with external effects that would be subject to the cartel law's prohibition. The evidence of a tangible restriction of competition on a relevant market – produced by this qualification – was not a cause for hesitation on the part of the cartel watchmen. In this regard, *Mailänder* points out that there is no market for all gambling offers, but that there are various markets offering gambling products that are very different in their arrangements. While the unwritten cause of the offence of a "noticeable influence of the restriction", which was introduced into the legal practice to keep separate relevant and minor contraventions of cartel law, seems to be readily met by the gambling activities of lottery enterprises, the damage that the Federal Cartel Authority assumes to have taken place and the further impairment of the gambling trade between member states, which is being considered to be a contravention of the European Cartel Law, seems to be hypothetical. It (the contravention) presupposes that persons crossing the borders demand German gambling offers from other Bundesländer and also offers from other EU member states. In its decision on 8th May, 2007, the Federal Supreme Court of Justice decided that in the lotteries' procedures – i e in the territorial restriction to the respective Bundesland – no criterion is apparent for legal exemption according to article 81, para 3 EGV, i e for an exemption of the Länders' gambling enterprises from the measures which to that extent restrain competition as a result of the cartel's prohibition.

The in this respect unmistakable findings of the cartel law to the disadvantage of governmental associations is, however, mollified by the Supreme Court's discussion on two further central problems: on the one hand, art 86, para 2 EGV provides that the competition regulations are not applicable to public enterprises that are entrusted with services of general economic interest if, moreover, the accomplishment of the special tasks entrusted to them would be legally or factually prevented. On the other hand, the question is at stake is whether the principle of regionality that is embodied by the member states (principle of territory, see art 4, para 1, sentence 1 State Gambling Act) contravenes the EG regulations on competition as a limitation of territory. In art 86, para 2 EGV referring to the activities of the governmental gambling enterprises, *Mailänder* sees a parallel to the public broadcasting legislation: certainly, broadcasting under public law is economically active in various ways. Nevertheless, an exemption from the regulations of competition according to art 86, para 2 EGV ought to be factually examined. If this leading idea is applied by the governmental gambling system and if an economic quality of the gambling offer on the part of the governmental lottery associations is assumed, then the exemption depends on how far the competition regulations impair the goals of public security and order, namely in a way that the exemption corresponds to art 86, para 2 EGV. The defined presuppositions of art 86, para 2 EGV are the following: firstly, the public enterprise must be "entrusted" with a public task. Each enterprise is to be considered as a public enterprise if it is organized under public or private law and in which the public sector can factually exercise influence. No action of sovereignty is required to entrust the enterprise with the public task, the assignment of the charge in the individual case is sufficient. The decisive criterion of entrusting an enterprise with the public task is: the enterprise concerned will carry out the task even when it is not profitable in the particular case, and thus the economic self-interest is subordinated to the public task. The primarily public security and order goal of the State Gambling Act and the supplementary Länders' laws admits the supposition of entrusting the governmental gambling enterprises with this task. The activities carried out by the gambling games enterprises must furthermore be a service in the public interest. The service is then of public interest when it is to the benefit of the public. The avoidance and combating addiction, the canalization of the existing gambling instinct and the avoidance of accompanying criminality are of general interest in this sense. Because and as far as the measures taken separately by single member states contain restrictions to the internal Community Market these restrictions ought to be focused consequently and coherently on combating the threatening dangers to public security and order, thereby strictly observing the principles of proportionality and non-discrimination. In regard to the question of which type of regulation the member state should choose to achieve this goal (monopoly or concession model), the European Court of Justice and the Court of the European Free Trade Association (EFTA-Court, at present fulfilling the judicial function within the EFTA system for the member states Iceland, Liechtenstein and Norway) have recently left a rather full scope of judgement to the competent legislative authorities. The EFTA-Court pointed out explicitly that enterprises embodied in a governmental monopoly would be the most ready to curb the demand for gambling games and they could be more easily supervised than a great number of commercial tenderers.

In its ruling on 8th May 2007, the Federal Supreme Court of Justice left undecided whether or not the Lotto enterprises may be entrusted with a task of public interest as a part of the police and regulatory law. But the court did – subject to preliminary reservations express its opinion in respect of the second key question, namely whether the principle of regionality (principle of territory, see Art 4, para 1, sentence 1 State Gambling Act) contravenes the EU competition regulations as a territorial restriction: the Federal Supreme Court of Justice maintains – justly – that a reservation on the granting of permission demanded by a single Land towards other Federal Länder is legally unobjectionable. As the Länder – according to the federal system of the Federal Republic – are entitled to pursue their own policy concerning gambling (Lottery Sovereignty as apart of the Länders' legislative jurisdiction for police and regulatory law), they must not be obliged by the Community Law to approve uncontrolled permissions granted by other Länder. This was applicable up to 31st December, 2007, during the transition period decreed by the German Constitutional Court. Due to the State Gambling Act's effectiveness as of 1st January, 2008, the enlargement of the trading area of a Lotto enterprise requires permission by the competent federal authority. The Federal Court of Justice upheld for the main proceeding without reservations in its decision dated August 14, 2008 that the Lotto enterprises must assume the validity of regional reservations on licensing, they may continue to direct their respective gambling activities to single states without violating competition law.

§ 17 Glücksspiel und Jugend(medien)schutz

Dirk Postel

Übersicht

1 *Ist Bingo eine Sucht? Clara aus Harrislee findet das nicht. Sie muss es wissen. Seit Jahren fährt die 88-jährige mit dem Sammeltaxi zum Bingo nach Kruså – jeden Tag.*

2 Mit diesen Worten endet ein Artikel in einer überregionalen Wochenzeitung bereits im Jahre 1998.[1] Das Angebot in der Bingo-Halle an der deutsch-dänischen Grenze gibt es auch heute noch: „Jedes Spiel € 100. Bei Pot auf 13 ein Getränk gratis!" heißt es Anfang Dezember 2006, „Ein Osterspiel extra!!!" Ostern 2007.[2]

1 *Eckert* Zum Bingo nach Kruså, in: ZEIT 17/1998, 64.

2 *Dithmarscher Landeszeitung* v 9. 12. 2006, 22; *Dithmarscher Landeszeitung* v 7. 4. 2007, 26.

I. Einleitung

Nach dem gegenwärtigen Stand der Forschung steht fest, dass Glücksspiele jeglicher Art zu krankhaftem Suchtverhalten führen können.[3] Auch die Weltgesundheitsorganisation hat die pathologische Spielsucht in die internationale Klassifikation psychischer Störungen aufgenommen.[4] Eine zunehmende Anzahl an Forschungsbefunden sowie Erkenntnisse aus der medizinischen Rehabilitation haben Anfang 2001 schließlich dazu geführt, dass das pathologische Spielverhalten auch durch die Spitzenverbände der Krankenkassen und Rentenversicherungsträger als rehabilitationsbedürftige Krankheit anerkannt worden ist.[5] In dem im Juni 2003 verabschiedeten Aktionsplan Drogen und Sucht ist die Bundesregierung von 50.000 bis 80.000 Menschen in Deutschland ausgegangen, die wegen pathologischer Spielsucht behandlungsbedürftig sind; andere und aktuellere Schätzungen weisen weitaus höhere Zahlen aus.[6] Pathologisches Spielen oder Spielsucht stellt zwar für sich genommen keine die Schuldfähigkeit erheblich einschränkende oder ausschließende krankhafte seelische Störung oder schwere andere seelische Abartigkeit im Sinne des § 20 StGB dar,[7] allerdings kann eine erhebliche Verminderung der Steuerungsfähigkeit im Sinne von § 21 StGB anzunehmen sein, sofern Betroffene durch ihre Spielsucht gravierende psychische Veränderungen in ihrer Persönlichkeit erfahren, die in ihrem Schweregrad einer krankhaften seelischen Störung gleichwertig sind.[8] 3

---

3 *Grüsser/Thalemann* Verhaltenssucht – Diagnostik, Therapie, Forschung, 2006; *Hayer/Meyer* Das Suchtpotenzial von Sportwetten, Sucht 2003, 212; *Albrecht/Grüsser* Diagnose Glücksspielsucht?, psychomed 2003, 59, 60; *Brandl* Spielleidenschaft und Strafrecht, Frankfurt 2003, 23 f, 226 ff; *LVerfG LSA*, Urt v 8. 2. 2007, LVG 19/05, Absatz-Nr 44, http://www.lverfg.justiz.sachsen-anhalt.de; vgl bereits *BVerfG* Beschl v 1. 3. 1997, 2 BvR 1599/89 u a NVwZ 1997, 573, 575.

4 *Grüsser/Poppelreuter/Heinz/Albrecht/Saß* Verhaltenssucht – eine eigenständige Diagnoseeinheit, Nervenarzt 2007; *Saß/Wittchen/Zaudig/Houben* Diagnostische Kriterien, 2003; *Dilling/Mombour/Schmidt* Internationale Klassifikation psychischer Störungen, 2000; die *American Psychiatric Association* hat *pathological gambling* bereits 1980 als separate diagnostische Einheit in ihr Handbuch für psychische Störungen aufgenommen, vgl dazu auch *Klam* Die rechtliche Problematik von Glücksspielen im Internet, 2002, 47.

5 *Hayer/Meyer* Die Prävention problematischen Spielverhaltens – Eine multidimensionale Herausforderung –, J Public Health 2004, 293, 294.

6 Vgl etwa *HVerfG* Urt v 21. 10. 2003, *HVerfG* 10/02, JurPC Web-Dok 308/2003, nach dem geschätzt etwa 130.000 Menschen bundesweit als spielsüchtig gelten; vgl ebenfalls *Buschle* Der Spieler – Schreckgespenst des Gemeinschaftsrechts, European Law Reporter 2003, 471, der darauf hinweist, dass es in Deutschland zwischen 90.000 und 500.000 Glücksspielabhängige gebe, von denen zwei Drittel Männer mit niedrigen Einkommen seien; vgl ferner *Meyer* Glücksspiel – Zahlen und Fakten, Jahrbuch Sucht 2007, 99, nach dem die Anzahl pathologischer Spieler in Deutschland auf 100.000 bis 265.000 geschätzt werde.

7 Einzelheiten hierzu s bei *Hoch* § 9; *BGHR StGB* § 21 seelische Abartigkeit 8 mit Anm *Kröber* JR 1989, 380; vgl aus forensisch-psychiatrischer und kriminologischer Sicht *Mergen,* in: FS für Werner Sarstedt, 1981, 189; *Meyer* MSchrKrim 1988, 213; *Meyer/Fabian/Wetzels* StV 1990, 464; *Rasch* Forensische Psychiatrie, 2. Aufl, 283 f; *Kellermann* NStZ 1996, 335.

8 Zur Beschaffungskriminalität eines Spielsüchtigen sowie möglicher eingeschränkter Schuldfähigkeit aufgrund pathologischen Spielens vgl *BGH* Urt v 25. 11. 2004, 5 StR 411/04, NJW 2005, 230 m Anm *Vahle* Kriminalistik 2006, 97; vgl auch umfassend *Brandl* s o Fn 3, 225 ff.

4 Glücksspielsucht kann dabei nicht nur ein Problem für die eingangs beispielhaft genannte Altersgruppe sein; gerade unter Jugendlichen ist eine Hinwendung beispielsweise zu Wetten mit festen Gewinnquoten auffällig und eine Ausprägung problematischen Spielverhaltens bereits im Alter zwischen 13 und 19 Jahren erkennbar.[9] Im „Hoyzer-Prozess“ stellte das Landgericht Berlin fest, dass einer der Angeklagten als Grundschüler begonnen hat, regelmäßig „Rubbellose“ zu kaufen. Im Alter von 12 oder 13 Jahren habe er über seine Brüder Zugang zu den ersten, in Berliner Lokalen aufgestellten Geldspielautomaten gehabt. Diese Art des Spielens habe ihn fasziniert, da er zumindest den Eindruck hatte, auf den Spielablauf Einfluss nehmen zu können. Im Alter von 15 oder 16 Jahren habe er sich zunehmend den Sportwetten zugewandt, wobei er diese heimlich auf den Namen eines seiner erwachsenen Brüder abschloss, um nicht als Minderjähriger aufzufallen. Nach den gerichtsgutachterlichen Bekundungen lag bei dem Angeklagten ein exzessiv ausgestaltetes pathologisches Spielen vor, das zu einer erheblichen Veränderung, einer Umprägung seiner Persönlichkeit geführt habe, indem das Spielen zum zentralen und nahezu einzigen Lebensinhalt geworden ist. Dies sei von „Suchtdruck“ (dem Drang, weiter zu spielen) und psychovegetativer Entzugssymptomatik begleitet gewesen. Sein andauerndes und wiederkehrendes fehlangepasstes Spielverhalten habe persönliche, familiäre und berufliche Zielsetzungen gestört.[10]

II. Suchtpotenzial von Glücksspielen

5 Zwar haben die unterschiedlichen Glücksspielformen – wie beispielsweise Roulette, Poker, Bingo, Telefongewinnspiele, Automatenspiele, Würfeln, Lotterien oder Wetten – für die große Mehrheit der Spieler reinen Erholungs- und Unterhaltungscharakter.[11] Eine vergleichsweise kleine, aber keineswegs unbedeutende Anzahl von Personen entwickelt gleichwohl glücksspielbezogene Probleme bei den unterschiedlichsten Arten von Glücksspielen.[12] Anstelle des Erlebens von Spaß und Spannung dient die Beteiligung an Glücksspielen bei dieser Spielergruppe ausnahmslos einer grundlegenden Veränderung der eigenen Befindlichkeit: So „berauschen“ sich Personen mit einem problematischen Spielverhalten zunehmend an der unmittelbaren psychotropen Wirkung des Glücksspiels, blenden belastende oder frustrierende Alltagserfah-

---

9 Vgl *BVerfG* v 28. 3. 2006, 1 BvR 1054/01, Absatz-Nr 71, http://www.bverfg.de mwN; im Einzelnen *Schmidt/Kähnert,* Konsum von Glücksspielen bei Kindern und Jugendlichen – Verbreitung und Prävention, Abschlussbericht vom August 2003.

10 Im Einzelnen vgl *LG Berlin* Urt v 17. 11. 2005, 68 Js 451 05 Kls (42 05), http://www.aufrecht.de; dem *BGH* erschien es allerdings im Revisionsverfahren angesichts des jahrelangen professionellen Agierens des Angeklagten auf dem Sportwettenmarkt, seines kompliziert angelegten Wett- und Manipulationssystems und des damit verbundenen erheblichen organisatorischen Aufwands eher fernliegend, dass bei diesem Angeklagten die Steuerungsfähigkeit bei der Begehung sämtlicher Taten wegen Spielsucht erheblich eingeschränkt gewesen sein soll, vgl *BGH* Urt v 15. 12. 2006, 5 StR 181/06, ZfWG 2007, 35, 41.

11 Vgl *Schmidt/Kähnert* s o Fn 9, 166 mwN.

12 *Meyer/Bachmann* Spielsucht – Ursachen und Therapie, Heidelberg 2000; *Petry* Glücksspielsucht, Entstehung, Diagnostik und Behandlung, 2003; *Meyer* s o Fn 6, 99 101; *Plöntzke/Albrecht/Thalemann/Grüsser* Formen des pathologischen Glücksspiels, WMW 2004, 372–377.

rungen (zB Stress, Langeweile oder Gefühle der Sinnlosigkeit) aus oder suchen auf eine exzessive Art und Weise Zustände extremer Erregung („Kick", „Nervenkitzel").[13] Im Suchtstadium wird das Glücksspiel bewusst aufgesucht, um psychische Probleme „wegzuspielen"; es kann delinquentes Verhalten auftreten, um die Sucht weiterhin finanzieren zu können. Starke Persönlichkeitsveränderungen, sozialer und beruflicher Abstieg sowie erhöhte Suizidgefahr ergänzen das Vollbild des pathologischen Glücksspielers.[14]

Schon aufgrund dieses gegenwärtigen Erkenntnisstandes darf der Gesetzgeber von einem nicht unerheblichen Suchtpotenzial bestehender Glücksspielangebote ausgehen und dies zum Anlass für Spielsuchtprävention nehmen.[15] Eine „Liberalisierung" im Bereich der Glücksspiele widerspricht dabei den Zielen, die bereits mit der Pönalisierung des Glücksspiels durch das Bundesstrafrecht und auch durch glücksspielbezogene Vorschriften des Steuerrechts verfolgt werden.[16]

Auch auf europäischer Ebene besteht weitgehende Einigkeit zwischen den Mitgliedstaaten der Europäischen Union und darüber hinaus, die Regelungen zu Glücksspielen jeglicher Art den Mitgliedstaaten zu überlassen; in fast allen europäischen Ländern ist die Veranstaltung von Glücksspielen monopolartig organisiert. Erst im Februar 2006 hat das *Europäische Parlament* (EP) entgegen dem Vorhaben der *Europäischen Kommission* (KOM) zu einer Richtlinie über Dienstleistungen im Binnenmarkt beschlossen, dass diese Glücksspiele jeglicher Art ausdrücklich aus ihrem Anwendungsbereich ausschließen soll.[17] Auch der *Europäische Gerichtshof (EuGH)* 6

---

13 *Hayer* Jugendliche und Glücksspiele: Implikationen für eine entwicklungsorientierte Prävention, Vortrag auf der DHS-Fachkonferenz SUCHT 2004, http://www.dhs-intern.de; *Schmidt* Zur Epidemiologie der Glücksspielteilnahme im Kindes- und Jugendalter, Sucht 2003, 274–279.

14 *Grüsser* in: Schwarzer/Jerusalem/Weber, Handwörterbuch Gesundheitspsychologie, 230, 232; vgl auch *Potenza* Gambling: an addictive behavior with health and primary care implications, J Gen Intern Med 2002, 721, 732.

15 *BVerfG* so Fn 9, Absatz-Nr 102; *LVerfG LSA* so Fn 3, Absatz-Nr 44; vgl auch *BVerfG* v 26. 3. 2007, 1 BvR 2228/02, Absatz-Nr 47, http://www.bverfg.de; vgl im Einzelnen dazu *VG Düsseldorf* Urt v 14. 3. 2007, 18 K 5215/05, Absatz-Nr 84, http://www.justiz.nrw.de, das unter ausdrücklicher Änderung seiner Rechtsprechung im – von interessierter Seite gern zitierten – Urt v 31. 8. 2001, 18 K 11762/96, das letztlich Anlass für die Neuregelung der Zulassungskriterien im LoStV war, die gesetzgeberische Möglichkeit zur Prävention für alle Arten von Glücksspielen unter umfassender Würdigung des aktuellen wissenschaftlichen Erkenntnisstandes belegt.

16 Das *Bundesministerium der Justiz* trug im Rahmen der Verfassungsbeschwerde im Verfahren 1 BvR 1054/01 beim *Bundesverfassungsgericht* vor, dass das grundsätzliche Verbot durch § 284 StGB – ungeachtet weiterer legitimer Zwecke – zur Abwehr schwerer Gefahren für das überragend wichtige Gemeinschaftsgut des Gesundheitsschutzes zwingend geboten sei. Es gehe um den Schutz der Bevölkerung vor den schädlichen Folgen unkontrollierter und übermäßiger Glücksspielangebote. Insoweit sei die durch das Verbot bewirkte Reduzierung des Angebots geeignet, die dem unerlaubten Glücksspiel innewohnenden Gefahren zu vermindern. Die Angemessenheit des Verbots ergebe sich aus dem Umstand, dass ein Selbstschutz der Spieler nicht in ausreichendem Maße gewährleistet sei. Die Rechtfertigung des Verbots trage auch den Eingriff in Art 2 Abs 2 Satz 2 GG durch Anordnung von Kriminalstrafe, vgl *BVerfG* so Fn 9, Absatz-Nr 49; zum Steuerrecht vgl *OVG Schleswig* Urt v 21. 1. 2004, 2 LB 53/03, GewArch 2004, 380, 381 mwN.

17 Legislative Entschließung des *Europäischen Parlaments* zu dem Vorschlag für eine Richtlinie des *Europäischen Parlaments* und des *Rates* über Dienstleistungen im Binnenmarkt (KOM (2004)

hat in ständiger Rechtsprechung eine Reihe von zwingenden Gründen des Allgemeininteresses anerkannt, nämlich den Verbraucherschutz, die Betrugsvorbeugung und die Vermeidung von Anreizen für die Bürger zu überhöhten Ausgaben für das Spielen sowie die Verhütung von Störungen der sozialen Ordnung im Allgemeinen, die eine Beschränkung der Grundfreiheiten des EG-Vertrags bis hin zu einer staatlichen Monopolbildung und den damit verbundenen Ausschluss privater Anbieter rechtfertigen können.[18] Es steht den Mitgliedstaaten in dieser Hinsicht grundsätzlich frei, die Ziele ihrer Politik auf dem Gebiet der Glücksspiele festzulegen und gegebenenfalls das angestrebte Schutzniveau genau zu bestimmen, jedoch müssen die von ihnen vorgeschriebenen Beschränkungen den sich aus der Rechtsprechung des *EuGH* ergebenden Anforderungen hinsichtlich ihrer Verhältnismäßigkeit genügen.[19] An einer flächendeckenden Versorgung mit Glückspiel „rund um die Uhr" besteht angesichts dieser erheblichen negativen Begleiterscheinungen für die individuelle Gesundheit und das allgemein gültige Wertesystem[20] kein gesellschaftliches Interesse, auch wenn dies von interessierten Kreisen im Zusammenhang mit ihren rechtspolitischen Wunschvorstellungen zur – vermeintlichen – Legalität „privater" Glücksspielanbieter immer wieder suggeriert wird.[21] Eine „Marktöffnung" im Bereich des Glücks-

---

0002 – C5-0069/2004 – 2004/0001(COD)) vom 16. 2. 2006; verkündet als Richtlinie 2006/123/EG des *Europäischen Parlaments* und des *Rates* vom 12. 12. 2006 über Dienstleistungen im Binnenmarkt, ABl L 376 vom 27. 12. 2006, S 36–68.

18 Vgl in diesem Sinne *EuGH* Urt v 24. 3. 1994 – „Schindler", C-275/92, Slg 1994, I-1039, Rn 57 bis 60; Urt v 21. 9. 1999, – „Läärä u a", C-124/97, Slg 1999, I-6067, Rn 32 und 33; Urt v 21. 10. 1999, – „Zenatti", C-67/98, Slg 1999, I-7289, Rn 30 und 31; Urt v 6. 11. 2003, – „Gambelli" u a, C-243/01, Slg 2003, I-13031, Rn 67; Urt v 26. 10. 2006, – „Kommission ./. Hellenische Republik", C-65/05, Slg 2006, I-0000, Rn 33 bis 35; zuletzt Urt v 6. 3. 2007, – „Placanica u a", C-338/04, C-359/04, C-360/04, Slg 2007, I-0000, Rn 46 und 47; vgl auch Urt v 14. 10. 2004, – „Omega", C-36/02, Slg 2004, I-9609, Rn 31, 38; zu Regelungen in Norwegen und der Schweiz vgl *EFTA-Gerichtshof*, Urt v 14. 3. 2007, „EFTA-Überwachungsbehörde./.Königreich Norwegen", E-1/06, http://www.eftacourt.lu; Absatz-Nr 50 ff; *Schweizerisches Bundesgericht* Urt v 4. 8. 2003, 2 A.32/2003, Absatz-Nr 4.4; http://www.srv-bger.ch.

19 *EuGH* Urt v 6. 3. 2007, – „Placanica u a", C-338/04, C-359/04, C-360/04, Slg 2007, I-0000, Rn 48; dazu auch *Postel* ZfWG 2006, 93; vgl zuletzt *Postel* EuR 2007, 317 ff.

20 Zur Gesundheit der Bevölkerung in der Grundrechtsdogmatik vgl *Frenzel* DÖV 2007 243; zur Verwirklichung des Gesundheitsschutzes durch Werbeverbote vgl auch *EuGH* Urt v 13. 7. 2004, – „Kommission ./. Frankreich", C-262/02, Slg 2004, I-06569, mwN.

21 Vgl zur insofern eigenständigen Einschätzung des *Bundeskartellamtes* hinsichtlich des Suchtpotenzials von Lotterien, die die Einschätzungsprärogative der Gesetzgeber und die Erkenntnisse der Suchtforschung allerdings weitestgehend ignoriert: *BKatA* Beschl v 23. 8. 2006, B 10 – 92713 – Kc – 148/05, Absatz-Nr 292 ff, http://www.bundeskartellamt.de; in diesem Sinne auch *Uwer* NJW 2006, 3257, 3258, der sich nach eigenen Angaben in einer „Parallelwelt" sieht; *Pieroth/Görisch* NVwZ 2005, 1225, 1227; a A unter umfassender Würdigung des Erkenntnisstandes der Suchtforschung und zutreffender Berücksichtigung der verfassungsgerichtlichen und höchstrichterlichen Rechtsprechung *VG Düsseldorf* s o Fn 15, Absatz-Nr 65 ff; ebenso zutreffend unter kartellrechtlichen Aspekten *Braun* Mitgliedstaatliche Glücksspielmonopole vs EG-Wettbewerbsrecht, ZEuS 2005, 211, 237, jeweils mwN; vgl auch *OLG Düsseldorf* Beschl v 23. 10. 2006, VI Kart 15/06, S 21 BA; *VGH Baden-Württemberg* Beschl v 28. 3. 2007, 6 S 1972/06, ZfWG 2007, 229; jeweils zum Beschl des BKatA; zusammenfassend auch *Diegmann/Hoffmann* Grenzenloses Lottoglück?, NJW-Editorial 45/2006.

spiels würde insofern genau den grundlegenden Widerspruch erst fördern, der dadurch entsteht, dass man in einem „Markt“ Wachstum und immer mehr von eben dem braucht, was man vorgeblich bekämpfen will.[22] Gerade die Verbraucher würden von einer „Liberalisierung“ des Glücksspielrechts wohl nicht profitieren. Vielmehr würden einerseits durch die dann unvermeidbare[23] EU-weite „Liberalisierung“ des Glücksspielsektors kaum begrenzbare Spielmöglichkeiten für den Verbraucher entstehen und auch der Wettbewerb unter den europäischen Glücksspielunternehmen gefördert. Andererseits würde die damit verbundene Anheizung des Glückspiels zu mehr Angeboten mit immer höheren Gewinnsummen und Umsätzen führen und nicht allein die Spieler, sondern auch die öffentlichen Haushalte mit den finanziellen Folgen unkontrollierter Spielsucht konfrontieren. Die gesetzgeberische Annahme, dass eine Marktöffnung aufgrund des dann entstehenden Wettbewerbs zu einer erheblichen Ausweitung von Glücksspielangeboten und diese Ausweitung auch zu einer Zunahme von problematischem und suchtbeeinflusstem Verhalten führen würde, haben Verfassungsgerichte nicht beanstandet.[24]

Trotz solcher – schon früher vorhandener – Erkenntnisse und der gesetzgeberischen Vorgaben lässt sich auf dem deutschen Glücksspiel-„Markt“ ebenso wie in den anderen EU-Mitgliedstaaten schon seit Mitte der 70er Jahre ein ungebrochener Trend zur Expansion erkennen. Neben der stetigen Ausweitung bereits bestehender Angebote beinhaltete diese Entwicklung auch eine Differenzierung der „Produktpalette“, die die Bedürfnisse einzelner Kundenkreise möglichst optimal ansprechen will. Auch durch die staatlichen oder staatlich getragenen Landeslotterieunternehmen kam es in den zurückliegenden Jahren zu einer kontinuierlichen Ausweitung des Glücksspielangebotes. So sind zu dem „klassischen“ Samstagslotto das so genannte „Mittwochslotto“ und sodann in jüngerer Zeit – mit Ausnahme Sachsen-Anhalts – das Angebot „Keno“ als tägliches Zahlenlotto hinzugekommen. Das Sportwettenangebot „Toto“ wurde 1999 um das Oddset-Angebot mit verschiedenen Varianten von Sportwetten erweitert. In Niedersachsen wurde dem Landeslotterieunternehmen im Jahre 2004 darüber hinaus sogar die Konzession für eine „Minutenlotterie“ namens „Quicky“ zum Vertrieb im Internet und über Verkaufsstellen in Niedersachsen erteilt. In der Lotterie „Quicky“ finden täglich Ziehungen im Abstand von drei Minuten statt, deren Ergebnisse auf dezentralen Monitoren in den jeweiligen „Quicky-Annahmestellen“ übertragen werden. „Quicky-Annahmestellen“ sind dabei nicht nur die traditionellen Toto-Lotto-Annahmestellen, sondern insbesondere auch Gaststätten und Spielhallen.[25] Auch die Angebote der NKL und SKL wurden in der Vergangenheit ständig erweitert und ausdifferenziert. 7

---

22 Zur politischen Diskussion vgl BT-PlPr v 30. 11. 2006, 6976ff.

23 Vgl dazu etwa *Stein* Europarechtliche Konsequenzen eines begrenzten Lizenzierungsmodells für die (private) Veranstaltung von Sportwetten, http://www.jura.uni-sb.de.

24 *BVerfG* s o Fn 9, Absatz-Nr 113; *LVerfG LSA* s o Fn 3, Absatz-Nr 48.

25 Dem *LG Hannover* hat das niedersächsische Landeslotterieunternehmen, dessen Gesellschafter die Norddeutsche Landesbank Girozentrale, die Fördergesellschaft des Niedersächsischen Sparkassen- und Giroverbandes mbH & Co, der Niedersächsische Fußballbund e V und der Landessportbund e V sind, nicht verständlich machen können, welche anderen als vor allem Marktaus-

8 Die mit Glücksspielen verbundenen Einnahmeeffekte können insofern zweifellos dazu (ver)führen, dass der Staat oder die Aufsichtsbehörden und Glücksspielanbieter – ggf. entgegen den gesetzgeberischen Vorgaben – die Zulassung von Glücksspielen und das Eröffnen von Glücksspielangeboten letztlich im Sinne einer Bewirtschaftung der Spielleidenschaft betreiben, indem die Glücksspiele wie eine grundsätzlich unbedenkliche Freizeitbeschäftigung vermarktet werden.[26] Zwar hat in Anbetracht dieser Entwicklungen jedenfalls auch das von den Landesgesetzgebern zur möglichst effektiven Bekämpfung von Suchtgefahren vorgesehene Mittel eines „staatlichen Sportwettenmonopols" bis zur Entscheidung des *Bundesverfassungsgerichts (BVerfG)* vom 28. März 2006 die gesetzgeberischen Ziele nicht hinreichend erfüllen können oder wollen.[27] Jedoch dürfen die Gesetzgeber hinsichtlich der Suchtgefahren angesichts ihres weiten Beurteilungsspielraums davon ausgehen, dass sie mit Hilfe eines auf die Bekämpfung von Sucht und problematischem Spielverhalten ausgerichteten Monopols mit staatlich verantwortetem Angebot effektiver beherrscht werden können als im Wege einer Kontrolle privater Unternehmen.[28] Dementsprechend ist auch das staatliche Spielbankenmonopol in Bayern als verfassungskonform bestätigt worden, da es in seiner gegenwärtigen tatsächlichen und rechtlichen Ausgestaltung das Ziel der Bekämpfung von Suchtgefahren konsequent verfolgt und umsetzt.[29] Für den am 31. Dezember 2007 endenden Übergangszeitraum bis zur Neuregelung des Glücksspielwesens folgte aus alledem, dass eine unbegrenzte und flächendeckende Vermittlung von Sportwetten nicht mit den Schutzzwecken des grundsätzlichen Glücksspielverbotes in Einklang steht. Daher konnten die landesrechtlich nicht erlaubten Sportwettenangebote in dieser Übergangszeit – auch weiterhin – als verboten angesehen werden.[30]

9 Ein Blick auf die in den letzten Jahren zum Glücksspielrecht ergangene Rechtsprechung und Literatur macht ungeachtet der Entscheidungen des *BVerfG* den großen Facettenreichtum dieses speziellen Rechtsgebietes deutlich.[31] Dieser Beitrag greift

---

weitungsinteressen und damit fiskalische Gründe die Einführung der Lotterie „Quicky" gesteuert haben könnten. Die ganz überwiegend fiskalisch orientierte Position habe nicht zuletzt auch die Begründung gezeigt, mit der das Landeslotterieunternehmen dem zurückhaltenden Vorschlag des *LG* entgegengetreten ist, wenigstens einer gewissen Einschränkung der von ihr veranstalteten Lotterie „Quicky" freiwillig nachzukommen. Ferner zeigte die betonte Distanz zur Beurteilung der Aufsichtsbehörde, dass sich das Landeslotterieunternehmen den im Wandel befindlichen Erwägungen und umsteuernden Bemühungen der Aufsichtsbehörde verschließe und dadurch die Bemühungen des Staates zur Erhaltung des Monopols für das staatliche Lotteriewesen konterkariert werden könnten; vgl. im Einzelnen zum wettbewerbswidrigen Handeln des Landeslotterieunternehmens und Missbrauch der privilegierten Stellung als „staatsnahe Konzessionsgesellschaft" *LG Hannover* Urt v 15. 3. 2007, 23 O 99/05, http://www.gluecksspiel-und-recht.de.

26 *BVerfG* s o Fn 9, Absatz-Nr 125.

27 *BVerfG* s o Fn 9, Absatz-Nr 120 ff.

28 *BVerfG* s o Fn 9, Absatz-Nr 118; *BVerfG*, Urt v 19. 7. 2000, 1 BvR 539/96, *BVerfGE* 102, 197, 218 f.

29 *BVerfG* v 26. 3. 2007, 1 BvR 2228/02, http://www.bverfg.de.

30 *BVerfG* v 21. 9. 2006, 1 BvR 2399/06, http://www.bverfg.de.

31 *Postel* WRP 2005, 833, 834; ebenso bereits *Bargmann-Huber* BayVBl 1996, 165.

mit dem Jugendschutz eine wesentliche Facette heraus und beleuchtet sie unter besonderer Berücksichtigung des Jugendmedienschutzes.

III. Jugendschutz und Internet

Dem Jugendschutz steht heutzutage insbesondere durch das Internet eine kaum bezwingbare Herausforderung gegenüber. Größe und Struktur des Internets bieten den Anbietern jugendgefährdender oder entwicklungsbeeinträchtigender Inhalte eine optimale Plattform für die Verbreitung ihrer Angebote. Vom Pornohändler zum Neonazi sind alle nur erdenklichen „Interessenvertreter" im Internet zu finden.[32] Diese Herausforderung wird noch größer werden, da das Potenzial des elektronischen Geschäftsverkehrs auch aufgrund der Entwicklung von Breitband- und Multiplattformtechnologien immer weiter zunimmt und Möglichkeiten bietet, beispielsweise auch über das digitale Fernsehen und 3G-Mobiltelefone Anschluss an das Internet zu bekommen.[33] **10**

Der zuständige Gesetzgeber kann die von Glücksspielen ausgehenden und daher prinzipiell unbestreitbaren Suchtgefahren zum Anlass für Spielsuchtprävention nehmen. Die rechtsdogmatische, gleichwohl auch in ihren Auswirkungen gewichtige Frage, ob und inwieweit angesichts des Befundes, dass Glücksspiele jeglicher Art zu krankhaften Suchtverhalten führen oder dieses zumindest fördern können, nach Art 2 Abs 2 S 1 GG eine *Pflicht* des Staates zum Schutz der Gesundheit aller Grundrechtsträger und nicht nur der Kinder und Jugendlichen besteht, bedarf einer eigenständigen vertieften Analyse und ist nicht Gegenstand dieses Beitrages. Inzwischen belegt jedenfalls eine Vielzahl an publizierten Forschungsstudien aus verschiedenen Ländern die Prävalenz problematischen Spielverhaltens im Jugendalter. Die vorliegenden Befunde verweisen in konsistenter Weise darauf, dass zwar die meisten Heranwachsenden ihr Spielverhalten kontrollieren können und in Maßen Geld für Glücksspiele ausgeben.[34] Im Vergleich zu Erwachsenen entwickeln jedoch weitaus mehr Jugendliche Probleme im Zusammenhang mit ihrer Glücksspielbeteiligung.[35] Bei den Jugendlichen sind ferner die Gefährdungspotenziale unterschiedlicher Glückspielformen nicht von (so) maßgeblicher Bedeutung für die Entwicklung problematischen Spiel- **11**

---

32 *Fülling* JurPC Web-Dok. 39/2006, Abs 1; vgl etwa *OVG Münster* Beschl v 19. 3. 2003, 8 B 2567/02, NJW 2003, 2183.

33 Zum Verbot „virtueller Spielcasinos im Internet" vgl *OVG LSA* Beschl v 29. 9. 2005, 1 M 297/04, S 3 BA, http://www.gluecksspiel-und-recht.de; A*G Wiesbaden* Beschl v 9. 8. 2005, 2220 Js 13226/04 – 73 Ds, GewArch 2005, 485; dazu zutreffend kritisch *Odenthal* GewArch 2006, 58.

34 Vgl etwa *Stinchfield/Winters* Gambling and problem gambling among youths, Annals of the American Academy of Political and Social Science 1998, 172–185; *Gupta/Derevensky* Adolescent gambling behavior: A prevalence study and examination of the correlates associated with problem gambling, Journal of Gambling Studies 1998, 319–345; *Griffiths* The acquisition, development and maintenance of fruit machine gambling, Journal of Gambling Studies 1990, 193–204; *Shaffer/Hall* Updating and refining prevalence estimates of disordered gambling behaviour in the United States and Canada, Canadian Journal of Public Health 2001, 168–172; zusammenfassend *Schmidt/Kähnert* s o Fn 9, 26.

35 *Hayer* s o Fn 13; *Schmidt* s o Fn 13, 274, 276.

verhaltens.[36] Auch im Vergleich mit anderen Suchtgefahren wächst die Bedeutung der Glücksspielsucht: In Kanada stellt die Glücksspielsucht unter Jugendlichen inzwischen ein größeres Problem als Alkohol und Nikotin dar.[37] Gerade für die Generation der technologisch versierten und erfahrenen Jugendlichen scheint im Übrigen das Online-Glücksspiel einen besonderen Aufforderungscharakter aufzuweisen.[38] Umfragen in Griechenland haben ergeben, dass Kinder an Glücksspielen mit den Kreditkarten ihrer Eltern teilgenommen haben, und Studien in Österreich und dem Vereinigten Königreich zufolge wird das Thema Glücksspiel von Kindern selbst als sehr problematisch eingestuft.[39] Das *BVerfG* hat daher im Zusammenhang mit der möglichen Abwehr einer höchstwahrscheinlichen Gefahr von Glücksspielangeboten den Jugendschutz völlig zu Recht besonders hervorgehoben.[40]

12 Diese Feststellungen gelten zweifelsohne unabhängig von der Beantwortung der Frage, ob sich die Gesetzgeber für eine konsequente Ausgestaltung eines – ggf „staatlichen" – Glücksspielmonopols[41] entscheiden, das *wirklich* der Suchtbekämpfung dient, oder eine gesetzlich normierte und kontrollierte Zulassung gewerblicher Veranstaltungen durch private Unternehmen regeln. Denn mit einem erweiterten Glücksspielangebot ist nach Erkenntnissen der epidemiologischen Forschung untrennbar eine Ausweitung von Spielsucht und problematischem Spielverhalten verbunden, und zwar unabhängig davon, ob Glücksspiele in öffentlicher oder in gewerblicher Regie veranstaltet werden.[42] Dementsprechend geht das *BVerfG* für den Sportwettbereich davon aus, dass zumindest nicht von vornherein ausgeschlossen ist, den Jugendschutz prinzipiell auch durch die Normierung entsprechender rechtlicher Anforderungen an ein gewerbliches Glücksspielangebot zu verwirklichen, sofern die Einhaltung jugendschutzrelevanter Belange durch Genehmigungsvorbehalte und behördliche Kontrolle mit den Mitteln der Wirtschaftsaufsicht sichergestellt wird.[43]

---

36 *Kalke/Farnbacher/Verthein/Haasen* Das Gefährdungs- und Abhängigkeitspotenzial von Lotterien – Erkenntnisstand in Deutschland, Suchtmed 2006, 183, 187 mwN.

37 *BVerfG* s o Fn 9, Absatz-Nr 75.

38 Vgl *Derevensky/Gupta/Magoon* Adolescent problem gambling: Legislative and policy decision. Gaming Law Review 2004, 107–117; *Messerlian/Byrne/Derevensky* Gambling, youth and the internet: Should we be concerned?, The Canadian Child and Adolescent Psychiatry Review 2004, 3–6; vgl bereits *Postel* WRP 2005, 833, 844 mwN.

39 Forschung im Rahmen des EU-Internetaktionsplans, durchgeführt von: *European Research into Consumer Affairs* E. K. A. T. O., Griechenland und LAK, Österreich; vgl dazu Stellungnahme des *Wirtschafts- und Sozialausschusses* zum Thema „Ein Programm für den Schutz von Kindern im Internet" ABl C 48 vom 21. 2. 2002, S 27.

40 *BVerfG* s o Fn 9, Absatz-Nr 102.

41 Zu den – weitgehend unberücksichtigt gebliebenen – Ausgestaltungsvarianten *Postel* Der Begriff „Glücksspiel(monopol)" und die Einheit der Rechtsordnung, http://www.isa-casinos.de/articles/10922.html; *BVerfG* v 27. 9. 2005, 1 BvR 789/05, http://www.bverfg.de; *OVG Rheinland-Pfalz* Beschl v 28. 9. 2006, 6 B 10895/06.OVG, http://www.justiz.rlp.de jeweils zum Sportwettmonopol; *BVerfG* s o Fn 29 zum Spielbankenmonopol in Bayern.

42 *BVerfG* s o Fn 9, Absatz-Nr 71; vgl auch Schweizerisches Bundesgericht s o Fn 18, Absatz-Nr 4.4.

43 *BVerfG* s o Fn 9, Absatz-Nr 118; nachfolgend allerdings ausdrücklich offen gelassen für den Spielbankenbereich, vgl *BVerfG* s o Fn 29, Absatz-Nr 44.

IV. Verfassungsrechtliche Vorgaben zum Jugendschutz

Der in Art 5 Abs 2 GG ausdrücklich erwähnte Jugendschutz genießt vor allem aufgrund des in Art 6 Abs 2 S 1 GG verbrieften elterlichen Erziehungsrechtes und daneben aus Art 1 Abs 1 in Verbindung mit Art 2 Abs 1 GG Verfassungsrang.[44] Kinder und Jugendliche haben maW ein verfassungsrechtlich verbürgtes Recht auf Entfaltung ihrer Persönlichkeit und bedürfen des Schutzes und der Hilfe, um sich zu eigenverantwortlichen Persönlichkeiten innerhalb der sozialen Gemeinschaft zu entwickeln.[45] Dieses Recht, das zugleich einen Schutz*auftrag* beinhaltet, berechtigt und verpflichtet den Staat, Einflüsse von Kindern und Jugendlichen fernzuhalten, die sich auf die Entwicklung ihrer Persönlichkeit nachteilig auswirken können. Die Auswahl der Mittel, mit denen den Gefahren für die ungestörte Entwicklung von Kindern und Jugendlichen zu begegnen ist, obliegt dabei zunächst dem Gesetzgeber. Die Zulässigkeit der konkreten Beschränkungen Dritter zum Zwecke des Jugendschutzes wiederum hängt im Wesentlichen von der Abwägung der diesen Dritten zur Verfügung stehenden Schutzgüter (etwa aus Art 12 Abs 1, Art 5 oder Art 2 Abs 1 GG) und dem verfassungsrechtlich hervorgehobenen Interesse an einem effektiven Jugendschutz ab.[46] Auch und gerade in einer wissenschaftlich ungeklärten Situation ist der Gesetzgeber befugt und aufgefordert, die Gefahrenlagen und Risiken abzuschätzen und zu entscheiden, ob er Maßnahmen ergreifen will oder nicht. Den ihm zustehenden Entscheidungsraum würde der Gesetzgeber nur dann verlassen, wenn eine Gefährdung Jugendlicher nach dem Stand der Wissenschaft vernünftigerweise auszuschließen wäre. Das *BVerfG* hat demzufolge bereits entschieden, dass – auch ohne wissenschaftlich-empirischen Nachweis – der Gesetzgeber zum Beispiel davon ausgehen durfte, dass bestimmte Schriften jugendgefährdende Wirkung haben können.[47] 13

Folglich bedarf es in Anbetracht des bereits vorhandenen Erkenntnistandes über die Gefahren des Glücksspiels keiner weitergehenden Darstellung und Vertiefung, um zu dem Ergebnis zu gelangen, dass der Gesetzgeber bereits durch § 4 Abs 2 S 2 LoStV die Teilnahme Minderjähriger an Glücksspielen für generell unzulässig erklären durfte. Das *BVerfG* hat den Stellenwert des Jugendschutzes nämlich auch bereits bei anderer Gelegenheit hervorgehoben.[48] 14

Der Gesetzgeber darf ferner die in den Art 5 Abs 1, Art 12 Abs 1 GG garantierten Grundrechte Dritter – auch die in Art 5 Abs 3 S 1 GG umfassend garantierte Kunstfreiheit – durch eine präventiv-generalisierende Regelung für bestimmte Vertriebsar-

---

44 *BVerfG*, Beschl v 27. 11. 1990, 1 BvR 402/87, *BVerfGE* 83, 130, 139 f, mwN; vgl auch *Erdemir* CR 2005, 275; *Petersen* Medienrecht, 2. Aufl, 2005, § 16, Rn 11; ausführlich auch *Altenhain* in: Roßnagel, Recht der Multimediadienste, Stand: Dezember 2004, Einleitung zum GjSM Rn 24 ff, der eine Herleitung des Verfassungsrangs aus Art 5 Abs 2 GG und Art 6 Abs 1 und 2 GG ablehnt.

45 *BVerfG* Beschl v 12. 10. 1988 – 1 BvR 818/88 –, *BVerfGE* 79, 51 63.

46 Vgl auch *Erdemir* s o Fn 44, 275 mwN.

47 *BVerfG* s o Fn 44, 130; *Döring/Günther* MMR 2004, 231, 234.

48 Siehe z B *BVerfG* Beschl v 13. 1. 1988, 1 BvR 1548/82, *BVerfGE* 77, 346, 356.

ten einschränken, wenn ohne eine solche Regelung ein effektiver Jugendschutz nicht sichergestellt wäre. Selbst die vorbehaltlos gewährleistete Kunstfreiheit muss in ihrer Ausübung mit den widerstreitenden Belangen des Kinder- und Jugendschutzes zur Konkordanz gebracht werden; keinem der Rechtsgüter kommt insofern von vornherein Vorrang gegenüber dem anderen zu.[49]

15 Das vorrangige Ziel des verfassungsrechtlich gebotenen Jugendschutzes besteht darin, den Eintritt von Gefahren zu verhindern und nicht lediglich darin, den Verantwortlichen nach Eintritt des Schadens zu verfolgen. Der Versuch den Jugendschutz lediglich durch Strafandrohungen oder deren Verschärfung, Berufsverbote und weitere repressive Mittel zu verwirklichen, ist dementsprechend von vornherein zum Scheitern verurteilt. Der Jugendschutz bedarf vielmehr in erster Linie wirkungsvoller Präventivmaßnahmen, um erkannte Gefahrenquellen rechtzeitig auszuschalten; diese können durch Strafandrohungen oder deren Verschärfung, Berufsverbote und weitere repressive Maßnahmen ergänzt und verstärkt werden. Nur durch einen im Grundansatz präventiv ausgeformten Jugendschutz entspricht der Gesetzgeber demnach den verfassungsrechtlichen Anforderungen an den Jugendschutz.[50]

16 Unter dem Gesichtspunkt eines effektiven Jugendschutzes können daher beispielsweise als besonders gefährlich angesehene Vertriebsarten mit einem absoluten Verbot belegt werden, mit der Folge, dass auch die nicht gefährdeten Erwachsenen das Angebot über diesen Vertriebsweg nicht mehr erreichen können. Die Grundrechte Dritter müssen bei solchen einfachgesetzlichen Verboten als Ergebnis einer Güterabwägung möglicherweise zurücktreten. So beruhte das dem Versandhandel auferlegte absolute Vertriebsverbot für jugendgefährdende Schriften auf der Erwägung, dass der erforderliche Ausschluss von Kindern und Jugendlichen von offensichtlich schwer jugendgefährdenden Schriften wegen der dem Versandhandel eigenen Struktur und der ihm eigenen Art des Vertriebs durch keine sonstige praktikable Maßnahme sichergestellt werden könnte. Der Gesetzgeber durfte dabei ohne Verfassungsverstoß davon ausgehen, dass sämtliche in Erwägung gezogenen Methoden für eine zuverlässige Altersprüfung und damit zugleich für einen effektiven Jugendschutz nicht ausreichen. Einschränkungen des Vertriebs bis hin zu generellen Verboten sind demzufolge erst recht verfassungsrechtlich tragfähig, wenn – wie im Fall des Angebots von Glücksspielen – Ziel der gesetzlichen Regelungen gerade nicht ein ungehindertes und unbeschränktes Angebot für die Allgemeinheit ist. Da auf Grundlage der gesetzgeberischen Einschätzungsprärogative auch Erwachsene als gefährdet angesehen werden können und auch diese nicht auf jedem Vertriebsweg an die Glücksspielangebote gelangen müssen bzw sollen, kann eine auf dieser Einschätzung beruhende gesetzlich vorgesehene Vertriebswegbeschränkung möglicherweise sogar *nur* als ge-

---

49 *BVerfG* s o Fn 44, 140.

50 Grundlegend *BVerfG* Beschl v 23. 3. 1971, 1 BvL 25/61 und 3/62, *BVerfGE* 30, 336 349; vgl auch *Grüsser/Backmund/Albrecht* Glücksspiele: Spieler- und Jugendschutzmaßnahmen, Suchtmed 2006, 145, 148; *Günter/Schindler* Technische Möglichkeiten des Jugendschutzes im Internet, RdJB 2006, 341 ff.

nerelles Verbot kohärent und systematisch zur Begrenzung der Spieltätigkeiten – auch der erwachsenen Bevölkerung – beitragen.[51]

Speziell im Glücksspielbereich ist ferner zu berücksichtigen, dass das staatlich zugelassene Glücksspiel die Ausnahme von dem (einfachgesetzlich) geltenden Verbot des Glücksspiels darstellt. Jegliche Befreiung von diesem Verbot ist grundsätzlich und von vornherein eng zu interpretieren. Der Gedanke des Spielerschutzes fordert ferner, dass nicht die Glücksspielanbieter, sondern der Gesetzgeber oder jedenfalls die zuständige Behörde auf gesetzlicher Grundlage selbst klären muss, ob und ggf in welchem Umfang die Rechtslage ein Glücksspiel erlaubt.[52] Es mag schließlich ein schwerwiegender Eingriff in Grundrechte Dritter – etwa in die Freiheit der Berufsausübung der Glücksspielunternehmen selbst oder deren Vertriebspartner – insoweit sein, als ihnen hierdurch ein für sie besonders gewinnbringender Markt verschlossen wird. Dieser Eingriff ist jedoch zur Erreichung eines effektiven Jugendschutzes notwendig. Das Interesse der Allgemeinheit an einem wirkungsvollen Jugendschutz verdient den Vorrang vor den wirtschaftlichen Interessen der am Vertrieb Beteiligten oder der Glücksspielunternehmen. Entsprechende Vorschriften verletzen deshalb regelmäßig nicht den auch bei der Regelung der Berufsausübung zu beachtenden Grundsatz der Verhältnismäßigkeit. Im Übrigen verlangten auch die geltenden gesetzlichen Bestimmungen zum Jugendschutz wie beispielsweise § 4 Abs 2 JMStV und § 4 Abs 2 LoStV keinen *absoluten* Schutz Minderjähriger, sondern nur eine *effektive Barriere*. Auch bei Errichtung einer solchen Barriere bleibt es Erwachsenen unbenommen, diese zu überwinden. Ihre Rechte auf Zugang zu den von ihnen gewünschten Angeboten werden durch diese Erfordernisse nicht unverhältnismäßig beeinträchtigt. 17

Das *BVerfG* hat in diesem Zusammenhang mit zu Tatsachenfragen ungewohnt deutlichen Worten in seinem Grundsatzurteil vom 28. März 2006 festgestellt, dass vor dem Hintergrund der rechtlich gebotenen Ausrichtung des Glücksspielangebots am Ziel der Bekämpfung von Spiel- und Wettsucht und der Begrenzung der Spiel- und Wettleidenschaft die Möglichkeit der Teilnahme über das Internetangebot der Staatlichen Lotterieverwaltung *bedenklich* sei. Der Vertreter der Staatlichen Lotterieverwaltung habe in der mündlichen Verhandlung selbst dargelegt, dass sich über diesen Vertriebsweg jedenfalls derzeit der im Rahmen der Suchtprävention besonders wichtige Jugendschutz nicht effektiv verwirklichen lasse. Gleiches gelte auch für die Nutzung von SMS, die Sportwetten mittels Mobiltelefon jederzeit und von jedem Ort aus grundsätzlich spielbar mache.[53] Darüber hinaus wurde bereits zuvor gerichtlich festgestellt, dass zuständige Ordnungsbehörden auf eine qualifizierte Altersverifikation 18

51 Vgl dazu *EuGH* Urt v 6. 11. 2003, C-243/01, – „Gambelli“, Slg 2003, I-13076, Rn 65; *BVerfG* s o Fn 9, Absatz-Nr 125, 149; sowie nunmehr § 4 Abs 4 GlüStV, abrufbar unter http://www.stk.niedersachsen.de.

52 Zur Standortgebundenheit der glücksspielrechtlichen Erlaubnisse vgl *Sievers* ZfWG 2006, 104; *Faßbender* VR 2006, 181, 185f; ebenso *BVerwG* Urt v 21. 6. 2006, 6 C 19.06, NVwZ 2006, 1175; *OVG Bremen* Beschl v 7. 9. 2006, 1 B 273/06, NordÖR 2006, 398; vgl auch bereits *BVerfG* s o Fn 6.

53 *BVerfG* s o Fn 9, Absatz-Nr 139.

ausdrücklich oder konkludent verzichtet hätten.[54] Die Vertriebswege sind auch vor diesem Hintergrund so auszuwählen und einzurichten, dass vorhandene Möglichkeiten zur Realisierung des Spieler- und Jugendschutzes zu nutzen sind – gerade auch von den staatlich getragenen Anbietern, die einer besonderen Gemeinwohlverpflichtung unterliegen.

19 Das Gericht hat im Übrigen seine Feststellungen getroffen, obwohl schon der im Juli 2004 in Kraft getretene LoStV[55] grundsätzlich für alle in seinen Anwendungsbereich fallenden Glücksspielangebote in § 4 Abs 2 ausdrücklich vorsah, dass die Veranstaltung, Durchführung und Vermittlung von öffentlichen Glücksspielen den Erfordernissen des Jugendschutzes nicht zuwiderlaufen darf und die Teilnahme von Minderjährigen unzulässig ist. Die in Bezug genommenen jugendschutzrechtlichen Vorgaben ergaben sich daher auch aus dem Jugendschutzgesetz und dem Jugendmedienschutz-Staatsvertrag.

V. Einfachgesetzlicher Jugendschutz

20 Seit mehr als vier Jahren sind die für den Jugendschutz maßgeblichen Spezialgesetze, namentlich der Jugendmedienschutz-Staatsvertrag (JMStV)[56] und das Jugendschutzgesetz (JuSchG) in Kraft.[57] Die Ursache für die Zweiteilung des Jugend(medien)-schutzes in das JuSchG und den JMStV liegt in der Verteilung der Gesetzgebungskompetenzen für bestimmte Mediensparten zwischen Bund und Ländern. Während der Bund traditionell den Jugendschutz in „Trägermedien" regelt, beanspruchen die Länder die Gesetzgebungsbefugnis für Bestimmungen zum Rundfunk und grundsätzlich auch für Telemedien.[58]

---

54 *OVG LSA* Beschl v 27. 7. 2005, 1 M 321/05, MMR 2005, 885; im Anschluss zu den (vermeintlichen) Bedenken hinsichtlich einer Untersagungsverfügung vgl *OVG LSA* Beschl v 28. 11. 2006, 1 M 194/06, ZfWG 2007, 66.

55 Staatsvertrag zum Lotteriewesen in Deutschland (LoStV) BayGVBl 2004, S 230.

56 Jugendmedienschutz-Staatsvertrag (JMStV) BayGVBl 2003, S 147.

57 Aufgrund von § 30 JuSchG vom 23. 7. 2002, BGBl I S 2730, in Verbindung mit § 28 Abs 1 S 1 JMStV ist das GjSM am 1. 4. 2003 außer Kraft getreten und durch die genannten Gesetze ersetzt worden. Auch die in den Rundfunkstaatsverträgen und im – seit dem 1. 3. 2007 nicht mehr geltenden (vgl Telemediengesetz v 26. 2. 2007, BGBl I S 179) – Mediendienste-Staatsvertrag der Länder enthaltenen Regelungen zum Jugendmedienschutz wurden im JMStV zusammengefasst, sodass keine separaten Regelungen zum Jugendmedienschutz im Rundfunkstaatsvertrag, im ZDF-Staatsvertrag, im DLR-Staatsvertrag und im Mediendienste-Staatsvertrag mehr vorgesehen waren. Der Bund hat mit dem JuSchG seine Regelungen für den Jugendschutz in Telemedien zurückgenommen, sodass die Länder den wieder eröffneten Spielraum für eine grundsätzlich einheitliche Jugendschutzregelung aller elektronischen Medien unter Einbeziehung sowohl des Rundfunks als auch des Online-Bereichs (Telemedien, dh Teledienste und Mediendienste) nutzen konnten.

58 Hierzu *Petersen* Medienrecht, 2. Aufl 2005, § 13 Rn 12 ff. Der Bund hat die Gesetzgebungskompetenz nach Art 74 Abs 1 Nr 7 („öffentliche Fürsorge") sowie nach Nr 1 („Strafrecht") und Nr 11 („Recht der Wirtschaft") des Grundgesetzes. Diese Kompetenz nimmt der Bund mit dem JuSchG eingeschränkt wahr.

Während das JuSchG daher im Wesentlichen den Jugendschutz in der Öffentlichkeit und Verbreitungsbeschränkungen bei so genannten jugendgefährdenden Trägermedien (Druckschriften, Videos, DVD, CD-ROM etc) regelt, dient der JMStV vor allem dem Schutz von Kindern und Jugendlichen vor Angeboten in sämtlichen elektronischen Medien, die ihre Entwicklung oder Erziehung beeinträchtigen oder gefährden können. Der Geltungsbereich des JMStV umfasst nach seinem § 2 Rundfunk und Telemedien (Teledienste und Mediendienste) und damit alle elektronischen Informations- und Kommunikationsmedien. JuSchG und JMStV regeln dabei unterschiedliche Prozesse, die unterschiedliche Risiken und Gefahren für Kinder und Jugendliche so reduzieren sollen, wie es die jeweilige gesetzliche Zielvorstellung verlangt. **21**

Seit der letzten Neuregelung werden übereinstimmend Medieninhalte ausdrücklich benannt, welche die gesetzlichen Vertriebs- und Verbreitungsverbote automatisch (also ohne vorherige Indizierung oder Altersfreigabebeschränkung) auslösen. Allerdings weichen die Verbote für die einzelnen Medienbereiche in ihren Rechtsfolgen ab. Und die beiden Gesetzeswerke verfolgen auch insofern durchaus unterschiedliche Konzeptionen. Was beispielsweise als Internet-Angebot generell untersagt ist, darf gleichwohl als Videokassette im Einzelfall Erwachsenen zugänglich gemacht werden. In Deutschland haben Bund und Länder jedoch Vorschriften zum Jugendmedienschutz erlassen, die eine grundsätzlich kohärente und durchführbare regulatorische Struktur innerhalb ihrer Anwendungsbereiche sicherstellen.[59] **22**

VI. Jugendschutzgesetz des Bundes

Das JuSchG enthält einzelne Bestimmungen, die auch für das Angebot von Glücksspielen von Bedeutung sind. § 6 Abs 1 JuSchG sieht vor, dass in öffentlichen Spielhallen oder ähnlichen vorwiegend dem Spielbetrieb dienenden Räumen Kindern und Jugendlichen (nach § 1 Abs 1 Nr 1 und 2 JuSchG also Personen unter 18 Jahren) der Aufenthalt generell nicht gestattet werden darf. Für den Begriff der Spielhalle ist dabei wesentlich, dass das Unternehmen ausschließlich oder überwiegend der Aufstellung von Spielgeräten oder der Veranstaltung anderer Spiele iSd § 33c Abs 1 S 1 GewO oder des § 33d Abs 1 S 1 GewO oder der gewerbsmäßigen Aufstellung von Unterhaltungsspielen ohne Gewinnmöglichkeit dient. Spielhallen stellen nach der Einschätzung des Bundesgesetzgebers allgemein eine potentielle Gefahr für Kinder und Jugendliche dar, da Kinder und Jugendliche vor Spielleidenschaft und deren Folgen (Geldbedarf, Taschengeldproblemen und Beschaffungskriminalität) bewahrt werden sollen.[60] Der Begriff der Spielhalle ist dabei im JuSchG und in der GewO **23**

59 Vgl dazu die Bewertung in dem Diskussionspapier „Sicherheit von Kindern bei der Nutzung von Mobiltelefondiensten" *der Europäischen Kommission* – Generaldirektion Informationsgesellschaft und Medien –; zu Praxis und Regelungslücken der „Co-Regulierung" vgl *Sellmann* K & R 2007, 196.

60 *BVerwG* Urt v 2. 7. 1991, 1 C 4.90, *BVerwGE* 88, 348; vgl dazu BT-Drs 10/722, Begründung zu § 8, 11 und BT-Drs 9/1992, 11; ebenso *Hahn* GewArch 2007, 89 93; allgemein zum Schutzzweck des § 6 JuSchG vgl *Ott* K & R 2006, 543, 547.

grundsätzlich gleich auszulegen[61] und auch den „vorwiegend dem Spielbetrieb dienenden Räumen“ kommt kaum eine eigenständige Bedeutung zu, da es dem Gesetzgeber vor allem darum ging, selbstständige Nebenräume zu erfassen.[62] Obwohl eine gewisse Gefährdung Minderjähriger mit jedem Verstoß gegen die vorgenannten Verbote verbunden ist, liegt es auf der Hand, dass das Ausmaß der Gefährdung oder des Schadens von der Dauer des Aufenthalts in der Spielhalle abhängt. Der Schaden, der von einem kurzen Aufenthalt in einer Spielhalle und von einem nur einige Minuten dauernden Spiel an einem Geldspielgerät ausgehen kann, ist relativ gering. Dies wird, soweit es um eine kurzfristige Anwesenheit von Minderjährigen in einer Spielhalle ohne Betätigung von Spielgeräten geht, auch gesetzgeberisch anerkannt, indem Kindern und Jugendlichen der Besuch von Gaststätten in gewissen Grenzen erlaubt ist und der Gesetzgeber damit in Kauf nimmt, dass sie dem Spiel Erwachsener zuschauen und die Verlockungen des Glücksspiels bei anderen Personen miterleben; denn dort dürfen bis zu drei Geldspielgeräte aufgestellt und bespielt werden. Ob die zu Grunde liegende gesetzgeberische Einschätzung und die dadurch in Kauf genommenen Folgen auch unter Berücksichtigung der Änderungen der Spielverordnung[63] noch trägfähig sind, soll an dieser Stelle nicht erörtert werden.[64]

24 Eher ins Gewicht fällt der Schaden, der Minderjährigen durch den „Kontakt“ zum Geldspielgerät erwachsen kann, jedenfalls dann, sofern sie sich selbst an solchen Geräten betätigen können. Und dieser Schaden – namentlich der mögliche finanzielle Verlust oder das Fördern des Interesses an Glücksspielen – bleibt allenfalls dann gering, wenn der etwaige Aufenthalt des Jugendlichen auch am Spielgerät nur einige Minuten dauern kann.[65] Die mit der Erlaubnispflicht in § 33i GewO verbundene Präventivkontrolle ist daher jedenfalls geeignet und erforderlich, die in den Versagungsgründen des § 33i Abs 2 GewO zum Ausdruck kommenden Schutzzwecke wirksam zu verfolgen, namentlich den Jugendschutz zu verwirklichen, dem § 6 JuSchG dient. Der Schutz der Jugend rechtfertigt zweifellos einen Erlaubnisvorbehalt und Kontrollen der Einhaltung der Jugendschutzbestimmungen. Auch Verfassungsrecht gebietet es insbesondere nicht, dass etwa der Betreiber einer Spielhalle ungehindert ein Geschäftsmodell realisieren kann, das auf die Nutzung durch Jugendliche abzielt, deren Schutz gerade durch den Erlaubnisvorbehalt und die Vorschriften des Jugendschutzrechts bewirkt werden soll.[66]

25 Weiterhin darf nach § 6 Abs 2 JuSchG die Teilnahme an Spielen mit Gewinnmöglichkeit in der Öffentlichkeit Kindern und Jugendlichen nur auf Volksfesten oder

---

61 *Lober* MMR 2002, 730, 731; vgl BT-Drs 9/1992, 11.

62 *Ott* s o Fn 60, 543, 546.

63 Verordnung über Spielgeräte und andere Spiele mit Gewinnmöglichkeit (Spielverordnung – SpielV) idF der Bekanntmachung v 27. 1. 2006, BGBl I S 280.

64 Vgl zur Änderung und deren Folgen auch *Hahn* s o Fn 60, 89; *Odenthal* ZfWG 2006 286; *Ennuschat/Brugger* ZfWG 2006, 292; *Meyer* s o Fn 6, 99, 105; *Trümper* Feldstudie: Umsetzung der novellierten Spielverordnung in der Spielhallenpraxis in: Arbeitskreis gegen Spielsucht (Hrsg), Tagungsreader der bundesweiten Fachtagung „Novellierung der Spielverordung“, 2006.

65 Zu technischen Schutzvorkehrungen am Geldspielgerät vgl. *Hahn* s o Fn 60, 89, 93; zum Anreiz durch Werbung und Verfügbarkeit vgl *Grüsser/Backmund/Albrecht* s o Fn 50, 145, 148.

66 *BVerwG* Urt v 9. 3. 2005, 6 C 11.04, CR 2005, 594.

ähnlichen Veranstaltungen und nur unter der Voraussetzung gestattet werden, dass der Gewinn in Waren von geringem Wert besteht. Dieser geringe Wert und die Beschränkung auf bestimmte Veranstaltungen soll jeglichen übermäßigen Spielanreiz verhindern. Die Vorschrift entspricht unverändert der Vorgängervorschrift in § 8 Abs 2 JÖSchG aF und lehnt sich in ihrem Wortlaut auch auf Grund der Gesetzgebungskompetenz des Bundes eng an die Bestimmung des § 33h Nr 2 GewO an.

Da das materielle Glücksspielrecht mit Ausnahme der gewerberechtlich erlaubnisfä- **26**
higen Glücksspiele nach der GewO und dem Rennwett- und Lotteriegesetz in die Gesetzgebungskompetenz der Länder fällt, wird jedoch angenommen, dass das auszugsweise vorgestellte Jugendschutzgesetz lediglich das so genannte gewerbliche Spiel an Spielautomaten und in Spielhallen betrifft.[67] An den Geräten außerhalb von Spielhallen ist nach § 3 SpielV durch eine ständige Aufsicht und ggf zusätzliche technische Sicherungsmaßnahmen die Einhaltung von § 6 Abs 2 JuSchG sicherzustellen. Entsprechendes dürfte dann auch für die so genannten Pferdewetten nach dem Rennwett- und Lotteriegesetz gelten. Für diese beiden im Bundesrecht geregelten Glücksspielbereiche gelten demnach die Teilnahme- bzw Aufenthaltsverbote nach § 6 JuSchG. Begleitet werden die Verbote noch durch § 10 SpielV, nach dem der Veranstalter eines anderen Spieles (§ 33d Abs 1 GewO) Kindern und Jugendlichen den Zutritt zu den Räumen, in denen das Spiel veranstaltet wird, grundsätzlich nicht gestatten darf.

Daraus würde sich ergeben, dass vor In-Kraft-Treten des LoStV bis Mitte 2004 kein **27**
bundeseinheitliches und damit flächendeckendes Verbot für Kinder und Jugendliche existierte, Geld auf den Ausgang von landesgesetzlich regulierten Glücksspielen aller Art zu setzen, sofern die landesgesetzlich geregelten Glücksspielangebote ein solches generelles Teilnahmeverbot nicht selbst vorsahen.[68] Entsprechende Verbote waren in den Landesglücksspielgesetzen bis 2004 gerade nicht generell bestimmt; lediglich die Spielbankgesetze der Länder beinhalteten ausnahmslos Teilnahmeverbote für Minderjährige, in einigen Ländern auch für unter 21-Jährige.[69] Ohne entsprechende ausdrückliche landesgesetzliche Verbote galten danach vielmehr die Bestimmungen des BGB, wonach 7- bis 18-jährige Personen beschränkt geschäftsfähig sind und Kinder ab 7 Jahren sich im Rahmen ihres zur Verfügung stehenden Taschengeldes auch an den Angeboten der staatlichen oder staatlich getragenen Landeslotterieunternehmen rechtmäßig beteiligen konnten.[70]

---

67 *Schmidt/Kähnert* s o Fn 9, 7. Nach Erlass der *Ministerin für Justiz, Frauen, Jugend und Familie des Landes Schleswig-Holstein* v 2. 2. 2004, II 55 – 460.40.34, zur Durchführung des Jugendschutzgesetzes soll die Vorschrift des § 6 Abs 2 JuSchG nicht für die Teilnahme an Lotteriespielen wie Lotto, Spiel 77, Glücksspirale und Rubbellos-Lotterie gelten. Maßgebend für die Durchführung der genannten Lotterie seien vielmehr die erteilten Genehmigungen; vgl ABl Schl-H 2003 S 112.

68 Vgl auch *Hayer* s o Fn 13, 2.

69 *BVerfG* s o Fn 29, Absatz-Nr 6.

70 *Schmidt/Kähnert* s o Fn 9, 7 (zu freiwilligen Selbstbeschränkungen von Landeslotterieunternehmen bzw deren zweifelhafter Verzicht darauf); vgl auch *Hayer* s o Fn 13, 2.

28 Ungeachtet dessen wurde gleichwohl mit gerade verfassungsrechtlich ebenso nachvollziehbaren Argumenten vertreten, dass bereits § 6 Abs 2 JuSchG – unbeeinflusst vom Inkrafttreten des LoStV – ein generelles Verbot der Teilnahme Minderjähriger jedenfalls an Online-Glücksspielen enthielt.[71] In der Praxis umgesetzt wurde eine solche Auffassung allerdings nicht – auch nicht freiwillig. So ergingen bis zum September 2005 auch unter Jugendschutzaspekten offenbar nicht einmal mehr sofort vollziehbare Untersagungsverfügungen gegen Glücksspielangebote im Internet oder die bereits verfügte sofortige Vollziehung entsprechender Verfügungen wurde regelmäßig wieder aufgehoben.[72]

VII. Jugendmedienschutz-Staatsvertrag der Länder

29 Auch der JMStV enthält diverse Bestimmungen, die für das Angebot von Glücksspielen in Rundfunk und Telemedien von Bedeutung sind. Der zwischen den Ländern geschlossene JMStV dient dem einheitlichen Schutz der Kinder und Jugendlichen vor Angeboten in elektronischen Informations- und Kommunikationsmedien (§ 1 JMStV). Nach der Konzeption des JMStV orientiert sich dieser im Gegensatz zum JuSchG letztlich an der telekommunikativen Verbreitung von Inhalten und weniger an den Inhalten selbst. § 4 JMStV bestimmt als grundsätzliche Verbotsnorm – in einem zweistufigen Konzept – zum einen diejenigen Angebote, die *generell* unzulässig sind und ausnahmslos weder im Rundfunk noch in Telemedien verbreitet oder zugänglich gemacht werden dürfen (Abs 1), zum anderen solche Angebote, die in Telemedien in geschlossenen Benutzergruppen zulässig sind (Abs 2 S 1). Die Verbotsbestimmungen orientieren sich dabei an den auch vor dem 1. April 2003 geltenden Verboten für unzulässige Angebote im Bereich des Jugendmedienschutzes und gelten ferner „unbeschadet strafrechtlicher Verantwortlichkeit".[73] In den in § 4 Abs 1 JMStV aufgeführten Fällen genereller Unzulässigkeit finden sich dem Wortlaut nach – im Gegensatz zum JuSchG – Glücksspiele ebenso wenig wie in § 4 Abs 2 S 1 Nr 1 und 2 JMStV. Nach § 4 Abs 2 S 1 Nr 3 JMStV sind allerdings darüber hinaus „Angebote" – und damit nach § 3 Abs 2 Nr 2 JMStV Rundfunksendungen oder Inhalte von Telemedien – generell unzulässig, wenn sie „offensichtlich geeignet sind, die Entwicklung von Kindern und Jugendlichen oder ihre Erziehung zu einer eigenverantwortlichen und gemeinschaftsfähigen Persönlichkeit unter Berücksichtigung der

71 Vgl *Erdemir* so Fn 44, 275, 282.

72 Nach Feststellungen des *OVG LSA*; vgl *OVG LSA* so Fn 33, S 4 BA.

73 Seit dem 1. 4. 2003 folgt eine mögliche Strafbarkeit, soweit sie sich nicht aus dem durch den JMStV nicht derogierten sonstigen Strafrecht ergibt, für Trägermedien aus den mit den Strafvorschriften des GjSM vergleichbaren § 15 JuSchG und für Telemedien aus § 23 JMStV; vgl auch *Döring/Günter* so Fn 47, 231, 232; *Scholz/Liesching* Jugendschutz, 4. Aufl, § 23 JMStV Rn 3. § 23 JMStV erklärt im Gegensatz zu § 15 JuSchG nur solche Handlungen für strafbar, die sich auf Angebote beziehen, die „offensichtlich geeignet sind, die Entwicklung von Kindern oder Jugendlichen oder ihre Erziehung zu einer eigenverantwortlichen und gemeinschaftsfähigen Persönlichkeit unter Berücksichtigung der besonderen Wirkungsform des Verbreitungsmediums schwer zu gefährden".

besonderen Wirkungsform des Verbreitungsmediums schwer zu gefährden", es sei denn, dass in Telemedien „von Seiten des Anbieters sichergestellt ist, dass sie nur Erwachsenen zugänglich gemacht werden (geschlossene Benutzergruppe)" (§ 4 Abs 2 S 2 JMStV). § 4 Abs 2 S 1 Nr 3 JMStV erfasst damit als Generalklausel diejenigen Angebote, die zu entsprechenden Gefährdungen Jugendlicher geeignet sind, und die nicht unter die ausdrücklich benannten Fälle des Satzes 1 subsumierbar sind. Demgegenüber sieht § 5 Abs 1 JMStV vor, dass bei Angeboten, die „nur" geeignet sind, die Entwicklung von Kindern oder Jugendlichen zu einer eigenverantwortlichen und gemeinschaftsfähigen Persönlichkeit zu beeinträchtigen, die Anbieter dafür Sorge zu tragen haben, dass Kinder oder Jugendliche der betroffenen Altersstufen diese Angebote üblicherweise nicht wahrnehmen.

Die *Kommission für Jugendmedienschutz* (KJM), die für die abschließende Beurtei- **30**
lung von Angeboten nach dem JMStV zuständig ist,[74] hat sich bereits 2004 und 2005 – und damit *vor* der mit deutlichen Worten zum bedenklichen Internetangebot des „staatlichen Monopolanbieters" verbundenen Grundsatzentscheidung des Bundesverfassungsgerichts vom 28. März 2006 – mit den gesetzlichen Anforderungen hinsichtlich Glücksspielangeboten im Internet befasst.

Nach Auffassung der *KJM* finden sich die Bestimmungen zu Glücksspielen im Internet vorrangig im LoStV, darüber hinaus müssten bei Glücksspielangeboten im Internet jedoch auch die Vorschriften des JMStV beachtet und unter Jugendschutzaspekten daraufhin geprüft werden, ob es sich gemäß § 4 Abs 2 S 1 Nr 3 JMStV um ein offensichtlich schwer jugendgefährdendes oder gemäß § 5 Abs 1 JMStV um ein entwicklungsbeeinträchtigendes Angebot handelt.

Für eine offensichtlich schwere Jugendgefährdung im konkreten Einzelfall spreche **31**
nach Auffassung der *KJM*, wenn durch Glücksspielangebote im Internet der Spieltrieb der Bevölkerung gefördert und übermäßige Spielanreize geschaffen würden. Es müsse dabei der Umstand berücksichtigt werden, dass die Gefahr der Ausnutzung des Spieltriebs Jugendlicher in besonders hohem Maße bestehe, da die Jugendlichen in der Regel durch die in Aussicht gestellten Gewinne für das Glücksspiel leichter zu begeistern seien als Erwachsene. Glücksspielangebote im Internet, in dem der Nutzer schnell aktiv und von anderen Personen unbeobachtet am Geschehen mitwirken kann, bringe einen stärkeren Wirkungseffekt mit sich, der gerade für Kinder und Jugendliche eine große Gefahr bedeuten könne. Es sei zu befürchten, dass gerade junge

---

74 Die *KJM* dient nach den §§ 13, 14, 16 JMStV der jeweils zuständigen Landesmedienanstalt als Organ bei der Erfüllung ihrer Aufgaben nach dem JMStV bei länderübergreifenden Angeboten; sie kann auch mit nichtländerübergreifenden Angeboten gutachtlich befasst werden. Glücksspielangebote im Internet sind regelmäßig tatsächlich länderübergreifend, sofern man Internetangebote nicht ohnehin für „zwangsläufig länderübergreifend" oder „grenzüberschreitend" hält (vgl *OLG Düsseldorf* Beschl v 23. 10. 2006, VI – Kart 15/06, http://www.justiz.nrw.de; *EuGH* Urt v 12. 12. 2006, C-380/03 – „Deutschland/Parlament und Rat", Absatz-Nr 53 f, http://eur-lex.europa.eu; vgl ferner zum mittlerweile eingestellten Angebot unter www.oddset.de *OVG LSA* Beschl v 10. 8. 2006, 1 M 119/06; zur Umgehung der Einstellung des Internetangebots durch sog. gewerbliche Spielvermittler vgl wiederum *OVG Saarland*, Beschl v 4. 4. 2007, 3 W 18/06, ZfWG 2007, 229. Zur *KJM* im Regelungsgefüge des JMStV vgl auch *Sellmann* s o Fn 57, 196, 199 ff.

Heranwachsende nicht in der Lage seien, ein entsprechendes Verantwortungsbewusstsein im Umgang mit Geld im Rahmen des Glücksspiels zu entwickeln.

32 Die *KJM* ist damit im Rahmen ihrer Befassung nicht nur zur Anwendbarkeit des JMStV, sondern auch zu der Auffassung gelangt, dass Glücksspielangebote – *insbesondere* spielbanktypische – den Anforderungen des § 4 Abs 2 JMStV unterlägen und derartige Internetangebote daher schon seit dem 1. April 2003 nur innerhalb geschlossener Benutzergruppen im Sinne des § 4 Abs 2 S 2 JMStV zulässig seien.[75]

33 In Übereinstimmung mit den Erläuterungen zum LoStV trägt auch § 4 Abs 2 S 2 LoStV dem Umstand Rechnung, dass die Gefahr der Ausnutzung des Spieltriebs Jugendlicher in besonders hohem Maß besteht. Die im LoStV erstmals bundeseinheitlich kodifizierte gesetzgeberische Einschätzung entsprach dem Stand der wissenschaftlichen Forschung. Der Kreis der Gefahreneinschätzungen von gesetzgeberischer und wissenschaftlicher Seite sowie durch die zur Überwachung des Jugendmedienschutzes berufene *KJM* schließt sich.

34 Die kritische Einschätzung des Gefährdungspotenzials von Glücksspielen für Jugendliche ist dabei nicht nur auf spielbanktypische Glücksspiele (wie Poker, Roulette o ä) oder Sportwetten begrenzt; sie schließt vielmehr andere Glücksspiele wie Lotterien (Lotto, Klassenlotterien, Rubbellose, Keno oder Quicky) grundsätzlich mit ein. Die Vertretbarkeit der Annahme eines spezifischen Gefahrenpotenzials auch dieser regelmäßig – aber nicht generell – weniger „aufregenden" Glücksspielangebote sowohl für die Entwicklung Minderjähriger als auch die Förderung oder Aufrechterhaltung von Spielsucht wird durch Einschätzungen aus der Wissenschaft belegt.[76] Trotz bestehender Altersbeschränkungen verweist dabei ein Großteil an Kindern und Jugendlichen über Spielerfahrungen mit Lotterien, wobei im Wesentlichen zwei Zugangsmöglichkeiten existieren: der direkte Kauf von Spielscheinen und der indirekte Erwerb über Eltern oder ältere Freunde.

35 Im Übrigen ist gerade zu dem in Rede stehenden Gefährdungspotenzial für Kinder und Jugendliche zu berücksichtigen, dass die *rechtliche* Abgrenzung zwischen Glücksspielen und Lotterien (§§ 284 und 287 StGB bzw § 3 Abs 1 und 3 LoStV) für die Einschätzung eines Suchtgefahrenpotenzials oder eines solchen im Sinne des § 4 Abs 2 JMStV nicht entscheidungserheblich ist, denn *rechtlich* ist für die Abgrenzung zwischen Lotterien und anderen Glücksspielen wesentlich, ob eine Gewinnchance von einem bestimmten Plan sowie fest vorgegebenen Einsatzmöglichkeiten ab-

---

75 Jugendschutzbericht 2/04 der *BLM* vom Januar 2005, 19 f; Jugendschutzbericht 2/05 der *BLM* vom Januar 2006, 12; jeweils abrufbar unter http://www.blm.de; KJM, 2. Bericht, 17; *Günter/Schindler* s o Fn 50, 346.

76 Vgl etwa *Hayer/Meyer* Das Gefährdungspotenzial von Lotterien und Sportwetten – Eine Untersuchung von Spielern aus Versorgungseinrichtungen, Mai 2005, S 150 f; *Grüsser/Plöntzke/Albrecht/Mörsen,* The addictive potential of lottery gambling, Journal of Gambling Issues: Issue 19, January 2007; *Kalke/Farnbacher/Verthein/Haasen* s o Fn 36, 183, 187; *Braun* s o Fn 21, 211, 237; *Schmidt/Kähnert* s o Fn 9, 26, je mwN.

hängt.[77] Auch eine „Lotterie“ im Rechtsinne kann jedoch ein erhebliches Suchtpotenzial haben, wie insbesondere die als Lotterie geltenden Glücksspiele „Keno“ oder „Quicky“ zeigen, denn die vom Glücksspiel ausgehenden Suchtgefahren werden in erster Linie durch die Art, Anzahl und Zugriffsnähe der angebotenen Glücksspiele sowie der Möglichkeit zur Teilnahme an diesen Spielen bestimmt. Ebenso bedeutend für das Suchtpotenzial können die hohe Geschwindigkeit eines Spiels, die sofortige Gewinn- bzw Verlustbestätigung, die Einbindung des Spielers, die Auszahlungsquote oder eine besonders hohe Einsatz- oder Verlustmöglichkeit sein. Eine besonders niedrige Schwelle ist ferner gerade bei den Glücksspielen gegeben, deren Teilnahme von zu Hause aus oder anonym ermöglicht wird (wie zB über das Telefon oder das Internet).[78] Daher müssen die Jugendschutzmaßnahmen hier besonders effektiv greifen. Zwar spielten bestimmte Arten von Lotterien bisher als problembehaftete Glücksspielformen nur eine untergeordnete Rolle. Aus den bisher nicht repräsentativen Häufigkeiten lässt sich jedoch keine Rangfolge eines bestimmten Suchtpotenzials spezieller Glücksspielformen ableiten. So kann auch die „Alltäglichkeit des Lottospiels“ möglicherweise darüber hinwegtäuschen, dass es sich hierbei um eine Glücksspielform mit Suchtpotenzial handelt. Vor diesem Hintergrund ist auch kein nachvollziehbarer Grund ersichtlich, beispielsweise die vom Gesetzgeber ebenfalls als nicht unerheblich (sucht)gefährdend eingestuften Glücksspiele „Lotto“ oder „Klassenlotterie“ in ihrer derzeitigen Ausgestaltung aus jugendmedienschutzrechtlicher Sicht abweichend zu beurteilen. Im Übrigen wäre es auch verkürzt, von dem Umstand, dass dieselben Glücksspielarten in unterschiedlichen Medien oder Vertriebsarten vom Gesetzgeber unterschiedlich eingestuft werden, sogleich auf eine unsachgerechte Konstruktion oder gar verfassungs- oder gemeinschaftsrechtliche Bedenken zu schließen. Denn das Risiko für Kinder und Jugendliche kann nicht nur aufgrund der unterschiedlichen Vertriebsarten bei unterschiedlichen Glücksspielarten zu einer unterschiedlichen Rezeptionssituation führen sondern auch die Kontrolle darüber, ob einem Kind oder Jugendlichen der Kontakt zu einem bestimmten Glücksspiel ermöglicht wird, kann je nach Glücksspiel- und Vertriebsart möglicherweise unterschiedlich sicher gesetzlich gesteuert werden.

Auch auf Grundlage des für die verschiedenen Glücksspielarten unterschiedlich be- **36**
werteten Gefährdungspotenzials, das bereits Grundlage der gesetzgeberischen Einschätzung im LoStV war, konnten die Länder für bestimmte Arten von Glücksspielen nach § 13 LoStV unter bestimmten Voraussetzungen von dem grundsätzlichen Verbot nach § 4 Abs 2 S 2 LoStV Abweichungen regeln. Nach den Erläuterungen zu § 13 LoStV gründet sich diese Ausnahmemöglichkeit nämlich auf der geringen ordnungspolitischen Bedeutung der in aller Regel nur auf lokaler oder regionaler Ebene veran-

77 Vgl grundlegend *BGH* Urt v 28. 5. 1957, 1 StR 339/56, ZfWG 2007, 16, 17 m Anm *Ohlmann*; *OLG Köln* Urt v 22. 10. 1999, 6 U 53/98, http://www.justiz.nrw.de; zum davon abweichenden DDR-Recht vgl *Postel* ZfWG 2007, 181 (192).

78 Vgl etwa *Künzi/Fritschi/Egger* Glücksspiel und Spielsucht in der Schweiz, 2004 XIV mwN; *Grüsser/Backmund/Albrecht* so Fn 50, 145, 147; DHS eV, Prävention der Glücksspielsucht – Memorandum –, März 2007, 10f, http://www.dhs-intern.de.

stalteten Kleinlotterien mit geringem Gesamtspielkapital, denen kein erhebliches Suchtpotenzial innewohnt.

1. Einordnung eines Glücksspielangebotes im Jugendmedienschutz-Staatsvertrag

37 Unter Berücksichtigung der dargestellten (bundes- und landes-)gesetzgeberischen Einschätzungen, des erreichten wissenschaftlichen Erkenntnisstands zum Suchtpotenzial von Glücksspielen jeglicher Art für Minderjährige und der bisherigen Bewertungen und Praxis der *KJM* zu anderen jugendschutzrelevanten Bereichen drängt sich die Schlussfolgerung auf, dass die Forderung des § 4 Abs 2 S 2 JMStV (geschlossene Benutzergruppe) für das Angebot von solchen Glücksspielen erfüllt werden muss, für die ein *generelles gesetzliches* Verbot der Teilnahme Minderjähriger gilt. Denn bei solchen trägt bereits die gesetzgeberische Einschätzung, die ein *generelles* Verbot für angemessen und erforderlich hält, die Annahme einer offensichtlichen Jugendgefährdung im Sinne des § 4 Abs 2 S 1 Nr 3 JMStV. Auch der Regelschutz des § 4 Abs 1 und Abs 2 S 1 Nr 1 und 2 JMStV gründet sich letztlich in der vorgegebenen gesetzlichen Einschätzung einer Jugendgefährdung unter Bezugnahme auf anderweitige gesetzliche Verbote. Zwar trifft § 4 Abs 2 S 1 Nr 3 JMStV nur für den Sonderfall Vorsorge, dass ein Angebot, das offensichtlich eine schwere Gefahr für die Jugend bilden kann, nicht oder noch nicht in den in § 4 Abs 2 S 1 Nr 1 und 2 JMStV genannten Bestimmungen aufgenommen ist. Die Bestimmung soll insofern den andersartigen Prüfungsbedingungen, die bei dem von der Verpflichtung betroffenen Personenkreis im Gegensatz zu den zuständigen Behörden herrschen und unter Umständen eine schnelle Prüfung durch Nichtfachleute verlangen, dadurch Rechnung tragen, dass die Beschränkungen des § 4 Abs 2 S 2 JMStV nur solche Angebote erfassen, deren schwere Jugendgefährlichkeit *offensichtlich* ist. Durch die Begrenzung der Beschränkungen auf Angebote, die *offensichtlich* geeignet sind, die Entwicklung von Kindern und Jugendlichen schwer zu gefährden, hat der Gesetzgeber den Anforderungen der eingeschränkten Grundrechte Dritter angemessen Rechnung getragen. Er hat damit klar gemacht, dass nicht Grenzfälle, sondern nur jedem unbefangenen Beobachter erkennbar jugendgefährdende Angebote erfasst werden sollen.[79] Gleichzeitig bringt das Merkmal der Offensichtlichkeit zum Ausdruck, dass zur Feststellung der schweren Jugendgefährdung keine detaillierte Kontrolle der Angebote verlangt werden darf; die Gefährdung muss sich vielmehr aus dem Gesamteindruck oder aus besonders ins Auge springenden Einzelheiten ergeben. Diese „Offensichtlichkeit" der Gefährdung liegt jedoch auch dann vor, wenn schon durch anderweitige gesetzliche Bestimmungen für jeden unbefangenen Beobachter offensichtlich erkennbar ist, dass ein *generelles* gesetzliches Verbot für bestimmte Angebote gilt. Bei Glücksspielangeboten handelt es sich daher schon durch das gesetzlich bestimmte generelle Teilnahmeverbot für Minderjährige in § 4 Abs 2 S 2 LoStV bzw § 6 Abs 2 JuSchG um einen unter § 4 Abs 2 S 1 Nr 3 JMStV fallenden „Sonderfall", der eine schwere Ge-

79 Vgl dazu auch *BVerfG* Beschl v 22. 6. 1960, 2 BvR 125/60, *BVerfGE* 11, 234, 238; *BVerfG* Beschl v 13. 1. 1988, 1 BvR 1548/82, *BVerfGE* 77, 346, 357.

fahr für die Jugend annehmen lässt und lediglich nicht ausdrücklich in den in § 4 Abs 2 S 1 Nr 1 und 2 JMStV genannten Bestimmungen aufgenommen wurde. Die besonders ins Auge springenden Einzelheiten einer möglichen Jugendgefährdung bei einem Glücksspielangebot ergeben sich daher aus der den Anbietern bekannten gesetzgeberischen Einschätzung die in den jugendschutzspezifischen Bestimmungen im Bundes- und Landesglücksspielrecht ihren Niederschlag gefunden hat.

Entsprechend dieser Einschätzung ist dann auch davon auszugehen, dass für das An- **38**
gebot von solchen Glücksspielen, für die ein generelles *gesetzliches* Verbot der Teilnahme Minderjähriger *nicht* gilt, die strengeren Anforderungen des § 4 Abs 2 S 2 JMStV *nicht* anwendbar sind und die Erfüllung der Forderung des § 5 Abs 3 JMStV als ausreichend erachtet werden kann. § 5 enthält insofern Einschränkungen für die Verbreitung und das Zugänglichmachen von „nur" entwicklungsbeeinträchtigenden Angeboten, die nicht unter die Verbote für jugendgefährdende Angebote nach § 4 fallen. Das sind Angebote, die zwar die Entwicklung von jungen Menschen beeinträchtigen können, die aber nicht den strengeren Beschränkungen unterliegen müssen wie bei einer Jugendgefährdung im Sinne von § 4 JMStV. Bei Angeboten, die nach dem Jugendschutzgesetz für Kinder oder Jugendliche der betreffenden Altersstufen nicht freigegeben sind oder die im Wesentlichen inhaltsgleich mit solchen Angeboten sind, wird eine entwicklungsbeeinträchtigende Wirkung vermutet. Will ein Anbieter entsprechende Angebote verbreiten oder zugänglich machen, so muss er dieser Vermutung durch geeignete Maßnahmen nach § 5 Abs 3 bis 6 JMStV begegnen.

Diese Abgrenzung zwischen jugendgefährdenden und entwicklungsbeeinträchtigen- **39**
den Glücksspielangeboten hat zur Folge, dass nur für die Arten von Glücksspielen, die unter die Ausnahmeregelung des § 13 LoStV/§ 18 GlüStV oder die Ausnahme des § 33h Nr 2 GewO[80] fallen, die Anforderungen des § 5 Abs 3 JMStV gelten und alle anderen Glücksspielangebote schon seit spätestens 2004 nur dann als zulässig und in diesem Sinne als rechtmäßig qualifiziert werden konnten, sofern bei ihrem Angebot in Telemedien die Anforderungen des § 4 Abs 2 S 2 JMStV eingehalten, dh sie lediglich innerhalb geschlossener Benutzergruppen Erwachsenen zugänglich gemacht wurden. Auf Grundlage dieser an Wortlaut, Systematik und Sinn und Zweck orientierten Auslegung existiert ferner eine trennscharfe und anwenderfreundliche Abgrenzung, die sich nicht nur am Einzelfall sondern an der gesetzgeberischen Einschätzung orientiert, die grundsätzlich von einem erheblichen Gefährdungspotential von den im LoStV/GlüStV, im Rennwett- und Lotteriegesetz und in der GewO geregelten Glücksspielen ausgeht. Anhand dieser Abgrenzung kann auch für die jeweiligen Glücksspielangebote in Rundfunk und Telemedien zwischen den nach dem JMStV zu erfüllenden Anforderungen des § 4 Abs 1 und Abs 2 S 2 bzw des § 5 Abs 3 JMStV getrennt werden. Dabei kann an dieser Stelle dahinstehen, ob sich das

80 Für den Betrieb von Spielbanken, die Veranstaltung von Lotterien und Ausspielungen sowie die Veranstaltung anderer Spiele mit Gewinnmöglichkeit, die Glücksspiele iSd §§ 284 ff StGB sind, bestimmt § 33h GewO, dass die §§ 33c, d GewO keine Anwendung finden. Lediglich § 33h Nr 2 GewO bildet davon eine Ausnahme, wenn es sich um gewerbsmäßige Ausspielungen auf Volks-, Schützenfesten oder ähnlichen Veranstaltungen handelt, bei denen der Gewinn in geringwertigen Gegenständen besteht; vgl dazu im Einzelnen *Brandl* s o Fn 3, 151 mwN.

grundsätzliche Erfordernis der Sicherstellung geschlossener Benutzergruppen bei Glücksspielangeboten im Anwendungsbereich des JMStV bereits direkt aus § 4 Abs 2 S 1 Nr 3 JMStV unter Berücksichtigung der Wertung in § 4 Abs 2 S 2 LoStV und § 6 JuSchG ergibt, ob dafür die Anwendungsklausel des § 4 Abs 2 S 1 LoStV zusätzlich heranzuziehen ist, oder ob eine entsprechende gesetzliche Forderung auch unmittelbar aus § 6 Abs 2 JuSchG abzuleiten ist. Denn gerade die deutlichen Worte des *BVerfG* lassen letztlich keinen Zweifel daran, dass vorhandene Möglichkeiten im Bereich der Gewährleistung eines effektiven Jugendschutzes auch zu nutzen sind und damit „geschlossene Benutzergruppen" grundsätzlich bei allen Glücksspielangeboten in Telemedien – insbesondere solchen via Internet – zu fordern sind, sofern entsprechende Vertriebswege überhaupt eröffnet werden.[81] Auf Grundlage dieser Normexegese lassen sich auch die – bereits aufgezeigten – teilweise sogar vorbehaltlos gewährleisteten Grundrechte Dritter mit den widerstreitenden Belangen des Kinder- und Jugendschutzes zur Konkordanz bringen. Der verfassungsrechtliche und fachgerichtliche Prüfungsauftrag erstreckt sich dabei bis in die Einzelheiten der behördlichen Rechtsanwendung und bestimmt sich insbesondere nach der Intensität, mit der die angegriffenen Entscheidungen die betroffenen Grundrechte Dritter beeinträchtigen. Ein nachhaltiger Eingriff, der zu einer intensiveren verfassungsrechtlichen Prüfungspflicht führt, liegt dabei nicht allein bei einer möglichen strafgerichtlichen Ahndung[82] von bestimmtem Verhalten vor, sondern auch bei anderen Entscheidungen, wenn diese geeignet sind, über den konkreten Fall hinaus präventive Wirkungen zu entfalten.[83]

40 Auch die Rechtsprechung zum JuSchG in vergleichbaren Bereichen bestätigt die dargelegte Interpretation der Rechtslage zur Erreichung eines effektiven Jugendschutzes. Ziel der besonderen Regelungen für die vom Jugendschutzgesetz als Versandhandel bezeichneten Geschäfte ist es beispielsweise, zu verhindern, dass Minderjährige jugendschutzrelevante Inhalte wahrnehmen. Deshalb ist auch bei an Träger gebundenen Inhalten darauf abzustellen, ob Minderjährige den Gewahrsam an den Trägern erlangen, ohne den die Wahrnehmung der Inhalte nicht möglich ist. § 12 Abs 3 Nr 2 JuSchG untersagt demzufolge die Überlassung von Bildträgern „im Versandhandel", geht also davon aus, dass nicht nur das Absenden, sondern auch die Überlassung – dh die Verschaffung des Gewahrsams[84] – Teil des Versandhandels ist. Effektiv kann ein solcher Schutz dann aber nur sein, wenn nicht allein auf das Geschehen auf der Absenderseite, sondern auch auf das auf der Empfängerseite abgestellt wird. So wird zwar anerkannt, dass beispielsweise durch das Postident-Verfahren ausreichend sichergestellt ist, dass der Kunde volljährig ist. Allerdings ist zusätzlich durch eine Übersendung in einer Weise, die regelmäßig gewährleistet, dass die Warensendung dem volljährigen Kunden, an den sie adressiert ist, persönlich ausgehändigt wird –

81 *Erdemir* s o Fn 44, 275, 282; vgl auch *Döring/Günther* s o Fn 47, 231, 236.

82 Vgl etwa § 23 JMStV.

83 Zur Praxis der *KJM* und deren öffentlicher Wirkung vgl *Sellmann* s o Fn 59, 196, 201.

84 Vgl *Scholz/Liesching* s o Fn 73, § 12 JuSchG, Rn 11.

wie etwa bei der Versendung als „Einschreiben eigenhändig" – ausreichend sicherzustellen, dass der Versand nicht an Minderjährige erfolgt.[85]

Ungeachtet der Klärung der Frage, ob trotz der Unterschiede zwischen der körperlichen Übermittlung eines Bildträgers im postalischen Versand und der unkörperlichen Übermittlung von Inhalten in Telemedien die Kriterien für geschlossene Benutzergruppen nach § 4 Abs 2 S 2 JMStV abschließend auf den Postversand von Bildträgern übertragen werden sollten, oder die Anforderungen nach dem JuSchG sogar noch über die Anforderungen nach dem JMStV hinausgehen,[86] wäre der vom Bundes- wie von den Landesgesetzgebern beabsichtigte Gleichklang der Anforderungen im Jugendschutzbereich nicht gewährleistet und würde sogar konterkariert, sofern für den Bereich „Trägermedien" Sicherstellungen für einen effektiven Jugendschutz gefordert würden, die sogar noch über die Anforderungen an „geschlossene Benutzergruppen" im Sinne des § 4 Abs 2 S 2 JMStV hinausgehen, andererseits bei Glücksspielangeboten im Internet oder anderen Telemedien, bei denen nicht nur das Glücksspielangebot selbst, sondern darüber hinaus auch das Medium an sich – etwa das Internet – süchtige Verhaltensmuster fördern kann, nicht einmal Anforderungen wie die Einrichtung einer „geschlossenen Benutzergruppe" gestellt würden. Damit würde im Übrigen auch die gesetzgeberische Vorgabe unterlaufen, dass die Bestimmung zum generellen Teilnahmeverbot für Jugendliche und Kinder in § 4 Abs 2 S 2 LoStV gerade nicht zwischen unterschiedlichen Vertriebsarten – etwa Annahmestellen einerseits, Internet und andere Telemedien andererseits – unterscheidet. 41

2. „Geschlossene Benutzergruppe" im Sinne des § 4 Abs 2 S 2 JMStV

Gerade auch unter den herausgearbeiteten verfassung- und einfachrechtlichen Prämissen ist darauf hinzuweisen, dass beispielsweise personalausweisziffergestützte Altersverifikationssysteme den Anforderungen an geschlossene Benutzergruppen nach § 4 Abs 2 S 2 JMStV nicht genügen.[87] Eine vermeintlich verfassungsrechtlich gebotene einschränkende Auslegung des § 4 Abs 2 S 2 JMStV lässt sich auch nicht daraus ableiten, dass im Internet zahlreiche ausländische oder sonstige nicht nach dem jeweiligen Landesrecht erlaubte Glücksspielangebote ohne Weiteres oder durch einfache Umgehungsmaßnahmen abrufbar sind. Das *BVerfG* hat zu Recht hervorgehoben, dass es immer auch illegale Formen des Glücksspiels geben werde, die nicht völlig unterbunden werden könnten; aus der technischen und ökonomischen Entwicklung folgende Vollzugshindernisse machten jedoch eine prinzipiell geeignete Organisation staatlicher Gemeinwohlverfolgung auf nationaler Ebene nicht ungeeignet.[88] 42

Gesetzgeberische Entscheidungen auch im Jugendschutzrecht können im Übrigen ausschließlich auf der Grundlage der Verhältnisse innerhalb des Geltungsbereichs der 43

85 *OLG München* Urt v 29. 7. 2004, 29 U 2745/04, JMS-Report 5/2004, 57, 58.

86 So wohl *OLG München* s o Fn 85, 57, 59; wohl für eine abschließende Übertragbarkeit *Liesching* NJW 2004, 3303; *Scholz/Liesching* s o Fn 73, § 1 JuSchG, Rn 22; *Erdemir* s o Fn 44, 275, 281.

87 Zusammenfassend Döring/Günter s o Fn 47, 231; *VG München* Beschl v 31. 1. 2007, M 17 S 07.144, K & R 2007, 232.

88 *BVerfG* s o Fn 9, Absatz-Nr 114.

jeweiligen Gesetze getroffen werden. Entscheidend für die Beurteilung der Verhältnismäßigkeit des § 4 Abs 2 S 2 JMStV und dessen Anwendung auf alle Glücksspielangebote, die ein generelles gesetzliches Teilnahmeverbot für Minderjährige auslösen, sind insoweit die Normadressaten der Regelungen des § 4 JMStV, namentlich die Anbieter im Sinne des § 3 Abs 2 Nr 3 JMStV, die ihr Angebot auf Interessenten in Deutschland ausgerichtet haben.[89] Insoweit kann aber nicht zweifelhaft sein, dass die gesetzliche Beschränkung der Verbreitung von bestimmten Angeboten in Telemedien in geschlossenen Benutzergruppen geeignet ist, Kinder und Jugendliche vom Zugang zu gerade diesen Angeboten weitestgehend auszuschließen.

44 Wie bereits angedeutet, können nur restriktive Altersverifikationssysteme, die Umgehungsmöglichkeiten (anders als die Personalausweisziffernkontrolle) weitgehend ausschließen, gewährleisten, dass die (erwachsenen) Eltern selbst die Entscheidungsmöglichkeit über die Nutzung von bestimmten Angeboten durch ihre Kinder behalten, ohne befürchten zu müssen, dass diese sich selbständig – durch über Suchmaschinen gefundene oder eigens generierte Personalausweisnummern – Zugang verschaffen. Auch der Hinweis auf etwaige Rechtsbrüche durch Kinder und Jugendliche ändert nichts an der Pflicht des Anbieters zur „Sicherstellung“ des Ausschlusses Minderjähriger vom jeweiligen Glücksspielangebot. Eine Einschränkung, dass diese „Sicherstellung“ nur unter der Prämisse ausschließlich rechtskonformer Zugangsversuche Minderjähriger gelten solle, hat der Gesetzgeber gerade nicht vorgenommen. Dem Normzweck des Jugendschutzes würde durch eine solche Einschränkung im Übrigen auch nicht annähernd Rechnung getragen. Insofern fordert der § 4 Abs 2 S 2 JMStV für Telemedien letztlich ein mit der Überwachung durch Personal gleichwertigen technischen und personalen Schutz vor Jugendgefährdungen. Gleichwertigkeit setzt dabei voraus, dass neben einer zuverlässigen erstmaligen Alterskontrolle im System angelegte Vorkehrungen vorhanden sind, die Minderjährigen die Teilnahme an Glücksspielen im Sinne einer *effektiven Barriere* regelmäßig unmöglich machen.[90] Es muss also beispielsweise gewährleistet sein, dass die technischen Kennungen zur Überwindung der Zugangshindernisse nur an Erwachsene ausgegeben werden.[91] Gewährleistet wird die „geschlossene Benutzergruppe“ durch technische Zugangsschutzvorkehrungen, die eine Alterskontrolle durch persönlichen Kontakt vornehmen und nicht durch anonyme Eingabe von Daten; die *KJM* hat für den Bereich der „geschlossenen Benutzergruppen“ daher konkrete Anforderungen aufgestellt, die in der Rechtsprechung mittlerweile nicht mehr in Frage gestellt werden.[92] Dabei hat sie in

---

89 Vgl dazu *OLG Hamburg* Urt v 6. 12. 2006, 5 U 9/06, S 12ff, BA; vgl dazu *Spindler* jurisPR-ITR 3/2007, Anm 4.

90 *BVerwG* Urt v 20. 2. 2002, 6 C 13.01, NJW 2002, 2966 m Anm *Hörnle*; vgl auch die Übersicht bei *Döring/Günter* s o Fn 47, 231, 233f; *OLG Düsseldorf* Urt v 17. 2. 2004, III – 5 Ss 143/03, MMR 2004, 409; *KG Berlin* Urt v 26. 4. 2004, (5) 1 Ss 436/03 (4/04), MMR 2004, 478; *OLG Düsseldorf* Urt v 24. 5. 2005, I-20 U 143/04, JurPC Web-Dok 158/2005,

91 *BGH* Urt v 22. 5. 2003, 1 StR 70/03, MMR 2003, 582 m Anm *Liesching*; vgl auch *Lenckner/Perron* in Schönke/Schröder StGB, 26. Aufl, § 184 Rn 15.

92 Im Einzelnen vgl Pressemitteilung der *KJM* vom 14. 11. 2003, abrufbar unter http://www.alm.de; vgl auch *Nolden* JMS-Report 5/2004, 63, 64; *Liesching* MMR 2004, 766; *OLG Nürnberg* Beschl v 7. 3. 2005, 3 U 4142/04, http://www.aufrecht.de; je mwN.

einer Vielzahl von Prüfungen und Verfahren die Anforderungen konkretisiert, die Systeme erfüllen müssen, um ein Sicherstellen im Sinne des § 4 Absatz 2 Satz 2 JMStV zu gewährleisten. Nach dieser Praxis, die in den vergangenen Jahren zu erheblichen Verbesserungen und der merklichen Erhöhung des faktischen Schutzniveaus in anderen jugendgefährdenden Angebotsbereichen geführt hat, ist der Zugangsschutz durch zwei Schritte zu gewährleisten: 1. durch eine Volljährigkeitsprüfung, die über persönlichen Kontakt erfolgen muss *(Identifizierung)* und 2. durch *Authentifizierung* bei jedem Nutzungsvorgang, um das Risiko einer Weitergabe von Zugangsdaten an Minderjährige wirksam zu reduzieren. Dabei ist unter „persönlichem Kontakt" für die *Identifizierung* ein Vergleich mit amtlichen Ausweisdaten und die Erfassung dieser Daten in einer Datenbank verpflichtend. Neben dieser *Identifizierung* durch geschultes Personal (zB in einem Filialsystem eines Anbieters oder per PostIdent-Verfahren) kommen dabei auch andere Varianten der Volljährigkeitsprüfung in Betracht, die eine ausreichende Verlässlichkeit bieten (zB Vergleich von Personendaten mit besonders qualifizierten Schufa-Daten, die nach dem Geldwäsche-Gesetz erhoben wurden, in Verbindung mit einer persönlichen Zustellung der Zugangsdaten). Neben der *Identifizierung* dient die erforderliche *Authentifizierung* in Form eines Gesamtkonzepts der Sicherstellung, dass nur identifizierte und altersgeprüfte Personen Zugang zur geschlossenen Benutzergruppe erhalten, und soll die Weitergabe von Zugangsdaten an unautorisierte Dritte erschweren. Um die Vervielfältigung von Zugangsdaten zu verhindern, wird in der Regel eine Hardwarekomponente eingesetzt, die nur mit hohem Aufwand zu kopieren sein darf. Ferner sind zusätzliche „subjektive Risiken" für den autorisierten Nutzer vorzusehen, um die Weitergabe von Zugangsdaten wirksam zu unterbinden.

3. Werbebeschränkungen und Jugendmedienschutz

Darüberhinaus ergänzen die in § 6 JMStV zur Werbung enthaltenen Anforderungen **45**
die allgemeinen Beschränkungen der §§ 4 und 5 JMStV in Bezug auf unzulässige bzw jugendgefährdende und entwicklungsbeeinträchtigende Glücksspielangebote.[93] Es entspricht dabei dem Willen des Gesetzgebers, für die Auslegung der Tatbestandsmerkmale auf die rundfunkstaatsvertraglichen Begriffsbestimmungen zurückzugreifen. „Werbung" ist mithin auch im Bereich des JMStV in Anlehnung an § 2 Abs 2 Nr 5 Rundfunkstaatsvertrag (RStV) zu bestimmen. Um keine Werbung im Sinne des § 6 JMStV handelt es sich daher, wenn der werbliche Effekt von Personen ausgeht, die ohne oder gegen den Willen des Veranstalters auftreten. Auch Werbeeffekte, die nur wiedergegeben, aber nicht durch Programm inszeniert werden, wie namentlich Bandenwerbung in Sportstätten, sind vom jugendmedienschutzrechtlichen Werbebegriff nicht erfasst.

Werbung, die sich auch an Kinder oder Jugendliche richtet oder bei der Kinder oder Jugendliche als Darsteller eingesetzt werden, darf nach § 6 Abs 4 JMStV nicht den Interessen von Kindern oder Jugendlichen schaden oder deren Unerfahrenheit aus-

93 Im Einzelnen vgl *Ukrow* Jugendschutz und Werbung, Vortrag zu „Das Jugendmedienschutzrecht in der Praxis – Alte Fragen, neue Antworten", Düsseldorf, 6. 5. 2004.

nutzen. Diese Generalklausel des § 6 Abs 4 JMStV stellt ergänzend zu den übrigen Werbebeschränkungen sicher, dass auch sonstige Entwicklungsbeeinträchtigungen in Rundfunk und Telemedien nicht erfolgen dürfen; sie greift zB ein, wenn die Werbung strafbare Handlungen (vgl etwa § 285 StGB) als nachahmenswert oder billigenswert darstellt.

VIII. Jugendschutz und Wettbewerbsrecht

46 Ungeachtet der dargestellten Beschränkungen sind die jugendschutzrechtlichen Vorgaben auch wettbewerbsrechtlich relevant, da es allgemein anerkannt ist, dass es sich beispielsweise bei der Regelung des § 4 Abs 2 JMStV um – jedenfalls auch – wettbewerbsregelnde Vorschriften im Sinne des § 4 Nr 11 UWG handelt.[94] Vorschriften zum Schutz der Jugend stellen nämlich Marktverhaltensregelungen zum Schutze der Verbraucher dar, weil sie das Marktverhalten im Interesse der Minderjährigen regeln, die als – potenzielle – Verbraucher Marktteilnehmer im Sinne von § 2 Abs 1 Nr 2, Abs 2 UWG sind. Dabei spielt es auch wettbewerbsrechtlich keine Rolle, dass es über das Internet ohne weiteres möglich ist, auf massenhafte konkurrierende Angebote ausländischer Anbieter zurück zu greifen, denn diese Argumentation verkennt, dass die Feststellung, ob eine Wettbewerbshandlung in ihren Auswirkungen nicht nur unerheblich ist, sich nicht quantitativ treffen lässt, sondern eine Wertung anhand der Schutzzwecke des UWG erfordert. Stehen Rechtsgüter von hohem Rang auf dem Spiel, so ist regelmäßig von der Erheblichkeit der Wettbewerbsbeeinträchtigung auszugehen.[95] Insbesondere das *BVerfG* nimmt – wie dargelegt – in ständiger Rechtsprechung an, dass der Schutz der Jugend nach einer vom Grundgesetz selbst getroffenen Wertung ein Ziel von bedeutsamem Rang und ein wichtiges Gemeinschaftsanliegen ist.

IX. Zusammenfassung

47 Das *Bundesverwaltungsgericht* hat schon 1991 festgestellt, dass konkrete Gefahren im Zusammenhang mit Verstößen gegen Jugendschutzbestimmungen nicht generell unterstellt werden können, sofern die konkreten Umstände eines Glücksspielangebots so beschaffen sind, dass eine einzige Aufsichtsperson bei Anwendung der Umsicht und Sorgfalt, die man billigerweise von einer solchen Kraft erwarten darf, voraussichtlich in der Lage sein wird, jugendliche Besucher wenn nicht sofort beim Eintreten in eine Spielhalle, so doch spätestens nach einigen Minuten zu entdecken und vom Spiel abzuhalten. Anders sei es freilich zu beurteilen, wenn jugendliche Besucher mit einer Aufsichtsperson rechnen könnten, die nicht ernstlich gewillt ist, dem Jugendschutz(gesetz) Geltung zu verschaffen.[96]

---

94 *Baumbach/Hefermehl/Köhler* UWG, 23. Aufl, § 4, Rn 11 180; *OLG Nürnberg* s o Fn 92; vgl auch *Nolden* s o Fn 92, 63.

95 *Baumbach/Hefermehl/Köhler* ebd § 3, Rn 57 mwN.

96 *BVerwG* Urt v 2. 7. 1991, 1 C 4.90, *BVerwGE* 88, 348.

Es kann unter der Geltung des künftigen, ordnungspolitisch geprägten Glücksspielregimes in den Ländern erwartet werden und ist auch zu hoffen, dass im Glücksspielbereich jugendliche Interessenten zukünftig in keinem Fall mehr damit rechnen können, an Personen zu gelangen, die dem Jugendschutz keine hinreichende Geltung verschaffen. Vollzugsdefizite – auch – in diesem sensiblen Bereich sind konsequent zu beseitigen; andernfalls werden die jeweils Verantwortlichen mit empfindlichen Sanktionen rechnen müssen. Es bedarf daher einer konsequenten und effektiven Überwachung der gesetzlichen Vorgaben; zusätzlich erforderlich ist natürlich die Motivierung der Glücksspielanbieter, die Notwendigkeit des Jugendschutzes und ihre Verantwortung anzuerkennen und nicht aus Gründen des Profits oder der Bequemlichkeit gesetzliche Altersbeschränkungen zu ignorieren oder sogar gezielt den Verkauf von Glücksspiel-„produkten“ an Minderjährige zu fördern.[97] **48**

Spätestens seit 2004 muss für ein rechtskonformes Glücksspielangebot, das in den Anwendungsbereich des LoStV/GlüStV fällt, bei dem Vertrieb über Telemedien die Forderung des § 4 Abs 2 S 2 JMStV erfüllt werden; dh sie dürfen lediglich innerhalb geschlossener Benutzergruppen und nur unter dieser Einschränkung Erwachsenen zugänglich gemacht werden. Ein Angebot von Glücksspielen im Rundfunk – das häufig mittels so genannter Telefonmehrwertdienste ermöglicht wird[98] – ist generell schon jugendmedienschutzrechtlich verboten.[99] **49**

Für das Angebot von solchen Glücksspielen, für die ein generelles gesetzliches Verbot der Teilnahme Minderjähriger *nicht* gilt, sind auch die strengen Anforderungen des § 4 Abs 2 S 2 JMStV nicht anwendbar und die Erfüllung der Forderung des § 5 Abs 3 JMStV ist als ausreichend anzuerkennen. Dies gilt damit jedoch nur für Glücksspiele, die unter die Ausnahmeregelung des § 13 LoStV/§ 18 GlüStV oder die Ausnahme des § 33h Nr 2 GewO fallen. Der Erreichung eines effektiven Jugendschutzes als Verfassungsaufgabe sollte jedenfalls zukünftig auch im Glücksspielrecht die Bedeutung zukommen, die ihr das Grundgesetz beimisst – ein Ziel von bedeutsamem Rang und ein wichtiges Gemeinschaftsanliegen.[100] Die Neustrukturierung des Jugendschutzes durch das Jugendschutzgesetz und den Jugendmedienschutz-Staatsvertrag soll 2008 insgesamt überprüft werden. Dabei sollen auch die Erfahrungen

---

97 Ebenso bereits *Hayer* s o Fn 13, 3.

98 Vgl § 13 Abs 1 Satz 3 RStV; *Meyer* s o Fn 6, 99, 105; *Grüsser/Backmund/Albrecht* s o Fn 50, 183, 186; entgegen der Annahme von Meyer sind auch Telefongewinnspiele unter den im Gesetz genannten Voraussetzungen Glücksspiele im Sinne des § 284 StGB bzw § 3 Abs 1 LoStV, vgl dazu *Tröndle/Fischer* StGB, 52. Aufl, § 284, Rn 3a; *Bahr* WRP 2002, 501; *Eichmann/Sörup* MMR 2002, 142; *Hecker/Ruttig* GRUR 2005, 392; *Pfeifer/Fischer* GewArch 2003,154; aus der Rechtsprechung *OLG Düsseldorf* Urt v 23. 9. 2003, I-20 U 39/03, http://www.justiz.nrw.de.

99 Sofern es sich bei den so genannten Telefongewinnspielen im Rundfunk oder anderen Medien um – erlaubnispflichtige – Glücksspiele im Sinne des § 284 StGB bzw § 3 Abs 1 LoStV handelt, sind diese regelmäßig nicht erlaubnisfähig und damit für die in Rede stehenden Anbieter auch glücksspielrechtlich generell – strafbewehrt – verboten. Ob die jugendschutzrechtliche Differenzierung zwischen Rundfunk und Telemedien sachlich gerechtfertigt ist, sei an dieser Stelle dahingestellt.

100 Zur Verfassungsaufgabe der Verhinderung und Aufklärung von Straftaten im Bereich des Glücksspiels vgl. *Postel* WRP 2006, 703, 730.

ausgewertet werden, die hinsichtlich der Geltungsbereiche von Bundesgesetz und Länderstaatsvertrag, der Praxistauglichkeit der zugrunde gelegten Jugendschutzkriterien und der Leistungsfähigkeit und Effizienz gesammelt werden konnten.

50 Angesichts der dargelegten Auslegungsschwierigkeiten und möglicherweise auch dadurch bedingten Vollzugsdefizite im Bereich Glücksspiel und Jugend(medien)-schutz und der dringlichen Aufgabe des Jugendschutzes für Glücksspielanbieter besteht spätestens im Rahmen dieser Evaluierung der Jugendschutzgesetze eine weitere Chance, klare Vorgaben und einen konkreten Pflichtenumfang auch für Glücksspielangebote festzulegen, sofern diesen Anforderungen im Rahmen der Neustrukturierung des Glücksspielrechts nicht hinreichend Rechnung getragen worden sein sollte.[101] Jedenfalls ist für beide umfangreichen Gesetzgebungsvorhaben die Schaffung einer normenklaren, bestimmbaren und praxistauglichen Regelung für den Jugend(medien)schutz bei Glücksspielangeboten ein notwendiger und wesentlicher – da verfassungsrechtlich vorgegebener – Diskussionspunkt.

X. Ausblick

51 In dem in der Öffentlichkeit kontrovers diskutierten Staatvertrag zum Glücksspielwesen in Deutschland (GlüStV) und dessen Erläuterungen[102] sind bereits deutliche Klarstellungen enthalten, die dem vorgenannten Ziel von eindeutigen Vorgaben zum konkreten Pflichtenumfang von Glücksspielanbietern erheblich näherkommen.

52 Nach den Erläuterungen zum GlüStV wurde bei der Neuregelung sogar ein Schwerpunkt auf den Jugendschutz gelegt, weil Jugendliche gerade bei Sportwetten Zielgruppe seien und damit das ohnehin große Gefährdungspotential noch verstärkt werde.[103] Zusammenfassend wird zum Jugendschutz festgestellt:

53 „Das strikte Verbot der Teilnahme Minderjähriger an öffentlichen Glückspielen wird fortgeführt. Das Verbot muss gegenüber den Veranstaltern und Vermittlern von Glücksspielen, insbesondere auch von Sportwetten, konsequent durchgesetzt werden; Verstöße müssen mit Sanktionen, ggf auch dem Widerruf erteilter Erlaubnisse geahndet werden."[104]

54 Zum Glücksspielbegriff im Sinne des § 3 Abs 1 GlüStV wird hervorgehoben, dass auch bei so genannten Telefongewinnspielen in Fernsehen und Hörfunk, bei denen zunächst ein Zufallsgenerator über die Weiterschaltung der Anrufe in das Studio entscheidet, eine Gesamtbetrachtung des Spiels und der ggf enthaltenen Wissens- und Geschicklichkeitselemente erforderlich ist, so dass bei den derzeit im privaten[105]

---

101 Zu weiteren Aspekten vgl. *Ott* s o Fn 60, 543, 550.

102 Jeweils abrufbar unter http://www.stk.niedersachsen.de.

103 Vgl S 4 der Erläuterungen zum GlüStV.

104 Vgl S 7 der Erläuterungen zum GlüStV.

105 Nach § 13 Abs 1 Satz 3 RStV ist es zwar *nur* dem öffentlich-rechtlichen Rundfunk bereits gesetzlich ausdrücklich nicht gestattet, Einnahmen aus dem Angebot von Telefonmehrwertdiensten zu erzielen. Dies ändert jedoch nichts daran, dass auch der private Rundfunk an geltende – strafbewehrte – Verbote in anderen Gesetzen gebunden ist; vgl dazu bereits *Sievers* s o Fn 52.

Rundfunk angebotenen „Gewinnspielen" regelmäßig von einem – auch – jugendmedienschutzrechtlich generell verbotenem Glücksspiel auszugehen ist.[106] Damit wurde die schon bisher geltende Rechtslage deutlicher hervorgehoben und möglicherweise auch der Vollzug gefördert.

In § 4 Abs 3 S 1 GlüStV ist zwar wie bisher im LoStV klargestellt, dass die Erfordernisse des Jugendschutzes im Bereich des Glücksspiels besonders zu beachten sind. In den Erläuterungen wird jedoch darüber hinaus klargestellt, dass zu den Erfordernissen des Jugendschutzes auch die Anforderungen des JuSchG gehören. **55**

In § 4 Abs 3 S 2 GlüStV ist – über das allgemeine Jugendschutzrecht hinausgehend und wie bereits in § 4 Abs 2 S 2 LoStV – die Teilnahme von Minderjährigen an öffentlichen Glücksspiele uneingeschränkt verboten. Als weiterer wesentlicher Aspekt ist jedoch hervorzuheben, dass auf Anregung der Suchtverbände in der Anhörung zum Entwurf des Staatsvertrages ein weiterer S 3 angefügt wurde, der eine eigenständige Pflicht der Veranstalter und Vermittler begründet, *sicherzustellen*, dass Minderjährige von der Teilnahme am Glücksspiel ausgeschlossen werden. Die Verletzung dieser Pflicht kann im ergänzenden Landesrecht als Ordnungswidrigkeit mit Bußgeld bewehrt werden oder – bei mehrfachem Verstoß – zum Anlass für den Widerruf der Erlaubnis genommen werden.[107] In § 7 Abs 1 GlüStV ist darüber hinaus unabhängig von der jeweiligen Glücksspielform normiert, dass über das Verbot der Teilnahme Minderjähriger aufzuklären ist.[108] **56**

Mit § 4 Abs 3 S 3 GlüStV korrespondiert schließlich die Bestimmung des § 25 Abs 6 Nr 1 GlüStV, die als Übergangsvorschrift vor allem dem Verhältnismäßigkeitsausgleich bei gewerblichen Spielvermittlern dienen soll, sofern diese zuvor eine legale Tätigkeit ausgeübt haben sollten. Ihnen soll durch die nach § 25 Abs 6 GlüStV für ein Jahr nach Inkrafttreten des Staatsvertrags von den Landesgesetzgebern näher zu bestimmende Ausnahme ausreichend Zeit für eine Umstellung des Betriebs auf nach dem Staatsvertrag zulässige Vertriebswege gegeben werden. **57**

Durch die Bestimmung des § 25 Abs 6 Nr 1 GlüStV wird auch die in diesem Beitrag unter VI. zusammengefasste Auslegung bestätigt: Denn der bisher schon erforderliche (jedoch in der Praxis offenbar nicht umgesetzte) Ausschluss minderjähriger Spieler durch Identifizierung und Authentifizierung soll zukünftig auch für gesperrte Spieler Anwendung finden.[109] Dabei wird gesetzgeberisch ausdrücklich auf die Richtlinien der *KJM* zur geschlossenen Benutzergruppe Bezug genommen und damit nochmals – gerade unter Berücksichtigung des begrenzten Umfangs der Übergangsregelung (nur Internetangebote von Lotterien) – deutlich gemacht, dass eine Jugendgefährdung im Sinne des § 4 Abs 2 S 1 Nr 3 JMStV für jegliche Glücksspielangebote im Anwendungsbereich des GlüStV anzunehmen ist. **58**

---

106 Vgl auch S 11 der Erläuterungen zum GlüStV.

107 Vgl S 14f der Erläuterungen zum GlüStV.

108 Vgl S 18 der Erläuterungen zum GlüStV.

109 Vgl dazu auch *Rhea* Voluntary Self Exclusion Lists: How They Work and Potential Problems, Gaming Law Review 2005, 462ff.

59 Auch die Einstellung des Internetvertriebes der meisten staatlich getragenen Landeslotterieunternehmen Ende 2006 änderte im Übrigen nichts daran, dass Oddset-Wetten und andere Glücksspiele nach wie vor im Internet unter Missachtung jugendmedienschutzrechtlicher Vorgaben vertrieben werden. Geradezu konterkariert wurde die schon jugendmedienschutzrechtlich erforderliche Beschränkung der Glücksspielgelegenheiten durch Einstellung des unter dem Gesichtspunkt der Suchtgefährdung besonders problematischen Internetvertriebes, da Betreiber staatlich getragener Wettunternehmen den Internet-Vertrieb an gewerblichen Spielvermittler weiterreichten und auf ihren Internetseiten darauf auch noch hinwiesen.[110]

60 Die Bestimmung des § 25 Abs 6 Nr 4 GlüStV normiert schließlich ebenfalls deklaratorisch, denn die Zulässigkeit eines Glücksspielangebots hängt ohnehin von der Vereinbarkeit mit dem geltendem Recht am Aufenthaltsort eines Spielinteressenten – und nicht von seinem Wohnsitz – ab, so dass Anbieter mit zumutbaren Mitteln sicherzustellen haben, dass ihre Angebote nur dort erreichbar sind, wo sie über eine Erlaubnis zum Angebot verfügen oder diese Angebote erlaubnisfrei zulässig sind.[111]

61 Insofern sind Anbieter von Glücksspielen in Telemedien – insbesondere via Internet – möglicherweise gut beraten, die bereits zuvor geltenden gesetzlichen Beschränkungen, die in § 25 Abs 6 Nr 1 und 4 GlüStV ausdrücklich aufgenommen wurden, dadurch einzuhalten und praktisch umzusetzen, dass sie die aus jugendmedienschutzrechtlicher Sicht ohnehin erforderliche Identifizierung und Authentifizierung mit einer Lokalisierung über Mobilfunk – dem aktuellen Stand der Technik[112] – kombinieren.[113]

62 Es ist im Sinne des verfassungsrechtlich gebotenen effektiven Jugendschutzes folglich geboten, auch im Glücksspielbereich dem Jugendschutz endlich hinreichende

---

110 Zu der entsprechenden Praxis unter glücksspielrechtlichen Aspekten vgl *OVG Saarland* s o Fn 74.

111 Vgl bereits *HVerfG* s o Fn 3; ebenso bereits im Einzelnen *Lesch* wistra 2005, 241 242 f; *OVG LSA*, Beschl v 27. 7. 2005, 1 M 321/05, MMR 2005, 885; *OVG LSA* Beschl v 28. 11. 2006, 1 M 194/06, ZfWG 2007, 66; vgl a *Faßbender* s o Fn 52, 182, 185; *Sievers* s o Fn 52; vgl zur Erforderlichkeit einer Lokalisierung auch in anderen Rechtsbreichen *Hoeren* Zoning und Geolocation – Technische Ansätze zu einer Reterritorialisierung des Internet, MMR 2007, 3, 4.

112 So wohl auch *Hoeren* s o Fn 111, 3, 6.

113 Eine organisatorische Lösung wäre etwa, den Spielinteressenten zu verpflichten, seinen aktuellen Aufenthaltsort im Zuge der Authentifizierung (Log-in) anzugeben. Im Gegensatz zur Lösung des Online-Angebots der Spielbank Hamburg, die in der Praxis die Spieler von der Spielbankrezeption anrief, die aktuelle Aufenthaltsanschrift abfragte, einen nutzer- und tagesindividuellen vierstelligen Zugangscode übermittelte, den der Spieler auf der Web-Seite eingeben musste, und die Angaben zum Aufenthaltsort danach mittels Rückruf auf der angegebenen Telefonfestnetznummer überprüfte, wäre eine Lösung unter Nutzung der Lokalisierung von Mobiltelefonen sehr viel flexibler. Der Spielinteressent müsste – wie auch bei anderen heutzutage bereits üblichen E-commerce-Geschäften – bei der Tippabgabe bzw dem Log-in lediglich seine Mobilfunknummer mit angeben und einer Lokalisierung zustimmen. In der Folge könnte der Glücksspielanbieter über den Mobilfunkbetreiber oder andere Anbieter das Mobilfunkgerät des Spielinteressenten lokalisieren und sendet bei Übereinstimmung der Angaben beispielsweise eine TAN per SMS an den Spielinteressenten. Der Spielinteressent überträgt die TAN um die Tippabgabe durchzuführen.

Geltung zu verschaffen und Vollzugsdefizite konsequent abzustellen. Um zur Möglichkeit einer konsequenten und effektiven Überwachung der gesetzlichen Vorgaben zu gelangen, bleibt zu hoffen, dass die im GlüStV vorgesehenen jugendschutzrelevanten Bestimmungen tatsächlich umgesetzt werden, um auch dadurch zu einer effektiven Motivierung der Glücksspielanbieter zur Einhaltung des Jugendschutzes kommen zu können. Dafür ist es nicht von Bedeutung, ob Glücksspiele zukünftig ausschließlich oder überwiegend in öffentlicher oder in gewerblicher Regie veranstaltet werden, denn die Einhaltung jugendschutzrelevanter Belange durch Genehmigungsvorbehalte und behördliche Kontrolle sind unabhängig davon zu gewährleisten.

Spätestens im Rahmen der Evaluierung der Jugendschutzgesetze besteht eine weitere **63**
Chance, klare Vorgaben und einen konkreten Pflichtenumfang für Glücksspielangebote hinsichtlich der Umsetzung des verfassungsrechtlich gebotenen effektiven Jugendschutzes festzulegen. Dabei wird sich ggf zeigen, ob sich in einem Gesetzgebungsverfahren das Interesse der Allgemeinheit an einem wirkungsvollen Jugendschutz oder das wirtschaftliche Eigeninteresse derjenigen durchsetzt, die von etwaigen Beschränkungen betroffen wären.

XI. Summary (Law on Protection of Young Persons [Media])

Addiction to gambling is not just an adult problem. Young persons are turning to certain gambling games in droves and highly evident problematic behavior can become visible as early as age 13. Numerous research studies regarding this problematic behaviour during adolesence have been published in several countries. In comparison to adults, young people develop more problems with gambling. Online gambling appears to offer a particular challenge/invitation to this technology versed and practised generation.

The responsible legislators may accept these facts and use them as incentive to establish preventive measures against this very probable danger. As the legal issues of protection of children and young persons (health, immoral influences) assume constitutional rank, the legislative decision obtains an additional justification through simple legal regulations of restriction.

The precedent goal of the protection of children and young persons required by the constitution is the avoidance of dangers – but not the prosecution of responsible persons after the damage has been done. Therefore, the protection of children and young persons requires, above all else, effective preventive measures to eliminate the sources of danger. In regard to its facetas an effective protection of children and young persons, the absolute prohibition could be applicable to such distribution marketing that is considered particularly dangerous even if adults not at risk cannot obtain the offers via this particular distribution marketing.

Marketing restrictions up to general prohibition are all the more constitutionally appropriate if the legal regulations, as in the case of the offer of gambling games, do not aim at an uninterrupted and unlimited offer towards the public at large. A lawful restriction rooted in this evaluation could only coherently and systematically move towards a limitation of gambling activities in the form of a general prohibition – also-

applicable to adult activities . This may be a serious encroachment on the constitutional civil rights of third persons because this one market, which is apparently particularly profitable to some,will be closed off. Yet, this intervention is necessary to achieve an effective protection of children and young persons. Public interest in this protection deserves precedence over economic interests of the persons or enterprises participating in or dealing with gambling.

The requirements of para 4, article 2, sentence 2 of the Media Protection of Young Persons Act concerning legal conformity with regard to the offering of gambling games via tele media is already in force; ie under this restriction, access is allowed to closed groups of users and to adults only. An offer of gambling games via radio, which is often rendered possible by means of the so-called "value added telephone services", is in principle prohibited by the Media Protection Act. Distinct clarifications are contained in the Draft Act on Gambling in Germany (Glücksspielstaatsvertrag – GlüStV) which is being controversially discussed for the time. They are approaching the aim of unequivocal points allowed to the suppliers of gambling games in respect of the factual range of their duties.

Para 25, article 6, Nr 1 GlüStV confirms the interpretation of the valid simple law contained in the above contribution because the method of excluding minor players' from participating is already being practised by means of identification and authenticationrequirements and this will also be applied to disqualified players in the future.

There are no serious doubts as to the technological possibilites to enforce space limitations for offers in the Internet regarding the necessary verification of the potential players' personal data, which are are already required by the Media Protection of Young Persons. To that extent, the supplier of gambling games in tele media – particularly via Internet – would be well advised to adhere to the restrictions already in force and explicitly adopted again in para 25, article 6, Nr 1 and 4 GlüStV by combining the necessary identification and authentication with the localization via mobile radio and, up-to-date technology.

The constitutionally imperative effective protection of young persons also requires adequate acceptance in the gambling sector and a rectification of implementation deficits. It is hoped that the relevant regulations pertaining to young persons' protection provided for in the GlüStV will come into force and will be implemented. It is of no importance whether gambling games would be exclusively or or predominantly organized by public or commercial management in the future because the observation of matters relevant to young persons' protection with the provisons of permission and control by the authorities are to be warranted independently of this management.

There will be an additional opportunity during the evaluation of the Protection of Young Persons Act to stipulate clear points allowed and a tangible scope of duties for gambling offers in respect of the realization of young persons' effective protection, which is constitutionally requiredIt will then become evident if if public interest in the effective protection of young persons will prevail or if the economic self-interest of those who might be affected by possible restrictions will triumph.

§ 18 Glücksspiel im und über Internet

Stefan Korte

Übersicht

1 Seit einigen Jahren werden Glücksspiele auch im bzw über Internet angeboten. Es handelt sich dabei – wie Berichte über steigende Spieler- und Umsatzzahlen belegen[1] – um einen Wachstumsmarkt, der mehr und mehr das ordnungsrechtliche Interesse auf sich zieht. Vorläufiger Schlusspunkt dieser Entwicklung ist das staatliche Bestreben, die virtuelle Welt des Cyberspace zumindest deutschlandweit vom sog „Online-Gambling" zu befreien.

I. Untersuchungsgang und -gegenstand

2 In Umsetzung dieses Ansinnens verbietet § 4 Abs 4 des **Staatsvertrages zum Glücksspielwesen** (GlüStV)[2] gleichermaßen die Veranstaltung und Vermittlung von Glücksspielen im Internet und berührt dadurch die New-Economy in einem bisher nicht bekannten Umfang. Nicht zuletzt deshalb soll diese Vorschrift auf ihre **Vereinbarkeit mit höherrangigem Recht** untersucht werden. Im Anschluss daran sind die im GlüStV enthaltenen **Übergangsnormen** zu beleuchten, da das Internet-Verbot vollumfänglich erst Anfang 2009 in Kraft tritt. Abschließend ist dann die vollzugsbezogene Frage nach der **Durchsetzbarkeit** eines Verbots internetgestützter Glücksspielformen zu beantworten.

3 Die Zulässigkeit von **Online-Werbung** für Glücksspiele bleibt demgegenüber **unbehandelt**, da sie primär der Steigerung des Bekanntheitsgrades dient und im Gegensatz zur Glücksspielveranstaltung bzw -vermittlung im bzw über Internet nicht auf die Eröffnung einer konkreten Möglichkeit zur Spielteilnahme zugeschnitten ist.[3] **Außerdem** sollen **straf- und kartellrechtliche Aspekte** keine Erwähnung finden, um den vornehmlich ordnungsrechtlichen Fokus der Untersuchung nicht aus den Augen zu verlieren.[4]

II. Inhalt und Rechtmäßigkeit des § 4 Abs 4 GlüStV[5]

4 Im GlüStV sind materielle Regelungen mit Online-Bezug vor allem in **§ 4 Abs 4** enthalten.

1. Veranstaltung von Glücksspielen im Internet

5 Diese Bestimmung verbietet in ihrer ersten Alternative die **Veranstaltung von Glücksspielen im Internet**. Sie gilt über § 2 auch für virtuelle Spielbanken.

---

1 Vgl dazu zB „www.zdnet.de/news/tkomm/0,39023151,39140662,00.htm" (Stand: 4/2008).

2 Abrufbar mit Erläuterungen unter „www.vewu.com/aktuelles.php" (Stand: 4/2008).

3 Vgl dazu Stellungnahme der *Kommission* zum Notifizierungsverfahren 200&/658/D v 22. 3. 2007, 2.

4 Vgl dazu *Lüderssen* NStZ 2007, 15 ff bzw *Ennuschat,* § 12; *Gebhardt/Gohrke,* § 22.

5 Folgende Vorschriften sind, sofern nicht anders gekennzeichnet, solche des GlüStV.

a) Begriffsbestimmung

Der in § 4 Abs 4 aufgenommene Begriff „Veranstaltung von Glücksspielen im Internet“ ist zunächst zu konkretisieren, um nicht von einer ungenauen Basis aus zu argumentieren. Dazu bietet sich eine Abgrenzung von verwandten Erscheinungsformen an. 6

aa) Veranstaltung eines Glücksspiels

Unter Berücksichtigung dessen kennzeichnet sich die **Veranstaltung gegenüber der Vermittlung** dadurch, dass nicht nur der Kontakt zum Spieler über ein Online-Portal hergestellt, sondern auch echte Auszahlungspflichten im Gewinnfalle begründet werden. Umgekehrt ist der Betreiber eines virtuellen Glücksspiels aber auch befugt, die gemachten Einsätze einzubehalten, wenn der Spieler verliert. Der Vermittler wird hingegen „nur“ über eine spielerfolgsunabhängige Provision entlohnt.[6] 7

Der Glücksspielbegriff ist ferner vom **Unterhaltungs-**[7] bzw vom **Geschicklichkeitsspiel**[8] zu unterscheiden, und zwar anhand des Bestehens eines geldwerten Einsatzes von hinreichender Erheblichkeit bzw anhand eines überwiegenden Einflusses des Zufalls auf den Spielausgang.[9] Werden also nur geringfügige Summen aufs Spiel gesetzt oder kann der User aufgrund seines Wissens bzw aufgrund anderer, zB motorischer Fertigkeiten entscheidenden Einfluss auf den Spielausgang nehmen, liegt kein Glücksspiel vor. 8

bb) Internet-Bezug des Glücksspiels

Schließlich muss für ein Online-Glücksspiel in Abgrenzung zu seinem konventionellen Pendant ein **dominierender Internet-Bezug der Veranstaltung** bestehen. Er ist schon aus Gründen der Rechtssicherheit und wegen der dem Glückspielrecht maßgeblich zugrunde liegenden Zielsetzung „Spielerschutz“ aus Sicht eines objektiven Dritten in der Rolle des Users zu bestimmen und hängt unter Berücksichtigung dieser Perspektive insbesondere vom jeweils **angesprochenen Teilnehmerfeld** ab. 9

Vor diesem Hintergrund ergibt sich, soweit **ausschließlich die User am heimischen PC spielen** können, das Überwiegen einer **virtuellen Komponente** bereits aus dieser Tatsache als solche. Aber auch im Falle einer ebenfalls bestehenden **Teilnahmemöglichkeit der Außenwelt** kann ein vergleichbarer Online-Bezug vorliegen – nämlich dann, wenn eine **Partizipation neben dem Internet ausschließlich über ein nichtöffentliches Rechnernetzwerk** am Spielort erfolgen kann. Denn im Falle der Verwendung eines solchen Intranets ist der anwesende Spieler genauso auf die Benutzung eines Computers angewiesen wie der User am heimischen PC, so dass eine **rechnerabhängige Teilnehmergruppe** als **hinreichende Bedingung** für die Veran-

6 *Korte* Das staatliche Glücksspielwesen, 2004, 19, 275.

7 Vgl dazu zB *EuGH* Urt v 26. 10. 2006, Rs C-65/05, Rn 36 – Griechenland/Kommission ZfWG 2007, 22, 22.

8 Vgl dazu zB *BVerwG* GewArch 2001, 334.

9 Ausführlich dazu *Korte* o Fn 6, 24 ff.

staltung eines Glücksspiels im Internet vorliegt. Unter Berücksichtigung dessen kann also auch die Übertragung eines herkömmlichen Roulette-Spiels per Web-Cam einen dominierenden Online-Bezug aufweisen, wenn die in der Spielbank anwesenden Gäste am übertragenen Spiel wie regelmäßig ausschließlich über PC-artige Terminals teilnehmen dürfen.

Kann hingegen neben dem User gleichzeitig die **Außenwelt rechnerunabhängig** am Glücksspiel **partizipieren**, wird der dominierende Online-Bezug von der **konkreten Spielkonfiguration** und damit von den Umständen des Einzelfalles determiniert. Insofern kommt es darauf an, ob der Spielablauf aus Sicht des Computerbenutzers eher einem konventionellen oder virtuellen Glücksspiel entspricht. Unter Berücksichtigung dessen genügt es zur Bejahung eines Internet-Glücksspiels zum einen, wenn ein softwaregesteuerter Zufallsgenerator über Gewinn oder Verlust entscheidet, weil dann der Spielausgang einem maßgeblichen virtuellen Einfluss unterliegt. Zum anderen ist es aber auch möglich, dass sich das für die Außenwelt zugängliche Spiel trotz mechanischer Steuerung wegen seines äußeren Erscheinungsbildes – vor allem durch Animation des zufallsabhängigen Ereignisses – aus Sicht eines objektiven Dritten in der Rolle des Users nicht von einem PC-Spiel unterscheidet und aus diesem Grunde überwiegend internet-bezogen ist. Erforderlich ist in beiden Fällen aber jedenfalls eine zumindest auch über Computer mögliche Spielteilnahme und -abwicklung.

10 Auf Basis dieses Begriffsverständnisses wird zum einen deutlich, dass die bis Ende 2007 auf dem Portal der Toto-Lotto Niedersachsen GmbH abrufbare **Online-Lotterie „Quicky" als virtuelles Glücksspiel** zu begreifen ist,[10] auch wenn nicht nur über Internet, sondern ebenfalls auf konventionellem Wege auf das Spiel zugegriffen werden konnte. Denn selbst wenn die Ziehungen nicht über einen softwaregesteuerten, sondern über einen mechanischen Zufallsgenerator erfolgten, wurden die ermittelten Zahlen per Animationssoftware auf den heimischen PC bzw auf Bildschirmterminals in bestimmte Annahmestellen übertragen, so dass aus Sicht eines objektiven Dritten ein dominierender Online-Bezug bestand. Diese überwiegende virtuelle Komponente ist indes nach Inkrafttreten des GlüStV nicht mehr gegeben, weil die Zahlenziehung im Internet nur noch beobachtet werden kann und eine Spielteilnahme nunmehr allein in der Annahmestelle möglich ist. Dadurch ist „Quicky" letztlich zu einem konventionellen Glücksspiel geworden.

Zum anderen zeigen die obigen Ausführungen, dass **Online-Wetten** entgegen teilweise vertretener Ansicht[11] **keine Internet-Glücksspielveranstaltungen** sind. Denn obwohl das zugehörige Sportereignis per WebCam übertragen werden kann, ist der Außenwelt eine Spielteilnahme zugleich auch auf herkömmlichem Wege zB über die Annahmestelle vor Ort möglich und es fehlt in Bezug auf die Spielübertragung an jeglicher Animation, so dass kein dominierender Online-Bezug gegeben ist.[12]

---

10 Abw Begründung zum Staatsvertrag 2; Konzession des nds Innenministeriums v 17. 12. 2004.

11 Abw *von Coelln* jurisPR-ITR 3/2006, Anm 6; *ders* jurisPR-ITR 15/2007, Anm 3; vgl auch *Kaminski/Kraas* E-Business, 2002, 908, 909.

12 So schon *Korte* o Fn 6, 276.

b) Vereinbarkeit mit höherrangigem Recht

Unter Berücksichtigung des geschilderten terminologischen Hintergrunds stellt sich nunmehr die Frage nach der Vereinbarkeit des § 4 Abs 4 Alt 1 mit höherrangigem Recht. Da weltwirtschaftsrechtliche Vorgaben[13] insoweit nicht einschlägig sind und das gemeinschaftsrechtliche Sekundärrecht in Art 1 Abs 5 lit d) Sp 3 der **E-Commerce-Richtlinie** bzw Art 2 Abs 2 lit h) der **Dienstleistungs-Richtlinie**[14] die Veranstaltung von Internet-Glücksspielen ausnimmt, sind insoweit nur das EG-Primärrecht und das Grundgesetz von Interesse. 11

aa) Das primäre Gemeinschaftsrecht als Prüfungsmaßstab

Vor diesem Hintergrund ist vornehmlich[15] die in den Art 49f EGV niedergelegte **Dienstleistungsfreiheit** vom Schutzbereich her einschlägig. Denn wegen der beliebigen Abrufbarkeit von Internet-Diensten am heimischen PC bedarf es keiner dauerhaften Präsenz im Zielstaat, um dort Internet-Glücksspiele anzubieten. Der außerdem erforderliche grenzüberschreitende Bezug ergibt sich daraus, dass virtuelle genauso wie fernmündliche Angebote über das jeweilige Medium – sei es das Internet oder das Telefon – in andere Mitgliedstaaten transportiert werden. Denn bei derartigen **Korrespondenzdienstleistungen** reicht es aus, wenn das unkörperliche Produkt, nicht aber der Dienstleistungserbringer bzw -empfänger die Grenze überschreitet.[16] Da mit § 4 Abs 4 Alt 1 ferner zumindest keine unmittelbar diskriminierende Beeinträchtigung der Art 49f EGV[17] einhergeht, ist eine Rechtfertigung des in Rede stehenden Eingriffs nach ständiger Rechtsprechung des *EuGH*[18] und überwiegender Literatur[19] auf Basis **„zwingender Allgemeinwohlgründe"** möglich. Sie ergeben sich vorliegend aus den im weitesten Sinne verbraucherschützenden Zielen, vor allem da Internet-Glücksspiele wegen des mit ihnen verbundenen Suchtpotenzials die Gesundheit des Users gefährden und wegen ihrer Manipulationsanfälligkeit dessen Vermögen bedrohen.[20] 12

Im Ergebnis kommt es also auf die **Verhältnismäßigkeit** des mit § 4 Abs 4 Alt 1 verfolgten Verbots virtueller Glücksspielveranstaltungen an. Die konkreten Anforderungen richten sich insoweit mit der Rechtsprechung des *EuGH*[21] entgegen zT vertretener Ansicht[22] nach den mit dieser Vorschrift **verfolgten Zielen,** um einen angemessenen Ausgleich des nationalen Regulierungs- und des anbieterbezogenen Marktzugangsinteresses zu ermöglichen. Zu differenzieren ist daher danach, ob die jeweilige Norm die **Gelegenheit zum Spiel mindern** will **und** daher der **Suchtbe-** 13

---

13 Vgl dazu *Korte* o Fn 6, 303 ff. Zu Einzelheiten des WTO-Regimes s a *Meng/Lahann,* § 14.

14 RL 2000/31/EG des Parlaments und des Rates vom 8. 6. 2000, ABl Nr L 178/1 v 17. 7. 2000 bzw RL 123/2006/EG des Parlaments und des Rates vom 12. 12. 2006, ABl Nr L 376/36 v 27. 12. 2006.

15 Vgl zu möglichen Beeinträchtigung der Art 43 ff, 56 EGV *Ennuschat,* § 12.

16 *Calliess/Ruffert/Kluth* EUV/EGV, 3. Aufl 2007, Art 49, 50, Rn 29.

17 Vgl dazu näher *Korte* o Fn 6, 64 ff.

18 Siehe z B *EuGH* Slg 1974, 1299, Rn 10/12 – Van Binsbergen.

19 Vgl z B *Streinz/Müller-Graff* EUV/EGV, 2003, Art 49, Rn 104; *Korte* o Fn 6, 71 f.

20 Vgl z B *EuGH* Slg 2003, I-13031, Rn 60, 67 – „Gambelli".

21 *EuGH* Slg 2007, I-1891, Rn 52 – „Placanica".

22 So z B *Barton/Gercke/Janssen* wistra 2004, 321, 324; *Kazemi/Leupold* MMR 2004, 649, 652.

kämpfung dienen soll **oder** ob sie den **Spieltrieb in legale Bahnen lenken** will und einen Beitrag insbesondere zum Schutz des Spielervermögens leisten soll.[23] Geht es um den **Schutz der Spielergesundheit**, besteht ein nur **bedingt kontrollierbarer Beurteilungsspielraum** der Mitgliedstaaten bei der Festlegung der Regulierungsdichte, der auch einen generellen Verzicht auf (bestimmte) Glücksspielangebote möglich macht.[24] Soll hingegen der Einfluss der (organisierten) Kriminalität zugunsten legaler Offerten zurückgedrängt werden, dürfen die Mitgliedstaaten zwar eine **Politik der kontrollierten Expansion** iS einer Kanalisierung des Spieltriebs in rechtmäßige Bahnen verfolgen, aber **keine EG-ausländischen Anbieter vom Markt fernhalten**, wenn deren heimatliche Kontrollmechanismen mit denen des Zielstaats vergleichbar sind.[25] Die Richtigkeit dieser **schutzzweckbezogenen Weichenstellung** bestätigt insbesondere die jüngst ergangene Placanica-Entscheidung, in der seitens des *EuGH*[26] festgestellt wurde, dass das wirkliche Ziel Italiens innerhalb der Sportwettbranche die Kriminalitätsbekämpfung sei. Für diesen Fall gehe der völlige Ausschluss von außerhalb Italiens notierten Kapitalgesellschaften jedoch über das zur Erreichung des Ziels Erforderliche hinaus, weil dann andere mildere Mittel denkbar seien, um die Tätigkeit der Glücksspielunternehmen zu kontrollieren.

Auf Basis dieser Differenzierung folgt schon aus der Begründung zum GlüStV, dass das wichtigste Ziel der dortigen Regelungen und damit auch des § 4 Abs 4 Alt 1 die Verhinderung der Spielsucht ist.[27] Dennoch besteht ein **Beurteilungsspielraum der Mitgliedstaaten** bei der **Festlegung des Schutzniveaus** nach Ansicht des *EuGH* nur, wenn die gewählte Regelungsstruktur **angesichts der konkreten Anwendungsmodalitäten** wirklich den ihr zugrunde liegenden Zielen dient. Sie muss also **systematisch und kohärent** die Gelegenheit zum Spiel mindern.[28] Anknüpfungspunkt des somit nötigen **Kohärenztests** ist indes **nicht** die Regelungsstruktur der gesamten **Glücksspielbranche.**[29] Es ist vielmehr eine gemeinsame Betrachtung der Normen nötig, die in Bezug auf die in ihnen geregelten Spielformen eine vergleichbare **Gefahrenintensität** für die Spielergesundheit aufweisen.[30] Denn nur so lässt sich der Tatsache entsprechen, dass es einer „Minderung der Spielgelegenheit" lediglich bei bestehendem Suchtpotenzial bedarf, aber die Intensität der Gesundheitsrisiken wiederum je nach Glücksspiel divergiert.[31] Das Erfordernis eines **spielformspezifischen Maßstabs** ist überdies aus der Judikatur des *EuGH* ableitbar, da die dortigen Sachverhalte und die gewählte Terminologie nur Teile des Glücksspielsektors (vor allem Sportwetten) in den Blick nahmen.[32] Knüpft man wie hier vorgeschlagen an die Ge-

---

23 So schon *Korte* NVwZ 2004, 1449, 1450; zur näheren Begründung *ders* o Fn 6, 83 ff.

24 *EuGH* Slg 1994, I-1039, Rn 62 – „Schindler".

25 So auch *Stein* EuZW 2007, 230, 231; *Dietlein* ZUM 2007, 462, 463.

26 *EuGH* Slg 2007, I-1891, Rn 55, 62 – „Placanica".

27 Begründung zum Staatsvertrag 10, 15.

28 *EuGH* Slg 2003, I-13031, Rn 67, 76 – „Gambelli".

29 So aber *Reichert/Winkelmüller* EuZW 2007, 214; *Postel* LKV 2007, 537, 541.

30 Ähnl *Ruttig* WRP 2007, 621, 626; *EFTA-Gerichtshof* Urt v 14. 3. 2007, Case E-1/06 ZfWG 2007, 134, 134.

31 Vgl dazu näher *Korte* o Fn 6, 111 f, 169 f, 209 f, 315 f.

32 Vgl z B *EuGH* Slg 2007, I-1891, Rn 20 ff – „Placanica".

fahrenintensität an, so zeigt sich indes, dass eine **separate Untersuchung** der **Veranstaltung von Internet-Glücksspielen** nötig ist, weil deren Suchtpotenzial über das konventioneller Angebote weit hinausgeht. Denn virtuelle Spielformen sind jederzeit beliebig verfügbar bzw wiederholbar, wobei von Spiel zu Spiel eine immer wieder neue Gewinn- bzw Verlustsituation entsteht. Zudem ist der User mangels Sozialkontrolle am heimischen PC – anders als zB an den nach Gewerberecht zu beurteilenden Automatenspielgeräten – keinen neugierigen Blicken anderer Spieler ausgesetzt, die ihn zum Aufhören bewegen könnten.[33]

Fraglich bleibt also nur noch, ob das Verbot virtueller Glücksspielveranstaltungen den Anforderungen des **Kohärenztest** entspricht – also systematisch und kohärent zum Gesundheitsschutz beiträgt. In diesem Zusammenhang könnten sich erste Widersprüchlichkeiten zwar daraus ergeben, dass der Gesetzgeber in § 4 Abs 4 Alt 1 nicht alle Ziele des GlüStV berücksichtigt, sondern mit diesem Verbot von einer kontrollierten **Marktausdehnung** entgegen § 1 Nr 2 bei Online-Veranstaltungen Abstand genommen und ausschließlich dem Ziel der Suchtbekämpfung zur Geltung verholfen hat.[34] Diese Maßnahme dürfte jedoch als dem Grunde nach **nicht zu beanstandende und damit kohärente,** wenn auch eventuell **unzweckmäßige**[35] **Hierarchiebildung** zwischen den in § 1 genannten Zielen anzusehen sein. Zudem ist § 4 Abs 4 Alt 1 nicht unsystematisch, weil diese Norm aufgrund der **weltweiten Einstell- und Abrufbarkeit** von Online-Glücksspielen umgangen werden kann.[36] Denn es reicht insoweit aus, dass eine mitgliedstaatliche Maßnahme den ihr zugrunde liegenden Erwägungen Rechnung trägt,[37] so dass gerade keine generelle, ohnehin in der virtuellen Welt des Cyberspace nicht realisierbare Abrufsperre geschuldet ist. Jedoch stünde es einer systematischen Verbotsstruktur entgegen, wenn die **derzeit** von Deutschland aus **ins Netz gestellten Internet-Glücksspiele** weiterhin online blieben.[38] Da die Lotterie „Quicky" nicht mehr im Internet abrufbar ist und auch die Spielbank Wiesbaden GmbH & CoKG ihre entgeltlichen virtuellen Spielangebote geschlossen hat, verlangt das Gebot der Kohärenz insoweit „nur noch" **einerseits** danach, dass die **NKL-Cyberlotterie** vom Netz genommen wird. Dazu dürfte die öffentliche Hand auch ohne Weiteres befugt sein, zumal es insoweit noch nicht einmal eines Rückgriffs auf die §§ 48f VwVfG bedarf,[39] ist diese Online-Lotterie doch lediglich auf Basis eines formlosen Beschlusses des NKL-Vorstands eingeführt worden. **Andererseits** ist aber auch die **Spielbanken Niedersachsen GmbH** daran zu hindern, auf Basis der ihr erteilten **Zulassung** ein **Internet-Kasino zu eröffnen**, wozu sie nach einer jüngst er-

---

33 *Von Hippel* ZRP 2001, 558, 559; *Dietlein/Woesler* K & R 2003, 458, 465; *Krieger* JZ 2005, 1021, 1022.

34 So aber *Koenig/Ciszewski* DÖV 2007, 313, 316; *dies* K & R 2007, 257, 260.

35 Vgl dazu *Korte* o Fn 6, 90, 384.

36 So offenbar *Albrecht/Gabriel* WRP 2007, 616, 620; *Hausberger/Basta* MuR 2006, 175, 177.

37 *EuGH* Slg 2003, I-13031, Rn 76 – „Gambelli".

38 Vgl dazu ausführlich *Korte* WiVerw 2008, 85, 87.

39 Die Frage nach der Zulässigkeit eines Rückgriffs auf die §§ 48f VwVfG im Falle von Genehmigungen zugunsten öffentlicher Institutionen ist streitig; vgl. dazu näher *Knack/Hennecke* VwVfG, 7. Aufl 2003, § 48 Rn 90, *OVG NW* DVBl 1980, 765, 767.

gangenen und mittlerweile rechtskräftigen[40] Entscheidung des *VG Hannover* befugt ist.[41] Infolgedessen muss diese **Genehmigung widerrufen** werden, wobei als Rechtsgrundlage insbesondere ein Vorgehen über § 49 Abs 2 Nr 5 BVwVfG iVm § 1 Abs 1 NVwVfG in Betracht kommen dürfte. Die dazu **nötigen schweren Nachteile für das Gemeinwohl** könnten sich indes eventuell aus dem immensen Suchtpotenzial von Glücksspielen im Internet ableiten lassen.

Wenn die geschilderten Vorgaben eingehalten werden, ist das in § 4 Abs 4 Alt 1 angelegte Verbot der Veranstaltung von Online-Glücksspielen iSd Rechtsprechung des *EuGH* systematisch und kohärent. In diesem Falle dürfte dann aber auch **keine Prüfung der Erforderlichkeit** dieser Norm des GlüStV **mehr** in Betracht kommen,[42] weil man dadurch Gefahr liefe, den Mitgliedstaaten das über die Einschätzungsprärogative zugestandene Recht zur eigenständigen Beurteilung des Schutzniveaus wieder zu nehmen. Denn eine von den nationalen Vorstellungen nach unten abweichende Regulierungsdichte (zB eine Marktöffnung) wäre immer ein milderes Mittel zur Zielverfolgung, während dessen gleiche Eignung gerade der jeweilige Mitgliedstaat im Rahmen seines Beurteilungsspielraums prognostizieren darf. Das Verbot der Veranstaltung virtueller Glücksspiele verstößt somit nicht gegen die Art 49f EGV.

bb) Das Grundgesetz als Prüfungsmaßstab

14 Problematisch bleibt aber die Vereinbarkeit des § 4 Abs 4 Alt 1 mit dem deutschen Grundgesetz, wobei zunächst die **formelle Verfassungsrechtskonformität** dieser Vorschrift zu beleuchten ist. Sie läge vor, wenn den Ländern die Gesetzgebungskompetenz zur Regulierung der Veranstaltung von Internet-Glücksspielen zustünde. Insofern ist zwar die Einschlägigkeit des **Art 74 Abs 1 Nr 11 GG** und der Vorgaben des **Art 72 Abs 2 GG umstritten.**[43] Einigkeit besteht aber **jedenfalls** darüber, dass der Bund von ihm etwa zustehenden Kompetenzen (bisher) **keinen Gebrauch gemacht** hat. Denn dazu wäre eine Normierung nötig, die den Regelungsgegenstand erschöpfend, dh abschließend regelt.[44] Die einschlägigen Normen wie zB die **§§ 284ff StGB bzw 762f BGB** betreffen aber nur Teilausschnitte des Glücksspielrechts oder enthalten wie **§ 5 TMG,** der die herkömmlichen Zulassungserfordernisse für Telemedien und damit auch für Internet-Glücksspielveranstaltungen unberührt lässt, überhaupt keine eigenständige regulierungsbezogene Aussage.

Abschließend ist in diesem Zusammenhang noch darauf hinzuweisen, dass sich auch aus der **Gewerbeordnung** mit Blick auf die Veranstaltung virtueller Glücksspiele kein Argument für ein Gebrauchmachen iSd Art 72 Abs 1 GG ableiten lässt. Dieser Schluss ergibt sich für das gewerbliche Spielrecht zumindest größtenteils aus **§ 33h GewO,** der die **§§ 33cff GewO** in Bezug auf die meisten Glücksspielformen für

---

40 *OVG Lüneburg* Urt v 31. 3. 2008, Az 11 LA 458/07 (unv).

41 Siehe „www.urheberrecht.org/news/3115/" (Stand: 4/2008); ausführlich dazu *Korte* WiVerw 2008, 85, 88.

42 *Korte* NVwZ 2004, 1449, 1450; abw *EFTA-Gerichtshof* Urt v 14. 3. 2007, Case E-1/06 ZfWG 2007, 134, 134.

43 Vgl dazu *Korte* o Fn 6, 315f; kritisch *Dietlein.*

44 *Schmidt-Bleibtreu/Klein/Sannwald* GG, 10. Aufl 2004, Art 72 Rn 23.

nicht anwendbar erklärt. Er gilt aber ebenfalls außerhalb des Anwendungsbereichs des § 33h GewO und damit nicht nur für das gewerbliche Spielrecht, sondern auch für die übrigen Normen der Gewerbeordnung. Zwar handelt es sich – was auch § 33h GewO wegen seines glücksspielbezogenen Inhalts unterstreicht[45] – bei **Glücksspielveranstaltungen** um **gewerbliche**, weil selbständige, dauerhafte, gewinngerichtete und vor allem **erlaubte**[46] Aktivitäten. Denn sie sind de lege lata **nicht generell** – also unabhängig von der ausübenden Person[47] – **sondern nur** in **ungenehmigter Form** strafrechtlich verboten. Allerdings würde die Anwendbarkeit zB der §§ 1, 35, 14 GewO auf Glücksspielveranstaltungen nicht dem Willen des Gesetzgebers entsprechen. Denn er hat vor allem bei der Schaffung des § 33h GewO zum Ausdruck gebracht, dass das Glücksspiel- und Lotteriewesen durch Landesrecht geregelt werden soll.[48] Mithin ist davon auszugehen, dass der **Gewerbebegriff** insoweit entgegen seiner Zielsetzungen planwidrig zu weit reicht und einer **teleologischen Reduktion**[49] bedarf,[50] weil der unreglementierte Marktzugang eines jeden Anbieters auf Basis der in § 1 Abs 1 GewO verankerten Gewerbefreiheit[51] nicht den Gefahren von Glücksspielveranstaltungen gerecht werden würde. Dafür spricht auch § 6 Abs 1 S 2 GewO, wonach die Gewerbeordnung nur bei besonderer Regelung für den Glücksspielvertrieb gelten soll, während ansonsten das allgemeine Ordnungsrecht greift. Denn eine Anwendung der liberaleren Regelungen in der Gewerbeordnung auf Glücksspielveranstaltungen wäre dem Einwand ausgesetzt, dass die Vermittlung teilweise durch das strengere Polizeirecht reguliert wäre, obwohl doch umgekehrt die Veranstaltung den Vertrieb erst möglich macht und damit als primärer Gefahrenherd der intensiveren Überwachung bedarf. Da der Bund somit nicht von einer ihm etwa zustehenden Kompetenz Gebrauch gemacht hat, bleiben für den Erlass von Normen über virtuelle Glücksspielveranstaltungen die Länder zuständig. § 4 Abs 4 Alt 1 ist somit formell verfassungsgemäß.

In **grundrechtlicher** Hinsicht ist indes darauf hinzuweisen, dass nach der sog Sport- **15**
wetten-Entscheidung des *BVerfG* die **Vorgaben des deutschen Verfassungsrechts zu** den seitens des *EuGH* auf Basis der **Dienstleistungsfreiheit** gestellten Anforderungen **parallel** laufen,[52] so dass eine **Verletzung** der **Berufsfreiheit nicht** vorliegen dürfte. Andere Grundrechte als Art 12 Abs 1 GG fanden jedoch in dem Urteil keine Beachtung, da es dort nur um den Zugang zum deutschen Sportwettmarkt ging.

---

45 *Korte* GewArch 2004, 188, 189; *ders* JA 2004, 770, 774; *Pieroth/Görrisch* NVwZ 2005, 1225, 1230.

46 Vgl dazu *Friauf/Stober/Korte* GewO, 207. EL 2006, § 55 Rn 21.

47 So aber *BVerwG* GewArch 2006, 412, 414, bezogen auf die Vermittlung nicht zugelassener Sportwetten.

48 BT-Drs 8/1863 v 12. 6. 1978, 10; vgl dazu *Korte* o Fn 6, 204f.

49 Zu diesen Erfordernissen einer teleologischen Reduktion vgl *Rüthers* Rechtstheorie, 3. Aufl 2007, 506.

50 Abw offenbar *Raitz von Frentz/Masch* ZUM 2006, 189, 193, allerdings ohne eingehende Prüfung.

51 Vgl dazu *Landmann/Rohmer/Kahl* GewO, 49. EL 2007, § 1 Rn 6.

52 *BVerfGE* 115, 276, 316.

Daher ist an dieser Stelle noch danach zu fragen, ob die mit § 4 Abs 4 Alt 1 verbundene Neuregelung eines Rechtsgebiets durch ein Tätigkeitsverbot gegen die **Eigentumsfreiheit** der am Markt zugelassenen Internet-Kasinos verstößt. Insofern ist zunächst entgegen zT vertretener Ansicht[53] davon auszugehen, dass Art 14 Abs 1 GG neben Art 12 Abs 1 GG anwendbar ist, wenn eine Norm – wie bei einem Verbot typischerweise – zugleich zukunfts- und vergangenheitsgerichtet ist, da sonst wegen der erwerbsbezogenen Zielrichtung der Berufsfreiheit das Erworbene keinen hinreichenden grundrechtlichen Bestandsschutz genießen würde.[54] Zudem ist der **Schutzbereich** der Eigentumsfreiheit betroffen,[55] und zwar wenn nicht schon in Bezug auf etwaige Genehmigungen,[56] so doch zumindest wegen der getätigten Investitionen der privaten Internet-Kasinos in die Produktionsmittel – insbesondere in Form der für den Betrieb einer funktionsfähigen Spielplattform erforderlichen Software, die nicht anders eingesetzt werden kann als zur Veranstaltung von Internet-Glücksspielen und daher nunmehr nutzlos ist.[57] Diese Grundsätze gelten jedoch nicht für die Spielbank Wiesbaden GmbH & CoKG, da sie wegen des in ihrer Zulassung aufgrund von § 2 Abs 1 S 3 HessSpG enthaltenen Widerrufsvorbehalts von Anfang an um die **jederzeitige Aufhebbarkeit** ihrer Befugnis zum Betrieb eines **Online-Kasinos** wusste. Denn infolgedessen sind ihre Produktionsmittel schon dem Grunde nach nicht vom Schutzbereich des Art 14 Abs 1 erfasst, weil das auf einer derart unsicheren Basis geschaffene Privateigentum von Vornherein labil ist.[58] Auf Eingriffsebene ist hingegen zu beachten, dass **§ 4 Abs 4 Alt 1** wegen der mit dieser Norm einhergehenden Neuordnung des Glücksspielrechts keine Enteignung, sondern eine **Inhalts- und Schrankenbestimmung** ist. Denn bei anderer Einordnung derartiger Sachverhalte würde man dem Gesetzgeber flexible Reaktionen auf neue Gefahrenlagen erschweren, weil er wegen Art 14 Abs 3 S 2 GG jederzeit Entschädigungspflichten ausgesetzt wäre.[59] Fraglich bleibt damit nur noch die **verfassungsrechtliche Rechtfertigung** des Verbots der Veranstaltung von Internet-Glücksspielen, wobei sich gegenüber dem zu Art 12 Abs 1 GG Gesagten vor allem wegen des innerhalb der Eigentumsfreiheit besonders bedeutsamen **Vertrauensschutzgrundsatzes** Abweichungen ergeben. Denn die am Markt präsenten Betreiber von Online-Kasinos haben bei Tätigkeitsaufnahme nicht damit gerechnet, infolge einer Vorschrift wie § 4 Abs 4 Art 1 um ihre Unternehmung gebracht zu werden. Indes wäre diese Norm trotzdem verhältnismäßig und damit Art 14 Abs 1 GG nicht verletzt, wenn Ausgleichsmaßnahmen für diese Eigentumsbeeinträchtigungen bestünden. Möglich wäre eine gegenüber finanzieller Kompensation prinzipiell vorrangige weiche Überleitung in das neue Recht durch angemessene Über-

---

53 *Umbach/Clemens/Berkemann* GG, 2003, Art 14 Rn 77.

54 *Von Mangoldt/Klein/Starck/Depenheuer* GG, 5. Aufl 2004, Art 14 Rn 99.

55 *Stober* Allgemeines Wirtschaftsverwaltungsrecht, 15. Aufl 2006, § 22 II 2a.

56 *Dreier/Wieland* GG, 2. Aufl 2004, Art 14 Rn 61 ff; abw *BK/Kimminich* GG, 65. EL 1992, Art 14 Rn 87.

57 *OVG Lüneburg* Urt v 31. 3. 2008, Az 11 LA 458/07 (unv); näher zu den übrigen Produktionsmitteln und zum Problem der hinreichenden Beschränkungsintensität bei Nutzungsbeeinträchtigungen *Korte* WiVerw 2008, 85, 91 f.

58 Vgl *Maunz/Dürig/Papier* GG, 40. EL 2002, Art 14 Rn 105.

59 Vgl näher *Kube* ZG 2000, 11, 23; abw aber zB *Sachs/Wendt* GG, 4. Aufl 2007, Art 14 Rn 157a.

gangsfristen. Sie kommen nach wohl überwiegender Ansicht zumindest solange in Betracht, wie das öffentliche Interesse am Verzicht auf eine **Übergangsregel** nicht (eindeutig) dominiert.[60] Gerade an einem solchen temporären Dispens fehlt es aber, da die **Übergangsnorm** des § 25 **nach § 2 S 2 nicht für Spielbanken** und damit auch nicht für Online-Kasinos gilt.[61] Insoweit bedarf es also einer Nachbesserung – es sei denn man hält die staatlichen Interessen an einer ausnahmslosen Einführung des § 4 Abs 4 Alt 1 für (eindeutig) überwiegend, was wegen der hohen Investitionen in das Online-Portal und der für virtuelle Lotterieveranstaltungen bestehenden Übergangsregel trotz des hohen Suchtpotenzials von Internet-Glücksspielen eher fraglich erscheint. Der insoweit (wohl) bestehende Mangel ließe sich indes über eine Erweiterung der in § 25 Abs 6 enthaltenen Übergangsfrist von einem Jahr auf virtuelle Spielbanken beheben, wobei dieser Zeitraum nicht zuletzt wegen des bei der Überleitungskonzeption bestehenden Gestaltungsspielraums des Gesetzgebers der Länge nach akzeptabel wäre. Eine solche Korrektur unterstellt dürften die Vorgaben des Art 14 Abs 1 GG gewahrt und auch **keine Entschädigungsansprüche von Verfassungs wegen** geboten sein, da Beschränkungen des Eigentums aus Gründen der Gefahrenabwehr prinzipiell ausgleichsfrei sind, solange keine Enteignung vorliegt.[62] Projiziert man diese Vorgaben indes auf den Einzelfall, so kommen vertrauensschützende Erwägungen insbesondere zugunsten der Spielbanken Niedersachsen GmbH in Betracht. Daran ändert sich auch nichts dadurch, dass diesem Unternehmen der Betrieb eines Online-Kasinos anfangs zu Unrecht behördlicherseits verboten wurde und das entgeltliche Internet-Portal derzeit noch nicht in Betrieb ist. Denn zum einen verlangt es rechtsstaatliches Denken, den Bürger so zu stellen, wie er bei richtiger Behandlung seines Antrags stünde.[63] Und zum anderen ist es **für die Begründung schutzwürdigen Vertrauens** nicht erforderlich, dass eine etwaige Erlaubnis (hier für eine Internet-Spielbank) bereits ins Werk gesetzt ist, sondern es **reicht der** (hier durch die Investitionen in die Konfiguration des Online-Portals) **realisierte Entschluss die anvisierte Tätigkeit durchzuführen.** Etwaige Nutzungsbefugnisse sind nämlich schon dann tatsächlich ausgeübt worden und das Stadium nur möglicher Nutzung ist verlassen.[64] Unabhängig davon ließe sich in Bezug auf die konkrete Schutzwürdigkeit der Spielbanken Niedersachsen GmbH nun zwar berücksichtigen, dass dieses Unternehmen auch herkömmliche Kasinos betreibt. Wegen der objektsbezogenen Zielrichtung des Art 14 Abs 1 GG ist aber überaus fraglich, ob dieser Umstand in concreto die Notwendigkeit einer Ausgleichsmaßnahme entfallen lässt. Zu beachten ist in diesem Kontext zudem, dass der erforderliche Konzessionsentzug, wenn er nach **§ 49 Abs 2 Nr 5 VwVfG** erfolgt, aufgrund von § 49 Abs 6 VwVfG **bei schutzwürdigem Vertrauen** entschädigungspflichtig ist.[65]

---

60 Vgl dazu näher *Korte* WiVerw 2008, 85, 94.

61 Vgl dazu *Pieroth/Hermes* Der Glücksspielstaatsvertrag, 2006, 39, 46; abw aber wohl *von Coelln* jurisPR-ITR 15/2007, Anm 3.

62 Vgl dazu *Depenheuer* o Fn 54, Art 14 Rn 230, 396.

63 *BVerwG* DVBl 1960, 778, 779.

64 *Ehlers* VVDStrL 51, 1992, 211, 229.

65 Vgl zu diesem Problemkomplex näher *Korte* WiVerw 2008, 85, 100.

16 Die derzeit noch auf dem Internet-Markt präsenten **Staatsunternehmen** können sich mangels Anwendbarkeit des Art 14 Abs 1 GG im staatsinternen Bereich zwar nach weit überwiegender Ansicht nicht auf dieses Grundrecht berufen.[66] Statt dessen kommt ihnen aber Art 20 Abs 3 GG zu Gute. Denn dort ist der **Vertrauensschutzgrundsatz** als objektiv-rechtliches Verfassungsprinzip niedergelegt.[67] Jedoch ergibt die insoweit nötige Abwägung,[68] dass die Interessen der öffentlich getragenen Betreiber wegen des Suchtpotenzials von Glücksspielveranstaltungen im Internet zurückstehen müssen. Dieser **Verzicht** ist ihnen aber schon aufgrund ihrer Staatsnähe insbesondere im Falle der Neuregelung eines Rechtsgebiets eher als anderen Rechtssubjekten (und damit wohl auch ohne Übergangsregel) **zumutbar.**[69]

2. Vermittlung von Glücksspielen über Internet

17 Neben den Veranstaltern virtueller Lotterien oder Kasinospiele gibt es Unternehmen, die ihre Geschäftspolitik auf die Vermittlung von Glücksspielen über Internet ausgerichtet haben. Derartige Tätigkeiten untersagt § 4 Abs 4 in seiner zweiten Alternative ebenfalls.

a) Begriffsbestimmung

18 Der Vertrieb von Glücksspielen über Internet kennzeichnet sich – abgesehen von seiner Provisionsabhängigkeit – dadurch, dass der Online-Bezug aus Sicht eines objektiven Dritten den Vermittlungsvorgang prägen muss. Die **virtuelle Komponente** hat also **(nur) distributions- und nicht (auch noch) veranstaltungsbezogen** zu sein. Diese Voraussetzung liegt vor, wenn die Abwicklung des (Aus-)Zahlungsvorgangs und die Tippabgabe über Internet erfolgen, ohne dass ein virtuelles Glücksspiel im oben angegebenen Sinne vorliegt. Fasst man die dort näher beschriebenen Fallgruppen zusammen, handelt es sich also **nur dann** um eine **Glücksspielvermittlung über Internet, wenn** zumindest **auch** eine **PC-unabhängige Spielteilnahme** möglich ist **und zugleich** ein **faktischer Medienbruch** – sei es wegen des Fehlens eines softwaregesteuerten Zufallsgenerators oder einer computertypischen Animation – zwischen virtueller Distribution und realer Veranstaltung vorliegt. Unter Berücksichtigung dieser Vorgaben sind es vor allem **herkömmliche Lotterien und Sportwetten,** die online vertrieben werden.

b) Vereinbarkeit mit höherrangigem Recht

19 Auf Basis dieses Begriffsverständnisses stellt sich die Frage nach der Vereinbarkeit des § 4 Abs 4 Alt 2 mit höherrangigem Recht.

---

66 So auch *Jarass/Pieroth/Jarass* GG, 9. Aufl 2007, Art 14, Rn 28; abw aber *Wieland* o Fn 56, Art 14 Rn 70.

67 Vgl z B *Kube* ZG 2000, 11, 24 f.

68 *Roellecke* o Fn 53, Art 20 Rn 89.

69 *Kisker* VVDStRL 32, 1974, 149, 170.

aa) Das primäre Gemeinschaftsrecht als Prüfungsmaßstab

Wie schon oben bildet erneut die Dienstleistungsfreiheit den europarechtlichen Prüfungsmaßstab und ist durch ein Verbot der Online-Vermittlung auch beeinträchtigt. Mangels ausdrücklichen Staatsangehörigkeitsbezugs im Wortlaut des § 4 Abs 4 Alt 2 liegt aber zumindest keine unmittelbare Ungleichbehandlung aus Nationalitätsgründen vor – wohl aber eine mittelbare, da das Internet gerade für Neulinge auf dem Glücksspielmarkt einen sehr wichtigen Vertriebsweg bildet.[70] Diese **indirekte Diskriminierung** reicht aber allein nicht, um eine Verletzung der Dienstleistungsfreiheit zu begründen.[71] Denn auch mittelbar nationalitätsbezogene Beeinträchtigungen sind prinzipiell denselben Rechtfertigungsmöglichkeiten zugänglich wie bloße Beschränkungen der Art 49f EGV,[72] weil ein isoliertes Abstellen auf Marktzugangsinteressen berechtigte ordnungsrechtliche Belange der Mitgliedstaaten über Gebühr außer Acht ließe. Es bleibt also bei den allgemeinen Grundsätzen, so dass erneut die auch dem Verbot der Online-Veranstaltung zugrunde liegenden Erwägungen des Verbraucherschutzes als zwingende Allgemeininteressen herangezogen werden können. **20**

Die Rechtfertigung des in Rede stehenden Eingriffs in die Art 49f EGV ist wieder ein Problem der **Verhältnismäßigkeit,** wobei wie schon oben der Frage nach dem Bestehen eines nationalen **Beurteilungsspielraums** entscheidende Bedeutung zukommt. Da auch das in § 4 Abs 4 Alt 2 angelegte Verbot der Online-Vermittlung der Spielsuchtbekämpfung dienen soll,[73] hängt die Existenz einer mitgliedstaatlichen Einschätzungsprärogative entsprechend der obigen Ausführungen erneut von der Kohärenz und Systematik der zugehörigen Regelungsstruktur ab. Sie verlangt wieder nach einer gemeinsamen Betrachtung der Normen, die in Bezug auf das Gefährdungspotenzial für die Gesundheit des Spielers vergleichbare Angebotsformen regeln. Vor diesem Hintergrund ist vor allem relevant, ob das **Vertriebsobjekt** oder der **Vertriebsweg „Internet" spezifische Gefahren** aufweist. Denn wenn von einem virtuellen Distributionskanal ähnlich große Gesundheitsrisiken ausgingen wie von einem herkömmlichen, wäre der Kohärenztest anhand der Regeln über beide Vermittlungsformen vorzunehmen. **21**

Unter Berücksichtigung dessen ist zunächst zu beachten, dass der **Online-Vertrieb anders als eine virtuelle Veranstaltung für sich genommen keine von Teilnahme zu Teilnahme neue Verlust- bzw Gewinnsituation** mit sich bringt, wenn immer dasselbe Glücksspiel vertrieben wird. Auch die ständige Verfügbarkeit dürfte die Ge-

---

70 *Koenig/Ciszewski* K & R 2007, 257, 258, 259f per Verweis auf *EuGH* Slg 2003, I-14887, Rn 74 – „Doc Morris". Da der Gerichtshof in diesem Urteil die Bedeutung des Internets für den Vertrieb etwaiger Waren auf Fremdmärkten und damit dessen Relevanz als Distributionsmotor betonte, dürfte eine mittelbare Diskriminierung bei der Veranstaltung virtueller Glücksspiele nicht gegeben sein. Denn insoweit ist das Internet nicht nur Vertriebskanal, sondern vor allem suchtgefahrerhöhender Bestandteil des Spiels, so dass eine stärkere Belastung von ausländischen gegenüber inländischen Anbietern als notwendige Bedingung für eine nationalitätsbezogene Ungleichbehandlung nicht mit § 4 Abs 4 Alt 1 verbunden ist.

71 So aber offenbar *Hermes* o Fn 61, 39, 84f.

72 Vgl. nur *Müller-Graff* o Fn 19, Art 49 Rn 102.

73 Begründung zum Staatsvertrag 10, 15.

fahrenintensität virtueller Distributionskanäle gegenüber herkömmlichen nicht erhöhen. Denn hier wie dort ist das zufallsabhängige Ereignis abzuwarten, bis eine neue Spielsituation entsteht, was das Suchtpotenzial immens reduziert. Diese Einschätzung gilt umso mehr, als die Anzahl und Ausgestaltung der Angebote (zB Halbzeitwetten) oder der gefühlte Einfluss des Spielers auf seinen Erfolg durch vermeintliches Fachwissen als originäre Parameter der Veranstaltung bei der Bewertung der Gesundheitsgefahren des Online-Vertriebs unbeachtet bleiben müssen.[74] Mithin resultieren etwaige **Spielsuchtgefahren** nicht **aus** dem Vertriebsweg, sondern vor allem aus dem **Vertriebsobjekt.**[75] Diese These bestätigt auch die **zwischenzeitliche Wiedereröffnung** mancher **staatlicher Vertriebsportale,**[76] während einige der **übrigen** öffentlich-rechtlichen Betreiber ihre virtuellen Annahmestellen **nicht** etwa **aus Gründen der Suchtprävention**, sondern **wegen kartellrechtlicher Vorgaben** bis zum Inkrafttreten des GlüStV in der Hoffnung **geschlossen** hielten, ihren Online-Service bald wieder eröffnen zu können.[77] Abschließend sei noch erwähnt, dass eine andere Einschätzung des **Gefahrenpotenzials** virtueller Distributionskanäle nach europarechtlichen Grundsätzen jedenfalls der **Normgeber zu beweisen** hätte.[78] Insoweit fehlt es bisher aber an gesicherten Erkenntnissen über die Existenz eines Suchtpotenzials des Vertriebswegs „Internet".[79] Mithin bleibt es dabei, dass die Ausgestaltung des Vertriebsobjekts und nicht des Vertriebswegs entscheidender Gradmesser der von Vermittlungsdiensten ausgehenden Gesundheitsgefahren ist.

Auf Basis dieser Prämisse sind somit die Vorschriften über virtuelle und herkömmliche Distributionskanäle gleichermaßen in den **Kohärenztest** einzubeziehen. Er wäre also nur dann erfolgreich, wenn die **Regelungen über beide Vermittlungskanäle** in Bezug auf die Minderung der Spielgelegenheit eine **systematische Struktur** aufweisen. Für den **herkömmlichen Vertrieb von im EG-Ausland erlaubten Glücksspielveranstaltungen** ist diese Tatsache an sich **zu bejahen,** weil nach § 10 Abs 1, 2 allein die Bundesländer bzw von juristischen Personen des öffentlichen Rechts getragene Unternehmen befugt sind, Glücksspiele zu veranstalten. Denn infolgedessen dürfen die in anderen Mitgliedstaaten zugelassenen Sportwetten und Lotterien auch auf konventionellem Wege nicht in Deutschland vertrieben werden, was insbesondere wegen der sich sonst ergebenden Erhöhung der Veranstaltungsanzahl und der daraus resultierenden Produktdiversifikation dem Ziel der Minderung der Spielgelegenheit entspricht. Etwas anderes dürfte jedoch gelten, wenn man wie überwiegend[80] die **Vermittlung von Pferdewetten ins Ausland** – und damit zumindest auch an nicht in Deutschland, sondern in

---

74 *Hermes* o Fn 61, 39, 82; abw aber zB *Postel* EuR 2007, 317, 321.

75 So zumindest andeutungsweise nunmehr auch *BayVerfGH* GewArch 2008, 114, 116, wonach eine Bekämpfung der Spielsucht (wohl in erster Linie) Veranstaltungsbeschränkungen erfordert und (erst in zweiter Linie) nicht ohne Konsequenzen für die Spielvermittler bleiben kann.

76 Vgl zB „www.lottospielen-nds.de/s/play/ground/homepage.do" (Stand: 10/2007).

77 Vgl „www.lotto-hessen.de/c/newscurrentdetail?contid=00158" (Stand: 3/2008).

78 *EuGH* Slg 2003, I-13519, Rn 25 f – Lindman; *Barton/Gercke/Janssen* wistra 2004, 321, 325.

79 Vgl *Stöver* Empirische Befunde zu problematischem Lottospielverhalten – eine Literaturstudie, 2006, unv.

80 Vgl nur *OVG Hamburg* GewArch 2004, 243, 246 f. Darstellung des Streitstands bei *Marcks* o Fn 51, § 33 h Rn 10.

anderen Mitgliedstaaten zugelassene Veranstalter – auf Basis einer grundsätzlich jedermann zugänglichen Genehmigung **nach dem RWG** für **zulässig** hält. Denn die damit einhergehende Diversifizierung der vermittelten Wettangebote läuft dem Ziel der Minderung von Spielgelegenheiten gerade zuwider, und zwar – wenn man Pferde- und (sonstige) Sportwetten für vergleichbar hält[81] – im gesamten Wettsektor. Hier besteht also **gemeinschaftsrechtlich** nicht unproblematischer **Nachbesserungsbedarf** im Sinne einer wie auch immer gearteten Beschränkung zulässiger Pferdewettveranstaltungen auf inländische Angebote[82], **wenn** das im GlüStV enthaltene Verbot des **herkömmlichen und virtuellen Vertriebs von im EG-Ausland zugelassenen Glücksspielveranstaltungen kohärent** sein soll. Unabhängig von der somit de lege lata überaus fraglichen Kohärenz der Regelungen über die Vermittlung von Sportwetten aus anderen Mitgliedstaaten stellt sich aber auch die Frage, inwieweit die Vorschriften über den Vertrieb inländischer Glücksspiele systematisch zur Minderung der Spielgelegenheiten beitragen. In diesem Zusammenhang ist vor allem zu beachten, dass der **GlüStV** die **konventionelle Vermittlung inländischer Pferde- bzw anderer Sportwetten oder Lotterien** nach wie vor **zulässt.** Folglich ist insoweit eine Einschätzungsprärogative abzulehnen, da im Vergleich zum in § 4 Abs 4 Alt 2 angelegten Internet-Vermittlungsverbot eine **inkohärente und unsystematische Regelungsstruktur** – freilich auf Basis der Annahme eines vergleichbaren Gefahrenpotenzials beider Vertriebswege – vorliegt. Dafür spricht auch, dass andere sittliche, kulturelle oder religiöse Spezifika, die einen nationalen Beurteilungsspielraum begründen könnten,[83] für den Online-Vertrieb von im Inland zugelassenen Glücksspielen nicht ersichtlich sind.

Auch wenn man eine Nachbesserung im RWG unterstellt, lässt sich § 4 Abs 4 Alt 2 mangels bestehender Einschätzungsprärogative somit zumindest für den Fall des Online-Vertriebs von im Inland zugelassenen Glücksspielveranstaltungen nicht mit dem Schutz der Spielergesundheit, sondern **nur noch** mit Aspekten der **Kriminalitätsbekämpfung** rechtfertigen. Die insoweit bestehenden Gefahren für das Spielervermögen sind wegen der Zugriffsmöglichkeiten Dritter auf die Kontendaten beim Zahlungsvorgang (sog Phishing) zwar ungleich höher als bei herkömmlichen Vermittlungsformen. Dennoch lebt entsprechend den obigen Ausführungen der Prüfungsmaßstab der **Erforderlichkeit** wieder auf, so dass die Einholung von Informationen über die Anbieter und die **Anerkennung von gleichwertigen Kontrollen** in dessen Heimatland **gleich geeignete, aber mildere Mittel** gegenüber einer Marktabschaffung zulasten EG-ausländischer Vermittler sind, um der Kriminalitätsbekämpfung gerecht zu werden.[84] Dies gilt ebenfalls in Bezug auf die **jugendschützenden Zielsetzungen** des § 4 Abs 4 Alt 2, da Minderjährige vor reifegefährdendem Glücksspiel auch über sog **geschlossene Benutzergruppen** bewahrt werden können.[85] Denn derartige Einrichtungen sind insoweit ein milderes, gleich geeignetes Mittel gegenüber der im GlüStV anvisierten Marktzu-

---

81 Vgl *Korte* o Fn 6, 171 f.

82 Dieses Problem betrifft das herkömmliche Glücksspielrecht und ist hier nicht zu diskutieren, vgl daher *Gebhardt/Postel* § 21, sowie *Marcks* o Fn 51, § 33 h Rn 10 aE.

83 *EuGH* Slg 2003, I-13031 Rn 63 – „Gambelli".

84 Vgl dazu auch *EuGH* Slg 2007, I-1891, Rn 62 – „Placanica".

85 So auch *Koenig/Ciszewski* K & R 2007, 257, 260 f.

gangssperre für den Online-Vertrieb von im Inland zugelassenen Glücksspielen. Die geschlossenen Benutzergruppen beschränken nämlich die Zugangsberechtigung zu einem virtuellen Vertriebsdienst auf die Personen, die ihre Volljährigkeit per Face-to-Face-Kontrolle anhand eines amtlichen Ausweis nachgewiesen haben **(Identifizierung)** und sich bei jeder Portal-Nutzung durch von Tippabgabe zu Tippabgabe wechselnde Teilnahmecodes aufs Neue legitimieren können **(Authentifierung).** Diese Absicherung verspricht zwar für sich noch keinen vollständigen Jugendschutz.[86] Speziell für den Glücksspielsektor kommt aber hinzu, dass die Einsätze eines Minderjährigen vom Konto des zugangsberechtigten Erwachsenen abgebucht würden, so dass die Gefahr einer Weitergabe der für die Spielteilnahme nötigen PIN-/TAN-Liste aus Gründen des **Selbstschutzes vor ungewolltem und ggf vielstelligem Verlust** wohl kaum bestehen dürfte.[87] Das Ziel der Prävention Minderjähriger vor reifegefährdendem Glücksspiel drängt somit ebenfalls nicht darauf, EG-ausländischen Anbietern den Marktzugang zu verwehren, wenn sie im Inland zugelassene Glücksspiele über Internet vermitteln wollen. Abschließend sei in diesem Zusammenhang noch darauf hingewiesen, dass die daraus resultierende Europarechtswidrigkeit des § 4 Abs 4 Alt 2 zumindest für den Online-Vertrieb von im Inland zugelassenen Glücksspielen auch mit der Rechtsprechung des *EuGH* vereinbar ist, da der Gerichtshof bisher allein für die Vermittlung von im EG-Ausland zugelassenen Veranstaltungen einen Beurteilungsspielraum anerkannt hat.[88] Eine nationalitätsbezogene Diskriminierung geht mit dem daraus resultierenden Verbot der Distribution von im EG-Ausland veranstalteten Lotterien und Sportwetten schließlich ebenfalls nicht einher, weil nach dem hier vorgeschlagenen Modell die im Inland veranstalteten Glücksspiele jedermann unabhängig von einer Staatsangehörigkeit vermitteln darf.

bb) Das Grundgesetz als Prüfungsmaßstab

22 Auch das deutsche Verfassungsrecht könnte § 4 Abs 4 Alt 2 entgegenstehen. Im Hinblick auf die **Gesetzgebungszuständigkeit** sprechen die wie erwähnt gegenüber der Veranstaltung von Internet-Glücksspielen geringeren Spielsuchtgefahren deutlich für die **Einschlägigkeit des Art 74 Abs 1 Nr 11 GG.** Außerdem ist eine bundesgesetzliche Regelung der **Online-Vermittlung** nach **Art 72 Abs 2 GG** erforderlich, weil dem World Wide Web naturgemäß eine Landesgrenzen überschreitende Funktion zukommt.[89]

Zu klären bleibt somit nur noch, ob der Bund von seiner Gesetzgebungszuständigkeit gemäß **Art 72 Abs 1 GG** bereits **Gebrauch gemacht** hat. Insoweit geraten die **§§ 35 Abs 9, 14 Abs 2 GewO** in den Blick, die für den **Lotterieloshandel** – also aufgrund des offenen Wortlauts für den Losvertrieb,[90] aber auch die gewerbliche Spielvermitt-

---

86 *Hoeren/Sieber/Altenhain* Hdb Multimedia-Recht, 17. EL 2006, Teil 20, Rn 73 ff; abw offenbar *Raitz von Frentz/Masch* ZUM 2006, 189, 194, allerdings ohne eingehende Prüfung.

87 Zum von der Möglichkeit eines hinreichenden Jugendschutzes ausgehend *Dietlein* K & R 2006, 307, 315.

88 Vgl dazu *EuGH* Slg 2003, I-13031 – „Gambelli".

89 *Korte* o Fn 6, 316.

90 Vgl *Korte* JA 2005, 770, 773.

lung[91] – bzw für **Wettannahmestellen aller Art** eine Anzeigepflicht statuieren und bei Unzuverlässigkeit eine Untersagungsmöglichkeit eröffnen.[92] Denn die Gewerbeordnung ist auf den Glücksspielvertrieb genauso dem Grunde nach anwendbar wie auf die -veranstaltung. Allerdings bedarf es mit Blick auf etwaige Vermittlungsformen keiner teleologischen Reduktion, da die §§ 35 Abs 9, 14 Abs 2 GewO gerade für solche Aktivitäten gemacht worden sind und es diesen Vorschriften auf Basis eines für alle Vertriebsformen vergleichbaren Spielsuchtpotenzials an einem planwidrig zu weiten Normtext fehlt.[93] Zudem ergibt sich aus einer **internetkonformen Auslegung,** die anhand von Wortlaut und Zielsetzung der jeweiligen Bestimmung erfolgt,[94] dass die §§ 14 Abs 2, 35 Abs 9 GewO auch für die Online-Vermittlung gelten. Die Begriffe „Wettannahmestelle", „Handel" oder „Los" verlangen nämlich nicht zwingend nach einer Verkörperung, sondern es dürfte gerade bei einem Los ausreichen, dass es durch Ausdruck körperlich gemacht werden kann. Und außerdem sind die mit dem virtuellen Glücksspielvertrieb verbundenen Gefährdungen der Spielergesundheit wie erwähnt nach hier vertretener Ansicht genauso groß wie bei konventionellen Distributionskanälen. Da zudem das in **§ 4 Abs 4 Alt 2** niedergelegte Verbot **wie** der in den **§§ 14 Abs 2, 35 Abs 9 GewO** enthaltene Anzeigevorbehalt mit Untersagungsmöglichkeit im Falle von Unzuverlässigkeit **als behördlicher Überwachungsmechanismus – wenn auch in intensiverer Form – einzuordnen** ist, zeigt sich somit im Ergebnis, dass sich die **Tatbestände** der genannten Vorschriften überlappen **und** deren **Rechtsfolgen in dieselbe Richtung** gehen. Daraus folgt dann aber auch, dass der Bund durch die Schaffung der §§ 14 Abs 2, 35 Abs 9 GewO von seiner Kompetenz zur Regulierung des Vertriebs von Glücksspielen über Internet aus den Art 74 Abs 1 Nr 11, 72 Abs 2 GG Gebrauch gemacht hat.[95] § 4 Abs 4 Alt 2 dürfte damit formell verfassungswidrig sein, weil die Bestimmung die Glücksspielvermittlung generell verbietet und dadurch den in den §§ 14 Abs 2, 35 Abs 9 GewO enthaltenen Anzeigevorbehalt mit Untersagungsmöglichkeit umgeht. Dem lässt sich indes auch nicht entgegenhalten, diese Normen seien nicht wie § 4 Abs 4 Alt 2 dazu da, eine bestimmte Tätigkeit generell zu verhindern, sondern wollen lediglich eine Regulierung bestimmter Personen – nämlich von konkreten Gewerbetreibenden – ermöglichen.[96] Denn ein Gebrauchmachen im Sinne des Art 72 Abs 1 GG verlangt „nur" danach, dass der Bundesgesetzgeber ein Sachgebiet so regelt, dass kein Raum mehr für das Landesrecht bleibt.[97] Weder der Ratio noch der Genese der §§ 14 Abs 2, 35 Abs 9 GewO ist jedoch ein Hinweis darauf zu entnehmen, dass diese Normen für einen Teilausschnitt ihres Anwendungsbereichs nicht gelten sollen. Diese Vorschriften lassen somit keinen Raum für Landesrecht, so dass § 4 Abs 4 Alt 2 formell verfassungswidrig sein dürfte.

---

91 Insoweit abw offenbar *Pieroth* o Fn 61, 1, 18; vgl auch *ders/Görrisch* NVwZ 2005, 1225, 1230.

92 Ähnl *Kendziur* ZUM 2007, 193, 197.

93 Ähnl *BVerwG* GewArch 2006, 412, 414, das diese Normen auf stationäre Vermittlungsdienste anwendet.

94 Vgl dazu *Ernst/Korte* o Fn 86, Teil 28 Rn 34.

95 *Horn* o Fn 61, 91, 112f.; *ders* JZ 2006, 789, 792.

96 In diese Richtung lässt sich wohl die Argumentation des *BVerwG* GewArch 2006, 412, 414 verstehen.

97 *Oeter* o Fn 54, Art. 72 Rn 23.

23 In materieller Hinsicht folgt aus der nach Auffassung des *BVerfG* bestehenden **Parallelität** von verfassungs- und gemeinschaftsrechtlichen Vorgaben, dass die zur Dienstleistungsfreiheit gemachten Ausführungen auf den Prüfungsmaßstab der **Berufsfreiheit** übertragbar sind. Daher ist – eine Nachbesserung im RWG unterstellt – Art 12 Abs 1 GG durch § 4 Abs 4 Alt 2 nur insoweit verletzt, als diese Norm den Online-Vertrieb von im Inland zugelassenen Glücksspielen verbietet. Dagegen spricht auch nicht die im Sportwetten-Urteil des *BVerfG* enthaltene Aussage, dass eine am Ziel der Spielsuchtbekämpfung ausgerichtete Monopolisierung des Glücksspielmarktes und damit wohl auch etwaige Verbotstrukturen mit Art 12 Abs 1 GG vereinbar sein können. Denn diese Entscheidung bezog sich allein auf die Vermittlung von Sportwetten auf Basis einer EG-ausländischen, also nicht inländischen Zulassung.[98]

Neben der Berufsfreiheit könnte § 4 Abs 4 Alt 2 wegen der aus dem GlüStV resultierenden Neuregelung eines Rechtsgebiets noch **Art 14 Abs 1 GG** verletzen. Analog zu den obigen Grundsätzen ist insoweit wegen der im Internet bestehenden Vertriebsportale für Lotterien und Sportwetten vor allem zu fragen, ob § 4 Abs 4 Alt 2 hinreichenden **Vertrauensschutz** gewährt. In diesem Kontext spricht zwar die in § 25 Abs 6 enthaltene Übergangsregel an sich dafür, dass den am Markt präsenten Anbietern ein schonender Übergang ins neue Recht gewährt wird. Zu beachten ist jedoch, dass diese Norm nur für die virtuelle Lotterievermittlung gilt. Der Online-Vertrieb von Sportwetten wird somit nicht hinreichend bedacht. Da mit derartigen Aktivitäten zudem keine zusätzlichen Spielsuchtgefahren einhergehen und der virtuelle Lotterievertrieb nach § 25 Abs 6 übergangsweise zugelassen werden kann, sind ferner keine (deutlich) überwiegenden Interessen der öffentlichen Hand ersichtlich, die einen Verzicht auf eine Übergangsregelung für den Internet-Vertrieb von Sportwetten rechtfertigen könnten. Folglich dürfte das in § 4 Abs 4 Alt 2 angelegte Verbot die **Eigentumsfreiheit** zumindest der am Markt präsenten Sportwettportalbetreiber **verletzen**, und zwar wohl selbst dann, wenn man entgegen der überwiegenden Literatur und Rechtsprechung[99] eine Überleitungsnorm nur bei dominierenden Privatinteressen für nötig hält.[100]

cc) Die Gewerbeordnung als Prüfungsmaßstab

24 Die verfassungsrechtlichen Vorgaben aus den Art 12 Abs 1, 14 Abs 1 GG finden sich spezifiziert in § 1 GewO wieder, der § 4 Abs 4 Alt 2 in der Normenhierarchie als bundesrechtliche Bestimmung übergeordnet ist. Nicht zuletzt deshalb hat eine Untersuchung der Vereinbarkeit des Verbots der Online-Vermittlung mit höherrangigem Recht auch diese gewerberechtliche Vorschrift einzubeziehen, zumal in § 4 Abs 4 Alt 2 anders als in Alt 1 eine Tätigkeit reglementiert wird, für die die Gewerbeordnung in Entsprechung zu den obigen Ausführungen auch inhaltlich gilt.

25 Vor diesem Hintergrund erlaubt **§ 1 Abs 2 GewO** die **dauerhafte Fortsetzung** eines Betriebs im Falle von Gesetzesänderungen, wenn der Gewerbetreibende seine Tätig-

98 *BVerfGE* 115, 276, 281.

99 *BVerfGE* 53, 336, 351; *Papier* o Fn 58, Art 14, Rn 327.

100 So offenbar *Sachs/Sachs* o Fn 59, Art 20, Rn 137.

keit tatsächlich im Einklang mit dem geltenden Recht ausgeübt hat,[101] was für die derzeit in Deutschland betriebenen Online-Vertriebsportale soweit ersichtlich der Fall ist. Zwar gilt dieses Verbot von Rückwirkungen zulasten ehemals zulässiger Tätigkeiten nur vorbehaltlich gewerberechtlicher Spezialregeln.[102] Sie sind aber schon wegen der divergierenden Normgeber mit Blick auf § 4 Abs 4 Alt 2 nicht ersichtlich.

Der somit aus § 1 Abs 2 GewO resultierende **Bestandsschutz** bezieht sich aber nur auf die grundsätzliche Zulässigkeit einer gewerblichen Tätigkeit (das sog „Ob") und nicht auf etwaige Modalitäten der Gewerbeausübung (das sog „Wie").[103] Folglich muss die Aktivität eines Online-Vermittlers eine eigenständige gewerbliche Betätigung darstellen und darf nicht nur eine von vielen gleich zu behandelnden Spielarten der Glücksspieldistribution betreffen, wenn sie unter § 1 Abs 2 GewO fallen soll. Beide Kategorien sind analog zur für Art 12 Abs 1 GG entwickelten Berufsbildlehre danach abzugrenzen, ob nach der Verkehrsanschauung die sozialen bzw wirtschaftlichen Eigentümlichkeiten oder der Ausbildungsgrad eine getrennte Behandlung der jeweiligen Aktivitäten rechtfertigen.[104] Projiziert man diese Anforderungen indes auf den Internet-Vertrieb, so wird deutlich, dass es anders als zB im Falle der Distribution über Annahmestellen besonderer Kenntnisse im Hinblick auf die Programmierung der erforderlichen Software und im Umgang mit den neuen Medien bedarf.[105] Mithin ist die Online-Vermittlung trotz ihres mit dem konventionellen Glücksspielvertrieb vergleichbaren Suchtpotenzials als eigenständiges Gewerbe anzusehen, so dass sich § 4 Abs 4 Alt 2 GewO auf das „Ob" bezieht.

Schließlich ist darauf hinzuweisen, dass § 1 Abs 2 GewO nur die unveränderte Fortführung der bisherigen Tätigkeit erlaubt.[106] Deshalb gestattet diese Vorschrift den am Markt präsenten Internet-Portalen zukünftig lediglich den **derzeit** schon **wahrgenommenen Glücksspielvertrieb.**

Im Unterschied zum vergangenheitsgerichteten **§ 1** Abs 2 GewO erlaubt dessen **Abs 1** **26**
zukunftsgerichtet den Betrieb eines Gewerbes innerhalb der im Bundesrecht vorgesehenen Grenzen.[107] Die Norm **verbietet** somit Länderregelungen, die sich auf das durch § 4 Abs 4 Alt 2 wie erörtert betroffene **„Ob" der gewerblichen Tätigkeit** beziehen und diese Aktivität untersagen. Derartige Verbotsnormen können vielmehr nur durch Novellierungen in der Gewerbeordnung oder wegen des allgemeinen Rechtsgrundsatzes „lex posterior derogat lege priori" durch gewerberechtliche Sondergesetze des Bundes eingeführt werden.[108]

Aus § 1 Abs 1 GewO folgt somit, dass künftig **jeder** trotz § 4 Abs 4 Alt 2 **Online-Vertriebsportale eröffnen** darf – aber erneut **nur** für **im Inland zugelassene Sportwetten** oder **Lotterien**. Denn der GlüStV gestattet – eine Nachbesserung im

---

101 *Tettinger/Wank/Tettinger* GewO, 7. Aufl 2004, § 1 Rn 91 f; *BVerwGE* 24, 38, 42.

102 Vgl zB *BVerwGE* 25, 204, 206.

103 *Kahl* o Fn 51, § 1 Rn 42.

104 Vgl *Kimms* JuS 2001, 664, 666; *BVerfGE* 77, 84, 105.

105 Vgl dazu schon *Korte* o Fn 6, 19 ff, 318; ähnl nunmehr auch *Hermes* o Fn 63, 39, 65 f.

106 *Friauf* o Fn 46, § 1 Rn 241.

107 Vgl *Tettinger* o Fn 101, § 1 Rn 70.

108 *Friauf* o Fn 46, § 1, Rn 192, 198; vgl auch *Pieroth* o Fn 61, 1, 19.

RWG unterstellt – in § 10 Abs 1, 2 wie dargelegt nur von den Bundesländern getragene Glücksspielveranstaltungen. Mithin verstößt derjenige, der auf virtuellem Wege andere Angebote vermittelt, (wiederholt) gegen ordnungsrechtliche Bestimmungen und erweist sich als unzuverlässig, da er nicht die Gewähr für eine zukünftig ordnungsgemäße Gewerbeausübung bietet.[109] Insoweit ist deshalb ein Einschreiten auf Basis des § 35 Abs 9, 1 GewO möglich.

III. Zur ehemaligen Rechtslage und den Übergangsnormen

27 Da der GlüStV mit dem 1. Januar 2008 in Kraft getreten ist, aber eine Vielzahl von Glücksspielen bereits vorher im bzw über Internet veranstaltet bzw vermittelt wurden und § 25 außerdem Übergangsregelungen enthält, ist auch die ehemals und die übergangweise geltende Rechtslage zu erörtern.

1. Rechtslage bis zum Inkrafttreten des Staatsvertrages

28 Insofern ist zunächst zu ermitteln, welche Normen für solche Sachverhalte gelten, die sich vor Inkrafttreten des GlüStV ereigneten. Zudem ist von Interesse, ob die ehemals geltende Rechtslage höherrangigem Recht Stand hält – beides Fragen, die auch derzeit noch Relevanz entfalten, und zwar zB mit Blick auf etwaige anhängige Verfahren.

a) Anwendbarkeit des alten Rechts auf Internet-Sachverhalte

29 Soweit wie zB in **Hessen oder Niedersachsen** besondere Rechtsregeln für virtuelle Kasinos bestanden, sind diese **Vorschriften anzuwenden**. In den **übrigen Bundesländern** fehlte es allerdings an derartigen Spezialnormen. Dort könnte man jedoch auf das **ehemals geltende Landesglücksspielrecht** zurückgreifen, wenn es sich auf virtuelle Sachverhalte ggf auf Basis der bereits erwähnten **internetkonformen Auslegung** erstrecken würde. Dies dürfte mit Blick auf den in den einschlägigen Normenkomplexen verwendeten **Wortlaut** durchaus der Fall sein:[110] So „besucht" der User zB die Homepage des Betreibers eines virtuellen Kasinos durch Eingabe der Internet-Adresse. Bei richtigem Passwort wird ihm eine Teilnahmemöglichkeit eröffnet und „Eintritt" gewährt, während er das so betretene Portal durch Schließen der jeweiligen Website wieder „verlassen" kann.[111] Zudem spricht es nicht gegen eine internetkonforme Auslegung, dass manche Landesglücksspielgesetze Standortbeschränkungen normieren, die sich in der virtuellen Welt nicht abbilden lassen.[112] Denn derartige Erfordernisse sind ohne weiteres auf die Platzierung des Servers beziehbar.

Der somit dem Wortlaut nach möglichen internetkonformen Auslegung des herkömmlichen Glücksspielrechts steht indes auch nicht der Wille des historischen Gesetzgebers entgegen. Denn obwohl ihm die virtuelle Welt des Cyberspace meist

---

109 Vgl dazu näher *Stober/Korte* o Fn 46, § 57 Rn 24.

110 Abw aber *HbgVerfG* NVwZ 2004, 1484, 1485.

111 S dazu näher *Korte* o Fn 6, 285.

112 *Hendler/Ibler/Martinz-Soria/Ibler* Götz-FS, 2005, 421, 432.

unbekannt gewesen sein dürfte, spricht diese Tatsache allein nicht gegen die Erstreckung der konventionellen Rechtsregeln auf das Online-Gambling. In **teleologischer Hinsicht** ist nämlich die **nach dem ehemals geltenden Glücksspielrecht** bestehende **Gleichwertigkeit** der gesetzgeberischen Anliegen der **Spielsuchtbekämpfung und Spieltriebkanalisierung in legale Bahnen** zu beachten. Infolgedessen waren bis zum Inkrafttreten des GlüStV gerade so viele Glücksspiele zu veranstalten bzw zu vermitteln, dass der Spieler nicht in die Illegalität getrieben wurde, und zwar je Glücksspielsparte gesondert und damit herkömmliche, aber auch virtuelle Angebote wegen ihrer unterschiedlichen Rahmenbedingungen gleichermaßen.[113] Würde man nun aber das herkömmliche Glücksspielrecht nicht auf Internet-Sachverhalte anwenden, dürften entgegen dem Gebot der Gleichwertigkeit von Spieltriebkanalisierung und Spielsuchtbekämpfung als gesetzgeberische Anliegen gar keine Glücksspiele mehr virtuell veranstaltet oder vermittelt werden. Denn **wegen** des **Wesentlichkeitsgrundsatzes** wäre aufgrund der dann **fehlenden Genehmigungs- bzw Anzeigevorbehalte** ein **Marktzugang schon dem Grunde nach nicht möglich**. Dieses aus Art 20 Abs 1, 3 GG ableitbare Prinzip verlangt nämlich, dass besonders grundrechtssensible Fragen wie die Zulässigkeit virtueller Glücksspielofferten wegen der damit einhergehenden Gefahren insbesondere für die Gesundheit (idR Veranstaltung) und das Vermögen (Vermittlung von im Inland zugelassenen Glücksspielen) des Spielers kodifiziert werden, um einen unreglementierten Freiwuchs grundrechtsgefährdender Internet-Angebote zu verhindern.[114] Im Ergebnis drängen somit die nach dem ehemals geltenden Glücksspielrecht gleichzeitig zu verfolgenden Ziele der Spielsuchtbekämpfung und Spieltriebkanalisierung darauf, die dort niedergelegten Normen bis zum Inkrafttreten des GlüStV auf Internet-Glücksspiele anzuwenden.

Zudem spricht für die Richtigkeit einer internetkonformen Auslegung des herkömm- **30**
lichen Landesglücksspielrechts zumindest **in rechtstatsächlicher Hinsicht** noch die Tatsache, dass auch die an die Toto-Lotto Niedersachsen GmbH erteilte Erlaubnis zur Veranstaltung der **Lotterie „Quicky“** in ihrer früheren Ausgestaltung als Online-Glücksspiel auf die konventionellen Rechtsgrundlagen des NLottG gestützt worden ist.[115] Und außerdem wurde die **NKL-Cyberlotterie** auf Basis der Ländervereinbarung zur Gründung der Nordwestdeutschen Klassenlotterie und damit ebenfalls **ohne** eine **auf** die Spezifika des **Internet ausgerichtete Rechtsgrundlage** eingeführt.[116]

b) Die veranstaltungsbezogenen Normen im Lichte höheren Rechts

Mithin gibt es gute Gründe dafür, dass das ehemals geltende Landesglücksspielrecht **31**
bis zum Inkrafttreten des GlüStV mit seinen **Alleinrechten** für Lotterieveranstaltungen oder den Betrieb von Spielbanken gilt. Allerdings müssten die zugehörigen Bestimmungen zudem höherrangigem Recht Stand halten.

---

113 Vgl dazu ausführlich *Korte* o Fn 6, 284 f; *HbgVerfG* NVwZ 2004, 1484, 1485.

114 Vgl *Maurer* Staatsrecht I, 5. Aufl. 2007, 209 f; vgl auch *Bethge* DVBl 2007, 917, 918 sowie *Postel* LKV 2007, 537, 541 im Anschluss an *HbgVerfGH* NVwZ 2004, 1484, 1484.

115 Konzession des nds Innenministeriums v 17. 12. 2004.

116 Zu dessen Vereinbarkeit mit GG und EGV *Korte* o Fn 6, 143 ff, 219 ff.

aa) Das primäre Gemeinschaftsrecht als Prüfungsmaßstab

32 Betrachtet man vor diesem Hintergrund die **Dienstleistungsfreiheit**, so ist zu beachten, dass die im Altrecht enthaltenen Alleinrechte genauso die Art 49f EGV zu Lasten marktzugangswilliger Unternehmer beeinträchtigen wie § 4 Abs 4 Alt 1. Zudem zielen sie nicht zuletzt wegen des hohen Suchtpotenzials virtueller Glücksspielveranstaltungen zumindest auch darauf ab, die Gelegenheit zum Spiel zu mindern. Der folglich dem Grunde nach gegebene **Beurteilungsspielraum** der Mitgliedstaaten wäre nach der Rechtsprechung des *EuGH* aber nur zu bejahen, wenn die aus den bestehenden Alleinrechten resultierende Regulierungsstruktur angesichts ihrer konkreten Anwendungsmodalitäten tatsächlich den verfolgten Zielen Rechnung trägt und dementsprechend systematisch und kohärent die Spielleidenschaft aus Gründen der Spielsuchtminimierung begrenzt.[117] Diese Vorgaben dürften indes soweit ersichtlich für die (damals) bestehenden Internet-Kasinos nicht zuletzt wegen der in Hessen und Niedersachsen existierenden Regelungen zB über Spielersperren oder Einsatzhöchstgrenzen[118] gewahrt sein.

Hingegen ergibt sich in Bezug auf die staatlichen Alleinrechte zur Veranstaltung virtueller Lotterien wegen des von der Toto-Lotto Niedersachsen GmbH bis Ende 2007 im Internet angebotenen **Online-Glücksspiels „Quicky"** ein anderes Bild. Denn es ist an das französische Vorbild „Rapido" angelehnt, das insbesondere aufgrund seiner hohen Spielfrequenz nach wissenschaftlichen Aussagen **ca 50.000 User spielsüchtig** gemacht haben soll.[119] Die nötige Einschränkung des Online-Gambling bringt „Quicky" somit schon dem Grunde nach nicht mit sich. Diese Internet-Lotterie enthält vielmehr ein stark spielsuchtförderndes Moment.[120] Nicht zuletzt deshalb verteidigt sich die Toto-Lotto-Niedersachsen GmbH denn auch vornehmlich mit ihrem staatlichen Auftrag zur Kanalisierung des Spieltriebs der Bevölkerung in legale Bahnen.[121] Die Dominanz dieser Zielsetzung reicht jedoch nach der Placanica-Entscheidung gerade nicht, um eine Begrenzung der Veranstalter zu rechtfertigen, weil mildere, gleich geeignete Mittel zur Kriminalitätsbekämpfung bestehen als eine Marktabschottung.[122] Die staatlichen Alleinrechte zur Veranstaltung virtueller Lotterien verstoßen daher gegen die Art 49f EGV.

33 Der daraus resultierende **Anwendungsvorrang der Dienstleistungsfreiheit** gegenüber nationalem Recht führt dazu, dass einem Veranstalter von Internet-Glücksspielen **Marktzugang** zu gewähren ist, wenn im Herkunftsstaat gleichwertige Kontrollen bestehen – und zwar wegen der europarechtlich gebotenen Einordnung der Mitgliedstaaten als Einheit **bundesweit**,[123] auch wenn „Quicky" nur in Niedersachsen an-

117 *EuGH* Slg 2003, I-13031, Rn 67, 76 – „Gambelli".

118 Vgl zB „https://game.spielbank-wiesbaden.de/index.php?ID=10&SPID=1000&WKZ=" (Stand: 4/2008).

119 Vgl „www1.ndr.de/nachrichten/niedersachsen/nds1534.html" (Stand: 4/2008).

120 *LG Hannover* GewArch 2007, 244, 245; ähnl das ergänzende Aufforderungsschreiben der Kommission zum Vertragsverletzungsverfahren Nr 2003/4350 v 21. 3. 2007, 20.

121 Vgl „www1.ndr.de/nachrichten/niedersachsen/nds1534.html" (Stand 4/2008).

122 Vgl dazu *EuGH* Slg 2007, I-1891, Rn 62 – „Placanica".

123 *Kahl* o Fn 16, Art 10, Rn 18.

geboten wird. Zwar hat das *OVG Münster* dieses Ergebnis über eine **temporäre Durchbrechung** des Anwendungsvorrangs zu negieren versucht und sich zur Begründung auf eine sonst entstehende, inakzeptable Regelungslücke berufen, die zu einer Überflutung des deutschen Glücksspielmarktes mit EG-ausländischen Angeboten führen würde.[124] Dieses Vorgehen ist jedoch aus europäischer Perspektive **nicht vertretbar**. Denn bei Verletzungen des Gemeinschaftsrechts besteht anders als bei Verstößen gegen Grundrechte schon dem Grunde nach keine Möglichkeit, die alte Rechtslage übergangsweise fort gelten zu lassen, so dass der Anwendungsvorrang eine europarechtlich an sich[125] zwingende Konsequenz ist. Daran ändern in Bezug auf die Veranstaltung virtueller Glücksspiele auch die derzeit vor allem für herkömmliche Sportwetten diskutierten Rettungsversuche – nämlich die bundesweite Gesetzeskraft des Tenors der Sportwetten-Entscheidung,[126] obwohl es dort nur um die bayerische Rechtslage ging,[127] iVm der nunmehr systematischen Glücksspielpolitik staatlicher Unternehmen aufgrund der zwischenzeitlichen Werbe- und Angebotsbegrenzungen infolge von Weisungen der staatlichen Glücksspielaufsicht[128] – nichts. Denn die spielsuchtforcierende Ausgestaltung von „Quicky" macht dieses virtuelle Glücksspiel zu einem insoweit untauglichen Objekt. Im Ergebnis hätten die befassten Behörden bzw Gerichte somit den Veranstaltern von Online-Glücksspielen – freilich im Falle einer gleichwertigen Kontrolle im Herkunftsstaat – an sich Zugang zum Internet-Markt gewähren müssen. Die Judikative entschied sich indes teilweise für die Alternative, das Verfahren auszusetzen und den *EuGH* per **Vorabentscheidungsersuchen** nach der Vereinbarkeit der staatlichen Alleinrechte zur Veranstaltung virtueller Lotterien trotz „Quicky" mit der Dienstleistungsfreiheit und/oder nach der Zulässigkeit einer zeitweisen Suspendierung des Anwendungsvorrangs der Art 49 f EGV zu fragen.[129] Eine Entscheidung stand jedoch bis zum Inkrafttreten des GlüStV noch aus.[130]

Dieser Umstand führt allerdings nicht dazu, dass die bis zu diesem Zeitpunkt existenten Verletzungen der Dienstleistungsfreiheit bzw des Anwendungsvorrangs unerheblich wären, da sie ggf **Ansprüche aus mitgliedstaatlicher Staatshaftung** nach sich ziehen können. Jedenfalls ließe sich der dazu nötige, hinreichend qualifizierte Verstoß wohl schon seit der Entscheidung des *EuGH* in der Rechtssache „Zenatti", spätestens aber seit Verkündung des Urteils „Gambelli" bejahen, weil der Gerichtshof dort die gemeinschaftsrechtlichen Anforderungen an eine kohärente Glücksspielpolitik festlegte bzw verdeutlichte.[131] Die Parameter des Anwendungsvorrangs stehen demgegenüber sogar bereits seit jeher fest und begründen daher unzweifelhaft Aus- 34

---

124 Vgl *OVG Münster* EuZW 2006, 603, 604 ff.

125 Zu den hier nicht einschlägigen Ausnahmen *Kruis* EuZW 2006, 606, 607; *Terhechte* EuR 2006, 828, 837.

126 So *Ruttig* WRP 2007, 621, 625; *OVG Berlin-Brandenburg* Urt v 3. 1. 2007, Rn 32, zitiert nach Juris.

127 Ähnl *Bethge* DVBl 2007, 917, 917; anders aber z B *Dietlein* K & R 2006, 307, 309.

128 In diese Richtung *Kruis* EuZW 2006, 606, 607.

129 Vgl dazu *VG Köln* GewArch 2006, 467, 467, das die §§ 14, 35 GewO übersah; vgl auch *Postel* EuR 2007, 317, 343.

130 *Stein* EuZW 2007, 230, 231; *Ruttig* WRP 2007, 621, 626.

131 Zweifelnd aber *Mertens* DVBl 2006, 1564, 1568.

gleichsleistungen.[132] Ein Ersatzanspruch käme jedoch insbesondere nur in Betracht, wenn der Geschädigte von allen ihm zur Verfügung stehenden **Möglichkeiten des Primärrechtsschutzes** Gebrauch gemacht hat.[133]

bb) Das Grundgesetz als Prüfungsmaßstab

35 Geht man mit dem *BVerfG* davon aus, dass die Anforderungen des Gemeinschafts- und Verfassungsrechts im Glücksspielsektor bezogen auf den Marktzugang **parallel** laufen, dürfte die bis Ende 2007 existente Ausgestaltung der **Online-Lotterie „Quicky“** auch **gegen Art 12 Abs 1 GG verstoßen**. Insoweit wären die Konsequenzen jedoch auf Niedersachsen begrenzt.

c) Die vermittlungsbezogenen Normen im Lichte höheren Rechts

36 Die Vermittlung von Glücksspielen über Internet richtet sich mit der hier vertretenen Ansicht nicht nach Landesrecht, sondern nach den **§§ 14 Abs 2, 35 Abs 9 GewO**, so dass an sich jedermann virtuelle Vertriebsportale eröffnen darf. In Bezug auf ihre **Vereinbarkeit mit höherrangigem Recht** begegnen diese Normen keinen Bedenken, so dass insoweit an sich auch kein Vorlageverfahren anzustrengen ist.[134] Die Europa- und Verfassungsrechtskonformität der §§ 14 Abs 2, 35 Abs 9 GewO folgt insbesondere daraus, dass sie eine abgewogene Durchsetzung ordnungsrechtlicher Belange ermöglichen. So ließ sich zB eine nachhaltig **aggressive Werbepolitik eines Online-Vermittlers** bis Ende 2007 (und auch jetzt noch) nach § 35 Abs 9, 1 GewO untersagen, da sich auch derjenige als **unzuverlässig** erweist, der sein Gewinnstreben über die Belange Dritter – hier das (mittlerweile) seitens des Staates zugunsten der Verbraucher verfolgte Ziel zur Begrenzung der Spielleidenschaft – stellt.[135] Aber auch die (wiederholte) Verletzung von Ordnungsrecht erfüllt wie erwähnt die Vorgaben dieses Merkmals,[136] so dass zB gegen den **virtuellen Vertrieb von** (generell bzw in bestimmten Bundesländern)[137] **ungenehmigten Glücksspielen** ebenfalls nach § 35 Abs 9 GewO eingeschritten werden konnte. Ob dazu im Übergangszeitraum auch Spielformen zählen, die auf Basis EG-ausländischer Zulassungen veranstaltet werden, richtet sich nach der Auslegung des herkömmlichen Landessportwettrechts vor dem Hintergrund der Art 49f EGV. Insofern spielt wie erwähnt das an anderer Stelle[138] untersuchte Problem eine Rolle, ob die alte Rechtslage – ggf modifiziert durch den Tenor des Sportwetten-Urteils iVm mit den zwischenzeitlichen Vorgaben der Glücksspielaufsicht – einen Kohärenztest bestehen würde.

---

132 So auch *Terhechte* EuR 2006, 828, 844.

133 *Ruffert* o Fn 16, Art 288, Rn 72, 74.

134 So aber das *VG Köln* GewArch 2006, 467, 467, das jedoch wie das *OVG Münster* die §§ 14, 35 GewO nicht einbezog.

135 Vgl *BVerwG* GewArch 1982, 299, 300.

136 *Stober/Korte* o Fn 46, § 57, Rn 24.

137 Die Reichweite etwaiger „Veranstaltergenehmigungen“ ist nicht internetspezifisch und bleibt unbehandelt.

138 Vgl zu dieser nicht internetbezogenen Frage *Postel* § 17 sowie *BVerfGE* 115, 276, 276ff.

2. Übergangsvorschriften nach Inkrafttreten des Staatsvertrages

Nach Inkrafttreten des GlüStV gelten gemäß § 24 die Vorschriften, welche die Länder zu dessen Ausführung erlassen haben. Für das Jahr 2008 sind in **§ 25** aber **Übergangsregeln** getroffen worden. Sie dürften zwar zumindest hinsichtlich der virtuellen **Vermittlung von im Inland zugelassenen Glücksspielen** in Entsprechung zu den obigen Ausführungen wie § 4 Abs 4 Alt 2 **schon dem Grunde nach nicht mit höherrangigem Recht zu vereinbaren** sein,[139] sollen hier aber dennoch – soweit einschlägig – inhaltlich besprochen werden. Insofern bestimmt **§ 25 Abs 6**, dass die Internet-Vermittlung bzw -Veranstaltung von Lotterien nach bestimmten Vorgaben per gesonderter Zulassung ausnahmsweise erlaubt werden kann. Eine **vergleichbare Regelung für Online-Kasinos** besteht indes entgegen der Ursprungsfassung des GlüStV genauso **nicht mehr** wie die anfangs vorgesehene Ausnahme vom Internet-Verbot für die Online-Portale der ländereigenen Sportwette „OddSet".[140] **37**

a) Staatliche Unternehmen

Obwohl sich der Wortlaut des § 25 Abs 6 auf alle Lotterieangebote aus der virtuellen Welt erstreckt, dürften zudem staatliche Online-Lotterieveranstaltungen bzw. -vermittlungen nicht privilegiert sein, da dessen **Ratio Legis** insoweit **nicht greift.** Denn diese Norm **soll** ausweislich der Erwägungsgründe zum 7. Abschnitt des GlüStV den ausschließlich **am Internet-Markt präsenten Firmen** aus Gründen des **Vertrauensschutzes** genug Zeit für die Umstellung auf herkömmliche Vertriebswege lassen. Staatliche Anbieter verfügen jedoch schon jetzt über derartige Distributionskanäle in Form ihrer Annahmestellen. Hinzu kommt, dass ihnen der Verzicht auf erworbene Rechte wegen ihrer Staatsnähe eher zuzumuten ist als Privaten.[141] Also dürfte die Glücksspielaufsicht das ihr nach § 25 Abs 6 zustehende Ermessen dahin auszuüben haben, dass „Quicky", die NKL-Cyberlotterie und staatliche Vertriebs-Portale für Lotterien nicht übergangsweise zugelassen werden. Zumindest in Bezug auf die Online-Lotterie der NKL scheint diesem Umstand bisher aber noch nicht hinreichend Beachtung geschenkt worden zu sein, da dieses Internet-Glücksspiel auch nach Inkrafttreten des GlüStV unverändert angeboten wird. **38**

b) Private Anbieter

Im Wesentlichen profitieren somit die **gewerblichen Spielvermittler** wie die tipp24 AG und die fluxx AG in Bezug auf ihre virtuellen Vertriebsaktivitäten auf dem Lottomarkt von der in § 25 Abs 6 enthaltenen Übergangsregel. **39**

aa) Tatbestand

Dies gilt jedoch nur, wenn der **Tatbestand** dieser Norm erfüllt ist. Dazu sind wegen des Verweises in § 25 Abs 6 auf § 4 Abs 2 die **in § 1 niedergelegten Ziele** einzuhal- **40**

139 Ähnl *Pieroth* o Fn 61, 1, 19f.

140 *Jansen/Teigeler* Böse Wetten, gutes Lotto v. 19. 6. 2007; abrufbar unter: „www.taz.de/index.php?id=nrw-aktuell&dig=2007/06/19/a0042&id=953&cHash=7cbd513b7d" (Stand: 4/2008).

141 *Kisker* VVDStRL 32, 1974, 149, 170.

ten, was vor allem wegen des dort verankerten Auftrags zur Begrenzung des Glücksspielangebots problematisch erscheint. Denn nach § 10 Abs 3 haben die Länder die **Zahl der Annahmestellen** zur Erreichung der in § 1 verankerten Ziele zu begrenzen. Also besteht die Gefahr, dass dieses Vertriebsnetz für sich genommen bereits die Obergrenze zulässiger Glücksspielvermittlung bildet, um möglichst wenige Annahmestellen schließen zu müssen. Für die Online-Vermittler bliebe dann aber kein Raum mehr, da ihre Zulassung im Übergangszeitraum der in § 1 Nr 2 gesetzten Grenze widerspräche.[142] Deshalb sind die staatlichen Veranstalter gehalten, **hinreichend Reserven** in ihrem Vertriebsnetz zu schaffen, um dem Ziel der Angebotsbegrenzung und zugleich den Vorgaben des § 25 Abs 6 zu entsprechen. Dieses Ergebnis dürfte auch **von Verfassungs wegen** geboten sein. Denn zum einen liefe diese Übergangsvorschrift bei anderer Sicht der Dinge leer, so dass das berechtigte Vertrauen der am Markt präsenten Online-Vermittler mangels hinreichend weichen Wechsels in das neue Recht und damit die Eigentumsfreiheit dieser Unternehmen verletzt wäre. Zum anderen beinhaltet der in § 25 Abs 6 enthaltene **Verweis auf § 4 Abs 2** aber auch eine objektive, da von den gewerblichen Spielvermittlern unbeeinflussbare **Berufszugangssperre**. Die somit zur Rechtfertigung nötige, nachweisliche Gefahr für die Spielergesundheit als überragend wichtiges Rechtsgut ließe sich aber nicht mit der Auswahl der Vermittlungsstellen begründen, weil der Vertriebsweg „Internet" wie bereits erwähnt keine zusätzlichen Gefahren birgt.

Unabhängig davon führt der Verweis in § 25 Abs 6 über § 4 Abs 2 auf § 1 dazu, dass die gewerblichen Spielvermittler das Entstehen von Spielsucht zu verhindern und einen hinreichenden Jugend- bzw Verbraucherschutz zu gewährleisten haben. Konkretisiert werden diese Vorgaben in den Anforderungen des in **§ 25 Abs 6** enthaltenen **Katalogtatbestands**. Danach sind die **Einsatzgrenzen** auf € 1.000 je Monat zu deckeln (Nr 2). Außerdem müssen die gewerblichen Spielvermittler ein **Sozialkonzept** entwickeln (Nr 5). Es hat den besonderen Bedingungen des Internet zu entsprechen und soll deshalb vor allem die fehlende Kontrolle des Users am heimischen PC durch Dritte berücksichtigen, auch wenn der Online-Vertrieb insoweit wie erwähnt im Vergleich zur Veranstaltung virtueller Glücksspiele kein zusätzliches Spielsucht- bzw Verelendungspotenzial birgt. Dieser Obliegenheit ließe sich zB durch eine zeitliche Begrenzung der Zugangsrechte pro Tag oder automatische Pausenzeiten[143] nachkommen. Ferner ist sicherzustellen, dass sich die **Spieler im Geltungsbereich der erteilten Erlaubnis aufhalten** (Nr 4). Die dazu erforderliche Lokalisierung des Users hat nach dem Stand der Technik zu erfolgen – also anhand von fortschrittlichen Verfahren, die ein hohes aber nicht das höchste Schutzniveau fordern. Der **Ausschluss Minderjähriger** ist ebenfalls nötig (Nr 1), und zwar anhand der Richtlinien der Kommission für Jugendmedienschutz zur geschlossenen Benutzergruppe, die im Wesentlichen die bereits erwähnte Identifizierung und Authentifizierung des Spielers verlangen.[144] Die in § 25 Abs 6 geforderte Verhinderung von Suchtanreizen durch

142 Ähnl *Horn* o Fn 61, 91, 101 f.

143 *Dietlein/Woesler* K & R 2003, 458, 465.

144 Pkt 5.1 auf „www.kjm-online.de/public/kjm/downloads/JuSchRiL2005_180705.pdf" (Stand: 4/2008).

schnelle Spielwiederholung und zeitnahe Gewinnbekanntgabe (Nr 3) sind indes keine Spezifika des Online-Vertriebs, sondern der zugehörigen Veranstaltung, so dass die Spielvermittler insoweit mangels Einflusses kaum gebunden sein dürften.

bb) Rechtsfolge

Liegen diese Vorgaben vor, besteht auf die Erteilung der befristeten Erlaubnis **kein Rechtsanspruch**. § 25 Abs 6 GlüStV räumt den Behörden **vielmehr Ermessen** ein. Für die am Markt präsenten Unternehmer dürfte es jedoch **idR auf Null reduziert** sein, so dass ihnen zwingend eine vorübergehende Erlaubnis zu erteilen ist. Denn aus den Erwägungen zum GlüStV geht hervor, dass § 25 Abs 6 gerade als Übergangsvorschrift für gewerbliche Spielvermittler gedacht ist, die (fast) ausschließlich über das Internet Glücksspiele vermitteln, um diesen Unternehmen genügend Zeit zur Umstellung auf herkömmliche Vertriebsformen zu lassen.[145] Die Versagung einer Erlaubnis widerspräche daher der Ratio Legis und würde zudem nicht der Tatsache gerecht werden, dass über die am Markt präsenten Online-Portale lediglich im Inland zugelassene Glücksspiele vermittelt werden. Denn infolgedessen bestehen wie erörtert nur zusätzliche Gefahren für das Vermögen, nicht aber für die Gesundheit des Spielers. 41

Ein **Anspruch EG-ausländischer Spielvermittler** auf vorübergehenden Marktzugang im Wege einer Reduzierung des in § 25 Abs 6 enthaltenen Ermessens auf Null ist hingegen entgegen zT vertretener Ansicht[146] **nicht gegeben**. Denn solche Anbieter haben bisher soweit ersichtlich weder im Inland noch im EG-Ausland zugelassene Glücksspiele auf dem deutschen Markt vertrieben. Infolgedessen kommt für sie schon dem Grunde nach kein (vorübergehender) Bestandsschutz in Betracht und § 25 Abs 6 greift bereits von seiner Ratio Legis her nicht. Daraus resultiert allerdings nur teilweise ein materieller Verlust zulasten EG-ausländischer Spielvermittler: Denn wegen der Gemeinschaftsrechtswidrigkeit des § 4 Abs 4 Alt 2 ist für den Fall des virtuellen Vertriebs von im Inland zugelassenen Glücksspielen ohnehin keine Marktzugangssperre zu beachten, während die Online-Vermittlung von im EG-Ausland zugelassenen Glücksspielen – eine Nachbesserung des RWG unterstellt – im Einklang mit den Vorgaben der Rechtssprechung des *EuGH* verboten werden darf.

IV. Durchsetzung des § 4 Abs 4

Wegen der beliebigen Einstell- und Abrufbarkeit von Internet-Diensten ist nunmehr die Durchsetzung des in § 4 Abs 4 enthaltenen Verbots zu erörtern, wobei dessen Rechtmäßigkeit im Folgenden unterstellt werden soll. Dazu muss zwischen dem Erlass etwaiger Grund-Verwaltungsakte und den darauf basierenden Vollstreckungsmaßnahmen differenziert werden. 42

---

145 Begründung zum Staatsvertrag 28 f.

146 *Koenig/Ciszewski* K & R 2007, 257, 259; Stellungnahme der Kommission zum Notifizierungsverfahren 200&/658/D v 22. 3. 2007, 2.

1. Möglichkeiten zum Erlass von Ordnungsverfügungen

43 Eine taugliche Rechtsgrundlage zum Erlass von Ordnungsverfügungen enthält § 9. Er geht § 59 Abs 3 RStV und der polizeirechtlichen Generalklausel als lex specialis vor.

a) Formelle Anforderungen

44 Der **örtliche Zuständigkeitsbereich** richtet sich mangels speziellerer Normen nach allgemeinen Grundsätzen. Daher reguliert die instanziell zuständige Glücksspielaufsicht wegen § 3 Abs 1 Nr 2 VwVfG zum einen die im Bundesland ansässigen Unternehmen, zum anderen aber auch iSd sog **Auswirkungsprinzips** diejenigen Online-Angebote, die **vom Ausland aus eingestellt, aber im Zuständigkeitsbereich der jeweiligen Behörde abgerufen** werden können. Denn **§ 3 Abs 4** bestimmt, dass Glücksspiele dort veranstaltet oder vermittelt werden, wo dem Spieler die Chance zur Teilnahme eröffnet wird, so dass der „Anlass der Amtshandlung" als Anknüpfungspunkt des § 3 Abs 1 Nr 4 VwVfG am Ort des Dienstabrufs[147] liegt.

b) Materielle Anforderungen

45 Die materiellen Vorgaben des **§ 9 Abs 1 S 3** folgen aus den dortigen **Katalogtatbeständen.**

aa) Tatbestand

46 Insofern ermöglicht **Nr 3** dieser Norm vor allem eine Untersagung der „Veranstaltung (...) und Vermittlung unerlaubter Glücksspiele". Diese Formulierung **erfasst dem Wortlaut nach** jede virtuelle Veranstaltung, **nicht** aber den in § 4 Abs 4 Alt 2 ebenfalls (wenn auch wie gezeigt zu Unrecht) verbotenen **Internet-Vertrieb von im Inland zugelassenen Sportwetten oder Lotterien**. Denn in diesem Falle liegt kein unerlaubtes Glücksspiel, sondern eine unerlaubte Vermittlung vor. Es dürfte sich aber um eine unmerkliche Lücke handeln, da die konzessionierten Veranstalter als staatliche Unternehmen solche Spielvertragsangebote, die über Internet generiert worden sind, ignorieren werden, so dass sich derartige Online-Portale mangels Gewinnaussicht nicht lohnen. Sollten sich aber dennoch Unregelmäßigkeiten ergeben, ist auf die Generalklausel des **§ 9 Abs 1 S 2** zurückzugreifen, nach der die (zur Erfüllung des GlüStV) erforderlichen Anordnungen erlassen werden dürfen. Abschließend sei noch bemerkt, dass anders als früher[148] kein spezifischer Bezug des virtuell veranstalteten bzw über Internet vermittelten Glücksspiels zum deutschen Markt mehr nötig ist. Denn **§ 3 Abs 4** stellt klar, dass die bloße Abrufbarkeit des (ausländischen) Angebots von Deutschland aus genügt.

47 Neben den veranstalterbezogenen Eingriffsbefugnissen aus **§ 9 Abs 1 S 3** Nr 3 erstrecken sich die **Nr 4 und 5** auf bestimmte **Mitwirkungshandlungen** an „unerlaubten Glücksspiele(n)" im obigen Sinne. Nach § 9 Abs 1 S 3 Nr 4 ist gegenüber

---

147 Begründung zum Staatsvertrag 12, 15.

148 Vgl näher *Korte* o Fn 6, 287 f; *Lesch* wistra 2005, 241, 242 f.

Finanzdienstleistungs- bzw Kreditinstituten iSd § 1 Abs 1 und 1a KWG ein Einschreiten möglich, falls sie an Ein- und Auszahlungen – also vor allem an Finanztransaktionen im Electronic-Payment-Verfahren – mitwirken, die auf unerlaubte Glücksspiele zurückzuführen sind. Diese Bestimmung ist vor dem Hintergrund des Art 56 Abs 2 EGV zwar nicht unproblematisch, weil sie den **freien Zahlungsverkehr beschränkt.** Die aus § 9 Abs 1 S 3 Nr 4 resulierende Beeinträchtigung dürfte jedoch wegen des – hier für die virtuelle Vermittlung als solche unterstellten – Gefahrenpotenzials des Online-Gambling **gerechtfertigt** sein. Denn die Norm macht die **Glücksspielteilnahme** im bzw über Internet für Spieler und Veranstalter bzw Vermittler **mangels Überweisbarkeit von Einsätzen und Gewinnen** gleichermaßen **unattraktiv.**[149] § 9 Abs 1 S 3 Nr 5 bietet demgegenüber den zuständigen Behörden eine Rechtsgrundlage, um gegenüber **Anbietern von „Telemedien iSd § 2 TMG"** vorzugehen, falls sie am Zugang zu unerlaubten Glücksspielen – also wegen § 3 Abs 4 an jedwedem Abruf entsprechender Angebote von Deutschland aus – mitwirken.

Das in § 9 Abs 1 S 3 Nr 4 und 5 gleichermaßen enthaltene Merkmal **„Mitwirkung"** – sei es beim Zahlungsvorgang oder bei der Herstellung des Zugangs – erfordert nach den Erwägungen zum GlüStV **kein vorsätzliches Handeln.**[150] Überhaupt dürfte aus Gründen effektiver Gefahrenabwehr jede Beteiligung am unerlaubten Glücksspiel durch positives Tun ausreichen, falls ein Bezug zu den in den Nr 4 und 5 aufgeführten Tätigkeiten existiert. Aber auch ein Unterlassen kann bei einer Rechtspflicht zum Handeln genügen, wobei wegen des nach den Erwägungen zum GlüStV zu beachtenden[151] § 7 Abs 2 S 1 TMG keine Überwachungs- oder Ausforschungspflichten bestehen.[152] Unter Berücksichtigung dessen reicht es im Anwendungsbereich der Nr 4, wenn eine **Finanztransaktion** wie auch immer **unterstützt** wird, die in einem Bezug zu einem aus der Internet-Glücksspielbranche bekannten Konto steht, ohne dass der Zahlungsvorgang erfolgreich abgeschlossen werden muss. Innerhalb der Nr 5 hat eine derart extensive Auslegung demgegenüber zur Folge, dass **jede Begünstigung einer PC-gestützten Spielmöglichkeit** durch den Einsatz von Hard- oder Software genügt, ohne dass tatsächlich gespielt werden muss.

bb) Verfügungsadressat

Eine Untersagungsverfügung hat zudem an einen **tauglichen Adressaten** gerichtet zu sein, um wirksam zu werden. Insofern können die Online-**Veranstalter und Vermittler** schon wegen des Wortlauts des § 9 Abs 1 S 3 Nr 3 und die **Finanzdienstleistungs-** und **Kreditinstitute** wegen der dortigen Nr 4 in Anspruch genommen werden. Zudem sind **Diensteanbieter iSd § 3 TMG** – also die sog Content-, Service- oder Access-Provider[153] – gemäß § 9 Abs 1 S 3 Nr 5 heranziehbar. Diese Norm erlaubt somit **48**

149 Vgl dazu näher *Ennuschat* § 12.

150 Begründung zum Staatsvertrag 19.

151 Ebenda; Der dortige Terminus „abgestufte Verantwortlichkeiten" dürfte sich auf die §§ 7ff TMG insgesamt beziehen.

152 Vgl *Ernst/Korte* o Fn 86, Teil 28, Rn 57.

153 Vgl dazu *Holznagel/Kibele* o Fn 86, Teil 5.

eine Haftung Dritter neben den ohnehin (und zudem auch als **Content-Provider**) verantwortlichen Online-Veranstaltern bzw -Vermittlern, wenn sie nach dem TMG verantwortlich sind. Da § 7 Abs 2 S 2 TMG insoweit auf die allgemeinen Gesetze verweist, ist deren Polizeipflichtigkeit nach den ordnungsrechtlichen Störerregeln zu ermitteln. Diese „allgemeinen Grundsätze" bleiben nach dieser Vorschrift sogar dann unberührt, wenn eine der in den §§ 8 ff TMG enthaltenen Privilegierungen greift.[154]

Unter Berücksichtigung dessen können **Service-Anbieter**, die fremde Telemedien auf eigenen Computern bereithalten (sog Hosting), zumindest als Zustandsstörer in Anspruch genommen werden, da sie die tatsächliche Gewalt über die Rechner inne haben und auf die dort niedergelegten Daten zugreifen können.[155] Das gilt ebenfalls beim sog **Caching**, auch wenn bei dieser Form des Hosting etwaige Online-Glücksspiele oder Vermittlungsdienste nur für kurze Zeit auf einem schnelleren Medium zwischengelagert werden, um einen sonst eventuell (sehr) zeitaufwendigen Abruf zu beschleunigen. Denn wegen seiner zumindest vorübergehenden Zugriffsmöglichkeiten übt der Provider auch insoweit die tatsächliche Sachherrschaft über die jeweiligen Daten aus und ist deshalb **Zustandsstörer**.

Die sog **Access-Provider** gewähren demgegenüber nur den Zugang zu fremden Daten, indem sie den technischen Kommunikationsvorgang ermöglichen, ohne selbst Informationen bereit zu stellen. Sie dürften deshalb jedenfalls **nicht** als **Verhaltensstörer** zu qualifizieren sein. Aber auch eine Haftung als **Zustandsstörer** ist **nicht** gegeben, weil die Gefahrenschwelle erst dann überschritten wird, wenn der User das virtuelle Glücksspiel oder den Vermittlungsdienst abruft. Denn auf diesen Vorgang kann der Access-Provider nicht über seine Infrastruktur einwirken.[156] Jedoch könnte man den Zugangs-Anbieter eventuell als **Nichtstörer** haftbar machen. Die dazu erforderliche **gegenwärtigen Gefahr** für die öffentliche Sicherheit – also eine hohe Wahrscheinlichkeit eines baldigen Schadenseintritts zB für die Unverbrüchlichkeit der Rechtsordnung[157] – liegt schon deshalb vor, weil eine **Verletzung des § 4 Abs 4** sogar zu einer **Störung** des positiven Rechts führt. Deren **Erheblichkeit** lässt sich – die Vereinbarkeit des Vermittlungsverbots mit höherrangigem Recht entgegen der hier vertretenen Ansicht unterstellt – mit dem dann generell hohen **Gefahrenpotenzial** des Online Gambling für die Spielergesundheit begründen. Wegen der strengen **Subsidiarität der Notstandshaftung** dürfen den Behörden ferner keine anderen Gefahrenabwehrmöglichkeiten zur Verfügung stehen. Derartige Alternativen sind im Falle von Glücksspielen im bzw über Internet aber schon deshalb kaum ersichtlich, weil die Inanspruchnahme des Veranstalters oder des Service-Providers, da sie normalerweise ihren **Unternehmenssitz im Ausland** haben, regelmäßig genauso wenig Erfolg verspricht wie die Einleitung eines Amtshilfeverfahrens.[158] Schließlich ist davon auszugehen, dass bei der Inanspruchnahme des Access-Providers grundsätzlich

154 *Ernst/Korte* o Fn 86, Teil 28, Rn 56.

155 *Zimmermann* NJW 1999, 3145, 3148.

156 *Germann* Gefahrenabwehr und Strafverfolgung im Internet, 2000, 447.

157 *Schenke* Polizei- und Ordnungsrecht, 4. Aufl 2005, 42.

158 Vgl *Mayer* Öffentliches Recht und Internet, 1998, 230; *Fritzemeyer/Rinderle* CR 2003, 599, 602.

keine erheblichen Gefahren drohen und auch keine höherwertigen Pflichten verletzt würden, so dass eine Notstandshaftung des Zugangs-Anbieters möglich ist.

cc) Rechtsfolge

Zudem darf eine Untersagungsverfügung nach § 9 Abs 1 S 2 oder 3 nur nach **pflichtgemäßer Ermessensausübung** ergehen. Insoweit ist davon auszugehen, dass **idR eine Verpflichtung zum Einschreiten** in Form eines **intendierten Ermessens**[159] besteht. Dafür sprechen vor allem die Erwägungen zum GlüStV, die ein konsequentes Verbot postulieren,[160] und das (hier für die Vermittlung als solche unterstellte) hohe Gefahrenpotenzial des Online-Gambling für die Spielergesundheit. **49**

Die **Störerauswahl** hat hingegen nach der Gesetzesbegründung die abgestuften Verantwortlichkeiten des TMG zu beachten.[161] Die danach vorrangige Inanspruchnahme des Veranstalters bzw Vermittlers wird aber idR ins Leere laufen, so dass auf die übrigen Anbieter von Telemedien zurückzugreifen ist. Vor diesem Hintergrund gelten für die seltene Inanspruchnahme der normalerweise auch im Ausland ansässigen Service-Provider und die häufigere Haftung der Zugangs-Anbieter die allgemeinen Grundsätze der Störerauswahl. Sie richtet sich also **nach den Zugriffsmöglichkeiten** auf das verbotene Online-Glücksspiel bzw nach der **Nähe** zu diesem und der **Effizienz bzw Effektivität der Störungsbeseitigung**.

Im Falle einer Verfügung nach **§ 9 Abs 1 S 3 Nr 3 bis 5** kann die Aufsicht die im jeweiligen Katalog aufgeführte Tätigkeit untersagen. Zudem besteht ein Ermessensspielraum bei der **Auswahl der Mittel**, so dass zB Minusmaßnahmen dem Grunde nach zulässig, aber aus Gründen effektiver Gefahrenabwehr kaum gleich geeignet sind. Innerhalb des **§ 9 Abs 1 S 2** hat die zuständige Behörde ebenfalls unter Beachtung des Verhältnismäßigkeitsgrundsatzes die Wahl zwischen mehreren möglichen Mitteln. IdR wird jedoch hier wie dort eine **Sperrung des Internet-Glücksspiels bzw des Vertriebsportals** die **einzige** in Betracht kommende **Option** sein, da sich nur so die Vorgaben des § 4 Abs 4 effektiv umsetzen lassen werden. Zwar wird die Zulässigkeit eines solchen Vorgehens in der Literatur häufig bezweifelt, weil Sperrverfügungen wegen der zahlreichen Umgehungsmöglichkeiten bzw der immensen Kosten ungeeignet bzw unangemessen seien.[162] Zu beachten ist jedoch, dass die (hier für die Vermittlung als solche unterstellten) hohen Spielsuchtgefahren infolge des Online-Gambling vor dem Hintergrund des Art 2 Abs 2 S 1 GG prinzipiell für die Verhältnismäßigkeit zumindest von möglichst schonenden Sperrverfügungen sprechen.[163] Unter Berücksichtigung dessen wäre zB eine **Blockade** der einschlägigen, aus Nummern bestehenden **IP-Adressen** denkbar. Sie hat allerdings den Nachteil, dass auf den zugehörigen Zielserver in Gänze nicht mehr zugegriffen werden kann, so dass auch die dort abgelegten Daten ohne Gefahrenpotenzial betroffen sind.[164] Zu-

159 Vgl dazu *Kopp/Ramsauer* VwVfG, 10. Aufl 2008, § 40, Rn 45f.

160 Begründung zum Staatsvertrag, 15.

161 Ebda, 19.

162 *Schöttle* K & R 2007, 366, 369f.

163 *OVG Münster* MMR 2003, 348, 352.

164 Vgl *Dietlein/Heinemann* K & R 2004, 418, 423; *Schöttle* K & R 2007, 366, 367f.

dem könnte man einen sog **Proxy-Server zwischenschalten**, der anhand bestimmter Schlüsselwörter virtuelle Glücksspielveranstaltungen ausfiltert und deren Abruf hindert. Aber auch dieses Vorgehen ist nicht frei von Nebenwirkungen, da je nach Genauigkeit der Suchbegriffe ein hoher Rechenaufwand entsteht oder aber andere Internet-Seiten (zB die des Fachverbands Glücksspielsucht) in Mitleidenschaft gezogen werden.[165] **In praxi** wird daher an der Übersetzung der IP- in die Klartext-Adresse angesetzt, indem auf den **Domain-Name-Server zugegriffen** und der **Portal-Bezeichnung** (zB „www.glücksspielen.com") der **zugehörige Nummern-Code** (zB „174.136.172.164") **entzogen** wird, so dass der Abruf ins Leere läuft. Diese Veränderung lässt sich zwar auch umgehen, zB indem ein sog Anonymisierungsdienst zwischengeschaltet[166] oder die IP-Nummer des Zielportals ermittelt und als Adresse eingegeben wird.[167] Möglich ist das allerdings nur demjenigen, der das Know How dazu hat bzw bereit ist, es sich genauso zu beschaffen wie die erforderlichen Daten. Der Durchschnittsnutzer dürfte diesen Vorgaben indes kaum entsprechen[168] – sei es, weil ihm der Aufwand zu hoch ist oder sein Interesse an illegalen Glücksspielseiten nur geweckt wird, wenn er zufällig beim Surfen auf sie stößt.[169]

2. Durchsetzung der Verfügungen

50 Soweit die Glücksspielaufsicht eine Verfügung auf Basis des § 9 Abs 1 S 2 bzw 3 ausspricht, folgt daraus nicht unbedingt, dass der jeweilige Adressat der ihm auferlegten Handlungspflicht auch nachkommt. Fehlt es an einer entsprechenden Bereitschaft, kann die öffentliche Hand gegenüber dem Verpflichteten mit Zwangsmaßnahmen vorgehen. Etwaige **Vollstreckungshandlungen** sind auf die **landespolizeirechtlichen Normen über den Verwaltungszwang** zu stützen. Denn eine nach § 9 Abs 1 ergangene Untersagungsverfügung dient wie gesagt der Gefahrenabwehr und fällt somit unter das allgemeine Polizeirecht.[170]

In Betracht kommt vor allem ein Vorgehen im **mehraktigen Verfahren,**[171] da etwaige Rechtsbehelfe gegen Anordnungen iSd § 9 Abs 1 nach dessen Abs 2 keine aufschiebende Wirkung iSd § 80 Abs 2 S 1 Nr 3 VwGO entfalten. Eine **Androhung** der Zwangsmaßnahme dürfte indes meist **entbehrlich** sein, da zB im Falle der Verletzung des § 4 Abs 4 eine Störung der Unverbrüchlichkeit der Rechtsordnung besteht, die sofort beseitigt werden darf. Die weiteren Voraussetzungen des Verwaltungszwangs müssen schließlich zwar ebenfalls gewahrt sein, dürften jedoch im Falle einer Verletzung des § 4 Abs 4 kaum Probleme aufwerfen. Als Zwangsmittel kommt insbesondere die Ersatzvornahme in Betracht, wobei dann die bereits geschilderten Maßnahmen – also zB eine Modifikation der Zuordnungen im Domain-Name-Server – die „vertretbare Handlung" darstellen.

---

165 *Engel* MMR-Beilage 4/2003, 24 ff.

166 Eingehend dazu *Schöttle* K & R 2007, 366, 368.

167 *Dietlein/Heinemann* K & R 2004, 418, 423.

168 Skeptisch dazu aber *Schöttle* K & R 2007, 366, 367 f.

169 Ähnl *OVG Münster* MMR 2003, 348, 351 ff.

170 *Ipsen* Niedersächsisches Polizei- und Ordnungsrecht, 3. Aufl 2004, 164.

171 Vgl *Schmidt-Aßmann/Schoch* Besonderes Verwaltungsrecht, 13. Aufl 2005, 121, 267 ff.

V. Fazit

Die mit § 4 Abs 4 intendierte Schaffung einer bundesweit homogenen Rechtslage für die Regulierung des Internet-Gambling ist prinzipiell zu begrüßen. Materiell kann aber nur das Verbot der Veranstaltung virtueller Glücksspiele überzeugen, sieht man einmal von den derzeit fehlenden Übergangsnormen ab, die wegen der in Niedersachsen zugelassenen Online-Spielbank nötig sein dürften. Im Gegensatz dazu ist die gleichfalls untersagte Internet-Vermittlung wegen der §§ 14 Abs 2, 35 Abs 9 GewO kompetenziellen Bedenken ausgesetzt. § 4 Abs 4 Alt 2 leidet zudem darunter, dass das dort angelegte Vertriebsverbot selbst im Falle von Nachbesserungen im RWG zumindest aufgrund der nach wie vor bestehenden Zulässigkeit der herkömmlichen Distribution von im Inland zugelassenen Glücksspielen unsystematisch bzw inkohärent ist und deshalb höherrangiges Recht verletzt. Denn die mit herkömmlicher und virtueller Glücksspielvermittlung einhergehenden Spielsuchtgefahren sind gleich groß, aber im GlüStV mit Blick auf den Vertrieb von im Inland zugelassenen Glücksspielen unterschiedlich reguliert, so dass § 4 Abs 4 Alt 2 zumindest in Bezug auf dieses Vertriebsobjekt nicht den Art 49f EGV, 12 Abs 1 GG entspricht. 51

Bis zum Inkrafttreten des GlüStV galt die alte Rechtslage und damit das herkömmliche Landesglücksspielrecht im Wege einer internetkonformen Auslegung fort. Die dortigen Alleinrechte verletzen jedoch bezogen auf die Veranstaltung virtueller Lotterien die Dienstleistungs- und Berufsfreiheit, weil das bis Ende 2007 abrufbare Online-Glücksspiel „Quicky“ nicht am Ziel der Begrenzung der Spielleidenschaft ausgerichtet war. Für den virtuellen Vertrieb herkömmlicher Glücksspiele galten hingegen die §§ 14 Abs 2, 35 Abs 9 GewO. Sie sind für sich genommen keinen gemeinschafts- bzw verfassungsrechtlichen Bedenken ausgesetzt. Demgegenüber dürfte die im ersten Jahr nach Inkrafttreten des GlüStV anzuwendende Übergangsregel in § 25 Abs 6 – entweder mangels Gesetzgebungskompetenz für den Glücksspielvertrieb oder wegen Verstoßes gegen die Art 49f EGV, 12 Abs 1 GG zumindest in Bezug auf die Online-Vermittlung von im Inland zugelassenen Glücksspielen – das Schicksal des in § 4 Abs 4 Alt 2 niedergelegten Internet-Vertriebsverbots teilen. Bei abweichender Sicht der Dinge muss diese Norm in Tatbestand und Rechtsfolge zugunsten der am Markt präsenten Spielvermittler ausgelegt werden, um ihnen einen weichen Übergang ins neue Recht zu ermöglichen.

Geht man trotz der bestehenden Zweifel von der Rechtmäßigkeit des § 4 Abs 4 aus, begünstigt § 3 Abs 4 den Erlass ordnungsrechtlicher Verfügungen. Denn aufgrund dieser Norm kann nunmehr gegen jedes von Deutschland aus abrufbare Glücksspiel iSd Auswirkungsprinzips eingeschritten werden. Durchsetzungsschwierigkeiten drohen aber dennoch, weil wohl nur der sog Access-Provider für die Behörden erreichbar ist. Diesem Dienstanbieter kann aber jedenfalls die Sperrung der verbotenen Glücksspielveranstaltung oder -vermittlung als „Nichtstörer“ aufgegeben werden. In diesem Falle bietet sich eine Unterbrechung der Verknüpfung von nummernabhängiger IP-Adresse (zB 174.136.172.164) und textabhängiger URL (zB www.gluecksspielen.com) an, um dem User den Zugriff auf die jeweilige Website zu erschweren. Sie kann über die Domain-Name-Server vorgenommen werden.

VI. Summary (Games of Chance and Internet)

Para 4, art 4, of the State Gambling Act is striking new ground in regulating virtual gambling. This norm also prevents persons from mediating or organizing such kinds of gambling via the internet. The juridical position conceived in this manner within the Federal State is in fact and in principle welcome. However, in respect to its contents, the prohibition of the organization of virtual gambling can – in Korte's opinion – correspond to the demands of the Community Law (freedom to provide cross border services) and constitutional law (the civil right of occupation and the guarantee of the right of ownership) irrespective of the present lack of transitional regulations that are required regarding the online casino admitted in Lower Saxony. The compatibility of para 4, art 4 – with the law of higher rank – is, above all, the consequence of the fact that the user may easily lose self-control and may become addicted to gambling due to the fast repetition of games that continuously cause new win/lose situations. On the contrary, the interdiction of online mediation is constitutionally questionable and in view of European Law; there has been no evidence to date of potential addiction concerning virtual mediation allowed within our state. If, over the next years (during the evaluation of the State Gambling Act), this deficit is not corrected through adequate scientific results, the prohibition of online mediation may not correspond to the demands of the European Court of Justice's *Gambelli* and *Placanica* decisions, which, in turn, would not correspond to the odds postulated by the Federal Constitutional Court in the leading decision on sports betting. In conclusion, the probability of gambling addiction would be equal to that of the conventional and virtual mediation of gambling. However, as, para 4, art 4 solely prohibits online organization, the policy concerning gambling games would not be consequently focused on the danger potential of the respective activity and would therefore become incoherent and unsystematic. Furthermore, the compatibility between the prohibition of the virtual mediation of gambling and the competence system of the Federal Republic is questionable. That is to say, paras 14, art 2, 35, art 9 Gewerbeordnung (Trade Regulation, GewO) lay down the conditions of supervision, i e the obligation to notify the authorities, and the possibilities to prohibit, which apply to all locations that accept bets and distribute lottery tickets. Under these terms, however, the mediation portals of the internet might be classified so that the federal legislator appears to have made use of his jurisdiction based on art 74, sentence 1, number 11, 72, sentence 2 Grundgesetz (Basic Law, Constitution) by conclusively regulating the gambling mediation in the sense of art 72, sentence 2 Grundgesetz.

Until the State Act comes into force, the present legal situation will remain in force and the Länder's[172] law on gambling games and its interpretation of conformity to the internet will remain valid. This will be possible because the factual findings there admit virtual facts and because, aside from the prior goal of combating gambling ad-

172 The Federal Republic of Germany consists of 16 *Länder*: Baden-Württemberg, Bavaria, Berlin, Brandenburg, Bremen, Hamburg, Hessen, Lower Saxony, Mecklenburg-Western Pomerania, North-Rhine Westphalia, Rhineland-Palatinate, Saarland, Saxony, Saxony-Anhalt, Schleswig-Holstein and Thuringia.

diction, the attempt to canalize the gambling instinct through legal internet offers is equally justifiable because the user is not referred to illegal offers. However, the sole rights contained in the Länder's conventional laws to organize gambling games infringe on the prospects of the liberty of service and occupation. In so far as there is a lack of coherence and systematic representation of gambling policy, the online lottery "quickie" – due to its high playing frequency – is not focused on the goal of diminishing the gambling passion. This may have been particularly proved in France where many cases of addiction have been identified as the result of a similar method of gambling. The conventional Länder's law on gambling is, however, not valid in respect of virtual marketing, but in this case paras 14, art 2, 35, art 9 GewO are applicable. These regulations are, nevertheless and strictly speaking, not exposed to objections based on EC Law or constitutional law because the undefined legal term "unreliability" creates ample feasibility to interdict. In opposition to this, according to Korte's opinion, during its first year of applicability the transition regulation – para 25, art 6 of the State Gambling Act – might share the same fate as the internet sales prohibition of para 4, Art 4, Alt 2 and be incompatible with a higher ranking law. Moreover, this rule should be interpreted in findings and legal consequence in favor of the present (already available) intermediaries (commercial game organizers in the sense of para 19 of the State Gambling Act) in order to enable a smooth transition into the new regulations.

If, in spite of existing doubts, para 4, art 4 is considered to be lawful then para 3, art 4 facilitates the decree of administrative acts within the scope of regulatory law. Henceforth, due to this norm, legal steps can be taken against any gambling play that can be recalled out of Germany according to the principle of result. Difficulties to enforce are, nevertheless, imminent because the suppliers of virtual gambling generally locate their enterprises abroad. Therefore, the authorities can on principle compel the so-called access-provider to cut off an illegal internet game of gambling if the preconditions of non-disturber liability exist. This should – at least in principle – be the case when considering the dangers caused to property and to the gambler's health by virtual gambling (see above) because of the high addiction potential of virtual gambling. An interruption of the combination of an IP address (ie 174, 136, 172, 164) dependent on figures and URL dependent on text (ie www.gluecksspielen.com) might be useful to make it difficult for the user to access the respective website. This can be done via Domain-Name-Server.

4. Abschnitt: Glücksspielrecht des Bundes/ Das gewerbliche Glücksspiel

§ 19 Das bundesrechtliche Regelkonvolut zum Glücks- und Gewinnspiel

Ihno Gebhardt

Übersicht

I. Übersicht

1 Im **Grundgesetz** findet das Glücksspiel ausdrücklich nur durch die Regelung der alleinigen Steuerertragshoheit der Länder für die Abgaben der Spielbanken Erwähnung (Art 106 Abs 2 Nr 6 GG). Die Erträge aus der Besteuerung der öffentlichen Lotterien, Ausspielungen und Oddset-Wetten (mit Ausnahme der Rennwetten) stehen als spezielle Verkehrssteuern ebenfalls den Ländern zu.[1]

2 Die Besteuerung von Lotterien, nicht aber deren Zulassung (die landesrechtlich durch Landeslotteriegesetze und den Glücksspielstaatsvertrag ermöglicht wird), ist in dem am 8. April 1922 als Reichsgesetz erlassenen **Rennwett- und Lotteriegesetz** (RWG)[2] geregelt, das als Bundesrecht fort gilt, soweit es dem Grundgesetz nicht widerspricht (Art 123 Abs 1 GG). Daneben enthält das RWG Strafvorschriften. Es bedroht denjenigen mit Strafe, der ohne Erlaubnis ein Totalisatorunternehmen betreibt oder gewerbsmäßig Wetten abschließt oder vermittelt (§§ 5 und 6 RWG). Weniger schwere Rechtsverstöße von Buchmachern und deren Gehilfen werden als Ordnungswidrigkeit durch Bußgelder sanktioniert (§ 7 RWG).

---

1 *BVerwG* DVBl 1995, 353.

2 RGBl I S 335, 393 in der im BGBl Teil III, Gliederungs-Nr 611–614 veröffentlichten (bereinigten) Fassung, zuletzt geändert durch Art 119 der Verordnung v 31. 10. 2006 (BGBl I S 2407). Vom Abdruck der glücksspielrechtlich relevanten Vorschriften des Bundesgesetzgebers wird ausdrücklich abgesehen, weil diese insbesondere über das Internet jederzeit verfügbar sind.

Die bundesstrafrechtlichen Verbote der §§ 284 und 287 des **Strafgesetzbuches** (StGB)[3] pönalisieren die unerlaubte Veranstaltung eines Glücksspiels und speziell einer Lotterie oder Ausspielung. 3

Die zivilrechtlichen Grundlagen des Lotteriewesens sind vor allem in § 763 des **Bürgerlichen Gesetzbuches** (BGB)[4] geregelt. Daneben regeln § 762 BGB das Spiel und die Wette, § 661 BGB das Preisausschreiben und § 661 a BGB die Gewinnzusage.[5] 4

Sofern die Teilnahme an Gewinnspielen an den Warenabsatz gekoppelt wird oder mit dem Angebot eines Gewinnspiels andere wettbewerbsrechtlich relevante Handlungen verbunden sind, kommt ein Verstoß gegen die Vorschriften des **Gesetzes gegen den unlauteren Wettbewerb** (UWG)[6] in Betracht. Insbesondere derjenige handelt unlauter – unternimmt also Wettbewerbshandlungen, die geeignet sind, den Wettbewerb zum Nachteil der Mitbewerber, Verbraucher und sonstigen Marktteilnehmer „nicht nur unerheblich zu beeinträchtigen“ (§ 3 UWG) –, der „bei Preisausschreiben oder Gewinnspielen mit Werbecharakter die Teilnahmebedingungen nicht klar und eindeutig angibt [oder] die Teilnahme von Verbrauchern an einem Preisausschreiben oder Gewinnspiel von dem Erwerb einer Ware oder der Inanspruchnahme einer Dienstleistung abhängig macht, es sei denn, das Preisausschreiben oder Gewinnspiel ist naturgemäß mit der Ware oder der Dienstleistung verbunden“ (§ 4 Nr 5 u 6 UWG, Beispiele unlauteren Wettbewerbs).[7] 5

Lotterien und Sportwetten bilden zudem auch einen Gegenstand kartellrechtlicher Betrachtung auf der Grundlage des **Gesetzes gegen Wettbewerbsbeschränkungen** (GWB)[8] und der europarechtlichen Regelungen der §§ 81 ff EGV. 6

Zu allem Überfluss finden die (Geld-)Spielangebote in Spielhallen und anderen gewerblichen Spielstätten ihre rechtliche Grundlage in §§ 33c bis 33i der **Gewerbeordnung des Bundes** (GewO)[9] und in der diese ergänzenden **Verordnung über Spielgeräte und andere Spiele mit Gewinnmöglichkeiten** (Spielverordnung – SpielVO)[10]. Etwa 200.000 Geldspielautomaten in Spielhallen und Gaststätten stellen mit einem Jahresumsatz von nahezu 6,9 Mrd Euro und einem Brutto-Spielertrag (dem – vor Steuer – bei dem Automatenunternehmer nach Abzug der ausgeschütteten Gewinnbeträge verbleibende Kasseninhalt [BSE]) von rund 2,75 Mrd Euro die Hauptkonkurrenz für die Spielbanken in den Ländern dar. Während in der Schweiz Glücksspielautomaten außerhalb von öffentlichen Spielbanken, also insbesondere in 7

3 IdF v 13. 11. 1998 (BGBl I S 3322), zuletzt geändert durch Art 6 des Gesetzes v 8. 4. 2006 (BGBl I S 666).

4 IdF v 2. 1. 2002 (BGBl I S 42), zuletzt geändert durch Art 4 des FamGMaßnG v 4. 7. 2008.

5 Einzelheiten hierzu siehe bei *Diegmann/Hoffmann/Ohlmann* Praxishandbuch für das gesamte Spielrecht, 2008, Rn 149 ff, die eine Systematisierung des Spielrechts (auch) nach den verschiedenartigen Spielangeboten vornehmen.

6 IdF v 8. 7. 2004 (BGBl I [Nr 32 v 7. 7. 2004] S 1414).

7 Siehe hierzu ebenfalls *Diegmann/Hoffmann/Ohlmann* ebd, Rn 56, 159, 161, 174.

8 IdNeuF v 15. 7. 2005 (BGBl I S 2114), zuletzt geändert durch Art 1 und 1 a des Gesetzes zur Bekämpfung von Preismissbrauch v 18. 12. 2007 (BGBl I [Nr 66 v 21. 12. 2007] S 2966).

9 IdF v 22. 2. 1999 (BGBl I S 202), zuletzt geändert durch Art 9 des Gesetzes v 17. 3. 2008 (BGBl I S 399).

10 IdF v 27. 1. 2006 (BGBl I S 280).

Spielhallen und Gaststätten, seit dem 1. April 2005[11] verboten sind, besteht in Deutschland auch weiterhin ein flächendeckendes Angebot des „kleinen“, aber im Hinblick auf die Gefahren der Suchtentstehung wohl sehr beachtlichen Automaten-Glücksspiels in Spielhallen und Gaststätten.

II. Glücksspielrecht als Teil des Ordnungsrechts und des Wirtschaftsrechts

8 Glücksspielrechtliche Regelungen als Teil des Ordnungsrechts (der Länder) dienen im Kern der Gefahrenabwehr, glücksspielrechtliche Regelungen des Wirtschaftsrechts (des Bundes) demgegenüber den mit der Gewerbefreiheit verknüpften Zielsetzungen einer prosperierenden Wirtschaft. Sämtliche Regelungen – von Bund, Ländern (und Kommunen) – dienen zugleich der Einnahmebeschaffung. Die im Geltungsrahmen eines repressiven Verbotes ausnahmsweise zugelassene Betätigung ist im Grundsatz allerdings „unerwünscht“, weshalb der Einzelne prinzipiell auch keinen Rechtsanspruch auf Zulassung zu dieser Betätigung haben kann **(repressives Verbot mit Ausnahme- oder Befreiungsvorbehalt).** Die dem Wirtschaftsrecht des Bundes zugeordnete grundsätzlich zugelassene Betätigung ist demgegenüber „erwünscht“. Deshalb gewährleisten der Grundsatz der Gewerbefreiheit des § 1 GewO ebenso wie das Grundrecht der Berufsfreiheit des Art 12 Abs 1 GG dem Einzelnen einen gebundenen Zulassungsanspruch zu der angestrebten Tätigkeit, der nur bei Vorliegen negativer tatbestandlicher Voraussetzungen (individueller Mängel: Unzuverlässigkeit oder fehlender Qualifikation) versagt werden kann **(präventives Verbot mit Erlaubnisvorbehalt).** Ob diese trennscharfe Abgrenzung im Glücksspielrecht besteht und, wenn ja, aufrechterhalten werden kann, und wie sich ggf die Trennlinien zwischen erwünschtem und unerwünschtem Glücksspiel in ein dogmatisches Gesamtkonzept einbetten lassen, werden die Gerichte zu entscheiden haben. Bereits mit Blick auf die systematische Zuordnung der Zahlenlotterien zum Ordnungsrecht, bekanntermaßen einem Massenphänomen, an dem sich die Mehrheit der Bevölkerung beteiligt, bestehen Zweifel, ob eine trennscharfe und von inhaltlichen Kriterien getragene Abgrenzung gelingt. Ebenso wenig dürfte ein insgesamt der Spielsuchtvermeidung und Spielsuchtbekämpfung konsistent und kohärent dienendes deutsches Glücksspielwesen regelbar sein, solange Bundes- und Landesglücksspielrecht unterschiedlichen Leitprinzipien verpflichtet sind. Es ist allerdings noch nicht höchstrichterlich entschieden, ob hinsichtlich der verschiedenen Glücksspielbereiche überhaupt eine Gesamtschau gehalten werden muss.

---

11 Am 1. April 2005 endete die fünfjährige Übergangsfrist des Bundesgesetzes über Glücksspiele und Spielbanken (Spielbankengesetz – SBG) v 18. 12. 1998 und das Verbot des Art 4 Abs 1 („Glücksspiele dürfen nur in konzessionierten Spielbanken angeboten werden.“) wurde uneingeschränkt wirksam.

III. Summary (Gambling Law of the German Federal Republic)

The games of chance and gambling are explicitly mentioned in the Basic Law (German Constitutional Law, Grundgesetz, GG) solely within the rules concerning the tax sovereignty of the Länder in respect of casinos (Article 106 II Nr 6 GG). The revenue from the taxes out of public lotteries, drawings and Oddset betting (with the exception of racing taxes) are also due to the Länder as special taxes on transaction.

The taxing of lotteries, but not their licences, which is rendered possible by Länders' Law ie Länders' Lottery Law and the State Gambling Treaty (Glücksspielstaatsvertrag) is regulated in the Racing Taxes and Lottery Law determined as Reich Law on 8th April 1922 (Rennwett- und Lotteriegesetz, RWG). It continues to be valid as Länder Law insofar as it is not contradictory to the Basic Law (Article 123 I GG). Besides, the RWG includes criminal provisions. Liable to punishment are those persons who run a totalizer firm without permission or who organize commercial betting or who mediate it (§§ 5 and 6 RWG). Less grave contraventions by bookmakers and their assistants are sanctioned by means of non-criminal fines as regulatory offence (§ 7 RWG).

The Federal Law's prohibition of §§ 284 and 287 of the Penal Code (Strafgesetzbuch, StGB) penalize the unauthorized organization of a gambling game and particularly of a lottery or raffle.

The Civil Law basis of Lottery is mainly regulated in § 763 Civil Code (Bürgerliches Gesetzbuch, BGB). Besides, § 762 BGB regulates gambling games and betting, § 661 BGB regulates the promise of wins.

So far as the participation in gambling games is linked to the sale or if the offer of gambling games is joined to another relevant unlawful act in respect of competition, the rules against unfair open competition (Gesetz gegen den unlauteren Wettbewerb, UWG) are applicable. In particular, such person acts in an unfair manner – ie whose acts of open competition are detrimental to competitors, to consumers and to other participants in a considerable way (§ 3 UWG) –, who "does not clearly state the conditions of participation in the case of open competitions or win games with the tendency of publicity or who makes the participants of an open competition or win game depend from the purchase of a product or from the use of a service. This does, however, not apply to an open competition or win game which is naturally linked to the product or service" (§ 4 Nr 5 and 6 UWG, examples unfair competition).

Lotteries and sports betting are also objects of the Cartel Law's consideration based on the Law against Restraint of Competition (Gesetz gegen Wettbewerbsbeschränkungen, GWB and the European legal regulations of Article 81 ff EG).

In surplus to all this, the offers in gambling dens and other commercial gambling places are based on §§ 33c to 33i of the Federal Trade-and-Industry Law (Gewerbeordnung, GewO) and on the supplementary ordinance concerning playing devices and other games with the possibility of winnings (Gaming Ordinance, Spielverordnung, SpielVO). Approximately 200.000 automatons in gambling dens and restaurants with a yearly turnover of nearly 6.9 billion Euro and a gross revenue (– before tax – remaining balance of the automaton owner after deduction of the paid out wins) of round about 2.75 billion Euro are the main competitors of the casinos in the

Länder. Since 1st April 2005 in Switzerland the use of gambling automatons is prohibited outside of public casinos that means particularly in gambling dens and restaurants, while the existence of a widespread offer of the "small" but dangerous game (in respect of addiction) continues in German dens and restaurants.

§ 20 Das gewerbliche Spielrecht

Hans-Jörg Odenthal

Übersicht

I. Entwicklung und Systematik des gewerblichen Spielrechts

1. Historische Entwicklung

1 Das gewerbliche Spielrecht hat sich historisch im Windschatten des staatlichen Glücksspielmonopols entwickelt. Nach § 284 des am 15. 5. 1871 in Kraft getretenen RStGB war die gewerbsmäßige Veranstaltung von Glücksspielen strafbar. Dieses Verbot hat, trotz einiger Änderungen, die die Vorschrift erfahren hat, bis heute Bestand. Danach wird bestraft, wer ohne behördliche Erlaubnis öffentlich ein Glücksspiel veranstaltet.

2 Da die Strafbarkeit das Fehlen einer behördlichen Erlaubnis voraussetzt, eröffnet die Verwaltungsakzessorietät der Vorschrift die Möglichkeit, durch Gesetz Ausnahmen zuzulassen. Hiervon hat der Gesetzgeber nach anfänglicher Zurückhaltung in zunehmenden Umfang zugunsten staatlicher Monopolbetriebe Gebrauch gemacht. Die wichtigsten Regelungen finden sich in den Spielbank- und Lotteriegesetzen der Länder.[1] Die meisten Landesgesetze gestatten nur dem Staat den Betrieb von Spielbanken sowie die Veranstaltung von Lotterien und Sportwetten. Das strafrechtliche Glücksspielverbot dient dem Schutz des Spielers vor wirtschaftlicher Ausbeutung seiner Spielleidenschaft. § 284 StGB soll danach die staatliche Kontrolle über eine Kommerzialisierung der natürlichen Spielleidenschaft sichern.[2] Nach noch herrschendem Verständnis dient die Zulassung von Ausnahmen allein der Kanalisierung eines nicht völlig zu unterdrückenden Spieltriebes, wobei das staatliche Monopol gewährleisten soll, dass die Veranstaltung von Glücksspielen nicht vorrangig aus kommerziellen Erwägungen erfolgt, sondern an dem Ziel ausgerichtet wird, die Spielleidenschaft einzudämmen. Angesichts der ständigen Ausweitung staatlich konzessionierter Glücksspiele, die mit dieser Zielsetzung offenkundig nicht in Einklang steht, wird allerdings die Rechtfertigung des staatlichen Monopols und die Berechtigung der Strafvorschrift im Schrifttum zunehmend in Zweifel gezogen.[3]

3 Erstmals im Jahre 1920 wurde in einer Ausführungsvorschrift zum Gesetz gegen das Glücksspiel vom 27. 7. 1920 (RGBl S 1482) in einem allerdings sehr begrenzten Umfang die Möglichkeit geschaffen, eine den Tatbestand des § 284 StGB ausschließende behördliche Erlaubnis für die gewerbsmäßige Veranstaltung von Glücksspielen zu erteilen. Erlaubt werden konnten Gewinnspiele auf Jahrmärkten, Schützenfesten sowie ähnlichen unter freiem Himmel gelegentlich stattfindenden Veranstaltungen von vorübergehender Dauer, wenn der Einsatz eine RM nicht überstieg und nicht mehr als zehn Prozent der Einsätze dem Veranstalter verblieb.[4] Damit wurde von dem Gesetz-

---

1 Nachw bei *Bahr* Glücks- und Gewinnspielrecht, 2005, Rn 183ff, 248ff.

2 *BVerfG* v 18. 3. 1970, *BVerfGE* 28, 119, 148 = NJW 1970, 1363 – „Spielbanken-Urteil"; *BGH* v 4. 2. 1958, *BGHSt* 11, 209; *BayObLG* v 11. 2. 1993, NStZ 1993, 491; wN bei *von Bubnoff* in: Leipziger Kommentar StGB, 11. Aufl, vor § 284 Rn 7ff; *Brandl* Spielleidenschaft und Strafrecht, 2003, 16ff.

3 Vgl *Eser/Heine* in: Schönke/Schröder StGB, 27. Aufl, § 284 Rn 2b; *Tröndle/Fischer* StGB, 53. Aufl, § 284 Rn 1 mwN.

4 *Kummer* Das Recht der Glücksspiele und der Unterhaltungsautomaten mit Gewinnmöglichkeit, 1977, 17f; *ders* GewArch 1988, 264; *v Rosen/v Hoewel* Handbuch der Deutschen Automatenwirtschaft, 1956, 50ff.

geber erstmals eine Unterscheidung zwischen den staatlich konzessionierten Gewinnspielen in Casinos, deren Gewinn- und Verlustmöglichkeiten unbegrenzt sind, und dem hinsichtlich der Höhe des Einsatzes und des wieder auszuschüttenden Gewinns reglementierten gewerblichen Spiels getroffen, das gewerbsmäßig veranstaltet werden durfte. Diese im Jahre 1920 erstmals vorgenommene Unterscheidung ist im Grundsatz bis heute unverändert geblieben. Das „Große Spiel" findet in den staatlichen Spielcasinos statt und ist in den Spielbankengesetzen der Länder gesetzlich geregelt. Das „Kleine Spiel" hat demgegenüber seine gesetzliche Regelung in der Gewerbeordnung gefunden.

2. Das Sportwettenurteil des BVerfG

Im Sportwettenurteil vom 28. 3. 2006[5] hat das *BVerfG* aufgezeigt, unter welchen Voraussetzungen im Glückspielwesen Gemeinwohlinteressen ein staatliches Monopol und den damit verbundenen Ausschluss privater Veranstalter rechtfertigen können. Das *BVerfG* hat die Einschränkung gewerblicher Betätigungsmöglichkeiten nur unter der Voraussetzung für verfassungsgemäß erklärt, dass übergeordnete Belange des Gemeinwohls dies rechtfertigen. Das sind in keinem Fall, wie das *BVerfG* betont hat, fiskalische Interessen. Vielmehr kann allein der Zweck, den Spieler vor den Gefahren einer ausufernden Spielleidenschaft zu schützen, ein staatliches Monopol rechtfertigen. Die im Sportwetturteil des *BVerfG* aufgestellten Grundsätze gelten über den engen Bereich der Sportwetten hinaus für das gesamte Recht des Glückspielwesens. Das Urteil zeigt nämlich auf, dass nur eine konsequent am Schutz des Spielers orientierte Ausübung staatlicher Monopolrechte mit dem Grundgesetz vereinbar ist. Dabei lassen sich dem Urteil des *BVerfG* zwei Grundaussagen entnehmen. Zum Einen: Auch in einer liberalen und pluralistischen Gesellschaft haben Vorschriften zum Schutz des Spielers vor den spezifischen Gefahren des Glücksspiels durchaus eine Berechtigung. Diese Gefahren bestehen einmal für den einzelnen, indem dieser sich in übersteigerter Gewinnerwartung dem Risiko hoher Vermögensverluste und damit im schlimmsten Fall dem Vermögensverfall aussetzen kann. Für die Gemeinschaft wiederum hat der durch die Spielleidenschaft verursachte Vermögensverfall vielfältige, die Sozialkassen belastende, nachteilige Folgen. Der Schutz des Spielers und der Gemeinschaft vor diesen Gefahren rechtfertigt nicht nur eine Beschränkung der gewerblichen Betätigungsfreiheit desjenigen, der Glücksspiele veranstalten will, sondern unter Umständen auch die Errichtung eines staatlichen Monopols. 4

Die andere Aussage ist die: Wenn der Staat zum Schutz des Spielers ein Monopol begründet, hat er dessen Ausübung streng an eben diesem Schutzweck zu orientieren. Er darf, mit anderen Worten, nicht den Spielerschutz nur als Vorwand dafür benutzen, vorrangig aus fiskalischen Interessen ein staatliches Monopol zu errichten. Die Tragweite dieser Aussage reicht weit über den Bereich der Sportwetten hinaus. Sie 5

---

5 1 BvR 1054/01 NJW 2006, 1261; s dazu ua *Hecker* ZfWG 2006, 89; *Pestalozza* NJW 2006, 1711; *Scheidler/Büttner* GewArch 2006, 401; *Schmid* GewArch 2006,177; *Vallone/Dubberke* GewArch 2006, 240.

hat Gültigkeit für den gesamten Bereich des Glücksspielrechtes. Auch dessen Recht hat sich an den vom *BVerfG* aufgestellten Grundsätze zu orientieren, wobei der Gesetzgeber allerdings einen weiten Gestaltungsspielraum hat.[6]

6 Die nachfolgende Übersicht über die gesetzliche Regelung des gewerblichen Spielrechts wird diesen Bezug zu den verfassungsrechtlichen Vorgaben aufzuzeigen haben. Der Gesetzgeber hat sich hier für eine vermittelnde Lösung zwischen der Errichtung eines strikten staatlichen Monopols und der gänzlichen Freigabe eines Teilbereiches des Glückspielwesens für eine gewerbliche Betätigung entschieden. Auf der einen Seite gibt es ein staatliches Monopol für die in den staatlichen Spielbanken veranstalteten klassischen Glücksspiele. Auf der anderen Seite eröffnen die gewerberechtlichen Vorschriften unter bestimmten Voraussetzungen die Möglichkeit, Glücks- und sonstige Gewinnspiele auch gewerblich zu veranstalten. Dieses gesetzlich geregelte Nebeneinander von staatlich und gewerblich veranstaltetem Spiel stellt grundsätzlich einen geeigneten Weg dar, den Vorgaben des *BVerfG* Rechnung zu tragen. Denn die – wenn auch begrenzte – Öffnung des Marktes ist stets weniger grundrechtsbelastend als ein lückenloses Monopol. Inwieweit dies in der Ausgestaltung des gewerberechtlichen Vorschrift auch gelungen ist, wird in der nachfolgenden Abhandlung über die bloße Darstellung des geltenden Rechts hinaus aufzuzeigen sein.[7]

3. Die Systematik des geltenden Rechts

7 Das gewerbliche Spielrecht ist, anders als das Spielbankenrecht[8], Teil des Wirtschaftsrechtes, das nach Art 74 Abs 1 Nr 11 GG der konkurrierenden Gesetzgebung des Bundes unterliegt. Der Bund hat von dieser Gesetzgebungskompetenz in den § 33cff Gewerbeordnung (GewO) und den aufgrund der Ermächtigung in § 33f GewO erlassenen Rechtsverordnungen, von denen die Verordnung über Spielgeräte und andere Spiele mit Gewinnmöglichkeit (Spielverordnung – SpielV)[9] die mit Abstand wichtigste ist, Gebrauch gemacht. Erst im Zuge der am 1. 9. 2006 in Kraft getretenen sog „Föderalismusreform"[10] ist das Recht der Spielhallen, das allerdings nur einen kleinen Ausschnitt des gewerblichen Spielrechts darstellt, in die ausschließliche Gesetzgebungskompetenz der Länder übertragen worden. Die praktischen Auswirkungen dieser (Teil-)Verlagerung der Gesetzgebungszuständigkeit auf die Systematik des geltenden Rechts dürften allerdings gering sein, weil das gewerbliche Spielrecht weniger ein Recht der Spielhallen als ein Recht der Spiele und Spielgeräte mit Gewinnmöglichkeit ist. Insoweit besteht aber die Gesetzungsgebungskompetenz des Bundes fort,[11] so dass sich etwaige Erwartungen der Länder, über ein restriktives Spielhallenrecht eigene kommerzielle Interessen im Spielbankenbereich fördern zu

---

6 Vgl die Spielbankenentscheidung des *BVerfG* v 19. 7. 2000, *BVerfGE* 102, 197 („Einschätzungsprärogative").

7 Krit *Papier* FS Stern, 1997, 543 (Öff Monopol für Spielbanken mit Art 12 GG unvereinbar).

8 *BVerfG* v 18. 3. 1970, *BVerfGE* 28, 119 (Recht der öffentl Sicherheit u Ordnung).

9 IdF d Bek v 22. 2. 1999, BGBl I 202, zuletzt geändert durch ÄnderungsVO v 17. 12. 2005, BGBl I 3495.

10 BGBl I 2034; s dazu *Ipsen* NJW 2006, 2801.

11 Ähnlich wie hier *Schönleiter* GewArch 2006, 371, 373.

können, auch ungeachtet der sich im Lichte des Sportwetturteils des *BVerfG* ergebenden verfassungsrechtlichen Implikationen, nicht erfüllen dürften.

Das gewerbliche Spielrecht ist also vor allem ein Recht der Spiele und der Spielgeräte *mit Gewinnmöglichkeit*. Spiele und Spielgeräte ohne Gewinnmöglichkeit haben keine vergleichbare geschlossene gesetzliche Regelung erfahren. Nur ganz vereinzelt finden sich Vorschriften, die sie zum Gegenstand haben.[12] Das erklärt sich damit, dass allein von Gewinnspielen die spezifischen Gefahren ausgehen können, die eine gesetzliche Regelung zum Schutz vor allem der Spieler erforderlich machen. Systematisch ist das gewerbliche Spielrecht durch eine Zweiteilung in Spielgeräte und in Spiele mit Gewinnmöglichkeit gekennzeichnet. Hiervon geht auch die nachfolgende Darstellung aus. 8

II. Spielgeräte mit Gewinnmöglichkeit

1. Die Zulassung der Spielgeräte

a) Das Spielgerät mit Gewinnmöglichkeit

Das Spielgerät mit Gewinnmöglichkeit ist gesetzlich definiert in § 33c Abs 1 S 1 GewO. Danach bedarf derjenige, der gewerbsmäßig Spielgeräte aufstellen will, „*die mit einer den Spielausgang beeinflussenden technischen Vorrichtung ausgestattet sind und die Möglichkeit eines Gewinnes bieten*“, der Erlaubnis der zuständigen Behörde. „*Die Erlaubnis berechtigt nur zur Aufstellung von Spielgeräten, deren Bauart von der Physikalisch-Technischen-Bundesanstalt* [PTB] *zugelassen ist*“ (S 2). 9

Da die technische – also mechanische oder elektronische – Vorrichtung einen eigengesetzlichen Ablauf entwickeln und neben der Einwirkung des Spielers als „zweite Kraft“ den Spielerfolg *ausschlaggebend* beeinflussen können muss,[13] handelt es sich bei den Spielgeräten im Sinne des § 33c GewO rechtstechnisch um Glücksspiele.[14] Allerdings erfolgt die Veranstaltung dieser Glücksspiele, dh die Aufstellung der Geräte, nicht unerlaubt im Sinne des § 284 StGB, wenn die Bauart durch die *PTB* zugelassen ist. Die Bauartzulassung ist also die den § 284 StGB ausschließende Erlaubnis. Daneben sind für die Aufstellung der Geräte zwar weitere Erlaubnisse, die die Person des Aufstellers (§ 33c Abs 1 S 1 GewO) und die Eignung des Aufstellortes (§ 33c Abs 3 GewO) oder diesen selbst (§ 33i GewO) betreffen, notwendig, die allerdings nicht die Zulassung, sondern die Aufstellung der Geräte regeln und daher für die strafrechtliche Einordnung des Spielgerätes unerheblich sind. Das Fehlen einer sich auf die Person des Aufstellers bzw die Eignung des Aufstellortes beziehenden Er- 10

---

12 Vgl §§ 13 JuSchG („Bildschirmspielgeräte“) und § 33i GewO („Unterhaltungsspiele ohne Gewinnmöglichkeit“). Dagegen nicht § 6a SpielV („Fun-Games“), der bei zutreffendem und mit der Ermächtigungsgrundlage in § 33f GewO allein vereinbaren Verständnis eine (Abgrenzungs-)-Regelung für Spielgeräte mit Gewinnmöglichkeit trifft.

13 Vgl *BVerwG* v 9. 6. 1960, GewArch 1961, 34; v 27. 10. 1966, *BVerwGE* 25, 204, 205; v 24. 10. 2001, GewArch 2002, 76.

14 *Hahn* in: Friauf, Kommentar zur GewO, § 33c Rn 5.

laubnis stellt folgerichtig auch nur eine Ordnungswidrigkeit dar (§ 144 Abs 1 Nr 1d GewO).

b) *Bauartzulassung*

11 Die Zulassung der Spielgeräte mit Gewinnmöglichkeit erfolgt in Form einer Bauartzulassung. Kennzeichnend hierfür ist, dass für serienmäßig angefertigte Anlagen oder Anlagenteile lediglich ein Baumuster geprüft wird. Entspricht dieses den einschlägigen Anforderungen, wird die Zulassung für den gesamten Serientyp erteilt.[15] Die Bauartzulassung ersetzt also die sonst notwendige Zulassung der einzelnen Geräte, indem anstelle einer Vielzahl von Einzelerlaubnissen eine Erlaubnis zur Serienherstellung in der Form einer Allgemeinverfügung ergeht. Mit der Zulassung der Bauart wird materiell gleichzeitig die Serienherstellung freigegeben. Für die Nachbaugeräte muss gewährleistet sein, dass sie mit der zugelassenen Bauart übereinstimmen. Hierdurch unterscheidet sich die Zulassung der Spielgeräte mit Gewinnmöglichkeit von der der Spiele mit Gewinnmöglichkeit, bei der für jedes Spiel eine Einzelerlaubnis notwendig ist.

c) *§ 33e GewO als „Magna Charta" des gewerblichen Spielrechts*

12 Unter welchen Voraussetzungen die Bauart eines Spielgerätes zugelassen werden muss, regelt § 33e Abs 1 S 1 GewO. Danach darf die Zulassung der Bauart eines Spielgerätes nur versagt werden, wenn die Gefahr besteht, dass der Spieler unangemessen hohe Verluste in kurzer Zeit erleidet. § 33e Abs 1 S 1 GewO ist die Zentralnorm des gewerblichen Spielrechts schlechthin, die das mit der gesetzlichen Regelung verfolgte Ziel, nämlich den Schutz des Spielers, in einem Leitsatz zusammenfasst. Darin kommt zugleich der wesentliche Unterschied des gewerblichen Spiels zu den in staatlicher Regie veranstalteten Gewinnspielen zum Ausdruck, die eine Beschränkung der Verlustrisiken für die Spieler nicht kennen.[16] § 33e GewO will, wie das Bundesverwaltungsgericht wiederholt formuliert hat, *„nicht die noch so ausgedehnte spielerische Unterhaltung, sondern nur die im wirtschaftlichen Sinne ausbeuterische Ausnutzung eines durch gesteigerte Gewinnerwartung geschaffenen Anreizes, sich mit unkontrollierter Risikobereitschaft einer großen Verlustgefahr auszusetzen, verhindern.*"[17] Das hierin zum Ausdruck kommende Grundanliegen des Gesetzes gilt nicht nur für das Zulassungsverfahren, sondern ist zugleich Richtschnur für die Auslegung aller Vorschriften des gewerblichen Spielrechts. Denn nur eine streng an diesem Schutzzweck ausgerichtete Auslegung und Anwendung der gesetzlichen Vorschriften kann verhindern, dass fragwürdige Moral- und Ordnungsvorstellungen über den sozialen Wert von Gewinnspielen, die staatlichen Instanzen vor dem Hintergrund der Kommerzialisierung des Spieltriebes durch den Staat selbst ohnehin schlecht anste-

---

15 Vgl *Redeker* GewArch 1971, 244; *v Rosen/v Hoewel* so Fn 4, 93; s dazu a *BVerfG* v 15. 3. 1960, *BVerfGE* 11, 6, 16 (zu Dampfkesselanlagen).

16 Vgl *Odenthal* GewArch 2001, 276.

17 *BVerwG* v 9. 10. 1984, GewArch 1985, 64, 65; v 30. 3. 1993, GewArch 1993, 323, 324; v 23. 1. 1996, GewArch 1996, 279.

hen, die Rechtsanwendung beeinflussen. Die Bedeutung der Leitnorm des § 33e Abs 1 S 1 GewO für das gewerbliche Spielrecht kann also nicht hoch genug veranschlagt werden.

d) Zulassungsverfahren

Das Zulassungsverfahren für Spielgeräte mit Gewinnmöglichkeit ist im IV. Titel der SpielV geregelt. Nach § 33e S 1 GewO darf die Zulassung für die Bauart eines Spielgerätes mit Gewinnmöglichkeit nur versagt werden, wenn die Gefahr besteht, dass der Spieler unangemessen hohe Verluste in kurzer Zeit erleidet. Dieser nach der Konzeption des Gesetzes für Spielgeräte im Sinne des § 33c GewO einzige gesetzliche Versagungstatbestand wird durch die Vorschriften der SpielV nicht ergänzt, sondern nur konkretisiert. Deshalb darf die SpielV die sich aus § 33e GewO ergebenden Anforderungen nicht verschärfen.[18] **13**

Die SpielV unterscheidet für das Zulassungsverfahren zwischen Spielgeräten mit Geld- (§ 13 SpielV) und mit Warengewinnmöglichkeit (§ 14 SpielV). Die Unterscheidung ist zwar teilweise auf ein übertriebenes Differenzierungsstreben des Verordnungsgebers zurückzuführen, insoweit aber berechtigt, als es auch sachliche Unterschiede, insbesondere hinsichtlich der technischen Ausgestaltung der Gewinnausgabe gibt, die eine unterschiedliche Regelung rechtfertigen. Praktisch bedeutsam ist sie nicht, weil Spielgeräte mit Warengewinnmöglichkeit wirtschaftlich so gut wie keine Rolle spielen. Das ist darauf zurückzuführen, dass Spielgeräte mit Gewinnmöglichkeit nur in begrenzter Anzahl aufgestellt werden dürfen und die Begrenzung gleichermaßen für Spielgeräte mit Geld- und Warengewinnmöglichkeit gilt. Die Aufstellung eines Spielgerätes mit Warengewinnmöglichkeit ist daher nur auf Kosten des – wirtschaftlich attraktiveren – Geldspielgerätes möglich.

§ 13 SpielV regelt unter anderem den für Geldspielgeräte höchstens zulässigen Einsatz und Gewinn pro Spiel, die Mindestspieldauer sowie eine Höchstgrenze für die Summe der Verluste und der Gewinne im Verlauf einer Stunde Spielzeit. In ihrer Gesamtheit stellen diese Regelungen sicher, dass auch bei einem längeren Bespielen der Geräte nicht die Gefahr unangemessen hoher Verluste in kurzer Zeit besteht.[19] **14**

e) Exkurs: „Fun-Games"

In den letzten Jahren hat die Rechtssprechung die rechtliche Einordnung von Spielautomaten beschäftigt, die als „Fun-Games" bezeichnet werden.[20] Hierbei handelt es sich um Um- oder Nachbauten klassischer Casino-Geräte („Slot-Machines"), von denen sie sich dadurch unterscheiden, dass keine (Geld-)Gewinnmöglichkeit besteht. **15**

---

18 *BVerwG* v 26. 6. 1979, GewArch 1979, 371, 372; *Hahn* so Fn 10, § 33e Rn 8; *Marcks* in: Landmann-Rohmer, Kommentar zur GewO, § 33e Rn 7; *v Ohlshausen/Schmidt* Automatenrecht, 1972, Rn F 89; *Tettinger/Wank* GewO, 7. Aufl, § 33e Rn 10.

19 Hierzu eingehend *Hahn* so Fn 14 Rn 7ff; kritisch *Gallwas* FS Helmrich, 1994, 933ff (mit Ermächtigungsgrundlage z T unvereinbar).

20 Vgl *BerwG* v 23. 11. 2005, GewArch 2006, 123; *OVG Hamburg* v 4. 3. 2005, GewArch 2005, 252 je mwN; s dazu auch *Dahs/Dierlamm* GewArch 1996, 272; *Mohr* GewArch 2000, 190.

Stattdessen konnten an diesen Geräten aber Punkte und als Gegenwert hierfür Weiterspielmarken, so genannte „Token“, gewonnen werden. Im Übrigen waren die Spielabläufe, insbesondere die Schnelligkeit des Spiels und die Möglichkeit hoher Punktegewinne und -verluste nicht anders als bei den Casino-Geräten. Lange Zeit war fraglich, ob diese Automaten als Spielgeräte mit oder ohne Gewinnmöglichkeit zu qualifizieren sind. Diese Qualifikation hat nach der Systematik des gewerblichen Spielrechts weitreichende Konsequenzen: Während nämlich die Herstellung und Aufstellung von Spielgeräten mit Gewinnmöglichkeit stark reglementiert ist, gibt es für Unterhaltungsautomaten ohne Gewinnmöglichkeit keine vergleichbaren Beschränkungen. Die Unterscheidung hat wegen § 284 StGB sogar strafrechtliche Auswirkungen. Dabei sieht das Gesetz keine Möglichkeit vor, die Einordnung eines Spielautomaten in einen solchen mit oder ohne Gewinnmöglichkeit in einem präventiven Verwaltungsverfahren verbindlich zu klären. Das darin liegende Dilemma lässt sich auf eine simple Formel zurückführen: Handelt es sich um einen Unterhaltungsautomaten, ist eine Erlaubnis weder möglich noch erforderlich. Handelt es sich demgegenüber um ein Spielgerät mit Gewinnmöglichkeit, ist dieses genehmigungspflichtig und – weil die in der SpielV geregelten Zulassungskriterien nicht erfüllt werden – nicht genehmigungsfähig.

16 Schwierig ist die damit notwendige Abgrenzung deshalb, weil Einigkeit darüber besteht, dass nicht jedwede Vergünstigung einen Gewinn im Sinne der spielrechtlichen Vorschriften darstellt. Kein Gewinn ist zB das Freispiel an einem Unterhaltungsautomaten, das eine kostenlose Fortsetzung des Spiels ermöglicht.[21] Etwas anderes gilt nach der verwaltungsgerichtlichen Rechtsprechung aber dann, wenn über das Freispiel eine Wertmarke ausgegeben wird, über die der Spieler beliebig verfügen und die er insbesondere veräußern kann.[22] In diesem Fall soll aus dem erlaubnisfreien Unterhaltungsspielgerät ein nach § 33c genehmigungspflichtiges Spielgerät mit Gewinnmöglichkeit werden. Damit hat sich der Begriff der Gewinnmöglichkeit in § 33c GewO, wie er von der verwaltungsgerichtlichen Rechtssprechung interpretiert wird, von dem strafrechtlichen Begriff der Gewinnmöglichkeit entfernt. Denn die Strafgerichte gehen davon aus, dass ein unerlaubtes Glücksspiel erst dann vorliegt, wenn die Wertmarke von dem Veranstalter oder mit dessen Wissen und Billigung von Dritten in Geld in einer Höhe umgetauscht wird, die den Einsatz übersteigt.[23]

17 Der Verordnungsgeber hat auf diese Entwicklung reagiert, in dem er mit der am 1. 1. 2006 in Kraft getretenen Änderung der SpielV[24] einen neuen § 6a eingefügt hat, der der Sache nach ein Verbot so genannter „Fun-Games“ enthält. Allerdings verwendet die äußerst umständliche und gesetzestechnisch missglückte Vorschrift nicht den – nicht definierten – Begriff des Fun-Games, sondern verbietet die Aufstellung und den Betrieb bestimmter Unterhaltungsautomaten, bei denen aufgrund der Spielabläufe die

---

21 Vgl *Marcks* s o Fn 14, § 33c Rn 6.

22 Grundlegend *OLG Hamm* v 28. 7. 1969, GewArch 1970, 41; *VG Sigmaringen* v 2. 5. 2005, GewArch 2005, 291 mwN.

23 *LG Krefeld* v 10. 3. 2003, GewArch 2003, 294; *Tröndle/Fischer* s o Fn 3, § 284 Rn 4a; *Lesch/Wallau* GewArch 2002, 447.

24 S dazu *Odenthal* ZfWG 2006, 286.

(nahe liegende) Gefahr besteht, dass sie zu Glücksspielen umfunktioniert werden. Vergleichen lässt sich diese Regelung mit der in § 33e Abs 1 S 2 GewO getroffenen, wonach für andere Spiele im Sinne des § 33d die Unbedenklichkeitsbescheinigung auch versagt werden kann, wenn das Spiel durch Veränderung der Spielbedingungen oder durch Veränderung der Spieleinreichung mit einfachen Mitteln als Glücksspiel im Sinne des § 284 StGB veranstaltet werden kann.[25] Derselbe Gedanke, nämlich die präventive Verhinderung von Missbräuchen, die mit repressiven Maßnahmen und Kontrollen der Ordnungsbehörden allein nicht wirksam bekämpft werden können, liegt der Regelung in § 6a SpielV zugrunde. Allerdings ist der Verordnungsgeber mit der – sehr weitgehenden – Regelung über dieses Ziel zT hinausgeschossen, indem zB generell „Berechtigungen zum Weiterspielen" an Unterhaltungsautomaten verboten worden sind. Da der Verordnungsgeber nämlich gleichzeitig bestätigt hat, dass die seit jeher als unbedenklich angesehene Gewährung von Freispielen an Unterhaltungsautomaten nach wie vor zulässig ist, stellt sich für die Praxis die Schwierigkeit, „Berechtigungen zum Weiterspielen" von „Freispielen" abzugrenzen.

2. Die Aufstellung von Spielgeräten mit Gewinnmöglichkeit

a) Grundvoraussetzung: Persönliche Zuverlässigkeit

Wer gewerbsmäßig Spielgeräte mit Gewinnmöglichkeit aufstellen will, bedarf nach § 33c Abs 1 S 1 GewO einer auf seine Person bezogenen allgemeinen Aufstellerlaubnis. Diese Erlaubnis ist nach § 33c Abs 2 zu versagen, wenn der Antragsteller nicht die erforderliche Zuverlässigkeit besitzt, was vom Gesetz („in der Regel") vermutet wird, wenn er wegen eines Verbrechens, wegen bestimmter Vermögensdelikte, wegen der unerlaubten Veranstaltung eines Glücksspiels oder wegen eines Vergehens nach dem JuSchG verurteilt worden ist. Diese Regelung stellt eine weitere Ausprägung des das gesamte gewerbliche Spielrecht beherrschenden Ziels des Spielerschutzes dar, weil im Falle eines Verstoßes gegen die im Gesetz genannten Straftatbestände befürchtet werden muss, dass der Antragsteller sich unter Umständen aus Eigennutz über gesetzliche Bestimmungen hinwegsetzen könnte. Die Anforderungen an die persönliche Zuverlässigkeit desjenigen, der Spielgeräte mit Gewinnmöglichkeit aufstellen will, sind damit höher als die sonst im Gewerberecht geltenden. Der Begriff der Unzuverlässigkeit ist hier zwar kein anderer als im Anwendungsbereich des § 35 GewO.[26] Dieser kennt jedoch keine vergleichbaren Regelfälle, bei denen allein aus einer strafrechtlichen Verurteilung unabhängig von der in Art und Höhe der Strafe zum Ausdruck kommenden Schwere des Verstoßes auf die gewerberechtliche Unzuverlässigkeit geschlossen wird. 18

Für denjenigen, der Spiele mit Gewinnmöglichkeit veranstalten will, gelten über § 33d Abs 3 GewO dieselben Anforderungen. Ein rechtstechnischer Unterschied besteht nur insoweit, als die Prüfung dort im Rahmen der Erteilung der Erlaubnis für 19

25 Zu den Hintergründen dieser Regelung *Fuchs* GewArch 1994, 316; *Peter* GewArch 1994, 187; s a *Odenthal* GewArch 1989, 222.

26 *Hahn* s o Fn 10, § 33c Rn 25, der aber ebenfalls auf die besondere Bedeutung der Regelbeispiele in Satz 2 verweist (aaO Rn 26).

die Veranstaltung eines bestimmten Spiels an einem bestimmten Ort erfolgt, und dementsprechend bei jedem Wechsel des Spiels oder des Veranstaltungsortes durch die jeweils örtlich zuständige Behörde neu vorgenommen werden muss, während beim Spielgeräteaufsteller die Prüfung der persönlichen Zuverlässigkeit in einem quasi vor die Klammer gezogenen Verfahren durch die für den Firmensitz zuständige Behörde nur einmal erfolgt und in Form der allgemeinen Aufstellerlaubnis bescheinigt wird, die dann bei der wechselnden Aufstellung von Spielgeräten eine jeweils erneute Prüfung der persönliche Zuverlässigkeit entbehrlich macht.

b) Geeignete Aufstellorte

20 Spielgeräte mit Gewinnmöglichkeit dürfen nur an bestimmten Orten, nämlich in Gaststätten, in Wettannahmestellen der konzessionierten Buchmacher und in Spielhallen aufgestellt werden. Die Einzelheiten sind im I. und III. Titel der SpielV geregelt.

aa) Gaststätten

21 Nach den §§ 1, 3 Abs 1 SpielV dürfen in Gaststätten, sofern diese nicht ihrer Betriebsart nach allgemein oder tatsächlich vorwiegend von Kindern oder Jugendlichen besucht werden, zwei, bei zusätzlichen technischen Sicherungen gegen eine Benutzung durch Jugendliche drei Geldspielgeräte aufgestellt werden. Allerdings muss es sich um „echte" Gaststätten handeln, also solche, bei denen die Verabreichung von Speisen und/oder Getränken nicht bloß Nebenzweck ist, sondern den Betriebscharakter prägen. Gewerbebetriebe, bei denen die Abgabe von Speisen und Getränken nur eine Nebenleistung darstellt, sind keine geeigneten Aufstellorte.[27] Allerdings werden die Grenzen in der Rechtsprechung teilweise zu eng gezogen. Warum zB Kaffee-Shops,[28] ein Imbiss auf einem Großmarkt[29] – anders als ein „normaler" Imbiss[30] – oder eine Warenhausgaststätte[31] – anders als eine Betriebskantine[32] – keine „echten" Gaststätten und daher keine geeigneten Aufstellorte sein sollen, leuchtet nicht ein. Richtigerweise sollte sich die Abgrenzung an dem Zweck der gesetzlichen Vorschrift orientieren, bei der offensichtlich im Vordergrund steht, dass sich Kinder und Jugendliche üblicherweise nicht länger und unbeaufsichtigt in Gaststätten aufhalten dürfen. Daher bietet es sich an, bei der notwendigen Abgrenzung im Zweifelsfall zu berücksichtigen, ob es sich um einen Betrieb handelt, für den die Beschränkungen des § 4 JuSchG für Gaststätten gelten.

---

27 *Marcks* so Fn 14, § 1 SpielV Rn 2 mwN.

28 *Hahn* so Fn 10, Anh 1 zu §§ 33c bis 33i, § 1 SpielV Rn 13; *Pauly/Brehm* GewArch 2003, 57, 59.

29 *VG Düsseldorf* v 21. 8. 1990, GewArch 1991, 300.

30 *VG Minden* v 2. 5. 1985, GewArch 1985, 333.

31 *VGH Baden-Württemberg* v 29. 4. 1997, GewArch 1997, 294; kritisch zu Recht *Marcks* so Fn 22, Rn 2a.

32 *Fuchs* GewArch 1999, 102; *Hahn* so Fn 23, § 1 SpielV Rn 14.

bb) Wettannahmestellen der konzessionierten Buchmacher

Ebenfalls geeignete Aufstellort sind die Wettannahmestellen der konzessionierten Buchmacher, was sich ohne weiteres damit erklärt, dass dieses Gewerbe eine Nähe zur Veranstaltung oder Vermittlung von Gewinnspielen aufweist. Es handelt sich um einen in der Praxis unproblematischen Aufstellort, der die Gerichte bislang nicht beschäftigt hat. Möglicherweise wird sich allerdings in Zukunft die Frage stellen, ob die Vorschrift analog auf andere Sportwettannahmestellen anzuwenden ist. **22**

cc) Spielhallen

Spielhallen sind aufgrund ihrer Zweckbestimmung die „geborenen" Aufstellorte für Spielgeräte und haben eine eigene gesetzliche Regelung in § 33i GewO erfahren. Die damit zusammenhängenden Fragen werden dort behandelt (unten c). **23**

dd) Geeignetheitsbestätigung

Ob ein Betrieb für die Aufstellung von Spielgeräten mit Gewinnmöglichkeit geeignet ist, kann zweifelhaft sein. Insbesondere bei Gaststättenbetrieben ist die Abgrenzung unter Umständen schwierig. Hinzu kommt, dass der Automatenaufsteller, soweit er nicht selbst Spielhallen betreibt, typischerweise in Fremdbetrieben, namentlich in Gaststätten, aufstellt, deren Betriebseigentümlichkeiten für ihn nicht ohne weiteres erkennbar sind. Daher darf er gemäß § 33c Abs 3 GewO die Spielgeräte mit Gewinnmöglichkeit erst aufstellen, wenn ihm die zuständige Behörde die Eignung des Aufstellortes schriftlich bestätigt hat. Das Instrument der Geeignetheitsbestätigung hat sich in der Praxis bewährt.[33] Seine Bedeutung wird deutlich, wenn man die hierdurch erzielte Verfahrensvereinfachung mit dem nach wie vor komplizierten Genehmigungsverfahren bei der Veranstaltung von anderen Spielen mit Gewinnmöglichkeit vergleicht.[34] Dort muss der Veranstalter für jedes Spiel und jeden Veranstaltungsort eine eigene Erlaubnis beantragen. Jeder Wechsel des Spiels oder des Veranstaltungsortes macht eine neue Erlaubnis erforderlich, womit zumindest dann, wenn der neue Veranstaltungsort im Zuständigkeitsbereich einer anderen Behörde liegt, eine jeweils neue Prüfung auch der persönlichen Zuverlässigkeit verbunden ist. Demgegenüber ermöglicht es die Geeignetheitsbestätigung dem Aufsteller von Spielgeräten mit Gewinnmöglichkeit an dem betreffenden Aufstellort grundsätzlich jedes von der *PTB* zugelassene Spielgerät mit Gewinnmöglichkeit aufzustellen. Damit ist es entbehrlich, bei jedem Gerätewechsel oder auch bei einem Wechsel des Inhabers des Betriebes, in dessen Räumen die Geräte aufgestellt werden, eine neue Erlaubnis einzuholen. **24**

So sinnvoll dieses Verfahren bei Gaststätten und möglicherweise auch bei Wettannahmestellen ist, so wenig überzeugt seine gedankenlose Übertragung auf Spielhallen. Spielhallen sind immer geeignete Aufstellorte,[35] so dass die Geeignetheitsbestä- **25**

---

33 Vgl dazu *Odenthal* GewArch 1988, 183.

34 Zur Einführung der Vorschrift im Jahre 1979 s *Marcks* GewArch 1979, 362.

35 Vgl § 3 Abs 2 SpielV. Das gilt selbst dann, wenn die Spielnutzfläche unter 12 m² liegen sollte, also nach dem derzeit geltenden Flächenmaß kein Geldspielgerät aufgestellt werden kann, da

tigung hier ihren Zweck, die geeigneten von den ungeeigneten Orten zu trennen, nicht erfüllen kann. Zudem erfolgt hier typischerweise keine Aufstellung in Fremdbetrieben, sondern ist es der Spielhallenbetreiber selbst, der auch die Geräte aufstellt. Gleichwohl bedarf auch er nach dem Wortlaut des Gesetzes einer Bestätigung, wonach „seine" Spielhalle, an deren Eignung für die Aufstellung von Geldspielgeräten weder er noch sonst jemand den geringsten Zweifel hat, für die Aufstellung von Geldspielgeräten auch geeignet ist. Diese undurchdachte Gleichstellung der Spielhallen mit den Gaststätten und Wettannahmestellen erzeugt nur bürokratischen Aufwand und Kosten, ohne dass dem ein praktischer Nutzen gegenüberstünde.

c) Spielhallen (§ 33i GewO)

aa) Begriff der Spielhalle

26 Für den Betrieb von Spielhallen ist nach § 33i Abs 1 GewO eine Erlaubnis erforderlich, deren Erteilung sowohl von personen- als auch von raumbezogenen Voraussetzungen abhängt. Eine Spielhallenerlaubnis ist immer dann erforderlich, wenn eine Betriebsstätte durch die Aufstellung von Spielgeräten und/oder die Veranstaltung von Spielen, gleichgültig ob mit oder ohne Gewinnmöglichkeit, sein „Gepräge" erhält.[36] Auch ein Raum, in dem ausschließlich Spielgeräte ohne Gewinnmöglichkeit aufgestellt werden, kann also eine Spielhalle sein. Die Abgrenzung kann, wie häufig in Grenzbereichen, schwierig sein, wenn es zB darum geht, ab wann eine Gaststätte durch die Aufstellung von Spielgeräten in eine Spielhalle „umkippt" oder in einem Internet-Café die dort aufgestellten Internet-Terminals derart überwiegend zu Spielzwecken genutzt werden, dass dahinter jede andere Nutzung in den Hintergrund tritt.[37] Die grundsätzlichen Abgrenzungskriterien sind jedoch durch die „Gepräge"-Rechtsprechung geklärt. Eine Spielhallenerlaubnis ist immer dann erforderlich, wenn der Raum oder die Betriebsstätte derart durch die Aufstellung von Spielgeräten geprägt wird, dass die typische Atmosphäre einer Spielhalle entsteht.

bb) Aufstellung von Spielgeräten mit Gewinnmöglichkeit

27 Obwohl die Aufstellung von Spielgeräten mit Gewinnmöglichkeit nicht begriffsnotwendig zu einer Spielhalle gehört, prägt sie doch deren typisches Erscheinungsbild. Wirtschaftlich sind die Geldspielgeräte die Hauptumsatzträger.

Nach § 3 Abs 2 SpielV darf in Spielhallen je 12 m^2 Grundfläche höchstens ein Geld- oder (praktisch bedeutungsloses) Warenspielgerät aufgestellt werden; die Gesamtzahl darf jedoch zwölf Geräte nicht übersteigen. Eine vergleichbare Begrenzung gilt für die in staatlicher Regie betriebenen Spielbanken nicht, obgleich die dort aufgestellten

---

§ 33c Abs 3 GewO nur die *generelle* Eignung eines Aufstellortes bescheinigt, weshalb die zulässige Anzahl an Geldspielgeräten auch nicht durch eine Nebenbestimmung zur Geeignetheitsbestätigung festgeschrieben werden darf; vgl *BVerwG* v 22. 10. 1991, GewArch 1992, 62; *Hahn* so Fn 10, § 33c Rn 46.

36 Vgl *Marcks* so Fn 14, § 33i Rn 4f mwN; *Buchholz* GewArch 2000, 457.

37 Vgl *BVerwG* v 9. 3. 2005, GewArch 2005, 292; *Hahn* GewArch 2005, 393; *Schönleiter* BLA Gewerberecht, GewArch 2005, 414.

„Slot-Machines" ungleich größere Verlustrisiken beinhalten. Die Rechtsprechung hält diese Regelung gleichwohl für verfassungsgemäß.[38] Außerdem dürfen in einer Spielhalle nach § 4 SpielV bis zu drei andere Spiele mit Gewinnmöglichkeit veranstaltet werden. Von dieser Möglichkeit wird jedoch nur selten Gebrauch gemacht, da es hierfür aus den noch zu erörternden Gründen (sogleich III 1 a) kaum geeignete Spiele mit Gewinnmöglichkeit gibt.

cc) Benachbarte Spielhallen

Der Flächenmaßstab (ein Gerät je 12 m^2 Grundfläche) führt in Verbindung mit der Begrenzung auf derzeit höchstens zwölf Geräte zu einer vom Gesetzgeber gewollten „Ausdünnung" der Spielgeräte mit Gewinnmöglichkeit. Anders als in den Automatensälen der Spielbanken sollen diese Geräte also nicht zahlenmäßig unbegrenzt und in einer engen, den Spieltrieb anheizenden räumlichen Atmosphäre aufgestellt werden. Das schließt es aber nicht aus, mehrere Spielhallen nebeneinander zu betreiben. Wie das *Bundesverwaltungsgericht* (*BVerwG*) in drei rechtsgrundsätzlichen Urteilen vom 9. 10. 1984 klargestellt hat, kann ein Spielhallenbetreiber wie jeder andere Gewerbetreibende auch mehrere Betriebsstätten nebeneinander betreiben.[39] Hierin liegt keine Umgehung des Gesetzes. Voraussetzung ist lediglich, dass jede Spielhalle selbstständig und unabhängig von den Nachbarspielhallen betrieben werden kann und die Sonderung der einzelnen Betriebsstätte auch optisch in Erscheinung tritt. Insbesondere zu der Frage der optischen Sonderung hat sich eine stark kasuistische Rechtsprechung entwickelt, die maßgebend auf die bauliche Geschlossenheit der einzelnen Spielhallen abstellt. Dabei steht allerdings das Vorhandensein von Gemeinschaftseinrichtungen, wie zB eine gemeinsame Toilettenanlage und ein gemeinsamer Aufsichtsraum, einer Genehmigung benachbarter Spielhallen nicht entgegen, solange sie unabhängig voneinander genutzt werden können.[40] Die dadurch eröffnete Möglichkeit, auf größeren Flächen mehrere Spielhallen nebeneinander zu betreiben, hat den Nebeneffekt, dass sich der Standort von Spielhallenbetrieben zunehmend aus den Kerngebieten in den Zentren der Städte in Gewerbegebiete am Stadtrand verlagert. Diese Entwicklung ist in anderen Gewerbezweigen schon länger zu beobachten (Einzelhandel), bei Spielhallenbetrieben aber in der Regel städtebaulich nicht unerwünscht, weil sie dem bei einer Häufung derartiger Betriebe in den Stadtzentren befürchteten „Trading Down Effekt" entgegenwirkt. **28**

dd) Versagungsgründe

Die Spielhallenerlaubnis ist zu versagen, wenn einer der in § 33 i Abs 2 GewO geregelten Versagungsgründe vorliegt. Die Versagungsgründe sind persönlicher und sachlicher Natur. Der Betreiber der Spielhalle muss persönlich zuverlässig sein. Hier gelten dieselben Maßstäbe wie für die Erteilung der allgemeinen Aufstellerlaubnis in **29**

38 *BVerfG* v 27. 3. 1987, GewArch 1987, 194; *OVG Hamburg* v 19. 11. 2001, GewArch 2002, 164.

39 GewArch 1985, 62 ff; s dazu *Dickersbach* WiVerw 1985, 23; *Backherms* GewArch 1984, 49; *Odenthal* GewArch 1985, 257; *Strohmeier* BayVBl 1985, 649; *ders* NVwZ 1984, 422.

40 Vgl *Hahn* so Fn 10, § 33 i Rn 10; *Marcks* so Fn 14, § 33 i Rn 6 je mwN.

§ 33c Abs 1 GewO. Von den nicht personenbezogenen Versagungsgründen stehen die baurechtlichen ganz im Vordergrund. Das liegt daran, dass Spielhallen als Vergnügungsstätten bauplanungsrechtlich nur in einigen wenigen Baugebieten, nämlich generell nur in Kerngebieten und ausnahmsweise noch in Gewerbe-, Misch- und besonderen Wohngebieten genehmigungsfähig sind. Die damit zusammenhängenden Fragen werden üblicherweise aber nicht im gewerberechtlichen Erlaubnisverfahren, sondern im Baugenehmigungsverfahren geklärt. Zwar gibt es keinen gesetzlichen Vorrang des einen vor dem anderen Verfahren. In der Praxis hat es sich aber eingebürgert, dass vor Einholung der Spielhallenerlaubnis die hierfür erforderliche baurechtliche Nutzungsgenehmigung beantragt wird. Wird diese erteilt, ist sie für das gewerberechtliche Genehmigungsverfahren bindend.[41] Die gewerberechtliche Erlaubnis kann dann nicht mehr aus baurechtlichen Gründen versagt werden. Eine eigenverantwortliche Prüfung baurechtlicher Versagungsgründe erfolgt daher im gewerberechtlichen Genehmigungsverfahren nur dann, wenn ausnahmsweise keine Baugenehmigung vorliegt. In diesem Fall kann allerdings die gewerberechtliche Erlaubnis nicht allein schon wegen des Fehlens der Baugenehmigung versagt werden, eben weil es keine gesetzliche Vorschrift gibt, die den Antragsteller zwingt, die Baugenehmigung vor der Spielhallenerlaubnis einzuholen. Liegt also keine Baugenehmigung vor, müssen baurechtliche Versagungsgründe im gewerberechtlichen Genehmigungsverfahren mitgeprüft werden, ohne dass allerdings das Ergebnis der Prüfung für ein nachfolgendes Baugenehmigungsverfahren bindend wäre.

30 Andere raum- oder umweltbezogene Versagungsgründe spielen demgegenüber eine nur untergeordnete Rolle. Insbesondere rechtfertigt weder die Nähe zu schulischen Einrichtungen noch der Standort in einem Bahnhofsviertel mit höchst problematischem Milieu die Versagung der Erlaubnis.[42] Die Gerichte haben ihre Entscheidungen hier – von wenigen Ausnahmen abgesehen – stets strikt an dem verfassungsrechtlichen Grundsatz der Verhältnismäßigkeit orientiert, wonach dahingehenden Bedenken in der Regel durch entsprechende Auflagen Rechnung getragen werden kann, die eine Versagung der Erlaubnis unverhältnismäßig erscheinen lassen.[43] Den – auch nachträglichen – Erlass solcher Auflagen lässt § 33i Abs 1 S 2 GewO ausdrücklich zu. Auflagen sind allerdings nur zulässig, wenn sie zum Schutz der in § 33i GewO genannten Rechtsgüter *konkret* erforderlich sind. Das Instrument der Auflage darf nicht, woran das Bundesverwaltungsgericht nicht ohne Grund erinnern musste, dazu dienen, den Gewerbetreibenden kleinlich zu gängeln.[44]

---

41 Eingehend zum Verhältnis der Spielhallenerlaubnis zur Baugenehmigung *Hahn* so Fn 10, § 33i Rn 62ff; *Odenthal* GewArch 1992, 261.

42 *OVG NW* v 25. 11. 1985, GewArch 1986, 369 (Schulen); *BayVGH* v 31. 7. 2002, GewArch 2002, 471 (Bahnhofsviertel); *BVerwG* v 7. 1. 2003, GewArch 2003, 165; dazu *Hahn* GewArch 2003, 441.

43 Vgl *OVG Bremen* v 1. 12. 1989, GewArch 1990, 96; dazu *Hahn* aaO Rn 87 (Kein „Gesinnungskampf gegen Spielhallen").

44 Vgl *BVerwG* v 17. 7. 1995, GewArch 1995, 473; *Schulze-Werner* GewArch 2004, 9; zu sog „Zwickel-Erlassen für Spielhallen" s *v Ebner* GewArch 1990, 343; *ders* 1992, 324; *Gallwas* GewArch 1993, 41.

ee) Öffnungszeiten

Die Öffnungszeiten für Spielhallen sind auf der Grundlage der Ermächtigung in § 18 Abs 1 GastG durch Rechtsverordnung der Länder geregelt. Die Öffnungszeiten sind – insbesondere im Vergleich zu Gaststätten – deutlich eingeschränkt.[45] Nach der Rspr soll eine solche „spielhallenspezifische" Sperrzeit zur Eindämmung des Spieltriebs zulässig sein.[46] Deshalb hält es die Rechtsprechung auch für ermessensfehlerfrei, wenn eine Verkürzung der Sperrzeit für Spielhallen, auch wenn die hierfür erforderlichen tatbestandlichen Voraussetzungen in Form besonderer örtlicher Verhältnisse oder eines öffentlichen Bedürfnisses vorliegen, mit der Begründung versagt wird, dass dem Spieltrieb nicht durch die Gewährung längerer Öffnungszeiten Vorschub geleistet werden soll. Das berührt merkwürdig, wenn in der unmittelbaren Nachbarschaft Spielbanken oder Spielbanken-Dependancen betrieben werden, für die keinerlei Einschränkungen der Öffnungszeit gelten.[47] Die hierin liegende, offensichtlich willkürliche Ungleichbehandlung vergleichbarer Sachverhalte ist vor dem Hintergrund der im Sportwetturteil des *BVerfG* aufgestellten Anforderungen in Zukunft kaum noch zu rechtfertigen. Denn es dient erkennbar nicht dem Spielerschutz, wenn längere Öffnungszeiten von Spielbanken und Spielbanken-Dependancen im Verhältnis zu in der Nähe befindlichen Spielhallenbetrieben dazu führen, dass Spieler nach Schließung der Spielhallen ihr Spiel nur noch in staatlichen Betrieben fortsetzen können, in denen sie ungleich größeren Verlustgefahren ausgesetzt sind. **31**

III. Spiele mit Gewinnmöglichkeit (§ 33d GewO)

1. Die Zulassung der Spiele

a) Begriff

Nach § 33d Abs 1 GewO bedarf der Erlaubnis, wer gewerbsmäßig ein anderes Spiel mit Gewinnmöglichkeit veranstalten will. Die Erlaubnis darf nach Abs 2 nur erteilt werden, wenn der Antragsteller im Besitz einer vom *Bundeskriminalamt* (BKA) erteilten Unbedenklichkeitsbescheinigung ist. Obwohl die Regelung an die des § 33c GewO angelehnt ist, besteht ein wesentlicher Unterschied darin, dass der Veranstalter eines anderen Spiels mit Gewinnmöglichkeit für jeden Aufstellort eine Einzelerlaubnis benötigt (Abs 1), die immer nur für ein konkretes Spiel gilt, dessen Unbedenklichkeit das *BKA* zuvor bescheinigt haben muss (Abs 2), während bei den Spielgeräten des § 33c GewO nur einmal eine personenbezogene Erlaubnis erteilt wird (§ 33c Abs 1 GewO), die dann zur Aufstellung von allen Spielgeräten berechtigt, deren Bauart von der *PTB* zugelassen worden ist. **32**

---

45 Vgl *Hahn* s o Fn 10, § 33i Rn 90 ff; *Thieme* GewArch 1992, 289.

46 *BVerwG* v 15. 12. 1994, GewArch 1995, 157.

47 Zu Recht kritisch *Dickersbach* GewArch 2006, 183; s a *OVG Hamburg* v 22. 3. 1994, GewArch 1994, 409, 411, wonach ein Spielhallenbetreiber u U aus Art 3 GG einen Anspruch auf Gleichbehandlung der Öffnungszeiten von Spielhalle und benachbarter Spielbanken-Dependance herleiten kann.

33 Andere Spiele iSd § 33d GewO sind nur solche, die weder Spielgeräte nach § 33c Abs 1 GewO noch Glücksspiele nach § 284 StGB sind.[48] Letzteres folgt aus § 33h Nr 3 GewO. Da das Verbot des § 284 StGB nur für die Veranstaltung von Glücksspielen gilt, können nach § 33d GewO, von wenigen, praktisch nicht bedeutsamen Ausnahmen abgesehen, nur Geschicklichkeitsspiele genehmigt werden. Das macht es notwendig, diese von den Glücksspielen abzugrenzen. Während beim Geschicklichkeitsspiel das Ergebnis wesentlich von den Fähigkeit und Kenntnissen des Spielers beeinflusst wird, entscheidet beim Glücksspiel maßgebend der Zufall über den Spielausgang. Spiele, bei denen entweder ausschließlich der Zufall oder allein die Geschicklichkeit des Teilnehmers das Spielergebnis beeinflussen, sind allerdings selten. In der Lebenswirklichkeit dominieren die so genannten gemischten Spiele, bei denen Zufalls- und Geschicklichkeitselemente nebeneinander wirksam werden. Die praktische Schwierigkeit liegt daran, den Anteil, den Glücks- und Geschicklichkeitsfaktoren am Spielausgang haben, zu messen und zu gewichten.[49] Hierzu sind im Lauf der Jahrzehnte von der Rechtsprechung höchst unterschiedliche Abgrenzungsmethoden entwickelt worden, von denen keine für sich in Anspruch nehmen kann, die allein Richtige zu sein. Möglicherweise gibt es auch nicht *eine* Methode, die bei allen Arten von Spielen gleichermaßen zur Unterscheidung der Glücks- von den Geschicklichkeitsfaktoren geeignet ist. Bei Spielgeräten, die, wenn sie nicht solche iSv § 33c Abs 1 GewO, also nicht mit einer den Spielausgang ausschlaggebenden beeinflussenden technischen Vorrichtung ausgestattet sind, unter § 33d GewO fallen, nimmt die Rechtsprechung an, dass ein Glücksspiel im Sinne des § 284 StGB schon dann anzunehmen sein soll, wenn der Durchschnitt der Spieler in nicht in mehr als fünfzig von hundert der nicht als Turnier veranstalteten Spiele einen Spielerfolg erzielt.[50] Diese, auch vom BKA im Verfahren auf Erteilung der Unbedenklichkeitsbescheinigung angewendete Abgrenzungsmethode führt dazu, dass es kaum eine Möglichkeit gibt, mit Spielgeräten Geschicklichkeitsspiele *wirtschaftlich* zu betreiben.[51] Denn wenn der Spielautomat gewährleisten muss, dass schon der Durchschnittsspieler in mindestens fünfzig von hundert Fällen einen Erfolg, also einen Gewinn erzielt, besteht immer die Gefahr, dass ein besonders geschickter Spieler, der so genannte „Automatenschreck", das Gerät binnen kürzester Zeit leer spielt. Diese Abgrenzungsmethode ist mE schon im Ansatz verfehlt, weil sie den Schwierigkeitsgrad eines Spiels mit seinem Glücks oder Geschicklichkeitscharakter verwechselt. Aus diesem Grund ist es bis heute nicht gelungen, auf dem Markt Spielgeräte zu etablieren, mit denen als Geschicklichkeitsspiel anerkannte Gewinnspiele dauerhaft wirtschaftlich betrieben werden können.

b) Umgehungsversuche

34 Die nicht nur bei Spielgeräten, sondern bei allen Spielen bestehenden Schwierigkeit, einerseits ein hohes Maß an Beeinflussbarkeit des Spielergebnisses durch Geschick-

48 *Marcks* GewArch 1987, 328; *Schaeffer* GewArch 1980, 112.
49 Vgl *Schilling* GewArch 1995, 318.
50 *BVerwG* v 24. 10. 2001 GewArch 2002, 77; dazu *Hahn* GewArch 2002, 41.
51 Vgl *Dickersbach* GewArch 1998, 265; *Odenthal* GewArch 2001, 276, 279.

lichkeitsfaktoren garantieren zu müssen, andererseits aber die für einen wirtschaftlichen Betrieb notwendige Durchschnittsrendite kalkulieren zu können, hat dazu beigetragen, dass es bis zu einer Änderung des § 33e GewO im Jahre 1993 eine weit verbreitete Umgehung des Gesetzes in – zur Abgrenzung von Spiel*hallen* so bezeichneten – privaten Spiel*casinos* gegeben hat.[52] Dort wurden Spiele angeboten, die nach § 33d GewO als Geschicklichkeitsspiele genehmigt worden waren, tatsächlich aber nach den Regeln klassischer Glücksspiele veranstaltet wurden. Dabei haben sich die Veranstalter zu Nutze gemacht, dass im Verfahren auf Erteilung der Unbedenklichkeitsbescheinigung der Prüfung der von dem Veranstalter beschriebene Spielablauf zugrunde gelegt werden und die nahe liegende Gefahr einer hiervon abweichenden Handhabung nach Erteilung der Unbedenklichkeitsbescheinigung außer Betracht bleiben musste.[53] Das führte zu Auswüchsen wie denen, dass nur mühsam als Geschicklichkeitsspiel getarnte klassische Glücksspiele, wie die dem Roulette nachempfundenen so genannten „Kesselbeobachtungspiele“, genehmigt werden mussten. Inzwischen hat der Gesetzgeber auf diesen kaum verschleierten Missbrauch durch ein Änderung des § 33e GewO reagiert. Danach ist die Bauartzulassung für andere Spiele im Sinne des § 33d GewO nicht mehr nur – wie bei den Spielgeräten des § 33c GewO – zu versagen, wenn die Gefahr übermäßig hoher Verluste in kurzer Zeit besteht, sondern zusätzlich auch dann, wenn das Spiel einem klassischen Glücksspiel ähnlich oder zu einem solchen leicht abänderbar ist. Damit ist der Genehmigung von Glücksspielen, die nur mühsam getarnt im Gewand von Geschicklichkeitsspielen einhergehen, ein Ende bereitet.

Nachdem diese verbreitete Missbrauchsmöglichkeit beseitigt worden ist, ist es aller- **35**
dings umso notwendiger, Spielen im Sinne des § 33d GewO nicht nur theoretisch, sondern auch praktisch einen Anwendungsbereich zuzugestehen, was bisher dadurch verhindert wird, dass im Zulassungsverfahren eine zu hohe Messlatte an den Geschicklichkeitscharakter von Spielen angelegt wird.

c) Verfahren

Das Genehmigungsverfahren ist in der Verordnung über das Verfahren bei der Ertei- **36**
lung von Unbedenklichkeitsbescheinigungen für andere Spiele im Sinne des § 33d Abs 2 GewO geregelt. Dabei erfolgt eine im Wesentlichen dreistufige Prüfung. Die Unbedenklichkeitsbescheinigung ist zu erteilen, wenn (1) es sich um ein Geschicklichkeitsspiel handelt, das (2) keinem Glücksspiel nachempfunden ist und (3) nicht die Gefahr unangemessen hoher Verluste in kurzer Zeit besteht (§ 33e GewO). Obwohl der zuletzt genannte Aspekt der Verlustgefahr den nach der Konzeption des Gesetzes maßgebenden Gesichtspunkt zum Ausdruck bringt, scheitern in der Praxis die meisten Spiele schon an der ersten Hürde. Da das Prüfungsverfahren zudem sehr zeitaufwendig ist, haben Spiele im Sinne des § 33d GewO wirtschaftlich bislang nur eine geringe Bedeutung erlangt.

---

52 Vgl *Fuchs* GewArch 1994, 316; *Peter* GewArch 1994, 187; *Odenthal* GewArch 1989, 222.

53 *BVerwG* v 28. 9. 1982, GewArch 1983, 60; v 9. 10. 1984, GewArch 1985, 59; s dazu *Ahlf* GewArch 1977, 321.

d) § 5a SpielV

37 Das gilt nicht in dem gleichen Maße für die erlaubnisfreien Spiele des § 5a SpielV, die in Gaststätten und auf Jahrmärkten veranstaltet werden dürfen. Rechtssystematisch handelt es sich hierbei um andere Spiele im Sinne des § 33d GewO, deren Veranstaltung aber unter bestimmten, in § 5a SpielV geregelten Voraussetzungen keiner Erlaubnis bedarf.[54] Zurückführen lässt sich diese gesetzliche Ausnahmeregelung darauf, dass traditionell auf Jahrmärkten bestimmte Gewinnspiele veranstaltet werden durften. Die Spielbedingungen waren in einer Verordnung über die Veranstaltung unbedenklicher Spiele im Einzelnen minutiös geregelt. Die hiermit gemachten positiven Erfahrungen haben den Gesetzgeber veranlasst, in § 5a SpielV unter bestimmten Voraussetzungen Spiele generell von der Erlaubnispflicht auszunehmen. Die Einzelheiten sind in § 5a SpielV und der Anlage hierzu geregelt. Die wesentlichen Voraussetzungen sind:

(1) Der Gewinn darf nur in Waren (und nicht in Geld) bestehen;

(2) es muss sich, von der traditionell bedingten Ausnahme der nur auf Volksfesten etc zulässigen Ausspielungen sowie der erstmals mit ÄnderungsVO vom 24. 4. 2003 zugelassenen Jahrmarktspielgeräten,[55] um ein Geschicklichkeitsspiel handeln;

(3) das Spiel darf nur in Schank- und Speisewirtschaften bzw auf Volksfesten etc veranstaltet werden;

(4) die Höhe des Einsatzes bzw. die Gestehungskosten des Warengewinns übersteigen nicht € 15/€ 60;

(5) die Veranstaltung ist zeitlich begrenzt.

38 Die Einzelheit ergeben sich aus der Anlage zu § 5a SpielV. Gerichtliche Entscheidungen zu dieser Vorschrift sind äußerst selten, was ein Indiz dafür sein dürfte, dass sich die vom Gesetzgeber mit der Liberalisierung dieses Teilbereiches verbundenen Erwartungen erfüllt haben und die gesetzliche Regelung sich bewährt hat. Das sollte dem Gesetzgeber Mut geben, auch weitere Bereiche des zT kleinkariert[56] reglementierten gewerblichen Spielrechts zu liberalisieren.

2. Die Veranstaltung der Spiele mit Gewinnmöglichkeit

39 Für die Veranstaltung eines Spiel mit Gewinnmöglichkeit, für welches das Bundeskriminalamt eine Unbedenklichkeitsbescheinigung erteilt hat, bedarf der Veranstalter nach § 33d Abs 1 GewO noch einer Erlaubnis der Ordnungsbehörde. Diese Erlaubnis bezieht sich auf seine Person, den Veranstaltungsort und das veranstaltete Spiel. Jede Änderung auch nur eines dieser drei Faktoren macht eine neue Erlaubnis erforderlich. Die geeigneten Aufstellorte sind im II. Titel der SpielV geregelt. Danach dürfen

---

54 S dazu *Kummer* GewArch 1985, 108; *Marcks* GewArch 1984, 353; *Odenthal* GewArch 1990, 165.

55 BGBl I 2003, 550; s dazu *Odenthal* GewArch 2003, 404.

56 Vgl *Gallwas* FS Helmrich, 1994, 933; *Odenthal* GewArch 2001, 276.

andere Spiele, wenn der Gewinn in Geld besteht, nur in Spielhallen, und wenn der Gewinn in Waren besteht, nur in Schank- oder Speisewirtschaften sowie auf Volksfesten, Jahrmärkten etc veranstaltet werden. Während die Beschränkung auf die genannten Aufstellorte den für Spielgeräte geltenden Regelungen entspricht und sachgerecht ist, lässt sich für die nach der Art des Gewinns (Geld- oder Warengewinn) getroffene Unterscheidung zwischen Spielhallen (= Geldgewinn) und Gaststätten sowie Volksfesten etc (= Warengewinn) schlechterdings kein vernünftiger Grund finden. Die Unterscheidung ist allein historisch bedingt, weil auf Volksfesten etc schon seit jeher Spiele mit Warengewinnmöglichkeit veranstaltet worden sind. Die Unterscheidung ist sachlich nicht gerechtfertigt und ist durch die Ermächtigungsgrundlage in § 33f GewO nicht gedeckt. Dass sie bis heute Bestand hat, ist allein damit zu erklären, dass aus den oben genannten Gründen Spiele mit Gewinnmöglichkeit – anders als Spiel*geräte* mit Gewinnmöglichkeit – in der Praxis eine eher untergeordnete Rolle spielen.

IV. Die Weiterentwicklung des gewerblichen Spielrechtes

Das partielle Nebeneinander zwischen staatlichem Glücksspiel und gewerblichem Spiel hat sich in der Vergangenheit im Wesentlichen bewährt. Es handelt sich um einen durchaus geeigneten Weg, den vom *BVerfG* im *Sportwett*urteil aufgestellten Grundsätzen gerecht zu werden. Die Zulassung des gewerblichen Spiels ist mit den durch das strafrechtliche Glücksspielverbot verfolgten Zielen vereinbar, weil das gewerbliche Spiel konsequent dem Spielerschutz verpflichtet ist. Sichtbaren Ausdruck findet diese Verpflichtung in § 33e GewO, wonach nur solche Gewinnspiele erlaubt werden können, bei denen nicht die Gefahr übermäßig hoher Verluste in kurzer Zeit besteht. Dadurch ist sichergestellt, dass die gewerblich veranstalteten Gewinnspiele nicht in Bereiche vordringen, die dem staatlichen Glücksspiel vorbehalten sind, dessen Gewinn- und Verlustmöglichkeiten unbegrenzt sind. **40**

Dass auch das staatliche Glücksspiel mit dem Zweck des strafrechtlichen Glücksspielmonopols vereinbar ist, lässt sich nicht mit derselben Bestimmtheit feststellen. Die Einschränkungen, denen das staatliche Glücksspiel unterworfen ist, sind in den vergangenen Jahren immer weiter gelockert worden. Dafür ist die Entwicklung im Spielbankenbereich symptomatisch. Während diese ursprünglich nur an einigen wenigen privilegierten Standorten zulässig waren, deren Auswahl (Kurorte) jedenfalls auch mit dem Gedanken des Spielerschutzes begründet war, und für deren Besuch ein Residenzverbot galt, orientiert sich inzwischen Anzahl und Standort der Spielbanken sowie ihrer Dependancen, der Automatensäle, ausschließlich an wirtschaftlichen Gesichtspunkten.[57] Insbesondere für die Automatensäle der Spielbanken werden dabei Standorte ausgewählt, die eher das genaue Gegenteil der früheren Kurorte mit ihren idR wohlhabenden Kurgästen sind und für die – folgerichtig – natürlich auch kein Residenzverbot gilt. Damit drängt das staatliche Spiel zunehmend in Bereiche, die früher dem gewerblichen Spiel vorbehalten waren, ohne allerdings dessen dem **41**

57 Vgl *Odenthal* GewArch 2001, 276 (280).

Spielerschutz dienenden Einschränkungen zu übernehmen. Einen weiteren Schritt in diese Richtung stellt das von der niedersächsischen Spielbank im Großraum Hannover im Jahre 2005 gestartete Spielsystem „Lotto-Quicky" dar, das mit der Veranstaltung in Gaststätten in Kernbereiche des gewerblichen Spielrechts eindringt und – worauf die Bund-Länder-Gewerberechtsreferenten zu Recht hingewiesen haben – die Annahme nahe legt, *„dass es hier in erster Linie um eine fiskalisch motivierte Steigerung der Einnahmen geht und weniger um eine polizeilich motivierte Kanalisierung des* Spieltriebs."[58] Mit dem behaupteten Ziel, den Spieltrieb *„unter staatliche Kontrolle und Zügelung(!) zu nehmen,*"[59] ist das nicht zu vereinbaren.

42 Diese Entwicklung hat dazu geführt, dass der Anteil des gewerblichen Spiels an den Gesamtumsätzen der Anbieter von Glücks- und Gewinnspielen in den letzten zehn Jahren immer mehr zulasten der staatlichen Monopolbetriebe zurückgegangen ist. Lag der Anteil des gewerblichen Spiels am Gesamtumsatz im Jahre 1995 noch bei ca 25%, betrug er im Jahre 2004 nur noch knapp 21%. Im gleichen Zeitraum ist demgegenüber der Umsatzanteil der Spielbanken von 35% auf knapp 39% und der des Lotto- und Totoblocks von 29% auf knapp 31% gestiegen.[60] Diese Entwicklung kann niemand begrüßen, dem es ernsthaft darum geht, den Spieler vor unangemessen hohen Vermögensverlusten zu schützen.

V. Summary (The Law on Commercial Gambling)

The law on commercial gambling in Germany developed historically leeward to the gambling monopolies of the state. In accordance with para 284 of the Penal Code of the Reich (Reichsstrafgesetzbuch – RStGB), in force since 15 May 1871, the commercial organization of gambling is liable to prosecution. In spite of some modifications to this regulation, the prohibition is still in force. The prohibition of gambling by penal law protects the player against the exploitation of his passion for gambling. According to the prevailing opinion, the license to gambling games – ie the admission of exceptions to the prohibition of para 284 StGB solely serves the canalization of the instinct to gamble, which cannot be completely restrained. In this context, the state monopolies are to warrant that the organization of gambling games does not primarily take place out of commercial considerations but that it aims at holding in check the passion for gambling and at the same time prevents emergence and spreading of the addiction to gambling.

In 1920, for the first time and to a very limited extent, the option to exclude the regulation contained in para 284 StGB, which prohibits the commercial organization of gambling, was promulgated. If the stake did not exceed one Reich mark and if not

58 *Schönleiter* GewArch 2005, 413 (414f).

59 *BGHSt* 11, 209.

60 Quelle: Archiv- und Informationsstelle der Deutschen Lotto- und Totounternehmen; ähnliche Zahlen nennen *Meyer* Jahrbuch Sucht 2006 hrsg v d Deutschen Hauptstelle für Suchtfragen eV, 114ff und *Bornecke* Glücks- und Gewinnspiele in Deutschland in Taschenbuch der Unterhaltungsautomaten-Wirtschaft, 2006, 8ff.

more than 10% of the stakes were kept by the organizer, gambling games were allowed at annual fairs, at shooting matches and other open air events taking place occasionally and within a given time. With that, for the first time, the legislator made a distinction between gambling games in casinos licensed by the state where the chances to win and lose are unlimited, and commercial gambling that could and can be organized under supervision of the amount of the stake and the redistribution of the profit. This distinction, which was made in 1920 for the first time, has in principle remained unaltered up to now. According to this classification, the "big game" takes place in the state casinos and is legally regulated by the Länder.[61] On the other hand, the "small game" is regulated by the trade regulations of the federal legislator. Henceforth, as a result of the federalism reform dated 1st September 2006, the competence to regulate the law on gambling dens (in Germany usually played down to "gambling hall"), which is only a small segment of the law of commercial gambling, falls into the Länders' scope.

Consequently, the law on commercial gambling is, above all, a law of games and gambling equipment with limited possibilities of action and limited possibilities to win. Games and equipment without the possibility to win are not regulated by law in a comparably close manner. The equipment enabling players to win is defined by law in para 33c, art 1 sentence 1 Trade Regulations (Gewerbeordnung – GewO). Accordingly, an official permit from the competent authority is required by the person who sets up gambling machines commercially "that are implemented with a technical device which influences the outcome of the game and offers the possibility of a winning". "The permission entitles only to setting up such machines, the construction of which is approved by the Federal Physical and Technical Institution [Physikalisch-Technische Bundesanstalt – PTB]" (sentence 2). This approval, which is usually granted for the total series-type of a machine on the base of a model, is also the permission which excludes punishability by para 284 StGB (prohibited gambling). In addition, further permissions are required for the setting up of machines with regard to the person who sets it up (para 33c, art 1 sentence 1 GewO) and the suitability of the place (para 33c art 3 GewO) or the place itself (para 33i GewO). However, these permissions do not regulate admission but solely the setting up of the machines and therefore, they are irrelevant to classification according to criminal law. The absence of permission with regard to the person who installs the machine or the suitability of the place is logically only a regulatory offence.

Para 33e, art 1 sentence 1 GewO regulates the pre-conditions for the admission of the model of a gambling machine. Accordingly, the admission of the construction of a machine can only be refused when there exists the danger of improperly high losses to the player within a short period of time. Para 33e, art 1 sentence 1 GewO is the

61 The Federal Republic of Germany consists of 16 *Länder*: Baden-Württemberg, Bavaria, Berlin, Brandenburg, Bremen, Hamburg, Hessen, Lower Saxony, Mecklenburg-Western Pomerania, North-Rhine Westphalia, Rhineland-Palatinate, Saarland, Saxony, Saxony-Anhalt, Schleswig-Holstein and Thuringia. Federalism in the Federal Republic of Germany is characterized by a distribution of power between the Federation and the Länder. The latter possess state quality independent of the Federation.

central norm, the magna charta of the law on commercial gambling, which sums up the goal of the legal regulation in a guiding principle, namely protection of the gambler. This guiding principle clearly demonstrates that there is a considerable difference between commercial gambling and gambling organized by the state, which up to now did not meet with the practice of limiting the player's risk of losses.

Persons wanting to organize another commercial game bearing the possibility of winnings require a license, according to para 33 d, art 1 GewO. "Other games" are games that are neither gambling equipment according to para 33 c, art 1 GewO nor gambling games in the sense of para 284 StGB. Permission, in accordance with para 33 d, art 2, may only be granted when the applicant holds a clearance certificate supplied by the Federal Criminal Investigation Office (Bundeskriminalamt – BKA). Unlike the regulation of para 33 c GewO, the organizer of another game with the possibility of winnings requires a separate permission for each gambling place. As the prohibition of para 284 StGB extensively regulates the organization of public gambling, only aptitude games may be permitted pursuant to a few merely negligible exceptions in accordance with para 33 d GewO. The delimitation of gambling games ensues ideal-typically from the outcome of the aptitude games by the influence of the player's abilities and knowledge while the gambling game is mainly a matter of chance. Nevertheless, in reality mixed games are dominant in which both chance as well as aptitude becomes effective. Over the course of years, jurisdiction has developed different methods of weighing the shares of chance and aptitude for the outcome of games. If an aptitude game is at issue only when the average player is successful in at least 50 out of 100 cases then the non-profitability of aptitude is compelling. It is quite obvious that from this starting-point, the clever player would ruin the businessman.

Furthermore, the regulation of para 33 i GewO concerning the running of gambling dens ought to be mentioned. The rule regulates, in combination with the relevant game ordinance (of the federal legislator, "Spielverordnung" – SpielV; para 3, art 2), the requirement of permission and lays down the square measure for the setting up of machines with the possibilities of winning: each machine with 12 sq meters ground space and at the most 12 machines per gambling den. The Federal Administrative Court has pointed out that an increase in the number of machines available is not excluded by running several gambling dens side by side at the place. The organizer of the gambling den can run several established places side by side just like any other person carrying on a trade.

Finally, a problem should be pointed out which has occupied the jurisdiction over the last few years: Reconstructions or reproductions of the classic casino implements ("slot-machines") could be used, but contrary to there prominent doubles, these machines did not eject monetary winnings but so-called "tokens". Because these tokens were, however, marketable and even traded on eBay, the jurisdiction has qualified the so-called "fun games" as unlawful gambling in the sense of para 284 StGB.

5. Abschnitt: Glücksspielrecht der Länder seit dem 1. Januar 2008

§ 21 Die Neuregelung des Glücksspielwesens in Deutschland

Ihno Gebhardt und Dirk Postel

Übersicht

I. Ausgangslage

1. Verfassungs- und gemeinschaftsrechtliche Ausgangslage

a) *Regelungskonzepte und Verfassungsrecht*

1 Das *Bundesverfassungsgericht* (BVerfG) hat mit seinem Grundsatzurteil vom 28. März 2006[1] die zentralen verfassungsrechtlichen Fragen zur Zulässigkeit staatlicher Glücksspielmonopole beantwortet. Es hat für die Rechtslage in Bayern festgestellt, dass das dort errichtete staatliche Sportwettmonopol[2] angesichts des mit ihm einhergehenden Ausschlusses gewerblicher Wettveranstaltung durch private Wettunternehmen in seiner damaligen gesetzlichen und tatsächlichen Ausgestaltung nicht mit dem Grundrecht der Berufsfreiheit vereinbar war. Das Gericht hat gleichwohl ein staatliches Sportwettmonopol als Mittel zur Wahrung und Erreichung besonders bedeutsamer Gemeinwohlziele ausdrücklich für zulässig erachtet, wenn das Monopol nicht nur nach den zu seiner Rechtfertigung angeführten Zielen, sondern auch in seiner konkreten Ausgestaltung der Vermeidung und Abwehr von Spielsucht und problematischem Spielverhalten dient. Der Schutz der Bevölkerung vor betrügerischen Machenschaften und Manipulationen, vor der Unzuverlässigkeit und Zahlungsunfähigkeit des Veranstalters, ein weitergehender Verbraucher- und Jugendschutz, die Verhinderung der Ausnutzung des Spieltriebs sowie die Abwehr von Gefahren aus mit Wetten verbundener Folge- und Begleitkriminalität sind ebenfalls verfassungslegitime Ziele einer ordnungspolitisch geprägten Glücksspielregulierung, die allerdings für sich genommen, im Unterschied zur Zielsetzung der Spielsuchtvermeidung und -bekämpfung, ein staatliches Wettmonopol (als Mittel zur Zielerreichung) verfassungsrechtlich nicht rechtfertigen können. Auch der Ausschluss privaten Gewinnstrebens kann nur ein seinerseits rechtfertigungsbedürftiges Mittel darstellen, mit dem die anderen legitimen Ziele erreicht werden sollen. Als Mittel zur Vermeidung und Abwehr von Spielsucht und problematischem Spielverhalten hält das Gericht insbesondere die Begrenzung der Werbung, eine der legitimen Zielsetzung entsprechende Ausgestaltung der Vertriebswege und die Schaffung von Kontrollinstanzen, die eine ausreichende Distanz zu den fiskalischen Interessen des Staates aufweisen, für geeignet und erforderlich.

2 Das *BVerfG* sieht sich mit diesen Anforderungen ausdrücklich in Übereinstimmung mit der Rechtsprechung des *Gerichtshofes der Europäischen Gemeinschaften (EuGH),* nach der ein staatliches Glücksspielmonopol unter Ausschluss von Veranstaltern aus anderen Mitgliedstaaten nicht gegen das Gemeinschaftsrecht verstößt, wenn die Beschränkungen durch zwingende Gründe des Allgemeininteresses – wie den Verbraucherschutz, die Betrugsvorbeugung, die Vermeidung der leichten und rechtswidrigen

---

1 *BVerfG*, 1 BvR 1054/01, Urt v 28. 3. 06 = BVerfGE 115, 276 ff = NJW 2006, 1261 ff = ZfWG 2006, 16 ff.

2 Die Verfassungsbeschwerde betraf das Veranstalten und Vermitteln von solchen Sportwetten, bei denen sich der Veranstalter gegenüber den einzelnen Wettteilnehmern für den Fall der richtigen Voraussage des Ergebnisses eines zukünftigen Sportereignisses zur Vervielfachung des Wetteinsatzes mit einer festen Gewinnquote verpflichtet (sog Oddset-Sportwetten).

Bereicherung der am Betrieb und dem Handel mit Glücksspielen Beteiligten, die Vermeidung von Anreizen zu überhöhten Ausgaben für das Spielen oder die Verhütung von Störungen der sozialen Ordnung im Allgemeinen – gerechtfertigt sind. Der *EuGH* hat auch entschieden, dass solche Gründe geeignet sind, unter Berücksichtigung der soziokulturellen Besonderheiten Beschränkungen bis hin zum Verbot von Lotterien und anderen Glücksspielen im Gebiet eines Mitgliedstaates zu rechtfertigen. Nach der maßgeblichen Rechtsprechung des *EuGH* kann allein der Umstand, dass sich ein Mitgliedstaat für andere Schutzmodalitäten als ein anderer Mitgliedstaat entschieden hat, keinen Einfluss auf die Beurteilung der Verhältnismäßigkeit der in diesem Bereich erlassenen nationalen Bestimmungen haben. Diese sind allein an dem fraglichen Ziel und dem Schutzniveau zu messen, das der betroffene Mitgliedstaat gewährleisten will. Wie bereits angedeutet, spricht das *BVerfG* davon, dass „die Anforderungen des deutschen Verfassungsrechts *parallel* zu den vom Europäischen Gerichtshof zum Gemeinschaftsrecht formulierten Vorgaben" verliefen,[3] mit diesen allerdings nicht identisch seien.[4] Zwar ist das *BVerfG* für die Frage der Vereinbarkeit einer innerstaatlichen Norm des einfachen Rechts mit den Bestimmungen des europäischen Gemeinschaftsrechts nicht zuständig. Es untersucht das Gemeinschaftsrecht gleichwohl „indirekt", indem es die fachgerichtliche Anwendung und Auslegung des Gemeinschaftsrechts überprüft und dazu beispielsweise hervorhebt, dass die Aussagen in der Rechtsprechung des *EuGH* zur Vereinbarkeit mitgliedstaatlicher Glücksspielmonopole mit den Grundfreiheiten eindeutig seien und die Auslegung auch ohne Vorlage an den *EuGH* vorgenommen werden könnten.[5]

In diversen Beschlüssen seit dem 28. März 2006 hat das *BVerfG* deutlich gemacht, **3**
dass die **Grundsatzentscheidung** zu dem bayerischen Sportwettenfall nicht nur für Bayern, sondern **für alle Länder der Bundesrepublik**[6] und nicht nur für die Sportwettenangebote, sondern **für alle Glücksspielarten von Bedeutung** ist.[7]

---

3 Ebd Rn 144, Hervorhebung nicht im Original.

4 *BVerfG,* 1 BvR 3082/06, Beschl v 27. 12. 2007, MMR 2008, 230, zu *OVG Bln-Bbg* Beschl v 27. 10. 2006 – 1 S 115.06.

5 Ebd; vgl zu dieser Art indirekten Anwendung des Gemeinschaftsrechts durch das *BVerfG* auch dessen Beschl v 7. 12. 2006, 2 BvR 2428/06, NJW 2007, 1521.

6 Zuletzt zur Rechtslage in Thüringen: *BVerfG* 2 BvR 2320/00 v 21. 1. 08, ZfWG 2008, 44.

7 Zur Übertragbarkeit der bundesverfassungsgerichtlichen Feststellungen auf das Sportwettenrecht der anderen Länder: *BVerfG,* 1 BvR 138/05 v 4. 7. 2006, ZUM-RD 2006, 433 – zu Baden-Württemberg; *BVerfG,* 2 BvR 2428/06 v 7. 12. 2006, NJW 2007, 1521 – zu Nordrhein-Westfalen; *BVerfG,* 1 BvR 874/05 v 18. 12. 2006, MMR 2007, 168 – zu Sachsen-Anhalt; *BVerfG,* 1 BvR 973/05 v 22. 10. 2007 – zu Niedersachsen; *BVerfG,* 2 BvR 2320/00 v 21. 1. 2008, ZfWG 2008, 44 – zu Thüringen; vgl auch *VGH BaWü* Beschl v 28. 7. 2006 – 6 S 1987/05, NVwZ 2006, 1440; *BayVGH* Beschl v 13. 6. 2007 – 24 CS 07.802; *OVG Bln-Bbg* Beschl v 3. 1. 2007 – 1 S 107.06, ZfWG 2007, 54, zu Berlin; *OVG Bln-Bbg* Beschl v 12. 10. 2007 – 1 S 121/07 – zu Brandenburg; *OVG Bremen* Beschl v 7. 9. 2006 – 1 B 273/06; *OVG Hamburg* Beschl v 9. 3. 2007 – 1 Bs 378/06; *Hess VGH* Beschl v 21. 12. 2006 – 11 TG 2775/06; *OVG Nds* Beschl v 19. 12. 2006 – 11 ME 253/06; *OVG NW* Beschl v 22. 11. 2006 – 13 B 1796/06 –; *OVG RhPf* Beschl v 29. 9. 2006 – 6 B 10825/06; *OVG Saarland* Beschl v 30. 4. 2007 – 3 W 30/06; *OVG LSA* Beschl v 4. 5. 2006 – 1 M 476/05, ZfWG 2006, 81; *OVG SN* Beschl v 12. 12. 2007 – 3 BS 311/06, ZfWG 2007, 442; *OVG SH* Beschl v 2. 1. 2007 – 3 MB 38/06, ZfWG 2007, 67; *ThürOVG* Beschl v 12. 12. 2006 –

4 Für die verfassungsrechtliche Beurteilung der Einschränkung des Grundrechts aus Art 12 Abs 1 GG spielt es dabei grundsätzlich keine entscheidende Rolle, ob ein Grundrechtsträger zugunsten eines Wettmonopols des Staates selbst, einer von diesem maßgeblich beeinflussten juristischen Person oder eines von diesem exklusiv konzessionierten Privaten gesetzlich zum Verzicht auf eine Tätigkeit als Wettvermittler gezwungen wird.[8] Demzufolge ist es grundsätzlich auch nicht entscheidungserheblich, dass etwa das Sportwettmonopol in Rheinland-Pfalz bisher durch ein privatrechtlich organisiertes Unternehmen ohne gesellschaftsrechtliche Einflussnahmemöglichkeiten oder in Niedersachsen jedenfalls mit tatsächlich kaum erfolgter gesellschaftsrechtlicher Einflussnahme des Staates wahrgenommen wird, denn die Ausrichtung auf das Ziel der Bekämpfung von Spielsucht und problematischem Spielverhalten muss sich in der *rechtlichen* wie *tatsächlichen* Ausgestaltung des Monopols – unabhängig davon, ob dieses (auch) staatlich getragen ist – positiv ausdrücken. Sofern sich Umsetzungsdefizite bei der konkreten Handhabung des monopolisierten Angebots feststellen lassen, birgt dies demnach die Gefahr in sich, dass Verfassungsgerichte zum Verdikt der Unverhältnismäßigkeit der dem Monopol zugrunde liegenden Regelungen gelangen.

5 Bereits in seiner Presseerklärung vom 28. März 2006 hat das *BVerfG* ausdrücklich darauf hingewiesen, dass ein verfassungsmäßiger Zustand der Glücksspielregulierung ebenfalls durch eine gesetzlich normierte und kontrollierte Zulassung gewerblicher Veranstaltung durch private Wettunternehmen erreicht werden könne.[9] Nimmt man noch die von der sog. „Kommission Sportwetten" (einer zeitweise aus Spitzenfunktionären des Sports und Vertretern einiger Landesregierungen bestehenden Ar-

---

3 EO 663/06. Die sachliche Erstreckung der verfassungsgerichtlichen Vorgaben auf die verschiedenen Segmente des Glücksspielwesens folgt bereits aus der nach den Gefahrenpotenzialen unterschiedlicher Glücksspielangebote vorgenommenen „Reihung" in dem *Sportwetten*-Grundsatzurteil (*BVerfG*, 1 BvR 1054/01 v 28. 3. 2006, Rn 99 bis 101) und findet ihre ausdrückliche Bestätigung durch den Beschluss des Gerichts zum bayerischen Spielbankenmonopol vom 26. 3. 2007 – *BVerfG*, 1 BvR 2228/02, GewArch 2007, 242, Rn 22. Dabei hat das Gericht ausdrücklich offen gelassen, inwieweit die Ziele des Verbraucherschutzes und der Kriminalitätsbekämpfung durch die Normierung entsprechender rechtlicher Anforderungen an privat betriebene Spielbanken realisiert werden können. Der Gesetzgeber durfte und darf demnach davon ausgehen, dass den Suchtgefahren mit Hilfe eines auf die Bekämpfung von Sucht und problematischem Spielverhalten ausgerichteten Spielbankenmonopols effektiver begegnet werden kann als durch die (strenge) Kontrolle privater Spielbankunternehmer. Zur Bedeutung und Tragweite des Grundsatzurteils für die straf-, kartell- und landesverfassungsrechtliche Bewertung siehe *BGH* Urt v 16. 8. 2007 – 4 StR 62/07, ZfWG 2007, 361, *BGH* Beschl v 8. 5. 2007 – KVR 31/06, ZfWG 2007, 269, *LVerfG LSA* Urt v 8. 2. 2007 – LVG 19/05, LKV 2007, 558, *BayVerfGH* Urt v 18. 12. 2007 – Vf 9 VII-05, GewArch 2008, 114; zum hessischen und bayerischen Zahlenlottomonopol vgl *BVerfG*, 1 BvR 1896/99 Beschl v 2. 8. 2007, NVwZ 2007, 1297.

8 Vgl. *OVG RhPf* Beschl v 28. 9. 2006 – 6 B 10895/06, NVwZ 2006, 1426. Auch das *BVerfG* differenziert in dieser Hinsicht trotz rechtlich unterschiedlicher Ausgestaltung des Veranstaltermonopols nicht; vgl etwa *BVerfG*, 1 BvR 1054/01 vom 28. 3. 2006 zur Rechtslage in Bayern, *BVerfG*, 1 BvR 874/05 vom 18. 12. 2006 zur Rechtslage in Sachsen-Anhalt und *BVerfG*, 1 BvR 973/05 vom 22. 10. 2007 zur Rechtslage in Niedersachsen. Siehe hierzu weiterhin *OVG RhPf* Beschl v 28. 6. 2007 – 6 B 10389/07.

9 Presseerklärung zu *BVerfG*, 1 BvR 1054/01, Urt v 28. 3. 2006, Nr 3.

beitsgruppe[10]) und einigen Landtagsabgeordneten sowie von der Medienwirtschaft vorgeschlagenen Modelle einer gesetzlich beschränkten Zulassung einiger weiterer „ausgewählter“ Glücksspielanbieter bzw einer Teilliberalisierung des Sportwettenwesens hinzu, ergaben sich für *den* Gesetzgeber (alternativ: *den Bundes*gesetzgeber bei Verwirklichung der gewerberechtlichen Lösung, *die Landes*gesetzgeber bei einer ordnungsrechtlich geprägten Konzeption) bereits vier Regelungsoptionen, die der gemeinschafts- und verfassungsrechtlichen Prüfung und der Analyse im Hinblick auf die tatsächlichen Auswirkungen bedurften: neben erstens der Fortschreibung und möglicherweise auch der Erweiterung der bestehenden Monopolstrukturen und zweitens der vom Gericht angesprochenen gewerberechtlichen Lösung, drittens eine oligopolartige Struktur des Glücksspielwesens, bei der sich eine von vornherein begrenzte Anzahl privater Glücksspielanbieter den Markt mit den bisherigen staatlichen und privaten Monopolisten hätte teilen müssen, und viertens die „Liberalisierung“ der Sportwetten bei gleichzeitigem Erhalt der Lotteriemonopole in den Ländern. Die weiterhin denkbaren Regelungsmodelle einer „Erlaubnis mit Verbotsvorbehalt“ – also der generellen Freigabe des Angebotes mit der Möglichkeit, im jeweiligen Recht einen (repressiven) Verbotsvorbehalt bei Verstößen gegen die gesetzlich geregelten spezifischen Bedingungen des Glücksspielanbieter-Berufs vorzusehen – oder der ausschließlichen Begrenzung und Lenkung mit den Instrumenten des Abgabenrechts haben in der fachlichen Auseinandersetzung im Anschluss an die Grundsatzentscheidung des *BVerfG* zu Recht ebenso wenig Beachtung gefunden wie ein Totalverbot sämtlicher (auch bisher erlaubnisfähiger) Glücksspiele.

Den noch vor der Entscheidung des *BVerfG* – also ohne Kenntnis des vom Gericht eingeräumten Gestaltungsspielraums – veröffentlichten Vorschlag der „Sportwettkommission“ haben die Länder zu Recht nicht aufgegriffen, weil er die rechtlich-ökonomischen Nachteile einer Monopollösung mit denen einer rein gewerberechtlichen Lösung (präventives Verbot mit Erlaubnisvorbehalt) zusammengeführt hätte: Ebenso wie bei der Monopolisierung eines Glücksspielbereiches und dem damit verbundenen absoluten und nicht durch subjektive Kriterien beeinflussbaren Ausschluss anderer potenzieller Marktteilnehmer bewirkt auch das Oligopol eine absolute Zulassungssperre für die nicht berücksichtigten Glücksspielanbieter. Dementsprechend ist auch eine derartige gesetzliche Regelung im Lichte des Art 12 Abs 1 GG daran zu messen, ob sie zur Verwirklichung des überragend wichtigen Gemeinwohlziels „Vermeidung und Bekämpfung von Glücksspielsucht“ zwingend geboten ist. Da ein Nebeneinander von mehreren – zusätzlichen – Glücksspielanbietern aber zu einer erheblichen Ausweitung der Glücksspielangebote statt zu einer Minderung des Gefährdungspotenzials und, hiermit einhergehend, zu einer Ausweitung problematischem Spielverhaltens führen würde, lässt eine an den Eckpunkten der bundesverfassungsgerichtlichen Entscheidung orientierte Analyse das Oligopolmodell als inkonsistent und damit bereits verfassungsrechtlich kaum haltbar erscheinen: Mit dem bei der 6

10 In dieser Kommission waren die Staats- und Senatskanzleien Bayern, Berlin, Nordrhein-Westfalen und Rheinland-Pfalz sowie Vertreter des Deutschen Sportbundes e V, des Deutschen Fußball-Bundes e V und der Deutschen Fußball Liga GmbH vertreten, vgl auch LT-Drs LSA 5/804, S 1.

Oligopollösung vermindertem Spieler- und Verbraucherschutz entfiele letztlich die verfassungsrechtliche Legitimation für die objektive Beschränkung der Berufs(wahl)-freiheit.

7 Ebenso wie eine Regelung nach gewerberechtlichem Muster hätte der Vorschlag der „Sportwettkommission", von den verfassungsrechtlichen Risiken abgesehen, weitere Konsequenzen gehabt: Der mit deutscher Lizenz ausgestattete Glücksspielanbieter mit Sitz im EU-Ausland hätte sich dem deutschen Abgabenrecht wohl entziehen können, mit der Folge, dass zwar die Glücksspielerträge und die resultierende Steuerlast im EU-Ausland angefallen wäre, die mit der Ausweitung des Glücksspielangebotes verbundene zusätzliche Belastung der Sozialsysteme demgegenüber Bundes- und Länderhaushalte strapaziert hätte. Es entspricht den bisher gemachten Erfahrungen, dass der von ordoliberalem Denken geprägte Verzicht auf nationale Zugangssperren zum Glücksspielmarkt einen Wettlauf um den unter dem Gesichtspunkt der Abgabenlast günstigsten Unternehmensstandort nach sich zöge. In einem steuerlich nicht harmonisierten und auf absehbare Zeit nicht harmonisierbaren Europa führte dies wiederum zu kaum kompensierbaren finanziellen Einbußen der öffentlichen Hand und damit zugleich zum Wegfall der staatlichen Unterstützung der sog „good causes" (Sportförderung, Naturschutz und Denkmalpflege, etc). Schon rein fiskalisch ließ sich daher zum Konzessionsmodell der „Sportwettkommission" die Prognose wagen: Die Ausgaben in der Bevölkerung für Sportwetten wären gestiegen; die in den deutschen Ländern verbleibenden Erträge (oder sonstigen abgeschöpften Mittel) wären gleichzeitig deutlich gesunken oder jedenfalls trotz erheblich steigender Glücksspielumsätze nicht entsprechend (mit-)gestiegen. Die so genannte Teilliberalisierung des Sportwettenmarktes durch Umsetzung des Konzessions- oder Oligopolmodells hätte demnach, wie bereits angedeutet, lediglich zu einer Privatisierung der Gewinne zu Lasten des Gemeinwohls geführt. An dieser Einschätzung dürfte im Übrigen auch die ins Gespräch gebrachte (lenkende) Sonderabgabe nichts ändern; denn auch diese wäre ungeachtet bislang nicht geklärter – zusätzlicher – spezifischer verfassungsrechtlicher Anforderungen allenfalls durch dieselben Allgemeininteressen zu rechtfertigen, denen bereits die Beschränkung der Berufsfreiheit als solche unterliegt. Fiskalische Gesichtspunkte, auf denen die Argumentation der Befürworter der Teilliberalisierung und der damit verbundenen Sonderabgabe aufgebaut wurde, scheiden jedoch als Grundlage einer verfassungsrechtlichen Rechtfertigung von vornherein aus.

8 Mit alledem ist der rechtliche Problemhaushalt der Alternativszenarien zu den Glücksspielmonopolen in den Ländern allerdings noch nicht erschöpft: Der von den Befürwortern einer Teilliberalisierung des Glücksspielangebotes – insbesondere von einigen Abgeordneten des schleswig-holsteinischen Landtages und der Medienwirtschaft – in Anlehnung an die rundfunkrechtliche Ordnung in der Bundesrepublik „duales System"[11] genannte Vorschlag, wonach die Sportwetten vom übrigen Glücksspielwesen rechtlich abgespalten und liberalisiert werden, die Zahlenlottoangebote demgegenüber – bei angedeuteter Zustimmung auch der EU-Kommission, genauer: Zustimmung der Generaldirektion Binnenmarkt und Dienstleistung der Kommis-

---

11 Einzelheiten hierzu siehe bei *Koenig/Ciszewski* DÖV 2007, 313 und bei *Kümmel*, § 6.

sion[12] – weiterhin als Monopole erhalten bleiben sollten, hätte bei Rezeption durch die Landtage am Ende wohl auch für die Zahlenlottomonopole den rechtlichen oder jedenfalls politischen (und für die kleineren der Glücksspielunternehmen der Länder auch den tatsächlichen) Kollaps zur Folge gehabt. Die zu dieser Einschätzung führenden Gründe lassen sich wiederum aus der *Sportwetten*-Grundsatzentscheidung des *BVerfG* ableiten: Das Gericht hat völlig zu Recht auf die auch bei bislang dürftiger wissenschaftlicher Fundierung erkennbar unterschiedlichen Gefahrenpotenziale der verschiedenen Glücksspielangebote hingewiesen. Die bei weitem meisten Spieler mit problematischem oder pathologischem Spielverhalten spielten nach derzeitigem Erkenntnisstand an (den in Spielhallen und Gaststätten betriebenen) gewerblichen Spielautomaten. An zweiter Stelle in der Statistik folgten Casino-Spiele (in Spielbanken). Alle anderen Glücksspielformen trügen gegenwärtig deutlich weniger zu problematischem und pathologischem Spielverhalten bei.[13] Gleichwohl dürfe der Gesetzgeber auch bei Sportwetten mit festen Gewinnquoten schon aufgrund des gegenwärtigen Erkenntnisstandes mit einem nicht unerheblichen Suchtpotenzial rechnen und dies mit dem Ziel der Abwehr einer höchstwahrscheinlichen Gefahr – insbesondere mit Blick auf den Jugendschutz – zum Anlass für Prävention nehmen.[14] Die Prognose zur Entwicklung des Suchtpotenzials von Sportwetten für den Fall einer erheblichen Angebotsausweitung überlässt das Gericht bereits mit Blick auf die mangelhafte Datenlage dem Gesetzgeber.[15]

Da die gesetzgeberische Prognose zum Gefahrenpotenzial der Glücksspielangebote insgesamt – und eben nicht nur zu Sportwetten mit fester Gewinnquote – auf den verfügbaren Erkenntnissen der Suchtfachleute aufzusetzen hat, ist die von diesen immer wieder geäußerte Grundannahme nicht sachfremd, nicht offensichtlich fehlerhaft oder unvertretbar, dass „schnelle“ Glücksspielangebote, also solche mit hoher Ereignisfrequenz, regelmäßig ein höheres Suchtpotenzial aufweisen als die „langsamen“ Glücksspielvarianten. Unter dieser Prämisse ist es nicht überraschend, wenn den im Vergleich zum Zahlenlotto „schnelleren“ Oddset-Sportwetten regelmäßig ein höheres Suchtpotenzial als dem Zahlenlotto attestiert wird. Insofern liegt auch die Schlussfolgerung nicht fern, dass eine Liberalisierung des Glücksspielangebotes „Oddset- **9**

---

12 Die bei der EU-Kommission für die Themen Gesundheits- und Sozialpolitik zuständige Generaldirektion ist bislang am Diskurs über die mögliche Ausweitung der Suchtproblematik bei Liberalisierung des Glücksspielwesens offenbar nicht beteiligt worden.

13 *BVerfG*, 1 BvR 1054/01, Urt v 28. 3. 2006, Rn 100, unter Hinweis auf die Untersuchung von *Hayer/Meyer* Die Prävention problematischen Spielverhaltens, J Public Health 2004, 293, 296.

14 Ebd Rn 102.

15 Inzwischen liegen erste Studien vor, denen zufolge die Prävalenz glücksspielbezogener Störungen in Deutschland (pathologisches und problematisches Glücksspiel) bei 279.000 (*Bühringer et al,* 2007, Pathologisches Glücksspiel in Deutschland: Spiel- und Bevölkerungsrisiken), bzw 630.000 (*Buth & Stöver* 2008, Glücksspielteilnahme und Glücksspielprobleme in Deutschland: Ergebnisse einer bundesweiten Repräsentativerhebung) und bei bis zu 170.000 (*Meyer* 2007) Spielern feststellbar sein soll. Einzelheiten abrufbar unter http://www.psychologie.tu-dresden.de/i2/klinische/studium/ss08/buehringer. Kritisch zu den Ergebnissen der Studien „aufgrund der teilweise erheblichen methodischen Einschränkungen“ *Böning* (zugleich für den Fachbeirat nach § 10 Abs 1 S 2 GlüStV), Sucht 2008, 141 f, mwN.

Sportwette“ in seiner derzeitigen erlaubten Ausgestaltung mit dem nach heutigem Erkenntnisstand wahrscheinlich höheren Suchtpotenzial bei gleichzeitiger Monopolisierung des wohl (in seiner aktuellen Angebotsform) minder gefährlichen Glücksspielangebotes „Lotto 6 aus 49“ zu einem signifikanten Mangel an Konsistenz und Kohärenz führte, der den Zahlenlottomonopolen die verfassungs- und möglicherweise auch europarechtliche Rechtfertigung entziehen könnte. Hierbei wird Folgendes nicht verkannt: Zum einen wird, wie bereits angedeutet, die dem Gesetzgeber als eine Grundlage seiner Systementscheidung dienende Datenlage zu den Glücksspielangeboten in Deutschland und deren Suchtpotenzial von Fachleuten noch als unzureichend angesehen; insbesondere wird das Fehlen einer flächendeckenden epidemiologischen Untersuchung beklagt. Allerdings ist es gerade in einem solchen durch Unschärfen und Unsicherheiten geprägten Fall die Aufgabe des parlamentarischen Gesetzgebers, eine Entscheidung zumindest für einen der Evaluierung dienenden Übergangszeitraum herbeizuführen. In diesem Fall dürfte sich auch der verfassungsrechtliche Prüfungsmaßstab nicht über die Vertretbarkeitsformel hinaus verdichten lassen, weil die gesetzgeberische Entscheidung andernfalls aus einer ex-post-Betrachtung unter Einbeziehung künftiger Evaluierungsergebnisse „exekutiert“ würde.

10 Zum anderen wird nicht verkannt, dass die Frage noch höchstrichterlich zu klären ist, ob die gesetzlichen Regelungen eines EU-Mitgliedstaates – also der Bundesrepublik Deutschland – zu den verschiedenen Segmenten des Glücksspielwesens im Hinblick auf die verfassungs- und gemeinschaftsrechtlich geforderte Konsistenz und Kohärenz der Regelungen einer Gesamtschau unterliegen, oder ob der gesamte Regelungskontext einer letztlich sachwidrigen Zerstückelung nach einzelnen Glücksspielarten zugänglich ist.[16] Eine Auffassung, derzufolge es auch in einem durch die gesetzgeberische Zielsetzung der Suchtvermeidung und -Bekämpfung geprägten Glücksspielgesamtmarkt dem Verhältnismäßigkeitsgrundsatz entspräche, dass gleich strukturierte Glücksspielzweige nicht willkürlich ungleich und ungleich strukturierte Glücksspielzweige nicht willkürlich gleich behandelt werden dürften, wäre dabei wohl nicht vielmehr als eine im verfassungsrechtlichen Sprachgebrauch zwar übliche, gleichwohl im konkreten Kontext wenig überzeugende Platitude, und zwar auch dann, wenn mit Blick auf die vielfältige Ausgestaltung der Glücksspielangebote auf Schwierigkeiten bei der normativen Ausgestaltung dieser Angebote und deren Kategorisierung nach dem vor-

---

16 Hierfür gibt es auch in der europagerichtlichen Rspr zwar Anhaltspunkte, allerdings noch keinen eindeutigen Befund. Der *EFTA-Gerichtshof* hat in seiner Entscheidung in der Rechtssache E-3/06, *Ladbrokes* Rn 52, in diesem Sinne ausgeführt: „Moreover, as the objectives pursued may not apply equally to all games of chance covered by the Gaming Act, it may also be <u>necessary to distinguish between different games</u>“ (Hervorhebung nicht im Original). Zu der Frage, in welcher Weise die verschiedenen Glücksspielangebote abgeschichtet werden sollen, ist hiermit freilich noch nichts gesagt. Mit Beschl v 9. 1. 2008 hat etwa das *VG Frankfurt* – 7 G 4107/07 – seine bisherige Rspr. auch nach Inkrafttreten des GlüStV und des hessischen Glücksspielgesetzes vom 12. 12. 2007 fortgeführt (vgl Beschl v 17. 10. 2007 – 7 G 2644/07), wonach ein nationales Glücksspielmonopol nur dann gemeinschaftsrechtlich zu rechtfertigen sei, wenn für den gesamten Glücksspielbereich eine kohärente und strenge Begrenzungspolitik verfolgt werde; ebenso etwa *VG München* Beschl v 11. 4. 2008, M 16 S 08.1537 (jedoch bereits aufgehoben durch *VGH München* Beschl v 2. 6. 2008, 10 CS 08.1102).

handenen Suchtpotenzial hingewiesen würde. Es erweist sich auch als wenig zielführend, dem Gesetzgeber die grundsätzlich bei Beachtung des Gleichheitssatzes unbestrittene Typisierungsbefugnis – indirekt – gerade im Hinblick auf einen Regelungsgegenstand abzusprechen, dessen vielfältige Erscheinungsformen (insbesondere die Gewinnhöhen, Ereignisfrequenzen, Spielanimation, Intensität der Spieleridentifizierung, jederzeitige Verfügbarkeit) die Typisierung gerade erforderlich machen. Im Übrigen ist es gerade im Hinblick auf die vom Glücksspiel ausgehenden Gefahren und die geforderte Konsistenz und Kohärenz des Regelungsrahmens die Aufgabe des Gesetzgebers, über die Zulassung bestimmter Glücksspielangebote in einer spezifischen Ausprägung zu entscheiden. Er muss seine Zulassungs- und Zuordnungsentscheidungen sach- und realitätsgerecht, also nicht am atypischen Fall orientiert treffen. Details mag er, wie stets üblich und unter Beachtung der Delegationssperre für Grundsatzfragen mit parlamentarischer Alleinentscheidungskompetenz, auf den Verordnungsgeber übertragen.

Schließlich darf bei der erforderlichen Bewertung nicht verkannt werden, dass auch **11**
die Forderung nach einer übergreifenden Konsistenz und Kohärenz des Regelungsrahmens gerade in Anbetracht einer Vielzahl verfassungslegitimer Ziele nicht zu einer schlichten Abschichtung der gesetzlichen Beschränkungen nur anhand des Suchtgefährdungspotenzials führen kann. Sofern ein glücksspielrechtlicher Gesetzesrahmen auf mehr als einer legitimen Zielsetzung beruht, muss die Stimmigkeit und Konsequenz der Glücksspielpolitik im Hinblick auf jedes einzelne dieser legitimen Ziele überprüft werden. Dabei ist hinzunehmen, dass die mit der gesetzlichen Regelung verfolgten Ziele in ihrer Legitimationsfunktion nicht für alle von der „Glücksspielbereichsregulierung“ erfassten Glücksspiele stets gleichermaßen stringent herangezogen werden können.[17]

Hieran ändert auch und gerade unter dem Gesichtspunkt der „Geeignetheit“ nichts, **12**
dass es am Ende keine Regelung geben wird, die das insbesondere über das Internet transportierte (verbotene) Glücksspiel absolut verhindern wird. Die Frage der effektiven Durchsetzbarkeit einer Verbotsnorm ist ohnehin keine spezielle Problematik der Ausgestaltung des Glücksspielrechts als Monopol-, Konzessions- oder Erlaubnissystem; sie stellt sich vielmehr ungeachtet der gesetzgeberischen Dekretierung der einen oder anderen Glücksspielangebots-Struktur. Die mit dem Internet in vielfältiger Weise entstandenen rechtlichen Probleme sind ein unübersehbarer Beleg für diese Annahme. Es wird immer auch illegale Formen des Glücksspiels geben, die nicht völlig unterbunden werden können. Die aus der technischen und ökonomischen Entwicklung folgenden Vollzugsprobleme machen die prinzipiell geeignete Organisation staatlicher Gemeinwohlverfolgung auf nationaler Ebene gleichwohl nicht „ungeeignet“ in einem verfassungsrechtlichen Sinne.[18]

---

17 *EFTA-Gerichtshof* Urt v 30. 5. 2007 – E-3/06, Rn52; vgl zu den unterschiedlichen Gefährdungspotentialen unabhängig von Suchtgefahren auch *BVerfG*, 1 BvR 1054/01, Urt v 28. 3. 2006 = *BVerfGE* 115, 276; Abs-Nr 103 ff.

18 Vgl einerseits *OVG LSA* Beschl v 28. 11. 2006 – 1 M 194/06, ZfWG 2007, 66; *VGH Mannheim* Beschl v 5. 11. 2007 – 6 S 2223/07, ZfWG 2007, 432; *OVG Bautzen* Beschl v 12. 12. 2007 – 3

13 Sollte die höchstrichterliche Rechtsprechung auf nationaler oder europäischer Ebene wider Erwarten zu der Überzeugung gelangen, dass eine gesetzgeberische Separierung und konsistente und kohärente Ausformung des Glücksspielwesens in Deutschland *allein* auf der Grundlage der von den Glücksspielen ausgehenden Suchtgefährdungen und nicht (auch) unter Berücksichtigung der unterschiedlichen weiteren verfassungslegitimen Zielsetzungen und der Verteilung der Regelungskompetenzen für das Glücksspiel auf die beiden staatlichen Ebenen (Bund und Länder) zu erfolgen hat, könnte über eine Nachbesserungschance für den sich noch in einer Experimentierphase befindenden Gesetzgeber zu entscheiden sein. Der GlüStV enthält Regelungen zur Evaluierung und Befristung des Regelwerkes, die einen gewissen „Experimentalcharakter" zum Ausdruck bringen. Im Falle einer erhöhten materiellen Kontrolldichte könnte daher die Frage gestellt werden, ob etwaige Unschärfen eines auf Zeit verabschiedeten Evaluierungs-Gesetzes durch dessen teilweise fragmentarische und entwicklungsoffene Regelungen zu rechtfertigen sind. Ein zu strenger Maßstab dürfte jedenfalls die Bereitschaft des Gesetzgebers zu neuen Regelungskonzepten grundsätzlich nicht fördern.

14 Hiervon abgesehen wird es bereits aus bundesstaatlichen Erwägungen (Prinzip des länderfreundlichen Verhaltens) geboten sein, dass die bislang dem Bundesgesetzgeber obliegenden Regelungen des gewerblichen (Glücks-)Spiels und der Pferdewetten friktionslos in das System zur Suchtvermeidung und -Bekämpfung eingepasst werden. Aber möglicherweise bleibt es ja auch bei der juristischen Finesse, derzufolge das gewerbliche Spiel mit dem Glück (an Geldspielautomaten nach § 33c Abs 1 S 1 GewO[19]) kein *Glücks*spiel sein soll, weil es trotz eines überwiegenden Zufallsmomentes nach mancherorts vertretener Auffassung am Tatbestand der Vermögensgefährdung fehle, eine Auffassung, die freilich vom Bundesverwaltungsgericht zu Recht nicht geteilt wird.[20]

15 Von den Protagonisten einer Liberalisierung des Glücksspielwesens wird unter dem Verhältnismäßigkeitsgesichtspunkt allein eine gewerberechtliche Lösung für verfassungsgemäß gehalten, weil diese dem Monopol insbesondere unter dem Gesichtspunkt der Erforderlichkeit vorzuziehen sei: Es sei nicht zu erkennen, dass private Anbieter von Sportwetten nicht auch die gleichen Maßnahmen zum Schutz vor Spielsucht umsetzen könnten.[21] Hierbei wird allerdings zweierlei verkannt:

16 Erstens ist die gesetzgeberische Prognoseentscheidung für die Errichtung und/oder Erhaltung eines Glücksspielmonopols auch Ausdruck einer Einschätzung und Bewertung der Wirksamkeit von Regelungsmodellen, die nicht einer vollständigen antizi-

---

BS 286/06, ZfWG 2007, 447; andererseits *VGH München* Beschl v 7. 5. 2007 – 24 CS 07.10 –, GewArch 2007, 338; *VGH Kassel* Beschl v 29. 10. 2007 – 7 TG 53/07 –, ZfWG 2007, 430.

19 Die Einzelheiten des gewerblichen Spiels an Geldspielautomaten regelt die Spielverordnung des Bundes.

20 *BVerwGE* 115, 179. Zur Unterscheidung der Glücksspiele von Geschicklichkeitsspielen siehe den instruktiven Beitrag von *Ennuschat* in: Wirtschaft und Gesellschaft im Staat der Gegenwart – Gedächnisschrift für Peter J. Tettinger, 2008, S 41 ff.

21 In diesem Sinne beispielsweise auch *VG Frankfurt/M* Beschl v 14. 3. 2008 – 7 G 4407/07, BA, S 8.

pierten – wissenschaftlich fundierten – Beurteilung zugänglich sind: Prognosen sind bekanntermaßen dann besonders schwierig, wenn sie in die Zukunft gerichtet sind (*Hermann Josef Abs*). Der *EFTA-Gerichtshof* hat diese glücksspielrechtliche Grundannahme in Bezug auf die von der norwegischen Regierung getroffene Systementscheidung bereits bestätigt[22] und auch das *BVerfG* hat den im Hinblick auf die Erforderlichkeit bestehenden gesetzgeberischen Beurteilungsspielraum hervorgehoben.[23] Weder Verfassungs- noch (andere) Höchstgerichte nehmen dabei die Aufgabe einer umfassenden politischen Alternativenprüfung für sich in Anspruch. Hinsichtlich der Suchtgefahren durfte der Gesetzgeber danach angesichts seines weiten Beurteilungsspielraums davon ausgehen, dass diese mit Hilfe eines auf die Bekämpfung von Sucht und problematischem Spielverhalten ausgerichteten Wettmonopols mit staatlich verantwortetem Wettangebot effektiver beherrscht werden können als durch die Zulassung und Kontrolle privater Wettunternehmen. Die gegenteilige Auffassung ersetzt demnach die verfassungsgerichtlich bestätigte Einschätzung des Gesetzgebers durch eigene rechtspolitische Vorstellungen, die in den Parlamenten nicht durchsetzbar waren. Sehr viel deutlicher als bisher der *EuGH* hat im Übrigen das *EFTA-Gericht* auch das verschiedentlich – insbesondere auch von den Generalanwälten beim *EuGH Alber* und *Colomer* in deren Schlussanträgen in den Verfahren *Gambelli* und *Placanica* – für das Glücksspielwesen geforderte Prinzip der gegenseitigen Anerkennung von Glücksspielerlaubnissen aus anderen Mitgliedstaaten ausdrücklich abgelehnt.

Zweitens ist bislang noch ungeklärt, ob nicht auch die grundrechtliche Schutzpflichten- **17**
dogmatik eine rigide staatliche Glücksspielpolitik bis hin zur Monopolisierung des Angebotes nicht lediglich rechtfertigt, sondern geradezu erfordert. Das BVerfG hat hierzu nur, aber immerhin angedeutet, dass die Frage noch nicht entschieden ist, „*inwieweit* angesichts [des] Befundes [das Glücksspiele zu krankhaftem Suchtverhalten führen können und pathologische Spielsucht in die internationale Klassifikation psychischer Störungen aufgenommen worden ist] nach Art 2 Abs 2 Satz 1 GG *eine Pflicht des Staates zum Schutz der Gesundheit der Bürger besteht*".[24] Mit diesem Hinweis kann schwerlich gemeint sein, dass den Staat die Pflicht trifft, den Schutz der Gesundheit der

22 *EFTA-Court* Urt v 14. 3. 2007 – *ESA ./. Norway,* ZfWG 2007, 134 ff.

23 *BVerfG*, 1 BvR 1054/01, Beschl v 28. 3. 2006, Rn 116, unter Hinweis auf *BVerfGE* 102, 197 (218).

24 Ebd Rn 99; Hervorhebung nicht im Original. Vgl. dazu auch *Ibler* Gefahrenabwehr und Internet-Spielcasinos, in: Hendler/ders/Martínez Soria (Hrsg), Für Sicherheit, für Europa, FS für Volkmar Götz zum 70. Geburtstag, 2005, S 421 (424) und zu Art 2 Abs 2 S 1 GG weiterhin: *BVerfGE* 39, 1 (41); 46, 160 (164); 49, 89 (140 ff); 53, 30 (57); 79, 124 (201 f); 81, 242 (254 ff); 85, 191 (212); 88, 203 (251 ff) und *BVerfG* (K), NJW 1998, 975 (976); aus der vielfältigen Literatur: *Dietlein* Die Lehre von den grundrechtlichen Schutzpflichten, 1992, S 51 ff; *Unruh* Zur Dogmatik der grundrechtlichen Schutzpflichten, 1996. Die Lehre von den grundrechtlichen Schutzpflichten ist thematisch mit den leistungsrechtlichen Wesensgehalt der Grundrechte i. e. w. Sinne verknüpft. Siehe hierzu die grundlegende Darstellung bei *C. Drews*. Die Wesensgehaltsgarantie des Art 19 II GG, 2005, S 57 und, dieser folgend, *Nierhaus*, Bonner Kommentar, 132. Aktualisierung Februar 2008, Rn 110 ff, mwN: „Spiegelbildlich zum Übermaßverbot des Abwehrrechts soll die Schutzpflicht dem [gesetzgeberischen] Gestaltungsermessen eine Untermaßgrenze ziehen. Dann stellt sich das Untermaßverbot als ein dem Staat aufgegebenes Schutzminimum dar, ..." (Rn 113).

Bürger „irgendwie", insbesondere durch eine im Vergleich zum Status quo umfassende Liberalisierung des Glücksspielwesens und damit zugleich einer zwangsläufigen Vervielfachung der Suchtprobleme (neu) zu regeln: Obgleich es prinzipiell außer Frage steht, dass der Gesetzgeber den spezifischen rechtlichen Konflikt „durch eine Abwägung der beiden einander gegenüberstehenden Grundwerte oder Freiheitsbereiche nach Maßgabe der grundgesetzlichen Wertordnung und unter Beachtung des rechtsstaatlichen Verhältnismäßigkeitsgrundsatzes" zu lösen hat,[25] kann gleichwohl konzediert werden, dass der grundlegende, vom *BVerfG* zunehmend prononcierte[26] und in einem Sekuritätsdenken wurzelnde gedankliche Ansatz der staatlichen Schutzpflichten als objektiv-rechtlicher[27] und genereller Schutzform der Grundrechte durch eine gewerberechtliche Regelung des Glücksspiels ins Gegenteil verkehrt würde: Die gewerberechtliche Lösung ist stets von dem – mit dem Schutzbereich des Art 12 GG *nicht* deckungsgleichen – Grundsatz der Gewerbefreiheit nach § 1 Abs 1 GewO und durch die Rechtsfigur des präventiven Verbotes mit Erlaubnisvorbehalt geprägt. Das Ziel beider Prinzipien ist die gewerbliche Expansion (des Glücksspielmarktes). Eine auf die Freiheitsrechte der Glücksspielanbieter gestützte Gegenargumentation verfängt bereits aus diesen Gründen ebenso wenig, wie das seinerzeit – im *Fristenlösungsurteil* vom 25. Februar 1975 – auf die Primärfunktion der Grundrechte als Abwehrrechte gestützte Minderheitenvotum der Verfassungsrichter(in) *Rupp* und *Simon*, die in der Schutzpflichtendogmatik einen Funktionsverlust der Grundrechte als Abwehrrechte erblickten.[28] Das *VG Chemnitz* hat den Schutzpflichten-Aspekt in einer ersten Entscheidung zur sächsischen Rechtslage im Januar 2008 bereits aufgegriffen und insoweit (ohne dogmatische Fundierung) festgestellt, dass der Freistaat der „ihm aus Art 2 Abs 2 Satz 1 GG erwachsenen Pflicht zum Schutz der Gesundheit der Bürger" (einem überragend wichtigen Gemeinwohlziel) durch die Neuregelungen des GlüStV entsprochen habe.[29]

18 Angesichts des auch gerade von den Liberalisierungsbefürwortern (auf der Grundlage von Vergleichsuntersuchungen zum deutschen und britischen Glücksspielmarkt) attestierten ökonomischen „Nachholbedarfs" in Deutschland ließe sich bei Verwirklichung eines gewerberechtlichen Regelungsmodells eine unter Suchtvermeidungsgesichtspunkten problematische Angebotsausweitung demnach weder rechtlich noch tatsäch-

---

25 *BVerfGE* 39, 1 (47).

26 Siehe nur BVerfGE 1, 97; 35, 79. Insbesondere im *Fristenlösungs*-Urteil (BVerfGE 39, 1) sind die mit der Schutzpflichtendogmatik zusammenhängenden Fragen gründlicher erörtert worden.

27 *BVerfGE* 39, 1 (41 f): „Ob und gegebenenfalls in welchem Umfang der Staat zu rechtlichem Schutz … von Verfassungswegen verpflichtet ist, kann deshalb schon aus dem objektiv-rechtlichen Gehalt der grundrechtlichen Normen geschlossen werden." Da mit der Annahme individualbezogener Schutzpflichten des Staates ipso iure entsprechende subjektiv-öffentlichen Rechte – möglicherweise im Sinne originärer Leistungsrechte – verknüpft sind, dürfte das *BVerfG* gleichwohl auch künftig bei der Konturierung dieses grundrechtsdogmatischen Teilbereichs Zurückhaltung üben.

28 Ebd S 73 ff, Sondervotum der Richterin *Rupp* und des Richter *Simon*: Dass „eine objektive Wertentscheidung dazu dienen soll, eine Pflicht des Gesetzgebers zum Erlass von Strafnormen, also zum stärksten denkbaren Eingriff in den Freiheitsbereich des Bürgers zu postulieren, … verkehrt die Funktion der Grundrechte in ihr Gegenteil."

29 *VG Chemnitz* Beschl v 9. 1. 2008 – 3 K 995/07, ZfWG 2008, 64.

lich verhindern. Weder die Anzahl der Glücksspielveranstalter und -vermittler ließe sich beschränken, noch könnten – trotz der bereits skizzierten nachteiligen Folgen – EU-ausländische Anbieter und -Vermittler vom deutschen Markt ferngehalten werden. Am Ende bleibt bei alledem gleichwohl ungeklärt, ob und inwieweit sich die Genese eines staatlichen Schutzauftrages für einen abgrenzbaren und sich durch ein bestimmtes Gefahrenpotenzial für Teile der Bevölkerung auszeichnenden Problembereich in eine unter systematischen und materiellen Gesichtspunkten geordnete grundrechtliche Schutzpflichtendogmatik einfügen lässt. Die sachliche Logik gebietet es, die gesetzgeberische Entscheidung zur Glücksspielsuchtvermeidung und -bekämpfung mit den Systementscheidungen in anderen – unter Suchtgesichtspunkten problematischen – Regelungsbereichen abzugleichen. Bislang sind die dogmatischen Anforderungen indes nicht allzu hoch, wie auch die Entscheidung des *BVerfG* aus dem Jahr 1994 verdeutlicht, mit der die gesetzgeberische Einschätzung zur Gefährlichkeit des Konsums von Cannabisprodukten gestützt worden ist. Zwar war (und ist) die Gefährlichkeit jener Droge stets umstritten. Die Grundentscheidung des Gesetzgebers, den Umgang mit Cannabisprodukten einschließlich des Erwerbs geringster Mengen von Haschisch zum Eigenverbrauch – mit Ausnahme des Konsums selbst – zu pönalisieren, hat das Gericht gleichwohl als geeignetes, erforderliches und angemessenes Mittel zur Erreichung der Gesundheitspräventionsziele gebilligt.[30] Die Strafbewehrung verstoße mit Blick auf die Möglichkeiten einer Verfahrenseinstellung im Einzelfall – zum Schutz vor unangemessener Strafverfolgung – auch nicht gegen das Übermaßverbot.[31] Erst 2005 und 2006 hat das *BVerfG* diese Grundtendenz erneuert.[32] Ungeachtet der noch notwendigen systematischen Durchdringung der grundrechtlichen Schutzpflichtendogmatik und deren Relevanz für das Glücksspielwesen könnte die staatliche Schutzverpflichtung – in welchem Umfang und in welcher Form auch immer – Ausdruck eines allgemeinen Rechtsgrundsatzes sein, soweit der Staat als Glücksspielanbieter agiert: Das Herbeiführen einer Gefahrenlage löst ganz allgemein die Rechtspflicht des Verursachers zur Vermeidung und Beseitigung des schädigenden Erfolges aus; die *staatliche Ingerenz* löst *staatliche Schutzpflichten* aus. Hier schließt sich iÜ der Kreis zur Forderung nach Konsistenz und Kohärenz eines staatlichen Glücksspielangebotes zur Vermeidung und Bekämpfung von Spielsucht.

b) Primäres Gemeinschaftsrecht und kartellrechtliche Implikationen

Der *EuGH* hat in seiner Entscheidung in Sachen *Placanica* vom 6. März 2007 die gesetzgeberische Freiheit der Mitgliedstaaten bekräftigt, „die Ziele ihrer Politik auf dem Gebiet der Glücksspiele festzulegen und gegebenenfalls das angestrebte Schutzniveau genau zu bestimmen".[33] Er hat damit auch seine ständige Rechtsprechung fortgeführt, dass Beschränkungen der Niederlassungsfreiheit und der Dienstleistungs- 19

30 *BVerfGE* 90, 145 (182).

31 Ebd S 189 ff.

32 *BVerfG*, 2 BvR 1772/02, Beschl v 30. 6. 2005, BVerfGK 5, 365 ff; *BVerfG*, 2 BvR 1441/06, Beschl v 15. 8. 2006.

33 *EuGH* Urt v 6. 3. 2007 – C 338/04 – *Placanica u a*, Rn 48.

freiheit ausnahmsweise zulässig sind, wenn sie „aus zwingenden Gründen des Allgemeininteresses gerechtfertigt sind".[34] Als derartige zwingende Gründe hat der *EuGH* erneut anerkannt „die sittlichen, religiösen oder kulturellen Besonderheiten und die sittlich und finanziell schädlichen Folgen für den Einzelnen wie für die Gesellschaft, die mit Spielen und Wetten einhergehen." Diese „zwingenden Gründe" können demnach rechtfertigen, dass nationale Regelungen die Ausübung von Glücksspielen begrenzen, gänzlich verbieten und damit zugleich verhindern, dass Glücksspiele zu einer Quelle persönlichen Gewinns werden. Bereits in der *Läärä*-Entscheidung (1999) hat der *EuGH* der Verpflichtung einer (ausschließlich zugelassenen) öffentlich-rechtlichen Vereinigung zur Abführung der erwirtschafteten Erträge gegenüber der Besteuerung der Gewinne zugelassener privater Wirtschaftsteilnehmer den Vorzug unter dem Gesichtspunkt der Bekämpfung von Betrug und anderen Straftaten gegeben.[35] Anzumerken bleibt, dass die gemeinschaftsrechtliche Beurteilung der Glücksspielmonopole nicht lediglich anhand der gesetzlichen Regelwerke, sondern – möglicherweise sogar in erster Linie – anhand deren tatsächlicher Umsetzung – und damit durch die nationalen Gerichte und am Ende das *BVerfG* – zu erfolgen hat.[36] Damit ist europarechtlich eigentlich (fast) alles gesagt, wie jüngst auch das *BVerfG* ausdrücklich festgestellt hat.[37]

20 Von alledem unbeeindruckt und wegen tatsächlicher oder vermeintlicher Verstöße der Landeslotterieunternehmen der Länder gegen europäisches Kartellrecht hat allerdings das Bundeskartellamt – eine Bundesoberhörde im Geschäftsbereich des Bundesministeriums für Wirtschaft und Technologie – (faktisch) den Ländern mit Verfügung vom 23. August 2006[38] wettbewerbsfördernde Maßnahmen aufgegeben, die als Streitgegenstand den Kartellsenat des Oberlandesgerichts Düsseldorf und auch bereits den *Bundesgerichtshof* (BGH) beschäftigt haben. Bereits in seiner vorläufigen kartellrechtlichen Entscheidung zum Verfahren der staatlichen oder staatlich getragenen Lotterieunternehmen gegen diese Anordnung hat der *BGH* die den Landesgesetzgeber bindenden europarechtlichen Rahmenbedingungen und insbesondere die Grenzen für die Anwendbarkeit des europäischen Kartellrechts verdeutlicht und damit auch das Bundeskartellamt in seine Schranken gewiesen. Dort heißt es:

---

34 *EuGH* Urt v 6. 11. 2003 – C 243/01 – *Gambelli u a*, Rn 60.

35 *EuGH* Urt v 21. 9. 1999 – C 124/97 – *Läärä*, Rn 41.

36 So jüngst *BVerfG*, 1 BvR 3082/06 v 27. 12. 2007, ZfWG 2008, 42.

37 Ebd S 10 (vorletzte Zeile): „... die mit den *eindeutigen Aussagen* in der Rechtsprechung des Europäischen Gerichtshofs *zur Vereinbarkeit mitgliedstaatlicher Glücksspielmonopole mit den Grundfreiheiten* nicht im Widerspruch stehen ...". (Hervorhebung nicht im Original) Ein Jahr vor Verkündung des *Sportwetten*-Grundsatzurteils (Fn 1) hatte das *BVerfG* in einer von den Fürsprechern einer Liberalisierung des Glücksspielwesens noch immer „gebetsmühlenartig" zitierten (wenngleich obsoleten) Entscheidung – 1 BvR 223/05, Beschl v 27. 4. 2005 – Bedenken in Bezug auf die Gemeinschaftsrechtskonformität der Glücksspielmonopole geäußert. Trotz der klarstellenden Entscheidung des *BVerfG* hat das *VG Stuttgart* Beschl v 7. 1. 2008 – 4 K 6081/07 – (unter Hinweis auf frühere Beschlüsse: 4 K 4435/06 u a, und entgegen der Spruchpraxis des *VGH BW* vgl u a Beschl v 26. 7. 2007 – 6 S 2020/06) auch weiterhin „durchgreifende gemeinschaftsrechtliche Bedenken gegen die gegenwärtige nationale Rechtslage und Verwaltungspraxis", die allerdings nicht weiter erläutert werden.

38 *BKartAmt* B 10 – 92713 – Kc – 148/05.

„Allerdings ist in ständiger Rechtsprechung des Gerichtshofs der europäischen Gemeinschaften anerkannt, dass die Mitgliedstaaten aus Gründen des Allgemeininteresses die Zulassung von Lotterien und Glücksspielen beschränken oder ausschließen können und dabei über erhebliches Ermessen verfügen. ... Der Gerichtshof stellt dabei keine unterschiedlichen Anforderungen an Lotterien und andere Glücksspiele. ... (Rn 36) Der Gerichtshof der Europäischen Gemeinschaften hat bestätigt, dass den Mitgliedstaaten die Beurteilung obliegt, ob es im Rahmen der von ihnen verfolgten Ziele notwendig ist, Glücksspiele vollständig oder teilweise zu verbieten, oder ob es genügt, sie zu beschränken und zu diesem Zweck mehr oder weniger strenge Kontrollen vorzusehen; ... (Rn 37) *Soweit mitgliedstaatliche Maßnahmen zur Kontrolle von Glücksspielen und Lotterien nach der zitierten Rechtsprechung des Gerichtshofs der Europäischen Gemeinschaften zur Dienstleistungs- und Niederlassungsfreiheit zulässig sind, scheidet auch ein Verstoß gegen Art 10 EG iVm Art 81 EG aus.* (Rn 38) ... Nach der Rechtsprechung des Gerichtshofs der Europäischen Gemeinschaften schließt die Dienstleistungsfreiheit ein Staatsmonopol für Glücksspiele und Lotterien nicht aus ... Auch verfassungsrechtlich bestehen dagegen keine Bedenken. ... (Rn 47).“[39]

Sehr apodiktisch hat der Wettbewerbssenat des *BGH* zudem entschieden, dass das **21**
Angebot der Gesellschaften des **Deutschen Lotto- und Totoblocks** (DLTB) räumlich auf deren jeweiliges Konzessionsgebiet beschränkt ist und die Unternehmen daher wettbewerbsrechtliche Ansprüche gegen die außerhalb des jeweiligen Konzessionsgebietes tätigen Glücksspielanbieter in sog. Altfällen nicht geltend machen können; die Gesellschaften des *DLTB* stehen sich nach den Feststellungen des *BGH* in anderen Ländern nicht als Wettbewerber gegenüber.[40]

Zu einem Erkenntnisgewinn hat die von bundesweit operierenden sog. gewerblichen **22**
Spielvermittlern initiierte kartellbehördliche Vorgehensweise immerhin insoweit geführt, als eine potenzielle Bruchstelle (die „Sollbruchstelle“?) des Glücksspiel-Monopolsystems – nun für jedermann erkennbar – dechiffriert worden ist: Der von diesen Spielvermittlern organisierte und durchgeführte *bundesweite Vertrieb* von Glücksspielangeboten einiger Glücksspielunternehmen der Länder widerspricht prinzipiell den in ihren rechtlichen und rechtstatsächlichen Wirkungen *auf das jeweilige Staatsgebiet der Länder begrenzten Glücksspielmonopolen*. Durch diese sog gewerbliche Spielvermittlung droht maW die Aushöhlung des im föderativen System wurzelnden „glücksspielrechtlichen Territorialitätsprinzips“. Der in diesem Zusammenhang häufig gegebene Hinweis auf das Nachrangverhältnis von Bundes-(Gewerbe-) und Landes-(Glücksspiel-) Recht ist bereits deshalb wenig überzeugend, weil auch der Geltungsanspruch einfacher Bundesgesetze am Maßstab des für diese Republik konstitutiven (und nicht abänderbaren) Rechts (Art 20 Abs 1 GG: „Bundesstaat“) zu messen ist.

---

39 *BGH* Beschl v 8. 5. 2007, KVR 31/06, NJW-RR 2007, 1491, Hervorhebung nicht im Original. Aus den genannten Gründen hat der *BGH* Beschl v 10. 6. 2008 – KZR 61/07 – auch die von einem maltesischen Sportwettenanbieter erhobene Nichtzulassungsbeschwerde gegen ein Urteil des *OLG Düsseldorf* v 8. 8. 2007 – IV-U 40/06, ZfWG 2007, 394, zurückgewiesen, in dem festgestellt wurde, dass ein gegen das Land Nordrhein-Westfalen gerichteter Rechtsanspruch auf Erteilung einer Erlaubnis zum Vertrieb von Sportwetten auch aus kartellrechtlichen Gründen nicht besteht. Zu weiteren Einzelheiten siehe nunmehr auch *BGH* Urt v 14. 8. 2008, KVR 54/07 und *Mailänder,* § 16.

40 *BGH* Urt v 14. 2. 2008 – I ZR 207/05, Rn 28.

23 Das *OVG Saarland* verdeutlicht das Problem durch seinen im Hinblick auf die Umsetzung der bundesverfassungsgerichtlichen Vorgaben sehr kritischen Beschluss vom 4. April 2007 folgendermaßen:

> „Von daher kann in dem Wegfall des Internetvertriebes unmittelbar über die Internetseite von Saartoto kaum eine nennenswerte Beschränkung der Spielgelegenheiten gesehen werden. So ist lediglich exemplarisch darauf hinzuweisen, dass Sportwetten und sonstige Glücksspiele über den gewerblichen Spielevermittler „Tipp24" unter anderem von der Internetseite des saarländischen Wochenspiegels (www.wochenspiegel-saarland.de) aus möglich sind, wobei „Tipp 24" auf seiner eigenen Internetseite auf langjährige Partnerschaften mit 8 Landeslotteriegesellschaften (siehe unter Tipp 24 – Das Geschäftsmodell) sowie auf sein Partnermodell hinweist, für das sich schon über zehntausend Website-Besitzer entschieden haben sollen, und das offenbar darauf beruht, dass diese (Vertriebs-) Partner einen Link zu Tipp 24 auf die eigene Internetseite setzen und für auf diesem Wege erfolgende Vermittlungen Provisionen erhalten. Der gewerbliche Spielevermittler „Fluxx" ist bei dem Internet-Provider AOL präsent. Gerade zu konterkariert wird dann die vorgetragene Beschränkung der Spielgelegenheiten durch Einstellung des unter dem Gesichtspunkt der Suchtgefährdung besonders problematischen Internetvertriebes, wenn, wie offenbar in Nordrhein-Westfalen geschehen, der Betreiber des öffentlichen Wettunternehmens seinen Internet-Vertrieb an einen gewerblichen Spielevermittler weiterreicht und auf seiner Internetseite hierauf hinweist (vgl. Website von Westlotto vom 3. 2. 2007). Zu berücksichtigen ist bei dieser Interessenabwägung ferner, dass gerade die staatlichen Lotterieunternehmen unter den Augen der Aufsichtsbehörden bis in die jüngere Vergangenheit eine Politik der kontinuierlichen Erweiterung des Spielangebotes verbunden mit einer breit angelegten Werbung betrieben und zum Beispiel – das gilt zumindest für das Saarland – den Weg zu dem besonders problematischen Internetvertrieb durch eine extensive Auslegung von § 4 Abs 1 SportwettG eröffnet haben, indem die dort festgelegte Beschränkung des Sportwettenabschlusses auf amtlich zugelassene Annahmestellen auf das Internet als ‚virtuelle Annahmestelle' erweitert wurde."[41]

c) Sekundärrechtliche Anforderungen, Notifizierung und Vertragsverletzungsverfahren

24 Zu den die Länder treffenden rechtlichen Rahmenbedingungen für die Neuregelung des Glücksspielwesens gehören schließlich die Richtlinie über ein Informationsverfahren auf dem Gebiet der Normen und technischen Vorschriften sowie Vorschriften für die Dienste der Informationsgesellschaft 98/34/EG (geändert durch RL 98/48/EG), wonach (beabsichtigte) Regelungen über Dienstleistungen in Zusammenhang mit dem Internet (Glücksspiele im Internet) der Notifizierung an die Europäische Kommission bedürfen können.

25 Der GlüStV enthält in § 4 Abs 4 ein Veranstaltungs- und Vermittlungsverbot öffentlicher Glücksspiele im Internet und in § 5 Abs 3 ein generelles Werbeverbot im Internet. Darüber hinaus ermöglicht § 25 Abs 6 GlüStV eine einjährige Übergangsregelung für die Veranstaltung und Vermittlung von öffentlichen Glücksspielen im Internet. Dementsprechend hat die Bundesregierung den Entwurf des GlüStV am 21. Dezember 2006 gegenüber der zuständigen Europäischen Kommission notifiziert. Die Europäische Kommission hat sodann (nach vorangegangenem Schriftwechsel) mit

---

41 *OVG Saarland* Beschl v 4. 4. 2007 – 3 W 18/06, ZfWG 2007, 229 ff.

Schreiben an das Bundesministerium für Wirtschaft und Verkehr vom 24. September 2007 darauf hingewiesen, dass sie (auch) die Ausführungsgesetze der Länder zum Glücksspielstaatsvertrag nach der Richtlinie für notifizierungspflichtig halte, soweit diese über den bereits notifizierten Staatsvertragsentwurf hinausgehende Vorschriften zum Glücksspiel im Internet enthielten. Nach Auffassung der Kommission gehörten dazu Bußgeldvorschriften, die an das Internetverbot im Staatsvertrag anknüpften, und Regelungen, die verschärfende Anforderungen an die übergangsweise Zulassung von Glücksspielen im Internet nach § 25 Abs 6 GlüStV etwa durch eine Absenkung der dort genannten Einsatzgrenze von 1.000 € vorsähen. Die Staatskanzleien der Länder haben sich deshalb darauf verständigt, die von der Kommission für notifizierungspflichtig gehaltenen Bestimmungen aus den Ausführungsgesetzen herauszunehmen. Die Oberverwaltungsgerichte haben dazu bisher (nach Inkrafttreten des jeweiligen Landesgesetzes) entschieden, dass die Zustimmungsgesetze zum GlüStV mangels eigenständiger – in den Anwendungsbereich der Informationsrichtlinie fallender – Regelungen keiner weiteren Notifizierung bedurften.[42] Gleichwohl neigten einige Länder offenbar zu besonderer Vorsicht und haben auch die Ergänzungsgesetze selbst notifiziert.

Unabhängig von alledem hat die Kommission bereits im Frühjahr 2006 Vertragsver- **26**
letzungsverfahren gegen sieben EU-Mitgliedstaaten – darunter die Bundesrepublik Deutschland – nach Art 226 EG-Vertrag eingeleitet, in denen sie gemeinschaftsrechtliche Bedenken gegen bestimmte Aspekte im Zusammenhang mit gesetzlichen Bestimmungen zu Glücksspielmonopolen – später auch ausdrücklich gegen einzelne Regelungen des GlüStV – geltend macht. Während sich (nur) einige Verwaltungsgerichte der dort enthaltenen Argumentation bedient haben, ist diese von der Mehrzahl der Verwaltungsgerichte und von den Oberverwaltungsgerichten entweder (nur) ausdrücklich abgelehnt oder darüber hinaus auch mit dem zutreffenden Hinweis garniert worden, dass die Rechtsauffassungen der Kommission keinerlei Bindungswirkung gegenüber den mitgliedstaatlichen Gerichten und Behörden entfalteten. Von einer Beanstandung der Monopolregelung im GlüStV hat die Kommission immerhin mittlerweile Abstand genommen.

2. Rechtstatsächliche Ausgangslage

Glücksspielforschung ist eine in Deutschland noch wenig entwickelte Disziplin. Dies **27**
betrifft nicht nur die Erforschung pathologischen Spielverhaltens, sondern auch die Erforschung des Glücksspielwesens aus wirtschaftlicher und soziologischer Sicht. Dieses Defizit ist umso erstaunlicher, als es sich beim Glücksspiel um ein wichtiges gesellschaftliches Phänomen und ökonomisch außerordentlich interessantes Gebiet handelt. Letzteres zeigt sich schon daran, dass bereits im Jahr 1993 hervorgehoben wurde, dass der geschätzte legale Glücksspielgesamtumsatz in den Mitgliedstaaten der EG im Jahre 1989 das Bruttoinlandsprodukt Griechenlands (des gleichen Jahres)

42 Vgl zB *VGH BW* Beschl v 17. 3. 2008 – 6 S 3069/07, BA, S 7; *VG Karlsruhe* Urt v 12. 3. 2008 – 4 K 207/08, UA, S 7.

überstieg.[43] Ein weiteres Indiz für die gesellschaftliche Bedeutung des Glücksspiels liegt in dessen Berücksichtigung bei der Errechnung des Verbraucherpreisindex für Deutschland; dabei bildet nicht der Glücksspieleinsatz, sondern das in diesem enthaltene Dienstleistungsentgelt die Berechnungsgröße. Von dem ebenfalls durch das Statistische Bundesamt berechneten sogenannten Harmonisierten Verbraucherpreisindex für Deutschland, dessen Erfassungsbereich EU-einheitlich geregelt ist, sind Glücksspiele – wie auch Drogen und Prostitution – lediglich aus Gründen erschwerter Preiserhebung ausgeschlossen.

28 Die Vielzahl der im Zuge einer gesetzgeberischen Neuregelung des Glücksspielwesens vorgelegten Gutachten und sonstigen Statements – mit höchst unterschiedlichen Ergebnissen und Einschätzungen, je nach Auftraggeber – sind ein beredter Beleg für die ökonomische und gesellschaftspolitische Relevanz der Thematik, obgleich dieser Diskurs in der öffentlichen Wahrnehmung eher ein Schattendasein führt. Nicht wenige Stellungnahmen hinterlassen einen schalen Beigeschmack, weil sie bei nicht selten apodiktischem Fazit lediglich Teilaspekte unter Ausblendung wesentlicher Rahmenbedingungen untersuchen und bewerten. Dies vorausgeschickt, kann auch an dieser Stelle die rechtstatsächliche Ausgangslage auf dem so genannten Glücksspielmarkt nur holzschnittartig skizziert werden:

29 Von der Spielleidenschaft ihrer Bürgerinnen und Bürger profitieren die (deutschen) Länder durch Einnahmen in Höhe von ca. 4,7 Mrd Euro (2003). Gegenüber 1970 haben sich diese Einnahmen damit auf den gut siebenfachen Betrag erhöht. Die Spieleinsätze für Lotterien (Zahlenlotto, Fernsehlotterien, Klassen- und Umweltlotterien) beliefen sich im Jahr 2004 auf rd 10,2 Mrd Euro. 4,7 Prozent dieser Spieleinsätze (388,5 Mio Euro) haben die sog gewerblichen Spielvermittler generiert. Von alledem sind die dem Staat von den Betreibern von Geldspielautomaten zufließenden Einnahmen nicht erfasst, da diese nicht als spezifisch glücksspielrechtliche Abgaben, sondern (lediglich) als Mehrwert-, Gewerbe- und Einkommensteuer abzuführen sind.

30 In einem vom Arbeitsausschuss Münzautomaten in Auftrag gegebenen Gutachten des Ifo-Instituts zur „Wirtschaftsentwicklung Unterhaltungsautomaten 2006" vom Januar 2007 wird für das Jahr 2005 von folgender Aufteilung des Umsatzes des deutschen Glücksspielmarktes ausgegangen: Spielbanken zu 39,2 Prozent, Lotto- und Totoblock zu 29,9 Prozent, gewerbliches Geldgewinnspiel zu 21,5 Prozent, Fernsehlotterien zu 2,1 Prozent, Prämien- und Gewinnsparen zu 1,8 Prozent, Pferdewetten zu 0,5 Prozent und Klassenlotterien zu 4,9 Prozent. Der Umsatz des Glücksspielgesamtmarktes wird auf 27 Mrd Euro beziffert.[44] Hiervon nicht erfasst sind mangels einer geeigneten Berechnungsgrundlage der nicht unerhebliche Bereich von Herstellung und Großhandel für Glücksspielgeräte und auch die Umsätze des illegalen Glücksspiels, zu dem in diesem Zusammenhang sämtliche privaten Sportwettenanbieter ebenso zählen wie eine Vielzahl weiterer, in der Vergangenheit von Anbietern nicht als Glücksspiel qualifizierter Spielangebote (zB die sogenannten Telefonge-

---

43 *Lauer* Staat und Spielbanken, 1993, S 1 unter Hinweis auf die von der Kommission der EG in Auftrag gegebene Studie von *Coopers and Lybrand Europe*, Juni 1991.

44 Vgl. BT-Drs 16/6551, S 3.

winnspiele in Rundfunk und anderen Medien). An anderer Stelle wird geschätzt, dass schon im Jahr 2005 in Deutschland insgesamt ca 30,5 Mrd Euro für Glücksspiele ausgegeben wurden.[45] Dabei soll das generierte Wettvolumen bei ca 3,6 Mrd Euro (davon lediglich ca. 400 Mio Euro durch die erlaubten staatlichen „Oddset"-Anbieter) gelegen haben (2005) und im ersten Halbjahr 2006 dieser Vorjahreswert bereits überschritten worden sein. Wiederum andere „Experten" kommen zu dem Ergebnis, dass für die Segmente Oddset, stationäre Sportwettenvermittlung, Sportwetten im Internet, Selbstbedienungswettautomaten, Pferdewetten, Geldspielgeräte und Spielbanken ein legaler Umsatz von 19,3 Mrd Euro für 2005 anzunehmen ist, der sich auf 22,9 Mrd Euro für 2007 erhöht hat. Der illegale Sektor in all diesen Bereichen hat danach ein Volumen von 4,9 Mrd Euro als Obergrenze bzw 4,6 Mrd Euro als Untergrenze 2005 erreicht, und sollte sich bis auf 8,0 Mrd Euro im Jahr 2007 erhöhen – freilich unter Zugrundelegung einer anderen Bewertung des Begriffs „illegal".[46]

Die Zeitung *El País*, die sich wiederum auf Daten des Consultingunternehmens *Christiansen Capital Advisors* beruft, berichtet für 2005 von zwischen 1.800 und 2.500 dem Glücksspiel gewidmeten Internetseiten, deren Anbieter – nur über diesen Vertriebsweg – weltweit 8,2 Mrd Dollar umsetzen. Diese Zahl werde sich bis 2009 auf 23,5 Mrd Dollar erhöhen.[47] **31**

Um einen genaueren Überblick über die rechtlichen und wirtschaftlichen Aspekte von Glücksspielen zu bekommen, hat die Europäische Kommission 2004 erneut eine Studie (beim Schweizerischen Institut für Rechtsvergleichung, Lausanne) in Auftrag gegeben. Sie enthält als Ergebnis von fast zwei Jahren Arbeit eine Analyse der in der Europäischen Union im Zusammenhang mit Glücksspielen bestehenden rechtlichen Regelungen und dokumentiert zudem wirtschaftliche Entwicklungen im Glücksspielbereich.[48] Auch diese Studie kann jedoch ungeachtet der bereits von verschiedenen Seiten hervorgehobenen Schwächen der rechtlichen Analyse schon aus den skizzierten Gründen in der Darstellung der wirtschaftlichen Situation kaum überzeugen. **32**

Ebenso wenig wie es nach allem einen verlässlichen und eindeutigen Befund zu den Gesamtumsätzen und -einnahmen aus dem Glücksspiel gibt, herrscht Klarheit über die Häufigkeit problematischen und pathologischen Glücksspiels in Deutschland. Auf der Basis der Therapienachfrage in ambulanten Suchtberatungsstellen (2005) und einem Vergleich mit der Therapienachfrage der Alkoholabhängigen (3 bis 5%) ergibt sich bei grober Schätzung eine Gesamtzahl von rund 100.000 bis 170.000 **33**

45 SES Research GmbH, Sportwetten in Deutschland, Juni 2006, S 7ff, abrufbar unter www.deutscherlottoverband.de. Zu ähnlichen Ergebnissen kommt das Ifo-Institut, Auswirkungen des Bundesverfassungsgerichtsurteils zum Sportwettmarkt auf die deutsche Volkswirtschaft, November 2006, abrufbar unter www.vewu.com. Siehe im Einzelnen dazu auch *VG Darmstadt* Beschl v 17. 8. 2007 – 3 G 846/07, UA, S 10ff.

46 *Schneider/Maurhart* Volkswirtschaftliche Analyse des legalen/illegalen Marktes für Glücksspiel in Deutschland, 2007.

47 *Ciberpaís* 13. 10. 2005, zitiert nach *Colomer* Schlussanträge in den verb. Rechtssachen C-338/04, C-359/04 und C-360/04 vom 16. 5. 2006 (*Placanica u a*), Fn 118.

48 Die Studie des Schweizerischen Instituts für Rechtsvergleichung ist abrufbar unter http://ec.europa.eu/internal_market/services/gambling_de.htm.

beratungs- und behandlungsbedürftigen Spielern in Deutschland.[49] Die Deutsche Hauptstelle für Suchtfragen schätzt die Zahl der pathologischen Glücksspieler demgegenüber bereits auf 220.000. Nach wie vor fehlt es in Deutschland jedoch an einer umfassenden epidemiologischen Studie, die die Inanspruchnahme von Glücksspielen und das Nutzungsmuster in der Bevölkerung verdeutlichte. Weniger vorsichtige Schätzungen gehen dementsprechend von bis zu 500.000 glücksspielabhängigen Spielerinnen und Spielern in Deutschland aus.[50] Auch aus anderen europäischen Staaten liegen für das pathologische Glücksspiel nur wenige repräsentative Prävalenzstudien vor.[51]

II. Struktur und Regelungsgehalt des neuen Glücksspielstaatsvertrages

1. Der Lotteriestaatsvertrag 2004 als Ausgangspunkt

34 Der GlüStV ist unter Beachtung der bundesverfassungsgerichtlichen Vorgaben aus dem *Sportwetten*-Grundsatzurteil vom 28. März 2006[52] – und damit zugleich unter Beachtung der gemeinschaftsrechtlichen Rahmenbedingungen – aus dem seit dem 1. Juli 2004 in allen Ländern geltenden Staatsvertrag zum Lotteriewesen in Deutschland (Lotteriestaatsvertrag – LottStV)[53] entwickelt worden. Die, am Urteil des *BVerfG* gemessen, unproblematischen Regelungsteile des LottStV wurden beibehalten, während die am Maßstab der europa- und verfassungsgerichtlichen Rechtsprechung die Monopolrechtfertigung allein erzielende ordnungsrechtliche und ordnungspolitische Basis deutlich verbreitert wurde. Die Grundstruktur des GlüStV lässt sich demnach besser verstehen, wenn der Vorläufer-Staatsvertrag bei der Analyse mit herangezogen wird. Regelungsmotiv, Regelungsgehalt und der systematische Zusammenhang des LottStV mit den übrigen glücksspielrechtlichen Regelungen der Länder lassen sich – unter Beachtung der Ausgangslage im Jahr 2004 – folgendermaßen skizzieren:

35 Das deutsche Glücksspielrecht war vor dem Inkrafttreten des LottStV von einer kaum überschaubaren Vielzahl von teilweise auch vorkonstitutionellen bundes- und landesrechtlichen Rechtsquellen geprägt. Die Heterogenität der landesrechtlichen Regelungen und deren weitere Zerfaserung durch die seinerzeitige Rechtsprechung insbesondere zur Zulassung der sog privaten Lotterien[54] bildeten einen maßgeblichen

---

49 *Meyer* Glücksspiel – Zahlen und Fakten, Jahrbuch Sucht, 2007.

50 *Buschle* ‚Der Spieler' – Schreckgespenst des Gemeinschaftsrechts", European Law Reporter 2003, 471. Die deutlich voneinander abweichenden Schätzwerte sind auch die Folge unterschiedlicher Methoden und Kriterienkataloge bei der Datenerhebung. Es fehlt mithin bereits an einer allgemein gültigen empirischen Validierung des „problematischen" und „pathologischen" Glücksspielers.

51 Vgl. DHS, Prävention der Glücksspielsucht, 2007, S 8 ff.

52 Siehe Fn 1.

53 Fundstellen der Landeszustimmungsgesetze und -beschlüsse bei *BVerfG*, 1 BvR 939/05, Beschl v 10. 1. 2006.

54 *BVerwG* Urt v 29. 6. 2000 – 1 C 26.99, DVBl 2000, 1625 m Anm *Ennuschat*. Vgl. dazu auch *Ohlmann* WRP 2005, 48, mwN zur Rspr. in Fn 2, und *Martell* LKV 2001, 452.

Anlass für die Neuordnung und den Versuch der länderübergreifenden Vereinheitlichung der glücksspiel-(landes-)rechtlichen Rahmenbedingungen.[55] Hierbei enthielt sich der LottStV allerdings einer kleinteiligen Regelung materieller Anforderungen für die Zulassung der von den staatlichen oder staatlich beherrschten Anbietern veranstalteten Lotterie- und Sportwettenangebote. § 4 LottStV bestimmte durch Verweis auf die Ziele des § 1 lediglich, dass die Veranstaltung, Durchführung und gewerbliche Vermittlung von öffentlichen Glücksspielen den Erfordernissen des Jugendschutzes nicht zuwiderlaufen und Werbemaßnahmen nach Art und Umfang nicht irreführend und unangemessen sein durften, und dass die Veranstalter, Durchführer und gewerblichen Spielvermittler Informationen über Spielsucht, Prävention und Behandlungsmöglichkeiten bereitzuhalten hatten.

In Anbetracht dieses Befundes ist es nicht weiter erstaunlich, dass das vom *BVerfG* zunächst (am 28. März 2006) ausdrücklich nur für die bayerische Rechtslage festgestellte, aber auch in den übrigen Ländern bestehende einfachgesetzliche (verwaltungsrechtliche) Regelungsdefizit, gemessen an den verfassungsrechtlichen Maßstäben für eine Monopolregelung, durch den von den Ländern ratifizierten LottStV nicht ausgeglichen werden konnte, zumal die landesrechtlichen, das jeweilige Monopol begründenden Komplementärbestimmungen der Staatslotterie-, Sportwetten- und/oder Lotto-Toto-Gesetze regelmäßig nahezu ausschließlich Bestimmungen zur Zuständigkeit und Organisation enthielten,[56] während private Glücksspielanbieter durch den LottStV durchaus einem strengeren materiellen Reglement unterworfen waren. Dementsprechend hat das *BVerfG* in den Folgeentscheidungen der letzten beiden Jahre die Feststellungen seines *Sportwetten*-Grundsatzurteils vom März 2006 zur verfassungsrechtlich defizitären Rechtslage im Freistaat Bayern in Bezug auf die Länder Baden-Württemberg, Niedersachsen, Nordrhein-Westfalen und Thüringen wiederholt.[57] Selbst für die Rechtslage in Sachsen-Anhalt, dessen im Dezember 2004 in Kraft getretenes Landesglücksspielgesetz einen restriktiv ausgestalteten Erlaubnisvorbehalt auch für die Vermittlung von Glücksspielen enthielt, hat das Gericht die jedenfalls *grundsätzliche* Geltung seiner Annahmen zur verfassungsrechtlich defizitären Lage des Sportwettenrechts angenommen.[58] Den landesrechtlichen Regelungen fehlten demnach ausnahmslos – bei allen Abweichungen im Detail – die für die Monopolrechtfertigung erforderlichen Regelungen mit konsequenter Ausrichtung des jeweiligen Glücksspielangebotes am Spielsuchtvermeidungs- und Bekämpfungsziel. Wie der Regelungsge- 36

55 Vgl. unter II. der Erläuterungen zum LottStV, die in den meisten Ländern Gegenstand der Gesetzesmaterialien sind, beispielsweise LT-Drs BY 15/716.

56 *BVerfG*, 1 BvR 1054/01, Urt v 28. 3. 2006 = *BVerfGE* 115, 276, Rn 128.

57 *BVerfG*, 1 BvR 138/05, Beschl v 4. 7. 2006, WM 2006, 1644; *BVerfG*, 1 BvR 973/05, Beschl v 22. 10. 2007; *BVerfG*, 2 BvR 2428/06, Beschl v 7. 12. 2006, NJW 2007, 1521; *BVerfG*, 1 BvR 2320/00, Beschl v 21. 1. 2008, ZfWG 2008, 44; für die Übertragung der Entscheidungsgründe auf alle Bundesländer zuvor bereits *Dietlein* K & R 2006, 307, 309.

58 *BVerfG*, 1 BvR 874/05, Beschl v 18. 12. 2006, MMR 2007, 138; zur unterschiedlichen Ausgangsrechtslage vgl bereits *BVerfG*, 1 BvR 789/05, Beschl v 27. 9. 2005, BVerfGK 6, 276. Ebenso *LVerfG LSA* Urt v 8. 2. 2007, LVG 19/05, LKV 2007, 558, Rn 50ff; zu möglichen Auswirkungen auf die Strafrechtslage vgl *BGH* Urt v 16. 8. 2007 – 4 StR 62/07, NJW 2007, 3078, Rn 22; undifferenziert demggü. *BGH* Urt v 14. 2. 2008 – I ZR 140/04, Rn 17ff.

halt der jeweiligen (teilweise mit geändertem Inhalt fortgeltenden) landesgesetzlichen Bestimmungen im Einzelnen auszulegen war (und ist), ließ (und lässt) sich allerdings nur unter ausführlicher Würdigung der landes*spezifischen* Bestimmungen klären, die durchaus nicht nur einen unterschiedlichen Wortlaut, sondern auch beachtliche Unterschiede im Hinblick auf die Entstehungsgeschichte, den systematischen Zusammenhang, die Regelungsmotive etc aufweisen können: eine Sisyphusarbeit, die das *BVerfG* auch im Hinblick auf den GlüStV und die novellierten landesrechtlichen Ergänzungsregelungen möglicherweise gerne den Fachgerichten überlassen wird.[59]

37 Parallel zur Erarbeitung des LottStV hatten die Länder ein weiteres, aus der Existenz der sog. gewerblichen Spielvermittler herrührendes Problem zu lösen: Die bundesweite Vermittlung von Glücksspielangeboten durch gewerbliche Organisatoren von Lotteriespielgemeinschaften an mehrere staatliche oder staatlich getragene Lotterieunternehmen führte – neben den ordnungsrechtlich mehr als zweifelhaften Folgen – zu erheblichen Einnahmeverzerrungen aus dem Glücksspiel zwischen den Ländern. Dieser aus Sicht der Länder nicht hinnehmbare Befund hat seine Ursache in Folgendem: Ein Spielvermittler, der das Zustandekommen von Glücksspielverträgen zwischen dem Spieler und dem Glücksspielveranstalter vermittelt(e), hat(te) – bei insoweit an dieser Stelle unterstelltem Regelungs- oder Vollzugsdefizit – die Wahl zwischen 16 Landeslotterieunternehmen als potenzieller „Abnehmer" der von ihm vermittelten Spielangebote (bzw Spielnachfrage). Es ist naheliegend, dass ein solcher Spielvermittler jenem Lotterieunternehmen die Vertragsabschlüsse andient(e), das ihm, in welcher konkreten Art und Weise auch immer, die besten Konditionen hierfür anbot/anbietet. Wenn der sog Spielvermittler ungeachtet dessen bundesweit den Abschluss der Spielverträge vorbereitet und sodann an das Unternehmen eines Landes vermittelt hat, führte das bei diesen Unternehmen und damit zugleich in dem Landeshaushalt dieses Landes zu einem Umsatzanstieg auf Kosten der übrigen Länder. Ein sich entwickelnder – zum Teil ruinöser – Unterbietungs-Wettbewerb zwischen einigen staatlichen oder staatlich getragenen Landeslotterieunternehmen um die Kooperation mit den gewerblichen Spielvermittlern war die zwangsläufige Folge, soweit nicht hiergegen auf Grundlage spezifischen Landesrechts aufsichtlich vorgegangen wurde. Ob und ggf in welchem Umfang die beschriebene länderübergreifende Betätigung überhaupt landesglücksspielrechtlich zulässig war, kann an dieser Stelle dahinstehen. Die Zweifel hieran wurden jedenfalls auch durch eine Entscheidung des *BGH* aus dem Jahr 1999 nicht ausgeräumt, in der dieser lediglich betont hat, dass die Teilnahme solcher Gemeinschaften am Spielbetrieb nicht schlechthin gegen *Bundesstraf*recht verstoße.[60] Hieraus konnte der Umkehrschluss einer generellen Zulässigkeit gerade des Länder übergreifenden Anbietens nicht gezogen werden.[61]

---

59 Wobei zu hoffen bleibt, dass der Felsblock nicht – wie bei dem griechischen Sagenheld – jedesmal wieder vom Gipfel herabrollt, nachdem ihn die Verwaltungsgerichte den Berghang hinaufgewälzt haben.

60 *BGH* Beschl v 9. 3. 1999 – KVR 20/97, WuW/E DE-R 289.

61 Zum (strafbewehrten) Verbot der länderübergreifenden Vermittlung nach bisherigem hessischem Landesrecht vgl *BVerfG*, 1 BvR 1896/99, Beschl v 2. 8. 2007, NVwZ 2008, 1297; zur sog gewerblichen Spielvermittlung und den landesgesetzlichen Besonderheiten auch *Ohlmann* WRP

Die Länder haben daher versucht, den skizzierten negativen Folgen durch eine weitere staatsvertragliche Regelung zu begegnen. Neben dem LottStV trat daher am 1. Juli 2004 der Staatsvertrag über die Regionalisierung von Teilen der von den Unternehmen des *DLTB* erzielten Einnahmen (Regionalisierungsstaatsvertrag – RegStV)[62] in Kraft, mit dem sich die Länder verpflichtet haben, die Einnahmeverzerrungen durch ein so genanntes Regionalisierungsverfahren auszugleichen. Durch dieses Verfahren wurden die Einnahmen an diejenigen Länder „zurückgegeben", denen sie wirtschaftlich zuzurechnen sind. Durch die im RegStV getroffenen Regelungen wird die wirtschaftliche Betätigung der sog gewerblichen Spielvermittler nicht ausgeschlossen, jedoch insoweit berührt, als sich die Beschränkung der von den Spieleinsätzen abzugsfähigen Pauschale in § 4 Abs 1 RegStV mittelbar auf die Provisionszahlungen der Landeslottounternehmen an die Spielvermittler auswirken kann. Eine Rechtsgrundlage für eine behördliche Glücksspielerlaubnis im Sinne der einschlägigen Bundesstrafnormen enthält der RegStV gleichwohl ebenso wenig wie er selbst eine solche Erlaubnis darstellt;[63] der RegStV entfaltet insoweit auch keine weitergehenden Legalisierungswirkungen, da er weder Rechte noch Pflichten für nicht am Vertragsschluss beteiligte Dritte begründet. 38

Ohne diesen Gesichtspunkt zu würdigen, hat das *Bundeskartellamt* den RegStV wegen der die gewerbliche Spielvermittlung indirekt beschränkenden Regelungen unter Zugrundelegung einer von der Legaldefinition abweichenden eigenständigen Definition der gewerblichen Spielvermittlung als kartellrechtswidrig qualifiziert.[64] Seither ist das zwischen den Ländern vereinbarte Ausgleichsverfahren ausgesetzt.[65] Der *bayerische Verfassungsgerichtshof* hält den RegStV demgegenüber für (landes-)verfassungskonform.[66] Im Unterschied zum LottStV haben die Landesgesetzgeber den RegStV (bisher) nicht gesetzlich aufgehoben. Der Beschluss des *BGH* vom 14. August 2008, mit dem den Lottogesellschaften nach § 32 GWB u a untersagt wird, „den RegStV durchzuführen", soweit sie den Ländern die von den gewerblichen Spielvermittlern stammenden Anteile an Spieleinsätzen und vereinnahmten Bearbeitungsgebühren separat mitteilen, wirft die Frage auf, ob der mit dem RegStV bezweckte „Finanzausgleich" noch herbeigeführt werden kann. Immerhin dürften die Länder auch über ihre Aufsichtsrechte an das einschlägige Zahlenmaterial gelangen, und die Verfügungen des *BGH* richten sich nicht an diese unmittelbar.[67] 39

2005, 48; *BVerfG*, Beschl v 1. 4. 2008, 2 BvR 2680/07; *OVG LSA* Beschl v 4. 5. 2006 – 1 M 476/05, ZfWG 2006, 81; *OLG München* Urt v 26. 6. 2006 – U (K) 3416/05; *OLG Saarbrücken* Urt v 30. 1. 2008 – 1 U 534/07; *LG Saarbrücken* Urt v 19. 9. 2007 – 71 O 79/07.

62 Vgl HessGVBl I 2004, S 194; BayGVBl 2004, S 236.

63 *OVG LSA* Beschl v 4. 5. 2006 – 1 M 476/05, ZfWG 2006, 81.

64 *BKartAmt* B 10 – 92713 – Kc – 148/05 v 23. 8. 2006, S 5.

65 LT (SH), Umdruck 16/2013, S 2.

66 *BayVerfGH* Urt v 18. 12. 2007 – Vf. 9 VII-05, GewArch 2008, 114.

67 *BGH* Beschl v 14. 8. 2008, KVR 54/07 C. a) und b).

2. Regelungen des Vorläufer-Staatsvertrages

40 Neben einer Beschreibung der Ziele des LottStV (§ 1 LottStV) sowie einer erstmals bundeseinheitlich vorgesehenen Legaldefinition der Begriffe „Glücksspiel“ und „Lotterie“ (§ 3 Abs 1 u 3 LottStV) enthielt der LottStV im Ersten und Zweiten Abschnitt Regelungen zu den allgemeinen Anforderungen an die Veranstaltung, Durchführung und gewerbliche Vermittlung von öffentlichen Glücksspielen (§ 4 LottStV) sowie zur Sicherstellung eines ausreichenden Glücksspielangebots als ordnungsrechtliche Aufgabe der Länder im Rahmen eines grundsätzlich auf das jeweilige Landesgebiet beschränkten Monopols (§ 5 LottStV).

41 Bei § 5 Abs 1 u 2 LottStV, der sich an die Länder als Adressaten richtete, handelte es sich um eine gegenseitige Verpflichtung der Länder, die Veranstaltung und Durchführung von Glücksspielen in dem Sinne zu monopolisieren, dass Glücksspiele nur durch die Länder selbst, durch juristische Personen des öffentlichen Rechts oder durch privatrechtliche Gesellschaften veranstaltet und durchgeführt werden dürfen, an denen juristische Personen des öffentlichen Rechts unmittelbar oder mittelbar maßgeblich beteiligt sind. Der damit einhergehende Ausschluss gewerblicher Veranstaltung durch private Wettunternehmen war ein am Maßstab des Grundrechts aus Art 12 Abs 1 GG zu rechtfertigendes Mittel zur Erreichung der in § 1 LottStV definierten Ziele, nicht aber Ausdruck eines hoheitlichen Charakters der betreffenden Tätigkeiten.[68]

42 § 5 Abs 4 LottStV nahm die grundlegende Weichenstellung zum Landesmonopol für das Zahlenlotto und Sportwetten und damit zugleich für einen letztlich geminderten Bedeutungsgehalt des Dritten Regelungsabschnitts (§§ 6ff LottStV) dadurch vor, dass von anderen als den in § 5 Abs 4 LottStV Genannten (Länder, juristische Personen des öffentlichen Rechts, privatrechtliche Gesellschaften, an denen juristische Personen des öffentlichen Rechts unmittelbar oder mittelbar maßgeblich beteiligt sind) nur die zusätzlich reglementierten Lotterien und Ausspielungen nach dem Dritten Abschnitt veranstaltet werden konnten: Zu den Bedingungen einer Erlaubnis an einen „privaten“ Lotterieanbieter gehörte insbesondere die gemeinnützige Ertragsverwendung. Diese nach den §§ 6ff LottStV grundsätzlich erlaubnisfähigen – gleichwohl in den Ländern im Einzelfall durchaus in unterschiedlichem Umfang erlaubten – Lotterien waren schließlich von den „Kleinen Lotterien und Ausspielungen“ im Sinne des § 13 LottStV zu unterscheiden: Lotterien und Ausspielungen, die aufgrund der geringen Gesamtentgeltgröße und einer unmittelbaren Bindung der Reinerträge in den Ländern durch Allgemeinverfügung legalisiert werden konnten. Diese Regelungssystematik hat der GlüStV fast ausnahmslos mit identischem materiell-rechtlichen Inhalt übernommen.

43 Etwas unsystematisch enthielt der Dritte Abschnitt – in § 12 LottStV – schließlich auch eine Aufgaben- und Befugnisnorm für die zuständigen Behörden: § 12 Abs 1 S 2 Nr 1 LottStV bildete eine eigenständige Rechtsgrundlage für Anordnungen zur Durchsetzung der staatsvertraglichen Regelungen nicht nur des Dritten Abschnitts. Besondere Beachtung verdient noch die Regelung des § 14 LottStV (Vierter Ab-

---

68 *BVerfG*, 1 BvR 1054/01, Urt v 28. 3. 2006 = *BVerfGE* 115, 276, Rn 88.

schnitt), mit der die Tätigkeit gewerblicher Organisatoren von Spielgemeinschaften erstmals bundeseinheitlich – und unbeschadet sonstiger gesetzlicher Bestimmungen – ausdrücklich zum Gegenstand ordnungsrechtlicher Regulierung gemacht worden ist.

3. Konzept und Struktur des GlüStV

a) GlüStV und ergänzendes Landesrecht

Der GlüStV verfolgt einen im Vergleich mit dem LottStV umfassenderen Ansatz innerhalb der den Landesgesetzgebern durch die bundesverfassungsrechtlichen Regelungen zur Verteilung der Gesetzgebungszuständigkeiten zwischen Bund und Ländern – bisher – gezogenen kompetenziellen Grenzen. Gleichwohl ist er auf Ergänzung durch landesgesetzliche „Ausführungs"-Vorschriften angelegt, die ihrem Inhalte nach über bloße Vollzugsregelungen hinausgehen: Der in das Landesrecht transformierte Staatsvertrag bedarf zur verfassungsrechtlichen Absicherung ergänzender landesrechtlicher Regelungen nicht nur im Hinblick auf behördliche *Zuständigkeiten* und Erlaubnis*verfahren* und hinsichtlich des *System*s *der Spielersperrdatei*, sondern insbesondere auch im Hinblick auf *materielle* Erlaubnis(versagungs-)*Kriterien* für den Glücksspielveranstalter und -Vermittler. In diesem Zusammenhang ist allerdings noch die verfassungsgerichtliche Klärung der Frage erforderlich, in welchem Umfang der im Gewand eines repressiven Verbotes mit Befreiungs- oder Ausnahmevorbehalt eingeführte Versagungstatbestand einer materiellrechtlichen Verdichtung durch den Landesgesetzgeber bedarf. Auch überlässt es der GlüStV den Ländern, Kriterien und Richtlinien zu entwickeln, anhand derer die zahlenmäßige Begrenzung der Glücksspielannahmestellen zu erfolgen hat. Hier entfaltet sich der „Wettbewerbsföderalismus" in neuer Weise, nämlich im Ringen um ein erfolgreiches ordnungspolitisch motiviertes Regelungskonzept, das auch die Ausrichtung der Vertriebswege auf die Bekämpfung der Suchtgefahren und eine Begrenzung der Wettleidenschaft sicherstellen soll; die Möglichkeit zum Glücksspielen und Sportwetten soll auf der Grundlage der bundesverfassungsgerichtlichen Vergaben eben gerade nicht über ein breit gefächertes Netz von Annahmestellen in bewusster Nähe zum Kunden stattfinden und dadurch zum allerorts verfügbaren „normalen" Gut des täglichen Lebens werden. Mit Blick auf die erforderlichen und mittlerweile in allen Ländern in Kraft getretenen landesrechtlichen Komplementärregelungen zum GlüStV haben auch die zahlreichen (nur) zu den Regelungen des GlüStV veröffentlichten Gutachten von vornherein an Wert eingebüßt, so dass es insoweit kaum einer weiteren Beachtung dieser Schriften bedarf.[69] 44

69 Siehe statt aller *Hermes/Horn/Pieroth* Der Glücksspielstaatsvertrag, Drei verfassungs- und europarechtliche Gutachten, 2007 und die von *Ennuschat* unter dem Titel „Aktuelle Probleme des Rechts der Glücksspiele" 2008 veröffentlichten Rechtsgutachten von *Badura, Becker, Ennuschat, Dittmann, Stein* und *von Buttlar*.

b) *Alte und neue Regelungsteile – ein Experiment auf Zeit*

45 Es liegt auf der Hand, dass ein unter hohem Zeitdruck konzipierter GlüStV[70] jene Regelungsteile eines Vorläuferstaatsvertrages aufgreift, die bislang keiner verfassungs- und gemeinschaftsrechtlichen Kritik ausgesetzt waren und auch im Übrigen weniger Anlass zu gerichtlichen Auseinandersetzungen gegeben haben. Ein Nachteil der Übernahme ganzer Regelungsteile des LottStV mag allerdings darin erblickt werden, dass sich die Konzeption von Teilen dieses aufgehobenen Staatsvertrages nicht friktionslos in den insgesamt inhaltlich neu ausgerichteten GlüStV einfügt oder zumindest nicht auf den ersten Blick erschließt. Soweit dies nicht zu „unheilbaren" Wertungswidersprüchen führte, könnte bei der Beurteilung etwaiger Defizite beachtet werden, dass der GlüStV nur auf Zeit geschlossen und seine Verlängerung unter dem ausdrücklichen Vorbehalt positiver Ergebnisse der in diesem und den kommenden zwei Jahren erfolgenden Evaluierungen steht: Die Gesetzgeber haben sich mit dem Staatsvertrag in mancherlei Hinsicht auf juristisches Neuland gewagt.

46 Der GlüStV bezieht neben den Sportwetten in vollem Umfang auch die sog staatlichen und privaten Lotterien ein. Zusätzlich werden den Empfehlungen der Spielsuchtexperten entsprechend auch die für das Spielbankenwesen erforderlichen Vorschriften zum Spielerschutz, insbesondere zu den Spielersperren – für die Länder einheitlich – staatsvertraglich geregelt; die Spielbanken fallen demnach nach Maßgabe des § 2 GlüStV in den Anwendungsbereich des GlüStV. Der im Vergleich zum LottStV umfassendere Ansatz des GlüStV wird zudem durch die im Rahmen der Erläuterungen erfolgende Klarstellung verdeutlicht, dass auch die so genannten Telefongewinnspiele in Fernsehen und Hörfunk eine Regulierung erfahren, sofern es sich bei diesen um Glücksspiele im Sinne des § 3 GlüStV handelt: Bei vielen dieser angebotenen Gewinnspiele werden die Voraussetzungen eines Glücksspiels im Sinne des GlüStV vorliegen, denn der Sinn und Zweck dieser Angebote liegt allein darin, die potenziellen Teilnehmer mit einem Preis zu ködern, entweder in einer ersten Phase, wenn sie das Glück haben, dass ihr Anruf ausgewählt wird und sie die Lösung erraten, oder bei einer zweiten Gelegenheit im Wege der Teilnahme an einer weiteren Auslosung. Jedenfalls in der ersten Phase verpflichtet sich ein Spieler regelmäßig zur Zahlung eines Geldbetrags, der zwar gering sein kann, aber jedenfalls die Kosten eines Normalgesprächs oder der üblichen Kosten für eine SMS deutlich übersteigt, und den er in der Hoffnung akzeptiert, einen Gewinn zu erlangen. Bei einer derartigen Kombination eines vorgeschalteten entgeltlichen Glücksspiels und eines folgenden Geschicklichkeitsspiels (oder umgekehrt), die erst zusammen den Gewinn eines

---

70 Der Auftrag hierzu folgte durch die Ministerpräsidentenkonferenz im Juni 2006 auf der Grundlage umfassender Analysen der *Sportwetten*-Grundsatzentscheidung des *BVerfG* und musste innerhalb von 18 Monaten umgesetzt sein: Entwurf des Staatsvertrages (hier: insbesondere Auswertung der zahlreichen Stellungnahmen insbesondere der Suchtfachleute) – Abstimmung zwischen den Ländern – Notifizierung durch die EU-Kommission – parlamentarische Befassung durch 16 Landesparlamente – Erarbeitung und Verabschiedung der ergänzenden Landesgesetze – Ratifizierungsverfahren.

Preises ermöglichen, wird insgesamt regelmäßig von einem Glücksspiel auszugehen sein.[71]

Auch von einer Definition der für die Qualifizierung als erlaubnispflichtiges Glücksspiel maßgeblichen Entgelthöhe wurde im GlüStV – wie auch schon im LottStV – ausdrücklich abgesehen, so dass im Hinblick auf die mit dem Staatsvertrag verfolgten Ziele und den Rechtsgüterschutz eine „Geringfügigkeitsgrenze" als ungeschriebenes Tatbestandsmerkmal in die Regelung des § 3 GlüStV *nicht* hineininterpretiert werden kann. Schon im Hinblick auf den für die Strafbarkeit nach § 284 StGB erforderlichen „nicht ganz unbeträchtlichen Einsatz" hatte die Rechtsprechung in der Vergangenheit Entgelte in Höhe von 20 bis 25 Cent pro Spiel als ausreichend angesehen, da auch bei relativ geringen (Einzel-)Einsätzen während eines längeren Spielzeitraums hohe Gesamtverluste entstehen könnten.[72] Selbst wenn entgegen dem ausdrücklichen Wortlaut des § 3 GlüStV eine „Geringfügigkeitsgrenze" angenommen werden sollte – beispielsweise hinsichtlich eines bestimmten Spieleinsatzes je Spiel, der damit im Zusammenhang stehenden Höchstspieldauer oder -anzahl oder eines Höchstgewinns –, so müsste eine solche Begrenzung selbstverständlich auch von den Anbietern nachprüfbar sichergestellt werden (wie des etwa im gewerberechtlich geregelten Glücksspiel im Einzelnen gesetzlich geregelt ist). Auch die nunmehr in § 8a Abs 1 des 10. Rundfunkänderungsstaatsvertrages (RStV) vorgesehene „Begrenzung" für *Gewinn*spiele in Höhe von 50 Cent entfaltet – genauso wie andere gesetzliche Bestimmungen zu *Gewinn*spielen (§ 4 Nr 5, 6 UWG, Nr 3 der Anlage zu § 5 a SpielVO, § 3 Abs 4 Nr 4 u § 6 Abs 1 Nr 4 TMG) – für die Auslegung des § 3 GlüStV keinerlei Relevanz, was die Begründung zum Rundfunkänderungsstaatsvertrag auch ausdrücklich hervorhebt.[73] Die rundfunkrechtliche Regelung des § 8a Abs 1 S 6 RStV begrenzt die Zulässigkeit der dort normierten *Gewinn*spiele auf solche mit einem Teilnahmeentgelt von bis zu 50 Cent und umfasst damit über den GlüStV hinausgehend *auch* solche *Gewinn*spiele, die keine *Glücks*spiele iS des § 3 GlüStV sind. Dementsprechend finden im Umkehrschluss die §§ 4ff GlüStV auch weiterhin auf solche Gewinnspiele im Sinne des § 8a Abs 1 S 6 RStV Anwendung, die *Glücks*spiele iS des § 3 GlüStV sind. Besondere Aufmerksamkeit wird in diesem Zusammenhang allerdings den „tatsächlichen Anwendungsmodalitäten" des GlüStV-Vollzugs zu widmen sein: Bereits im laufenden Gesetzgebungsverfahren zum 10. Rundfunkänderungsstaatsvertrag wurde geltend gemacht, dass der glücksspielstaatsvertraglich geforderte Spielerschutz durch Gewinnspiele der TV- und Hörfunksender konterkariert werden könnte, da diese Spielangebote die rechtlich normierten Merkmale des Glücksspiels im Sinne des § 3 GlüStV erfüllten, die gesetzlichen Vorgaben aber nicht 47

---

71 So bereits *OLG Düsseldorf* Urt v 23. 9. 2003 – I-20 U 39/03 – zu § 284 StGB. Siehe hierzu auch *Eichmann/Sörup* MMR 2002, 142 und zuletzt *EuGH* Urt v 18. 10. 2007 – C-195/06, Rn 33ff, ferner *VG Berlin* Beschl v 2. 4. 2008 – 35 A 52.08, BA, S 35 (offenbar zweifelnd zum Anwendungsbereich des GlüStV).

72 *BVerwG* Urt v 24. 10. 2001 – 6 C 1/01, *BVerwGE* 115, 179, 184; *OVG LSA* Beschl v 29. 9. 2005 – 1 M 297/04, GewArch 2006, 163; *OLG München* Beschl v 22. 12. 2005 – 6 W 2181/05; *VGH Mannheim* Beschl v 12. 1. 2005, 6 S 1288/04.

73 LT-Drs SH 16/1824, S 45; vgl auch LT-Drs LSA 5/1201, S 31.

eingehalten würden – bei einem Blick ins tägliche Fernsehprogramm ein nicht ganz von der Hand zu weisender Vorhalt.[74]

c) *Konsistenz, Kohärenz und Regelungszuständigkeiten im Bundesstaat*

48 Trotz der vielfach aufgestellten Forderung nach einer gesamtstaatlichen Konsistenz und Kohärenz für die Regelungen zu sämtlichen Glücksspielbereichen haben die Länder die im Verhältnis zum Bund gebotene Zurückhaltung geübt und der Versuchung widerstanden, Regelungen des GlüStV ausdrücklich auch auf die als „gewerbliches Spiel" bezeichneten Spielbereiche oder die sogenannten Pferdewetten zu erstrecken. Dabei legen die Hinweise aus der Suchtforschung durchaus die Kategorisierung jedenfalls des „gewerblichen (Unterhaltungs-)Spiels" nun Geldgewinne als gefährliches Glücksspiel nahe.[75] Die Erstreckung der ordnungsrechtlichen Regelungskompetenz auf diesen Glücksspielbereich ist ebenso wenig abwegig wie durchsetzbar. Allerdings wäre auch umgekehrt der Zugriff des Gewerberechts-Gesetzgebers – Recht der Wirtschaft, Art 74 Abs 1 Nr 11 GG, unter den Voraussetzungen des Art 72 Abs 1 u 2 GG sowie unter Beachtung der den Gesetzgeber möglicherweise treffenden besonderen Anforderungen der Schutzpflichtendogmatik – auf die Glücksspielmaterie insgesamt denkbar gewesen, mit der Folge ordnungsrechtlicher Annexregelungen nach eingeschränkt gewerberechtlichem Muster.[76]

49 Während das *BVerfG* im Jahr 2000 ausdrücklich festgestellt hat, dass das Spielbankenrecht *nicht* zum Recht der Wirtschaft (Art 74 Abs 1 Nr 11 GG) sondern zum Recht der öffentlichen Sicherheit und Ordnung (Art 70 Abs 1 GG) und damit in ausschließliche Länderkompetenz gehöre, da wirtschaftliche Aspekte nur Rand- und Folgeerscheinungen des Spielbankbetriebes seien,[77] hebt es zum Sportwettrecht nunmehr hervor, dass die Länder *schon deshalb* regelungszuständig seien, weil der Bund von einer *möglichen* Gesetzgebungszuständigkeit nach Art 74 Abs 1 Nr 11 GG (Recht der Wirtschaft), abgesehen vom Bereich des Wettens auf Pferdesportereignisse, jedenfalls *keinen Gebrauch gemacht* habe (Art 72 Abs 1 GG).[78] Eine Neuregelung komme grundsätzlich sowohl durch den Bundes- wie den Landesgesetzgeber in Betracht, da *auch* der Bund, gestützt auf den Gesetzgebungstitel für das Recht der Wirtschaft nach Art 74 Abs 1 Nr 11 GG, unter den Voraussetzungen des Art 72 Abs 2 GG tätig werden könne.[79] Der Blick in die aktuelle Literatur führt zunächst zu dem

---

74 Pressemitteilung der Deutsche Spielbanken Interessen- und Arbeitsgemeinschaft (DeSIA) vom 6. 4. 2008; siehe auch *Liesching* Gewinnspiele im Rundfunk und in Telemedien, Straf- und jugendschutzrechtliche Anforderungen, Gutachten, Mai 2008.

75 Vgl. *BVerfG*, Fn 1, Rn 100; vgl auch *Grüsser/Albrecht/Mörsen/Plöntzke/Rosemeier* The addictive potential of Lottery Gambling, Journal of Gambling Issues 2007, 19.

76 Zur Frage der Rechtssetzungskompetenz siehe statt vieler *Beckemper/Janz* Rien ne va plus – Zur Strafbarkeit wegen des Anbietens privater Sportwetten nach der *Sportwetten*-Entscheidung des *BVerfG* Urt v 28. 3. 2006, ZIS 2008, 31 (32), Fn 6, mwN.

77 *BVerfG*, 1 BvR 539/96, Beschl v 19. 7. 2000, *BVerfGE* 102, 197 (215), Abs-Nr 75 unter Bezugnahme auf *BVerfGE* 28, 119 (144 ff).

78 *BVerfG*, 1 BvR 1054/01, Urt v 28. 3. 2006, Abs-Nr 96.

79 Ebd Abs-Nr 155.

vagen Verdacht, dass sich das BVerfG zur Verteilung der Gesetzgebungszuständigkeiten für die verschiedenen Glücksspielregelungsgegenstände mit diesen Erklärungen am Ende nicht hinreichend deutlich positioniert haben könnte.[80] Dieser „Anfangsverdacht“ erhält allerdings keine weitere Nahrung, wenn die Analyse der Regelungszuständigkeiten auf die materielle Unterscheidung und Unterscheidbarkeit der Regelungsgegenstände des Ordnungs- und des Gewerberechts konzentriert wird: Die in Art 74 Abs 1 Nr 11 GG angelegte alternative Gesetzgebungskompetenz steht in unmittelbarem Zusammenhang mit der (künftigen) *inhaltlichen* Konzeption des „Glücksspiel“-Regelungsgegenstandes. Eine bundesgesetzliche Regelung kommt, von den strengen Anforderungen des Art 72 Abs 2 GG abgesehen, nur dann in Betracht, wenn und soweit in Bezug auf einen bislang der Ländergesetzgebung unterliegenden Glücksspielbereich die bisherige Gefahrenprognose auf ein Niveau abgeschwächt wird, das dessen künftige Kategorisierung als gewerberechtliche Betätigung nach sich zieht. Durch den verfassungsgerichtlichen Hinweis im *Sportwetten*-Grundsatzurteil wird daher die Befugnis der Landesgesetzgeber nicht einmal ansatzweise in Frage gestellt, den überkommenen ordnungsrechtlichen Regulierungsansatz auf der Grundlage der sicherheitsrechtlichen Gesetzgebungskompetenz der Länder (Art 70 Abs 1 GG) – ggf in nachgebesserter Form – fortzuführen.[81]

Vor diesem Hintergrund haben sowohl die Bundesregierung als auch der Bundesge- **50**
setzgeber während der Länderberatungen zum GlüStV zu Recht deutlich gemacht, dass derzeit auf Seiten des Bundes kein Interesse besteht, die bisher in Länderzuständigkeit geregelten Bereiche „an sich zu ziehen“.[82] Darüber hinaus waren sich Bund und Länder jedenfalls zum Zeitpunkt der Erarbeitung des Staatsvertrages offenbar auch einig, dass die bisher in Bundeskompetenz geregelten Bereiche nicht zeitgleich vom Bund überarbeitet werden. Im Übrigen dürften beim Bund auch Überlegungen angestellt worden sein, wie ggf. die durch bundesrechtliche Regelung den Ländern entstehenden Einnahmeverluste auszugleichen gewesen wären; der Bund hätte durch den „Zugriff“ zudem sämtliche in Bezug auf die Verfassungs- und Gemeinschaftsrechtskonformität bestehenden Risiken auf sich gezogen. Im Unterschied zu den Ländern, die ausweislich der Erläuterung des GlüStV ein Harmonisierungserfordernis von Landes- und Bundesrecht erblicken, hat die Bundesregierung einen Anpassungsbedarf für den Bereich des sogenannten gewerblichen Spiels allerdings bislang wohl nicht ausmachen können. Der GlüStV regelt dementsprechend die unstreitig in die Länderzuständigkeit fallenden Bereiche (Lotterien und Ausspielungen, Sportwetten, Spielbanken) und stellt immerhin insoweit einen bundeseinheitlichen sicherheitsrechtlichen Regulierungsrahmen für die Länder dar.

In diesem Zusammenhang ist allerdings noch anzumerken, dass mit der „Föderalis- **51**
musreform I“ die (Vorrang-)Gesetzgebung des Bundes für das Recht der Wirtschaft nur noch „ohne das Recht [...] der Spielhallen [und] der Gaststätten“ gilt (Art 74 Abs 1 Nr 11 GG). Die auf der Grundlage der bisherigen Bundeskompetenz nach

---

80 Statt vieler *Pestalozza* NJW 2006, 1711 (1713).

81 *Dietlein* Rechtsfragen einer kohärenten Glücksspielregulierung in der Bundesrepublik Deutschland, Gutachten, S 17 ff, mwN.

82 BT-Drs 16/3506; BT-Drs 16/5166, S 20 ff.

Art 74 Abs 1 Nr 11 GG aF erlassenen spielhallenrechtlichen Regelungen gelten dabei nach Art 125a Abs 1 S 1 GG fort, können aber nach Art 125a Abs 1 S 2 GG jederzeit durch landesgesetzliche Bestimmungen ersetzt werden. Gerade auch vor diesem Hintergrund stellt sich die Frage, ob und inwieweit eine durch den Bund (noch) ausgeübte Wirtschaftsgesetzgebung durch ordnungsrechtliche Regelungen der Länder abgelöst werden kann, wenn diese die Gefahrenbewertung durch den Bundesgesetzgeber nicht (länger) teilen und eine schwerpunktmäßig sicherheitsrechtliche Regulierung für unabdingbar halten. Zwar ist gerade in Anbetracht fehlender Erörterungen und mangelnder Hinweise in den Beratungen und Gesetzesmaterialien zur Föderalismusreform hinsichtlich der Auslegung des Verfassungsbegriffs „Recht der Spielhallen" nicht geklärt, welchen Inhalt bzw. welche Reichweite dieses – verfassungsrechtlich neu geschaffene – Rechtsgebiet umfasst. Die Länder wären jedoch gut beraten, wenn sie alsbald die Frage prüften, ob und inwieweit sie selbst berechtigt und möglicherweise gemeinschaftsrechtlich verpflichtet sein könnten, die bestehenden gewerberechtlichen Regelungen des Bundes durch eigene, im Systemvergleich mit anderen Glücksspielen kohärentere Bestimmungen zu ersetzen. Zwar sind die Oberverwaltungsgerichte bislang fast einhellig zu der Einschätzung gelangt, dass die Abstinenz ordnungsrechtlicher Regelungen des „gewerblichen" Automatenspiels und der Pferdewetten der Kohärenz und Konsistenz eines Glücksspielregelwerkes nicht per se entgegenstünde.[83] Gleichwohl ist die Gefahr keineswegs von der Hand zu weisen, dass sich die Gesetzgeber im Hinblick auf unterschiedliche Regelungsziele und die jeweils normierten Mittel zur Zielerreichung in Widersprüche verwickeln und hierdurch mit dem gemeinschaftsrechtlichen Verhältnismäßigkeitsge- und Willkürverbot kollidieren könnten, sofern zentrale tatsächlich-suchtrelevante Bereiche mit nachweislich erheblichem Gefährdungspotenzial vom ordnungsrechtlichen Ansatz vollständig ausgeklammert blieben. Aus welchem Grund die Mehrzahl der Länder nicht jedenfalls die ihnen bereits vor Inkrafttreten der Föderalismusreform zustehende Möglichkeit von weitgehenden *zeitlichen* Beschränkungen des sog gewerblichen Spiels in Spielhallen durch sperrzeitrechtliche Bestimmungen (§ 18 GastG) nutz(t)en, bleibt ohnehin im Dunkeln.[84]

52 Da die Länder der föderalen Ordnung der Bundesrepublik entsprechend berechtigt sind, eine eigenständige Politik im Glücksspielwesen zu verfolgen, ist es im Übrigen naheliegend, dass sie auch gemeinschaftsrechtlich nicht verpflichtet sind, die von anderen Ländern erteilten Erlaubnisse ungeprüft anzuerkennen. Es ist in diesem Zusammenhang an die Judikatur des *EuGH* zu erinnern, der zufolge die Bewertung des

---

83 Zuletzt beispielsweise *OVG NRW* Beschl v 22. 2. 2008 – 13 B 1215/07, ZfWG 2008, 122; *VGH BaWü* Beschl v 17. 3. 2008 – 6 S 3069/07, ZfWG 2008, 131; *OVG HH* Beschl v 25. 3. 2008 – 4 Bs 5/08, ZfWG 2008, 136. Gleichwohl haben einige (erstinstanzliche) Verwaltungsgerichte (so zB *VG Braunschweig* Beschl v 10. 4. 2008, 5 B 4/08) dem *EuGH* die Frage nach der „Gesamtkohärenz" des deutschen Glücksspielwesens vorgelegt. Der Schriftsatz der EU-Kommission hierzu vom 10. 12. 2007 (Auszug) und die zT harsche Kritik an der Vorgehensweise dieser Verwaltungsgerichte von *Stein* kann id ZfWG 2008, 94ff und 102f nachgelesen werden.

84 Vgl. zu sperrzeitrechtlichen Beschränkungen in einigen Ländern *BVerwG* Beschl v 23. 7. 2003, 6 B 33.03, GewArch 2003, 433; *OVG Saarland* Beschl v 6. 6. 2006, 3 Q 9/04; zur Gesetzgebungskompetenz vgl auch *BVerwG* Beschl v 23. 7. 2003, 4 BN 40.03, NuR 2004, 167.

Gefährdungspotentials bestimmter Spiele und die Festlegung einer Schwelle, ab welcher Gefährdung eine staatliche Regulierung des Wettbewerbs erfolgen soll, der Einschätzungsprärogative des jeweiligen mitgliedstaatlichen Gesetzgebers unterliegt: Ihm obliegt die Beurteilung, ob es im Rahmen der von ihnen verfolgten Ziele notwendig ist, Glücksspiele vollständig oder teilweise zu verbieten, oder ob es genügt, sie zu beschränken und zu diesem Zweck mehr oder weniger strenge Kontrollen vorzusehen. Für die gemeinschaftsrechtliche Verhältnismäßigkeitsprüfung ist es dabei bekanntermaßen ohne Belang, dass ein Mitgliedstaat weniger einschränkende Regelungen als ein anderer getroffen hat. Ungeklärt ist gleichwohl die spannende und derzeit (noch) akademische Frage, ob eine deutlich unterscheidbare Gefahreneinschätzung der Landesgesetzgeber der Bundesrepublik (untereinander) bis hin zu gänzlich unterschiedlichen Regelungsmodellen des Glücksspielwesens – zB ein umfassendes staatliches Monopol im Freistaat Bayern, die vollständige „Liberalisierung" in Schleswig-Holstein – unter Konsistenz- und Kohärenzgesichtspunkten auch gemeinschaftsrechtlich unbedenklich wäre.

d) Regelungsziele des GlüStV

Die nach § 1 GlüStV verfolgte Regelungsziele sind unübersehbar an den verfassungsgerichtlichen Vorgaben orientiert; der Gesetzestext stimmt mit diesen teilweise wörtlich überein: die Verhinderung von Glücksspiel- und Wettsucht sowie die Voraussetzungen für eine wirksame Suchtbekämpfung zu schaffen (Nr 1), die Begrenzung des Glücksspiels und den natürlichen Spieltrieb in geordnete und überwachte Bahnen zu lenken (Nr 2), den Jugend- und Spielerschutz zu stärken (Nr 3) sowie sicherzustellen, dass Glücksspiele ordnungsgemäß durchgeführt, die Spieler vor betrügerischen Machenschaften geschützt und die mit Glücksspielen verbundene Folge- und Begleitkriminalität abgewehrt werden (Nr 4). Wichtigstes Ziel des GlüStV ist demnach – ausweislich der systematischen Stellung und der Erläuterungen zu diesem Ziel – die *Vermeidung und die Bekämpfung der Glücksspielsucht*. **53**

e) Umfassende Erlaubnispflicht, ein Internet-Glücksspielverbot und Werbebeschränkungen als Mittel zur Erreichung der Ziele des GlüStV

Zur Erreichung der Ziele des § 1 GlüStV sieht § 4 GlüStV eine **umfassende Erlaubnispflicht** für die Veranstaltung und Vermittlung von Glücksspielen aller Art vor, die durch ergänzende Vorschriften der Glücksspielgesetze der Länder insbesondere hinsichtlich der Erlaubnisinhalte weiter präzisiert wird. Auf die Erteilung der Erlaubnis besteht **kein Rechtsanspruch** (§ 4 Abs 2 S 3 GlüStV). In der Begründung zu § 4 GlüStV wird verdeutlicht, dass durch die in das pflichtgemäße Ermessen der Glücksspielaufsichtsbehörde gelegte Entscheidung über ein (neues) Glücksspielangebot und die Beteiligung des Fachbeirates Sucht (§§ 9 Abs 5, 10 Abs 1 S 2 GlüStV) eine Steuerung allein nach den ordnungsrechtlichen Zielen des § 1 erfolgen soll. In § 4 Abs 4 GlüStV hat der Gesetzgeber ein generelles Verbot des Veranstaltens und Vermittelns öffentlicher Glücksspiele im Internet sowie in § 5 GlüStV umfassende Werbebeschränkungen und -verbote geregelt. In §§ 6 u 7 GlüStV werden Pflichten bezüglich der Erstellung von Sozialkonzepten sowie bestimmte Aufklärungsvorgaben bestimmt. **54**

55 Der GlüStV übernimmt und präzisiert damit das vom *BVerfG* in der *Sportwetten*-Entscheidung angedeutete trichotomische Regelungskonzept, das die zwischen den Regelungsgegenständen „Glücksspielart", „Vertriebsweg" und „Werbung" bestehenden Wechselbeziehungen als tatsächlichen Ausgangspunkt hat: Ein den verfassungsrechtlichen Anforderungen genügendes Suchtvermeidungs- und Bekämpfungskonzept kann danach eine umso restriktivere Regelung der Glücksspielvertriebswege und der Werbung vornehmen, je höher das Gefahrenpotenzial der jeweiligen Glücksspielart ist. Insoweit ist beispielsweise auch die (derzeit den bundesverfassungsgerichtlichen Vorgaben entsprechend verbotene) Live-Sportwette mit einer den spielbanktypischen Glücksspielangeboten wohl vergleichbaren Gefährdung dann verfassungsrechtlich nicht von vornherein zu beanstanden, wenn sie unter denselben strengen Bedingungen wie das Spielbankenangebot stattfindet (kein flächendeckendes Angebot, absolute Zugangssperre für Jugendliche und spielsuchtgefährdete Spielteilnehmer etc). Es ist auf den ersten Blick auch kein rechtlich zwingender Grund dafür erkennbar, warum in diese Überlegungen zum Wechselspiel zwischen der Glücksart und dem Vertriebsweg (und der Werbung für die jeweilige Glücksspielart) nicht auch die Glücksspielangebote im Internet dauerhaft einbezogen werden sollten, so dass für die Verbreitung harmloserer Glücksspiele – entgegen dem generellen Verbot des GlüStV – nach Ablauf der Übergangsfrist des § 25 Abs 6 GlüStV der Internetvertriebsweg weiterhin offenstehen könnte. Als Erklärung für das strikte generelle Verbot des Internetglücksspiels bietet sich allerdings neben der besonderen Gefährlichkeit der Kombination aus Glücksspiel und Internet (insbesondere wegen des sozialen Kontrollverlustes) auch die als Auffassung der EU-Kommission transportierte Einschätzung an, der zufolge sich ein gemeinschaftsrechtlich akzeptables Internetglücksspiel der in den deutschen Ländern erlaubten Glücksspielanbieter und das gleichzeitige generelle gesetzliche Verbot des Internetvertriebs von Glücksspielen durch EU-ausländische Anbieter in Deutschland gegenseitig ausschlössen.

f) Ordnungsrechtlich und ordnungspolitisch fundierte Monopolisierung des „gefährlichen" Glücksspiels

56 Ein weiterer zentraler Bestandteil des GlüStV ist die bereits in § 5 Abs 1 und 2 LottStV vorgesehene Verpflichtung der Länder, die Veranstaltung und Durchführung von Glücksspielen in dem Sinne zu monopolisieren, dass bestimmte Glücksspiele nur durch die Länder selbst, durch juristische Personen des öffentlichen Rechts oder durch privatrechtliche Gesellschaften veranstaltet und durchgeführt werden dürfen, an denen juristische Personen des öffentlichen Rechts unmittelbar oder mittelbar maßgeblich beteiligt sind (§ 10 Abs 1 u 2 GlüStV). § 10 Abs 5 GlüStV bestimmt wie bisher in § 5 Abs 4 LottStV ausdrücklich, dass anderen als den in Abs 2 Genannten nur die Veranstaltung von Lotterien und Ausspielungen nach den Vorschriften des dritten Absatzes erlaubt werden. Nach Maßgabe der Regelungssystematik bedeutet dies, dass nur Lotterien mit geringerem Gefährdungspotential iS der §§ 12 ff GlüStV durch dort genannte private Anbieter bei gemeinnütziger Ertragsverwendung veranstaltet werden dürfen.

g) *Zweiter bis Siebter Abschnitt des GlüStV*

Neu im Zweiten Abschnitt sind die weiteren Aufgaben und Pflichten des Staates wie beispielsweise die Sicherstellung der Aufsicht und der Forschung sowie die Unterstützung durch einen Fachbeirat, der sich aus Experten in der Bekämpfung der Glücksspielsucht zusammensetzt.[85] **57**

Im Dritten Abschnitt finden sich – in weitestgehender Übereinstimmung mit den Regelungen des LottStV – die Voraussetzungen zur Veranstaltung sogenannter privater Lotterien. Nach Maßgabe der Regelungssystematik bedeutet dies ebenfalls unverändert, dass nur Lotterien mit geringerem Gefährdungspotenzial im Sinne der §§ 12ff GlüStV durch private Anbieter veranstaltet werden dürfen. Nach § 13 GlüStV darf eine Erlaubnis zur Veranstaltung von Lotterien mit geringerem Gefährdungspotential ua nicht erteilt werden, wenn der Spielplan vorsieht, dass der Höchstgewinn einen Wert von 1 Mio Euro übersteigt. Ebenfalls im Dritten Abschnitt (§ 18 GlüStV) wird den Ländern (wie bereits durch den LottStV) die Möglichkeit eröffnet, für sog Kleine Lotterien, deren Entgelte den Betrag von 40.000 Euro nicht übersteigen, von den Anforderungen des Staatsvertrages abzuweichen. **58**

Durch die teilweise Übernahme der Systematik des Lotteriestaatsvertrags gibt es auch weiterhin einen Vierten Abschnitt, des sich mit der gewerblichen Spielvermittlung befasst. Allerdings sind die durch den § 14 LottStV und das Zusammenspiel mit den bisherigen landesgesetzlichen Bestimmungen geschuldeten Unklarheiten nunmehr beseitigt, in dem der einzige Paragraf des Vierten Abschnitts sich lediglich auf die Legaldefinition in § 3 Abs 6 GlüStV bezieht und neben den in § 19 GlüStV benannten Voraussetzungen die §§ 4 bis 7 und weitere gesetzliche Regelungen ausdrücklich für anwendbar erklärt. In dem neu eingeführten Fünften Abschnitt finden sich die besonderen Bestimmungen für bestimmte Arten von Glücksspiele, die zu einem nach dem Gefährdungspotenzial abgestuften Beschränkungssystem führen, und im Sechsten Abschnitt die damit korrespondierenden Bestimmungen zu einem Spielersperrsystem. Nach den datenschutzrechtlichen Bestimmungen im neuen Sechsten Abschnitt finden sich im Siebten Abschnitt schließlich die erforderlichen Übergangs- und Schlussbestimmungen: Nach § 24 S 1 GlüStV erlassen die Länder die zur Ausführung des Staatsvertrages notwendigen Bestimmungen. § 24 S 2 GlüStV stellt klar, dass diese Regelungen weitergehende Anforderungen insbesondere zu den Voraussetzungen des Veranstaltens und Vermittelns von Glücksspielen festlegen können. **59**

Im Unterschied zu dem bis zum Inkrafttreten des GlüStV geltenden Regelungsregime, das, wie bereits angedeutet, durch eine schier unüberschaubare Vielzahl an landesrechtlichen Glücksspielregelungen gekennzeichnet war, hat der GlüStV damit eine gewisse Vereinheitlichung des Glücksspielwesens in den Ländern bewirkt: Sehr viel umfassender und präziser als der Vorläuferstaatsvertrag regelt der GlüStV die Rahmenbedingungen für das monopolisierte (und auch das nicht monopolisierte) Glücksspielangebot in den Ländern. Deshalb haben die Landesparlamente die Vielzahl der bislang bestehenden glücksspielrechtlichen Regelungen auch fast ausnahmslos aufge- **60**

---

85 Vgl auch VwV-GlüStV, abrufbar unter https://www.uni-hohenheim.de/gluecksspiel/staatsvertrag/Fachbeirat.pdf; vgl auch LT (SH), Umdruck 16/2404.

hoben. Aus diesem Grund bildet der GlüStV nunmehr den Ausgangspunkt der rechtlichen Bewertung des (jeweiligen) Landesglücksspielrechts, während der LottStV bei den vielen gerichtlichen Auseinandersetzungen der letzten Jahre kaum eine Rolle gespielt hat. Entgegen häufig zu lesender Behauptungen gibt es gleichwohl auch weiterhin nicht lediglich *ein* Glücksspielmonopol in Deutschland. Über die Frage, ob *die* Kernregelung des Staatsvertrages darin besteht, „dass auch in Zukunft nur die Länder Lotterien, Wetten, Spielbanken und sonstige Glücksspiele veranstalten dürfen“[86], darf man auch weiterhin unterschiedlicher Auffassung sein. Jedenfalls erfordern die als „föderalistische Vielfalt“ beschriebenen landesgesetzlichen Regelungen zum öffentlichen Glücksspiel, wie bereits angedeutet, auch weiterhin eine differenzierte Betrachtungsweise.

4. Nochmals: Glücksspielangebot, Vertrieb, Werbung und deren Interdependenzen

a) Glücksspielangebot

61 Das auf der Grundlage des GlüStV und der landesrechtlichen Komplementärbestimmungen ordnungsrechtlich zulässige und ordnungspolitisch erwünschte Glücksspielangebot und die Veranstalter-(Durchführer-) Strukturen lassen sich folgendermaßen skizzieren: Derzeit gibt es in jedem Bundesland ein Lottounternehmen. Diese Unternehmen, die teils als Veranstalter, teils als Durchführer agieren, finden sich im Gewand unterschiedlicher Rechtsformen wieder. Es handelt sich zwar überwiegend um juristische Personen des Privatrechts, deren Anteile ausschließlich oder überwiegend unmittelbar oder mittelbar in Landeseigentum stehen; daneben gibt es in einem Fall die dem Finanzministerium nachgeordnete, Glücksspiele durchführende Mittelbehörde, in einem anderen Fall das wirtschaftlich selbstständige, nicht rechtsfähige Treuhandvermögen des Landes. Die, um eine weitere Variante zu nennen, rechtsfähige Anstalt des öffentlichen Rechts als Glücksspielveranstalterin ist zumindest unter dem Gesichtspunkt der Beherrschbarkeit und Durchsetzung ordnungspolitischer Ziele mit Vorteilen gegenüber der als juristische Person des Privatrechts betriebenen Lottounternehmen ausgestattet, deren Anteile einige Sportverbände innehaben (ein weiterer „atypischer“ Fall).[87] Dabei genügen offenbar bereits wenige Anteile zur Schwächung des ordnungsrechtlich begründeten gesellschaftsrechtlichen „Durchgriffs“.

62 Die Landeslottounternehmen bieten in ihrem jeweiligen Sitzbundesland die Lotterien „Lotto 6 aus 49“ (Ziehungen jeweils am Mittwoch und am Samstag), „Super 6“, „Spiel 77“ sowie die „GlücksSpirale“ und die Sportwetten „Oddset“ („Kombi-Wette“ und „Top-Wette“) und „Fußballtoto“ an. Nicht bundesweit angeboten werden (Ende 2007) die Lotterien „Quickie“ (nur Niedersachsen), „Keno“ und „Plus 5“ (alle Länder mit Ausnahme von Sachsen-Anhalt), „Bingo“ und unterschiedliche Losbrief- bzw. Sofortlotterien. Die Veranstaltung der auf der Grundlage der gesetzgeberischen Einschätzung (besonders) gefährlichen Glücksspiele „Sportwetten“, „Zahlenlotto“ und andere Lotterien, deren Höchstgewinn 1 Mio Euro übersteigt, oder die einen

86 So zuletzt *Beckemper/Janz* ZIS 2008, 31 (39).
87 § 25 Abs 3 GlüStV.

planmäßigen Jackpot ausspielen, ist dabei grundsätzlich den Landeslotterieunternehmen vorbehalten. Entgegen der öffentlichen Wahrnehmung bestehen auch zwischen den von allen Landeslottounternehmen unter einheitlichem Namen veranstalteten Glücksspielangebote durchaus Unterschiede: zum einen – gewissermaßen „materielle" Angebotsunterschiede – bei der Ausgestaltung im Detail (insbesondere in Form von regionalen Sonderauslosungen oder differierenden Teilnahmemöglichkeiten), zum anderen im Hinblick auf die erhobenen Bearbeitungsgebühren. Die von den einzelnen Lottounternehmen veranstalteten Sofortlotterien unterscheiden sich zudem sowohl nach Zeitraum als auch durch die Spiel- und Gewinnpläne, die Teilnahmebedingungen des Zahlenlottos im Hinblick auf die angebotenen Mehrwochenaufträge und Anteilscheine. Einsatzbegrenzungen reichten in der Vergangenheit etwa von 250 Euro pro Woche bis 2.300 Euro pro Woche.

Neben den Lotterien der Landeslottounternehmen existieren im gesetzlich monopolisierten Bereich mit der Nordwestdeutschen Klassenlotterie (NKL) und der Süddeutschen Klassenlotterie (SKL) zwei sogenannte Klassenlotterien[88] staatlich getragener Anbieter, die in ebenfalls unterschiedlicher Rechtsform bestimmte Arten von Lotterien einschließlich unterschiedlicher Ergänzungsangebote vertreiben. **63**

Auf Grundlage der nach dem Dritten Abschnitts des LottStV erteilten Erlaubnisse der zuständigen Landesbehörden gab es ferner die bundesweit veranstalteten Lotterien der Stiftung Deutsches Hilfswerk (ARD-Fernsehlotterie) sowie der Deutschen Behindertenhilfe – Aktion Mensch eV (ZDF-Aktion Mensch), die in jeweils unterschiedlicher Ausgestaltung ihre Angebote bereitstell(t)en. Ebenfalls auf Grundlage des Dritten Abschnitts des LottStV waren in mehreren Ländern (nicht bundesweit) die von Gewinnsparvereinen angebotenen Lotterien in Form des Gewinnsparens einiger Sparkassen oder Volks- und Raiffeisenbanken erlaubt. Dabei handelt es sich um Sparprodukte mit einer Lotteriekomponente. Schließlich gibt es die regelmäßig nur landesweit erlaubten Lotterien gemeinnütziger Veranstalter sowie eine Vielzahl regional oder lokal begrenzter Lotterien und Ausspielungen gemeinnütziger Anbieter, die teilweise auf Grund allgemeiner Erlaubnisse der obersten Glücksspielbehörden angeboten werden dürfen. **64**

Von diesem Bereich der Lotterien und Sportwetten getrennt geregelt sind die Zulassung und der Betrieb von Spielbanken. In der Bundesrepublik Deutschland gab es im Jahr 2000 46 öffentliche Spielbanken, die – überwiegend landesgesetzlich monopolisiert – in unterschiedlichen Rechtsformen betrieben wurden. So gab es Staatsbetriebe des Freistaates Bayern, 25 Gesellschaften, deren Anteile vollständig vom jeweiligen Land gehalten werden, und weitere 15 Unternehmen in privater Trägerschaft. Ende 2006 waren in den Ländern insgesamt 49 Spielbanken mit zusätzlichen 31 Zweig- bzw Nebenstellen zugelassen.[89] **65**

---

88 § 12 Abs 1 GlüG LSA enthält eine Legaldefinition der „Klassenlotterie". Einzelheiten zu den Klassenlotterien siehe bei *Rombach* § 23.

89 Deutsche Spielbanken Interessen- und Arbeitsgemeinschaft (De SIA), Branchenbericht 2005/2006, S 4.

66 Schließlich existieren auch Unternehmen, die sich für ihr Angebot auf eine ihnen oder anderen Privatpersonen im Jahre 1990 aufgrund des Gewerbegesetzes der DDR vom 6. März 1990 erteilte Erlaubnis berufen. Es ist allerdings durch die Rechtsprechung geklärt, dass diese Erlaubnisse ihre Legitimationswirkung *nicht bundesweit* (jedenfalls nicht in den „alten" Ländern) entfalten.[90] Hiervon abgesehen haben sich jene Länder, in denen solche Sportwettenerlaubnisse erteilt worden sind, gemäß Nummer 3 der Protokollnotiz der Ministerpräsidentenkonferenz vom 13. Dezember 2006 verpflichtet, diese aufzuheben, sofern und soweit sie überhaupt noch gelten.[91]

b) Vertrieb

67 Mit der Erlaubnispflicht der Vertriebsform eines Glücksspiels wird dem Umstand Rechnung getragen, dass die Art des Vertriebs von Glücksspielen maßgeblich mitbestimmt, ob die in § 1 GlüStV definierten Ziele tatsächlich erreicht werden. Das *BVerfG* hat in seinem Grundsatzurteil vom 28. März 2006 die herausragende Bedeutung der Vertriebswege zu Recht betont.[92] Der Zusammenhang zwischen der (leichten) Verfügbarkeit eines Spielangebotes und einem verstärkten Nachfrageverhalten mit allen potenziellen negativen Begleitfolgen kann schwerlich bestritten werden. Ein dichtes Netzwerk an Glücksspielangeboten einschließlich einer extensiven Vermarktung senkt potenzielle Hemmschwellen und fördert die gesellschaftliche Akzeptanz von Glücksspielen. In diesem Zusammenhang ist anzumerken, dass 98,7% der bundesdeutschen Haushalte Ende 2004 über ein Telefon verfügten (Erhebungen des Statistischen Bundesamtes). Es gab rund 89 Mio Telefone, davon 45,7 Mio stationäre Telefone und 43,3 Mio Mobiltelefone. Ferner besaßen 57,2% der Haushalte (rd 19 Mio Haushalte) im Jahr 2005 einen Internet-Anschluss.

68 Die von den Landeslottounternehmen angebotenen Glücksspiele werden gleichwohl weit überwiegend über „traditionelle" Annahmestellen vertrieben (sog terrestrischer Vertrieb). Bei diesen handelt es sich regelmäßig um kleinere Verkaufsstellen, die für das jeweilige Lottounternehmen als Handelsvertreter von den Spielern die Spielscheine und den Spieleinsatz entgegennehmen sowie Gewinne bis zu einem bestimmten Höchstbetrag auszahlen. Der Internetvertrieb der Glücksspielangebote der Landeslottounternehmen machte im Jahr 2006 einen Umsatzanteil im einstelligen (Prozent-)Bereich aus und erfolgte auf zweierlei Weise: Zum einen unterhielten die Lottounternehmen eigene Spielportale für den Internet-Direktvertrieb, zum anderen gab und gibt es von den Lottounternehmen unabhängige Unternehmen, die im Internet die Glücksspiele teilweise auch noch immer bundesweit anbieten. Die vom Spieler auf der Internetseite selbst ausgewählten Gewinnzahlen werden regelmäßig entweder elektronisch über eine virtuelle Annahmestelle an das Lottounternehmen weitergeleitet oder von dem Internetanbieter ausgedruckt und bei einer Handelsagentur des Lottounternehmens abgegeben. Die Mehrzahl der Landeslottounternehmen

---

90 Vgl *VGH BaWü* Beschl v 17. 3. 2008 – 6 S 3069/07.

91 Vgl zur unterschiedlichen Umsetzung in den Ländern *VG Berlin* Beschl v 2. 4. 2008 – 35 A 52.08, BA, S 34.

92 *BVerfG*, 1 BvR 1054/01, Urt v 28. 3. 06, Rn 135 ff.

hat den (eigenen) Internetvertrieb jedoch im Zusammenhang mit dem seit August 2006 schwelenden und von sogenannten gewerblichen Spielvermittlern initiierten Kartellrechtsstreit, der nunmehr mit der Entscheidung des *BGH* vom 14. August 2008 seinen Abschluss gefunden hat,[93] eingestellt.

Die Nachfrage nach bundesweiten Vermittlungsleistungen ist von der Nachfrage nach lokalen Vermittlungsleistungen über stationäre Annahmestellen zu trennen. Beide Geschäftsarten unterscheiden sich im Hinblick auf die Art der angebotenen Leistungen, die Voraussetzungen für die Erbringung der Leistungen sowie die Beziehungen zum Lottounternehmen, sodass sie auch nach Auffassung des Bundeskartellamtes aus Abnehmersicht als nicht miteinander austauschbar angesehen werden und daher getrennte sachlich relevante Märkte bilden. Die regelmäßig bundesweite Vermittlungsdienstleistung erfolgt zwar überwiegend über das Internet, zugleich aber auch als Direktvertrieb und das Telemarketing. Bei den sog gewerblichen Spielvermittlern kann – ungeachtet der geltenden Rechtslage – regelmäßig über den Postversand, über das Telefon, per SMS oder über das Internet (im Haushalt) gespielt werden. **69**

Die Klassenlotterien von NKL und SKL werden von sogenannten Lotterieeinnehmern überwiegend auf dem Versandweg und in geringem Umfang auch über das Internet vertrieben. Die NKL führte zudem mit der nkl-cyberlotterie eine Internetlotterie durch. Auch die virtuellen Lose der cyberlotterie werden jedoch offenbar bestimmten Lotterieeinnehmern zugeordnet. Einige Lotterieeinnehmer bedienen sich ihm Rahmen ihres Vertriebs offenbar wiederum verschiedener Dienstleister, die ihnen Kunden zuführen, aber selbst keine (direkten) Vermittlungsleistungen für die Klassenlotterien erbringen. Bei den Losen der sogenannten Fernsehlotterien handelt es sich demgegenüber um besondere Zahlungsverkehrsvordrucke, mit denen der Spieler seinen Einsatz an den Lotterieveranstalter einzahlt, überweist oder vom Konto abbuchen lässt. Die Vordrucke werden über Banken, Sparkassen und die Postbank sowie wohl auch über Telefonbestellung, Internet, Zeitschriften-Beilagen und Postwurfsendungen verteilt. Die Gewinnsparangebote wiederum werden ausschließlich von Gewinnsparvereinen der Volks- und Raiffeisenbanken sowie der Sparkassen in ihren jeweiligen Filialen angeboten. Im Unterschied zu anderen Lotterieangeboten ist die Teilnahme am Gewinnsparen jeweils an die Errichtung eines Sparkontos bei dem jeweiligen Kreditinstitut gebunden. Regional oder lokal beschränkte Angebote schließlich erfolgen regelmäßig nur über den herkömmlichen terrestrischen Vertrieb. **70**

Im Rahmen der öffentlichen Diskussion über die künftige Gestaltung des Glücksspielwesens wurde vielfach hervorgehoben, welche exorbitanten Wachstums- und Entwicklungschancen mit der Nutzung der neuen Informations- und Kommunikationstechnologien für den Glücksspielmarkt verbunden seien. Gerade in den letzten Jahren haben sich die Informations- und Kommunikationstechnologien immer schneller entwickelt, der Vormarsch dieser Technologien auf den Märkten der Informationsgesellschaft und der Medien erfolgt mittels schneller und weithin verfügbarer Kommunikationsverbindungen zwischen vielen unterschiedlichen Geräten weiterhin mit hoher Geschwindigkeit. Herkömmliche Inhalte werden zunehmend in digitali- **71**

93 *BGH* Urt v 14. 8. 2008, KVR 54/07.

sierter Form angeboten, und es entstehen neue von vornherein (nur) digitale Dienste. Eine zunehmende digitale Konvergenz der Mediendienste, Netze und Geräte ermöglicht inzwischen diverse dreidimensionale multimediale Inhalte. Die vielfältigen Medieninhalte können in unterschiedlichsten Formaten unabhängig von Zeit und Ort zur Verfügung gestellt und an die individuellen Bedürfnisse und Anforderungen angepasst werden. Dementsprechend wird ein starkes weiteres Wachstum von Online-Inhalten und Endverbrauchermarkt prognostiziert.[94] Die technologische Plattform hierfür bilden die vollständige Umstellung auf IP-gestützte Netze (Internetprotokoll), die zunehmende Nutzung drahtloser Kommunikationsnetze und drahtloser Zugangsplattformen (zB 3G, WiFi, WiMax und Satelliten), der Glasfaserausbau in den Ortsnetzen und der Übergang zum Digitalfernsehen. Die Europäische Kommission erhofft, dass die Marktteilnehmer mit neuen Wettbewerbern konfrontiert werden und nach neuen Geschäftsmodellen suchen. Dies soll auch zu neuen und innovativen Diensten für die Nutzer führen.[95]

c) Werbung

72 Werbung für in Deutschland *erlaubtes* Glücksspiel ist bei Einhaltung der vom BVerfG gesetzten Grenzen prinzipiell zulässig; Werbung für *illegales* Glücksspiel ist demgegenüber nach § 284 Abs 4 StGB u § 5 Abs 4 GlüStV generell verboten.

73 Bei der verfassungsrechtlichen Analyse des neu geregelten Glücksspielwesens wird dem tatsächlichen Werbeverhalten der erlaubten Glücksspielanbieter und -vermittler besondere Bedeutung zukommen, wie das BVerfG bereits betont hat: Das konkrete Werbeverhalten kann Ausdruck eines bestehenden Regelungsdefizits sein.[96] Dies ist insofern nicht unproblematisch, als das Gericht in seiner *Sportwetten*-Grundsatzentscheidung die künftig zulässige Werbung wenig überzeugend dahin umschrieben hat, dass sich diese „zur Vermeidung eines Aufforderungscharakters bei Wahrung des Ziels, legale Wettmöglichkeiten anzubieten, auf eine *Information* und *Aufklärung* über die Möglichkeit zum Wetten zu beschränken [hat]."[97] Diese minimalistische Formel entspricht schwerlich dem allgemein anzutreffenden Verständnis von „Werbung": Sicherlich informiert derjenige der wirbt, und er klärt auch auf; üblicherweise erschöpft sich hierin allerdings nicht das „Werben" um den Kunden. Wer wirbt, preist das Produkt an, lockt Kunden an und verleitet sie zum Konsum. Demnach ist das Gericht wohl dahin zu verstehen, dass an die Stelle der – unzulässigen – Werbung die Sachinformation und Aufklärung über das Glücksspielprodukt tritt, die im Übrigen gelegentlich bereits aus sich heraus einen Werbeeffekt erzeugt: Die mit sonorer Stimme im Radio vorgetragene Kurzinformation, dass der Jackpot 35 Mio

---

94 Im Einzelnen: Mitteilung der Kommission vom 1. 6. 2005: „i2010 – Eine europäische Informationsgesellschaft für Wachstum und Beschäftigung" [KOM (2005) 229 endg – nicht im ABl veröffentl]).

95 Mitteilung der Kommission vom 29. 6. 2006 über die Überprüfung des EU-Rechtsrahmens für elektronische Kommunikationsnetze und -dienste [KOM (2006) 334 endg – nicht im ABl veröffentl].

96 *BVerfG*, 1 BvR 1054/01, Urt v 28. 3. 2006, Rn 120.

97 Ebd, Rn 151.

Euro beträgt, bedarf nach aller Erfahrung keiner weiteren Vertiefung, um die ohnehin Lotto-affinen Bevölkerungsteile zum Kauf zu bewegen und darüber hinaus Neukunden zu gewinnen. Die Umsatzsteigerung allein aufgrund dieser Information ist gewiss und führt im Übrigen zwingend zu der Überlegung (eines guten Kaufmanns), ob allein durch – wie auch immer organisierte – hohe Ausschüttungssummen der Lotterieumsatz erheblich gesteigert werden kann.

Die Umsetzung der verfassungsgerichtlichen Vorgaben zur Glücksspielwerbung erfolgt durch die Reduktion des Werbedruckes. Weniger Werbe-(Informations-)zeiten gerade im Rundfunk und der Verzicht auf flächendeckende Plakatierung sind ebenso adäquate Mittel wie der Verzicht auf die üblichen Werbetricks – insbesondere starke assoziative Anreize – beim einzelnen Plakat. Der Blick auf die Glücksspielwerbung der in den Ländern tätigen Lottounternehmen zeigt, dass ein einheitliches Werbemaß bislang weder in quantitativer noch in qualitativer Hinsicht gefunden wurde. Es stellt sich die Frage, ob die Lottounternehmen den föderalen Wettbewerb um die schlechteste „Werbung" bereits aufgenommen haben. Es lässt sich immerhin ein Trend weg von der Produktwerbung und hin zur Logowerbung feststellen; ob dies allerdings ausreicht, ist mehr als zweifelhaft. **74**

III. Ausblick

Auf der Grundlage der bundesverfassungs- und gemeinschaftsgerichtlichen Rechtsprechung sind die Glücksspielmonopole der Länder nur (noch) durch ordnungsrechtliche Regelungen zur Vermeidung und Bekämpfung der Glücksspielsucht zu rechtfertigen. Der GlüStV verfolgt diesen ordnungspolitischen Ansatz und etatisiert die glücksspielrechtlichen Verfügungsansprüche in besonders starkem Maße. Zugleich gewährleistet er den Ländern und den Destinatären durch den Ausschluss (EU-)ausländischer Glücksspielanbieter vom deutschen Glücksspielmarkt auch weiterhin Einnahmen aus dem legalen Glücksspiel, allerdings auf einem wegen der Primärzielsetzung des GlüStV – im Vergleich zu den Jahren vor seinem Inkrafttreten – verminderten Niveau. Die moderne Konnotation des Glücksspielwesens ist damit nicht Ausdruck des Gedankens der Freiheitssicherung; vielmehr wird die grundgesetzlich verbürgte Berufsfreiheit ihrer freiheitssichernden Schutzfunktion weitgehend beraubt. Als verallgemeinerungsfähige Regel deutet sich an: Die Autonomiesphären und Freiheitsräume des Grundrechtsträgers sind dort nicht unantastbar, sondern im Gegenteil in Bezug auf die Wahl bestimmter beruflicher Betätigungen auf Null reduzierbar, wo der Staat (einzelne) Individuen und die Allgemeinheit vor den schädigenden Einflüssen bestimmter Berufsgruppen schützen will. Die sich aus diesem Befund ergebenden vielfältigen mit der Schutzpflichtendogmatik verbundenen Fragen sind allerdings nicht einmal ansatzweise gelöst. Das Plädoyer für die Vitalisierung dieser besonderen Grundrechtsfunktion ist daher – mangels dogmatischer Durchdringung – auch eher rechtspolitisch motiviert als dogmatisch begründbar. Immerhin erscheint das im GlüStV verankerte Sperrsystem (für Glücksspielsüchtige und Suchtgefährdete) als die logische Fortführung eines kollektiven Selbstpaternalismus: *Odysseus* lässt sich (nach Aufklärung und Instruktion durch *Kirke*, die Suchtfor- **75** schung) nunmehr – staatlich verordnet – an den Schiffsmast binden, um den betörenden Gesang der Sirene zu vernehmen, ohne ihm zu erliegen.[98] Für den Suchtgefährdeten mag die Freiheitsbeschränkung der Anbieter und seiner selbst zugleich, durch die Sicherung seiner materiellen und psychisch ungebrochenen Existenz, einen freiheitsfördernden Effekt haben.

76 Der tatsächliche und (verfassungs-)rechtliche Erfolg des GlüStV hängt maßgeblich von dessen konsequenter Umsetzung ab: Vollzugsmängel gefährden maW den Bestand der Glücksspielmonopole. Die in diesem Zusammenhang beachtliche bundes(verfassungs)gerichtliche Kontrolldichte wird im Vergleich zur Rechtsprechung des *EuGH* deutlich gesteigert sein. Als ein weiterer wesentlicher Gesichtspunkt für die Verfassungs- und Gemeinschaftsrechtskonformität des GlüStV wird dessen Konsistenz und Kohärenz angesehen. Die Begrenzung der gerichtlichen Überprüfung von Konsistenz und Kohärenz auf Einzelsegmente des Glücksspielwesens lässt sich mit dem Hinweis auf die durchaus unterschiedlichen oder zumindest unterschiedlich gewichteten gesetzgeberischen Ziele in verschiedenen Glücksspielgesetzen (bzw Glücksspielbereichen) begründen. Rechtspolitisch überzeugen kann die argumentative „Zersplitterung" des Regelungsgegenstandes „Glücksspiel" gleichwohl bereits deshalb nicht, weil das ordnungsrechtliche Primat der Suchtvermeidung und Suchtbekämpfung als herausgehobene verfassungsrechtliche Legitimationsgrundlage des gesetzgeberischen Handelns nicht teilbar ist.

77 Am Ende wird der vielfach nur noch als Gewährleister auftretende Staat, der das Feld politischer Gestaltung vielfältigen Netzwerken überlassen will und sich selbst um effiziente und möglichst „schlanke" Aufgabenerledigung bemüht, mit der Frage nach der Legitimation politischer und gesellschaftlicher Gestaltung eines gesellschaftlichen Phänomens konfrontiert, das in einigen Erscheinungsformen eine große gesellschaftliche Akzeptanz besitzt, aber gleichzeitig für eine vergleichsweise kleine Gruppe von Betroffenen ruinöse Züge annimmt: Gerade den Ärmsten wird durch die Illusion des schnellen Geldgewinns insbesondere bei dem sog gewerblichen Spiel ein Teil der ohnehin dürftigen wirtschaftlichen Grundlage entzogen; sie werden „verführt", – mit den sich anschließenden Problemen für das Gemeinwohl. Ein Staat, der diesen Entwicklungen ungebremst ihren Lauf lässt oder sie noch fördert, wird seinen Schutzpflichten (in einem nicht streng verfassungsrechtlichen Sinne) nicht mehr gerecht. Der Staat als ein nur noch den Markt gewährleistender „Anstaltsbetrieb" verliert seine legitimatorische Grundlage dort, wo der Markt als atypisch in dem Sinne zu qualifizieren ist, dass er Nichts[!] außer der Illusion und sozialer Probleme produziert.

IV. Summary – New Organization of Gambling

The State Treaty on Gambling in force since 1st January 2008 is in the centre of the actual judicial disputes about gambling prohibition pronounced by the German su-

98 *Homer* Odyssee, Zwölfter Gesang; Einzelheiten zum „Selbstpaternalismus" siehe bei *Eidenmüller* Effizienz als Rechtsprinzip, 2. Aufl 1998, S 375ff.

pervising authorities towards private commercial game organizers and agents. *Gebhardt* and *Postel* describe the framework conditions on account of which the treaty has come to pass and they analyse at the same time its key regulations. The German Länder have concluded the State Treaty on Gambling after the Bavarian Sports Betting Monopoly in its then arrangements had been declared unconstitutional by the Federal Constitutional Court of Justice in its leading decision of 28th March 2006. The Constitutional Court has made clear in sundry orders that this leading decision on the Bavarian case of sports betting is of importance not only to Bavaria but to all Länder of the Federal Republic, and not only in respect of betting but of all kinds of gambling.

Accordingly this State Treaty is concerned with the adherence to and consolidation of the existing monopolies for number and class lotteries as well as for sports betting and casinos. In this it is to be observed as a constitutional precondition that the monopolies do not only serve the goals mentioned as their justification but that they serve also in their tangible development to avoid and combat gambling addiction and problematic gambling behaviour. The civil protection against fraud and manipulation, against unreliability and insolvency on the part of the organizer, a progressive consumer and children/young persons' protection, the prevention of taking advantage of the play instinct as well as the averting of delinquency dangers resulting from or accompanying gambling games are also constitutionally legitimate goals of a gambling settlement that is based on public order. They do not, however, considered on its own and – different from the goal of preventing and combating gambling addiction – justify a governmental gambling monopoly on a constitutional basis. The measures considered by the Constitutional Court as suitable and required to avoid and combat gambling addiction and problematic gambling behaviour are above all the limitation of publicity, such arrangements of distribution that correspond to the lawful goal and the creation of controlling authorities sufficiently distant at fiscal interest on the side of the state. The distribution channels, too, should aim at the combat of addiction dangers and the limitation of betting passion in such a way that the gambling customer does not find a widely distributed net of receiving offices "in deliberate proximity to his, the customer's disposal". According to the Constitutional Court's conception, publicity ought to refrain extensively from seductive elements. Finally the governmental control authorities may not – at the same time – be responsible for the revenue raising.

The Constitutional Court considers expressly being in conformity with the decisions of the European Court of Justice and declares that these requirements of the German constitutional law develop in a parallel way to the given standards formulated by the ECJ in respect of the European Law, yet without being identical. One of the two problems to be found in the analysis rendered by *Gebhardt* and *Postel* concerns the question as to whether the new German law on gambling corresponds to the demands of consistence and coherence postulated by the European law as well as by the constitutional law. With a view to the European law one of the problematic questions concerns the gambling rules of all member states as is shown by the actual European Court of Justice's proceedings of the firm *bwin* versus the *Portuguese Republic*. On the other hand the second key problem discussed by the authors is rooted in a specifically German legal situation and is caused by the juxtaposition of the federal lex and the regulations provided by the Länder: While the jurisdiction of rules for the gambling games of lottery (numbers game), sports betting and casinos rests with the Länder parliaments (Article 70 Grundgesetz [GG, German Federal Constitution/ Basic Law]) – which actually means, in detail 16 different gambling systems in Germany (16 Länder) – the federal jurisdiction regulates by means of the trade-and-industry law the legal basis for the so-called commercial game organizers whose activities are up to now also extended all over the Federal Republic. While the lotto enterprises are limited in their business to the territory of their own Land – pe the Free State of Bavaria owing to the principle of territory in accordance with the legal system of their Land – the gambling products of the so-called commercial game organisers are distributed within the entire Federal Republic. The Gambling Treaty limits considerably the federal-wide activity of commercial game organizers; above all the treaty prohibits the marketing of gambling offers via internet. Finally, the Federal Constitutional Court will have to answer the question whether this strict regulation is compatible with the relevant constitutional rights of Article 12 GG (Occupational Liberty) and Article 14 GG (Property).

The Länders' gambling monopolies can only be justified by the regulatory law to avoid gambling addiction on the base of the decisions made by the Federal Constitutional Court and the European Court of Justice. The Treaty on Gambling follows this line of regulatory law and strongly includes the legal demands of disposal. At the same time – by excluding foreign (EU) organizers from the German market – it warrants further revenues, however, on a lower level compared to previous years on account of the treaty's main object in view, from the legal gambling market to the Länder and recipients within the public welfare, i.e. sports promotion or preservation of ancient monuments etc.

Thus the new connotation of gambling factors is not the expression of the idea to safeguard liberty, on the contrary, the occupational liberty which is constitutional warranted is deprived of its protective function. By this the general rule may be implied: There where the State will defend (single) individuals against the damaging influences caused by special occupational groups the spheres of autonomy and spaces of liberty are not sacrosanct but, on the contrary, they are reducible at zero regarding the choice of certain occupational activities. Notwithstanding, the manifold questions concerning dogmatics or protective duties are not even answered in a rudimentary way. Accordingly, the speech for the defence of the animation to make function this special constitutional right – lacking dogmatic prevalence – is rather pertaining to legal policy than being substantiated by dogmatics. After all, the barring system established in the treaty (for addicts and those who are endangered to become addicted) seems to be the logical continuation of a collective self-paternalism: *Odysseus* – having been enlightened and instructed by *Kirke* (research on addiction – actually prescribed by the State) lets himself to be fastened to the mast of his ship in order to listen to the Siren's infatuating song without succumbing to it. The person endangered by addiction may, by the restriction of liberty on the part of the organizer of gambling and also to himself, have an effect of liberty by securing his/her uninjured existence materially and physically.

The treaty's success will decisively be dependent on its consequent realization. In other words: Deficiencies of execution will endanger the stability of the monopolies. The in this connection considerable denseness of control will evidently be heightened by the federal courts in comparison to the European Court of Justice's adjudication. The treaty's consistence and coherence is considered to be a further fundamental factor of its conformity with the constitutional and community laws. The restriction of the judicial review of consistence and coherence to single gambling sectors may be supported with reference to the very different legislative aims or at least differently weighted aims in various gambling regulations. Yet the argumentative "disunion" of the item "Gambling" cannot convince because the primacy of regulatory law to avoid and combat addiction as a conspicuous constitutional basis of legitimation is not divisible.

In the end, the often only as a warrantor appearing state who will leave the field of political development to manifold networks endeavouring to solve different tasks efficiently and in a slim as possible manner will be confronted with the question of legitimation concerning the political organizers of a social phenomenon that in some of its outward manifestations has a great acceptance, but which at the same time produces ruinous consequences to a comparatively smaller group of individual persons. Just the "poorest people" are deprived of their moreover meagre economic basis by means of the illusion of a rapid win of money in the so-called commercial game, they are "led astray". A state that lets these developments take their course or even furthers them does no longer comply with his protective duties (in a not quite strictly constitutional sense). The state only warranting the market as an "institutional management" will lose the legitimate basis there where the market is to be qualified as non-typical when it produces "Nothing"[!] but illusions and social problems.

§ 22 Spielbankenrecht

Ihno Gebhardt und Thomas Gohrke

Übersicht

I. Rahmenbedingungen und Rechtsquellen des Spielbankwesens

1. Zur Rechtsentwicklung im Spielbankwesen (1720 bis 1949)

Die Tradition der Spielbanken in Deutschland reicht bis in das Jahr 1720 zurück. **1**
Damals wurde die erste deutsche Spielbank in Bad Ems gegründet; die Gründung der Spielbank Wiesbaden folgte im Jahr 1771.[1] Die Vorgänger-Einrichtungen der Spielbanken, die sog „Spielhäuser", gibt es allerdings viel länger: Das erste deutsche Spielhaus in Frankfurt am Main wird auf das Jahr 1396 datiert. Nach anfänglichen Startschwierigkeiten haben im 19. Jahrhundert insbesondere die Glücksspielverbote in Frankreich und England zu einem wahren Boom in den deutschen Spielbanken geführt. Damit eng verbunden war ein wirtschaftlicher Aufschwung in den Spielbankgemeinden aufgrund ihrer unmittelbaren Beteiligung am Spielerlös.[2] Dieser Entwicklung wurde mit dem am 1. Juli 1868 in Kraft getretenen preußischen Gesetz zur Schließung und Beschränkung der Spielbanken zunächst ein jähes Ende bereitet.[3] Von diesem Zeitpunkt an durften öffentliche Spielbanken weder konzessioniert noch öffentlich geduldet werden. Bestehende Spielbanken mussten bis spätestens zum 31. Dezember 1872 geschlossen werden. Eine Lockerung dieser prohibitionistischen Reglementierung erfolgte erst 1933 mit der Verabschiedung des Gesetzes über die

1 Einzelheiten zur europäischen Entwicklung des Spielbankwesens siehe bei *Rombach* § 2.

2 Auch heute noch wird den Spielbankgemeinden vielfach ein Anteil an den vom Spielbankunternehmen zu leistenden Abgaben zugestanden. Vgl zB § 1 der brandenburgischen Spielbankabgabenanteilverordnung (SpielantV) v 22. 10. 1998, GVBl II 1998 [Nr 27] S 603: „Die Gemeinde, die Sitz einer Spielbank ist, erhält vom Land Brandenburg einen Anteil von 15 vom Hundert an der von dieser Spielbank zu entrichtenden Spielbankabgabe."

3 Gesetz betreffend die Schließung und Beschränkung der öffentlichen Spielbanken vom 1. Juli 1868, BGBl des Norddeutschen Bundes, S 367.

Zulassung öffentlicher Spielbanken[4] sowie der auf § 3 Abs 1 dieses Gesetzes basierenden und vom Reichsminister des Innern erlassenen Verordnung über die öffentlichen Spielbanken vom 27. Juli 1938.[5] Ab diesem Zeitpunkt war der Betrieb einer Spielbank in Deutschland wieder grundsätzlich möglich. Eine Fortgeltung des Reichsspielbankengesetzes und der dazugehörigen Reichsverordnung nach dem Inkrafttreten der bundesstaatlichen Verfassung (Art 125 GG) war mit der Qualifizierung des Spielbankenrechts als Ordnungsrecht und damit zugleich als Landesrecht ausgeschlossen.[6] Dementsprechend gibt es in den Ländern 16 Spielbankgesetze mit Unterschieden nicht nur im Detail, durch die überwiegend staatliche Spielbankmonopole errichtet und abgesichert werden.

2. Was ist eine Spielbank?

2 Eine gesetzliche Definition der „Spielbank" gibt es nicht. *Lauer* spricht von einer in privater oder staatlicher Trägerschaft liegenden Einrichtung, in der mit staatlicher Erlaubnis bestimmte – ohne behördliche Erlaubnis nach §§ 284ff StGB verbotene – Glücksspiele veranstaltet werden.[7] Der *Bundesgerichtshof* (BGH) hat klargestellt, dass es sich bei einer Spielbank aber nicht um öffentliche Einrichtung handelt, für die nach öffentlich-rechtlichen Bestimmungen ein Zugangsanspruch besteht, und zwar selbst dann nicht, wenn der Staat am Betreiberunternehmen beteiligt ist.[8] Vielleicht am besten lässt sich die „Spielbank" anhand ihres Spielangebotes und in Abgrenzung zur gewerblichen Spielhalle beschreiben: Die Spielbank ist – wie die Spielhalle – Veranstaltungsort für Glücksspiele.[9] Traditionell sind allerdings bestimmte „harte" Glücksspiele dem Angebot öffentlicher Spielbanken vorbehalten. Demgegenüber werden „sanfte" Spiele, also solche mit geringerem Risiko eines Vermögensverlustes in kurzer Zeit, in Spielhallen nach § 33 Abs 1 GewO und als Lotterien und Ausspielungen in weiteren Spielstätten angeboten oder vermittelt. Das sog „Große Spiel", auch „Klassisches Spiel" genannt, wie zB das Roulette und Baccara, bei dem der Spieler größere Beträge auf einmal setzen kann, wird ebenso wie das schnelle Automatenspiel – auch „Kleines Spiel" genannt – legal nur in den behördlich besonders zugelassenen Spielbanken angeboten.[10] Die Differenzierung zwischen Großem und Kleinem Spiel hat sich aus der Höhe der Spieleinsätze abgeleitet. Beim Roulette (dem Tischspiel) wurden früher die höheren Beträge gesetzt. Die kleineren Beträge wurden am Automaten und sonstigen Spielen gesetzt. Aufgrund der im Großen und im Kleinen Spiel im Vergleich zu Spiel*hallen* höheren Gewinn- und Verlustchancen

4 GBl I S 480. Dieses Gesetz wird als „Lex Baden-Baden" bezeichnet, da sich die Stadt Baden-Baden mit den Einnahmen bei Erteilung der Spielbankenkonzession wirtschaftlich konsolidieren wollte.

5 RGBl 1938 I S 955.

6 BVerfGE 28, 119.

7 *Lauer* Staat und Spielbanken, 1993, S 7.

8 *BGH* Urt v 7. 7. 1994, III ZR 137/93 = MDR 1995, 105.

9 *Frentz/Masch* ZUM 2006, 189 (190).

10 Zu den Begrifflichkeiten „Kleines" und „Großes Spiel" sowie zur Zuordnung der Spielangebote zu den Spielbanken einerseits und den Spielhallen andererseits siehe auch *Odenthal* § 20.

in Spiel*banken* wurden diese von den Landesgesetzgebern besonderen spezialgesetzlichen Regelungen unterworfen. Aus diesem Grunde gibt es heute neben den bereits genannten 16 unterschiedlichen Spielbankgesetzen und einer Vielzahl von staatlichen und privaten Spielbankbetreibern das bundesrechtlich in der GewO und der Verordnung über Spielgeräte und andere Spiele mit Gewinnmöglichkeit (Spielverordnung, SpielVO) geregelte, in Spielhallen und Gaststätten stattfindende „gewerbliche" Spiel.

3. Gemeinschaftsrecht

Die Vertragswerke der Europäischen Gemeinschaften enthalten keine Regelungen zum Spielbankwesen, und auch im sekundären Gemeinschaftsrecht gibt es keine spezifischen Vorgaben für diesen Regelungsbereich. Zwar hat die *EU-Kommission* mehrfach Versuche einer glücksspielrechtlichen Harmonisierung unternommen; das Glücksspiel wurde am Ende des jeweiligen politischen Gestaltungsprozesses allerdings aus den Anwendungsbereichen der e-commerce-Richtlinie[11] und der Dienstleistungsrichtlinie[12] herausgenommen. 3

Der *Gerichtshof der Europäischen Gemeinschaften (EuGH)* geht in ständiger Rechtsprechung davon aus, dass regulierende und begrenzende nationale Regelungen zum Glücksspielwesen zugleich eine Beschränkung der Dienstleistungsfreiheit beinhalten können. Es liegt aber nach ständiger Rechtsprechung des *EuGH* im Ermessen der Mitgliedstaaten, die diese Beschränkung rechtfertigenden Ziele ihrer Glücksspielpolitik festzulegen und das angestrebte Schutzniveau zu bestimmen.[13] Der *EuGH* überprüft im Wege einer Gesamtwürdigung, ob die von den Mitgliedstaaten angegebenen Ziele die Beschränkungen der europäischen Grundfreiheiten rechtfertigen können und ob die zur Zielerreichung getroffenen Regelungen und ergriffenen Maßnahmen verhältnismäßig sind.[14] Im Grundsatz als rechtfertigende Ziele anerkannt sind zwingende Gründe des Allgemeininteresses, insbesondere der Verbraucherschutz, die Betrugs- und Kriminalitätsvorbeugung, die Vermeidung von Anreizen für die Bürger zu überhöhten Ausgaben für das Glücksspiel und die Verhütung von Störungen der sozialen Ordnung im Allgemeinen. Die Gestaltungsfreiheit der Mitgliedstaaten findet nach dieser Rechtsprechung dort ihre Grenze, wo mit unverhältnismäßigen Mitteln ordnungsrechtliche oder allein fiskalische Interessen verfolgt werden.[15] 4

---

11 Vgl Art 1 Abs 5 lit d) der RL 2003/31/EG.

12 Vgl Art 2 Abs 1 lit h) der RL 2006/123/EG.

13 *EuGH* Urt v 24. 3. 1994, C-275/92 (*Schindler*), Rn 61; Urt v 21. 9. 1999, C-124/97 (*Läärä*), Rn 35; Urt v 21. 10. 1999, C-67/98 (*Zenatti*), Rn 33; Urt v 11. 9. 2003, C-6/01 (*Anomar*), Rn 79; Urt v 6. 3. 2007, C-338/04 (*Placanica*), Rn 48.

14 *EuGH* Urt v 24. 3. 1994, C-275/92 (*Schindler*), Rn 58; Urt v 21. 9. 1999, C-124/97 (*Läärä*), Rn 33; Urt v 21. 10. 1999, C-67/98 (*Zenatti*), Rn 31; Urt v 11. 9. 2003, C-6/01 (*Anomar*), Rn 73.

15 *EuGH* Urt v 6. 3. 2007, C-338/04 (*Placanica*), Rn 46; Urt v 21. 9. 1999, C-124/97 (*Läärä*), Rn 33; Urt v 21. 10. 1999, C-67/98 (*Zenatti*), Rn 31.

4. Verfassungsrecht

a) *Spielbankunternehmer als „Beruf"*

5 Die Verwaltungsgerichte gingen lange Zeit davon aus, dass nicht jedwede Erwerbstätigkeit als *Beruf* vom Schutzbereich des Art 12 GG erfasst sei und geschützt werde.[16] Auch für das grundsätzlich verbotene Glücksspiel bzw dessen Veranstaltung sollte es einen Grundrechtsschutz nicht geben, da die Verfassung nur erlaubte Tätigkeiten schütze.[17] Diese Rechtsprechung wurde dadurch gestützt, dass das *Bundesverfassungsgericht* (BVerfG) in seiner *ersten Spielbank*-Entscheidung (1970) urteilte, dass der **Betrieb einer Spielbank kein wirtschaftliches Unternehmen** sei, das eine Bundesregelungskompetenz als Recht der Wirtschaft nach Art 74 GG begründete.[18] Das *BVerfG* hat an dieser Auffassung jedoch nicht festgehalten: Bereits in einem unveröffentlichten Beschluss aus dem Jahre 1975 hat das Gericht dem Spielbankunternehmen den Schutz des Art 12 GG angedeihen lassen.[19] Die hiervon abweichende verwaltungsgerichtliche Judikatur hielt sodann der späteren verfassungsgerichtlichen Überprüfung nicht länger stand.[20] Seither ist die **Tätigkeit des Spielbankbetreibers** als **Beruf iSd Art 12 Abs 1 GG** anzusehen. Das prinzipielle Glücksspielverbot des § 284 StGB steht dem nicht länger entgegen, weil es durch behördliche Erlaubnis suspendiert werden kann. Im Übrigen spricht für die Annahme eines Berufes auch die – anders als beim Eigentumsrecht – insoweit fehlende Definitionsmacht des einfachen Gesetzgebers. Andernfalls könnte die Berufsfreiheit einfachgesetzlich ausgehöhlt werden. Das Grundrecht bildet den Maßstab für die Entscheidung über die Verfassungskonformität eines gesetzlichen Tätigkeitsverbotes; der grundrechtliche Schutzbereich kann demgemäß nicht bereits durch das Kriterium des Erlaubtseins begrenzt sein.[21] Das *BVerfG* hat die Beachtlichkeit des Art 12 GG für den – gleichwohl atypischen – Spielbank-Beruf in seiner *zweiten Spielbankentscheidung* nochmals klargestellt.[22]

b) *Kompetenzfragen*

6 Spielbankenrecht ist auch weiterhin, im Anschluss an die *Sportwetten*-Grundsatzentscheidung vom 28. März 2006[23] und dem jüngsten *Spielbanken*-Beschluss des BVerfG vom 26. März 2007[24], als **Ordnungsrecht der Länder** (Art 70 GG) zu qualifizieren: In der *zweiten Spielbanken*-Entscheidung – der sog *Baden-Baden*-Ent-

---

16 Nachweise bei *Papier* FS für Klaus Stern, S 543 (547).

17 *BVerwGE* 2, 110; 22, 286; *OVG Münster* GewArch 1968, 89; *BayVerfGH* BayVBl 1990, 526 und GewArch 1991, 102.

18 BVerfGE 28, 119 (146).

19 *BVerfG* Beschl v 23. 4. 1975, 1 BvR 455/74 (unveröffentlicht); vgl auch *OVG Koblenz* NJW 1959, 229, 230 (Spielbanken sind privatwirtschaftliche Unternehmen).

20 *BVerwGE* 96, 302 = GewArch 1995, 24 = NVwZ 1995, 478.

21 Statt aller *Tettinger* in: Sachs (Hrsg), Grundgesetz-Kommentar, 2. Aufl 1999, Art 12 Rn 36.

22 *BVerfGE* 102, 197.

23 *BVerfGE* 115, 276 ff = NJW 2006, 1261 ff = ZfWG 2006, 16 ff.

24 *BVerfG* Beschl v 26. 3. 2007, 1 BVR 2228/02.

scheidung[25] – vom 19. Juli 2000 hatte das Gericht diese Zuordnung ausdrücklich hervorgehoben, weil wirtschaftliche Aspekte nur Rand- und Folgeerscheinungen des Spielbankbetriebes seien; eine Regelungskompetenz des Bundes für das Spielbankwesen als „Recht der Wirtschaft" (Art 74 Abs 1 Nr 11 GG) scheidet damit aus.[26] Eine Neubewertung dieser Kompetenzfrage nimmt die *dritte Spielbanken*-Entscheidung vom März 2007 nicht vor. Es gibt auch keinen Anlass zu einer Neubewertung, weil die Regelungszuständigkeit von Bund oder Ländern nach dem Inhalt der gesetzlichen Regelung zu bestimmen ist. Solange der materiell-rechtliche Schwerpunkt spielbankenrechtlicher Regelungen auf der Gefahrenabwehr – also konkret: der Vermeidung und Bekämpfung von Spielsucht, der Verhinderung von Manipulationen und Betrugshandlungen, etc – liegt, fehlt es bereits insoweit an einem Zugriffsrecht des Bundesgesetzgebers. Dieses Ergebnis entspricht der in Art 70 Abs 1 GG angelegten Zuständigkeitsvermutung zugunsten der Länder, solange ein Kompetenztitel zugunsten des Bundes für das Spielbankenrecht aus dem Grundgesetz nicht ableitbar ist. Hieran ändert auch die vom *BVerfG* in der *Sportwetten*-Entscheidung getroffene Aussage nichts, der zufolge die Länder schon deshalb – *für das Sportwettenrecht* – regelungszuständig seien, weil der Bund von einer möglichen Gesetzgebungszuständigkeit nach Art 74 Abs 1 Nr 11 GG (Recht der Wirtschaft) – abgesehen vom Bereich des Wettens auf Pferdesportereignisse – keinen Gebrauch gemacht habe. Der verfassungsgerichtliche „Schlenker" in der Bewertung der Kompetenzfrage für Teile des Glücksspielrechts findet seine Erklärung vermutlich darin, dass das traditionell vom Bundesgesetzgeber geregelte *Pferdesportwetten*recht bereits begrifflich einen Teil des von den Ländern normierten *Sportwetten*rechts bildet. Da sich diese „kompetenzrechtliche Notlage" durch eine parzellierte Qualifizierung des Sportwetten-Regelungsgegenstandes – als teilweise Ordnungsrecht und teilweise eben nicht Ordnungsrecht – nicht auflösen lässt, bietet die konkurrierende Gesetzgebungszuständigkeit des Art 74 Abs 1 Nr 11 GG den einzigen Ausweg: Die Entscheidung über die Regelungszuständigkeit der Länder *für das Spielbankenwesen* hat auf der Grundlage des Art 70 Abs 1 GG auch weiterhin nach dem Muster eines „entweder … oder" zu erfolgen; tertium non datur.[27]

5. Zur verfassungs- und gemeinschaftsrechtlichen Zulässigkeit von Spielbankmonopolen

Unter Hinweis auf die in der *Sportwetten*-Entscheidung vom 28. März 2006 entwi- **7**
ckelten Grundsätze hat das *BVerfG* das bayerische Spielbankenmonopol in dessen

25 *BVerfGE* 102, 197.

26 Der Blick in die aktuelle Literatur hinterlässt allerdings den Eindruck, dass sich das *BVerfG* mit seinen Erklärungen zur Verteilung der Gesetzgebungszuständigkeiten für die verschiedenen Glücksspielregelungsgegenstände am Ende nicht hinreichend deutlich positioniert haben könnte. Siehe hierzu statt vieler *Pestalozza* NJW 2006, 1711 (1713) und *Kment* NVwZ 2006, 617 (619).

27 Mit anderer Begründung zum selben Ergebnis gelangt auch *Dietlein* Rechtsfragen einer kohärenten Glücksspielregulierung in der Bundesrepublik Deutschland, Gutachten, S 17 ff, mwN.

rechtlicher und tatsächlicher Ausgestaltung für zulässig erachtet.[28] Ebenso wie die staatlichen Zahlenlotto- und Sportwettenmonopole lassen sich auch die spielbanktypischen Glücksspielangebote wegen des schwerwiegenden Eingriffs in die Berufs(wahl)freiheit des Art 12 Abs 1 GG allerdings (künftig) nur durch **gesetzliche Regelungen** zugunsten staatlicher oder privater Anbieter monopolisieren, die **konsequent auf die Vermeidung und Bekämpfung von Glücksspielsucht ausgerichtet** sind. Dabei können auch **Mängel in der konkreten Ausgestaltung** des monopolisierten staatlichen Spielbankangebotes ein Regelungsdefizit indizieren, das die Unverhältnismäßigkeit und Verfassungswidrigkeit des Spielbankmonopols nach sich zieht.[29] Als Kontrollauftrag an die Länder lässt sich der Hinweis des *BVerfG* interpretieren, dass die rechtlichen Vorkehrungen, „die eine konsequente Ausrichtung des Spielbankenmonopols auf das Ziel der Bekämpfung von Spielsucht und problematischem Spielverhalten sicherstellen, … neben dem Spielbankgesetz auch in der Spielbankordnung und ergänzend in der Spielbankerlaubnis vorgesehen werden“ können.[30] Auch die Spielbankerlaubnisse sind demnach künftig für den Ausgang spielbankenrechtlicher Verfahren von besonderem Interesse, wenn das gesetzgeberische Suchtvermeidungsinstrumentarium für sich genommen nicht ausreichend sein sollte. Die skizzierte verfassungsrechtliche Lage stimmt in wesentlichen Punkten mit den Vorgaben des *EuGH* überein, der glücksspielrechtliche Monopole und auch Totalverbote bei Beachtung der gemeinschaftsrechtlichen Rahmenbedingungen für prinzipiell zulässig hält.[31] Auch der *EFTA-Gerichtshof* hat bereits ein staatliches Glücksspielmonopol (das norwegische Automatenspielmonopol) im Geltungsbereich des EWR-Abkommens gebilligt.[32]

6. Bundesrecht

a) *Nichtanwendbarkeit der Gewerbeordnung*

8 Das Betreiben einer Spielbank erfüllt zwar die hergebrachte Definition für ein Gewerbe, dennoch ist es keines, weil es sich nach bisherigem Verständnis nur um eine ordnungsbehördlich zugelassene Tätigkeit handelt.[33] Dementsprechend fällt der Spielbankbetrieb auch nicht in den Anwendungsbereich der bundesrechtlichen Gewerbeordnung (GewO); § 33h Nr 1 GewO stellt dies ausdrücklich klar.[34] Auch das

---

28 *BVerfG* Beschl v 26. 3. 2007, 1 BvR 2228/02; aA *Papier* Staatliche Monopole und Berufsfreiheit – dargestellt am Beispiel der Spielbanken, in: FS für Klaus Stern (1997), S 543 ff.

29 Ebd, Rn 48 f.

30 Ebd.

31 *EuGH* Urt v 24. 3. 1994, C-275/92 (*Schindler*), Rn 61; Urt v 21. 9. 1999, C-124/97 (*Läärä*), Rn 35; Urt v 21. 10. 1999, C-67/98 (*Zenatti*), Rn 33; Urt v 11. 9. 2003, C-6/01 (*Anomar*), Rn 79; Urt v 6. 3. 2007, C-338/04 (*Placanica*), Rn 48. Einzelheiten hierzu siehe unten II. 1.

32 *EFTA Court* Urt v 14. 3. 2007, E-1/06, (*Staatsmonopol für den Betrieb von Automatenspielen in Norwegen*); siehe dazu *Ennuschat* ZfWG 2007, 77.

33 *Lauer* Staat und Spielbanken, 1993, S 36.

34 Die gewerberechtliche Regelung zur Abgrenzung des gewerblichen „Gewinn“-Spiels zum Glücksspiel unter ordnungsrechtlichem Regime lautet: „Die §§ 33 c bis 33 g finden keine Anwendung auf 1. die Zulassung und den Betrieb von Spielbanken, 2. die Veranstaltung von Lotterien

BVerfG muss in seiner *ersten Spielbanken*-Entscheidung dahin verstanden werden, dass der Spielbankbetrieb lediglich oder zumindest in erster Linie einen durch entsprechende Erlaubnis ordnungsrechtlich ermöglichten – permanent und mit einer für gewerbliche Tätigkeiten untypischen „Dichte“ staatlich überwachten und daher nicht gewerblichen – Betätigungsbereich darstellt. Der Gesichtspunkt der wirtschaftlichen Betätigung des Spielbankunternehmers genießt seither Nachrang. Ob an dieser Sichtweise allerdings auch nach der *Sportwetten*-Entscheidung des *BVerfG* vom 28. März 2006 festgehalten werden kann, wird in der Literatur teilweise angezweifelt.[35] In diesem Zusammenhang darf sicherlich nicht ignoriert werden, dass sich nur deshalb private Spielbankbetreiber finden, weil sie sich mit dem Betrieb wirtschaftlich betätigen und einen angemessenen Unternehmergewinn erwirtschaften wollen.[36]

b) *Das bundesstrafrechtliche Glücksspiel-Repressivverbot mit Befreiungsvorbehalt*

Bundesstrafrechtlich geregelt und auf spielbanktypische Glücksspielangebote anwendbar ist das Glücksspielverbot des § 284 Abs 1 StGB. Hiernach sind das öffentliche Veranstalten eines Glücksspiels und die Bereitstellung entsprechender Einrichtungen für öffentliches Glücksspiel mit Strafe bedroht. Als „Erlaubnis“ iSd § 284 StGB kommt nur eine von der nach dem jeweiligen Landesrecht zuständigen Glücksspielaufsichtsbehörde erteilte Spielbankerlaubnis und insbesondere nicht eine offshore- oder sonstige Erlaubnis[37] eines anderes (EU-)Staates in Betracht. Die prinzipielle Zulässigkeit der Spielbankenmonopole – sowohl gemeinschafts- als auch verfassungsrechtlich – der Mitgliedsstaaten bzw Länder erlaubt keine hiervon abweichende Interpretation zu diesem Tatbestandsmerkmal des § 284 StGB.[38] Durch die Spielbankerlaubnis wird die grundsätzlich verbotene Tätigkeit legalisiert. Dementsprechend wird der Verbotstatbestand im Zusammenspiel mit den legalisierenden landesrechtlichen Bestimmungen und der konkreten Erlaubnis zu Recht als repressives Verbot mit Befreiungsvorbehalt qualifiziert.[39] **9**

Mit der Dispensierung des bundesgesetzlichen Verbotes durch eine Spielbankenerlaubnis erfolgt demgemäß eine Erweiterung des Rechtskreises des Betreibers, die sodann dem Schutz des Art 12 Abs 1 GG unterfällt.[40] Die Erteilung der Spielbankerlaubnis dient gleichwohl in erster Linie nicht dem Zweck, eine wirtschaftliche Tätigkeit zu ermöglichen, sondern der Bevölkerung eine legale Spielmöglichkeit zu **10**

---

und Ausspielungen, mit Ausnahme der gewerbsmäßig betriebenen Ausspielungen auf Volksfesten, …, bei denen der Gewinn in geringwertigen Gegenständen besteht, 3. die Veranstaltung anderer Spiele iS des § 33d Abs 1 Satz 1, die Glücksspiele iS des § 284 StGB sind.“

35 *Kment* NVwZ 2006, 617 (619).

36 *BVerfGE* 28, 119.

37 Als offshore-Erlaubnis wird die Genehmigung zur Veranstaltung von Glücksspielen in allen anderen Mitgliedstaaten, nur nicht im Ausstellerstaat[!], verstanden.

38 Einzelheiten hierzu siehe bei *Mosbacher* § 8.

39 *BVerfG* Beschl v 18. 3. 1970, 2 BvO 1/65, *BVerfGE* 29, 119 (146); *BVerwGE* 96, 302 (312); *Lauer* Staat und Spielbanken, 1993, S 32.

40 *BVerfG* Beschl v 23. 4. 1975, 1 BvR 455/74 (unveröffentlicht).

schaffen und so den nicht gänzlich unterdrückbaren Spieltrieb der Bevölkerung in staatliche überwachte Spielangebote zu kanalisieren.[41] Eine Folge dieser rechtlichen Rahmenbedingungen besteht darin, dass die konkret erteilte Spielbankerlaubnis das öffentliche Bedürfnis nach einem legalen Spielangebot widerspiegeln muss. Die Marktpotenzialanalyse eines Spielbankstandortes stellt demnach einen ordnungsrechtlichen Belang dar und erfolgt jedenfalls nicht nur zum Zwecke der wirtschaftlichen Absicherung des konkreten Spielbankvorhabens. Keinen Zweifeln unterliegt nach alledem, dass ein Rechtsanspruch auf Erteilung einer Spielbankerlaubnis nicht besteht. Gerade in dieser Hinsicht ist das spielbankenrechtliche Regelwerk deutlich vom Präventivinstrumentarium des Gewerberechts unterscheidbar. Aus diesem Grunde wird die Spielbankerlaubnis auch als Konzession bezeichnet.[42]

7. Landesrecht: Spielbankengesetz, Spielordnung, Spielbankenkonzession und Konzessionäre

a) Spielbankengesetze

11 Die Spielbankengesetze der Länder ähneln sich nicht erst seit dem Inkrafttreten des Glücksspielstaatsvertrages am 1. Januar 2008 in Inhalt und Struktur. Sie enthalten üblicherweise Regelungen zur Zulassung der Spielbankstandorte und zu der Frage, wer im Falle der Konzessionierung als Spielbankunternehmer tätig werden darf. Die Anforderungen an den Erlaubnis-/Konzessionsnehmer, das Erlaubnisverfahren und die möglichen Inhalte der Spielbankerlaubnis sind zumeist in einer zentralen Vorschrift zusammengefasst. Weiterhin gibt es regelmäßig aufsichtsrechtliche Befugnisnormen und diverse abgabenrechtliche Bestimmungen.

b) Spielordnungen

12 Die Spielbankengesetze sehen allesamt den Erlass von Spielordnungen durch die jeweilige Landesregierung vor. Typische Inhalte der Spielordnungen sind die Regelung der zugelassenen Spiele, weiterhin Spielregeln, Spieleinsätze, Öffnungszeiten, Spielverbote (Spielsperren) und das Verbot technischer Hilfsmittel zur Vermeidung von Manipulationen. Die meisten Spielordnungen sind als Rechtsverordnung ins Werk gesetzt worden.[43] Die Länder Brandenburg und Nordrhein-Westfalen haben in der Vergangenheit demgegenüber Spielordnungen als Allgemeinverfügungen erlassen.[44] Nunmehr sieht § 10 Abs 1 des neuen brandenburgischen Spielbankgesetzes ebenfalls

41 *Lauer* ebd, S 57 bezeichnet Spielbanken deshalb als „*gewinnmitnehmende Einrichtungen der Gefahrenprävention*".

42 *Pieroth/Störmer* GewArch 1998, 177, 183 (Konzession als besondere Genehmigung, die ein Recht verleiht und auf das kein Anspruch besteht).

43 Vgl nur Spielbankordnung für die öffentlichen Spielbanken in Niedersachsen idF v 22. 6. 2005 (GVBl 2005 S 193).

44 Vgl § 7 Abs 2 des Gesetzes über die Zulassung öffentlicher Spielbanken im Land Brandenburg v 22. 5. 1996 (GVBl I 1996 [Nr 13] S 170), zuletzt geändert durch Art 7 des Gesetzes v 22. 4. 2003 (GVBl I 2003 [Nr 06] S 119, 120).

den Erlass einer Rechtsverordnung vor.[45] Das Land Berlin hat sich für einen Verwaltungsakt an den Betreiber als sachgerechtes Regelungsinstrument entschieden.[46] Schließlich hat der Freistaat Sachsen dem zivilrechtlichen Erlass einer Hausordnung lediglich zugestimmt, die zugleich die Funktion der Spielordnung „übernimmt".

c) Spielbankerlaubnis

(1) Spielbankerlaubnis ist Dienstleistungskonzession

13 Bei der Erlaubnis zum Betreiben einer Spielbank handelt es sich um eine Dienstleistungskonzession. Diese ist dadurch geprägt, dass der Staat eine im öffentlichen Interesse liegende Dienstleistung per Gestattung von Dritten ausführen lässt, wobei die Gegenleistung für die Erbringung des Auftrages nicht in einem vorher festgesetzten Preis, sondern in dem Recht besteht, die zu erbringende eigene Leistung zu nutzen oder entsprechend zu verwerten. Zur Rechtsgestaltung durch die Dienstleistungskonzession gehört auch, dass der Konzessionär ganz oder zum überwiegenden Teil das wirtschaftliche Nutzungsrisiko trägt.[47] Bei einer Spielbankenkonzession wird dem Erlaubnisinhaber (Konzessionär) maW das Recht zum Betrieb einer Spielbank auf eigenes wirtschaftliches Risiko eingeräumt, und es wird bei ihm im Gegenzug eine Art Konzessionsabgabe in Form spielbankbezogener Abgaben erhoben, die regelmäßig – ohne dass dies Bedingung wäre – höher liegen als die allgemeinen Unternehmenssteuern. Die Qualifizierung der Spielbankerlaubnis als Dienstleistungskonzession hat insbesondere zur Folge, dass die europarechtlichen Vorgaben zur Konzessionsvergabe – einschließlich der hierzu vom *EuGH* entwickelten Grundsätze – auf die Vergabe von Erlaubnissen zum Betrieb von Spielbanken anzuwenden sind.

(2) Spielbankerlaubnis ist Personal- und Sachkonzession

14 Das allgemeine Verwaltungsrecht unterscheidet zwischen Personal- und Sachkonzessionen: Während die „reine" Personalkonzession ausschließlich an Merkmale und Bedingungen anknüpft, die in der Person des Antragstellers selbst liegen, stellt die Sachkonzession zumindest auch auf sachliche, äußere Gegebenheiten ab, die in der Eigenart des jeweiligen Betriebes liegen (zB Standortfragen). Alle Spielbankengesetze machen die Erteilung einer Spielbankerlaubnis von der Zuverlässigkeit oder sonstigen Eignung des Spielbankbetreibers und der dort verantwortlich Handelnden abhängig. Spielbankenerlaubnisse sind damit immer Personalkonzessionen.[48] Der Sachbezug der Konzessionen ist unterschiedlich geregelt. Es gibt Länder, in denen der Mindestinhalt, den eine Konzession für den Betrieb einer Spielbank aufweisen

---

45 Gesetz über die Zulassung öffentlicher Spielbanken im Land Brandenburg (Spielbankgesetz – SpielbG) v 18. 12. 2007 (GVBl I 2007 [Nr 17] S 218, 223).

46 Der Erlass adressatenbezogener Verwaltungsakte hat allerdings den erheblichen Nachteil, dass ein solcher VA keine Verbindlichkeit gegenüber den Spielbankbesuchern hat, selbst wenn ein öffentlicher Aushang erfolgt.

47 *OLG Stuttgart* Beschl v 4. 11. 2002, 2 Verg 4/02, NJOZ 2003, 613, 614 (zur Spielbankenkonzession).

48 *Pieroth/Störmer* GewArch 1998, 177 (183).

muss, gesetzlich normiert ist. Dazu zählen Bayern, Baden-Württemberg, Niedersachsen, Sachsen und Sachsen-Anhalt. Die dort erteilten Konzessionen müssen in jedem Fall die Räume, in denen der Spielbankbetrieb vonstattengeht, bezeichnen. Daneben gibt es noch weitere zwingende Inhalte, die aber landesweit differieren. In Bayern müssen zB nach Art 2 Abs 4 BaySpielbG neben dem Gebäude und den Räumlichkeiten auch die Nebenbetriebe bezeichnet werden, die gemeinsam mit der Spielbank betrieben werden dürfen. Gleiches gilt für die Konzession in Sachsen.[49] Das baden-württembergische und niedersächsische Spielbankgesetz wiederum verlangen die Auflistung jener Spiele, deren Angebot in der Spielbank erlaubt sein soll.[50] Darüber hinaus muss die Konzession den Berechtigten benennen und den Zeitraum, für den sie erteilt wird.

15 In nicht wenigen Ländern können nur juristische Personen des öffentlichen Rechts Konzessionär sein.[51] Anders ist dies immerhin in Baden-Württemberg, Berlin, Hamburg, Hessen, Mecklenburg-Vorpommern, Niedersachsen, Rheinland-Pfalz und Thüringen. Im Saarland[52] und in Schleswig-Holstein können private Mitgesellschafter aufgenommen werden. In Hessen besteht die Besonderheit, dass die Spielbankerlaubnisse zwar nur den im Gesetz genannten Gemeinden erteilt werden können. Diese können – und haben – ihrerseits mit Zustimmung der Spielbankenaufsicht den tatsächlichen Spielbetrieb einem (privaten) Dritten zur Ausübung überlassen. Dieser Dritte ist dann der „Spielbankunternehmer".[53] Sofern auch Kommunen spielbankenrechtlich als Konzessionäre in Betracht kommen, liegt in der Übernahme des wirtschaftlichen Risikos ein mögliches kommunalaufsichtsrechtliches Genehmigungshindernis. Insgesamt sind die Eignungskriterien der Konzessionäre in den Spielbankgesetzen durchaus unterschiedlich gestaltet.

(3) Konzessionsbescheid und Konzessionsvertrag

16 Die Spielbankgesetze regeln übereinstimmend, dass die Spielbankerlaubnis schriftlich zu erteilen ist. Die Erlaubnis wird damit überall in Form eines schriftlichen Verwaltungsaktes (*Konzessionsbescheid*) erteilt. Er kann als Ermessenentscheidung mit sachdienlichen Nebenbestimmungen ausgestaltet sein (§ 36 Abs 2 VwVfG oder Spielbankgesetz des Landes).

17 Nur wenige Spielbankgesetze (Bremen, Rheinland-Pfalz[54]) sehen (noch) die Möglichkeit vor, Einzelfragen durch *Konzessionsvertrag* zu regeln. Der Abschluss derartiger öffentlich-rechtlicher Verträge ist grundsätzlich zulässig. Unzulässig mit der Folge der Unwirksamkeit entsprechender Verträge ist demgegenüber eine Verwal-

49 Vgl § 2 Abs 2 SächsSpielbG.

50 § 3 Abs 2 S 1 SpBG BW, § 2 Abs 1 S 1 SpielbG Nds.

51 Zur Zulässigkeit des Ausschlusses privater Spielbankbetreiber vgl *BayVGH* GewArch 2003, 115ff; *VG Leipzig* Urt v 6. 2. 2003, 5 K 658/01.

52 Vgl dazu *OVG Saarlouis* Beschl v 21. 11. 2003, 3 R 7/02 = NVwZ-RR 2004, 740.

53 Es gibt daher eine Art Standortgenehmigung (Spielbankerlaubnis der Gemeinde) und eine Betriebserlaubnis (Zustimmung der Spielbankenaufsicht zur Ausübung des Spielbetriebes durch Dritte).

54 Vgl § 2 Abs 6 SpielbG RhPf; § 3 Abs 6 SpielbG HB.

tungspraxis, wonach diese auch Regelungen über Abgaben enthalten.[55] Rechtlichen Bedenken begegnet auch die Regelung in § 5 Abs 7 des SpielbG Hessen: Dort will der Landesgesetzgeber regeln, dass die Spielbankkonzession, die das Land den im Gesetz genannten Gemeinden erteilt, durch „privatrechtlichen Vertrag" an eine privaten Dritten zur Ausübung überlassen werden können. Materiell-rechtlich handelt es sich bei dieser Überlassung um eine Konzessionsvergabe an einen Privaten, der dann nach § 4 Abs 1 SpielbG Hessen der Spielbankunternehmer ist. Es ist aber aus prinzipiellen rechtlichen Erwägungen nicht möglich, eine Konzession durch privatrechtlichen Vertrag zu überlassen. Die Überlassung der Spielbankkonzession ist bereits ihrem Wesen nach – als Personalkonzession – ausgeschlossen, die privatrechtliche Gestaltung korrespondiert nicht mit dem materiellen Regelungsgehalt. Die Verfassungskonformität dieser Bestimmungen ist dementsprechend nur im Wege der Auslegung herstellbar, und zwar in der Weise, dass die Konzessionierung durch die begünstigten Gemeinden im Benehmen mit dem Innenministerium durch einen öffentlich-rechtlichen Konzessionsvertrag erfolgt.

(4) Laufzeit der Erlaubnis

In den Landesspielbankgesetzen wird die Laufzeit der Erlaubnis zur Errichtung und **18** zum Betreiben einer Spielbank entweder gar nicht geregelt oder auf eine Laufzeit zwischen 10 und 15 Jahren beschränkt. Regelmäßig findet sich der Hinweis, dass die Erlaubnis verlängert werden kann bzw bei Vorliegen bestimmter Bedingungen zumindest einmalig zu verlängern ist.

In Ländern, in denen Konzessionen auch an Private vergeben werden können und in- **19** soweit ein Wettbewerb besteht, muss sichergestellt sein, dass keine übermäßigen Beschränkungen des Wettbewerbs um die Spielbankerlaubnis erfolgen. Für die Laufzeit einer Konzession ist der Wettbewerb naturgemäß ausgesetzt. Nach europarechtlichen Grundsätzen ist die Laufzeit einer Spielbankenkonzession zeitlich so zu befristen, dass innerhalb der Laufzeit die notwendigen Investitionen durch den Konzessionär refinanziert werden und er zudem einen angemessenen Unternehmergewinn erwirtschaften kann.[56] Nach Ablauf dieses Zeitraumes ist die Konzession wieder in den Wettbewerb zu geben. Dies gilt auch, wenn die Spielbankgesetze eine „Verlängerung" der Konzession zulassen. Für die bisher nicht konzessionierten Wettbewerber sind die Rechtswirkungen der „überlang" erteilten Konzession identisch mit denen einer (ein- oder mehrfach) verlängerten Konzession. Verlängerungen nach Ablauf einer angemessenen Konzessionslaufzeit sind deshalb wie Neuerteilungen auszuschreiben.

---

55 *BVerfG* Beschl v 28. 4. 2003, 1 BvL 3/01; *BFH* Urt v 8. 3. 1995, II R 58/93 = BStBl 1995 II, 438; *Thieme* DB 1994, 149.

56 Vgl allgemein *EuGH* Urt v 9. 3. 2006 – C-323/03 (*Kommission/Königreich Spanien*), NZBau 2006, 386 ff, zu einer Konzession mit einer Laufzeit von 20 Jahren.

(5) Vergabeverfahren und zahlenmäßige Beschränkung der Spielbankstandorte

20 Das Verfahren zur Erteilung einer Spielbankenkonzession richtet sich im Wesentlichen danach, wer nach den Bestimmungen des Landesspielbankengesetzes geeigneter Spielbankunternehmer sein kann. In Ländern, in denen nur das Land selbst oder eine landeseigene Gesellschaft Konzessionär sein kann, besteht ein öffentliches Monopol, bei dem die Konzessionsvergabe vergaberechtlich „in-house", dh ohne Berücksichtigung vergaberechtlicher Regelungen erfolgen kann. Wird demgegenüber im Spielbankgesetz festgelegt, dass allgemein „öffentliche Körperschaften"[57] oder auch Private Spielbankbetreiber sein können, ist, wie bereits angedeutet, die Konzession im Wettbewerb nach Durchführung eines vergabeähnlichen Verfahrens zu vergeben. Dieses Verfahren ist zwar kein formelles Vergabeverfahren nach dem zwingenden europarechtlichen oder bundesrechtlichen Vergaberegime. Allerdings ist verfassungsrechtlich erforderlich, dass **der Landesgesetzgeber selbst** im Spielbankengesetz die maßgeblichen sachlichen Kriterien und das Verfahren zur Konzessionsvergabe regelt.[58] Im Vergabeverfahren sind nach der *EuGH*-Rechtsprechung die Grundsätze der Gleichbehandlung, Transparenz, Nichtdiskriminierung, ein angemessener Grad an Öffentlichkeit, Nachprüfbarkeit und eine unparteiische Vergabe zu gewährleisten.[59]

21 Die Dispensierung der vergaberechtlichen Vorgaben des Europarechts und der bundesrechtlichen Vorschriften der §§ 97ff GWB hat ihren Grund in der Qualifizierung der Spielbankerlaubnis als Dienstleistungskonzession. Bei dieser handelt es sich nicht um die Vergabe eines öffentlichen Auftrags im Rechtssinne.[60] Entscheidend für die Abgrenzung von Aufträgen im Sinne des § 99 Abs 1 GWB und Konzessionen ist, dass der Auftraggeber eines öffentlichen Auftrages die Vergütung selbst schuldet und daher auch selbst oder durch einen Dritten zahlt. Bei der Konzession gestattet der Konzessionsgeber dem Konzessionär demgegenüber (lediglich) die Wahrnehmung einer bestimmten Aufgabe bzw. eines ausschließlichen Rechts und im Zusammenhang damit die Generierung wirtschaftlicher Vorteile.[61] Die Überprüfung der eine

---

57 Hier ist zB ein Wettbewerb zwischen Landesgesellschaft und Kommune oder zwischen Kommunen, Landkreisen etc denkbar, der in einem ordnungsgemäßen, gesetzlich geregelten Verfahren zu entscheiden ist.

58 *BVerfGE* 102, 197 = NVwZ 2001, 790 = GewArch 2001, 61; *BVerfGE* 73, 280, 294 (*Notare*); *BVerfGE* 86, 28, 41 (*Sachverständige nach § 36 GewO*); *Pieroth/Störmer* GewArch 1998, 177 (187).

59 *EuGH* Urt v 7. 12. 2000, C-324/98 (*Telaustria*) = EuZW 2001, 90; Urt v 13. 10. 2005 (*Parking Brixen*) = EuZW 2005, 727; Urt v 6. 4. 2006, C-410/01 (*Gemeinde Bari*) = NVwZ 2006, 555; Urt v 11. 5. 2006, C-340/04, (*Carbotermo*) = NJW 2006, 2679; vgl auch Mitteilung der Kommission zu Auslegungsfragen im Bereich Konzessionen im Gemeinschaftsrecht, ABl EG C 121/2 vom 29. 4. 2000 und die Schlussanträge der Generalanwältin *Sharpston* vom 29. 3. 2007 zum Verfahren C-260/04 (*Vergabe von Sportwetten-Konzessionen in Italien nur nach Ausschreibung und transparentem Auswahlverfahren*); siehe hierzu ferner *Böckel* LKV 2003, 393.

60 *OLG Stuttgart* Beschl v 4. 11. 2002, 2 Verg 4/02, NJOZ 2003, 613 (614f).

61 Was andererseits aber nicht ausschließt, dass der Konzessionär für die Konzessionierung ein Entgelt oder sonstige Gegenleistung erbringt. So hat es das *BVerfG* in der *zweiten Spielbanken*-Entscheidung für denkbar gehalten, dass eine Spielbankenkonzession unter mehreren Bewerbern versteigert wird. Dies würde allerdings eine entsprechende gesetzliche Regelung erfordern.

Spielbankenkonzession betreffenden Vergabeentscheidung obliegt aus diesem Grund auch den Verwaltungsgerichten und nicht den Vergabekammern.[62]

Die Eröffnung eines Verfahrens über die Erteilung einer Spielbankenkonzession bzw. deren „In-house-Vergabe" erfolgt, wenn das betreffende Land feststellt, dass ein ausreichendes Glücksspielangebot durch Spielbanken nicht vorhanden ist. Für die Konzessionserteilung muss es insoweit ein öffentliches Bedürfnis geben. In mittlerweile stetiger Rechtsprechung gesteht das *BVerfG* dem Landesgesetzgeber einen Einschätzungs- und Prognosespielraum bei der Ausgestaltung des Glücksspielangebotes zu.[63] Rechtlich unbedenklich ist es, wenn der Landesgesetzgeber das öffentliche Bedürfnis an Spielbanken auf ausreichender sachlicher Grundlage[64] definiert und die Höchstzahl der Spielbanken normiert.[65] Der Gesetzgeber darf dabei davon ausgehen, dass die Gefahr der Ausbeutung der Spielleidenschaft größer ist, je mehr Glücksspielangebot zugelassen wird.[66] Dabei ist es zulässig, dass sich die Anzahl der Spielbanken an die Bevölkerungszahl zB im betreffenden Regierungsbezirk anlehnt, weil auf diese Weise eine zu hohe Verdichtung des Spielangebotes vermieden werden kann.[67] Das *OVG Saarlouis*[68] und diesem folgend das *BVerwG*[69] haben die gesetzgeberische Fixierung der Spielbanken-Höchstzahl gebilligt, da eine hinreichende Flexibilität durch die zulässige Errichtung von Zweigspielbetrieben erzielt wird. Der Klage eines potenziellen Spielbankkonzessionärs, der mit dem Bedürfnis nach weiteren Spielbanken argumentierte, hielten die Gerichte auch entgegen, dass im Vergleich zu anderen Bundesländern nach der Bevölkerungsanzahl und der Gesamtzahl der Spielbanken in den „Vergleichs"-Ländern kein gerichtlich feststellbares Bedürfnis für weitere Spielbanken bestünde. Die Entscheidung des Gesetzgebers zur Anzahl zugelassener Spielbanken in einem Bundesland könne mit Blick auf dessen Beurteilungsspielraum nur dann beanstandet werden, wenn nach den diesem bekannten Tatsachen und im Hinblick auf die bisher gemachten Erfahrungen feststellbar sei, dass eine weniger beschränkende Regelung die gleiche Wirksamkeit habe. Anzumerken ist, dass das Saarland im Vergleich mit den anderen Ländern die Spitzenstellung bei der „Versorgung" der Bevölkerung mit Spielbankbetrieben einnimmt: 22

62 *OLG Stuttgart* Beschl v 4. 11. 2002, 2 Verg 4/02, NJOZ 2003, 613 (614f).

63 *BVerfG* Beschl v 23. 4. 1975, 1 BvR 455/74; Beschl v 19. 7. 2000, 1 BvR 539/96 (sprechen jeweils noch von „weitem Ermessen"); Beschl v 26. 3. 2007, 1 BvR 2228/02.

64 Der Gesetzgeber wird das öffentliche Bedürfnis regelmäßig durch sachverständige Erhebungen feststellen lassen müssen.

65 *BVerfGE* 102, 197 = NVwZ 2001, 790 = GewArch 2001, 61.

66 *BVerwGE* 96, 293 = NVwZ 1995, 475 = GewArch 1995, 22.

67 *BVerfG* Beschl v 26. 3. 2007, 1 BvR 2228/02, Rn 52.

68 *OVG Saarlouis* Beschl v 21. 11. 2003, 3 R 7/02 = NVwZ-RR 2004, 740.

69 *BVerwG* Beschl v 25. 2. 2004, 6 B 10.04.

	Anzahl der Spielstätten (2006)[70]	**Spielbanken/ 1 Mio Einwohner (2006)**
Baden-Württemberg	3	0,28
Bayern	9	0,72
Berlin	5	1,47
Brandenburg	3	1,17
Bremen	3	4,52
Hamburg	6	3,44
Hessen	6	0,98
M-burg-Vorpommern	5	3,51
Niedersachsen	10	1,25
Nordrhein-Westfalen	4	0,22
Rheinland-Pfalz	5	1,23
Saarland	8	7,62
Sachsen	5	1,17
Sachsen-Anhalt	3	1,21
Schleswig-Holstein	5	1,76
Thüringen	1	0,43

Quelle: Ernst & Young

23 Gleichwohl kann es sachgerecht sein, die standortbezogene Entscheidung über die Erteilung der Spielbankerlaubnis an dem vom Gesetzgeber prinzipiell zugelassenen Standort von den Ergebnissen einer aktuellen Marktpotenzialanalyse abhängig zu machen. Andernfalls müsste der Gesetzgeber selbst auf demographische und andere für den Spielbankstandort relevante Entwicklungen reagieren. Die wenig überzeugende Alternative zu diesem zweistufigen, gewissermaßen legislativ-administrativ-kondominialen Verfahren besteht in der Übertragung der gesetzgeberischen Standortentscheidung auf den Verordnungsgeber.[71] Monokratische Ministerialität und nicht der pluralistisch legitimierte Sachverstand hat dann auch bei der Standortentscheidung das Sagen.

---

70 Der Gesamtzahl von 81 Spielstätten öffentlicher Spielbanken standen 2006 insgesamt 7.913 Spielhallenstandorte gegenüber (vgl Ifo Institut für Wirtschaftsforschung an der Universität München, Forschungsbereich Branchenforschung, Wirtschaftsentwicklung Unterhaltungsautomaten 2006 und Ausblick 2007, Gutachten im Auftrag des Arbeitsausschusses Münzautomaten, München, Januar 2007).

71 Siehe die Regelung des § 1 Abs 4 des Spielbankgesetzes des Landes Mecklenburg-Vorpommern (SpielBV M-V) vom 5. 7. 2004 (GVOBl M-V 2004 S 307).

(6) Übertragbarkeit der Konzession und Wechsel des Konzessionärs

Die Spielbankenkonzession als besondere Personalkonzession ist untrennbar mit der Person des ausgewählten Konzessionärs verbunden. Demnach ist eine *Übertragung der Konzession* aufgrund ihrer Bindung an die persönlichen Voraussetzungen des Inhabers – wie in den meisten Spielbankgesetzen ausdrücklich geregelt – *grundsätzlich nicht möglich.* Dieser Grundsatz gilt auch in Ländern, in denen eine ausdrückliche Regelung unterblieben ist. Etwas anderes ergibt sich auch nicht aus dem Ausnahmetatbestand des § 5 des Hessischen Spielbankgesetzes (HessSpielbG).[72] Auch danach kann die, bestimmten hessischen Gemeinden erteilte Spielbankerlaubnis selbst (§ 3 Abs 1 HessSpielbG) nicht auf Dritte übertragen werden. Die Erlaubnisnehmerin überträgt allerdings nach hessischer Rechtslage regelmäßig durch weitere Konzessionierung[73] einem Dritten das Recht, „Spielbankunternehmer" zu sein; die konkreten Anforderungen an den Spielbankunternehmer werden von der Spielbankgemeinde zu Beginn des Verfahrens im Benehmen mit dem hessischen Innenministerium festgelegt (§ 5 HessSpielbG). Von dieser besonderen Rechtslage abgesehen, ist die Einbeziehung Dritter in die Leistungserbringung generell von einer unzulässigen Übertragung und Überlassung einer Spielbankenkonzession abzugrenzen. Üblich und sachgerecht ist zB die Beauftragung einer IT-Firma mit der Bereitstellung von Software für den Spielbetrieb. Obgleich hiermit für die Funktionsfähigkeit der modernen Spielbank zentrale Aufgaben ausgelagert werden, verbleiben der Spielbetrieb und das wirtschaftliche Risiko beim Konzessionär. 24

Soweit die Spielbankenkonzession einer Gesellschaft erteilt ist, können die Gesellschafter des Konzessionärs wechseln, und auf diese Weise kann wirtschaftlich eine Konzessionsübertragung erfolgen. Den Ländern fehlt die Kompetenz für Regelungen, die zB eine Übertragung von Geschäftsanteilen einer Betreiber-GmbH erschweren oder ausschließen könnten. Dies obliegt dem Bundesgesetzgeber, der insoweit keine Regelung im GmbHG geschaffen hat. Die Länder haben gleichwohl die Möglichkeit – und nutzen diese auch – die Änderung von Beteiligungsverhältnissen dem Zustimmungsvorbehalt der Aufsichtsbehörde zu unterwerfen, bei dessen Missachtung die Konzession widerrufen werden kann. Entsprechende Regelungen, die mit Blick auf die ordnungsrechtliche Regelungskompetenz der Länder verfassungs(kompetenz)rechtlich nicht zu beanstanden sind, finden sich in fast allen Spielbankgesetzen und regelmäßig auch als Nebenbestimmung in den Konzessionsbescheiden selbst. Allerdings muss wohl die Einschränkung gemacht werden, dass ein Konzessionswiderruf regelmäßig nur dann zulässig sein wird, wenn der neue (Mehrheits-)-Gesellschafter des Konzessionärs die gesetzlich normierten Eignungsvoraussetzungen an den Erlaubnisnehmer nicht erfüllt. Soweit die Anforderungen an einen neuen Gesellschafter im Gesetz selbst nicht geregelt sind, gilt auch für diesen jener Maßstab, der für den Konzessionär selbst (die Gesellschaft) heranzuziehen ist. Der Gesellschafterwechsel kann deshalb als „Quasikonzessionsvergabe" qualifiziert werden. 25

---

72 Hessisches Spielbankgesetz (HessSpielbG) vom 15. 11. 2007 (GVBl I S 753).

73 Aus diesem Grunde bezeichnet zB die Landeshauptstadt Wiesbaden das Verfahren zur Auswahl eines privaten Spielbankbetreibers als Verfahren zur „Konzessionsvergabe".

26 Allein das Land Sachsen-Anhalt hat eine ausdrückliche Regelung getroffen, wonach das Land seine Geschäftsanteile an der Landesspielbankengesellschaft unter Fortbestand der Konzessionen veräußern kann. Zugleich wurde dieser Vorgang aber einem gesonderten Vergabeverfahren unterworfen, das dem Konzessionsvergabeverfahren gleicht.[74] Die anderen Länder oder Gesellschafter sind gleichwohl wegen der gesellschafts- und damit bundesrechtlichen Vorgaben auch ohne ausdrückliche landesgesetzliche Ermächtigung zur Veräußerung der Geschäftsanteile an einem Spielbankunternehmen unter Fortbestand der Konzession berechtigt. Den Landesgesetzgebern mangelt es an einer Kompetenz, die Übertragung von Spielbankunternehmen zu untersagen oder zu erschweren. Zulässig ist es gleichwohl, den Fortbestand der Spielbankkonzessionen an die Qualität der jeweiligen Gesellschafter zu knüpfen und damit an einen Gesellschafterwechsel das Erlöschen oder die Möglichkeit des Widerrufes der Konzession zu knüpfen. Grundsätzlich bedarf es bei einem reinen Gesellschafterwechsel auch keines Vergabeverfahrens.[75] Sofern allerdings im engen zeitlichen Zusammenhang mit einer Konzessionserteilung die Veräußerung von Spielbankbeteiligungen durch einen öffentlichen Auftraggeber (Konzessionsgeber) erfolgt, ist trotz fehlender landesgesetzlicher Regelung ein dem Konzessionsvergabeverfahren entsprechendes Verfahren über die Veräußerung der Beteiligung erforderlich.[76]

(7) Erlöschen der Spielbankenkonzession

27 Eine Spielbankerlaubnis erlischt durch Zeitablauf, durch den Eintritt auflösender Bedingungen (zB bei längerem Nichtbetrieb der Spielbank bzw Nichtaufnahme des Spielbetriebes) oder durch Widerruf durch die Aufsichtsbehörde. Die in allen Spielbankgesetzen vorgesehene Widerrufsmöglichkeit ist notwendig, um den Schutz der öffentlichen Sicherheit und Ordnung zu gewährleisten. Der Widerruf wird möglich und regelmäßig auch notwendig, wenn die notwendigen Erteilungsvoraussetzungen ganz oder teilweise entfallen sind und nicht innerhalb angemessener Zeit wiederhergestellt werden. Werden Spielbankenkonzessionen, die privaten Betreibern erteilt wurden, entzogen oder nicht verlängert, machen die Konzessionäre regelmäßig Entschädigungsansprüche geltend. Die Länder haben gerichtliche Auseinandersetzung hierzu bislang vermieden und Vergleichsregelungen unter Übernahme von Wirtschaftsgütern der bisherigen Betreiber getroffen,[77] die eine Fortsetzung des Spielbetriebes an den Spielstätten ermöglichte. Mit Blick auf den vorhandenen und nicht zu unterdrückenden Spieltrieb sind die Länder nämlich notfalls gehalten, mit einem eigenen Spielangebot für die notwendige Kanalisierung zu sorgen.[78] Man kann insoweit von einer öffentlich-rechtlichen Betriebspflicht der Länder sprechen, die sie

---

74 Vgl §§ 1 Abs 2 S 2 und 2 Abs 7 SpielbG.

75 *EuGH* Urt v 19. 6. 2008, C-454/06, Rn 50.

76 *EuGH* Urt v 10. 11. 2005, C-29/04 (NVwZ 2006, 70); Urt v 19. 6. 2008, C-454/06 Rn 47, 48 (sog *eingekapselte Auftrags- bzw Konzessionsvergabe*).

77 Entsprechende Verträge wurden zB bei der Verstaatlichung der Spielbanken in Niedersachsen und Sachsen geschlossen.

78 Vgl zB § 1 Abs 2 des Gesetzes über die Zulassung öffentlicher Spielbanken im Land Brandenburg (Spielbankgesetz – SpielbG) vom 18. 12. 2007, GVBl I 2007 [Nr 17] S 218 (223).

entweder selbst oder durch Dritte (Konzessionäre) zu erfüllen haben, damit ein ausreichendes Glücksspielangebot vorhanden ist.

II. Das moderne Spielbankenrecht: Die Neugestaltung des Spielbankenrechts im Jahr 2007 – staatsvertraglich vereinbarte Gleichförmigkeit und föderale Vielfalt

1. Die spielbankenrechtlichen Regelungen des Glücksspielstaatsvertrages 2008 (GlüStV)

a) Übersicht

Im Anschluss an die Grundsatzentscheidung des *BVerfG* zum Sportwettenmonopol des Freistaates Bayern vom 28. März 2006[79] und die Entscheidung über die Gültigkeit des bayerischen Spielbankengesetzes[80] vom 26. März 2007[81] haben auch die Spielbankgesetze einen Gegenstand intensiver gesetzgeberischer Befassung gebildet: Über den am 1. Januar 2008 in Kraft getretenen GlüStV ist das Spielbankenwesen mit den übrigen in die Landesregelungszuständigkeit fallenden Glücksspielangeboten verklammert worden. Den Empfehlungen der Spielsuchtexperten folgend sind nunmehr auch die für das Spielbankenwesen erforderlichen Regelungen zur Spielsuchtvermeidung und Spielsuchtbekämpfung einheitlich durch den GlüStV geregelt: § 2 GlüStV erklärt die Regelungen des § 1 (Ziele des Staatsvertrages, insbesondere die Spielsuchtvermeidung und Bekämpfung), der §§ 3 bis 8 (Begriffsbestimmungen und allgemeine Bestimmungen, damit auch und gerade das Verbot des Online-Gaming, Regelungen zur Werbung [Werbeverbot via Fernsehen, Internet und Telefon] und über das Sozialkonzept, Aufklärungspflichten und die Spielersperre) und der §§ 20 und 23 (Regelungen zur Wirkung und Durchsetzung der Sperre und über die mit der Sperrdatei verbundenen datenrechtlichen Eingriffe) für anwendbar. 28

Der GlüStV enthält keine Regelungen zu Fragen der Organisation des Spielbankbetriebes in den Ländern, insbesondere nicht zu der Frage, wer Betreiber einer Spielbank (der Spielbankunternehmer) sein kann; auch hinsichtlich der spielbankbezogenen Abgaben gibt es keine staatsvertraglichen Vorfestlegungen. Diese bislang landesrechtlich zumindest in Detailfragen durchaus unterschiedlich geregelten Gesetzgebungsmaterien bleiben auch weiterhin Sache des jeweiligen Landes. Trotz der thematisch eingrenzbaren Vereinheitlichungen hinsichtlich der genannten Teilaspekte des Spielbankenrechts wird es demnach auch künftig eine heterogene Spielbankenlandschaft in den deutschen Ländern geben. 29

79 *BVerfGE* 115, 276ff = NJW 2006, 1261ff = ZfWG 2006, 16ff.

80 Vom 26. 7. 1995 (GVBl 1995 S 350), zuletzt geändert durch Gesetz v 9. 5. 2006 (GVBl 2006 S 193).

81 *BVerfG* Beschl v 26. 3. 2007, 1 BvR 2228/02, abrufbar über www.bundesverfassungsgericht.de/entscheidungen.

b) *Die Kernregelung des Spielerschutzes: die Selbst- oder Eigensperre*

30 Die *Spielersperre* – gemeint ist die *Selbst-* oder *Eigensperre* wegen einer Spielleidenschaft mit pathologischen Zügen und nicht die durch die Spielbank veranlasste Sperre von Spielern wegen Bandenspiels, anderer Betrugshandlungen oder sonstiger vorsätzlicher Verstöße gegen die Regeln der Spielbank – ist ein *wichtiges Mittel der Spielsuchtprävention.* § 8 Abs 1 GlüStV verpflichtet dementsprechend die Spielbanken, ein „übergreifendes Sperrsystem zu [errichten und zu] unterhalten". Durch § 20 S 1 GlüStV werden gesperrte Spieler vom Spielbetrieb in Spielbanken ausgeschlossen; sie dürfen am Spielbetrieb nicht teilnehmen (und nach § 22 Abs 2 auch nicht an Lotterien mit besonderem Gefährdungspotenzial). Mit dieser Regelung wird die Zugangskontrolle verbindlich und für die Tischspielräume (Großes Spiel) und die Automatenspielsäle (Kleines Spiel) unterschiedslos eingeführt. Damit ist einer zentralen Forderung von Suchtverbänden entsprochen und ein jahrelanger Streit zwischen Innen- und Finanzressorts über die Zugangskontrolle zum Kleinen Spiel vom Gesetzgeber beendet worden. In einigen Ländern wie dem Saarland und Brandenburg ist die Zugangskontrolle zum Kleinen Spiel gewissermaßen im Vorgriff auf die neue Gesetzeslage bereits vor Inkrafttreten des GlüStV eingeführt worden, nicht zuletzt, um den vom *BVerfG* für den Übergangszeitraum bis zum Inkrafttreten des neuen Glücksspielrechts dekretierten verfassungsgerichtlichen Anforderungen gerecht zu werden.[82]

31 Bei alledem darf nicht übersehen werden, dass der Gesetzgeber – und in noch stärkerem Maße die Spielbankunternehmer selbst – durch die neuere Judikatur des *OLG Hamm* und, diesem folgend, des *BGH* zu **Schadensersatzansprüchen** gesperrter Spieler **im Falle unwirksamer oder fehlender Zugangskontrollen** erheblich unter Druck geraten sind: Der *BGH* hat nämlich seine frühere Rechtsprechung aufgegeben, wonach er gesperrten Spielern Ansprüche auf Ersatz von Spielverlusten in derartigen Fällen stets vorenthalten hatte.[83] Nachdem zunächst das *OLG Hamm* in einer Entscheidung vom 7. Oktober 2002 eine Spielbank zur Rückzahlung von Spieleinsätzen an einen gesperrten Spieler verpflichtet hat,[84] ist auch der *BGH* in einem Urteil vom 15. Dezember 2005 zu der Einschätzung gelangt, dass die Spielbank mit der Annahme eines Antrags auf Selbstsperre eine vertragliche Bindung gegenüber dem Antragsteller einginge, die gerade darauf gerichtet sei, ihn vor den wirtschaftlichen Schäden seiner Spielsucht zu bewahren. Das *OLG Hamm* wiederum hat diese Verpflichtung des Spielbankunternehmers unter Hinweis auf die bundesverfassungs-

---

82 *BVerfG* Urt v 28. 3. 2006, 1 BvR 1054/01 (*Sportwetten*), Rn 157 ff. Dabei wird keineswegs verkannt, dass das *BVerfG* bei strenger Beachtung verfassungsprozessualer Grundsätze mit seiner Entscheidung gesetzesvertretendes Übergangsrecht nur für den am Verfahren beteiligten Freistaat Bayern und auch nur für den Sportwettenbereich gesetzt haben kann. Die Beachtung der verfassungsgerichtlichen Maßstäbe über den unmittelbaren territorial-sachlichen Geltungsbereich hinaus erscheint gleichwohl bereits mit Blick auf die wechselseitige Verfassungsorgantreue – bei Erkennbarkeit der Rechtswirkungen des Grundsatzurteils über die Grenzen des Freistaates hinaus – nicht sachfremd.

83 So noch *BGHZ* 131, 136, Urt v 31. 10. 1995, XI ZR 6/95 = NJW 1996, 248.

84 *OLG Hamm,* U 119/02 = NJW-RR 2003, 971. Siehe hierzu auch – mit demselben Ergebnis – den „Wegbereiter" id Literatur *Peters* JR 2002, 177 (181 f) und ZfWG 2007, 321 (324).

gerichtliche *Sportwetten*-Grundsatzentscheidung in einer Folgeentscheidung vom 4. Dezember 2006 ausdrücklich auf die Automatenspielsäle – das Kleine Spiel – erstreckt.[85] Der *BGH* bestätigt nunmehr auch diese Ausweitung der Haftung des Spielbankunternehmers unter Hinweis darauf, dass es dringend geboten sei, eine Spielersperre effektiv durchzusetzen, damit diese ihre Schutzfunktion auch entfalten könne. Die generelle Kontrollpflicht des Spielbankunternehmers ist nach Auffassung des Senats auch zumutbar.[86]

Anders wurde allerdings vom *BGH* der Fall bewertet, in dem Spieler sich beim Online-Roulette der Spielbank Wiesbaden ohne Limit registrieren konnten, obwohl hierdurch gegen eine Auflage der Konzession verstoßen wurde. Der Verstoß führte nach Auffassung des *BGH* weder zur Nichtigkeit der Spielverträge, noch habe die Einhaltung durch die Spielbank überwacht werden müssen, da die Eingabe eines Limits durch den Spieler nicht dieselbe Funktion wie eine Spielsperre habe.[87] **32**

Das *OLG Celle* hatte sich jüngst mit einem kuriosen Fall zu befassen, in dem sich eine Spielbank nach jahrelang unkontrolliertem Spiel eines gesperrten Spielers bei einem beachtlichen Gewinn dieses Spielers auf die über 15 Jahre alte Sperre berufen wollte. Das Gericht ist der Berufung auf die Spielersperre „aus heiterem Himmel“ entgegengetreten und hat die Spielbank zur Gewinnauszahlung verpflichtet.[88] **33**

2. Spielbankenmonopole, Duopole und Oligopole zugunsten staatlicher, öffentlicher und privater Spielbankbetreiber

Auf der Grundlage der bundesverfassungsgerichtlichen Judikatur hat der Gesetzgeber einen gerichtlich nur begrenzt überprüfbaren Beurteilungs- und Prognosespielraum bei der Entscheidung, ob er Spielbanken als öffentliches Monopol betreibt oder private Betreiber zulässt: Zwar ist der Spielbankbetrieb nicht von vornherein ein (geborenes) staatliches bzw „öffentliches“ Monopol; die Errichtung staatlicher und privater Spielbankmonopole ist gleichwohl unter Beachtung der verfassungsrechtlichen Vorgaben zulässig.[89] Das *BVerfG* geht davon aus, dass, mangels gegenteiliger Erfahrungen, die gesetzgeberische Annahme einer *im Vergleich zur externen Kontrolle von Unternehmen* höheren Effektivität der (in Bayern internen) *Kontrolle des Staates über eigene Spielbankunternehmen* nicht fehlerhaft ist.[90] Die bei landeseigenen und ebenso bei anderen Unternehmen in öffentlicher – zB kommunaler – Trägerschaft (zusätzlich zu den gesellschaftsrechtlichen Einflussnahmemöglichkeiten) zur Verfügung stehenden allgemeinen haushaltsrechtlichen Kontroll- und Ingerenzbefugnisse werden mancherorts als Beleg für die Richtigkeit dieser Einschätzung herangezogen. Ganz in diesem Sinne hat das *BVerwG* entschieden, dass die ausschließliche oder **34**

---

85 *OLG Hamm,* 22 U 250/05, OLGR Hamm 2007, 197 = VersR 2007, 552, m Anm *Klöhn.*

86 *BGH,* III ZR 9/07, WM 2008, 38 = NJW 2008, 840, m Anm *Klöhn.*

87 *BGH,* III ZR 190/07, NJW 2008, 2026.

88 *OLG Celle* Beschl v 20. 11. 2007, 4 W 206/07, OLGR Celle 2008, 44.

89 *BVerwGE* 96, 302 = GewArch 1995, 24 = NVwZ 1995, aA die Vorinstanz *BayVerfGH* BayVBl 1990, 526 und GewArch 1991, 102 (*staatl. Verwaltungsmonopol in Bayern*).

90 *BVerfG* Urt v 19. 7. 2000, 1 BvR 539/96, NVwZ 2001, 790 (794); *BVerfG* Beschl v 26. 3. 2007, 1 BvR 2228/02 (*Spielbankenmonopol in Bayern*).

vorzugsweise Konzessionierung staatlicher Spielbankbetriebe auch dort in Betracht komme, wo der Gesetzgeber der Erlaubnisbehörde im Hinblick auf den Erlaubnisempfänger einen Spielraum eingeräumt hat.[91] Deshalb lassen einige Länder in ihren Spielbankgesetzen auch nach deren letzter Novellierung (im Zuge der Neuregelung des Glücksspielwesens insgesamt im Jahr 2007) weiterhin nur Unternehmen als Adressaten einer Spielbankerlaubnis zu, die von der öffentlichen Hand beherrscht werden:

Bundesland	**Konzessionäre**
Baden-Württemberg	Öffentlicher oder privater Erlaubnisinhaber bietet Gewähr für den ordnungsgemäßen Betrieb der Spielbank (§ 1 Abs 3 Nr 2 SpBG)
Bayern	Staatsbetrieb des Freistaat Bayern (Art 2 Abs 2 SpielbG)
Berlin	Öffentlicher oder privater Spielbankunternehmer, die Gesellschafter und die sonst verantwortlichen Personen des Spielbankunternehmers besitzen die für die ordnungsrechtlich und wirtschaftlich einwandfreie Veranstaltung des Spielbetriebes erforderliche Zuverlässigkeit (§ 2 Abs 3 SpbG)
Brandenburg	Juristische Person des öffentlichen Rechts oder eine privatrechtliche Gesellschaft, an der das Land Brandenburg unmittelbar oder mittelbar mehrheitlich beteiligt ist (§ 3 SpielbG)
Bremen	Gesellschaften, deren Gesellschafter juristische Personen des öffentlichen Rechts oder solche juristischen Personen des privaten Rechts sind, deren Anteile ausschließlich juristischen Personen des öffentlichen Rechts gehören (§ 2 SpielBG)
Hamburg	Natürliche Personen und juristische Personen des öffentlichen Rechts; Personengesellschaften, an denen ausschließlich natürliche Personen beteiligt sind; Gesellschaften, an denen juristische Personen des öffentlichen Rechts sämtliche Gesellschaftsanteile unmittelbar oder mittelbar halten (§ 2 Abs 3 SpielbG)
Hessen	Gemeinden Bad Homburg v d Höhe, Frankfurt am Main im Transitbereich des Flughafens Frankfurt, Kassel, Wiesbaden je eine Spielbank nach Zulassung durch das zuständige Ministerium (§§ 2

91 *BVerwG* Beschl v 25. 2. 2004, 6 B 10.04, GewArch 2004, 476.

Bundesland	Konzessionäre
	Abs 1, 1 Abs 2 SpielbG). Die Gemeinden können Dritten die Ausübung des Spielbetriebes überlassen. Der Spielbankunternehmer muss die Gewähr für eine ordnungsrechtlich und wirtschaftlich einwandfreie Führung der Spielbank bieten (§ 4 Abs 2 SpielbG).
Mecklenburg-Vorpommern	Einzelperson, auf Dauer angelegte Personenvereinigung oder juristische Person des Privatrechts, deren Anteile nicht juristischen Personen des öffentlichen Rechts gehören (§ 4 Nr 1 SpielBG)
Niedersachsen	Öffentliche oder private Antragsteller und die mit der Leistung des Spielbankunternehmens beauftragten Personen bieten Gewähr für den ordnungsgemäßen Betrieb der Spielbank (§ 2 Abs 2 SpBG)
Nordrhein-Westfalen	Gesellschafter eines Unternehmens zum Betrieb einer Spielbank dürfen nur juristische Personen des öffentlichen Rechts oder solche juristischen Personen des privaten Rechts sein, deren Anteile ausschließlich juristischen Personen des öffentlichen Rechts gehören (§ 3 SpielbG)
Rheinland-Pfalz	Öffentliche oder private Spielbankunternehmer, die über die erforderliche Zuverlässigkeit, finanzielle Leistungsfähigkeit und fachliche Kompetenz für einen ordnungsrechtlich und wirtschaftlichen Betrieb der Spielbank verfügen (§ 2 Abs 3 SpielbG)
Saarland	Träger eines Spielbankunternehmens dürfen nur Gesellschaften in der Rechtsform des privaten Rechts sein, deren Anteile zu mehr als der Hälfte unmittelbar oder mittelbar dem Saarland gehören (§ 5 Abs 3 S 1 SpielbG)
Sachsen	Erlaubnis darf nur dem Freistaat Sachsen oder einem Unternehmen des privaten oder öffentlichen Rechts, das ausschließlich dem Freistaat Sachsen gehört, erteilt werden (§ 1 Abs 2 SpielbG)
Sachsen-Anhalt	Spielbankunternehmer dürfen nur Gesellschaften in einer Rechtsform des Privatrechts sein, deren sämtliche Anteile unmittelbar dem Land gehören. Das Land kann seine Anteile unter Fortgeltung der

Bundesland	Konzessionäre
	erteilten Konzessionen ganz oder zum Teil veräußern (§ 2 Abs 2 SpielbG)
Schleswig-Holstein	Spielbanken dürfen nur von Gesellschaften in einer Rechtsform des privaten Rechts betrieben werden, deren Anteile völlig oder überwiegend vom Land Schleswig-Holstein oder einer rechtsfähigen Anstalt des öffentlichen Rechts mit Sitz in Schleswig-Holstein gehalten werden (§ 1 Abs 2 SpielbG)
Thüringen	Öffentlicher oder privater Erlaubnisinhaber und sonst verantwortliche Personen bieten Gewähr für den ordnungsgemäßen Betrieb der Spielbank; Erlaubnisinhaber, Gesellschafter und sonst verantwortliche Personen sind weder mittelbar noch unmittelbar an Unternehmen beteiligt, die Spielgeräte oder Spielsicherheitstechnik für das Spiel herstellen oder vertreiben; dies gilt entsprechend für den Fall, das eine am Erlaubnisinhaber beteiligte Gesellschaft selbst Gegenstand einer mittelbaren oder unmittelbaren Beteiligung eines solchen Unternehmens ist (§ 2 Abs 2 SpielbG)

35 Eine Richtungsentscheidung – in Richtung *staatliches* bzw. *staatlich beherrschtes* Spielbankenmonopol – hat, wie der Vergleich mit dem bis zum 31. Dezember 2007 geltenden Spielbankgesetz zeigt, zB der brandenburgische Gesetzgeber getroffen, indem er die Erteilung einer Spielbankerlaubnis in der Zukunft nur noch an ein vom Land unmittelbar oder mittelbar beherrschtes Unternehmen ermöglicht (Art 3 § 3 Abs 1 und § 4 Abs 1 Glücksspielgesetz des Landes Brandenburg, GlüGBbg[92]). Nach alter Rechtslage war demgegenüber die Erlaubniserteilung auch an andere „juristische Personen des öffentlichen Rechts mit Sitz im Land Brandenburg" möglich.[93] Durch die Neuregelung sind die andernfalls verfassungsrechtlich erforderlichen gesetzlichen Regelungen zu Kriterien und Verfahren einer Auswahlentscheidung zwischen mehreren Bewerbern um eine Spielbankerlaubnis überflüssig geworden.[94]

92 Die Novellierung des Glücksspielrechts im Anschluss an die *Sportwetten*-Grundsatzentscheidung des *BVerfG* vom 28. 3. 2006 ist in Brandenburg in Gestalt eines Artikelgesetzes erfolgt. Art 1 des GlüGBbg hat das Zustimmungsgesetz zum GlüStV, Art 2 das Lotterie- und Sportwettengesetz und Art 3 das Spielbankgesetz zum Gegenstand.

93 § 3 des Gesetzes über die Zulassung öffentlicher Spielbanken im Land Brandenburg in der ab 1. 7. 2003 (bis zum Inkrafttreten des GlüGBbg am 1. 1. 2008) geltenden Fassung.

94 Siehe hierzu bereits oben I. 6. c). Vgl weiterhin zB § 2 a des thüringischen Spielbankgesetzes: Die Vorschrift regelt neben den spezifischen Anforderungen des Erlaubnisverfahrens als materielle Auswahlkriterien die „beste Eignung des Antragstellers" u a in Bezug auf die Einhaltung der öf-

3. Online-Gambling

Spielbankenkonzessionen werden auf landesgesetzlicher Grundlage erteilt und entfalten damit auch nur für das betreffende Bundesland Wirkung. Das Spielangebot einer Spielbank ist grundsätzlich auf das sog. Präsenzspiel ausgerichtet, dh der Spieler muss sich zur Spielteilnahme in die Spielbank begeben. Anders als im Lotteriebereich gibt es deshalb keine gewerbliche Spielvermittlung an staatlich zugelassene Spielbanken. 36

Seit langem wird die Frage diskutiert, ob staatlich zugelassene Spielbanken auch online ein Spielangebot eröffnen dürfen oder sogar sollen. Die Spielbankengesetze von Niedersachsen, Hessen und Mecklenburg-Vorpommern ließen dies ursprünglich zu. In Hamburg wurde das Online-Gambling durch Änderung der Spiel*ordnung* im Jahre 2002 eingeführt. Diese Maßnahme hat das Landesverfassungsgericht allerdings mit dem Hinweis auf die Notwendigkeit einer besonderen *parlamentsgesetzlichen* Regelung mit dem Verdikt der Verfassungswidrigkeit belegt.[95] Ein von den niedersächsischen Spielbanken gestellter Antrag auf Zulassung des Internetspielangebotes dem Grunde nach wurde 2007 abgelehnt. Die Verwaltungsgerichte haben zwar eine Zulassung (dem Grunde nach) in den fortbestehenden Konzessionen gesehen.[96] Allerdings kann auch in Niedersachsen ein Spielbetrieb mangels der weiterhin erforderlichen Zustimmung der Spielbankenaufsicht zur Aufnahme des Spielbetriebes nicht erfolgen. Tatsächlich online gespielt wurde bis Ende 2007 nur von der Spielbank Wiesbaden aus. Dieses Online-Angebot, bei dem Spielwillige, die sich in Hessen aufhielten, via Internet an einem per Livekamera übertragenen Roulettespiel teilnehmen konnten, fand seine rechtliche Grundlage in § 2 Abs 1 S 4 HessSpielbG aF, der nach Inkrafttreten des GlüStV zum 1. Januar 2008 und damit zugleich nach dem Wirksamwerden des staatsvertraglich vereinbarten generellen Internet-Glücksspielverbotes ersatzlos gestrichen worden ist. 37

Die Befürworter der Zulassung des Online-Gambling der zugelassenen Spielbanken gehen davon aus, dass die glücksspielaffinen Bevölkerungsteile bei fehlendem legalen Online-Angebot zur Teilnahme an den zahlreichen illegalen Online-Casinos „gezwungen" sind, die (in Deutschland) weder kontrolliert noch besteuert werden. Zum Teil wird deshalb zum Schutze der Spieler gefolgert, dass die Länder wegen ihrer Verpflichtung zur Kanalisierung des Spieltriebes Online-Spielangebote zulassen müssten.[97] 38

Die Gegner des Online-Gambling sehen dieses demgegenüber als besonders gefährlich an, weil die beim Präsenzspiel vor Ort vorhandenen sozialen Kontrollmechanis- 39

---

fentlichen Sicherheit und Ordnung, weitgehende Informations-, Einwirkungs- und Kontrollbefugnisse der zuständigen Aufsichtsbehörden, eine nachhaltige finanzielle Leistungsfähigkeit und die Gewährleistung bzw Ermöglichung eines wirtschaftlichen Spielbankbetriebes und der weitgehenden Abschöpfung der Spielbankerträge (siehe hierzu Anhang Landesrecht VIII.).

95 *HambVerfG* Urt v 21. 10. 2003, HVerfG 10/02, MMR 2004, 169.

96 *OVG Lüneburg* Beschl v 31. 3. 2008, 11 LA 458/07, (vorgehend *VG Hannover* Urt v 20. 8. 2007, 10 A 1224/07); siehe hierzu auch Anhang Landesrecht V., Einführung von *Postel/Gebhardt*.

97 *Ibler* Rechtsgutachten zum Online-Gaming, 2003.

men beim Online-Spiel fehlen. Die besonderen Gefahren einer Spielteilnahme in völliger Anonymität und ohne jegliche soziale Kontrolle, verstärkt noch durch Spielteilnahmemöglichkeiten unter Nutzung von Kreditkarten und möglicherweise sogar „auf Kredit", sind das zentrale Argument für ein generelles Internet-Glücksspielverbot ebenso wie für die Annahme einer Notwendigkeit eines legalen, staatlich zugelassenen Online-Angebotes, wie es zB in Österreich eingeführt wurde.[98]

4. Spielbankenaufsicht

a) Gegenstand der Spielbankenaufsicht

40 Die staatlich zugelassenen, öffentlichen und privaten Spielbanken unterstehen der Aufsicht durch den jeweiligen Konzessionsgeber und die Finanzbehörden. Die Aufsicht ist zum einen spielbetriebsbezogen (ordnungsrechtliche Spielbankenaufsicht) zum anderen abgabenbezogen (Finanzaufsicht). Die ordnungsrechtliche Spielbankenaufsicht dient maW dem Schutz der öffentlichen Sicherheit und Ordnung sowie sonstiger öffentlicher Belange. Sie kontrolliert insbesondere die Einhaltung der Bestimmungen des jeweiligen Spielbankgesetzes, der Spielordnung und der Konzession einschließlich ihrer Nebenbestimmungen. Die Finanzaufsicht dient der Feststellung der Besteuerungsgrundlage und beugt damit zugleich dem Verlust von Spieleinsätzen durch Betrugshandlungen vor.

41 Spielmanipulationen sind in ihrem vielfältigen Erscheinungsbild ein unübersehbarer Beleg für die menschliche Fähigkeit zu Spitzenleistungen, wenn Erfindungsreichtum auf kriminelle Energie trifft. Dementsprechend anspruchsvoll ist die ordnungsbehördliche Aufgabe, Manipulationen von Spielabläufen und Spielgeräten auf die Spur zu kommen. Die hierzu eingesetzten Maßnahmen reichen von der Sichtkontrolle des Tischspielgerätes und dessen Zerlegung in die Einzelkomponenten bis hin zur gutachterlichen Prüfung und Lizenzierung der eingesetzten Spielsoftware. Dabei muss nicht jede Auffälligkeit eines Spielgerätes Folge betrügerischer Einflussnahme auf den Spielablauf sein: Die Häufung bestimmter Zahlen beim Roulette innerhalb eines kürzeren Zeitraums beispielsweise – die „Permanenzen", nach denen die sog „Kesselgucker" Ausschau halten, in der Annahme, gezielt auf diese setzen zu können – ist regelmäßig nichts anderes als eine *zufällige* Zahlenhäufung, die mittel- und langfristig ausgeglichen wird. Andernfalls ist das Spielgerät defekt und muss aus dem Spielbetrieb entfernt werden.

42 Der Spielbankunternehmer selbst hat ein besonderes Interesse daran, den Griff in die Kasse durch eine flächendeckende Videoüberwachung, den Einsatz anspruchsvoller elektronischer Kontrollsysteme und verbindlicher Prozeduren zumindest zu er-

98 Die zu diesem Thema international geführte Diskussion hat in den USA zum Erlass des Unlawful Internet Gambling Enforcement Act 2006 geführt, wonach jeglicher Geldtransfer insbesondere elektronischer Art, der im Zusammenhang mit Glücksspielen im Internet erfolgt, verboten ist. Auch die amerikanischen Forscher *LaTour* und *Cotte* gelangen in ihrer aktuellen Untersuchung (erscheint im Journal of Consumer Research im Februar 2009) zu dem Ergebnis, dass Online-Spieler öfter, aggressiver, in längeren Sitzungen und mit weniger Überblick über ihre Spielverluste spielen als die Spielteilnehmer in terrestrischen Casinos.

schweren und das Entdeckungsrisiko deutlich zu erhöhen. Es ist feststellbar, dass die technischen Überwachungsstandards in den letzten Jahren deutlich gestiegen sind. „Spielbankenskandale“ sind daher nicht selten auch Ausdruck der durch eine verbesserte Spielbankenaufsicht zunehmend ermöglichten Entdeckung und Aufklärung von Betrugsstraftaten, an denen leider gelegentlich auch Spielbankpersonal beteiligt ist.

b) Das aufsichtsrechtliche Instrumentarium

Die rechtlichen Aufsichtsinstrumente sind in den Spielbankengesetzen und Erlaubnissen in unterschiedlicher Dichte normiert. In allen Ländern finden sich Regelungen über den *Entzug der Erlaubnis* als ultima ratio. Die unterhalb dieser Schwelle liegenden Möglichkeiten der Aufsicht in Form von Auskunfts-, Vorlage-, Betretungs- und Prüfungsrechten sind zum Teil geregelt, zum Teil werden sie nach dem Verhältnismäßigkeitsgrundsatz als milderes Mittel auch dort zulässig sein, wo nur der Widerruf einer Erlaubnis ausdrücklich im Gesetz genannt wird.[99] Einige Länder (zB Baden-Württemberg, Niedersachsen, Thüringen) haben in erheblichem Umfang von der Möglichkeit Gebrauch gemacht, Einzelfragen in *Nebenbestimmungen* der Spielbankerlaubnisse zu regeln. Dort finden sich zB Regelungen zur **43**

- Zulässigkeit von Rechtsgeschäften mit Spielbankbezug (Übertragung von Geschäftsanteilen, Verpfändung, Treuhandverhältnisse etc),
- Veränderung beim eingesetzten Personal (Geschäftsführerwechsel),
- Vorlage von Unterlagen (geprüfter Jahresabschluss, Lagebericht),
- Beteiligung der Aufsicht bei Gesellschafterversammlungen,
- Vorhaltung einer ausreichenden Spielbanksicherheit (Barreserve, Bankbürgschaft),
- Unzulässigkeit der Gewährung von Krediten an Spielbankbesucher,
- Spielgerätesicherheit und -kontrolle und zur
- Videoüberwachung, Datenschutz.

c) Bekämpfung der Geldwäsche

Nachdem Kredit- und Finanzinstitute mit Blick auf die europaweit erforderlichen Maßnahmen zur Verhinderung von Geldwäsche in den vergangenen Jahren unter besonderer Beobachtung der EU-Institutionen gestanden haben, rücken nunmehr auch die „Kasinos“ in den Fokus des Interesses,[100] die ausdrücklich in den Geltungsbereich der RL 2005/60/EG des Europäischen Parlaments und des Rates vom 26. Oktober 2005 zur Verhinderung der Nutzung des Finanzsystems zum Zwecke der Geld- **44**

---

99 ZB nach § 2 SpielBG Rheinland-Pfalz.

100 So hat die Financial Action Task Force on Money Laundering (FATF) bereits in den Annexes zu ihrem Jahresbericht 2003/2004 Lücken bei der Geldwäschebekämpfung in Deutschland kritisiert. Insbesondere wurde moniert, dass es an speziellen Strafbestimmungen für Fälle fehle, in denen Informationen an die zuständigen Behörden über verdächtige Geldtransaktionen unterlassen würden.

wäsche und der Terrorismusfinanzierung fallen[101] (Art 2 Abs 1 Nr 3f). Das macht – einerseits – insofern durchaus Sinn, als in Spielbanken immense Geldbeträge „bewegt“ werden: Mit den Ausschüttungsquoten in Spielbanken von etwa 92 bis 96% der Spieleinsätze und einem Bruttospielertrag (die Summe der Spieleinsätze abzüglich der ausgezahlten Gewinne [BSE]) von rund 1 Mrd Euro (im Geschäftsjahr 2003) gehen Spieleinsätze (im Kleinen und Großen Spiel) von 15 bis 20 Mrd Euro einher. Andererseits gibt es wohl nur wenige Örtlichkeiten mit einer größeren Überwachungsdichte, die überdies ausgerechnet durch Mitarbeiter der Finanzbehörden erzeugt wird. Auch bestehen erhebliche Hürden für die Umwandlung von Bargeld in Buchgeld, so dass der Legendenbildung für größere Geldbeträge unklarer Herkunft von vornherein Grenzen gesetzt sind.

45 Seit dem 15. Juni 2003 müssen alle Mitgliedstaaten die Zweite Geldwäscherichtlinie[102] in innerstaatliches Recht umgesetzt haben: Das Gesetz über das Aufspüren von Gewinnen aus schweren Straftaten, das Geldwäschegesetz (GWG), sieht nunmehr eine allgemeine Identifizierungspflicht der Spielbanken gegenüber Kunden vor, in denen diese Spielmarken im Wert von 1.000 Euro oder mehr kaufen oder verkaufen (§ 3 Abs 1 S 1 Nr 4 GWG).[103] In Verdachtsfällen besteht zudem nach § 6 Abs 1 GWG eine spezielle Identifizierungspflicht, und § 9 GWG regelt besondere Aufzeichnungs- und Aufbewahrungspflichten. Nach § 11 GWG müssen Geldwäscheverdachtsanzeigen unverzüglich gegenüber den zuständigen Strafverfolgungsbehörden erfolgen; gleichzeitig ist eine Kopie der Verdachtsanzeige an die Financial Intelligence Unit des Bundeskriminalamtes (BKA/FIU) zu übermitteln. Die Einschätzung des BKA, dass deutsche Spielbanken für Geldwäsche genutzt werden, hat in der Vergangenheit jedenfalls durch entsprechende Verdachtsmeldungen aus dem Spielbankmilieu keine Nahrung erhalten: Im Jahr 2003 gab es von deutschen Spielbanken nur eine einzige Verdachtsmeldung. Casinos und Card Clubs in den USA haben demgegenüber im selben Zeitraum 5.095 Geldwäscheverdachtsmeldungen weitergeleitet.

d) *Bundesverfassungsgerichtliche Vorgaben zur Spielbankenaufsicht und moderne Entwicklungen*

46 Die Zuständigkeit für die ordnungsrechtliche Spielbankenaufsicht war bis zum Inkrafttreten des GlüStV in den Ländern unterschiedlich geregelt. Teilweise übten die Finanzministerien die Spielbankenaufsicht umfassend aus. Den bundesverfassungsgerichtlichen Vorgaben entsprechend, wonach „geeignete Kontrollinstanzen … eine ausreichende Distanz zu den fiskalischen Interessen des Staates aufweisen“ müssen,[104] wird die ordnungsrechtliche Spielbankenaufsicht nunmehr – mit Ausnahme

---

101 ABl EG L 309/15 v 25. 11. 2005.

102 RL 2001/97/EG des Europäischen Parlaments und des Rates vom 4. 12. 2001 zur Änderung der RL 91/308/EWG des Rates zur Verhinderung der Nutzung des Finanzsystems zum Zwecke der Geldwäsche; ABl EG L 344/76 v 28. 12. 2001.

103 IdF der Bekanntmachung vom 25. 10. 1993 (BGBl I S 1770), zuletzt geändert durch Art 5 des Gesetzes v 21. Dezember 2007 (BGBl I S 3089).

104 BVerfG Urt v 28. 3. 2006, 1 BvR 1054/01, Rn 154.

von Niedersachsen[105] – in allen Ländern durch die Innenministerien und ggf diesen nachgeordnete Behörden (ua auch durch Mitarbeiter der Landeskriminalämter) ausgeübt. Dabei ist es auch weiterhin unbedenklich und erforderlich, dass die von der Finanzaufsicht vor Ort gewonnenen Erkenntnisse der Spielbankenaufsichtsbehörde zugänglich gemacht werden, und zwar bereits deshalb, weil, im Unterschied zu der ordnungsrechtlich verantwortlichen Spielbankenaufsichtsbehörde, die Finanzaufsicht während der Öffnungszeiten der Spielbanken (und einer Vorbereitungs- und Nachbereitungszeit) durchgängig am Spielort präsent ist (ohne Ausnahme im „Großen Spiel“ und überwiegend auch in den Spielsälen mit „Kleinem Spiel“), und daher am ehesten und unmittelbar Manipulationen der Spielgeräte und andere Betrugshandlungen durch Spielteilnehmer und auch Spielbankmitarbeiter erkennen kann. Die Erkenntnisse der Finanzaufsicht sind maW für die Ordnungsbehörde unverzichtbar, sofern diese nicht – in Zeiten des allgemeinen Sparzwanges – eine „eigene“ operative Spielbankaufsicht aufbauen will. Anzumerken ist, dass auch bei der Wahrnehmung der Spielbank-Überwachungsaufgaben ein immer stärkerer Trend zur Nutzbarmachung elektronischer Hilfsmittel erkennbar ist. In diesem Sinne haben verschiedene Länder die gesetzlichen Grundlagen für die Einführung elektronischer Überwachungssysteme geschaffen.[106]

III. Spielbank-Abgabenrecht

1. Historie des Spielbankenabgabenrechtes

Traditionell unterliegen Spielbanken einer besonderen Besteuerung, die zunächst mit einer umfassenden Befreiung von den „gewöhnlichen“ Steuern einherging. Dabei sollten die Gewinne aus dem Spielbankbetrieb weitgehend abgeschöpft und für gemeinnützige Zwecke verwendet werden. Bereits § 1 Abs 1 der Spielverordnung vom 27. Juli 1920[107] bestimmte: **47**

> *„Die behördliche Erlaubnis zum öffentlichen Glücksspiel darf nur … unter der Bedingung erteilt werden, dass der Spieleinsatz nicht mehr als eine Mark beträgt und dem Spielunternehmer kein höherer Verdienst als 10 vom Hundert der Spieleinsätze zufließt.“*

Das spätere Gesetz über die Zulassung öffentlicher Spielbanken vom 14. Juli 1933 regelte in § 1 Abs 2: **48**

> *„Das Aufkommen aus den Spielergebnissen ist, soweit es nicht nach den* ***Grundsätzen der Wirtschaftlichkeit*** *dem Spielunternehmer zu belassen ist, für gemeinnützige Zwecke zu verwenden.“*[108]

---

105 Vgl § 1 S 2 SpielbG Nds, wonach das Ministerium der Finanzen auch weiterhin zuständiges Fachministerium ist.

106 Vgl § 9 Abs 1 S 1 iVm § 13 Abs 2 S 2 des Gesetzes über die Zulassung öffentlicher Spielbanken im Land Brandenburg (SpielbG), wonach – im Unterschied zu früheren Gesetzeslage – eine Dauerpräsenz der Finanzbeamten vor Ort während des Spielbetriebes (§ 6 Abs 2 SpielbG aF) nicht mehr erforderlich ist und durch elektronische Überwachungssysteme ersetzt werden kann.

107 RGBl 1920 S 1482.

108 Hervorhebung nicht im Original.

49 In einem Gutachten vom 21. Oktober 1954 ging der *BFH*[109] – gestützt auf das SpielbG 1933 – davon aus, dass die Spielbankabgabe das Aufkommen aus den Spielergebnissen erfasst, soweit es nicht nach den Grundsätzen der Wirtschaftlichkeit zu belassen ist. Diese vom Gesetzgeber gewollte *umfassende Abschöpfung* sei durch die besonderen Verhältnisse der Spielbanken veranlasst.

50 Der *BFH* hat sich (auch) später mit der Frage befasst, ob die Spielbankabgabe eine Steuer ist und (nur insoweit) zur Begründung ausgeführt:

> *„Mit der Konzession zum Betrieb einer Spielbank wird regelmäßig die Möglichkeit zur Erzielung sehr hoher Gewinne eröffnet. Diese Gewinne sollen zugunsten des Staatshaushaltes möglichst weitgehend, d.h. bis zur Wirtschaftlichkeitsgrenze abgeschöpft werden.* ***Dem Unternehmer soll lediglich ein angemessener Gewinn verbleiben****. Dieses Ziel könnte mit der herkömmlichen Besteuerung nicht erreicht werden …*
>
> *Die möglichst hohe Abschöpfung soll einerseits durch den – gemessen an herkömmlichen Steuern – exorbitant hohen Steuersatz erreicht werden, andererseits dadurch, dass die Spielbankabgabe nicht nach dem Gewinn, sondern nach dem Bruttospielertrag bemessen wird, dh die Kosten des Spielbankunternehmers sich nicht abgabenmindernd auswirken.*
>
> *Die Regelung über die Spielbankabgabe einerseits und die umfassende Steuerbefreiung andererseits stehen in untrennbarem Zusammenhang. Nur so wird die notwendige Transparenz erreicht, die es dem Gesetzgeber ermöglicht, die durch die Spielbank erzielten Gewinne bis zur Grenze der Wirtschaftlichkeit tatsächlich abzuschöpfen, bis zur Grenze der Wirtschaftlichkeit tatsächlich abzuschöpfen, diese Grenze aber andererseits nicht zu überschreiten …*
>
> *Bereits aus dieser Abgeltungswirkung der Spielbankabgabe gegenüber den sonst zu erhebenden Steuern wird deutlich, dass die Spielbankabgabe … Steuer sein muss.“*[110]

51 Der Bundesgesetzgeber ist allgemein der Auffassung, dass eine Mindestabschöpfung von Glücksspielgewinnen von 25% zu erfolgen habe, indem er in der Begründung des 6. Gesetzes zur Strafrechtsänderung vom 26. Januar 1998 ausführt:

> *„In Deutschland dürfen Glücksspiele nur mit behördlicher Erlaubnis öffentlich veranstaltet werden … Zweck dieser Regelungen ist es*
>
> *1. eine übermäßige Anregung der Nachfrage nach Glücksspielen zu verhindern,*
>
> *2. durch staatliche Kontrolle einen ordnungsgemäßen Spielablauf zu gewährleisten,*
>
> *3. eine Ausnutzung des natürlichen Spieltriebes zu privaten und gewerblichen Zwecken zu verhindern und*
>
> *4. einen nicht unerheblichen Teil der Einnahmen aus Glücksspielen (mindestens 25%) zur Finanzierung gemeinnütziger oder öffentlicher Zwecke heranzuziehen.“*[111]

52 In der Rechtsprechung hat sich auf dieser historischen Grundlage der Grundsatz der Beschränkung von Bereicherungen aus dem Glücksspiel herausgebildet, wonach unangemessene Bereicherungen verhindert werden sollen.[112] Das *BVerwG* hat diesen Grundsatz folgendermaßen umschrieben:

---

109 *BFH* Gutachten vom 21. 1. 1954 = BFHE 58, 556.

110 *BFH* NV 1995, 1013 ff, Hervorhebung nicht im Original.

111 BT-Drs 13/8587, S 67.

112 *BayVerfGH* BayVBl 1990, 526 (528).

„Nach § 1 Abs 2 Spielbankgesetz 1933 ist das Aufkommen aus den Spielergebnissen für gemeinnützige Zwecke zu verwenden, soweit es nicht nach den Grundsätzen der Wirtschaftlichkeit dem Spielbankunternehmer zu belassen ist. Es kann daher keine Rede davon sein, dass ohne Übernahme des Spielbankbetriebes in staatliche Regie dem privaten Unternehmer unangemessen hohe Gewinne verbleiben …

Die Erlaubnisbehörde hat es also in der Hand und ist auch dazu verpflichtet, durch eine sachgerechte Festsetzung der Abgabe zu verhindern, dass privaten Betreibern von Spielbanken außerordentlich hohe Gewinne automatisch und risikolos zufallen.“[113]

Das geltende Spielbankenabgabenrecht findet sich heute sowohl im Bundes- als auch im Landesrecht. Mit der Umsetzung des Glücksspielstaatsvertrages und den Nichtraucherschutzgesetzen der Länder sind erhebliche Umsatzrückgänge in allen deutschen Spielbanken zu verzeichnen. Es ist davon auszugehen, dass die Spielbankabgabenlandschaft mittelfristig diesen veränderten Rahmenbedingungen angepasst wird. Die Länder tauschen sich zu dieser Frage bereits aus. **53**

2. Bundessteuern

In der Tradition des § 6 Abs 1 der Spielbankverordnung von 1938 wird der Spielbankunternehmer noch heute von laufenden Steuern des „Reichs“ befreit. Zum 6. Mai 2006 wurde die überkommene Befreiung der Spielbanken von der Umsatzsteuer allerdings aufgehoben.[114] Seither unterliegen Spielbanken der Umsatzsteuer. Diese auf europagerichtliche Vorgaben rückführbare Rechts- und Tatsachenänderung hat bislang nur eine Minderzahl der Länder bei ihrer „abschöpfenden“ Besteuerung – jedenfalls soweit diese in den Spielbankgesetzen geregelt wird – berücksichtigt.[115] Nach der Gesetzeslage liegt – bei fehlender sonstiger Kompensation oder Anrechnung – in den übrigen Ländern eine Doppelbesteuerung vor, die wegen ihrer erdrosselnden Wirkung verfassungswidrig ist, weil neben der umsatzbezogenen Landessteuer von zT über 80% weitere 19% Umsatzsteuer anfallen. Die Länder, denen insoweit ein Regelungsdefizit attestiert werden kann, helfen sich derzeit damit, dass die Landessteuern zum Teil erlassen oder zinslos gestundet werden, bis die Landesspielbankgesetze – auch wegen der aktuellen Diskussion des Abgabenniveaus nach Umsetzung des GlüStV – angepasst sind. **54**

3. Landessteuern

Allen Spielbankengesetzen liegt, wie bereits angedeutet, ebenfalls der Gedanke zu Grunde, dass übermäßige Gewinne aus dem zugelassenen Glücksspiel vermieden werden sollen. Der Spielbankbetreiber soll neben den Mitteln für die Bezahlung der Beschäftigten nur ein angemessener Unternehmergewinn verbleiben. Die Abschöpfung der „überschießenden“ Spielbankeinnahme werden durch die Spielbankabgabe **55**

---

113 *BVerwG* GewArch 1995, 24 (27).

114 Gesetz zur Eindämmung missbräuchlicher Steuergestaltungen (BStBl I 2006, 253); vgl dazu *Dziadkowski* DStR 2006, 1678 ff.

115 Bisher haben die Anrechung der Umsatzsteuerzahllast geregelt die Länder Freistaat Bayern (Art 5 VIII SpielbG), Bremen (§ 5 II SpielbG), Nordrhein-Westfalen (§ 12 III SpielbG), Saarland (§ 11 I SpielbG), Hessen (§ 8 V SpielbG) und Schleswig-Holstein (§ 4 I SpielbG).

und ergänzende Abgaben, zum Teil ganz ausdrücklich zur Verwendung für gemeinnützige Zwecke abgeschöpft.[116]

a) Spielbankabgabe

56 Die Spielbankabgabe ist eine Steuer,[117] deren Erhebung seit 1955 allein den Ländern zusteht (Art 106 Abs 2 Nr 6 GG).[118] Die Spielbankabgabe dient einerseits zur Kompensation, der – nunmehr mit Ausnahme der Umsatzsteuer – vorhandenen Abgabenfreistellung des Spielbankenbetriebes und andererseits der Begrenzung der aus dem Spielbankenbetrieb relativ risikolos anfallenden Gewinne.[119] Dem Spielbankunternehmer soll lediglich ein angemessener Gewinn verbleiben.[120]

57 In vielen Ländern wird der Spielbankgemeinde ein gewisser Anteil an der Spielbankabgabe zugebilligt.[121] Dem liegt die Überlegung zu Grunde, dass der Gemeinde anstelle der Vergnügungssteuer, die auf Grund der *umfassenden* landesgesetzlichen Steuerbefreiung nicht erhoben werden kann, eine andere Einnahmequelle erschlossen wird. Eine Verpflichtung der Länder zu dieser Kompensation besteht allerdings nicht, denn Spielbanken sind seit jeher gegenüber den Kommunen nicht abgabepflichtig. Es ist maW zulässig, die Kommunen von den spielbankbezogenen Abgaben bei gleichzeitigem Dispens von der Vergnügungssteuer auszuschließen.[122]

b) Zusatzabgabe

58 Die Zusatzabgabe – die in den Ländern unterschiedliche Bezeichnungen hat[123] – ist ein originärer Teil der Spielbankenabgabe und damit ebenso eine Steuer,[124] die aber zur Verminderung der Ausgleichsmasse im Rahmen des Länderfinanzausgleichs[125] in Form einer gesonderten Abgabe erhoben wird. Die Zusatzabgabe erheben die Länder deshalb regelmäßig – wie die Spielbankabgabe selbst – als prozentualen Anteil vom Bruttospielertrag, zum Teil gestaffelt nach BSE-Schwellenwerten.

c) Weitere Abgabe

59 Zur Vermeidung übermäßiger Bereichungen aus dem Glücksspiel werden in einigen Bundesländern über die Spielbank- und Zusatzabgabe hinaus eine weitere Abgabe –

---

116 Vgl zB § 4a ThürSpbkG (Verwendung für die Thüringer Ehrenamtsstiftung), §§ 9ff SpielbG NW (Stiftung des Landes Nordrhein-Westfalen zur Wohlfahrtspflege).

117 *BFH* Urt v 8. 3. 1995, II R 58/93 = BStBl 1995 II, 438.

118 Kahle ZfWG 2006, 45 (59).

119 *BVerfGE* 102, 197 (216); *Strnad/Weidt* Der Betrieb, 2003, 1763.

120 *BFH* NV 1995, 1013ff.

121 Vgl § 11 Abs 10 BbgSpielbG in der Anlage Landesrecht.

122 *BVerwG* NVwZ 2008, 89; NdsStGH, 1/05, Urt v 11. 6. 2007; *FG Hmbg* Beschl v 17. 1. 2008, 7 V 166/07.

123 ZB „Zusatzabgabe" (Nds, Sachs-Anh, SH), „weitere Leistung" (BaWü, RhPf, Saarl, Thür), „zusätzliche Leistungen" (Hess).

124 *BFH* Urt v 8. 3. 1995, II R 58/93 = BStBl 1995 II, 438.

125 Vgl in dieser Deutlichkeit den schlesw-holstein Landesgesetzgeber zur Einführung der Zusatzabgabe in LT-Drs 16/1156 v 9. 1. 2007.

wiederum mit unterschiedlichen Bezeichnungen[126] – erhoben. Die Bemessungsgrundlage der weiteren Leistungen sind zum Teil der BSE,[127] zum Teil aber auch steuer-[128] oder handelsbilanzielle[129] Ergebnisse des Spielbankunternehmers. Auch bei diesen Abgaben handelt es sich um Steuern, deren alleinige Festsetzung in einer Spielbankkonzession oder Vereinbarung in einem Konzessionsvertrag wegen des Grundsatzes der Gesetzmäßigkeit der Besteuerung unzulässig ist.[130]

d) Angemessener Unternehmergewinn bei sich verändernden Rahmenbedingungen

60 In der *ersten Spielbanken*-Entscheidung hat das *BVerfG* geurteilt, dass spielbankenabgaben-rechtlichen Bestimmungen der Gedanke zu Grund liege, dass das Aufkommen aus der Spielbank abgeschöpft und für gemeinnützige Zwecke verwendet wird, soweit es nicht *nach den Grundsätzen der Wirtschaftlichkeit dem Unternehmern oder diesem zur angemessenen Entlohnung seiner Beschäftigten* belassen wird.[131] Demnach korrespondiert der angemessene Unternehmergewinn mit der Spielbankbesteuerung und deren Obergrenze oder, anders ausgedrückt, mit der Abgabenbelastungsgrenze, bei deren Überschreitung eine erdrosselnde Wirkung gegenüber dem Spielbankunternehmer einsetzt. Gleichwohl wird diese – auch prozentual nicht exakt bezifferbare – Angemessenheitsgrenze von den Ländern bislang unterschiedlich definiert.[132] Die Gefahr einer Erdrosselung des Spielbankunternehmers wird noch dadurch gesteigert, dass mit der BSE-bezogenen Besteuerung *der Umsatz* und nicht wie sonst üblich *der Ertrag* besteuert wird. Dies bedeutet, dass für die Steuerlast die Personal- und sonstigen Kosten des Spielbankunternehmers zunächst keinerlei Bedeutung haben.

61 Mit Blick auf die durch den Glücksspielstaatsvertrag und einschlägige Rechtsprechung veränderten rechtlichen Rahmenbedingungen für den Betrieb von Spielbanken (Zugangskontrollen, Werbeschränkungen) und die Auswirkungen der Nichtraucherschutzgesetze der Länder und der weiterhin bestehenden – bislang nicht wirksam bekämpften – illegalen spielbanktypischen Internet-Glücksspielangebote werden die Spielbankunternehmer die „Verschonungsgrenze" des angemessenen Unternehmergewinns bei der Neuermittlung der zulässigen Höhe der Spielbankbesteuerung (Abschöpfung) neu zu definieren versuchen. Es bleibt abzuwarten, auf welchem Niveau sich die Abgabenlast am Ende einpendeln wird.

---

126 ZB „weitere Abgabe" (Nds), „Zusatzabgabe" (Bln und M-V).

127 Vgl § 4 Abs 3 SpbG Berlin.

128 Vgl § 8 Abs 2 SpielBG M-V.

129 Vgl § 5 Abs 2 NdsSpielBG.

130 So aber geregelt in § 10 SpielbG Hessen.

131 *BVerfGE* 28, 119 (146) = BayVBl 1970, 321. Dies entspricht der Regelung des § 1 Abs 2 des Gesetzes über die Zulassung öffentlicher Spielbanken vom 14. 7. 1993.

132 Vgl nur § 14 SpielbG NRW; Bemerkungen 2003 des Landesrechnungshofes Schleswig-Holstein mit Bericht zur Landeshaushaltsrechnung 2001, S 123.

e) *Tronc-Abgabe*

62 Der Tronc ist ein nach internationalem Spielbankbrauch entrichtetes Trinkgeld der Besucher an das Spielpersonal.[133] Der Tronc wird damit Teil der Entlohnung der Beschäftigten einer Spielbank. Dem Gesetzgeber ist es dennoch gestattet, eine Troncabgabe zu erheben, soweit der Tronc die Personalkosten übersteigt. Dies gebietet nach der Rechtsprechung des *BVerfG* der Grundsatz der Vermeidung unangemessener Bereicherungen.[134] Die Troncabgabe wurde früher als Sonderabgabe eingestuft,[135] ist heute aber nach der Rechtsprechung des *BFH* ebenfalls eine Steuer.[136] Arbeitsrechtlich ist die Beteiligung der Mitarbeiter am Tronc ebenso wiederholt Gegenstand gerichtlicher Auseinandersetzungen gewesen[137] wie die steuerliche Frage, ob es sich um steuerfreie Trinkgelder handelt.[138] Mit Rücksicht darauf, dass der Tronc seit geraumer Zeit nicht mehr zur Deckung der Personalkosten ausreicht, haben einige Länder bereits gesetzlich von der Erhebung einer Troncabgabe abgesehen.[139]

IV. Ausblick

63 Die Zukunft der Spielbanken in Deutschland wird je nach Bewertung der Veränderungen durch den Glücksspielstaatsvertrag unterschiedlich gesehen. Die Befürworter staatlicher Monopole erblicken einen Trend zur Verstaatlichung oder doch zumindest einen Schlusspunkt der in den letzten Jahren feststellbaren Privatisierungsentwicklung; die Gegner betrachten den mit begrenzter Laufzeit ausgestatteten GlüStV nur als vorübergehendes Hemmnis – eine Art „Verlangsamung" – der unausweichlichen Liberalisierungsentwicklung. In jedem Fall führen die Beschränkungen der Spielbanken in Werbung, Zugang und Rauchen zu einem erhöhten wirtschaftlichem Druck, der zu weiteren Privatisierungen nach dem Vorbild Niedersachsens und zu Gesellschafterwechseln führen könnte. Die Veräußerungswilligen und potenzielle – international agierende – Investoren sondieren bereits den Markt.

64 Fast regelmäßig und gerade in Zeiten knapper Kassen entdecken gerade auch engagierte Landes- und Kommunalpolitiker auf der Suche nach Einnahmequellen neue potenzielle Spielbankstandorte: Mit „Las Vegas an der Oder" oder „… an der Weser" ist die Erwartung verknüpft, die Entstehung von Hotelneubauten und Erlebniswelten zu befördern und bislang ungenutzte Liegenschaften revitalisieren und Arbeitsplätze schaffen zu können. Die Rettung der wirtschaftlich nicht mehr tragfähigen Pferde-

---

133 Steuerlich unterschiedlich behandelt wird dabei der sog Zwangstronc im Automatenspiel, der durch Einbehalt der elektronisch gesetzten Spielmarke (sog Pleinstück) anfällt: Zum Teil wird er als BSE und damit steuerpflichtiger Umsatz behandelt (vgl § 15 Abs 1 S 3 SpielbG NRW), zum Teil als Tronc und damit als steuerbefreite Mittel zur Deckung der Personalkosten (vgl § 9 Abs 1 S 2 SpielbG Niedersachsen).

134 *BVerfG* Beschl v 21. 6. 1988, 1 BvR 481/84.

135 Ebd.

136 *BFH* Urt v 8. 3. 1995, II R 58/93 = BStBl 1995 II, 438.

137 *BAG* Urt v 3. 11. 2004, 5 AZR 665/03 und NZA 2003, 400; BAGE 19, 14.

138 Vgl *FG Brandenburg* EFG 2005, 1099 mwN.

139 ZB Baden-Württemberg (vgl das Auslaufen nach § 9 Abs 3 SpielbG).

rennbahn durch die Ansiedlung eines Casino-Komplexes ist in diesem Zusammenhang nur eine von vielen Fantasien und Hoffnungen. Neben ordnungspolitischen Erwägungen haben daher bereits seit den 70er Jahren strukturpolitische Zielsetzungen die Spielbankenstandort- und Konzessionspolitik bestimmt. Ohne weiteres nachvollziehbar ist es, dass dabei im landes- und kommunalpolitischen Raum gelegentlich Global-Player-Konzepte favorisiert werden, durch die nicht der ohnehin einkommensschwache Einwohner aus dem unmittelbaren Einzugsgebiet des Spielbankenstandortes, sondern der durchreisende, im besten Fall der international aktive und finanzkräftige Spieler die wesentlichen Spieleinsätze vornimmt. Durch anspruchsvolle Konzeptionen dieser Art mit einer in die Erlebniswelt eingebetteten Casino-Gestaltung würde das früher zum Schutze der Einheimischen geltende sog. „Residenzverbot" (das Verbot der Teilnahme an den Glücksspielangeboten der Spielbank durch Einheimische) faktisch wiederbelebt.

Die Spielbankenentwicklung gerade in den letzten zwei Jahrzehnten, die auch ein Spiegelbild der Konzessionspolitik ist, ergibt allerdings einen anderen tatsächlichen Befund: Zwar hat die Anzahl der Spielbanken in diesem Zeitraum stetig zugenommen, und zwar nicht nur in den neuen Ländern. Spielbanken sind gegründet oder um Dependancen erweitert worden in 65

> Stuttgart (1996), Feuchtwangen (2000), Kötzing (2000), Bad Steben (2001), Berlin-Hasenheide (2003), Cottbus (1998), Potsdam (2002), Frankfurt [Oder](2006), Hamburg-Harburg (1994) und Mundsburg (2003), Frankfurt-Airport (2000), Kurfürstengalerie (2003), Schwerin (1998), Waren [Müritz](2002), Heringsdorf (1998), Stralsund (1999), Wolfsburg (2000), Osnabrück (2001), Duisburg (2002), Schloss Berg (1990), Saarbrücken-Glückspilz (1991), Neuenkirchen (1992), St. Wendel (1997), Saarbrücken (1998), Dresden (1995), Leipzig (1995), Görlitz (1998), Magdeburg (1993), Halle (1995), Wernigerode (2006), Schenefeld (1997), Kiel (1998) und Flensburg (2000).

Mittlerweile gibt es 80 Spielbankenstandorte in Deutschland. Global-Player- oder ähnliche Konzepte sind allerdings nicht verwirklicht worden und ließen sich im geltenden Rechts- und Abgaben-Rahmen der Länder auch kaum umsetzen. Im Gegenteil: Nicht wenige dieser Spielbanken sind auf das Automatenspiel beschränkt und entsprechen bereits insofern weder den traditionellen Vorstellungen von einer „echten" Spielbank, noch den gelegentlich formulierten übersteigerten Erwartungen an eine „Casino-Erlebniswelt". Aufgrund des Rückgangs der Umsätze im klassischen Spiel und der im Vergleich zum Automatenspiel hohen Spielbankkosten – das Große Spiel erfordert geschultes Personal in deutlich höherem Maße als das Automatenspiel – wird das Tischspiel heute gelegentlich durch das Automatenspiel (teilweise) quersubventioniert. 66

Anzumerken bleibt, dass Global-Player- oder ähnliche Konzepte selbst in einem rechtlich vollständig harmonisierten und liberalisierten deutschen Spielbankenmarkt mit deutlich niedrigerer Abgabenlasten wirklichkeitsfern erscheinen müssten: Die über Jahrzehnte gewachsenen besonderen Spielbankenkonstellationen (wie jene in Las Vegas oder Macao) lassen sich nicht auf Deutschland und nicht einmal auf Europa übertragen. Zum einen sind die Spielbankdichte und damit der Konkurrenzdruck nicht nur in Deutschland, sondern in Europa insgesamt vergleichsweise hoch. Zum 67 andern gibt es im Unterschied zu Teilen der USA und zum Pazifikraum eine Vielzahl alternativer Unterhaltungsmöglichkeiten. Schließlich sind die international aktiven Spieler vorwiegend in den USA und im südostasiatischen Raum – in begrenzter Zahl – anzutreffen; den Weg nach Europa haben sie bisher nicht gefunden.[140]

68 Die skizzierte tatsächliche allgemeine Entwicklung der deutschen Spielbanken in den letzten Jahrzehnten bereits vor dem Wirksamwerden des GlüStV, die nunmehr durch diesen Staatsvertrag deutlich hervorgehobene und die Länder und Spielbankunternehmer verpflichtende ordnungspolitische Aufgabe der Spielsuchtvermeidung und -Bekämpfung und schließlich die Auswirkungen von gesetzlichen Rauchverboten lassen die Zukunft der deutschen Spielbanken ungewiss erscheinen. Branchenkenner zeichnen derzeit ein eher „düsteres" Zukunftsbild.[141] In einer langfristigeren Perspektive werden sich die aktuellen Entwicklungen in das „Auf und Ab" der Spielbankengeschichte einfügen, – es ist nur noch nicht klar in welcher Weise und mit welcher Bewertung durch spätere Juroren.

V. Summary (Law on Gambling Casinos)

The tradition of gambling casinos in Germany goes back to 1720. After some difficulties in the beginning a special gambling prohibition in France and England caused a real boom in the German casinos during the nineteenth century. As a rule, the districts concerned had an economic rise owing to their share of the proceeds. A sudden end was caused to this development by the Prussian law on closing and restricting casinos with effect from 1st July 1868. From then on public casinos were neither allowed to be licensed nor to be tolerated. Existing casinos had to be closed on 31st December 1872 at the latest. Not before 1933, when a law was enacted to relax this prohibitive regulation public gambling casinos could be established which was also confirmed with an executive order issued by the Minister of the Interior on 27th July 1938. In principle, running of a casino was again possible in Germany from then on.

Up to now the law on gambling casinos is ranged under police and regulatory law and thus it is part of the Länders' legislation – in accordance with the Federal Constitutional Court in 2000 – or may be only on behalf of the Federal State not making use of a possible competence to legislate in accordance with Article 74 I Nr 11 GG (Basic [Constitutional] Law, Grundgesetz; "Law on Economy"). Correspondingly, there were 16 legislations on casinos in the German Länder. As from 1st January 2008, however, owing to the State Treaty regarding Gambling in Germany (State Gambling Treaty, Glücksspielstaatsvertrag [GlüStV]) the law on casino gambling is coupled to other gambling sections within the Länders' competence: According to Section 2 State Gambling Treaty the sections 1, 3 to 8, 20 and 23 are also applicable to casinos. Correspond-

140 *Hübl* Marktpotenzialanalyse eines Spielbankenstandortes, 2005, unveröffentlicht. Anderes mag für Asiens (illegale) Buchmacher im Sportwettengeschäft gelten. Siehe hierzu „Der Spiegel" Nr 36 v 1. 9. 2008, S 116 ff.

141 Nach den Hochrechnungen des DeSIA vom Juli 2008 ergibt sich für das Geschäftsjahr 2008 ggü dem Vorjahr ein Umsatzminus von rd 24 Prozent (ca 225 Mio Euro).

ingly the aims of the State Gambling Treaty are obligatory in respect of the casinos, particularly to prevent the development of addiction to games of chance and to establish the preconditions for combating the addiction in an effective manner. Furthermore, the preconditions of the State Gambling Treaty concerning the granting of permission may only be organized or arranged with the competent authority of the respective Federal State. Advertising, development of social programmes, staff's training and information about wins and losses, the danger of becoming addicted to the games of chance they offer, the ban on minors participating and the opportunities to receive counselling and therapy, and information regarding the barring of players. In this connection it should be mentioned that henceforth – as a result of the Reform of Federalism No I – the law on gambling dens and restaurants is part of the Länders' competence.

While in 2006 in Germany a total of 49 casinos existed under the Länders' regulatory law together with 31 affiliated places, there are to be found thousands of gambling dens in the German cities (and about 200.000 automatons in these dens and also in restaurants) basically pertaining to trade-and-industry law (Gewerbeordnung, GewO). The casino is – just like the gambling den – a place for gambling, a place for games of chance. Nevertheless, certain "hard" gambling games are reserved for the offer by public casinos, whereas "soft" games – ie those with a lower risk of the loss of a bigger amount of property within a short time – are offered in gambling dens according to para 33, section 1 GewO. The so-called "Big Game", also called "Classical Game", like Roulette, Baccara etc. during which the player stakes out bigger amounts all at one go – just like the fast games at automatons which are also called "Small Game" – is lawfully offered only by casinos that hold the governmental authorization. Making a distinction between "Big" and "Small" Game originates from the amount of the stake. In former times the higher stakes were played during the so-called table games like Roulette. The smaller stakes were played in automatons and other games. Owing to the increased hazard of winning or losing higher sums of money in casinos than in gambling dens, the former were submitted to special legal regulations.

The future of the casinos in Germany is faced in a different manner, depending on the valuation of the alteration resulting from the State Gambling Treaty. The supporters of governmental monopolies see a trend in nationalization or at least a conclusion of the development of privatisation that could be observed during the last years. The opponents consider the State Gambling Treaty as a passing impediment – a kind of "retardation" – of the unavoidable development of liberalisation. In any case, the restrictions of publicity, admission and smoking imposed on casinos engender an increased pressure that could produce – according to Lower Saxony's example – further privatisations and changes of partners. Those who are ready to sell and potential investors acting internationally probe already the market.

Nearly regularly and just in times of lacking funds the committed politicians of land and commune (local governments), too, discover – on the look-out for source of revenues – new locations suitable for the establishment of casinos. To "Las Vegas on the Oder" or "... on the Weser" the expectation is connected that new hotels may be built, "worlds of events" may be promoted, unused immovables that lie fallow may be revitalized and that places of employment may thus be created. The preservation of a race-track that is no longer in a state to be supported is, by means of the settlement of a casino entirety, in this connection one of many fantasies and hopes. Besides the regulatory considerations – in accordance with this – aims of structure determinate the policy of casino location and concession. It is easily conceivable that occasionally global player conceptions are favoured in the area of land and commune. The inhabitants moreover poor of income within the direct catchment of the casino location do not play for high stakes, but the internationally active and financially sound traveller passing through. The "residence prohibition" of former times valid to protect the locals against the casino offers would be de facto revived by conception of this kind of casino creation including a "world of events".

However, just during the last two decades, which are also a reflection of concession policy, the development of casinos shows indeed another factual finding: During this period the number of casinos increased constantly and certainly not only in the new Länder. Meanwhile there are 80 casino locations in Germany. Nevertheless, Global Player conception or similar ones were not put into action and could not be realized within the Länders' existing legal frame and their taxes. On the contrary, not only a few of these casinos are restrained on the gambling with automatons and correspond already insofar neither to the traditional ideas of a "genuine" casino nor to the occasionally formulated expectations of a "Casino World of Events". Nowadays, the big game is occasionally (to some extent) "transverse-subsidized" owing to the decline of the turn-over and the high cost of casino gambling, compared to the play with automatons, the Big Game requires a trained staff in a distinctly higher degree than the play with automatons.

It might be noted that Global Player conceptions or similar ones even in a legally completely harmonized and liberalized German casino market with distinctly lower charges would appear unrealistic: The special circumstances of casinos grown during decades (like those in Las Vegas or Macao) cannot be transferred to Germany and not even to Europe. On the one hand the denseness of casinos and with it their rivalry, not only in Germany and in Europe as a whole, is relatively strong. Unlike to parts of the USA and to the Pacific zone there exists a great variety of entertainment and amusement in Europe. In the end the internationally active players are to be found in a limited number in the USA and in the south-east Asian zone. They have not yet found the way to Europe.

The future of German casinos appears to be uncertain on account of their factual general development during the last decades already prior to the effectiveness of the German Länders' State Gambling Treaty, as well as the regulative political task to avoid and combat addiction – to which the Länder and casino entrepreneurs are obliged – and also owing to the legal prohibition of smoking. In a long-term prospect the actual developments will adapt themselves to the "ups and downs" of the casino history. It is, however, not yet evident in what way and with which valuation by future jurors.

§ 23 Klassenlotterien gestern, heute, morgen?

Konstanten in der Lotteriegeschichte – Ordnungsmodelle in Gegenwart und Zukunft?

Gerhard Rombach

Übersicht

I. Einleitung

1 „Das Leben ist einer der seltenen Gewinne in dieser Lotterie, und die Vernunft ist ein noch ungewöhnlicherer Gewinn in weiteren Ziehungen ...“[1] Wer sich – wie *Stanislav Lem* – der „Lotterie“ aus einer wahrlich galaktischen Perspektive nähert und sich die Überzeugung zu Eigen macht, dass unser Planetensystem und unsere Welt aus der Sicht des gesamten Weltalls und zeitlich betrachtet über Jahrmilliarden nicht trotz des Zufalls, sondern durch ihn entstanden sind, verlässt für einen Moment die bei Betrachtungen zum Lotteriewesen gewohnten Denkmuster: Denn zweifellos lässt sich das Phänomen „Zufall“ mit wissenschaftlichen Kategorien schwer erklären. Erste Annäherungen erfolgen über die Stochastik und die Quantenphysik. Generell betrachtet die Wissenschaft den Zufall eher als noch nicht erforschtes Defizit. *Einstein* – mit seinem Satz: „Gott würfelt nicht“ – führt dieses wissenschaftliche Manko darauf zurück, dass es schwierig sei, die Ordnung der Welt zu erkennen. Aber zumindest ist es möglich, weil sie der Vernunft zugänglich sein muss. Diese von deterministischem Denken geprägten Defizite sind also (wissenschaftlich) Ausdruck der noch vorhandenen Unwissenheit.

Domestizierung und Ökonomisierung des Zufalls

2 Auch die Religionen können mit dem Zufall eher wenig anfangen. Überall soll alles einem einzigen Ordnungsrahmen unterliegen: „Das Zufällige haben die Kulturen in kleinen vorsichtigen Dosen in sich aufgenommen – in Gestalt von Spielen und Vergnügungen, zum Zweck der Unterhaltung. Als Spiel oder Lotterie gezähmt und gebändigt, hat der Zufall aufgehört, eine bedrückende und gefährliche Kategorie zu sein.“[2]

3 Wer den ordnungsrechtlichen Rahmen von Lotterien darlegt, sollte das angedeutete Dilemma nicht vergessen: das Dilemma nämlich, das darin besteht, den der Reglementierung im Grunde nicht zugänglichen Zufall am „juristischen Schopf“ zu packen und zu kategorisieren. In der Tat wird alles einfacher, je mehr sich die Analyse auf die praktischen, handfesten Fragen zu den einzelnen Spielformen und den hierzu aufgestellten Regeln und ihrer Organisation und weniger auf die geradezu philosophisch anmutenden Grundfragen über den domestizierten und ökonomisierten Zufall konzentriert. Der Schwachpunkt des gesamten Glücksspielrechts ist und bleibt demnach – und das ist ein ironischer Reflex des skizzierten Dilemmas – die Zufälligkeit und teilweise Unzulänglichkeit des materiellen Regelungs*kern*bereichs.

4 Spätestens seit dem Moment, als Glücksspiele im Zusammenhang mit Einsätzen in Geld und entsprechenden Geldgewinnen gekoppelt wurden, ist gleichwohl die materielle Erdung des – ganz „praktischen“ und ordnungs- und fiskalpolitisch wichtigen – *Rand*bereichs gelungen: Regelungsintensität, Aufkommensverteilung, Spielerschutz: dies sind Bestandteile des juristischen Handwerkszeugs. Bis vor kurzem ist aber auch

---

1 *Stanislav Lem* Evolution und Katastrophen, S 45, in: Provokationen, 1990, zit aus: Lektüre zwischen den Jahren, Alles auf der Welt ist Wandel, 2003.

2 *Lem* aaO, S 51; neuerdings auch zum Phänomen des Zufalls umfassend: *Klein* Alles Zufall, 2004.

hier dem modernen Gesetzgeber die eigentliche Causa fremd geblieben: Erstmals im Jahr 2004 kodifizierten die Länder ein Ziel ihrer lotterierechtlichen Regelung, nämlich den „natürlichen Spieltrieb der Bevölkerung in geordnete Bahnen zu lenken.“[3] Wissenschaftliche Literatur zu diesem „natürlichen Spieltrieb“ oder auch nur eine Erwähnung in den klassischen Triebkategorien[4] oder in den einzelnen Triebentwicklungsphasen[5] finden sich nicht. Eher finden sich Beiträge zur Spiellust und ihren positiven Aspekten.[6] Könnte man noch meinen, der natürliche Spieltrieb wäre entwicklungspsychologisch ein positives Element, spielt urplötzlich in der Diskussion der Jahre 2006 und 2007 der außer Kontrolle geratene Spieltrieb in Form der Spielsucht die zentrale Rolle. Immerhin ist das Phänomen der Spielabhängigkeit als Krankheit bekannt.[7] Den unbefangenen und sich dem Thema erstmals annähernden Leser mag es in Erstaunen versetzen, mit welcher Leidenschaft der Gesetzgeber sich plötzlich aufgerufen fühlt, in Schwarz-Weiß-Manier[8] Spielsuchtbekämpfung zum Thema eines gesetzgeberischen Gesamtkonzeptes zu machen.[9] Die Erklärung ist simpel: Die für viele überraschende Grundsatzentscheidung des *Bundesverfassungsgerichts* zum *Sportwetten*wesen in Bayern vom 28. März 2006[10] – übertragen auf alle Glücksspielformen und alle Länder – hat den Ländern die Möglichkeit eröffnet, ihre Glücksspielmonopole zu erhalten und sogar noch auszubauen. Die Rechtfertigung für den mit der Monopolisierung des Glücksspiels verbundenen Eingriff in das Grund-

---

3 § 1 Nr 1 Staatsvertrag zum Lotteriewesen in Deutschland; siehe dazu auch *Rombach* Monopol(y) für Staatslotterien, in Merkur plus, Rheinischer Merkur Nr 47 v 18. 11. 2004, S 39.

4 Pschyrembel, Klinisches Wörterbuch 285. Auflage, 1998, S 1599 „Trieb“.

5 Ebd S 434 „Entwicklungsphasen“.

6 *Buland* Spiellust – Acht Kapitel zur Re-Habilitierung einer Lebensqualität, in: Homo ludens, Der spielende Mensch, Band IV, Internationale Beiträge des Instituts für Spielforschung und Spielpädagogik an der Hochschule „Mozarteum“ Salzburg, Salzburg 1994, S 232 ff; s a die Definition von Spieltrieb in: http://de.wikipedia.org/wiki/Spieltrieb: **Spieltrieb** ist eine Metapher für ein bei Säugetieren (einschließlich des Menschen) zu beobachtendes, angeborenes Sozialverhalten, das vor allem während der Kindheit auftritt. Der „Spieltrieb“ ermöglicht das Lernen durch Versuch und Irrtum (im englischen Sprachraum: *trial and error*) und dient der Ausbildung von Kenntnissen und Fähigkeiten des Lebewesens; *Laudenbach* Machen Sie Ihr Spiel, brand eins 2006, S 92 ff.

7 Pschyrembel, aaO, S 1484 „Spielabhängigkeit“; *Meyer/Bachmann* Glücksspiel, 1993, S 18 f, verweist auf die Aufnahme in die beiden klassischen Klassifikationssysteme psychischer Störungen (DSM-III-R und ICD–10) und gleichzeitig darauf, dass nur das Spielverhalten krankhafte Formen annehmen kann; *Bönner* Was ist Sucht?, in: Homo ludens, Der spielende Mensch, Band V, Internationale Beiträge des Instituts für Spielforschung und Spielpädagogik an der Hochschule „Mozarteum“ Salzburg, 1995, S 37 ff, weist dann sogleich auf den schwer zu definierenden schillernden Begriffsinhalt und die Notwendigkeit einer Unterscheidung von Abhängigkeit von psychotropen Substanzen einerseits und darauf hin, dass man „süchtig“ nach nahezu allem sein kann.

8 Dies scheint aber ein Phänomen der Lotteriegeschichte zu sein, vgl *Bauer* Vorwort zu Lotto und Lotterie, in: Homo ludens, Der spielende Mensch, Band VII, Internationale Beiträge des Instituts für Spielforschung und Spielpädagogik an der Hochschule „Mozarteum“ Salzburg, 1997, S 10 f.

9 Auch *Bauer* aaO, Fn 8, „6 aus 45“, Das österreichische Lotto von 1751–1876, S 60, fordert, dass sich eine korrekte Glücksspielforschung künftig mehr mit den positiven Erscheinungsformen insbesondere bei den Gewinnern beschäftigen muss und weist darauf hin, dass die Argumente der Lottogegner auch historisch immer mehr Gewicht hatten.

10 *BVerfG* 1 BvR 1054/01.

recht der Berufsfreiheit (Art 12 Abs 1 Grundgesetz) kann hierbei allerdings *ausschließlich* aus der mit dem Monopol verfolgten Primärzielsetzung der Suchtvermeidung und Suchtbekämpfung abgeleitet werden. Manchmal ist die Erklärung für einen starken ordnungspolitischen Regulierungswillen auch und gerade in Zeiten der vielerorts geforderten Deregulierung – dem Rückzug des Staates aus allen nicht zu den staatlichen Kernaufgaben zählenden Bereichen, wie gesagt – recht einfach. Übersehen hat der hoch motivierte Gesetzgeber bei Erarbeitung des am 1. Januar 2008 in den Ländern als Landesrecht in Kraft getretenen Glücksspielstaatsvertrages (GlüStV) möglicherweise, dass es Spielformen gibt, die schon vom Grundsatz her die Spielsuchtkriterien nicht erfüllen und damit kein Gefährdungspotenzial haben.

5 Im folgenden Beitrag wird daher – im Anschluss an die Erörterung der historischen Entwicklung der Klassenlotterien und der heute für eine ordnungsgemäße und kontrollierte Durchführung von Lotterien wesentlichen Grundsätze[11] – eine Bewertung der Einordnung der Klassenlotterien im Gefüge des GlüStV 2008 versucht.

II. Klassenlotterien gestern: Brüche und Konstanten in der Geschichte des Lotteriewesens

Etappen der Entwicklung der Klassenlotterien und ihre historische Konstanz[12]

6 Die erste Klassenlotterie in Sachsen wurde in Leipzig am 23. Juli 1697 unter *August dem Starken* durch den Königl Polnischen und Kurfürstl Sächsischen Appellationsrat *Dr. Rivinus* gegründet und bis zum 15. Juli 1699 durchgeführt. Damit wurde die erste „eigentliche" Geldlotterie in 6 Klassen für die Armenpflege und den Bau eines Waisenhauses ins Leben gerufen. Diese wurde 1771 zur „churfürstlichen Lotterie zum Besten der Zucht- und Arbeitshäuser". Auch Leipzig hatte eine Lotterie, die mit Dresden 1831 zur Sächsischen Landeslotterie zusammengeschlossen wurde.

7 In Preußen ließ *Friedrich der I.* keine Möglichkeit aus, die Staatskasse aufzufüllen und erteilte die Konzession einer Klassenlotterie an einen privaten Unternehmer. 6% der Einnahmen waren an den Staat für gemeinnützige Zwecke zu entrichten. *Friedrich Wilhelm II.* legte mit dem Lotterieedikt vom 20. Juni 1794 fest, dass der Staat das Lotto und die Klassenlotterie übernimmt und damit beide auf Rechnung des Staates durchgeführt werden. Dieses Edikt war die erste gesetzliche Grundlage für die Verstaatlichung der Klassenlotterie. Mit Ausbruch der Französischen Revolution kamen in manchen Ländern die Lotterien zum Stillstand. Preußen baute seine Klassenlotterie indes weiter aus und konnte die Losauflage erhöhen. Mit der Eroberung der Städte Dresden (1805), Berlin und Hamburg (1806) durch *Napoleon I.* wurden als Erstes die Spielcasinos und Lotterien übernommen. Kaiser *Napoleon* verfolgte persönlich die

11 Vgl insbesondere *Rombach* unter § 2 zur Lotteriegeschichte Rn 10.

12 Zur Entwicklung der Klassenlotterien danke ich Frau *Sabine Schönbein* für die Recherche zu den nachfolgenden Ausführungen. Ausführlicher und sehr dezidiert *Schönbein* Das Millionenspiel mit Tradition – Die Geschichte der Klassenlotterie, S 76 ff, 104 ff, 167 ff; vgl auch *Schönbein* Vom Glückshafen zur Lotterie, stark gekürzter Vorabdruck in Merkur plus, Rheinischer Merkur Nr 47 vom 18. 11. 2004, S 37.

Organisation der Lotterien; denn ab sofort sollte dort die Französische Lotterie durchgesetzt werden. In Berlin konnte die Ziehung der Klassenlotterie nicht mehr durchgeführt werden, da die Einnahmen der Klassenlotterie zur Auszahlung des Lottos verbraucht waren. Im Jahr 1809 wurden keine Ziehungen mehr durchgeführt. *Friedrich Wilhelm III.* vertrat die Meinung, Lotto sei für das Volk schädlich. Mit dieser Begründung wurde das Zahlenlotto am 23. Mai 1810 in Preußen eingestellt. Im zweiten Lotterie-Edikt vom 28. Mai 1810 wurde dafür die Wiederaufnahme der Klassenlotterie angeordnet. Seit 1808 wird der konkrete Zweck der Verwendung der Lotterie nicht mehr begründet. Damit nimmt sie den Charakter einer „freiwilligen Steuer" an.

In Bayern gab es immer wieder Versuche, die Lotterie dauerhaft zu etablieren. Doch **8** durch viele Kriege und wegen der überwiegend herrschenden Armut konnten nur wenige Lotterien und Klassenlotterien durchgeführt werden. Pächter hätten sich schon gefunden, doch die Mittel für die Durchführung fehlten. Die bedeutendsten Lotterien, die in München durchgeführt wurden, sind die Armen- und die Leibrentenlotterie von 1748 und 1770.

Auf dem Wiener Kongress erfolgte am 8. Juni 1815 die Gründung des Deutschen **9** Bundes. In der Folgezeit wurde das Lotteriewesen in den einzelnen Staaten auf eine neue Grundlage gestellt: Die Preußische General-Lotterie-Direktion erhielt die Ermächtigung, rechtsverbindliche Spielpläne aufzustellen und allgemeine Lotteriebestimmungen zu erlassen. Träger der Klassenlotterie war nun der Staat selbst. Allerdings kämpften Gegner bald gegen die Lotterien. 1828 ging die erste Eingabe des Rheinischen Provinzial-Landtags an den König mit dem Antrag auf Einstellung der Lotterien ein. 1832 wurden sämtliche kleinen Lotterien sowie kleine und große Staatslotterien für aufgehoben erklärt; allein die Klassenlotterie blieb bestehen. Trotz der glänzenden Resultate wurden vielfach Bedenken auch gegen die Klassenlotterie geltend gemacht. Diese Bewegung beschränkte sich nicht nur auf Preußen, sondern in ganz Europa strebten Gegner die Aufhebung der Staatslotterien an. Durch Kabinettsorder vom 21. Juli 1841 wurde die Klassenlotterie in ihrem Betrieb eingeschränkt und die Spielteilnahme erschwert. Privatlotterien gestattete die Regierung lediglich zu gemeinnützigen Zwecken.

Nach Gründung des Norddeutschen Bundes fielen Frankfurt und Hannover an Preu- **10** ßen. 1867 wurde die Auflösung der beiden im Jahr 1774 dort gegründeten Klassenlotterien angeordnet. Sie konnte aber erst 1869 durchgeführt werden. Im Königreich Hannover waren 112 Collekteure und 483 Untercollekteure tätig, die sich aus den verschiedensten Gesellschaftsklassen zusammensetzten und zu denen unter anderem auch kleine Beamte, „Thierärzte", Auktionatoren und auch Frauenspersonen (Witwen) gehörten. Frankfurt hatte 22.000 Lose und Spielteilnehmer aus Österreich, Russland, Frankreich, Italien, Spanien, England und Amerika. Die Frankfurter Klassenlotterie wurde 1872 nach 165 Jahren aufgehoben.

Mit Errichtung des Deutschen Reiches 1871 wurde Berlin Reichshauptstadt. Dem **11** Deutschen Reich gehören unter der Vorherrschaft Preußens als „ewigem Bund" 22 Fürstentümer und drei freie Städte an. Ein 1885 erlassenes Reichsgesetz verbot jeglichen Handel mit Losen *auswärtiger* Lotterien. Ausländische Lotterien durften also weder gespielt werden, noch durften die fremden Lotteriebetreiber Gewinnlisten veröffentlichen. Um die eigene Lotterie zu stärken, verfolgte Preußen fremde Lotterieeinnehmer strafrechtlich und suchte sie sogar über die Zeitung; hohe Geld- oder Gefängnisstrafen drohten als Sanktion. Die Lotteriehoheit der Bundesstaaten wurde von der Reichsgründung 1871 vorerst nicht berührt. Versuche von Lotteriegegnern (zwischen 1869 und 1881), die Auflösung der Klassenlotterie mittels eines Beschlusses der Reichsvertretung durchzusetzen, hatten ebenso wenig Erfolg wie entsprechende, auf das Lotteriewesen insgesamt gerichtete Klagen in den Provinziallandtagen. Durch Landtagsbeschlüsse wurde die Reichsregierung 1904 aufgefordert, ein Reichsgesetz zur Regelung des Lotteriewesens in die Wege zu leiten und mit den anderen deutschen Staaten nach Möglichkeit eine Lotteriegemeinschaft zu bilden.

12 Der Preußischen Klassenlotterie wurden in den Jahren 1904 bis 1907 neunzehn der einundzwanzig bestehenden Klassenlotterien angegliedert. Die Länder Bayern, Baden und Württemberg, die bis dahin keine eigene Klassenlotterie betrieben hatten, schlossen sich ebenfalls der Preußischen Klassenlotterie an. In diesem Zusammenhang wurde der Name von Königlich Preußische Staatslotterie in Königlich Preußisch-Süddeutsche Klassenlotterie geändert. Jetzt gab es in Deutschland nur noch die Hamburgische-, die Sächsische- und die Königlich Preußisch-Süddeutsche Klassenlotterie. Die Preußische Staatslotterie bezahlte den betreffenden Bundesstaaten als Entschädigung für die aufgelösten Lotterien eine jährliche Rente. Für die Preußische Klassenlotterie war jetzt der Weg frei, ihre Lose im ganzen Land abzusetzen. Infolge der Erweiterung des Absatzgebietes musste auch die Losauflage erhöht werden.

13 Nach dem 1. Weltkrieg wurde aus der Königlich Preußisch-Süddeutschen-Klassenlotterie nun die Preußisch-Süddeutsche Klassenlotterie. Wappen, Hoheitszeichen und Adler wurden aus dem Lotteriezeichen entfernt und durch ein Kleeblatt ersetzt. Die mit der bisherigen Lotteriegestaltung unzufriedenen süddeutschen Staaten Bayern, Baden und Württemberg erhielten einen stärkeren Einfluss auf die Lotterieverwaltung. Die alte preußische Institution wurde auf der Grundlage eines Staatsvertrages zwischen Preußen und den Ländern Bayern, Baden und Württemberg zur Regelung der Lotterieverhältnisse in eine rechtsfähige Anstalt umgewandelt. Zu dieser Zeit waren genau 1.000 Lotterieeinnehmer für die Preußisch-Süddeutsche Klassenlotterie tätig. Die Sächsische und Hamburgische Klassenlotterie wurden vorerst noch selbständig durchgeführt. Die Verkaufsaktivitäten auch dieser beiden Klassenlotterien erstreckten sich über das ganze preußisch-süddeutsche Absatzgebiet auf Basis der Gegenseitigkeit, waren aber durch die Vorherrschaft der Preußisch-Süddeutschen Klassenlotterie keine echte Konkurrenz.

14 Mit dem Gesetz über die Deutsche Reichslotterie vom 21. Dezember 1938 übernahm das nationalsozialistische Deutsche Reich die Staatslotterien der Länder (einschließlich derer von Hamburg und Sachsen) mit allen damit verbundenen Vermögenswerten, Rechten und Pflichten. Die seit 1913 existierende österreichische Klassenlotterie ging während des Krieges ebenfalls in der Reichslotterie auf. Im Januar 1939 durften die aufgelösten Lotterien letztmalig ihre Ziehungen durchführen. Mit einem Spielkapital von über 102 Millionen Reichsmark pro Lotterie war die Reichslotterie 1938 das größte Lotterieunternehmen der Welt.

Mit dem Zusammenbruch des Deutschen Reiches fiel die Lotteriehoheit wieder an die Länder zurück. Deutschland lag in Schutt und Asche und es wurden sehr schnell Wiederaufbau-Lotterien gegründet: Sachsen baute seine Landeslotterie 1945 mit Genehmigung der sowjetischen Militäradministration wieder auf, die erst 1975 gänzlich eingestellt wurde. Berlin konnte 1947 seine alte Lotterie wieder aufleben lassen. Ebenfalls 1947 wurde der Verkauf der ersten von Bayern, Württemberg-Baden und Hessen neu gegründeten Süddeutschen Klassenlotterie begonnen und im Jahr 1948 durch einen Staatsvertrag geregelt, dem sich 1955 Rheinland-Pfalz anschloss. Eine Neufassung des Staatsvertrags erfolgte 1992 nach dem Beitritt von Sachsen und Thüringen zur SKL. 1948 erfolgte die Gründung der Nordwestdeutschen Klassenlotterie in Form einer Ländervereinbarung, der nach der Wiedervereinigung die Länder Brandenburg, Mecklenburg-Vorpommern und Sachsen-Anhalt beitraten. **15**

Nach allem lassen sich wesentliche Entwicklungsschritte der Lotteriegeschichte folgendermaßen beschreiben: Vom 15. bis 18. Jahrhundert gelangten die sog italienische Lotterie (in Form von Lottoangeboten) und die holländische Lotterie (als Vorgänger der Klassenlotterie) in den damaligen Welthandelszentren zur Blüte und verbreiteten sich in ganz Europa. Wechselnde moralisch-sittliche Anschauungen zur Lotterie an sich, aber auch betrügerische Vorkommnisse bei der Abwicklung führten europaweit zu einem Lottoverbot im 19. Jahrhundert.[13] Klassenlotterien überlebten als Konstanten; in Deutschland dominierten sie im 19. Jahrhundert und insbesondere bis 1955 die staatlichen Angebote. Überregionale Zusammenschlüsse führten auch zu einem konkurrierenden Angebot mehrerer Lotterien ohne Monopolstruktur. Gesellschaftlich schädliche Auswirkungen wurden nicht festgestellt. Erst in der zweiten Hälfte des 20. Jahrhunderts wurde Lotto wieder eingeführt. Im Laufe der Zeit wurden wesentliche Kriterien für eine ordnungsgemäße Durchführung von Lotterien bei der Veranstaltung und insbesondere im Zusammenhang mit der Ziehung entwickelt. Diese Anforderungen haben noch heute Gültigkeit. Die Formen der Veranstaltung und des Vertriebs waren mannigfaltig. Die Teilnahme an ausländischen Lotterien bei fehlendem eigenem Lotterieangebot war üblich. Aber auch der Finanzierungscharakter für gemeinnützige oder fiskalisch-öffentliche Zwecke ist seit Beginn der Lotteriegeschichte ein wesentliches Motiv. Zusammenfassend lässt sich demnach festhalten, dass die Lotteriegeschichte durch lebhafte Zyklen geprägt ist, die Lotteriegründungen und eine erfolgreiche wirtschaftliche Tätigkeit einerseits, aber auch Beschränkungen bis hin zu Verboten andererseits in deutlicher Abhängigkeit vom jeweiligen Zeitgeist zuließ und weiterhin zulässt. Die Lotteriegeschichte lässt sich demnach durch Begriffe wie „Unterdrückung, Beharrung, Toleranz, Reglementierung, fiskalische Nutzung, Integration und Ausgrenzung“[14] beschreiben. **16**

---

13 Dazu eingehend *Rombach* aaO Fn 11 Rn 5, 14ff, unter 3.

14 So der Begriffskanon von *Zollinger* Geschichte des Glücksspiels, 1997, S 283.

III. Klassenlotterien heute: Fakten, ordnungsrechtliche und wirtschaftliche Rahmenbedingungen

1. Fakten

a) *Rechtsformen*

17 In Deutschland existieren derzeit zwei Klassenlotterien: Die Nordwestdeutsche Klassenlotterie (NKL) mit Sitz in Hamburg und die Süddeutsche Klassenlotterie (SKL) mit Sitz in München. Beide sind in unterschiedlicher rechtlicher Ausgestaltung Staatslotterien der Trägerländer: Die SKL ist eine rechtsfähige Anstalt des öffentlichen Rechts. Anders als die SKL ist die NKL keine juristische Person des öffentlichen Rechts, sondern laut Handelsregistereintrag ein „gemeinschaftlicher Eigenbetrieb öffentlichen Rechts" ihrer Trägerländer.[15] Beide Klassenlotterien waren bislang (bis zum 31. Dezember 2007) entgegen dem grundsätzlich – für das Glücksspielrecht als Ausfluss der ordnungsrechtlichen Gesetzgebungskompetenz der Länder nach Art 70 GG – geltenden Regionalitätsprinzip des LoStV 2004 mit Einverständnis aller Länder bundesweit tätig.[16] Die Spielform Klassenlotterie wird ansonsten in Europa nur noch in Österreich, Dänemark und Island angeboten.

b) *Definition der Klassenlotterie*

18 Eine Klassenlotterie ist eine Lotterie, die in mehrere Spielabschnitte eingeteilt ist, die so genannten Klassen. Jede Lotterie besteht aus sechs Klassen. Jede Klasse dauert genau einen Monat. Eine Lotterie dauert sechs Monate. Die Lotterien der SKL beginnen immer am 1. Dezember und am 1. Juni eines Jahres, die der NKL jeweils am 1. April und am 1. Oktober. Im Gegensatz zu Lotto und anderen Gewinnspielen ist die Höhe der Gewinne von Anfang an in einem Plan genau festgelegt, unabhängig von der Anzahl der verkauften Lose. Das heißt, alle Gewinne werden auf jeden Fall ausgespielt – staatlich garantiert. Die Anzahl der Losnummern und der Gewinne stehen im Voraus fest. Auch steigen in der Regel von Klasse zu Klasse Anzahl und zum Teil auch die Höhe der Gewinne an, so dass eine Teilnahme über alle 6 Klassen attraktiv ist. Die Lospreise bleiben pro Klasse gleich. Bei späterem Einstieg in die Lotterie müssen versäumte Klassen nachbezahlt werden. Es werden ganze Lose oder Losanteile (bei der SKL im Wert von 10%, bei der NKL mindestens $^{1}/_{16}$ des festgelegten Lospreises von € 125 [SKL] bzw € 140 [NKL] pro ganzem Los) angeboten. Dem Spieler steht eine Reihe von Optionen frei, um die Höhe der Gewinne, die sich

---

15 In der sog Ländervereinbarung der NKL vom 4. Dezember 1947 (LV) mit anschließenden Ergänzungsvereinbarungen wurde die NKL (ohne Nennung einer Rechtsform) zum gemeinsamen Betrieb einer staatlichen Klassenlotterie errichtet. Die Durchführung der Lotterie wurde einem Bankenkonsortium übertragen (Art 3 Abs 1 LV). *„Das Bankenkonsortium betreibt die Lotterie im Namen und für Rechnung der Länder*" (Art 3 Abs 3 LV).

16 So in den Erläuterungen zu § 5 Abs 3 LStV: dieses Einverständnis liege „... in allen Ländern hinsichtlich der Klassenlotterien ... (vor), ... die seit langem mit gefestigten Vertriebsstrukturen länderübergreifend veranstaltet werden". Kritisch dazu: *Ohlmann* WRP 2005, 48, 62/63 und *Bahr* Glücks- und Gewinnspielrecht, 2. Auflage 2007, Rn 209 ff.

nach dem Wert der gespielten Anteile berechnen (ganzes Los oder nur Anteile einer Losnummer), oder auch die Gewinnchancen durch Kombination verschiedener Losnummern zu erhöhen (Hochgewinn- oder Gewinnchancenstrategie). Alle Spieler werden namentlich erfasst und über alle Gewinne automatisch informiert. Der Zahlungsvorgang verläuft zu 99% unbar und zu knapp 90% durch Erteilung einer Bankeinzugsermächtigung. Aus dem festgelegten Spielangebot ergeben sich für den Veranstalter Risiken, falls wenige Lose verkauft sind und die garantierten Gewinne aufgrund der Ziehungsergebnisse die Einnahmen aus dem Loseverkauf übersteigen. Für diesen Fall gilt die staatliche Auszahlungsgarantie aufgrund der Anstaltsträgerhaftung bei der SKL und aufgrund der unmittelbar im Länderauftrag veranstalteten NKL.

In den letzten Jahren wurden Spielergänzungen in Form von Jokerspielen eingeführt, **19**
die aber nur gekoppelt mit einer Teilnahme am Grundspiel gespielt werden dürfen. Auch bieten beide Klassenlotterien im Spielplan enthaltene Sonderziehungen in Form von TV-Sendungen an, in denen ausschließlich aktuelle Spielteilnehmer gewinnberechtigt sind.[17]

Insgesamt kann das Produkt Klassenlotterie als passives Lotterieangebot eingeordnet werden. Der Spielteilnehmer erhält seine Losnummer zugeteilt, muss lediglich die Anzahl der zu spielenden Losanteile festlegen und kann sich im Übrigen dem Convenience- und Servicegedanken entsprechend auf die Gewinninformation und die monatlich erfolgenden Abbuchungen verlassen, um seine Gewinnchancen wahrzunehmen. Die Spielteilnahme hat daher Ähnlichkeiten zu einem Abonnementvertrag, der allerdings keinerlei Weiterspielverpflichtung beinhaltet. Durch die Spielerregistrierung wird auch der Minderjährigenschutz gewährleistet.

c) Vertriebssystem und Marketing

Das Vertriebssystem der Klassenlotterien kann, obgleich die Lose in Form von Abon- **20**
nements veräußert werden, als aktives Verkaufssystem charakterisiert werden. Hierfür werden alle Instrumente des modernen Direktmarketings genutzt. Die Zentralen der Klassenlotterien führen lediglich eine Dachmarkenkampagne mit dem Schwerpunkt auf Image, die Internetangebote sowie die TV-Shows durch, während die staatlichen Lotterieeinnahmen die unmittelbare Abverkaufswerbung in Form von Mailings, Postwurfsendungen, Beilagen und Beiklebern, in letzter Zeit auch verstärkt durch Telefonmarketing durchführen. Der stationäre Verkauf über Verkaufsstellen (bei der SKL ca 1.500) spielt nur eine untergeordnete Rolle.

d) Gefährdungspotentiale

Die Beurteilung eventueller Spielsucht- und sonstiger Gefahrenpotenziale aus der Ver- **21**
anstaltung von Klassenlotterien hat produktbezogen und unter Heranziehung der Er-

17 Bei der SKL die „5-Millionen-SKL-Show“, bei der NKL „Mega Clever – Die NKL Show“ mit einem Gewinn von € 1 Mio.

kenntnisse aus der Spielsuchtforschung auch im Vergleich zu anderen Glücksspielangeboten zu erfolgen. Hieraus ergibt sich die folgende Übersicht:

- Spielsuchtpotenzial
  In keiner der bislang abgeschlossenen wissenschaftlichen Untersuchungen wurde für die Klassenlotterien ein eigenständiges Spielsuchtpotential festgestellt:

	Meyer (1989) n = 437	Denzer et al (1995) n = 558	Meyer et al (1998) n = 300	Schwickerath et al (2004) n = 196	Meyer/ Hayer (2005) n = 489
	„Glücksspiele, die zu Problemen geführt haben"	„Art des dominierenden Glücksspiels"	„Glücksspiele, die zu Problemen geführt haben"	„bevorzugte Spielart"	„Problemverursachende Glücksspielformen"
Automaten	–	–	–	80,6	–
Geldspielautomaten	91,8	93,7	91,3	–	79,3
Glücksspielautomaten	25,4	–	30,1	–	32,4
Roulette	15,6	–	16,1	– 2	16,8
Illegales Glücksspiel	12,4	–	–	–	5,6
Black Jack/ Baccarat	10,7	–	11,0	–	–
Lotto/Toto	5,0	7,5[1]	6,1	19,4	–
Lotto „6 aus 49"	–	–	–	–	6
Spiel 77/Super 6/ GlücksSpirale	–	–	–	–	3,5
Toto	–	–	–	–	2,2
ODDSET-/ TOP-Wette	–	–	–	–	10
Glücksspiel im Internet	–	–	–	–	1,1
Private Spielcasinos	5,0	–	–	–	–
Pferdewetten	2,3	3,6	6,0	– 2	4,5
Rubbellotterien	1,6	–	6,4	–	2,4
PS-/Gewinnsparen	0,7	–	–	–	0,9
Börsenspekulationen	0,5	–	1,7	–	2,7
Fernsehlotterie	0,2	–	–	–	–

	Meyer (1989) n = 437	Denzer et al (1995) n = 558	Meyer et al (1998) n = 300	Schwickerath et al (2004) n = 196	Meyer/ Hayer (2005) n = 489
	„Glücksspiele, die zu Problemen geführt haben“	„Art des dominierenden Glücksspiels“	„Glücksspiele, die zu Problemen geführt haben“	„bevorzugte Spielart“	„Problemverursachende Glücksspielformen“
Klassenlotterie	**0**	**–**	**–**	**–**	**0,7**
Kasinospiele	–	19,1	–	–	–
Karten- und Würfelspiele	–	12,4	31,1	10,9	15,9
24er Roulette, etc	–	–	11,4	–	–
Sportwetten in privaten Wettbüros	–	–	–	–	5,1

In der Studie von *Mayer/Hayer* aus dem Jahr 2005 sind (zwar) erstmals mit 0,7% auch Klassenlotteriespieler bei Spielsüchtigen erwähnt; bei dieser Studie wurden bei den Probanden allerdings Mehrfachnennungen erfasst. Im Ergebnis weisen die Klassenlotterien dennoch die niedrigsten Werte für ein Spielsuchtpotenzial aus. Dies ist auch einfach zu erklären, wenn man sich die wissenschaftlich anerkannten Suchtkriterien vergegenwärtigt:[18] suchtaffine Spiele wie Kasino- und Automatenspiele zeichnen sich durch eine hohe Ereignisfrequenz, dh durch eine kurze Zeitspanne zwischen Einsatz und Gewinn oder Verlust bzw bis zum Beginn eines neuen Spiels aus. Hierin liegt die Spieler gefährdende Stimulanzwirkung des Glücksspielangebotes. Bei Spielautomaten ist die Mindestspieldauer auf 5 Sekunden festgelegt.[19] Die Ereignisfrequenz bei Klassenlotterien liegt demgegenüber (regelmäßig) bei einem halben Jahr! Bei der Klassenlotterie handelt es sich zudem um ein hochgradig geregeltes Spiel mit vorab festgelegtem Gewinnplan und fixen Gewinnen. Dem Spielteilnehmer wird kein eigener Handlungsspielraum im Hinblick auf die Spielgestaltung („schnell“ oder „langsam“) zugestanden; zwischen Spielteilnahme und Gewinnerlebnis vergehen idR mehrere Monate. Das unter dem Gesichtspunkt der Spielsucht als besonders gefährlich einzustufende Prinzip des Chasing, dh erlittene Verluste durch Erhöhung der Spieleinsätze auszugleichen, ist dem Klassenlotteriespiel fremd. Der sofortige Wiedereinsatz eines Gewinnes zur Nutzung weiterer Gewinnchancen durch Erwerb eines Folgeloses[20] kostet keinen zusätzlichen Einsatz und beruht allein auf der Entscheidung des Spielers. Weiterhin gibt es anders als zB 22

18 *Mayer/Hayer* Das Gefährdungspotenzial von Lotterien und Sportwetten – Eine Untersuchung von Spielern aus Versorgungseinrichtungen, Mai 2005, S 35.

19 § 13 Abs 1 Ziff 1 SpielVO in der Bekanntmachung vom 27. 1. 2006.

20 § 9 Spielbedingungen der 118. NKL-Lotterie, § 4 der Amtlichen Lotteriebestimmungen der 122. SKL-Lotterie.

bei den Oddset-Sportwetten nicht die potenziell spielsuchtfördernde Illusion, das richtige Ergebnis aufgrund vermeintlicher eigener Fähigkeiten vorhersagen zu können. Schließlich ist die Nichtbezahlung des Spieleinsatzes oder die Rückgabe des Los-Abonnements jederzeit möglich und wird ohne Angabe von Gründen akzeptiert. In diesen Fällen kommt ein Spielvertrag nicht zustande.

23 • Jugendschutz
Aufgrund des Premiumcharakters der Klassenlotterien in Verbindung mit dem langsamen Spielablauf ist diese Spielart für Jugendliche uninteressant. Das belegt auch die Spielerstruktur.

• Verhinderung von Betrug
Auch die zB durch manipulierte Spielgeräte oder Spielmittel weiterhin bei anderen Glücksspielangeboten bestehenden Gefahrenpotenziale spielen bei den Klassenlotterien keine Rolle.

• Irreführende Werbung
Ein verfassungslegitimes Ziel für die staatliche Reglementierung der Glücksspielangebote liegt in der Unterbindung von irreführender Werbung und der damit verbundenen Täuschung der Kunden. Neben den im Wettbewerbsrecht allgemein anerkannten Irreführungskriterien bildet speziell im Lotteriebereich die falsche Darstellung der Gewinnchancen einen relevanten Rechtsverstoß. Diese Gefahr ist bei Klassenlotterien wegen der von vorneherein im Spielplan festgelegten festen Anzahl und Höhe von garantierten Gewinnen ausgeschlossen. Anders als bei Totalisatorspielen ist nur theoretisch die Gefahr einer Zahlungsunfähigkeit des Veranstalters gegeben,[21] faktisch aber wegen der bereits erwähnten Anstaltsträgerhaftung bzw unmittelbaren Haftung der Länder ausgeschlossen.

• Folge- und Begleitkriminalität
Auch die verfassungslegitime und notwendige Aufgabe, Folge- und Begleitkriminalität abzuwehren, wie sie insbesondere bei Spielangeboten mit hoher Suchtgefahr als Beschaffungskriminalität (des organisierten Verbrechens) anzutreffen ist, spielt im Zusammenhang mit den Klassenlotterien keine Rolle. Anders als bei den Sportwetten gibt es für das Klassenlotterie-Glücksspiel auch keinerlei Anreiz, den Ausgang bestimmter Ereignisse zu manipulieren.

Insgesamt sind demnach bei Klassenlotterien keine relevanten Gefährdungspotenziale zu erkennen.

2. Ordnungsrechtliche Rahmenbedingungen

24 Das festgestellte Gefährdungspotenzial eines Glücksspielangebotes – die besondere Eignung, die Entstehung von Spielsucht zu begünstigen – sollte sich auch durch die vom Gesetzgeber geschaffenen ordnungsrechtlichen Rahmenbedingungen abbilden lassen. Zum besseren Verständnis der Ausgangslage für „den Gesetzgeber" des

21 Im Extremfall: wird nur eine einzige Losnummer verkauft und fällt auf diese Nummer bei der Ziehung der Höchstgewinn, wird die Auszahlung des Gewinns nicht aus den Einnahmen aus dem Losverkauf finanziert werden können.

GlüStV 2008 im Hinblick auf die Klassenlotterien muss zunächst ein Blick auf die bis Ende 2007 geltenden rechtlichen und tatsächlichen Bedingungen für die Veranstaltung dieser Lotterien geworfen werden. Das bisherige ordnungsrechtliche System lässt sich durch die Stichworte „präventive und repressive", „objektive wie subjektive" Maßnahmen und Anforderungen umschreiben, das im Übrigen, im Fall der SKL, durch die Tätigkeit einer Anstalt des öffentlichen Rechts mit Selbstverwaltungsrecht *und* die Kooperation mit den Lotterieeinnehmern durch das Schlagwort „private public partnership" gut beschrieben wird. Dieses seit Jahrzehnten erfolgreich geübte Kooperationsmodell hat den großen Vorteil der Flexibilität, da es sich unschwer an neue Entwicklungen wie den Internetvertrieb oder das Telefonmarketing anpassen kann. Die im Folgenden genauer skizzierte unternehmerische Struktur und die ordnungsrechtliche Kontrolle der bisherigen Rechts- und Sachlage konnten dementsprechend als „dynamisch" qualifiziert werden.

a) Produktimmanente Regulatoren

Das Spielangebot und die Geschäftspolitik der SKL sind seit der Errichtung im Jahr **25**
1947 im Wesentlichen konstant. Das Produkt Klassenlotterien wird im halbjährlichen Zyklus seit 1948 angeboten. Dies bedeutet für die teilnehmenden Spieler, dass eine lang andauernde Bindung notwendig ist, um die angebotenen Gewinnmöglichkeiten wahrzunehmen. Durch diese zeitliche Streckung des Gewinnangebots werden aus ordnungsrechtlicher und suchtpräventiver Sicht in jedem Fall eine Stimulationswirkung zu Impulskäufen und die damit verbundene Suchtgefahr vermieden. Im Laufe der Jahrzehnte sind bei der Klassenlotterie Produktentwicklungen lediglich im Hinblick auf die Lospreise und die Gewinne in der Anzahl und der Höhe vorgenommen worden. Auch die in den letzten Jahren neu eingeführten Spielergänzungen und TV-Sonderziehungen führen zu keiner anderen Beurteilung. Die Teilnahme an diesen Spielergänzungen setzt aufgrund der Regelungen in den Amtlichen Lotteriebestimmungen eine Kopplung mit dem Grundprodukt Klassenlotterie voraus. Von daher ist sichergestellt, dass auch bei den Spielergänzungen die gleichen spielregulatorischen Grenzen bestehen, die eine übermäßige Stimulation verhindern.

Auch die Entwicklung der Höchstgewinne, die eine kritische Stimulanzwirkung ent- **26**
falten könnten, ist beim Klassenlotterieprodukt nicht problematisch: Infolge der festgelegten Anzahl und der Höhe der Gewinne, die auch vom Staat garantiert werden, wurde der Höchstgewinn bei der SKL auf € 16 Mio festgelegt. Dieser Höchstgewinn wird 2 × im Jahr ausgespielt. Gewinnberechtigt sind nur diejenigen Spieler, die am Ende von sechs Monaten noch ein gültiges Los besitzen. Anreize wie bei einem auf dem Totalisatorprinzip aufgebauten Gewinnspiel (mit Jackpotbildungen in kürzeren Intervallen) sind durch die der Höhe nach fest geplanten und auf einen bestimmten Zeitpunkt fixierten Gewinne bei den Klassenlotterien ausgeschlossen. Zudem ist auch die Ausschüttungsquote der SKL – ein weiterer Indikator für das Suchtpotenzial des konkreten Glücksspielangebotes –, die über viele Jahre bei 55,17% lag, deutlich reduziert worden und liegt nun bei 51,26%.[22] Durch die weiterhin eingeführte (noch)

22 Daten der 123. Lotterie der SKL vom 1. 6. 2006 bis 30. 11. 2007.

stärkere Stückelung (von $^1/_8$-Teilung der Lose hin zu einem Dezimalsystem), wird der Spielanreiz weiter reduziert (beim Millionengewinn: statt bisher € 125.000 künftig bei dem $^1/_{10}$-Los ein Gewinn von € 100.000).

27 Zusammenfassend ist festzuhalten, dass auch die skizzierten spielangebotsimmanenten Begrenzungen – die bisherigen Befunde der Spielsuchtforschung ergänzend – Bedenken hinsichtlich eines spielsuchtfördernden Charakters des Klassenlotterieangebotes weitgehend zerstreuen dürften. Im Übrigen war die Entwicklung der von beiden Klassenlotterien abgesetzten Lose in den letzten Lotterien rückläufig: Die im gesamten Lotteriemarkt für Klassenlotterieangebote erzielten Umsatzanteile lagen zwischen 2000 und 2005 mit sinkender Tendenz zwischen 13,5% und 12,1%.[23]

b) Präventive Vorkehrungen durch das Vertriebssystem, Werbung

28 Das Vertriebssystem der SKL war bislang durch Art 7 des SKL-Staatsvertrages in Form Staatlicher Lotterieeinnahmen geregelt. Es hat in den letzten Jahrzehnten einen absoluten Schwerpunkt im Versandhandel gebildet. Die hauptsächlich genutzten Werbeträger sind damit unmittelbar an Empfängeradressen adressierte Werbebriefe (Mailings), Zeitungsannoncen mit Couponbeiklebern oder -abschnitten, Postwurfsendungen, Anzeigen in Tageszeitungen oder Wochenzeitschriften mit angegebenen Telefonnummern für Rückrufbestellmöglichkeiten (Call-In oder Inbound) und im Zusammenhang mit Fernsehsendungen ausgestrahlte TV-Spots mit Rückrufmöglichkeiten (sog DRTV-Spots). In den letzten Jahren hat sich außerdem aktive Telefonie in Form des Call-Out oder Outbound entwickelt. Vom Gesamtabsatz der SKL werden circa 99% über die oben genannten Verkaufsaktivitäten erzielt und lediglich rund 1% von kleineren Verkaufsstellen, oftmals in Kombination mit den vom Deutschen Lotto- und Totoblock angebotenen Produkten. Allen über die Direktmarketingaktivitäten abgesetzten Losen ist gemeinsam, dass für einen Bestellvorgang jeweils nach Empfang des Werbemittels ein aktives selbständiges Tätigwerden des Angesprochenen erforderlich ist. Er hat also eine Überlegungsfrist, bevor eine Antwort mit der Anforderung eines Angebots abgesandt wird. Auch bei einer Reaktion auf eine Fernsehausstrahlung mit einer Rückrufmöglichkeit wird niemals unmittelbar eine Bestellung aufgenommen; dem Anrufer steht es frei, für einen Rückruf seine Daten zu hinterlassen. Der „eigentliche" Akquisevorgang erfolgt dann Tage bzw Wochen später, wenn von dem beauftragten Call-Center ein Rückruf an den Kunden erfolgt. Erst dann entscheidet sich der Kunde nach Information für oder gegen eine Losanforderung. Alle genannten Direktmarketingaktivitäten fallen unter die nunmehr im BGB enthaltenen Regelungen zum Fernabsatzrecht (§§ 312 b ff) mit den dort vorgesehenen, dem Schutz des Verbrauchers dienenden Aufklärungspflichten.[24] Hinzu kommt die Besonderheit des Vertragsschlusses bei der SKL. Der Spielvertrag kommt erst durch die Buchung in der Datenbank der SKL und mit der rechtzeitigen Bezahlung

---

23 Quelle: Archivstelle des Deutschen Lotto- und Totoblocks.

24 Beachte aber die Ausnahmeregelung für Lotterieverträge zum Widerrufsrecht in § 312 d IV Ziff 4 BGB.

durch den Spielteilnehmer zustande.[25] Aleatorische Anreize oder zeitlicher Druck sind im gesamten Vorgang des Vertragsschlusses ausgeschlossen. Dementsprechend enthalten bereits die bisherigen objektiven Rahmenbedingungen für das Vertriebssystem der SKL verbraucherschützende Regelungen.

Die für die subjektive Zuverlässigkeit der Lotterieeinnehmer installierten Regelungen basieren auf Art 7 des SKL-Staatsvertrags. Danach unterhalten die Vertragsländer in allen größeren Städten und Gemeinden Staatliche Lotterieeinnahmen in der gebotenen Anzahl. Die Staatlichen Lotterieeinnehmer werden von dem Finanzministerium des Landes bestellt, in dem die Staatliche Lotterieeinnahme ihren Sitz hat. Schon mit dieser Regelung kommt zum Ausdruck, dass die bedarfsgerechte Versorgung mit der notwendigen Anzahl von Lotterieeinnehmern einer staatlichen Kontrolle unterliegt. Die Auswahl, Zulassung und das hierfür vorgesehene Verfahren entsprechen somit einer Berufszulassungsregelung, deren Auswahlkriterien im Staatsvertrag angelegt sind. Auch wurden die entsprechenden Verwaltungsakte der Bestellung der Staatlichen Lotterieeinnehmer bislang vom jeweiligen Finanzministerium vorgenommen. 29

Neben dem öffentlich-rechtlichen Auswahlverfahren unterliegen die Lotterieeinnehmer auch bei der Durchführung ihrer Tätigkeit einer permanenten Kontrolle. Die Staatlichen Lotterieeinnehmer sind zivilrechtlich Beauftragte der Süddeutschen Klassenlotterie. Sie haben die Ihnen obliegenden Geschäfte nach den Weisungen der Anstalt zu besorgen. Ihre Aufgaben, Rechte und Pflichten werden in einer Geschäftsanweisung festgelegt. Die Anstalt übt die Aufsicht über die Staatlichen Lotterieeinnehmer aus (vgl Art 7 Abs 3 des SKL-Staatsvertrages). Die für die Durchführung der Geschäfte erlassene Geschäftsanweisung der Staatlichen Lotterieeinnehmer der Süddeutschen Klassenlotterie (zuletzt vom 15. September 1999) regelt unter ausdrücklicher Bezugnahme auf Art 7 des SKL-Staatsvertrages das Rechtsverhältnis zwischen den Staatlichen Lotterieeinnehmern und der SKL. Dabei wird bereits in der Präambel der Geschäftsanweisung darauf hingewiesen, dass die in der Geschäftsanweisung geregelten Pflichten der Lotterieeinnehmer sowie die umfassenden Informations- und Kontrollrechte der SKL in besonderem Maße die ordnungsrechtliche Dimension des Lotteriewesens berücksichtigen, die insbesondere in der Vorschrift des §§ 284 ff StGB sowie zum Teil in ergänzenden landesrechtlichen Vorschriften zum Ausdruck kommt. 30

Der Lotterieeinnehmer ist zur Sicherstellung der ordnungsrechtlichen Vorgaben verpflichtet, seine Dienste persönlich zu leisten. Hilfspersonen darf der Lotterieeinnehmer nur nach Maßgabe spezieller Regelungen heranziehen (vgl §§ 7, 8 und 9 der Geschäftsanweisung). Die Aufgaben des Lotterieeinnehmers beziehen sich auf die Themenbereiche des Vertriebs der von der SKL zugewiesenen Lose (im Namen und für Rechnung der SKL), auf die Werbung, die umfassende und fortlaufende Betreuung der geworbenen Spielteilnehmer, die Auszahlung der Gewinne (soweit die Auszahlung nicht über die SKL unmittelbar erfolgt), eine umfassende Treuhandkontenführung über den gesamten mit dem Verkauf zusammenhängenden finanziellen Bereich und die Rechenschaftspflicht gegenüber der staatlichen Anstalt, die wiederum über umfängliche Kontroll- (insb Einsichts-) und Sanktionsrechte gegenüber 31

25 § 1 Abs 7 Amtliche Lotteriebestimmungen der SKL (123. Lotterie).

dem Lotterieeinnehmer verfügt (§§ 13 und 14 der Geschäftsanweisung): Die Einhaltung der Bestimmungen wird auch durch regelmäßig stattfindende Revisionen geprüft. Die SKL hat hierzu einen eigenen, unmittelbar der Direktion unterstellten Bereich eingerichtet, der turnusgemäß in den letzten Jahren durchschnittlich 65 Prüfungen bei derzeit 130 Lotterieeinnahmen durchgeführt hat. Große Lotterieeinnahmen werden jährlich geprüft. Bei den örtlichen Prüfungen werden durch spezialisierte Revisoren nach einem festgelegten einheitlichen Prüfungsschema die gesamte Lotterieabwicklung und die Einhaltung der Geschäftsanweisung geprüft. Sofern hierbei Beanstandungen festgestellt werden, werden die Lotterieeinnehmer über die Feststellungen unterrichtet. Außerdem wird auf Beseitigung der festgestellten Mängel bestanden. Sodann erfolgt eine Nachschauprüfung.

32 Die Lotterieeinnehmer sind außerdem verpflichtet, selbstverfasste Werbetexte und ihre sonstigen Werbemaßnahmen, wie Gesprächsleitfäden für Telefonmarketing oder die Internetauftritte der Direktion zur Genehmigung vorzulegen. Während viele kleinere Lotterieeinnehmer die von der Direktion vorgegebenen und entwickelten Werbemittel verwenden, betrifft die Vorlage- und Genehmigungspflicht insbesondere die großen Lotterieeinnehmer. In diesem Zusammenhang ist erwähnenswert, dass durch diese Präventivmaßnahmen in den letzten Jahren schriftlich durchgeführte Werbemaßnahmen von Dritter Seite nach dem UWG nicht beanstandet wurden.

33 Es hat sich in der Vergangenheit herausgestellt, dass auch außerhalb der Vertriebsorganisation der SKL unautorisierte Telefonmarketingunternehmen in eindeutig rechtswidriger Weise versuchen, ‚ins Blaue hinein' den guten Ruf der Marke auszunutzen und Kunden zu werben, wobei sich diese Unternehmen in bewusster Täuschungsabsicht wettbewerbswidrig als Mitarbeiter bzw Beauftragte der SKL ausgeben. Werden der SKL-Direktion derartige rechtswidrige Fälle bekannt, werden sämtliche rechtlichen Möglichkeiten ausgeschöpft, um dagegen vorzugehen. Maßnahmen sind allerdings nur dann möglich, wenn über Rückrufnummern oder auf sonstigem geeigneten Weg die verantwortlichen Personen oder Telefonmarketing-Unternehmen identifiziert werden können. Manchmal ist eine endgültige Klärung nicht oder nur schwierig möglich. Um unseriöses Telefonmarketing für das Leistungsangebot der SKL auszuschließen, hat die SKL in ständiger Abstimmung mit dem Staatslotterieausschuss eine Vielzahl von Qualitätssicherungsmaßnahmen beschlossen und umgesetzt; die Qualitätssicherung wird auch fortlaufend überprüft und den Gegebenheiten angepasst.

34 Die Einhaltung dieser Vertragspflichten wird fortlaufend überwacht und im Verletzungsfall mit empfindlichen Sanktionen versehen. Denn bei allen Vorgaben darf nicht übersehen werden, dass bei der Menge der durchgeführten Telefonanrufe und der Vielzahl der in diesem Bereich durch die Lotterieeinnehmer beschäftigten Call-Center (zB ca 850 Call-Center im Werbezeitraum der 119. Lotterie) und Mitarbeiter (ca 3.800 Mitarbeiter) eine Null-Fehler-Strategie trotz aller Anstrengungen realistisch kaum zu erreichen ist. Ergänzend zu den vorgenannten Qualitätsvorgaben und Aufklärungsaktivitäten hat die SKL als eines der ersten Unternehmen – vergleichbar mit der Robinson-Liste des Deutschen Direktmarketing Verbandes – eine eigene Sperrliste für Personen- und Telefondaten eingeführt, in die sich Personen selbst auf www.skl.de eintragen konnten. Diese extern zugriffsgeschützte Sperrliste diente dem Zweck, innerhalb der Vertriebsorganisation sicherzustellen, dass Personen, die keine weiteren Anrufe (mehr) wünschen, nicht mehr angerufen werden. Die Staatlichen Lotterieeinnehmer der SKL wurden vertraglich verpflichtet, diese Sperrliste täglich durchzusehen und sicherzustellen, dass von Ihnen bzw in Ihrem Auftrag von Telefonmarketingunternehmen angesprochene Personen nicht mehr behelligt werden.

Es versteht sich von selbst, dass auch sämtliche Ziehungen ordnungsgemäß durchgeführt und überwacht werden: Die Ziehungen sind öffentlich und werden nach einer Ziehungsordnung durchgeführt und durch staatliche Aufsichtsbeamte überwacht. Die gesamte Organisation und die Prozesse zur Sicherheit des Ziehungsverfahrens wurden durch unabhängige Wirtschaftsprüfungsgesellschaften geprüft. 35

3. Wirtschaftliche Bedeutung

Vom deutschen Lottoblock, den Klassen- und Fernsehlotterien wurden seit dem Jahr 36
2000 folgende Umsätze erzielt:[26]

in Mio €	2006	2005	2004	2003	2002	2001	2000
Lotto	7.900,2	8.064,0	8.439,0	8.256,0	8.311,0	8.480,6	8.127,6
davon Oddset	310,9	431,8	481,5	463,5	541,2	513,0	540,4
SKL	722,5	831,7	827,2	760,7	777,8	816,5	895,3
NKL	470,8	493,8	549,7	523,3	558,0	667,0	545,7
Fernseh-lotterien	617,1	578,8	543,6	441,0	427,6	411,4	354,2

Dabei wird den Klassenlotterien im Vergleich zu den Abgaben des Lottoblocks oft 37
die geringere Abführung an den Staat (neben der Lotteriesteuer in Höhe von 16⅔% werden die Gewinne mit einer Rendite von bis zu 7%, insgesamt also ca bis zu 23% der Umsätze abgeführt; beim Lottoblock werden inkl. Lotteriesteuer bis zu 33% abgeführt)[27] und die hohen Werbe- und Vertriebsprovisionen (bis zu 33%) entgegengehalten. Dabei ist aber zu beachten, dass das Vertriebssystem einer Direktmarketinglotterie für die Gewinnung der Abonnenten deutlich höhere Aufwendungen bedingt. Der volkswirtschaftlich bisher unerwähnt gebliebene Wertschöpfungsfaktor durch die Wertschöpfungskette SKL → Lotterieeinnehmer → Werbeagenturen → Druckereien → Lettershops → Postzustellung/Printmedien bei der schriftlichen Werbung wird dabei oftmals völlig übersehen. Gleiches gilt im Hinblick auf sonstige Medienunternehmen wie Radio- und Fernsehanstalten beim Einsatz von Radio- und Fernsehspots bzw beim Einsatz von Call-Centern im Bereich des Telefonmarketings. So hat eine bei der SKL im Juli 2006 durchgeführte Erhebung der unmittelbar und mittelbar in dieser Wertschöpfungskette Beschäftigten zu folgenden Ergebnissen geführt:

---

26 Quelle: Archivstelle des Deutschen Lottoblocks.

27 Vgl London Economics, The case for State Lotteries, 2006, S 25.

	Anzahl Arbeitnehmer
Direktion	50
LE/SKL	559
Call-Center	3.964
Druckereien	353
Werbeagenturen	197
Verkaufsstellen	182
Lettershops	118
Sonstige	563
GESAMT	5.986

38 Umgerechnet auf den von der SKL erreichten Gesamtumsatz beträgt somit die Wertschöpfung pro in dieser Kette Beschäftigtem rund € 140.000 pro Jahr und bedeutet einen im gesamten Glücksspielbereich extrem hohen Arbeitsplatzeffekt.[28] Die Gesamtbewertung dieser Zahlen belegt eine intensive Wertschöpfungskette. Das geschätzte Gesamtvolumen aus den Sozialversicherungsbeiträgen und der Lohnsteuer beträgt für diesen Beschäftigungsbestand rund € 109 Mio im Jahr. Im Einzelnen werden € 76 Mio aus der Sozialversicherung und ca € 33 Mio aus der Lohnsteuer eingenommen.

IV. Klassenlotterien morgen: Veränderungen durch den Glücksspielstaatsvertrag

39 Der im letzten Jahr und auch nach seinem Inkrafttreten am 1. Januar 2008 heftig diskutierte GlüStV[29] wird nach derzeitiger Einschätzung massive Auswirkungen auf das System der Klassenlotterien bis hin zur Existenzgefährdung haben.[30]

1. Ausgangslage für den Glücksspielstaatsvertrag

a) Die Entscheidung des BVerfG vom 28. März 2006[31]

40 Die Entscheidung des *BVerfG* vom 28. März 2006 befasst sich mit der Monopolregelung im Bayerischen Staatslotteriegesetz zur Veranstaltung von Sportwetten. Prüfungsgegenstand vor dem Hintergrund eines Eingriffs in die Berufsfreiheit nach Art 12 GG war allein diese Monopolregelung und die Prüfung der für Eingriffe in die

---

28 Vgl London Economics, The case for State Lotteries, 2006, S 28f.

29 Basis der nachfolgenden Zitate und Überlegungen ist die Fassung des Glücksspielstaatsvertrages in der Bekanntmachung vom 5. 12. 2007 BayGVBl Nr 28/2007 S 906ff.

30 *Süddeutsche Zeitung* vom 15. 9. 2006, S 23, Staatliche Klassenlotterien vor dem Aus; *Handelsblatt* vom 7. 9. 2006, S 12.

31 1 BvR 1054/01, NJW 2006, 1261 ff, im Folgenden zit nach Rn des Originalurteils.

Berufsfreiheit entwickelten „3-Stufen-Theorie". Danach ist ein Eingriff in die Berufsfreiheit nur gerechtfertigt, wenn er auf einer gesetzlichen Grundlage erfolgt, die den Kompetenzregelungen des Grundgesetzes entsprechend erlassen wurde, aus Gründen des Gemeinwohls gerechtfertigt ist und dem Verhältnismäßigkeitsgrundsatz entspricht. Die Monopolisierung des Glücksspielbereiches, die sich gegenüber privaten Mitbewerbern als objektive Berufszulassungsregelung auswirkt, lässt sich nur durch ein überragend wichtiges Gemeinschaftsgutsinteresse rechtfertigen, als das die Spiel- und Wettsuchtbekämpfung vom Gericht unter Hinweis auf einschlägige Befunde aus der Glücksspielforschung qualifiziert worden ist.[32] Das Gericht selbst weist darauf hin, dass unterschiedliche Glücksspielformen unterschiedliche Suchtpotenziale aufweisen können.[33] Daneben sind weitere Gemeinwohlziele wie Schutz vor Betrug, Abwehr von Folge- und Begleitkriminalität und die Ausnutzung des Spieltriebs (allerdings in gegenüber § 1 Nr 3 LoStV 2004 modifizierter Form) anerkannt worden. Nicht ausreichend sind hingegen die in § 1 Nr 5 LoStV 2004 genannten fiskalischen Interessen zur Rechtfertigung eines Monopols;[34] im Gegenteil: sie können zu Interessenskonflikten führen.[35] Die bis zum 28. März 2006 geltende bayerische Regelung war also deshalb verfassungswidrig, weil das Wettmonopol in seiner damaligen rechtlichen und tatsächlichen Ausgestaltung nicht der Vermeidung und Abwehr von Spielsucht und problematischem Spielverhalten diente.[36]

b) *Übertragbarkeit der Ausgangssituation auf Klassenlotterien*

Für Klassenlotterien gab es bislang keine dem Sportwettenbereich vergleichbare Monopolregelung, sondern nur Ländervereinbarungen wie den SKL-Staatsvertrag oder die NKL-Ländervereinbarung. Aus beiden ergibt sich aber keine Ausschließlichkeitsregelung zur Veranstaltung einer Klassenlotterie, sondern allenfalls eine gegenseitige Verpflichtung der Länder, für die Laufzeit des Vertrags selbst keine Klassenlotterie zu betreiben (vgl Art 12 des SKL-StV).[37] Tatsächlich existiert auf dem Klassenlotte- **41**

32 Vgl Rn 96–100.

33 Rn 100.

34 Rn 107.

35 Rn 125.

36 Rn 119–142. Zum Urteil allgemein vgl *Kment* Ein Monopol gerät unter Druck, NVwZ 2006, 617 ff; *Ruttig* Anmerkung zu *BVerfG,* Urt v 28. März 2006 – 1 BvR 1054/01, ZUM, 400 ff; *Pestalozza* Das Sportwetten-Urteil des BVerfG – Drei Lehren über den Fall hinaus, NJW 2006, 1711 ff; *Bücker* Staatliches Sportwettenmonopo: „business as usual" oder neuer Aufbruch?, NVwZ 2006, 662 ff; *Fassbender* Einstweilen kein „Rien ne va plus" für das staatliche Sportwettenmonopol, VR 2006, 181 ff; *Schmid* Das Vorgehen gegen illegale Sportwetten in Bayern, GewArchiv 2006, 177 ff; *Janz* 1:0 für private Wettanbieter? – Die Sportwettenentscheidung des BVerfG v. 28. 3. 2006, NWVBl 2006, 248 ff.; *Kretschmer* Karlsruhe, die Sportwetten und das Strafrecht – Ein verfassungs- und europarechtliches Glücksspiel, ZfWG 2006, 52 ff; 3 Kommentare zum Urteil von *Ennuschat, Dübbers/Kartal* und *Hecker* ZfWG 2006, 31 ff; *Horn* Anmerkung zum Urteil des *BVerfG* vom 28. 3. 2006 (Bayerisches Sportwettenmonopol derzeit verfassungswidrig), JZ 2006, 789 ff.

37 Auch Rn 88 des Urteils zu Art 5 LStV; *Postel* Der Begriff „Glücksspiel(monopol)" und die Einheit der Rechtsordnung, JurPC Web-Dok 71/2005, Abs 1–10 vertritt die Auffassung, dass es kein generelles Glücksspielmonopol in Deutschland gibt.

riemarkt seit Jahrzehnten ein konkurrierendes Angebot zwischen SKL, NKL und zum Teil der ÖKL. Allenfalls kann eingewandt werden, dass wegen der Beschränkungen in §§ 6ff LoStV 2004 sich faktisch kein konkurrierendes Angebot entwickeln konnte und daher ein faktisches Oligopol besteht.

c) Gliederungsstruktur des Glücksspielstaatsvertrages 2008

42 Dem GlüStV 2008 wurde die Struktur des LoStV 2004 zugrunde gelegt, ergänzt um eine Reihe neuer Regelungen zur Präzisierung des durch die Verfassungsrechtsprechung vorgegebenen Hauptziels zur Erhaltung einer Monopolregelung, nämlich „das Entstehen von Glücksspiel- und Wettsucht zu verhindern und die Voraussetzungen für eine wirksame Suchtbekämpfung zu schaffen".[38] In einem Ersten Abschnitt werden neben der noch weiter konturierten Zielsetzung der Anwendungsbereich (§ 2 GlüStV) festgelegt, Begriffsbestimmungen (§ 3) vorgenommen, für Veranstalter und Vermittler eine allgemeine Erlaubnispflicht (ohne Rechtsanspruch) eingeführt (§ 4), Vorschriften für die Werbung erlassen (§ 5), von Veranstaltern und Vermittlern die Erstellung eines Sozialkonzepts zur Suchtbekämpfung sowie entsprechende Aufklärungspflichten gefordert (§§ 6 und 7) sowie ein veranstalterübergreifendes Sperrkonzept (§ 8) etabliert. Im Zweiten Abschnitt werden die Aufgaben des Staates zunächst durch Schaffung einer unabhängigen Glücksspielaufsicht festgelegt (§ 9) und die Sicherstellung eines staatlichen Glücksspielangebots auf gesetzlicher Grundlage staatlich beherrschten Einrichtungen vorbehalten sowie die Finanzierung der Suchtforschung gesichert (§ 11). In einem Dritten Abschnitt (§§ 12–18) werden sodann im Wesentlichen aus dem LoStV 2004 übernommene Voraussetzungen für die Genehmigung von Lotterien mit geringerem Gefährdungspotential beschrieben, die in der Regel nur staatlichen Veranstaltern oder gemeinnützigen Einrichtungen erteilt werden kann. Schließlich werden noch Ausnahmeregelungen für Fernsehlotterien, solche des Bayerischen Roten Kreuzes, für Angebote des Gewinnsparens und für Kleine Lotterien (§ 18) aufgenommen, bevor § 19 den Vierten Abschnitt für gewerbliche Spielvermittler enthält. Der Fünfte Abschnitt regelt die Tätigkeit von Spielbanken (§ 20), Sportwetten (§ 21) und Lotterien mit besonderem Gefährdungspotential (§ 22). Im Sechsten Abschnitt werden die datenrechtlichen Voraussetzungen für das übergreifende Sperrkonzept geregelt (§ 23), bevor der Staatsvertrag mit den Übergangs- und Schlussvorschriften des Siebten Abschnitts (§§ 24–29) seinen Abschluss findet; dort sind Klassenlotterien in Form einer Kollisionsregel (§ 26) mit dem Inhalt erwähnt, dass die Regelungen des GlüStV im Fall einer Kollision mit bestehenden Regelungen vorrangig sind.

43 Die Entstehungsgeschichte des GlüStV wird im Einzelnen zu untersuchen sein, wenn von den Betroffenen die Frage der Verfassungs- und Rechtmäßigkeit der restriktiven Regelungen gestellt wird.[39] Insbesondere die repressiven Verbote mit einem im Er-

38 § 1 Ziff 1 GlüStV-E.

39 Hierbei wird insbesondere das politische Pingpong-Spiel mit den zeitlich parallel ablaufenden Beanstandungen des Bundeskartellamts (vgl Verfügung des *BKartA* vom 23. 8. 2006 und der hierzu geführten rechtlichen Auseinandersetzung) zu verfolgen sein, indem nämlich in den im

messen der Genehmigungsbehörde liegenden Erlaubnisvorbehalt haben bei gewerblichen Spielvermittlern, die ihren Tätigkeitsschwerpunkt im Internet oder im Direktmarketingbereich haben, bereits zu ersten Anstrengungen zur Erzielung schneller gerichtlicher Klärung geführt.

Generell ist die Systematik des GlüStV zu beanstanden, die sich ohne erkennbaren Grund an dem Aufbau des LoStV 2004 anlehnt und die materiell und formell wirkenden Restriktionen nicht logisch weder an der sich durch das BVerfG in seiner Entscheidung vom 28. März 2006 vorgegebenen Systematik ausrichtet noch an dem neu formulierten Hauptziel in § 1 Nr 1, die Entstehung von Wett- und Glücksspielsucht zu verhindern. So bleibt es bei dem Versuch einer in der Begründung des GlüStV[40] zwar angesprochenen, aber tatsächlich nicht in konkreten Regelungen nachvollzogenen und konkretisierten Differenzierung nach der Gefährlichkeit des jeweiligen Spielangebots. Dabei ist im Ansatz mit den geschilderten Anforderungen im Allgemeinen Teil zwar ein konsequentes formelles Suchtpräventionsinstrumentarium geschaffen, das wie folgt schematisiert werden kann: 44

Restriktionen der Werbung gelten allerdings undifferenziert für alle Anbieter gleichermaßen.[41] 45

2. Wesentliche Änderungen für Klassenlotterien

Auch die Klassenlotterien werden einer Vielzahl von neuen Regelungen unterworfen. 46

Zeitstrahl ablesbaren unterschiedlichen Fassungen des GlüStV-E die jeweiligen Entscheidungen sofort insbesondere in den formellen Anforderungen einer Genehmigungspflicht in jedem einzelnen Land und der Beschränkung der Anzahl der terrestrischen Annahmestellen „verarbeitet" wurden. Der Vorwurf gewerblicher Spielvermittler im Anhörungsverfahren, die gesamten Regelungen seien zum Schutz von Lotto gemacht, finden in diesem Verfahren eine Stütze.

40 Vgl S 1 der Begründung unter A I.1 zum GlüStV vom 14. 12. 2006.

41 Von der in § 12 Abs 2 enthaltenen fragwürdigen Ausnahme für Fernsehlotterien vom Fernsehwerbeverbot nach § 5 Abs 3 einmal abgesehen.

a) Unklare Systematik der Einordnung von Klassenlotterien

47 Im GlüStV ist zunächst die systematische Einstufung der SKL in die Struktur des Regelungskonzeptes ungeklärt. Dies ist deshalb von Bedeutung, weil nach dem erklärten Willen des Gesetzgebers die politische Grundentscheidung getroffen wurde, dass die zur Vermeidung von Glücksspielsucht notwendigen Schranken allgemein für staatliche wie für private Anbieter gelten sollen und Abstriche von diesem Schutzniveau nur für Glücksspiele mit geringerem Gefährdungspotential zugelassen werden sollen.[42] Diese Einschätzung der Länder wird durch die bei Erstellung des Entwurfs einbezogenen Suchtexperten gestützt. Die Suchtfachleute teilen in der dem Entwurf beigefügten Expertise die auch von der SKL bisher vertretene Position, dass Klassen- und Fernsehlotterien mit dem Gewinnsparen zu den „weichen" Glücksspielen mit dem geringsten Gefährdungspotential gehören.[43] Aus dieser wissenschaftlich fundierten Feststellung sind dann aber auch aus verfassungsrechtlichen Gründen (insbesondere wegen des Verhältnismäßigkeitsgrundsatzes) abgestufte differenzierende Folgerungen zu ziehen. Bisher gilt aber der 1. Abschnitt – Allgemeine Vorschriften – auch mit den dortigen Werbeschränkungen ohne Unterschied für alle Glücksspiel- und Spielbankangebote. Dies vorausgeschickt ist es einerseits systematisch korrekt, die Klassenlotterien auch künftig als staatliche Lotterien gem § 10 Abs 2 zur „Sicherstellung eines ausreichenden Glücksspielangebots" einzustufen. Dieses würde der Regelung im bisherigen LoStV entsprechen. Nachdem es sich bei dieser Formulierung der Norm nur um eine Aufgabenzuweisungs-, nicht aber um eine Eingriffsnorm handelt, wären aber noch Regelungen notwendig, die festlegen, nach welchen materiellen Voraussetzungen bei der seit jeher länderübergreifenden Veranstaltung die Erlaubnis nach § 4 Abs 1 erteilt wird, und zwar sowohl für die Veranstaltung als auch für die Vermittlung von Klassenlotterien. Dies erfolgt nunmehr erst in den sehr unterschiedlichen Anforderungen der Ausführungsgesetze der Länder, die alles andere als konsistent geraten sind.

48 Die Verfasser des neuen GlüStV haben in den Erläuterungen zum Vertrag vom 25. Oktober 2006 – im Gegensatz zu den Erläuterungen eines Vorentwurfs vom 29. August 2006[44] – darauf verzichtet, die Klassenlotterien bei den Lotterien des 3. Abschnitts „Lotterien mit geringem Gefährdungspotential" als Beispiel zu erwähnen. Falls dies bedeuten sollte, dass die Klassenlotterien weiterhin ausschließlich zu den Lotterien des 2. Abschnitts gem § 10 Abs 2 gezählt werden, ist die Frage zu lösen, nach welchem verfassungsfesten Maßstab künftig Staatslotterien Genehmigungen erteilt werden. Allein auf die Erfüllung der Ziele in § 1 GlüStV abzustellen, dürfte sich als zu unbestimmt erweisen. Gegen dieses Lösungsmodell spricht indes die Erwähnung der Staatslotterien in §§ 14 Abs 1 S 2 GlüStV. Denn hieraus lässt sich ableiten, dass Staatslotterien durchaus auch dem 3. Abschnitt unterliegen können. Eine Subsumtion der SKL unter der Rubrik „Lotterien mit geringerem Gefährdungspotential" ist unter der Voraussetzung sachgerecht, dass auch für die Klassenlotterien Erleichterungen

42 Vgl dezidiert Begründung GlüStV, S 5 Mitte.

43 Vgl Anlage zur Begründung: Tabelle Spielsucht Zeile 3, Spalte 2.

44 Siehe S 17 der Erläuterungen „zu § 14 (Veranstalter)".

von den Beschränkungen und Verboten im allgemeinen Teil des GlüStV vorzusehen sind, wie es ausdrücklich für Fernsehlotterien in § 12 Abs 2 GlüStV, aber nur für diese, geregelt ist. Dies ist aber entgegen der in der Begründung auf Seite 5 zum Ausdruck gekommenen differenzierenden Schutzniveaufestlegung nicht der Fall. Stattdessen werden den Klassenlotterien bei Zuordnung zu den Lotterien mit geringerem Gefährdungspotenzial ohne einen Dispens iSd § 12 Abs 2 zahlreiche Restriktionen auferlegt, die die Marktfähigkeit der SKL gefährden. So ist bei Heranziehung der §§ 12ff für die Erlaubnis das derzeitige Spielangebot der SKL aus mehreren Gründen problematisch: Zwingende Versagungsgründe sind gem § 13 Abs 2 Ziff 1a und 1b gegeben. Auch die Forderung in § 15 Abs 1, dass im Spielplan mind 30% der Entgelte für den Reinertrag vorgesehen sein sollen, ist für die SKL nicht erfüllbar. Gleiches gilt für die Reinertragsverwendung (§ 16) sowie das Verbot umsatzabhängiger Vergütungsberechnung bei Einschaltung von Dritten (§ 15 Abs 2 S 2). Das Angebot der SKL wird unter diesen Bedingungen so unattraktiv werden, dass eine Weiterführung nicht gewährleistet ist. Hier könnte als Lösung nur § 25 Abs 4 helfen, der aber voraussetzt, dass eine Lotterie beim Inkrafttreten des Vertrages von mehreren Veranstaltern in allen Ländern durchgeführt wird.[45] Dann wären die oben genannten Genehmigungshindernisse größtenteils beseitigt. Man kann es also drehen und wenden, wie man will: die Klassenlotterien sind systematisch nicht eindeutig und konsequent in das „System" des GlüStV eingearbeitet. Dies wird nicht nur zu zahlreichen Anwendungs- und Auslegungsproblemen für den GlüStV selbst, sondern auch bei den Ausführungsgesetzen der Länder führen.[46]

Dieser Befund verdeutlicht zugleich eine gesetzgeberische Unschärfe im Hinblick auf die Gefährlichkeitsprognose insgesamt: Es gibt im Gesetz drei Varianten zur Beurteilung des Gefährdungspotenzials: Entweder ist eine Lotterie gefährlich, wenn sie öfter als zweimal pro Woche veranstaltet wird (§ 22 Abs 2 GlüStV), wenn die Bekanntgabe der Ziehungsergebnisse (Was ist das? Die offizielle Bekanntgabe in Gewinnlisten, die Information der Medien oder die gegebenenfalls dauerhafte Bekanntgabe in Internetangeboten und Mediendiensten?) öfter als zweimal wöchentlich erfolgt (§ 13 Abs 2 Nr 1a GlüStV) oder wenn mehr als zwei Gewinnentscheide pro Woche stattfinden (§ 25 Abs 6 Nr 3 GlüStV). Nach allen Erkenntnissen der Suchtforschung ist es jedenfalls falsch, allein an diesen Kriterien anzuknüpfen. Am Beispiel der Klassenlotterien zeigt sich, welche Inkonsequenzen dies hat: Die Klassenlotterie wird halbjährlich, allenfalls monatlich veranstaltet, führt aber täglich bzw im Ergänzungsspiel stündlich einen Gewinnentscheid durch und gibt diesen auch zeitnah in den Medien, aber nur einmal monatlich offiziell in der Amtlichen Gewinnliste bekannt. Demnach wäre eine gefährliche Lotterie zu bejahen, obgleich auf der Grundlage der bisherigen Suchtforschung die Einschätzung überwiegt, dass von den Klassenlotterien keine oder nur eine verschwindend geringe Gefährdung ausgeht.[47] 49

45 Die bundesweite Durchführung der Klassenlotterien ist erfüllt. „Mehrere Veranstalter" müssten dann die Trägerländer der Klassenlotterien sein.

46 Dieser Befund lässt sich schon jetzt belegen, wenn die unterschiedlichsten Regelungen in den Ausführungsgesetzen der Länder synoptisch betrachtet werden.

47 Vgl oben unter Rn 21–23.

b) *Kollisionsregel*

50 Die Kollisionsregel in § 26 besagt, dass vorrangige Bestimmungen des GlüStV die bisherigen Vorschriften des SKL-Staatsvertrages und der NKL-Ländervereinbarung derogieren. Namentlich ist die bisher bei den Staatslotterieausschüssen liegende Zuständigkeit für die Genehmigung der konkreten Spielpläne in § 26 Abs 2 GlüStV nunmehr auf die zuständigen Landesbehörden übertragen.

c) *Erlaubnispflicht*

51 Die Erlaubnispflicht für den Veranstalter nach § 4 Abs 1 GlüStV ist nicht nur eine bürokratisch aufwendige Regelung, wenn die Klassenlotterien in jedem Trägerland die Erlaubnis für ein einheitliches Produkt mit ggf. unterschiedlichem Ergebnis beantragen müssen. Nachdem auch die bisher im LoStV 2004 enthaltene Möglichkeit einer länderübergreifenden Genehmigungserteilung gestrichen und auf das in der dortigen Begründung zu § 5 Abs 3 LoStV festgeschriebene überregionale bundesweite Angebot beider Klassenlotterien nicht mehr Bezug genommen wird, sind die Genehmigungen in allen 16 Ländern zu beantragen, es sei denn, § 12 Abs 3 GlüStV ist anwendbar. Danach kann eine Lotterie mit geringerem Gefährdungspotential mit einem einheitlichen länderübergreifenden Spielplan von dem Land, in dem der Veranstalter seinen Sitz hat, eine Erlaubnis auch mit Wirkung für die Länder erteilen, die hierzu ermächtigt haben. Welche inhaltlichen Kriterien für die Erlaubnis zu erfüllen sind, ist offen. Allein der Hinweis auf § 1 GlüStV ist schon mangels Bestimmtheit schwer umzusetzen.

52 Schwerer noch wiegt die für Vermittler neu eingeführte Erlaubnispflicht. Auf die Zulassung besteht kein Rechtsanspruch. Auch ist offen, ob die bisherigen Auswahl- und permanenten Kontrollkonzepte[48] nach Art 7 SKL-Staatsvertrag durch die Kollisionsregel obsolet werden. Die neuen Regelungen sind als berufszulassende Regelungen zu verstehen und enthalten möglicherweise nicht die der Wesentlichkeitstheorie[49] entsprechenden inhaltlichen Anforderungen. Danach muss der Gesetzgeber in allen wesentlichen Bereichen, namentlich bei unmittelbar belastenden Eingriffen in die grundrechtlich geschützte Sphäre, alle wesentlichen Entscheidungen selbst treffen. Dies sind die wesentlichen materiellen Eingriffsvoraussetzungen und auch verfahrensrechtliche Voraussetzungen, soweit diese der Effektuierung des Grundrechtsschutzes dienen. Im Regelungszusammenhang des GlüStV geht es letztlich um Fragen der Berufszulassung iSd Art 12 Abs 1 GG. Die gesetzlichen Regelungen machen insoweit einen allenfalls fragmentarischen Eindruck; auch die im Rahmen der genetischen Auslegung – wohl nur eingeschränkt – heranzuziehende Begründung des GlüStV enthält keine weiteren Anhaltspunkte zur Rechtfertigung der mit den Regelungen des GlüStV verbundenen Grundrechtseingriffe. Insofern spricht einiges für die Einschätzung, dass das bisher bei der SKL praktizierte umfängliche Erlaubnis-, Kontroll- und Revisionssystem in der Mischung aus öffentlich-rechtlicher Zulassung und zivilrechtlichen dem Handelsvertreterrecht vertrauten Weisungsrechten auch unter Beach-

---

48 Vgl oben Rn 29–35.

49 *BVerfGE* 61, 260, 275, 88, 103, 116.

tung der verfassungsrechtlichen Kategorien, insbesondere des Verhältnismäßigkeitsgrundsatzes, das im Vergleich zur Neuregelung des GlüStV bessere, weil erprobte und mit Blick auf die tatsächlichen Gegebenheiten deutlicher differenzierende Rechtsregime darstellt.

Hinsichtlich des nach § 6 GlüStV zu erstellenden Sozialkonzeptes ist in diesem Zusammenhang – bei derselben Logik – lediglich anzumerken, dass diese ordnungsrechtliche Vorgabe umso einfacher zu erfüllen sein dürfte, je geringer die von dem konkreten Spielangebot ausgehenden Suchtgefahren sind. **53**

d) Sperrkonzept

Einen bei Beachtung der Erkenntnisse aus der Spielsuchtforschung sich möglicherweise aufdrängenden Regelungswiderspruch enthält § 8 iVm § 22 GlüStV. Alle staatlichen Anbieter haben die Sperrdatei mit umfänglichem Inhalt (vgl § 23 GlüStV) vorzuhalten. Allerdings sind von der Spielteilnahme als solche nach § 22 Abs 2 nur die Spieler auszuschließen, wenn das Lotterieangebot öfter als zweimal pro Woche veranstaltet wird. Es sind also weder Lottospieler (obwohl der Jackpot in § 22 Abs 1 GlüStV gerade noch als besonders gefährlich qualifiziert wurde!) noch Klassenlotteriespieler betroffen. Die Begründung führt aber zu § 8 GlüStV aus: „Absatz 1 der Vorschrift verpflichtet die Spielbanken und die in § 10 Abs 2 genannten Veranstalter, ein Sperrsystem zu unterhalten, das gewährleistet, dass Spieler, die für eine Form des Glücksspiels gesperrt sind, auch von sonstigen Glücksspielen ausgeschlossen sind. Die bislang ausschließlich im Bereich der Spielbanken bestehende und bewährte Möglichkeit der Sperre gilt damit auch für die staatlichen oder staatlich beherrschten Veranstalter im Sinn des § 10 Abs 2. Das übergreifende Sperrsystem trägt der im Rahmen der Suchtforschung gewonnenen Feststellung Rechnung, dass eine große Gruppe von sog Problemspielern mehrere Angebote zum Glücksspiel parallel wahrnimmt bzw mehrfach spielsüchtig ist“.[50] Die Aufwendungen für die Sperrdatei, die auch die Vertriebsorganisation mit abdecken muss, sind erheblich. Verstößt der Veranstalter gegen die Sperrverpflichtung, sind Schadensersatzverpflichtungen zu erwarten.[51] **54**

e) Materielle Anforderungen

Neben den formellen Anforderungen bewirken gerade die neuen materiellen Regelungen, insbesondere die Werbebeschränkungen für Direktmarketinglotterien wie die Klassenlotterien, eine existenzielle Bedrohung. Ursprünglich war im Entwurf des GlüStV – Stand 22. August 2006 – in § 5 Abs 3 ein Verbot der unverlangten Übermittlung von Werbematerial oder Angeboten zum Glücksspiel enthalten. Dieses ist zwischenzeitlich gestrichen worden. Damit bleibt der Postweg als traditionelle, keine unmittelbare Reaktion des Empfängers anreizende Werbeform und damit hinsichtlich **55**

---

50 Begründung zum GlüStV-E , S 18.

51 *OLG Hamm* v 4.12. 2006, Az: 22-U–250/05, http://gluecksspiel-und-recht.de/urteile/Oberlandesgericht-Hamm–20061204.html; *BGH* v 15. 12. 2005, Az: III ZR 65/05: http://gluecksspiel-und-recht.de/urteile/Bundesgerichtshof--20051215.html.

des Suchtpotentials als weiterhin vertretbarer Vertriebsweg der Klassenlotterien zugelassen, wobei die Werbung selbst aber den Zielen und Anforderungen des Staatsvertrags entsprechen muss (vgl § 5 Abs 1 und Abs 2 iVm § 1 GlüStV). Es ist ausdrücklich zu begrüßen, dass Direkt-Mailings und Postwurfsendungen von dem Werbeverbot des GlüStV-E ausgenommen wurden. Nicht sachgerecht ist jedoch die weitgehende Einschränkung, dass Mailings und Postwurfsendungen gem § 5 Abs 1 und Abs 2 S 1 keinen Aufforderungscharakter haben dürfen. Mailings und Postwurfsendungen sind die klassischen Instrumente des Direktmarketings. Sie ersetzen das persönliche Verkaufsgespräch in der Annahmestelle und versuchen stattdessen, den Empfänger auf schriftlichem Wege zu einem bestimmten Verhalten zu veranlassen. Ein gewisser Aufforderungscharakter ist deshalb jeder Werbung und damit auch dem Direktmarketing immer immanent,[52] aber im Gegensatz zu Spontankäufen oder einem ggf psychologisch persuasiven Verkaufsgespräch in einer Annahmestelle erfolgt die Kaufentscheidung nach eigenbestimmter Überlegung, ohne Zeitdruck und mit der Option, die Lektüre des Mailings jederzeit einzustellen. Gerade der Faktor Zeit spielt ja bei durch (Spontan-)Impulse gesteuertem Suchtverhalten eine wichtige Rolle.

56 In der Begründung des GlüStV wird der der Werbung immanente Aufforderungscharakter und die zitierte *BGH*-Rechtsprechung bestätigt.[53] Vor diesem Hintergrund soll sich das Verbot des gezielten Aufforderns, Anreizens oder Ermunterns zur Teilnahme am Glücksspiel in S 1 vor allem gegen unangemessene unsachliche Werbung richten. Verboten sind insbesondere die Glücksspielsucht fördernde Formen der Werbung etwa durch verkaufsfördernde Maßnahmen wie Rabatte, Gutscheine und ähnliche Aktionen.[54] Wenn es aber bei den Klassenlotterien um die Teilnahme an einem hochgradig regulierten staatlichen Glücksspiel geht, das ein äußerst geringes Gefährdungspotential aufweist, sind die im Gesetzestext zu erkennenden gesetzgeberischen Intentionen nicht angemessen. Ein bloßes, nüchtern gehaltenes Informationsschreiben ohne Responseelement, welches nicht die Vorzüge des „beworbenen" Spiels darstellen darf, widerspricht allen Regeln des Marketings und auch der AIDA-Formel,[55] auf die der Gesetzgeber und der *BGH* letztlich rekurrieren. Nach dem Stand der wissenschaftlichen Direktmarketing-Lehre[56] und auch aus wirtschaftlicher Sicht ist die Vorstellung des Gesetzgebers von schriftlicher Direktwerbung ohne Aufforderungscharakter eine nicht zu erfüllende Forderung, ja gerade ein Widerspruch in sich selbst. Es bedarf daher zum Sinnverständnis des § 5 Abs 1 und 2 GlüStV der Auslegung der Norm unter Zuhilfenahme der Begründung. Wenn sich demnach die inhaltlichen

---

52 So definiert der *BGH* Werbung generell als „jede Äußerung bei der Ausübung eines Handels, Gewerbes, Handwerks oder freien Berufs mit dem Ziel, den Absatz von Waren oder die Erbringung von Dienstleistungen zu fördern" (Urt v 9. Juni 2005, I ZR 279/02). Damit ist der Gesetzgeber in Übereinstimmung mit der im betriebswirtschaftlichen Marketing gebräuchlichen AIDA-Formel, die die Werbewirkungslehre als Stufenmodell entwickelt hat und den Kaufvorgang mit den Teilstufen Attention-Interest-Desire-Action beschreibt, vgl statt vieler *Taschenlexikon zur Marken- und Werbewirkungsforschung* 2006, S 80.

53 Begründung GlüStV, S 15 f.

54 Ebd S 16.

55 Vgl oben, Fn 52.

56 Vgl statt vieler *Greff/Töpfer* (Hrsg), Direktmarketing mit neuen Medien, 1993, S 5.

Werbebeschränkungen tatsächlich nur auf die in der Begründung genannten Sonderformen wie Rabattierungen, Gratisspiele usw beziehen sollen, müsste in verfassungskonformer teleologischer Reduktion der Wortlaut von § 5 Abs 1 und 2 dementsprechend ausgelegt werden. Hinzu kommt: Sollte eine weitergehende restriktivere Regelung beabsichtigt sein, wäre das Kollisionsproblem mit geltendem Bundesrecht zu lösen, Art 72, 31 GG. Denn für derartige Werbeformen enthält ja bereits das geltende Wettbewerbsrecht in § 4 Ziff 4–6 UWG Verbraucher schützende Anforderungen, die allesamt dadurch begründet sind, die aus Gewinnspielen resultierenden aleatorischen Anreize nicht in Form unsachlicher Beeinflussung, Irreführung durch unzureichende Informationen oder durch Ausnutzung der Spiellust und der Produktion psychologischen Kaufzwangs in irreführender Form zu nutzen.[57]

Werbung für öffentliches Glücksspiel über Telefon ist gem § 5 Abs 3 GlüStV ohne **57** Ausnahme verboten. Das Verbot wird in der Gesetzesbegründung nicht näher erläutert; es erfolgt lediglich der Hinweis, dass das Verbot aber über die bundesrechtlich normierten Anforderungen an zulässige Telefonwerbung nach § 7 Abs 2 Nr 2 UWG hinaus geht. Bei dem vorgesehenen Verbot muss zunächst die Vereinbarkeit mit Bundesrecht und ein ggf. zu beachtender Vorrang des Bundesrechts (Art 31 GG) geprüft werden. Denn die derzeit geltende UWG-Regelung in § 7 Abs 2 Nr 2 setzt zum Schutz des Verbrauchers und des informationellen Selbstbestimmungsrechts voraus, dass er nur angerufen werden darf, wenn ein Anrufeinverständnis vorliegt. Insofern dürften die Schutzzwecke der Normen gleichgerichtet sein, die bundesrechtliche Regelung würde aber dann dem Verhältnismäßigkeitsprinzip als weniger einschneidende Maßnahme eher entsprechen.

Das vollständige Verbot der Telefonwerbung für öffentliche Glücksspiele könnte **58** aber auch den Zielen des GlüStV selbst entgegenlaufen. Bei richtiger Ausgestaltung und geeigneten Maßnahmen stellt die telefonische Kundenansprache ein effektives Instrument zur Spielsuchtgefährdung und -prävention dar. Genau wie in einer Annahmestelle kann auch telefonisch eine qualifizierte Beratung der Interessenten gewährt werden. Durch die direkte Kommunikation kann etwaiges sozialschädliches Spielverhalten bereits im Ansatz erkannt werden. Immerhin wird in der Begründung zum Staatsvertrag zwischen aktiver (sog Outbound-Telefonie) und passiver (sog Inbound-Telefonie) Werbung über Telefon differenziert.

Die Veranstaltung und Vermittlung von Lotterien im Internet soll gem § 4 Abs 4 **59** GlüStV grundsätzlich verboten bleiben. Eine zeitlich auf 1 Jahr befristete Erlaubnismöglichkeit in § 25 Abs 6 GlüStV ermöglicht bei Erfüllung bestimmter Voraussetzungen eine Übergangsregelung. Die Werbung im Internet ist nach § 5 Abs 3 GlüStV ebenfalls verboten. Auch in diesem Zusammenhang ist mit Blick auf die existierenden Kontrollmechanismen zur Gewährung des Jugendschutzes (Schufa-Identitätscheck auf der Grundlage mindestens einer durchgeführten face-to-face-Kontrolle) auf die nur geringe oder gar nicht vorhandene Gefährlichkeit der Klassenlotterieangebote (Cyberlotterie der NKL) hinzuweisen; auch hier stellt sich die Frage, ob die Verbotsregelungen eine Überregulierung am Maßstab des Verhältnismäßigkeitsgrundsatzes

57 *Baumbach/Köhler* Wettbewerbsrecht, 24. Aufl 2006, § 4 UWG Rn 4.2 und Rn 6.2.

darstellen. Es ist darauf hinzuweisen, dass das *BVerfG* in seiner Grundsatzentscheidung vom 28. März 2006 völlig zu Recht die jederzeitige Möglichkeit zum Sportwetten, insbesondere die Wettteilnahme über das Internet „*jederzeit und von jedem Ort aus*" als besonders problematisch herausgestellt hat. Aufgrund der bereits angedeuteten Vertriebswegebesonderheiten der Klassenlotterien, der Spielfrequenz und der Regeln über das Zustandekommen des konkreten Spielvertrages sind die Grundbedingungen bei Sportwetten und Klassenlotterien (via Internet) auch insoweit höchst unterschiedlich: Durch die Vertragsgestaltung bei den Klassenlotterien ist sicher gestellt, dass der Spielvertrag regelmäßig erst 2 bis 4 Wochen nach Eingang der Bestellung zustande kommt. In Abhängigkeit von der Vorlaufzeit zum Lotteriebeginn bzw zur nächsten Klasse kann es zu einer weiteren mehrwöchigen „Verzögerung" zwischen Losbestellung und Vertragsabschluss kommen. Auch die zusätzliche Forderung nach einer sog Authentifizierung kann für die Klassenlotterien mangels einer unmittelbaren Spielbeteiligung über das Internet nicht mit Sinn gefüllt werden: Die bestellten Lose werden auf dem Postweg an den – als volljährig überprüften und bestätigten – Besteller versandt. Ebensowenig kann die Regelung des § 25 Abs 6 Nr 4 GlüStV gegenüber den Anbietern von Klassenlotterien Relevanz entfalten, soweit dort eine dem Stand der Technik entsprechende Sicherstellung der Lokalisierung des Spielinteressenten gefordert wird. Diese Lokalisierung erfolgt derzeit und kann auch künftig – während der Übergangsregelung – allein durch die Übersendung der bestellten Lose an die vom Besteller angegebene Adresse erfolgen. Die Prüfung der örtlichen Voraussetzung ist daher ohne weiteres gewährleistet.

60 Werbung für öffentliches Glücksspiel im Fernsehen ist gem § 5 Abs 3 GlüStV verboten. Dabei wird auf den rundfunkrechtlichen Werbebegriff gem der Definition in §§ 7 und 8 Rundfunkstaatsvertrag Bezug genommen. Klassische Fernsehspots, Sponsoring und Dauerwerbesendungen sind verboten. Vom Verbot nicht umfasst sind – weil als redaktionelle Beiträge qualifiziert – die Ziehung der Lottozahlen und Sendungen, die zugelassene Lotterien zum Gegenstand haben. Im Hinblick auf die Soziallotterien (Fernsehlotterien und Glücksspirale) ist wegen des zu vernachlässigenden Suchtpotentials[58] durch eine Ausnahmeregelung in § 12 Abs 2 GlüStV die Befreiung vom Verbot der Fernsehwerbung vorgesehen. Diese gilt für „Veranstaltungen, die traditionell in Verbindung mit dem Fernsehen präsentiert werden und bei denen vorrangig die gemeinnützige Verwendung der Reinerträge dargestellt wird."

61 Für Klassenlotterien müsste mit dieser Begründung ebenfalls wegen ihrer nur geringen Spielsuchtgefährdung über die seit Jahren ausgestrahlten Ziehungssendungen und redaktionellen Beiträge hinaus auch Werbung im Fernsehen künftig weiterhin erlaubt sein. Eine Bevorzugung der privaten Fernsehlotterien durch einen Ausnahmetatbestand ist nicht Ziel führend und zudem diskriminierend, wenn entsprechende Erlaubnisse für staatliche Lotterien mit ebenfalls geringerem Gefährdungspotential nicht vorgesehen sind. Es werden dabei gleiche Sachverhalte ohne sachlichen Grund ungleich behandelt (Art 3 GG und europarechtliches Diskriminierungsverbot). Zudem verliert der Gesetzgeber mit diesen Regelungsinkonsistenzen das in § 1 Ziff 2 GlüStV

58 Begründung GlüStV-E, S 24.

vorgegebene Kanalisierungsziel und die insoweit bestehende Möglichkeit, durch Fernsehwerbung auf nicht oder kaum suchtgefährdende Angebote wie die Klassenlotterien hinweisen zu lassen. Eine Befreiungsmöglichkeit wäre rechtlich daher geboten.[59]

f) Gesamtbewertung

Eine generelle Übernahme des für Sportwetten möglichen Monopolmodells für alle anderen Glücksspiele wirkt auf Grund der Konsequenzen langfristig kontraproduktiv. Die Anforderungen im tatsächlichen und rechtlichen Bereich führen bei allen anderen Glücksspielen zu erheblichen Umsatzrückgängen. Davon sind auch Klassenlotterien sowohl finanziell wie auch im Hinblick auf die Arbeitsplatzeffekte extrem betroffen. Zudem besteht trotz gesetzgeberischer Prärogative ein hohes verfassungsrechtliches Risiko, da im Hinblick auf alle begrenzenden Regelungen des GlüStV die verfassungsrechtliche Prüfung an den Maßstäben **62**

- wichtiges Gemeinwohlziel
- Geeignetheit des Mittels
- Erforderlichkeit
- Verhältnismäßigkeitsprüfung

erfolgen muss. Hierbei bildet die der grundrechtsbeschränkenden Regelung (objektive Berufszulassungsregelung) – im Rahmen des gesetzgeberischen Beurteilungsspielraums jedenfalls nicht offensichtlich zu Unrecht – unterstellte Gefahrenlage die zwingende verfassungsrechtliche Grundlage für alle weiteren gesetzgeberischen Überlegungen.

Die weitere verfassungsrechtliche Rechtfertigung erfährt die Eingriffsregelung nur insoweit diese auch verhältnismäßig, also geeignet, erforderlich und angemessen bzw zur Abwehr nachweisbarer oder höchstwahrscheinlicher Gefahren für ein überragend wichtiges Gemeinschaftsgut zwingend geboten ist. Nach beiden Prüfungsmaßstäben genügt es mithin nicht, dass die objektive Berufszulassungsschranke das Ziel verfolgt, einen wichtigen Gemeinwohlbelang bzw ein überragend wichtiges Gemeinschaftsgut zu schützen. Vielmehr ist eine verfassungsrechtlich entscheidende Frage in diesem Zusammenhang, ob (nachweisbare oder höchstwahrscheinliche) Gefahren für das geschützte Gemeinschaftsgut bestehen und in rechtlicher und tatsächlicher Hinsicht in allen Bereichen eine kohärente Glücksspielpolitik gewährleistet wird. Europarechtlich stellt sich die Frage, ob die gesetzgeberischen Nachweispflichten für die nach der Rechtsprechung des *EuGH*[60] möglichen Beschränkungen der Niederlas- **63**

---

59 Kritisch zum Werbeverbot auch *Schmits* Betrachtung von Werbeverboten unter anderem für Lotterien im Rundfunk, gleichzeitig eine Besprechung des *VG München* Beschl v 18. August 2006, ZfWG 2007, 197ff, 202, der allerdings von – dem Verfasser nicht bekannten und im GlüStV-E nicht auffindbaren – Ausnahmeregeln für Klassenlotterien berichtet, die die Geeignetheit der Werbeverbote in Frage stellt; im Übrigen bezweifelt er auch die Erforderlichkeit der Regelungen.

60 So fordert die ständige *EuGH*-Rechtsprechung von den Mitgliedsstaaten zum Nachweis der Rechtfertigungsgründe für beschränkende Maßnahmen, dass diese von einer Untersuchung zur Zweckmäßigkeit und zur Verhältnismäßigkeit der von diesem Staat erlassenen beschränkenden

sungs- und Dienstleistungsfreiheit eingehalten sind. Gerade für den Bereich der Klassenlotterien fehlen nach dem bisher vorliegenden statistischen Material solche Nachweise. Schließlich sind die erlassenen totalen Werbeverbote für bestimmte Bereiche kaum mit der in der *Placanica*-Entscheidung des *EuGH*[61] vertretenen These der kontrollierten Expansion in Einklang zu bringen, wenn es dort heißt: „Eine Politik der kontrollierten Expansion im Bereich der Glücksspiele kann nämlich ohne weiteres mit dem Ziel in Einklang stehen, Spieler, die als solchen verbotenen Tätigkeiten geheimer Spiele oder Wetten nachgehen, dazu zu veranlassen, zu erlaubten und geregelten Tätigkeiten überzugehen. ... Zur Erreichung dieses Ziels [ist es] erforderlich, dass die zugelassenen Betreiber eine verlässliche und zugleich attraktive Alternative zur verbotenen Tätigkeit bereitstellen, was das Angebot einer breiten Palette von Spielen, einen gewissen Werbeumfang und den Einsatz neuer Vertriebstechniken mit sich bringen kann.“[62] Auch in dieser Entscheidung ist trotz aller daraus abgeleiteten unterschiedlichsten (zum Teil merkwürdigen) Interpretationen[63] eindeutig vom Gericht die Beachtung des Verhältnismäßigkeitsgrundsatzes als elementarer Maßstab betont worden.[64]

64 Unbestritten bedarf jede Glücksspielform der ihr eigenen angemessenen Kontrolle. Es wäre politisch und verfassungsrechtlich angezeigt, einem Differenzierungsmodell folgend daraus für die unterschiedlichen Spielformen – möglicherweise als ein Ergebnis der vom GlüStV vorgegebenen Evaluierung – besser abgestimmte Lösungen zu suchen. Hierbei kann auf die skizzierten Erfahrungen mit private public partnership zurückgegriffen werden, die bereits in der Vergangenheit ein flexibles und auch im Hinblick auf die gestiegenen ordnungsrechtlichen Anforderungen dynamisches System belegen.

Maßnahme begleitet werden müssen, vgl *EuGH* 30. 11. 1995, C-55/94 – „Gebhard“, Slg 1995, I-4165, Rn 15; *EuGH* 26. 11. 2002, C-100/01 – „Oteiza Olazabal“, Slg 2002, I-10981; *EuGH* 13. 1. 2003, C-42/02 – „Lindman, Slg 2003, I-13519, Rn 25, insb Rn 26: „Im Ausgangsverfahren weisen die dem Gerichtshof vom vorlegenden Gericht übermittelten Akten kein Element statistischer oder sonstiger Natur auf, das einen Schluss auf die Schwere der Gefahren, die mit dem Betreiben vom Glücksspielen verbunden sind, oder gar auf einen besonderen Zusammenhang zwischen solchen Gefahren und der Teilnahme der Staatsangehörigen des betreffenden Mitgliedstaats an in anderen Mitgliedstaaten veranstalteten Lotterien zuließe.“

61 *EuGH* v 6. 3. 2007, verb C-338/04, C-359/04 und C-360/04 – „Placanica“, ZfWG 2007, 125 ff.

62 *EuGH*, aaO Fn 67, Tz 55.

63 Die bis zur Manipulation des Gerichts für die jeweils verfolgten Zwecke ging.

64 *EuGH*, aaO Fn 67, Tz 48, 58; zur fehlenden Gemeinschaftsrechtsverträglichkeit des GlüStV-E vgl auch *Wiring* Das deutsche Glücksspielmonopol – politisch gewollt, gemeinschaftsrechtlich nicht haltbar?, ZfWG 2007, S 203 ff. Aufschlussreich auch der Schriftverkehr der Bundesregierung mit der Kommission zum Notifizierungs- und Vertragsverletzungsverfahren, z B in ZfWG 2007, 208 ff, 210 ff, 268 ff, 2008, S 32.

V. Summary (Class Lotteries – Coincidence avoids any order – but lotteries require order)

With this aphorism *Rombach* describes the conflicting priorities of today's lottery law. The author begins, however, with the historical origins of the class lottery. From the fifteenth to the eighteenth century, the so-called Italian lotteries (in form of lotto offers) and the Dutch lottery (as predecessor of the class lottery) flourished in the world trade centers of that time and from their countries of origin, they spread all over Europe. Changing moral and ethical ideas concerning lottery as such, but also fraudulent occurrences in the procedures, led to a wide-ranging lotto prohibition in Europe in the nineteenth century. Class lotteries, however, were never affected by this development and remained constants.

In Germany, class lotteries dominated national offers in the nineteenth century and in particular until 1955. Supraregional associations led to competing offers through several lotteries without monopoly structure. Socially harmful effects were not detected in class lotteries.

In the course of history, substantial criterions for a lawful execution of the organization, the drawings and their safeguarding have been developed. These requirements are still in force today. The forms of organization and marketing were manifold. In the past, participation in foreign lotteries was quite usual when home lottery offers were lacking, yet it (this participation) was very rarely punished. It is also a fact that since the beginning of the lottery history, the financial backing of non-profit or fiscal-public purposes has been a vital motive.

In his contribution, *Rombach* presents the framework rules and current facts of class lotteries and examines their hazardous and addictive potentials, which appear to be rather insignificant. *Rombach* uses the example of the South German Class Lottery to closely outline a counterbalanced controlled and regulative system. This system comprises a bundle of approved preventive and repressive, as well as objective and subjective measures and is suggested to be a regulative model of an equilibrated constitutional and basic legal system. The combination of national organization and control in conjunction with private intermediaries – public private partnership – is considered by *Rombach* to be advantageous owing to its flexibility, as it is able to adapt itself easily to new developments, such as internet selling or telephone marketing and thus, may be classified as a dynamic control system.

The previous model of rules is also the basis for discussions on the conception of the State Gambling Act (in force since 1st January 2008) and its the effects on class lotteries. *Rombach* criticizes the – in his opinion – indistinct systematic representation of the contract and uncovers deficiencies, particularly with regard to the extensive permission requirements for organizers and intermediaries. He is doubtful of the necessary determination and the proportionality of the appropriate regulations. Finally, he pleads for a graduated system of rules taking into account an improved consideration of the different risks of the various gambling offers.

III. Sucht

1. Abschnitt: Glücksspielsucht – Forschung

§ 24 Glücksspiel und Sucht – eine Vorbemerkung

Ulrike Albrecht/Ihno Gebhardt

Übersicht

I. Überblick

1 So alt wie das Glücksspiel ist auch die Kehrseite dieses spannungsgeladenen Unterhaltungsmediums: exzessives, krankhaftes Glücksspielen um jeden Preis – mit gravierenden psychischen, sozialen und materiellen Folgen. Obwohl das Phänomen des pathologischen Glücksspiels nicht neu ist, steckt die Erforschung dieser krankheitswertigen Störung noch immer in den Kinderschuhen: Erst 1980 wurde das pathologische Glücksspiel von der „American Psychiatric Association" (APA) in das „Diagnostische und statistische Manual psychischer Störungen" (DSM-III) und 1991 von der Weltgesundheitsorganisation (WHO) in die „Internationale Klassifikation psychischer Störungen ICD-10" als eigenständige psychische Erkrankung aufgenommen. Für den deutschen Sprachraum fehlen weiterhin epidemiologische Studien, und auch an empirischer Grundlagenforschung mangelt es bislang.

2 In den genannten Diagnosehandbüchern psychischer Störungen wird das pathologische Spielen als Impulskontrollstörung klassifiziert. Diese Einordnung wird allerdings noch immer heftig diskutiert. Ein zu dieser Konzeptualisierung als Impulskontrollstörung – oder, weiter gefasst: Zwangsspektrumstörung – alternatives Konzept beschreibt das pathologische Glücksspiel als nichtstoffgebundene Abhängigkeit, als Verhaltenssucht. In diesem Buch kommen Autoren zu Wort, die das „Suchtmodell" favorisieren und das pathologische Glücksspiel dementsprechend als dem stoffgebundenen Abhängigkeitsgeschehen vergleichbare Suchterkrankung begreifen. Wenngleich die unterschiedlichen konzeptionellen Ansätze am Ende allesamt das Ziel haben, optimale Hilfe für die Betroffenen zu ermöglichen, sind gerade die Unterschiede zwischen einer Diagnose „süchtig" oder „impulskontrollgestört" für die Wahl der therapeutischen Methode von großer Bedeutung. Da sich nicht zuletzt die Betroffenen in der Mehrzahl als suchtkrank empfinden und beschreiben, hat sich gerade auch in der Behandlungspraxis umfassendes suchttherapeutisches Vorgehen als langfristig

effektiv erwiesen, das neben den Arbeitsfeldern der Motivation, der Krankheitseinsicht und Abstinenz eine Therapie der individualspezifischen Hintergründe einbezieht.

3 Die Erörterung alternativer, zB psychoanalytischer, soziologischer, sozialpsychologischer und kognitionstheoretischer Glücksspielsucht-Erklärungskonzepte erfolgt in den Untersuchungen dieses Buches nur schemenhaft. Auch die mit dem Untersuchungsgegenstand verwobenen Fragen nach den individuellen und sozialen Folgen der Glücksspielsucht können nur angedeutet werden.

4 Das chronologische Geschehen einer Glücksspielsucht entwickelt sich im vielschichtigen Wechselspiel persönlicher, sozialer und gesellschaftlicher sowie konkret glücksspiel- bzw glücksspielformbezogener Parameter. Die fließenden Übergänge des Glücksspielverhaltens, von der ersten Durchführung über den Genuss und die Gewöhnung bis hin zu problematischem, missbräuchlichem und schließlich süchtigem, pathologischem Spiel, werden von zahlreichen und unter Umständen auch wechselnden Merkmalen bestimmt. Einzelne Theorieansätze liefern daher keine Antwort auf die Frage nach den Ursachen dieser Suchterkrankung. Nur integrative – „theorieübergreifende" – Erklärungsmodelle werden den komplexen Vorgängen um die Entstehung und Aufrechterhaltung süchtigen Glücksspielverhaltens gerecht; nur der die spezifischen Wechselbeziehungen aufgreifende Erklärungsansatz eines integrativen Modells liefert brauchbare Hinweise für die Therapie von Glücksspielsucht.

II. Summary (Addiction)

As old as gambling is, the flipside of this thrilling entertainment medium is just as old: excessive, pathological gambling at any price – causing grave psychic, social and material consequences. Even though the phenomenon of pathological gambling is not new, the research concerning the significance of this pathological disorder is still at its beginnings. Pathological gambling was first registered in 1980 as an independent psychic illness in the Diagnostic and Statistical Manual of Mental Disorders (DSM III) by the American Psychiatric Association (APA) and in 1991 by the World Health Association (WHO) in the International Classification of Psychic Disorders ICD-10. Within the German-language countries there is still a lack of epidemiological studies, and there has also been a deficiency of empirical basic research up to now.

In the above mentioned diagnosis compendium of psychic disorders, pathological gambling is classified as an impulse control disorder. Yet this classification is still intensely discussed. An alternative concept to this control impulse disorder – or going farther: an obsessive, compulsive spectrum disorder – describes pathological gambling as a non-substance related addiction, as behavioral addiction. In this book, authors favoring the "addiction model" are heard and accordingly, they consider pathological gambling to be a comparable development of dependence to that which is observable in the case of substance related addiction. Even though all of the different conceptual onsets may in the end aim at the most effective aid for the sick persons, the choice of the therapeutic method is of considerable importance in respect of the diagnosis "addicted" or "impulse control disordered". Finally, the majority of those concerned perceive and describe themselves as addicted which coincides with the long-term proven effectiveness of addiction based therapeutic treatment. This includes – apart from the fields of process like motivation, discernment of illness and abstinence – the specific individual backgrounds.

The discussion of alternative explanatory concepts e g for psycho-analytical, sociological, social-psychological and cognitive treatment is not clearly defined in this book and the questions concerning the individual and social consequences of gambling addiction cannot be described in detail.

The chronological happening of a gambling addiction evolves through the interplay of personal, social and co-operative as well as gambling and gambling related parameters, respectively. The fluent nuances of gambling behavior from the first realization via the pleasure and habit up to the problematic, improper and finally addictive and pathological game are determined by numerous – and under certain circumstances changing – criterions. Therefore, single onsets of theory do not answer the question concerning the causes for this pathological addiction. Only integrative "overlapping theory" models of explanation will do justice to the complex process of the origin and maintenance of gambling addiction; only the onset of explanation that is furnished by the specific interrelations of an integrative model produces useful advice for the therapy of gambling addiction.

§ 25 Glücksspielsucht: diagnostische und klinische Aspekte

Sabine Miriam Grüsser-Sinopoli und Ulrike Albrecht

Übersicht

Literatur: *Albrecht, U. (2006)* Reizreaktionen und Verlangen bei pathologischen Glücksspielern: psychologische und physiologische Parameter (Diss Berlin), Logos Verlag; *Albrecht, U./Grüsser, S.M. (2003)* Diagnose Glücksspielsucht? Psychomed 15/2, 96–99; *Allcock, C.C./Grace, D.M. (1988)* Pathological gamblers are neither impulsive nor sensation-seekers, Australian and New Zealand Journal of Psychiatry, 22, 307–311; *Argo, T.R./Black, D.W. (2004)* Clinical characteristics, in: J.E. Grant/M.N. Potenza (Eds) Pathological gambling. A clinical guide to treatment, pp 39–55, Washington DC American Psychiatric Publishing; *Baron, L./Dickerson, M.D. (1999)* Alcohol consumption and self-control of gambling-behavior, Journal of Gambling Studies 15, 3–15; *Bauer, G.G. (1985)* Homo Ludens – der spielende Mensch, Katzbichler; *Bechara, A. (2003)* Risky business: emotion, decision-making and addiction, Journal of Gambling Studies 19, 23–51; *Black, D.W./Moyer, T. (1998)* Clinical features and psychiatric comorbidity of subjects with pathological gambling behavior, Psychiatric Service 49, 1434–1439; *Blanco, C./Moreyra, P./Nunes, E.V./Saiz-Riuz, J./Ibáñez, A. (2001)* Pathological gambling: addiction or compulsion? Seminars in Clinical Neuropsychiatry 6, 167–176; *Blaszczynski, A./Steel, Z./McConaghy, N. (1997)* Impulsivity in pathological gambling: the antisocial impulsivist, Addiction 92, 75–87; *Blum, K./Wood, R./Sheridan, P./Chen, T./Commings, D. (1995)* Dopamine D2 receptor gene variants: association and linkage studies in impulsive, addictive and compulsive disorders, Pharmacogenetics 5, 121–141; *Böning, J. (1999)* Psychopathologie und Neurobiologie der „Glücksspielsucht“, in: G. Alberti/B. Kellermann (Hrsg) Psychosoziale Aspekte der Glücksspielsucht, pp 39–50, Neuland; *Boyer, M./Dickerson, M. (2003)* Attentional bias and addictive behavior: automaticity in a gambling-specific modified Stroop task, Addiction 98, 61–70; *Bühringer, G./Augustin, R./Welsch, K. (2003)* Slot machine gambling behaviour in East Germany 1990–2000, Gesundheitswesen 65, 55–63; *Cartwright, C./De Caria, C./Hollander, E. (1998)* Pathological gambling: a clinical review, Journal of Practical Psychiatry and Behavioral Health 4, 277–286; *Clarke, D./Rossen, F. (2000)* Adolescent gambling and problem gambling: a New Zealand study, New Zealand Journal of Psychology 29, 10–16; *Coman, G.J./Burrows, G.D./Evans, B.J. (1997)* Stress and anxiety as factors in the onset of problem gambling: implications for treatment, Stress Medicine 13, 235–244; *Crockford, D.N./el-Guebaly, N. (1998)* Psychiatric comorbidity in pathological gambling: a critical review, Canadian Journal of Psychiatry 43, 43–50; *ders/Goodyear, B./Edwards, J./Quickfall, J./el-Guebaly, N. (2005)* Cue-induced brain activity in pathological gamblers, Biological Psychiatry 58, 787–795; *Cooney, N. L./Litt, M. D./Morse, P. A./Bauer, L. O./Gaupp, L. (1997)* Alcohol cue reactivity, negative-mood reactivity and relapse in treated alcoholic men, Journal of Abnormal Psychology 106, 243–250; *Corless, T./Dickerson, M. (1989)* Gambler's self-perceptions of the determinants of impaired control, British Journal of Addiction 84, 1527–1537; *Cunningham-Williams, R. M./Cottler, L. B. (2001)* The epidemiology of pathological gambling, Seminars in Clinical Neuropsychiatry 6, 155–166; *dies/Womack, S. B. (2004)* Epidemiology, in: J. E. Grant/M. N. Potenza (Eds) Pathological gambling, A clinical guide to treatment, American Psychiatric Publishing Washington DC; *dies/Compton, W. M./Spitznagel, E. L.* (1998) Taking chances: problem gamblers and mental health disorders – results from the St. Louis Epidemiologic Catchment Area Study, American Journal of Public Health 88, 1093–1096; *Custer, R. (1987)* The diagnosis and scope of pathological gambling, in: T. Galski (Ed) The handbook of pathological gambling, pp 3–7, Thomas Springfield; *De Fuentes-Merillas, L./Koetre, M. W./Bethlehem, J./Schippers, G. M./Van Den Brink, W.* (2003) Are scratchcards addictive? The prevalence of pathological scratchcard gambling among adult scratchcard buyers in the Netherlands, Addiction *98*, 725–731; *De Pablo, J./Pollan, M./Varo, J. (2003)* Analysis of comorbidity between alcohol dependence syndrom and pathological gambling in patients receiving treatment in mental health centres, Anales Del Sistema Sanitario de Navarra 25, 31–36; *Dickerson, M. G. (1993)* Internal and external determinants of persistent gambling: problems in generalising from one form of gambling to another, Journal of Gambling Studies 9, 225 –245; *Dilling, H./Mombour, W./Schmidt, M. H. (2000)* Internationale Klassifikation psychischer Störungen ICD–10, Klinisch-diagnostische Leitlinien, Weltgesundheitsorganisation, 4. durchges und erg Aufl, Huber, *Dostojewski* 1866, F. (1866/1981), Der Spieler, Deutscher Taschenbuchverlag; *Eisen, S. A./Nong, L./Lyons, M. J./Scherrer, J. F./Griffiths, K./True, W. R./Goldberg, J./Tsuang, M. T. (1999)* Familial influences on gambling behavior – an analysis of 3359 twin pairs, Addiction 93, 1375–1384; *Fisher, S. (1999)* A prevalence study of gambling and problem gambling in British adolescents, Addiction Research 7, 509–538; *Friedland, N./Keinan, G./Regev, Y.* (1992) Controlling the uncontrollable: effects of stress on illusory perceptions of controllability, Journal of Personality and Social Psychology 63, 923–931; *Gabriel, E./Kratzmann, E. (1936)* Die Suechtigkeit – eine Seelenkunde; *von Gebsattel, V. E.* (1954) Prolegomena einer medizinischen Anthropologie; Springer; *Grant, J. E./Kim, S. W. (2001)* Demographic and clinical features of 131 adult pathological gamblers, Journal of Clinical Psychiatry 62, 957–962; *dies (2003)* Comorbidity of impulse control disorders in pathological gambling, Acta Psychiatrica Scandinavica 108, 203–207; *Griffiths, M. D. (1995)* The role of subjective mood states in the maintenance of fruit machine gambling behaviour, Journal of Gambling Studies 11, 123–135; *Griffiths, M./Scarfe, A./Bellringer, P. (1999)* The UK national telephone gambling helpline – Results on the first year of operation, Journal of Gambling Studies 15, 83–90; *Grüsser, S. M. (2002)* Glücksspielsucht, in: Schwarzer, R./Jerusalem, M./Weber, H. (Hrsg) Gesundheitspsychologie von A–Z, Hogrefe, p 230–233; *Grüsser, S. M./Albrecht, U. (2007)* Rien ne va plus – Wenn Glücksspiele Leiden schaffen, Huber; *Grüsser, S. M./Albrecht, U./Backmund, M. (2006)* Glücksspiele: Spieler- und Jugendschutzmaßnahmen, Suchtmedizin in Forschung und Praxis 8, 145–149; *Grüsser, S. M./Plöntzke, B./Mörsen, C./Albrecht, U. (2007)* The Addictive Potential of Lottery Gambling, Journal of Gambling Issues 19, 19–30; *Grüsser, S. M./Plöntzke, B./Albrecht, U. (2005)* Pathologisches Glücksspiel – eine empirische Untersuchung des Verlangens nach einem stoffungebundenen Suchtmittel, Nervenarzt 76, 592–596; *Grüsser, S. M./Rosemeier, H.-P. (2004)* Exzessive, belohnende Verhaltensweisen oder stoffungebundene Sucht, Psychomed 16/2, 132–135; *Grüsser, S. M./Thalemann, C. N. (2006)* Verhaltenssucht – Diagnostik, Therapie, Forschung, Huber; *Gupta, R./Derevensky, J. L. (2000)* Adolescents with gambling problems: from research to treatment, Journal of Gambling Studies 16, 315–342; *Herpertz, S. (2001)* Impulsivität und Persönlichkeit. Zum Problem der Impulskontrollstörungen, Kohlhammer; *Holden, C. (2001)* "Behavioral" addictions: do they exist? Science 294, 980–982; *Hollander, E./Wong, C. M. (1995)* Obsessive-compulsive spectrum disorders, Journal of Clinical Psychiatry 56, 3–6; *Hurrelmann, K./Schmidt, L./Kähnert, H. (2003)* Konsum von Glücksspielen bei Kindern und Jugendlichen: Verbreitung und Prävention, Abschlussbericht, Ministerium für Gesundheit, Soziales, Frauen und Familie des Landes Nordrhein-Westfalen (Hrsg), Bielefeld, Universität Bielefeld, Fakultät für Gesundheitsforschung; *Jellinek, E.M. (1946)* Phases in the drinking history of alcoholics: analysis of a survey conducted by the official organ of the Alcoholics Anonymous, Quarterly Journal of Studies on Alcohol 7, 1–88; *Koob, G.F. (2003)* Alcoholism: allostasis and beyond, Alcoholism: Clinical and Experimental Research 27, 232–243; *ders/Ahmed, S.H., Boutrel, B./Scott, A.C./Paul, J.K./Markou, A./O'Dell, L./Parsons, L.H./Sanna, P.P. (2004)* Neurobiological mechanisms in the transition from drug use to drug dependence, Neuroscience and Biobehavioral Reviews 739–749; *Kröber, H.-L. (1996).* Die Differenzierung unterschiedlicher Störungsbilder bei pathologischen Glücksspielern als Grundlage gezielter Therapiestrategien, Sucht 42, 399–409; *Kuhn, T.S. (1976)* Die Struktur wissenschaftlicher Revolutionen, Suhrkamp Taschenbuch; *Künzi, K./Fritschi, T./Egger, T. (November 2004)* Glücksspiel und Spielsucht in der Schweiz: Empirische Untersuchungen von Spielpraxis, Entwicklung, Sucht und Konsequenzen, URL: 172 http://www.buerobass.ch/Pdf/2004/ESBK–2004-Spielsucht-Bericht-de.Pdf (Zugriff am 13. Dezember 2004); *Lejoyeux, M./Mc Loughlin, M./Adès, J.* (2000) Epidemiology of behavioral dependence: literature review and results of original studies, European Journal of Psychiatry 15, 129–134; *Lesieur, H.R./Rosenthal, R.J.* (1991) Pathological gambling: a review of the literature, (Prepared for the APA Task Force on DSM-IV Committee on Disorders of Impulse Control Not Elsewhere Classified), Journal of Gambling Studies 7, 5–37; *Marks, I. (1990)* Behavioural (non-chemical) addictions, British Journal of Addiction 85, 389; *McElroy, S./Hudson, J./Pope, H./Keck, P./Aizley, H. (1992)* The DSM-II-R Impulse control disorder not elsewhere classified: clinical characteristics and relationship to other psychiatric disorders, American Journal of Psychiatry 149, 318–327; *Meyer, G. (1989)* Glücksspieler in Selbsthilfegruppen – erste Ergebnisse einer empirischen Untersuchung, Suchtgefahren 35, 217–234; *ders (2003)* Glücksspiel: Zahlen und Fakten, in: Deutsche Hauptstelle gegen die Suchtgefahren (Hrsg) Jahrbuch Sucht 2003, Geesthacht Neuland; *ders (2008)* Glücksspiel: Zahlen und Fakten, in: Deutsche Hauptstelle gegen die Suchtgefahren (Hrsg) Jahrbuch Sucht *2007*, Geesthacht Neuland; *ders/Bachmann, M. (2005)* Spielsucht – Ursachen und Therapie. Springer; *ders/Hayer, T.* (2005) Das Gefährdungspotenzial von Lotterien und Sportwetten – Eine Untersuchung von Spielern aus Versorgungseinrichtungen, Unveröffentlichter Bericht; Meyer et al, 1998; *Moran, E. (1970)* Varieties of pathological gambling, British Journal of Psychiatry 116, 593–597; *Moreyra, P./Ibáñez, A./Saiz-Ruiz, J./Blanco, C. (2004)* Categorization, in: Grant, J.E./Potenza, M.N. (Eds), Pathological gambling. A clinical guide to treatment, pp 55–68, Washington DC American Psychiatric Publishing Inc; *Müller-Spahn, F./Margraf, J. (2003)* Wenn Spielen pathologisch wird. Karger; *Orford, J.* (Ed) (2001) Excessive appetites: a psychological view of addictions (2nd ed) Chichester, John Wiley; *Paton-Simpson, G.R./Gruys, M.A./Hannifin, J.B. (2004, April)* Problem gambling, counselling in New Zealand 2003 national statistics, URL: http://www.cgs.co.nz/files/2003%20National%20 Statistics%20-%v6.Pdf (Zugriff am 30. November 2004); *Perez de Castro, I./Ibáñez, A./Saiz-Ruiz, J./Fernandez-Piqueras, J. (1999)* Genetic contribution to pathological gambling: association between a functional DNA polymorphism at the serotonin transporter gene (5-HTT) and affected males, Pharmacogenetics 9, 397–400; *Petry, J. (2001)* Vergleichende Psychopathologie von stationär behandelten „Pathologischen Glücksspielern“, Zeitschrift für Klinische Psychologie 30, 123–135; *ders (2003)* Glücksspielsucht: Entstehung, Diagnostik und Behandlung, Hogrefe; *ders/Jahrreiss, R. (1999)* Stationäre medizinische Rehabilitation von „Pathologischen Glücksspielern“: Differentialdiagnostik und Behandlungsindikation, Deutsche Rentenversicherung 4, 196–218; *Petry, N.M. (2002)* How treatments for pathological gambling can be informed by treatments for substance use disorders, Experimental and Clinical Psychopharmacology 10, 184–192; *ders (2003)* A comparison of treatment-seeking pathological gamblers based on preferred gambling activity, Addiction 98, 645–655; *ders/Armentano, C. (1999)* Prevalence, assessment and treatment of pathological gambling: a review, Psychiatric Services 50, 1021–1027; *ders/Casarella, T.*

(1999) Excessive discounting of delayed rewards in substance abusers with gambling problems, Drug and Alcohol Dependence 56, 25–32; *Plöntzke, B./Albrecht, U./Grüsser, S. M. (2004a)* Wetten und Tippen: Formen potentiell problematischen Glückspiels. Psychomed 16, 110–114; *Plöntzke, B./Albrecht, U./Thalemann, C./Grüsser, S. M. (2004b)* Formen des pathologischen Glücksspiels: eine empirische Erhebung zum Konsumverhalten von Sportwettern und Lottospielern, Wiener Medizinische Wochenschrift 154, 372–377; *Poppelreuter, S./Gross, W.* (Hrsg) *(2000)* Nicht nur Drogen machen süchtig – Entstehung und Behandlung von stoffungebundenen Süchten, Beltz; *Poulin, C. (2000)* Problem gambling among adolescent students in the Atlantic provinces of Canada, Journal of Gambling Studies 16, 53–78; *Productivity Commission* (December 1999) Australia's gambling industries. Inquiry Report, URL: http://www.pc.gov.au/inquiry/gambling/finalreport/index.html (Zugriff am 12. August 2004); *Raghunathan, R./Pham, M. T. (1999)* All negative moods are not equal: motivational influences of anxiety and sadness on decision making, Organizational Behavior and Human Decision Processes 79, 56–77; *Raylu, N./Oei, T. P. S. (2002)* Pathological Gambling: A comprehensive Review, Clinical Psychology Review, 22, 1009–1061; *Reuter, J./Raedler, T./Rose, M./Hand, Y./Gläscher, J./Büchel, C.* (2005) Pathological gambling is linked to reduced activation of the mesolimbic reward system, Nature Neuroscience 10, 1–2; *Rosenthal, R. J. (1989)* Pathological gambling and Problem gambling: problems of definition and diagnosis, in: Shaffer, H. J. et al (Eds) Compulsive gambling, Lexington Books, lexington USA, 101–125; *ders (1992)* Pathological gambling, Psychiatric Annals 22, 72–78; *ders (2003)* Distribution of the DSM-IV criteria for pathological gambling, Commentaries, Addiction 98, 1674–1675; *Saß, H./Wittchen, H.-U./Zaudig, M./Houben, I. (2003)* Diagnostische Kriterien des diagnostischen und Statistischen Manuals psychischer Störungen DSM-IV-TR, Hogrefe; *Saß, H./Wiegand, C. (1990)* Exzessives Glücksspielen als Krankheit? Kritische Bemerkungen zur Inflation der Süchte, Der Nervenarzt 61, 435–437; *Shaffer, H. J./Hall, M. N. (1996)* Estimating the prevalence of adolescent gambling disorders: a quantitative synthesis and guide toward standard gambling nomenclature, Journal of Gambling Studies *12*, 193–214; *Shaffer, H. J./Hall, M. N./Vander Bilt, J. (1999)* Estimating the prevalence of disordered gambling behavior in the United States and Canada: a research synthesis, American Journal of Public Health 89, 1369–1376; *Shah, K. R./Potenza, M. N./Eisen, S. A. (2004)* Biological basis for pathological gambling, in: Grant, J. E./Potenza, M. N. (Eds.), Pathological gambling, A clinical guide to treatment, pp 127–139, American Psychiatric Publishing; *Sharpe, L. (2002)* A reformulated cognitive-behavioral model of problem gambling: a biopsychosocial perspective, Clinical Psychology Review *22*, 1–25; *Sharpe, L./Tarrier, N. (1993)* Towards acognitive-behavioural model of problem gambling behaviour, British Journal of Psychiatry *162*, 407–412; *Specker, S. M./Carlson, G. A./Edmonson, K. M./Johnson, P. E./Marcotte, P. E. (1996)* Psychopathology in pathological gamblers seeking treatment, Journal of Gambling Studies 12, 67–81; *Steel, Z./Blaszczynski, A. (1996)* The factorial structure of pathological gambling, Journal of Gambling Studies 12, 3–20; *Stewart, J. (2000)* Pathways to relapse: the neurobiology of drug- and stress-induced relapse to drug-taking, Journal of Psychiatry/Neuroscience 25, 125–136; *Toerne, I. V./Konstanty, R. (1992)* Gambling behavior and psychological disorders of gamblers on German-style slot-machines, Journal of Gambling Studies 8, 39–59; *Toneatto, T. (1999)* Cognitive psychopathology of problem gambling, Substance Use and Misuse 34, 1593–1604; *Trümper, J. (2004)* Spielsucht. WDR Online, Elektronische Quelle: http://www.wdr.de/tv/westpol/archiv/2004/05/02_1.html; *Vitaro, F., Arseneault, L. & Tremblay, R. E. (1997)* Dispositional predictors of problem gambling in male adolescents, American Journal of Psychiatry 154, 1769–1770; *dies. (1999)* Impulsivity predicts problem gambling in low SES adolescent males, Addiction 94, 565–575; *Vitaro, F./Ferland, F./Jacques, C./Ladouceur, R. (1998)* Gambling, substance use and impulsivity during adolescence, Psychology of Addictive Behaviors 12, 185–194; *Volpicelli, J./Balaraman, G./Hahn, J./Wallace, H./Bux, D. (1999)* The role of uncontrollable trauma in the development of PTSD and alcohol addiction, Alcohol Research and Health: The Journal of the National Institute on Alcohol Abuse and Alcoholism 23, 256–262; *Welte, J./Barnes, G./*

Wieczorek, W./Tidwell, M.-C./Parker, J. (2001) Alcohol and gambling pathology among U.S. adults: prevalence, demographic patterns and comorbidity, Journal of Studies on Alcohol 62, 706–712; *Westphal, J.R./Rush, J. (1996)* Pathological gambling in Louisiana: an epidemiological perspective, Journal of the Louisiana State Medical Society 148, 353 – 358; *Westphal, J.R./ Rush, J.A./Stevens, L./Johnson, L. (2000)* Gambling behavior of Louisiana students grades 6 through 12, Psychiatric Services 51, 96–99.

I. Diagnose „Glücksspielsucht“: Phänomenologie und Klassifikation

1 Bereits 1561 beschrieb der flandrische Arzt *Pasqual Joostens* das süchtige Spiel mit den damals beim Volk äußerst beliebten Würfeln (*zitiert in Bauer 1985*). So birgt das – seit jeher als ein faszinierendes Unterhaltungs- und Freizeitvergnügen geltende – Spiel mit dem zufälligen Glück stets auch die Gefahr des unkontrollierten, süchtigen Glücksspiels als chronifizierende Suchterkrankung mit gravierenden psychosozialen Konsequenzen für den Betroffenen und die Angehörigen. In diesem Zusammenhang ist die literarische Darstellung des „Spielers“ (*Dostojewsk 1866*), der dem Rausch des Roulettespiels verfiel, noch immer eines der eindrucksvollsten Werke.

2 Heute zählen neben den weit verbreiteten gewerblichen Geldspielautomaten und dem Glücksspielangebot in den staatlich konzessionierten Spielbanken (Glücksspielautomaten, Roulette, Black Jack, Poker usw) vor allem Lotterien (Lotto/Toto, Rubbellose, Keno), Bingo, Sport- und Pferdewetten sowie Börsenspekulationen zu den alltäglich genutzten Glücksspielformen.

3 Bereits Ende des 19. Jahrhunderts wurden von den Fachleuten die Trunk-, Morphium-, Kokain- und Spielsucht als wesentliche Suchtarten beschrieben. Dabei war es unumstritten, dass sich Süchtigkeit sowohl auf psychotrope (die Psyche beeinflussende) Substanzen wie zB Alkohol und Kokain (stoffgebundene Sucht), als auch auf exzessives Verhalten (nichtstoffgebundene Sucht) beziehen kann. So formulierten *Gabriel* und *Kratzmann* 1936 den Begriff der „Tätigkeitssüchte“. Auch *von Gebsattel* (1954) favorisierte eine von Toxikomanien, also von stoffgebundener Sucht, unabhängige Bezeichnung für das Phänomen menschlicher Süchtigkeit. Diese historischen Wurzeln finden sich in der seit den 80er Jahren betriebenen Diskussion um stoffgebundene wie nichtstoffgebundene Suchterkrankungen und somit auch in der bis heute andauernden Kontroverse um die adäquate Klassifizierung des pathologischen Glücksspiels sowie anderer Formen der nichtstoffgebundenen Sucht wieder. In den beiden internationalen Klassifikationssystemen psychischer Störungen, der Internationalen Klassifikation psychischer Störungen (*ICD–10; Dilling et al 2000*) und dem Diagnostischen und Statistischen Manual Psychischer Störungen (*DSM-IV-TR; Saß et al 2003*), werden verbindlich die Kriterien festgeschrieben, die eine evtl betroffene Person erfüllen muss, um eine entsprechende Diagnose einer bestimmten psychischen Störung stellen zu können. In diesen weltweit gültigen Manualen wird das „Pathologische (Glücks-)Spielen“ bislang unter der Kategorie der „Psychischen und Verhaltensstörungen“ als „Abnorme Gewohnheit und Störung der Impulskontrolle“ eingeordnet. In der Kategorie „Abnorme Gewohnheiten und Störungen der Impulskontrolle“ sind andernorts nicht einzuordnende Verhaltensstörungen zusammengefasst, die sich in dem Merkmal eines als unkontrollierbar beschriebenen Impulses ähneln. In diese Kategorie fallen Verhaltensweisen, bei denen der Betroffene nicht in der Lage ist, den Impuls oder Trieb, eine Handlung auszuführen, zu unterdrücken. Dabei ist die Handlung für die betroffene Person selbst oder andere schädlich. Als diagnostisches Kriterium steht dabei der von den Betroffenen erlebte innere Spannungszustand vor der Handlung und die Entlastung nach der Handlung im Vordergrund (*Herpertz 2001*). Betroffene berichten nach Durchführung der Handlung häufig von Gefühlen der Reue oder Schuld sowie von schweren Selbstvorwürfen. Die Handlung geschieht ohne vernünftige Motivation. Die Ursachen dieser Störungen sind noch nicht geklärt. Zu dieser Kategorie psychischer Störungen werden ua auch das „krankhafte Haare ausreißen" (Trichotillomanie), Feuer legen (Pyromanie) und Stehlen (Kleptomanie) gezählt.

Die diagnostischen Merkmale pathologischen Spielens in den Klassifikationssyste- **4**
men psychischer Störungen sind in Tabelle 1 dargestellt. Das pathologische Glücksspiel wird zwar unter die Impulskontrollstörung eingeordnet, seine diagnostischen Kriterien wurden jedoch in Anlehnung an die Kriterien der stoffgebundenen Sucht (Abhängigkeit von psychotropen Substanzen) formuliert. Von den aufgeführten 10 Kriterien, die zB im DSM-IV-TR umfassend formuliert sind, müssen mindestens fünf erfüllt werden, um die entsprechende Diagnose stellen zu können.

Tabelle 1: Diagnostische Kriterien für die Abhängigkeit von psychotropen Substanzen und Pathologisches Spielen (nach DSM-IV-TR)

Abhängigkeit von psychotropen Substanzen	**Pathologisches Spielen**
Mind 3 der folgenden Kriterien treffen zu: 1. Toleranzentwicklung (Dosissteigerung) 2. Entzugssymptome; Entzugserleichterung durch Substanzeinnahme 3. Konsum in größeren Mengen/länger als beabsichtigt 4. Wunsch-/erfolglose Versuche zur Abstinenz/Kontrolle der Substanz 5. hoher Zeitaufwand für Substanzbeschaffung 6. Einschränkung/Aufgabe sozialer, beruflicher oder Freizeitaktivitäten aufgrund Substanzkonsum 7. fortgesetzter Substanzkonsum trotz Kenntnis der körperlichen und psychischen Folgeprobleme ***Zusatz:*** – *mit körperlicher Abhängigkeit* (Kriterium 1 oder 2 ist erfüllt) – *ohne körperliche Abhängigkeit* (weder Kriterium 1 noch 2 ist erfüllt)	Mind 5 der folgenden Kriterien treffen zu Der Spieler 1. ist stark eingenommen vom Glücksspiel (z B starkes Beschäftigtsein mit gedanklichem Nacherleben vergangener Spielerfahrungen, mit Verhindern oder Planen nächster Spielunternehmungen, Nachdenken über Wege, Geld zum Spielen zu beschaffen) 2. muss mit immer höheren Einsätzen spielen, um die gewünschte Erregung zu erreichen 3. hat wiederholt erfolglose Versuche unternommen, das Spielen zu kontrollieren, einzuschränken oder aufzugeben 4. ist unruhig und gereizt beim Versuch, das Spielen einzuschränken oder aufzugeben 5. spielt, um Problemen zu entkommen oder um eine dysphorische Stimmung (z B Gefühle von Hilflosigkeit, Schuld, Angst, Depression) zu erleichtern 6. kehrt, nachdem er beim Glücksspiel Geld verloren hat, oft am nächsten Tag zurück, um den Verlust auszugleichen (dem Verlust „hinterherjagen“) 7. belügt Familienmitglieder, den Therapeuten oder andere, um das Ausmaß seiner Verstrickung in das Spielen zu vertuschen 8. hat illegale Handlungen wie Fälschung, Betrug, Diebstahl oder Unterschlagung begangen, um das Spielen zu finanzieren. 9. hat eine wichtige Beziehung, seinen Arbeitsplatz, Ausbildungs- oder Aufstiegschancen wegen des Spielens gefährdet oder verloren 10. verlässt sich darauf, dass andere ihm Geld bereitstellen, um die durch das Spielen verursachte hoffnungslose finanzielle Situation zu überwinden
Auftreten der Symptome innerhalb desselben 12-Monats-Zeitraums	

Im ICD–10 lauten die diagnostischen Merkmale der Impulskontrollstörung „Pathologischen (Glücks-)Spielens“ ebenfalls in inhaltlicher Übereinstimmung mit den diagnostischen Kriterien für die stoffgebundene Sucht: 5

- beharrliches, wiederholtes Spielen über einen Zeitraum von mindestens einem Jahr,
- kaum kontrollierbarer, intensiver Drang zu spielen,
- anhaltendes und oft noch gesteigertes Spielen trotz negativer sozialer Konsequenzen (wie Verarmung, gestörte Familienbeziehungen und Zerrüttung der persönlichen Verhältnisse) sowie
- ständiges gedankliches und vorstellungsmäßiges Beschäftigtsein mit dem Glücksspiel.

Das für die stoffgebundene Sucht wesentliche Kriterium der Entzugserscheinungen 6 wird nicht explizit aufgeführt. Dabei können, wie aus der Praxis bekannt und in der Literatur beschrieben, auch bei pathologischen Glücksspielern Entzugserscheinungen auf körperlicher (wie zB Unruhe, Zittern und Schwitzen) und psychischer Ebene (wie zB Konzentrationsstörungen, erhöhte Aggressionsbereitschaft) auftreten. Im Vordergrund stehen nach der ICD–10 das starke Verlangen zu spielen und die eingeschränkte Kontrolle über das Glücksspielverhalten, das trotz negativer Konsequenzen gesteigert fortgesetzt wird.

Die offizielle Einordnung des pathologischen Glücksspieles als Impulskontrollstö- 7 rung in den internationalen Klassifikationssystemen und die konkrete Operationalisierung mittels Kriterien einer Suchterkrankung spiegelt ua die derzeitige Diskussion um die adäquate Klassifizierung des pathologischen Glücksspiels wider. So erfasst die noch bestehende Einordnung des pathologischen Glücksspiels als Impulskontrollstörung das Störungsbild nicht in seinem vollen Umfang. So ist zB die beim Glücksspielen berichtete Toleranzentwicklung (zB an mehreren Automaten gleichzeitig zu spielen, sich häufiger und länger mit dem Glücksspiel zu beschäftigen, höhere Einsätze zu tätigen) und die damit einhergehende Zentrierung der Lebensinhalte um das „Suchtmittel Glücksspiel“ sowie die längere Vorbereitungszeit schwer mit dem Konstrukt der ausschließlichen Impulskontrollstörung zu vereinbaren (für einen weiterführenden Überblick s *Grüsser/Thalemann 2006*). Der in verschiedenen Studien (zB *Grant/Kim 2003*) replizierte Befund, dass pathologische Spieler erhöhte Raten an Impulskontrollstörungen aufwiesen, stellt weder eine hinreichende noch notwendige Bedingung für die Klassifizierung des pathologischen Glücksspiels als Impulskontrollstörung dar, da eine solche zusätzliche psychische Störung (sog Komorbidität) sich ebenso bei zB stoffgebundener Sucht feststellen lässt (zB *Petry/Casarella 1999; Petry 2001*). Die Einordnung des pathologischen Spielens als Impulskontrollstörung in den Klassifikationssystemen muss daher kritisch gesehen werden, da damit ua die inhaltliche Ableitung eines klaren Behandlungskonzeptes erschwert wird (*Albrecht 2006, Grüsser/Plöntzke/Albrecht 2005; Grüsser/Albrecht 2007; Meyer/Bachmann 2005; Rosenthal 2003*). An dieser Stelle sei darauf hingewiesen, dass bei der Diagnosestellung beachtet werden muss, dass pathologisches Glücksspiel auch als Symptom einer bestehenden psychiatrischen Erkrankung auftreten kann (*Saß/Wiegand 1990*).

8 Einige Autoren fassen das pathologische Glücksspiel weitergehend als eine sog „Zwangspektrumstörung“ auf (zB *Black/Moyer 1998; Hollander/Wong 1995*); diese Zuteilung wird jedoch dem Störungsbild des krankhaften Glücksspielens nicht umfassend genug gerecht. Zu diesem Phänomenbereich werden Störungen gezählt, die va durch den intensiven, unangenehm empfundenen Drang, eine bestimmte Handlung durchführen zu müssen, gekennzeichnet sind (zB *Cartwright/De Caria/Hollander 1998; McElroy et al 1992*). Das zwanghafte Verhalten zB, das oft mehrmals hintereinander stereotyp durchgeführt wird, wird nicht lange vorbereitet und dient dem Betroffenen als Vorbeugung gegen ein objektiv unwahrscheinlich auftretendes Ereignis (wie zB „100 mal die Haustür auf- und wieder zuschließen, damit den Kindern kein Unfall auf der Straße passiert“). Von dieser Störungsklasse jedoch unterscheidet sich das pathologische Glücksspiel zT grundlegend. So wird zB das nächste Glücksspielereignis von den Betroffenen idR auch längerfristig geplant. Darüber hinaus dient das Glücksspielverhalten nicht der Vorbeugung gegen ein unwahrscheinlich eintretendes, inhaltlich vom Glücksspiel unabhängiges Unheil. Weiterhin treten Verlagerungen oder Ausweitungen zu anderen Formen des Glücksspiels auf, bei denen unterschiedliche Handlungsabläufe gefordert werden.

9 Alternativ zum Konzept der Impulskontroll- bzw Zwangspektrumstörung wird das pathologische Glücksspiel ua in Anlehnung an das historische Konzept der „Tätigkeitssüchte“ (*Gabriel/Kratzmann 1936*) als eine nichtstoffgebundene Sucht bzw Form der Verhaltenssucht verstanden (*zB Albrecht 2006; Blanco et al 2001; Böning 1999; Grüsser 2002; Grüsser/Thalemann 2006; Holden 2001; Marks 1990; Meyer/Bachmann 2005; Orford* 2001; Petry 2002; *Poppelreuter/Gross 2000*). Dabei wird postuliert, dass die Merkmale pathologischen Glücksspiels den Merkmalen der Abhängigkeitsstörung vergleichbar sind (zB *Albrecht/Grüsser 2003; Lejoyeux et al 2000; Marks 1990*; *J. Petry 2003*). Diese Konzeptualisierung wird dadurch unterstützt, dass vergleichbar zu Verstärkern (belohnende Funktion) wie pharmakologischen Substanzen, die direkt auf die Botenstoffe im Gehirn (Neurotransmitter) einwirken, auch Verhaltensweisen, die wie andere Umweltreize indirekt auf das Gehirn einwirken, eine Belohnung für das Gehirn darstellen (*Böning 1999; Grüsser/Rosemeier 2004; Holden 2001; Marks 1990).* Der psychotrope (die Psyche beeinflussende) Effekt solcher exzessiven belohnenden Verhaltenweisen wie zB des Glücksspielens ergibt sich damit aus körpereigenen biochemischen Veränderungen im Gehirn, die durch die Verhaltensdurchführung ausgelöst werden. Entsprechend spiegeln sowohl das unwiderstehliche Verlangen pathologischer Glücksspieler nach dem nächsten Glücksspielereignis als auch das physische wie psychische Unbehagen, wenn das Glücksspiel unterbrochen wird bzw nicht durchgeführt werden kann, das Verlangens- und Entzugsgeschehen von „Substanzabhängigen“ wider.

10 Bei dem pathologischen Glücksspielen geht es grundsätzlich darum, dass von den Betroffenen durch das Glücksspielen schnell und effektiv Gefühle im Zusammenhang mit Frustrationen, Ängsten und Unsicherheiten reguliert bzw verdrängt werden. Analog zum Effekt bei dem Gebrauch von psychotropen Substanzen kann eine aktive Auseinandersetzung des Betroffenen mit Problemen dabei immer mehr in den Hintergrund rücken und „verlernt“ werden. Uneingeschränktes exzessives (Glücksspiel-)-

Verhalten erhält somit, wie der Gebrauch einer psychotropen Substanz, die Funktion, das Leben für den Betroffenen erträglich zu gestalten und Stress inadäquat zu bewältigen. Dieses suchtartige (Glücksspiel-)Verhalten wird im Laufe einer pathologischen Verhaltensentwicklung oftmals zur noch einzig vorhandenen Bewältigungsstrategie (*für einen vertiefenden Einblick Grüsser/Thalemann 2006*).

So verweisen auch Untersuchungen zum Zusammenhang zwischen Stress bzw Stresserleben und pathologischem Glücksspiel (*zB Coman et al 1997; Griffiths 1995; Grüsser/Plöntzke/Albrecht 2005; Sharpe 2002; Toerne/Konstanty 1992*) auf die Analogie zu entsprechenden Zusammenhängen zwischen stoffgebundenem Suchtverhalten und dem Stresserleben *(zB Cooney et al 1997; Stewart 2000; Volpicelli/Balaraman/Hahn/Wallace/Bux 1999).* Weiterhin weisen neuropsychologische und neurokognitive Befunde sowie aktuelle Forschungsergebnisse psychophysiologischer Studien Übereinstimmungen zwischen dem pathologischen Glücksspiel und der Substanzabhängigkeit nach (*Bechara 2003; Blum et a1995; Boyer/Dickerson 2003; Crockford et al 2005; Perez de Castro et al 1999; Reuter et al 2005; Shah et al 2004; Grüsser/Plöntzke/Albrecht 2005*). Neben der „Umfunktionalisierung" des Glücksspiels als alleinig wirksames Mittel zur Gefühlsregulation bei Betroffenen weist ua die hohe Komorbidität (Auftreten von zwei oder mehreren psychischen Störungen bei einer Person) von pathologischem Glücksspiel und Substanzabhängigkeit als auch das gehäufte Auftreten mit weiteren psychischen Störungen, wie sie ebenfalls bei Abhängigkeitserkrankten zu finden sind, auf eine Kategorisierung pathologischen Glücksspiels als stoffungebundene Sucht bzw Verhaltenssucht hin (zB *Moreyra/Ibanez/Saiz-Ruiz/Blanco 2004*). **11**

Die pragmatische Übereinstimmung zwischen dem pathologischen Glücksspiel als Verhaltenssucht und der Abhängigkeit von psychotropen Substanzen wird phänomenologisch auch bei der phasenhaften Entwicklung einer sog Glücksspielsucht deutlich. Nach *Custer* (1987) kann in Anlehnung an *Jellineks* Phasenmodell der Alkoholabhängigkeit (1946) (a) ein positives Anfangsstadium, die sog. Gewinnphase, (b) das Gewöhnungsstadium als sog Verlustphase und (c) das Suchtstadium als sog Verzweiflungsphase beobachtet werden. **12**

(a) Das *positive Anfangsstadium* ist durch erste Kontakte zum Glücksspiel sowie durch die ersten, anregend wirkenden Gewinne, die überwiegend den eigenen Fähigkeiten als dem Zufall zugeschrieben werden (*Argo/Black 2004*), gekennzeichnet. **13**

(b) Der Übergang in die folgende *Verlustphase* ist fließend und durch das sog „chasing", die „Jagd" nach dem Verlustausgleich und die Toleranzentwicklung, die Steigerung des Glücksspielverhaltens, bestimmt. Der Betroffene setzt immer mehr Geld und Zeit ein, um zu gewinnen bzw die bisherigen Verluste auszugleichen und spielt zB an mehreren Geldspielautomaten gleichzeitig, um die erwünschte Wirkung zu erzielen. Im Zuge der Eigendynamik des Glücksspiels verliert der Betroffene jedoch immer weiter, verschuldet sich, verstrickt sich in Ausreden und Lügen und entflieht den zunehmenden Problemen zB in der Partnerschaft durch erneutes Glücksspiel. Jedoch kann er in dieser Phase unter Umständen noch zeitweise abstinent leben und sein Glücksspielverhalten kontrollieren (*Albrecht 2006; Meyer/Bachmann 2005*).

(c) In der *Verzweiflungsphase (Suchtphase)* sind dann sowohl der Kontroll- als auch Abstinenzverlust als charakteristische Merkmale süchtigen Verhaltens eingetreten. Kennzeichnend ist nun die trotz der überwiegenden Verluste dauerhaft gesteigerte Spielfrequenz, die vor allem auch durch sog kognitive (die Erkenntnis betreffende) Verzerrungen wie die vermeintliche Fähigkeit zur Spielvorhersage oder abergläubische Überzeugungen, zB Talisman bei sich tragen, bestimmte Rituale durchführen, aufrechterhalten wird (*Toneatto 1999*). Das notwendige Spielkapital wird, wenn alle legalen Geldquellen erschöpft sind, evtl auch illegal beschafft (Beschaffungsdelinquenz). Vor allem die hohen Verluste gehen mit Schuld- und Panikgefühlen bis hin zu Suizidgedanken einher. Für diese von einer potentiellen Grundstörung wie zB Depressivität, Selbstwertproblematik, akute Stressreaktion unabhängigen Suchtsymptomatik sind dann starke Persönlichkeitsveränderungen, zB mangelnde Kritikfähigkeit, sowie der soziale Abstieg, zB Verlust des Freundeskreises, Trennung bzw Scheidung vom Lebenspartner, umfassende soziale Isolierung, charakteristisch (zB *Lesieur/Rosenthal 1991; Meyer/Bachmann 2005; Rosenthal 1992*).

14 Wie die Entwicklung einer Abhängigkeit zB von Alkohol ist auch die Entwicklung einer Glücksspielsucht ein längerer Prozess, der sich in der Regel über mehrere Jahre erstreckt. So dauert die Anfangsphase des gelegentlichen Glücksspielens ca 2,5 Jahre und die Phase häufigen und intensiven Glücksspielens durchschnittlich ca 5,5 Jahre. Das exzessive Glücksspielverhalten wird idR erst nach ca 3,5 Jahren von den Betroffenen als problematisch erlebt (*Meyer 1989*). Bis jedoch das professionelle Hilfesystem genutzt wird, vergehen oft – nicht zuletzt wegen mangelnder Informiertheit über das Störungsbild als auch Motivation seitens des Glücksspielsüchtigen- noch weitere Jahre, in denen dann das süchtige Glücksspielverhalten chronifiziert. So werden die Chancen auf eine frühe Hilfe und ambulante Rehabilitation Glücksspielsuchtgefährdeter und -erkrankter kaum genutzt. Manche Betroffene sind dann so weit chronifiziert, dass ihnen nur stationär zu helfen ist, weil sie sozial stark auffällig, psychisch entmutigt und zT somatisch geschädigt sind.

15 In Deutschland haben sich im Laufe der letzten Jahre die Möglichkeiten zur Inanspruchnahme einer Therapie entscheidend verbessert. Derzeit erfolgt die Behandlung pathologischer Glücksspieler je nach Indikation ambulant (sofern im lokalen Hilfesystem vorhanden) oder stationär. Aufgrund von Empfehlungen der Spitzenverbände der Krankenkassen und Rentenversicherungsträger für die medizinische Rehabilitation bei pathologischen (Glücks-)Spielen ist es seit 2001 möglich, Betroffene einer geeigneten stationären Einrichtung für Abhängigkeitserkrankungen bei komorbider Substanzabhängigkeit bzw. psychosomatisch-psychotherapeutischen Rehabilitationseinrichtungen bei entsprechend behandlungsbedürftiger psychischer Störung zuzuweisen Vor ambulantem wie stationärem Behandlungsbeginn ist es empfehlenswert, den Patienten und die Angehörigen im Rahmen einer ersten Psychoedukation über die Kennzeichen des sozialen und pathologischen Spielens der verschiedenen Glücksspielformen zu informieren.

16 Für die sich anschließende Behandlung lassen sich die folgenden globalen Therapieziele unterscheiden:

1. Schaffung einer Therapiemotivation bzw umfangreiche Förderung der Veränderungsbereitschaft und weiterführend das Stoppen des Glücksspielverhaltens bzw Einleitung sowie Stabilisierung der Abstinenz, um die Basis für dauerhafte Veränderungsprozesse zu schaffen,
2. die Entwicklung von Fertigkeiten zur Lebensbewältigung (Training der Problemlösefähigkeiten, ein Training sozialer Fertigkeiten, den Aufbau alternativer Aktivitäten zum Glücksspiel und konkretes Rückfallpräventionstraining) im Sinne umfassender Rückfallprävention und grundlegender Verhaltensänderung, Erlernen von adäquaten Stressverarbeitungsstrategien und
3. die Behandlung der individualspezifischen Hintergründe und komorbider Störungen nach stabilisierter Abstinenz, um den Suchtkreislauf langfristig zu beenden (s auch Kapitel § 26).

Parallel zu diesen Therapiemaßnahmen ist bei der Mehrzahl der pathologischen **17**
Glücksspieler Schuldenmanagement indiziert.

Angesichts der Übereinstimmungen im klinischen Erscheinungsbild und der Erfüllung der diagnostischen Kriterien für das Vorliegen einer (Substanz-)Abhängigkeit (Leidensdruck, unwiderstehliches Verlangen, Kontrollverlust, Toleranzentwicklung, Vorrang der süchtigen Verhaltensroutine gegenüber gesellschaftlichen, sozialen und rechtlichen Verpflichtungen, psychosoziale Folgeerscheinungen und gesteigertes Suchtverhalten trotz negativer Konsequenzen) erweist sich die derzeitige Klassifizierung des pathologischen (Glücks)Spielens in den internationalen Klassifikationsschemata unter die Störungen der Impulskontrolle als nicht adäquat, um entsprechend optimale therapeutische Maßnahmen, vor allem solche in ihrer Effektivität belegten Interventionsstrategien aus der Suchttherapie, zur Anwendung bringen zu können.

II. Auftretenshäufigkeit von pathologischem Glücksspiel

Glücksspiele zu nutzen ist alltäglich. Verschiedene Studien zeigen, dass 70 bis 90% **18**
der Erwachsenen zumindest schon einmal Glücksspiele gespielt hat (zB *Eisen et al 1999; Raylu/Oei 2002*). *Bühringer*, *Augustin* und *Welsch* (2003) machten darauf aufmerksam, dass auch in der deutschen Bevölkerung der Anteil der Nichtspieler seit 1994 stetig sinkt. Das bedeutet, dass die Glücksspielerfahrung der Bevölkerung immer weiter zugenommen hat. Die Mehrheit der Glücksspieler bilden die Gelegenheits- bzw sozialen Spieler, die gelegentlich in ihrer Freizeit mit eher geringen Einsätzen zur Unterhaltung oder Abwechslung spielen gehen (*Meyer/Bachmann 2005*).

In Deutschland mangelt es bislang an epidemiologischen Studien zum pathologi- **19**
schen Glücksspiel und bis heute ist die Forschung auf diesem Gebiet als ein vorparadigmatisches Stadium der Wissenschaftsentwicklung zu sehen (*Kuhn 1976; J. Petry 2003*). So kann, um die Häufigkeit bzw Auftrittswahrscheinlichkeit pathologischen Glücksspiels in der Bevölkerung anzugeben, derzeit nur auf grobe Schätzungen, die auf der Inanspruchnahme des Hilfesystems basieren, zurückgegriffen werden. Aktuelle Schätzungen gehen von ca 100.000 bis 170.000 behandlungsbedürftigen pathologischen Glücksspielern in Deutschland aus (*Meyer 2008*). Dazu sei angemerkt, dass

nur ein geringer Teil der betroffenen pathologischen Glücksspieler das Hilfesystem frequentiert, so dass die Dunkelziffer Betroffener gravierend höher liegen dürfte (insb wenn auch noch sprachliche Barrieren hinzukommen). In der Mehrheit der bisher genannten Studien sind Männer überrepräsentiert. So besteht auch bezüglich geschlechtlicher Unterschiede bei pathologischem Glücksspiel noch Forschungsbedarf, insbesondere um auch sicherzustellen, dass unterschiedliche Prävalenzraten nicht auf die Dunkelziffer weiblicher Spieler zurückzuführen sind (*Grüsser/Albrecht 2007*). Ein weiterer wesentlicher Bedingungsfaktor für die Inanspruchnahme des Hilfesystems als auch präventiv ein äußerst wirksamer Faktor ist die umfassende Aufklärung der Bevölkerung über das Störungsbild der Glücksspielsucht, die noch viel stärker vorangetrieben werden muss.

20 Im Rahmen internationaler Studien konnten Lebenszeitprävalenzen von 1,6% für pathologisches und 3,9% für problematisches Glücksspiel ausgemacht werden *(Shaffer/Hall/Vander Bilt 1999)*. Die weltweit relativ stabilen Durchschnittsprävalenzen (durchschnittliche Auftrittswahrscheinlichkeit) von 1,0% für das pathologische Glücksspiel (*Cunningham-Williams, Cottler/Womack 2004*) sind vergleichbar mit der Auftrittswahrscheinlichkeit psychischer Störungen allgemein und somit ein relevantes Problem für die medizinisch-therapeutische wie psychosoziale Praxis. Daher sollte das pathologische Glücksspiel, die Glücksspielsucht, eine ebensolche angemessene Aufmerksamkeit in der Prävention und Intervention erhalten.

21 Bezogen auf die verschiedenen Glücksspielformen stellen die Geldautomatenspieler (diese spielen an „Unterhaltungsautomaten mit Gewinnmöglichkeit" in den Spielhallen, die lediglich dem Gewerberecht unterliegen) die größte Gruppe der Betroffenen in den verschiedenen Einrichtungen des deutschen Hilfesystems dar (*Meyer et al 1998; Meyer/Bachmann 2005*). Annähernd ein Drittel der behandelten Spieler benennt Spielbankspiele (hier va das Spiel am Glücksspielautomaten) sowie illegales Karten- und Würfelspiel als vorwiegende Glücksspielform (*Meyer et al 1998*). Lotterien, Pferdewetten und Börsenspekulationen spielten nach *Meyer* und Kollegen (1998) bisher als problembehaftete Glücksspielform in den Behandlungseinrichtungen nur eine untergeordnete Rolle. Aus diesen nichtrepräsentativen Häufigkeiten lässt sich jedoch keine Rangreihe des Suchtpotentials spezieller Glücksspielformen ableiten. Zumal bis vor kurzem kaum Kenntnisse zu einem Suchtpotential der verschiedenen Glücksspielarten vorhanden waren. So ist zB das Suchtpotential von Lotto bislang vor allem in englischen Studien beschrieben worden (zB *Blanco et al 2001; N.M. Petry 2003*). Im Rahmen einer der ersten deutschen nicht-repräsentativen Studien zeigte sich, dass aktive exzessive Lottospieler (15,2% der Stichprobe) die Kriterien einer Abhängigkeit in Bezug auf ihr Lottospielverhalten erfüllten (*Grüsser/Mörsen/Plöntzke/Albrecht 2007*). Auch Wetten (Pferdewetten, Fussball-Toto, Oddset und Sportwetten privater Wettveranstalter) sind spätestens seit Einführung von Oddset eine beliebte Freizeitbeschäftigung außer Haus oder per Internet (*Trümper 2004*). Eine Änderung der Nutzungsmuster von Glücksspielen ist bereits deutlich erkennbar: während die Umsätze aus dem Spielbankenbereich abnehmen, kommt es weiterhin zu einem Anstieg der Umsätze aus dem Lotterie- und Sportwettangebot (*Meyer 2003*). So zeichnet sich in der praktischen Arbeit bereits der Trend ab, dass nach Einführung der

Sportwette 1999 bzw 2000 (als „Oddset" durch die staatlichen Lotteriegesellschaften und im Zuge dessen auch privater Sportwettanbieter mit der sog. „DDR-Lizenz") auch Spieler mit problematischem Wettverhalten zunehmend professionelle Beratung und Behandlung suchen. In der deutschsprachigen Literatur mangelt es bislang weiterhin an aussagekräftigen Studien zum Suchtpotential von Wetten. In einer nichtrepräsentativen Untersuchung (die relativ kleine Stichprobe, N = 108, wurde direkt beim Wettanbieter rekrutiert) wurden bei aktiven Sportwettern die Kriterien für Abhängigkeit in Bezug auf ihr Wettverhalten erhoben. Es zeigte sich, dass 33,3% der untersuchten Stichprobe ein süchtiges Wettverhalten zeigten. Weiterhin wurden bei dieser Stichprobe auch die diagnostischen Kriterien für ein pathologisches Lottospielverhalten erhoben. Von den 47 Personen, die zusätzlich Lotto spielten, erfüllten 23,3% die Kriterien einer Abhängigkeit in Bezug auf ihr Lottospielverhalten. Die Komorbidität (das gemeinsame Auftreten) von süchtigem Wett- und Lottospielverhalten lag bei 12% (*Plöntzke/Albrecht/Thalemann/Grüsser 2004 b*).

Im Rahmen weiterer Studien zur Häufigkeit des pathologischen Glücksspiels ergab **22**
sich, dass Männer, Jugendliche, Inhaftierte und Menschen mit psychischen Störungen (siehe auch den Abschnitt zur Komorbidität) besonders gefährdet sind (zB *Cunningham-Williams/Cottler 2001; Gupta/Derevensky 2000; Shaffer, Hall/Vander Bilt 1999; Westphal/Rush 1996*). Mit Zunahme der Glücksspielerfahrung in der Bevölkerung gibt es vermutlich auch einen Anstieg glücksspielsuchtgefährdeter Personen, die sich zunehmend auch unter Kindern und Jugendlichen ausmachen lassen (zB *Petry/Armentano 1999; Shaffer/Hall 1996*). *Shaffer* und *Hall* (1996) gehen von einer Prävalenz zwischen 4,4 und 7,4% unter Kindern und Jugendlichen aus. Diese hohe Prävalenzrate konnte auch in weiteren Studien (zB *Westphal/Rush/Stevens/Johnson 2000*) sowie für weitere Länder (Großbritannien: *Fisher 1999;* Kanada: *Poulin 2000;* Neuseeland: *Clarke/Rossen 2000*) verifiziert werden. In einer deutschen Studie zur Inanspruchnahme von Glücksspielen im Kindes- und Jugendalter zeigte sich, dass 62% der 13- bis 19-Jährigen bereits Glücksspiele gespielt haben (*Hurrelmann/Schmidt/Kähnert 2003*; s auch Tabelle 2).

Bei den bisherigen Prävalenzstudien, die vorwiegend im angloamerikanischen Sprach- **23**
raum durchgeführt wurden und für den deutschen Sprachraum obsolet sind, differenzieren bisher nur wenige nach den einzelnen Glücksspielformen (s Tabelle 2), obwohl erwiesen ist, dass die pathologischen Glücksspieler keine homogene Gruppe darstellen (zB *Crockford/el-Guebaly 1998; Sharpe 2002*). Aufgrund des heutigen Wissenstandes ist davon auszugehen, dass jede Glücksspielform mit den ihr immanenten Strukturmerkmalen mit bestimmten Merkmalen der individuellen Persönlichkeitsstruktur des jeweils Betroffenen interagiert und darauf die Dynamik des speziellen Suchtgeschehens basiert (zB Suche nach Anregung und Wetten).

Tabelle 2: Ausgewählte epidemiologische Befunde zu den verschiedenen Glücksspielformen

Studie/Land	Stichprobe	Prävalenz einzelner Glücksspielformen
DeFuentes-Merillas et al (2003) Holland	n = 12.220 erwachsene Rubbellos-Spieler	• problematisches Konsumverhalten = 2,68% • pathologisches Konsumverhalten = 0,24%
Griffiths et al (1999) Großbritannien	n = 1.644 Anrufer der nationalen Telefonhotline	• problematisches Lottospielen = 1% • problematisches Sportwetten = 37% • Fruit Machines = 45% • Casino = 11% • Rubbellose = 2% • Andere (zB Bingo) = 4%
Grüsser et al (2007) Deutschland	n = 172 zufällig ausgewählte Personen	• mind 5 der Suchtkriterien (DSM-VI – TR) bzgl Lotto erfüllt = 15,2%
Künzi et al (2004) Schweiz	n = 250 Befragung von Betroffenen aus Beratungs- und Behandlungsstellen	• problemverursachend (Lotto, Rubbellose ect) = 13% • problemverursachendes Wetten = 2% • Vereinslotto/Bingo = 2%
Meyer/Hayer (2005) (Abschlussbericht) Deutschland	n = 489 Befragung von Betroffenen aus Versorgungseinrichtungen	• als problembehaftet erlebt: Lotto = 6%; • Oddset-/TOP-Wette = 10% • Pferdewetten = 4,5% • Automatenspiele = 79,3% • Roulette/Black Jack = 16,8% • Karten-/Würfelspiele = 15,9%
Paton-Simpson/ Gruys/Hannifin (2004) Neuseeland	n = 2.044 Klienten einer Spieler-Beratung	• Lotto, Keno, Rubbellose als Hauptproblem = 0,8%; als zusätzliches Problem = 21,5% • Sportwetten als Hauptproblem = 0,9%; als zusätzliches Problem = 3,7%
N. M. Petry (2003) USA	n = 340 Pathologische Spieler aus ambulanten Behandlungseinrichtungen	• Lotto = 15% • Sportwetten = 9% • Pferde- und Hundewetten = 8% • Automaten = 39% • Kartenspiele = 24%

Studie/Land	**Stichprobe**	**Prävalenz einzelner Glücksspielformen**
Plöntzke et al (2004 a) Deutschland	n = 114 aktive Sportwetter im Sportwettlokal (nur Sportwette und Lotto als Suchtverhalten erhoben, nicht als epidemiologische Studie angelegt)	• pathologisches Wettverhalten = 37,5% • komorbid pathol Lottospielen = 8,8%
Plöntzke et al (2004 b) Österreich	n = 108 aktive Sportwetter beim Anbieter	• pathologisches Wettverhalten = 33,3% • komorbid patholog Lottospielen = 22,9%
Productivity Commission (1999) Australien	n = 10.000 Telefoninterviews mit Erwachsenen	• Anteil der Problemspieler unter allen Spielern mit Lotterien als kostspieligste Form < 1% • Für ca 4% der ratsuchenden Personen ist Lottobeteiligung an psychosoziale Probleme geknüpft
Hurrelmann/Schmidt/Kähnert (2003) Deutschland	n = 5.009 13–19-jährige Studienteilnehmer in Nordrhein-Westfalen	• Automatenspiel = 16,9% • Oddset-Sportwetten = 18,1% • Rubbellose = 36,2% • Kartenspiel = 29,2%

In der Literatur werden diverse Spielertypologien bzw Subgruppen von Glücksspielern beschrieben. *Rosenthal* (1989) unterscheidet beispielsweise im Spektrum vom Gelegenheitsspieler zum pathologischen Spieler (s a *Meyer/Bachmann 2005*) **24**

- den intensiven sozialen Spieler, der sich im Spiel häufig und gern entspannt, ohne andere Lebensbereiche zu vernachlässigen,
- den problematischen Spieler, der mit dem Spiel Probleme zu lösen versucht, jedoch nicht die Kontrolle verliert oder „chasing"-Verhalten (der Spieler „jagt" den zurückliegenden Verlusten hinterher) aufweist,
- den Gewohnheitsspieler, der regelmäßig und kontrolliert spielt, um hedonistische Wünsche zu befriedigen oder „um Geld zu machen", daraufhin v a finanzielle, aber auch psychosoziale Probleme bekommt und dann das Glücksspiel jedoch auch längerfristig wieder einschränken kann,
- den professionellen Spieler, der in Deutschland selten zu finden und v a im illegalen Bereich mit dem Glücksspiel seinen Lebensunterhalt verdient, und schließlich
- den pathologischen Spieler.

Die Gruppe der pathologischen Glücksspieler wurde von *Moran* (1970) differenziert nach subkulturellem (exzessives Glücksspiel im sozialen Umfeld), neurotischem (Glücksspiel als Stress- bzw Problemlösevariante), impulsivem (gekennzeichnet durch **25**

Kontrollverlust und Tendenz zu spontanen Reaktionen), psychopathischem (Glücksspiel im Bedingungsgefüge einer Persönlichkeitsstörung) und symptomatischem Glücksspiel (basierend auf einer belastenden psychischen Grundstörung wie zB affektive Störung).

Kröber (1996) unterscheidet verschiedene Störungsbilder pathologischen Glücksspiels und zwar als symptomatisches Verhalten im Kontext

- akuter Lebenskrisen oder anhaltender Konfliktsituationen (zB in der Partnerschaft) als angst- und spannungsminderndes Rückzugsverhalten,
- depressiver Verstimmungen (die sich eher symptomarm gestalten und länger anhalten) als „Selbstmedikation“,
- narzisstischer oder Borderline-Persönlichkeitsstörungen (va nach persönlichen Niederlagen uä),
- psychischer Störungen (va manisch-depressive, sog bipolare Störungen und hirnorganische Beeinträchtigungen) und
- primär dissozialer Entwicklung (deviant und unstrukturiertes Freizeitverhalten, oft im Zusammenhang mit Alkoholmissbrauch).

26 Diesen Subgruppen ist gemeinsam, dass das pathologische Glücksspiel zur Stagnation in der Lebensentwicklung, Progredienz des Glücksspielverhaltens und negativen Konsequenzen wie Verschuldung und Delinquenz führt (*Kröber 1996*). *Petry* und *Jahrreiss* (1999) unterscheiden innerhalb der pathologischen Glücksspieler eine Patienten-Subgruppe mit Merkmalen einer narzisstischen Persönlichkeitsstörung sowie eine Patienten-Subgruppe mit den Merkmalen der selbstunsicher-vermeidenden Persönlichkeitsstörung. Aufgrund ihrer Typologie empfehlen *Petry* und *Jahrreiss* die stationäre Behandlung der va narzisstisch getönten Subgruppe in entsprechenden Kliniken für die Abhängigkeitsbehandlung und der va durch Selbstunsicherheit gekennzeichneten Subgruppe in psychosomatischen Behandlungseinrichtungen.

27 Die verschiedenen Modellvorstellungen zu den Subgruppen pathologischen Glücksspiels machen deutlich, dass eine ausführliche Anamnese (Krankheitsgeschichte) und Differentialdiagnostik unerlässlich ist. Die internationalen Klassifikationssysteme psychischer Störungen verweisen differentialdiagnostisch zB eindeutig auf exzessives Glücksspiel im Verlauf manischer Phasen. Weiterhin wird zwischen gewohnheitsmäßigem Spielen und Wetten sowie Spielen bei Personen mit soziopathischer bzw dissozialer Persönlichkeitsstörung bzw zwischen sozialem Spielen, professionellem Spielen sowie Spielen bei antisozialer Persönlichkeitsstörung (Doppeldiagnose möglich) differentialdiagnostisch unterschieden.

III. Pathologisches Glücksspiel und andere psychische Störungen: Komorbiditäten

28 Pathologisches Glücksspiel, so deuteten es bereits die obigen Ausführungen zu den Subgruppen des pathologischen Glücksspiels an, geht oft mit einer zusätzlichen psychischen Störung (Komorbidität) einher. Die in der Literatur bisher am besten untersuchten bzw beschriebenen Komorbiditäten sind affektive Störungen (Depressionen und Manien), Angststörungen, Abhängigkeit von psychotropen Substanzen, (weitere) Impulskontrollstörungen und Persönlichkeitsstörungen (zB *Argo/Black, 2004; Crockford/el-Guebaly 1998; J. Petry 2003*). Dieses prägnante Komorbiditätsgefüge findet sich nicht nur beim pathologischen Glücksspiel, sondern bei vielen anderen psychischen Erkrankungen (*Müller-Spahn/Margraf 2003*).

Grundsätzlich ist es im Zuge der bisherigen, zT widersprüchlichen Forschung nicht möglich, Aussagen darüber zu treffen, ob die komorbiden Störungen Ursache oder Folge des pathologischen Glücksspiels darstellen (*Raylu/Oei 2002*). Für viele Autoren ist es jedoch unumstritten, dass im Umgang mit primär vorhandenen psychosozialen Belastungen oder auch psychischen Störungen das pathologische Glücksspiel als inadäquate, aber effektive Verarbeitungsstrategie fungiert (zB *Crockford/el-Guebaly 1998; Grüsser/Plöntzke/Albrecht 2005; Raghunathan/Pham 1999; Sharpe 2002; Coman et al 1997*). **29**

Verschiedene Autoren gehen davon aus, dass affektive Störungen und Angststörungen eine wesentliche Rolle bei der Entstehung des pathologischen Glücksspiels spielen. So verweisen zahlreiche Untersuchungsergebnisse auf die erhöhte Prävalenz von Angststörungen sowie von Depressionen unter pathologischen Glücksspielern (zB *Albrecht 2006; Argo/Black 2004; Cunningham-Williams et al 1998; Grant/Kim 2001*).

Andere Studien zeigten, dass sich bei glücksspielsüchtigen Personen weitere Abhängigkeit(en) diagnostizieren ließen (zB *Crockford/El-Guebaly 1998; Cunningham-Williams/Cottler 2001; De Pablo/Pollan/Varo 2003; Moreyra/Ibanez/Saiz-Ruiz/Blanco 2004*). Dieser Zusammenhang könnte auf einer primären Disposition zur Abhängigkeitsentwicklung basieren. So ist davon auszugehen, dass das Glücksspiel analog zum Gebrauch psychotroper Substanzen als effektive, wenn auch inadäquate Verarbeitungsstrategie von Stress oder Belastungen funktioniert (*zB Albrecht/Grüsser 2003; Grüsser/Rosemeier 2004*). Einige Autoren schlussfolgern hieraus auch, dass Glücksspielsucht und stoffgebundene Abhängigkeit auf einen gemeinsamen kausalen Mechanismus zurückzuführen sind und dass pathologische Glücksspiel folgerichtig als Suchterkrankung aufzufassen sei (zB *Cunningham-Williams/Cottler 2001, de Pablo/Pollan/Varo 2003; Moreyra/Ibanez/Saiz-Ruiz/Blanco 2004; Raylu/Oei 2002*). **30**

Exemplarisch für diese typische Komorbidität des pathologischen Glücksspiels und anderer Abhängigkeitserkrankungen sei auf das Ergebnis einer Studie verwiesen, bei der 28% der untersuchten pathologischen Glücksspieler die Doppeldiagnose akuter Alkoholabhängigkeit erhielten (*Welte et al 2001*). Es wird davon ausgegangen, dass mehr als die Hälfte der Glücksspielsüchtigen auch substanzabhängig ist (zB *Cunningham-Williams et al 1998*). **31**

Die Impulsivität bzw. geringe Impulskontrolle beim pathologischen Glücksspiel – welche, wie oben erwähnt, in den internationalen Klassifikationssystemen als Impulskontrollstörung aufgefasst wird – wird oft als essentieller Bedingungsfaktor verstanden (zB *Petry/Casarella 1999; Steel/Blaszczynski 1996; Vitaro/Arsenault/Tremblay 1999*). Die bisherige Datenlage dazu ist jedoch nicht evident. Viele Befunde lassen darauf schließen, dass geringe Impulskontrolle und pathologisches Glücksspiel komorbid zusammenhängen (*zB Blaszczynsk/Steel/McConaghy 1997; Vitaro/Arsenault/* **32**

Tremblay 1997, 1999). Ergebnisse anderer Untersuchungen widersprechen jedoch diesen Annahmen, da sich hier keine Anhaltspunkte für einen Zusammenhang zwischen der Impulsivität als Persönlichkeitsmerkmal und dem pathologischen Glücksspiel finden ließen (zB *Allcock/Grace 1988*).

33 Die Hypothese, dass Impulsivität ein grundlegendes Merkmal des allgemeinen, also sowohl stoffgebundenen als auch stoffungebundenen Suchtgeschehens darstellt (zB *Koob 2003; Koob et al 2004*), findet ihre Bestätigung u a in verschiedenen Studien zur Substanzabhängigkeit, die zeigen, dass sich auch bei Abhängigen von psychotropen Substanzen (stoffgebundene Sucht) erhöhte Raten an Impulsivität messen lassen (*zB Petry/Casarella 1999; Vitaro/Ferland/Jacques/Ladouceur 1998*). Hiermit wird nochmals unterstrichen, dass die Beobachtung impulsiven Verhaltens keinen eineindeutigen Rückschluss auf die adäquate Klassifikation des pathologischen Glücksspiels als Impulskontrollstörung zulässt.

34 Die Bemühungen, umschriebene Persönlichkeitsmerkmale wie zB die Impulsivität, die mittlerweile als Risikofaktor pathologischen Glücksspiels gilt, zu untersuchen, lenkten den Blick auch auf eine insgesamt gestörte Persönlichkeitsstruktur pathologischer Glücksspieler. Die bisherigen Untersuchungsergebnisse dazu sind jedoch inkonsistent und die Spannweite der Auftrittswahrscheinlichkeit komorbider Persönlichkeitsstörungen außerordentlich hoch, so dass davor gewarnt werden muss, eine bestimmte „Spielerpersönlichkeit", Kausalitäten bzw. Prädispositionen daraus abzuleiten. *Black* und *Moyer* (1998) berichten beispielsweise, dass 87% der untersuchten pathologischen Glücksspieler komorbide Persönlichkeitsstörungen vor allem aus dem sog Cluster B der Persönlichkeitsstörungen (hier werden Persönlichkeitsstörungen, die durch Impulsivität und emotionale Instabilität gekennzeichnet sind wie Borderline, antisoziale, histrionische und narzisstische Persönlichkeitsstörung) aufwiesen. Andere Studien verweisen hingegen nur bei 25% der Befragten auf eine komorbide Persönlichkeitsstörung (zB *Specker et al 1996*). Derzeit besteht zunehmend Konsens darüber, dass sich die Persönlichkeitsprofile entsprechend der verschiedenen Subtypen pathologischen Glücksspiels unterscheiden (*Raylu/Oei 2002*) und somit evtl zur Bevorzugung unterschiedlicher Glücksspielformen führen (*N. M. Petry 2003*).

IV. Vulnerabilitäts-Stress-Modell pathologischen Glücksspiels

35 Die Vulnerabilitäts-(Verletzlichkeit)Stress-Modelle psychischer Störungen werden heute als integrative Erklärungsmodelle favorisiert und lassen sich auch auf das pathologische Glücksspiel übertragen. So formulierte zB *Sharpe* (2002) die Entstehung problematischen Glücksspiels im Rahmen eines Modells, das verschiedenste (kognitive, lerntheoretische, physiologische) Bedingungsfaktoren berücksichtigt. *Sharpe* (2002) geht zunächst von einer genetischen Vulnerabilität aus, die durch biologische Veränderungen in der Neurotransmission des dopaminergen, noradrenergen und/oder serotonergen Systems bedingt ist. Ob eine solche genetische Vulnerabilität im Zusammenhang mit problematischen Glücksspielverhalten spezifisch wirkt oder eine eher globale Vulnerabilität auch für andere psychische Probleme darstellt, ist noch ungeklärt. Diese genetische Vulnerabilität bedingt wiederum psychische Besonderheiten wie zB Impulsivität, Aufmerksamkeitsstörungen oder Hyperaktivität, Depressivität und Ängstlichkeit. Frühe Erfahrungen bedingen ebenfalls eine psychische Vulnerabilität und können somit das Risiko pathologischen Glücksspiels erhöhen. Wesentliche vulnerabel wirksame psychologische Merkmale sind ua unzureichend entwickelte oder fehlende Bewältigungs- bzw Problemlösefähigkeiten, Substanzgebrauch und Auftreten lebenskritischer bzw traumatisierender Ereignisse wie zB der Tod naher Angehöriger *(Sharpe 2002)*.

Wesentlich im Rahmen des von *Sharpe* (2002) dargestellten Vulnerabilitäts-Stress- **36**
Konzepts ist, dass das einmal etablierte Glücksspielmuster mit der zunehmenden Häufigkeit des Glücksspiels automatisierter und eigendynamischer abläuft und sich damit das Risiko erhöht, dass der Betroffene die Kontrolle über sein Glücksspielverhalten verliert. Es können nun unter Berücksichtung der Art der gewählten Glücksspielform spezifische, aktuelle Lebensverhältnisse (Stress, Isolation, Konflikte) einen solchen Kontrollverlust begünstigen. Während des Glücksspiels kann die autonome Stress-Erregung („arousal“) als mit dem Glücksspiel zusammenhängend (Aufregung) interpretiert werden. Der unangenehme Stress, der beispielsweise im Zusammenhang mit aktuellen Partnerschaftskonflikten entsteht, wird also neu und positiv bewertet, was das Glücksspielverhalten wiederum (negativ) verstärkt (Stressreduktion) und damit wahrscheinlicher macht. Auf dieser Stufe des Kontrollverlustes wird ein bereits etabliertes Glücksspielverhalten als inadäquate Stressbewältigungsstrategie funktionalisiert und weiter verstärkt. *Sharpe* (2002) geht weiter davon aus, dass die klassisch konditionierten internalen (Langeweile, Stress) oder externalen (zB Lohnauszahlung, Treff mit alten Spielerfreunden) glücksspielassoziierten Reize nun eine erhöhte Erregung erzeugen können. Diese Erregung kann in Verbindung mit glücksspielbezogenen Kognitionen (Verluste in Verbindung mit zukünftigen Gewinnerwartungen akzeptieren, der Glaube an persönliche Fähigkeiten) Verlangen nach dem Glücksspiel auslösen. Je nach Verfügbarkeit effektiver Bewältigungsstrategien (zB die Fähigkeit, Glaubenssätze realistisch zu analysieren) folgt diesem ausgelösten Verlangen erneutes oder kein erneutes Glücksspielverhalten. Dabei sind die zur Verfügung stehenden Bewältigungsmechanismen und damit Kontrollfähigkeiten wiederum individuell abhängig von psychologischen Besonderheiten wie der Impulsivität oder gelernten Lebenskompetenzen (wie zB Entspannungsfähigkeit, Problemlösefähigkeiten). Sie werden zusätzlich noch durch situative Einflüsse wie zB Alkoholeinfluss (*Baron/Dickerson 1999*), Stress (*Friedland/Keinan/Regev 1992*) und negative Gefühlszustände wie Frustration und Depression (*Corless/Dickerson 1989; Dickerson 1993)* modifiziert.

Zusammenfassend sind nach dem oben dargestellten Vulnerabiliäts-Stress-Modell **37**
besonders die Glücksspieler im Sinne eines Kontrollverlustes gefährdet, die aufgrund biologischer, sozialer oder psychologischer Besonderheiten hohe positive Erwartungen an das Glücksspiel haben, über wenig Lebensbewältigungs-, insb Problemlösestrategien verfügen und ein grundsätzlich erhöhtes dispositionelles Ausgangsniveau autonomer Erregung (evtl im Zusammenhang mit verminderter Fähigkeit zur Selbstkontrolle; *Sharpe/Tarier 1993*) haben. In komplexer Interaktion mit diesen Risikofaktoren führen die mit dem exzessiven Glücksspiel zusammenhängenden negativen

Folgen (wie zB zunehmende finanzielle Verluste und Schulden, Belügen nahe stehender Personen, kriminelle Verwicklungen) und individuellen Fehlentwicklungen (zB komorbide Abhängigkeit von psychotropen Substanzen, geringer Selbstwert) zu einer potenziert verminderten Verfügbarkeit und Effizienz alternativer Bewältigungsstrategien, zu einer negativen Stimmungslage, erhöhtem Stress sowie damit verbundener erhöhter, aversiver autonomer Erregung. Diesem Zustand kann der Betroffene scheinbar nur durch erneutes Glücksspielverhalten entkommen: ein Teufelskreis eigendynamischen, pathologischen Glücksspielens entsteht.

38 Die Ausführungen zum Störungsbild des pathologischen Glücksspiels unterstreichen die gesundheits- wie vor allem auch gesellschaftspolitische Bedeutung dieses Themas und verdeutlichen die Notwendigkeit, diesem chronifizierenden Abhängigkeitsgeschehen mit negativen Konsequenzen sowohl für den Betroffenen als auch seine Angehörigen rechtzeitig vorzubeugen. Unter dieser Prämisse müssen auf verschiedenen Ebenen effektiv umsetzbare Präventionsmaßnahmen fokussiert werden. Wichtig bei den Präventions- bzw Frühinterventionsbemühungen sollten insbesondere für alle Glücksspielanbieter verbindlich geregelte Spieler- und Jugendschutzmaßnahmen sein (für einen vertiefenden Einblick siehe *Grüsser/Backmund/Albrecht, 2006).*

V. Fallbeispiel

39 Mit dem folgenden prototypischen Fallbeispiel aus der psychotherapeutischen Praxis lässt sich das Störungsbild „Glücksspielsucht" gut veranschaulichen (ausführlichere Fallbeispiele zu verschiedenen Formen des Glücksspiels s *Grüsser/Albrecht 2007*):

40 *Herr G. S., 43 Jahre, Hartz-IV-Empfänger, erzählt:*

„Am Anfang bin ich nur am Wochenende spielen gegangen, doch dann ging ich auch unter der Woche und meine Einsätze wurden höher. Schon der Anblick von Glücksspielangeboten machte mich unruhig und meine Hände wurden feucht. Meine Gedanken kreisten immer mehr um das Spielen – das System müsste doch zu knacken sein. …

41 *Erst verspielte ich unsere Haushaltskasse, stahl meinen Kindern das Taschengeld, verspielte mein gesamtes Gehalt, die Rechnungen konnten nicht mehr bezahlt werden. Ich pumpte sämtliche Freunde, Verwandte und Nachbarn um Geld an, verkaufte unseren Wagen, nahm eine Hypothek auf unsere Eigentumswohnung auf. An den Kauf neuer Kleidung und Schulsachen war nicht mehr zu denken … und Weihnachten gab es auch keinen Weihnachtsbaum mehr.*

42 *Meine Frau ließ sich von mir scheiden und nahm die beiden Kinder mit. Von nun an war ich täglich am zocken, ich fing an zu betrügen und zu belügen, um weiterhin an Geld zu kommen, wurde straffällig und verlor meine Arbeit. Heute bin ich Hartz-IV-Empfänger (das Geld reicht natürlich längst nicht für meine Spieleinsätze aus) und wenn der Spieldruck und die Frustration zu groß werden, ertränk ich sie im Alkohol. …*

… Manchmal möchte ich meinem Leben am liebsten ein Ende setzen …"

VI. Summary (Gambling Addiction and Clinical Aspects)

Gambling has always been a fascinating form of entertainment and diversion. The particular charm of the hazardous game with fortune is the combination of enticing wins and threatening losses. This challenge to destiny, as *Dostoevsky* describes it in his autobiographic novel "The Gambler" in 1866, always holds the danger of an uncontrolled, pathological gambling game that could become chronic and have grave psycho-social consequences on the gambler and his next of kin. If pathological gambling is progressively to be considered an addiction then the "historical" roots of this view can certainly be traced back to 1936 and the ideas of the psychiatrists *Gabriel* and *Kratzmann* on activity addictions. Yet, the disease "gambling addiction" is continuously being classified as an impulse control disorder by international manuals on mental disorders even though the definitions of the single diagnostic criterions constitute an addiction. The intensified research over the past few years on pathological gambling has stimulated the controversial discussion about the adequate classification of this disorder. The results of neurobiological research especially support the classification of pathological gambling as an independent addiction: just like the consumption of psychoactive substances, gambling can set off the body's own biochemical reactions particularly within the dopamine system and thus, influence the ethological reward system of the brain which can lead to a behavior routine classified as addiction. By making the chemical processes in the brain "visible", in particular the effects of the cortical messengers or neurotransmitters, it is no longer in doubt that "excessive rewarding" behavior may also cause non-substance addiction. The pathological addiction behavior is established in the brain – becoming resistant to dissolution – as the only remaining disposable option to regulate stress. The previously used adequate strategies of mastering stress are repressed by the inadequate behavior and are no longer perceived as attractive or "rewarding" ways to master stress and are eventually completely forgotten. Thus, pathological gambling becomes an effective but at the same time inadequate – because of its ruinous nature – processing strategy. The evident similarities between the behavioral addiction "pathological gambling" and the addiction caused by psychoactive substances can be substantiated phenomenologically as well through the phase representation of addiction: both the non-substance addiction and the substance dependence take their course from the "first-step"-phase of winning via the phase of losing to the "addictive" phase of desperation.

Today, the first step to gambling is easy, almost common. In particular, gambling experiences among children and adolescents are increasing. Due to the lack of epidemiological studies on pathological gambling, there is not yet reliable information available pertaining to the prevalence of pathological addicts among countless users of sports betting, lotteries, casino offers, internet poker offers, so-called commercial playing offers in gambling dens and also stock exchange offers (such as pe commodity futures trading or so-called "puts"). Consequently, at present, only a rough estimate can be made. The German Center for Addiction Issues (Deutsche Hauptstelle für Suchtfragen, DHS) estimates that more than 220.000 pathological gamblers in Germany are in need of treatment; other experts consider the numbers to be much higher. International studies' quotes are relative at 1.0% of the average prevalence in respect to pathological gambling. Such prevalence corresponds to the approximate numbers of psychic disorders as a whole (not including gambling addiction) and thus marking pathological gambling as (at least in numbers) a relevant problem to the medical therapeutical practice as well as psychological practice, against which efficacious action ought to be taken in conjunction with preventive measures.

§ 26 Wie kann Suchtverhalten entstehen?

Jobst Böning und Sabine Miriam Grüsser-Sinopoli

Übersicht

I. Vorwort

Dostojewskijs „Spieler" (1866) ist bis heute eines der bekanntesten literarischen Werke über eine krankhafte „Glücksspielleidenschaft". Fjodor Dostojewskij ist dem Rausch des Roulettespiels verfallen. Der Roman schildert in anschaulicher Weise das Störungsbild „Glücksspielsucht" mit dem Bann, in den der Spieler gezogen wurde und den daraus resultierenden negativen Folgen und den unvermeidlichen Leidensweg, den er gehen muss. **1**

Warum wurde der Spieler Fjodor Dostojewskij süchtig?

Dieses Kapitel hat zum Ziel eine Antwort auf diese Frage zu geben. So werden und können hier nicht alle ursächlichen Bedingungen erklärt werden; Ziel dieses Buchkapitels ist es jedoch, zu einem besseren Verständnis für die Entwicklung eines Suchtgeschehens und somit der Glücksspielsucht beizutragen. **2**

Denn es bedarf der Darstellung der Ergebnisse von Lerntheorie und Neurobiologie um zu akzeptieren, dass stoffgebundene und stoffungebundene Abhängigkeiten in dieselben zentralnervösen Verstärker-Mechanismen eingreifen. Das Gehirn unterscheidet im Ergebnis nicht die Art der Abhängigkeit und der Unterschied zwischen den Suchtformen ist geringer als unserer Vorstellung entspricht.[1] **3**

---

1 *Dilling, H.* (2007) Vorwort in Grüsser/Albrecht. Rein ne va plus. Wenn Glücksspiele Leiden schaffen, Huber.

II. Einleitung

4 Der Weg in eine Sucht kann nicht durch einen isolierten Faktor beschrieben werden. So wird die Entstehung einer missbräuchlichen und süchtigen Substanzeinnahme bzw eines entsprechenden Verhaltens durch unterschiedliche Bedingungen und Voraussetzungen geprägt. Einflussfaktoren, die zum Einstieg in die Abhängigkeit führen, können sich von denen des fortgesetzten Konsums bzw süchtigen Verhaltens unterscheiden. Auch wenn exzessive, belohnungssuchende Verhaltensweisen, die krankhaft durchgeführt werden, noch keinen eigenständigen Eingang in die gängigen Klassifikationssysteme psychischer Störungen gefunden haben (**vgl § 25** in diesem Buch), gibt es doch inzwischen verschiedene Belege dafür, dass sie in Bezug auf Pathogenese, Phänomenologie, klinisches Erscheinungsbild und zugrunde liegenden zentralnervösen Mechanismen mit einer Abhängigkeit von psychotropen (bewusstseinsverändernden) Substanzen vergleichbar sind. So postulieren einige Autoren einheitliche Merkmale bezüglich verschiedener Aspekte und formulieren den Begriff der „Verhaltensabhängigkeit" („behavioral dependence") bzw sprechen von einer „Verhaltenssucht".[2]

5 Dabei werden mit denen der Abhängigkeit von psychotropen Substanzen vergleichbare Diagnosekriterien beschrieben. Es wird betont, dass sowohl das Verlangen von Verhaltenssüchtigen, ihrer Verhaltensroutine nachzugehen als auch das auftretende psychische und körperliche Unbehagen bei Verhinderung desselben die Verlangens- und Entzugssymptomatik von Substanzabhängigen widerspiegeln.[3] Weiterhin wird eine Toleranzentwicklung in Form einer Intensivierung des Verhaltens beschrieben, um den gewünschten (euphorisierenden oder stressreduzierenden) Effekt zu erhalten.[4]

6 Der synonym genutzte Begriff der „Verhaltensabhängigkeit" bzw „Verhaltenssucht" impliziert, dass jede Belohnung für das Gehirn verstärkend wirkt, unabhängig davon, ob es sich bei den (sekundären) Verstärkern um pharmakologische Substanzen handelt, die direkt auf Neurotransmitter wie das dopaminerge Belohnungssystem einwirken, oder ob die Verhaltensweisen wie andere Umweltreize indirekt über die gleichen

---

2 *Böning, J.* (1999) Psychopathologie und Neurobiologie der „Glücksspielsucht", in: Alberti, G./ Kellermann, B. (Hrsg) Psychosoziale Aspekte der Glücksspielsucht, pp 39–50, Neuland; *Rosenthal, R. J.* (2003) Distribution of the DSM-IV criteria for pathological gambling, Commentaries, Addiction 98, 1674–1675; *Petry, N. M.* (2006) Should the scope of addictive behaviors be broadened to include pathological gambling? Addiction 101, 152–160; *Potenza, M. N.* (2006) Should addictive disorders include non-substance-related conditions? Addiction 101, 142–151; *Shaffer, H. J./Kidman, R.* (2003) Shifting perspectives on gambling and addiction. Journal of Gambling Studies 19, 1–6; *Grüsser S. M./Thalemann C. N.* (2006) Verhaltenssucht – Diagnostik, Therapie, Forschung, Huber.

3 *Böning* (1999); *Grüsser, S. M./Poppelreuter, S./Heinz, A./Albrecht, U./Saß, H.* (2007) Verhaltenssucht – eine eigenständige diagnostische Einheit, Nervenarzt, May 18 (Epub ahead of print).

4 *Orford, J.* (1985) Excessive appetites: a psychological view of addictions. *Chichester, Wiley/ Marks, I.* (1990) Behavioural (non-chemical) addictions, Br J Addict 85, 1389; *Lejoyeux, M./Mc Loughlin, M./Adès, J.* (2000) Epidemiology of behavioral dependence: literature review and results of original studies, European Psychiatry 15, 129–134; *Holden, C.* (2001) „Behavioral" Addictions: Do they exist?, Science 294, 980–982.

Prozesse auf das Gehirn einwirken. Verschiedene Studien zeigen, dass pathologische Glücksspieler die Kriterien einer Subtanzabhängigkeit erfüllen.[5] Im Mittelpunkt stehen dabei der Kontrollverlust über das Verhalten und die Vernachlässigung anderer wichtiger Lebensbereiche und Entzugserscheinungen wie Stimmungsschwankungen, Unruhe und Gereiztheit. Jedoch geht es va um die Funktion des Verhaltens: Eine Regulationsmöglichkeit, die „Biochemie der Gefühle" wieder ins Gleichgewicht zu bringen.[6]

In einem bio-psycho-sozialen Modell der Entstehung und Aufrechterhaltung glücks- **7**
spielsüchtigen Verhaltens („Glücksspielsucht") kommt neben psychischen, soziostrukturellen, kultur-anthropologischen und genetischen Faktoren insbesondere auch neurobiologischen Prozessen eine wichtige Bedeutung zu.[7] Die individuelle Disposition zur Glücksspielsucht wurzelt dabei sowohl in genetisch-konstitutionellen Anfälligkeiten als auch in psychischen Verletzungen und einer Interaktion beider Faktoren.[8] Im Mittelpunkt der psychischen Vulnerabilität steht häufig die schwere Selbstwertstörung der Persönlichkeit mit starken Ängsten vor engen Bindungen und Defiziten bei der Bewältigung negativer Gefühle. Es kann beobachtet werden, dass ein Suchtverhalten häufig in schwierigen Lebensphasen beginnt. In solch schwierigen Zeiten verschafft ein bestimmtes Verhalten plötzlich Erleichterung, und sei es nur für einen Moment. Bekannt ist auch, dass süchtiges Verhalten vielfach nur eine Folge oder Begleiterkrankung einer bereits vorhandenen anderen psychischen Störung ist.

Kognitiv-behaviorale Entstehungskonzepte wie Modelle der kognitiven Etikettierung **8**
und der positiven Erwartungen, die süchtiges Verhalten über Konstrukte wie Erwartungen, Attributionen und Selbstwirksamkeit erklären, oder Hypothesenkonstrukte wie das duale Affektmodell und das kognitive Prozess-Modell mit Automatisierung des süchtigen Verhaltens[9] sind nur im Zusammenhang mit neurobiologischen Vorgängen zu verstehen. Hier werden Informationsverarbeitungs-, Entscheidungs- und Gedächtnisprozesse als Mechanismen der Entstehung süchtigen Verhaltens angesehen.[10]

Abhängigkeit ist ein über einen längeren Zeitraum hinweg stabiles Phänomen, wel- **9**
ches immer auch Lernvorgängen unterliegt. Der Betroffene lernt schnell und effektiv seine Gefühle durch den Suchtmittelgebrauch bzw das süchtige Verhalten zu regulieren, wobei gleichzeitig andere adäquate – zuvor zB Freude bringende und die Gefühle regulierende – Verhaltensweisen in den Hintergrund treten. Diese werden dann als

5 Für eine Übersicht s. *Grüsser/Thalemann* (2006); *Meyer, G./Bachmann, M.* (2005) Spielsucht – Ursachen und Therapie, Springer.

6 *Grüsser, S.M./Albrecht, U.* (2007) Rien ne va plus. Wenn Glücksspiele Leiden schaffen, Huber.

7 *Böning, J.* (2001) Neurobiology of an addiction memory. Journal of Neurotransmission 108, 755–765; *ders* (2005) Allgemeine und spezielle Modellvorstellungen zur Sucht, in: Riederer, P./ Laux, G. (Hrsg) Neuro-Psychopharmaka, Bd 6, 2. Aufl, S 209–233, Springer; *Grüsser/Thalemann* (2006).

8 *Petry* (2006); *Potenza* (2006).

9 Für eine detaillierte Übersicht zu den verschiedenen kognitiven Modellen s *Grüsser/Thalemann* (2006).

10 *Böning* (1999, 2001, 2005); *Grüsser, S.M./Flor, H./Heinz, A.* (1999) Drogenverlangen und Drogengedächtnis, in: J. Gölz (Ed), Moderne Suchtmedizin, 3. NL, 11, B2, pp 611–614, Thieme.

nicht mehr so attraktiv und belohnend empfunden und somit auch nicht mehr angewendet. Der Betroffene verlernt regelrecht über die Zeit seine Gefühle mittels anderer Strategien als das Suchtverhalten – wenn auch nur kurzzeitig, dafür in der Eigenwahrnehmung aber äußerst wirkungsvoll – angemessen und effektiv zu regulieren. Diese als sehr entlastend empfundene und häufig wiederholte (Stressverarbeitungs-) Strategie wird dann im Gedächtnis fest verankert. Es kann u U noch nach Jahren der Abstinenz – wenn keine alternativen belohnenden Verhaltensweisen erlernt wurden – in bestimmten Reizkonstellationen (z B extremes Stresserleben) wieder aktiviert werden.[11]

III. Mechanismen der Entstehung und Aufrechterhaltung süchtigen Verhaltens

10 Schon vor vielen Jahren wurde postuliert, dass die zugrunde liegenden Mechanismen einer nichtstofflichen Sucht, also einer „Tätigkeits"- bzw „Verhaltenssucht", vergleichbar mit denen einer Substanzabhängigkeit sind. Klinisch-empirische und grundlagenwissenschaftliche Erkenntnisse zur Neurobiologie und Psychopathologie bestätigen auch unter der Berücksichtigung psychodynamischer Entwicklungslinien und genetischer Dispositionen, dass die, die körperlichen Entzugsymptome überdauernde, psychische Abhängigkeit – die eigentliche Süchtigkeit – als weitgehend davon unabhängiges süchtiges Kernkriterium aufzufassen ist.[12] Im Mittelpunkt einer psychischen Abhängigkeit steht dabei va, dass die belohnende, stressreduzierende und gefühlsregulierende Wirkung des Verhaltens (Suchtmittels) in bestimmten – im Laufe einer Suchtentwicklung dann alltäglichen – Situationen gelernt und erinnert wird. Diese gefühlsregulierende Funktionsweise verankert sich somit auch fest in den Kognitionen und somit in den Grundannahmen (z B „nur spielen hilft mir …"). Zum Suchtverhalten alternative Verhaltensweisen, um die Gefühle zu regulieren (Stressverarbeitungsstrategien) werden verlernt bzw gar nicht erst erlernt. Durch die herausragende Bedeutung wird das Suchtverhalten zur wichtigsten Aktivität des Individuums und dominiert Denken, Gefühle und übriges Verhalten.

1. Die wichtige Rolle neurobiologischer Lernprozesse bei der Suchtentstehung

11 Es werden verschiedene Formen des Lernens beschrieben. Neben dem Lernen am Modell (z B die Eltern haben ebenfalls Drogen konsumiert oder Glücksspiele gespielt) wird v a der erlernten positiven Drogenwirkung und der daraus resultierenden Wirkungserwartung eine besondere Bedeutung bei der Identifizierung der involvierten psychobiologischen Mechanismen zugemessen.[13] In zahlreichen Untersuchungen

---

11 *Grüsser/Albrecht* (2007).

12 *Böning* (1999, 2005).

13 *Beck, A. T./Wright, F. D./Newman, C. F./Liese, B. S.* (1997) Kognitive Therapie der Sucht (Lindenmeyer, J. Übers) Beltz (Original veröffentlicht 1993); *Grüsser, Flor/Heinz* (2000); *Berrid-*

aus den letzten Jahren spielen insbesondere zwei Formen des Lernens, die *klassische* und die *operante* Konditionierung eine wesentliche Rolle, um die zugrundeliegenden Mechanismen einer Abhängigkeitserkrankung zu erklären.

Das Modell der *klassischen* Konditionierung hat maßgeblich dazu beigetragen, die Entstehung des Suchtverhaltens, aber auch die Mechanismen des Rückfalls zu erklären (zB O'Brien et al 1992; Everitt et al 2001).[14] So können zuvor neutrale Reize (zB externale Stimuli wie der Anblick eines Bierglases oder eines Spielautomaten oder internale Reize wie bestimmte Gefühlszustände oder Stresszustände) mit dem Suchtverhalten und der Suchtmittelwirkung assoziiert werden und dann als erlernte (konditionierte) Reize eine erlernte (konditionierte) Reaktion auslösen (s Abb 2). 12

Als ein Beispiel aus dem Alltag wäre hier das dem Riechen eines angenehmen Speisengeruches folgende Magenknurren zu nennen. Im Laufe unseres Lebens haben wir gelernt, bestimmte Essengerüche mit der entsprechenden Nahrungsaufnahme zu verbinden. Mit dem Magenknurren (und dem Speichelfluss) bereitet der Körper sich – als erlernte Reaktion – auf die Nahrungszufuhr vor. Die am Beispiel des Magenknurrens beschriebene erlernte Reaktion des Körpers ist eine gegensinnige erlernte Reaktion. So reguliert der Körper in der Erwartung, dass Nahrung aufgenommen wird, entgegen, was wir dann als Magenknurren (und Speichelfluss) und Hungergefühl wahrnehmen. Der entsprechend ausgelöste motivationale Zustand zeigt sich dann auf der Verhaltensebene in Form von Nahrungssuche bzw -aufnahme. 13

Die Art der erlernten Reaktion kann aber auch gleichsinnig sein. Somit werden auch bei einer Abhängigkeit zwei Kategorien konditionierter Reaktionen unterschieden:[15] Suchtmittelgegensätzliche (konditionierte Toleranz und konditionierte Entzugserscheinungen) und suchtmittelgleichsinnige (positiv emotional gefärbte Zustände/Euphorie). Dieses soll an einem Beispiel aus dem Glücksspielbereich verdeutlicht werden. So kann der Anblick eines Sportereignisses, einer Jackpotzahl, eines Kartenspiels oder das Klimpern von Jetons bei einem süchtigen Spieler entweder einen dem Suchtmittelverhalten gleichsinnigen, also euphorisierenden und positiv erregenden Zustand auslösen oder aber einen der Wirkung gegenläufigen (kompensatorisch vorbereitenden) Zustand etwa in Form von Unruhe und Nervosität. Glücksspieler beschreiben häufig ein „Kickerleben", wenn Sie bestimmte Kleidungsstücke für den Gang in die Spielstätte anziehen, aber auch ein starkes „Kribbeln", wenn sie Geldstücke in der Hand halten. 14

Unabhängig jedoch von der Richtung und der Art der erlernten Reaktion, entsteht ein erlernter (konditionierter) motivationaler Zustand, der Suchmittelverlangen auslöst und zum erneuten Suchtverhalten motiviert. Auf der kognitiven wie auch auf der Verhaltensebene zeigen sich dann – bei fehlendem Abstinenzwunsch – die entspre- 15

---

ge, K. C./Robinson, T. E. (1998) What is the role of dopamine in reward hedonic impact, reward learning, or incentive salience? BrainResRev 28, 309–369; *Böning* (2001).

14 *O'Brien, C. P./Childress, A. R./McLellan, A. T./Ehrman, R.* (1992) A learning model of addiction, in: C.P. O'Brien/J.H. Jaffe (Eds) Addictive States, pp 157–177, Raven Press; *Everitt, B./Dickinson, A./Robbins, T.* (2001) The neuropsychological basis of addictive behavior; BrainResRev 36, 129–138.

15 *O'Brien et al* (1992); *Grüsser et al* (1999).

chenden Komponenten einer Fortsetzung süchtigen Verhaltens. Es wird ein Zusammenhang zwischen den erlernten Stimuli (zB Anblick des Spielautomaten) und einer erhöhten Rückfallgefährdung in das alte Suchtverhalten gesehen. Erschwerend kommt hinzu, dass das durch die Stimuli ausgelöste Verlangen nicht immer der bewussten Verarbeitung zugänglich ist. Die automatische Handlungsschablone wird dann ohne ein klar formuliertes Verlangen „angeworfen". ZB greift der Raucher bei dem Wort „Pause" oder nach einer Mahlzeit reflexartig nach seiner Zigarettenschachtel, ohne dabei vorher „bewusst" darüber nachzudenken, dass er jetzt ein Verlangen zu Rauchen hat. Deshalb kann ein kognitiver Ansatz zu automatisierten süchtigen Handlungsprozessen eine „Bewusstmachung" desselben erst dann formulieren, wenn der automatische Prozess unterbrochen wird.[16] Dh, wenn die Zigarettenschachtel leer ist, tritt das Verlangen (der Gedanke) in die bewusste Verarbeitung des Rauchers und er sucht nach einer alternativen (nicht automatisierten) Suchtmittelbeschaffung.

16 Die Lerngeschichte dieses Reiz-Reaktions-Lernens ist individuell und entsprechend sind auch die jeweiligen Reize, an die der „Spieldruck" und das Glücksspielverhalten assoziiert sind, für den Betroffenen meist sehr individuell. So kann es zB für den Pferderennenwetter der Stallgeruch, für den Sportwetter das Fußballspiel, für den Automatenspieler das Klingeln des Automaten, für den Lottospieler die Lotto-/Jackpotzahlen oder auch das beängstigende Gefühl drohender Armut und für den Roulettespieler das Rollen der Kugel im Kessel sein. Für alle Glücksspielarten können auch das innere Gefühl der Leere und der Langeweile oder unangenehm erregende Gefühle wie starke Versagensängste als Auslöser wirken.[17]

17 Ein weiterer Lernprozess, die *operante* Konditionierung, dient ebenfalls zur Erklärung der Suchtentstehung. Nachdem das süchtige Verhalten ausgeführt wurde, wirkt der angenehme Suchtmitteleffekt (zB Euphorie) belohnend – also (positiv) verstärkend – auf das Verhalten. Damit steigt die Wahrscheinlichkeit, dass dieses gelernte Verhalten auch wiederholt wird. Wenn nun Entzugserscheinungen oder Anspannungszustände, also unangenehme Situationen, vermieden oder beseitigt werden, wirkt dieses ebenfalls (nun aber negativ) verhaltensverstärkend. Demnach tragen sowohl positives Verstärkungslernen als auch negatives Vermeidungslernen dazu bei, dass entsprechend süchtige Verhaltensequenzen wiederholt werden (s Abb 2).[18]

18 Für das Gehirn ist es zunächst nicht von Bedeutung, ob sich hierbei ein sinnvolles oder ein krankhaftes Verhalten entwickelt. Es registriert lediglich, dass sich das für eine Verhaltensstabilisierung verantwortliche biochemische Gleichgewicht wieder eingestellt hat. Dabei werden in einem für Belohnung zuständigen neuronalen Substrat im Gehirn (dem mesolimbischen Belohnungs-/Motivationssystem) entsprechende Botenstoffe (zB Dopamin) ausgeschüttet. Dieser Vorgang ist dann dafür verantwortlich, dass der Betroffene sich auch beim nächsten Mal in einer vergleichbaren Reizkonstellation an die Belohnung des Verhaltens erinnert (su Suchtgedächtnis).

---

16 *Tifanny, S. T.* (1990) A cognitive model of drug urges and drug-use behavior: role of automatic and nonautomatic pocesses, Psychological Review 97, 147–168.

17 *Grüsser/Albrecht* (2007).

18 Vgl zB *O'Brien et al* (1992); *Grüsser et al* (1999).

Beispielsweise erlebt der Alkoholabhängige oder der Spieler durch sein stattgegebenes Suchtverhalten, dass er zunächst gelöster und entspannter wird. Weiterhin lernt er, dass durch Alkohol bzw Spielen aktuelle Probleme in den Hintergrund rücken oder die im Laufe der Suchtentwicklung auftretenden Entzugserscheinungen beseitigt werden. Das exzessive belohnende Verhalten ist nun in der Hierarchie der Verhaltensweisen an oberste Stelle gerückt und ist damit über andere homöostatische und nicht-homöostatische Triebe gestellt (vgl Exkurs zum Homöostase-Modell süchtigen Verhaltens in diesem Buchkapitel). So werden selbst Nahrungsaufnahme und sexuelle Aktivitäten, aber auch andere belohnende Verhaltensweisen und adäquate Stressverarbeitungsstrategien einseitig und zweckentfremdet zugunsten des süchtigen Verhaltens vernachlässigt:

Lernprozesse (Konditionierung) bei einer Glücksspielsucht (nach Grüsser & Albrecht 2007) 19

- Glücksspiel hat eine euphorisierende und stress-regulierende Wirkung und löst somit eine als belohnend empfundene Reaktion aus
- die Wahrscheinlichkeit, dass das als positiv empfundene Glücksspielverhalten erneut durchgeführt wird, erhöht sich somit
- zuvor nicht mit dem Glücksspiel in Verbindung gebrachte visuelle, akustische Reize (zB Geldscheine, Zahlen) aber auch emotional-motivationale (Stress-)Zustände werden in Verbindung mit dem Glücksspiel gebracht
- nach mehrfachem gemeinsamen Auftreten (oder Darbietung) mit dem Glücksspiel können diese Reize nun als erlernte (konditionierte) glücksspielassoziierte Reize eine (erlernte/konditionierte) Reaktion auslösen, die zu einem nur schwer bzw unwiderstehlichem Verlangen und einem erneuten Glücksspielverhalten führen
- durch die erzielte erwünschte und als belohnend empfundene Wirkung des erneuten Glücksspiels wird das Glücksspielverhalten wiederum verstärkt
- diese Verhaltensverstärkung bewirkt eine weitere Erhöhung der Wahrscheinlichkeit, dass dieses Verhalten in einer bestimmten Reizkonstellation bzw Situation wieder durchgeführt wird
- je häufiger ein Verhalten in bestimmten Situationen durchgeführt wird, um so automatischer läuft es – erst einmal angetriggert – ab; im Laufe einer Abhängigkeitsentwicklung wird dann durch die Reize ausschließlich das Glücksspielverhalten ausgelöst, wobei andere Verhaltensschablonen nicht mehr aktiviert werden.

2. Erworbenes Suchtgedächtnis als Teil des autobiographischen Gedächtnisses

Wie bei der Substanzabhängigkeit wird auch bei der Entstehung und Aufrechterhaltung von Verhaltenssüchten wie der Glücksspielsucht der Sensitivierung des zentralen dopaminergen verhaltensverstärkenden Belohnungssystem eine zentrale Rolle zugeschrieben.[19] Innerhalb dieses Belohnungssystems findet sich ein hochkomplexes 20

19 *Everitt et al* (2001); *Grüsser, S.M./Heinz, A./Raabe, A./Wessa, M./Podschus, J./Flor, H.* (2002) Stimulus-induced craving and startle potentiation in abstinent alcoholics and controls, European

Zusammenspiel bestimmter Botenstoffe(Neurotransmitter, welche Informationen von Zelle zu Zelle weiterleiten) wie Dopamin, Serotonin und verhaltensmodulierender Neuropeptide (zB aus der Gruppe der Endorphine) sowie für molekulares Lernen im Gehirn wichtige Botenstoffe aus dem glutamatergen System.[20]

21 Im Laufe einer erlernten Suchtentwicklung finden neurobiologische Vorgänge und nachweisbare Veränderungen im Gehirn statt. Sie reichen von einer spezifisch veränderten molekularen Trägerebene über eine neu programmierte Musterebene neuronaler Netzwerke bis zu einem auf der psychologischen Erlebensebene im episodischen (autobiographischen) Gedächtnis verankerten individuellen *Suchtgedächtnis*.[21]

22 Ein solches löschungsresistentes Suchtgedächtnis bildet sicht nicht nur für den belohnenden Effekt von Subtanzen, sondern auch für die durch exzessives Verhalten induzierte körpereigene Ausschüttung neurobiologisch wirksamer Botenstoffe. Das Gehirn unterscheidet demnach nicht zwischen einem stoffgebundenem Suchtmittel wie zB Alkohol und einem stoffungebundenem Suchtmittel wie zB dem Glücksspiel. So werden die mit einer Glücksspielsucht assoziierten Lernprozesse nachhaltig gespeichert und können auch noch nach jahrlanger Abstinenz zumal bei fehlendem Aufbau alternativer belohnender Verhaltensweisen in bestimmten Situationen wieder aktiviert werden. Verhaltensmodulierende Prozesse in funktionell komplex verschalteten Hirnarealen sind nämlich gleichermaßen bedeutsam für Motivation und Lernvorgänge wie für die erlebensgesteuerte Gedächtnisprägung mit einer Abhängigkeitsentwicklung.[22]

23 Suchtmittelassoziierte Reize erhalten durch die Sensitivierung des (mesolimbischen) dopaminergen Belohnungssystems zudem einen erhöhten Anreizwert. Die daraus resultierende erhöhte Aufmerksamkeitszuwendung gegenüber suchtmittelassoziierten Reizen zeigt sich dann in einer erhöhten Aufmerksamkeit für und im bevorzugten Aufsuchen von solchen Stimuli und des Suchtmittels selbst und stellt eine eigenständige Komponente der Motivation und Verstärkung dar.[23] Durch einen solchen Vorgang wird dem Menschen signalisiert, welche Reize ihm gut getan haben bzw eine Belohnung anzeigen. Diese assoziative Verbindung der Reizpräsentation mit dem mesolimbischen Dopaminsystem und subkortikalen Strukturen führt über die Funktionsweise des perzeptuellen und „Priming"-Gedächtnisses[24] zur Bildung neuer Ge-

---

Psychiatry 17, 188–193; *Shah, K.R./Potenza, M./Eisen, S.A.* (2004) Biological basis for pathological gambling, in: Grant, J.E./Potenza, M.N. (Eds) Pathological gambling: a clinical Guide to treatment, American Psychiatry Publishing, pp 127–142.

20 *Everitt et al* (2001); *Robbins, T.W./Everitt, B.J.* (2002) Limbic-striatal memory systems and drug addiction, Neurobiology of Learning and Memory 78, 625–636

21 *Böning, J.* (1994) Warum muß es ein „Suchtgedächtnis" geben? Klinische Empirie und neurobiologische Argumente, Sucht 4, 244–252; *ders/Weiyers, H.G./Herrmann, M.J.* (2002) Suchtgedächtnis und Cue-Reaktivität – eine neuropsychobiologische Synopsis, Psychomed 14, 74–80; *Böning* (1999, 2001, 2005).

22 *Grüsser/Thalemann* (2006); *Böning* (1999, 2005).

23 *Berridge/Robinson* (1998); *Robinson, T.E./Berridge, K.C.* (2001) Incentive-sensitization and addiction, Addiction 96, 103–114.

24 *Markowitsch, H.J./Welser, H.* (2005/06). Das autobiographische Gedächtnis. Hirnorganische Grundlagen und biosoziale Entwicklung, Klett.

dächtnisinhalte, die der bewussten Verarbeitung nicht zugänglich sind und schließlich im episodischen Gedächtnis zum biographischen Bestandteil des Süchtigen werden.[25]

In diese Lernprozesse sind spezifische funktionstragende Hirnareale wie zB die Amygdala (ua Steuerung von Emotionen), der Hippocampus (ua Gedächtnis, Erinnerung) sowie der Präfrontalkortex (ua exekutive Entscheidungen, episodisches Gedächtnis) und der inferiore Parietalkortex (ua Arbeitsgedächtnis, Integration sensorischer und motorischer Informationen) involviert. Sie beeinflussen wiederum kortiko-striatale Regelkreise und Rückkoppelungsschleifen, welche bei der Entstehung und Aufrechterhaltung abhängigen Verhaltens als auch bei der Verarbeitung von Emotionen als zentral beteiligte Hirnstrukturen verstanden werden.[26] Im Rahmen der süchtigen Lerngeschichte kann demnach die assoziative Verbindung von Reizpräsentation mit dem motivationalen Verstärkersystem mittels neuronaler Konditionierungs- und Bahnungsprozesse ein auch personenspezifisches Suchtgedächtnis entstehen lassen.[27] 24

3. Stressvulnerabilität und Suchtverhalten

Dieses Suchtgedächtnis kann noch nach Jahren der Abstinenz durch entsprechende Reize bzw Reizkonstellationen aktiviert werden und – va in besonders „stressbehafteten" Zeiten – einen Rückfall in des alte Glücksspielverhalten herbeiführen. Es konnte nämlich analog gezeigt werden, dass ein im zeitlichen Zusammenhang mit einer Drogeneinnahme stehendes erhöhtes Stresserleben einerseits die Sensitivierungsprozesse im (mesolimbischen) dopaminergen Strukturen verstärkt und andererseits diese Sensitivierungsprozesse wiederum zu einer erhöhten Stressvulnerabilität führen. Dies könnte erklären, warum Suchtentwicklung, Drogenverlangen und Rückfälle va in starken Stresssituationen auftreten.[28] So werden zB Ängste, Einsamkeit und Versagenserlebnisse im Sinne einer „Selbstbehandlung" durch exzessives Glücksspiel verdrängt bzw unterdrückt. Die fehlende Aufarbeitung dieser Ursachen verschlimmert sich noch im Laufe der Zeit und wirkt – da kurz vorher dem Glücksspiel präsent und an das Verhalten assoziiert – wiederum auch als erlernter(konditionierter) Reiz mit Motivierung zum erneuten Glücksspiel. So schließt sich das Bedingungsgefüge im „Teufelskreis" der Sucht. 25

25 *Böning* (1999, 2001).

26 *Everitt et al* (2001); *Robbins/Everitt* (2002).

27 *Böning* (2001,2005).

28 *Greeley, J. D./Swift, W./Heather, N.* (1992) Depressed affect as a predictor of increased desire for alcohol in current drinkers of alcohol, British Journal of Addiction 87, 1005–1012; *Grüsser, S. M./ Mörsen, C. P./Wölfling, K./Flor, H.* (2007) The relationship of stress, coping, effect expectancies and craving. European Addiction Research 13, 31–38; *Kalivas, P. W./Stewart, J.* (1991) Dopamine Transmission in the initiation and expression of drug- and stress-induced sensitization of motor activity, BrainResRev 16, 223–244; *Stewart, J.* (2000) Pathways to relapse: the neurobiology of drug and stress-induced relapse to drug-taking, Journal of Psychiatry & Neuroscience 25, 125–136; *Piazza, P. V./Le Moal, M.* (1998) The role of stress in drug self-administration, Trends in Pharmacological Sciences, 19, 67–74.

26 Entsprechend gibt es auch ein integratives Vulnerabilitäts (Verletzlichkeit)-Stress-Modell der Glücksspielsucht, wo verschiedene (kognitive, lerntheoretische, physiologische) Bedingungsfaktoren berücksichtigt werden.[29] So wird zunächst von einer genetischen Vulnerabilität ausgegangen, die durch neurochemische Veränderungen in der dopaminergen, noradrenergen und/oder serotonergen Neurotransmission bedingt ist. Diese genetische Vulnerabilität bedingt wiederum psychische Auffälligkeiten. Weiterhin gelten auch frühkindliche Erfahrungen und unzureichend entwickelte oder fehlende Bewältigungs- bzw Problemlösefähigkeiten, Substanzgebrauch und das Auftreten lebenskritischer bzw traumatisierender Ereignisse als Vulnerabilitätsfaktoren.[30] Sie können den Kontrollverlust über ein einmal etabliertes Glücksspielmuster, das mit der zunehmenden Häufigkeit des Glücksspiels automatisierter und eigendynamischer abläuft, begünstigen.

27 Vergleichbar mit Studien aus dem Bereich der Substanzabhängigkeit[31] verweisen auch Untersuchungen zum pathologischen Glücksspiel auf einen Zusammenhang zwischen Stress bzw Stresserleben.[32] Weiterhin deuten verschiedene neuropsychologische und neurokognitive Befunde sowie aktuelle Forschungsergebnisse psychophysiologischer Studien auf eine Übereinstimmung der Mechanismen bei Substanzabhängigkeit und pathologischem Glücksspiel.[33] Neben der „Umfunktionalisierung" des Glücksspiels als alleiniges wirksames Mittel zur Gefühlsregulation ist hervorzuheben, dass vergleichbar zu Studienergebnissen bei Substanzabhängigkeit auch eine

---

29 *Sharpe, L.* (2002) A reformulated cognitive-behavioral model of problem gambling: a biopsychosocial perspective, Clinical Psychology Review 22, 1–25.

30 *Sharpe, L./Tarrier, N.* (1993) Towards a cognitive-behavioural model of problem gambling behaviour, British Journal of Psychiatry, 162, 407–412.

31 *Sinha, R.* (2001) How does stress increase risk of drug abuse and relapse? Psychopharmacology 158, 343–359; *Stewart, J.* (2003) Stress and relapse to drug seeking: studies in laboratory animals sheet light on mechanisms and sources of long-term vulnerability, The American Journal on Addiction, 12, 1–17.

32 *Coman, G.J./Burrows, G.D./Evans, B.J.* (1997) Stress and anxiety as factors in the onset of problem gambling: implications for treatment, Stress Medicine 13, 235–244; *Friedland, N./Keinan, G./Regev, Y.* (1992) Controlling the uncontrollable: effects of stress on illusory perceptions of controllability, Journal of Personality and Social Psychology 63, 923–931; *Grüsser, S.M./Plöntzke, B./Albrecht, U.* (2005) Pathological gambling, An empirical study of the desire for addictive substances, Nervenarzt 76, 592–596; *Toerne, I. V./Konstanty, R.* (1992) Gambling behavior and psychological disorders of gamblers on German-style slot-machines, Journal of Gambling Studies 8, 39–59.

33 *Bechara, A.* (2003) Risky business: emotion, decision-making and addiction, Journal of Gambling Studies 19, 23–51; *Blum, K./Wood, R./Sheridan, P./Chen, T./Comings, D.* (1995) Dopamine D2 receptor gene variants: association and linkage studies in impulsive, addictive and compulsive disorders, Pharmacogenetics 5, 121–14; *Crockford, D.N./Goodyear, B./Edwards, J./Quickfall, J./el-Guebaly, N.* (2005) Cue-induced brain activity in pathological gamblers, Biological Psychiatry 58, 787–95; *Perez des Castro, I./Ibánez, A./Saiz-Ruiz, J./Fenandez-Piqueras, J.* (1999) Genetic contribution to pathological gambling: association between a functional DNA polymorphism at the serotonin transporter gene (5-HT) and affected males, Pharmacogenetics 9, 397–400; *Reuter, J./Raedler, T./Rose, M./Hand, Y./Glascher, J./Büchel, C.* (2005) Pathological gambling is linked to reduced activation of the mesolimbic reward system, Nature Neuroscience 8, 147–148; *Grüsser et al* (2005).

sehr hohe Komorbidität (Auftreten von zwei oder mehreren psychischen Störungen bei einer Person) zu pathologischem Glücksspiel besteht.[34]

IV. Exkurs: Homöostase-Modell süchtigen Verhaltens

Wie wir uns entscheiden oder wie wir handeln, liegt an unserem augenblicklichen motivationalen Zustand. Beweggründe und Einflüsse für eine Handlung als auch die Variabilität von Verhaltensreaktionen werden durch Motivation erklärt. Dabei stehen die inneren Bedürfnisse eines Menschen beim motivierten Handeln im Vordergrund. Jeder Organismus strebt sein individuelles physiologisches Gleichgewicht (Homöostase) an und dauerhafte Abweichungen von diesem Gleichgewicht mindern seine Funktionstüchtigkeit bis hin zur völligen Funktionsuntüchtigkeit. Lebensnotwendige und arterhaltende Maßnahmen werden somit über die Herstellung des Gleichgewichtes eingeleitet. Entsprechend sind diese Regelungsvorgänge für das Überleben unabdingbar (zB die Nahrungsaufnahme) und bestimmen den motivationalen Zustand eines Organismus. So wird bei Abweichung eines körperlichen Gleichgewichts (zB verringertes Glukoseniveau im Blut) vom individuellen Sollwert das Verhalten des für den Ausgleich der Abweichung vorrangig vor anderen Verhaltensweisen. Somit rückt das jeweilige Verhalten (im biologischen Sinne der jeweilige Trieb) in der Hierarchie (Triebhierarchie) der lebens- und arterhaltenden Verhaltensweisen über alle anderen Verhaltensweisen. Die am weitesten oben stehende Bedürfnisbefriedigung (bzw der stärkste Trieb) löst dann bestimmte zielgerichtete Verhaltenskomponenten (zB Nahrungsaufnahme) aus. Entsprechend wird durch die vom Organismus als überlebensnotwendig angesehene Bedürfnisbefriedigung (Trieb) die Intensität von bestimmten Verhaltensweisen bei Ausgrenzung anderer Verhaltensweisen reguliert.[35] 28

Bei dem Homöostasemodell des süchtigen Verhaltens (s Abb 3) wird nun davon ausgegangen, dass, bei (Sollwert-)Abweichungen des körpereigenen biochemischen Gleichgewicht durch einen Stressor, vom Individuum idR Verhaltensstrategien eingesetzt werden, um das Gleichgewicht (Homöostase) wieder herzustellen (roter Pfeil s Abb 3).[36] Dabei kann der Stressor emotional positiv wie negativ gefärbt sein. So werden in positiv stressigen Situationen genauso Verhaltensweisen eingesetzt (Anspannungsreduktion durch Jubeln), um das Gleichgewicht wieder herzustellen wie in negativen Stresssituationen. Bei einer chronischen Abweichung des Erregungsniveaus oder der Stimmung in den Minusbereich (negative Stimmung und Untererregung) und auch in den positiven Bereich (hohes Erregungsniveau und stark euphorisch) – wie es zB bei einer psychischen Störung oder bei einer dauerhaft gestressten Person der Fall ist – werden im therapeutischen Kontext entsprechende regulierende Psychopharmaka bzw Methoden zur wirkungsvollen Stressverarbeitungsstrategie für 29

34 *Ricketts, T./Macaskill, A.* (2003) Gambling as emotional management: developing a grounded theory of problem gambling. Addiction Research and Theory 11, 383–400; *Moreyra, P./Ibanez, A./ Saiz-Ruiz, J./Blanco, C.* (2004) Categorization, in: J.E. Grant/M.N. Potenza (Eds) Pathological Gambling, A clinical guide to Treatment, pp 55–68, Americ Psych Publish Inc.

35 *Birbaumer, N./Schmidt, R.* (2005) Biologische Psychologie, Springer.

36 Vgl auch *Grüsser/Thalemann* (2006).

die Wiederherstellung bzw Stabilisierung des biochemischen Gleichgewichts eingesetzt.

30 Bei einer süchtigen Person fallen somit süchtige „Motivationsbildung und Handlung" zusammen und das exzessiv durchgeführte süchtige Verhalten – somit auch beim Glücksspieler für das süchtige Glücksspielen – wird zur einzig noch effektiven Maßnahme, um das köpereigene biochemische Gleichgewicht wieder herzustellen.[37] Ist der Körper dem süchtigem Verhalten gegenüber tolerant geworden (eine Gegenregulation hat stattgefunden) und weist nun eine durch das süchtige Verhalten induzierte veränderte Homöostase, dh ein verändertes biochemisches Gleichgewicht auf, muss die betroffene Person das süchtige Verhalten immer exzessiver ausüben, um den gewünschten Effekt herzustellen und den nun auch stärkeren Entzugserscheinungen auszuweichen.

VI. Schlussbemerkung

31 Aufgrund der aktuellen Erkenntnisse und in Anlehnung an den oben aufgezeigten, psychologische und verhaltensbiologische Aspekte integrierenden Ansatz, muss festgehalten werden, dass die Etablierung glücksspielsüchtigen Verhaltens stets mit einer neurobiologischen Dimension einhergeht und sogar gedächtnismäßig programmiert ist. In diesem autonom gewordenen Zustand geht es dem süchtigen Spieler in der Regel nicht mehr wirklich um Gewinn und Verlust, denn in der Realität verspielt er seinen Gewinn gleich wieder. Im Mittelpunkt steht die Wirkung bzw der Effekt, der durch das Glücksspielen ausgelöst oder bezweckt wird. Spielen – auch rein gedanklich – dominiert jetzt das Leben und eine angemessene aktive Auseinandersetzung mit den alltäglichen Problemen mittels alternativer Verhaltensweisen wird „verlernt".

32 Klinisch kann sich angesichts der Orientierung an den kurzfristig positiven Konsequenzen unter Vernachlässigung der langfristigen Nachteile der ständige Kreisprozess von Schuld- und Schamgefühlen weiter über Jahre erstrecken bis schließlich die sozialen, psychischen und körperlichen Kosten den subjektiven Nutzen überwiegen.[38] Erst wenn der Leidensdruck stark genug ist, ist der Glücksspielsüchtige bereit, sein Fehlverhalten zu verändern und einen Ausstieg aus der Sucht zuzulassen.[39] Denn erst wenn das süchtige Verhalten bzw die damit assoziierten Reize an Anreiz verloren haben und somit die positive Wirkungserwartung am Glücksspiel reduziert ist, können langsam wieder alternative Verhaltensweisen attraktiv werden. Dies ist ein Weg, dass sich der Spieler besser davor schützen kann, vornehmlich in Stresssituationen wieder in sein altes, süchtig „wirkungsvolles" Verhaltensmuster zurückzufallen.[40]

---

37 *Böning* (1999).

38 *Orford, J.* (2001) Addiction as excessive appetite, Addiction 96, 15–31.

39 *Potenza, M. N./Fiellin, D. A./Heininger, G. R./Raunsaville, B. J./Mazure, C. M.* (2002) Gambling: an addictive behavior with health and primary care implications, Journal of General Internal Medicine 17, 721–732.

40 *Grüsser/Albrecht* (2007); *Marlatt, G. A./Witkiewitz, K.* (2005) Relapse prevention for alcohol and drug problems, in: G. A. Marlatt/D. M. Donovan (Eds) Relapse prevention: Maintenance strategies in the treatment of addictive behaviors, 2nd ed, pp 1–44, Guilford Press.

Aus all diesen Gründen ist es so wichtig das Phänomen Glücksspielsucht klar zu definieren und entsprechend valide operationalisierte Diagnose-Kriterien aufzustellen, um eine Glücksspielsucht von einem lediglich exzessiv durchgeführten Verhalten unterscheiden zu können und somit einem inflationären Gebrauch des Begriffes vorzubeugen.[41]

VII. Summary (Mechanisms of the Development and Maintenance of addictive behavior)

According to recent literature, there is evidence of the assumption of common underlying psychophysiological and neurobiological mechanisms in the development and maintenance of excessive behavior (behavioral addiction) like pathological gambling and substance-related addiction. In the past twenty years, the term addiction or addictive behavior has been used in several studies for the different kinds of excessive behavior. In substance-related addiction the psychotropic effect is based on biochemical processes induced by the drug, while in non-substance related addiction the psychotropic effect is created by the body's own biochemical transmitters. These are released upon conducting a behavior, which is perceived as rewarding, in an excessive manner.

Addiction-related syndromes range from intoxication after the consumption of drugs through abuse to addiction. The state of addiction includes physical, behavioral and cognitive phenomena. The key criteria of substance-related addiction are continuation of drug intake despite knowledge of having a persistent or recurrent physical or psychological problem that is likely to have been caused or exacerbated by the substance, neglect of social and occupational duties and increase of tolerance due to neuroadaptive processes. Several studies show that pathological gamblers fulfill the diagnostic criteria of addiction which include loss of control concerning the gambling behavior, neglect of other important areas in life due to the pathological gambling behavior, psychophysiological withdrawal symptoms like mood swings, restlessness and nervousness. In addition, the function of the gambling behavior changes when it becomes pathological or addictive. Over time, the excessive gambling behavior gained a specific emotion-regulating function for affected persons and is experienced as highly mood enhancing and alleviating of emotional distress, while other activities are not (any more). Subsequently, this specific effect of the gambling behavior is more potent and dominant than the original one and, therefore, the motivational state to carry out the behavior changes. It may become the only available behavioral resource for coping with specific developmental steps or social stress factors and thus for balancing the biochemical processes of emotions.

In a biopsychosocial model of the development and maintenance of gambling addictive behavior psychological, social, cultural, anthropological, genetic and neurobio-

---

41 *Böning, J.* (1991), Glücksspielen als Krankheit? Kritische Bemerkungen zur Inflation der Süchte (Comments on the contribution of H. Sass/C. Weigand, Gambling as a disease? Critical remarks on inflation of addictions) Nervenarzt 62, 706–707; *Grüsser et al* (2007).

logical factors play an important role. The individual disposition to develop an addictive gambling behavior is caused by genetic-constitutional factors and psychological vulnerability as well as their interaction. The psychological vulnerability is often associated with a self-esteem disorder, which is accompanied by fear of becoming too involved with anyone and a lack of coping strategies. It is well-known that stress and negative affect, either as a situation-specific condition (e g negative mood), or as a general affective state (e g depression, anxiety) or as the impact of negative life events (traumatic stress), plays an important role in the development and mediation of addiction.

Furthermore, an onset of addictive behavior is often observed in awkward life phases. In those stressful situations the specific behavior induces an effective and potent stress relief, even if only for a short moment. Comparable to studies with substance addicts, poor coping resources as well as overly high expectations of the potential benefits of the addictive behavior were found to increase the risk for the development of pathological gambling. The emotion-regulating effect of the gambling behavior, which is then perceived as highly potent and rewarding, is stored in a so-called "implicit" (non-consciously processed) long-term memory.

From a neurobiological point of view, certain behavioral strategies, which affect the neurotransmitter system of the brain indirectly, can serve as reinforcing agents that are comparable to pharmacological substances, which in turn have a direct effect on the neurotransmitter system (e g dopaminergic system). Addiction is characterized and maintained through sensitization of the mesolimbic dopaminergic system along with an incentive salience of specific addiction-associated stimuli. With gambling behavior associated stimuli (e g sports events for sports betters, jackpot numbers for lottery gamblers) are perceived as an incentive salience in drug history and can than serve as reward-indicating addiction-associated stimuli. In affected persons, even after long-term abstinence, these stimuli can elicit a specific emotional-motivational state which leads to renewed addictive behavior. Furthermore, similar findings were found in pathological gamblers and addicts with respect to genetic factors. Initial moleculargenetic results concerning a possible association between gambling addiction and polymorphisms of the dopamine-D2 receptor gene, the monoaminooxidase-A gene, and the serotonin transporter gene point to possible similarities of behavioral and substance-related addiction.

In conjunction, recent findings and clinical experiences about the underlying neurobiological and psychophysiological mechanisms and accompanying variables point to the evidence that excessively conducted behavioral strategies like pathological gambling, which induce a specific rewarding effect in the body's own biochemical processes, do have an addiction potential as well. Comparable to the use of psychotropic substances (drugs or alcohol), rewarding behaviors that are conducted excessively can serve as an inadequate but effective strategy for coping with specific developmental steps or social stress factors at the expense of alternative adequate stress coping strategies. Therefore, a clear conceptualization and description of diagnostic criteria is mandatory to avoid inflationary (unqualified) use of the term "behavioral addiction" and to implement successful measures of prevention and treatment.

2. Abschnitt: Glücksspielsucht – Therapie

§ 27 Die Behandlung pathologischen Glücksspiels

Meinolf Bachmann/Andrada El-Akhras

Übersicht

Literatur: *Anonyme Spieler* (1986) Broschüre der Anonymen Spieler, herausgegeben von der Kontaktstelle Deutschland der „Anonymen Spieler"; *Bachmann, M.* (1989) Spielsucht: Krankheitsmodell, Therapiekonzept und stationäre Behandlungsergebnisse, Suchtgefahren, 35, 56–64; *ders* (1999) Rückfallmodell – fehlende Krankheitseinsicht/Wachsamkeit, unveröffentlichtes Manuskript; *ders* (2000) Therapie der Spielsucht, in: Poppelreuter/Gross (Hrsg), Nicht nur Drogen machen süchtig, Beltz, 17–41; *ders* (2004 a) Therapie der Spielsucht, psychomed, 16/3, 154–158; *ders* (2004 b) Kinder von Spielsüchtigen, abhängigkeiten, 10/1, 50–62; *Custer R. L./Milt H.* (1985) When luck runs out, Facts on File Publications; *Dilling, H./Mombour, W./Schmidt, M. H.* (1991) Internationale Klassifikation psychischer Störungen: ICD–10, Kapitel V (F), Klinisch-diagnostische Leitlinien, Weltgesundheitsorganisation, Huber; *Düffort, R.* (1989) Ambulante Arbeit mit Spielern, in: J. Brakhoff (Hrsg) Glück – Spiel-Sucht: Beratung und Behandlung von Glücksspielern, Lambertus, 30–44; *Ferstl, R./Bühringer, G.* (1991) Störungen durch psychotrope Substanzen: Intervention; in: M. Perez/U. Baumann, Klinische Psychologie, Huber; *Füchtenschnieder* (1994) „Du bist nicht allein": Aus der Arbeit in einer Beratungsstelle für Glücksspielabhängige, Sucht aktuell, 1 (3), 18–21; *Gamblers Anonymous* (1984) Sharing recovery through Gamblers Anonymous, GA-Publishing; *Grawe, K./Donati, R./Bernauer, F.* (1994) Psychotherapie im Wandel. Von der Konfession zur Profession. Hogrefe; *Hayer, T./Bachmann, M.,/Meyer, G.* (2005) Pathologisches Spielverhalten bei Glücksspielen im Internet, Wiener Zeitschrift für Suchtforschung, 29–41; *Kellermann, B.* (1988) Glücksspieler in der stationären Therapie, in: Wahl, C. (Hrsg) Spielsucht, Neuland, 243–257; *Koerkel, J./Schind-*

ler, Ch. (2003) Rückfallprävention mit Alkoholabhängigen, Ein strukturiertes Trainingsprogramm, Springer-Verlag; *Lesieur H. R./Blume S.* (1991) Evaluation of patients treated of pathological gambling in a combined alcohol, substance abuse and pathological gambling treatment unit using the Addiction Severity Index, British Journal of Addiction 86, 1017–1028; *Lindenmeyer, J.* (2001) Lieber schlau als blau, Beltz; *Marlatt, Ga* (1985) Relapse prevention: theoretical rationale and overview of the model, in: Marlatt GA, Gordon JR (eds), Relapse prevention: Maintance strategies in the treatment of addictive behaviours, Guilford, pp 3–70; *Meyer, G.* (1989) Glücksspieler in Selbsthilfegruppen, Erste Ergebnisse einer empirischen Untersuchung, Neuland; *ders/Bachmann M.* (2005) Spielsucht, Ursachen und Therapie, Springer-Verlag, Neuauflage der vollständig überarbeiteten Fassung; *Petry, J.* (1996) Psychotherapie der Spielsucht, Beltz, 300–302; *Prochaska, J. O./DiClemente, C. C./Norcross, J. C.* (1992) In search of how people change: Application to addictive behaviors, American Psychologist, 47, 1102–1114; *Sachse, R.* (1990) Dialog zwischen Expertinnen oder das Ergänzungsverhältnis von Verhaltenstherapie, kognitiver Therapie und Gesprächspsychotherapie, Verhaltenstherapie und psychosoziale Praxis, 167–198; *Saß, H./Wittchen, H.-U./Zaudig, M.* (1996) Diagnostisches und statistisches Manual psychischer Störungen DSM-IV, Hogrefe; *Schwarz, J./Lindner, A.* (1990) Die stationäre Behandlung pathologischer Glücksspieler. Suchtgefahren 36, 402–415; *Wittchen, H.-U./Saß, H./Zaunding, M./Koehler, K.* (1989) Diagnostisches und statistisches Manual psychischer Störungen: DSM-lll-R, Beltz.

I. Einleitung und Zusammenfassung

1 Anfang 1985 wurde in der Bernhard-Salzmann-Klinik der erste pathologische Glücksspieler zu einer mittelfristigen Entwöhnungsbehandlung aufgenommen. Bis heute (2008) sind es ca 1300, zum größten Teil (ca 98%) männliche Spieler. Davon sind ca 90% Automatenglücksspieler. Verluste bei dieser Spielform erreichen leicht € 300–400 pro Tag, was noch erheblich dadurch steigerungsfähig ist, dass gleichzeitig an mehreren Automaten gespielt wird und damit schnell Vermögenswerte „auf dem Spiel“ stehen. Der Rest verteilt sich auf Roulette, Sportwetten, Lotto und diverse Kartenspiele. Im Jahre 2002 kam der erste Internetroulettespieler zur Behandlung in die Klinik (vgl *Hayer/Bachmann/Meyer* 2005). Über 50% der Spieler in der Klinik litten außerdem unter einer substanzgebundenen Abhängigkeit. Bis Ende der achtziger Jahre gab es noch intensive Auseinandersetzungen darüber, ob es sich bei dem Glücksspielen wirklich um eine eigenständige Krankheit handelt. Diese Diskussion ließ beträchtlich nach, als das pathologische Glücksspiel in die anerkannten Diagnoseschemata DSM (vgl *Wittchen* et al 1989, *Saß* et al 1996) und die ICD–10 der WHO (*Dilling* et al 1991) aufgenommen wurde. Methodisch wird nach einem integrativen Behandlungsansatz mit kognitiv verhaltenstherapeutischem Schwerpunkt vorgegangen (vgl *Bachmann* 2000, 2004a; *Meyer/Bachmann* 2005). Die Spielerbehandlung wird möglichst in Gruppen durchgeführt. Nur so können die Patienten wichtige Erfahrungen austauschen, wie Spielabstinenz zu erreichen ist, welche Empfindungen dabei zu verarbeiten sind, wie die erste Zeit des Entzugs zu gestalten, die Krankheitseinsicht und Akzeptanz gefördert und der Abstinenzwunsch dauerhaft zu festigen ist. Fortgeschrittene Patienten haben für neue Gruppenmitglieder wichtige Vorbildfunktionen, sich offen und ohne Vorbehalte über die Suchtproblematik auseinander zu setzen und die oft massiven, durch die schädlichen Folgen der Spielsucht verursachten, Scham- und Schuldgefühle zu bewältigen. Sowohl die Gruppe als auch zusätzli-

che Einzel- und Familientherapeutische Maßnahmen (vgl *Bachmann* 2004b; *Meyer/Bachmann* 2005) bieten vielfältige Möglichkeiten, die multifaktoriellen Ursachen der Krankheitsentwicklung einzusehen, notwendige Änderungen in Einstellungen und im Verhalten einzuleiten, den Umgang mit Geld zu korrigieren, Alternativen zum Glücksspielen auszubauen, eine dauerhafte Stabilisierung des Patienten und eine zufriedene Abstinenz zu erreichen.

II. Spieler in Behandlung

Es ist keine Frage, dass eine Krankheit immer mit dem möglichst geringsten persönlichen und ökonomischen Aufwand zu behandeln ist. Dieser allgemeine Grundsatz macht jedoch die Entscheidung für Betroffene und Behandelnde nicht einfacher, die individuell richtige Therapieform zu wählen. Inzwischen gibt es etwa ½ Dutzend **Kliniken** in Deutschland, die spezielle Konzepte für die Therapie von pathologischen Glücksspielern entwickelt haben (vgl *Custer/Milt* 1985; *Kellermann* 1988; *Bachmann* 1989, 2000, 2004a; *Schwarz/Lindner* 1990; *Lesieur/Blume* 1991). Wie bei anderen Abhängigkeitserkrankungen kommt ein Teil der pathologischen Glücksspieler ohne jede professionelle Hilfe aus und schafft es mit Unterstützung einer Selbsthilfegruppe, vom Glücksspielen loszukommen. In der gesamten Bundesrepublik haben sich parallel zu den Anonymen Alkoholikern Gruppen der **Anonymen Spieler** (GA) gebildet, deren Zentrale sich in Hamburg befindet (vgl Gamblers Anonymous 1984; Anonyme Spieler 1986; Meyer 1989). **Ambulante Suchtberatungsstellen** haben eigene **Spieler- und Angehörigengruppen** gegründet. Suchttherapie hat generell in enger Zusammenarbeit stattzufinden. Die unterschiedlichen „Institutionen" bilden eine **Behandlungskette**, durch die beispielsweise die notwendige Vorbereitung und Beantragung eines stationären Aufenthalts sowie dessen wichtige Nachbetreuung gewährleistet ist. Für eine frühzeitige Kontaktaufnahme mit einer stationären Einrichtung spricht: 1. örtlich sind keine ambulanten Behandlungsmöglichkeiten gegeben, 2. ambulante Therapieversuche sind gescheitert, 3. es ist ein „Schutzraum" notwendig, weil das soziale Umfeld zu schwierig ist, 4. es liegen starke psychische oder soziale Notlagen vor. 2

III. Das Suchtmodell und die therapeutischen Schlussfolgerungen

Nur schwerpunktmäßig unterscheiden sich die Behandlungsschritte und Therapieziele ambulanter und stationärer Einrichtungen. In der ambulanten Behandlung (vgl *Füchtenschnieder* 1994; *Düffort* 1989) ergibt sich die Schwierigkeit, einen Suchtkranken überhaupt erst an die Annahme von Hilfe heranzuführen, dann den Kontakt aufrechtzuerhalten und das Abstinenzziel in der realen Lebenssituation mit den dort zahlreich vorhandenen Suchtauslösern zu bewerkstelligen. Möglichst früh sind die Angehörigen in die Therapie einzubeziehen, was in erheblichem Maße zum Erfolg und Durchhalten der Therapie beiträgt. 3

4 Das **Suchtmodell** (s Abb 1) unterscheidet zwischen Einstiegs- und Suchtphase.

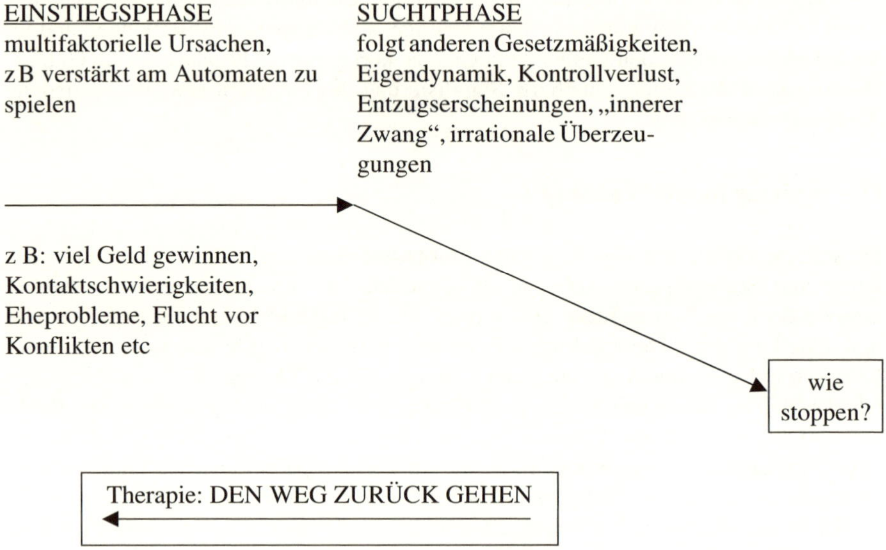

Abbildung 1: Suchtmodell

1. Phase des Einstiegs

5 Beobachtungen zeigen, dass es multifaktorielle Ursachen gibt, die zum Einstieg und zu einem verstärkten Interesse am Glücksspielen führen. Hierzu gehört, mit wenig Einsatz viel Geld gewinnen zu wollen. Früh kann eine irrationale Einschätzung hinzukommen, über besondere Fähigkeiten oder Glück bei bestimmten Spielen zu verfügen. Der „Nervenkitzel” des Glücksspiels, der nicht nur von den Gewinnaussichten, sondern ebenso durch einen drohenden ökonomischen Existenzverlust hervorgerufen wird, lenkt von drückenden Problemen ab und fördert eine Flucht vor Konflikten. Während des Spielens wird von psychischen Belastungen abgeschaltet, potentielle Defizite im Selbstvertrauen und den sozialen Kompetenzen werden nicht mehr so bewusst wahrgenommen. Im Spielrausch entstehen sogar Omnipotenzgefühle.

6 In den letzten Jahren kommen verstärkt Patienten in die Beratungsstellen und Kliniken, die sich an **Glücksspielen im Internet** beteiligt haben. Dabei handelt es sich in erster Linie um „typische“ Casinospiele mit hoher Ereignisfrequenz (Spielabfolge) wie Roulette, Black Jack, Poker, aber auch Live-Wetten und Lotterien, die sich durch ein hohes Suchtpotential auszeichnen. Das hohe Gefährdungspotential des Internetglücksspiels lässt sich aus den folgenden Kriterien ableiten (vgl *Hayer/Bachmann/Meyer* 2005; *Meyer/Bachmann* 2005):

7 **Verfügbarkeit und Griffnähe** – quasi von zu Hause und zu jeder Zeit; **Ereignisfrequenz** – hohe Anzahl an Spielen („Kicks“) pro Zeitintervall; **Interaktivität** – die Einbindung des Spielers in den Ablauf des Geschehens fördert irrationale Kompetenzgefühle; **Bargeldloser Zahlungsverkehr** – die finanziellen Transaktionen erfolgen

über Kreditkarte oder alternative bargeldlose Zahlungsmittel (Überweisungen, Lastschriften, E-Payment), wodurch ein höheres Risiko entsteht, den Überblick über die Geldausgaben zu verlieren und sich stärker zu verschulden; **Anonymität** – soziale Hemmungen sind unter Wahrung der Anonymität leichter zu überwinden; **Realitätsflucht** – hohe Ereignisfrequenz und Anonymität fördern ein Abtauchen in einen bewusstseinsveränderten Zustand, der ein geeignetes Mittel zur Ablenkung von Alltagssorgen, Konflikten und Stress darstellt; **Abbau von Hemmschwellen** – Wegfall langer Anfahrtswege, Verzicht auf Ausweiskontrollen, Aufenthalt in einer bekannten Umgebung und keine Kleiderordnungen; **Vielfalt der Angebotspalette** – die Angebotspalette im Internet umfasst ein breites Spektrum an Spielformen und Einsatzmöglichkeiten, Chat-Rooms, in denen Kontakt zu Mitspielern oder Angestellten aufgenommen werden kann; **Vermarktung** – die Vermarktung von Glücksspielen im Internet wird insbesondere durch marktschreierische Selbstdarstellungen der privaten Betreiber (wie zB „höchste Auszahlungsquote", „die meisten Spielteilnehmer" oder „ältestes Kasino der Welt") gefördert; **Kundenfreundliche Angebote** – Anbieter von Online-Glücksspielen sind wegen niedriger Betriebskosten und geringen Investitionserfordernissen in der Lage, günstigere Auszahlungsquoten (zB an Spielautomaten) und benutzerfreundlichere Spielformen (zB das Roulette ohne Null) als Offline-Anbieter zu gewähren.

Bei einigen Spielern in der Klinik gestalteten sich erste Onlinespielversuche so verlustreich, dass sie schockiert zu ihrer ursprünglichen Glücksspielart zurückkehrten und das Ereignis sogar letztlich zum Anlass nahmen, sich zu einer Behandlungsaufnahme zu entschließen. **8**

Schon in der Einstiegsphase können erhebliche Auffälligkeiten auftreten. Es wird über die eigenen finanziellen Verhältnisse gespielt. Der Spieler überschreitet einen zeitlichen Rahmen und erste Pflichten werden vernachlässigt. Therapeutische Bemühungen in dieser Phase zielen wie bei der Behandlung neurotischer Störungen darauf ab, Ursachen für die Spielproblematik einzusehen, zu bearbeiten und alternative Verhaltensweisen zum Glücksspielen zu entwickeln. Nicht jedes abweichendes Glücksspiel ist als süchtig zu bezeichnen. Damit eine weitere Gefährdung unterbleibt und weil ein völliger Verzicht auf Glücksspielen leichter zu verwirklichen ist als ein „kontrollierter" Umgang, dürfte bereits bei diesem **problematischen Glücksspielen** Abstinenz angebracht sein. **9**

2. Phase der Sucht

In der Suchtphase ist das Spielverhalten durch einen **Kontrollverlust bzw die Unfähigkeit zur Abstinenz gekennzeichnet**. Das **Glücksspielen** hat eine starke **Eigendynamik entwickelt**, was durch die abfallende Linie in Abb 1 gekennzeichnet ist, und der Spieler verspürt einen **unwiderstehlichen Drang** oder **„inneren Zwang"** zum Weiterspielen. Selbst stark negative Folgeerscheinungen, erhebliche ökonomische, soziale und psychische Nachteile können das Spielverhalten nicht stoppen, verschlimmern es häufig eher noch. Berufliche und häusliche Pflichten, andere Interessen und Verhaltensweisen, die bisher den Lebensinhalt bestimmten und zur Entspannung und einem psychischen Ausgleich beigetragen haben, werden stark vernachlässigt. Der Spieler ist so immer stärker auf das Glücksspielverhalten fixiert **10** und angewiesen. Es entwickelt sich eine Abhängigkeit. Wie bei Drogen tritt eine Toleranzveränderung ein, muss der abhängige Spieler die „Dosis“ steigern, um die erwartete psychische Wirkung zu erzielen. Es entsteht eine **psychische Abhängigkeit**, die dadurch gekennzeichnet ist, dass alltägliche lebensnotwendige Gefühle und Empfindungen, wie Freude, Hoffnung, Enttäuschung, Ärger etc, die ansonsten mit anderen Ereignissen im Familien-, Berufs- und Freizeitleben verbunden sind, sich allmählich fast ausschließlich auf den Glücksspielverlauf beziehen. Glücksspielen wird zum zentralen Lebensinhalt. Unterschiedliche Signale wie Geräusche, Töne und Lichter, die den Spielablauf begleiten, übernehmen die **Auslösefunktion für seine Emotionen**. Findet kein Spiel statt, fühlt sich der Spieler leer, stark gelangweilt, unruhig. Entzugsähnliche Erscheinungen, wie starke Nervosität, Schwitzen bis hin zu Herzbeschwerden, treten auf. Insbesondere die starke Existenzgefährdung und eine damit verbundene hohe Erregung, Aufmerksamkeit und Konzentration führen dazu, dass sich die mit dem Spielablauf einhergehenden **Signale und Empfindungen** sehr stark miteinander **verknüpfen** (**konditioniert werden**) und sich nur schwer wieder lösen. Trotz der immer drückender werdenden negativen **sozialen** und **psychischen Folgeerscheinungen**, einer oft vorhandenen steigenden Suizidgefährdung und Delinquenz, sind **suchtspezifische Abwehrhaltungen** aktiv, die dazu führen, dass aus starken **Scham- und Schuldgefühlen** heraus **Spielprobleme geleugnet** und **bagatellisiert** werden. Häufig ist es nur durch eine massive Intervention von anderen möglich, diesen Teufelskreis zu durchbrechen. **Verzerrte Kognitionen** haben zudem zur Folge, dass der Ausweg aus der bedrohlichen Situation nach wie vor in einem schnellen großen Gewinn oder einer Gewinnserie gesehen wird und die Hoffnung weiter besteht, mehr Glück oder Kompetenzen als andere zu haben, den Zufall doch noch überlisten zu können. Je größer der Schuldenberg geworden ist, umso weniger scheint der Spieler kognitiv und emotional dazu in der Lage zu sein, aufzugeben, zu „kapitulieren“, die Verluste endgültig hinzunehmen, ihnen nicht mehr nachzujagen (chasing).

11 Neben den erwähnten DSM und ICD **Diagnosekriterien** ist das klinische Screening-Verfahren KFG (Kurzfragebogen zum Glücksspielverhalten) ein geeignetes Mittel zur Erfassung eines gestörten Glücksspielverhaltens (vgl *Petry*, 1996). An Hand einer 20 Item-Selbsteinschätzungsskala lässt sich ermitteln, ob eine beratungs- bzw behandlungsbedürftige Problematik vorliegt und wie stark sie ausgeprägt ist (beginnende Glücksspielproblematik, mittelgradige Glücksspielsucht, fortgeschrittene Glücksspielsucht).

3. Therapeutische Schlussfolgerungen

12 In der Suchttherapie müssen die zuletzt gezeigten Symptome als Erstes in die Behandlung einbezogen werden, das heißt die Krankheitsentwicklung wird zurückverfolgt.

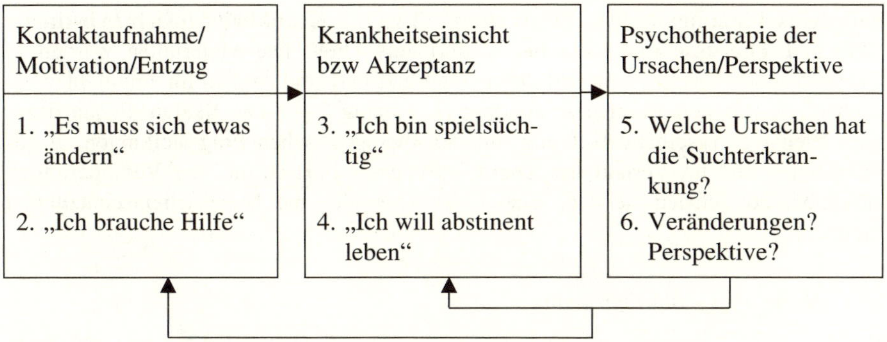

Abbildung 2: Therapieschritte und Fragestellungen

13 Dies wird in der Abb 1 als „den Weg zurück gehen“ beschrieben. Um das Suchtverhalten zu stoppen, benötigt der Spieler zunächst Unterstützung, Hilfe zu akzeptieren, Kontakte zu einer Selbsthilfegruppe bzw Suchtberatungsstelle aufzunehmen. Er muss die **Illusion aufgegeben**, **mit dem Problem allein fertig zu werden**. Hier kann häufig der Angehörige den ersten Schritt machen, indem er selbst Hilfe in Anspruch nimmt, für sich etwas tut, regelmäßig zu Gesprächen geht und sich somit das innerfamiliäre „System“ verändert und damit das Verhalten des Suchtkranken in Richtung Therapie beeinflusst. Der nächste Schritt wäre, vom Suchtmittel **zu entziehen** (s Abb 2). Um das **Glücksspielverhalten** zu **stoppen**, ist zB notwendig: vorübergehende Fremdverwaltung des Geldes, schonungslose Bilanz über Verschuldung ziehen, Selbstkontrollmethoden, was sind Alternativen zum Spielen, die früher geholfen haben, es zu lassen? In der stationären Therapie ist dieser Schritt wegen des Schutzes durch die Klinik und der freiwillig eingeschränkten Ausgangsmöglichkeiten, den therapeutischen Rahmenbedingungen, meist einfacher. Als nächstes ist die **Motivation** zu einer umfassenden Veränderung zu fördern. Eine wachsende **Krankheitseinsicht** bzw Akzeptanz festigt zunächst die Abstinenz, während dann die nachfolgende **Aufarbeitung der ursprünglichen Ursachen** der Krankheitsentwicklung für eine dauerhafte Stabilisierung sorgt, der Patient somit nicht an den Ausgangspunkt der Krankheitsentwicklung zurückkehrt. Bei der Erreichung der Therapieziele ist eine gewisse Reihenfolge einzuhalten. Es macht kaum Sinn, mit dem Patienten an den Ursachen seiner Erkrankung zu arbeiten, wenn er die Behandlung für sich noch ablehnt oder keine ausreichende Krankheitseinsicht zeigt. Die **unteren Pfeile** in der Abb 2 (s oben) bedeuten, dass es sich bei der **Therapie** um einen längerfristigen **Prozess** handelt, **bei dem die einzelnen Schritte immer wieder überprüft und vertieft werden müssen.** Neben der Erläuterung der einzelnen Behandlungsschritte sind hierzu in den anschließenden Kapiteln und im Anhang beispielhaft Fragestellungen und Arbeitsmaterialien dargestellt.

14 Um den Patienten einen Überblick über die Zusammenhänge des Suchtmodells und die therapeutischen Schlussfolgerungen zu vermitteln, wurde das Arbeitsblatt: **Stationen der Suchtentwicklung und des Therapieprozesses** (s Anhang 1) und die

Selbsteinschätzungsskalen Motivation (TMO), **Krankheitseinsicht/Abstinenz** (KE) und **Therapie der Ursachen** (TdU) entwickelt. Die Materialien werden in Gruppen- und Einzeltherapieverfahren eingesetzt und sind sowohl im ambulanten als auch im stationären Bereich anwendbar (s Anhang 2–4). Die Skalen dienen dazu, eine intensive Auseinandersetzung mit den therapeutischen Fragestellungen zu gewährleisten und im Verlauf des Therapieprozesses Fortschritte und Veränderungen erkennbar zu machen. Je nach Dauer der Therapie sind Mehrfacheinschätzungen möglich.

a) Motivation – Beweggründe

15 Häufig war es die angedrohte oder schon ausgesprochene Scheidung, der befürchtete Verlust des Arbeitsplatzes, die Ankündigung der Angehörigen, dass anderenfalls die elterliche Wohnung zu verlassen sei, oder eine angedrohte Anzeige wegen illegaler Geldbeschaffung, bis endlich der Anstoß zur Einwilligung in eine Therapie gegeben wurde. Prochaska et al (1992) teilen den Veränderungsprozess in fünf Phasen: 1. Präkontemplation – geringste Einsichts- und Veränderungsbereitschaft; 2. Kontemplation – bereit über Probleme zu reden, nachzudenken, ohne jedoch praktische Handlungen vorzunehmen; 3. Vorbereitung – Veränderungen wollen, Hilfe suchen; 4. Aktiv werden – sich für Veränderungen entscheiden und beginnen, Verhältnisse zu ändern; 5. Aufrechterhaltung – Veränderungsprozesse weiter führen.

16 Es ist darauf zu achten, dass sich **Therapeut** und **Patient** im Gespräch **auf der gleichen Ebene** befinden. Die Motivation des pathologischen Glücksspielers ist **nicht** als ein statischer Zustand anzusehen. Der Wunsch mit dem Spielen aufzuhören ist zunächst ausreichend, um eine Behandlung zu beginnen. Um Fluktuationen bei Behandlungsangeboten entgegenzuwirken, ist eine möglichst baldige Kontaktaufnahme zu Bezugspersonen und deren Einbeziehung in die Therapie anzustreben. Mit folgenden beispielhaften **Fragestellungen** kann die vorhandene **Motivation überprüft** und **gefördert** werden (s a Abb 2 oben und Anhang 2):

17 **1. „Es muss sich etwas ändern“:** *Leiden Sie unter Ihrem Glücksspielverhalten? Gab es Behandlungsversuche? Was war der auslösende Anlass, um eine Therapie zu beginnen? Was erwarten Sie von der Therapie? Haben Sie den Wunsch, mit dem Glücksspiel aufzuhören? Hat das Glücksspielen nahe stehende Personen in Mitleidenschaft gezogen? Finden andere wichtig, dass Sie eine Therapie machen? Hat Sie jemand zur Therapie gedrängt? Stehen Ihre Familie und der Arbeitgeber hinter Ihnen?*

18 **2. „Ich brauche Hilfe“:** *Schaffen Sie es allein, Ihr Spielverhalten zu stoppen? Woran merken Sie, dass Sie Hilfe brauchen? Woran sind Ihre eigenen Versuche, mit dem Spielen aufzuhören, gescheitert? Besteht die Möglichkeit, Ihre Angehörigen bzw Bezugspersonen in die Behandlung einzubeziehen? Gab es in der Vergangenheit Umstände, die zeitweise zu einer Reduktion oder einer Abstinenzphase beigetragen haben? Lässt sich hier erfolgreich anknüpfen?*

b) Krankheitseinsicht und Abstinenz

Gerade dann, wenn ein Genesungsprozess erfolgreich eingeleitet ist, gewährleistet die weiter vorhandene Akzeptanz der Suchtkrankheit die notwendige Bereitschaft, Wachsamkeit und Vorsicht, nicht wieder mit dem Spielen zu beginnen. Die Erfahrungen zeigen, dass suchtkranken Glücksspielern eine Rückkehr zum so genannten „kontrollierten Glücksspielen" nicht möglich ist. Rückfallanalysen machen deutlich, dass auch nach Jahren der Abstinenz oft schon kleinere Spieleinsätze ausreichen, in kürzester Zeit das gesamte Krankheitsbild zu reaktivieren. Aber die Krankheitseinsicht ist wie die Motivation kein statischer Zustand. Erste Ahnungen des Spielers, dass mit seinem Glücksspielverhalten etwas nicht stimmt, liegen oft schon Jahre zurück. Aufkommende Zweifel und Vergleiche, „andere spielen viel schlimmer, ich bekomme die Situation schon in den Griff", haben gute Vorsätze, mit dem Spielen aufzuhören, oft wieder zunichte gemacht. In der Behandlung erlebt es der Patient dann zunächst häufig als Erleichterung, wenn er diesen inneren Kampf aufgeben, das heißt in gewisser Weise „kapitulieren" und sich **zur Abhängigkeit bekennen** kann. Er erkennt, dass **Verhaltensweisen**, die ihm **selbst als fremd** erschienen, wie verheimlichen und leugnen des Spielens, andere zu täuschen, zu lügen und sich gegen eigene Wert- und Moralvorstellungen Geld zu beschaffen, **als Symptome einer Krankheit** und **Folgen des Kontrollverlustes** zu sehen sind. Es scheint jedoch das Verhängnis der Suchtkrankheit zu sein, dass schon nach recht kurzer Zeit der Abstinenz keine unmittelbaren Krankheitssymptome mehr zu spüren sind, nichts mehr „wehtut", kein Leidensdruck mehr vorhanden ist und dadurch die Krankheitseinsicht wieder wankt oder verloren geht, es somit auch keinen Grund mehr gibt, ganz auf das Suchtmittel zu verzichten. Der dauerhafte Besuch von Selbsthilfegruppen steuert dieser Entwicklung am ehesten entgegen. **19**

Die **Arbeitsdefinition für Abstinenz** lautet: Der Spieler verzichtet auf alle Geld- und Automatenglücksspiele (zB auch Pokerautomaten um Punkte). Für die schwierige Zeit der Entwöhnung verzichtet er außerdem auf alle Glücksspiele mit ähnlichen Wirkungsmustern, um keinen Rückfall zu provozieren. Beispielhafte Fragen, mit denen die **Krankheitseinsicht** und der Wunsch zur Abstinenz **überprüft** und **gefördert** werden können, lauten (sa Abb 2 oben und Anhang 3): **20**

3. „Ich bin spielsüchtig": *Haben Sie die Kontrolle über das Glücksspiel verloren? Welches Ausmaß hat Ihr Geldspielverhalten angenommen? Wann und in welchen Situationen spielen Sie (morgens, abends, den Tag über verteilt)? Wie hoch war Ihr Spieleinsatz (pro Tag/Woche/Monat)? An welchen Glücksspielen haben Sie sich beteiligt? Gab es abergläubische Ideen (Techniken des Drückens, Auswahl bestimmter Geräte), den Zufall zu überlisten? Hatten Sie den Gedanken, über besondere Fähigkeiten, Tricks oder ein System zu verfügen? Spielen Sie heimlich? Fühlen Sie sich von anderen ertappt, wenn Sie spielen? Sind Sie schon einmal von anderen auf Ihr Spielverhalten angesprochen worden (Ehefrau, Kinder, Arbeitgeber, Umfeld)? Hatten Sie Entzugserscheinungen? Müssen Sie oft an das Spielen denken, wenn ja, in welchen Situationen? Haben Sie körperliche Beschwerden durch mangelnde Ernährung, hohen Kaffee- und Nikotinmissbrauch? Hat sich Ihr persönliches Umfeld verändert? Welche Auswirkungen hatte das Spielen auf die Familie, den Beruf? Haben* **21**

Sie sich auf illegale Weise Geld beschafft? Gab es Straftaten wegen der Geldbeschaffung? Sind Schulden vorhanden? Können Sie sich als spielsüchtig akzeptieren?

22 **4. „Ich will abstinent leben“:** *Was ist für Sie Abstinenz? Können Sie sich vorstellen, auf Dauer glücksspielabstinent zu leben? Wollen Sie bestimmte Gewohnheiten (zB exzessives Video-, Fernsehen, Computerspiele) verändern, um keinen Rückfall zu provozieren? Wie verliefen bisherige Rückfälle und wie können Sie diese Risiken zukünftig vermeiden? Wollen Sie eine Selbsthilfegruppe besuchen, um sich bewusst zu machen, dass die Suchterkrankung trotz Abstinenz weiter fort besteht?*

23 Ein großer Teil der Forschung in der Suchttherapie konzentriert sich auf die **Rückfallverhütung**. Zunächst mag es für den Patienten unangenehm sein, „lieber nicht an so etwas denken“, sich mit dieser Fragestellung auseinander zu setzen. Da das Suchtverhalten nicht geheilt, sondern nur zum Stillstand gebracht werden kann, besteht die Gefahr des Rückfalls jedoch auch nach einer Therapie fort und dies besonders kurze Zeit danach. Es gibt verschiedene „Modelle“ und wissenschaftliche Erkenntnisse, wie Rückfälligkeit entsteht und zu verhindern ist (vgl *Marlatt* 1985; *Bachmann* 1999; *Lindenmeyer* 2001; *Koerkel J.; Schindler* 2003; *Meyer/Bachmann* 2005). Hier gibt es kaum Unterschiede zwischen den Suchtformen. Die Ursachen können vielfältig sein und reichen vom „Leichtsinn“ bis zu schwierigen „Problemsituationen“. Ein wichtiger Grundsatz lautet, dass die Abstinenz nur beibehalten wird, wenn sie **letztlich einen Vorteil darstellt**. Es geht bei der Rückfallprävention weiterhin darum, **persönliche Gefahrensituationen** zu erkennen und dafür **Bewältigungsstrategien** zu erarbeiten. Eine intensive Auseinandersetzung mit diesen Themen ist obligatorisch. Auf einem „Notfallkärtchen“, das der Patient z B in der Geldbörse bei sich führt, ist festzuhalten, wie er bei einer unmittelbaren Rückfallgefahr reagiert. Erst wenn die kritische Situation gestoppt ist, sind Maßnahmen dahingehend zu treffen, die Ursachen zu klären und wie ähnliche Risikosituationen zukünftig zu vermeiden sind.

24 Der regelmäßige Besuch von Selbsthilfegruppen ist auch hier eine der wichtigsten Verhütungsmaßnamen.

c) Psychotherapie der Ursachen, Alternativen zum Glücksspielen und veränderter Umgang mit Geld

25 Damit der Spieler nicht an den Ausgangspunkt der Spielproblematik zurückkehrt und sich somit eine neue Krankheitsdynamik entwickeln kann, besteht der nächste Schritt darin, **die weiterhin vorhandenen Ursachen der Krankheitsentwicklung,** wie zB Kontaktprobleme, geringes Selbstwertgefühl, mangelndes Selbstvertrauen oder intrapsychische Konflikte aus der Kindheit, **aufzuarbeiten.** Wie bei anderen Abhängigkeitserkrankungen lassen sich bisher nur sehr vage Hypothesen darüber bilden, was eine Spielsucht verursacht, welche Gründe dafür verantwortlich sind, dass jemand verstärkt spielte und in eine Abhängigkeit geriet, die dann aber eigenen Gesetzmäßigkeiten (Kontrollverlust, Eigendynamik) folgte. Bisher lassen sich keine Kausalzusammenhänge zwischen Persönlichkeitsauffälligkeiten, biografischen Besonderheiten und der Genese des pathologischen Glücksspiels feststellen. Vielmehr ist davon auszugehen, dass die Ursachen der Erkrankung multifaktoriell sind, sowohl Determinanten des sozialen Umfeldes (Vorhandensein des Suchtmittels, peer group, Familien-

biografie etc) und des Individuums in eine Behandlungsstrategie einzubeziehen sind. Eine sorgfältige **sozial-anamnestische klinisch-psychologische Exploration** und **Diagnostik** sollte deshalb selbstverständlich sein, um den Patienten bei seiner Ursachenforschung zu unterstützen.

„Ich konnte zum Schluss nicht mehr in den Spiegel schauen", ist eine häufige Aussage der Patienten. Die Frage bleibt unbeantwortet, ob das Selbstwertgefühl (vgl *Petry*, 1996) schon vor der Suchtentwicklung oder erst in folge dessen beeinträchtigt wurde. Dies trifft ebenfalls für Untersuchungsergebnisse mit dem Persönlichkeitstest 16PF (vgl *Meyer/Bachmann*, 2005) zu, die Hinweise ergaben, dass Spieler leichter emotional störbar und spontaner sind. Fragestellungen, mit denen der Patient unterstützt werden kann, die **Ursachen** seiner Krankheitsentwicklung zu **erkennen** und daraus **Änderungen abzuleiten, Alternativen** zum Glücksspielen zu **entwickeln**, damit er nicht an die Anfänge seiner Spielproblematik zurückkehrt, lauten zB (sa Abb 2 oben und Anhang 4): 26

5. „Welche Ursachen hat die Suchterkrankung?“: *Was müssen Sie künftig konkret anders machen, um auf das Glücksspielen verzichten zu können? Hatten Sie die Idee, mit dem Glücksspielen viel Geld zu machen? Haben Sie angenommen, besondere Fähigkeiten für ein Glücksspiel zu besitzen? Haben Sie Glücksspielen verstärkt eingesetzt, um Spannungs- und Belastungssituationen (Familie, Beruf) besser zu bewältigen, sich zu betäuben und zu erleichtern? Wie würden Sie Ihr Befinden beschreiben, wenn Sie gespielt haben? Möchten Sie Ihre Fähigkeiten ausbauen, über belastende Gefühle zu sprechen und mit Konflikten umzugehen? Möchten Sie kontaktfähiger werden und wie lässt sich dies konkret üben? Hatten Sie ein besonderes Erlebnis, wodurch sie verstärkt gespielt haben? Gibt es Dinge in Ihrem Leben, worüber Sie bisher nicht reden konnten und die sie nicht verarbeitet haben? Gibt es Verhaltensänderungen, neue Interessen und Hobbys, die behilflich sein könnten, den Stellenwert des Glücksspiels insgesamt stark zu reduzieren? Sich intensiv über Sorgen und Nöte auszutauschen, Fähigkeiten auszubauen, mit Konflikten besser umzugehen, stellen möglicherweise schon entscheidende Alternativen dar?* 27

Nicht der Verzicht steht im Vordergrund der Therapie sondern die Alternativen: Wie oft gab es schon den Vorsatz, dass Suchtverhalten einzustellen? Abhängigkeit bedeutet, viele andere Dinge nicht zu tun. Erst die Ausbildung von Alternativen eröffnet dauerhaft die Chance, auf das Suchtmittel zu verzichten und zufrieden abstinent zu sein. 28

Hier ein kleines Experiment: 29

> Wenn man sich mehrmals vorsagt: „Ich esse **keine** Apfelsine“, stellen die meisten Menschen fest, dass auch bei dem „Verzichtsgedanken“ der übliche Speichelfluss in Gang gesetzt wird. Besser ist es, an etwas anderes zu denken, das positive Erwartungen weckt und sich tatsächlich verwirklichen lässt!

Therapeutische Bemühungen zielen deshalb darauf ab, konkrete Pläne zu entwickeln, den Tagesablauf sinnvoll zu strukturieren, Wochenpläne zu erstellen, alltäglich für **Ausgleich und Entspannung** zu sorgen, **Höhepunkte** („Highlights“) **nicht** zu **ver-** 30

gessen, so dass nicht der „graue Alltag“ Einzug hält und die Frage aufkommt: „Was darf ich überhaupt noch?“ **Nicht** da **„wo es weh tut“** geht es lang, **sondern** wo durch **eigene Initiative** und eine **gute Vorausschau** Pflichten und eine interessante abwechslungsreiche Tages- und Wochengestaltung in einem ausgewogenen Verhältnis stehen. Ein wichtiger **Schritt aus der Abhängigkeit ist, an vielen anderen Dingen wieder Interesse, Spaß und Freude zu haben**.

31 **6. Perspektiven nach der Behandlung:** *Welche konkreten Persönlichkeitseigenschaften, Verhaltensweisen, Wertvorstellungen und Lebensumstände müssen verändert werden, um dauerhaft auf das Suchtmittel zu verzichten? Was erwartet Sie nach der Therapie hinsichtlich Partnerschaft, Wohnung, Arbeitsplatz, Freunde und Bekannte? Sind weitere Partnergespräche, familientherapeutische Maßnahmen notwendig? Therapeutische Übergangseinrichtung? Berufliche Rehabilitation? Wie gestaltet sich der weitere Umgang mit dem Geld, Schulden?*

32 Geld zum Thema machen: Die drogenartige Wirkung des Spielens besteht darin, die eigene Existenz zu riskieren. Geld verliert den eigentlichen Wert, das Bewusstsein geht verloren, dass es die Gegenleistung meist harter Arbeit darstellt. Eng mit dem Suchtverhalten verknüpft wird es zum „Spielgeld“, und es ist schon beruhigend, wenn das Konto möglichst vollständig geleert und die Brieftasche gefüllt ist, alle Möglichkeiten offen stehen. In der Behandlung findet eine intensive Auseinandersetzung mit den problematischen Einstellungen und Verhaltensweisen dem Geld gegenüber statt, die eine bessere Planung und Verhaltensänderungen zum Ziel haben.

33 Dabei sind folgende Faktoren in die Überlegungen einzubeziehen:

- □ Überblick über Ausgaben verschaffen
  (Haushaltsbuch, kontrollierte Ausgaben, Einkaufzettel)
- □ Rücklagen bilden – nie bis auf Null ausgeben
- □ Nicht zuviel Geld bei sich führen (€ 25–50)
- □ Keine spontanen oder sinnlosen Einkäufe
- □ Kein Geld leihen und nicht verleihen
- □ Unnötige Kosten vermeiden
  (Größe des Autos, Wohnung, Telefon, Strom …)
- □ Guthabenkonto
- □ Nicht über die eigenen Verhältnisse leben
- □ Bei Bedarf professionelle Schuldnerberatung
- □ Rechnungen und Schulden bezahlen
- □ Keine Rateneinkäufe
- □ Klare Absprachen mit dem Lebenspartner treffen
- □ Altersvorsorge
- □ Verzichten lernen, sich trotzdem etwas gönnen
- □ Lernen zu Sparen
- □ Überblick über Kreditkarten behalten

- □ Wert des Geldes kennen lernen bzw wieder erlernen
- □ Finanzielle Freiräume für Hobbys einplanen, einkalkulieren
- □ Möglichkeit des eigenen Taschengeldes prüfen
- □ Wenn notwendig, vorübergehende Fremdverwaltung des Geldes
- □ Einführung einer Geldbörse
- □ Größere Anschaffungen an das Ende des Monats legen

Der Schwerpunkt der therapeutischen Zielsetzungen liegt darauf, Lösungen für Probleme zu finden, Verantwortung für sich selbst zu übernehmen, an Ressourcen anzuknüpfen und nicht in einem Defizitdenken zu verharren. Um dem komplexen Bedingungsgefüge des pathologischen Glücksspiels gerecht zu werden, kommt ein integrativer *Psychotherapieansatz* mit kognitiv verhaltenstherapeutischem Schwerpunkt zur Anwendung. Zur Vermittlung von Einsichten und zum Hinterfragen irrationaler Annahmen kommen eher geprächspsychotherapeutische und kognitive Ansätze zur Anwendung. Geht es um die konkrete Veränderung von Lebensgewohnheiten, der Erweiterung sozialer Kompetenzen, der Entwicklung von Selbstkontrolltechniken (zB in der Motivations- bzw Entzugsphase), werden verhaltenstherapeutische Methoden eingesetzt (vgl *Sachse* 1990; *Ferstl/Bühringer* 1991; *Grawe* 1994, S 754). Die Methoden haben sich an der individuellen Krankheitssymptomatik des Spielsüchtigen zu orientieren und nicht umgekehrt. **34**

Anhang 1

Stationen der Suchtentwicklung und des Therapieprozesses

Einstiegsphase

Vielfältige Ursachen, z B: viel Geld gewinnen, Kontaktschwierigkeiten, Eheprobleme, Flucht vor Konflikten, etc

Suchtphase

Folgt anderen Gesetzmäßigkeiten: psychische Abhängigkeit, Eigendynamik, Kontrollverlust, Entzugserscheinungen, „innerer Zwang“, abergläubische Ideen

„Der  läuft von selbst.“

Eigene Gedanken und Erkenntnisse: zum <u>Einstieg</u>

Eigene Gedanken und Erkenntnisse: zur <u>Suchtphase</u>

wie stoppen?

Therapie: In umgekehrter Richtung

Mit Volldampf voraus! 

Reihenfolge der Therapieschritte beachten!

3. Schritt

Therapie der Ursachen
Wiedereinstieg in „alte Problemsituationen und Verhaltensweisen“ verhindern. Was mache ich zukünftig anders?“

Eigene Gedanken und Erkenntnisse zu den Ursachen

2. Schritt

Krankheitseinsicht fördern und **Abstinenz stabilisieren**, Akzeptanz, dass eine Sucht vorliegt, Verleugnung und Bagatellisierung des Suchtverhaltens aufgeben, nicht auf andere Suchtmittel umsteigen, irrationale Kognitionen bearbeiten.

Eigene Gedanken und Erkenntnisse zur Krankheitseinsicht und Abstinenz

1. Schritt

Motivation
Hilfe akzeptieren, Suchtmittel entziehen, Druck von außen nicht negativ sehen, positive Beweggründe für eine Veränderung, negative Folgen des Suchtverhaltens.

Eigene Gedanken und Erkenntnisse zur Motivation

Anhang 2

Selbsteinschätzungsskalen: Therapieschritte und Fragestellungen

1.0.1 Therapie – Motivation (TMO)

(Bachmann, M., El-Akhras, A., Andresen, S., Figgemeier, C., Freitag, H., Hegemann, St., Hermann, M., Kasperski, J., Long, S., Lukaczewski, A., Lüth, M., Maasjost, T., Meier-Holländer, H., Pawlowski, K., Spanke, M, Weber, J., Wollenzien, A.)

Bitte beurteilen Sie, inwieweit die einzelnen Aussagen auf Sie zutreffen. Je weiter Sie Ihr **Kreuz** nach rechts setzen, umso stärker stimmen Sie zu.

	trifft gar nicht zu	trifft eher nicht zu	trifft eher zu	trifft genau zu
01 Ich habe große Hoffnungen an die Therapie geknüpft				
02 Ich möchte gesundheitlich etwas für mich tun				
03 Andere finden es gut, dass ich eine Therapie mache . . .				
04 Ich möchte Einsamkeit und Isolation überwinden				
05 Ich weiß, was mich in der Therapie erwartet				
06 Ich habe den Wunsch, mich zu verändern				
07 Diesmal soll der Versuch gelingen, das Spielverhalten zu stoppen				
08 Die Therapie ist im Moment das Wichtigste				
09 Die Therapie ist bei mir dringend nötig				
10 Die Abstinenz wird dazu führen, dass ich mich besser fühle				
11 In der Therapie kommt es auf meine aktive Mitarbeit an .				
12 Ich erwarte Hilfe von den Therapeuten				
13 Ich will abstinent leben				
14 Ich habe noch Familie, die mich in der Therapie unterstützt				
15 Ich habe noch Freunde und Bekannte, die an meiner Therapie interessiert sind				
16 Nach der Therapie werde ich alltäglichen Anforderungen wieder besser genügen				
17 Ich habe noch ein soziales Umfeld, das ebenfalls von der Abstinenz profitieren wird				
18 Wenn ich abstinent bin, wird es unwahrscheinlicher, dass ich straffällig werde				
19 Durch die Abstinenz kann ich mich zufriedener fühlen				
20 Ich kann mir wieder in die Augen schauen, wenn ich abstinent bin				
21 Mein Selbstwertgefühl wird zunehmen, wenn ich meinen Abstinenzwunsch verwirklichen kann				

	trifft gar nicht zu	trifft eher nicht zu	trifft eher zu	trifft genau zu
22 Nach der Therapie werde ich meine Probleme wieder besser bewältigen				
23 Ich bin froh, dass ich mich zur Therapie entschlossen habe				
24 Meine finanzielle Situation wird sich verbessern				
25 Auch eine größere Summe Geldes würde mich nicht von der Therapie abbringen				
26 Einen kontrollierten Umgang mit dem Glücksspielen gibt es für mich nicht				
27 Ich kann nach der Therapie wieder optimistisch in die Zukunft blicken				
28 Andere Dinge werden wieder interessanter				
29 Ich habe noch einen Arbeitgeber, der mich unterstützt				
30 Ich wünsche mir eine längerfristige Behandlung				
31 Ich bin froh, dass ich unter meiner Sucht nicht mehr leiden muss				
32 Auch körperlich werde ich mich erholen				
33 In der Therapie werde ich seelisch gesunden				
34 In der Behandlung werde ich Probleme aufarbeiten				
35 Ich habe mich selbst um die Therapie bemüht				
36 Ich will mein soziales Umfeld verändern				
37 Wenn ich die Therapie durchhalte, hat das Vorteile für mich				
38 Ich habe keine Angst vor der Therapie				
39 Der Therapiezeitpunkt ist für mich günstig				
40 Es gibt keine Alternativen zu dieser Therapiemaßnahme .				

Anhang 3
Krankheitseinsicht (KE)

(Bachmann, M., El-Akhras, A., Andresen, S., Figgemeier, C., Freitag, H., Hegemann, St., Hermann, M., Kasperski, J., Long, S., Lukaczewski, A., Lüth, M., Maasjost, T., Meier-Holländer, H., Pawlowski, K., Spanke, M, Weber, J., Wollenzien, A.)

Bitte beurteilen Sie, inwieweit die einzelnen Aussagen auf Sie zutreffen. Je weiter Sie Ihr **Kreuz** nach rechts setzen, umso stärker stimmen Sie zu

	trifft gar nicht zu	trifft eher nicht zu	trifft eher zu	trifft genau zu
01 Ich will mein Spielverhalten nicht mehr verheimlichen . .				
02 Über das Ausmaß des Spielverhaltens und die schlimmen Folgen möchte ich offen sprechen				
03 Ich stehe zu meinem Kontrollverlust				
04 Das Glücksspielen soll nicht mehr mein zentraler Lebensinhalt sein				
05 Ich fühle mich durch die Abstinenz erleichtert				
06 Ich stehe zu meiner Suchtkrankheit				
07 Das Suchtverhalten soll nicht mehr meinen Tagesablauf bestimmen				
08 Ich werde durch die Abstinenz normaler essen				
09 Ich musste den Glücksspieleinsatz steigern, um die gewünschte Wirkung zu erzielen				
10 Mein soziales Umfeld ist noch intakt				
11 Ich schäme mich nicht mehr, wenn die Sprache auf mein Spielverhalten kommt				
12 Ich kann aufhören, mir ständig Schuldgefühle wegen meines Spielverhalten zu machen				
13 Ich kann mich wieder auf andere Dinge konzentrieren				
14 Ich kann mich wieder über andere Dinge freuen				
15 Ich werde keine Konflikte mehr provozieren, um eine Ausrede zu haben, das Suchtverhalten auszuüben				
16 Berufliche Probleme werden durch die Abstinenz nachlassen				
17 Wenn ich abstinent bin, kann ich besser auf andere Menschen zugehen				
18 Abstinenz wirkt sich positiv auf das Familienleben aus .				
19 Ich kann mir eine Zukunft ohne Glücksspiel vorstellen . .				
20 Mein soziales Umfeld akzeptiert meine Suchterkrankung				
21 Um Rückfälligkeit zu vermeiden, werde ich andere Interessen entwickeln, mich auszugleichen und meine Freizeit zu gestalten				

		trifft gar nicht zu	trifft eher nicht zu	trifft eher zu	trifft genau zu
22	Dazu brauche ich neue Freunde und Bekannte				
23	Alte Gewohnheiten, die mit dem Spielen zusammenhingen, werde ich verändern				
24	Ich werde eher Situationen aufsuchen, die mich nicht an das Spielverhalten erinnern				
25	Damit keine Langeweile entsteht, werde ich neue Hobbys entwickeln oder alte wieder aufgreifen				
26	Ich verspüre keinen Anreiz, es wieder zu versuchen				
27	Selbsthilfegruppen finde ich wichtig				
28	Ich werde es nur mit Hilfe Anderer schaffen				
29	Ich werde Kotakte zu einer Suchtberatungsstelle aufbauen oder halten				
30	Es gibt andere Freizeitmöglichkeiten, als in Gaststätten und Spielhallen zu gehen				
31	Falls es zu einem Rückfall kommt, muss ich offen darüber reden				
32	Die Abstinenz wird mein ganzes Leben zum Positiven verändern				
33	Auf mein abstinentes Leben freue ich mich				
34	Ich habe andere Möglichkeiten als das Glücksspiel, um Abwechslung zu haben und einmal aus dem Alltag auszusteigen				
35	Es wird mir auch ohne Suchtausübung gelingen, mich zu belohnen und einmal einen „oben drauf" zu machen				
36	Ich werde nur Kontakte zu den Menschen halten, die mich in meinem Abstinenzverhalten unterstützen				
37	Durch die Abstinenz kann ich mir wieder mehr leisten				
38	Abergläubische Ideen, den Zufall zu überlisten, gebe ich auf				
39	Glücksspiele täuschen Kompetenz vor				
40	Systeme und Tricks gibt es nicht				
41	Ich habe nicht mehr Glück als andere				
42	Weil man viel verloren hat, muss keine Gewinnphase kommen				

Anhang 4
Therapie der Ursachen oder was soll zukünftig anders sein? (TdU)

(Bachmann, M., El-Akhras, A., Andresen, S., Figgemeier, C., Freitag, H., Hegemann, St., Hermann, M., Kasperski, J., Long, S., Lukaczewski, A., Lüth, M., Maasjost, T., Meier-Holländer, H., Pawlowski, K., Spanke, M., Weber, J., Wollenzien, A., Beinlich, M.)

Bitte beurteilen Sie, inwieweit die einzelnen Aussagen auf Sie zutreffen. Je weiter Sie Ihr **Kreuz** nach rechts setzen, umso stärker stimmen Sie zu

	trifft gar nicht zu	trifft eher nicht zu	trifft eher zu	trifft genau zu
01 Problemen gehe ich nicht aus dem Weg				
02 Ich kann gut abschalten und entspannen				
03 Es fällt mir leicht, Kontakte zu knüpfen				
04 Ich werde meinen eigenen Ansprüchen gerecht				
05 Ich kann mich von meinen beruflichen Sorgen gut abgrenzen				
06 Ich habe keine Probleme, mich anderen mitzuteilen . . .				
07 Ich kann gut mit Kritik umgehen und nehme sie nicht zu persönlich				
08 Kindheitserlebnisse belasten mich nicht oder nicht mehr .				
09 Den Konflikten im zwischenmenschlichen Bereich fühle ich mich gewachsen				
10 Ich kann Lob annehmen				
11 Ich kann über meine Probleme sprechen				
12 Ich kann mich über Kleinigkeiten freuen				
13 Ich kann Fehler machen				
14 Im Umgang mit anderen Menschen bin ich selbstsicher .				
15 Geht etwas schief, bin ich nicht so leicht aus der Ruhe zu bringen				
16 Ich kann Nähe zulassen				
17 Ich kann gut allein sein				
18 Ich trage gerne Verantwortung				
19 Ich führe ein selbständiges Leben				
20 Auch in Belastungssituationen behalte ich einen kühlen Kopf				
21 Versagensängste kenne ich kaum				
22 Ich habe auch in schwierigen Situationen genügend Selbstvertrauen				
23 Es gab keine schlimmen Ereignisse in meinem Leben oder ich habe sie überwunden				
24 Ich führe eine glückliche Partnerschaft				

	trifft gar nicht zu	trifft eher nicht zu	trifft eher zu	trifft genau zu
25 Ich kann längerfristige Beziehungen eingehen				
26 Mit meinem Sexualleben bin ich zufrieden				
27 Ich sehe optimistisch in die Zukunft				
28 Ich neige zum positiven Denken				
29 Ich kann meine Schwächen akzeptieren				
30 Ich sehe dem Leben realistisch ins Auge				
31 Es fällt mir leicht, Vorhaben in die Tat umzusetzen				
32 Ich habe Disziplin und Selbstkontrolle				
33 Ich kann mich in die Gesellschaft integrieren				
34 Ich kann meinen Alltag gut strukturieren				
35 Konflikten gehe ich nicht aus dem Weg				
36 Probleme schiebe ich nicht vor mir her				
37 Unangenehme Dinge erledige ich zuerst				
38 Autoritäten ängstigen mich nicht				
39 Ich kann auf Lebenserfahrungen zurückgreifen, die noch nicht vom Suchtverhalten geprägt waren				
40 Ich habe viele positive Eigenschaften				
41 Wenn ich mich aussprechen will, ist jemand für mich da .				
42 Ich muss nicht in allen Dingen gut sein				
43 Um mein Verhalten zu beurteilen, sind meine eigenen Maßstäbe wichtig				
44 Ich kann mich unterordnen und anpassen				
45 Ich kann eigene Interessen und Bedürfnisse durchsetzen .				
46 Ich teile mich über alltägliche berufliche und private Sorgen mit				
47 Ich kann auf die Vorstellung verzichten, mit Glücksspielen Geld zu gewinnen				

Punkte zur Motivation, Krankheitseinsicht und zu den Ursachen, die bisher noch nicht genannt wurden.

IV. Summary (The Treatment of Pathological Gambling)

In early 1985, the first pathological gambler was admitted to the *Bernhard-Salzmann* Clinic to be cured of gambling by medium-term treatment. To date (2008), approximately 1,300 mainly male (about 98%) addicts have been treated, among which 90% used slot-machines. Losses per day easily reach € 300 to € 400 with this kind of gambling, in which the stakes can be raised by playing several automatons at the same time so that considerable assets may be "at stake". The remainder is spread among roulette, horse betting and sundry card-games. In 2002, the first gambler addicted to internet roulette was admitted to the clinic. More than 50% of the gamblers treated in the clinic suffered from a substance related addiction as well. The dispute on the issue of whether a gambling addiction was actually an independent disease continued until the end of the 1980's. This dispute became less substantial after pathological gambling was adopted by the acknowledged diagnosis system DSM and the ICD-10 of WHO.

The procedure is methodical and corresponds to an integrative treatment with the cognitive emphasis on therapeutic behavior research. The therapy of addicts is carried out in groups whenever possible. Only in this way can the patients exchange important experiences on how gambling abstinence may be reached, what kind of feelings are to be digested, how to structure the first period of the cure from addiction, how understanding and acceptance may be furthered, and how the desire for abstinence may be durably strengthened. Advanced patients fulfill important functions as models to talk frankly with and without restrictions about the problems of addiction and to overcome the sense of shame and guilt which are often very intense and caused by the detrimental consequences of addiction. In addition to the groups, additional single and family therapeutical measures offer manifold possibilities to realize the multifactor causes of the disease development, to introduce necessary modifications in views and behavior, to adjust the handling of money, to make arrangements for alternatives to gambling, to attain the patient's durable stabilization and his/her constant abstinence.

Anhang

I. Glücksspielstaatsvertrag

Staatsvertrag zum Glücksspielwesen in Deutschland (Glücksspielstaatsvertrag – GlüStV)

Das Land Baden-Württemberg,
der Freistaat Bayern,
das Land Berlin,
das Land Brandenburg,
die Freie Hansestadt Bremen,
die Freie und Hansestadt Hamburg,
das Land Hessen,
das Land Mecklenburg-Vorpommern,
das Land Niedersachsen,
das Land Nordrhein-Westfalen,
das Land Rheinland-Pfalz,
das Saarland,
der Freistaat Sachsen,
das Land Sachsen-Anhalt,
das Land Schleswig-Holstein und
der Freistaat Thüringen
(im Folgenden: „die Länder“ genannt)
schließen nachstehenden Staatsvertrag:

Erster Abschnitt
Allgemeine Vorschriften

§ 1
Ziele des Staatsvertrages

Ziele des Staatsvertrages sind

1. das Entstehen von Glücksspielsucht und Wettsucht zu verhindern und die Voraussetzungen für eine wirksame Suchtbekämpfung zu schaffen,

2. das Glücksspielangebot zu begrenzen und den natürlichen Spieltrieb der Bevölkerung in geordnete und überwachte Bahnen zu lenken, insbesondere ein Ausweichen auf nicht erlaubte Glücksspiele zu verhindern,
3. den Jugend- und den Spielerschutz zu gewährleisten,
4. sicherzustellen, dass Glücksspiele ordnungsgemäß durchgeführt, die Spieler vor betrügerischen Machenschaften geschützt und die mit Glücksspielen verbundene Folge- und Begleitkriminalität abgewehrt werden.

§ 2
Anwendungsbereich

Die Länder regeln mit diesem Staatsvertrag die Veranstaltung, die Durchführung und die Vermittlung von öffentlichen Glücksspielen. Für Spielbanken gelten nur die §§ 1, 3 bis 8, 20 und 23.

§ 3
Begriffsbestimmungen

(1) Ein Glücksspiel liegt vor, wenn im Rahmen eines Spiels für den Erwerb einer Gewinnchance ein Entgelt verlangt wird und die Entscheidung über den Gewinn ganz oder überwiegend vom Zufall abhängt. Die Entscheidung über den Gewinn hängt in jedem Fall vom Zufall ab, wenn dafür der ungewisse Eintritt oder Ausgang zukünftiger Ereignisse maßgeblich ist. Auch Wetten gegen Entgelt auf den Eintritt oder Ausgang eines zukünftigen Ereignisses sind Glücksspiele.

(2) Ein öffentliches Glücksspiel liegt vor, wenn für einen größeren, nicht geschlossenen Personenkreis eine Teilnahmemöglichkeit besteht oder es sich um gewohnheitsmäßig veranstaltete Glücksspiele in Vereinen oder sonstigen geschlossenen Gesellschaften handelt.

(3) Ein Glücksspiel im Sinne des Absatzes 1, bei dem einer Mehrzahl von Personen die Möglichkeit eröffnet wird, nach einem bestimmten Plan gegen ein bestimmtes Entgelt die Chance auf einen Geldgewinn zu erlangen, ist eine Lotterie. Die Vorschriften über Lotterien gelten auch, wenn anstelle von Geld Sachen oder andere geldwerte Vorteile gewonnen werden können (Ausspielung).

(4) Veranstaltet und vermittelt wird ein Glücksspiel dort, wo dem Spieler die Möglichkeit zur Teilnahme eröffnet wird.

(5) Annahmestellen und Lotterie-Einnehmer sind in die Vertriebsorganisation von Veranstaltern nach § 10 Abs. 2 eingegliederte Vermittler.

(6) Gewerbliche Spielvermittlung betreibt, wer, ohne Annahmestelle oder Lotterieeinnehmer zu sein,

1. einzelne Spielverträge an einen Veranstalter vermittelt oder
2. Spielinteressenten zu Spielgemeinschaften zusammenführt und deren Spielbeteiligung dem Veranstalter – selbst oder über Dritte – vermittelt,

sofern dies jeweils in der Absicht geschieht, durch diese Tätigkeit nachhaltig Gewinn zu erzielen.

§ 4
Allgemeine Bestimmungen

(1) Öffentliche Glücksspiele dürfen nur mit Erlaubnis der zuständigen Behörde des jeweiligen Landes veranstaltet oder vermittelt werden. Das Veranstalten und das Vermitteln ohne diese Erlaubnis (unerlaubtes Glücksspiel) ist verboten.

(2) Die Erlaubnis ist zu versagen, wenn das Veranstalten oder das Vermitteln des Glücksspiels den Zielen des § 1 zuwiderläuft. Die Erlaubnis darf nicht für das Vermitteln nach diesem Staatsvertrag nicht erlaubter Glücksspiele erteilt werden. Auf die Erteilung der Erlaubnis besteht kein Rechtsanspruch.

(3) Das Veranstalten und das Vermitteln von öffentlichen Glücksspielen darf den Erfordernissen des Jugendschutzes nicht zuwiderlaufen. Die Teilnahme von Minderjährigen ist unzulässig. Die Veranstalter und die Vermittler haben sicherzustellen, dass Minderjährige von der Teilnahme ausgeschlossen sind.

(4) Das Veranstalten und das Vermitteln öffentlicher Glücksspiele im Internet ist verboten.

§ 5
Werbung

(1) Werbung für öffentliches Glücksspiel hat sich zur Vermeidung eines Aufforderungscharakters bei Wahrung des Ziels, legale Glücksspielmöglichkeiten anzubieten, auf eine Information und Aufklärung über die Möglichkeit zum Glücksspiel zu beschränken.

(2) Werbung für öffentliches Glücksspiel darf nicht in Widerspruch zu den Zielen des § 1 stehen, insbesondere nicht gezielt zur Teilnahme am Glücksspiel auffordern, anreizen oder ermuntern. Sie darf sich nicht an Minderjährige oder vergleichbar gefährdete Zielgruppen richten. Die Werbung darf nicht irreführend sein und muss deutliche Hinweise auf das Verbot der Teilnahme Minderjähriger, die von dem jeweiligen Glücksspiel ausgehende Suchtgefahr und Hilfsmöglichkeiten enthalten.

(3) Werbung für öffentliches Glücksspiel ist im Fernsehen (§§ 7 und 8 Rundfunkstaatsvertrag), im Internet sowie über Telekommunikationsanlagen verboten.

(4) Werbung für unerlaubte Glücksspiele ist verboten.

§ 6
Sozialkonzept

Die Veranstalter und Vermittler von öffentlichen Glücksspielen sind verpflichtet, die Spieler zu verantwortungsbewusstem Spiel anzuhalten und der Entstehung von Glücksspielsucht vorzubeugen. Zu diesem Zweck haben sie Sozialkonzepte zu entwickeln, ihr Personal zu schulen und die Vorgaben des Anhangs „Richtlinien zur Vermeidung und Bekämpfung von Glücksspielsucht“ zu erfüllen. In den Sozialkonzepten ist darzulegen, mit welchen Maßnahmen den sozialschädlichen Auswirkungen des Glücksspiels vorgebeugt werden soll und wie diese behoben werden sollen.

§ 7
Aufklärung

(1) Die Veranstalter und Vermittler von öffentlichen Glücksspielen haben über die Wahrscheinlichkeit von Gewinn und Verlust, die Suchtrisiken der von ihnen angebotenen Glücksspiele, das Verbot der Teilnahme Minderjähriger und Möglichkeiten der Beratung und Therapie aufzuklären.

(2) Lose, Spielscheine und Spielquittungen müssen Hinweise auf die von dem jeweiligen Glücksspiel ausgehende Suchtgefahr und Hilfsmöglichkeiten enthalten.

§ 8
Spielersperre

(1) Zum Schutz der Spieler und zur Bekämpfung der Glücksspielsucht sind die Spielbanken und die in § 10 Abs. 2 genannten Veranstalter verpflichtet, ein übergreifendes Sperrsystem zu unterhalten.

(2) Die zur Teilnahme am Sperrsystem verpflichteten Veranstalter sperren Personen, die dies beantragen (Selbstsperre) oder von denen sie aufgrund der Wahrnehmung ihres Personals oder aufgrund von Meldungen Dritter wissen oder aufgrund sonstiger tatsächlicher Anhaltspunkte annehmen müssen, dass sie spielsuchtgefährdet oder überschuldet sind, ihren finanziellen Verpflichtungen nicht nachkommen oder Spieleinsätze riskieren, die in keinem Verhältnis zu ihrem Einkommen oder Vermögen stehen (Fremdsperre).

(3) Die Sperre beträgt mindestens ein Jahr. Die Veranstalter teilen die Sperre dem betroffenen Spieler unverzüglich schriftlich mit.

(4) Die Veranstalter haben die in § 23 Abs. 1 genannten Daten in eine Sperrdatei einzutragen. Ein Eintrag ist auch zulässig, wenn nicht alle Daten erhoben werden können.

(5) Eine Aufhebung der Sperre ist frühestens nach einem Jahr und nur auf schriftlichen Antrag des Spielers möglich. Über diesen entscheidet der Veranstalter, der die Sperre verfügt hat.

Zweiter Abschnitt
Aufgaben des Staates

§ 9
Glücksspielaufsicht

(1) Die Glücksspielaufsicht hat die Aufgabe, die Erfüllung der nach diesem Staatsvertrag bestehenden oder auf Grund dieses Staatsvertrages begründeten öffentlich-rechtlichen Verpflichtungen zu überwachen sowie darauf hinzuwirken, dass unerlaubtes Glücksspiel und die Werbung hierfür unterbleiben. Die zuständige Behörde des jeweiligen Landes kann die erforderlichen Anordnungen im Einzelfall erlassen. Sie kann insbesondere

1. jederzeit Auskunft und Vorlage aller Unterlagen und Nachweise verlangen, die zur Prüfung im Rahmen des Satzes 1 erforderlich sind,
2. Anforderungen an die Veranstaltung, Durchführung und Vermittlung öffentlicher Glücksspiele und die Werbung hierfür sowie an die Entwicklung und Umsetzung des Sozialkonzepts stellen,
3. die Veranstaltung, Durchführung und Vermittlung unerlaubter Glücksspiele und die Werbung hierfür untersagen,
4. Kredit- und Finanzdienstleistungsinstituten die Mitwirkung an Zahlungen für unerlaubtes Glücksspiel und an Auszahlungen aus unerlaubtem Glücksspiel untersagen und
5. Diensteanbietern im Sinne von § 3 Teledienstegesetz, soweit sie nach diesem Gesetz verantwortlich sind, die Mitwirkung am Zugang zu unerlaubten Glücksspielangeboten untersagen.

Sofern unerlaubtes Glücksspiel in mehreren Ländern veranstaltet oder vermittelt wird oder dafür in mehreren Ländern geworben wird, kann jedes betroffene Land die zuständige Behörde eines anderen Landes ermächtigen, auch mit Wirkung für das betroffene Land tätig zu werden.

(2) Widerspruch und Klage gegen diese Anordnungen haben keine aufschiebende Wirkung.

(3) Die Länder arbeiten bei der Glücksspielaufsicht zusammen. Sie stimmen die Erlaubnisse für die in § 10 Abs. 2 genannten Veranstalter ab.

(4) Die Erlaubnis wird von der zuständigen Behörde für das Gebiet des jeweiligen Landes oder einen Teil dieses Gebietes erteilt. Sie ist widerruflich zu erteilen und zu befristen. Sie kann, auch nachträglich, mit Nebenbestimmungen versehen werden. Die Erlaubnis ist weder übertragbar noch kann sie einem Anderen zur Ausübung überlassen werden.

(5) Die Erlaubnis zur Einführung neuer Glücksspielangebote durch die in § 10 Abs. 2 genannten Veranstalter setzt voraus, dass

1. der Fachbeirat (§ 10 Abs. 1 Satz 2) zuvor die Auswirkungen des neuen Angebotes auf die Bevölkerung untersucht und bewertet hat und
2. der Veranstalter im Anschluss an die Einführung dieses Glücksspiels der Erlaubnisbehörde über die sozialen Auswirkungen des neuen Angebotes berichtet.

Neuen Glücksspielangeboten steht die Einführung neuer oder die erhebliche Erweiterung bestehender Vertriebswege durch Veranstalter oder Vermittler gleich.

(6) Die Glücksspielaufsicht darf nicht durch eine Behörde ausgeübt werden, die für die Finanzen des Landes oder die Beteiligungsverwaltung der in § 10 Abs. 2 genannten Veranstalter zuständig ist.

§ 10
Sicherstellung eines ausreichenden Glücksspielangebotes

(1) Die Länder haben zur Erreichung der Ziele des § 1 die ordnungsrechtliche Aufgabe, ein ausreichendes Glücksspielangebot sicherzustellen. Sie werden dabei von einem Fachbeirat beraten, der sich aus Experten in der Bekämpfung der Glücksspielsucht zusammensetzt.

(2) Auf gesetzlicher Grundlage können die Länder diese öffentliche Aufgabe selbst, durch juristische Personen des öffentlichen Rechts oder durch privatrechtliche Gesellschaften, an denen juristische Personen des öffentlichen Rechts unmittelbar oder mittelbar maßgeblich beteiligt sind, erfüllen.

(3) Die Länder begrenzen die Zahl der Annahmestellen zur Erreichung der Ziele des § 1.

(4) Es ist sicherzustellen, dass ein erheblicher Teil der Einnahmen aus Glücksspielen zur Förderung öffentlicher oder gemeinnütziger, kirchlicher oder mildtätiger Zwecke verwendet wird.

(5) Anderen als den in Abs. 2 Genannten darf nur die Veranstaltung von Lotterien und Ausspielungen nach den Vorschriften des Dritten Abschnitts erlaubt werden.

§ 11
Suchtforschung

Die Länder stellen die wissenschaftliche Forschung zur Vermeidung und Abwehr von Suchtgefahren durch Glücksspiele sicher.

Dritter Abschnitt
Lotterien mit geringerem Gefährdungspotential

§ 12
Erlaubnis

(1) Die Erlaubnis gemäß § 4 Abs. 1 darf nur erteilt werden, wenn

1. der Veranstaltung keine Versagungsgründe nach § 13 entgegenstehen,
2. die in §§ 14, 15 Abs. 1 und 2 und § 16 Abs. 3 genannten Voraussetzungen vorliegen,
3. mit der Veranstaltung keine wirtschaftlichen Zwecke verfolgt werden, die über den mit dem Hinweis auf die Bereitstellung von Gewinnen verbundenen Werbeeffekt hinausgehen, und
4. nicht zu erwarten ist, dass durch die Veranstaltung selbst oder durch die Verwirklichung des Veranstaltungszwecks oder die Verwendung des Reinertrages die öffentliche Sicherheit oder Ordnung gefährdet wird oder die Beziehungen der Bundesrepublik Deutschland zu anderen Staaten beeinträchtigt werden.

Satz 1 Nr. 3 gilt nicht für Lotterien in der Form des Gewinnsparens, wenn von einem Teilnahmebetrag ein Teilbetrag von höchstens 20 vom Hundert als Losanteil für die Gewinnsparlotterie verwendet wird.

(2) In der Erlaubnis kann für Veranstaltungen, die traditionell in Verbindung mit dem Fernsehen präsentiert werden und bei denen vorrangig die gemeinnützige Verwendung der Reinerträge dargestellt wird, eine Befreiung vom Verbot der Fernsehwerbung (§ 5 Abs. 3) zugelassen werden. In der Erlaubnis ist auch zu entscheiden, inwieweit die Anforderungen der §§ 6 und 7 zu erfüllen sind.

(3) Soll eine Lotterie mit einem einheitlichen länderübergreifenden Spielplan in mehreren Ländern veranstaltet werden, kann das Land, in dem der Veranstalter seinen Sitz hat, eine Erlaubnis auch mit Wirkung für die Länder erteilen, die hierzu ermächtigt haben.

§ 13
Versagungsgründe

(1) Eine Erlaubnis darf nicht erteilt werden, wenn die Veranstaltung § 4 Abs. 2 bis 4 widerspricht. Dies ist vor allem der Fall, wenn nicht auszuschließen ist, dass die Veranstaltung der Lotterie wegen des insgesamt bereits vorhandenen Glücksspielangebotes, insbesondere im Hinblick auf die Zahl der bereits veranstalteten Glücksspiele oder deren Art oder Durchführung den Spieltrieb in besonderer Weise fördert.

(2) Eine Erlaubnis darf insbesondere nicht erteilt werden, wenn

1. der Spielplan vorsieht, dass
   a) die Bekanntgabe der Ziehungsergebnisse öfter als zweimal wöchentlich erfolgt,
   b) der Höchstgewinn einen Wert von 1 Million Euro übersteigt oder
   c) Teile des vom Spieler zu entrichtenden Entgeltes zu dem Zweck angesammelt werden, Gewinne für künftige Ziehungen zu schaffen (planmäßiger Jackpot),

oder

2. eine interaktive Teilnahme in Rundfunk und Telemedien mit zeitnaher Gewinnbekanntgabe ermöglicht wird.

§ 14
Veranstalter

(1) Eine Erlaubnis darf nur erteilt werden, wenn der Veranstalter

1. die Voraussetzungen des § 5 Abs. 1 Nr. 9 des Körperschaftsteuergesetzes erfüllt und
2. zuverlässig ist, insbesondere die Gewähr dafür bietet, dass die Veranstaltung ordnungsgemäß und für die Spielteilnehmer sowie die Erlaubnisbehörde nachvollziehbar durchgeführt und der Reinertrag zweckentsprechend verwendet wird.

Satz 1 Nr. 1 gilt nicht für die von den in § 10 Abs. 2 genannten Veranstaltern und von der Körperschaft des öffentlichen Rechts „Bayerisches Rotes Kreuz" veranstalteten Lotterien und für Veranstaltungen in der Form des Gewinnsparens (§ 12 Abs. 1 Satz 2).

(2) Soll die Veranstaltung ganz oder überwiegend von einem Dritten durchgeführt werden, darf die Erlaubnis nur erteilt werden, wenn nicht die Gefahr besteht, dass durch die Durchführung die Transparenz und Kontrollierbarkeit der Veranstaltung beeinträchtigt wird und der Dritte

1. die Anforderungen des Absatzes 1 Nr. 2 erfüllt und
2. hinsichtlich der Durchführung der Veranstaltung den Weisungen des Veranstalters unterliegt und keinen maßgeblichen rechtlichen oder tatsächlichen Einfluss auf den Veranstalter hat.

§ 15
Spielplan, Kalkulation und Durchführung der Veranstaltung

(1) Nach dem Spielplan müssen der Reinertrag, die Gewinnsumme und die Kosten in einem angemessenen Verhältnis zueinander stehen; die Kosten der Veranstaltung sind so gering wie

möglich zu halten. Reinertrag ist der Betrag, der sich aus der Summe der Entgelte nach Abzug von Kosten, Gewinnsumme und Steuern ergibt. Für den Reinertrag und die Gewinnsumme sollen im Spielplan jeweils mindestens 30 vom Hundert der Entgelte vorgesehen sein und es darf kein Grund zu der Annahme bestehen, dass diese Anteile nicht erreicht werden. Bei der Antragstellung ist eine Kalkulation vorzulegen, aus der sich die voraussichtlichen Kosten der Veranstaltung, die Gewinnsumme, die Steuern und der Reinertrag ergeben. Zeigt sich nach Erteilung der Erlaubnis, dass die kalkulierten Kosten voraussichtlich überschritten werden, ist dies der Erlaubnisbehörde unverzüglich anzuzeigen und eine neue Kalkulation vorzulegen.

(2) In den Kosten der Lotterie dürfen Kosten von Dritten im Sinne des § 14 Abs. 2 nach Art und Umfang nur insoweit berücksichtigt werden, als sie den Grundsätzen wirtschaftlicher Betriebsführung entsprechen. Die Vergütung des Dritten soll nicht abhängig vom Umsatz berechnet werden.

(3) Der Veranstalter hat der zuständigen Behörde alle Unterlagen vorzulegen und alle Auskünfte zu erteilen, die zur Überprüfung der ordnungsgemäßen Durchführung der Lotterie erforderlich sind. Insbesondere hat er eine Abrechnung vorzulegen, aus der sich die tatsächliche Höhe der Einnahmen, des Reinertrages, der Gewinnausschüttung und der Kosten der Veranstaltung ergibt.

(4) Die zuständige Behörde kann auf Kosten des Veranstalters einen staatlich anerkannten Wirtschaftsprüfer beauftragen oder dessen Beauftragung vom Veranstalter verlangen, damit ein Gutachten zur Überprüfung der ordnungsgemäßen Planung oder Durchführung der Lotterie, insbesondere zur Angemessenheit der Kosten der Lotterie erstattet und der Behörde vorgelegt wird. Die Kosten des Gutachtens sind Kosten der Lotterie.

§ 16
Verwendung des Reinertrages

(1) Der Reinertrag der Veranstaltung muss zeitnah für den in der Erlaubnis festgelegten Zweck verwendet werden.

(2) Will der Veranstalter den Reinertrag für einen anderen als den in der Erlaubnis festgelegten gemeinnützigen, kirchlichen oder mildtätigen Zweck verwenden oder kann der Verwendungszweck nicht oder nicht zeitnah verwirklicht werden, hat der Veranstalter dies der zuständigen Behörde unverzüglich anzuzeigen. Diese kann nach Anhörung des Veranstalters den Verwendungszweck neu festlegen.

(3) Ein angemessener Anteil des Reinertrages soll in dem Land verwendet werden, in dem die Lotterie veranstaltet wird.

§ 17
Form und Inhalt der Erlaubnis

Die Erlaubnis wird schriftlich erteilt. In ihr sind insbesondere festzulegen

1. der Veranstalter sowie im Fall des § 14 Abs. 2 der Dritte,
2. Art, Ort oder Gebiet sowie Beginn und Dauer der Veranstaltung,
3. der Verwendungszweck des Reinertrages, die Art und Weise des Nachweises der Verwendung und der Zeitpunkt, zu dem der Nachweis zu erbringen ist,
4. der Spielplan und
5. die Vertriebsform.

§ 18
Kleine Lotterien

Die Länder können von den Regelungen des Staatsvertrages für nicht länderübergreifend veranstaltete Lotterien abweichen, bei denen

1. die Summe der zu entrichtenden Entgelte den Betrag von 40.000 Euro nicht übersteigt,
2. der Reinertrag ausschließlich und unmittelbar für gemeinnützige, kirchliche oder mildtätige Zwecke verwandt wird und
3. der Reinertrag und die Gewinnsumme jeweils mindestens 25 vom Hundert der Entgelte betragen.

Vierter Abschnitt Gewerbliche Spielvermittlung

§ 19 Gewerbliche Spielvermittlung

Neben den §§ 4 bis 7 und unbeschadet sonstiger gesetzlicher Regelungen gelten für die Tätigkeit des gewerblichen Spielvermittlers folgende Anforderungen:

1. Der gewerbliche Spielvermittler hat mindestens zwei Drittel der von den Spielern vereinnahmten Beträge für die Teilnahme am Spiel an den Veranstalter weiterzuleiten. Er hat die Spieler vor Vertragsabschluss in Textform klar und verständlich auf den für die Spielteilnahme an den Veranstalter weiterzuleitenden Betrag hinzuweisen sowie ihnen unverzüglich nach Vermittlung des Spielauftrages den Veranstalter mitzuteilen.
2. Gewerbliche Spielvermittler und von ihnen oder den Spielinteressenten im Sinne des § 3 Abs. 6 beauftragte Dritte sind verpflichtet, bei jeder Spielteilnahme dem Veranstalter die Vermittlung offen zu legen.
3. Gewerbliche Spielvermittler sind verpflichtet, dafür Sorge zu tragen, dass bei Vertragsabschluss ein zur unabhängigen Ausübung eines rechts- oder steuerberatenden Berufes befähigter Treuhänder mit der Verwahrung der Spielquittungen und der Geltendmachung des Gewinnanspruches gegenüber dem Veranstalter beauftragt wird. Dem Spielteilnehmer ist bei Vertragsabschluss ein Einsichtsrecht an den Spielquittungen, die in seinem Auftrag vermittelt worden sind, einzuräumen. Wird ein Gewinnanspruch vom Spielteilnehmer nicht innerhalb einer Frist von drei Monaten beim Treuhänder geltend gemacht, so ist der Gewinnbetrag an den Veranstalter abzuführen.

Fünfter Abschnitt Besondere Vorschriften

§ 20 Spielbanken

Gesperrte Spieler dürfen am Spielbetrieb in Spielbanken nicht teilnehmen. Die Durchsetzung des Verbots ist durch Kontrolle des Ausweises oder eine vergleichbare Identitätskontrolle und Abgleich mit der Sperrdatei zu gewährleisten.

§ 21 Sportwetten

(1) Wetten können als Kombinationswetten oder Einzelwetten auf den Ausgang von Sportereignissen (Sportwetten) erlaubt werden. In der Erlaubnis sind Art und Zuschnitt der Sportwetten im Einzelnen zu regeln.

(2) Die Veranstaltung und Vermittlung von Sportwetten muss organisatorisch, rechtlich, wirtschaftlich und personell getrennt sein von der Veranstaltung oder Organisation von Sportereig-

nissen und dem Betrieb von Einrichtungen, in denen Sportveranstaltungen stattfinden. Die Verknüpfung der Übertragung von Sportereignissen in Rundfunk und Telemedien mit der Veranstaltung oder Vermittlung von Sportwetten oder mit Trikot- und Bandenwerbung für Sportwetten ist nicht zulässig. Wetten während des laufenden Sportereignisses sowie über Telekommunikationsanlagen sind verboten.

(3) Gesperrte Spieler dürfen an Wetten nicht teilnehmen. Die Durchsetzung des Verbots ist durch Kontrolle des Ausweises oder eine vergleichbare Identitätskontrolle und Abgleich mit der Sperrdatei zu gewährleisten.

§ 22
Lotterien mit besonderem Gefährdungspotential

(1) Die Höhe planmäßiger Jackpots ist zur Erreichung der Ziele des § 1 in der Erlaubnis zu begrenzen; § 9 Abs. 3 Satz 2 ist anzuwenden.

(2) Gesperrte Spieler dürfen an Lotterien der in § 10 Abs. 2 genannten Veranstalter, die häufiger als zweimal pro Woche veranstaltet werden, nicht teilnehmen. Die Durchsetzung dieses Verbots ist durch Kontrolle des Ausweises oder eine vergleichbare Identitätskontrolle und Abgleich mit der Sperrdatei zu gewährleisten.

Sechster Abschnitt
Datenschutz

§ 23
Sperrdatei, Datenverarbeitung

(1) Mit der Sperrdatei werden die für eine Sperrung erforderlichen Daten verarbeitet und genutzt. Es dürfen folgende Daten gespeichert werden:

1. Familiennamen, Vornamen, Geburtsnamen,
2. Aliasnamen, verwendete Falschnamen,
3. Geburtsdatum,
4. Geburtsort,
5. Anschrift,
6. Lichtbilder,
7. Grund der Sperre,
8. Dauer der Sperre und
9. meldende Stelle.

Daneben dürfen die Dokumente, die zur Sperrung geführt haben, gespeichert werden.

(2) Die gespeicherten Daten sind im erforderlichen Umfang an die Stellen zu übermitteln, die Spielverbote zu überwachen haben. Die Datenübermittlung kann auch durch automatisierte Abrufverfahren erfolgen.

(3) Datenübermittlungen an öffentliche Stellen, insbesondere an Strafverfolgungsbehörden und Gerichte, sind nach den gesetzlichen Vorschriften zulässig.

(4) Erteilte Auskünfte und Zugriffe im elektronischen System sind zu protokollieren.

(5) Die Daten sind sechs Jahre nach Ablauf der Sperre zu löschen. Es ist zulässig, die Löschung am Ende des sechsten Jahres vorzunehmen.

(6) Soweit in diesem Staatsvertrag nichts anderes bestimmt ist, sind die jeweiligen Vorschriften für den Schutz personenbezogener Daten anzuwenden, auch wenn die Daten nicht in Dateien verarbeitet oder genutzt werden.

Siebter Abschnitt
Übergangs- und Schlussbestimmungen

§ 24
Regelungen der Länder

Die Länder erlassen die zur Ausführung dieses Staatsvertrages notwendigen Bestimmungen. Sie können weitergehende Anforderungen insbesondere zu den Voraussetzungen des Veranstaltens und Vermittelns von Glücksspielen festlegen. In ihren Ausführungsgesetzen können sie auch vorsehen, dass Verstöße gegen die Bestimmungen dieses Staatsvertrages mit Geldbuße oder Strafe geahndet werden.

§ 25
Weitere Regelungen

(1) Die bis zum 1. Januar 2007 erteilten Konzessionen, Genehmigungen und Erlaubnisse der Veranstalter im Sinne des § 10 Abs. 2 und die ihnen nach Landesrecht gleichstehenden Befugnisse gelten – soweit nicht im Bescheid eine kürzere Frist festgelegt ist – bis zum 31. Dezember 2008 als Erlaubnis mit der Maßgabe fort, dass die Regelungen dieses Staatsvertrages – abgesehen vom Erlaubniserfordernis nach § 4 Abs. 1 Satz 1 – Anwendung finden. Die Veranstalter nach § 10 Abs. 2 haben zum 1. Januar 2009 eine Erlaubnis nach § 4 Abs. 1 einzuholen.

(2) Abs. 1 findet entsprechende Anwendung auf die Vermittler von erlaubten öffentlichen Glücksspielen (einschließlich der Lotterie-Einnehmer der Klassenlotterien und der gewerblichen Spielvermittler). Soweit Vermittler in die Vertriebsorganisation eines Veranstalters eingegliedert sind, stellt der Veranstalter den Antrag auf Erteilung der Erlaubnis nach § 4 Abs. 1 für die für ihn tätigen Vermittler.

(3) Abweichend von § 10 Abs. 2 kann das Land Rheinland-Pfalz seine Aufgabe nach § 10 Abs. 1 durch ein betrautes Unternehmen wahrnehmen.

(4) Die zuständige Behörde kann eine Lotterie, die bei Inkrafttreten dieses Vertrages von mehreren Veranstaltern in allen Ländern durchgeführt wird und bei der der Reinertrag ausschließlich zur Erfüllung der in § 10 Abs. 4 genannten Zwecke verwandt wird, abweichend von § 12 Abs. 1 Satz 1 Nr. 3, § 13 Abs. 2, § 14 Abs. 1 Nr. 1 und § 15 Abs. 1 Satz 3 erlauben.

(5) Der Reinertrag von Veranstaltungen in der Form des Gewinnsparens muss mindestens 25 vom Hundert der Entgelte betragen. Der Reinertrag ist für gemeinnützige, kirchliche oder mildtätige Zwecke zu verwenden. Erlaubnisse können allgemein erteilt werden.

(6) Die Länder können befristet auf ein Jahr nach Inkrafttreten des Staatsvertrages abweichend von § 4 Abs. 4 bei Lotterien die Veranstaltung und Vermittlung im Internet erlauben, wenn keine Versagungsgründe nach § 4 Abs. 2 vorliegen und folgende Voraussetzungen erfüllt sind:

1. Der Ausschluss minderjähriger oder gesperrter Spieler wird durch Identifizierung und Authentifizierung gewährleistet; die Richtlinien der Kommission für Jugendmedienschutz zur geschlossenen Benutzergruppe sind zu beachten.
2. Die Beachtung der in der Erlaubnis festzulegenden Einsatzgrenzen, die 1.000 Euro pro Monat nicht überschreiten dürfen, und des Kreditverbots ist sichergestellt.
3. Besondere Suchtanreize durch schnelle Wiederholung und die Möglichkeit interaktiver Teilnahme mit zeitnaher Gewinnbekanntgabe sind ausgeschlossen; davon kann regelmäßig bei Lotterien mit nicht mehr als zwei Gewinnentscheiden pro Woche ausgegangen werden.
4. Durch Lokalisierung nach dem Stand der Technik wird sichergestellt, dass nur Personen teilnehmen können, die sich im Geltungsbereich der Erlaubnis aufhalten.
5. Ein an die besonderen Bedingungen des Internets angepasstes Sozialkonzept ist zu entwickeln und einzusetzen; seine Wirksamkeit ist wissenschaftlich zu evaluieren.

§ 26
Verhältnis zu bestehenden Regelungen für die Klassenlotterien

(1) Soweit die Regelungen des Staatsvertrags zwischen den Ländern Baden-Württemberg, Bayern, Hessen, Rheinland-Pfalz, Sachsen und Thüringen über eine Staatliche Klassenlotterie vom 26. Mai 1992 (SKL-Staatsvertrag) oder die Regelungen für die Nordwestdeutsche Klassenlotterie in der Vereinbarung der Länder Nordrhein-Westfalen, Niedersachsen, Schleswig-Holstein, Freie und Hansestadt Hamburg, Freie Hansestadt Bremen, Saarland, Berlin, Brandenburg, Mecklenburg-Vorpommern und Sachsen-Anhalt zum gemeinsamen Betrieb einer staatlichen Klassenlotterie vom 23. Dezember 1992 (NKL-Ländervereinbarung) im Widerspruch zu Regelungen dieses Staatsvertrags stehen, sind die Regelungen dieses Staatsvertrags vorrangig anzuwenden.

(2) Eine Erlaubnis nach § 4 Abs. 1 wird den Klassenlotterien abweichend von Art. 4 des SKL-Staatsvertrags und abweichend von Art. 2 der NKL-Ländervereinbarung von den nach diesem Staatsvertrag zuständigen Behörden erteilt.

§ 27
Evaluierung

Die Auswirkungen dieses Staatsvertrages sind von den Glücksspielaufsichtsbehörden der Länder unter Mitwirkung des Fachbeirats zu evaluieren. Das Ergebnis ist drei Jahre nach Inkrafttreten des Staatsvertrages vorzulegen.

§ 28
Befristung, Fortgelten

(1) Dieser Staatsvertrag tritt mit Ablauf des vierten Jahres nach seinem Inkrafttreten außer Kraft, sofern nicht die Ministerpräsidentenkonferenz unter Berücksichtigung des Ergebnisses der Evaluation (§ 27) bis Ende des vierten Jahres mit mindestens 13 Stimmen das Fortgelten des Staatsvertrages beschließt. In diesem Fall gilt der Staatsvertrag unter den Ländern fort, die dem Beschluss zugestimmt haben.

(2) Der Staatsvertrag kann von jedem der Länder, in denen er fortgilt, zum Schluss eines Kalenderjahres gekündigt werden. Die Kündigung ist schriftlich gegenüber dem Vorsitzenden der Ministerpräsidentenkonferenz zu erklären. Die Kündigung eines Landes lässt das zwischen den übrigen Ländern bestehende Vertragsverhältnis unberührt, jedoch kann jedes der übrigen Länder das Vertragsverhältnis binnen einer Frist von drei Monaten nach Eingang der Benachrichtigung über die gegenüber der oder dem Vorsitzenden der Ministerpräsidentenkonferenz erfolgte Kündigungserklärung zum selben Zeitpunkt kündigen.

§ 29
Inkrafttreten

(1) Dieser Staatsvertrag tritt am 1. Januar 2008 in Kraft. Sind bis zum 31. Dezember 2007 nicht mindestens 13 Ratifikationsurkunden bei der Staatskanzlei der oder des Vorsitzenden der Ministerpräsidentenkonferenz hinterlegt, wird der Staatsvertrag gegenstandslos.

Mit Inkrafttreten dieses Staatsvertrages tritt der Staatsvertrag zum Lotteriewesen in Deutschland vom 18. Dezember 2003/13. Februar 2004 außer Kraft.

Für das Land Baden-Württemberg:
……, den 2007 ……

Für den Freistaat Bayern:
München, den 7. Mai 2007 Edmund Stoiber

Für das Land Berlin:
Berlin, den 19. März 2007 Klaus Wowereit

Für das Land Brandenburg: Potsdam, den 23. Februar 2007	M. Platzeck
Für die Freie Hansestadt Bremen: Bremen, den 9. Mai 2007	Jens Böhrnsen
Für die Freie und Hansestadt Hamburg: Hamburg, den 4. Mai 2007	Ole v. Beust
Für das Land Hessen: Wiesbaden, den 26. April 2007	R. Koch
Für das Land Mecklenburg-Vorpommern: Schwerin, den 31. Januar 2007	H. Ringstorff
Für das Land Niedersachsen: Hannover, den 25. April 2007	Christian Wulff
Für das Land Nordrhein-Westfalen: Düsseldorf, den 22. Mai 2007	Rüttgers
Für das Land Rheinland-Pfalz: Mainz, den 8. Mai 2007	Kurt Beck
Für das Saarland: Saarbrücken, den 30. Januar 2007	Peter Müller
Für den Freistaat Sachsen: Dresden, den 9. Mai 2007	Georg Milbradt
Für das Land Sachsen-Anhalt: Magdeburg, den 8. Mai 2007	Böhmer
Für das Land Schleswig-Holstein: ……, den …… 2007	……
Für den Freistaat Thüringen: Erfurt, den 20. April 2007	Dieter Althaus

Anhang „Richtlinien zur Vermeidung und Bekämpfung von Glücksspielsucht“

Zur Vermeidung und Bekämpfung von Glücksspielsucht gelten die folgenden Richtlinien:

1. Die Veranstalter
   a) benennen Beauftragte für die Entwicklung von Sozialkonzepten,
   b) erheben Daten über die Auswirkungen der von ihnen angebotenen Glücksspiele auf die Entstehung von Glücksspielsucht und berichten hierüber sowie über den Erfolg der von ihnen zum Spielerschutz getroffenen Maßnahmen alle zwei Jahre den Glücksspielaufsichtsbehörden,
   c) schulen das für die Veranstaltung, Durchführung und gewerbliche Vermittlung öffentlichen Glücksspiels eingesetzte Personal in der Früherkennung problematischen Spielverhaltens, wie z. B. dem plötzlichen Anstieg des Entgelts oder der Spielfrequenz,
   d) schließen das in den Annahmestellen beschäftigte Personal vom dort angebotenen Glücksspiel aus,
   e) ermöglichen es den Spielern, ihre Gefährdung einzuschätzen, und
   f) richten eine Telefonberatung mit einer bundesweit einheitlichen Telefonnummer ein.
2. Eine Information über Höchstgewinne ist mit der Aufklärung über die Wahrscheinlichkeit von Gewinn und Verlust zu verbinden.
3. Die Vergütung der leitenden Angestellten von Glücksspielveranstaltern darf nicht abhängig vom Umsatz berechnet werden.

II. Erläuterungen zum Glücksspielstaatsvertrag

Stand: 14. 12. 2006

Entwurf

Staatsvertrag zum Glücksspielwesen in Deutschland (Glücksspielstaatsvertrag – GlüStV)

Erläuterungen

A. Allgemeines

I. Ausgangslage

1. Lotteriestaatsvertrag

Die Länder haben im Staatsvertrag zum Lotteriewesen in Deutschland, der am 1. Juli 2004 in Kraft getreten ist, die Rahmenbedingungen für die Veranstaltung von Glücksspielen und die Zulassung und Durchführung von Lotterien vereinheitlicht. Der Staatsvertrag geht von der ordnungsrechtlichen Aufgabe der Länder aus, den natürlichen Spieltrieb der Bevölkerung in geordnete und überwachte Bahnen zu lenken, insbesondere ein Ausweichen auf nicht erlaubte Glücksspiele zu verhindern. Ohne einschränkende Regelungen wäre eine unkontrollierte Entwicklung des Glücksspiels zu befürchten, weil sich der Spieltrieb leicht zu wirtschaftlichen Zwecken ausnutzen lässt. Dem sei im Hinblick auf die möglichen nachteiligen Folgen für die psychische (Spielsucht) und wirtschaftliche Situation der Spieler, aber auch wegen der gesellschaftlichen Begleiterscheinungen (Therapien, staatliche Suchtprävention sowie Begleit- und Beschaffungsdelikte) entgegenzuwirken.

Glücksspiele wiesen unterschiedliche Gefährdungspotentiale auf. Da das Suchtverhalten von Glücksspielern vor allem dadurch bestimmt wird, dass in kurzen Zeitabständen intensive Spannungserlebnisse realisierbar sind oder ein Abtauchen aus der Alltagsrealität gefördert wird, sei vor allem Glücksspielen mit raschen Gewinnabfolgen, wie zum Beispiel Roulette, ein höheres Suchtpotential zu eigen als langsamen Spielen. Besondere Spielanreize bärgen auch solche Spiele, bei denen Wissen oder Können den Spielerfolg vermeintlich beeinflusst (zum Beispiel Sportwetten). Auch Lotterien hätten ein nicht unerhebliches Gefährdungspotential und könnten den Wunsch nach gefährlicheren Glücksspielarten wecken. Lotterien hätten je nach Art der Veranstaltung unterschiedliche Auswirkungen auf den Spieltrieb des Menschen. So seien die möglichen nachteiligen Auswirkungen auf die Spielsucht und die wirtschaftliche Situation des Spielers bei einer Internetlotterie oder einer Lotterie mit Jackpot weitaus größer, als bei einer monatlich stattfindenden Lotterie mit einem relativ geringen Gewinn (so die Erläuterungen zum Staatsvertrag, A.II.).

Davon ausgehend differenziert der Staatsvertrag danach, welche Gefährdungspotentiale das jeweilige Glücksspiel aufweist. Glücksspiele mit einem besonderen Gefährdungspotential (zum Beispiel Jackpotlotterien und bestimmte Wetten) werden den in § 5 Abs. 2 genannten staatlichen oder staatlich beherrschten Veranstaltern vorbehalten. Denn bei diesen verfügen die Länder ergänzend zu den Möglichkeiten der Lotterieaufsicht über weitergehende Kontroll- und Einwirkungsmöglichkeiten, mit denen den Zielen des Staatsvertrages wirksam Rechnung getragen werden kann.

2. Urteil des Bundesverfassungsgerichts vom 28. März 2006

Das Bundesverfassungsgericht hat mit Urteil vom 28. März 2006 – 1 BvR 1054/01 – (NJW 2006, S. 1261 ff.) grundsätzlich geklärt, welche Anforderungen das Grundrecht der Berufsfreiheit an die Errichtung eines staatlichen Sportwettmonopols stellt und inwieweit die damit einhergehenden Beschränkungen gerechtfertigt sein können. Die derzeitige Ausgestaltung des staatlichen Sportwettmonopols sei als mit Art. 12 Abs. 1 GG unvereinbar anzusehen. Insbesondere fehle es an Regelungen, die eine konsequente und aktive Ausrichtung des Sportwettangebots am Ziel der Begrenzung der Wettleidenschaft und Bekämpfung der Wettsucht materiell und strukturell gewährleisten. Dieses Regelungsdefizit werde auch durch den von sämtlichen Ländern ratifizierten Staatsvertrag zum Lotteriewesen in Deutschland nicht ausgeglichen (vgl. BVerfG, Urteil vom 28. März 2006, a. a. O., S. 1264 ff.).

Diese Beurteilung der Rechtslage gilt nicht nur für Bayern, sondern ebenso für die anderen Länder. Das Bundesverfassungsgericht hat dies in den Beschlüssen der 2. Kammer des Ersten Senats vom 4. 7. 2006 – 1 BvR 138/05 – und vom 2. 8. 2006 – 1 BvR 2677/04 – für Baden-Württemberg und Nordrhein-Westfalen ausdrücklich festgestellt. Daher sind grundsätzlich alle Länder gehalten, den Bereich der Sportwetten nach Maßgabe der Gründe des Urteils vom 28. März 2006 neu zu regeln und einen verfassungsmäßigen Zustand entweder durch eine konsequent am Ziel der Bekämpfung von Suchtgefahren ausgerichtete Ausgestaltung des Sportwettmonopols oder eine gesetzlich normierte und kontrollierte Zulassung gewerblicher Sportwettangebote durch private Wettunternehmen herzustellen (vgl. BVerfG, Urteil vom 28. März 2006, a. a. O., S. 1267).

In der Sache hat das Bundesverfassungsgericht die Einschätzung der Länder bestätigt, dass die Errichtung eines staatlichen Wettmonopols ein geeignetes Mittel ist, die mit dem Wetten verbundenen Gefahren zu bekämpfen. Dies gilt auch für die Annahme, dass eine Marktöffnung aufgrund des dann entstehenden Wettbewerbs zu einer erheblichen Ausweitung von Wettangeboten und diese Ausweitung auch zu einer Zunahme von problematischem und suchtbeeinflusstem Verhalten führen würde (vgl. BVerfG, Urteil vom 28. März 2006, a. a. O., S. 1264).

3. Auftrag und Verfahren

Das Bundesverfassungsgericht hat im Urteil vom 28. März 2006 dem Gesetzgeber bis Ende 2007 Zeit für eine Neuordnung des Sportwettenrechts gegeben. Die Regierungschefs der Länder haben daraufhin am 22. 6. 2006 beschlossen, einen neuen Lotteriestaatsvertrag zu erarbeiten, der die Veranstaltung von Sportwetten im Rahmen des staatlichen Monopols entsprechend den Anforderungen der Sportwett-Entscheidung des Bundesverfassungsgerichts regelt. Dabei sei auch zu prüfen, ob und inwieweit den Anforderungen des Bundesverfassungsgerichts auch für den Lotteriebereich Rechnung zu tragen ist.

Die Länder haben bereits im Juli 2006 Suchtexperten um eine erste Stellungnahme zur Neuordnung des Glücksspielrechts gebeten; deren Positionen sind in der Anlage in Stichpunkten tabellarisch zusammengefasst. Inwieweit den Forderungen der Suchtexperten Rechnung getragen wird, ergibt sich aus dem Text des Staatsvertrages und den jeweiligen Erläuterungen. Entsprechend dem Auftrag der Regierungschefs der Länder vom 19. 10. 2006 ist zu dem Entwurf des Staatsvertrages eine breit angelegte Anhörung der Verbände und sonstigen Stellen durchgeführt worden. Deren Ergebnisse sind den Regierungschefs der Länder bei ihrer Sitzung am 13. 12. 2006 vorgelegt worden. Auf die Ergebnisse der Anhörung wird, soweit erforderlich oder angebracht, in den Erläuterungen hingewiesen

II. Lösung

1. Fortentwicklung des Lotteriestaatsvertrages

An den Kernzielen, die seit langem die Glücksspielgesetzgebung der Länder leiten und die im Staatsvertrag zum Lotteriewesen in Deutschland ihren Niederschlag gefunden haben, soll festgehalten werden. Eine Politik der strikten Regulierung des Glücksspiels, wie sie bisher stets verfolgt worden ist, ist zum Schutz der Spieler und der Allgemeinheit notwendig und geeignet.

Die im Auftrag der EU-Kommission erstellte Studie des Schweizerischen Instituts für Rechtsvergleichung zum Glücksspielmarkt in der EU vom April 2006 belegt eindrucksvoll den Erfolg dieser Politik der strikten Regulierung und Kanalisierung des Glücksspiels. Danach ist das Lotterie- und Glücksspielangebot in Deutschland bei einer langfristigen Betrachtung über 25 Jahre in Relation zum Bruttoinlandsprodukt nicht gewachsen, sondern stabil geblieben (S. 1117f.). Diese begrenzte Entwicklung wird in der Studie auch noch auf die traditionell hohe Abgabenbelastung von Erträgen aus dem Glücksspiel in Deutschland zurückgeführt.

Entsprechend den Vorgaben des Bundesverfassungsgerichts sollen die bereits bisher verfolgten Ziele des Schutzes der Spieler und der Allgemeinheit in den materiellen und formellen Regelungen konsequent ausgestaltet werden. Dabei muss darauf geachtet werden, dass die Neuregelung tatsächlich durchgesetzt und mit vernünftigem Aufwand vollzogen werden kann. Spieler müssen vor Glücksspielsucht und ihren Folgen geschützt werden; dabei muss ein Schwerpunkt auf den Jugendschutz gelegt werden, weil Jugendliche gerade bei Sportwetten Zielgruppe sind und damit das ohnehin große Gefährdungspotential noch verstärkt wird. Zum anderen muss der Schutz der Allgemeinheit vor kriminellen Strukturen im und um das Glücksspiel gewährleistet werden.

Notwendig sind effektive Regeln

- zur Vermeidung und Bekämpfung von Glücksspielsucht,
- zur Kanalisierung und Begrenzung des Glücksspielangebots,
- zum Jugend- und zum Spielerschutz sowie
- zur Sicherstellung fairen Spiels und zum Schutz vor Kriminalität.

2. Kernziele des neuen Staatsvertrages

2.1 Vermeidung und Bekämpfung von Glücksspielsucht

Erstes und wichtigstes Ziel ist die Vermeidung und die Bekämpfung der Glücksspiel- und Wettsucht. Mit den Regelungen zur Vermeidung und Abwehr von Suchtgefahren kommen die Länder der staatlichen Pflicht zum Schutz der Gesundheit der Bürger nach Art. 2 Abs. 2 Satz 1 GG nach. Sie verfolgen damit ein überragend wichtiges Gemeinwohlziel, da Spielsucht zu schwerwiegenden Folgen nicht nur für die Betroffenen selbst, sondern auch für ihre Familien und für die Gemeinschaft führen kann (vgl. EuGH, Urteil vom 6. November 2003 – C-243/01 – Gambelli u. a., Slg. 2003, I-13076, Rn. 67 m. w. N.; BVerfG, Urteil vom 28. März 2006, a. a. O., S. 1263).

Das Bundesverfassungsgericht hat sich im Urteil vom 28. März 2006 ausführlich mit dem Stand der Forschung auseinandergesetzt. Danach steht fest, dass Glücksspiele und Wetten zu krankhaftem Suchtverhalten führen können (vgl. allgemein Meyer, Glücksspiel – Zahlen und Fakten, Jahrbuch Sucht 2005, S. 83 <91 ff.>; Hayer/Meyer, Das Suchtpotential von Sportwetten, in: Sucht 2003, S. 212). Wie bereits in den Erläuterungen zum Lotteriestaatsvertrag dargelegt, haben unterschiedliche Glücksspielformen ein unterschiedliches Suchtpotential. Bei weitem die meisten Spieler mit problematischem oder pathologischem Spielverhalten spielen nach derzeitigem Erkenntnisstand an Automaten, die nach dem gewerblichen Spielerecht betrieben werden dürfen. An zweiter Stelle in der Statistik folgen Casino-Spiele. Alle anderen Glücksspielformen tragen gegenwärtig deutlich weniger zu problematischem und pathologischem Spielverhalten bei (vgl. Hayer/Meyer, Die Prävention problematischen Spielverhaltens, Journal of Public Health 2004, S. 293 [296]).

Speziell zu Sportwetten mit festen Gewinnquoten hat das Bundesverfassungsgericht festgestellt, dass ein abschließendes Urteil über das Suchtpotential derzeit noch nicht möglich ist. Erste Untersuchungen und internationale Erfahrungen sprächen dafür, dass die Gefährlichkeit zwar geringer sei als bei den so genannten „harten" Casino-Glücksspielen, aber durchaus vorhanden sei (vgl. Hayer/Meyer, Das Suchtpotential von Sportwetten, in: Sucht 2003, S. 212 [218]). Wie sich das Suchtpotential im Hinblick auf Sportwetten entwickeln würde, wenn diese in erheblich ausgeweitetem Maße praktiziert würden, sei nicht absehbar. Auch wenn Sportwetten für die große Mehrheit der Spieler reinen Erholungs- und Unterhaltungscharakter haben dürften (vgl. Hayer/Meyer, Das Suchtpotential von Sportwetten, in: Sucht 2003, S. 212 [218]; Schmidt/Kähnert, Konsum von Glücksspielen bei Kindern und Jugendlichen – Verbreitung und Prävention, Abschlussbericht vom August 2003, S. 166), dürfe der Gesetzgeber auch bei Sportwetten mit festen Gewinnquoten schon aufgrund des gegenwärtigen Erkenntnisstandes mit einem nicht unerheblichen Suchtpotential rechnen und dies mit dem Ziel der Abwehr einer höchstwahrscheinlichen Gefahr zum Anlass für Prävention nehmen. Dies gilt insbesondere im Hinblick auf den Jugendschutz. Diese verfassungsgerichtliche Beurteilung deckt sich mit den Einschätzungen, die die Länder bei Abschluss des Lotteriestaatsvertrags der Unterscheidung von Glücksspielen mit besonderem Gefährdungspotential (wie Jackpotlotterien oder bestimmten Wetten) und Lotterien mit geringerem Gefährdungspotential zugrunde gelegt haben. Sie wird auch durch die Suchtexperten bestätigt, die im Juli 2006 um eine erste Stellungnahme zur Neuordnung des Glücksspielrechts gebeten worden sind; die Positionen der Suchtexperten sind in beigefügter Übersicht tabellarisch zusammengefasst.

Aus diesem Befund werden im neuen Staatsvertrag folgende Konsequenzen gezogen:

Die zur Vermeidung von Glücksspielsucht notwendigen Schranken für die Veranstaltung, die Vermarktung und den Vertrieb von Glückspielangeboten sollen allgemein für staatliche wie für private Veranstalter gelten; Abstriche von diesem Schutzniveau werden nur für Glücksspiele mit geringerem Gefährdungspotential zugelassen. Damit wird auch dem Hinweis der Spielsuchtexperten vor dem Bundesverfassungsgericht Rechnung getragen, dass ein erweitertes Glücksspielangebot nach eindeutigen Erkenntnissen der epidemiologischen Forschung untrennbar mit einer Ausweitung von Glücksspielsucht und problematischem Spielverhalten verbunden ist, unabhängig davon, ob Glücksspiele in öffentlicher oder in gewerblicher Regie veranstaltet werden. Mehrere in der Anhörung zum Entwurf des Staatsvertrags vorgelegte Studien zur nationalen und internationalen Forschungsliteratur und Äußerungen von Suchtexperten bestätigen die These, dass sowohl die Teilhabe als auch die Häufigkeit des Spielens in Zusammenhang mit der Vielfältigkeit des vorzufindenden Angebotes an Glücksspielen stehen (Bremer Institut für Drogenforschung – BISDRO; Scottish Executive, Research on Social Impacts of Gambling; Interdisziplinäre Suchtforschungsgruppe Berlin (ISFB), Charité – Universitätsmedizin Berlin).

Aufgenommen werden folgende neue Verbote:

- Das Glückspiel im Internet soll verboten werden, weil es nach Feststellung des Bundesverfassungsgerichts und nach Aussage der Suchtexperten in besonderem Maße suchtgefährdend ist und eine Begrenzung des Glücksspiels bei Internetangeboten nicht zu erreichen ist. Das klare Verbot wird die Durchsetzung bei allen Beteiligten (vor allem Banken und Providern) erleichtern.
- Die Fernsehwerbung wird verboten, weil Werbung in diesem Medium die größte Breitenwirkung erzielt und häufig besonders auf Jugendliche und andere gefährdete Gruppen ausgerichtet ist (so auch die Literaturstudie von BISDRO). Die Werbung im Internet wird verboten, weil hier neben die Breitenwirkung und die Zielgruppenorientierung als zusätzliches Gefahrenelement der sofortige Übergang zur Teilnahme am Spiel tritt, der im Internet stets

möglich ist. Mit diesen Werbeverboten wird nachvollzogen, was im Bereich der Tabakwerbung bereits europaweit geltendes Recht ist.

Ein unabhängiger Fachbeirat, der sich aus Experten in der Bekämpfung der Glücksspielsucht zusammensetzt, soll deren Sachverstand einbringen. Neue Glücksspielangebote der staatlichen und staatlich beherrschten Veranstalter dürfen – wenn überhaupt – nur nach Untersuchung und Bewertung der Auswirkungen auf die Bevölkerung durch den Fachbeirat erlaubt werden; das Gleiche gilt für die Vermittlung dieser Angebote. Zudem wird eine Verpflichtung der Länder aufgenommen, die wissenschaftliche Forschung zur Vermeidung und Abwehr von Suchtgefahren sicherzustellen.

2.2 Kanalisierung und Begrenzung des Glücksspielangebots

Dieses Ziel soll auf zwei Wegen verfolgt und erreicht werden:

- Einerseits soll das bestehende Monopol bei Sportwetten und Lotterien mit besonderem Gefährdungspotential erhalten bleiben. Die Länder gehen dabei davon aus, dass die Suchtgefahren mit Hilfe eines auf die Bekämpfung von Glücksspielsucht und problematischem Spielverhalten ausgerichteten Monopols mit staatlich verantwortetem Angebot effektiver beherrscht werden können als im Wege einer Kontrolle privater Veranstalter. Das Monopol bei der Veranstaltung von Sportwetten und Lotterien mit besonderem Gefährdungspotential ermöglicht es auch, die zur Suchtprävention notwendigen Begrenzungen des Angebots an Glücksspielen wirksam vorzunehmen. Diese Begrenzung des Angebots ist zur Vermeidung von Glücksspielsucht unabdingbar. Denn ein erweitertes Glücksspielangebot ist untrennbar mit einer Ausweitung von Glücksspielsucht und problematischem Spielverhalten verbunden (s. o. 2.1). Dagegen ist bei der Vermittlung dieses staatlich verantworteten Glücksspielangebots ein Monopol nicht normiert. Vielmehr wird die Vermittlung – sei sie privat oder staatlich verantwortet – ihrerseits an die allgemein geltenden Vorschriften zu Werbung, Sozialkonzept, Aufklärung und über den Erlaubnisvorbehalt an die Ziele des Staatsvertrages (insbesondere gemäß § 1 Nr. 1 und 2) gebunden.
- Andererseits wird ein umfassendes Verbot mit Erlaubnisvorbehalt aufgenommen. Jede Veranstaltung oder Vermittlung öffentlicher Glückspiele bedarf danach der Erlaubnis des jeweiligen Landes; die Veranstaltung und Vermittlung öffentlicher Glückspiele ohne diese Erlaubnis ist verboten. Auf die Erteilung der Erlaubnis besteht kein Anspruch; die Erlaubnis ist zu versagen, wenn die Veranstaltung oder Vermittlung eines Glücksspiels den in § 1 festgelegten Zielen des Staatsvertrages zuwiderläuft.

2.3 Jugend- und Spielerschutz

Das strikte Verbot der Teilnahme Minderjähriger an öffentlichen Glückspielen wird fortgeführt. Das Verbot muss gegenüber den Veranstaltern und Vermittlern von Glücksspielen, insbesondere auch von Sportwetten, konsequent durchgesetzt werden; Verstöße müssen mit Sanktionen, ggf. auch dem Widerruf erteilter Erlaubnisse geahndet werden. Denn die Suchtexperten haben vor dem Bundesverfassungsgericht ausdrücklich darauf hingewiesen, dass gerade unter Jugendlichen eine Hinwendung zu Wetten mit festen Gewinnquoten auffällig und eine Ausprägung problematischen Spielverhaltens bereits im Alter zwischen 13 und 19 Jahren erkennbar ist.

Zum Schutz des Spielers werden Veranstalter und Vermittler von öffentlichen Glückspielen verpflichtet, die Spieler zu verantwortungsbewusstem Spiel anzuhalten und der Entstehung von Spielsucht vorzubeugen. Dazu haben sie Sozialkonzepte aufzustellen, ihr Personal zu schulen und die Spieler über die Risiken des Spiels und Hilfemöglichkeiten aufzuklären.

Vor allem aber soll ein übergreifendes Sperrsystem geschaffen werden, das Spielsüchtige oder erkennbar Spielsuchtgefährdete wirksam von der Teilnahme am Spiel ausschließt. Neben den Spielbanken sollen die Sperren auch bei Sportwetten und Lotterien in rascher Zeitfolge (tägliche Lotterien wie Keno, Minuten-Lotterien wie Quicky) durchgesetzt werden. Dazu werden die in § 10 Abs. 2 genannten staatlichen oder staatlich beherrschten Veranstalter verpflichtet, sich dem bestehenden Sperrsystem der Spielbanken anzuschließen. Damit wird eine Kernforderung der Suchtexperten erfüllt.

2.4 Sicherstellung fairen Spiels und Schutz vor Kriminalität

Zur Durchsetzung sämtlicher Anforderungen und zur wirksamen Bekämpfung illegalen Glücksspiels wird eine starke Glücksspielaufsicht geschaffen, die entsprechend der Forderung des Bundesverfassungsgerichts nicht beim Finanzministerium ressortieren darf. Die Länder verpflichten sich zur Zusammenarbeit bei der Glücksspielaufsicht; die Erlaubnisse für die in § 10 Abs. 2 genannten Veranstalter werden zwischen den Glücksspielaufsichtsbehörden der Länder abgestimmt.

3. Einheitlicher Rahmen für alle Glücksspiele

Die Neuregelung bezieht in Fortentwicklung des Lotteriestaatsvertrags neben den Sportwetten in vollem Umfang auch die staatlichen und privaten Lotterien ein; auch hier ist eine Anpassung an die Vorgaben des Bundesverfassungsgerichts im Urteil vom 28. März 2006 – bei Abstufungen im Detail – notwendig. Zusätzlich werden entsprechend den Empfehlungen der Spielsuchtexperten auch für die Spielbanken die notwendig ländereinheitlich zu treffenden und zu vollziehenden Vorschriften zum Spielerschutz, insbesondere zu den Spielersperren, in dem Staatsvertrag mit geregelt.

In den Staatsvertrag können – entgegen den fachlichen Vorschlägen der Suchtexperten – keine Anforderungen an das gewerbliche Spiel in Spielhallen aufgenommen werden. Hier sind die Länder an einer Regelung durch die abschließende Normierung des Bundes in der Gewerbeordnung (GewO) und der Spielverordnung gehindert; die in der Föderalismusreform übertragene Zuständigkeit für die Spielhallen umfasst nur die (räumlich radizierte) Spielhallenerlaubnis in § 33 i GewO, nicht dagegen das gewerbliche Spielrecht der §§ 33 c bis g GewO. Die Länder haben zwar bereits bei der Novelle der Spielverordnung (SpielV – i. d. F. der Bek. vom 27. Januar 2006, BGBl. I S. 280) wesentliche Forderungen zum Schutz der Spieler und der Allgemeinheit durchgesetzt; so geht das Verbot der unter Spielerschutzaspekten besonders problematischen Fun Games in § 6 a SpielV auf Forderungen der Länder zurück, weil diese Geräte, von denen in Deutschland bis 2005 rund 80.000 nominell als Unterhaltungsspielgeräte aufgestellt worden waren, faktisch unter Verstoß gegen sämtliche Höchstgewinn- und Verlustgrenzen der Spielverordnung als Glücksspielautomaten betrieben wurden. Darüber hinaus ist auf Forderung des Bundesrates das Verbot von Jackpotsystemen und sonstigen Gewinnchancen und Vergünstigungen in § 9 Abs. 2 SpielV aufgenommen und die von der Bundesregierung vorgesehene Erweiterung der Zahl der in einer Spielhalle zulässigen Geldspielgeräte deutlich zurückgenommen worden (BR-Drucks. 655/05 (Beschluss)). Die Länder gehen jedoch davon aus, dass der Bund aus den Feststellungen im Urteil des Bundesverfassungsgerichts vom 28.März 2006 für das gewerbliche Spiel in Spielhallen und Gaststätten die Konsequenzen zieht und in gleicher Weise wie der vorliegende Staatsvertrag die notwendigen Bedingungen zum Schutz der Spieler und zur Vermeidung und Bekämpfung der Spielsucht sicherstellt.

III. Alternativen

Das Bundesverfassungsgericht hat zur Neuordnung des Sportwettenrechts auch eine gesetzlich normierte und kontrollierte Zulassung gewerblicher Sportwettangebote durch private Wettunternehmen zugelassen (vgl. BVerfG, Urteil vom 28. März 2006, a. a. O., S. 1267). Diese Alternative ist aus ordnungs- und gesellschaftspolitischen Gründen – jedenfalls unter den gegenwärtig gegebenen Umständen – abzulehnen:

- Eine Zulassung privater Wettunternehmen in einem derartigen „Glücksspielmarkt“ würde zu einer enormen Expansion des Angebots führen. Dies zeigen die Prognosen interessierter Kreise wie die Feststellungen der Sicherheitsbehörden bei der Bekämpfung illegalen Glücksspiels. Bei der Anhörung zum Entwurf des Staatsvertrages wurde diese Befürchtung erneut bestätigt. So wurden von den Buchmacherverbänden Prognosen vorgelegt, denen zufolge bei Aufgabe der strikten Regulierung bis 2010 ein Umsatz privater Wettvermittler allein in Wettshops und durch Wett-Terminals von ca. 5,2 Mrd. € erwartet werde. Dies entspräche einer Verzehnfachung der gegenwärtig in Annahmestellen getätigten Umsätze.

- Mit dem „Glücksspielmarkt" würde im gleichen Maß die Zahl der suchtkranken und suchtgefährdeten Glücksspieler steigen. Zugleich wäre mit einem Anstieg der Begleit- und Beschaffungskriminalität zu rechnen.
- Eine Dämpfung dieses Angebotes wäre auch nicht durch die in Deutschland traditionell hohe Abgabenbelastung (s. o. II.1.) zu erreichen, weil angesichts des Steuerwettbewerbs in der EU (mit Abgabensätzen bis weit unter 0,5%) ein Ausweichen der privaten Unternehmen zu erwarten wäre, dem aus europa- und verfassungsrechtlichen Gründen im nationalen Recht nicht begegnet werden könnte.

Die Kernziele des Schutzes der Spieler und der Allgemeinheit wären damit nicht wirksam zu erreichen.

B. Zu den einzelnen Bestimmungen

Zum Ersten Abschnitt

Die Vorschriften dieses Abschnitts setzen in Bezug auf die Verhinderung von Glücksspiel- und Wettsucht, die Schaffung der Voraussetzungen für eine wirksame Suchtbekämpfung sowie die Gewährleistung des Jugend- und Spielerschutzes einen einheitlichen Rahmen. Zwar ist das Urteil des Bundesverfassungsgerichts vom 28. März 2006 allein zu Sportwetten ergangen, die dort festgelegten Anforderungen an die ordnungsrechtliche Ausgestaltung des Glücksspielrechts sind jedoch auf andere Formen von Glücksspielen übertragbar. Ziel der Vorschriften des ersten Abschnitts ist es daher, das Angebot sowohl des staatlichen als auch des privaten Glücksspiels von Maßnahmen der Prävention abhängig zu machen, die sich bundesweit auf alle Formen des Glücksspiels erstrecken.

Zu § 1 (Ziele des Staatsvertrages)

Durch die neue Strukturierung der Vorschrift wird deutlich, dass wichtigstes Ziel des Staatsvertrages die Verhinderung von Glücksspiel- und Wettsucht ist. Um dieses Ziel zu erreichen, sind die Länder angehalten, die Voraussetzungen für eine wirksame Suchtbekämpfung zu schaffen.

Insoweit umfassen die unter Nr. 1 aufgeführten Ziele als Oberbegriffe die in den folgenden Ziffern beschriebenen weiteren Anliegen. Eine wirksame Suchtbekämpfung erfordert u. a. die Begrenzung des Glücksspielangebotes und die Verhinderung des Ausweichens auf nicht erlaubte Glücksspiele (s. o. Nr. 2). Ein unbegrenztes Angebot würde demgegenüber zu einer Ausweitung von Glücksspielsucht und problematischem Spielverhalten führen; eine Eindämmung der Glücksspiel- und Wettsucht ließe sich damit nicht erreichen (s. o. bei A.II.2.1 und 2.2).

Die Gewährleistung des Jugend- und Spielerschutzes in Nr. 3 ist ebenfalls ein wesentliches Element der Suchtbekämpfung. Gerade unter Jugendlichen ist nach Auskunft von Suchtexperten eine Ausprägung problematischen Spielverhaltens bereits im Alter ab 13 Jahren erkennbar.

Nr. 4 bezieht sich auf kriminelle Aktivitäten, die in Verbindung mit dem Glücksspielbereich auftreten können. Die ordnungsgemäße Durchführung von Glücksspielen gewährleistet Schutz vor betrügerischen Aktivitäten während des Glücksspiels. Darüber hinaus wird die Kriminalität im Umfeld des Glücksspielbereichs in den Blick genommen; auch hier sollen Gefahren für die Bevölkerung durch Abwehr der mit Glücksspielen verbunden Folge- und Begleitkriminalität vermieden werden. Die Schaffung einer Glücksspielaufsicht in § 9 des Staatsvertrages mit entsprechenden umfangreichen Befugnissen gewährleistet die Erreichung dieses Ziels.

Zu § 2 (Anwendungsbereich)

Aus der systematischen Stellung der Vorschrift folgt, dass die Länder die Veranstaltung, die Durchführung und die Vermittlung von Glücksspiel unter dem Aspekt der Suchtvermeidung und -bekämpfung regeln. Satz 1 erweitert den Anwendungsbereich des Staatsvertrages, der bislang auf die „gewerbliche" Spielvermittlung beschränkt war, auf jede Form der Vermittlung. Satz 2 bezieht Spielbanken in den Anwendungsbereich des Staatsvertrages ein, weil Casinospiele in Spielbanken zu den Glücksspielen mit dem höchsten Suchtpotential zählen. Sie können daher von dem mit diesem Staatsvertrag verfolgten Ziel, bundesweit einheitliche Maßstäbe zur Verhinderung der Glücksspielsucht zu setzen, nicht ausgenommen werden. Eine vollständige Regelung des Spielbankenrechts ist angesichts der unterschiedlichen rechtlichen Rahmenbedingungen in den Ländern nicht beabsichtigt.

Daher gelten für Spielbanken nur die an dieser Stelle ausdrücklich genannten Vorschriften. Danach sind die Allgemeinen Bestimmungen (§§ 1, 3 und 4), die Vorschriften zur Werbung (§ 5), über Sozialkonzepte (§ 6), die Verpflichtung zur Aufklärung (§ 7) und zur Spielersperre (§§ 8, 20 und 23) auf Spielbanken anzuwenden.

Zu § 3 (Begriffsbestimmungen)

Die geltenden Bestimmungen in den Absätzen 1 bis 3 werden unverändert übernommen. Der Staatsvertrag erfasst nur Glücksspiele, also solche Spiele, bei denen die Entscheidung über den Gewinn ganz oder überwiegend vom Zufall abhängt. Nicht erfasst werden reine Geschicklichkeitsspiele, bei denen Wissen und Können des Spielers für den Spielausgang entscheidend sind. Beim Zusammentreffen beider Elemente ist durch eine wertende Gesamtbetrachtung festzustellen, welches Element (Zufall oder Geschicklichkeit) überwiegt. Das gilt auch bei sog. Telefongewinnspielen in Fernsehen und Hörfunk, bei denen zunächst ein Zufallsgenerator über die Weiterschaltung der Anrufe in das Studio entscheidet; notwendig ist auch hier eine Gesamtbetrachtung des Spiels und der ggf. enthaltenen Wissens- und Geschicklichkeitselemente. Ein Glücksspiel liegt im übrigen nicht vor, wenn ein Entgelt nicht verlangt wird. Ein solches Verlangen ist nicht gegeben, wenn neben einer entgeltlichen Teilnahmemöglichkeit (z.B. via Mehrwertdienst) eine gleichwertige, praktikable und unentgeltliche Alternative – z.B. durch Postkarte, E-Mail oder via Internet – zur Teilnahme an demselben Spiel angeboten wird. Der Schwerpunkt bei der Regulierung der sog. Telefongewinnspiele muss deshalb im Verbraucherschutz liegen, wo das Problem in seiner Gesamtheit – unbeeinträchtigt von den Grenzen einer glücksspielrechtlichen Betrachtung – gelöst werden kann.

In Absatz 1 wird ein Satz 3 angefügt, der klarstellt, dass auch Wetten auf den Eintritt oder den Ausgang eines zukünftigen Ereignisses Glücksspiele sind. Zwar zählen Wetten nach überwiegender Rechtsansicht bereits aufgrund der Definition von Absatz 1 Satz 1 und 2 zu Glücksspielen. Eine weitergehende Klarstellung erscheint jedoch geboten, weil es zu dieser Frage in Literatur und Rechtsprechung trotz höchstrichterlichen Entscheidungen, die die Einordnung von Wetten als Glücksspiel bestätigen, nach wie vor vereinzelte Stimmen gibt, die Wetten unter die Geschicklichkeitsspiele subsumieren, weil vorgeblich nicht der Zufall, sondern die Sachkenntnis des Wettenden entscheidend für Gewinn und Verlust sein sollen.

Absatz 4 stellt entsprechend der bisherigen Rechtsprechung klar, dass Glücksspiele überall dort veranstaltet und vermittelt werden, wo die Möglichkeit zur Teilnahme eröffnet wird. Gilt die Übermittlung von Spielscheinen per Brief oder die Eröffnung der Teilnahme über das Internet als Veranstaltung von Glücksspiel, so wird dieses letztlich auch dort veranstaltet, wo das Angebot ankommt. Dass bei der Internetnutzung der Veranstalter sein Angebot nicht an bestimmte Personen richtet, ändert daran nichts, weil durch die Einstellung eines Internetangebotes der

Veranstalter jedem Spielinteressierten die Teilnahme von dessen Aufenthaltsort aus ermöglichen möchte. Dies gilt auch für Angebote, die vom Ausland aus in das Internet eingestellt werden, da auch hier eine Teilnahme am Glücksspiel von Deutschland aus ermöglicht wird (BGH, Urteil vom 01. April 2004 – I ZR 317/01 –, GewArch 2004, 336; BGH, Urteil vom 14. März 2002 – I ZR 279/99 , NJW 2002, 2175 unter Hinweis auf die Stellungnahme des Bundesrates zum Regierungsentwurf, BT-Drs. 13/8587, S. 67 f. und den Bericht des Bundestags-Rechtsausschusses, BT-Drucks. 13/9064, S. 21); BGH, Urteil vom 28. Mai 1957 – 1 StR 339/56; BGH, Urteil vom 24. September 1957 – 5 StR 519/56; OLG Braunschweig, Urteil vom 10. September 1954 – Ss 128/54 –, NJW 1954, 1779 jeweils zu den §§ 284 ff. StGB).

In den Absätzen 5 und 6 werden die in die Vertriebsorganisation staatlicher oder staatlich beherrschter Veranstalter im Sinne des § 10 Abs. 2 eingegliederten Vermittler, nämlich die Annahmestellen der Lotteriegesellschaften der Länder und die Lotterie-Einnehmer der Klassenlotterien, von den gewerblichen Spielvermittlern abgegrenzt, die einzelne Spielverträge an einen Veranstalter vermitteln oder Spielgemeinschaften zusammenführen und deren Spielbeteiligung vermitteln (s. § 14 Abs. 1 Lotteriestaatsvertrag), ohne wie die Annahmestellen und die Lotterie-Einnehmer in die Vertriebsorganisation des Veranstalters eingegliedert zu sein.

Zu § 4 (Allgemeine Bestimmungen)

Absatz 1 enthält ein umfassendes Verbot mit Erlaubnisvorbehalt. Jede Veranstaltung und Vermittlung öffentlicher Glücksspiele bedarf der Erlaubnis, ohne diese Erlaubnis sind Veranstaltung und Vermittlung verboten. Neben der klarstellenden Funktion eines umfassenden Erlaubnisvorbehaltes ermöglicht die Vorschrift auch, Regelungen über abgestufte Sanktionen unterhalb des Strafrechts bei Verstößen gegen das Verbot zu treffen.

Der Erlaubnispflicht von Glücksspielen nach Absatz 1 unterliegen die Veranstalter und alle Personen, die dem Spieler die Teilnahme am Glücksspiel ermöglichen. Dazu gehören gegenwärtig u. a. die gewerblichen Spielvermittler und die Annahmestellen der Lotteriegesellschaften der Länder, die zwischen Veranstalter und Spieler vermitteln. Gleiches gilt für die Lotterieeinnehmer der Klassenlotterien. Ein eigenes finanzielles Risiko kann, muss aber nicht mit dem Veranstalten oder Vermitteln verbunden sein. Das zeigt das Angebot von Pokerspielen in den Spielbanken, bei denen der Casinobetreiber kein eigenes Risiko trägt.

Die Einführung einer staatsvertraglichen Erlaubnispflicht für das Vermitteln öffentlicher Glücksspiele ist als Reaktion auf die vielfachen Missstände notwendig, auf die die Suchtexperten von Anfang hingewiesen hatten und die durch Berichte der Verbraucherschutzverbände in der Anhörung erneut bestätigt worden sind. So sind laut Verbraucherzentrale Bundesverband in den letzten Jahren gewerbliche Spielvermittler dadurch aufgefallen, dass sie versuchten, mit besonders aggressiven Methoden Mitspieler zu werben und hierbei teilweise falsche Gewinnsummen versprachen. Der Verbraucherzentrale Bundesverband habe dahingehend eine Vielzahl von Verbraucherbeschwerden erhalten. Einige der Spielvermittler hätten wegen unlauterer Wettbewerbsmethoden abgemahnt werden müssen. Die Beachtung der suchtpräventiven und allgemeinwohlbezogenen Zielsetzungen des Staatsvertrages muss deshalb durch eine vorgehende Prüfung in einem Erlaubnisverfahren gesichert werden.

Damit wird im wesentlichen nur klarstellend übernommen, was sich – angesichts des im Strafrecht anzuwendenden weiten Veranstalterbegriffs, der auch weite Teile der Vermittlung nach diesem Staatsvertrag erfasst (vgl. BGH, Urteil vom 28. November 2002 – 4 StR 260/02 – GewArch 2003, 332) – nach geltendem Recht aus §§ 284, 287 StGB ergibt. Denn diese bundesgesetzlichen Strafnormen machen die Tatbestandsmäßigkeit oder jedenfalls die Rechtswidrigkeit des unter Strafe gestellten Verhaltens von dem Nichtbestehen einer behördlichen Erlaubnis abhängig, so dass den Ländern ein Spielraum für die Ausgestaltung der Voraussetzungen gewährt ist, unter denen von dem Verbot der Glücksspielveranstaltung Befreiung gewährt werden soll (vgl. BVerwG, Urteil vom 21. Juni 2006 – 6 C 19.06 –, Absatz-Nr. 49; BVerwG, Urteil vom

29. Juni 2000 – 1 C 26.99 – GewArch 2000, 386). Die Länder sind bei dieser Regelung insbesondere nicht durch die gewerberechtlichen Vorschriften des Bundes gesperrt; dies räumt auch Prof. Dr. Horn in seinem Gutachten vom November 2006, das von einem gewerblichen Spielvermittler in der Anhörung zum Entwurf des Staatsvertrags vorgelegt worden ist, unter Verweis auf das Urteil des Bundesverwaltungsgerichts vom 21. Juni 2006 ein (a. a. O., S. 39).

Absatz 2 unterstreicht die Ziele dieses Staatsvertrages, indem die Versagung einer Erlaubnis zwingend ist, wenn die Veranstaltung und Vermittlung von Glücksspiel den Zielen des § 1 zuwiderläuft. Nur unter Beachtung der Ziele von Suchtbekämpfung und -verhinderung, Begrenzung des Glücksspielangebotes und Kanalisierung des Spieltriebs, Gewährleistung des Jugend- und Spielerschutzes sowie der ordnungsgemäßen Durchführung von Glücksspiel und der Abwehr von damit verbundener Kriminalität kann eine Erlaubnis erteilt werden. Satz 2 stellt klar, dass eine Erlaubnis für das Vermitteln nach diesem Staatsvertrag nicht erlaubter Glücksspiele nicht erteilt werden darf. Satz 3 stellt fest, dass es keinen Anspruch auf eine Glücksspielerlaubnis gibt.

Das in § 4 Abs. 2 eröffnete Ermessen ist entsprechend dem Zweck der gesetzlichen Ermächtigung und in den gesetzlichen Grenzen auszuüben (§ 40 VwVfG). Im Vordergrund steht danach die Förderung der Ziele des § 1, soweit nicht ein Widerspruch zu diesen Zielen bereits den zwingenden Versagungsgrund nach § 4 Abs. 2 Satz 1 begründet. Die in § 4 Abs. 2 vorgesehene Ermessensentscheidung eignet sich nicht dafür, zwischen privaten oder staatlichen Vermittlern zu unterscheiden; sie erlaubt vielmehr eine Steuerung nur nach den ordnungsrechtlichen Zielen des § 1, wobei vor allem § 1 Nr. 1 (Verhinderung von Suchtgefahren) und Nr. 2 (Kanalisierung und Begrenzung des Angebots) von maßgeblicher Bedeutung sein werden. Dass es somit vor allem auf eine Unterscheidung zwischen dem (legal) bestehenden Angebot und neu hinzukommenden Angeboten ankommt, wird auch durch die Fassung von § 9 Abs. 5 deutlich, der für neue Glücksspielangebote der staatlichen und staatlich beherrschten Veranstalter, aber auch für die Einführung neuer und die erhebliche Erweiterung bestehender Vertriebswege durch Veranstalter oder Vermittler die vorherige Begutachtung und Bewertung der Auswirkungen auf die Bevölkerung durch den Fachbeirat vorschreibt. Ergänzend ist auf die Übergangsregelung in § 25 Abs. 1 und 2 zu verweisen, die Veranstalter und Vermittler von erlaubten Glücksspielen, für die in § 4 Abs. 1 erstmals eine Erlaubnispflicht begründet wird, für ein Jahr von dieser Pflicht freistellt und ihnen eine Fortsetzung ihrer bisherigen legalen Tätigkeit ermöglicht; die materiellen Anforderungen des Staatsvertrages sind auch während dieser Übergangszeit zu erfüllen.

In Absatz 3 Satz 1 wird wie bisher klargestellt, dass die Erfordernisse des Jugendschutzes im Bereich des Glücksspiels besonders zu beachten sind. Dazu gehören die Anforderungen des Jugendschutzgesetzes (JuSchG). So sieht § 6 Abs. 1 JuSchG vor, dass die Anwesenheit in Spielhallen oder ähnlichen vorwiegend dem Spielbetrieb dienenden Räumen Kindern und Jugendlichen nicht gestattet werden darf. § 6 Abs. 2 JuSchG bestimmt, dass die Teilnahme an Spielen mit Gewinnmöglichkeit in der Öffentlichkeit Kindern und Jugendlichen nur auf bestimmten Veranstaltungen und nur unter der Voraussetzung gestattet werden darf, dass der Gewinn in Waren von geringem Wert besteht. Diese Anforderungen können auch durch Nebenbestimmungen konkretisiert werden.

In Absatz 3 Satz 2 ist – über das allgemeine Jugendschutzrecht hinausgehend – die Teilnahme von Minderjährigen an öffentlichen Glücksspiele uneingeschränkt verboten worden (so bereits § 4 Abs. 2 Satz 2 Lotteriestaatsvertrag). Dieses Verbot trägt dem Umstand Rechnung, dass die Gefahr der Ausnutzung des Spieltriebs Jugendlicher in besonders hohem Maß besteht, da Jugendliche in der Regel durch die in Aussicht gestellten Gewinne für das Glücksspiel leichter zu begeistern sind als Erwachsene. Auf Anregung der Suchtverbände in der Anhörung zum Entwurf des Staatsvertrages wird ein weiterer Satz 3 angefügt, der eine eigenständige Pflicht der Veranstalter und Vermittler begründet, sicherzustellen, dass Minderjährige von der Teilnahme am Glücksspiel ausgeschlossen werden, deren Verletzung ihrerseits im Landesrecht als Ordnungswidrigkeit bußgeldbewehrt oder – bei mehrfachem Verstoß – zum Anlass für den Widerruf der Erlaubnis genommen werden kann.

Absatz 4 enthält das generelle Verbot der Veranstaltung und Vermittlung öffentlicher Glücksspiele im Internet und erstreckt sich auf alle Arten der im Staatsvertrag geregelten Glücksspiele, insbesondere auf Lotterien, Sportwetten und den Bereich der Spielbanken. Damit wird eine wesentliche Forderung erfüllt, die das BVerfG in seinem Urteil vom 28. März 2006 aufgestellt hat. Insbesondere vor dem Hintergrund der rechtlich gebotenen Ausrichtung des Wettangebotes am Ziel der Bekämpfung der Wettsucht hat das BVerfG die Möglichkeit der Wettteilnahme über das Internet als bedenklich angesehen, zumal gerade dieser Vertriebsweg keine effektive Kontrolle des Jugendschutzes gewährleistet. Die Anonymität des Spielenden und das Fehlen jeglicher sozialen Kontrolle lassen es unter dem Aspekt der Vermeidung von Glücksspielsucht als notwendig erscheinen, den Vertriebsweg „Internet" über den Sportwettenbereich hinaus in Frage zu stellen. Zur Sicherstellung der Ziele des § 1 ist es daher geboten, dem Glücksspielbereich den Vertriebsweg „Internet" grundsätzlich zu untersagen. Damit wird zudem eine Forderung der Suchtexperten erfüllt, die ein konsequentes Verbot von Internet-Wetten und Online-Glücksspielen verlangen.

Zu § 5 (Werbung)

Die Vorschrift normiert Werbebegrenzungen für alle Arten der im Staatsvertrag geregelten Glücksspiele, insbesondere Spielbanken, Sportwetten und Lotterien. Sie gelten auch für Glücksspiele, die rechtmäßig im Ausland veranstaltet und im Inland beworben werden dürfen, weil keine – die Erlaubnispflicht nach § 4 Abs. 1 Satz 1 auslösende – Teilnahmemöglichkeit im Inland besteht, wie etwa die Werbung für ausländische Casinos in Deutschland. Ein spezielles Werbeverbot für Sportwetten ist darüber hinaus in § 21 geregelt.

Absatz 1 formuliert Vorgaben an die Werbung für öffentliches Glücksspiel, die in Einklang mit den Anforderung der Suchtbekämpfung und des Spielerschutzes stehen.

Absatz 2 Satz 1 stellt klar, dass Werbung nicht in Widerspruch zu den Zielen des § 1 stehen darf. Jeder Art von Werbung ist ein gewisses Aufforderungs- bzw. Anreizmoment immanent. So definiert der Bundesgerichtshof Werbung als „jede Äußerung bei der Ausübung eines Handels, Gewerbes, Handwerks oder freien Berufs mit dem Ziel, den Absatz von Waren oder die Erbringung von Dienstleistungen zu fördern" (Urteil vom 09. Juni 2005 – I ZR 279/02). Vor diesem Hintergrund richtet sich das Verbot des gezielten Aufforderns, Anreizens oder Ermunterns zur Teilnahme am Glücksspiel in Satz 1 vor allem gegen unangemessene unsachliche Werbung. Verboten sind insbesondere die Glücksspielsucht fördernde Formen der Werbung etwa durch verkaufsfördernde Maßnahmen wie Rabatte, Gutscheine und ähnliche Aktionen. Auch wenn im Zusammenspiel von Absatz 1 und Absatz 2 Satz 1 der Werbeinhalt deutlich umrissen ist, betont Satz 2 ausdrücklich, dass Werbung sich weder an Minderjährige noch an vergleichbar gefährdete Zielgruppen richten darf. Satz 3 von Abs. 2 macht inhaltliche Vorgaben. Danach muss Werbung – neben der Selbstverständlichkeit, dass diese nicht irreführend sein darf – deutliche Hinweise auf das Verbot der Teilnahme Minderjähriger, die entsprechenden Suchtgefahren und Hilfemöglichkeiten enthalten.

§ 5 Abs. 3 begründet ein umfassendes Werbeverbot im Fernsehen (sei es als Spotwerbung oder Dauerwerbesendung im Sinne des § 7 RStV oder als Sponsoring im Sinn des § 8 RStV), weil Werbung in diesem Medium durch seine Reichweite in besonderem Maß zum Gefährdungspotential von Glücksspielen beiträgt. Nicht zuletzt bei Werbeverboten für andere Produkte in der Vergangenheit hat sich gezeigt, welche Bedeutung und Einflussmöglichkeiten der Fernsehwerbung zuzumessen ist. Zur umfassenden Ausgestaltung des Spielerschutzes – gerade bei Minderjährigen – und zur Bekämpfung von Suchtgefahren ist es daher unabdingbar, Werbung im Fernsehen zu verbieten; eine Erlaubnis kann hierfür, auch wenn die Voraussetzungen der Absatz 1 und 2 erfüllt sind, nicht erteilt werden. Vom Verbot nicht umfasst sind andere Programmteile, die von der Werbung gemäß § 7 Abs. 3 Satz 2 RStV optisch zu trennen sind, wie die Ziehung der Lottozahlen und Sendungen, die zugelassene Lotterien zum Gegenstand haben. Absatz 3 ergänzt zudem § 4 Abs. 4, indem auch die Werbung für öffentliches Glücksspiel im Internet konsequent untersagt wird. Hier tritt neben die Breitenwirkung und die Zielgruppenorientierung als zusätzliches Gefahrenelement der sofortige Übergang zur Teilnahme am Spiel, der im Internet stets möglich ist. Zuletzt wird in Abs. 3 die Werbung für öffentliches Glücksspiel über Telekommunikationsanlagen verboten. Dieses Verbot geht über die allgemein geltenden wettbewerbsrechtlichen Grenzen in § 7 Abs. 2 Nr. 2 UWG hinaus und verbietet jede Werbung über diese Anlagen. Damit werden Werbeanrufe beim Spieler verboten, nicht dagegen Anrufe des Spielers bei Veranstaltern oder Vermittlern unterbunden. Abgesehen wird dagegen von einem Verbot der unverlangten Übermittlung von Werbematerial und Spielangeboten per Post. Damit bleibt der Postweg als traditioneller, keine unmittelbare Reaktion des Empfängers anreizende und damit hinsichtlich des Suchtpotentials vertretbarer Vertriebsweg weiterhin eröffnet, wobei die Werbung selbst aber den Zielen und Anforderungen des Staatsvertrages (vgl. § 5 Abs. 1 und 2 sowie § 4 Abs. 2 i. V. m. § 1) vor allem im Hinblick auf Information, Suchtprophylaxe, Jugend- und Verbraucherschutz entsprechen muss.

In Absatz 4 wird – der geltenden Rechtslage folgend – festgelegt, dass Werbung für öffentliche Glücksspiele nur zulässig ist, wenn für das Veranstalten oder Vermitteln die nach § 4 Abs. 1 Satz 1 erforderliche Erlaubnis der zuständigen Behörde des jeweiligen Landes vorliegt. Das gilt nicht für ausländische Glücksspiele, die rechtmäßig im Ausland veranstaltet und im Inland beworben werden dürfen, weil eine – die Erlaubnispflicht nach § 4 Abs. 1 Satz 1 auslösende – Teilnahmemöglichkeit im Inland nicht besteht.

Zu § 6 (Sozialkonzept)

Zur Erreichung des Ziels, dass Veranstalter und Vermittler von öffentlichem Glücksspiel die Spieler zu verantwortungsbewusstem Spiel anhalten, ist es erforderlich, diesem Kreis die Entwicklung von Sozialkonzepten und die Schulung des Personals vorzuschreiben. Die Glücksspielaufsichtsbehörde kann nach § 9 Abs. 1 Satz 3 Nr. 2 Anforderungen an die Entwicklung und Umsetzung des Sozialkonzepts stellen.

Spielsuchtexperten empfehlen seit langem diesen präventiven Ansatz zur Abwehr von Suchtgefahren. Zu den wesentlichen Bestandteilen von Schulungsprogrammen zählt die Vermittlung von Wissen, die Sensibilisierung für die Gefahr der Spielsucht und das Trainieren von Handlungskonzepten, damit die Mitarbeiter auch kommunikativ dem Spieler begegnen können. Geschulte Mitarbeiter können bereits im Ansatz erkennen, ob ein Spieler Gefahr läuft, süchtig zu werden. Geeignete Maßnahmen, die zu diesem Zeitpunkt ergriffen werden, stellen die effektivste Verhinderung von Suchtgefahren dar – bevor ein Spieler tatsächlich spielsüchtig wird. Betriebsinterne und anbieterübergreifende Konzepte sollten auch auf eine Zusammenarbeit mit örtlichen Hilfseinrichtungen angelegt sein.

Ergänzend werden die Veranstalter und Vermittler von öffentlichen Glücksspielen verpflichtet, die Richtlinien zur Vermeidung und Bekämpfung von Spielsucht im Anhang zum Staatsvertrag zu erfüllen.

Zu § 7 (Aufklärung)

Die Vorschrift regelt eine weitere Verpflichtung der Veranstalter und Vermittler öffentlichen Glücksspiels und zählt ebenso wie § 6 zu den präventiven Ansätzen zur Bekämpfung der Suchtgefahren. Über das Gebot rein informatorischer Werbung hinaus geht es hier darum, durch Aufklärung problematisches Spielverhalten im Vorfeld zu verhindern.

Die im Gesetzgebungsverfahren beteiligten Suchtexperten haben es aus suchtpräventiver Sicht durchweg für erforderlich gehalten, auf die bei den unterschiedlichen Spielen vorhandenen statistischen Gewinnwahrscheinlichkeiten deutlich hinzuweisen. Durch die Ausarbeitung von eindeutig formulierten Informationen und die Ausbringung deutlich sichtbarer Hinweise wird bereits im Vorfeld problematisches Spielverhalten vermieden. Insoweit greifen die Absätze 1 und 2 die Expertenforderungen umfassend auf.

Absatz 1 regelt die Verpflichtung zur Aufklärung über die Wahrscheinlichkeit von Gewinn und Verlust sowie die Suchtrisiken des jeweiligen Spiels. Darüber hinaus ist unabhängig von der jeweiligen Glücksspielform normiert, dass über das Verbot der Teilnahme Minderjähriger und Beratungs- und Therapiemöglichkeiten aufzuklären ist.

Absatz 2 konkretisiert die Aufklärungspflicht, indem vorgeschrieben ist, dass Lose, Spielscheine und Spielquittungen entsprechende Hinweise zu enthalten haben.

Zu § 8 (Spielersperre)

Sämtliche im Gesetzgebungsverfahren beteiligten Spielsuchtexperten haben sich dafür eingesetzt, die Möglichkeit der Sperre als zentrale Maßnahme des Spielerschutzes für Glücksspiele mit erhöhtem Suchtpotential gesetzlich verbindlich zu regeln. Auch das Bundesverfassungsgericht hat in seinem Urteil vom 28. März 2006 die Möglichkeit der Selbstsperre als Maßnahme des Spielerschutzes gefordert (Abschnitt C.II.2.).

Absatz 1 der Vorschrift verpflichtet die Spielbanken und die in § 10 Abs. 2 genannten Veranstalter, ein Sperrsystem zu unterhalten, das gewährleistet, dass Spieler, die für eine Form des Glücksspiels gesperrt sind, auch von sonstigen Glücksspielen ausgeschlossen sind. Die bislang ausschließlich im Bereich der Spielbanken bestehende und bewährte Möglichkeit der Sperre gilt damit auch für die staatlichen oder staatlich beherrschten Veranstalter im Sinn des § 10 Abs. 2. Das übergreifende Sperrsystem trägt der im Rahmen der Suchtforschung gewonnenen Feststellung Rechnung, dass eine große Gruppe von sog. Problemspielern mehrere Angebote zum Glücksspiel parallel wahrnimmt bzw. mehrfach spielsüchtig ist.

Die Regelung in Absatz 2 differenziert zwischen den Möglichkeiten der Selbst- und der Fremdsperre. Die Selbstsperre setzt die persönliche Anwesenheit des Spielers voraus, der zu diesem Zweck seine Identität nachweisen muss. Die für die Sperrung erforderlichen Daten werden nach § 23 Abs. 1 gespeichert. Die Fremdsperre ist Ausdruck des in § 6 angelegten Konzepts des aktiven Spielerschutzes. Sie geht davon aus, dass das in Spielbanken und bei den staatlichen oder staatlich beherrschten Veranstaltern im Sinn des § 10 Abs. 2 beschäftigte Personal in der Wahrnehmung problematischen Spielverhaltens geschult ist und daraus im Interesse des Spielers Konsequenzen zieht.

Absatz 3 regelt die Anforderungen an die Mindestdauer der Sperre und die Mitteilung an den betroffenen Spieler.

Absatz 4 verweist für den Umfang der einzutragenden Daten auf § 23 Abs. 1 und stellt klar, dass im Interesse des Spielerschutzes ein Eintrag auch möglich ist, wenn nicht alle Daten vorhanden sind.

Absatz 5 regelt die Aufhebung der Sperre. Zur Vermeidung rechtlicher Auseinandersetzungen zwischen Veranstalter und Spieler sollten die Gründe für die Aufhebung schriftlich festgehalten werden.

Zum Zweiten Abschnitt

Zu § 9 (Glücksspielaufsicht)

In § 9 werden die notwendigen strukturellen Voraussetzungen geschaffen, um die wirksame Durchsetzung der dem Schutz der Spieler und der Allgemeinheit dienenden Regelungen des Staatsvertrages zu gewährleisten. Der Glücksspielaufsicht werden die notwendigen Befugnisse für Anordnungen im Einzelfall eingeräumt (Abs. 1 Satz 2). In Absatz 1 Satz 3 werden beispielhaft die wichtigsten Einzelbefugnisse der Glücksspielaufsicht aufgeführt. Hervorzuheben ist dabei die Befugnis, Anforderungen an die Entwicklung und Umsetzung des Sozialkonzepts zu stellen, die eine Durchsetzung der nach § 6 begründeten Pflichten ermöglicht. Des weiteren werden die bereits nach § 12 Abs. 1 Satz 2 Lotteriestaatsvertrag bekannten Eingriffsermächtigungen ergänzt um die Befugnis, Kredit- und Finanzdienstleistungsinstituten die Mitwirkungen an Zahlungen für und aus unerlaubtem Glücksspiel und Diensteanbietern i. S. des § 3 Teledienstegesetzes, soweit sie nach diesem Gesetz verantwortlich sind, die Mitwirkung am Zugang zu unerlaubten Glücksspielangeboten zu untersagen. In beiden Fällen handelt es sich im wesentlichen um eine Klarstellung, denn bereits nach geltendem Recht wird jedenfalls die wissentliche Mitwirkung als Beihilfe gemäß § 284 Abs. 1, § 27 StGB strafbar und damit nach dem Sicherheits- und Ordnungsrecht der Länder zu unterbinden sein. Auf die abgestuften Verantwortlichkeiten nach dem Teledienstegesetz wird ausdrücklich Rücksicht genommen.

Die Befugnisse der Behörden der einzelnen Länder zum ordnungsrechtlichen Vorgehen werden in Absatz 1 Satz 4 ergänzt um die Möglichkeit der gegenseitigen Ermächtigung, sofern unerlaubtes Glücksspiel in mehreren Ländern veranstaltet oder vermittelt oder dafür in mehreren Ländern geworben wird.

Waren diese Anordnungen bisher regelmäßig für sofort vollziehbar zu erklären, wird künftig die aufschiebende Wirkung von Widerspruch und Klage kraft Gesetzes ausgeschlossen (Abs. 2); die zahlreichen Entscheidungen der Verwaltungsgerichte zeigen schon bisher, dass die Interessenabwägung regelmäßig ein überwiegendes Allgemeininteresse an der sofortigen Vollziehung ergibt (vgl. BVerfG, Beschluss vom 21. September 2006 – 1 BvR 2399/06 –). Die für die Glücksspielaufsicht zuständigen Behörden der Länder arbeiten sowohl bei der Gefahrenabwehr als auch bei der Erteilung der Erlaubnisse für die in § 10 Abs. 2 genannten Veranstalter zusammen (Abs. 3).

Absatz 4 fasst die für alle Erlaubnisse nach § 4 Abs. 2 geltenden Verfahrensregelungen zusammen, die im Wesentlichen dem § 11 Abs. 2 und 3 Lotteriestaatsvertrag entnommen sind.

Eine Erlaubnis zur Einführung neuer Glücksspielangebote durch die staatlichen oder staatlich beherrschten Veranstalter kann nur erteilt werden, wenn neben den sonst geltenden Anforderungen auch die Voraussetzungen des Absatzes 5 erfüllt sind. Neuen Glücksspielangeboten im Sinn von Absatz 5 Satz 1 werden in Satz 2 die Einführung neuer oder die erhebliche Erweiterung bestehender Vertriebswege durch Veranstalter oder Vermittler gleichgestellt. Der unabhängige Fachbeirat muss in diesen Fällen die Auswirkungen des zusätzlichen Angebots auf die Bevölkerung untersucht und bewertet haben. Der Veranstalter muss die gebotene Begleitung durch Suchtexperten oder Suchtforscher sicherstellen. Das Fachbeiratsverfahren des § 9 Abs. 5 schafft die notwendigen fachlichen Voraussetzungen, um beurteilen zu können, ob ein neues Glücksspielangebot mit den Zielen des Staatsvertrags insbesondere in § 1 Nr. 1 und 2 vereinbar ist oder ihnen zuwiderläuft. Dies entspricht zentralen Forderungen der Suchtexperten und ist auch in der Anhörung als grundlegende Maßnahme der Primärprävention erneut bestätigt worden.

Die Glücksspielaufsicht darf gemäß Absatz 6 nicht durch eine Behörde ausgeübt werden, die für die Finanzen des Landes oder die Beteiligungsverwaltung des Lotterieunternehmens zuständig ist. Damit wird der Forderung des Bundesverfassungsgerichts, der Gesetzgeber habe die Einhaltung der Anforderungen des Spielerschutzes und der Suchtbekämpfung an die Veranstaltung, die Vermarktung und den Vertrieb durch geeignete Kontrollinstanzen sicherzustellen, die eine ausreichende Distanz zu den fiskalischen Interessen des Staates aufweisen, Rechnung getragen.

Zu § 10 (Sicherstellung eines ausreichenden Glücksspielangebotes)

Unverändert bleibt die Entscheidung der Länder im Lotteriestaatsvertrag, Glücksspiele mit besonderem Gefährdungspotential wie Jackpotlotterien und bestimmte Wetten den in § 10 Abs. 2 genannten staatlichen oder staatlich beherrschten Veranstaltern vorzubehalten (§ 10 Abs. 5).

Die bisher geltenden Vorschriften in § 5 Abs. 2 und 4 des Lotteriestaatsvertrages tragen – wie sich aus den Erläuterungen zum Lotteriestaatsvertrag ergibt – der Erkenntnis Rechnung, dass es Glücksspiele mit unterschiedlichem Gefährdungspotential gibt. Glücksspiele mit einem besonderen ordnungsrechtlichen Gefährdungspotential (zum Beispiel Jackpotlotterien, bestimmte Wetten) dürften nur auf einer gesetzlichen Grundlage und durch die in § 5 Abs. 2 Genannten veranstaltet werden, um dem nicht zu unterdrückenden natürlichen Spieltrieb des Menschen besonders überwachte Betätigungsmöglichkeiten zu verschaffen. Bei geringerem Gefährdungspotential könne die Veranstaltung von sonstigen Lotterien oder Ausspielungen durch andere Veranstalter nach Maßgabe des Dritten Abschnitts des Staatsvertrages ergänzend zugelassen werden, sofern auszuschließen sei, dass die Veranstaltung der Lotterie wegen des insgesamt bereits vorhandenen Glücksspielangebotes, insbesondere wegen der bereits veranstalteten Zahl an Glücksspielen oder deren Art oder Durchführung zu übermäßigen Spielanreizen führt. Da die Zulassungstatbestände des Dritten Abschnitts ausschließlich für Lotterien und Ausspielungen gälten, seien andere Glücksspielangebote (wie zum Beispiel bestimmte Wetten) durch andere als die in § 5 Abs. 2 Genannten ausgeschlossen (so die Erläuterungen zum Lotteriestaatsvertrag, B. zu § 5).

In der Anhörung zum Entwurf des Glücksspielstaatsvertrags ist eine Literaturstudie des Bremer Instituts für Drogenforschung (BISDRO) vorgelegt worden, die dem Zahlenlotto gegenüber anderen Glücksspielformen ein geringes Gefährdungspotential attestiert. Bezogen auf die gesamte Spielerschaft berge das Lottospielen nur ein geringes Abhängigkeitsrisiko. Differenzierte Analysen deuteten jedoch darauf hin, dass insbesondere Jugendliche und Angehörige einkommens- und bildungsschwacher Milieus ein erhöhtes Gefährdungspotential aufwiesen. Eine Intensivierung von primärpräventiven Maßnahmen für diese gesellschaftlichen Gruppen und deren Evaluation sei deshalb angeraten. Diese Literaturanalyse ist nicht unwidersprochen geblieben. So ist hervorgehoben worden, dass es nicht möglich sei, unterschiedlich hohe Suchtpotentiale für die verschiedenen Glücksspielangebote empirisch zu belegen (Interdisziplinäre Suchtforschungsgruppe Berlin (ISFB), Charité – Universitätsmedizin Berlin). Erste wissenschaftliche Untersuchungen, die nach einem Peer Review in internationalen Zeitschriften publiziert worden sind, zeigten, dass z. B. auch Lotto in seiner derzeitigen Ausgestaltung ein klares Suchtpotential habe (für Deutschland: Grüsser et al., 2006, Journal of Gambling Issues; für England: Petry et al., 2003, Addiction). Die Bundeszentrale für gesundheitliche Aufklärung, die sich in ihrer Äußerung auch mit dem Thema befasst hat, hält eine getrennte Betrachtung von Lotterien und Wetten unter Aspekten der Spielsucht für nicht sinnvoll; auch wenn das Gefährdungspotential einzelner Glücksspiele unterschiedlich bewertet werden könnte, bestünden keine Unterschiede im Entwicklungsverlauf und in den pathologischen Charakteristika der Spielsucht.

Die Grundentscheidung der Länder im Lotteriestaatsvertrag, Glücksspiele mit besonderem Gefährdungspotential wie Jackpotlotterien und bestimmte Wetten den in § 10 Abs. 2 genannten staatlichen oder staatlich beherrschten Veranstaltern vorzubehalten, ist vom Bundesverfassungsgericht für den Bereich der Sportwetten gebilligt worden. Angesichts des Einschätzungs- und Prognosespielraums des Gesetzgebers sei die Annahme des Gesetzgebers, dass die Errichtung eines staatlichen Wettmonopols ein geeignetes Mittel ist, die mit dem Wetten verbundenen Gefahren zu bekämpfen, im Grundsatz nicht zu beanstanden. Doch ist der Ausschluss privater Anbieter nur dann zumutbar, wenn das bestehende Wettmonopol auch in seiner konkreten Ausgestaltung der Vermeidung und Abwehr von Spielsucht und problematischem Spielverhalten dient (vgl. BVerfG, Urteil vom 28. März 2006, a. a. O., S. 1264). Bei den Lotterien mit besonderem Gefährdungspotential darf der Gesetzgeber – auch nach dem Ergebnis der Anhörung zum Entwurf des Staatsvertrags – ebenso wie bei Sportwetten hinsichtlich der Suchtgefahren davon ausgehen, dass diese mit Hilfe eines auf die Bekämpfung von Sucht und problematischem Spielverhalten ausgerichteten Monopols mit staatlich verantwortetem Angebot effektiver beherrscht werden können als im Wege einer Kontrolle privater Lotterieunternehmen (vgl. BVerfG, Urteil vom 28. März 2006, a. a. O., unter Verweis auf BVerfGE 102, 197, 218 f.).

Den Vorgaben des Bundesverfassungsgerichts wird insbesondere durch folgende Regelungen Rechnung getragen:

- Die ordnungsrechtliche Aufgabe der Länder, ein ausreichendes Glücksspielangebot sicherzustellen, wird in Absatz 1 deutlicher an die – neu gefassten – Ziele des Staatsvertrages in § 1 gebunden; alle Maßnahmen müssen der Erreichung der Ziele des § 1 dienen. Die zuständigen Behörden der Länder sollen dabei von einem unabhängigen Fachbeirat unterstützt werden, der aus Experten in der Spielsuchtbekämpfung zusammengesetzt wird.
- Jede Veranstaltung oder Vermittlung öffentlicher Glücksspiele durch oder für die in § 10 Abs. 2 genannten Veranstalter bedarf der Erlaubnis der zuständigen Behörde des jeweiligen Landes (§ 4 Abs. 1). Die Erlaubnis ist zu versagen, wenn die Veranstaltung oder Vermittlung den Zielen des § 1 zuwiderläuft (§ 4 Abs. 2). Erlaubnisse für die in § 10 Abs. 2 genannten Veranstalter werden zwischen den Glücksspielaufsichtsbehörden der Länder abgestimmt (§ 9 Abs. 3 Satz 2).
- Neue Glücksspielangebote der staatlichen oder staatlich beherrschten Veranstalter können nur nach Durchführung des Fachbeiratsverfahrens gemäß § 9 Abs. 5 erlaubt werden.
- Die Länder werden in Absatz 3 verpflichtet, die Zahl der Annahmestellen zur Erreichung der Ziele des § 1 zu begrenzen. Dabei werden im Blick auf die übergreifenden Ziele in § 1 Nr. 1 und 2 die Zahl der bestehenden Annahmestellen und ihnen vergleichbare Verkaufsstellen aller Veranstalter und Vermittler öffentlicher Glücksspiele zu berücksichtigen sein.
- Weitere Anforderungen an Sportwetten und Lotterien mit besonderem Gefährdungspotential werden in §§ 21 und 22 aufgestellt.

In § 10 Abs. 2 wird deutlich gemacht, dass die in Absatz 1 beschriebene Aufgabe eine öffentliche Aufgabe auch im Sinn der Wettbewerbsregeln des EG-Vertrages ist, die die Länder entweder selbst erfüllen oder mit deren Erfüllung sie die in Abs. 2 genannten juristischen Personen des öffentlichen Rechts oder privatrechtlichen Gesellschaften, an denen juristische Personen des öffentlichen Rechts maßgeblich beteiligt sind, betrauen. Dass auch ordnungspolitische Gründe für eine restriktive Marktzugangsregelung – wie die in den Zielen des § 1 normierten – als allgemeine wirtschaftliche Interessen im Sinne des Art. 86 Abs. 2 EG betrachtet werden können, die eine Abweichung von den Wettbewerbsregeln des Vertrags rechtfertigen können, hat Prof. Dr. Koenig in seinem von einem privaten Wettunternehmen in der Anhörung zum Entwurf des Staatsvertrags vorgelegten Gutachten unter sorgfältiger Auseinandersetzung mit der Rechtsprechung des EuGH dargelegt (S. 39ff., ebenso Koenig, Europäisches Wirtschafts- und Steuerrecht Beilage 1/2001, S. 16). Auch das Bundeskartellamt hat grundsätzlich anerkannt, dass ordnungspolitische Gründe für eine restriktive Marktzugangsregelung im Glücksspielrecht als allgemeine wirtschaftliche Interessen im Sinne des Art. 86 Abs. 2 EG-Vertrag betrachtet werden können (Beschluss des Bundeskartellamts vom 23. August 2006, B 10 – 92713 – Kc – 148/05, Rn. 567f.). Hier ist die Ordnungspolitik nicht auf Aufsichtsmaßnahmen beschränkt, sondern kann Glücksspielangebote und ein darauf abzielendes Wettbewerbsgeschehen beschränken oder vollständig untersagen (vgl. EuGH C-124/97 (Läärä) Rn. 35, C-275/92 (Schindler) Rn. 61, C-67/98 (Zenatti) Rn. 33). Gerade die Beschränkung – einerseits – der Zahl der Glücksspiele und – andererseits – der Zahl der konkreten Angebote bzw. Spielmöglichkeiten, die direkt an den Spieler herangetragen werden, ist ein unverzichtbarer Teil einer kohärenten Kanalisierung und Eindämmung des Glücksspiels und der Glücksspielsucht.

Nach § 10 Abs. 4 ist sicherzustellen, dass ein erheblicher Teil der Einnahmen zur Förderung öffentlicher oder gemeinnütziger, kirchlicher oder mildtätiger Zwecke verwendet wird. Dazu gehören auch Maßnahmen der Suchtprävention und der Hilfe bei pathologischem Glücksspiel, wie der nationale Drogen- und Suchtrat in der Anhörung zum Entwurf des Staatsvertrages betont hat. Über die Art und Weise, wie der Verpflichtung aus § 10 Abs. 4 Rechnung getragen wird, entscheiden die Länder im (Haushalts-)Gesetz oder auf gesetzlicher Grundlage.

Zu § 11 (Suchtforschung)

Die Länder werden aufgefordert, die wissenschaftliche Forschung zur Vermeidung und Abwehr von Suchtgefahren durch Glücksspiele sicherzustellen. Der Sicherstellungsauftrag ist notwendig, um breitere wissenschaftliche Erkenntnisse zu den Ursachen von Glücksspielsucht, den Möglichkeiten der aktiven Suchtprävention und zur Wirksamkeit der bereits jetzt eingesetzten Schutzmechanismen zu erlangen. Die Länder sollen durch den allgemein gehaltenen Sicherstellungsauftrag in die Lage versetzt werden, die Förderung der Glücksspielsuchtforschung im Kontext ihrer jeweiligen Forschungs- und Suchtbekämpfungsprogramme zu regeln.

Zum Dritten Abschnitt

Zu § 12 (Erlaubnis)

Absatz 1 Satz 1 bezieht sich auf die in § 4 Abs. 1 Satz 1 normierte Erlaubnispflicht. § 6 Abs. 2 Satz 1 a.F. konnte entfallen, weil § 4 Abs. 1 nunmehr auch die Veranstaltung und Vermittlung der im ersten Abschnitt geregelten Glücksspiele von der Erlaubnis der zuständigen Behörde „des jeweiligen Landes" abhängig macht. In Absatz 1 Satz 2 soll entsprechend der langjährigen Praxis festgeschrieben werden, dass sich Gewinnsparlotterien als Ausnahme durch den festen Losanteil von höchstens 20 vom Hundert des Teilnahmebetrags auszeichnen; die restlichen 80 vom Hundert stellen den Sparanteil dar.

In Absatz 2 wird hinsichtlich der Werbung für Soziallotterien (Aktion Mensch, Goldene Eins, Glücksspirale – s. § 25 Abs. 4) angesichts des geringeren Suchtpotentials eine Ausnahme vom Verbot der Fernsehwerbung gemäß § 5 Abs. 3 in der Erlaubnis eröffnet. Generell ist bei den im Dritten Abschnitt geregelten und in den Versagungsgründen des § 13 Abs. 2 beschriebenen und begrenzten Lotterien mit geringerem Gefährdungspotential in der Erlaubnis zu entscheiden, inwieweit die Anforderungen der §§ 6 und 7 zu erfüllen sind (Abs. 2 Satz 2); in dieser Hinsicht werden weitreichende Ausnahmen vor allem bei den kleinen Lotterien im Sinne des § 18 in Betracht kommen.

Zu § 13 (Versagungsgründe)

In Absatz 1 Satz 1 werden die Versagungsgründe nach § 4 Abs. 2 i.V.m. § 1 und die zwingenden Vorschriften in § 4 Abs. 3 und 4 für anwendbar erklärt. Im übrigen entspricht die Vorschrift dem bisher geltenden § 7 Lotteriestaatsvertrag

Zu § 14 (Veranstalter)

Wie sich aus der Überschrift des Dritten Abschnitts ergibt, beziehen sich die §§ 12ff. auf Lotterien, die im Vergleich zu den in den vorangehenden Abschnitten geregelten Lotterien ein geringeres Gefährdungspotential aufweisen. Auch hier ist maßgeblich die Unterscheidung unter dem Aspekt der Vermeidung und Bekämpfung von Glücksspielsucht, nicht dagegen die Rechtsform des Veranstalters. Der Hinweis auf die in § 10 Abs. 2 genannten Veranstalter in Absatz 1 Satz 2 befreit die staatlichen oder staatlich beherrschten Veranstalter von dem Erfordernis der Gemeinnützigkeit im Sinne des § 5 Abs. 1 Nr. 9 Körperschaftssteuergesetz und ermöglicht ihnen die Veranstaltung von Lotterien mit geringerem Gefährdungspotential zu den selben Bedingungen wie privaten Veranstaltern.

Zu §§ 15 bis 18

Die Vorschriften entsprechen – bis auf die Verschiebung der allgemein geltenden Verfahrensregeln für die Erlaubnis von § 17 in § 9 Abs. 4 und marginale bzw. redaktionelle Änderungen – den §§ 9 bis 11 und § 13 des Lotteriestaatsvertrages; auf die Begründung in den Erläuterungen zum Lotteriestaatsvertrag wird verwiesen.

Zum Vierten Abschnitt

Zu § 19 (Gewerbliche Spielvermittlung)

An den bisherigen die allgemein geltenden Vorschriften ergänzenden Anforderungen an die gewerbliche Spielvermittlung in § 14 Abs. 2 Nr. 3 bis 5 LottStV wird festgehalten; die Begriffsbestimmung findet sich dagegen nun in § 3 Abs. 6. Im übrigen werden für gewerbliche Spielvermittler die für die Veranstaltung und Vermittlung allgemein geltenden Vorschriften der §§ 4 bis 7 für anwendbar erklärt.

Damit unterliegt die (gewerbliche) Spielvermittlung künftig kraft Staatsvertrag dem Erlaubnisvorbehalt der zuständigen Behörde des jeweiligen Landes gemäß § 4 Abs. 1 Satz 1. Die Erlaubnis darf gemäß § 4 Abs. 2 Satz 1 nicht erteilt werden, wenn die (gewerbliche) Spielvermittlung den Zielen insbesondere des § 1 Nr. 1 und 2 zuwiderläuft. Davon wird beispielsweise auszugehen sein, wenn durch die Spielvermittlung neue Vertriebswege (wie Lotto im Supermarkt) eröffnet werden sollen; in diesem Fall wird gemäß § 9 Abs. 5 Satz 2 im übrigen das Fachbeiratsverfahren durchzuführen sein.

Liegen keine Versagungsgründe gemäß § 4 Abs. 2 Satz 1 und 2 vor, ist über die Erlaubnis nach pflichtgemäßem Ermessen (§ 40 VwVfG) zu entscheiden. Dabei wird die bisherige legale Tätigkeit eines Spielvermittlers angemessen zu berücksichtigen sein. Im Vordergrund steht bei der Ermessensausübung die Förderung der Ziele des § 1, wobei vor allem § 1 Nr. 1 (Verhinderung von Suchtgefahren) und Nr. 2 (Kanalisierung und Begrenzung des Angebots) von maßgeblicher Bedeutung sein werden. Dass es somit vor allem auf eine Unterscheidung zwischen dem (legal) bestehenden Angebot und neu hinzukommenden Angeboten ankommt, wird auch aus § 9 Abs. 5 ersichtlich, der für neue Glücksspielangebote der staatlichen und staatlich beherrschten Veranstalter, aber auch für die Einführung neuer und die erhebliche Erweiterung bestehender Vertriebswege durch Veranstalter oder Vermittler die vorherige Begutachtung und Bewertung der Auswirkungen auf die Bevölkerung durch den Fachbeirat vorschreibt. Ergänzend ist auf die Übergangsregelung in § 25 Abs. 1 und 2 zu verweisen, die auch die Vermittler von erlaubten Glücksspielen für ein Jahr von der Erlaubnispflicht nach § 4 Abs. 1 Satz 1 freistellt und ihnen so eine Fortsetzung ihrer bisherigen legalen Tätigkeit ermöglicht; die materiellen Anforderungen des Staatsvertrages sind während dieser Übergangszeit zu erfüllen.

Zum Fünften Abschnitt

Zu § 20 (Spielbanken)

Der Ausschluss gesperrter Spieler und die Durchsetzung dieses Verbots gewährleistet grundlegende Anforderungen an den Spieler- und Jugendschutz in Spielbanken. Damit wird den Forderungen der Suchtexperten, aber auch dem Beschluss der Innenministerkonferenz vom 7./8. 7. 2004 zu TOP 14 Rechnung getragen. Die Innenministerkonferenz hatte beschlossen,
dass aus Gründen des Spieler- und Jugendschutzes die Zugangskontrollen im Kleinen Spiel einheitlich und gleichzeitig in allen Ländern an die im Großen Spiel der Spielbanken angeglichen werden sollen. Dazu sollen künftig auch im Kleinen Spiel lückenlose Ausweiskontrollen verbunden mit dem Abgleich der Besucherdaten mit der Sperrliste erfolgen. Sollte die Entwicklung biometrischer Verfahren so weit fortgeschritten sein, dass diese eine gleichwertige, den ordnungs- und datenschutzrechtlichen Anforderungen genügende Alternative zur Ausweiskontrolle mit Datenabgleich darstellen, ist die Angleichung auch durch den Einsatz dieser Verfahren im Kleinen Spiel möglich.

Zu § 21 (Sportwetten)

Das Bundesverfassungsgericht hat mit Urteil vom 28. März 2006 Regelungen zu den inhaltlichen Kriterien betreffend Art und Zuschnitt der Sportwetten gefordert (Abschnitt C.II.2.). Dementsprechend wird in Absatz 1 Satz 1 in einem ersten Schritt festgelegt, dass Wetten nur als Sportwetten zulässig sind – und diese wiederum nur als Kombinations- oder Einzelwetten. In der für die Veranstaltung und Vermittlung von Sportwetten gemäß § 4 Abs. 1 erforderlichen Erlaubnis sind von den Glücksspielaufsichtsbehörden gemäß Absatz 1 Satz 2 die zur Erreichung der Ziele des § 1 erforderlichen Genehmigungsinhaltsbestimmungen und Auflagen zu Art und Zuschnitt der erlaubten Sportwetten (u. a. Beschränkungen des Höchsteinsatzes) festzulegen; dabei ist das Verbot von Live-Wetten in Absatz 2 Satz 3 zu beachten.

Die Regelungen in den Absätzen 2 und 3, die dem erhöhten Suchtpotential von Sportwetten Rechnung tragen und die Integrität des Sports sichern, setzen die Vorgaben um, die das Bundesverfassungsgericht in Abschnitt C.II.2. des o. a. Urteils zur Veranstaltung von Sportwetten gesetzt hat. Dies betrifft insbesondere das Verbot in Absatz 2 Satz 2, den Abschluss von Sportwetten mit der Übertragung von Sportereignissen im Fernsehen zu verknüpfen, das sowohl an die Medien wie an die Veranstalter und Vermittler von Sportwetten gerichtet ist. Dagegen sind Adressaten des zusätzlichen Werbeverbots in Absatz 2 Satz 2, zweite Alternative, ausschließlich die für die Trikot- und Bandenwerbung Verantwortlichen, nicht dagegen die Medien, aus deren Sicht es sich um ein aufgedrängtes Placement handelte.

Mit dem Ausschluss gesperrter Spieler (s. § 8) von der Teilnahme an (Sport-)Wetten wird einer Forderung der Suchtexperten Rechnung getragen, die auch vom Bundesverfassungsgericht im Urteil vom 28. März 2006 aufgegriffen worden ist.

Zu § 22 (Lotterien mit besonderem Gefährdungspotential)

Die Vorschrift sieht in Absatz 1 eine Begrenzung des Jackpots vor. Dies trägt den Forderungen der im Gesetzgebungsverfahren beteiligten Suchtexperten Rechnung. In der für die Veranstaltung von Lotterien gemäß § 4 Abs. 1 erforderlichen Erlaubnis werden die Glücksspielaufsichtsbehörden im Interesse des Spielerschutzes und zur Erreichung der Ziele des § 1 weitere Genehmigungsinhaltsbestimmungen und Auflagen vorsehen, u. a. eine Beschränkung der Höchstgewinne. Denkbar sind auch Regelungen, die Spieler bei größeren Einsätzen (Systemspiel) sperren.

Absatz 2 erfasst beispielsweise tägliche Lotterien wie KENO und Minuten-Lotterien wie Quicky, von denen mit der Veranstaltung von Spielbanken und Sportwetten vergleichbare Gefahren ausgehen. Dies gilt insbesondere für Quicky, für dessen Verbot sich ein Teil der am Gesetzgebungsverfahren beteiligten Spielsuchtexperten eingesetzt hat. Die Teilnahme an diesen speziellen Formen der Lotterie setzt voraus, dass sich der Spieler vor Spielbeginn identifiziert und sein Name nicht in der in § 8 Abs. 4 und § 23 erwähnten Sperrdatei aufgeführt ist. Nicht zu den Lotterien im Sinne des Absatz 2 Satz 1 zählen Losbrief- und Rubbellotterien. Eine Veranstaltung dieser Lotterien umfasst eine Los-Serie, deren Verkauf sich regelmäßig über Wochen erstreckt.

Zum Sechsten Abschnitt

Zu § 23 (Datenschutz)

§ 23 enthält die notwendigen Regelungen zur Sperrdatei und der Verarbeitung dort gespeicherter Daten. Der Umfang der in die Sperrdatei einzutragenden Daten ergibt sich nur noch aus § 23 Abs. 1 Satz 2; das Gleiche gilt für die Übermittlungsregelungen (s. § 23 Abs. 2 und 3). In § 23 Abs. 1 wird auf die Erhebung der Ausweisdaten verzichtet, um den im Rahmen der Anhörung vorgetragenen Bedenken zur Nutzung dieser Daten im privaten Bereich Rechnung zu tragen, dem die Spielbanken in einigen Ländern zuzuordnen sind. Die Datenverarbeitung richtet sich im übrigen nach den für die jeweils handelnden Stellen geltenden Vorschriften.

Siebter Abschnitt

Die Schlussbestimmungen des geltenden Staatsvertrages werden ergänzt um

- die Klarstellung, dass die Länder weitergehende Anforderungen insbesondere zu den Voraussetzungen der Erlaubnis des Veranstaltens und Vermittelns von Glücksspielen festlegen können (§ 24).
- eine Übergangsregelung in § 25 Abs. 1 und 2, die alle Veranstalter und Vermittler (einschließlich der Lotterie-Einnehmer der Klassenlotterien und der gewerblichen Spielvermittler), für die in § 4 Abs. 1 erstmals eine Erlaubnispflicht begründet wird, für ein Jahr von dieser Pflicht freistellt und ihnen eine Fortsetzung ihrer bisherigen legalen Tätigkeit ohne Erlaubnis ermöglicht; die materiellen Anforderungen des Staatsvertrages sind auch während dieser Übergangszeit zu erfüllen.
- eine Regelung zur Verfahrensvereinfachung bei in die Vertriebsorganisation eines Veranstalters eingegliederten Vermittlern in § 25 Abs. 2 Satz 2: hier hat zur Verfahrensvereinfachung der Veranstalter den Antrag auf die Erlaubnis für die für ihn tätigen Vermittler zu stellen.
- eine Übergangsvorschrift zum Internetverbot in § 4 Abs. 4, die vor allem dem Verhältnismäßigkeitsausgleich bei den beiden gewerblichen Spielvermittlern dient, die nach ihrem Vortrag in der Anhörung zum Entwurf des Staatsvertrages (fast) ausschließlich im Internet tätig sind (Fluxx AG, gegründet 1998, ca. 140 Mitarbeiter in der Gruppe mit Jaxx GmbH und Anybet GmbH, sowie Tipp24 AG, gegründet 2000, 151 Mitarbeiter, 2005 Vermittlung von Spieleinsätzen i. H. von knapp 205 Mio. € an die Lotteriegesellschaften in acht Ländern). Ihnen soll durch die nach § 25 Abs. 6 für ein Jahr nach Inkrafttreten des Staatsvertrags zulässige Ausnahme ausreichend Zeit für eine Umstellung des Betriebs auf nach dem Staatsvertrag zulässige Vertriebswege gegeben werden; dabei wird bei Anträgen auf Eröffnung neuer oder Erweiterung bestehender Vertriebswege bei der Ermessensausübung dem Verhältnismäßigkeitsausgleich angemessen Rechnung zu tragen sein. Die in § 25 Abs. 6 Nr. 1 bis 5 festgelegten Voraussetzungen müssen und können – wie von Seiten der Medien und der privaten Wettunternehmen in der Anhörung zum Entwurf des Staatsvertrags vorgetragen worden ist – in jedem Fall erfüllt werden.
- eine Konkurrenzklausel in § 26, die den Vorrang dieses Staatsvertrags im Verhältnis zu den für die Klassenlotterien geltenden Regelungen anordnet.
- die Verpflichtung zur Evaluation der Auswirkungen dieses Staatsvertrages durch die Glückspielaufsichtsbehörden der Länder (§ 27).
- eine Befristung des Staatsvertrags, die nach vier Jahren zum Außerkrafttreten des Staatsvertrages führt, sofern nicht die Ministerpräsidentenkonferenz unter Berücksichtigung des Ergebnisses der Evaluation mit mindestens 13 Stimmen das Fortgelten des Staatsvertrages insgesamt beschließt; der Staatsvertrag gilt dann unter den Ländern fort, die das Fortgelten beschlossen haben (§ 28).

III. Glücksspielstaatsvertrag und Erläuterungen
– englische Übersetzung –

Draft

State Treaty
regarding gambling in Germany (State Gambling Treaty)

The Federal State of Baden-Württemberg,
the Free State of Bavaria,
the Federal State of Berlin,
the Federal State of Brandenburg,
Bremen,
Hamburg,
the Federal State of Hesse,
the Federal State of Mecklenburg-Western Pomerania,
the Federal State of Lower Saxony,
the Federal State of North Rhine-Westphalia,
the Federal State of Rhineland-Palatinate,
the Saarland,
the Free State of Saxony,
the Federal State of Saxony-Anhalt,
the Federal State of Schleswig-Holstein and
the Free State of Thuringia
(hereinafter referred to as "Federal States")
have concluded the following State Treaty:

Chapter 1
General provisions

Section 1
Aims of the State Treaty

The aims of the State Treaty are as follows:

1. to prevent the development of addiction to games of chance and gambling and to establish the preconditions for combating this addiction in an effective manner,
2. to restrict the games of chance on offer and to steer the natural gaming urges of the population along well-ordered and supervised paths, in particular, to prevent a switch to illegal games of chance,

3. to guarantee protection for young people and gamblers,
4. to ensure that games of chance are conducted in accordance with regulations, that gamblers are protected against fraudulent wheelings and dealings, and that the criminal aspect which follows and accompanies games of chance is averted.

Section 2
Area of application

By means of this State Treaty, the Federal States regulate the organisation, execution and arrangement of public games of chance. Only Sections 1, 3 to 8, 20 and 23 apply to casinos.

Section 3
Terms and definitions

(1) A game of chance exists if, in the context of a game, a fee is required for acquiring a chance to win and the determination of winnings is entirely or predominantly a matter of chance. In any case, the determination of winnings is a matter of chance if, in this regard, the uncertain occurrence or outcome of future events is decisive. Games of chance also include wagers against payment on the occurrence or outcome of a future event.

(2) A public game of chance exists if the opportunity to participate is open for a larger, unrestricted group of persons or if the games of chance in question are habitually arranged in clubs or other private circles.

(3) A game of chance within the meaning of paragraph 1, where a majority of persons are given the chance to obtain monetary winnings in return for a certain payment according to a specific plan, constitutes a lottery. The provisions regarding lotteries also apply if objects or other benefits of monetary value can be won instead of money (pay-out).

(4) A game of chance is organised and arranged in places where the gambler is afforded the opportunity to participate.

(5) Places where bets, etc. are accepted and lottery collectors are agents which are incorporated into the sales organisation of organisers as per Section 10(2).

(6) Without being a place where bets, etc. are accepted or a lottery collector, commercial gaming is operated by a party which

1. acts as an agent for individual gaming agreements for an event organiser, or
2. brings together parties interested in gaming into gambling associations and arranges their participation in gambling for the organiser himself or through third parties,

provided this is done each time with a view to making a sustained profit as a result of this activity.

Section 4
General provisions

(1) Public games of chance may only be organised or arranged with the permission of the competent authority of the respective Federal State. Organising and arranging them without this permission (unauthorised game of chance) is prohibited.

(2) Permission shall be refused if organising or arranging the game of chance is contrary to the aims of Section 1. Permission may not be granted in relation to the arranging of games of chance which are not permitted under this State Treaty. No legal claim exists in relation to granting the permit.

(3) The organising and arranging of public games of chance may not run counter to the requirements concerned with protecting young people. Minors are not permitted to participate. Organisers and agents must ensure that minors are excluded from participating.

(4) The organising and arranging of public games of chance on the Internet is prohibited.

Section 5
Advertising

(1) To avoid an invitational nature as regards observing the aim of offering legal opportunities in connection with games of chance, advertising in relation to public games of chance shall be limited to providing information on the game of chance and clarification of the opportunities pertaining thereto.

(2) Advertising in relation to public games of chance should not contradict the aims of Section 1. Its particular purpose should not be to call on or encourage individuals to participate in games of chance. It should not focus on minors or similar target groups at risk. The advertising should not be misleading and must contain clear references to the ban on minors participating, the risk of addiction originating from the respective game of chance and the possibilities of getting help.

(3) Advertising in relation to public games of chance is prohibited on TV (Sections 7 and 8 of the State Treaty on broadcasting), on the Internet, and via telecommunications equipment.

(4) Advertising in relation to unauthorised games of chance is prohibited.

Section 6
Social programme

The organisers and agents of public games of chance are obliged to encourage players to gamble in a responsible manner and to guard against the development of an addiction to games of chance. To this end, they must develop social programmes, train their staff, and satisfy the stipulations of the Annex entitled “Guidelines on preventing and combating addiction to games of chance”. The social programmes shall explain the measures applied to guard against the socially damaging effects of the game of chance and how these effects are to be rectified.

Section 7
Provision of information

(1) The organisers and agents of public games of chance shall provide information on the probability of winning and losing, the dangers of becoming addicted to the games of chance they offer, the ban on minors participating and the opportunities for receiving counselling and therapy.

(2) Tickets, gaming slips and gaming receipts must contain references to the risk of addiction and the possibilities of getting help associated with the particular game of chance.

Section 8
Barring players

(1) To protect gamblers and to combat gambling addiction, casinos and the organisers mentioned in Section 10(2) are obligated to maintain a comprehensive barring system.

(2) The organisers obliged to participate in the barring system preclude persons who have asked to be barred (self-barring), or individuals who they know to be at risk of becoming addicted or who are heavily in debt following observations by their staff or on the basis of reports from third parties, or have to assume as much based on other legitimate grounds, who have failed to fulfil their financial commitments, or who risk stakes which are disproportionate to their income or assets (third-party barring).

(3) Barring shall last at least one year. The organisers shall inform the gamblers in question immediately in writing of the fact that they are barred.

(4) The organisers shall enter the data mentioned in Section 23 (1) in a lock file. An entry is also permitted unless all data can be collected.

(5) The ban may be rescinded after one year at the earliest and only following a written application by the gambler. The organiser who has ordered the ban shall decide on this.

Chapter 2
Tasks of the State

Section 9
Gaming supervision board

(1) The task of the gaming supervision board is to monitor fulfilment of existing obligations under this State Treaty, or commitments under public law which are justified on the basis of this same Treaty, as well as work towards putting a stop to illegal games of chance and advertising in this connection. The competent authority of the respective Federal State may issue the orders that are necessary in a particular case. The authority may specifically

1. demand information and the presentation of all documents and proofs which are necessary for review purposes within the framework of sentence 1 at any time,
2. place demands on the organisation, execution and arrangement of public games of chance, and the advertising associated with this, as well as on the development and implementation of the social programme,
3. prohibit the organisation, execution and arrangement of illegal games of chance, and the advertising associated with this,
4. prohibit banks and financial service institutes from being involved in payments relating to illegal games of chance and payouts from the same, and
5. prohibit the providers of services within the meaning of Section 3 of the Teleservices Act, where they are responsible under this act, from cooperating as regards access to unauthorised offers of games of chance.

If an illegal game of chance is organised or arranged in several Federal States, or advertising is carried out to this end in several Federal States, every Federal State in question may authorise the competent authority of another Federal State to take action in the matter, including with effect for the Federal State in question.

(2) Any protests or complaints against these orders do not have any suspensive effect.

(3) The Federal States cooperate as regards supervising games of chance. They coordinate the permits for the organisers mentioned in Section 10 (2).

(4) The permit is issued by the competent authority for the territory of the respective Federal State or a part of this territory. It shall be issued until revoked and for a limited period. The permit may also be provided with additional provisions, including at a later date. The permit is non-transferable and may not be handed over to another party for performance purposes.

(5) The permit allowing the organisers mentioned in Section 10 (2) to introduce new offers of games of chance presupposes that

1. the advisory committee (Section 10(1) sentence 2) has examined and assessed the effects of the new offer on the population beforehand, and
2. the organiser informs the licensing authority on the social impact of the new offer in connection with the introduction of this game of chance.

The introduction of new, or the significant extension of existing, sales channels by organisers or agents is on a par with new offers of games of chance.

(6) Games of chance may not be supervised by an authority which is responsible for the finances of a Federal State or the administration of holdings of the organisers mentioned in Section 10 (2).

Section 10
Ensuring an adequate supply of games of chance

(1) To achieve the aims laid down in Section 1, the Federal States have the task under regulatory law of ensuring an adequate supply of games of chance. They will be advised in this connection by an advisory committee comprising experts in combating gambling addiction.

(2) On a legal basis, the Federal States may fulfil this public task themselves or it may be carried out by legal persons under public law or private companies in which legal persons under public law are definitively involved, be it directly or indirectly.

(3) The Federal States shall limit the number of places where bets, etc. are accepted in order to achieve the aims set out in Section 1.

(4) It must be ensured that a substantial part of the income from games of chance is used to support public or non-profit making, ecclesiastical or charitable purposes.

(5) Parties other than those mentioned in paragraph 2 may only be authorised to organise lotteries and pay-outs in accordance with the provisions of Chapter 3.

Section 11
Research into addictions

The Federal States shall ensure that scientific research is carried out into preventing and averting the risks associated with addiction as a result of games of chance.

Chapter 3
Lotteries with a lower risk potential

Section 12
Permit

(1) The permit as per Section 4(1) may only be issued provided

1. no grounds for refusal as per Section 13 preclude organisation,
2. the preconditions set out in Section 14, Section 15(1) and (2) and Section 16(3) are present,
3. no economic aims are pursued through organisation over and above the advertising effect associated with the reference to the allocation of winnings, and
4. it is not anticipated that public safety or order will be put at risk as a result of the organisation itself, or the realisation of the purpose behind this organisation, or through the use of the net proceeds, or that relations between the Federal Republic of Germany and other countries will be impaired.

Sentence 1 number 3 does not apply to lotteries in the form of savings lotteries if, of an amount for participating, a partial amount not exceeding 20% is used as a ticket portion for the savings lottery.

(2) In the permit, events which are traditionally presented in conjunction with television, and where the use of net proceeds for non-profit making causes is portrayed as a matter of priority, may be granted an exemption from the ban on TV advertising (Section 5(3)). A decision shall

also be taken in the permit regarding the extent to which the requirements laid down in Sections 6 and 7 are to be satisfied.

(3) If a lottery is to be organised in several Federal States using a gaming plan which is the same across these Federal States, the Federal State where the organiser has his headquarters may issue a permit which is also effective in the Federal States authorised in this regard.

Section 13
Grounds for refusal

(1) A permit may not be issued if the organisation contradicts Section 4(2) to (4). This is the case, first and foremost, if it cannot be ruled out that, on account of the total number of games of chance on offer which already exist, especially with regard to the number of games of chance which have already been organised, or their nature or implementation, organisation of the lottery will particularly encourage an addiction to gaming.

(2) In particular, a permit may not be issued if

1. the gaming plan makes provision for the fact that
   a) the draw results are published more frequently than twice a week,
   b) the maximum winnings exceed € 1 million, or
   c) parts of the fee to be paid by the gambler are collected for the purpose of establishing winnings for future draws (scheduled jackpot),

or

2. interactive participation is facilitated using radio and televisual media with prompt announcements concerning winnings.

Section 14
Organiser

(1) A permit may only be issued if the organiser

1. fulfils the preconditions set out in Section 5(1) number 9 of the Corporation Income Tax Act, and
2. is trustworthy, guaranteeing, in particular, that organisation is carried out as per the rules and in a manner understood by the participants in the game and the licensing authority, and that the net proceeds are used for their designated purposes.

Sentence 1 number 1 does not apply to the organisers mentioned in Section 10(2), to lotteries organised by the "Bavarian Red Cross" (a public-law corporation), or to events in the form of savings lotteries (Section 12(1) sentence 2).

(2) If the event is to be carried out wholly or predominantly by a third party, the permit may only be issued if there is no danger of the transparency and verifiability of the event being impaired as a result of execution, and provided the third party

1. satisfies the requirements set out in paragraph 1 number 2, and
2. is subject to the instructions of the organiser and does not exert any definitive legal or actual influence on the organiser in terms of carrying out the event.

Section 15
Gaming plan, calculating and executing the event

(1) According to the gaming plan, the net proceeds, total winnings and costs must be proportionate, with the costs associated with organisation kept as low as possible. The net proceeds are the sum of the fees following deductions for costs, winnings and taxes. The gaming plan

should make provision for at least 30% of payments to go to both net proceeds and total winnings, and there should be no reason to assume that these proportions are not achieved. When making the application, a calculation must be submitted which provides details of the expected costs of organising the event, winnings, taxes and net proceeds. If it is shown, once the permit has been issued, that the calculated costs are expected to be exceeded, the licensing authority must be notified immediately and a revised calculation submitted.

(2) In the lottery-related costs, costs incurred by third parties within the meaning of Section 14 (2) may only be considered according to their nature and scope to the extent that they correspond to the principles of sound financial management. Payment for the third party is not to be calculated depending on sales.

(3) The organiser shall present the competent authority with all documentation, as well as provide all information needed to establish that the lottery is being carried out as per regulations. In particular, he shall submit an invoice giving details of actual takings, net proceeds, the prize draw and the costs of organising the lottery.

(4) The competent authority may appoint a State-approved auditor, at the organiser's expense, or demand that this appointment be handled by the organiser so that a report is prepared on a review of the proper planning and implementation of the lottery, in particular, the appropriate nature of the lottery's costs, and this then presented to the authority. The costs of preparing the report constitute lottery-related costs.

Section 16
Using the net proceeds

(1) The net proceeds arising from the event must be used promptly for the purpose specified in the permit.

(2) Should the organiser wish to use the net proceeds for a purpose other than the non-profit making, ecclesiastical or charitable purposes specified in the permit, or if the purpose cannot be realised or realised promptly, the organiser shall inform the competent authority of this immediately. Once the organiser has been heard, the competent authority may redefine the purpose.

(3) A reasonable proportion of the net proceeds is to be used in the Federal State where the lottery is organised.

Section 17
Form and content of the permit

The permit shall be issued in writing. In it, the following shall be stipulated, in particular:

1. The organiser and, in the case of Section 14 (2), the third party,
2, the nature, location or territory, as well as the start and duration, of the event,
3. the purpose of the net proceeds, the nature and manner of the proof of use and the time when this proof must be furnished,
4. the gaming plan, and
5. the sales form.

Section 18
Small-scale lotteries

The Federal States may deviate from the provisions of the State Treaty for lotteries which are not arranged over an entire territory where

1. the sum total of the fees to be paid does not exceed € 40.000,

2. the net proceeds are used exclusively and directly for non-profit making, ecclesiastical or charitable purposes, and
3. the net proceeds and total winnings each amount to at least 25% of the payments.

Chapter 4
Commercial gaming

Section 19
Commercial gaming

In addition to Sections 4 to 7, and other legal provisions notwithstanding, the following requirements apply to commercial game organisers:

1. The commercial game organiser must pass on at least two thirds of the amounts taken from the players for participating in the game to the organiser. Prior to concluding the agreement, he shall indicate to the players in text format, in a clear and comprehensible manner, regarding the amount to be passed on to the organiser for participating in the game as well as inform them immediately following arrangement of the game task by the organiser.
2. Commercial game organisers and third parties appointed by them or the parties interested in gaming within the meaning of Section 3 (6) are obliged to disclose arrangement to the organiser in the case of every participation in a game.
3. Commercial game organisers are obligated to ensure that when concluding an agreement, a trustee who is qualified to practice independently as a legal adviser or tax consultant is entrusted with the task of keeping the gaming receipts and enforcing prize claims with respect to the organiser. When an agreement has been concluded, the participant in the game shall be allowed to look at the gaming receipts which have been arranged on his behalf. If the participant in the game fails to lodge a prize claim with the trustee within three months, the sum of the winnings shall be paid to the organiser.

Chapter 5
Special provisions

Section 20
Casinos

Players who are barred may not take part in games in casinos. Enforcement of the ban shall be ensured by checking proof of identity, or a similar identity check, and balancing this with the lock file.

Section 21
Betting on sports events

(1) Wagers may be permitted as combination bets or single bets on the outcome of sporting events (betting on sports events). The permit regulates in detail the nature and size of bets on sports events.

(2) In terms of organisation, from the legal and financial aspects, and from the point of view of personnel, the organisation and arrangement of betting on sports events must be separate from the arrangement or organisation of the sporting events themselves and the operation of facilities where such events take place. It is not permitted to coordinate the transmission of sporting events over the radio or on television with the organisation or arrangement of bets on such events,

or with advertising on jerseys or boards. Placing bets during an on-going sporting event, as well as via telecommunications equipment, is prohibited.

(3) Gamblers who are barred may not participate in betting. Enforcement of the ban shall be ensured by checking proof of identity, or a similar identity check, and balancing this with the lock file.

Section 22
Lotteries with a particular risk potential

(1) To achieve the aims set out in Section 1, the planned jackpot amount shall be limited in the permit. Section 9 (3) sentence 2 shall be applied.

(2) Gamblers who are barred may not participate in lotteries arranged more than twice a week by the organisers mentioned in Section 10 (2). Enforcement of this ban shall be ensured by checking proof of identity, or a similar identity check, and balancing this with the lock file.

Chapter 6
Data protection

Section 23
Lock file, data processing

(1) The data required for barring purposes is processed and utilised using the lock file. The following data may be stored:

1. Surnames, Christian names, maiden names,
2. aliases, false names used,
3. date of birth,
4. place of birth,
5. address,
6. photographs,
7. the reason for being banned,
8. the duration of the ban, and
9. the notifying authority.

In addition to this, the documents which led to the ban being imposed may be stored.

(2) The stored data shall be sent as necessary to the authorities responsible for monitoring gaming bans. The data may also be transmitted using automated recall procedures.

(3) The transmission of data to public bodies, in particular, to law enforcement agencies and the Courts, is permitted under legal regulations.

(4) The information issued and any electronic system access shall be recorded.

(5) This data shall be deleted six years after the ban has been lifted. Deletion may be carried out at the end of the sixth year.

(6) Unless otherwise specified in this State Treaty, the respective provisions governing the protection of personal data shall be applied, even if the data is not processed or used in data files.

Chapter 7
Transitional and concluding provisions

Section 24
Regulations in the Federal States

The Federal States enact the provisions needed to execute this State Treaty. They are able to lay down more extensive requirements, especially as regards the preconditions governing the organisation and arrangement of games of chance. They can also make provision in their implementing laws for punishing violations of the provisions of this State Treaty with a penalty or fine.

Section 25
Additional regulations

(1) Those licences, approvals and permits issued to organisers within the meaning of Section 10 (2) prior to 1 January 2007, and the rights which are equivalent to the former under Federal State law, shall continue to be valid as permits, unless a shorter time period is specified in the ruling, until 31 December 2008, with the proviso that the provisions of this State Treaty shall apply, with the exception of the permit requirement as per Section 4 (1) sentence 1. The organisers as per Section 10 (2) must obtain a permit pursuant to Section 4 (1) by 1 January 2009.

(2) Paragraph 1 applies accordingly to the organisers of legal public games of chance (including lottery collectors for the State lotteries and commercial game organisers). If agents are incorporated into the sales organisation of an organiser, the latter shall apply for a permit as per Section 4 (1) to be issued in respect of those agents which work for him.

(3) By way of deviation from Section 10 (2), the Federal State of Rhineland-Palatinate can carry out its tasks as per Section 10(1) through an appointed enterprise.

(4) By way of deviation from Section 12 (1) sentence 1 number 3, Section 13 (2), Section 14 (1) number 1 and Section 15 (1) sentence 3, the competent authority may permit a lottery which, at the time this Treaty enters into force, is conducted in all Federal States by several organisers and where the net proceeds are used solely for the purposes mentioned in Section 10 (4).

(5) The net proceeds from events in the form of savings lotteries must amount to at least 25% of the payments made. The net proceeds shall be used for non-profit making, ecclesiastical or charitable purposes. Permits may be issued universally.

(6) By way of deviation from Section 4 (4), for up to one year following the entry into force of this State Treaty, the Federal States may authorise the organisation and arrangement of lotteries over the Internet, provided no grounds for refusal as per Section 4(2) exist and the following conditions are satisfied:

1. The exclusion of minors or gamblers who have been barred is ensured by means of identification and authentication. The Commission's guidelines regarding the protection of minors in the media for a closed user group must be observed.
2. Observance of the stake limits to be laid down in the permit, which should not exceed € 1.000/month, as well as the ban on lending, is guaranteed.
3. Particular inducements to become addicted as a result of rapid repetition and the opportunity for interactive participation, with prompt announcements concerning winnings, are excluded. This is regularly assumed to be the case as regards lotteries with no more than two decisions on winnings taken every week.
4. It is ensured by means of localisation according to the state of the art that only persons who reside within the area covered by the permit are able to participate.

5. A social programme adapted to the particular requirements of the Internet must be developed and employed. Its effectiveness shall be evaluated scientifically.

Section 26
Relationship to existing provisions governing State lotteries

(1) If the provisions of the State Treaty concluded between Baden-Württemberg, Bavaria, Hesse, Rhineland-Palatinate, Saxony and Thuringia on a State lottery dated 26 May 1992, or the provisions regarding the *Nordwestdeutsche Klassenlotterie* [State lottery for North-West Germany] in the agreement concluded between North Rhine-Westphalia, Lower Saxony, Schleswig-Holstein, Hamburg, Bremen, the Saarland, Berlin, Brandenburg, Mecklenburg-Western Pomerania and Saxony-Anhalt on the joint running of a State lottery dated 23 December 1992, are inconsistent with the provisions of this State Treaty, the provisions of this treaty shall be applied as a matter of priority.

(2) In deviation from Article 4 of the State Treaty concluded between Baden-Württemberg, Bavaria, Hesse, Rhineland-Palatinate, Saxony and Thuringia on a State lottery, and Article 2 of the agreement concluded between North Rhine-Westphalia, Lower Saxony, Schleswig-Holstein, Hamburg, Bremen, the Saarland, Berlin, Brandenburg, Mecklenburg-Western Pomerania and Saxony-Anhalt on the joint running of a State lottery, a permit as per Section 4 (1) is issued by the authorities responsible under this State Treaty to the State lotteries.

Section 27
Evaluation

The effects of this State Treaty shall be evaluated by the gaming supervision authorities in the Federal States with the assistance of the advisory committee. The results must be presented three years after the State Treaty enters into force.

Section 28
Time limit, continued validity

(1) This State Treaty shall cease to be valid at the end of the fourth year following its entry into force, unless the Conference of Minister-Presidents, with at least 13 votes, decides before the end of the fourth year that the Treaty will continue to be valid, taking into account the results of the evaluation (Section 27). In this instance, the State Treaty shall continue to be valid in those Federal States which have agreed to the resolution.

(2) This State Treaty may be cancelled by any of the Federal States in which it continues to be valid at the conclusion of a calendar year. The Chairperson of the Conference of Minister-Presidents must be informed of the termination of the Treaty in writing. Termination by one particular Federal State shall not affect the existing contractual relationship between the other Federal States. However, any of the other Federal States may terminate the contractual relationship at the same time within three months of receiving the notice of termination made to the Chairperson of the Conference of Minister-Presidents.

Section 29
Entry into force

(1) This State Treaty shall enter into force on 1 January 2008. Unless at least 13 instruments of ratification are submitted to the State Chancellery of the Chairperson of the Conference of Minister-Presidents by 31 December 2007, the State Treaty shall become invalid.

With the entry into force of this State Treaty, the State Treaty on lotteries in Germany dated 18 December 2003/13 February 2004 shall cease to be valid.

Annex "Guidelines on preventing and combating addiction to games of chance"

The following guidelines apply as regards preventing and combating addiction to games of chance:

1. The organisers
   a) shall appoint agents entrusted with developing social programmes,
   b) shall collect data on the impact of the games of chance they offer in terms of being habit-forming and shall report to the gaming supervision authorities every two years on this issue as well as on the success of the measures they have taken in relation to protecting gamblers,
   c) shall train their staff responsible for the organisation, execution and commercial arrangement of public games of chance in the early detection of problematic gambling behaviour such as, for instance, a sudden increase in sums laid out or the frequency with which players gamble,
   d) shall exclude the staff employed at places where bets, etc. are accepted from participating in the games of chance on offer there,
   e) shall make it possible for gamblers to assess the risk to them, and
   f) shall set up a telephone advice line with a single number across the entire Federal State.
2. Any information on maximum winnings shall be combined with a clarification of the probability of winning and losing.
3. The salaries of the senior executives of the games of chance organisers should not be calculated on the basis of sales.

Draft

State Treaty regarding gambling in Germany (State Gambling Treaty)

Explanatory Notes

A. General

I. Background

1. State Treaty on lotteries

In the State Treaty on lotteries in Germany, which entered into force on 1 July 2004, the Federal States have standardised the framework conditions for organising games of chance and the approval and execution of lotteries. The starting point for the State Treaty is that it is the responsibility of the Federal States under regulatory law to steer the natural gaming addiction of the population along well-ordered and supervised paths, in particular, to prevent a switch to illegal games of chance. Without limiting provisions, there is the fear that games of chance could develop uncontrollably, since gaming addiction could easily be exploited for economic gain. This must be counteracted with regard to the possible detrimental consequences as regards the psychological (addiction to gambling) and economic situation faced by gamblers, but also on account of the social side effects (treatments, preventing addiction at a state level, as well as criminal acts and offences which go hand in hand with this).

Games of chance pose various risks. Since the addictive behaviour exhibited by gamblers is primarily determined by intensive experiences of excitement at short intervals, or by the fact that the individual is encouraged to remove himself from everyday reality, above all, games of chance which have rapid winning sequences, such as roulette, have a greater potential to become addictive than games which take place at a slower pace. Games where knowledge or ability supposedly influence the success of the gamble (such as betting on sports events) also hide a particular appeal. Lotteries also have a not inconsiderable risk attached to them and may arouse the desire to participate in riskier types of games of chance. Depending on the nature of the event, lotteries have different effects on an individual's addiction to gaming. Hence, the possible detrimental consequences on the gambling addiction and the economic situation faced by the gambler in the case of a lottery conducted on the Internet or a lottery with a jackpot are substantially greater than is the case with a monthly lottery with relatively low winnings (see the Explanatory Notes to the State Treaty, A.II).

On this basis, the State Treaty makes a distinction according to the risks posed by the respective game of chance. Games of chance with a particular risk potential (for instance, jackpot lotteries and certain wagers) are left to the State or State-run organisers mentioned in Section 5 (2). With these organisers, in addition to the possibility of undertaking lottery supervision, the Federal States have more extensive opportunities to check and influence, by means of which the aims of the State Treaty can be effectively taken into account.

2. Judgment of the Federal Constitutional Court dated 28 March 2006

In its judgment dated 28 March 2006 – 1 BvR 1054/01 – (NJW [*Neue Juristische Wochenschrift*] 2006, p. 1261 *et seq*), the Federal Constitutional Court declared in principle which requirements are placed on the establishment of a State monopoly on sports betting by the fundamental right of occupational freedom and the extent to which the restrictions associated with this can be justified. The current form of the State monopoly on sports betting is viewed as being incompatible with Article 12 (1) of the Basic Law. What is lacking in particular are provisions which substantively and structurally guarantee the consistent and active orientation of sports betting offers with the aim of limiting the passion for gambling and combating the addiction to it. This regulatory shortcoming has not been offset either by the State Treaty on lotteries in Germany which was ratified by all the Federal States (cf. Federal Constitutional Court, judgment dated 28 March 2006, at the location indicated, p. 1264 *et seq*).

This assessment of the legal position does not just apply to Bavaria but to the other Federal States as well. The Federal Constitutional Court expressly emphasised this in its decisions taken by the Second Chamber of the First Senate dated 4. 7. 2006 – 1 BvR 138/05 – and 2. 8. 2006 – 1 BvR 2677/04 – in relation to Baden-Württemberg and North Rhine-Westphalia. Therefore, all Federal States are obliged, in principle, to reregulate the area of betting on sports events according to the reasons set out in the judgment dated 28 March 2006 and to establish a condition in keeping with the constitution, either by means of a form of State monopoly on sports betting which is consistent with combating the risks posed by addiction or by an authorisation, which is standardised and controlled under law, of commercial sports betting offers by private bookmakers (cf. Federal Constitutional Court, judgment dated 28 March 2006, at the location indicated, p. 1267).

In the matter, the Federal Constitutional Court has corroborated the assessment made by the Federal States that the establishment of a State betting monopoly is a suitable way of combating the risks associated with betting. The same also applies to the assumption that opening up the market on the basis of the competition which arose at that time would lead to a substantial expansion of betting propositions and this expansion, in turn, would lead to an increase in problematic and addiction-influenced behaviour (cf. Federal Constitutional Court, judgment dated 28 March 2006, at the location indicated, p. 1264).

3. Instructions and procedures

In its judgment dated 28 March 2006, the Federal Constitutional Court gave the legislator until the end of 2007 to reform the law concerned with betting on sports events. As a result, on 22. 6. 2006, the heads of government in the Federal States decided to draw up a new State Treaty on lotteries which regulates the organisation of betting on sports events within the framework of the State monopoly in accordance with the requirements of the decision taken by the Federal Constitutional Court regarding betting on sports events. In this regard, it must also be examined whether, and to what extent, the requirements of the Federal Constitutional Court shall also be taken into consideration for the lottery sector.

In July 2006, the Federal States had already called on experts on addiction to make an initial statement on the reform of the law concerned with games of chance. The key points of their positions are summarised in table form in the Appendix. The extent to which the demands of the experts on addiction have been taken into account is derived from the text of the State Treaty and the respective explanatory notes. In accordance with the order of the heads of government of the Federal States dated 19. 10. 2006, extensive hearings comprising associations and other agencies have been held in relation to the draft State Treaty. The results of these hearings were presented to the heads of government of the Federal States at their meeting on 13. 12. 2006. Where necessary or appropriate, reference is made to the results of the hearing in the explanatory notes.

II. Solution

1. On-going development of the State Treaty on lotteries

The key objectives, which have long since guided the Federal States' legislation concerned with games of chance, and which have been embodied in the State Treaty on lotteries in Germany, should be emphasised. A policy of strict regulation of games of chance, as has always been pursued hitherto, is necessary and appropriate for protecting gamblers as well as the general public.

The April 2006 study conducted by the Swiss Institute of Comparative Law, which was prepared on the orders of the EU Commission, concerning the market for games of chance in the EU provides impressive proof of the success of this policy of strict regulation and canalisation of games of chance. According to this study, when considered in the long term over 25 years, the provision of lotteries and games of chance in Germany has not grown in relation to GDP but remained stable (p. 1117 *et seq*). In the study, this limited development can also be attributed to the traditionally high tax burden in Germany on proceeds from games of chance.

In accordance with the stipulations of the Federal Constitutional Court, the aims of protecting gamblers and the general public, which have already been pursued hitherto, should be arranged logically in the substantive and formal regulations. In this regard, attention must be paid to the fact that the amendments are actually carried out and can be executed at reasonable expense. Gamblers must be protected against becoming addicted to gaming and its consequences. In this connection, the focus must be on protecting young people because they are the very group targeted as regards betting on sports events and, consequently, the potential risk, which was high in any case, becomes even greater. On the other hand, the protection of the general public against criminal structures in and around games of chance must be ensured.

Effective rules are required

- to prevent and combat addiction to games of chance,
- to canalise and limit the games of chance on offer,

- to protect young people and gamblers, as well as
- to ensure fair play and safeguard against criminality.

2. Key aims of the new State Treaty

2.1 Preventing and combating addiction to games of chance

The first and most important aim is to prevent and combat addiction to games of chance and gambling. By means of the provisions concerned with preventing and averting the dangers posed by addiction, the Federal States satisfy the obligation incumbent upon the State to safeguard the health of citizens as per Article 2 (2) sentence 1 of the Basic Law. In this way, they pursue an overridingly important public welfare objective, since an addiction to gambling can have serious consequences, not just for the individuals in question themselves, but also for their families and for the community as a whole (cf. European Court of Justice judgment of 6 November 2003 – C-243/01 – Gambelli and others, European Court Reports 2003, I-13076, margin number 67, with further documentary proof; Federal Constitutional Court, judgment dated 28 March 2006, at the location indicated, p. 1263).

In its judgment dated 28 March 2006, the Federal Constitutional Court examined the state of scientific research in detail. This research has established that games of chance and gambling can result in pathological addiction (cf. Meyer at al., *Glücksspiel – Zahlen und Fakten* [Games of chance – facts and figures], 2005 yearbook on addiction, p. 83 [91 et seq]; Hayer/Meyer, *Das Suchtpotential von Sportwetten* [The potential for betting on sports events to become habit forming], in: Addiction 2003, p. 212). As has already been stated in the explanatory notes to the State Treaty on lotteries, different types of games of chance have varying habit-forming potential. As it stands, by far the most gamblers with problematic or pathological gambling behaviour play on slot machines which should be operated in accordance with commercial gaming law. Second place is occupied by casino games. At present, all other forms of games of chance make a significantly smaller contribution to problematic or pathological gambling behaviour (cf. Hayer/Meyer, *Die Prävention problematischen Spielverhaltens* [The prevention of problematic gambling behaviour], Journal of Public Health 2004, p. 293 [296]).

Specifically as regards betting on sports events with fixed dividends, the Federal Constitutional Court has established that a definitive judgment on the habit-forming potential is currently not possible. Preliminary investigations and international experience have pointed to the fact that although the potential danger is less than is the case with the so-called "hard" games of chance played in casinos, this potential danger definitely exists (cf. Hayer/Meyer, *Das Suchtpotential von Sportwetten* [The potential for betting on sports events to become habit forming, in: Addiction 2003, p. 212 [218]). How the habit-forming potential would develop as regards betting on sports events, were this to be practised on a considerably wider scale, cannot be foreseen. Even if, for the large majority of gamblers, placing bets on sports events is purely for recreational and entertainment purposes (cf. Hayer/Meyer, *Das Suchtpotential von Sportwetten* [The potential for betting on sports events to become habit forming], in: Addiction 2003, p. 212 [218]; Schmidt/Kähnert, *Konsum von Glücksspielen bei Kindern und Jugendlichen – Verbreitung und Prävention* [The consumption of games of chance by children and young people – dissemination and prevention], final report from August 2003, p. 166), the legislator should reckon, based on the current level of knowledge, on a not inconsiderable potential for addiction even in the case of betting on sports events with fixed dividends, and should use the aim of averting the highest possible risk as an opportunity for prevention. This especially applies as regards the protection of young people. This constitutional court assessment coincides with the assessments which the Federal States used as a basis when concluding the State Treaty on lotteries for distinguishing between games of chance with a particular risk attached to them (such as jackpot lotteries or certain wagers) and lotteries with a lower risk potential. This assessment is also corroborated by the experts on addiction who, in July 2006, had been called on to make an initial statement on the reform of the law concerned with games of chance. The key points of their positions are summarised in table form in the attached overview.

Based on these findings, the following conclusions have been drawn in the new State Treaty:

The limits necessary for preventing addiction to games of chance as regards the organisation, marketing and sale of offers regarding games of chance should generally apply to both State and private organisers. Cuts in this level of protection are only authorised for games of chance with a lower risk potential. This takes into account the comments made by the gambling addiction experts before the Federal Constitution Court, according to clear epidemiological research findings, that an expanded offer of games of chance is inseparably linked to an increase in the level of addiction to games of chance and problematic gambling behaviour, irrespective of whether games of chance are organised publicly or commercially. Several studies presented at the hearing into the draft State Treaty regarding national and international research literature and remarks made by experts on addiction corroborate the hypothesis that both participation in, and the frequency of, gambling is connected with the diversity of the games of chance on offer awaiting discovery (Bremen Institute for Drug Research; Scottish Executive, Research on Social Impacts of Gambling; The Interdisciplinary Research Group on Addiction, Berlin (ISFB), Charité – University Medicine Berlin).

The following new bans have been incorporated:

- Games of chance on the Internet are to be banned because, according to the assessment of the Federal Constitutional Court and the experts on addiction, they are especially risky in terms of becoming addictive and a restriction on games of chance when offered over the Internet cannot be achieved. This unequivocal ban will make enforcement easier for all participants (primarily banks and providers).
- TV advertising is banned because advertising using this medium achieves the most widespread impact and is frequently especially geared to young people and other groups at risk (according to a literature study conducted by the Bremen Institute for Drug Research). Internet advertising is prohibited because here, in addition to the widespread impact and the targeting of specific groups, an additional element of risk is posed by being able to take part in a game immediately, something which is always possible on the Internet. These advertising bans will imitate what is already applicable law across the whole of Europe in the sphere of tobacco advertising.

An independent advisory committee consisting of experts in the field of combating addiction to games of chance shall call on its expertise. New games of chance offered by State or State-run organisers should only be permitted, if at all, following examination and assessment of their effects on the population by the advisory committee. The same applies to the arrangement of these offers. Moreover, an obligation is placed on the Federal States to ensure scientific research is carried out into preventing and averting addictions.

2.2 Canalising and limiting the games of chance on offer

This aim is to be pursued and achieved by two different routes:

- On the one hand, the existing monopoly as regards betting on sports events and lotteries with a particular risk potential is to be maintained. In this regard, the Federal States are assuming that the risks associated with addiction can be controlled more effectively with the help of a State monopoly which is geared to combating addiction to games of chance and problematic gambling behaviour than by checking private organisers. The monopoly as regards organising betting on sports events and lotteries with a particular risk potential also enables the restrictions on the games of chance on offer that are necessary to prevent addiction to be implemented effectively. This restriction on offers is indispensable for preventing addiction to games of chance. An expanded offer of games of chance is inseparably linked to an increase in the level of addiction to these games of chance and problematic gambling behaviour (see number 2.1 above). On the other hand, a monopoly is not standardised when arranging this supply of games of chance under the auspices of the State. Instead, this arrangement, be it the responsibility of private individuals or the State, is linked, for its part, to the generally applicable provisions concerning advertising, the social programme and the provision of information and, via the reservation on the granting of permission, to the aims of the State Treaty (in particular, as per Section 1 numbers 1 and 2).

- On the other hand, a comprehensive ban with a reservation on the granting of permission is incorporated. According to this, every organisation or arrangement of public games of chance requires the permission of the respective Federal State. Public games of chance may not be organised or arranged without such permission. No entitlement exists in relation to granting the permit. The permit shall be refused if the organisation or arrangement of a game of chance runs counter to the aims set out in Section 1 of the State Treaty.

2.3 Protecting young people and gamblers

The strict ban on minors participating in public games of chance is continued. This ban must be enforced consistently in relation to the organisers of games of chance and agents, and betting on sports events, in particular. Any violations of this must be sanctioned, if necessary, by cancelling permits issued previously as well. The experts on addiction have expressly pointed out to the Federal Constitutional Court that the tendency of young people to turn to betting with fixed dividends is particularly conspicuous and that problematic gambling behaviour is already discernible between the ages of 13 and 19.

To protect gamblers, organisers and agents of public games of chance are obliged to encourage players to gamble in a responsible manner and to guard against the development of a passion for gambling. To this end, they must draw up social programmes, train their staff and explain to gamblers the risks of the game and the opportunities for obtaining help.

Above all, however, a comprehensive barring system is to be established which effectively precludes gambling addicts or those discernibly at risk of gambling addiction from participating in the game. In addition to casinos, bans should also be enforced in relation to betting on sports events and lotteries which take place in quick succession (daily lotteries such as Keno, minute lotteries such as Quicky). To this end, the State or State-run organisers mentioned in Section 10 (2) are obliged to join the existing barring system which applies to casinos. In this way, one of the key demands of the experts on addiction is satisfied.

2.4 Ensuring fair play and safeguarding against criminality

A powerful gaming supervision board is established for enforcing all requirements and for combating illegal games of chance effectively which should not come within the auspices of the Federal Ministry of Finance in accordance with the demand made by the Federal Constitutional Court. The Federal States are obliged to cooperate with the gaming supervision board. The permits for the organisers mentioned in Section 10 (2) are coordinated between the different gaming supervision authorities in the Federal States.

3. Uniform framework for all games of chance

In addition to betting on sports events, in the development of the State Treaty on lotteries, the new regulation also includes State and private lotteries in full. Here, too, there is a need for adaptation to the stipulations of the Federal Constitutional Court in its judgment dated 28 March 2006, by detailed differentiation. Additionally, in accordance with the recommendations of the experts on gambling addiction, the regulations concerning the protection of gamblers, in particular, their barring, which have to be laid down and enforced in a uniform manner across the Federal States for casinos as well, are regulated in the State Treaty.

Contrary to the expert proposals put forward by the experts on addiction, no requirements pertaining to commercial gaming in amusement arcades may be incorporated in the State Treaty. Here, the individual Federal States are prevented from issuing their own regulations by the

Federal Government's definitive standardisation in the Trade and Industry Act and the Gaming Order. The responsibility for amusement arcades, which was transferred during the federalist reform, only covers the permit for (confined) amusement arcades laid down in Section 33 i of the Trade and industry Act, and not commercial gaming law as set out in Sections 33 c to g of the same act. In amending the Gaming Order (in the version published on 27 January 2006, Federal Law Gazette I p. 280), the Federal States have already enforced important requirements in terms of protecting gamblers and the general public. Hence, the ban on fun games, which is particularly problematic from the point of view of protecting gamblers, as set out in Section 6 a of the Gaming Order, has its origins in demands made by the Federal States because these devices, around 80,000 of which had nominally been installed as gaming machines in Germany up to 2005, had actually been operated as game-of-chance machines in contravention of all the limits in terms of maximum winnings and losses as laid down in the Gaming Order. In addition, at the request of the *Bundesrat*, the ban on jackpot systems and other winning chances and privileges has been incorporated in Section 9 (2) of the Gaming Order and the expansion envisaged by the Federal Government in the number of cash gaming machines permitted in an amusement arcade has clearly gone the other way (Bundesrat Parliamentary Paper 655/05 (Resolution)). The Federal States are assuming, however, that the Federal Government has drawn conclusions from the observations contained in the judgment of the Federal Constitutional Court dated 28 March 2006 regarding commercial gaming in amusement arcades and restaurants and, in the same way as the existing State Treaty, is guaranteeing the conditions necessary to protect gamblers and to prevent and combat the addiction to gambling.

III. Alternatives

In reforming the law concerned with betting on sports events, the Federal Constitutional Court has also approved the authorisation, which is standardised and controlled under law, of commercial sports betting offers by private bookmakers (cf. Federal Constitutional Court, judgment dated 28 March 2006, at the location indicated, p. 1267). This alternative must be rejected for reasons of regulatory and social policy, in any case, under the current conditions indicated:

- The authorisation of private bookmakers in such a "games of chance market" would lead to an enormous expansion in the number of games offered. This is demonstrated by the prognoses of interested groups, such as the observations of the security agencies in the fight against illegal games of chance. This misgiving was again upheld at the hearing into the draft State Treaty. Forecasts were presented by associations of bookmakers, in accordance with which, as regards the task of strict regulation, turnover in the region of € 5.2 billion is anticipated by 2010 in bookies and through betting terminals alone. This would represent a tenfold increase in current turnover in places where bets, etc. are accepted.
- The number of gamblers who develop an addiction, or who are in danger of doing so, would increase hand in hand with the "games of chance market". At the same time, an increase in the number of criminal acts and offences would be anticipated.
- An alleviation of this proposition would not be achieved either as a result of the traditionally high tax burden in Germany (see point II.1 above) since, in view of the tax competition within the EU (with rates of tax largely below 0.5%), avoiding private companies would be anticipated which could not be obviated in national law on account of European and constitutional law.

Consequently, the key aims of protecting gamblers and the general public would not be effectively achieved.

B. Regarding the individual provisions

Regarding Chapter 1

The provisions of this chapter lay down a uniform framework with regard to preventing individuals from becoming addicted to games of chance and betting, establish the preconditions for combating addiction effectively and ensure protection for young people and gamblers. Although the judgment of the Federal Constitutional Court dated 28 March 2006 was issued solely in relation to betting on sports events, the requirements stipulated therein pertaining to the regulatory form of the law concerning games of chance can be transferred to other forms of games of chance. The aim of the provisions of Chapter 1 is therefore to make the offer of both State-run and private games of chance dependent on preventive measures which will apply to all forms of games of chance across the country as a whole.

Re Section 1 (Aims of the State Treaty)

As a result of restructuring the provision, it becomes clear that the most important objective of the State Treaty is to prevent individuals from becoming addicted to games of chance and betting. To achieve this aim, the Federal States are encouraged to establish the preconditions for combating addiction effectively.

In this respect, the aims listed under number 1, as generic terms, cover the other matters of concern described in the numbers below. The effective combating of addiction requires, inter alia, a restriction on the games of chance on offer and prevention of the switch to illegal games of chance (see number 2 above). By way of contrast, an unlimited offer would lead to an increase in the level of addiction to games of chance and problematic gambling behaviour. Stemming the addiction to games of chance and gambling could not therefore be achieved (refer to A.II, points 2.1 and 2.2 above).

Guaranteeing protection for young people and gamblers in number 3 is also an important element in combating addiction. According to information provided by experts on addiction, problematic gambling behaviour is already especially discernible in young people from the age of 13.

Number 4 relates to criminal activities which may occur in conjunction with the sphere of games of chance. The proper execution of games of chance guarantees protection against fraudulent activities while they are taking place. In addition, criminality in the field of games of chance is looked at. Here, too, risks to the population should be averted by preventing the criminal aspect which follows and accompanies games of chance. The establishment of a gaming supervision board in Section 9 of the State Treaty which has appropriate wide-reaching powers ensures that this aim is achieved.

Re Section 2 (Area of application)

It follows from the systematic arrangement of the provision that the Federal States regulate the organisation, execution and arrangement of games of chance from the point of view of preventing and combating addiction. Sentence 1 expands the area of application of the State Treaty which, hitherto, had been limited to "commercial" gaming, to any form of arrangement. Sentence 2 includes casinos in the area of application of the State Treaty because games played in casinos are among those games of chance with the highest potential of becoming habit forming. They cannot therefore be exempted from the objective pursued through this State Treaty of laying down uniform standards across the country for preventing addiction to games of chance. There is no intention to regulate casino law in its entirety in view of the different legal frameworks in the Federal states.

Therefore, as regards casinos, only the provisions expressly mentioned at this point apply. In accordance with this, the general provisions (Sections 1, 3 and 4), the provisions governing advertising (Section 5), social programmes (Section 6), the obligations to clarify (Section 7) and barring players (Sections 8, 20 and 23) shall apply to casinos.

Re Section 3 (Terms and definitions)

The applicable provisions in paragraphs 1 to 3 are borrowed word for word. The State Treaty only covers games of chance, i.e. those games where the determination of winnings is wholly or predominantly dependent on chance. Pure games of skill, where the knowledge and ability of the gambler is decisive as regards the outcome of the game, are not covered. When both elements coincide, it shall be established by means of an overall assessment which element (chance or skill) predominates. This also applies in the case of games on TV and radio where prizes can be won over the phone where, in the first instance, a chance generator decides on how calls are forwarded to the studio. Here, too, an overall assessment of the game is necessary together with any elements of knowledge or skill which may be included. Otherwise, a game of chance is not a game of chance unless a payment is demanded. There is no such demand if, in addition to the opportunity of participating for a fee (e. g. via a value added service), an equivalent, practicable and free of charge alternative – e. g. by postcard, e-mail or via the Internet – is offered to enable participation in the same game. Therefore, regulation of games where prizes can be won over the phone must focus on consumer protection where the problem can be resolved in its entirety, unaffected by the restrictions of a consideration from the point of view of the law concerning games of chance.

Sentence 3 has been added to paragraph 1. This clarifies the fact that gambling on the onset or outcome of a future event also constitutes a game of chance. Admittedly, the widely held legal view is that gambling already constitutes a game of chance according to the definition contained in paragraph 1 sentences 1 and 2. More detailed clarification appears necessary, however, because, in spite of decisions taken by the highest ranking courts in relation to this issue in literature and the administration of justice which confirm the assignment of gambling as a game of chance, there are still isolated voices which include gambling under the heading of games of skill since, allegedly, it is not chance but the expert knowledge of the party placing the bet which should be decisive in terms of winning or losing.

In accordance with previous jurisdiction, paragraph 4 clarifies the fact that games of chance are organised and arranged wherever participation is a possibility. If the sending of gaming slips by post or opening up participation via the Internet are regarded as organising games of chance, in the end, these will also be arranged in places where the offer goes down well. The fact that by using the Internet, the organiser does not focus his offer on certain individuals alters nothing because, by focusing an Internet offer, the organiser would like to enable all parties interested in gambling to participate from his or her home. This also applies to offers from abroad which focus on the Internet since here, too, participation in the game of chance from Germany is possible (Federal Supreme Court of Justice, judgment dated 1 April 2004 – I ZR 317/01 – Trade Journal 2004, 336; Federal Supreme Court of Justice, judgment dated 14 March 2002 – I ZR 279/99, NJW [*Neue Juristische Wochenschrift*] 2002, 2175, with reference to the opinion issued by the *Bundesrat* regarding the ministerial bill, *Bundestag* parliamentary papers. 13/8587, p. 67 et seq and the report of the *Bundestag*'s Committee on legal affairs, *Bundestag* parliamentary papers 13/9064, p. 21); Federal Supreme Court of Justice, judgment dated 28 May 1957 – 1 StR 339/56; Federal Supreme Court of Justice, judgment of 24 September 1957 – 5 StR 519/56; Higher Regional Court in Braunschweig, judgment of 10 September 1954 – Ss 128/54 – NJW [*Neue Juristische Wochenschrift*] 1954, 1779, each time in relation to Sections 284 et seq of the Penal Code).

In paragraphs 5 and 6, the agents which are incorporated into the sales organisation of State or State-run organisers within the meaning of Section 10 (2), namely, the places within the lottery companies where bets, etc. are accepted in the Federal States, and the lottery collectors for the State lotteries, are delimited from commercial game organisers who act as agents for individual gaming agreements for an event organiser or bring together gambling associations and arrange their participation in games (see Section 14 (1) of the State Treaty on lotteries) without being incorporated into the sales organisation of the organiser like the places where bets, etc. are accepted and the lottery collectors.

Re Section 4 (General provisions)

Paragraph 1 contains a comprehensive ban with a reservation on the granting of permission. Each organisation or arrangement of public games of chance requires a permit. Without this permit, the organisation or arrangement of these games is prohibited. In addition to the clarifying function of a comprehensive reservation on the granting of permission, this provision also enables regulations to be laid down regarding different levels of sanctions under criminal law in the event of the ban being violated.

Organisers and all persons who enable gamblers to participate in games of chance are subject to the permit obligation regarding games of chance as per paragraph 1. These persons currently include, inter alia, commercial game organisers and the places within the lottery companies where bets, etc. are accepted in the Federal States which act as agents between the organisers and gamblers. The same applies to the lottery collectors for the State lotteries. A separate financial risk may, but should not be, associated with organisation or arrangement. This is demonstrated by the poker games on offer in casinos where the casino operator is not taking any risk himself.

The introduction of a permit obligation under the State Treaty with regard to the arrangement of public games of chance was necessary in light of the many abuses to which the experts on addiction made reference from the outset, and which have been substantiated again at the hearing following reports from consumer protection associations. Hence, according to the Federal Consumer Protection Association, over recent years, commercial game organisers have attracted attention as a result of trying to attract players using particularly aggressive methods, occasionally promising false winnings in so doing. The Federal Consumer Protection Association has received a number of complaints from consumers to this effect. Several games organisers had to be dissuaded on account of dishonest advertising methods. Observation of the State Treaty's objectives concerning preventing addiction and ensuring the general well-being of the population must therefore be ensured by a preceding check in a permit procedure.

In this way, in view of the broad definition of the term "organiser" to be applied in criminal law, which also covers large parts of the arrangement under this State Treaty (cf. Federal Supreme Court of Justice, judgment dated 28 November 2002 – 4 StR 260/02 – Trade Journal 2003, 332) – what is established under applicable law by Sections 284 and 287 of the Penal Code is essentially only adopted for clarification purposes. These penal provisions under Federal law render the satisfaction of all elements of the offence as defined in the statute or, in any event, the illegality of the behaviour which is punishable, dependent on the non-existence of an official permit, meaning that the Federal States are given some room to manoeuvre in terms of shaping the preconditions under which exemption is to be granted from the ban on organising games of chance (cf. Federal Administrative Court, judgment dated 21 June 2006 – 6 C 19.06 – paragraph number 49; Federal Administrative Court, judgment dated 29 June 2000 – 1 C 26.99 – Trade Journal 2000, 386). As regards this regulation, no particular obstructions are placed in the way of the Federal States as a result of Federal Government provisions under trade and industry law. This has also been conceded by Prof. Dr. Horn in his November 2006 report which has been submitted by a commercial game organiser at the hearing into the draft State Treaty, with reference to the judgment of the Federal Administrative Court of 21 June 2006 (at the location indicated, p. 39).

Paragraph 2 underlines the aims of this State Treaty, while the refusal to issue a permit is necessary if the organisation and arrangement of games of chance runs counter to the aims set out in Section 1. A permit may only be issued in observance of the aims of combating and preventing addiction, limiting the games of chance on offer and canalising the addiction to gaming, guaranteeing protection for young people and gamblers, the proper execution of games of chance and averting the criminality associated with this. Sentence 2 clarifies the fact that a permit may not be issued in relation to the arranging of games of chance which are not permitted under this State Treaty. Sentence 3 establishes the fact that no entitlement to a games of chance permit exists.

The discretion introduced in Section 4(2) shall be exercised in accordance with the purpose of the statutory authorisation and in the legal limits (Section 40 of the Act on administrative procedures). According to this act, the promotion of the aims set out in Section 1 is to the fore, unless an objection to these aims already substantiates the obligatory grounds for refusal as per Section 4 (2) sentence 1. The discretionary decision provided for in Section 4(2) is not suitable for distinguishing between private or State agents. Instead, it only permits regulation as per the objectives under regulatory law as set out in Section 1, in which connection, first and foremost, Section 1 number 1 (Prevention of the risks posed by addiction) and number 2 (Canalising and limiting the offer) will be of decisive importance. The fact that consequently, first and foremost, it comes down to a distinction between the existing (legal) offer and new offers to be added, is also made clear by the wording of Section 9 (5) which prescribes the prior assessment and evaluation of the effects on the general population by the advisory committee as regards new games of chance offered by State or State-run organisers, but also as regards the introduction of new, or the significant extension of existing, sales channels by organisers or agents. Additionally, reference is made to the transitional regulation in Section 25 (1) and (2) which exempts organisers and agents of authorised games of chance, in respect of which a permit obligation is justified for the first time in Section 4 (1), from this obligation for a period of one year, and enables them to continue with their previous, legal activity. The material requirements of the State Treaty must also be satisfied during this transitional period.

Paragraph 3 sentence 1 clarifies the fact, as previously, that the requirements concerning the protection of young people must particularly be observed in the sphere of games of chance. These include the requirements of the Act on the protection of minors. Hence, Section 6 (1) of this act makes provision for the fact that the presence of children and young people in amusement arcades or similar rooms which are predominantly used for gaming purposes should not be allowed. Section 6 (2) of the Act on the protection of minors specifies that children and young people should only be allowed to participate in public games offering possible winnings at certain events, and only on condition that the winnings take the form of low value goods. These requirements can also be put in concrete form by additional provisions.

Over and above the general law concerned with the protection of young people, in paragraph 3 sentence 2, the participation of minors in public games of chance has been prohibited unreservedly (as has already been laid down in Section 4 (2) sentence 2 of the State Treaty on lotteries). This ban takes account of the fact that the risk of taking advantage of the addiction to gaming exhibited by young people is particularly high since young people are generally more easily enthused than adults by the promise of winnings for games of chance. At the suggestion of the associations concerned with addiction at the hearing into the draft State Treaty, an additional sentence 3 has been added, which justifies an autonomous obligation on the part of organisers and agents, to ensure that minors are excluded from participating in games of chance. Violation of this provision is subject to an administrative fine in Land law as a breach of regulations or, in the event of multiple violations, can be used as an occasion to cancel the permit.

Paragraph 4 covers the general ban on the organisation and arrangement of public games of chance over the Internet and extends to all types of games of chance regulated in the State Treaty, in particular, to lotteries, betting on sports events and the field of casinos. This fulfils one of the main demands laid down by the Federal Constitutional Court in its judgment dated 28 March 2006. Especially against the background of the legally required orientation of the betting proposition in line with the aim of combating the addiction to betting, the Federal Constitutional Court viewed the possibility of participating in betting over the Internet as dubious, especially as this sales channel does not ensure effective control of youth protection. From the point of view of preventing an addiction to games of chance, player anonymity and the lack of any social controls make it appear necessary to query the Internet as a sales channel for more than just betting on sports events. To ensure that the aims set out in Section 1 are achieved, it is therefore necessary to essentially prohibit use of the Internet in the area of games of chance. Moreover, this also satisfies one of the demands made by the experts on addiction who are calling for a consistent ban on Internet gambling and on-line games of chance.

Re Section 5 (Advertising)

This provision standardises limits on advertising for all types of games of chance regulated in the State Treaty, especially casinos, betting on sports events and lotteries. They also apply to games of chance which may be legally arranged abroad and advertised in Germany since no opportunity exists to participate in the game in Germany such as, for instance, advertising for foreign casinos in Germany, which triggers the permit obligation as per Section 4 (1) sentence 1. A special ban on advertising in relation to betting on sports events is also regulated in Section 21.

Paragraph 1 lays down specifications pertaining to advertising for public games of chance which are in accordance with the requirements concerned with combating addiction and protecting gamblers.

Paragraph 2 sentence 1 clarifies the fact that advertising should not conflict with the aims set out in Section 1. A certain moment when an invitation is made or an incentive given is inherent in all advertising. The Federal Supreme Court of Justice defines advertising as "any statement in performance of a trade, craft or independent profession with the aim of promoting the sale of goods or the provision of services" (judgment dated 9 June 2005 – I ZR 279/02). Against this backdrop, the ban on inviting, providing incentives for, or encouraging participation in a game of chance in sentence 1 in a well-directed manner is primarily aimed at inappropriate, unobjective advertising. Forms of advertising which encourage an addiction to games of chance, for instance, by measures which promote sales, such as discounts, credit notes and similar measures, are particularly prohibited. Even if, in coordination with paragraph 1 and paragraph 2 sentence 1, the content of the advert is clearly defined, sentence 2 expressly emphasises the fact that advertising should not be directed at minors or other target groups similarly at risk. Paragraph 2 sentence 3 sets out requirements in terms of content. According to this provision, in addition to the fact that the advert should not be misleading, which is self-evident, it must contain clear references to the ban on minors participating, the corresponding dangers of addiction and the possibilities of getting help.

Section 5 (3) justifies a comprehensive ban on TV advertising (be this in the form of spot advertising or informercials within the meaning of Section 7 of the State Broadcasting Treaty or sponsoring within the meaning of Section 8 of the same Treaty), because advertising using this medium particularly contributes to the potential risks of games of chance on account of its coverage. Previous bans on advertising in relation to other products have highlighted, not least, the importance of TV advertising and its ability to influence. As regards the general form of protection for gamblers, especially in the case of minors, and the combating of risks associated with addiction, it is therefore indispensable that TV advertising is prohibited. A permit may not be issued in this regard, even if the conditions set out in paragraphs 1 and 2 are satisfied. This ban does not cover other parts of programmes which must be separated visually from the advert pursuant to Section 7 (3) sentence 2 of the State Broadcasting Treaty, such as the drawing of lottery numbers and broadcasts concerned with authorised lotteries.

Paragraph 3 also supplements Section 4 (4) by also consistently prohibiting advertising on the Internet in relation to public games of chance. Here, in addition to the widespread impact and the targeting of specific groups, an additional element of risk is posed by being able to take part in a game immediately, something which is always possible on the Internet. Finally, in paragraph 3, advertising in relation to public games of chance via telecommunications equipment is prohibited. This ban extends beyond the limits which are generally applicable under competition law in Section 7 (2) number 2 of the Act against unfair competition and prohibits any form of advertising using these installations. Consequently, advertising calls made to gamblers are prohibited although gamblers may make calls to organisers or agents. A ban on the unsolicited sending of advertising material and game offers by post is not included, however. Hence, the postal service will continue to remain a traditional means of distribution which will not encourage any immediate reaction by the recipient and which is therefore justifiable in terms of the potential to become habit forming, but in which connection, the advertising itself must satisfy the objectives and requirements of the State Treaty (cf. Section 5 (1) and (2) and Section 4 (2), in conjunction with Section 1), first and foremost in terms of providing information, addiction prevention, and protection for young people and consumers.

Following the current legal position, paragraph 4 stipulates that advertising in relation to public games of chance is only allowed if the permit necessary for organisation or arrangement as per Section 4 (1) sentence 1, as issued by the competent authority in the respective Federal State, is available. This does not apply to foreign games of chance which may be legally arranged abroad and advertised in Germany because no opportunity exists to participate in the game in Germany, which triggers the permit obligation as per Section 4 (1) sentence 1.

Re Section § 6 (Social programme)

To achieve the aim whereby public game of chance organisers and agents encourage gamblers to play in a responsible manner, the development of social programmes and staff training must be stipulated for the former. According to Section 9 (1) sentence 3 number 2, the gaming supervision authority can lay down requirements in terms of the development and implementation of the social programme.

Experts on addiction to gaming have long since recommended this preventative approach for averting the risks associated with addiction. The imparting of knowledge, making people aware of the dangers of becoming addicted to gaming, and action programme training so that employees are also able to communicate with the gambler, are among the most important elements of training programmes. Trained staff are already able to identify at an early stage whether a gambler runs the risk of becoming addicted. Appropriate measures taken at this stage represent the most effective form of preventing the risks associated with addiction before a gambler actually becomes addicted to gaming. Internal company programmes and comprehensive programmes for suppliers should also be drawn up in cooperation with assistance available locally.

Additionally, the organisers and agents of public games of chance are obliged to satisfy the Guidelines on preventing and combating the addiction to games of chance in the Annex to the State Treaty.

Re Section 7 (Provision of information)

This provision lays down an additional obligation incumbent upon organisers and agents of public games of chance and, just like Section 6, represents one of the preventative approaches for combating the risks associated with addiction. This goes beyond the requirement of advertising purely for information purposes by preventing problematic gaming behaviour from the outset through the provision of information.

The experts on addiction who participated in the legislative process considered it necessary in every respect, from the point of view of preventing addiction, to make clear reference to the statistics available concerning the probability of winning in the case of the various games. Problematic gaming behaviour is already avoided from the outset by means of the drawing up of clearly worded information and the production of clearly visible signs. In this respect, paragraphs 1 and 2 take up the demands made by the experts.

Paragraph 1 regulates the obligation to provide information on the probability of winning and losing, as well as the risks of becoming addicted to the game in question. Furthermore, irrespective of the particular form of the game of chance, the provision of information concerning the ban on minors participating and opportunities for receiving counselling and therapy is standardised.

Paragraph 2 puts in concrete form the obligation concerning the provision of information by stipulating that tickets, gaming slips and gaming receipts must contain corresponding references.

Re Section 8 (Barring players)

All the experts on gaming addiction who participated in the legislative process have given their support to regulating, in a legally binding manner, the possibility of barring as a key measure in gambler protection for games of chance with an increased habit-forming potential. In its judgment dated 28 March 2006, the Federal Constitutional Court called for the possibility of self-barring as a gambler protection measure (Section C.II.2.).

Paragraph 1 of the provision obliges casinos and the organisers mentioned in Section 10 (2) to maintain a system of barring which ensures that gamblers who are barred from a particular form of a game of chance are also excluded from other such games. The existing possibility of barring, which has proven its worth hitherto exclusively in the sphere of casinos, also therefore applies to State or State-run organisers within the meaning of Section 10 (2). The comprehensive barring system takes account of the assessment arrived at in the context of the research into addictions that a large group of so-called problem gamblers play several games of chance on offer at the same time, with multiple chances of becoming addicted.

The provision in paragraph 2 differentiates between the opportunities for self- and third-party barring. Self-barring presupposes the presence of the gambler in person, who must furnish proof of his identity for this purpose. The data required for barring purposes is stored as per Section 23 (1). Third-party barring is an expression of the concept of active gambler protection laid down in Section 6. It assumes that the staff employed in casinos and by State or State-run organisers within the meaning of Section 10 (2) are trained in observing problematic gambling behaviour and draw conclusions from this in the interests of the gambler.

Paragraph 3 lays down the requirements pertaining to the minimum duration of the ban and informing the gambler concerned.

As regards the scope of the data to be entered, paragraph 4 makes reference to Section 23 (1) and clarifies the fact that in the interests of protecting the gambler, an entry is also possible unless all the data is available.

Paragraph 5 regulates the lifting of the ban. To avoid legal arguments between organisers and players, the reasons for lifting the ban should be recorded in writing.

Regarding Chapter 2

Re Section 9 (Gaming supervision board)

Section 9 establishes the structural conditions that are necessary in order to guarantee effective enforcement of the provisions of the State Treaty which assist in protecting gamblers and the general public. The gaming supervision board is granted the powers necessary to issue orders in a particular case (paragraph 1 sentence 2). Paragraph 1 sentence 3, for instance, lists the most important individual powers held by the gaming supervision board. What must be emphasised in this regard is the power to lay down requirements in terms of the development and implementation of the social programme which facilitates enforcement of the obligations that are justified according to Section 6. In addition, the power to intervene, which is already known on the basis of Section 12 (1) sentence 2 of the State Treaty on lotteries, is supplemented by the power to prohibit banks and financial service institutes from being involved in payments for and from unauthorised games of chance and, where they are responsible under this Act, service providers within the meaning of Section 3 of the Teleservices Act from being involved in access to unauthorised offers for games of chance. In both instances, this essentially involves clarification since, under current law as it stands, deliberate involvement is punishable in any case as aiding and abetting pursuant to Section 284 (1), Section 27 of the Penal Code, and therefore prohibited under law and order legislation in the Federal States. The graded responsibilities under the Teleservices Act are specifically considered.

The powers of the authorities in the individual Federal States regarding action under regulatory law are supplemented in paragraph 1 sentence 4 by the opportunity for mutual authorisation if an illegal game of chance is organised or arranged in several Federal States, or advertising is carried out to this end in several Federal States.

If these instructions were previously declared to be enforceable immediately, in future, the suspensive effect of protests or complaints is excluded by virtue of the Act (paragraph 2). The numerous decisions taken by the administrative courts have already demonstrated that hitherto, the weighing of interests regularly gives rise to a predominant interest on the part of the general public in immediate enforcement (cf. Federal Constitutional Court, decision of 21 September 2006 – 1 BvR 2399/06 –). The authorities in the Federal States which are responsible for the gaming supervision board cooperate on averting risks and on the issuing of permits for the organisers mentioned in Section 10(2) (paragraph 3).

Paragraph 4 summarises the procedural regulations which apply to all permits as per Section 4 (2) which are taken, in the main, from Section 11 (2) and (3) of the State Treaty on lotteries.

A permit concerning the introduction of new offers for games of chance by State or State-run organisers can only be issued if, in addition to the requirements which otherwise apply, the conditions laid down in paragraph 5 are satisfied. The introduction of new, or the significant extension of existing, sales channels by organisers or agents is on a par with new offers concerning games of chance. In these instances, the independent advisory committee must have examined and assessed the effects of the additional offer on the general population. The organiser must ensure the requisite monitoring by gambling experts or researchers. The advisory committee procedure set out in Section 9 (5) establishes the technical preconditions that are needed in order to be able to assess whether a new game of chance offer is compatible with, or runs counter to, the aims set out in the State Treaty, in particular, in Section 1 numbers 1 and 2. This corresponds to the key demands made by experts on addiction and has also been corroborated again as a fundamental primary prevention measure at the hearing.

Pursuant to paragraph 6, gaming supervision may not be performed by an authority which is responsible for the Federal State's finances or the administration of holdings of the lottery company. In this way, consideration is given to the demand made by the Federal Constitutional Court that the legislator must ensure observation of the requirements in terms of gambler protection and preventing addiction as regards organisation, marketing and selling by means of suitable monitoring agencies which are sufficiently removed from the State's fiscal interests.

Re Section 10 (Ensuring an adequate offer of games of chance)

The decision taken by the Federal States in the State Treaty on lotteries, to leave games of chance with a particular risk attached to them, such as jackpot lotteries and certain wagers, to the State or State-run organisers mentioned in Section 10 (2), remains unaffected (Section 10 (5)).

The previously valid provisions in Section 5 (2) and (4) of the State Treaty on lotteries, as has been established by the explanatory notes to the aforementioned treaty, take into account the established fact that there are games of chance with varying risk potential. Games of chance with a particular risk potential under regulatory law (for instance, jackpot lotteries and certain wagers) should only be organised on a legal basis and by the parties mentioned in Section 5 (2) in order to find closely monitored options in terms of activity in relation to an individual's natural tendency to gamble which should not be suppressed. Where the potential for risk is lower, the organisation of other lotteries or pay-outs by other organisers according to Chapter 3 of the State Treaty is also authorised, provided it can be ruled out that the organisation of the lottery results in excessive incentives to gamble on account of the total number of games of chance already on offer, in particular, the number of games of chance which have already been organised, or their nature or execution. Given that the circumstances concerning approval in Chapter 3 apply exclusively to lotteries and pay-outs, other offers of games of chance (such as certain wagers, for instance) are excluded by parties other than those mentioned in Section 5 (2) (according to the explanatory notes relating to the State Treaty on lotteries, B. re Section 5).

A literary study by the Bremen Institute for Drug Research which certifies a low risk potential for the national lottery compared with other forms of games of chance has been presented at the hearing into the draft State Treaty on games of chance. Lottery games only involve a low risk of dependency relative to the entire spectrum of gamblers. However, differentiated analyses clearly pointed to the fact that young people and individuals on low income, or who have benefited from little education, in particular, have an increased potential for risk. The intensification of primary prevention measures and their evaluation is therefore recommended for these groups in society. This literary analysis has not passed unchallenged. Thus, it has been emphasised that it is not possible to provide empirical evidence of the various, high habit-forming potentials of the different games on chance on offer (The Interdisciplinary Research Group on Addiction, Berlin (ISFB), Charité – University Medicine Berlin). The first scientific studies published in international journals following a peer review showed, for instance, that the lottery, too, in its current form, has a definite habit-forming potential (for Germany: Grüsser et al., 2006, Journal of Gambling Issues; for England: Petry et al., 2003, Addiction). The German Centre for Health Information, which has also dealt with this theme in its statements, does not consider the separate examination of lotteries and betting from the point of view of gambling addiction to be sensible. Even if the risk potential posed by individual games of chance could be evaluated differently, there would be no differences in the course of development or in the pathological characteristics of the gambling addiction.

The basic decision taken by the Federal States in the State Treaty on lotteries, to leave games of chance with a particular risk attached to them, such as jackpot lotteries and certain wagers, to the State or State-run organisers mentioned in Section 10 (2), has been approved by the Federal Constitutional Court in relation to the area of betting on sports events. In view of the legislator's room to manoeuvre as regards evaluating and forecasting, his assumption that the establishment of a State betting monopoly is a suitable way of combating the risks associated with betting cannot be queried in principle. The exclusion of private suppliers is only reasonable if the existing monopoly on betting also assists in preventing and averting an addiction to gambling and problematic gaming behaviour in its concrete form (cf. Federal Constitutional Court, judgment dated 28 March 2006, at the location indicated, p. 1264). In the case of lotteries with a particular risk potential, even following the outcome of the hearing into the draft State Treaty, the legislator may assume, just like in the case of betting on sports events as regards the risks associated with addiction, that such lotteries may be controlled more effectively by means of a State monopoly which is geared to combating addiction and problematic gambling behaviour than by checking private lottery companies (cf. Federal Constitutional Court, judgment dated

28 March 2006, at the location indicated, with reference to Federal Constitutional Court 102, 197, 218 *et seq*).

Particular consideration is given to the stipulations of the Federal Constitutional Court by means of the following regulations:

- The task of the Federal States under regulatory law of ensuring an adequate supply of games of chance is more clearly linked in paragraph 1 to the revised aims set out in Section 1 of the State Treaty. All measures must assist in achieving the objectives laid down in Section 1. In this regard, the competent authorities in the Federal States should be supported by an independent advisory committee comprising experts in combating gambling addiction.
- Every organisation or arrangement of public games of chance by, or on behalf of, the organisers mentioned in Section 10 (2), requires the permission of the competent authority in the respective Federal State (Section 4 (1)). This permission shall be refused if organising or arranging the game of chance is contrary to the aims of Section 1 (Section 4(2)). Permits for the organisers mentioned in Section 10 (2) are coordinated between the gaming supervision authorities in the Federal States (Section 9 (3) sentence 2).
- New games of chance offered by State or State-run organisers may only be authorised following implementation of the advisory committee procedure as per Section 9 (5).
- In paragraph 3, the Federal States are obligated to limit the number of places where bets, etc. are accepted in order to achieve the aims set out in Section 1. In this regard, in view of the general aims contained in Section 1 numbers 1 and 2, the number of existing places where bets, etc. are accepted and similar sales outlets must be taken into consideration by all organisers and agents of public games of chance.
- Further requirements pertaining to betting on sports events and lotteries with a particular risk potential have been drawn up in Section 21 and 22.

Section 10(2) clarifies the fact that the task described in paragraph 1 also constitutes a public task within the meaning of the rules on competition in the EC Treaty which the Federal States either fulfil themselves or entrust to the legal persons under public law or private companies in which legal persons under public law are definitively involved, as mentioned in paragraph 2. In his report presented by a private betting company at the hearing into the draft State Treaty, along with careful examination of case law of the European Court of Justice, Prof. Dr. Koenig explained that the reasons under regulatory policy behind a restrictive market access regulation could be regarded as the general economic interest within the meaning of Article 86(2) of the EC Treaty, such as those standardised in the objectives set out in Section 1, which may justify a deviation from the Treaty's rules on competition (p. 39 *et seq*, also Koenig, *Europäisches Wirtschafts- und Steuerrecht Beilage* [European economic and fiscal law – Appendix] 1/2001, p. 16). The Federal Cartel Office has also recognised in principle that the reasons under regulatory policy behind a restrictive market access regulation in the law concerned with games of chance may be regarded as the general economic interest within the meaning of Article 86 (2) of the EC Treaty (decision of the Federal Cartel Office dated 23 August 2006, B 10 – 92713 – Kc – 148/05, margin number 567f). Here, regulatory policy is not limited to supervisory measures. It may limit offers of games of chance and any competition activities directed at games of chance or prohibit them in their entirety (cf. European Court of Justice C-124/97 (Läärä) margin number 35, C-275/92 (Schindler) margin number 61, C-67/98 (Zenatti) margin number 33). It is precisely this restriction on the number of games of chance, on the one hand, and the number of concrete offers or opportunities to play which gamblers are confronted with directly, on the other, which is an indispensable part of coherent canalisation and stemming of the (addiction to) games of chance.

According to Section 10 (4), It must be ensured that a substantial part of the income is used to support public or non-profit making, ecclesiastical or charitable purposes. This also includes addiction prevention measures and assistance with pathological games of chance, as has been emphasised at the hearing into the draft State Treaty by the National Council for Drugs and Addiction. The Federal States decide on how consideration is to be given to the obligation arising from Section 10 (4) in the Budget Act or on a statutory basis.

Re Section 11 (Research into addictions)

The Federal States are invited to ensure that scientific research is carried out into preventing and averting the risks associated with addictions as a result of games of chance. This order for guaranteeing the provision of services is necessary in order to acquire more extensive scientific knowledge of the causes of addiction to games of chance, the opportunities for active addiction prevention and on the effectiveness of the protection mechanisms already utilised. By means of this order for guaranteeing the provision of services, which is generally adhered to, the Federal States are to be put in a position whereby they can regulate the promotion of research into addiction to games of chance within the framework of their respective research and combat addiction programmes.

Regarding Chapter 3

Re Section 12 (Permit)

Paragraph 1 sentence 1 relates to the permit obligation standardised in Section 4 (1) sentence 1. Section 6 (2) sentence 1, old version, could be dispensed with because Section 4 (1) now also makes the organisation and arrangement of the games of chance regulated in Chapter 1 dependent on the permit from the competent authority "of the respective Federal State". In paragraph 1 sentence 2, it is to be laid down in accordance with the experience acquired over many years that savings lotteries shall be distinguished, by way of exception, by the fixed ticket portion not exceeding 20% of the amount for participating. The remaining 80% represents the savings portion.

As regards advertising relating to social lotteries (*Aktion Mensch, Goldene Eins, Glücksspirale* – see Section 25 (4)), in view of the lower potential for addiction, an exemption from the ban on TV advertising as per Section 5 (3) is initiated in the permit in paragraph 2. Generally speaking, as regards the lotteries with a lower risk potential which are regulated in Chapter 3, and which are described and restricted in the grounds for refusal laid down in Section 13 (2), the permit shall decide to what extent the requirements set out in Sections 6 and 7 shall be satisfied (paragraph 2 sentence 2). In this respect, first and foremost, far-reaching exemptions in the case of small-scale lotteries within the meaning of Section 18 will be considered.

Re Section 13 (Grounds for refusal)

In paragraph 1 sentence 1, the grounds for refusal as per Section 4 (2), in conjunction with Section 1, and the mandatory provisions in Section 4 (3) and (4) are declared to be applicable. Otherwise, the provision corresponds to the previously valid Section 7 of the State Treaty on lotteries.

Re Section 14 (Organisers)

As is established by the heading to Chapter 3, Sections 12 *et seq* relate to lotteries which have a lower risk potential compared with the lotteries regulated in the preceding chapters. Here, too, the distinction from the point of view of preventing and combating addiction to games of chance is decisive, not the organiser's legal form. The reference to the organisers mentioned in Section 10 (2) in paragraph 1 sentence 2 exempts State or State-run organisers from the non-profit making requirement within the meaning of Section 5 (1) number 9 of the Corporation Income Tax Act and enables them to organise lotteries with a lower risk potential under the same conditions as private organisers.

Re Sections 15 to 18

Up to the point where generally applicable procedural rules governing the permit have been moved from Section 17 to Section 9 (4), and the changes in the margin together with the editorial changes, these provisions correspond to Sections 9 to 11 and Section 13 of the State Treaty on lotteries. Reference is made to the grounds put forward in the explanatory notes regarding the State Treaty on lotteries.

Regarding Chapter 4

Re Section 19 (Commercial gaming)

The previous requirements pertaining to commercial gaming set out in Section 14 (2) numbers 3 to 5 of the State Treaty on lotteries, which supplement the generally applicable provisions, are emphasised. A definition can only be found in Section 3 (6), however. Otherwise, the provisions of Sections 4 to 7 which generally apply to organising and arranging are declared as being applicable to commercial game organisers.

In future therefore, by virtue of the State Treaty, (commercial) gaming will be subject to the reservation on the granting of permission by the competent authority of the respective Federal State pursuant to Section 4 (1) sentence 1. The permit may not be issued according to Section 4 (2) sentence 1 if the (commercial) gaming contravenes the aims of Section 1 numbers 1 and 2 in particular. This will be assumed, for example, if new sales channels (such as supermarket lotteries) are to be opened up by means of commercial gaming. In this instance, the advisory committee procedure will otherwise be implemented pursuant to Section 9(5) sentence 2.

If there are no grounds for refusal as per Section 4 (2) sentences 1 and 2, a decision shall be taken on the permit as is seen fit (Section 40 of the Act on administrative procedures). In this connection, any previous legal activity undertaken by a commercial game organiser shall be given appropriate consideration. As regards exercising discretion, promotion of the aims set out in Section 1 is to the fore. Here, above all, Section 1 number 1 (Prevention of the risks posed by addiction) and number 2 (Canalising and limiting the offer) will be of decisive importance. The fact that, consequently, it comes down, first and foremost, to a distinction between the existing (legal) offer and new offers to be added, is also obvious from Section 9(5) which prescribes the prior assessment and evaluation of the effects on the general population by the advisory committee as regards new games of chance offered by State or State-run organisers, but also as regards the introduction of new, or the significant extension of existing, sales channels by organisers or agents. Additionally, reference is made to the transitional regulation in Section 25 (1) and (2) which also exempts agents of authorised games of chance from the permit obligation as per Section 4 (1) sentence 1 for a period of one year and, in this way, enables them to continue with their previous, legal activity. The material requirements of the State Treaty must also be satisfied during this transitional period.

Regarding Chapter 5

Re Section 20 (Casinos)

The exclusion of gamblers who have been barred and the enforcement of this ban ensures fundamental requirements pertaining to the protection of gamblers and young people in casinos. In this way, consideration is given to the demands made by experts on addiction, but also to the resolution of the Conference of Ministers for the Interior of 7/8 July 2004 regarding TOP 14.

The Conference of Interior Ministers had decided that in order to protect gamblers and young people, checks when joining small-scale games should be brought into line with those regarding big games in casinos in a uniform manner and simultaneously across all Federal States. To this end, in future, as regards small-scale games as well, complete ID checks should be carried out which balance visitor data with the list of barred individuals. Should biometric processes develop to such an extent that these represent an alternative which equates to an ID check involving the balancing of data and which satisfies requirements in terms of regulatory and data protection law, harmonisation is also possible in small-scale games through using these processes.

Re Section 21 (Betting on sports events)

In its judgment dated 28 March 2006, the Federal Constitutional Court called for provisions regarding the content-related criteria concerning the nature and size of bets on sports events (Section C.II.2.). Accordingly, as a first step, paragraph 1 sentence 1 stipulates that wagers are only permitted in the form of bets on sports events and these, in turn, just as combination bets or single bets. In the permit required for organising and arranging bets on sports events pursuant to Section 4(1), the gaming supervision authorities shall lay down, pursuant to paragraph 1 sentence 2, the approval provisions as regards the subject matter which are necessary to achieve the aims set out in Section 1, as well as the requirements concerning the nature and size of the bets on authorised sports events (inter alia, limits on the maximum stake). In this regard, the ban on live betting in paragraph 2 sentence 3 must be observed.

The provisions contained in paragraphs 2 and 3, which take into consideration the increased habit-forming potential of betting on sports events and guarantee the sport's integrity, implement the stipulations which the Federal Constitutional Court has laid down in Section C.II.2. of the abovementioned judgment in relation to the organisation of bets on sports events. This especially concerns the ban in paragraph 2 sentence 2 on combining betting on sports events with the broadcasting of sporting events on television, which is aimed at both the media and the organisers and agents of betting on sports events. Those parties addressed by the additional advertising ban in paragraph 2 sentence 2, second choice, exclusively those responsible for advertising on jerseys or boards, are opposed to this, but not the media who consider it to be a matter of imposed placement.

By excluding players who been barred (see Section 8) from participating in betting on (sports) events, a demand made by the experts on addiction, which has also been taken up by the Federal Constitutional Court in its judgment dated 28 March 2006, is taken into account.

Re Section 22 (Lotteries with a particular risk potential)

The provision in paragraph 1 makes provision for a limit on the jackpot. This takes account of the demands made by the experts on addiction who participated in the legislative process. In the permit required for organising lotteries pursuant to Section 4 (1), in the interests of protecting gamblers and achieving the aims set out in Section 1, the gaming supervision authorities will make provision for further approval provisions as regards the subject matter and conditions, including a limit on maximum winnings. Provisions which bar gamblers from placing larger bets (system games) are also conceivable.

Paragraph 2 includes examples of daily lotteries such as KENO, and minute lotteries such as Quicky, which are assumed to entail similar risks in terms of the organisation of casinos and betting on sports events. This especially applies to Quicky, a ban on which was supported by a number of the experts on addiction to gaming who participated in the legislative process. Participation in these special forms of lottery presupposes that the gambler is identified prior to the game starting and his name is not listed in the lock file mentioned in Section 8 (4) and Section 23. Scratch cards and scratch tickets are not counted as lotteries within the meaning of paragraph 2 sentence 1. The organisation of these lotteries includes a series of tickets whose sale extends over several weeks.

Regarding Chapter 6

Re Section 23 (Data protection)

Section 23 contains the provisions necessary in relation to the lock file and the processing of the data stored there. The extent of the data to be entered in the lock file is still only established by Section 23(1) sentence 2. The same applies to the provisions concerning transmission (see Section 23(2) and (3)). In Section 23(1), the collection of identity data is dispensed with in order to take account of the reservations presented during the hearing regarding the use of this data in the private sector, which casinos are assigned to in several Federal States. The processing of data otherwise complies with the provisions which apply to the agencies dealing with it each time.

Chapter 7

The concluding provisions of the currently valid State Treaty are supplemented by

- The clarification that the Federal States are able to lay down more extensive requirements, especially as regards the preconditions governing the permit to organise and arrange games of chance (Section 24).
- A transitional regulation in Section 25 (1) and (2) which exempts all organisers and agents (including lottery collectors for the State lotteries and commercial game organisers) in respect of which a permit obligation is justified for the first time in Section 4(1), from this obligation for a period of one year and enables them to continue with their previous, legal activity without a permit. The material requirements of the State Treaty must also be satisfied during this transitional period.
- A provision concerned with the simplification of processes in the case of the agents incorporated into the sales organisation of an organiser in Section 25 (2) sentence 2: Here, as regards the simplification of processes, the organiser shall submit an application for a permit for the agents working on his behalf.
- A transitional provision concerning the Internet ban in Section 4(4) which primarily assists in balancing out proportionality in the case of the two commercial game organisers who, according to their presentations at the hearing into the draft State Treaty, operate (almost) exclusively over the Internet (Fluxx AG, established 1998, ca. 140 employees in the group comprising Jaxx GmbH and Anybet GmbH, along with Tipp24 AG, established 2000, 151 employees, in 2005, stakes amounting to almost € 205 million paid out to lottery companies in eight countries). For a period of one year following the entry into force of the State Treaty, they are to be granted a sufficient period of time in which to convert the business to the sales channels permitted under the State Treaty by means of the exemption authorised under Section 25 (6). In this regard, in the case of applications to open up new, or expand existing, sales channels, appropriate consideration is to be given to balancing out proportionality while exercising discretion. The conditions laid down in Section 25 (6) numbers 1 to 5 must, and should, be satisfied in each case, as has been presented by the media and private betting companies at the hearing into the draft State Treaty.
- A competition clause in Section 26 which accords priority to this State Treaty compared with the provisions which apply to State lotteries.
- The obligation to evaluate the effects of this State Treaty by the gaming supervision authorities in the Federal States (Section 27).

- The imposition of a time limit on the State Treaty which means it will cease to be valid after four years, unless the Conference of Minister-Presidents, with at least 13 votes, decides that the Treaty as a whole will continue to be valid, taking into account the results of the evaluation. The State Treaty will then continue to have validity in those Federal States which have decided on this course of action (Section 28).

IV. Glücksspielstaatsvertrag und Erläuterungen
– französische Übersetzung –

Projet

Traité d'État

relatif aux jeux de hasard en Allemagne
(Traité d'État sur les jeux de hasard – GlüStV)

Le Land de Baden-Württemberg,
l'État libre de Bavière,
le Land de Berlin,
le Land de Brandebourg,
la Ville hanséatique libre de Brême,
la Ville hanséatique libre de Hambourg,
le Land de Hesse,
le Land de Mecklembourg-Poméranie occidentale,
le Land de Basse-Saxe,
le Land de Rhénanie du Nord-Westphalie,
le Land de Rhénanie-Palatinat,
le Land de Sarre,
l'État libre de Saxe,
le Land de Saxe-Anhalt,
le Land de Schleswig-Holstein et
l'État libre de Thuringe
(ci-après dénommés: «les Länder»)
adoptent le traité d'État suivant:

Première partie
Réglementations générales

§ 1
Objectifs du traité d'État

Les objectifs du traité d'État sont

1. empêcher la dépendance aux jeux de hasard et aux paris, et créer les conditions d'une lutte efficace contre la dépendance,

2. limiter l'offre dans le domaine des jeux de hasard et orienter l'instinct ludique naturel de la population de façon réglementée et contrôlée, empêcher en particulier les jeux de hasard non autorisés,
3. garantir la protection des joueurs et des mineurs,
4. assurer un déroulement réglementaire des jeux de hasard, la protection des joueurs contre des manœuvres frauduleuses ainsi que la lutte contre la criminalité liée aux jeux de hasard.

§ 2
Champ d'application

Par ce traité d'État, les Länder réglementent l'organisation et le déroulement des jeux de hasard publics ainsi que la négociation de jeux de hasard publics. Seuls les §§ 1, 3 à 8, 20 et 23 sont d'application pour les maisons de jeu.

§ 3
Définitions

(1) Il y a jeu de hasard si, dans le cadre d'un jeu, une somme d'argent est demandée pour obtenir une chance de gain, et si la décision concernant le gain dépend en tout ou en partie du hasard. La décision concernant le gain dépend dans tous les cas du hasard si la survenue ou l'issue incertaine d'évènements futurs est déterminante. Des paris contre paiement d'une mise et portant sur la survenue ou l'issue d'un événement futur sont également des jeux de hasard.

(2) Il y a jeu de hasard public s'il existe une possibilité de participation pour un cercle de personnes plus important et non fermé, ou s'il s'agit de jeux de hasard organisés habituellement au sein d'associations ou d'autres sociétés fermées.

(3) Une loterie est un jeu de hasard au sens de l'alinéa 1, qui offre à de nombreuses personnes la possibilité d'obtenir un gain en argent selon un plan défini moyennant le paiement d'une somme définie. Les réglementations relatives aux loteries sont également d'application si des objets ou d'autres avantages ayant valeur d'argent peuvent être gagnés à la place de l'argent (tirage).

(4) Un jeu de hasard est organisé et négocié à l'endroit où le joueur a la possibilité de participer.

(5) Les bureaux de validation et les encaisseurs de loterie sont des agents intégrés à l'organisation commerciale d'opérateurs au sens du § 10 alinéa 2.

(6) Une personne exerce une activité d'agent professionnel si, sans être un bureau de validation ou un encaisseur de loterie,

1. elle transmet des contrats de jeu à un opérateur, ou
2. réunit des personnes intéressées dans le but de constituer des communautés de jeu, et transmet elle-même, ou par l'intermédiaire de tiers, leurs enjeux à l'opérateur,

pour autant que cela se fasse dans l'intention d'obtenir durablement des gains par cette activité.

§ 4
Dispositions générales

(1) Des jeux de hasard publics ne peuvent être organisés ou négociés que sur autorisation de l'autorité compétente du Land concerné. L'organisation ou la négociation sans cette autorisation (jeu de hasard non autorisé) est interdite.

(2) L'autorisation est refusée si l'organisation ou la négociation du jeu de hasard contrevient aux objectifs visés au § 1. Une autorisation ne peut pas être attribuée pour la négociation de

jeux de hasard non autorisés au sens du présent traité d'État. Il n'existe aucun droit d'attribution de l'autorisation.

(3) L'organisation et la négociation de jeux de hasard publics ne doivent pas s'opposer aux exigences de la protection des mineurs. La participation de mineurs n'est pas autorisée. Les opérateurs et les agents doivent s'assurer que la participation de mineurs est exclue.

(4) Il est interdit d'organiser et de négocier des jeux de hasard publics sur l'internet.

§ 5
Publicité

(1) La publicité pour le jeu de hasard public doit être limitée à une information concernant la possibilité de participer aux jeux de hasard, afin de prévenir tout aspect incitatif tout en préservant l'objectif d'offrir des possibilités légales de jeu de hasard.

(2) La publicité pour le jeu de hasard public ne doit pas être contraire aux objectifs visés au § 1, et ne doit en particulier pas inviter, inciter ou encourager directement à participer au jeu de hasard. Elle ne doit pas s'adresser à des mineurs ou à des groupes cibles présentant un risque comparable. La publicité ne doit pas être de nature trompeuse et doit comporter des informations précises relatives à l'interdiction de participer pour les mineurs, au risque de dépendance lié au jeu de hasard en question et aux possibilités d'aide.

(3) La publicité pour le jeu de hasard public est interdite à la télévision (§§ 7 et 8 du traité d'État relatif à la radiodiffusion), sur l'internet et par l'intermédiaire d'équipements de télécommunications.

(4) La publicité pour des jeux de hasard non autorisés est interdite.

§ 6
Concept social

Les opérateurs et les agents de jeux de hasard publics sont obligés de fournir des informations concernant un jeu responsable et de prévenir la dépendance aux jeux de hasard. A cette fin, ils doivent mettre au point des concepts sociaux, former leur personnel et satisfaire aux prescriptions prévues à l'annexe «Directives de prévention et de lutte contre la dépendance aux jeux de hasard». Les concepts sociaux doivent décrire les mesures servant à prévenir les effets sociaux négatifs du jeu de hasard, ainsi que la manière dont ils peuvent être éliminés.

§ 7
Information

(1) Les opérateurs et les agents de jeux de hasard publics doivent fournir des informations sur la probabilité de gagner et de perdre, les risques de dépendance liés aux jeux de hasard qu'ils négocient, l'interdiction de participer pour les mineurs et les possibilités de conseil et de thérapie.

(2) Les billets de loterie, les bulletins de jeu et les quittances de jeu doivent comporter des informations sur le risque de dépendance lié au jeu de hasard en question et sur les possibilités d'aide.

§ 8
Joueurs frappés d'interdiction

(1) Afin de protéger les joueurs et de lutter contre la dépendance au jeu de hasard, les maisons de jeu et les opérateurs mentionnés au § 10 alinéa 2 sont obligés de mettre en place un système d'interdiction à grande échelle.

(2) Les opérateurs soumis à l'obligation de participer au système d'interdiction interdisent des personnes qui en font la demande (auto-interdiction) ou celles dont ils savent, en raison d'informations fournies par leur personnel ou par des tiers, ou dont ils doivent supposer, en raison d'autres indices concrets, qu'elles sont exposées à un risque de dépendance au jeu de hasard ou qu'elles sont surendettées, qu'elles ne remplissent pas leurs obligations financières ou qu'elles misent des enjeux disproportionnés par rapport à leurs revenus ou à leur patrimoine (interdiction extérieure).

(3) L'interdiction est prononcée pour une durée minimale d'un an. Les opérateurs notifient sans délai et par écrit l'interdiction au joueur concerné.

(4) Les opérateurs inscrivent les données prévues au § 23 alinéa 1 dans un fichier d'interdiction. Une inscription est admissible même si toutes les données n'ont pas pu être collectées.

(5) Une levée de l'interdiction peut être prononcée au plus tôt après un délai d'un an, et uniquement sur demande écrite du joueur. L'opérateur ayant prononcé l'interdiction décide de sa levée.

Deuxième partie
Missions de l'État

§ 9
Contrôle des jeux de hasard

(1) Le contrôle des jeux de hasard a pour mission de contrôler le respect des obligations juridico-publiques fondées sur le présent traité d'État et vise à interdire le jeu de hasard non autorisé ainsi que la publicité correspondante. L'autorité compétente de chaque Land peut arrêter les réglementations nécessaires au cas par cas. Elle peut en particulier

1. demander à tout moment des renseignements et la production de tous les documents et pièces justificatives nécessaires au contrôle dans le cadre de la première phrase,
2. définir des exigences applicables à l'organisation et au déroulement des jeux de hasard publics ainsi qu'à la négociation des jeux de hasard publics, à la publicité correspondante et au développement et à la transposition du concept social,
3. interdire l'organisation, le déroulement et la négociation des jeux de hasard non autorisés ainsi que la publicité correspondante,
4. interdire aux établissements de crédit et de prestations de services financières la participation à des paiements concernant des jeux de hasard non autorisés et à des versements de gains liés au jeu de hasard non autorisé, et
5. interdire aux prestataires de services au sens du § 3 de la loi sur les téléservices, pour autant qu'ils soient responsables au sens de la dite loi, de collaborer pour permettre l'accès à des offres de jeux de hasard non autorisées.

Si un jeu de hasard non autorisé est organisé ou négocié dans plusieurs Länder, ou si de la publicité est faite en ce sens dans plusieurs Länder, chaque Land concerné peut autoriser l'autorité compétente d'un autre Land à agir également au nom du Land concerné.

(2) Une action en opposition et une action en justice contre ces dispositions n'ont aucun effet suspensif.

(3) Les Länder coopèrent dans le cadre du contrôle des jeux de hasard. Ils harmonisent les autorisations pour les opérateurs visés au § 10 alinéa 2.

(4) L'autorisation est attribuée par l'autorité compétente pour le territoire du Land concerné ou pour une partie de ce territoire. Elle est irrévocable et accordée pour une durée limitée. Elle peut être assortie de dispositions annexes, également à posteriori. L'autorisation ne peut être ni transférée ni remise à un tiers.

(5) L'autorisation de lancement de nouvelles offres de jeux de hasard par les opérateurs visés au § 10 alinéa 2 suppose que

1. le comité technique (§ 10 alinéa 1 deuxième phrase) a examiné et évalué au préalable les effets de la nouvelle offre, et
2. après la mise en place de ce jeu de hasard, l'opérateur informe l'autorité ayant accordé l'autorisation des effets sociaux de la nouvelle offre.

La mise en place de nouveaux circuits de distribution ou le développement significatif de circuits de distribution existants par des opérateurs ou des agents est assimilé à une nouvelle offre de jeux de hasard.

(6) Le contrôle des jeux de hasard ne peut pas être exercé par une autorité en charge des finances du Land ou de la gestion des contributions des opérateurs visés au § 10 alinéa 2.

§ 10
Garantie d'une offre suffisante en jeux de hasard

(1) Afin d'atteindre les objectifs visé au § 1, les Länder ont pour mission réglementaire de garantir une offre suffisante en jeux de hasard. Ils sont conseillés par un comité technique, composé d'experts de la lutte contre la dépendance aux jeux de hasard.

(2) Sur une base légale, les Länder peuvent remplir cette mission publique eux-mêmes, par l'intermédiaire de personnes morales de droit public ou de sociétés de droit privé auxquelles sont associées de manière essentielle, directement ou indirectement, des personnes morales de droit public.

(3) Les Länder limitent le nombre des bureaux de validation afin d'atteindre les objectifs définis au § 1.

(4) Il faut garantir qu'une part significative des recettes provenant des jeux de hasard est employée pour promouvoir des objectifs publics ou d'intérêt général, au profit d'églises ou d'organismes caritatifs.

(5) Les personnes autres que celles visées à l'alinéa 2 ne sont autorisées qu'à organiser des loteries et des jeux de hasard au sens des réglementations de la troisième partie.

§ 11
Recherche sur la dépendance

Les Länder sont chargés du suivi de la recherche scientifique afin de prévenir et de lutter contre les risques de dépendance liés aux jeux de hasard.

Troisième partie
Loteries à faible potentiel de risque

§ 12
Autorisation

(1) L'autorisation visée au § 4 alinéa 1 ne peut être accordée que si

1. aucun motif de refus au sens du § 13 ne s'oppose à la manifestation,
2. les conditions citées aux §§ 14, 15 alinéa 1 et alinéa 2 et § 16 alinéa 3 existent,
3. l'objectif économique de la manifestation ne dépasse pas l'effet promotionnel lié à la mise à disposition de gains, et

4. la sécurité ou l'ordre public, ou les relations de la République fédérale d'Allemagne avec d'autres États ne sont pas susceptibles d'être perturbés par la manifestation proprement dite ou par la réalisation de l'objectif de la manifestation ou par l'emploi du bénéfice net.

Le point 3 de la première phrase n'est pas d'application pour des loteries se déroulant sous la forme d'une épargne à primes, si une part de 20 pour cent au plus du montant de la participation est employée comme part pour la loterie d'épargne à primes.

(2) Une dérogation à l'interdiction de la publicité télévisuelle (§ 5 alinéa 3) peut être prévue dans l'autorisation pour des manifestations qui sont traditionnellement présentées en liaison avec la télévision, et dont le bénéfice net est prioritairement employé à des fins d'utilité publique. L'autorisation doit également préciser dans quelle mesure les exigences prévues aux §§ 6 et 7 doivent être remplies.

(3) Si une loterie doit être organisée dans plusieurs Länder selon un plan de jeu uniforme pour tous les Länder concernés, le Land dans lequel est situé le siège de l'opérateur peut également accorder une autorisation au nom des Länder qui ont donné mandat à cette fin.

§ 13
Motifs du refus

(1) Une autorisation ne peut pas être accordée si la manifestation est contraire au § 4 alinéa 2 à 4. Il s'agit en particulier des cas où, en raison de l'offre existante en jeux de hasard, l'organisation de la loterie est susceptible de favoriser d'une manière particulière l'instinct ludique, compte tenu notamment du nombre des jeux de hasard déjà organisés, ou de leur nature ou déroulement.

(2) Une autorisation peut être refusée, en particulier si

1. le plan de jeu prévoit que
   a) les résultats des tirages doivent être publiés plus de deux fois par semaine,
   b) le gain maximum est supérieur à 1 millions d'euros, ou
   c) des parts de l'enjeu payé par le joueur doivent être collectées pour constituer les gains de tirages ultérieurs (jackpot régulier),

   ou
2. une participation interactive, avec une publication rapide des gains, est possible par l'intermédiaire d'un service de radiodiffusion et de télémédias.

§ 14
Opérateur

Une autorisation ne peut être accordée que si l'opérateur

1. remplit les conditions prévues au § 5 alinéa 1 point 9 de la loi relative à l'impôt sur les sociétés, et
2. est fiable, et offre en particulier la garantie que la manifestation se déroule de façon réglementaire et que son déroulement peut être contrôlé par les participants et l'autorité ayant accordée l'autorisation, et que le bénéfice net est employé conformément à l'usage prévu.

Le point 1 de la première phrase n'est pas d'application pour les opérateurs visés au § 10 alinéa 2, pour les loteries organisées par la collectivité de droit public «Bayerisches Rotes Kreuz» (Croix rouge bavaroise) et pour les manifestations se déroulant sous la forme d'une épargne à primes (§ 12 alinéa 1 troisième phrase).

(2) Si le déroulement de la manifestation doit être confié entièrement ou majoritairement à un tiers, l'autorisation ne peut être accordée que si le déroulement de la manifestation n'est pas susceptible de porter préjudice à la transparence et à la possibilité d'un contrôle de la manifestation, et si le tiers

1. remplit les conditions prévues à l'alinéa 1 point 2 et
2. est soumis aux consignes de l'opérateur en ce qui concerne le déroulement de la manifestation, et n'a aucune influence légale ou réelle déterminante sur l'opérateur.

§ 15
Plan de jeu, calculation et déroulement de la manifestation

(1) Selon le plan de jeu, le rapport entre le bénéfice net, la somme des gains et les frais doit être adapté; les frais de la manifestation doivent être le plus réduit possible. Le bénéfice net désigne le montant résultant de la somme des enjeux encaissés après déduction des frais, de la somme des gains et des impôts. Une somme correspondant au moins à 30 pour cent des enjeux encaissés doit être prévue dans le plan de jeu pour le bénéfice net ainsi que pour la somme des gains, et il ne doit y avoir aucune raison permettant de supposer que ce pourcentage ne sera pas atteint. Une calculation, présentant les coûts prévisionnels de la manifestation, la somme des gains, les impôts et le bénéfice net, doit être jointe lors du dépôt de la demande. S'il s'avère après l'attribution de l'autorisation que les coûts calculés seront vraisemblablement dépassés, l'autorité compétente devra être informée sans délai, et une nouvelle calculation devra être présentée.

(2) Les coûts des tiers au sens du § 14 alinéa 2 ne peuvent être pris en compte dans les coûts de la loterie que dans la mesure où ils répondent aux principes d'une gestion rentable. La rémunération des tiers ne doit pas être calculée en fonction du chiffre d'affaires.

(3) L'opérateur doit présenter à l'autorité compétente tous les documents et fournir tous les renseignements nécessaires au contrôle du déroulement réglementaire de la loterie. Il doit en particulier présenter un décompte incluant le montant réel des recettes, du bénéfice net, de la répartition des gains et des coûts de la manifestation.

(4) L'autorité compétente peut, aux frais de l'opérateur, mandater un expert comptable agréé ou demander que celui-ci soit mandaté par l'opérateur, afin que soit établi et présenté à l'autorité un rapport permettant de contrôler la planification ou le déroulement réglementaire de la loterie, concernant en particulier la conformité des coûts de la loterie. Les coûts du rapport sont des coûts à la charge de la loterie.

§ 16
Utilisation du bénéfice net

(1) Le bénéfice net de la manifestation doit être employé dans les meilleurs délais pour l'usage prévu dans l'autorisation.

(2) Si l'opérateur souhaite employer le bénéfice net à des fins autres que les objectifs publics ou d'intérêt général, au profit d'églises ou d'organismes caritatifs, tels que définis dans l'autorisation, ou si l'usage prévu ne peut pas être réalisé ou ne peut pas être réalisé dans les meilleurs délais, l'opérateur doit en informer sans délai l'autorité compétente. Celle-ci peut définir à nouveau l'usage prévu après consultation de l'opérateur.

(3) Une part appropriée du bénéfice net doit être employée dans le Land dans lequel la loterie est organisée.

§ 17
Forme et contenu de l'autorisation

L'autorisation est accordée par écrit. Elle définit en particulier

1. l'opérateur, et, dans le cas du § 14 alinéa 2, le tiers,
2. la nature, le lieu ou le territoire ainsi que le début et la durée de la manifestation,

3. l'usage prévu pour le bénéfice net, la nature et la manière dont est réalisé le contrôle de l'usage prévu ainsi que le moment auquel le contrôle doit être réalisé,
4. le plan de jeu
5. ainsi que la forme commerciale.

§ 18
Petites loteries

Les Länder peuvent déroger aux réglementations du traité d'État pour des loteries ne dépassant pas le cadre du Land, lorsque
1. le montant total des enjeux encaissés ne dépasse pas la somme de 40.000 euros,
2. le bénéfice net est employé exclusivement et directement à des fins d'intérêt général, au profit d'églises ou d'organismes caritatifs, et
3. le bénéfice net et la somme des gains s'élèvent respectivement à 25 pour cent au moins des enjeux encaissés.

Quatrième partie
Agent professionnel

§ 19
Agent professionnel

Outre les §§ 4 à 7, et sans préjudice d'autres réglementations légales, les exigences suivantes sont d'application pour les activités de l'agent professionnel:
1. L'agent professionnel doit transmettre à l'opérateur deux tiers au moins des enjeux encaissés auprès des joueurs pour participer au jeu. Avant conclusion d'un contrat, il doit informer les joueurs sous une forme écrite, de façon claire et distincte, du montant qui doit être transmis à l'opérateur afin de permettre la participation au jeu, et doit les informer sans délai de l'opérateur après transmission du bulletin de jeu.
2. Les agents professionnels ainsi que les tiers mandatés par des agents professionnels ou par des personnes intéressées au sens du § 3 alinéa 6 sont obligés de soumettre l'opération à l'opérateur à chaque participation au jeu.
3. Les agents professionnels sont obligés de veiller à ce que, en cas de conclusion d'un contrat, un mandataire, habilité à exercer une profession indépendante de conseil juridique ou fiscal, soit chargé de la conservation des bulletins de jeu et de faire valoir le droit aux gains vis-à-vis de l'opérateur. En cas de conclusion d'un contrat, un droit de consultation des bulletins de jeu transmis en son nom doit être accordé au participant au jeu. Si le participant au jeu ne fait pas valoir un droit à un gain dans un délai de trois mois auprès du mandataire, le montant du gain est reversé à l'opérateur.

Cinquième partie
Réglementations spéciales

§ 20
Maisons de jeu

Des joueurs frappés d'interdiction ne peuvent pas prendre part à des activités de jeu dans des maisons de jeu. La mise en application de l'interdiction doit être assurée par un contrôle des papiers d'identité ou par un contrôle d'identité équivalent, et par une vérification du fichier d'interdiction.

§ 21
Paris sportifs

(1) Des paris portant sur le résultat d'évènements sportifs (paris sportifs) peuvent être autorisés sous la forme de paris combinés ou de paris simples. La nature et la forme des paris sportifs sont réglementées en détail dans l'autorisation.

(2) L'organisation et la négociation de paris sportifs doivent être séparées sur le plan organisationnel, légal, économique et personnel de l'organisation d'évènements sportifs et de l'exploitation d'équipements utilisés pour des manifestations sportives. Il est interdit d'associer la retransmission d'évènements sportifs par des services de radiodiffusion et des télémédias à l'organisation ou à la négociation de paris sportifs, ou à la publicité pour des paris sportifs sur des maillots et des panneaux publicitaires autour des terrains de sport. Les paris pendant le déroulement de l'événement sportif et par l'intermédiaire d'équipements de télécommunications sont interdits.

(3) Des joueurs frappés d'interdiction ne peuvent pas prendre part à des paris. La mise en application de l'interdiction doit être assurée par un contrôle des papiers d'identité ou par un contrôle d'identité équivalent, et par une vérification du fichier d'interdiction.

§ 22
Loteries à potentiel de risque particulier

(1) Le montant d'un jackpot régulier doit être limité dans l'autorisation afin d'atteindre les objectifs prévus au § 1; le § 9 alinéa 3 deuxième phrase est d'application.

(2) Des joueurs frappés d'interdiction ne peuvent pas prendre part aux loteries des opérateurs visés au § 10 alinéa 2, qui sont organisées plus de deux fois par semaine. La mise en application de l'interdiction doit être assurée par un contrôle des papiers d'identité ou par un contrôle d'identité équivalent, et par une vérification du fichier d'interdiction.

Sixième partie
Protection des données

§ 23
Fichier d'interdiction, traitement des données

(1) Le fichier d'interdiction sert à traiter et à utiliser les données nécessaires à une interdiction. Les données suivantes peuvent être enregistrées :

1. noms de famille, prénoms, noms de naissance,
2. alias, faux noms utilisés,
3. date de naissance,
4. lieu de naissance,
5. adresse,
6. photographies,
7. motif de l'interdiction,
8. durée de l'interdiction et
9. établissement déclarant.

Les documents ayant entraîné l'interdiction peuvent également être enregistrés.

(2) Les données enregistrées doivent être transmises en quantités nécessaires aux organismes en charge du contrôle des interdictions de jeu. Les données peuvent également être transférées par l'intermédiaire de procédures d'appel automatisées.

(3) Des transferts de données vers des organismes publics, en particulier vers les autorités de poursuite pénale et les tribunaux, sont admissibles en conformité avec les réglementations légales.

(4) Des protocoles doivent être établis sur les informations fournies ainsi que sur les accès au système électronique.

(5) Les données sont effacées six ans après l'expiration de l'interdiction. Les données peuvent être effacées à la fin de la sixième année.

(6) Sauf disposition contraire prévue par le présent traité d'État, les réglementations d'usage relatives à la protection des données à caractère personnel sont d'application, même si les données ne sont pas traitées ou utilisées dans des fichiers.

Septième partie
Dispositions transitoires et finales

§ 24
Réglementations des Länder

Les Länder arrêtent les dispositions nécessaire à l'exécution du présent traité d'État. Ils peuvent définir des prescriptions complémentaires, concernant en particulier les conditions applicables à l'organisation et à la négociation des jeux de hasard. Ils peuvent également prévoir dans leurs lois d'exécution que des infractions aux dispositions du présent traité d'État sont passibles d'amendes ou de sanctions.

§ 25
Autres réglementations

(1) Les concessions, autorisations et permis attribués jusqu'au 1er janvier 2007 à des opérateurs au sens du § 10 alinéa 2 ainsi que les pouvoirs assimilés en vertu des législations des Länder sont d'application en tant qu'autorisation jusqu'au 31 décembre 2008, pour autant qu'un délai moins important n'ait pas été défini dans l'avis, à la condition que s'appliquent les réglementations du présent traité d'État, indépendamment de l'exigence d'autorisation visée au § 4 alinéa 1 première phrase. Les opérateurs visés au § 10 alinéa 2 doivent demander au 1er janvier 2009 une autorisation au sens du § 4 alinéa 1.

(2) L'alinéa 1 s'applique par analogie aux agents de jeux de hasard publics autorisés (y compris aux encaisseurs des loteries par classes et aux agents professionnels). Lorsque des agents sont intégrés à l'organisation commerciale d'un opérateur, l'opérateur dépose la demande d'attribution d'une autorisation au sens du § 4 alinéa 1 pour les agents travaillant pour lui.

(3) En dérogation au § 10 alinéa 2, le Land de Rhénanie-Palatinat peut assumer sa mission au sens du § 10 alinéa 1 par l'intermédiaire d'une entreprise mandatée.

(4) En dérogation au § 12 alinéa 1, première phrase, point 3, au § 13 alinéa 2, au § 14 alinéa 1 point 1 et au § 15 alinéa 1, troisième phrase, l'autorité compétente peut autoriser une loterie qui, au moment de l'entrée en vigueur du présent traité, est organisée par plusieurs opérateurs dans tous les Länder et dont le bénéfice net est exclusivement employé pour satisfaire aux objectifs visés au § 10 alinéa 4.

(5) Le bénéfice net des manifestations se déroulant sous la forme d'une épargne à primes doit s'élever au moins à 25 pour cent du montant des enjeux encaissés. Le bénéfice net doit être

employé à des fins d'intérêt général, au profit d'églises ou d'organismes caritatifs. Des autorisations générales peuvent être accordées.

(6) En dérogation au § 4 alinéa 4, les Länder peuvent autoriser, pour un délai d'un an à compter de l'entrée en vigueur du traité d'État, l'organisation et la négociation de loteries sur l'internet, s'il n'existe aucun motif de refus au sens du § 4 alinéa 2 et si les conditions suivantes sont remplies:

1. L'exclusion des joueurs mineurs ou frappés d'interdiction est garantie par une identification et une authentification; les directives concernant un groupe fermé d'utilisateurs, établies par la commission sur la protection des mineurs dans les médias, doivent être prises en compte.
2. Le respect des enjeux maximums à définir dans l'autorisation, qui ne peuvent pas dépasser 1000 euros par mois, et de l'interdiction du crédit est assuré.
3. Des incitations particulières favorisant la dépendance, par une répétition rapide et la possibilité d'une participation interactive avec une publication rapide des gains, sont exclues; des loteries ne comportant pas plus de deux tirages par semaines sont jugées conformes.
4. Une localisation répondant à l'état de la technique permet de garantir la participation exclusive de personnes se situant dans le champ d'application de l'autorisation.
5. Un concept social adapté aux conditions particulières de l'internet doit être développé et mis en place; son efficacité doit faire l'objet d'une évaluation scientifique.

§ 26
Relation aux réglementations existantes concernant les loteries par classes

(1) Lorsque des réglementations du traité d'État du 26 mai 1992 entre les Länder de Baden-Württemberg, de Bavière, de Hesse, de Rhénanie-Palatinat, de Saxe et de Thuringe sur une loterie nationale par classes (traité d'État SKL) ou des réglementations concernant la loterie par classes de l'Allemagne du nord-ouest (Nordwestdeutsche Klassenlotterie) définies dans l'accord du 23 décembre 1992 entre les Länder de Rhénanie du Nord-Westphalie, de Basse-Saxe, de Schleswig-Holstein, la Ville hanséatique libre de Hambourg, la Ville hanséatique libre de Brême, les Länder de Sarre, de Berlin, de Brandebourg, de Mecklembourg-Poméranie occidentale et de Saxe-Anhalt relatif à une loterie nationale par classes (accord NKL entre les Länder) sont contraires aux réglementations du présent traité d'État, les réglementations du présent traité d'État s'appliquent de façon prioritaire.

(2) En dérogation à l'article 4 du traité d'État SKL et en dérogation à l'article 2 de l'accord NKL entre les Länder, une autorisation au sens du § 4 alinéa 1 est accordée aux loteries par classes par les autorités compétentes en vertu du présent traité d'État.

§ 27
Evaluation

L'impact du présent traité d'État est évalué par les autorités des Länder en charge du contrôle des jeux de hasard, avec la collaboration du comité technique. Le résultat doit être présenté trois ans après l'entrée en vigueur du traité d'État.

§ 28
Durée de validité, maintien

(1) Le présent traité d'État est abrogé à la fin de la quatrième année suivant son entrée en vigueur, pour autant que la conférence des ministres-présidents, compte tenu des résultats de l'évaluation (§ 27), ne décide, d'ici la fin de la quatrième année, du maintien du traité d'État à une majorité de 13 voix au moins. Dans ce cas, le traité d'État reste en vigueur entre les Länder ayant approuvé la décision.

(2) Le traité d'État peut être résilié par chaque Land dans lequel il est maintenu, à la fin d'une année civile. La résiliation doit faire l'objet d'une déclaration écrite vis-à-vis du président de la conférence des ministres-présidents. La résiliation par un Land ne modifie en rien la relation existant entre les autres Länder sur la base du traité, mais chacun des autres Länder peut toutefois résilier le traité à la même date dans un délai de trois mois après réception de la notification relative à la déclaration de résiliation émise vis-à-vis du président de la conférence des ministres-présidents.

§ 29
Entrée en vigueur

(1) Le présent traité d'État entre en vigueur le 1er janvier 2008. Si *13 documents de ratification au moins* ne sont pas déposés jusqu'au 31 décembre 2007 auprès de la chancellerie fédérale ou du président de la conférence des ministres-présidents, le traité d'État devient caduc.

(2) Le traité d'État du 18 décembre 2003/13 février 2004 relatif aux loteries en Allemagne est abrogé à l'entrée en vigueur du présent traité d'État.

Annexe »Directives de prévention et de lutte contre la dépendance au jeu de hasard«

Afin de prévenir et de lutter contre la dépendance au jeu de hasard, les directives suivantes sont d'application :

1. Les opérateurs
   a) nomment des délégués chargés du développement de concepts sociaux,
   b) collectent des données sur l'impact, en liaison avec la dépendance aux jeux de hasard, pour les jeux de hasard qu'ils négocient, et, tous les deux ans, rendent compte aux autorités en charge du contrôle des jeux de hasard, à ce sujet et sur le succès des mesures qu'ils prennent pour assurer la protection des joueurs,
   c) assurent la formation du personnel chargé de l'organisation, du déroulement et de la négociation professionnel de jeux de hasard publics, en ce qui concerne la détection à un stade précoce d'un comportement problématique dans le domaine du jeu, tel que l'augmentation soudaine des enjeux ou de la fréquence du jeu,
   d) excluent le personnel employé dans les bureaux de validation du jeu de hasard qui y est négocié,
   e) permettent aux joueurs d'évaluer leurs risques, et
   f) mettent en place une assistance téléphonique avec un numéro de téléphone national unique.
2. Une information concernant les gains maximums doit être accompagnée d'une information sur la probabilité des gains et des pertes.
3. La rémunération des agents de direction des opérateurs de jeux de hasard ne doit pas être calculée en fonction du chiffre d'affaires.

Version: 14. 12. 2006

Projet

Traité d'État relatif aux jeux de hasard en Allemagne (Traité d'État sur les jeux de hasard – GlüStV)

Exposé des motifs

A. Généralités

I. Situation initiale

1. Traite d'État relatif aux loteries

Par le traité d'État relatif aux loteries en Allemagne, qui est entré en vigueur le 1er juillet 2004, les Länder ont harmonisé les conditions générales relatives à l'organisation des jeux de hasard, à l'autorisation et au déroulement des loteries. Le traité d'État est fondé sur la mission légale de maintien de l'ordre des Länder, qui doivent gérer de façon ordonnée et contrôlée l'instinct ludique naturel de la population, en empêchant en particulier un détournement vers des jeux de hasard non autorisés. En l'absence de réglementations restrictives, il faudrait craindre un développement incontrôlé du jeu de hasard, l'instinct ludique pouvant être aisément exploité à des fins économiques. Il est nécessaire de contrecarrer cette évolution, compte tenu des conséquences négatives éventuelles pour la situation psychique (dépendance au jeu) et économique des joueurs, mais également en raison des conséquences sociales secondaires (thérapies, prévention gouvernementale contre la dépendance et criminalité d'accompagnement et d'approvisionnement).

Les jeux de hasard possèdent différents potentiels de risque. La dépendance des joueurs étant essentiellement conditionnée par la possibilité d'atteindre des émotions intenses à intervalles rapprochés ou par le besoin de fuir la réalité quotidienne, il faut, par rapport à des jeux plus lents, accorder un potentiel de dépendance plus élevé aux jeux de hasard comportant une succession rapide de tirages, tels que la roulette. Les jeux où le savoir ou la dextérité influence prétendument le résultat du jeu (par ex. les paris sportifs) cachent également des incitations particulières. Les loteries auraient également un potentiel de risque non négligeable, et pourraient réveiller l'envie de formes de jeux plus dangereuses. En fonction de la nature de la manifestation, les loteries auraient des effets variés sur l'instinct ludique humain. C'est ainsi que les effets négatifs éventuels sur la dépendance au jeu et sur la situation économique du joueur seraient nettement plus importants pour une loterie sur l'internet ou une loterie à jackpot que pour une loterie à tirage mensuel et avec un gain relativement faible (exposé des motifs concernant le traité d'État, A.II.).

Sur cette base, le traité d'État opère une distinction en fonction des potentiels de risque du jeu de hasard en question. Les jeux de hasard à potentiel de risque particulier (par exemple les loteries à jackpot et certains paris) sont réservés aux opérateurs gouvernementaux ou majoritairement gouvernementaux mentionnés au § 5 alinéa 2. Car les Länder disposent pour eux, en plus des possibilités offertes par le contrôle des loteries, de moyens de contrôle et d'intervention complémentaires, permettant une prise en compte efficace des objectifs du traité d'État.

2. Arrêt de la cour constitutionnelle fédérale du 28 mars 2006

La cour constitutionnelle fédérale a, par son arrêt du 28 mars 2006 – 1 BvR 1054/01 – (NJW 2006, p. 1261 et suivantes) défini de principe les exigences que le droit fondamental du libre exercice de la profession impose pour la création d'un monopole d'État dans le domaine des paris sportifs, et dans quelle mesure les restrictions correspondantes pourraient être justifiées. La situation actuelle du monopole d'État dans le domaine des paris sportifs ne serait pas compatible avec l'article 12 alinéa 1 de la loi fondamentale. Manqueraient en particulier des réglementations garantissant sur le plan matériel et structurel une adaptation conséquente et active de l'offre en paris sportifs à l'objectif de limitation et de lutte contre de la dépendance aux paris. Ce déficit de réglementations ne serait pas compensé par le traité d'État relatif aux loteries en Allemagne, qui a été ratifié par l'ensemble des Länder (voir cour constitutionnelle fédérale, arrêt du 28 mars 2006, p. 1264 et suivantes).

Cette évaluation de la situation légale ne s'applique pas uniquement à la Bavière, mais également aux autres Länder. La cour constitutionnelle fédérale l'a constaté formellement dans les arrêts de la 2ème chambre du premier séant du 4. 7. 2006 – 1 BvR 138/05 – et du 2. 8. 2006 – 1 BvR 2677/04 – pour le Baden-Württemberg et la Rhénanie du Nord-Westphalie. Tous les Länder sont donc systématiquement tenus de mettre en place une nouvelle réglementation dans le domaine des paris sportifs, en conformité avec les motifs de l'arrêt du 28 mars 2006, et d'établir un état conforme à la constitution, soit par un aménagement du monopole des paris sportifs adapté à l'objectif de lutte contre les risques de dépendance, ou en prévoyant une autorisation réglementée et contrôlée pour les paris sportifs professionnels organisés par des entreprises privées (voir cour constitutionnelle fédérale, arrêt du 28 mars 2006, p. 1267).

Sur le fond, la cour constitutionnelle fédérale a confirmé la position des Länder, qui considèrent que la création d'un monopole d'État sur les paris constitue un moyen approprié pour lutter contre les risques liés aux paris. Ceci s'applique pareillement à l'hypothèse selon laquelle une ouverture du marché, en raison de la concurrence ainsi créée, se traduirait par une augmentation significative des offres de paris, et que cette augmentation entraînerait également une progression des comportement problématiques et influencés par la dépendance (voir cour constitutionnelle fédérale, arrêt du 28 mars 2006, p. 1264).

3. Mission et procédure

La cour constitutionnelle fédérale a, dans son arrêt du 28 mars 2006, accordé au législateur jusqu'à fin 2007 pour mettre en place une nouvelle réglementation du droit en matière de paris sportifs. Les chefs de gouvernement des Länder ont ensuite décidé le 22. 6. 2006 de rédiger un nouveau traité d'État sur les loteries, qui réglemente l'organisation de paris sportifs dans le cadre du monopole d'État, conformément aux exigences de la décision sur les paris sportifs rendue par la cour constitutionnelle fédérale. Il convient également de vérifier dans ce contexte si et dans quelle mesure les exigences de la cour constitutionnelle fédérale doivent également être prises en compte pour le secteur des loteries.

Les Länder ont demandé dès juillet 2006 à des experts de la dépendance de rédiger une première prise de position relative à la nouvelle réglementation du droit sur le jeu de hasard; leurs positions sont résumées sous forme de tableau dans l'annexe. Le texte du traité d'État et l'exposé des motifs correspondant montrent la manière dont les exigences des experts de la dépendance ont été prises en compte. Conformément à la demande formulée par les chefs de gouvernement des Länder en date du 19. 10. 2006, une consultation à grande échelle des associations et des autres organismes aété réalisée en liaison avec le projet de traité d'État. Les résultats en ont été remis aux chefs de gouvernement des Länder lors de la réunion du 13. 12. 2006. Les résultats de la consultation sont, si nécessaire, présentés dans l'exposé des motifs.

II. Solution

1. Maintien du traité d'État relatif aux loteries

Les objectifs principaux, qui régissent depuis longtemps la législation des Länder dans le domaine du jeu de hasard et qui sont répercutés dans le traité d'État relatif aux jeux de hasard en Allemagne, doivent être maintenus. Une politique de stricte régulation du jeu de hasard, telle que pratiquée jusqu'à présent, est nécessaire et adaptée pour assurer la protection des joueurs et de la collectivité.

L'étude sur le marché des jeux de hasard dans l'UE, réalisée en avril 2006 par l'institut suisse de droit comparé à la demande de la Commission européenne, démontre de manière impressionnante le succès de cette politique de stricte régulation et canalisation du jeu de hasard. Il en ressort que, sur une période de 25 ans, l'offre en loteries et jeux de hasard n'a pas augmenté en Allemagne en relation avec le produit intérieur brut, mais est resté stable (p. 1117 et suivantes). L'étude montre que cette évolution limitée découle également de la forte charge fiscale qui est traditionnellement appliquée aux produits du jeu de hasard en Allemagne.

Conformément aux demandes de la cour constitutionnelle fédérale, les objectifs de protection des joueurs et de la collectivité, déjà poursuivis jusqu'à présent, doivent être transposés de manière conséquente dans les réglementations matérielles et formelles. Il faut veiller à ce que la nouvelle réglementation puisse être réellement menée à bien et exécutée avec des moyens raisonnables. Les joueurs doivent être protégés contre la dépendance aux jeux de hasard et ses conséquences; une attention particulière doit être accordée à la protection des mineurs, étant donné que les adolescents sont un groupe-cible, en particulier pour les paris sportifs, et que le potentiel de risque déjà important est encore accru. Il faut d'autre part garantir la protection de la collectivité contre les structures criminelles tournant autour du jeu de hasard.

Des règles effectives sont nécessaires pour

- prévenir et lutter contre la dépendance au jeu de hasard,
- canaliser et limiter l'offre en jeux de hasard,
- protéger les mineurs et les joueurs,
- garantir un jeu équitable et assurer la protection contre la criminalité.

2. Objectifs principaux du nouveau traité d'État

2.1 Prévention et lutte contre la dépendance au jeu de hasard

L'objectif premier et principal est la prévention et la lutte contre la dépendance aux jeux de hasard et aux paris. Grâce aux réglementations de prévention et de lutte contre les risques de dépendance, les Länder satisfont à l'obligation gouvernementale de protection de la santé des citoyens, prévue à l'article 2, première phrase, de la loi fondamentale. Ils poursuivent ainsi un objectif de bien commun particulièrement important, puisque la dépendance au jeu peut avoir de graves conséquences, non seulement pour les personnes concernées, mais également pour leurs familles et pour la collectivité (voir Cour de justice européenne, arrêt du 6 novembre 2003 – C-243/01 – Gambelli et autres, rec. 2003, I-13076, n° 67 et autres; cour constitutionnelle fédérale, arrêt du 28 mars 2006, p. 1263).

Dans son arrêt du 28 mars 2006, la cour constitutionnelle a amplement traité de l'état de la recherche. Il en ressort que les jeux de hasard et les paris peuvent entraîner un comportement de dépendance pathologique (voir Meyer, Glücksspiel – Zahlen und Fakten (Jeu de hasard – chiffres et faits), annuaire 2005 sur la dépendance, p. 83 [91 et suivantes]; Hayer/Meyer, Das Suchtpotential von Sportwetten (Le potentiel de dépendance des paris sportifs), dans: Sucht (dépendance) 2003, p. 212). Les différentes formes de jeux de hasard possèdent différents potentiels de risque, comme montré précédemment dans l'exposé des motifs concernant le traité d'État relatif aux loteries. Les informations disponibles montrent que la majeure partie des joueurs présentant un comportement de jeu problématique ou pathologique jouent actuellement avec des machines à sous, qui peuvent être exploitées conformément à la législation sur les jeux professionnels. Les jeux de casino figurent à la deuxième place dans les statistiques. A l'heure actuelle, les autres formes de jeux de hasard sont nettement moins génératrices d'un comportement de jeu problématique et pathologique (voir Hayer/Meyer, Die Prävention problematischen Spielverhaltens (La prévention du comportement de jeu problématique), Journal of Public Health 2004, p. 293 [296]).

Concernant en particulier des paris sportifs à rapports fixes, la cour constitutionnelle fédérale a constaté qu'aucune décision finale ne pouvait encore être prise à l'heure actuelle au sujet du potentiel de risque. Les premières analyses ainsi que des expériences internationales montreraient qu'il existe certes une dangerosité, mais celle-ci serait toutefois moindre que celle des jeux de hasard de casino dits «durs» (voir Hayer/Meyer, Das Suchtpotential von Sportwetten, dans: Sucht 2003, p. 212 [218]). Il ne serait pas possible d'évaluer l'évolution du potentiel de risque des paris sportifs si ceux-ci étaient pratiqués à plus grande échelle. Même si les paris sportifs devaient garder un simple caractère de détente et de loisirs pour la majeure partie des joueurs (voir Hayer/Meyer, Das Suchtpotential von Sportwetten, dans: Sucht 2003, p. 212 [218]; Schmidt/Kähnert, Konsum von Glücksspielen bei Kindern und Jugendlichen – Verbreitung und Prävention (consommation des jeux de hasard chez les enfants et les adolescents – diffusion et prévention), rapport final 2003, p. 166), le législateur devrait compter avec un potentiel de dépendance non négligeable, même pour des paris sportifs à rapports fixes, compte tenu de l'état actuel des connaissances, et devrait en profiter à des fins de prévention, dans le but d'assurer une protection contre un risque hautement probable. Ceci concerne en particulier la protection des mineurs. Cette évaluation de la cour constitutionnelle est conforme aux avis pris en compte par les Länder lors de la conclusion du traité d'État relatif aux loteries, pour opérer une distinction entre les jeux de hasard à potentiel de risque particulier (tels que les loteries à jackpot ou certains paris) et les loteries à faible potentiel de risque. Elle est également confirmée par les experts de la dépendance, qui ont été priés de rédiger une première prise de position en juillet 2006, concernant la révision de la législation sur les jeux de hasard; les positions des experts sont résumées sous forme d'un tableau joint en annexe.

Pour cette raison, les conséquences suivantes sont tirées dans le nouveau traité d'État:

Les barrières nécessaires pour prévenir la dépendance aux jeux de hasard lors de l'organisation, de la mise sur le marché et de la vente d'offres de jeux de hasard doivent s'appliquer de manière générale aux opérateurs publics et privés; des dérogations à ce niveau de protection ne sont autorisées que pour des jeux de hasard à faible potentiel de risque. Ceci permet de prendre en compte l'avis exprimé par les experts de la dépendance devant la cour constitutionnelle fédérale, qui constataient, selon des résultats non équivoques issus de la recherche épidémiologique, qu'un élargissement de l'offre en jeux de hasard est indissociable d'une augmentation de la dépendance aux jeux de hasard et des comportements de jeu problématiques, que les jeux de hasard soient organisés sous régie publique ou privée. Plusieurs études portant sur la littérature nationale et internationale dans le domaine de la recherche ainsi que des avis d'experts ont été présentés dans le cadre de la consultation sur le projet de traité d'État et ont confirmé la thèse, selon laquelle la participation tout autant que la fréquence du jeu sont en relation avec la diversité de l'offre actuelle en jeux de hasard (Bremer Institut für Drogenforschung – BISDRO; Scottish Executive, Research on Social Impacts of Gambling; Interdisziplinäre Suchtforschungsgruppe Berlin (ISFB), Charité – Université de médecine de Berlin).

Les nouvelles interdictions suivantes sont intégrées:

- Le jeu de hasard sur l'internet doit être interdit, car il présente un potentiel de dépendance particulier d'après les arrêts de la cour constitutionnelle fédérale et selon les avis des experts, et les offres sur l'internet ne permettent pas une limitation du jeu de hasard. Une interdiction claire facilitera la transposition auprès de tous les acteurs concernés (principalement les banques et les fournisseurs d'accès).

- La publicité télévisée est interdite, étant donné que cette forme de publicité enregistre l'effet de masse le plus important et s'adresse souvent aux adolescents et à d'autres groupes à risque (voir également l'étude de BISDRO). La publicité sur l'internet est interdite, car il existe un risque supplémentaire, en plus de l'effet de masse et de l'orientation vers le groupe-cible, la possibilité d'une participation immédiate au jeu, qui est toujours possible sur l'internet. Ces interdictions de publicité sont alignées sur ce qui est déjà inscrit dans le droit à l'échelle européenne dans le secteur de la publicité sur le tabac.

Un comité technique indépendant, constitué d'experts dans le domaine de la lutte contre la dépendance au jeu de hasard, doit amener leur connaissance du sujet dans la procédure. Les nouvelles offres des opérateurs publics et à participation publique majoritaire ne peuvent être autorisées qu'après examen et évaluation de l'impact sur la population par le comité technique; ceci s'applique également à la négociation de ces offres. Une obligation est également prévue pour les Länder, qui doivent assurer le suivi de la recherche scientifique dans le domaine de la prévention et de la lutte contre les risques de dépendance.

2.2 Canalisation et limitation de l'offre en jeux de hasard

Cet objectif doit être poursuivi et atteint à travers deux voies:

- Il s'agit d'une part de maintenir le monopole existant dans le domaine des paris sportifs et loteries à potentiel de risque particulier. Les Länder considèrent qu'un monopole orienté vers la lutte contre la dépendance au jeu de hasard et les comportements de jeu problématiques permet, grâce à une offre placée sous la responsabilité de l'État, de maîtriser avec une plus grande efficacité les risques de dépendance que dans le cadre d'un contrôle des opérateurs privés. Le monopole sur l'organisation de paris sportifs et de loteries à potentiel de risque particulier permet également de mettre en place au niveau de l'offre en jeux de hasard les limites nécessaires pour une prévention efficace de la dépendance. Cette limitation de l'offre est impérative pour prévenir la dépendance aux jeux de hasard. Car une offre élargie en jeux de hasard est indissociable d'une augmentation de la dépendance aux jeux de hasard ainsi que des comportements de jeu problématiques (voir ci-dessus point 2.1). Aucun monopole n'est par contre prévu pour la négociation de cette offre en jeux de hasard relevant de la responsabilité de l'État. La négociation, qu'elle soit placée sous une responsabilité privée ou publique, est liée aux réglementations générales applicables à la publicité, au concept social et à l'information, ainsi qu'aux objectifs du traité d'État par l'intermédiaire de la réserve d'autorisation (en particulier conformément au § 1 point 1 et point 2).
- Une interdiction étendue, sous réserve d'une autorisation, est d'autre part prévue. Chaque organisation ou négociation de jeux de hasard publics nécessite par conséquent l'autorisation du Land concerné; l'organisation et la négociation de jeux de hasard publics sont interdites sans cette autorisation. Il n'existe aucun droit à l'attribution de l'autorisation; l'autorisation doit être refusée si l'organisation ou la négociation d'un jeu de hasard contrevient aux objectifs du traité d'État définis au § 1.

2.3 Protection des mineurs et des joueurs

L'interdiction stricte de participation aux jeux de hasard publics est maintenues pour les mineurs. L'interdiction doit être transposée de manière conséquente vis-à-vis des opérateurs et des agents de jeux de hasard, en particulier aussi pour les paris sportifs; les infractions doivent être passibles de sanctions, voire, le cas échéant, de la révocation des autorisations accordées. Car devant la cour constitutionnelle fédérale, les experts de la dépendance ont expressément attiré l'attention sur le fait que c'est précisément chez les adolescents que l'attirance pour des paris à rapports fixes est particulièrement perceptible, et que le développement d'un comportement problématique peut être déjà être observé entre 13 et 19 ans.

Afin de protéger le joueur, les opérateurs et les agents de jeux de hasard publics sont tenus d'inciter les joueurs à une pratique responsable et de prévenir l'apparition d'une dépendance au jeu. Pour cela, ils doivent mettre en place des concepts sociaux, former leur personnel et informer les joueurs des risques du jeu et des possibilités d'aide.

Mais il faut avant tout créer un système d'interdiction à grande échelle, permettant d'exclure efficacement de la participation au jeu les personnes dépendantes au jeu ou les personnes visiblement exposées à un risque de dépendance au jeu. En plus des maisons de jeu, les interdictions doivent également s'appliquer aux paris sportifs et aux loteries à tirage rapide (loteries quotidiennes telles que Keno, loteries minutes telles que Quicky). Pour cela, les opérateurs publics ou à participation publique majoritaire visés au § 10 alinéa 2 sont tenus de participer au système d'interdiction existant pour les maisons de jeu. Cette disposition permet de répondre à l'une des demandes principales des experts de la dépendance.

2.4 Garantie d'un jeu équitable et protection contre la criminalité

Un contrôle fort du jeu de hasard, qui ne doit pas ressortir du ministère des Finances conformément à la demande formulée par la cour constitutionnelle fédérale, est créé dans le but de transposer toutes les exigences et de lutter avec efficacité contre le jeu de hasard illégal. Les Länder s'engagent à collaborer dans le cadre du contrôle du jeu de hasard; les autorisations pour les opérateurs visés au § 10 alinéa 2 sont coordonnées entre les autorités des Länder en charge du contrôle des jeux de hasard.

3. Cadre général pour tous les jeux de hasard

Dans la continuité du traité d'État relatif aux loteries, la nouvelle réglementation intègre également, en plus des paris sportifs, les loteries publiques et privées dans leur ensemble; une adaptation modulée aux prescriptions de la cour constitutionnelle fédérale définies dans l'arrêt du 28 mars 2006 est également nécessaire dans ce cas. Pour les maisons de jeu, le traité d'État réglemente également les dispositions nécessaires qui doivent être adoptées et exécutées par l'ensemble des Länder afin de protéger les joueurs, concernant en particulier les joueurs frappés d'interdiction, en conformité avec les recommandations des experts de la dépendance au jeu.

Contrairement aux propositions faites par des experts de la dépendance, aucune exigence concernant le jeu professionnel dans des salles de jeux ne peut être intégrée au traité d'État. Les Länder ne peuvent réglementer ce domaine en raison du pouvoir réglementaire final de l'État fédéral, avec le code de législation industrielle et du travail (Gewerbeordnung – GewO), et du décret sur le jeu; la compétence pour les salles de jeu, transférée dans le cadre de la réforme du fédéralisme, englobe uniquement l'autorisation des salle de jeu (localement enracinée) prévue aux §§ 33c à g de GewO, et non le droit de pratiquer le jeu à des fins professionnelles visé aux §§ 3c à g de GewO. Les Länder ont certes déjà transposé dans la révision du décret sur le jeu (Spielverordnung (SpielV) – dans la version publiée le 27 janvier 2006, JO fédéral I p. 280) des exigences essentielles concernant la protection des joueurs et de la collectivité; c'est ainsi que l'interdiction, prévue au § 6a du décret sur le jeu et concernant les Fun Games, qui sont particulièrement problématiques du point de vue de la protection du joueur, s'appuie sur des demandes des Länder, étant donné que ces appareils, dont près de 80.000 avaient été installés en Allemagne jusqu'en 2005, étaient exploités de fait comme des machines automatiques de jeu de hasard, en infraction à toutes les limites maximums de gains et de pertes prévues au décret sur le jeu. L'interdiction des systèmes de jackpot et des autres possibilités de gains et avantages, qui avait été demandée par le Bundesrat, a été inscrite au § 9 alinéa 2 du décret sur le jeu, et l'augmentation du nombre des appareils de jeu d'argent autorisés dans une salle de jeu, prévue par le gouvernement fédéral, a été nettement réduite (bulletin du Bundesrat 655/05 (arrêt)). Les Länder pensent toutefois que l'État fédéral tirera les conséquences de l'arrêt de la cour constitutionnelle fédérale du 28 mars 2006 en ce qui concerne le jeu professionnel pratiqué dans des salles de jeu et des cafés-restaurants, et garantira les conditions nécessaires pour la protection des joueurs, la prévention et la lutte contre la dépendance au jeu, d'une manière analogue au présent traité d'État.

III. Alternatives

Afin d'établir une nouvelle réglementation de la législation sur les paris sportifs, la cour constitutionnelle fédérale a également autorisé une autorisation réglementaire et contrôlée des offres professionnelles dans le domaine des paris sportifs par des entreprises privées (voir cour constitutionnelle fédérale, arrêt du 28 mars 2006, p. 1267). Cette alternative doit être rejetée pour des raisons sociales et de maintien de l'ordre, compte tenu tout au moins des circonstances actuelles:

- L'autorisation d'entreprises de paris privées sur un tel „marché du jeu de hasard" entraînerait une expansion énorme de l'offre. C'est ce que montrent les prévisions des cercles concernés de même que les constats des autorités en charge de la lutte contre le jeu de hasard illégal. Cette crainte a de nouveau été confirmée au moment de la consultation relative au projet de traité d'État. C'est ainsi que les associations de bookmakers ont présenté des estimations prévoyant, en cas d'abandon de la régulation stricte d'ici 2010, un chiffre d'affaires de près de 5,2 milliards d'euros réalisé par des agents privés, et cela uniquement dans des boutiques de paris et par l'intermédiaire de terminaux de jeu. Ceci correspondrait à une multiplication par dix des chiffres d'affaires réalisés à l'heure actuelle dans les bureaux de validation.
- En parallèle à l'augmentation du «marché des jeux de hasard», on constaterait une hausse correspondante du nombre des joueurs dépendant aux jeux de hasard ou exposés à un risque de dépendance. Il faut compter également avec une progression de la criminalité d'accompagnement et d'approvisionnement.
- La charge fiscale traditionnellement élevée en Allemagne (voir II.1.) ne permettrait pas non plus de freiner cette offre, car, compte tenu de la concurrence fiscale dans l'UE (avec des taux d'imposition parfois nettement inférieurs à 0,5%), il faudrait s'attendre à une fuite des entreprises privées, qui ne pourrait pas être contrecarrée par le droit national au regard de la législation européenne et du droit constitutionnel.

Les objectifs principaux de protection des joueurs et de la collectivité ne pourraient donc pas être atteints d'une manière efficace.

B. Concernant les différentes dispositions

Concernant la première partie

Les réglementations de cette partie définissent un cadre uniforme en relation avec la prévention de la dépendance aux jeux de hasard et aux paris, la création de conditions pour une lutte efficace contre la dépendance et la garantie de la protection des mineurs et des joueurs. L'arrêt de la cour constitutionnelle fédérale du 28 mars 2006 ne concerne certes que les paris sportifs, mais les exigences qui y sont définies en liaison avec la structure réglementaire de la législation sur les jeux de hasard peuvent toutefois être transposées à d'autres formes de jeux de hasard.

Les dispositions de la première partie visent par conséquent à rendre le jeu de hasard tant public que privé tributaire de mesures de prévention, qui s'étendent à toutes les formes du jeu de hasard au niveau national.

Concernant le § 1 (objectifs du traité d'État)

La nouvelle structure de la réglementation montre que l'objectif principal du traité d'État est la prévention de la dépendance aux jeux de hasard et aux paris. Afin d'atteindre cet objectif, les Länder sont tenus de créer les conditions d'une lutte efficace contre la dépendance.

Les objectifs mentionnés au point 1 englobent, en tant que termes généraux, les autres buts décrits dans les points suivants. Une lutte efficace contre la dépendance exige entre autres une limitation de l'offre en jeux de hasard ainsi que la prévention contre la pratique des jeux de hasard non autorisés (point 2). Une offre illimitée se traduirait par contre par une augmentation de la dépendance aux jeux de hasard et des comportements de jeu problématiques; la dépendance aux jeux de hasard et aux paris ne pourrait être éliminée de cette manière (voir A.II.2.1 et 2.2).

La garantie de la protection des mineurs et des joueurs au point 3 est également un élément essentiel de la prévention contre la dépendance. D'après les experts de la dépendance, c'est précisément chez les adolescents que l'on observe, dès l'âge de 13 ans, une tendance à un comportement problématique en liaison avec le jeu.

Le point 4 concerne les activités criminelles susceptibles de se produire en liaison avec le secteur des jeux de hasard. Le déroulement réglementaire des jeux de hasard garantit une protection contre des activités frauduleuses durant le jeu de hasard. La criminalité autour du secteur du jeu de hasard est aussi prise en compte; les risques pour la population doivent être évités grâce à une lutte contre la criminalité d'accompagnement liée aux jeux de hasard. La création d'un contrôle des jeux de hasard au § 9 du traité d'État, avec des pouvoirs appropriés, permet de remplir cet objectif.

Concernant le § 2 (champ d'application)

La position systématique de la réglementation montre que les Länder réglementent l'organisation, le déroulement et la négociation des jeux de hasard sous l'aspect de la prévention et de la lutte contre la dépendance. La première phrase élargit le champ d'application du traité d'État, qui était jusqu'à maintenant limité à la négociation «professionnelle» de jeux, à chaque forme de négociation. La deuxième phrase intègre les maisons de jeu au champ d'application du traité d'État, étant donné que les jeux de casino pratiqués dans les maisons de jeu comptent parmi les jeux de hasard présentant le potentiel de dépendance le plus élevé. Ils ne peuvent donc être exclus de l'objectif poursuivi avec le présent traité d'État, qui est d'imposer des critères nationaux uniformes afin de prévenir la dépendance aux jeux de hasard. Une réglementation complète de la législation sur les maisons de jeu n'est pas envisagée, compte tenu des différentes conditions générales existant au niveau juridique dans les Länder.

Seules les réglementations expressément mentionnées sont donc d'application pour les maisons de jeu. Les dispositions générales (§§ 1, 3 et 4), les réglementations concernant la publicité (§ 5), les concepts sociaux (§ 6), l'obligation d'information (§ 7) et l'interdiction de joueurs (§§ 8, 20 et 23) doivent par conséquent s'appliquer aux maisons de jeu.

Concernant le § 3 (définitions)

Les dispositions en vigueur des alinéas 1 à 3 sont reprises sans modifications. Le traité d'État ne s'applique qu'aux jeux de hasard, soit les jeux où la décision concernant le gain dépend entièrement ou majoritairement du hasard. Les simples jeux d'adresse, où l'issue du jeu est déterminée par les connaissances ou l'adresse du joueur, ne sont pas pris en compte. Lorsque les deux éléments se rencontrent, il convient d'établir une évaluation globale afin de déterminer quel est l'élément prédominant (hasard ou adresse). Ceci s'applique également aux jeux dits téléphoniques à la télévision ou à la radio, où un générateur aléatoire décide dans un premier temps du transfert des appels dans le studio; il faut également dans ce cas procéder à une évaluation globale du jeu, ainsi que, le cas échéant, des éléments de connaissance ou d'adresse qui sont inclus. Un jeu n'est pas un jeu de hasard si aucun paiement n'est exigé. Ce sera le cas si une alternative équivalente, praticable et gratuite, par ex. par carte postale, email ou via l'internet, est proposée pour permettre la participation à un jeu, en plus d'une possibilité de participation payante (par ex. via un service à valeur ajoutée) à ce même jeu. La régulation des jeux dits téléphoniques doit par conséquent être axée sur la protection du consommateur, où le problème pourra être résolu dans sa globalité, sans préjudice des limites d'une évaluation au sens de la législation sur les jeux de hasard.

Une troisième phrase est ajoutée à l'alinéa 1, qui précise que des paris portant sur la survenue ou l'issue d'un événement futur sont également des jeux de hasard. Les paris comptent certes parmi les jeux de hasard, conformément à l'opinion juridique majoritaire, sur la base de la définition figurant à l'alinéa 1, première et deuxième phrase. Une clarification complémentaire semble toutefois nécessaire, car, malgré des décisions de la juridiction suprême confirmant le classement des paris avec les jeux de hasard, il existe encore à ce sujet dans la littérature et dans la jurisprudence des voix isolées qui considèrent que les paris font partie des jeux d'adresse, et prétendent que ce ne serait pas le hasard mais bien la compétence du parieur qui serait décisive pour les gains et les pertes.

L'alinéa 4 précise, en conformité avec la jurisprudence actuelle, que des jeux de hasard sont organisés et négociés partout où il existe une possibilité de participation. Si l'on considère que l'envoi de bulletins de jeu par courrier ou la possibilité d'une participation par l'internet constitue une organisation de jeux de hasard, ceux-ci sont donc bien organisés également à l'endroit où l'offre est réceptionnée. Le fait que l'organisateur n'adresse pas son offre à des personnes définies en cas d'utilisation de l'internet n'y change rien, car en proposant une offre par l'internet, l'organisateur voudrait permettre à chaque personne intéressée de participer au jeu à partir de son lieu de séjour. Ceci s'applique également aux offres qui sont proposées sur l'internet à partir de l'étranger, car elles permettent également de participer au jeu de hasard depuis l'Allemagne (cour fédérale de justice (Bundesgerichtshof – BGH), arrêt du 1er avril 2004 – I ZR 317/01 –, archives commerciales et industrielles (Gewerbearchiv – GewArch) 2004, 336; BGH, arrêt du 14mars 2002 – I ZR 279/99, nouvelle revue juridique (Neue Juristische Wochenschrift – NJW) 2002, 2175 en liaison avec la prise de position du Bundesrat concernant le projet gouvernemental, publication du Bundesrat 13/8587, p. 67 et suivantes, et le rapport de la commission juridique du Bundestag, publication du Bundesrat 13/9064, p. 21); BGH, arrêt du 28 mai 1957 – 1 StR 339/56; BGH, arrêt du 24 septembre 1957 – 5 StR 519/56; cour d'appel (Oberlandesgericht – OLG) de Braunschweig, arrêt du 10 septembre 1954 – Ss 128/54 –, NJW 1954, 1779 concernant les §§ 284 et suivants du code pénal).

Les alinéas 5 et 6 servent à distinguer les agents intégrés à l'organisation commerciale des opérateurs publics ou à participation publique majoritaire au sens du § 10 alinéa 2, à savoir les bureaux de validation des sociétés de loto des Länder et les encaisseurs de loterie des loteries par classes, des agents professionnels, qui transmettent des contrats de jeu individuels à un opérateur ou constituent des communautés de joueurs et transmettent leurs enjeux (voir § 14 alinéa 1 du traité d'État relatif aux loteries) sans être intégrés à l'organisation commerciale de l'opérateur, contrairement aux bureaux de validation et aux encaisseurs de loterie.

Concernant le § 4 (disposition générales)

L'alinéa 1 prévoit une interdiction étendue sous réserve d'une autorisation. Toute organisation ou négociation de jeux de hasard publics nécessite une autorisation, l'organisation et la négociation sont interdites faute d'une telle autorisation. La réglementation sert à préciser la fonction d'une réserve d'autorisation étendue, mais permet également, en cas d'infractions à l'interdiction, d'arrêter des dispositions concernant des sanctions modulées ne relevant pas du droit pénal.

L'obligation d'autorisation de jeux de hasard visée à l'alinéa 1 s'applique aux opérateurs et à toutes les personnes permettant à un joueur de prendre part à un jeu de hasard. Il s'agit entre autres à l'heure actuelle des agents professionnels et des bureaux de validation des sociétés de loto des Länder, qui négocient entre l'opérateur et le joueur. Ceci s'applique également aux encaisseurs des loteries par classes. Un risque financier personnel peut mais ne doit pas être nécessairement lié à l'organisation ou à la négociation. Ceci est confirmé par les jeux de poker qui sont proposés dans des maisons de jeu, où l'exploitant du casino ne supporte aucun risque personnel.

L'instauration par le traité d'État d'une obligation d'autorisation pour la négociation de jeux de hasard publics est nécessaire en réaction aux nombreux abus que les experts avaient signalé dès le début, et qui ont à nouveau été confirmés par des rapports présentés dans le cadre de la consultation par les associations de protection des consommateurs. C'est ainsi que la centrale fédérale des consommateurs (Verbraucherzentrale Bundesverband) a rapporté que des agents professionnels s'étaient fait remarquer ces dernières années en tentant d'attirer des joueurs avec des méthodes particulièrement agressives, et en promettant parfois des gains erronés. La centrale fédérale des consommateurs aurait reçu un grand nombre de plaintes de consommateurs. Certains des agents auraient reçu des avertissements pour concurrence déloyale. Le respect des objectifs de prévention de la dépendance et de défense de l'intérêt général doit donc être garanti par un contrôle préalable dans le cadre d'une procédure d'autorisation.

Il s'agit pour l'essentiel de reprendre à des fins de précision des dispositions résultant des §§ 284 et 287 du code pénal en vigueur, compte tenu de la définition très large de l'opérateur applicable en droit pénal, qui englobe également des éléments essentiels de la négociation au sens du présent traité d'État (voir BGH, arrêt du 28 novembre 2002 – 4 StR 260/02 – GewArch 2003, 332). Car ces normes pénales fédérales subordonnent le caractère spécifique du fait ou tout au moins l'illégalité du comportement répréhensible à la non existence d'une autorisation administrative, et les Länder disposent ainsi d'une marge pour concevoir les conditions préalables permettant d'accorder dispense de l'interdiction d'organiser des jeux de hasard (voir cour constitutionnelle fédérale (Bundesverfassungsgericht – BVerwG), arrêt du 21 juin 2006 – 6 C 19.06 –, alinéa 49; BVerwG, arrêt du 29 juin 2000 – 1 C 26.99 – GewArch 2000, 386). Pour cette réglementation, les Länder ne sont pas bloqués par des dispositions du droit industriel fédéral; c'est ce que démontre également Prof. Dr. Horn dans son rapport d'expertise de novembre 2006, qui a été présenté par un agent professionnel dans le cadre de la consultation relative au projet de traité d'État, en faisant référence à l'arrêt de la cour constitutionnelle fédérale du 21 juin 2006 (voir ci-dessus, p. 39).

L'alinéa 2 souligne les objectifs du présent traité d'État, en précisant que le refus d'une autorisation est obligatoire si l'organisation et la négociation de jeux de hasard contreviennent aux objectifs visés au § 1. Une autorisation ne peut être accordée que si les objectifs de prévention et de lutte contre la dépendance, de limitation de l'offre en jeux de hasard et de canalisation de l'instinct ludique, de garantie de la protection des mineurs et des joueurs, ainsi que d'un déroulement réglementaire des jeux de hasard et de lutte contre la criminalité sont respectés. La deuxième phrase permet de préciser qu'une autorisation ne peut pas être accordée pour la négociation de jeux de hasard non autorisés au sens du présent traité d'État. La troisième phrase constate qu'il n'existe aucun droit à l'attribution d'une autorisation de jeu de hasard.

L'appréciation définie au § 4 alinéa 2 doit être exercée en conformité avec l'objectif de l'autorisation légale et dans les limites prévues par la loi (§ 40 de la loi de procédure administrative (Verwaltungsverfahrensgesetz – VwVfG)). La promotion des objectifs du § 1 est prioritaire, pour autant qu'une opposition à ces objectifs ne constitue déjà un motif de refus obligatoire au sens du § 4, alinéa 2, première phrase. La décision d'appréciation prévue au § 4 alinéa 2 ne permet pas d'opérer une distinction entre des agents privés ou publics; elle ne permet qu'une gestion en conformité avec les objectifs d'ordre public visés au § 1, une importance déterminante devant dans ce cas être accordée surtout au § 1 point 1 (prévention des risques de dépendance) et point 2 (canalisation et limitation de l'offre). Il s'agit donc principalement de distinguer entre l'offre (légale) existante et les nouvelles offres, comme le montre la version du § 9 alinéa 5, qui prévoit une expertise et une évaluation préalables des effets sur la population par le comité technique pour les nouvelles offres en jeux de hasard des opérateurs publics et à participation publique majoritaire, mais également pour la mise en place de nouveaux circuits de distribution ou le développement significatif de circuits de distribution existants par des opérateurs ou des agents. En complément, il faut également signaler la réglementation transitoire prévue au § 25 alinéa 1 et 2, qui exempte de l'obligation pour une durée d'un an les opérateurs et les agents de jeux de hasard autorisés, pour lesquels une obligation d'autorisation est motivée pour la première fois au § 4 alinéa 1, et leur permet de poursuivre leur ancienne activité légale; les exigences matérielles du traité d'État doivent également être respectées pendant cette période transitoire.

A la première phrase de l'alinéa 3, il est précisé comme dans l'ancienne réglementation que les exigences de la protection des mineurs doivent être prises en compte de façon particulière dans le domaine du jeu de hasard. Il s'agit également des exigences définies par la loi sur la protection des mineurs (Jugendschutzgesetzes – JuSchG). C'est ainsi que le § 6 alinéa 1 de la loi JuSchG prévoit que la présence d'enfants et d'adolescents ne doit pas être autorisée dans des salles de jeux ou dans d'autres locaux similaires servant majoritairement au jeu. Le § 6 alinéa 2 de la loi JuSchG stipule que des enfants et des adolescents ne peuvent être autorisés à participer en public à des jeux comportant une possibilité de gain que dans le cadre de manifestations définies et à condition que le gain soit constitué de marchandises de faible valeur. Ces exigences peuvent également être concrétisées par des dispositions annexes.

La deuxième phrase de l'alinéa 3 prévoit une interdiction sans réserve de la participation des mineurs à des jeux de hasard publics (comme prévu au § 4, alinéa 2, deuxième phrase, du traité d'État relatif aux loteries), et dépasse ainsi les objectifs de la législation générale sur la protection des mineurs. Cette interdiction prend en compte le fait qu'il existe un risque particulièrement élevé d'exploitation de l'instinct ludique des adolescents, étant donné que les adolescents sont en règle générale plus facilement attirés vers le jeu de hasard par la perspective de gains que des adultes. Conformément à une demande formulée dans le cadre de la consultation sur le projet de traité d'État par des associations de lutte contre la dépendance, une troisième phrase est ajoutée, qui motive une obligation spécifique des opérateurs et des agents, qui doivent garantir que les mineurs sont exclus de la participation au jeu de hasard, et dont la violation doit être sanctionnée en droit du Land par une amende à titre d'infraction, ou qui peut constituer un motif d'annulation de l'autorisation en cas de violation répétée.

L'alinéa 4 définit une interdiction générale d'organiser et de négocier des jeux de hasard publics sur l'internet, et s'étend à toutes les formes de jeux de hasard réglementées par le traité d'État, en particulier aux loteries, paris sportifs et au secteur des maisons de jeu. Il s'agit ainsi de satisfaire à une demande essentielle formulée par la cour constitutionnelle fédérale dans son arrêt du 28 mars 2006. La cour constitutionnelle fédérale considère que la possibilité d'une participation à des paris sur l'internet donne matière à réflexion, compte tenu en particulier de l'adaptation nécessaire de l'offre en paris à l'objectif de lutte contre la dépendance, cette forme de distribution ne garantissant de plus aucun contrôle effectif de la protection des mineurs. Au regard de la prévention de la dépendance aux jeux de hasard, l'anonymat des joueurs et l'absence de tout contrôle social rendent nécessaire une remise en question du canal de distribution «internet» bien au delà du secteur des paris sportifs. Afin de garantir les objectifs prévus au § 1, il est donc nécessaire d'interdire systématiquement le canal de distribution «internet» pour le secteur des jeux de hasard. Ceci permet en outre de répondre à une demande des experts de la dépendance, qui exigent une interdiction conséquente des paris sur l'internet et des jeux de hasard en ligne.

Concernant le § 5 (publicité)

La réglementation définit des limites à la publicité pour toutes les formes de jeux de hasard visés par le traité d'État, en particulier les maisons de jeu, les paris sportifs et les loteries. Elles s'appliquent également aux jeux de hasard organisés de façon réglementaire à l'étranger et dont la publicité est autorisée en Allemagne, puisqu'il n'existe pas en Allemagne de possibilité de participation déclenchant l'obligation d'autorisation prévue au § 4, alinéa 1, première phrase, telle que la publicité faite en Allemagne pour des casinos étrangers. Une interdiction de publicité spéciale est en outre réglementée au § 21 pour les paris sportifs.

L'alinéa 1 formule des prescriptions concernant la publicité pour des jeux de hasard publics, qui sont conformes aux exigences de lutte contre la dépendance et de protection des joueurs.

La première phrase de l'alinéa 2 précise que la publicité ne doit pas être en contradiction avec les objectifs visés au § 1. Une certaine invitation ou incitation est immanente à chaque forme de publicité. C'est ainsi que la cour constitutionnelle fédérale définit la publicité comme «toute déclaration faite dans le cadre de l'exercice d'une activité commerciale, industrielle ou artisanale, ou d'une activité professionnelle indépendante, ayant pour but de promouvoir la vente de marchandises ou la fourniture de prestations de services» (arrêt du 9 juin 2005 – I ZR 279/02). Dans ce contexte, l'interdiction d'une invitation, d'une incitation ou d'un encouragement orienté à participer au jeu de hasard, prévue à la première phrase, concerne avant tout la publicité non objective et non adaptée. Sont interdites en particulier les formes de publicité qui favorisent la dépendance au jeu de hasard, telles que des mesures de promotion commerciale, par ex. des remises, des bons d'achat ou d'autres actions similaires. Même si le contenu de la publicité est nettement précisé en liaison avec l'alinéa 1 et la première phrase de l'alinéa 2, la deuxième phrase stipule expressément que la publicité ne doit s'adresser ni aux mineurs ni aux autres groupes cibles comparables. La troisième phrase de l'alinéa 2 définit des exigences en matière de contenu. Il en ressort que la publicité , en plus du fait qu'elle ne doit pas être trompeuse, doit comporter des informations claires relatives à l'interdiction de participer pour les mineurs, aux risques de dépendance et aux possibilités d'aide.

Le § 5 alinéa 3 motive une interdiction complète de la publicité télévisée (qu'il s'agisse de spots publicitaires ou d'émissions de publicité continue au sens du § 7 du traité d'État relatif à la radiodiffusion (Rundfunkstaatsvertrag – RStV) ou de parrainage au sens du § 8 de RStV), puisque la publicité faite à travers ce média contribue, en raison de sa portée, d'une façon particulière au potentiel de risque des jeux de hasard. Les interdictions de publicité pour d'autres produits ont ainsi montré par le passé l'importance et les possibilités d'influence qui doivent être accordées à la publicité télévisée. Afin de concevoir une protection la plus large possible du joueur, et plus précisément des mineurs, et de prévenir les risques de dépendance, il est donc indispensable d'interdire la publicité à la télévision; une autorisation en ce sens ne peut être accordée, même si les conditions prévues aux alinéas 1 et 2 sont réunies. L'interdiction ne s'étend pas aux autres parties des programmes qui doivent être séparées de la publicité par des moyens optiques, conformément au § 7, alinéa 3, deuxième phrase de RStV, telles que le tirage du loto et des émissions concernant des loteries autorisées. L'alinéa 3 complète en outre le § 4 alinéa 4, en interdisant également de façon conséquente la publicité sur l'internet pour des jeux de hasard publics. En plus de l'effet de masse et de l'orientation vers le groupe cible, on y trouve un élément de risque supplémentaire, à savoir la participation immédiate au jeu, qui est toujours possible sur l'internet. La publicité pour des jeux de hasard publics par l'intermédiaire d'équipements de télécommunications est interdite à l'alinéa 3. Cette interdiction dépasse les limites générales prévues au § 7, alinéa 2, point 2 de la loi sur la concurrence déloyale (Gesetz über den unlauteren Wettbewerb – UWG), et interdit toute publicité par l'intermédiaire de ces équipements. Il s'agit ainsi d'interdire les appels publicitaires chez le joueur, mais non les appels du joueur chez des opérateurs ou agents. Il est par contre renoncé à une interdiction de l'envoi non sollicité de matériel publicitaire et d'offres de jeu par la poste. La possibilité d'un envoi postal est donc conservée, en tant que canal de distribution traditionnel, n'incitant pas à une réaction immédiate du destinataire, et dont le potentiel de risque est acceptable, la publicité elle-même devant toutefois être conforme aux objectifs et aux exigences du traité d'État (voir § 5 alinéa 1 et 2 et § 4 alinéa 2 en liaison avec le § 1), essentiellement en ce qui concerne l'information, la prévention de la dépendance, la protection des mineurs et des joueurs.

A l'alinéa 4, il est stipulé, en conformité avec la législation en vigueur, que la publicité pour des jeux de hasard publics n'est autorisée que s'il existe une autorisation délivrée par l'autorité compétente du Land concerné, nécessaire pour l'organisation ou la négociation au sens du § 4, alinéa 1, première phrase. Cette disposition n'est pas d'application pour des jeux de hasard étrangers, qui sont organisés de façon réglementaire à l'étranger et dont la publicité est autorisée en Allemagne, puisqu'il n'existe aucune possibilité de participation en Allemagne, déclenchant l'obligation d'autorisation prévue au § 4, alinéa 1, première phrase.

Concernant le § 6 (concept social)

Afin d'atteindre l'objectif prévoyant que les opérateurs et agents de jeux de hasard publics doivent inciter les joueurs à un jeu responsable, il est nécessaire d'imposer à ces acteurs le développement de concepts sociaux et la formation du personnel. Conformément au § 9, alinéa 1, troisième phrase, point 2, l'autorité en charge du contrôle des jeux de hasard peut définir des exigences concernant le développement et la transposition du concept social.

Les experts de la dépendance aux jeux de hasard préconisent depuis longtemps cette hypothèse préventive pour lutter contre les risques de dépendance. Parmi les composantes essentielles des programmes de formation, on compte la transmission des savoirs, la sensibilisation au risque de dépendance au jeu et la simulation de concepts d'intervention, afin que les collaborateurs puissent également communiquer avec le joueur. Les collaborateurs formés peuvent reconnaître à un stade précoce les indices d'une tendance à la dépendance chez un joueur. Des mesures appropriées prises à ce moment représentent la prévention la plus efficace contre les risques de dépendance, avant qu'un joueur ne devienne réellement dépendant. Des concepts internes aux entreprises ainsi que des concepts s'appliquant à tous les opérateurs doivent également permettre une coopération avec les organismes d'aide locaux.

En complément, les opérateurs et les agents de jeux de hasard publics sont obligés de satisfaire aux directives de prévention et de lutte contre la dépendance au jeu qui sont annexées au traité d'État.

Concernant le § 7 (information)

La réglementation définit une obligation complémentaire pour les opérateurs et les agents de jeux de hasard publics, et compte, tout comme le § 6, parmi les hypothèses préventives permettant de lutter contre les risques de dépendance. Au-delà de l'obligation d'une publicité purement informative, il s'agit également, grâce à des mesures d'information, de prévenir les comportements problématiques liés au jeu.

Dans le but de prévenir la dépendance, les experts ayant participé à la procédure législative ont jugé nécessaire de présenter formellement les probabilités statistiques de gagner aux différents jeux. La définition d'informations formulées d'une manière précise et l'apposition de mentions clairement visibles permettent de prévenir à un stade précoce les comportements de jeu problématiques. Les alinéas 1 et 2 reprennent par conséquent largement les demandes des experts.

L'alinéa 1 réglemente l'obligation de fournir des informations sur la probabilité des gains et des pertes, ainsi que sur les risques de dépendance du jeu en question. Indépendamment de la forme du jeu de hasard en question, il est en outre prévu qu'une information doit être fournie sur l'interdiction de participer pour des mineurs et sur les possibilités d'aide et de thérapie.

L'alinéa 2 concrétise l'obligation d'information, en prévoyant que des mentions correspondantes doivent figurer sur les lots, bulletins et quittances de jeu.

Concernant le § 8 (interdiction de joueurs)

Tous les experts de la dépendance au jeu ayant participé à la procédure législative ont défendu l'idée d'une réglementation légale contraignante prévoyant la possibilité d'une interdiction comme mesure centrale de protection du joueur pour les jeux de hasard à potentiel de dépendance accru. Dans son arrêt du 28 mars 2006, la cour constitutionnelle fédérale a elle aussi exigée la possibilité d'une auto-interdiction comme mesure de protection du joueur (partie C.II.2.).

L'alinéa 1 de la réglementation oblige les maisons de jeu ainsi que les opérateurs mentionnés au § 10 alinéa 2 à exploiter un système d'interdiction, visant à garantir que des joueurs qui sont frappés d'interdiction pour une forme de jeu de hasard soient également exclus des autres jeux de hasard. La possibilité de l'interdiction, qui existait et a fait ses preuves jusqu'à présent exclusivement dans le secteur des maisons de jeu, est donc également d'application pour les opérateurs publics ou à participation publique majoritaire au sens du § 10 alinéa 2. Le système d'interdiction concernant toutes les formes de jeu prend en compte un constat fait dans le cadre de la recherche sur la dépendance, selon lequel un large groupe de joueurs dits à problèmes utilise en parallèle plusieurs possibilités de jeux de hasard ou est multi-dépendant au jeu.

La réglementation prévue à l'alinéa 2 établit une différence entre les possibilités d'une auto-interdiction et d'une interdiction extérieure. L'auto-interdiction suppose la présence personnelle du joueur, qui doit à cette fin attester de son identité. Les données nécessaires pour l'interdiction sont enregistrées conformément au § 23 alinéa 1. L'interdiction extérieure est une expression du concept de protection active du joueur, qui est défini au § 6. Elle est fondée sur l'hypothèse que le personnel employé dans des maisons de jeu et par des opérateurs publics ou à participation publique majoritaire visés au § 10 alinéa 2 est formé pour gérer un comportement problématique, et en tire des conséquences dans l'intérêt du joueur.

L'alinéa 3 réglemente des exigences concernant la durée minimale de l'interdiction et l'information des joueurs concernés.

L'alinéa 4 fait référence au § 23 alinéa 1 en ce qui concerne l'étendue des données à inscrire, et précise qu'une inscription est également possible, dans l'intérêt de la protection du joueur, même si toutes les données ne sont pas disponibles.

L'alinéa 5 réglemente la levée de l'interdiction. Afin de prévenir tout litige juridique entre les opérateurs et les joueurs, les motifs de la levée doivent être enregistrés sous une forme écrite.

Concernant la deuxième partie

Concernant le § 9 (contrôle des jeux de hasard)

Les conditions structurelles nécessaires sont créées au § 9 afin de garantir la transposition efficace des réglementations du traité d'État servant à la protection des joueurs et de la collectivité. Les pouvoirs nécessaires pour prendre des décisions au cas par cas sont conférés au contrôle des jeux de hasard (alinéa 1, deuxième phrase). Les principaux pouvoirs du contrôle des jeux de hasard sont mentionnés à titre d'exemple à la troisième phrase de l'alinéa 1. Il faut citer en particulier le pouvoir de définir des exigences concernant le développement et la mise en place du concept social, qui servent à transposer les obligations prévues au § 6. Les pouvoirs d'intervention déjà définis au § 12, alinéa 1, deuxième phrase, du traité d'État relatif aux loteries sont également complétés, afin d'interdire aux établissements de crédit et de prestations de services financières de collaborer aux paiements liés au jeu de hasard non autorisé, et aux prestataires de services au sens du § 3 de la loi sur les téléservices, pour autant qu'ils soient responsables selon cette loi, de collaborer pour permettre l'accès aux offres de jeux de hasard non autorisés. Dans les deux cas, il s'agit pour l'essentiel d'une précision, étant donné que la collaboration délibérée constitue déjà un acte de complicité répréhensible au sens du § 284 alinéa 1 et du § 27 du code pénal, et doit par conséquent être interdite par la législation des Länder en matière de sécurité et d'ordre public. Les responsabilités modulées, prévues par la loi sur les téléservices, sont expressément prises en compte.

Les attributions de procédure légale des autorités des différents Länder sont complétées à la quatrième phrase de l'alinéa 1 qui prévoit une possibilité d'autorisation réciproque, pour autant que le jeu de hasard non autorisé soit organisé ou négocié dans plusieurs Länder ou que de la publicité soit faite en ce sens dans plusieurs Länder.

Alors que ces décisions étaient jusqu'à présent considérées comme immédiatement exécutoires, l'effet suspensif des oppositions et des actions en justice sera à l'avenir exclu en vertu de la loi (alinéa 2); les nombreuses décisions des tribunaux administratifs montrent déjà que l'examen des intérêts se traduit régulièrement par un intérêt général majoritaire en faveur d'une exécution immédiate (voir cour constitutionnelle fédérale, arrêt du 21 septembre 2006 – 1 BvR 2399/06 –). Les autorités des Länder compétentes pour le contrôle des jeux de hasard coopèrent tout autant dans le cadre de la prévention des risques que de l'attribution des autorisations pour les opérateurs mentionnés au § 10 alinéa 2 (alinéa 3).

L'alinéa 4 récapitule toutes les réglementations de procédure applicables aux autorisations au sens du § 4 alinéa 2, qui proviennent pour l'essentiel du § 11 alinéa 2 et 3 du traité d'État relatif aux loteries.

Une autorisation en vue du lancement de nouvelles offres de jeux de hasard par les opérateurs publics ou à participation publique majoritaire ne peut être accordée que si les conditions prévues à l'alinéa 5 sont remplies, en plus des autres exigences applicables. A la deuxième phrase, la mise en place de nouveaux circuits de distribution ou le développement significatif de circuits de distribution existants par des opérateurs ou des agents est assimilé à de nouvelles offres de jeux de hasard au sens de la première phrase de l'alinéa 5. Le comité technique indépendant doit dans ce cas avoir examiné et évalué l'impact de l'offre supplémentaire sur la population. L'opérateur doit garantir l'accompagnement nécessaire par des experts de la dépendance ou des chercheurs travaillant dans le domaine de la dépendance. La procédure du comité technique visée au § 9 alinéa 5 créé les conditions techniques nécessaires permettant d'évaluer si une nouvelle offre de jeux de hasard est compatible ou en contradiction avec les objectifs définis par le traité d'État, en particulier au § 1 point 1 et point 2. Ceci correspond à des demandes centrales formulées par les experts de la dépendance, et a également été confirmé à nouveau dans le cadre de la consultation, comme mesure fondamentale de prévention primaire.

Conformément à l'alinéa 6, le contrôle des jeux de hasard ne peut être exercé par une autorité en charge des finances du Land ou gérant la participation à l'entreprise de loterie. Est ainsi prise en compte une demande de la cour constitutionnelle fédérale, qui considère que le législateur doit garantir le respect des exigences de protection des joueurs et de lutte contre la dépendance dans le domaine de l'organisation, de la mise sur le marché et de la commercialisation par des instances de contrôle appropriées, présentant une distance suffisante par rapport aux intérêts fiscaux de l'État.

Concernant le § 10 (garantie d'une offre suffisante en jeux de hasard)

Une décision des Länder inscrite dans le traité d'État relatif aux loteries reste inchangée, puisque les jeux de hasard présentant un potentiel de risque particulier, tels que les loteries à jackpot et certains paris, restent réservés aux opérateurs publics ou à participation publique majoritaire visés au § 10 alinéa 2 (§ 10 alinéa 5).

Comme il ressort de l'exposé des motifs concernant le traité d'État relatif aux loteries, les réglementations du § 5 alinéa 2 et alinéa 4 du traité d'État relatif aux loteries en vigueur jusqu'à présent prennent en compte le fait qu'il existe des jeux de hasard présentant différents potentiels de risque. Les jeux de hasard présentant un potentiel de risque particulier (tels que les loteries à jackpot, certains paris) ne pourraient être organisés que sur une base légale, et uniquement par les personnes mentionnées au § 5 alinéa 5, afin que l'instinct ludique naturel de l'être humain, qui ne peut pas être réfréné, puisse s'exercer de façon contrôlée. Avec un potentiel de risque moindre, l'organisation d'autres loteries ou tirages par d'autres opérateurs pourrait être autorisée, en conformité avec les dispositions de la troisième partie du traité d'État, pour autant que l'organisation de la loterie n'entraîne aucune incitation disproportionnée au jeu, en raison de l'offre déjà existante en jeux de hasard, du nombre déjà existant de jeux de hasard, de leur nature ou de leur déroulement. Etant donné que les conditions d'autorisation de la troisième partie ne s'appliqueraient que pour des loteries et des tirages, les autres formes de jeux de hasard (comme certains paris) organisés par des personnes autres que celles mentionnées au § 5 alinéa 2 seraient exclues (voir l'exposé des motifs concernant le traité d'État relatif aux loteries, B. concernant le § 5).

Dans le cadre de la consultation liée au projet de traité d'État relatif au jeu de hasard, l'institut de recherche sur les drogues de Brême (Bremer Institut für Drogenforschung – BISDRO) a présenté une étude fondée sur des documents écrits, et attestant d'un faible potentiel de risque pour le loto par rapport aux autres formes de jeu de hasard. Rapporté à l'ensemble des joueurs, la pratique du loto n'entraînerait qu'un faible risque de dépendance. Des analyses différenciées ont toutefois montré que les adolescents et les personnes à faibles revenus et à faible niveau d'éducation en particulier présentent un potentiel de risque plus élevé. Il serait par conséquent recommandé d'intensifier et d'évaluer les mesures de prévention primaires visant ces groupes sociaux. Cette analyse fondée sur des documents écrits n'est pas restée sans contestations. Il a ainsi été souligné qu'il ne serait pas possible de démontrer de façon empirique l'existence de différents potentiels de dépendance pour les différentes formes de jeu de hasard (groupe interdisciplinaire de recherche sur les dépendances (Interdisziplinäre Suchtforschungsgruppe – ISFB) Berlin, Charité – université de médecine de Berlin). Les premiers travaux scientifiques publiés dans des revues internationales après un Peer Review ont notamment montré que le loto sous sa forme actuelle possède également un véritable potentiel de dépendance (pour l'Allemagne: Grüsser et al., 2006, Journal of Gambling Issues; pour le Royaume-Uni: Petry et al., 2003, Addiction). La centrale fédérale d'information sanitaire (Bundeszentrale für gesundheitliche Aufklärung) a également abordé le sujet et ne juge pas utile de procéder à une évaluation séparée des loteries et des paris sous l'aspect de la dépendance au jeu; même si l'évaluation de certains jeux de hasard devait confirmer qu'il existe des différences au niveau du potentiel de risque, il n'existerait aucune différence au niveau de l'évolution et des caractéristiques pathologiques de la dépendance au jeu.

La décision fondamentale inscrite par les Länder dans le traité d'État relatif aux loteries, qui prévoit de réserver les jeux de hasard à potentiel de risque particulier, tels que les loteries à jackpot et certains paris, aux opérateurs publics ou à participation publique majoritaire visés au § 10 alinéa 2, a été approuvée par la cour constitutionnelle fédérale pour le secteur des paris sportifs. Compte tenu de la marge d'appréciation et de prévision accordée au législateur, il n'y aurait pas lieu de contester fondamentalement l'hypothèse du législateur, selon laquelle la création d'un monopole d'État serait un moyen approprié pour lutter contre les risques liés aux paris. L'exclusion des prestataires privés ne serait toutefois acceptable que si le monopole existant dans le domaine des paris sert également à prévenir et à lutter contre la dépendance au jeu et les comportements de jeu problématique (voir cour constitutionnelle fédérale, arrêt du 28 mars 2006, p. 1264). Au sujet des loteries à potentiel de risque particulier, le législateur peut, même après le résultat de la consultation liée au projet de traité d'État, et tout comme pour les paris sportifs en ce qui concerne les risques de dépendance, partir du fait qu'elles pourront être maîtrisées plus efficacement à l'aide d'un monopole orienté vers la lutte contre la dépendance et les comportements de jeu problématiques, avec une offre placée sous la responsabilité de l'État, que dans le cadre d'un contrôle des entreprises de loto privées (voir cour constitutionnelle fédérale, arrêt du 28 mars 2006, en liaison avec les arrêts de la cour constitutionnelle fédérale 102, 197, 218f.).

Les demandes de la cour constitutionnelle fédérale sont prises en compte plus particulièrement par les réglementations suivantes:

- A l'alinéa 1, la mission de maintien de l'ordre public des Länder, qui doivent garantir une offre suffisante en jeux de hasard, est associée avec plus de précision aux nouveaux objectifs du traité d'État définis au § 1; toutes les mesures doivent servir à remplir les objectifs du § 1. A cette fin, les autorités compétentes des Länder doivent être assistées d'un comité technique indépendant, composé d'experts du domaine de la lutte contre la dépendance au jeu.

- Toute organisation ou négociation de jeux de hasard publics par ou pour les opérateurs visés au § 10 alinéa 2 nécessite une autorisation de l'autorité compétente du Land concerné (§ 4 alinéa 1). L'autorisation doit être refusée si l'organisation ou la négociation contrevient aux objectifs du § 1 (§ 4 alinéa 2). Les autorisations pour les opérateurs mentionnés au § 10 alinéa 2 sont harmonisées entre les autorités des Länder en charge du contrôle des jeux de hasard (§ 9, alinéa 3, deuxième phrase).
- Les nouvelles offres de jeux de hasard des opérateurs publics ou à participation publique majoritaire ne peuvent être autorisées qu'après réalisation de la procédure du comité technique visée au § 9 alinéa 5.
- A l'alinéa 3, les Länder sont obligés de limiter le nombre des bureaux de validation afin de remplir les objectifs définis au § 1. Il faudra prendre en compte dans ce cas le nombre des bureaux de validation existants et des points de vente comparables de tous les opérateurs et agents de jeux de hasard publics, au regard des objectifs nationaux définis au § 1, point 1 et point 2.
- Des exigences complémentaires, concernant les paris sportifs et les loteries à potentiel de risque particulier, sont définies au § 21 et au § 22.

Au § 10 alinéa 2, il est précisé que la mission décrite à l'alinéa 1 est une mission publique, également au sens des règles de concurrence établies par le traité CE, que les Länder remplissent eux-mêmes, ou dont ils confient l'exécution à des personnes morales de droit public ou à des sociétés de droit privé caractérisées par une participation majoritaire de personnes morales de droit public, visées à l'alinéa 2. Le fait que des motifs de maintien de l'ordre public peuvent également être pris en compte pour une réglementation restrictive de l'accès au marché, comme ceux qui sont normalisés dans les objectifs du § 1, en tant qu'intérêts économiques généraux au sens de l'article 86 paragraphe 2 du traité CE, qui sont susceptibles de motiver une dérogation aux règles de concurrence du traité, a été démontré par Prof. Dr. Koenig dans son rapport d'expertise présenté par une entreprise de paris privée dans le cadre de la consultation relative au projet de traité d'État, par une analyse détaillée de la jurisprudence de la cour de justice européenne (p. 39 et suivantes, également Koenig, droit fiscal et économique européen (Europäisches Wirtschafts- und Steuerrecht), annexe 1/2001, p. 16). L'office fédéral des ententes (Bundeskartellamt) a également reconnu de principe que des motifs de maintien de l'ordre public peuvent être pris en compte pour une réglementation restrictive de l'accès au marché dans la législation sur le jeu de hasard, en tant qu'intérêts économiques généraux au sens de l'article 86 paragraphe 2 du traité CE (arrêt de l'office fédéral des ententes du 23 août 2006, B 10 – 92713 – Kc – 148/05, n° 567 et suivants). La politique de maintien de l'ordre public ne se limite pas dans ce cas à des mesures de contrôle, mais peut également limiter ou interdire complètement des offres de jeux de hasard ainsi qu'un événement concurrentiel correspondant (voir cour de justice européenne, C–124/97 (Läärä) n° 35, C-275/92 (Schindler) n° 61, C-67/98 (Zenatti) n° 33). La limitation, d'une part, du nombre des jeux de hasard et, d'autre part, du nombre des offres ou possibilités de jeu concrètes qui sont directement proposées au joueur, constitue bien un élément indispensable d'une canalisation et d'une limitation cohérentes du jeu de hasard et de la dépendance au jeu de hasard.

Conformément au § 10 alinéa 4, une part significative des recettes doit être employée pour promouvoir des objectifs publics ou d'intérêt général, au profit d'églises ou d'organismes caritatifs. Il s'agit également des mesures de prévention de la dépendance et de l'aide apportée en cas de jeu de hasard pathologique, comme l'a souligné le conseil national des drogues et des dépendances (nationaler Drogen- und Suchtrat) dans le cadre de la consultation relative au projet de traité d'État. Les Länder décident de la manière dont l'obligation prévue au § 10 alinéa 4 peut être prise en compte, dans la loi (de budget) ou sur une base légale.

Concernant le § 11 (recherche sur la dépendance)

Il est demandé aux Länder d'assurer le suivi de la recherche scientifique pour prévenir et lutter contre les risques de dépendance liés aux jeux de hasard. Cette mission de garantie est nécessaire afin d'obtenir des connaissances scientifiques plus étendues sur les causes de la dépendance au jeu de hasard, sur les possibilités d'une prévention active contre la dépendance et sur l'efficacité des mécanismes de protection déjà utilisés à l'heure actuelle. Grâce à cette mission de garantie générale, les Länder doivent pouvoir réglementer la promotion de la recherche sur la dépendance au jeu de hasard dans le contexte de leurs programmes de recherche et de lutte contre la dépendance.

Concernant la troisième partie

Concernant le § 12 (autorisation)

La première phrase de l'alinéa 1 fait référence à l'obligation d'autorisation définie au § 4 alinéa 1 première phrase. *Le § 6, alinéa 2, première phrase (ancienne version) a pu être supprimé, étant donné que le § 4 alinéa 1 subordonne à présent l'organisation et la négociation des jeux de hasard réglementés dans la première partie à l'autorisation de l'autorité compétente «du Land concerné».* Conformément à la pratique en vigueur depuis de nombreuses années, la deuxième phrase de l'alinéa 1 prévoit une dérogation pour des loteries se déroulant sous la forme d'une épargne à primes, caractérisées par une part fixe représentant 20 pour cent au plus du montant de la participation; les 80 pour cent restants constituent les fonds d'épargne.

Une dérogation à l'interdiction de la publicité télévisée visée au § 5 alinéa 3 est prévue à l'alinéa 2 dans le cadre de l'autorisation, concernant la publicité pour des loteries à but social (Aktion Mensch, Goldene Eins, Glücksspirale– voir § 25 alinéa 4) en raison du faible potentiel de dépendance. En règle générale, il faudra décider dans l'autorisation si et dans quelle mesure les exigences prévues au § 6 et au § 7 doivent être remplies (deuxième phrase de l'alinéa 2) pour les loteries à faible potentiel de risque réglementées dans la troisième partie et décrites et délimitées dans les motifs de refus du § 13 alinéa 2; des dérogations étendues devront être envisagées dans ce contexte, en particulier pour les petites loteries au sens du § 18.

Concernant le § 13 (motifs du refus)

A la première phrase de l'alinéa 1, les motifs du refus au sens du § 4 alinéa 2 en liaison avec le § 1 ainsi que les dispositions obligatoires prévues au § 4 alinéa 3 sont déclarés applicables. La réglementation correspond par ailleurs à l'ancien § 7 en vigueur du traité d'État relatif aux loteries.

Concernant le § 14 (opérateur)

Comme il ressort de l'intitulé de la troisième partie, les §§ 12 et suivants se rapportent à des loteries présentant un potentiel de risque moindre que les loteries réglementées dans les parties précédentes. La distinction opérée sous l'aspect de la prévention et de la lutte contre la dépendance aux jeux de hasard est également déterminante dans ce cas, et non la forme juridique de l'opérateur. La référence aux opérateurs visés au § 10 alinéa 2 qui est faite à la deuxième phrase de l'alinéa 1 exempte les opérateurs publics ou à participation publique majoritaire de l'exigence de l'utilité publique au sens du § 5, alinéa 1, point 9 de la loi sur l'impôt sur les sociétés et leur permet l'organisation de loteries à faible potentiel de risque aux mêmes conditions que les opérateurs privés.

Concernant les §§ 15 à 18

Les réglementations correspondent aux §§ 9 à 11 et au § 13 du traité d'État relatif aux loteries, mis à part le déplacement des règles générales de procédure relatives à l'autorisation du § 17 au § 9 alinéa 4, ainsi que des modifications marginales ou d'ordre rédactionnel; il est renvoyé à l'exposé des motifs concernant le traité d'État relatif aux loteries.

Concernant la quatrième partie

Concernant le § 19 (négociation professionnelle)

Les anciennes exigences relatives à la négociation professionnelle de jeux, définies au § 14 alinéa 2 point 3 à 5 du traité d'État relatif aux loteries, qui complètent les réglementations générales applicables, sont maintenues; la définition figure par contre à présent au § 3 alinéa 6. Les réglementation générales des §§ 4 à 7 applicables à l'organisation et la négociation sont par ailleurs déclarées applicables aux agents professionnels.

En vertu du traité d'État, la négociation (professionnelle) de jeux est par conséquent soumise dorénavant à la réserve d'autorisation de l'autorité compétente du Land concerné, conformément au § 4, alinéa 1, première phrase. L'autorisation ne peut pas être accordée, conformément au § 4, alinéa 2, première phrase, si la négociation (professionnelle) de jeux contrevient en particulier aux objectifs définis au § 1 point 1 et point 2. Ce sera le cas, par exemple, si la négociation de jeux doit servir à ouvrir de nouveaux circuits de distribution (comme le loto dans des supermarchés); dans ce cas, il faudra par ailleurs recourir à la procédure du comité technique prévue au § 9, alinéa 5, deuxième phrase.

S'il n'existe aucun motif de refus au sens du § 4, alinéa 2, première et deuxième phrase, la décision concernant l'autorisation sera prise en toute liberté d'appréciation et conformément aux obligations prévues (§ 40 de la loi de procédure administrative (Verwaltungsverfahrensgesetz – VwVfG)). L'activité légale antérieure d'un agent de jeux sera prise en compte de façon appropriée. L'exercice de la libre appréciation tiendra compte prioritairement de la promotion des objectifs du § 1, une importance essentielle sera accordée au § 1 point 1 (prévention des risques de dépendance) et point 2 (canalisation et limitation de l'offre). L'importance de la distinction opérée entre l'offre (légale) existante et les nouvelles offres est également visible au § 9 alinéa 5, qui prévoit l'examen préalable et l'évaluation par le comité technique de l'impact sur la population des nouvelles offres de jeux de hasard des opérateurs publics et à participation publique majoritaire, mais également de la mise en place de nouveaux circuits de distribution ou du développement significatif de circuits de distribution existants par des opérateurs ou des agents. Il faut également rappeler la réglementation transitoire prévue au § 25 alinéa 1 et alinéa 2, qui dégage les agents de jeux de hasard autorisés de l'obligation d'autorisation prévue au § 4, alinéa 1, première phrase, pour une durée d'un an, et leur permet ainsi que poursuivre leur activité légale antérieure; les exigences matérielles définies par le traité d'État doivent être remplies durant cette période transitoire.

Concernant la cinquième partie

Concernant le § 20 (maisons de jeu)

L'exclusion des joueurs frappés d'interdiction et la mise en application de cette interdiction garantissent les exigences fondamentales en matière de protection des joueurs et des mineurs dans les maisons de jeu. Les demandes des experts de la dépendance sont ainsi prises en compte, de même que la résolution adoptée par la conférence des ministres de l'Intérieur du 7/8. 7. 2004 concernant le point TOP 14. La conférence des ministres de l'Intérieur avait décidé que les contrôles d'accès au petit jeu devaient être alignés de façon uniforme et simultanée dans tous les Länder sur ceux du grand jeu des maisons de jeu, pour des raisons de protection des joueurs et des mineurs. A cette fin, des contrôles complets des papiers d'identité doivent également être mis en place pour le petit jeu, incluant une vérification des données des visiteurs par rapport à celles de la liste des interdictions. Si le développement des procédés biométriques devait être suffisamment avancé pour que ceux-ci constituent une alternative au contrôle des papiers d'identité avec vérification des données remplissant les mêmes conditions de maintien de l'ordre et de protection des données, ces procédés pourront également être mis en œuvre dans le secteur du petit jeu.

Concernant le § 21 (paris sportifs)

Dans son arrêt du 28 mars 2006, la cour constitutionnelle fédérale s'est prononcée en faveur de réglementations portant sur la nature et la forme des paris sportifs (partie C.II.2.). A la première phrase de l'alinéa 1, il est ainsi prévu dans une première étape que les paris ne sont autorisés que sous la forme de paris sportifs, et uniquement sous la forme de paris combinés ou individuels. Conformément à la deuxième phrase de l'alinéa 1, les autorités en charge du contrôle des jeux de hasard doivent définir dans l'autorisation nécessaire pour l'organisation et la négociation de paris sportifs au sens du § 4 alinéa 1, des dispositions relatives au contenu de l'autorisation ainsi que des obligations sur la nature et sur la forme des paris sportifs autorisés (par ex. limitations des enjeux maximums), nécessaires pour remplir les objectifs du § 1; l'interdiction des paris en direct prévue à la troisième phrase de l'alinéa 2 doit être respectée.

Les réglementations figurant aux alinéas 2 et 3, qui prennent en compte le potentiel de dépendance accru des paris sportifs et qui garantissent l'intégrité du sport, transposent des prescriptions formulées par la cour constitutionnelle fédérale à la partie C.II.2. de l'arrêt précité en liaison avec l'organisation de paris sportifs. Ceci concerne en particulier l'interdiction, prévue à la deuxième phrase de l'alinéa 2, d'associer la conclusion de paris sportifs à la retransmission d'évènements sportifs à la télévision, qui vise tout autant les médias que les opérateurs et agents de paris sportifs. Les destinataires de l'interdiction de publicité complémentaire prévue à l'alinéa 2, deuxième phrase, deuxième alternative, sont par contre exclusivement les personnes responsables de la publicité sur les maillots et sur les panneaux situés autour des terrains de sport, et non les médias, pour lesquels il s'agirait d'une publicité déguisée et imposée.

L'exclusion des joueurs frappés d'interdiction (voir § 8) de la participation aux paris (sportifs) répond à une demande des experts de la dépendance, qui avait également été reprise par la cour constitutionnelle fédérale dans son arrêt du 28 mars 2006.

Concernant le § 22 (loteries à potentiel de risque particulier)

A l'alinéa 1, la réglementation prévoit une limitation du jackpot. Ceci permet de prendre en compte les demandes des experts de la dépendance ayant participé à la procédure législative. Dans l'autorisation nécessaire pour l'organisation de loteries au sens du § 4 alinéa 1, les autorités en charge du contrôle des jeux de hasard définiront des dispositions complémentaires et des obligations, entre autres une limitation des gains maximums, dans l'intérêt de la protection des joueurs et afin de remplir les objectifs du § 1. Des réglementations entraînant l'interdiction de joueurs en cas de mises plus élevées (jeu par systèmes) sont également envisageables.

L'alinéa 2 s'applique par exemple aux loteries quotidiennes telles que le KENO et aux loteries instantanées telles que Quicky, dont les risques sont comparables à ceux liés aux maisons de jeu et aux paris sportifs. Ceci concerne en particulier Quicky, dont l'interdiction a été demandée par une partie des experts de la dépendance au jeu qui ont pris part à la procédure législative. La participation à cette forme spéciale de loterie suppose que le joueur s'identifie avant le début du jeu et que son nom ne soit pas enregistré dans le fichier d'interdiction cité au § 8 alinéa 4 et au § 23. Les loteries par billets ainsi que les loteries à gratter ne font pas partie des loteries au sens de la première phrase de l'alinéa 2. L'organisation de ces loteries englobe une série de billets dont la vente s'étend régulièrement sur plusieurs semaines.

Concernant la sixième partie

Concernant le § 23 (protection des données)

Le § 23 contient les réglementations nécessaires relatives au fichier d'interdiction et au traitement des données qui y sont enregistrées. L'étendue des données à inscrire dans le fichier d'interdiction ne résulte plus que du § 23, alinéa 1, deuxième phrase; ceci s'applique pareillement aux réglementations sur la transmission (voir § 23, alinéa 2 et alinéa 3). Au § 23 alinéa 1, il est renoncé à l'enregistrement des informations contenues dans les papiers d'identité, afin de prendre en compte les objections formulées dans le cadre de la consultation, concernant l'utilisation de ces données dans le domaine privé, dont les maisons de jeu font partie dans certains Länder. Le traitement des données s'oriente par ailleurs d'après les réglementations applicables aux organismes concernés.

Septième partie

Les dispositions finales du traité d'État en vigueur sont complétées par

- une disposition précisant que les Länder peuvent définir des exigences complémentaires, concernant en particulier les conditions préalables de l'autorisation d'organiser et de négocier des jeux de hasard (§ 24).
- une réglementation transitoire au § 25 alinéa 1 et alinéa 2, qui exempte de l'obligation correspondante pour une durée d'un an tous les opérateurs et agents (y compris les encaisseurs des loteries par classes et les agents professionnels) pour lesquels une obligation d'autorisation est prévue pour la première fois au § 4 alinéa 1, et leur permet la poursuite de leur activité légale actuelle sans autorisation; les exigences matérielles définies par le traité d'État doivent également être remplies pendant cette période transitoire.
- une réglementation de simplification de la procédure au § 25, alinéa 2, deuxième phrase, pour les agents intégrés à l'organisation commerciale d'un opérateur: dans un but de simplification de la procédure, l'opérateur dépose la demande d'autorisation au nom des agents qui travaillent pour lui.
- une réglementation transitoire concernant l'interdiction de l'internet au § 4 alinéa 4, qui, pour l'essentiel, joue un rôle compensatoire pour les deux agences professionnelles, qui, d'après les termes de leur exposé fait dans le cadre de la consultation concernant le projet de traité d'État, opèrent (presque) uniquement sur l'internet (Fluxx AG, fondé en 1998, groupe comptant près de 140 collaborateurs avec Jaxx GmbH et Anybet GmbH, ainsi que Tipp24 AG, fondé en 2000, 151 collaborateurs, montants des mises négociées en 2005 avec les sociétés de loto dans huit Länder, près de 205 millions d'euros). La dérogation prévue au § 25 alinéa 6 pour une durée d'un an après l'entrée en vigueur du traité d'État doit leur laisser suffisamment de temps pour adapter l'entreprise aux circuits de distribution autorisés en vertu du traité d'État; l'aspect compensatoire devra être pris en compte lors de l'appréciation des demandes d'ouverture de nouveaux circuits de distribution ou de développement de circuits de distribution existants. Les conditions définies au § 25, alinéa 6, point 1 à 5, doivent et peuvent être remplies dans tous les cas, comme il a été demandé par les médias et les entreprises de paris privées dans le cadre de la consultation concernant le projet de traité d'État.
- une clause de concurrence au § 26, établissant le caractère prioritaire du présent traité d'État par rapport aux réglementations applicables aux loteries par classes.
- l'obligation d'une évaluation de l'impact du présent traité d'État par les autorités des Länder en charge du contrôle du jeu de hasard (§ 27).
- une limitation de la durée de validité du traité d'État, qui entraîne l'abrogation du traité d'État au bout de quatre ans, à moins que la conférence des ministres-présidents, compte tenu des résultats de l'évaluation, ne décide du maintien global du traité d'État à une majorité de 13 voix au moins; le traité d'État reste alors en vigueur dans les Länder ayant décidé de son maintien (§ 28).

V. Landesrechtliche Vorschriften

Einführung

Dirk Postel und Ihno Gebhardt

Die Länder haben mit dem am 1. Januar 2008 in Kraft getretenen Staatsvertrag zum Glücksspielwesen in Deutschland (GlüStV) die Konsequenz aus der bundesverfassungsgerichtlichen *Sportwetten*-Grundsatzentscheidung zum bayerischen Staatslotteriegesetz gezogen, weil sie die prinzipiellen Feststellungen des Gerichts zu den verfassungsrechtlichen Anforderungen an das bayerische Sportwettenmonopol zu Recht auf das *gesamte Glücksspielwesen aller Länder* für anwendbar hielten. Eine vollständige landesrechtliche Harmonisierung des Glücksspielrechts der Länder war allerdings bereits deshalb nicht möglich, weil die in den vergangenen Jahrzehnten gewachsenen landesspezifischen Besonderheiten (insbesondere die unterschiedlichen Veranstalter- und Durchführerstrukturen der staatlich beherrschten Glücksspielunternehmen, vgl § 10 Abs 2 GlüStV) berücksichtigt und fortentwickelt werden mussten. Neben den in das Landesrecht transformierten Regelungen des GlüStV bedurfte es daher in allen Ländern ergänzender Ausführungsgesetze. Unterschiede in den Ausführungsgesetzen sind auch dort feststellbar, wo der GlüStV lediglich rudimentäre Regelungen vornimmt und das Weitere einem „Wettbewerbsföderalismus" überlässt: Zu nennen sind insbesondere die auf weitere gesetzliche Präzisierung angelegten staatsvertraglichen Vorgaben für die Erlaubnisverfahren (§ 4 Abs 1 u 2), die Vertriebsstruktur (§ 10 Abs 3), die Verwendung der Erträge (§ 10 Abs 4) und die Forschung (§ 11). 1

Die den GlüStV ergänzenden Landesgesetze sind in allen Ländern (mit Ausnahme von Baden-Württemberg im März 2008) zusammen mit dem GlüStV zum 1. Januar 2008 in Kraft getreten. Die landes(ausführungs)gesetzlichen Besonderheiten lassen sich, wie bereits angedeutet, regelmäßig durch die spezifischen glücksspielrechtlichen Entwicklungen des letzten Jahrzehnts und durch politische Vorgaben in den Ländern erklären: Während die Stringenz und Zurückhaltung des bayerischen Ausführungsgesetzes im Wesentlichen durch die Tatsache des unverändert einzigen „echten staatlichen" Monopols bedingt ist, hatte Thüringen die Besonderheit der rechtskräftig bestätigten Existenz einer auf Grundlage des DDR-Gewerberechts erteilten Sportwetterlaubnis im Ausführungsgesetz zu meistern. 2

In Hamburg waren offensichtlich besondere Rechtspositionen sogenannter gewerblicher Spielvermittler zu berücksichtigen, zu deren Gunsten das in § 25 Abs 6 GlüStV verankerte Schutzniveau – durch die Überleitungsvorschrift des § 17 (insbesondere dessen Absätze 2 und 3) des Hamburgischen Gesetzes zur Ausführung des Glücks- 3 spielstaatsvertrages (HmbGlüStVAG) – abgesenkt worden ist: Während § 25 Abs 6 GlüStV ein Abweichen vom Internetglücksspielverbot des § 4 Abs 4 GlüStV – nach seinem in diesem Punkt eindeutigen Wortlaut – neben anderen Voraussetzungen nur dann erlaubt, wenn der „Ausschluss minderjähriger oder gesperrter Spieler ... durch Identifizierung und Authentifizierung gewährleistet [wird]", ordnet das hamburgische Ausführungsgesetz ein den Richtlinien der *Kommission Jugendschutz* entsprechendes Identifizierungs- und Authentifizierungsverfahren (nur) „für neue Kunden" an (§ 17 Abs 3 S 1) und erweitert darüber hinaus den Übergangszeitraum (§ 17 Abs 3 S 2 u 3). Der Widerspruch zur staatsvertraglichen Regelung wird durch § 17 Abs 3 S 4 HmbGlüStVAG vertieft, wonach „Kunden, die bis zum 23. Oktober 2007 beim Antragsteller registriert wurden und deren Volljährigkeit überprüft wurde, ... keine darüber hinausgehende Identifizierung" benötigen sollen. Eine von allen anderen Landesausführungsgesetzen abweichende Regelung und damit verbundene Absenkung des Anforderungsniveaus beinhaltet auch der § 17 Abs 4 HmbGlüStVAG, der eine erstaunliche „Interpretation" des § 25 Abs 6 Nr 4 GlüStV leistet. Den Kulminationspunkt erreicht der hamburgische Gesetzgeber freilich erst mit der abschließenden, ebenfalls als Überleitungsvorschrift für das Internetspiel systematisierten „Interpretations"-Vorschrift des § 17 Abs 5 HmbGlüStVAG, der anordnet[?], dass „informative, nicht zum Spiel anreizende Hinweise auf die Spielmöglichkeit im Internet und entsprechende Links ... nicht als unzulässige Werbung zu interpretieren" seien (vgl. § 5 Abs 3 GlüStV).

4 Durch die das Spielbankenwesen betreffenden und dieses mit den übrigen Regelungsgegenständen des GlüStV verklammernden staatsvertraglichen Regelungen der §§ 1, 3 bis 8, 20 und 23 GlüStV bestand Novellierungsbedarf auch in Bezug auf die Spielbankengesetze der Länder. Einige Länder haben die bestehenden Spielbankengesetze lediglich um die erforderlichen Neuregelungen ergänzt; andere Länder, wie Brandenburg und Nordrhein-Westfalen, haben die Gelegenheit genutzt, um das bestehende Spielbankengesetz durch ein neues, dem ordnungsrechtlichen Primat deutlich unterworfenes Spielbankengesetz zu ersetzen und gleichzeitig andere Problemlagen zu bereinigen.

5 Die zum Teil recht schwierigen landesspezifischen Vorbedingungen für die Neuregelung des jeweiligen Spielbankenwesens lassen sich am Beispiel des Landes Niedersachsen verdeutlichen: Wegen der im Jahr 2004 vom niedersächsischen Landtag beschlossenen „Privatisierung der Spielbanken Niedersachsen GmbH" und der Veräußerung an das führende österreichische Unternehmen *Casino Austria* geriet der Landesgesetzgeber durch das Internetglücksspielverbot des GlüStV in die Bredoullie, weil mit dem damaligen Veräußerungsgeschäft die Zusicherung der späteren Erteilung einer Konzession für Internetglücksspielangebote der niedersächsischen Spielbanken verbunden war.[1] Zwar eröffnete die Entwurfsfassung des GlüStV vom 25. Oktober 2006 in § 25 Abs 5 den Ländern noch die Möglichkeit, von dem in § 4 Abs 4 GlüStV geregelten Verbot der Veranstaltung und Vermittlung öffentlicher Glücksspiele im Internet (gegebenenfalls befristet auf 2 Jahre nach In-Kraft-Treten des Staats-

---

1 Vgl LT-Drs NI 15/976; 15/1482.

vertrags) auch in Bezug auf Glücksspielangebote von Spielbanken abzuweichen. Diese Option wurde allerdings im Rahmen der Anhörungen zu diesem Vertragsentwurf zu Recht verworfen, weil sie als besonders markantes Beispiel inkonsequenter Spielsuchtbekämpfungspolitik hätte qualifiziert werden müssen. Kritiker wiesen zu Recht darauf hin, dass eine Regelung, die Casino-Spiele im Internet ermöglicht, nicht zu rechtfertigen ist, wenn gleichzeitig das Internetangebot für andere Spielformen mit wohl geringerem Suchtpotenzial generell und übergangslos verboten wird. Auch die zwischenzeitlich vom niedersächsischen Gesetzgeber offenbar gehegte Hoffnung, dass die veräußerte Konzession die Berechtigung der Spielbanken Niedersachsen GmbH, spielbanktypische Glücksspiele im Internet zu betreiben, gar nicht enthalten habe,[2] zerbarst an einer inzwischen rechtskräftigen Entscheidung des *OVG Lüneburg* vom März 2008,[3] die einen weiteren Beleg für die Komplexität und Vielschichtigkeit glücksspielrechtlicher Fragestellungen darstellt.

Die Neuregelungen des Glücksspielwesens der Länder führen zwar nicht zu einer in **6**
die Vergangenheit wirkenden Beseitigung der Verfassungswidrigkeit der jeweiligen Staatslotterie-, Lotto-Toto- oder Sportwettengesetze mangels hinreichend konsequenter Ausrichtung auf die Vermeidung und Bekämpfung von Spielsucht. Allerdings wird aufgrund der neuen gesetzlichen Grundlagen auch regelmäßig ein Rechtsschutzbedürfnis zur Klärung weiterer Rechtsfragen im Zusammenhang mit den obsoleten, verfassungswidrigen Landesgesetzen nicht mehr vorhanden sein. Ob und inwieweit die in den Ländern nunmehr im Einzelnen mit sehr unterschiedlichem Inhalt in Kraft gesetzten Regelungen in allen Einzelheiten den verfassungs- und gemeinschaftsrechtlichen Anforderungen an die Zumutbarkeit des mit dem jeweiligen staatlichen, staatlich getragenen oder privaten Monopol einhergehenden Ausschlusses gewerblicher Angebote gerecht werden, werden die Gerichte in den nächsten Jahren zu klären haben.

---

2 Vgl LT-Drs NI 15/4090, S 57; 15/4393, S 13.

3 *OVG Lüneburg* Beschl v 31. 3. 2008, 11 LA 458/07: Hiernach regelten die Nebenbestimmungen für die Zulassung zum Betrieb öffentlicher Spielbanken in Niedersachsen v 24. Juni 2004 unter Nr 1.2 verbindlich die Berechtigung der Spielbanken Niedersachsen GmbH, Glücksspiele im Internet zu betreiben. An dieser Rechtslage hat sich nach den Feststellungen des Gerichts auch durch das Gesetz zur Änderung des Niedersächsischen Spielbankengesetzes vom 17. Dezember 2007 (GVBl S 756, NSpielbG 2007) nichts geändert.

VI. Gesetz zur Ausführung des Staatsvertrages zum Glücksspielwesen in Deutschland des Freistaates Bayern (AGGlüStV)

vom 20. Dezember 2007

GVBl 2007, S. 922

Der Landtag des Freistaates Bayern hat das folgende Gesetz beschlossen, das hiermit bekannt gemacht wird:

Artikel 1
Öffentliche Aufgabe

(1) Zur Erreichung der Ziele des § 1 des Staatsvertrages zum Glücksspielwesen in Deutschland (Glücksspielstaatsvertrag – GlüStV) nimmt der Freistaat Bayern die Glücksspielaufsicht, die Sicherstellung eines ausreichenden Glücksspielangebots und die Sicherstellung der wissenschaftlichen Forschung zur Vermeidung und Abwehr von Suchtgefahren durch Glücksspiele als öffentliche Aufgaben wahr.

(2) Die Glücksspielaufsicht (Art. 4) überwacht die Erfüllung der durch den Glücksspielstaatsvertrag oder auf Grund des Glücksspielstaatsvertrages begründeten öffentlich-rechtlichen Verpflichtungen; dazu gehören auch die durch dieses Gesetz und auf Grund dieses Gesetzes begründeten Verpflichtungen.

(3) Der Freistaat Bayern veranstaltet durch die Staatliche Lotterieverwaltung (Art. 5) Sportwetten und Lotterien in Erfüllung seiner öffentlichen Aufgabe nach § 10 Abs. 1 GlüStV. Die Staatliche Lotterieverwaltung soll im Rahmen ihrer öffentlichen Aufgabe die Zahl der Annahmestellen bis zum 31. Dezember 2011 auf insgesamt 3700 verringern.

(4) Abweichend von Abs. 3 veranstaltet die Anstalt „Süddeutsche Klassenlotterie" auf der Grundlage des Staatsvertrages zwischen den Ländern Baden-Württemberg, Bayern, Hessen, Rheinland-Pfalz, Sachsen und Thüringen über eine Staatliche Klassenlotterie (GVBl 1993 S. 26) Klassenlotterien. Sie nimmt die öffentliche Aufgabe nach § 10 Abs. 1 GlüStV in Bezug auf Klassenlotterien wahr.

Artikel 2
Erlaubnisverfahren

(1) Die Erlaubnis nach § 4 Abs. 1 GlüStV darf nur erteilt werden, wenn

1. § 4 Abs. 2 Satz 1 in Verbindung mit §§ 1 und 4 Abs. 2 Satz 2 GlüStV nicht entgegenstehen,
2. die Einhaltung
   a) der Jugendschutzanforderungen nach § 4 Abs. 3 GlüStV,
   b) des Internetverbots in § 4 Abs. 4 GlüStV,
   c) der Werbebeschränkungen nach § 5 GlüStV,

d) der Anforderungen an das Sozialkonzept nach § 6 GlüStV und
e) der Anforderungen an die Aufklärung über Suchtrisiken nach § 7 GlüStV

sichergestellt ist,

3. der Veranstalter oder Vermittler zuverlässig ist, insbesondere die Gewähr dafür bietet, dass die Veranstaltung und die Vermittlung ordnungsgemäß und für die Spielteilnehmer sowie für die Erlaubnisbehörde nachvollziehbar durchgeführt wird,
4. bei der Einführung neuer Glücksspielangebote und bei der Einführung neuer oder der erheblichen Erweiterung bestehender Vertriebswege den Anforderungen des § 9 Abs. 5 GlüStV genügt ist,
5. bei Veranstaltern nach § 10 Abs. 2 GlüStV die Teilnahme am Sperrsystem nach §§ 8 und 23 GlüStV sichergestellt ist,
6. der Ausschluss gesperrter Spieler nach § 21 Abs. 3 Satz 1 und § 22 Abs. 2 Satz 1 GlüStV sichergestellt ist und
7. bei gewerblichen Spielevermittlern zudem die Einhaltung der Anforderungen nach § 19 GlüStV sichergestellt ist.

Sind die Voraussetzungen des Satzes 1 erfüllt, ist im Rahmen der Ermessensausübung nach § 4 Abs. 2 Satz 3 GlüStV den Zielen des § 1 GlüStV Rechnung zu tragen.

(2) Die Erlaubnis für das Vermitteln öffentlicher Glücksspiele setzt eine Erlaubnis für die Veranstaltung dieser Glücksspiele durch die zuständigen Behörden des Freistaates Bayern voraus. Abweichend von Satz 1 kann das Vermitteln solcher öffentlichen Glücksspiele erlaubt werden, die von Veranstaltern im Sinn des § 10 Abs. 2 GlüStV veranstaltet werden und in der Verordnung nach Art. 8 Nr. 4 festgelegt sind.

(3) In der Erlaubnis sind neben den Regelungen nach § 9 Abs. 4 GlüStV festzulegen

1. der Veranstalter oder der Vermittler einschließlich eingeschalteter dritter Personen,
2. das veranstaltete oder vermittelte Glücksspiel,
3. die Form des Vertriebs oder der Vermittlung,
4. Art, Ort oder Gebiet sowie Beginn und Dauer der Veranstaltung oder Vermittlung,
5. bei Lotterieveranstaltungen der Spielplan und
6. bei Vermittlungen der Veranstalter.

In der Erlaubnis können Vorgaben zu Einsatzgrenzen und zum Ausschluss gesperrter Spieler getroffen werden, die über §§ 21 und 22 GlüStV hinausgehen.

(4) Zuständige Erlaubnisbehörde ist

1. die Regierung, in deren Bezirk die Annahme oder der Losbriefverkauf stattfinden soll, für die Vermittlung von Glücksspielen durch Annahmestellen (§ 3 Abs. 5 GlüStV), durch die Verkaufsstellen der Süddeutschen Klassenlotterie und durch Losbriefverkäufer,
2. für das Staatsgebiet die Regierung, in deren Bezirk der Sitz des Lotterieeinnehmers liegt, für die Vermittlung von Glücksspielen durch Lotterieeinnehmer (§ 3 Abs. 5 GlüStV) der Süddeutschen Klassenlotterie mit Sitz in Bayern,
3. im Übrigen die Regierung der Oberpfalz.

(5) Für Verkaufsstellen der Süddeutschen Klassenlotterie, die zugleich Annahmestellen sind, kann der Antrag im Sinn des § 25 Abs. 2 Satz 2 GlüStV im Auftrag der Süddeutschen Klassenlotterie auch von der Staatlichen Lotterieverwaltung gestellt werden.

Artikel 3
Lotterien mit geringerem Gefährdungspotential

(1) Bei Lotterien mit geringerem Gefährdungspotential richten sich die Erteilung sowie Form und Inhalt der Erlaubnis nach §§ 12 bis 17 GlüStV.

(2) Zuständig für die Erteilung von Erlaubnissen nach Abs. 1 ist

1. die Gemeinde für alle Lotterien und Ausspielungen, die sich nicht über ihr Gemeindegebiet hinaus erstrecken und bei denen die Summe der zu entrichtenden Entgelte den Betrag von 40 000 € nicht übersteigt,
2. die Regierung für alle Lotterien und Ausspielungen, die sich nicht über ihren Regierungsbezirk hinaus erstrecken, soweit nicht eine Gemeinde zuständig ist,
3. im Übrigen die Regierung der Oberpfalz.

Die Regierung der Oberpfalz ist auch zuständig für die Erlaubnis bei allen Veranstaltungen in Form des Gewinnsparens.

(3) Bei kleinen Lotterien und Ausspielungen (§§ 18 und 3 Abs. 3 Satz 2 GlüStV) kann

1. die Erlaubnis auch in Form einer Allgemeinverfügung erteilt werden und
2. bei der Erlaubniserteilung von den Regelungen in § 4 Abs. 3 Sätze 2 und 3, § 14 Abs. 1 Satz 1 Nr. 1, § 15 Abs. 1 Sätze 4 und 5, Abs. 3 Satz 2 und § 17 GlüStV abgewichen werden.

Abweichend von Abs. 2 Satz 1 Nr. 1 kann auch die zuständige Regierung für Lotterien und Ausspielungen im Sinn des Abs. 2 Satz 1 Nr. 1 eine Erlaubnis in Form einer Allgemeinverfügung erteilen.

Artikel 4
Glücksspielaufsicht

(1) Zuständig für die Ausübung der Befugnisse nach § 9 Abs. 1 GlüStV sind die Gemeinden, die Landratsämter, die Regierungen und das Staatsministerium des Innern als Sicherheitsbehörden. Unbeschadet der allgemeinen Regeln über die sachliche und örtliche Zuständigkeit können Maßnahmen nach Satz 1 für das gesamte Staatsgebiet auch getroffen werden vom Staatsministerium des Innern und

1. im Hinblick auf Telemedien (§ 1 des Telemediengesetzes vom 26. Februar 2007, BGBl I S. 179) von der Regierung von Mittelfranken,
2. im Hinblick auf Lotterieeinnehmer im Sinn des Art. 2 Abs. 4 Nr. 2 von der Regierung, in deren Bezirk der Sitz des Lotterieeinnehmers liegt,
3. im Übrigen von der Regierung der Oberpfalz.

(2) Die Befugnisse nach § 9 Abs. 1 GlüStV sind auch eröffnet hinsichtlich der nach diesem Gesetz oder auf Grund dieses Gesetzes begründeten öffentlich-rechtlichen Verpflichtungen; § 9 Abs. 2 GlüStV gilt auch in diesen Fällen.

(3) Die Ermächtigung nach § 9 Abs. 1 Satz 4 GlüStV erteilt die nach Abs. 1 zuständige Behörde. Die Ermächtigung ist unter Einhaltung des Dienstwegs über das Staatsministerium des Innern zu leiten.

Artikel 5
Staatliche Lotterieverwaltung

(1) Die Staatliche Lotterieverwaltung ist eine staatliche Einrichtung ohne Rechtspersönlichkeit im Geschäftsbereich des Staatsministeriums der Finanzen.

(2) Die Durchführung der der Staatlichen Lotterieverwaltung obliegenden öffentlichen Aufgabe nach Art. 1 Abs. 3 kann mit Zustimmung des Staatsministeriums des Innern und des Staatsministeriums der Finanzen vollständig oder teilweise auf juristische Personen des öffentlichen oder privaten Rechts übertragen werden, an denen entweder der Freistaat Bayern oder der Freistaat Bayern und andere vertragsschließende Länder unmittelbar oder mittelbar maßgeblich beteiligt sind.

Artikel 6
Sperrdatei

(1) Die Staatliche Lotterieverwaltung errichtet eine Sperrdatei.

(2) In der Sperrdatei werden Spielersperren im Sinn des § 8 GlüStV und im Sinn des Art. 4a Abs. 2 Satz 3 des Spielbankgesetzes (SpielbG) gespeichert. Das gilt auch für Spielersperren, die von den zuständigen Stellen der anderen vertragsschließenden Länder übermittelt werden, sowie für Spielersperren, die von deutschen Spielbanken und von Spielbanken in einem anderen Mitgliedstaat der Europäischen Union oder in einem anderen Vertragsstaat des Abkommens über den Europäischen Wirtschaftsraum sowie der Schweiz nach Bayern übermittelt werden.

(3) In die Sperrdatei dürfen die Spielersperren nur mit den in § 23 Abs. 1 GlüStV genannten Daten aufgenommen werden.

(4) Die sperrenden Stellen nach Art. 1 Abs. 3 und 4 sind verpflichtet, die Spielersperren sowie deren Änderungen und Aufhebungen an die Staatliche Lotterieverwaltung zur Aufnahme in die Sperrdatei unverzüglich zu übermitteln.

(5) Aus der Sperrdatei werden die Sperrdaten nach §§ 8 und 23 GlüStV den für die Führung der Sperrdatei zuständigen Stellen anderer vertragsschließender Länder sowie auf Anfrage den Spielbanken und den sonstigen Stellen, die Spielverbote zu überwachen haben, mitgeteilt. Den bayerischen Spielbanken werden auf Anfrage aus der Datei auch die Sperrdaten nach Art. 4a Abs. 2 Satz 3 SpielbG mitgeteilt. Eine Übermittlung der Sperrdaten an andere deutsche Spielbanken und an Spielbanken in einem anderen Mitgliedstaat der Europäischen Union oder in einem anderen Vertragsstaat des Abkommens über den Europäischen Wirtschaftsraum sowie der Schweiz ist zulässig, wenn Gegenseitigkeit gewährleistet ist.

(6) Betroffene erhalten von der Staatlichen Lotterieverwaltung auf Antrag Auskunft über

1. die zu ihrer Person in der Sperrdatei gespeicherten Daten nach § 23 Abs. 1 GlüStV und die Daten über Störersperren nach Art. 4a Abs. 2 Satz 3 SpielbG ,
2. den Zweck und die Rechtsgrundlage der Erhebung, Verarbeitung oder Nutzung der Daten,
3. die Empfänger regelmäßiger Datenübermittlungen,
4. Auftragnehmer, sofern Dritte an der Datenverarbeitung beteiligt sind.

Artikel 7
Sonderregelung für Lotterien im Internet

Abweichend von § 4 Abs. 4 GlüStV kann bei Lotterien die Veranstaltung und die Vermittlung im Internet bis 31. Dezember 2008 erlaubt werden, wenn die Beachtung der in Art. 2 Abs. 1 und 2 und in § 25 Abs. 6 GlüStV genannten Voraussetzungen sichergestellt ist. Der Nachweis ist von der den Antrag stellenden Person durch Vorlage geeigneter Darstellungen und Bescheinigungen zu führen; die Erlaubnisbehörde ist ohne derartige Unterlagen nicht zu eigenen Ermittlungen verpflichtet. Die Erlaubnis gilt als bis zum 31. Dezember 2008 erteilt, wenn und solang Satz 1 beachtet wird, ein dem Satz 2 genügender Antrag gestellt wurde und innerhalb eines Monats nach Eingang dieses Antrags bei der zuständigen Behörde von dieser dem Antragsteller keine Aufforderung zugestellt wird, das Internetangebot bis zur Entscheidung über die Erteilung einer Erlaubnis zu unterlassen.

Artikel 8[1]
Verordnungsermächtigung

Das Staatsministerium des Innern wird ermächtigt, durch Rechtsverordnung Vorschriften zu erlassen über

1. das Erlaubnisverfahren nach § 4 Abs. 1 GlüStV, insbesondere zu Umfang, Inhalt und Zahl der erforderlichen Anträge, Anzeigen, Nachweise und Bescheinigungen,
2. das Betreiben der Sperrdatei nach §§ 8 und 23 GlüStV und die Teilnahme der Staatlichen Lotterieverwaltung an einer bundesweiten Zentraldatei,
3. zulässige Glücksspiele der Anbieter nach Art. 1 Abs. 3 und 4,
4. die Glücksspiele der Veranstalter nach § 10 Abs. 2 GlüStV, deren Vermittlung ohne eine Veranstaltungserlaubnis der zuständigen bayerischen Behörde auch im Hinblick auf die Ziele des § 1 GlüStV erlaubt werden kann.

Artikel 9
Ordnungswidrigkeiten

(1) Mit Geldbuße bis zu fünfhunderttausend Euro kann belegt werden, wer vorsätzlich oder fahrlässig

1. entgegen § 4 Abs. 1 GlüStV in Bayern ohne Erlaubnis ein Glücksspiel veranstaltet oder vermittelt,
2. entgegen § 4 Abs. 3 Sätze 2 oder 3 GlüStV Minderjährige an Glücksspielen teilnehmen lässt,
3. entgegen § 5 Abs. 4 GlüStV für unerlaubte Glücksspiele wirbt,
4. einer vollziehbaren Anordnung nach § 9 Abs. 1 Satz 2 und Satz 3 Nr. 4 GlüStV zuwiderhandelt,
5. entgegen § 19 Satz 1 Nr. 1 GlüStV nicht mindestens zwei Drittel der vereinnahmten Beträge an den Veranstalter weiterleitet oder
6. als Veranstalter oder Vermittler von Glücksspielen nicht in der in § 21 Abs. 3 Satz 2 oder § 22 Abs. 2 Satz 2 GlüStV bezeichneten Weise für die Einhaltung der Verbote nach § 21 Abs. 3 Satz 1 oder nach § 22 Abs. 2 Satz 1 GlüStV Sorge trägt.

(2) Gegenstände, auf die sich die Ordnungswidrigkeit bezieht oder die zur Begehung oder Vorbereitung gebraucht worden oder bestimmt gewesen sind, können eingezogen werden. § 23 des Gesetzes über Ordnungswidrigkeiten ist anzuwenden.

Artikel 10
Inkrafttreten, Außerkrafttreten

(1) Dieses Gesetz tritt am 1. Januar 2008 in Kraft. Abweichend von Satz 1 tritt Art. 8 mit Wirkung vom 1. Dezember 2007 in Kraft; der Antrag gemäß Art. 7 Satz 3 kann bereits ab dem 1. Dezember 2007 gestellt werden.

(2) Tritt der Glücksspielstaatsvertrag nach seinem § 28 Abs. 1 Satz 1 zum 31. Dezember 2011 außer Kraft, bleiben seine Regelungen mit Ausnahme der §§ 26 , 28 und 29 bis zum Inkrafttreten eines neuen Staatsvertrages als Landesgesetz in Kraft.

(3) Mit Ablauf des 31. Dezember 2007 treten außer Kraft:

1. das Gesetz zur Ausführung des Staatsvertrages zum Lotteriewesen in Deutschland (AGLottStV) vom 23. November 2004 (GVBl S. 442, BayRS 2187-3-I),

---

1 Art. 8 in Kraft mit Wirkung vom 1. Dezember 2007.

2. das Gesetz über die vom Freistaat Bayern veranstalteten Lotterien und Wetten (Staatslotteriegesetz) vom 29. April 1999 (GVBl 226, BayRS 640-4-F), zuletzt geändert durch § 5 des Gesetzes vom 9. Mai 2006 (GVBl S. 193), und
3. das Gesetz über das Lotteriespiel vom 31. Juli 1970 (BayRS 2187-2-F), zuletzt geändert durch § 33 des Gesetzes vom 24. April 2001 (GVBl S. 140).

VII. Thüringer Glücksspielgesetz (ThürGlüG)[1]

vom 18. Dezember 2007

GVBl 2007, S. 243

§ 1
Grundsatz

Bei der Anwendung der in diesem Gesetz geregelten Ausführungsbestimmungen zu dem Glücksspielstaatsvertrag sind die Ziele,

1. das Entstehen von Glücksspielsucht zu verhindern und die Voraussetzungen für eine wirksame Suchtbekämpfung zu schaffen,
2. das Glücksspielangebot zu begrenzen und den natürlichen Spieltrieb der Bevölkerung in geordnete und überwachte Bahnen zu lenken, insbesondere ein Ausweichen auf nicht erlaubte Glücksspiele zu verhindern,
3. den Jugend- und den Spielerschutz zu gewährleisten,
4. Sicherstellung, dass Glücksspiele ordnungsgemäß durchgeführt, die Spieler vor betrügerischen Machenschaften geschützt und die mit Glücksspielen verbundene Folge- und Begleitkriminalität abgewehrt werden,

zu berücksichtigen. Im Rahmen der Ermessensausübung nach den Regelungen des Glücksspielstaatsvertrags und dieses Gesetzes ist den Zielen des Satzes 1 Rechnung zu tragen.

§ 2
Staatliche Glücksspiele

(1) Zur Veranstaltung von öffentlichen Glücksspielen in Form von Lotterien, die nicht nach dem Dritten Abschnitt des Glücksspielstaatsvertrags erlaubt werden können, und Wetten ist ausschließlich das Land befugt (staatliche Glücksspiele). Das Land kann ferner öffentliche Glücksspiele, die nach dem Dritten Abschnitt des Glücksspielstaatsvertrags erlaubt werden können, und Zusatzlotterien veranstalten. Zu den nach den Sätzen 1 und 2 veranstalteten öffentlichen Glücksspielen können Sonderauslosungen ohne zusätzlichen Einsatz aus nicht ausgezahlten Gewinnen vorangegangener Veranstaltungen durchgeführt werden, um eine möglichst vollständige Ausschüttung des vorgesehenen Gewinnanteils zu erreichen.

(2) Abweichend von Absatz 1 Satz 1 kann der Süddeutschen Klassenlotterie als einer Anstalt des öffentlichen Rechts die Erlaubnis zur Veranstaltung von Lotterien in Form der Klassenlotterie erteilt werden. Weitere Klassenlotterien von Veranstaltern im Sinne des § 10 Abs. 2 des

---

1 Verkündet als Artikel 2 des Gesetzes zur Änderung der gesetzlichen Grundlagen des Thüringer Glücksspielwesens vom 18. Dezember 2007 (GVBl. S. 243). Das Gesetz ist am 1. 1. 2008 in Kraft getreten und zunächst bis zum 31. 12. 2012 in seiner Geltung befristet.

Glücksspielstaatsvertrags (GlüStV) können von der zuständigen Glücksspielaufsichtsbehörde erlaubt werden. Die Veranstalter nach den Sätzen 1 und 2 können Klassenlotterien gemeinsam veranstalten; sofern dies nicht der Fall ist, muss sich der Beginn der Veranstaltungen unterscheiden.

(3) Das Land kann sich zur Durchführung von Veranstaltungen nach Absatz 1 juristischer Personen des Privatrechts, deren Anteile vollständig dem Land gehören und deren wirtschaftliche Betätigung über das für das Durchführen von Glücksspielen Erforderliche nicht hinaus geht, bedienen.

(4) Der Veranstalter nach Absatz 1 hat, sofern er von der Möglichkeit des Absatzes 3 Gebrauch macht, gegenüber der zuständigen Glücksspielaufsichtsbehörde eine natürliche Person zu benennen, die zur Entgegennahme von Weisungen der Glücksspielaufsichtsbehörde berechtigt ist, die umfassende Kenntnisse über die Geschäftsvorfälle hat und weisungsbefugt in den Ablauf der Glücksspielveranstaltung eingreifen kann (Sicherheitsbeauftragter). Der Veranstalter nach Absatz 2 hat einen Sicherheitsbeauftragten zu benennen.

(5) Staatliche Glücksspiele dürfen von Annahmestellen vertrieben werden. Die Gesamtzahl von 750 Annahmestellen darf nicht überschritten werden und ist regional ausgewogen zu verteilen. Die Klassenlotterien der Veranstalter nach Absatz 2 dürfen nur von Lotterieeinnehmern vertrieben werden, deren Gesamtzahl zur Erreichung der Ziele des § 1 angemessen zu begrenzen ist.

(6) Zur Sicherstellung des Schutzes vor Suchtgefährdung durch öffentliche Glücksspiele werden durch das für Gesundheit zuständige Ministerium spezifische Maßnahmen der Prävention, Hilfe und Forschung bei pathologischem Glücksspiel umgesetzt.

§ 3
Teilnahmebedingungen

(1) Zur einheitlichen Behandlung von Spielern hat die Veranstaltung und Vermittlung von öffentlichen Glücksspielen in Übereinstimmung mit den Teilnahmebedingungen des Veranstalters zu erfolgen.

(2) Die Teilnahmebedingungen regeln abschließend die Voraussetzungen, unter denen ein Spiel- oder Wettvertrag zustande kommt. Sie sind der zuständigen Glücksspielaufsichtsbehörde im Erlaubnisverfahren vorzulegen. Eine nachträgliche Änderung der Teilnahmebedingungen ist vorzulegen und wird vier Wochen nach Vorlage bei der zuständigen Glücksspielaufsichtsbehörde wirksam, es sei denn, diese bestätigt die geänderten Teilnahmebedingungen vor Ablauf der Frist.

(3) Die Teilnahmebedingungen der staatlichen Glücksspiele sind im Thüringer Staatsanzeiger zu veröffentlichen. Die Teilnahmebedingungen anderer öffentlicher Glücksspiele sind in geeigneter Form öffentlich bekannt zu machen, so dass eine Kenntnisnahme vor Spielbeginn jederzeit möglich ist.

§ 4
Erlaubnisverfahren

(1) Die Erlaubnis zur Veranstaltung und Vermittlung eines öffentlichen Glücksspiels wird mit Ausnahme der in Absatz 7 genannten Lotterien und Ausspielungen nur auf schriftlichen Antrag erteilt. Dem Antrag ist mit Ausnahme der Lotterien, die nach dem Dritten Abschnitt des Glücksspielstaatsvertrags erlaubt werden können, das Sozialkonzept nach § 6 GlüStV beizufügen.

(2) Den Antrag auf Erteilung der Erlaubnis zur Vermittlung seiner Glücksspiele stellt der Veranstalter, sofern der Vermittler für ihn tätig und in seine Vertriebsorganisation eingegliedert ist. Die Antragstellung für mehrere Annahmestellen oder mehrere Lotterieeinnehmer des Veran-

stalters kann in einem Antrag gemeinsam erfolgen (Sammelantrag). Dabei sind das Vertriebskonzept des Veranstalters insgesamt darzustellen und die vertraglichen Grundlagen zwischen Veranstalter und Vermittler offenzulegen. Das Vertriebskonzept muss die Rahmenbedingungen der Vermittlung in Bezug auf Vertriebsformen, deren Ausgestaltung, die Informationsmittel der Vermittler und die Überwachung der Einhaltung der gesetzlichen Bestimmungen beinhalten. Die Erlaubnis zur Vermittlung der in die Vertriebsorganisation des Veranstalters eingegliederten Vermittler ist dem Veranstalter zu erteilen.

(3) Staatliche Glücksspiele können mit der Erlaubnis der obersten Glücksspielaufsichtsbehörde gemeinsam mit den in § 10 Abs. 2 GlüStV genannten Veranstaltern anderer Länder veranstaltet oder durchgeführt werden.

(4) Die Erlaubnis für Glücksspiele, die nicht nach dem Dritten Abschnitt des Glücksspielstaatsvertrags erlaubt werden können, wird durch die oberste Glücksspielaufsichtsbehörde im Einvernehmen mit dem für Gesundheit zuständigen Ministerium schriftlich erteilt. Das für Gesundheit zuständige Ministerium prüft das beantragte öffentliche Glücksspiel hinsichtlich seiner sozialen Auswirkungen und bewertet das Sozialkonzept.

(5) In der Erlaubnis für die Veranstaltung und Vermittlung öffentlicher Glücksspiele sind unbeschadet des § 17 GlüStV mindestens festzulegen:

1. der Veranstalter oder Vermittler,
2. das veranstaltete oder vermittelte Glücksspiel,
3. die Form des Vertriebs oder der Vermittlung,
4. die Kosten einer Spielteilnahme,
5. die Zeit, in der die Spielteilnahme erfolgen darf,
6. die Art der Ermittlung der Gewinne sowie die hierzu erforderlichen Aufsichtsmaßnahmen,
7. die Bekanntmachung der Gewinnzahlen und der Ergebnisse der Sportwetten,
8. die Frist, innerhalb der ein Gewinnanspruch geltend gemacht werden kann,
9. die Verwendung der Gewinne, auf die ein Anspruch nicht fristgerecht geltend gemacht worden ist,
10. die Bedingungen für die Auszahlung der Gewinne und
11. die erforderlichen Sicherheiten.

(6) Die nach diesem Gesetz erteilten Erlaubnisse erlöschen spätestens fünf Jahre nach Zugang der Erlaubnis. Eine kürzere Befristung in der Erlaubnis ist möglich und bei erstmaliger Erlaubniserteilung geboten.

(7) Die Erlaubnis für die Veranstaltung einer Lotterie oder Ausspielung kann durch die oberste Glücksspielaufsichtsbehörde für solche Veranstaltungen allgemein erteilt werden,

1. die sich nicht über das Gebiet eines Landkreises oder einer kreisfreien Stadt hinaus erstrecken,
2. deren Spielplan einen Reinertrag von mindestens 30 vom Hundert und eine Gewinnsumme von mindestens 30 vom Hundert der Summe der von den Spielern zu entrichtenden Entgelte vorsieht,
3. deren Reinertrag ausschließlich und unmittelbar für gemeinnützige, kirchliche oder mildtätige Zwecke verwendet wird,
4. bei denen der Gesamtpreis der Lose den Wert von 20.000 Euro nicht übersteigt und
5. bei denen die Vertriebstätigkeit die Dauer von einem Monat nicht überschreitet.

Die allgemeine Erlaubnis begründet die Pflicht, die vorgesehene Veranstaltung mindestens zwei Wochen vor Beginn der zuständigen Glücksspielaufsichtsbehörde und dem für den Veranstalter zuständigen Finanzamt schriftlich anzuzeigen.

(8) Für allgemein erlaubte Veranstaltungen kann die zuständige Glücksspielaufsichtsbehörde im Einzelfall Auflagen erteilen. Eine allgemein erlaubte Veranstaltung ist zu untersagen, wenn der Veranstalter keine Gewähr für die ordnungsgemäße Durchführung der Veranstaltung oder für die zweckentsprechende Verwendung des Reinertrags bietet. Dies ist insbesondere dann der Fall, wenn der Veranstalter in der Vergangenheit gegen gesetzliche Bestimmungen zur Ordnung des Glücksspielwesens oder die Bestimmungen der allgemeinen Erlaubnis verstoßen hat.

§ 5
Erlaubnisvoraussetzungen

(1) Eine Erlaubnis für die Veranstaltung oder Vermittlung von Glücksspielen, die nicht nach dem Dritten Abschnitt des Glücksspielstaatsvertrags erlaubt werden können, darf nur erteilt werden, wenn

1. das öffentliche Glücksspiel zulässig ist,
2. die Teilnahme am Sperrsystem nach den §§ 8 und 23 GlüStV und die Durchsetzung des Verbots der Teilnahme gesperrter Spieler nach § 21 Abs. 3 Satz 1 und § 22 Abs. 2 Satz 1 GlüStV sichergestellt ist,
3. die Einhaltung der Anforderungen des Glücksspielstaatsvertrags in Bezug auf Jugendschutz, Werbung und Spielerschutz gewährleistet wird,
4. die erforderliche Zuverlässigkeit vorliegt, insbesondere die Veranstaltung und Vermittlung für den Spielteilnehmer und die zuständige Glücksspielaufsichtsbehörde transparent und nachvollziehbar gestaltet ist,
5. ein den Zielen und Anforderungen des Glücksspielstaatsvertrags und diesem Gesetz entsprechendes Vertriebskonzept vorgelegt wurde,
6. ein Sicherheitsbeauftragter im Sinne des § 2 Abs. 4 für die Veranstaltung und Vermittlung benannt und seine persönliche Zuverlässigkeit nachgewiesen wurde,
7. die Schulung des eingesetzten Personals in der Früherkennung problematischen Spielverhaltens durchgeführt wurde,
8. keine Glücksspielautomaten aufgestellt werden, die über eine Datenleitung mit dem Vermittler oder dem Veranstalter verbunden sind und ohne wesentliche Mitwirkung natürlicher Personen die Spielteilnahme ermöglichen,
9. die gewerbliche Vermittlung direkt an den Veranstalter erfolgt und neben der Einhaltung der Anforderungen des § 19 GlüStV die Vermittlung im Wesentlichen selbst besorgt, insbesondere die Entgegennahme der Spielscheine und die Weiterleitung an den Veranstalter nicht Dritten überlassen wird, und
10. die Vermittlung an einen Veranstalter erfolgt, der eine gültige von der zuständigen Glücksspielaufsichtsbehörde erteilte Erlaubnis besitzt.

(2) Über die Veranstaltung und gewerbliche Vermittlung von Glücksspielen in Thüringen ist eine gesonderte und von einem Wirtschaftsprüfer bestätigte Abrechnung zu erstellen und der zuständigen Glücksspielaufsichtsbehörde bis zum 31. Mai des Folgejahres vorzulegen. Alternativ kann die zuständige Glücksspielaufsichtsbehörde die Vorlage des festgestellten Jahresabschlusses oder des Wirtschaftsplans zulassen, soweit diese inhaltlich den Umfang der Tätigkeit in Thüringen nachvollziehbar darstellen. Der zuständigen Glücksspielaufsichtsbehörde sind die Protokolle der Sitzungen und Besprechungen entscheidungsbefugter Gremien der Veranstalter und Vermittler zeitnah zu übersenden.

(3) Im Übrigen richtet sich die Erteilung einer Erlaubnis für die Veranstaltung und Vermittlung von Lotterien nach den Regelungen des Dritten Abschnitts des Glücksspielstaatsvertrags.

§ 6
Zulässige öffentliche Glücksspiele

(1) Glücksspiele in der Form der Lotterie, die nicht nach dem Dritten Abschnitt des Glücksspielstaatsvertrags erlaubt werden können, dürfen nur veranstaltet und vermittelt werden, wenn

1. die durchschnittliche Ausschüttung mindestens 30 vom Hundert, jedoch höchstens 75 vom Hundert der Spieleinsätze an die Spielteilnehmer beträgt,
2. ein Jackpot von vornherein betragsmäßig oder durch einen festgelegten Anwachsungszeitraum begrenzt ist,
3. für Lotterien mit besonderem Gefährdungspotential die Teilnahme am Sperrsystem nach den §§ 8, 22 und 23 GlüStV erfolgt,
4. für den Spieleinsatz vom Veranstalter und Vermittler kein Kredit gewährt wird,
5. die eigene Teilnahme des Veranstalters oder Vermittlers dem Spielteilnehmer offengelegt wird,
6. die Einsatzhöhe für die Teilnahme eines Spielers an Lotterien mit besonderem Gefährdungspotential periodisch begrenzt ist und
7. bei Lotterien mit besonderem Gefährdungspotential die Gewinne nicht mit erneuten Spieleinsätzen verrechnet werden.

(2) Glücksspiele in der Form von Wetten dürfen nur veranstaltet und vermittelt werden, wenn

1. die Wetten allein auf das sportliche Ergebnis eines Sportereignisses abstellen,
2. höchstens 300 verschiedene Einzelwetten je Woche angeboten werden,
3. die Teilnahme am Sperrsystem nach den §§ 8, 21 und 23 GlüStV erfolgt,
4. durch den Wetteinsatz bei einer Einzel- oder Kombinationswette mit festen Gewinnquoten ein Höchstgewinn von nicht mehr als 100.000 Euro möglich ist,
5. für den Wetteinsatz vom Veranstalter und Vermittler kein Kredit gewährt wird,
6. keine finanziellen Vergünstigungen für die Spielteilnahme gewährt werden,
7. keine Teile des Wetteinsatzes für Einzel- oder Kombinationswetten mit festen Gewinnquoten planmäßig zu dem Zweck angesammelt werden, die Quote oder den Gewinn zu erhöhen,
8. die Teilnahmemöglichkeit an der Wette vor dem Beginn des sportlichen Ereignisses endet und zwischen 22 Uhr und 6 Uhr des Folgetages sowie ganztägig an Sonn- und Feiertagen ausgeschlossen ist,
9. die Einsatzhöhe für die Teilnahme eines Spielers periodisch begrenzt ist und
10. die ausgeschütteten Gewinne nicht mit erneuten Wetteinsätzen verrechnet werden.

(3) Im Übrigen richtet sich die Zulässigkeit von Lotterien nach den Regelungen des Dritten Abschnitts des Glücksspielstaatsvertrags.

§ 7
Spielerschutz

(1) Die nach dem Glücksspielstaatsvertrag oder nach diesem Gesetz zur Teilnahme am Sperrsystem verpflichteten Veranstalter von Lotterien mit besonderem Gefährdungspotential und Wetten sind verpflichtet, mit anderen Glücksspielveranstaltern oder Spielbanken, auch mit Sitz in anderen Ländern, ein gemeinsames Sperrsystem zu unterhalten.

(2) Die von anderen Glücksspielveranstaltern oder Spielbanken erhaltenen Daten sind unverzüglich in die eigene Sperrdatei aufzunehmen. Die Daten der vom Glücksspielveranstalter ausgesprochenen Sperren sind den anderen Glücksspielveranstaltern oder Spielbanken innerhalb von 24 Stunden zuzuleiten.

(3) Die Daten gesperrter Spieler dürfen nur für die Kontrolle der Spielersperre verwendet werden.

(4) Verantwortliche Stelle im Sinne des Datenschutzrechts für die Daten gesperrter Spieler ist diejenige Stelle, welche die Sperre ausgesprochen oder übernommen hat.

(5) Das für das Glücksspielwesen zuständige Ministerium wird ermächtigt, ergänzend zu § 23 GlüStV durch Rechtsverordnung Einzelheiten zur Erhebung, Verarbeitung und Nutzung der Daten gesperrter Spieler sowie technische und organisatorische Maßnahmen zur Datensicherheit zu regeln. Ebenso können das zu einer Spielsperre führende Verfahren und die Rechte des Betroffenen durch die Rechtsverordnung nach Satz 1 geregelt werden.

(6) Durch den Glücksspielstaatsvertrag und dieses Gesetz wird das Recht auf Schutz personenbezogener Daten (Artikel 6 Abs. 2 der Verfassung des Freistaats Thüringen) eingeschränkt.

§ 8
Änderung und Aufhebung der Erlaubnis

(1) Eine Erlaubnis, die zum Veranstalten oder Vermitteln öffentlicher Glücksspiele im Sinne des Glücksspielstaatsvertrags berechtigt, kann, auch wenn sie vor dem Inkrafttreten dieses Gesetzes erteilt wurde, nach den Absätzen 2 bis 4 geändert oder aufgehoben werden.

(2) Die Erlaubnis ist aufzuheben, wenn

1. der Veranstalter oder der Vermittler die Bestimmungen der Erlaubnis wiederholt nicht beachtet,
2. der Veranstalter mit seinem Angebot nicht die Bestimmungen des § 6 einhält,
3. der Veranstalter oder der Vermittler die Erlaubnisvoraussetzungen nach § 5 Abs. 1 Nr. 2 nicht sicherstellt,
4. der Veranstalter oder der Vermittler keine organisatorischen Maßnahmen ergreift, welche die Einhaltung der gesetzlichen Vorgaben des Jugend- oder Spielerschutzes sicherstellen,
5. durch den Veranstalter oder den Vermittler die geforderten Sicherheiten nicht bis zur Aufnahme der Tätigkeit geleistet werden,
6. der Veranstalter oder der Vermittler bei Wegfall des Sicherheitsbeauftragten nicht unverzüglich einen zuverlässigen Ersatz benennt,
7. der Veranstalter oder der Vermittler im Rahmen seiner Tätigkeit einen Straftatbestand verwirklicht,
8. durch den Veranstalter oder den Vermittler die Erlaubnis durch unrichtige oder unvollständige Angaben erwirkt wurde und sie bei richtigen oder vollständigen Angaben nicht erteilt worden wäre,
9. der Veranstalter oder der Vermittler entgegen § 4 Abs. 4 GlüStV sein Angebot auch nach Aufforderung zur Einstellung durch die zuständige Glücksspielaufsichtsbehörde im Internet veranstaltet oder vermittelt oder
10. der gewerbliche Vermittler die eingenommenen Spieleinsätze wiederholt nicht unverzüglich an den Veranstalter weitergeleitet hat.

(3) Die Erlaubnis kann geändert oder aufgehoben werden, wenn die öffentliche Sicherheit und Ordnung gefährdet ist.

(4) Die Erlaubnis kann auf Antrag des durch die Erlaubnis Berechtigten geändert werden.

(5) Bei der Aufhebung oder Änderung der Erlaubnis nach Absatz 3 sind durch das Land auf Antrag des Erlaubnisinhabers die Vermögensaufwendungen zu ersetzen, die er im Vertrauen auf den Fortbestand der Erlaubnis aufgewendet hat (negatives Interesse). Die Höhe des Ersatzes bemisst sich nach dem zum Zeitpunkt der Aufhebung oder Änderung bestehenden Wert der Aufwendungen, die nicht anderweitiger Nutzung zugeführt werden können. Ein Mitverschul-

den des Ersatzberechtigten für die Ersatzhöhe ist entsprechend § 254 BGB zu berücksichtigen. Der Ersatz ist in Geld zu leisten. Der Antrag auf Ersatz ist innerhalb eines Jahres nach Bekanntgabe der Aufhebungs- oder Änderungsentscheidung, die einen Hinweis auf diese Frist enthalten muss, bei der für die Aufhebung oder Änderung zuständigen Glücksspielaufsichtsbehörde zu stellen.

§ 9
Verwendung der Erträge

(1) Der Landessportbund Thüringen e. V. erhält sechs vom Hundert, jedoch nicht mehr als 9,4 Millionen Euro jährlich, die Liga der Freien Wohlfahrtspflege 3,35 vom Hundert, jedoch nicht mehr als 5,4 Millionen Euro jährlich, der Spieleinsätze aus den vom Land veranstalteten Lotterien und Wetten mit Ausnahme der Lotterie GlücksSpirale. In den Jahren 2008 und 2009 erhält der Landessportbund Thüringen e. V. jeweils mindestens 8,81 Millionen Euro und die Liga der Freien Wohlfahrtspflege jeweils mindestens 4,92 Millionen Euro.

(2) Der Überschuss aus den staatlichen Glücksspielen ist an den Landeshaushalt abzuführen. Überschuss ist der Betrag aus Einsätzen und Bearbeitungsgebühren, welcher nach Abzug der Betriebsaufwendungen, der an die Spielteilnehmer ausgeschütteten Gewinne und der Leistungen an den Landessportbund Thüringen e. V. sowie die Liga der Freien Wohlfahrtspflege verbleibt.

(3) Der Überschuss ist für die Aufgabenerfüllung aus § 2 Abs. 6 sowie zur Förderung kultureller, sozialer, umweltschützerischer und sportlicher Zwecke zu verwenden.

(4) Der Landessportbund Thüringen e. V. und die Liga der Freien Wohlfahrtspflege haben dem Land bis zum 30. Juni eines Jahres die satzungsgemäße Verwendung der ihnen im vorangegangenen Jahr zugeführten Mittel nachzuweisen. Der Landessportbund Thüringen e. V. und die Liga der Freien Wohlfahrtspflege unterliegen hinsichtlich der Verwendung dieser zugeführten Landesmittel der Prüfung des Rechnungshofs.

§ 10
Ordnungswidrigkeiten

(1) Ordnungswidrig handelt, wer vorsätzlich oder fahrlässig

1. ohne Erlaubnis nach diesem Gesetz öffentliches Glücksspiel veranstaltet oder vermittelt,
2. entgegen § 4 Abs. 3 Satz 2 GlüStV Minderjährige an Glücksspielen teilnehmen lässt,
3. entgegen § 5 GlüStV für öffentliches Glücksspiel wirbt,
4. entgegen § 6 GlüStV seiner Verpflichtung nicht nachkommt, die Spieler zu verantwortungsbewusstem Spiel anzuhalten und der Entstehung von Glücksspielsucht vorzubeugen,
5. entgegen § 7 GlüStV seinen Aufklärungspflichten nicht nachkommt,
6. entgegen seiner Verpflichtung aus § 8 Abs. 1 GlüStV kein übergreifendes Sperrsystem unterhält und dadurch das Teilnahmeverbot nach § 21 Abs. 3 und § 22 Abs. 2 GlüStV unterlaufen wird,
7. als Kredit- und Finanzdienstleister einer Anordnung nach § 9 Abs. 1 Satz 2 und 3 Nr. 4 GlüStV nicht nachkommt,
8. als Diensteanbieter einer Anordnung nach § 9 Abs. 1 Satz 2 und 3 Nr. 5 GlüStV nicht nachkommt,
9. entgegen § 16 Abs. 1 GlüStV den Reinertrag nicht für den in der Erlaubnis festgelegten Zweck verwendet oder
10. als gewerblicher Spielvermittler den Anforderungen nach § 19 Nr. 1 bis 3 GlüStV nicht nachkommt.

(2) Ordnungswidrigkeiten nach Absatz 1 können mit einer Geldbuße bis zu zweihundertfünfzigtausend Euro geahndet werden.

(3) Sachlich zuständige Verwaltungsbehörde im Sinne des § 36 Abs. 1 Nr. 1 des Gesetzes über Ordnungswidrigkeiten sind

1. die Glücksspielaufsichtsbehörde, die für die Erteilung der Erlaubnis zuständig ist,
2. das Landesverwaltungsamt in den Fällen des § 11 Abs. Nr. 11.

§ 11
Zuständigkeiten

(1) Zuständig für die Erlaubniserteilung, die Überwachung und die weiteren Aufgaben nach § 9 GlüStV und nach diesem Gesetz sind

1. das für das Glücksspielwesen zuständige Ministerium als oberste Glücksspielaufsichtsbehörde, soweit die Veranstaltung von staatlichen Glücksspielen nach § 2 Abs. 1 betroffen ist,
2. das Landesverwaltungsamt als obere Glücksspielaufsichtsbehörde, soweit
   a) die Veranstaltung über das Gebiet eines Landkreises oder einer kreisfreien Stadt hinausgeht, mit Ausnahme von staatlichen Glücksspielen,
   b) die Vermittlung sich über das Gebiet eines Landkreises oder einer kreisfreien Stadt hinaus erstreckt, und
3. die Landkreise und kreisfreien Städte jeweils im übertragenen Wirkungskreis als untere Glücksspielaufsichtsbehörde, sofern die Veranstaltung oder Vermittlung nicht über das Gebiet eines Landkreises oder einer kreisfreien Stadt hinausgeht.

(2) Das für das Glücksspielwesen zuständige Ministerium wird ermächtigt, von Absatz 1 abweichende oder ergänzende Zuständigkeiten durch Rechtsverordnung zu regeln.

§ 12
Übergangsbestimmungen

(1) Genehmigungen, Erlaubnisse oder Konzessionen, die zur Veranstaltung oder Vermittlung öffentlicher Glücksspiele berechtigen und vor dem Inkrafttreten dieses Gesetzes erteilt wurden, gelten, sofern nicht die Regelungen des § 25 Abs. 1 oder 2 GlüStV Anwendung finden, mit der Maßgabe fort, dass die Anforderungen des Glücksspielstaatsvertrags und dieses Gesetzes an das jeweilige Glücksspielangebot eingehalten werden, soweit nicht in der Verwaltungsentscheidung konkretere Anforderungen enthalten sind. Für die Veranstaltung und Vermittlung im Internet gilt Absatz 2 entsprechend.

(2) Abweichend von § 4 Abs. 4 GlüStV kann bei Lotterien die Veranstaltung und die Vermittlung im Internet bis 31. Dezember 2008 erlaubt werden, wenn die Beachtung der in § 25 Abs. 6 GlüStV genannten Voraussetzungen sichergestellt ist. Der Nachweis ist von der den Antrag stellenden Person durch Vorlage geeigneter Darstellungen und Bescheinigungen zu führen; die Erlaubnisbehörde ist ohne derartige Unterlagen nicht zu eigenen Ermittlungen verpflichtet. Die Erlaubnis gilt als bis zum 31. Dezember 2008 erteilt, wenn und solange Satz 1 beachtet wird, ein dem Satz 2 genügender Antrag gestellt wurde und von der Erlaubnisbehörde dem Antragsteller nicht innerhalb eines Monats nach Eingang seines Antrags die Aufforderung zugestellt wird, das Internetangebot bis zur Entscheidung über die Erteilung einer Erlaubnis zu unterlassen.

§ 13
Anwendungsbereich

Die für Wetten aus Anlass öffentlicher Leistungsprüfungen für Pferde geltenden Bestimmungen des Rennwett- und Lotteriegesetz es vom 8. April 1922 (RGBl. I S. 335, 393) in der jeweils geltenden Fassung werden durch dieses Gesetz nicht berührt.

§ 14
Gleichstellungsbestimmung

Status- und Funktionsbezeichnungen in diesem Gesetz gelten jeweils in männlicher und weiblicher Form.

VIII. Gesetz über die Zulassung öffentlicher Spielbanken im Land Brandenburg (Spielbankgesetz – SpielbG)

vom 18. Dezember 2007

GVBl I 2007, S. 218, 223

1. Abschnitt Organisation des spielbankspezifischen Glücksspielangebotes im Land Brandenburg, Erlaubnisverfahren

§ 1 Ziele des Gesetzes, Glücksspiel in Spielbanken als öffentliche Aufgabe

(1) Ziele des Gesetzes sind

1. das Entstehen von Glücksspielsucht zu verhindern und die Voraussetzungen für eine wirksame Spielsuchtbekämpfung zu schaffen,
2. das Glücksspielangebot in Spielbanken zu begrenzen und den natürlichen Spieltrieb der Bevölkerung in geordnete und überwachte Bahnen zu lenken, insbesondere ein Ausweichen auf nicht erlaubte Glücksspiele zu verhindern,
3. den Jugend- und den Spielerschutz zu gewährleisten,
4. sicherzustellen, dass Glücksspiele in Spielbanken ordnungsgemäß durchgeführt, die Spieler vor betrügerischen Machenschaften geschützt und die mit Glücksspielen verbundene Folge- und Begleitkriminalität einschließlich der Geldwäsche abgewehrt werden und
5. einen sicheren und transparenten Spielbetrieb zu gewährleisten.

(2) Zur Erreichung der in Absatz 1 genannten Ziele nimmt das Land Brandenburg die Sicherstellung eines ausreichenden Glücksspielangebotes in Spielbanken und die Sicherstellung der Suchtprävention sowie der wissenschaftlichen Forschung zur Vermeidung und Abwehr von Suchtgefahren durch Glücksspiele in Spielbanken als öffentliche Aufgaben wahr.

§ 2 Zulassung von Spielbankstandorten

Als Standort einer Spielbank können durch Erlaubnis des Ministeriums des Innern die Städte Landeshauptstadt Potsdam, Frankfurt (Oder) und Cottbus oder eine an diese Städte angrenzende Gemeinde oder eine Gemeinde bestimmt werden, die zum Gebiet eines an die genannten Städte angrenzenden Amtes gehört.

§ 3 Erfüllung der öffentlichen Aufgabe, Spielbankunternehmer

(1) Das Land kann die öffentliche Aufgabe, Glücksspiele in Spielbanken zu veranstalten, durch eine juristische Person des öffentlichen Rechts oder eine privatrechtliche Gesellschaft, an der das Land Brandenburg unmittelbar oder mittelbar mehrheitlich beteiligt ist, erfüllen.

(2) Spielbankunternehmer im Sinne dieses Gesetzes und der aufgrund dieses Gesetzes erlassenen Rechtsverordnungen ist derjenige, der eine Spielbank als Erlaubnisinhaber tatsächlich betreibt.

§ 4
Erlaubnis

(1) Der Betrieb einer Spielbank bedarf der Erlaubnis durch das Ministerium des Innern, die nur an eine juristische Person des öffentlichen Rechts oder an eine privatrechtliche Gesellschaft im Sinne des § 3 Abs. 1 erteilt werden darf. Die Erlaubnis ist für zehn Jahre zu erteilen. Sie kann auf Antrag um jeweils mindestens fünf Jahre verlängert werden. Der Antrag ist spätestens vor Ablauf des vorletzten Jahres der Gültigkeitsdauer der Erlaubnis zu stellen.

(2) Die Erlaubnis darf nur erteilt werden, wenn

1. der Betrieb der Spielbank den Zielen des § 1 Abs. 1 nicht zuwiderläuft,
2. die Einhaltung der Jugendschutzanforderungen nach § 4 Abs. 3 des Glücksspielstaatsvertrages, der Werbebeschränkungen nach § 5 des Glücksspielstaatsvertrages, der Anforderungen an das Sozialkonzept und der weiteren Voraussetzungen des § 6 des Glücksspielstaatsvertrages und der Anforderungen an die Aufklärung über Suchtrisiken nach § 7 des Glücksspielstaatsvertrages sichergestellt ist,
3. der Spielbankunternehmer und die sonst für den Spielbetrieb verantwortlichen Personen Gewähr für den ordnungsrechtlich und wirtschaftlich einwandfreien Betrieb der Spielbank bieten und die eingesetzten Geräte und Programme einen ordnungsgemäßen Spielverlauf gewährleisten,
4. durch den Betrieb der Spielbank weder die öffentliche Sicherheit oder Ordnung gefährdet noch sonstige öffentliche Belange beeinträchtigt werden.

(3) Die Erlaubnis muss insbesondere die Spielbankgemeinde und die Räume, in denen die Spielbank betrieben werden darf, bezeichnen sowie die Zahl der höchstens in der Spielbank zulässigen Spieltische und Automaten festlegen.

(4) Die Erlaubnis soll Bestimmungen enthalten, insbesondere über

1. die Beschränkung der Werbung,
2. die Fortentwicklung und Umsetzung eines Sozialkonzepts zur Vorbeugung und zur Behebung von Glücksspielsucht,
3. die Aufklärung über die Wahrscheinlichkeit von Gewinn und Verlust, die Suchtrisiken der von der Spielbank angebotenen Glücksspiele und Möglichkeiten der Beratung und Therapie von Spielsüchtigen,
4. Pflichten gegenüber der Spielbankaufsicht,
5. die Auswahl der Spielbankleitung und des Personals.

(5) Die Erlaubnis kann weitere Bestimmungen enthalten, insbesondere über

1. besondere Pflichten bezüglich der Errichtung und Einrichtung der Spielbank,
2. die Abwicklung der finanziellen Verpflichtungen des Spielbankunternehmers,
3. eigene Sicherheitsvorkehrungen des Spielbankunternehmers,
4. Pflichten gegenüber der Spielbankaufsicht,
5. die Berücksichtigung der örtlichen Belange der Sitzgemeinde der Spielbank.

(6) Auf die Erteilung oder Verlängerung der Erlaubnis besteht kein Rechtsanspruch. Aus Gründen der öffentlichen Sicherheit und Ordnung können während der Laufzeit einer erteilten Erlaubnis weitere Auflagen erlassen werden. Die Erlaubnis kann bei groben Verstößen des Spielbankunternehmers gegen Rechtsvorschriften oder die Auflagen der Erlaubnis entzogen werden.

2. Abschnitt
Spielbanküberwachung

§ 5
Jugendschutz, Zugangskontrolle

(1) Die Spielbank überprüft die Identität und das Alter der Spieler, bevor sie ihnen Zutritt gewährt.

(2) Der Aufenthalt in der Spielbank ist Personen unter 18 Jahren nicht gestattet.

§ 6
Spielersperre

(1) Gesperrte Spieler dürfen am Spielbetrieb in Spielbanken nicht teilnehmen.

(2) Der Spielbankunternehmer kann, unbeschadet der Spielersperren nach § 9 des Lotterie- und Sportwettengesetzes, Personen sperren, die gegen die Spielordnung (§ 10) oder die Spielregeln verstoßen, gegen die ein begründeter Verdacht eines solchen Verstoßes besteht, oder denen aufgrund des Hausrechts der Zutritt zur Spielbank untersagt wurde (Störersperre). Für die Störersperre gelten die Regelungen des § 9 Abs. 5 und 6 des Lotterie- und Sportwettengesetzes entsprechend.

§ 7
Suchtforschung

Die Spielbanken sind berechtigt und auf Verlangen der Glücksspielaufsichtsbehörde auch verpflichtet, Daten im Sinne des § 23 Abs. 1 des Glücksspielstaatsvertrages in anonymisierter Form für Zwecke der Glücksspielforschung zur Verfügung zu stellen.

§ 8
Videoüberwachung

Zur Zugangskontrolle, zum Schutz vor Sachbeschädigung, zur Verhinderung von Straftaten und zur Sicherung des Vertrauens der Öffentlichkeit in ein ordnungsgemäßes Spiel sind die Eingänge und Spielräume der Spielbank (Raumüberwachung), die Spieltische (Spielüberwachung), die Spielgeräte und die übrigen sicherheitsrelevanten Bereiche mit optisch-elektronischen Einrichtungen zu überwachen (Videoüberwachung). Soweit der Umfang der Videoüberwachung nicht in der Spielbankerlaubnis oder in aufsichtsbehördlichen Anordnungen festgesetzt ist, kann er vom Spielbankunternehmer bestimmt werden. Die Spielbank darf die zur Raum- und Spielüberwachung erhobenen Daten höchstens sechs Monate speichern. Die Datenerhebung und die Daten verarbeitende Stelle sind durch geeignete Maßnahmen erkennbar zu machen.

§ 9
Aufsicht

(1) Das Ministerium des Innern übt die Aufsicht über die Spielbanken aus, soweit nicht § 13 Abs. 2 Satz 2 etwas anderes bestimmt. Die Aufsicht hat den Schutz der öffentlichen Sicherheit und Ordnung vor Gefahren, die vom Spielbankbetrieb ausgehen, zu gewährleisten und sicherzustellen, dass die für den Betrieb der Spielbank geltenden Rechtsvorschriften und die in der Spielordnung und der Erlaubnis enthaltenen Bestimmungen eingehalten werden.

(2) Die Aufsichtsbehörde trifft ihre Maßnahmen nach pflichtgemäßem Ermessen. Sie ist insbesondere berechtigt,

1. den gesamten Betrieb der Spielbank zu überwachen und zu überprüfen und sich hierbei auch Dritter zu bedienen,
2. alle dem Betrieb der Spielbank dienenden Räume zu betreten, Prüfungen und Besichtigungen vorzunehmen und die geschäftlichen Unterlagen des Spielbankunternehmens einzusehen,
3. durch Beauftragte an Sitzungen und Besprechungen entscheidungsbefugter Organe oder Gremien des Spielbankunternehmens teilzunehmen,
4. Auskunft über den gesamten Betrieb der Spielbank zu verlangen,
5. aus wichtigem Grund die Abberufung von Geschäftsführern oder leitenden Angestellten der Spielbank zu verlangen,
6. den Spielbetrieb ganz oder teilweise zu untersagen.

(3) Die Aufsichtsbehörde kann einzelne Aufsichtsbefugnisse durch Rechtsverordnung auf andere Behörden übertragen.

(4) Der Spielbankunternehmer ist verpflichtet, der Aufsichtsbehörde innerhalb von sechs Monaten nach Ende eines jeden Kalenderjahres einen von einem Wirtschaftsprüfer geprüften Jahresabschluss nebst Lagebericht und den Prüfungsbericht des Wirtschaftsprüfers vorzulegen.

3. Abschnitt
Spielordnung

§ 10
Spielordnung

(1) Das Ministerium des Innern wird ermächtigt, im Einvernehmen mit den fachlich betroffenen Ressorts durch Rechtsverordnung eine Spielordnung zu erlassen. In ihr ist zu bestimmen,

1. welchen Personen die Teilnahme am Spiel nicht gestattet ist,
2. welche allgemeinen Zutrittsvoraussetzungen für den Spielbankbesuch bestehen, insbesondere, dass sich die Besuchenden auszuweisen und welche Personalien sie anzugeben haben,
3. welche Spiele gespielt werden dürfen,
4. wie und in welcher Höhe (Mindest- und Höchstbeträge) die Spieleinsätze zu erbringen sind,
5. wie Spielmarken kontrolliert werden,
6. wie Gewinne festgestellt und ausgezahlt werden,
7. zu welchen Zeiten nicht gespielt werden darf,
8. wie die Datenerfassung zu erfolgen hat und welche Daten in der Besucherdatei zu speichern sind.

(2) Die Spielordnung ist in den Spielsälen deutlich sichtbar auszuhängen.

4. Abschnitt
Abgaben des Spielbankunternehmers und deren Verwaltung

§ 11
Abgaben des Spielbankunternehmers

(1) Der Spielbankunternehmer ist verpflichtet, an das Land eine Spielbankabgabe zu entrichten.

(2) Die Spielbankabgabe beträgt

- bei einem Bruttospielertrag bis 7,5 Millionen Euro je Kalenderjahr 55 vom Hundert des Bruttospielertrages,

- für den 7,5 Millionen Euro übersteigenden Bruttospielertrag bis zu einem Bruttospielertrag von 15 Millionen Euro je Kalenderjahr 65 vom Hundert des Bruttospielertrages und
- für den 15 Millionen Euro im Kalenderjahr übersteigenden Bruttospielertrag 75 vom Hundert des Bruttospielertrages.

Dem Spielbankunternehmer wird für jede Spielbank, in der das Große Spiel angeboten wird, ein Freibetrag auf den Bruttospielertrag in Höhe von 500.000 Euro gewährt.

(3) Die Spielbankabgabe beträgt bei der Neueinrichtung einer Spielbank abweichend von Absatz 2 im Jahr nach der Eröffnung und in den folgenden zwei Jahren

- bei einem Bruttospielertrag bis 7,5 Millionen Euro je Kalenderjahr 45 vom Hundert des Bruttospielertrages,
- für den 7,5 Millionen Euro übersteigenden Bruttospielertrag bis zu einem Bruttospielertrag von 15 Millionen Euro je Kalenderjahr 55 vom Hundert des Bruttospielertrages und
- für den 15 Millionen Euro im Kalenderjahr übersteigenden Bruttospielertrag 65 vom Hundert des Bruttospielertrages.

(4) Zur Vermeidung unbilliger Härten kann das Ministerium der Finanzen in begründeten Einzelfällen die in den Absätzen 2 und 3 genannten Vomhundertsätze für die Dauer von bis zu drei Jahren um bis zu 10 Prozentpunkte herabsetzen.

(5) Der Spielbankunternehmer ist für den Betrieb der Spielbank von der Zahlung derjenigen Landes- und Gemeindesteuern befreit, die in unmittelbarem Zusammenhang mit dem Betrieb der Spielbank stehen.

(6) Bruttospielerträge sind für den Fall, dass

1. die Spielbank das Risiko trägt, die Beträge, um die die Spieleinsätze die Gewinne der Spieler übersteigen, die diesen nach den Spielregeln zustehen (Bruttogewinn); von dem Bruttogewinn sind die Verluste vorangegangener Spieltage abzusetzen;
2. die Spielbank kein Risiko trägt, die Beträge, die der Spielbank aus dem Spiel zufließen.

(7) Nicht abgeholte Einsätze und Gewinne sowie Beträge, die nach Ende der Einsatzmöglichkeit gesetzt und vom Spieler nicht zurückgenommen werden, sind dem Bruttospielertrag zuzurechnen.

(8) Falsche Spielmarken, falsche Geldscheine und falsche Münzen sowie Spielmarken anderer Spielbanken an den Spieltischen mindern den Bruttospielertrag nicht; sie sind mit dem Wert zu berücksichtigen, mit dem sie am Spiel teilgenommen haben. Falsche Geldscheine in den Spielautomaten zählen nicht zum Bruttospielertrag; Geldscheine anderer Währungen sind mit dem Kurswert dem Bruttospielertrag zuzurechnen.

(9) Die Abgabeschuld nach den Absätzen 1 bis 8 entsteht für jeden Spieltag jeweils nach dem Ende des Spielgeschehens.

(10) Das Ministerium des Innern bestimmt mit Rücksicht auf die Befreiung des Spielbankunternehmers von Gemeindesteuern im Einvernehmen mit dem Ministerium der Finanzen durch Rechtsverordnung einen angemessenen Anteil der Sitzgemeinde der Spielbank an der Spielbankabgabe. Der Gesamtanteil der Gemeinden an der Spielbankabgabe darf 15 vom Hundert der Bruttospielerträge nicht überschreiten.

(11) Das Ministerium des Innern kann im Einvernehmen mit dem Ministerium der Finanzen durch Rechtsverordnung bestimmen, dass ein bestimmter Anteil des Tronc-Aufkommens an das Land abzuführen ist. Dieser Anteil ist so zu bemessen, dass dem Spielbankunternehmer ein Betrag verbleibt, der zur Deckung eines angemessenen und wirtschaftlichen Personalaufwandes erforderlich ist. Die Tronc-Verordnung regelt das Nähere über die Erhebung und Abführung der Tronc-Abgabe.

§ 12
Pflichten des Spielbankunternehmers

(1) Der Spielbankunternehmer ist verpflichtet, für jede einzelne Spielbank täglich Aufzeichnungen über die Bruttospielerträge und die Tronc-Einnahmen zu fertigen.

(2) Der Spielbankunternehmer hat für die Spielbankabgabe am Ende jedes Spieltages Anmeldungen nach amtlich vorgeschriebenem Vordruck abzugeben. Sie gelten als Steueranmeldungen im Sinne des § 168 der Abgabenordnung.

(3) Die Spielbankabgabe wird am Tage ihrer Entstehung fällig.

§ 13
Verwaltung der Abgaben des Spielbankunternehmers

(1) Die Spielbankabgabe und die Tronc-Abgabe werden durch das Finanzamt verwaltet, in dessen Bezirk sich die Geschäftsleitung des Spielbankunternehmens befindet.

(2) Auf die Spielbankabgabe und die Tronc-Abgabe finden, soweit sich aus diesem Gesetz nichts Abweichendes ergibt, die Vorschriften der Abgabenordnung sinngemäß Anwendung. Der Spielbetrieb sowie die Ermittlung des Bruttospielertrages und der Tronc-Einnahmen werden durch die Finanzämter in entsprechender Anwendung der §§ 210 und 211 der Abgabenordnung vor Ort und durch Einsichtnahme in Videoaufzeichnungen und Dokumentationen zu den Hinweismitteilungen aus dem Automatenkontrollsystem (AKS) am Spielort überwacht.

(3) Das Ministerium der Finanzen übt die Steueraufsicht aus und erlässt die hierfür erforderlichen Regelungen. Es kann insbesondere die Maßnahmen treffen, die zur Sicherung der Spielbankabgabe erforderlich sind.

5. Abschnitt
Schlussbestimmungen

§ 14
Einschränkung von Grundrechten

Durch dieses Gesetz werden das Grundrecht der Berufsfreiheit (Artikel 49 Abs. 1 der Verfassung des Landes Brandenburg), durch §§ 5, 6 und 8 das Grundrecht auf informationelle Selbstbestimmung (Artikel 11 Abs. 1 der Verfassung des Landes Brandenburg) und durch §§ 9 und 13 das Grundrecht der Unverletzlichkeit der Wohnung (Artikel 15 der Verfassung des Landes Brandenburg und Artikel 13 des Grundgesetzes) eingeschränkt.

§ 15
Gleichstellungsbestimmung

Personen-, Status- und Funktionsbezeichnungen in diesem Gesetz gelten jeweils in weiblicher und männlicher Form.